体”、“广西五一劳动奖状”等50余项表彰奖励，龙滩水电站厂区还获得了“国家AAA级旅游景区”的资质。

龙滩水电开发有限公司高度重视科技创新工作，积极组织科技攻关研究解决工程技术难题，在碾压混凝土筑坝、地下厂房工程和大容量发电设备领域取得一系列自主创新技术成果，推动我国水电建造技术发展进步。其中，《200m级高碾压混凝土重力坝关键技术》、《岩石力学智能反馈分析方法及其工程应用》等3项成果获得国家科技进步二等奖，《巨型水轮机转轮工地制造》、《巨型水电站国产化计算机监控系统在龙滩水电站的研制应用》、《巨型（龙滩）水电站接地技术研究及应用》等6项成果获得广西科技进步奖。此外，还获得5项电力行业企业管理创新成果奖，登记了27项国家专利，制订了7项国家级工法，获得3项国家级QC成果奖。

“碾压混凝土坝国际里程碑工程”奖牌

世界上最大的地下厂房——龙滩水电站地下厂房

世界最高的碾压混凝土大坝——龙滩水电站大坝

南南铝业股份有限公司

南南铝业股份有限公司是广西成立最早的铝工业企业之一，经过近十年的技术创新，从原来的铝冶炼企业发展现已发展为一家集铝型材及深加工产品的研发、设计和生产、销售为一体的大型铝加工高新技术企业，公司旗下拥有广西南南铝箔有限责任公司、上林南南实业有限责任公司、南宁铝建工贸有限公司等3家子公司，参股正在建设“年产20万吨大规格高性能铝合金板带型材项目”的广西南南铝加工有限公司，控制资产20亿元。公司主要产品有：建筑型材、铝合金门窗幕墙、铝板带箔材、高档家电用铝组件、铝合金散热器、食用铝箔产品等，新开发产品有大规格高性能轨道交通型材以及铝合金航空中厚板等。

电脑CPU用铝合金高倍数盒装散热器（5100）型项目针对计算机的新机型设计、研发及制造铝合金高倍数盒装散热器新产品，项目通过采用了零启动正向挤压工艺技术、自动碱洗皮膜生产技术等专有专利技术，开发了高性能的铝/铝结合散热器、整体铝合金散热器。形成年产1800万件产品的生产线，年均实现销售收入6100万元，利税760万元。项目共获得3项国家发明专利。

①合金高倍数盒装散热器

②家电铝制把手产品

③南南铝业股份有限公司全貌图

④广西南南铝加工有限公司

2011～2012

广西科技年鉴

广西壮族自治区科学技术厅　编

广西民族出版社

图书在版编目（CIP）数据

2011～2012 广西科技年鉴/广西壮族自治区科学技术厅编. —南宁：广西民族出版社，2014.6
ISBN 978-7-5363-6794-4

Ⅰ.①广… Ⅱ.①广… Ⅲ.①科学研究事业—广西—2011～2012—年鉴 Ⅳ.①G322.767-54

中国版本图书馆 CIP 数据核字（2014）第 098646 号

2011～2012 广西科技年鉴

2011～2012 GUANGXI KEJI NIANJIAN

编　　者：广西壮族自治区科学技术厅
责任编辑：白　煜
装帧设计：李黄开春
责任校对：潘　夏
责任印制：黄绍红
出版发行：广西民族出版社
地址：广西南宁市青秀区桂春路 3 号　邮编：530021
电话：0771—5523216　传真：0771—5523246
制版印刷：广西地质印刷厂
规　　格：890 毫米×1240 毫米　1/16
印　　张：40.5
字　　数：1170 千字
版　　次：2014 年 5 月第 1 版
印　　次：2014 年 5 月第 1 次印刷
书　　号：ISBN 978-7-5363-6794-4/G·2734
定　　价：300.00 元

主　办　单　位

广西科学技术厅

协　办　单　位

桂林橡胶机械厂

广西玉林制药集团有限责任公司

中国化工橡胶桂林有限公司

上汽通用五菱汽车股份有限公司

广西交通科学研究院

广西师范学院

桂林紫竹乳胶制品有限公司

广西医科大学

龙滩水电开发有限公司

广西国土资源厅

中国铝业股份有限公司广西分公司

桂林三金药业股份有限公司

南宁高新技术产业开发区管委会

广西林业科学研究院

编辑说明

《广西科技年鉴》是广西壮族自治区科学技术厅组织编写的综合性、权威性的科技编年史书和大型资料工具书，全面系统地反映了广西科技发展的基本情况，为领导决策提供依据，为科技人员和各界人士提供科技信息。本卷年鉴收载2011～2012年间广西科学技术发展的基本资料，有的事例根据需要，时间适当前伸或后延。

本卷年鉴基本内容分为12个类目，依次是特载、综述、科技管理、行业科学技术、区域科学技术、高新技术产业开发区和农业科技园区科学技术、科研院所科学技术、高等院校科学技术、科技服务体系、科技表彰奖励、广西科技大事记、文件选编等。

本卷年鉴收载的图片，主要反映中央和自治区领导关心、支持广西科技活动，以及广西部分行政和企事业单位依靠科技进步，促进经济和社会发展的概况。

本卷年鉴的统计数据均采用法定计量单位。

本卷年鉴在征稿和编辑出版过程中，得到有关单位和撰稿人员、审稿专家的大力支持，在此，一并表示感谢。

编撰委员会

特邀编撰委员

（排名不分先后）

庞璧薇　广西贵糖（集团）股份有限公司经理
刘永刚　广西华银铝业有限公司总经理
曾志羽　广西医科大学第一附属医院
周　铮　广西交通规划勘察设计研究院院长
周文全　广西柳州特变科技有限责任公司总工程师
尹国丽　上汽通用五菱汽车股份有限公司运营管理总监
黄景剑　广西天华高科技有限公司总经理
左晓灵　广西商大科技有限公司董事长
郭永庚　柳州航盛科技有限公司总经理
韦金儒　南宁市第一人民医院院长
戴　波　龙滩水电开发有限公司总经理
肖建刚　广西国土资源厅党组书记、厅长
黄荣雄　桂林漓江茶厂有限公司董事长
刘保伟　中国铝业股份有限公司广西分公司书记、副总经理
杨雪君　广西电子信息产品监督检验所（广西壮族自治区信息安全测评中心）副所长
刘　泰　广西中医药大学第一附属医院教授
李　锋　广西国有高峰林场场长、党委副书记
田　湘　广西国有高峰林场党委书记
袁铁象　广西林业科学研究院院长
邓李桂　钦州市科技局副局长

目　录

特　载

综　述

科技管理

行业科学技术

区域科学技术

高新技术产业开发区、农业科技园区科学技术

科研院所科学技术

高等院校科学技术

科技服务体系

科技表彰奖励

大事记

文件选编

特　载

在 2011 年全区科技工作会议上的讲话

自治区副主席　陈章良
（2011 年 2 月 22 日）

同志们：

今天，我们在这里召开 2011 年全区科技工作会议。会议的主要内容是贯彻落实党的十七届五中全会和自治区党委九届十三次全会，以及全国科技工作会议和全区经济工作会议精神，总结 2010 年以及“十一五”时期全区科技工作，研究部署 2011 年全区科技工作。下面，我讲几点意见。

一、2010 年及“十一五”时期全区科技工作回顾

2010 年，是实施科学发展三年计划和“十一五”规划的决战之年。面对特大干旱和严重的洪涝灾害，面对复杂的经济社会发展形势，在自治区党委、自治区人民政府的正确领导下，全区各族人民深入贯彻落实科学发展观，顽强拼搏，艰苦奋斗，保持和扩大了经济发展的良好势头，胜利完成了年初确定的各项目标任务，为科学发展三年计划和“十一五”规划画上了圆满的句号。

过去的一年，全区科技系统和广大科技人员围绕中心，服务大局，对照科技发展“十一五”规划和第四轮创新计划的目标任务，凝神聚力，上下联动，全面推进各项工作，科技工作取得了重大进展，涌现出了许多新亮点，加快推进创新型广西建设步伐，为我区经济社会平稳较快发展提供了强有力的科技支撑。一是产业自主创新取得重大突破。“宝骏 630”轿车成功下线，标志着我区中级轿车诞生，汽车产业结构进一步优化。“桂两优二号”获农业部确认为超级稻品种，实现了我区超级稻品种零的突破。在国内首次育成耐寒型罗非鱼配套系杂交组合，突破了我国亚热带地区罗非鱼越冬养殖难的技术瓶颈。二是柳州高新区成功晋升为国家级高新区。国务院批复同意柳州高新区为国家高新技术产业开发区，使我区成为拥有国家级高新区最多的西部省区之一。三是南宁市成为国家创新型试点城市。科技部批准南宁市为国家创新型试点城市，标志着我区创新型试点城市建设工作取得零的突破。四是科技创新平台取得新突破。“生物质能源酶解技术国家重点实验室”获得科技部批准建设，实现我区企业国家重点实验室零的突破。“广西有色金属及特色材料加工重点实验室”和“广西药用资源化学与药物分子工程重点实验室”被科技部列为省部共建国家重点实验室培育基地。国家土方机械工程技术研究中心通过科技部组织的同行专家论证。五是部区会商工作深入推进。科技部与自治区人民政府成功举行第三次部区工作会商，共同议定了五大会商议题，必将对我区重点产业和重点领域创新发展产生重要推动作用。六是新修订的《广西壮族自治区科学技术奖励办法》印发实施。增设了自然科学奖和技术发明奖，大幅度提高奖励额度，其中，将科学技术特别贡献奖奖金数额由原来的 50 万元提高到 100 万元，极大激发了广大科技工作者的积极性和主动性。

“十一五”时期是我区科技发展史上最好的时期之一。5 年来，我区科技工作坚持“自主创新、重点跨越、支撑发展、引领未来”的方针，以提高自主创新能力为核心，以支撑和引领经济社会发展为目标，以改革创新为动力，大力推进科技创新、制度创新、文化创新，加快创新型广西建设，全区科技进步与创新取得了丰硕成果，创新成为推动我区经济社会发展的重要力量，为我区经济社会平稳较快发展提供了强有力的科技支撑。一是科技工作地位不断提高，从幕后走到前台。自2006年全区科技大会召开以后，自治区党委、自治区人民政府更加重视科技工作，把科技摆到经济建设核心位置，作出了创新型广西建设的重大战略部署，将创新作为推动经济社会发展的主导力量，走出一条具有广西特色的创新发展道路。二是涌现出一大批重大创新成果。成功研发出可再生空气混合动力发动机、国内首台达到欧Ⅳ、欧Ⅴ排放标准的柴油发动机、“双电”（电池＋电容）纯电动公交客车、世界首例亚种间克隆水牛、华南稻区首个米质达国标一级优质米标准的感光型水稻新品种等一批具有自主知识产权的重大科技成果。三是创新基础不断夯实。全社会R&D投入强度从2005年的0.36％提高到2009年的0.61％，增加了将近1倍。已认定36家自治区重点实验室、2家国家级工程技术研究中心、78家自治区级工程技术研究中心、23个千亿元产业研发中心、104家生产力促进中心。四是高新区保持快速发展势头。2006～2009年，桂林、南宁、柳州、北海4个高新区的工业总产值、总收入、总利税、出口创汇年平均增长率，分别达到35.7％、31.3％、29.3％和26.6％。五是承担国家重大科技项目能力大幅提升。“十一五”期间，我区累计获得科技部的支持经费6亿多元，创历史新高，是“十五”期间获得支持经费总额的3倍。除此之外，在科技人才培养、科技成果惠民、知识产权创造与保护、基层科技工作等方面也取得了明显成效。

“十一五”时期我区科技工作取得的新成效，是自治区党委、自治区人民政府正确领导，全区各有关部门和社会各界大力支持，各级科技管理部门和广大科技工作者顽强拼搏的结果。在此，我代表自治区人民政府，向辛勤工作在科技战线上的同志们表示崇高的敬意！向关心和支持我区科技工作的社会各界表示诚挚的感谢！

二、当前我区科技工作面临的新形势

（一）深刻认识党中央、国务院对科技工作的新部署新要求。

加快转变经济发展方式，是当前和今后一个时期我国经济社会发展的重大战略任务。“十二五”时期是加快转变经济发展方式的攻坚时期。胡锦涛总书记强调，建设创新型国家，加快转变经济发展方式，赢得发展先机和主动权，最根本的是要靠科技的力量，最关键的是要大幅提高自主创新能力。党的十七届五中全会突出强调必须坚持把科技进步和创新作为加快转变经济发展方式的重要支撑，推动我国经济发展更多依靠科技创新驱动。中央经济工作会议提出，要准确把握创新和产业转型处于孕育期的特点，大力加强自主创新，扎实发展战略性新兴产业，努力抢占未来发展战略制高点。党中央、国务院明确强调自主创新在加快转变经济发展方式、推动经济社会发展的支撑作用，这对科技工作提出了新的更高要求。在我国科技总体水平同世界先进水平相比仍有较大差距的新形势下，如何大幅度提高科技进步对经济增长的贡献率，使自主创新成为经济社会又好又快发展的内在动力，我国科技界使命光荣、任重道远。

（二）深刻认识我区经济社会发展对科技工作提出的新任务。

“十一五”时期，我区经济持续较快发展，实现了地区生产总值、人均生产总值、财政收入、工业增加值、服务业增加值、规模以上工业企业利润总额、全社会固定资产投资、社会消费品零售总额、进出口总额、实际利用外资、金融机构存款余额、金融机构贷款余额“十二个翻番”，胜利完成了“十一五”规划和科学发展三年计划确定的目标任务，开创了科学发展、和谐发展、跨越发展新局面。随着经济全球化和区域经济一体化深入发展，我区仍处于可以大有可为的重要战略机遇期，国际国内环境对我区发展总体有利。中国—东盟自由贸易区全面建成，西部大开发深入推进，《国务院关于进一步促进广西经济社会发展的若干意见》（国发〔2009〕42号）的全面落实，对我区加快将区位优势、资源优势和生态优势转化为竞争优势，在新的起点上实现发展新跨越提供了极为有利的条件。但我们必须清醒地认识到，当前我区欠发达后发展的基本区情没有改变，经济总量小，人均水平低，工业化城镇化水平不高，城乡居民收入较低，社会发展仍较滞后，加快产业结构调整升级、提高自主创新能力、缓解人口能源资源环境压力、缩小城乡区域发展差距等的挑战依然严峻，推动我区科学发展、跨越发展的任务十分艰巨繁重。为抓住机遇、加快发展，自治区党委九届十三次全会明确提出，“十二五”时期要加快实施“富民强桂”新跨越战略，力争2015年实现地区生产总值比2010年翻一番，财政收入实现翻一番以上。实现“富民强桂”新跨越，必须依靠创新。只有创新，才能打破常规，不断增强核心竞争力，掌握发展主动权，不断保持干事创业的激情，为发展带来不竭的动力，实现发展新跨越。在科技整体支撑能力与经济社会需求不相适应的形势下，如何加快提升广西自主创新能力，强化科技支撑，提高科技进步对经济增长的贡献率，推进经济发展方式从资源依赖型、投资驱动型向创新驱动型为主转变，支撑广西科学发展，给全区科技工作者提出了艰巨的任务和巨大的挑战。

三、坚持创新驱动，为实现“富民强桂”新跨越提供有力科技支撑

（一）要认真学习中央和全区经济工作会议精神，全面贯彻落实全国科技工作会议部署，前瞻性地谋划2011年和“十二五”科技工作。

2011年是“十二五”时期的开局之年，做好今年科技工作，具有十分重要的意义。各级各有关部门一定要认真学习中央和全区经济工作会议以及全国科技工作会议精神，深刻领会，切实把思想统一到中央和自治区的决策部署上来，准确把握今年和“十二五”时期我区发展的主题，明确科技工作方向，把握科技工作重点。

要根据中央和全区经济工作会议精神以及全国科技工作会议，加快“十二五”科技规划编制的工作进度，抓紧制定和实施2011年度科技工作计划，为“十二五”时期我区科技发展谋好篇、开好局。

（二）增强科技创新支撑引领产业发展能力，提高产业核心竞争力。

自治区党委、自治区人民政府明确提出要发展现代产业，各级各有关部门要自觉把增强自主创新能力与建设现代产业体系结合起来，充分发挥科技创新对产业优化升级的驱动作用，增强产业的竞争力和发展后劲。

1. **支撑“14+4”产业做大做强做优**。要围绕“14＋4”产业发展的重大技术需求，加快实施“350工程”和“1823工程”，攻克一批制约千亿元产业发展的重大技术问题，获取一批重大发明专利和创新成果，推动成果产业化。要培育一批拥有自主知识产权和核心竞争力的大企业大集团。要着眼于发展战略性新兴产业，从现有科技和产业基础出发，确定重点领域，加强产业共性关键技术研发，创新商业模式，培育和发展节能环保、生物、先进装备制造、新能源汽车等新兴产业，努力形成先导性、支柱性产业。

2. **支撑现代农业发展**。以支持粮食（水稻、玉米）、甘蔗、桑蚕、木薯、香蕉、柑橙、葡萄、油茶、罗非鱼、奶水牛等10大特色农业产业发展为重点，攻克育种、种养、深加工、农业资源循环利用、流通等环节的共性关键技术，打造并延长优势特色产业链；发展以生物技术、信息技术为主的现代农业高新技术，推动传统农业升级转型；积极研究与推广农业节能环保及循环经济技术，促进生态农业、绿色农业发展。建立完善农业科技与推广服务体系，加快农业科技成果转化和农业先进适用技术的推广应用。加强新技术、新知识培训，提高农村实用人才的综合能力。

3. **支撑服务业发展**。围绕生产性服务业、生活性服务业、旅游业等服务业的共性关键技术需求，组织有关科研力量，大力开展服务业基础支撑技术的研究，为服务业发展提供技术支撑。要加强规划、加大投入、分类指导，积极发展科技服务业。

（三）加快推进科技体制机制创新，激发全社会创新活力。

1. **进一步建设完善广西创新体系**。加快构建以企业为主体、市场为导向、产学研合作的技术创新体系，强化企业在技术创新中的主体地位，推进企业研发机构建设，完善产学研合作机制，促进创新资源向企业集聚。加快构建以高等院校和科研院所为主体的知识创新体系，进一步整合和布局全区科研机构资源，推动已转制的技术开发类科研院所继续深化改革，支持转制院所加强共性关键技术的研究开发，为行业发展提供技术支撑；推动公益类科研机构建立现代科研院所制度；加强重点学科建设，加快建设研究型大学。加快构建科技中介服务体系，加快建设一批新型创新服务机构，提升现有创新机构的服务能力。探索构建有利于促进区域创新体系之间实现资源共享的有效机制、有利于创新主体功能有效发挥的激励机制、有利于创新主体之间实现互动的合作机制，提高创新体系的创新绩效，提升广西自主创新能力。

2. **引进和培养科技创新人才**。人才是实现“富民强桂”新跨越的关键。要进一步建立和完善人才培养、引进、使用、激励的一系列政策措施，营造尊重人才、人尽其才、才尽其用的社会环境。依托重大创新平台、科技重大专项、重大科学工程等项目的组织实施，吸引和集聚高层次科技人才，大力培养和造就一大批创新型领军人才和创新团队。创新人才培养方式，加强面向生产一线的实用工程人才、卓越工程师和技能人才的培养；加强对中青年科技人才的支持力度，培养壮大一批潜力大、创新能力强的中青年科技人才队伍；要高度重视管理人才以及创业型专业人才的培养，激励全社会的创新创业热情。

3. **深化国内外科技合作**。充分利用国际国内“两种资源”“两个市场”，积极推动科技“引进来”“走出去”，促进创新资源和要素向我区集聚，提高我区自主创新能力。要充分发挥我区作为我国面向东盟的前沿和桥头堡的作用，凝炼科技合作主题，构建合作载体，完善合作机制，深化合作领域，拓展合作内容，提升合作层次，达到科技合作“双赢”“多赢”的目的。进一步深化部区会商工作机制，积极推进国家级重大平台基地建设，以国家级重大平台基地为载体，促进国家项目、人才、资金等要素向我区流动、集聚。要创新合作模式，加强与国内大院、大所、大企业合作，引智、引技、引资为我区科技创新服务。要着力构造涉及面广、各方广泛参与的重大科技行动或计划，集成部门、各市的创新资源，共同推我区自主创新工作。

（四）加强创新环境建设，提高全区科技进步水平。

1. **提高认识，加强领导**。自治区党委、自治区人民政府明确提出必须坚持把科技进步和创新作为实现“富民强桂”新跨越的重要支撑。各级各有关部门要把思想和行动统一到自治区党委、自治区人民政府的科学判断上来，高度重视科技工作，切实把科技工作摆在政府工作的重要位置，切实解决科技工作中的重大问题。要建立一把手亲自抓自主创新的工作责任制，把科技进步指标纳入对领导干部的考核体系中。

2. **要着力完善政策法规环境**。要围绕科技支撑“富民强桂”新跨越和建设创新型广西的需求，制定一系列创新创业激励政策；要科学分析战略性新兴产业培育、千亿元产业科技攻关工程推进、科技计划管理体系改革等对科技政策的需求，制定相关的政策措施。通过制订各种科技政策法规，努力建立多层次、多维度的广西科技政策法规体系框架，为各类创新主体开展创新创业活动提供激励措施和法律制度保障。

3. **加大科技创新投入**。各级人民政府要把财政科技投入作为预算保障的重点内容，确保财政科技投入要达到自治区规定的投入基数并逐年稳定增长，切实保证财政科技投入增幅明显高于财政经常性收入增幅。要调整投入方向，将财政科技投入相对集中地使用，着力解决经济社会发展的重大科技问题。各市各有关部门要切实落实企业研究开发经费加计扣除等鼓励企业创新的政策，同时要根据科技计划、项目的不同目标导向，实行无偿资助、贷款贴息、偿还性资助、后补助等不同支持方式激励企业增加科技投入。探索设立创业投资引导基金，采取阶段参股、跟进投资、风险补贴、投资补偿等形式带动社会科技资本投入。

4. **加强科技基础设施建设**。科技基础设施一定程度上代表地区科技水平和综合实力。要立足我区产业特色和科技基础，以科技资源优化配置为主线，突出重点，统筹规划，合理布局，分步实施，改造、建设一批具有公共性、基础性、开放性的重大科技基础设施。重点围绕提高产业竞争力，增强产业自主创新能力，针对产业技术创新能力基础设施的薄弱环节，建设一批重大科技基础设施；以支撑自主创新重大成果产生，为经济社会发展提供技术创新源头为目的，布局建设一批具备国内先进水平的科研基础设施；以提高市、县（市、区）科技创新能力为目标，加快布局建设一批市、县（市、区）重大科技基础设施。

5. **加强科学技术普及**。要进一步加强科普能力建设，建立科普事业良性运行机制；以促进人的全面发展为目标，针对未成年人、农民、城镇劳动人口、企事业工作人员等四类不同人群的需求，深入实施全民科学素质行动计划，提高全民科学文化素质；要创新活动形式，策划组织重大科普示范活动，开展各种创新实践活动；要在全社会广泛普及科学知识、树立科学观念、提倡科学方法、弘扬科学精神，提高公民的创新意识。

同志们，科技进步与创新不仅是加快转变经济发展方式的重要支撑，也是我区把握未来发展主动权，获取长期竞争优势的主要力量。自治区党委九届十三次全会提出要坚持把科技进步与创新作为实现“富民强桂”新跨越的重要支撑，这既是对推进我区科技进步与创新提出的新要求，也为广大科技工作者施展才华、茁壮成长提供了更广阔的舞台。广大科技工作者应自觉肩负起历史使命，勇挑社会责任，积极投身科技创新实践，为提高自主创新能力，支撑引领经济社会发展贡献智慧和力量。让我们以科学发展观统领科技工作全局，进一步解放思想、锐意进取、开拓创新、抢抓机遇、扎实工作，进一步提高广西自主创新能力，为加快实现“富民强桂”新跨越作出新贡献！

在2011年全区科技工作会上的总结讲话

自治区科技厅党组书记　陈大克

（2011年2月）

同志们：

下午好。2011年全区科技工作会安排一天时间。今天上午，陈章良副主席出席了会议并作了重要讲话，对科技工作提出了要明确科技工作思路、支撑14＋4产业做大做强做优、发展高新技术产业、建设好23个千亿元产业研发中心、加强基础研究和人才队伍建设等六个方面的要求。这是自治区政府在新时期对我区科技工作的新要求，也是我们今后一个时期科技工作的重点，大家要好好领会，统一认识，认真研究，确保这些要求落到实处。上午，谢迺堂厅长代表科技厅作工作报告，这份报告既回顾了2010年和“十一五”期间的工作，又展望了“十二五”工作，也对第五轮创新计划的内容做了介绍，特别讲到2011年科技工作的重点，希望大家回去认真学习并抓好落实。

今天下午安排了分组讨论，对于大家反馈的意见和建议，我们会认真对待，好好研究，能在短期内做到的我们会尽快落实，有些意见和建议因为各种原因目前一时还不能做到的，我们也会想办法争取做到。总之，大家的目标都是一致的，那就是共同把广西科技事业做好。会后，我建议大家把这次会议的精神好好的向各市委、市政府做汇报，向县委、县政府做汇报，高校、院所、企业也要把精神带回去，认真贯彻落实好。

“十二五”科技发展规划提出了“强基础、提能力、促发展、惠民生”的工作总体思路，得到了自治区党委、政府的认可。马飚主席在2011年广西科技活动周开幕式暨科技表彰大会和2011年政府工作报告中也强调了“十二五”时期科技工作要牢牢抓住“强基础、提能力、促发展、惠民生”的总体要求。2006年全区科技大会明确了我区今后一个时期科技工作的指导方针是遵照国家提出的“自主创新，重点跨越，支撑发展，引领未来”十六字方针，为什么广西又提出“十二五”期间科技工作要围绕以“强基础、提能力、促发展、惠民生”思路来开展？如何理解这其中的内涵？下面，我想就这十二个字重点向大家作一些阐述。

一、关于强基础

所谓强基础，就是要在“十二五”期间要做大做强广西科技创新的基础，增强科技创新的后劲。今年广西将进入“万亿元GDP俱乐部”。尽管这些年广西经济发展速度很快，但是，也应看到，广西欠发展、后发达的区情仍没有发生根本改变，广西经济社会还有很多落后的地方需要改进和加强。科技也一样，虽然科技事业这几年发展迈上了一个新台阶，比如在国家重点实验室、工程中心、高新区等建设和发展方面实现了重大突破，包括国家支撑项目、国家自然基金也都有新突破，但是，广西科技发展的水平还不高。

国家科技进步水平统计监测数据排名，广西2006年的排名在26位，2007跌至30位、2008年停留在30位，2009年回升到28位，2010年保持28位，2011年可能也是28位。2010年广西经济总量全国排名18位，GDP达9520亿元，但科技只排到28位，这里面确确实实反映出广西科技基础十分薄弱，广西科技发展水平还跟不上经济发展的水平。“十二五”期间，自治区给科技工作提出三个硬指标，第一个指标是科技进步对于经济发展的贡献率要达到48%，第二个指标是全社会R&D的投入达到GDP的2.2%，这两个指标与全国平均水平持平。但是，目前我区科技进步对于经济发展的贡献率在40%左右，要达到48%，我们有许多工作要做，特别是R&D的投入达到GDP的2.2%这一指标，2010年广西R&D投入占GDP比重预测值为0.9%，要达到2.2%，大家想想还有多少的差距。去年，我国R&D投入约占全国GDP的1.7%左右，1.7到2.2差0.5个百分点，广西从0.9到2.2差1.3个百分点。如果达到2.2%，广西科技的投入会翻天覆地的变化。还有一个指标，到“十二五”期末万人拥有发明专利要达到3件，广西拥有5050万人口，达到这个指标全区发明专利要达到15000件，是目前的5倍左右。

展望“十二五”，要达到自治区政府给科技发展定的3个硬指标，困难是很多的，需要付出很大的努力。但我们怎样达到呢？这可不像一个战役，可以集中力量，指挥千军万马打歼灭战。科技工作需要遵循循序渐进的规律，一步一步往前走。财政科技投入可以在短时间内实现大增长，只要自治区主要领导批示就可以，但是专利的创造、贡献率的提高都要靠我们一步一步往前走。怎么做？我觉得就像演一台戏，有演员、有舞台、还要有灯光、道具等方面的条件，也就是演这台戏的基础。科技要达到万人拥有3件发明专利，科技要为14个千亿元产业和战略新兴产业作贡献，就必须有创新基础，没有基础就等于演员没有、舞台没有、灯光没有，演不了戏。

因此，“十二五”我们要做强基础。做强基础包括哪些方面？我的理解主要是三个方面。

一是建队伍。做强科技创新的队伍。队伍包括三个方面：一是研发、攻关的队伍；二是转化、推广的队伍；三是科技服务队伍。这三支队伍有了，我们就有“演员”了。但目前我们这三支队伍都不强。我们的研发队伍弱，缺乏高层次创新人才。全广西就一个院士，长江学者也只有2个，没有国家级创新团队，万人科技工作人员人数没有达到国家平均水平。因此，高水平的研究成果不多。成果转化队伍也很弱，没有专门的科技转化、推广队伍。好的科技成果出来后需要专门的人进行转化、推广才能创造出利益，但现在有些人自己研发出来的成果自己去推广，要知道科研院所的强项是搞科研，现在都去搞市场、搞产品，丢了自己的长项去做短项，效率很低。因此拥有专门的转化、推广队伍十分必要。落实国家人才规划对广西非常重要，设立八桂学者岗位、特聘专家岗位、培养自己的院士等，这些都是很明智的。但这些都是高端人才，我们同样需要中端、低端人才。从人才建设角度来说，科技厅就要抓顶尖人才，引进高层次的人才；市里面主要抓转化、推广人才；县里面要抓乡土人才、种养大王等。那么队伍怎么来？我觉得应该是以培养为主，引进相当难。某市曾经用百万年薪吸引院士，没有人来。用钱、用待遇来引进，很多东西是做不到的，引进不能解决根本问题。地方发展的基本问题，没有固定的人，没有长期工作的人，根本做不来。我们也曾经引进过很多院士来做项目，最终院士只挂挂名，其实都是他的学生来做。因此，队伍的建设，我认为还是以培养为主，发现了具有培养和发展潜力的青年人才，就加强支持，长期扶持，共同努力将其培养成为广西的高层次人才。

以上是人才队伍建设的问题，人才队伍建设涵盖的内容很广泛，我就特别讲这一点，建基础，第一就是建队伍。

二是建平台。就是建设科技创新平台。首先是研发平台，包括重点实验室、工程中心、实验基地等。其次是应用转化平台，包括培养创新型企业、建立高新技术产业园区，建设技术市场等。再次就是服务平台，包括科技服务网络的建设、科技情报网络以及各个市的孵化器等等。现在我们的创新平台比较落后。研发平台方面，我们的国家级重点实验室，去年已经有一个依托转制院所和企业建设的国家重点实验室了，但是依托高校建设的国家重点实验室还没有。省部共建的，包括教育部、科技部的有 9 个，自治区重点实验室 36 个，也不多。但要提高这些创新平台的水平，发挥其作用，还要做很多工作。如果队伍没有，基本条件没有，国家不可能把牌子授给广西。已经获得国家创新平台牌子的要抓紧建设，想要进入“国家队”的创新平台也要抓紧建设。从另一方面来说，既然引进了人才，就要创造良好的条件和平台，否则引进来就没有任何意义，因为引进来了如果没有施展才华的空间和舞台，反而会带来负面影响。队伍是演员，平台就是舞台，各种仪器设备，就是演戏用的道具，没有这些条件，做不了科研。因此“十二五”期间要把平台建设放在重要位置。

三是营造环境。环境是基础建设，我觉得应该包括政策环境和人文环境。政策环境就是激励科技人员攻关，在这里奋斗；人文环境就是让社会承认他们、尊重他们，把科技人员当作宝贝。陈章良副主席今天在会上对科技工作提出了很多方面的要求，但有一些很难落到实处，从某种意义上看是因为人文环境不行。我们好多高校里面的尖子人才，一听说要招考副厅级领导干部，好多人都去报，很多人搞了大半辈子的科研，一些项目成果都具有很高的理论和实践价值的，如果能转化将产生可观的经济和社会效益，可还是转行了。俗话说得好，鱼和熊掌不可兼得，很多人一走到领导岗位，就会受到有很多事务性工作困扰。在高校工作过的人都知道，当教授时觉得有充足时间搞科研，一旦任职当个处长或副校长就会觉得时间很紧张。造成这种现象，很大程度上是由于“官本位”的人文环境影响。政策激励很重要，人文环境很重要。科技建设就是建队伍，建平台，建环境，我们作为科技管理的人，应该想到这些东西。

二、关于提能力

所谓提能力，即提高自主创新能力。2006 年国家科技大会明确了建设创新型国家的发展战略，创新型国家的主要标志就是自主创新。2008 年，自治区党委、政府提出要提高自主创新能力，建设创新型广西。怎样提高自主创新能力？广西的自主创新能力提高，除技术以外，一要在机制、体制上做文章，要有效的利用科技资源，建设广西的地方创新体系。今天，谢迺堂厅长在科技工作报告中提到“政产学研用”五结合，“政”即政府，“产”即生产企业，“学”即高等院校，“研”即科研院所，“用”即产品用户，要把这个体系建起来。还要建立产业技术创新战略联盟，新的形势下靠单打独斗是不行的，要有联盟，要有协作。二要在管理制度上做文章，要激励科技人员搞科研，在搞科研的过程中体现他们的价值，这些都是在我们的管理过程中体现的。

前面六个字“强基础、提能力”做为一层意思。提高广西科技水平就是要强基础提能力，最终提高广西自主创新水平。

三、关于促发展

促发展，就是强调科技要促进经济社会发展。陈章良副主席提出围绕着 14 个千亿元产业来做，实际上就是要科技与经济结合。科技从研发角度来讲，有两个大方面，一个是基础研究，一个是技术开发，也可以讲是应用研究。陈章良副主席在讲话中要求，要抓好基础研究，没有基础研究就没有应用研究，没有基础研究就没有队伍，只有把这两个研究搞好，才能谈到支撑发展，才能谈到引领未来。怎么做这些事，自治区层面怎么做，市一级又怎么做。我觉得首先加强研究投入。近年来，研发经费投入逐年增加，南宁、柳州、桂林这三个市一年市本级财政投入的经费在全区 14 个市中是较多，南宁有一个亿，柳州也差不多七千多万，桂林有二千多万，其他的市相对少。我们一定要管好、用好。我们要重视基础研究的投入，因为基础研究的目的一是支持创新的积累，二是锻炼队伍。基础研究，应该鼓励科技人员海阔天空，允许胡思乱想，不断进行思想和技术创新，不要对其提出什么限制。应用研究就要围绕广西的经济社会发展来做，我们广西提出“五化”，即工业化、城镇化、信息化、市场化、国际化，我们就要围绕着“五化”来做，围绕着广西14个千亿元产业来做，围绕着七个战略性新兴产业来做。科技厅从抓单个产品的研发，支持大家搞创新，出新产品，到现在转向支持产业发展，促进产业链的延伸。因此我们说，促发展就是要促进科技和经济社会相结合。

高校要加强科研和成果转化，不要只关注科技厅的科研经费，企业是创新的主体，70%以上的项目资金在于企业，要加强与企业合作，主动走进企业，跟他们联合攻关。只有这样才能获得更多的科技项目和支持经费，而且人也有用武之地了。科研院所，包括科技型企业，要发挥各自的长处，不要局限于研发出技术，要加强转化，有能力的就自己转化，把技术转化变成产品，要不就卖技术或者找合作伙伴，找人家来转化，科技金融风险投资就是做这个事。科研院所也要走出去。企业要多采用高新技术，成为技术开发的主体，要加大投入，不断搞技术创新，把技术变成产品、变成生产力，等等。

高校院所有组织攻关的能力，企业懂市场、懂经营，知道缺什么需要什么，多提出问题给大学院所去攻关，然后应用成果。服务机构要做好全程服务。政府要发挥引导协调的作用。只有大学、院所和企业等方方面面都联合起来形成合力了，广西的科技才能发挥支撑引领作用，任何一个拖了后腿都不行。

四、关于惠民生

大家都知道，科学发展观提出来以后，“以人为本”在我们国家管理中是排在第一位的，实际所有的工作都要“以人为本”，要服务于人的发展、服务于人的生活改善、服务于人在社会怎么活得更舒心一点。科技也一样，在科技工作报告里面讲到民生科技，民生科技是什么，怎么来理解民生科技？从大的方面讲所有的科技都是有利于民生的，民生科技与大家的日常生活息息相关，吃、住、行、医、安（安全）都与科技有关。在吃方面，科技历来抓粮食工程，十三亿人口的泱泱大国如果粮食不足，后果将很严重。确保粮食安全，科技要发挥作用，发挥直接作用。在农业新品种、养殖技术等方面加强科技攻关，支撑农业发展。在住方面，住房首先要有空间，住得舒服，环境好，还要讲究节能和生态环境，这里面有大量的科技支撑。在行方面，现代交通要求快速、便捷、安全，这里有很多科技内涵。高铁、飞机、高速公路各方面都有科技问题。在医方面，医疗卫生方面，人口健康、地方病、重大疾病、各种疫病防治等问题都和科技密切相关。在安全方面，社会安全稳定是人民安居乐业的前提条件，科技可以有更大的作为。科技强警，交通管理、各类侦查等很多方面科技都可介入，所以说民生科技实际也是很宽泛的。

“十二五”科技发展规划的总体思路“强基础、提能力、促发展、惠民生”应该说是我们科技工作基本的东西，可以把思路分成两段来看，“强基础、提能力”，就是要提高我们的创新能力水平；“促发展、惠民生”是科技工作的目的，就是要促进经济发展，就是要惠及人民群众，让科技成果更多更广的惠及广大人民群众。科技管理部门一定要好好的体会、好好的领会，把它落到实处。

今天上午，谢酒堂厅长讲的不管是“十二五”的规划还是第五轮创新计划，以及2011年的工作要点，都包含了这些内容，我们就要好好的认真落实，要按这个思路来做好科技工作。我们科技工作有句话：“尽管落后，但是也有亮点”。刚才我在跟高校组讨论中讲了，现在的广西大学、广西师范大学等大学的科研能力强是几十年的积累，新办才几年的大学，就想和这些院校看齐那是不可能的，我们广西大学也没办法和北大、清华看齐，但是我们要不气馁不悲观，只要一步步做基础工作，我们的科研能力也能够逐步的得到提高。科技工作就是要循序渐进的，把我们自治区级的平台建设好了才去争国家级的平台，要有决心做好长江学者、八桂学者、国家引进海外高层人才“千人计划”、特聘专家等的培养，创造条件争取广西院士实现新的突破。

最后，我还想讲一个问题，科技人员要转变观念。陈章良副主席指出广西很多特色农业行业，但是没有哪一个行业能培养出科技创新的“大家”。广西的无籽西瓜做得很好，甘蔗、桑蚕、速生桉都是全国独一无二，但是我们仍然没人评上这些行业领域的院士，主要是大家都在做推广做转化这方面，没有加强基础研究。没有基础研究、没有理论研究是很难登上科学大殿堂的。我区现在有一批人在努力，但大多是重应用研究而没有重基础研究。我希望广西高校要培养院士，首先要支持他们做基础研究和理论研究，要坚持长期的积累。

总而言之，面对新的五年，广西的科技工作正得到自治区党委、政府越来越高的重视，投入也将逐年提高，与此同时科技管理工作者的担子必然会越来越重，这个是历史发展的必然。现在我们落后了，就要踏踏实实的做，按十二个字的思路来抓工作，即使我们这一届做不好，说不定下一届就会做好，就算下一届做不好，可能后一届就会做好，总之，只要我们坚持一步一个脚印，广西的科技发展就会越来越好。

提高创新能力　增强发展后劲　为实现“富民强桂”新跨越提供科技支撑

——在2011年全区科技工作会议上的报告

自治区科技厅厅长　谢凒堂

(2011年2月22日)

同志们：

这次全区科技工作会议的主要任务是，学习贯彻落实党的十七届五中全会精神、自治区党委九届十三次全会精神以及全国科技工作会议和全区经济工作会议精神，总结交流2010年全区科技工作，研究部署2011年全区科技工作。自治区副主席陈章良同志对这次会议很重视，莅临会议，稍候作重要讲话。根据会议安排，下面，我代表自治区科技厅做工作报告。

一、全国科技工作会议主要精神

全国科技工作会议于2月18至19日在北京召开，会议总结回顾了2010年及“十一五”全国科技工作，研究部署了2011年及“十二五”的科技工作。国务委员刘延东出席会议并作重要讲话，万钢部长作了工作报告。

刘延东国务委员在讲话中充分肯定“十一五”科技事业发展取得的成就，分析了当前科技工作面临的形势。她强调，当前科技发展仍处于重要战略机遇期，全球正处于最活跃的创新时代，新兴产业飞速发展、产业结构处于大调整，以科技创新为核心的国家战略密集出台，新兴大国整体经济实力大幅提升，科技实力呈现群体性崛起。但我国科技发展仍面临巨大压力，我国在资源配置、成果转化、人才培养等方面仍存在短板。我们要抓住机遇、利用机遇、赢得机遇。

关于今后一个时期的科技工作，刘延东强调，要围绕加快经济发展方式转变，切实提升自主创新能力。要坚持把科技进步和创新作为加快转变经济发展方式的重要支撑，把增强自主创新能力作为发展科学技术的战略基点，坚定不移地走中国特色自主创新道路。要依靠科技推动工业化、城镇化和农业现代化，加快培育和发展战略性新兴产业，扎实推进国家重大科技专项，尽快形成一批技术集成度高、带动性强的重大技术系统和国家示范工程。要加强涉及民生领域先进适用技术的研发和推广，大力支持基础研究和前沿技术研究，力争取得一批重大原始创新成果。

她强调，要进一步深化科技体制改革，完善国家创新体系。完善科技与经济紧密结合的体制机制，探索“政产学研用”紧密结合的有效途径；加强科技统筹协调，加强管理部门之间沟通协调、加强中央与地方联动；促进科技资源优化配置和开放共享，要在科技经费分配办法和项目管理办法这两方面首先取得突破；营造宽松和谐的知识创新环境，加大创新人才培养使用力度；拓展科技对外开放的广度和深度。

万钢部长在工作报告中强调，“十二五”时期，科技工作要深入贯彻落实科学发展观，坚持“自主创新、重点跨越、支撑发展、引领未来”的方针，深入实施《科技规划纲要》，以科学发展为主题，以支撑加快经济发展方式转变为主线，以提高自主创新能力为核心，以改革开放为动力，攻占科技制高点，培育经济增长点，围绕民生关注点，突破改革关键点，推动我国经济社会发展更多依靠科技创新驱动，加快建设创新型国家。

万钢部长强调，要做好未来五年的科技工作，应着力把握好四个方面：一是必须坚持《科技规划纲要》的战略部署；二是必须牢牢把握“十二五”发展的主题主线；三是必须把提高自主创新能力作为科技工作的核心；四是必须坚持把改革开放作为推动科技创新发展的根本动力。

万钢部长在工作报告中提出了2011年全国科技工作的十大重点任务：一是加快推进国家科技重大专项，培育和发展战略性新兴产业；二是大力推动科技成果转化和产业化；三是加强农业科技创新，促进城乡统筹发展；四是使科技成果切实惠及民生，大力发展民生科技；五是加强前沿技术和基础研究，提升持续创新能力；六是深化科技管理改革，提高管理的科学化水平；七是全面推进国家创新体系建设，着力营造良好创新环境；八是落实人才规划纲要，加强科技创新人才队伍建设；九是加强地方科技工作，提升基层科技创新和服务能力；十是扩大科技合作交流，提高科技国际化水平。

二、2010年及“十一五”科技工作回顾

2010年是科技发展“十一五”规划和第四轮创新计划实施的最后一年。过去的一年，全区科技工作围绕自治区党委、政府中心工作，以邓小平理论和“三个代表”重要思想为指导，深入贯彻落实科学发展观，着力推动产业创新，优化资源配置，创新体制机制，增强创新能力，全面完成了科技发展“十一五”规划和第四轮创新计划的目标任务。科技进步与创新在促进产业结构调整、加快转变经济发展方式、保持和扩大我区经济社会良好发展势头等方面发挥了强有力的支撑作用，为实现“富民强桂”新跨越作出了切实的贡献。

（一）产业自主创新取得重大突破。

科技创新提升工业技术水平和竞争力。重点围绕汽车、机械、有色金属等千亿元产业发展，整合优化创新资源，组织实施千亿元产业“350”重大科技攻关工程，加大科技攻关力度，千亿元产业创新取得了显著成效。我区首款中型轿车宝骏630研制成功，优化了我区汽车产业结构，进一步提升了汽车产业竞争力；制糖、铝、锰等行业集成推广一批先进共性关键技术，综合治理技术在全国处于先进水平。“十一五”以来，通过科技创新和技术改造，在国内率先研发出达到欧Ⅳ、欧Ⅴ排放标准的柴油发动机、巨型轮胎、高性能铝合金散热器等一批具有自主知识产权的新产品，制糖产业以及汽车、机械、有色金属等部分产业领域技术在全国处于领先水平，进一步提高了“玉柴”“柳工”“五菱”“欧维姆”等一批知名品牌的地位，为我区食糖、微型汽车、轮式装载机、柴油内燃机等产品市场占有率排全国第一位，汽车产量超百万辆，以及食品、汽车、冶金产业产值超千亿元提供了强有力的科技支撑。

科技创新加快推进现代农业发展。重点围绕水稻、甘蔗、桑蚕、畜牧、水产等特色优势产业，开展新品种选育、先进技术推广和科技成果转化应用等工作，取得了明显的成效。全年共引进收集农业新品种410个，选育农业新品种73个，新品种示范应用面积380万亩；攻克农业生产技术112项，制订农业安全生产标准83个，建立标准化示范种植基地190万亩。“桂两优二号”获农业部确认为超级稻品种，实现了广西超级稻品种零的突破。“杂交水稻优质化育种创新利用”项目荣获2010年国家科技进步二等奖。“十一五”以来，“桂糖26号”“百优838”“桂桑优62”等一大批农业产业新品种培育成功，以及标准化栽培、高值化加工等一批先进适用技术的推广应用，使我区动植物良种覆盖率达到90%以上，甘蔗、木薯、桑蚕、速丰林、奶水牛、罗非鱼等优势特色产业生产技术水平处于全国领先地位，糖料蔗、蚕茧、木薯、木材等产量排全国首位，优质稻产量位于全国前列。

（二）科技进步推动民生事业发展。

科技创新提高人民生活水平。在人口健康、生态环境、公共安全、减灾防灾等方面开展重大科技攻关，取得了一系列丰硕成果。我区在头颈部恶性肿瘤、地中海贫血、肝炎肝硬化等疾病的诊断和防治技术跨入全国先进行列。科技支撑节能减排和生态环境建设工作取得新成绩，为全面完成国家下达的“十一五”节能减排和淘汰落后产能目标任务、加快生态文明示范区建设作出了积极贡献。

科技专项促进农民增收。2005年以来在14个市的48个县（市、区）实施科技富民强县专项行动，培育壮大了蔗糖、桑蚕、木薯、奶水牛等一批县域特色优势农业产业，2010年带动902万农民年人均增收389元，促进县域财政增收9.6亿元。通过开展新农村建设科技示范试点工作，建立了1054个农业种养科技示范基地，培训农民65万人次，有效提高了示范点农民创新创业技能，促进了“一镇一业”“一村一品”产业发展。

（三）**高新技术产业保持快速发展势头。**

高新技术产业开发区发展跃上新台阶。柳州高新区晋升为国家级高新区，我区成为拥有国家级高新区最多的西部省区之一，桂林高新区成为全国产学研合作创新示范基地，梧州高新区建设进入政府审批阶段。2010年，桂林、南宁、柳州和北海四个高新区工业总产值、总收入、总利税和出口创汇分别达到1934.37亿元、2093.92亿元、214.48亿元和14.2亿美元，比上年分别增长31.6%、31.2%、24.7%和48.4%，桂林、南宁和柳州三个高新区工业增加值占所在市工业增加值的比重分别达到31.1%、32.1%和27%。南宁、柳州高新区成为全区仅有的两个产值超500亿元的工业园区。

高新技术产业集群进一步发展壮大。广西北部湾经济区国家高新技术产业带建设步伐加快，高新技术企业不断发展壮大，全年新认定高新技术企业103家，累计达到288家。软件产品开发及网络应用技术、先进制造业信息化技术、非粮生物质能源产业化关键共性技术等科技攻关取新突破，逐步形成了以电子信息、生物与新医药、新材料、先进制造等为代表的高新技术产业集群。

高新技术有效改造提升传统产业。制造业技术示范工程及示范体系建设取得新进展，新增制造业信息化示范企业34家，累计达到200家，4家企业被认定为国家级制造业信息化科技工程示范企业，示范企业新产品开发周期缩短26%，新产品贡献率提高66%。通过制造业信息化工程的实施，使设计数字化、管理数字化、装备数字化、生产过程自动控制及电子商务等信息技术得到广泛应用。汽车、机械等产业的主要大中型企业大部分应用了信息技术，实现了设计、制造、管理一体化，部分制糖企业实现了全自动控制。

（四）**技术创新工程取得新成效。**

创新型企业试点工作积极推进。广西玉柴机器股份有限公司和桂林三金药业股份有限公司成为国家创新型试点企业，我区国家创新型试点企业已达7家，新认定42家自治区级创新型试点企业，累计达到83家。

产业技术创新战略联盟进一步壮大。引导创新要素向产业集聚，新建罗非鱼、坭兴陶、粮食等13个产业技术创新战略联盟，全区累计达到19个。

科技特派员工程深入实施。自治区本级选派了540名科技特派员服务企业、农村，累计派出科技特派员732名，组建了优质鸡、罗非鱼、香蕉等11个科技特派员创业链，增强产业创新能力。

（五）**自主创新基础进一步夯实。**

科技投入稳步增加。2010年，全区财政科技拨款21.62亿元，比上年增长19.6%，其中自治区本级10.87亿元，比上年增长17.7%。全年获得国家经费近1.7亿元，“十一五”期间，我区获得科技部经费支持是“十五”期间的3倍。科技贷款、融资工作取得新成绩，广西投融资担保有限公司为38家高新技术企业及科技型中小企业发放科技担保贷款3.5亿元。

高层次人才培养和引进取得新进展。自治区党委、政府出台了《关于加快吸引和培养高层次创新创业人才的意见》和3个配套文件，建立了八桂学者和特聘专家制度，培养和引进高层次人才的机制进一步完善。自治区主席工业院士顾问选聘工作全面启动，初步确定了首批拟聘院士顾问名单。发挥广西自然科学基金培养人才的作用，自治区首次设立和下达了3个创新研究团队项目。我区有1人获得2010年度国家杰出青年科学基金项目支持，2人入选国家引进海外高层人才“千人计划”。

创新平台建设取得重大突破。非粮生物质酶解国家重点实验室获科技部批准建设，实现了我区依托转制院所和企业建设国家重点实验室零的突破。国家土方机械工程技术研究中心获科技部批准建设。2家自治区重点实验室被列为省部共建国家重点实验室培育基地。新认定自治区重点实验室17家。“十一五”期间，我区已建立了3家国家级工程技术研究中心、85家自治区级工程技术研究中心、1家依托转制院所和企业建设的国家重点实验室、3家省部共建国家重点实验室培育基地、36家自治区重点实验室，建设了23个千亿元产业研发中心、9家国家级示范生产力促进中心、2家国家技术转移示范机构，为提升我区科技创新能力、培养和引进高层次人才奠定了良好的基础。

（六）科技交流与合作进一步加强。

面向东盟国家的国际科技交流合作不断深化。建成了“中国—东盟科技合作与成果转化”网站，开发了中国—东盟协同工作平台和东盟小语种电子翻译系统等应用系统。加强4个国际科技合作基地建设，增强了科技辐射东盟国家的作用。第七届中国—东盟博览会农村先进适用技术暨高新技术展成功举办，共展出农村先进适用技术和高新技术411项。自治区科技厅分别与联合国工业发展组织、越南胡志明市科技厅、越南高平省科技厅等签署了科技合作协议。成功举办了“2010广西生物能源及生物材料产业热带亚热带资源开发利用国际专家论坛”等一系列国际科技活动。

国内交流合作不断加强。依托广西科技活动周、北京科博会、深圳高交会、中国一东盟博览会、杨凌农高会等重大交流平台，广泛开展技术交易和技术转移，共展示项目2700多项，促成技术合作项目97项，签约资金20.4亿元，我区技术输出258项，技术引进1234项。

（七）自主创新环境继续改善。

政策法规进一步完善。修订出台《广西壮族自治区科学技术奖励办法》，增设了自然科学奖和技术发明奖，完善奖励体系，大幅度提高奖励额度，广西科学技术特别贡献奖奖金数额由原来的50万元提高到100万元，广西科技进步奖的一、二、三等奖奖金实现翻番。组织修订《广西高新技术产业开发区条例》等法规，为自主创新提供政策法规保障。

部区会商不断深化。科技部与自治区人民政府举行工作会商第三次会议，确定了推动实施千亿元产业重大科技攻关工程等五个会商议题，各项工作扎实推进。部区会商制度建立三年来，我区累计获科技部各类科技计划项目支持经费达4.5亿元，“一平台两基地”初步建成并发挥了积极作用，在加强我国与东盟国家的交流合作、促进我区特色优势产业发展、支撑广西北部湾经济区开放开发等方面发挥了重要的作用。

知识产权取得新成效。深入实施知识产权战略，加强知识产权创造、运用、保护和管理。全区申请专利5117件，获专利授权3647件，分别比上年增长19.6%和35.0%。其中发明专利申请1574件，获授权426件，分别比上年增长23.9%和30.7%。桂林市成为国家知识产权示范城市。

科普活动蓬勃开展。成功举办了第19届广西科技活动周、2010年全国科技活动周广西活动、广西领导干部时代前沿知识系列讲座、“十月科普大行动”、“依靠科技抗旱救灾及春种生产科技下乡”等一系列丰富多彩的科普专题活动，推动科普工作向纵深发展。科普基础设施不断加强，一批科技场馆建成开放，科普工作联席会议制度进一步完善。

（八）各市、各部门科技工作呈现新气象。

市县科技进步工作取得新成效。一是厅市会商工作深入推进。2010年，科技厅与贺州、玉林、梧州等市建立和深化工作会商制度。目前，科技厅已与全区9个地级市政府建立了科技工作会商制度，对进一步密切科技厅与各市的交流合作、提升区域创新能力、促进地方特色产业发展发挥了积极的作用。二是各市工作亮点纷呈。南宁市成为国家创新型试点城市；柳州市成立了我区首家科技创业投资公司；桂林市知识产权交易平台被科技部列为“国家科技基础条件平台”子平台；梧州市和钦州市加快推进自治区级高新区创建工作；百色国家农业科技园区被正式批准为国家农业科技园区；北海国家农业科技园区被批准为建设试点；玉林市科技特派员服务范围已覆盖到全市90%以上的行政村和中小企业；河池、贵港、贺州、防城港、来宾、崇左等市在全面完成第四轮创新计划目标任务、加强院（校）地科技合作、促进地方特色优势产业创新与发展等方面也取得了新成效。

部门科技工作各具特色。人社厅全面加快人才小高地和特聘专家选聘工作；农业厅积极推进自治区主席农业院士顾问工作；工信委加大技术改造力度，提升产业技术进步水平；发改委积极部署和推动战略性新兴产业发展；教育厅积极推进产学研结合；科协不断创新科普工作方式；财政、税务、金融等部门以多种方式加大对科技创新的资金支持；其他各部门的科技工作也取得了新的进步。一年来，多部门联合推动科技创新的局面进一步形成。

同志们，过去一年科技工作取得的成绩，是在自治区党委、政府的正确领导下，各地、各部门和社会各界大力支持、密切配合的结果，是全区科技战线广大科技工作者和管理者扎实工作、奋力拼搏的结果。在此，我代表自治区科技厅，向为全区科技事业付出心血和努力的各级、各部门领导和同志们以及社会各界人士表示衷心的感谢，向奋战在科技第一线的广大科技人员表示崇高的敬意！

回顾2010年乃至整个“十一五”时期，我区科技工作能够不断迈上新台阶，取得重大突破，更好地融入了经济社会发展主战场，总结起来，有以下几点做法与体会：

一是围绕自治区党委、政府中心工作是做好科技工作的重要前提。“十一五”时期，我区科技事业能够稳步向前发展，在推动经济社会平稳较快发展方面发挥了积极的作用，其中一个很重要的原因就是能够服务于自治区党委、政府的中心工作，找准科技支撑经济社会发展的切入点和着力点，提高了科技工作的显效度。

二是坚持科技创新和科学技术普及“双轮驱动”。科技创新与科学技术普及是科技进步的两个轮子。一方面，始终坚持把提高自主创新能力作为科技创新的核心，摆在全部科技工作的突出位置，全面提高科技综合实力。另一方面，始终加强科学技术普及，制订科普发展规划，创新科普机制，增加科普投入，开展各类科普活动，促进公众科学素养不断提高。

三是依靠体制机制创新激发创新活力。体制机制创新是破解科技发展难题的关键。通过加强科技宏观统筹协调、优化资源配置、建立部区会商和厅市会商等科技工作新机制，不断聚集创新资源，逐步形成全社会的创新合力。

四是注重引导创新资源向重点区域和重点产业集聚。我区利用广西北部湾经济区上升为国家战略和中国—东盟自由贸易区建成等重大发展机遇，从自身的产业基础、资源禀赋和区域布局出发，积极扩大对外交流合作，吸引人才、资金、技术、项目等创新要素向“两区一带”和千亿元产业集聚，提升了区域竞争力和产业竞争力。

五是积极营造科技发展的良好环境。近年来，我区研究出台一系列科技政策法规，大力弘扬科学精神，发展创新文化，推动各类创新创业活动，营造了科技发展的良好环境，使全区上下形成共识，凝心聚力，合力创新，促进了我区经济社会发展。

三、我区科技工作面临的新形势

“十二五”时期，是我区科学发展、和谐发展、跨越发展和加快“富民强桂”新跨越的关键时期，是深化改革开放、加快转变经济发展方式的攻坚时期，同时也是我区科技工作大有作为的重要战略机遇期，我们要准确把握好新形势对科技工作提出的新要求、新任务，变压力为动力，化挑战为机遇，更好的发挥科技对经济社会发展的支撑引领作用。

（一）加快转变经济发展方式对科技提出了更高的要求。

国际金融危机以来，世界发展模式面临深度调整，全球进入空前的创新聚集和产业振兴时代，谁能在科技创新方面占据优势，谁就能够掌握发展的主动权。党的十七届五中全会明确提出必须把科技进步和创新作为加快转变经济发展方式的重要支撑。胡锦涛总书记强调，建设创新型国家，加快转变经济发展方式，赢得发展先机和主动权，最根本的是要靠科技的力量，最关键的是要大幅提高自主创新能力。温家宝总理在国家科学技术奖励大会上也强调，加快转变经济发展方式，实现科学发展，必须依靠科技支撑和引领。

（二）“富民强桂”新跨越对科技工作提出了更紧迫的任务。

“十一五”以来，我区经济持续较快发展，实现了地区生产总值等十二个指标翻番，经济社会加快转型，工业化跨入中期阶段，城镇化快速推进，居民消费逐步向发展型升级，开创了科学发展、和谐发展、跨越发展新局面。今后一个时期，我区加快将区位优势、资源优势和生态优势转化为竞争优势，自治区党委九届十三次全会明确提出实现“富民强桂”新跨越的战略任务，强调要坚持把科技进步和创新作为实现“富民强桂”的重要支撑。

近年来，我区科技事业取得了长足的进步，但科技创新总体能力较弱，还不能适应经济社会快速发展的要求。一是科技基础比较薄弱，科技投入远不能满足创新需求，高层次创新人才匮乏，高层次平台少；二是科技支撑产业发展的能力还不强，拥有自主知识产权的关键核心技术与产品不多；三是基层科技创新能力较弱，难以满足县域经济社会发展的需求；四是科技惠民的能力还比较弱，惠及广大人民群众的重大科技成果还不多；五是科技体制机制有待进一步完善，支持科技创新的一些政策没有真正落实到位，科技宏观管理和统筹协调能力有待进一步加强。

目前，我国已进入了以创新促转型，以转型促发展的新阶段，我们要按照中央和自治区党委、政府的部署，统一认识，坚定信心，准确把握科技发展形势和规律，找准科技与经济社会发展的契合点，明确主攻方向，努力做好各项工作。

四、广西科技发展“十二五”规划和第五轮广西创新计划总体思路

“十二五”时期是我区全面建设小康社会的关键时期，是提高自主创新能力，建设创新型广西和实现“富民强桂”新跨越的攻坚阶段，根据中央和自治区经济社会发展的总体部署，研究提出今后一个时期的科技发展思路和重点。

（一）广西科技发展“十二五”规划。

今后五年科技发展的总体思路是：以邓小平理论和“三个代表”重要思想为指导，深入贯彻落实科学发展观，全面贯彻党的十七届五中全会精神和国家新时期科技指导方针，围绕实现“富民强桂”新跨越战略，按照“强基础、提能力、促发展、惠民生”的思路，以提高自主创新能力为核心，以支撑经济发展方式转变为主线，以实施科技重大专项和工程为抓手，以深化改革开放为动力，着力强化科技基础，着力培育发展战略性新兴产业，着力支撑千亿元产业发展，着力推进农业现代化，着力发展民生科技，加快创新型广西建设，为加快经济转型和科学发展、和谐发展、跨越发展提供有力的科技支撑。

到2015年，全区科技发展总体目标是：科技创新环境明显改善，广西创新体系基本建成，自主创新能力显著增强，科技支撑和引领经济社会发展的能力明显提高，科技进步达到全国中等水平，研究与试验发展经费支出占地区生产总值比重达到2.2%，每万人口发明专利拥有量达到3件，科技进步对经济增长的贡献率达到48%。

规划初步明确了“八大任务”和“十一个重大专项”：

八大任务是：（1）实施科技创新能力建设工程，完善广西创新体系；（2）加快推进高新技术产业发展，培育发展战略性新兴产业；（3）加大千亿元产业科技攻关，提升产业核心竞争力；（4）强化农业科技创新，促进现代农业发展；（5）集成应用信息技术，加快现代服务业发展；（6）推进民生科技进步，促进社会和谐发展；（7）加快高水平人才队伍建设，增强科技创新的人才基础；（8）加强基础研究，提升原始创新能力。

十一个重大专项是：（1）新能源汽车关键技术研究；（2）非粮生物质能源产业关键技术攻关与产业化示范；（3）铝资源关键共性技术开发与产业链延伸；（4）制糖业共性关键技术研发与示范；（5）中药现代化关键技术研究与开发；（6）粮食安全关键技术研发与产业化；（7）桑蚕茧丝绸产业发展关键技术研究与开发；（8）罗非鱼优势产业关键技术研究与开发；（9）畜禽安全生产关键技术研究与开发；（10）金属尾矿资源综合治理与高效利用；（11）桉树人工林生态效应与调控机制研究。

（二）第五轮广西创新计划。

第五轮广西创新计划的总体思路是：落实广西科技发展“十二五”规划，按照“提能力，促转化，惠民生”的总体要求，以提升自主创新能力为核心，以加快经济发展方式转变为主线，工作重心下移，重点解决地方经济社会发展重大科技问题，通过实施七大科技工程，加强创新平台建设，完善区域创新体系，促进科技成果转化，加快区域优势特色产业发展，增强科技促进经济社会发展的能力，为建设创新型广西和实现“富民强桂”新跨越提供强有力支撑。

总体目标是：根据全区经济社会发展目标，围绕地方重大科技需求，用3年时间，加快建设和布局一批重大科技创新平台和基地，夯实基层科技创新基础，完善区域创新体系。加大科技攻关和成果转化力度，攻克一批产业发展关键核心技术，集成推广一批先进适用技术，获取一批发明专利和标准，研发一批新产品、新品种，进一步增强科技自身能力和科技对经济社会发展的支撑和引领作用，为创新型广西建设打下坚实基础。

重点任务是实施七大科技工程：（1）企业自主创新能力提升工程；（2）高新技术产业促进工程；（3）科技兴农能力提升工程；（4）产业创新人才队伍建设工程；（5）科技成果转化能力提升工程；（6）知识产权战略推进工程；（7）科技惠民能力提升工程。

五、2011年科技工作部署

2011年是中国共产党成立90周年，也是我区经济加快发展，生产总值迈上万亿元大关的重要一年。围绕全面启动落实好“十二五”科技发展规划和第五轮创新计划的各项任务，2011年要着力推进以下工作：

（一）组织实施重大专项，全面推进科技发展“十二五”规划和第五轮广西创新计划实施。

围绕科技发展“十二五”规划明确的“十一个重大专项”和第五轮创新计划明确的“七大科技工程”，加强组织协调，会同有关部门研究重大专项工作和科技工程整体推进的安排部署，抓好重大专项和科技工程实施方案的综合论证工作，督促协助各重大专项和科技工程承担单位抓紧完成实施方案编制工作。要逐步建立重大专项和科技工程的定期汇报和沟通制度，确保各个重大专项和科技工程顺利推进。

（二）加强重点产业科技攻关，提高产业核心竞争力。

一是组织重点产业重大科技攻关。以深入实施千亿元产业“350”重大科技攻关工程为重点，集中力量攻克一批制约千亿元产业发展的共性关键技术，加快推广应用一批新技术、新产品、新装备，推动产业结构调整，大幅度提升我区工业竞争力。在汽车产业重点开展新能源汽车、新型商用车以及汽车零部件制造和质量控制等共性关键技术攻关；在食品产业重点开展制糖、果蔬加工等关键技术研究与示范；在机械产业重点开展挖掘机、船舶、数控机床等主导产品及其关键零部件等共性关键技术攻关；在有色金属产业重点开展铝、锡、锑、铟和稀土等精深加工技术攻关，开展有色金属选冶、回收与综合利用新技术开发，力争形成一批拥有自主知识产权的核心技术。

二是加强科技成果集成及推广应用示范。在汽车、化工、建材、冶金、电力、生物质等产业，精炼一批先进成熟技术成果，在一批重点企业开展节能减排及资源化利用等共性关键技术集成推广应用示范，促进科技成果转化和产业化。

（三）强化农业科技创新，提高农业发展水平。

一是组织农业科技攻关和科技成果转化。重点在粮食、甘蔗、木薯、桑蚕以及畜禽、水产等优势特色产业开展新品种选育和高效种植、生态健康养殖、疫病防控等共性关键技术攻关，培育出一批有较强竞争力的优势农产品，获得一批重大科技成果。在生物育种、农产品加工、新型农药及肥料、农机装备、先进种养殖技术等方面开展先进适用技术应用示范，加快现代农业发展，促进农业产业结构调整，提高农业效益。

二是加强农业园区和科技服务平台建设。重点加强百色国家农业科技园区、北海国家农业科技园区、海峡两岸（广西玉林）农业合作试验区建设，增强科技转化示范能力，发挥农业科技园区的辐射带动作用。建设广西社会化农村科技信息综合服务平台，打造自治区级农村科技信息资源中心，提高信息更新、互通的速度，突出地域性、季节性，提高科技信息资源的应用效率；围绕葡萄、桑蚕、糖料蔗等十大农业特色产业开展信息服务示范应用，打造一批精品示范节点。

（四）大力发展高新技术产业，培育发展战略性新兴产业。

一是做大做强高新技术产业开发区。推动桂林、南宁、柳州三个国家级高新区创建创新型特色园区，提升北海高新区发展水平，加快推进梧州、钦州建立自治区级高新区，提升高新区对高新技术产业发展的承载能力。进一步完善高新区发展环境，落实高新区条例的相关优惠政策和规定，加大对高新区的投入力度，建立完善各类科技创新平台，激励各类创新活动，培育创新人才，提高高新区自主创新能力。支持高新区大力发展主导特色产业，形成产业集群和产业链，在体制机制、创新创业、要素聚集、管理服务等方面形成特色和品牌，为发展高新技术产业营造更好的环境。

二是进一步壮大高新技术产业集群。加快广西北部湾经济区国家高新技术产业带建设。加强科技企业孵化器建设。加快培育高新技术企业，新认定高新技术企业50家左右，全区高新技术企业认定超过330家。在南宁、北海等市新建2～3个自治区级特色产业化基地，培育1个国家级特色产业化基地，发展壮大电子信息、生物与新医药、新材料、先进制造等高新技术产业集群。

三是培育战略性新兴产业。加强宏观战略研究和科技攻关，加快培育新能源汽车、生物质能源、高性能金属新材料等具有较好研发基础、市场前景广阔、支撑未来发展的战略性新兴产业。

四是利用高新技术改造提升传统产业。深入推进制造业信息化示范企业和示范城市建设，新认定10家以上自治区制造业信息化示范企业和培育4～5个信息化示范城市。在汽车、机械、制糖等产业开展产业集群信息化应用试点，推动制造业信息化工作向纵深发展。

（五）大力发展民生科技，促进科技成果惠民。

一是组织开展民生领域科技攻关。重点开展人口健康、食品安全、生态环境保护与修复、防灾减灾、科技强警等领域关键技术研究开发，加强科技成果转化，解决人口、资源、环境等社会发展重大科技问题，提高人民生活质量和健康水平。

二是促进农民增收致富和新农村建设。继续实施科技富民强县试点示范和科技服务新农村建设示范，培育壮大一批县域特色优势农业产业，帮助农民增收致富，促进县域经济发展。开展新农村建设科技培训、农民转移就业和城镇居民就业技能培训，培养农村科技种养大王、种养能手，帮助农民群众创新创业。继续推进农村科技特派员工作，选派一批科技特派员到农村创新创业。

三是加快可持续发展实验区建设。建立完善可持续发展实验区，强化科技成果转化及集成应用，突出发展模式与机制创新，解决循环经济、生态旅游、资源枯竭地区可持续发展的瓶颈问题。

（六）深入实施技术创新工程，提升企业自主创新能力。

一是加快培育创新型企业。完善创新型试点企业的管理办法和评价指标体系，组织开展第三批自治区级创新型试点企业工作。认定10家以上自治区级创新型企业，重点培育3～5家国家级创新型试点企业，带动其他企业走创新驱动发展之路。

二是加快产业技术创新战略联盟建设。加快产业技术创新战略联盟建设，指导和支持产业技术创新战略联盟对产业共性、关键技术进行联合攻关，探索建立发展长效机制，提升产业技术创新战略联盟的创新能力，促进产业技术创新。

三是加强企业科技特派员工作。继续实施“千人百企”科技特派员行动，以创新型试点企业为载体，开展选聘1000名优秀科技特派员服务企业行动，解决企业发展的关键技术问题，探索建立新时期产学研结合、技术转移推广和人才培养长效机制。

（七）强化科技基础能力建设，增强发展后劲。

一是加强基础研究和前沿技术研究。在新材料、新能源、电子信息、海洋、农业生物资源、医药等领域加快策划布局一批面向自治区战略需求的重大基础研究项目。继续开展桉树人工林生态效应、广西北部湾经济区生态环境保护与防灾减灾等方面基础研究，促进经济社会可持续发展。

二是加强创新平台建设。通过政策引导和项目扶持，全面推进23家千亿元产业研发中心建设，新建5～8家自治区级工程技术研究中心，鼓励行业中的骨干企业建设国家级工程技术研究中心。加强重点实验室建设，重点支持非粮生物质酶解国家重点实验室建设，推进广西亚热带生物资源保护利用重点实验室申报国家重点实验室，加强广西有色金属及特色材料加工重点实验室、广西药用资源化学与药物分子工程重点实验室省部共建国家重点实验室培育基地建设，推进重点实验室的开放运行，提高重点实验室对重大科学问题的研究能力。

三是建立完善科技公共服务平台。加强大型科学仪器平台、科技文献数据信息服务共享平台、自然科技资源利用共享平台等建设。重点支持2～3家自治区级技术转移示范机构建设，建立跨地域的技术转移战略联盟。加快建设一批专业化的公共技术服务平台，为中小企业提供研发设计、检验检测、中试、培训等服务。

（八）加强创新人才及团队建设，夯实科技创新基础。

一是加强高层次科技创新人才及团队建设。做好自治区主席工业院士顾问聘请工作，发挥院士顾问在我区经济社会发展中的重要作用。组织好首批“八桂学者”岗位设置和人员遴选工作，落实自治区有关政策，给予稳定资助。继续加强创新研究团队建设，制定完善广西杰出青年和海外回国人员科学研究资助政策，促进优秀青年人才脱颖而出。

二是加强科技管理干部队伍培养。完善教育培训管理制度，抓好科技管理干部特别是基层科技管理干部的培训。加强党的作风建设和反腐倡廉建设，深化反腐倡廉教育，努力造就一支勤政廉洁务实高效的科技管理干部队伍。

（九）深化科技合作与交流，聚集区内外创新资源。

一是深入推进部区会商工作。进一步完善部区工作会商机制，按照部区会商第三次会议确定的各项议题，积极策划重大科技项目，加强与科技部对接，加快项目启动实施，推动部区会商工作取得新进展。

二是加强国际科技合作与交流。重点推进中国—东盟科技合作与技术转移服务网络中心建设，为中国—东盟区域性合作提供信息传递、成果展示、技术转移、技术和商品交易等服务。加快推进广西农科院等国际科技合作基地建设。组织一批国际科技成果引进、合作研究与推广示范项目，充分利用国内外科技资源，推动先进适用技术和产品引进和输出，促进我区优势资源开发和特色产业发展。

三是扩大多区域科技合作。积极参与泛珠三角、长三角等区域的科技合作，提升合作的规模、层次和水平。充分利用“两周三会”等平台，引进先进技术、人才和资金，促进一批项目在广西转化和产业化。大力吸引中国科学院、中国工程院等大院大所、知名院校和企业以不同形式与我区企业、高等院校、科研院所等开展多种形式的产学研合作。

（十）实施知识产权战略，提高核心竞争力。

深入贯彻落实《广西壮族自治区实施知识产权战略意见》。加强专利信息服务能力建设，重点支持建设专利信息公共服务平台和国家专利技术（广西）展示交易中心建设；建立健全知识产权预警应急机制，提高企业预防和解决知识产权纠纷的能力；加强专利行政执法能力和条件建设，提高知识产权保护能力。深入推进知识产权试点示范工作，支持10个县（市、区）和高新技术产业开发（园）区开展知识产权区域试点示范，培育和形成一批知识产权示范企业、示范园区、示范城市。加强知识产权宣传工作，组织开展“知识产权宣传周”等活动，营造良好的社会氛围。进一步加大专利申请资助奖励力度，鼓励企业、高等院校、科研院所和个人申请发明专利，实现2011年每万人发明专利拥有量达到0.91件的目标。

（十一）加强市县科技工作，提高市县科技创新和服务能力。

一是不断深化厅市会商工作。进一步完善厅市会商机制，聚集自治区和各市的科技资源，解决制约地方发展的重大科技问题，促进各市优势特色产业发展。积极推进南宁国家创新型试点城市建设，指导和支持其他城市创建创新型试点城市，增强中心城市的创新能力和竞争力。

二是强化科技兴县（市）工作。组织做好2011年全国县（市）科技进步考核和国家科技进步示范县（市）申报工作，建立长效考核工作机制和考核组织管理体系，促进县（市）提升科技创新能力。围绕粮食、甘蔗、桑蚕、木薯、香蕉等10大农业优势产业，大力扶持50个农业产业科技重点示范县建设，提高科技对县域经济发展的支撑能力。

（十二）创新体制机制，营造良好创新环境

一是加大科技投入力度。按照自治区政府提出2011年R&D占GDP比重提高到1.12%的目标要求，要大幅度提高财政科技投入基数的同时，各市县要建立起财政科技投入的稳定增长机制，保证每年财政科技投入的增长幅度明显高于财政经常性收入的增长幅度。建立健全促进企业增加科技投入的激励机制，落实激励企业自主创新的所得税前抵扣、政府采购等财税优惠政策，探索建立自主创新产品认证制度。积极推动科技与金融结合，加强与金融机构合作，会同有关部门联合启动广西科技金融试点工作。建立与银行、担保公司合作机制，积极为中小型科技企业提供创业贷款、委托贷款等金融服务。

二是加快以企业为主体的技术创新体系建设。加快建设以企业为主体、市场为导向、产学研相结合的技术创新体系，进一步探索建立产学研合作机制，从根本上解决科技创新及其成果向现实生产力转化的体制机制性障碍，提高科技成果的转化和应用效率。

三是进一步完善科技政策法规环境。配合自治区人大尽快出台《广西壮族自治区高新技术产业开发区条例》，加快修订《广西壮族自治区科学技术进步条例》和《广西壮族自治区专利保护条例》，加强科技法制建设。加强科技政策宣传，监督检查政策执行情况，确保激励自主创新的政策措施得到落实。

四是完善科技管理机制。加强科技战略研究，提高科学决策水平。推进科技计划管理改革，建立科技项目绩效考核、监理制度和信用制度。建立健全部门互动、上下联动的科技统筹协调机制，提高科技管理效率。按照经费分类管理改革要求，对科技计划资金实行分类管理，优化资源配置。建立科技进步统计监测评价机制。

五是加强科学技术普及。组织制定“十二五”科普工作发展纲要。加快建立一批能产生创新示范作用的科普基地，开展科普示范村的建设。深入开展全国科技活动周广西活动、科技下乡、双休日博士教授科普讲座等各类群众性科普活动，向公众普及科学知识、科学方法和科学思想，不断提高人民群众的科学素质。

六是强化科技宣传工作。建立规范化的科技宣传制度，围绕重大项目、重大工程、重大活动，凝炼主题，多媒介、多渠道宣传科技创新工作的重大成效，营造良好舆论氛围。

2011年是“十二五”规划和第五轮创新计划的启动年，各项科技工作任务繁重、时间紧迫，为了开好头、起好步，完成好今年各项工作，我们必须要把困难考虑得更多一些，把形势估计得更复杂一些，把应对措施考虑得更周全一些，增强科技工作的针对性和有效性。一是要抓落实，做好任务分解。各市、各部门绷紧抓落实这根弦，把全年工作任务再分解，把任务分解到岗、责任明确到人，限定完成时间，确保各项工作的落实。二是要抓重点，实现以点带面。要善于抓重点、抓难点、抓薄弱环节。通过抓重点促全面、抓难点求突破，推进各项工作顺利开展。三是要抓保障，采取有力措施。切实加强组织领导，落实一把手抓第一生产力责任制；进一步完善工作制度，从机构、政策、人力、资金等方面提供保障，确保年度各项工作扎实有效推进。

同志们，2011年是科技工作大有可为的一年。自治区党委、政府提出了“富民强桂”新跨越的战略目标，加快推进创新型广西建设，给科技工作提供了新的舞台，也提出了新的更高要求，科技工作任重而道远。我们要深入贯彻落实科学发展观，认真贯彻落实全国科技工作会议精神和全区经济工作会议精神，以服务科学发展为主题，以支撑经济发展方式转变为主线，坚定信心、锐意进取，真抓实干，全力完成年度各项工作任务，努力开创科技发展新局面，为建党90周年和自治区党委十届全会召开献上一份厚礼！

大力实施知识产权战略　促进广西经济发展方式加快转变

——2011年全区专利工作报告

自治区科学技术厅　自治区知识产权局

（2011年3月24日）

一、2010年及“十一五”专利工作回顾

2010年，是“十一五”规划的收官之年，全

区知识产权（专利）工作深入贯彻落实科学发展观，以实施《广西壮族自治区实施知识产权战略意见》（以下简称《实施意见》）为主线，大力加强知识产权创造、运用、保护和管理工作，充分发挥了专利制度对广西经济社会发展的促进作用，全区专利的数量、质量和运用转化能力稳步提升，核心竞争力明显增强，圆满完成了年度任务目标和“十一五”的总体目标。

（一）《实施意见》在全区知识产权局系统贯彻落实。

《实施意见》于2009年末出台后，我局努力在多层次上部署。一是召开新闻发布会，动员新闻媒体全方位宣传《实施意见》精神和主要内容。二是是召开全区知识产权局局长会议，部署全区知识产权局系统结合本地方贯彻落实《实施意见》。经过多层次的推动，形成了全系统广泛落实《实施意见》之势。

（二）专利创造能力跃上新台阶。

自治区科技厅在科技计划管理中持续强化专利产出指标，引导创新主体注重发明创造。自治区知识产权局会同财政厅、科技厅出台新的专利申请资助奖励办法，加大专利申请资助和奖励力度，资助和奖励经费比上年翻番，全年共资助专利申请和奖励授权专利796项，引导全社会运用专利制度保护创新成果。全年全区申请专利5117件，同比增长19.6%，提高9.6个百分点，其中发明专利申请1574件，同比增长23.0%，提高5.1个百分点；获专利授权3647件，同比增长35.0%，提高14个百分点，其中获发明专利授权426件，同比增长30.7%，比全国平均水平高8.7个百分点。“十一五”期间全区共申请专利19542件、获专利授权11926件，分别比“十五”增长84.4%和99.4%。

（三）全区专利申请绩效考核目标完成。

全区加强专利创造工作的组织领导，把专利申请增长情况纳入年度自治区政府工作部门绩效考评和设区市绩效考评范畴。以绩效考评为契机，在自治区本级加大政策引导扶持力度的同时，市县两级科技局（知识产权局）也积极采取措施，大力引导、鼓励发明创造和专利申请，半数设区市建立了各具特色的专利申请资助和奖励制度，有效促进了本市专利申请量的提升。经考评，在全区完成申请专利4500件以上的考核指标的同时，“十一五”期内首次实现全部14个设区市专利申请正增长，其中13个市同比增长达到或超过10%的绩效考评指标。

（四）专利领域侵权假冒违法行为有效遏制。

贯彻落实自治区打击侵犯知识产权和制售假冒伪劣商品专项行动领导小组组织开展的“双打”专项行动，精心制定全区知识产权局系统行政执法行动方案，召开全区知识产权局执法工作会议动员部署并组织实施，在自治区、市、县三级开展了一系列知识产权专项执法检查和联合执法检查。加强展会知识产权保护，针对第七届中国—东盟博览会等大型展会开展知识产权巡查执法。组织桂林市有关部门组成的知识产权执法组，对桂林市多家大型商场开展知识产权联合执法检查，为中美欧日韩知识产权五局局长会议召开营造良好环境。积极化解矛盾，妥善解决了中越两国领导人参加的“中越青年大联欢手印墙”活动筹备期间发生的专利侵权纠纷问题。持续的执法保护行动，有效遏制了专利领域侵权假冒违法行为，全年没有发生反复、群体或恶意侵权假冒案件。

（五）知识产权试点示范工作再上新水平。

制订出台了知识产权区域试点管理暂行办法和试点考核验收暂行办法，通过支持和培育8个自治区知识产权试点县（市、区）、高新区，促进了知识产权工作向县（市、区）和高新区拓展。桂林市创建国家知识产权示范城市取得显著成效，全市知识产权综合能力明显提高，通过国家知识产权局组织的评定，成为广西第一个国家知识产权示范城市，跻身全国知识产权工作先进城市行列。

（六）知识产权服务能力进一步增强。

国家知识产权局专利局南宁代办处努力提高服务能力，提升受理业务质量，获国家知识产权局授予优秀质量奖，成为全国获此殊荣的六个代办处之一。专利信息公共服务平台建设加强，全年更新中文数据56次、82.6万条，更新国外数据11次、89万条，全部数据通过互联网向公众免费公开。中国（广西）知识产权维权援助中心围绕企业的技术创新，为10家知识产权试点示范企业开展了专利分析服务。桂林市知识产权局、桂林高新区知识产权局积极探索建设专利转化新渠道，建成桂林高新区技术产权交易所暨上海联合产权交易所知识产权交易中心桂林分中心并投入运营，进一步增强了我区专利融资转化服务能力，为我区乃至更广泛区域的知识产权交易、技术合作和盘活资产提供了一个全新的服务平台。

（七）服务千亿元产业创新发展手段更加丰富。以“提升专利创造与运用能力，促进千亿元产业创新发展”为主题，成功策划并举办了“中国专利周广西活动”。组织开发并向11家千亿元产业研发中心赠送了产业“专利专题数据库”，启动“广西千亿元产业专利创造与产业化”项目；开展网上专利展示与交易活动、知识产权维权援助现场咨询服务；组织专利服务小分队分赴各市、县开展千亿元产业重点企业专利服务、知识产权宣传培训等一系列活动，为自治区重点产业发展提供知识产权服务。

2010年专利工作实现的快速发展，也是我区专利事业“十一五”发展的缩影。5年来，全区专利事业得到了自治区党委和政府的高度重视，专利工作机制、体制逐渐完善，全社会的专利意识不断增强，专利创造、运用、保护和管理能力稳步提升，服务体系逐步壮大，国际合作交流进一步活跃，专利正日益成为支撑我区经济社会发展的重要力量。回顾去年和“十一五”的工作，我们的体会是：

（一）各级领导重视是专利事业发展的关键。

我区专利工作之所以取得如此长足的进步，是与各级领导的重视和支持分不开的。自治区人民政府印发《实施意见》，极大地促进了全区专利工作的开展。各市县领导结合当地的实际情况，把专利工作列入议事日程，解决了实际工作中的许多问题。在新一轮政府机构改革中，南宁市知识产权局增设了一个业务科并增加了人员编制，北海市知识产权局增配专职局长，知识产权管理体系得到了进一步加强。可以说专利工作受到了更多的重视、更广泛的关注。

（二）坚持以企业为主体是专利事业发展的根本保证。

近年来，我们把工作重点放在引导企业建立和完善知识产权管理机制，提升核心竞争力上，激发企业对专利制度的内在需求。事实证明，坚持以企业为主体，发挥政府的引导作用，符合市场经济的发展规律，是专利事业健康发展的根本保证。

（三）试点示范是开展知识产权工作的重要措施。

我局按照“政府引导，企（事）业实施，以点带面，稳步推进”的工作思路，制定一系列的试点管理办法，开展市、县（市、区）、企业等形式多样的知识产权（专利）试点工作。实践证明，试点区域以及试点企业专利创造、运用、保护和管理能力明显增强，已经成为广西自主创新的领先者。

二、当前面临的形势

当今世界正处于大发展、大变革、大调整之中，世界正进入创新集聚爆发的时期和新兴产业加速成长的时期，知识经济迅猛发展，知识产权制度在激励创新、推动经济发展和社会进步中的支撑作用日益凸显，知识产权日益成为国家发展的战略性资源和国际竞争力的核心要素。

（一）促进自主创新和转变经济发展方式呼唤发展自主知识产权。

党中央、国务院十分重视知识产权工作，已将知识产权提升到国家战略的高度。党的十七大明确提出“实施知识产权战略”。2010年12月，胡锦涛总书记在中央政治局第24次集体学习时强调，要认真吸收和应用世界最新科技成果，力求突破更多关键技术、获得更多知识产权，积极培育和发展战略性新兴产业，加快建设创新型国家。温家宝总理也指出，世界未来的竞争归根结底是知识产权的竞争。

党的十七届五中全会明确提出，“十二五”规划要以科学发展为主题，以加快转变经济发展方式为主线。自主创新是加快经济发展方式转变的核心推动力，而培育和拥有自主知识产权既是自主创新的出发点也是落脚点。知识产权制度是开发和利用知识资源的基本制度，在促进经济发展方式转变中发挥极为重要的基础性支撑作用，为激励创新、保护产权、配置资源、促进利用保驾护航。

（二）建设创新型广西和实现“富民强桂”新跨越对专利工作提出了更高要求。

今年自治区人民政府工作报告指出，“十二五”是我区加快推进“富民强桂”新跨跃的关键时期，是深化改革开放、加快转变经济发展方式的攻坚时期。广西经济社会要实现跨跃式发展，需要在转变经济发展方式上付出更大的努力、实现更快的发展速度、获得更好的发展成效，这就要求全区自主创新能力要有大幅提高，专利服务支撑经济社会发展的能力要更加突出。

当前，我区专利工作在取得显著成绩的同时，仍然存在不少问题和明显差距。到2010年底，全区有效发明专利仅有1332件，占全国的0.5%；万人有效发明专利量为0.26件，不到全国平均水平1.9件的1/7；全区发明专利产出少，寿命短，平均仅维持约5年。这反映出，我区知识产权工作发展基础仍然相当薄弱，主要表现在：一是全社会对知识产权制度在转变经济发展方式中的作用、在创新活动中的激励和保障作用认识还有待进一步提升。二是全区创新能力仍然偏低，专利的产出、运用、推广能力偏弱，知识产权支撑产业发展的能力不强。三是知识产权机构设置、队伍建设有待加强，全区综合性、高层次专业服务人才仍然缺乏。四是全区对专利专项经费投入还需要加大等等。这些问题在很大程度上制约了专利制度在支撑经济结构调整、促进我区创新能力提升方面作用的发挥，迫切需要我们在今后一段时间内着力予以解决。

新形势、新任务对加强专利工作提出了新的更高的要求，如何更好地发挥专利制度促进经济社会快速发展的作用，是摆在全区专利工作者面前的重大课题和艰巨任务。我们要理清思路，勤奋工作，乘势而上，为全区经济社会发展做出新的更大的贡献。

三、“十二五”广西专利工作思路

“十二五”期间，自治区知识产权（专利）工作将在“十一五”的基础上，着力促进全区自主创新能力提升，为转变经济发展方式提供有效的服务。

（一）指导思想。

以邓小平理论和“三个代表”重要思想为指导，深入贯彻落实科学发展观，以全面落实《实施意见》为主线，坚持激励创新、有效运用、依法保护、科学管理的方针，完善创新体制、机制和政策体系，推动实施六大知识产权（专利）专项行动，着力提升专利创造、运用、保护和管理能力，为转变经济发展方式、建设创新型广西和实现“富民强桂”新跨跃提供有力的服务支撑。

（二）发展目标。

全区专利法治政策环境进一步优化，市场主体创造、运用、保护和管理专利的能力明显提高，重点优势产业领域攻克一批核心关键技术并形成自主知识产权。到2015年底，全区发明专利拥有量达到每万人3件以上，培育一批拥有自主知识产权和市场竞争力、辐射带动能力较强的优势企业，形成具有示范效应的优势企业50家以上。

（三）重大举措。

“十二五”期间，将以实施六大知识产权（专利）行动为主要抓手，努力实现各项奋斗目标。

一是实施专利创造促进行动。制定和完善专利创造的激励政策措施，强化科技创新活动中的知识产权政策导向。加大资助和奖励专利申请的力度，充分发挥政策引导和扶持作用，提高企事业单位技术创新和成果保护能力。围绕重点优势产业、特色产业领域，实施重大发明专利研发专项，支持研究开发拥有自主知识产权的核心专利技术。

二是实施专利转化运用促进行动。建设完善专利信息服务、专利转化服务平台，形成集专利项目展示交流、交易、咨询、网络平台为一体的专利综合服务体系。重点支持一批技术水平高、创新性强、产业化前景广阔的重大专利技术实施转化与产业化示范。

三是实施专利支撑重点优势产业发展行动。围绕我区重点优势产业，推动制定和实施重点优势产业专利战略。加大对企业科技创新的支持力度，推动自治区“千亿元产业重大科技攻关工程”有效实施，形成一批拥有自主知识产权的重大发明专利。以共性技术、知识产权和行业标准为纽带，以大中型骨干企业和行业龙头企业为核心，支持重点优势产业建立各种形式的知识产权战略联盟。

四是实施专利试点示范推进行动。深化知识产权试点示范工作，着力培育知识产权优势突出的创新型龙头企业，支持符合产业发展方向、具有较好基础条件的企业制定实施企业知识产权战略，大力创造运用自主知识产权，提高核心竞争力，强化试点示范效应。

五是实施广西北部湾经济区知识产权跨越行动。推进北部湾经济区知识产权环境建设，建立区域间产业转移和技术转移中的知识产权保护与协调联动机制，加强主导产业的知识产权跟踪分析，提高知识产权风险防控能力。引导完善北部湾经济区知识产权服务联盟，带动各类知识产权中介服务组织发展，建立完善北部湾经济区知识产权服务平台，提高区域知识产权服务能力。

六是实施十百千知识产权人才培养行动。重点围绕知识产权行政管理和执法、知识产权服务、企事业单位知识产权工作等领域，着力培养知识产权专业人才，包括培养50名知识产权高层次人才、100名具有较高专业水平的知识产权专业人才、1000名从事企事业单位知识产权工作的实用人才，基本建成一支素质优良、结构合理的知识产权人才队伍。

四、2011年专利工作部署

2011年是“十二五”开局之年，全区专利工作将以引导专利创造、运用为重点，抓好八方面重点工作，努力实现年末每万人发明专利拥有量达到0.91件目标，助力创新型广西建设和经济发展方式转变。

（一）加强引导，提高专利创造与运用能力。

一是激励专利创造。参照科技部、国家发改委、财政部、国家知识产权局四部门联合印发的《国家科技重大专项知识产权管理暂行规定》，推动强化自治区千亿元产业重点科技攻关项目和千亿元产业工程技术研究中心建设的知识产权管理，把知识产权产出作为立项、检查、验收的重要指标，提高科技攻关项目的创新起点和水平，大幅度提升自治区重大科技项目（工程）发明专利产出，提升创新优势转化为专利优势的能力。自治区知识产权局将组织实施好“广西重点产业知识产权创造与运用能力提升”项目，各市县的科技攻关项目也应强调发明专利产出指标，力争在2011年全区专利申请总量增长25%以上，其中发明专利申请量增长30%以上。

二是引导创新成果专利化。争取再次修订自治区专利申请资助奖励办法，力争财政加大对创新成果知识产权化的激励和扶持。实行有差别的资助措施，进一步加大发明专利申请资助奖励力度，激励发明人将更多创新成果专利化。鼓励申请国外专利，同时争取将关键核心技术发明专利年费纳入政府资助范围。各市和具备条件的县也要积极争取建立和完善资助奖励制度，鼓励支持本地方专利申请。加强对创新主体专利申请实务的指导帮助，提高成果专利化水平，将成果转化为更多的专利。

三是引导专利合作。引导企业与高校、院所通过产学研结合形式形成技术含量高、产业化前景好的技术成果并实施产业化，鼓励高校、院所向企业转让专利成果。推动企业、高校、院所以合作和分享为基础，依托产业技术联盟、产学研结合或产业专利池，探索建立各具特色的专利联盟。自治区知识产权局将通过“广西专利公共信息平台提升”项目并依托科技厅推动的产业技术创新战略联盟工作，努力推动以专利为纽带的技术经济合作。

四是提升专利交易能力。进一步加强自治区的专利展示交易中心的软硬件建设，培育并争取成为国家专利展示交易（广西）中心。支持桂林高新区提升技术产权交易所服务能力，加大宣传力度，为专利技术供求双方提供方便高效的交易平台。坚持举办专利集市，丰富专利交易的内容。依托各类专利展示交易平台，年推介高校院所专利100件以上，促进专利成果转化应用。

五是深化知识产权（专利）试点示范。继续推进企事业单位知识产权示范工作，在总结第一批企事业单位示范工作的基础上，选择10家企事业知识产权试点单位开展知识产权示范工作，培育2～3家企业申报国家知识产权示范企业；深化知识产权区域试点工作，以支持桂林国家知识产权示范城市为重点，支持10个县（市、区）开展知识产权试点工作，支持北部湾经济区具备条件的市申报创建国家知识产权试点城市。自治区知识产权局将通过“知识产权服务区域经济试点示范”项目给予支持。

六是运用专利信息服务产业发展。围绕自治区千亿元产业和战略性新兴产业创新发展需求，以组织实施专利信息服务为抓手，建立完善面向公众的全部领域专利数据库和在线专利分析平台，面向特定对象（自治区千亿元产业、自治区重大科技攻关工程、知识产权示范企业等）的专题专利数据库，提高专利信息公共服务能力。发挥北部湾知识产权服务联盟的优势，以服务北部湾经济区为重点，开展技术和产品创新的专利分析预警，为创新主体确定创新方向、创新过程纠偏、实施创新成果产业化提供服务。自治区知识产权局将依托“广西专利公共信息平台提升”项目和国家知识产权局在线专利分析系统建设，推进专利信息运用服务能力建设。

（二）进一步加强协调，推进《实施意见》深入贯彻落实。

通过自治区知识产权办公会议制度，加强与各成员单位的统筹协调，形成各行各业推进《实施意见》贯彻落实的合力。指导全区各市制定战略或实施意见，将自治区人民政府的《实施意见》变成各市的具体实施行动和措施。各设区市也要完善办公会议或联席会议制度，加强本地知识产权战略实施工作的组织协调。

（三）完善政策法规，强化专利保护。

一是完成《广西壮族自治区专利保护条例》（以下简称《条例》）修订工作。积极配合自治区人大的工作要求，在全区开展《条例》执行情况调研，借鉴外省修订的经验，提出《条例》的修订稿，年内完成全部修订工作。

二是加强专利执法工作。继续开展“打击侵犯知识产权和制售假冒伪劣产品专项行动”，强化案件的审理和流通领域的执法检查，圆满完成预定的工作任务。开展中国一东盟博览会等大型展会的知识产权保护和联合执法工作，保障展会的良好秩序，维护广大参展商及权利人的合法权益。支持各地专利行政执法队伍建设，争取改善执法条件，在有条件的市探索建立专利行政执法大队。

三是加强维权援助工作。增强维权援助中心快速解决纠纷、及时化解争端、维护权利人合法权益的能力，帮助中小企业主动应对知识产权纠纷，降低维权成本。通过维权援助中心与高新区合作、在高新区建立服务站等形式，将维权援助的触角延伸到企业需求的第一线。

（四）完善工作体系建设，提升专利管理水平。

一是完善专利工作绩效考核指标体系。借助自治区人民政府绩效考核工作，完善市县专利工作绩效考核指标体系，推动该项考核工作延伸到市、县，把专利工作纳入市、县政府工作日程。积极协调自治区有关部门，建立自治区发明专利拥有量统计体系。

二是加强国家专利局南宁专利代办处建设。全面做好专利申请受理、收费、咨询等基础性服务工作。大力推进专利电子申请，为广大申请人提供方便快捷的服务。加强专利数据统计分析。

（五）加强人才队伍建设，培养十百千知识产权人才。

围绕知识产权创造、运用、保护和管理等环节，面向企业、高校、院所和中介服务机构举办专利行政执法、专利信息分析、知识产权管理以及维权援助等主题内容的系列培训班，逐步形成知识产权高层次人才、专业人才和实用人才的人才梯队，不断满足我区知识产权发展的需要。

（六）积极探索，建立千亿元产业重点企业联系机制和专利交流工作站。

在自治区千亿元产业中，选择生物、新材料、新能源等自治区重大专项的重点企业建立联系机制，通过利用国家知识局专利局、自治区的有关资源，加强对企业管理人员进行深层次培训，共同开展行业研究、专利预警、知识产权风险分析。在自治区知识产权示范企业逐步建立9个专利工作交流站，围绕企业的需求，将优秀的知识产权人才、专利信息等资源引入企业，帮助企业解决知识产权实际问题，为企业培养一批高层次知识产权管理人才。

（七）加强知识产权宣传，营造良好社会氛围。

组织好知识产权宣传周暨世界知识产权日、中国专利周广西活动、专利集市等宣传活动和专项展览，有效利用报刊、电视广播、信息网络等媒体开展知识产权宣传，进一步提高公众特别是创新主体知识产权意识。

（八）扩大开放联合，深化知识产权交流与合作。

重点做好与泛珠三角区域、西部十二省区、

华南片区的交流与合作，努力在专利行政执法、专利信息服务、人才资源共享等方面取得新成效。努力争取国家知识产权局专利局在我区建立面向东盟国家的国际专利合作工作站。

在 2012 年全区科技工作会上的讲话

自治区科技厅党组书记　陈大克

（2012 年 2 月）

同志们：

2012 全区科技工作会议主要是总结 2011 年全区科技工作和部署 2012 年全区科技工作。中央和自治区高度重视科技进步与创新。我区要加快转变经济发展方式和推进经济结构战略性调整，就迫切需要科技创新，没有科技创新，整个经济社会发展都会受到影响。科技在支撑和引领我区经济社会发展中发挥着越来越重要的作用。下面，我从四个方面谈谈 2012 年我区科技工作重点。

一、抓落实

一要落实“十二五”科技规划和第五轮创新计划明确的目标任务。广西的发展不缺思路，不缺政策，不缺措施，主要是缺落实，必须把各项工作目标、指标、任务落到实处。2006 年，在新世纪第一次全区科学技术大会上，《广西中长期科学和技术发展规划纲要（2006～2020）》颁布实施。2011 年，我区出台了《广西壮族自治区科学技术发展“十二五”规划》和《广西创新计划（2011～2015 年）》，这些文件对今后一段时间的科技工作作出了明确的部署。“十二五”规划提出要实施十一个重大专项和完成八大主要任务，第五轮创新计划提出实施七大科技工程。各市要按照任务分解，提出具体落实措施。2012 年是实施“十二五”规划和第五轮创新计划承上启下的关键之年，各市要认真总结第一年工作落实情况，做好下一步工作计划。

二要全面实施《广西发明专利倍增计划》。党中央、国务院于 2006 年提出要建设创新型国家，发明专利拥有量是衡量国家创新能力的标准之一。只有发明专利拥有量进入世界前列的国家才能算创新型国家。因此，我国建设创新型国家的标准就是发明专利年度授权量要进入世界前列。国家在“十二五”规划提出，“十二五”期末，全国每万人口发明专利拥有量达到 3.3 件。在这个背景下，广西“十二五”规划也提出，每万人口发明专利拥有量达到 3 件。但是我们的基础较薄弱，完成“十二五”规划目标的任务相当艰巨。自治区党委、政府在人力、物力和财力上将给予大力支持，尽管工作艰难，但务必要完成。各市、各部门需要统一认识，提升发明专利拥有量不仅仅是科技部门的责任，也是各级党委、政府重点关注的工作，是整个社会必须共同完成的任务。科技厅大力支持各市的发明创造工作，遇到具体问题如环境条件不足，可以协同各级政府职能部门提供条件，我厅大力主张把发明专利任务目标列入党政工作的考核内容中。要顺利完成每万人发明专利拥有量达到 3 件的目标，必须上下沟通，统一认识，把工作落到实处。

三要大力提升千亿元产业创新能力。继续深入实施千亿元产业重大科技攻关“350”工程，支撑千亿元产业和战略性新兴产业的发展。要围绕特色产业、重点产业等组织科技攻关，并列入政府的科技计划项目。加快实施千亿元产业“2423”工程。全力推进自治区党委、政府一直着眼关注的广西千亿元产业研发中心建设，要把千亿元研发中心建设成为国家级创新平台。各市要根据自己的发展，哪些企业需要自治区平台的支撑，应做好策划和组织工作。

四要加快落实农业科技创新。农业发展对科技的依赖程度越来越高，没有科技创新，现代农业就难以发展，必须落实自治区党委、政府提出的以科技支撑农业发展的中心工作任务。

二、抓基层

近年来，科技部在抓科技工作突出几个重要的特点：一是重大科技专项，这是多年研究实践的积累，以此推动重大专项的发展，目前提出了 16 个重大专项；二是特别重视基层科技工作，如科技特派员制度、产业技术创新战略联盟、基层科技工作会议等。如果只强调基础研究和高端研究，技术研究却没落到实处，就无法推动经济社会的发展。因此，科技成果的转化和应用、技术的推广很重要。科技工作有两个轮子，一个是科技创新，一个是科学技术普及。科学技术普及就是新技术的推广应用，必须在基层推广应用才有价值。我区是后发展、欠发达地区，2011 年综合科技进步水平排在全国第 28 位，在此背景下，基层科技工作更重要。要“抓基础、提能力”，关键要抓基层，没有基层，就成了无源之水，无根之基。基层工作重点应抓三个方面：

一是抓企业科技创新能力。尽管广西企业创新能力弱，但企业还是创新的主体，这符合经济社会发展中科技创新的规律。国家提出技术创新体系就是以企业为主体、市场为导向、产学研相结合的体系。尽管很多科技力量分布在高校和科研院所，但技术创新体系仍以企业为主体，如果只抓高校和科研院所的创新，就无法形成一个完整的创新体系。企业与社会、市场的联系最紧密，抓技术创新体系建设重点要抓企业，这是最根本的。广西要“抓基础、提能力”，就要抓企业科技创新能力建设。一是抓企业科技创新平台建设，没有平台就很难创新，科技厅在“十二五”期间大力支持平台建设。二是要培育创新型企业和高新技术企业。三是要坚持企业科技特派员制度。四是要大力支持产业技术创新战略联盟建设，要充分发挥创新联盟的组织、协调、带动作用。五是要加强先进技术的集成推广。六是重视中小型和微型企业的科技创新问题，国家现在对中小微型企业很重视，广西也提出“抓大壮小扶微”的措施，微小企业还有很好的发展潜力。七是各县要加强抓龙头企业的创新，充分发挥其示范带动作用。

二是抓农业科技创新。农业科技工作一直是广西科技工作重点，广西历年都在农业领域投入很多的科研经费，国家支撑项目、广西最大的科技项目都集中在农业领域，农业新品种、新模式、新技术是农业科技创新的重点。广西农业科技创新主要抓住以下几方面工作：一是农业科技特派员工作要长抓不懈。广西做得很有特色，玉林、梧州都做得不错，科技部门要大力支持此项工作，鼓励广大科技人员下基层创业，推广技术，带动农民致富。二是实用技术、先进生产模式的推广。生产模式的推广很重要，古巴、巴西的甘蔗生产模式就非常值得学习借鉴。我区生产模式落后，在制度、机制、机械化等方面都存在问题。因此，在新技术及生产模式推广方面，要加强培训和抓好推广队伍建设，做好示范工作等。三是做好农业科技信息化。现在我区具有一定基础条件，要进一步做好信息化工作，市县要做好普及工作，科技部门要把平台、网络等建好。四是县乡科技创新能力建设。我区今年下拨了部分经费支持县乡科技创新能力建设，第五轮科技计划也安排经费支持这项工作，各级科技管理部门要好好筹划，县乡科技机构设置要继续完善，县里要尽量把科技管理部门单列出来，这对提升一个县的科技创新能力意义重大。五是科技扶贫工作。应该实行试点工作，在脱贫模式上，科技应该发挥积极作用。广西的科技扶贫攻坚任务艰巨，贫困人口占了总人口的五分之一。我们要开拓思路，寻找办法，在科技部门力所能及的范围内，抓示范点扶贫，在扶贫上切实做好工作，在脱贫模式上做出点贡献。

三是抓民生科技工作。民生科技领域包括人口健康、公共安全、防灾减灾、生态环境等几个方面。科技工作实际上的最后落脚点是造福老百姓。我们抓基层，重点抓企业和农业科技创新，着眼点就是改善民生基础。

三、抓建设

科技工作包括“科技建设”，我区科技发展的基础弱、能力不强，其中一个重要原因是基础建设没做好。抓建设是科技工作的主要方面，要做好一个项目，没有基础是不行的。要抓好以下几个主要方面：

一是抓基地建设。首先，要建设创新平台和服务平台。创新平台包括技术创新平台、重点实验室、工程技术研究中心等。科技创新服务平台包括政府和社会力量的服务机构，如创新能力服务中心、孵化器等等。马飚主席在加快我区发明专利发展步伐中强调要加强专利服务机构建设，包括专利代理机构和专利交易市场。其次，加大对国家高新技术产业园区、国家农业科技示范园区和各种专题示范园区等的基地建设。同时，推动培训教育基地的建设。教育基地建设关系到科技的推广，从队伍和人员的培训与应用示范开始，必须强调应用。目前培训教育基地设立在各高校、院所和企业当中，必须扶持这些基地的成长。不同平台决定成果的不同层次，高层次、高水准的科技成果产出于高水平平台，所以必须推动基地建设更上一个台阶，县、市级的基地争取上升为自治区级，自治区级基地争取上升为国家级。近几年，科技厅一直在往这个方向努力。

二是抓科技队伍建设。以往我区科技工作只重视抓项目，科技队伍建设相对薄弱，特别是市县科技队伍。自治区培养一批创新研发团队，相应地，各市县级部也要着力培养推广应用的科技团队，如果只重视抓自治区级团队建设而忽视市县科技团队的发展，那么便达不到应有的效果。建设科技队伍应着眼于广西的特点和实际情况，各县各乡镇也应该从特有的工作性质和要求出发来培养科技团队。科技的发展离不开乡镇科技人才，科技厅每年表彰种养大王的目的就在于引起乡镇对于科技人才的重视，乡镇科技人才关系到科技成果的推广、示范和带动作用，能够确保科技成果的落实。从自治区层面来看，通过加大了对八桂学者和特聘专家的支持来培养高层次创新人才和领军人物，同时，我区还加强“千人计划”的实施，并引进特殊人才，包括高校重点引进长江学者、“百人计划”人才，营造了良好的人才发展环境。还必须加强培养青年科技创新人才，柔性引进人才，如聘请自治区主席院士顾问，使我区大型项目和高端项目得到专业人士的引导和主持，并带领本地科技团队更上一个新的发展水平。

三是抓科技环境氛围建设。万钢部长在今年工作部署第三点中提到科技环境建设。环境建设包括社会氛围、政策法规、人才优惠政策、科技创新成果转化应用的支持政策等等。良好的环境能够鼓励科技人员大胆创新和自由探索，并且最重要的是能够包容他们在科研中的失败。必须大力支持科技创新成果转化和推广，给予科技创新产品采购以更多优惠。要克服在实际工作中出现激励创新的政策不落实的问题，要加强沟通，抓好政策体系建设，出台有关政策措施，引导有关部门加大对财政科技投入和企业研发投入税前抵扣等政策的理解和落实。

四、抓改革

一是抓体制机制改革。目前改革是我国科技工作的重点，其广度和力度在全球政府工作中实属罕见，我国自改革开放至今所取得的成就与科技改革和体制机制的建立关系紧密。中央到地方着眼于科技体制机制改革，建立完整的技术创新体系必须以市场为导向、企业为主体、产学研相结合，关键要建立高等院校、科研院所、企业等单位之间的联系体系，研究如何搭建的问题。产学研政的四结合需要政府的宏观调控、大力支持和有力引导。

二是抓项目计划体系结构改革。科技厅从去年开始就抓计划体系改革。项目的策划、评审、立项、科研成果验收到科研成果转化，需要系统的计划体系，尽量公平公正。计划体系改革是一个艰难且漫长的过程，需要政府部门明确实施计划和目的，需要基层的各县市和企业给予大力支持。

三是抓经费投入体系改革。科技创新经费投入有三个组成部门：政府、企业和社会。就广西而言，数据显示企业的科技创新经费投入占70%左右，政府投入占20%左右，社会投入数量过少，这与广西科技发展水平有关。科技经费和人力资源的投入与项目预期完成质量挂钩，我区科研水平较低，如何刺激企业在投入上加大力度，政府如何保持经济稳定增长，如何引导社会资源投入科技研发体系，是目前一个重要课题。

四是抓成果评价和奖励体系改革。目前成果评价和奖励体系存在较大的问题，成果难以量化，比如发明成果和论文成果的重要性如何比较，发明专利是否可用于职称评定等问题都需要进一步探讨。政府对于科技奖励工作力度较大，奖励标准在全国省级奖励水平中排名前列，如特别贡献奖的奖金奖励100万元，自然科学奖、技术发明奖、科学技术进步奖的奖金数额为一等奖20万元，二等奖12万元，三等奖6万元。

五是抓科技管理体制改革。我区政府宏观调控能力巨大，但如何使巨大的宏观调控激发社会的创造力、如何激发科技人员的创新力，是目前亟待思考和解决的问题。

六是抓科技创新协调和融合。协调指各部门之间的沟通和协调，目前许多大型项目单靠科技厅难以完成。加强科技进步与创新，需要广西多个业务部门进行相互协调配合，我区许多厅局单位拥有科技创新经费、管理团队、管理平台和各自不同的研究领域，必须研究厅局间的协调合作问题。

综上所述，紧抓落实、紧抓建设、紧抓集成科技创新、紧抓体制改革，是目前我区面临的重要问题。当前我区拥有着十分良好的科技发展环境，自治区党委、人民政府十分重视科技发展，社会各方面也积极关注和热情参与科技创新。作为科技管理工作者，我们必须认识到目前的大好形势，抓住时机，在自治区党委、人民政府的领导下，认真工作，为富民强桂新跨越作出应有的贡献。

加强科技创新 为富民强桂新跨越提供支撑

——在2012年全区科技工作会议上的报告

自治区科技厅厅长　谢通堂

（2012年2月21日）

同志们：

这次全区科技工作会议的主要任务是，学习贯彻落实党的十七大和十七届五中、六中全会、全国科技工作会、自治区第十次党代会和全区经济工作会等重要会议精神，总结交流2011年工作，研究部署2012年工作。自治区副主席陈章良同志稍后作重要讲话。下面，我代表自治区科技厅做工作报告。

一、全国科技工作会议主要精神

2月14日至15日，2012年全国科技工作会议在北京召开，会议总结回顾了2011年科技工作，研究部署了2012年科技工作。国务委员刘延东同志出席会议并作重要讲话，科技部万钢部长做了工作报告。

刘延东国务委员充分肯定了2011年科技事业发展取得的成就，分析了当前科技工作面临的形势。她指出，当前国内外科技经济发展呈现出新的态势，我国抓住战略机遇期、加快建设创新型国家的任务更加紧迫。科技战线要切实增强大局意识、责任意识和忧患意识，自觉服务经济社会发展全局，扎实做好科技改革发展各项工作。

她强调，要认真贯彻中央重大决策部署，深入实施国家科技规划纲要，深化科技体制改革，促进科技与经济社会发展紧密结合，加快国家创新体系建设，大力提高自主创新能力，在建设创新型国家中迈出更加坚实的步伐，以优异成绩迎接党的十八大胜利召开。

万钢部长在工作报告中强调，2012年是落实“十二五”规划承上启下的重要一年，是扎实推进科技体制改革的关键一年。做好今年科技工作要深入贯彻落实科学发展观，紧紧抓住科学发展这个主题和加快经济发展方式转变这条主线，坚持“自主创新、重点跨越、支撑发展、引领未来”的指导方针，突出把握好稳中求进的工作总基调，着力深化科技体制改革，大力提高自主创新能力，切实增强科技进步和创新在稳增长、调结构、转方式、惠民生中的支撑引领作用。

万钢部长从三个方面对2012年科技工作进行部署：

在支撑引领经济社会发展方面，要扎实推进国家科技重大专项实施，积极培育发展战略性新兴产业，促进产业优化升级和结构调整，大力加强原始创新，促进惠及民生的科技工作，加快农业科技创新创业，推进文化科技创新。

在推进科技体制改革方面，要深入实施国家技术创新工程，深化科研院所管理体制改革，大力加强协同创新，深化科技计划和经费管理改革，完善科技评价和奖励制度，促进科技与金融紧密结合。

在加强科技发展能力和环境建设方面，要推进创新型科技人才队伍建设，加强科技条件建设和开放共享，增强基层科技发展和服务能力，提升科技创新开放合作水平，完善科技创新政策体系，加强创新文化建设。

二、2011年科技工作回顾

2011年是“十二五”开局之年，也是增强自主创新能力、加快创新型广西建设的重要一年。过去的一年，全区科技系统深入贯彻落实科学发展观，围绕自治区党委、政府中心工作，按照“强基础、提能力、促发展、惠民生”的科技工作总体思路，着力创新体制机制，着力夯实创新基础，着力集聚创新资源，着力优化创新环境，着力推进科技进步与创新，实现了科技发展“十二五”良好开局，为加快经济发展方式转变、支撑富民强桂新跨越做出了新的贡献。

（一）科技发展“十二五”规划和广西创新计划（2011～2015年）启动实施

围绕自治区党委、政府推进富民强桂新跨越的战略部署，针对制约我区科技发展的瓶颈问题，深入开展了以“发挥科技第一生产力作用，建设创新型广西”为主题的一系列专题调研，提出了提高自主创新能力，建设创新型广西的总体思路和对策建议。制定出台了《广西壮族自治区科学技术发展“十二五”规划》和《广西创新计划(2011～2015年)》，提出到2015年，我区科技进步将达到全国中等水平，科技进步对经济增长的贡献率达到48%，每万人口发明专利拥有量达到3件，全社会研究和试验发展经费支出与地区生产总值的比例达到2.2%。各地各部门在自治区的总体部署下，紧密结合各自发展实际，陆续发布实施了本地区、本部门的科技规划和创新计划，形成了全区上下共同谋划、推动科技发展的新局面。

（二）产业自主创新取得新成就

科技创新促进工业加快发展。重点围绕汽车、机械等千亿元产业发展，加快实施千亿元产业“350”工程和技术创新工程，工业创新取得了新发展。据不完全统计，截止到2011年底，千亿元产业“350”工程累计实施项目270项，获得554个新产品，309项新工艺（新方法、新模式），1146套新装置（新装备），参与制定技术标准396个，申请专利785件，获得专利授权393件。2011年，通过实施重大科技攻关工程，我区成功研发出国内首台达到欧Ⅵ排放标准的车用柴油机等一批具有国内领先水平的新产品和新技术，达到国Ⅳ排放标准的新型柴油机和我区首款中级轿车宝骏630成功推向市场。新增两家国家级创新型企业。新认定10家自治区创新型企业和17家自治区创新型试点企业。新选聘288名科技人员担任第四批广西科技特派员，总数达到1001名。

农业科技创新取得新突破。启动实施包括“桑蚕茧丝绸产业发展关键技术研究与开发”的四个涉农重大科技专项，加快实施一批农业科技创新项目。围绕十大农业产业，重点支持50个农业产业科技重点示范县，加强百色和北海两个国家农业科技园区建设，自治区认定了55个自治区农业标准化生产技术示范基地，突出抓好高产、高效、优质农业先进适用技术集成与示范，有效地促进了粮食、甘蔗、木薯、桑蚕等特色优势农业发展。加强农业新品种选育，认定了35个农业良种培育中心，全区培育农作物新品种44个，其中，籼型三系杂交水稻特优“582”被农业部确认为我区第二个超级稻品种。我区3个地级市和58个县（市、区）通过了全国市县科技进步考核，其中，3个地级市和17个县（市、区）获全国科技进步先进市和先进县（市）称号。

产业共性技术成果集成推广应用示范成效显著。围绕制糖、水泥、木薯淀粉和铁合金4个产业，共筛选、集成36项共性技术进行推广应用示范，取得了显著成效。其中，“制糖业节能降耗增效重大共性技术推广与应用示范”项目实施，使企业生产用水循环利用率达98%以上，吨蔗电耗30千瓦时以下，一级以上白砂糖产率达96%以上，居国内领先水平。

（三）民生领域科技创新惠及百姓

民生领域科技攻关扎实推进。在重大疾病防控、生态环境保护、食品安全、防灾减灾等民生重点领域开展技术研究开发，加强科技成果转化，解决人口、资源、环境等社会发展重大科技问题，提高人民生活质量和健康水平。

自治区可持续发展实验区建设全面启动。确定柳州市柳北区等5个县（市、区）为广西可持续发展实验区，以实验区为载体，依靠科技引导，开展可持续发展机制模式的创新实践，推动地方加快转变经济发展方式，促进民生科技成果的转化、应用和示范，让科技成果真正惠及百姓民生。

（四）高新技术产业发展再上新台阶

组织起草了《关于加快高新技术产业开发区发展的若干意见》，加快高新区建设步伐。2011

年，桂林、南宁、柳州和北海四个高新区工业总产值达到2226.44亿元，比上年增长15.1%；总收入达到2391.66亿元，比上年增长14.22%；总利税达到251.47亿元，比上年增长17.25%；出口创汇达到21.71亿美元，比上年增长52.88%。北海高新区创建国家级高新区和梧州、钦州创建自治区级高新区有关工作稳步推进。桂林特种轮胎及装备制造高新技术产业化基地和微波与光通信高新技术产业化基地被认定为国家级高新技术产业化基地。推动产业集群和科技服务体系建设，加强广西北部湾经济区国家高新技术产业带建设。新认定高新技术企业89家，累计达到364家。推进广西制造业信息化科技工程，制造业信息化示范企业达到213家。通过策划构造重大项目、加强科技创新平台和基地建设等举措，加快培育发展战略性新兴产业。

（五）发明专利追赶跨越迈出坚实步伐

研究制定了《广西发明专利倍增计划（2011—2015年）》，设立财政专利专项资金，强化各级政府对专利工作的绩效考核，加大对发明专利申请的鼓励资助力度，专利工作迈出了追赶跨越坚实的第一步。2011年全区专利申请量突破8000件大关，达到8106件，比上年增长58.41%。其中发明专利申请量达到2757件，比上年增长75.2%，高于全国平均水平33个百分点，增幅居全国第二位；获发明专利授权634件，比上年增长48.8%，比全国高8个百分点，扭转了“十一五”期间我区发明专利申请和授权增长率低于全国平均水平的局面。

（六）科技创新平台和基地建设得到加强

重点实验室建设取得新突破。2011年3月，科技部批准依托广西大学和华南农业大学联合建设“亚热带农业生物资源保护与利用国家重点实验室”，实现了我区依托高校建设国家重点实验室零的突破，标志着我区基础研究工作步入了一个新的发展阶段。重点实验室建设不断加强，有力地提高了我区基础研究能力和水平。2011年，我区有401个项目获得国家自然科学基金资助经费1.9亿元，分别比上年增长61.7%和191.7%，获资助项目数和支持经费增长幅度位居全国前列。

23家千亿元研发中心全面建设。投入建设资金19.5亿元，获得新研发成果2007项，申请专利1195件，授权专利829件，参与制订各类技术标准580项。其他创新平台的建设稳步推进，新建13家自治区级工程技术研究中心，广西科技文献共享服务平台体系建设取得新进展，广西大型仪器协作共用区域服务体系入网仪器利用率提高到60%以上；新建了蔬菜、柑橘和芒果3个产业技术创新战略联盟，累计达到26个；国家工程实验室、企业技术中心和博士后科研“两站”等科技创新平台建设也稳步推进。为夯实我区科技创新基础、提升我区自主创新能力奠定了良好的基础。

（七）创新型科技人才队伍建设卓有成效

高层次人才培养和引进取得重要进展。新聘请了53位自治区主席院士顾问，累计达到66位。首次聘请了27名八桂学者和31名特聘专家。2人入选国家引进海外高层人才“千人计划”，累计达到4名。自治区主席院士顾问、八桂学者和特聘专家等制度，确立了我区高层次人才建设的崭新格局，必将在经济社会跨越发展中发挥重要作用。

创新团队建设初见成效。通过政策引导、资金扶持、项目支撑等多项措施，继续加强创新团队建设，极大地促进了我区重点学科发展和优秀中青年科技领军人才及其创新团队的培养，有效地提升了我区承担国家科技项目能力。全年获得国家各类科技项目518项，获得支持经费将近3亿元，比上年增长76.5%，创历史新高。

（八）科技交流合作进一步深化

对外科技合作与交流活动成绩显著。继续发挥中国—东盟科技合作与技术转移平台作用，推进中国—东盟区域性科技数据综合信息服务平台建设。加大4个国际科技合作基地的建设力度，加强对外科技交流与合作。成功举办第八届中国—东盟博览会农村先进适用技术暨高新技术展，共展出农村先进适用技术和高新技术420项，温家宝总理和东盟各国领导人、贵宾参观了专题展并给予充分肯定。

国内科技合作与交流全面推进。2011年，我区先后与中国工程院、北京大学、清华大学、上海交大等国内大院大所、著名高校签署战略合作协议，建立战略合作关系。充分发挥了广西技术转移联盟的作用，以广西技术转移网和科技展会为服务平台，拓宽科技合作渠道，引进了一批区外的高新技术项目和资金。2011 年我区共出让技术 788 项，技术交易成交额 5.6 亿元；吸纳技术1784项，技术交易成交额 18.5 亿元。我区还与广东、云南签署了基础研究评审专家共享协议，提高我区科技项目立项水平。

科技会商机制不断深化。全面落实科技部与自治区人民政府工作会商第三次会议确定的议题，加强沟通协调，各项工作稳步推进，在培育和发展我区特色优势产业、加强我区科技创新能力建设、推动高新技术产业发展、扩大与东盟的科技合作与交流等方面发挥了重要的作用。自治区科技厅全面开展与各市的工作会商，2011 年分别与来宾、百色、崇左市建立厅市会商工作机制，与贵港、桂林和柳州等市开展第二次厅市会商会议。目前，自治区科技厅已与 12 个市政府建立了科技工作会商制度，加强了与各市的科技合作，有效提升区域创新能力，促进了地方特色产业发展。

（九）自主创新环境进一步优化

科技投入稳步增长。围绕实现全社会研究与试验发展经费支出与地区生产总值的比例达到 2.2%的目标，加大财政科技支持，引导全社会加大创新投入。2011 年全区财政科技支出 27.82 亿元，比上年增长 28.4%，其中自治区本级 12.67 亿元，比上年增长 16.6%。科技贷款、融资工作取得新成绩，据不完全统计，2011 年广西北部湾银行为企业发放科技贷款超过 4 亿元。

激励创新的法规文件进一步完善。新修订《广西壮族自治区科学技术进步条例》、《广西壮族自治区专利条例》和《广西壮族自治区高新技术产业开发区条例》等法规。其中，《广西壮族自治区高新技术产业开发区条例》已经于 2011 年 6 月 1 日起施行。研究起草了《关于提高自主创新能力加快建设创新型广西的若干意见》和《关于开展全民发明创造活动的决定》等一系列文件。其中，《关于开展全民发明创造活动的决定》已出台实施。这些政策法规文件出台必将进一步推动科技进步与创新，促进经济社会创新发展。

全面推进科技计划管理改革。制订出台了《关于深化自治区科技计划管理改革的意见》、《关于加强广西科技计划项目全过程管理的若干意见》和《广西科技重大专项管理暂行办法》等文件，全面推进科技计划管理改革，推动科技统筹部署，提高科技管理水平。

科学技术普及活动广泛开展。印发了《广西壮族自治区全民科学素质行动规划（2011～2015年）》，推动我区全民科学素质工作深入开展。成功举办了第 20 届广西科技活动周、2011 年全国科技活动周广西活动、“十月科普大行动”、“依靠科技抗旱救灾”及“春种生产科技下乡”等一系列丰富多彩的科普专题活动，推动科普工作向纵深发展。

（十）各市、各部门科技工作取得新成绩

各市科技进步工作进一步加强。各市立足于本地经济社会发展，充分考虑本地资源禀赋、产业结构、人力资源、文化传统等创新要素实际，积极开拓，大胆创新，探索出了许多独具区域特色的新举措和新方法，涌现出了许多亮点，有效地提升了区域创新能力。南宁市连续六次荣获“全国科技进步先进市”称号。柳州市获得 2011 年度最具成长力创新型城市称号。崇左、贺州和防城港 3 个市专利申请量实现翻番。北海、梧州和钦州积极推进国家级和自治区级高新区创建和升格工作。桂林、玉林、河池、来宾、百色、贵港等市在推进厅市会商、加强院（校）地科技合作、构建区域创新体系、促进地方特色优势产业创新发展等方面也取得了新成效。各地一些好的经验做法，我们要认真总结交流和相互借鉴。

部门科技工作取得新进展。在创新型广西建设的总体布局下，各部门科技工作紧紧围绕本部门发展的需求，整合资源，调动力量，推进创新，取得了新成效。发改委加快培育发展战略性新兴产业。工信委大力推进工业化信息化建设。教育厅全面推进高校科技创新工作。财政厅、税务局以多种方式加大对科技创新的资金支持。银监局、保监局、证监局等部门积极支持我区 3 个国家级高新区推进“新三板”工作。其他各部门的科技工作也取得了新的进步，我在这里就不一一列举了。

同志们：

过去一年科技工作取得的成绩，是在自治区党委、政府的正确领导下，各地、各部门和社会各界大力支持、密切配合的结果，是全区科技战线广大科技工作者和管理者扎实工作、奋力拼搏的结果。在此，我代表自治区科技厅，向为全区科技事业付出心血和努力的各级、各部门领导和同志们以及社会各界人士表示衷心的感谢，向奋战在科技第一线的广大科技人员表示崇高的敬意！

三、当前科技工作面临的新形势

当今世界发展不平衡、科技发展不平衡远远大于经济发展不平衡。全球科技进入一个前所未有的创新密集时代，无论是发达国家还是发展中国家，都在大幅增加研究开发投入，把争夺科学技术制高点作为国家发展战略的重点，科技创新的竞争已经成为国际竞争空前激烈的一个重要特点和趋势。

我国“十二五”规划纲要强调，要坚持把科技进步与创新作为加快转变经济发展方式的重要支撑，增强自主创新能力，加快建设创新型国家。面对新的国际国内形势，党中央、国务院对科技工作做出了一系列重要决策和部署。胡锦涛总书记强调，建设创新型国家，加快转变经济发展方式，赢得发展先机和主动权，实现我国发展的战略目标，最根本的是要靠科技的力量，最关键的是要大幅度提高自主创新能力。温家宝总理在国家科学技术奖励大会上也强调，要克服国际金融危机的深层次影响，缓解发展不平衡、不协调、不可持续的体制性、结构性矛盾，实现经济社会发展的新跨越，最根本的要靠改革开放、体制创新和科技进步。党的十七届六中全会、中央农村工作会议对推进科技与文化融合，加快推进农业科技创新提出新的要求。郭声琨书记、马飚主席等自治区领导多次强调，要把科技创新作为实现富民强桂新跨越的重要支撑。自治区第十次党代会明确提出，我区今后五到十年要实现“翻两番、跨两步、三提高”的奋斗目标和加快“五区”建设的战略任务，以及经济社会跨越发展都更加需要科技发挥支撑和引领的重要作用。这一系列的部署，为科技工作指明了方向，也提出了新的更高要求。

近年来，我区科技事业发展取得了较大进步，科技在支撑经济社会发展方面发挥了积极的作用，但总体而言，我区科技创新能力仍然很弱，与建设创新型广西的目标和支撑富民强桂新跨越的要求相比，还存在相当差距。2011年全国科技进步统计监测结果显示，我区综合科技进步水平仍排在全国第28位，许多反映科技进步水平的重要指标在全国处于落后位置，全社会R&D经费支出与GDP的比例只有0.66%，仅为全国平均水平1.76%的37.5%。每万人口发明专利拥有量为0.4件，仅为全国平均水平2.37件的16.88%。高层次科技领军人才匮乏，科技基础能力薄弱，科技投入不足，产业创新能力不强等制约了我区科技进步与创新，科技面临着与发达地区差距越拉越大的态势。科技工作的责任还很大，担子还很重。我们要高度重视，找准问题并加以解决，加快科技自身发展，推进我区科技综合水平实现新的更大跃升。

四、2012年科技工作部署

2012年是实施“十二五”规划承上启下的重要一年，也是贯彻落实自治区第十次党代会精神、加快富民强桂新跨越进程的重要一年。全区科技系统将继续按照“强基础、提能力、促发展、惠民生”的思路，围绕加快落实科技发展“十二五”规划和第五轮创新计划的各项任务，重点推进以下工作：

（一）加快推进重大专项和科技工程，增强科技对产业发展的支撑和引领作用。

一是落实好“十二五”科技规划和第五轮创新计划明确的重大任务。尽快启动实施尚未启动的“十二五”重大科技专项，加快推进第五轮创新计划七大科技工程，争取尽快取得一批阶段性科技成果，加快科技成果的转化和产业化，支撑产业跨越发展。

二是继续深入实施千亿元产业科技攻关工程。在“14+10”产业启动实施一批新的重点攻关项目。加强各关键技术之间的系统集成和产品创新，尽快掌握核心技术，加强应用示范和市场推广，培育形成产业链。抓好实施重点攻关项目的示范工作，加大对实施效果好的典型企业的宣传，示范带动其他企业增强技术创新能力，提升产业创新能力和综合竞争力。

三是加强重大专项的全过程管理。按照《广西科技重大专项管理暂行办法》等政策措施，加强重大专项和重点项目实施的全过程监督评估，确保项目实施出人才、出专利、出成果、出效益、出产业。

（二）优化科技资源布局，加强科技创新平台和基地建设。

一是加快高新区发展。加快推进桂林、南宁、柳州国家级高新区建设创新型特色园区，推进北海高新区升级为国家级高新区，支持梧州、钦州建立自治区级高新区，扩大高新区产业规模，提升高新区竞争力。大力培育发展高新技术企业，加强高新技术特色产业化基地、科技企业孵化器建设，推动创新型产业集群和科技服务体系发展，继续推进广西北部湾经济区国家高新技术产业带建设，提升高新技术产业竞争力。重点围绕新能源汽车、非粮生物质能源等领域，开展科技攻关，建设战略性新兴产业创新基地。深入实施制造业信息化科技工程，重点在制糖、有色金属、物流等产业开展科技攻关和示范，利用高新技术改造传统产业，提升广西支柱产业创新能力。

二是加强农业科技创新平台和示范基地建设。支持百色、北海国家农业科技园区加强科技转化示范能力建设，建立水稻、番茄、芒果等综合技术示范基地，建设海洋产业科技成果创新、转化平台和海洋产业企业孵化器。进一步加强农业产业科技重点示范县、农业良种培育中心和标准化生产技术示范基地等创新平台的建设。支持桂林漓江农业科技园区和贵港西江农业园区申报国家级农业科技园区。加强国际科技合作基地建设，充分发挥合作基地的先导作用，努力实现国际科技合作方式向“项目—基地—人才”相结合的模式转变。

三是加强各类创新平台建设。加快现有自治区重点实验室、国家重点实验室和省部共建国家重点实验室培育基地建设。进一步加强千亿元产业研发中心、工程技术研究中心建设，支撑千亿元产业创新发展。

四是加强基础研究。围绕“十二五”科技规划中提出的重大战略需求，策划布局一批重大基础研究项目。组织开展高水平的学术交流与合作，争取在奶水牛、桉树生态、西江流域资源保护利用等研究领域策划和申报一批国家重大基础研究项目。

（三）加强基层科技工作，提升科技创新和服务水平。

一是加强农业科技创新。贯彻落实中央一号文件精神，以科技创新推动粮食、桑蚕、甘蔗、木薯、罗非鱼、奶水牛等特色优势产业发展。开展新品种选育、新技术的研发和技术集成示范，加快科技成果转化。围绕特色畜禽、水产等农产品深加工关键技术，开展产业化技术示范和副产物综合利用研究开发，提高农产品附加值。完善农村技术服务支撑体系，组织科技特派员开展科技服务和创业。发展农业和农村信息化，继续抓好重点县、乡、村、协会、企业等科技信息服务网建设。利用网络和电视频道，广泛开展科技服务、科技培训、科技咨询、科技信息等服务工作。加大科技扶贫工作力度。

二是帮扶企业提升自主创新能力。深入实施技术创新工程，完善工作机制，总结典型经验，整合企业、高校、科研院所的创新资源，加快产业技术创新战略联盟和创新型企业建设，帮助企业提升自主创新能力。

三是加强产业共性技术的集成推广。围绕我区千亿元产业和农业重点产业，组织开展重大共性关键技术问题的调研，集成先进成熟技术成果进行推广示范，解决产业共性技术问题，促进科技成果转化。

四是大力发展民生科技。围绕提高人民生活质量和健康水平，以解决人口、资源、生态环境等社会发展重大科技问题为目标，重点在人口健康、食品安全、环境保护等领域开展科技攻关，加强民生领域的关键技术攻关和成果转化，提升区域环境污染及突发环境事件防控能力和水平，全面提高社会发展领域的科技水平。

五是提高市县科技管理水平。研究新形势下进一步推进县（市）科技进步的工作，推动市县建立科技进步目标责任制。继续实施科技富民强县专项，增强科技在县域经济社会发展中的支撑和引领作用。加强县市科技管理业务培训和指导，继续扶持市县科技创新服务能力建设，切实提高县市科技管理和服务水平。

（四）落实自治区中长期人才发展规划纲要，大力培养造就创新型科技人才。

加强高层次创新人才和创新团队建设。引导和支持自治区主席院士顾问、八桂学者和特聘专家发挥专业优势，为我区科技创新服务。继续开展自治区主席院士顾问聘请工作，做好第二批八桂学者和特聘专家设岗和人选评聘有关工作。加大对广西杰出青年基金项目和创新研究团队项目的支持力度，积极培养和引进一大批青年人才和创新团队，促使优秀的中青年科技领军人才及其创新团队脱颖而出。

（五）开展全民发明创造活动，推动发明创造工作。

一是全面实施《广西发明专利倍增计划》。启动实施科技项目、创新平台、知识产权优势企业等发明专利倍增工程，加大发明专利申请资助和授权奖励力度，推动全社会开展发明创造活动。

二是加强与国家知识产权局沟通协调。推动自治区与国家知识产权局的合作。

三是加强知识产权服务能力建设。出台促进我区专利代理机构发展的具体政策措施，推动各市组建新的专利代理机构。加大专利代理人的培训力度。加快推进广西专利交易市场建设。

四是进一步优化政府专利工作绩效考核。会同有关部门，完善设区市政府绩效考核体系专利考核指标设置。

五是深化知识产权试点示范。以实施“广西知识产权创造与运用示范”项目为抓手，深入开展知识产权试点示范工作，提升企业专利工作能力。

（六）深化科技体制改革，提高科技管理科学化水平。

一是推进科技计划管理改革。进一步完善广西科技计划业务管理信息系统，加快推进广西科技计划信用体系建设，完善科技计划项目管理办法。推进阳光立项，加强项目实施的督查检查和到期项目验收等工作，提高项目按期完成率和结题验收率。进一步推进经费管理改革，对科技计划资金实行分类管理，提高资金利用率。

二是强化科技机制创新。进一步加强科技宏观战略研究，不断健全部门协调、上下联动的宏观科技统筹合作机制，提高科学管理水平。完善产学研合作机制，推动企业与高等院校、科研院所开展产学研合作。建立完善科技条件资源共享机制，建立健全各类创新平台向社会开放服务的有效机制，提高资源利用效率。

（七）扩大科技交流合作，在更高的起点推进自主创新。

一是进一步深化科技会商制度。开展部区会商议题专项调研，研究凝练议题，筹备第四次部区会商工作。开展厅市会商工作专项评估，总结经验，加强指导。

二是扩大科技合作。加强与东盟、欧美等国家的科技交流与合作，组织和指导高校、科研院所和企业积极开展国际科技合作。积极与中科院、工程院、北大、清华、复旦、上海交大等与我区建立战略合作关系的单位开展交流合作，策划科技合作主题，充分利用国家大院大所、知名高校和企业的创新资源为我区科技创新服务。继续加强与兄弟省市科技部门的交流与合作，提升我区科技发展水平。

三是承办好以科技为主题的第九届中国—东盟博览会各项活动。围绕“科技合作”的主题，办好第九届中国—东盟博览会先进技术展。积极配合办好在第九届中国—东盟博览会期间召开的中国—东盟科技部长会议。举办东盟国家合作项目推介会，为国内科研机构、投资机构和企业向东盟国家转移先进适用技术和开展合作研究做好服务工作，推动国家“走出去”战略实施。

（八）多措并举，为科技创新和创新型广西建设营造良好氛围。

一是全面开展“解放思想、赶超跨越”大讨论活动。围绕实现富民强桂新跨越的发展目标，推动新一轮的思想大解放，开展各类主题活动，重点解决制约科技发展的思想观念、体制机制、政策措施、工作作风等方面存在的突出问题，探索新时期有效开展科技工作的新思路、新模式、新举措，增强改革创新意识，不断提高科技宏观管理能力和干部执行力，努力改变我区科技进步水平落后的局面，加快经济发展方式转变，促进经济社会科学发展、和谐发展、跨越发展。

二是加大科技投入力度。建立完善财政科技投入的稳定增长机制，确保各级财政科技投入增长幅度高于财政经常性收入的增长幅度。落实激励企业创新的各项优惠政策，引导企业大幅度增加研发经费投入。推动科技与金融结合，联合有关部门开展广西科技金融试点工作，建立广西科技创业投资引导资金，积极发展风险投资、科技贷款事业，支持企业开展技术创新活动。

三是完善科技政策法规。配合自治区人大尽快修订出台《广西壮族自治区科学技术进步条例》和《广西壮族自治区专利条例》，制定出台《关于加快高新技术产业开发区发展的若干意见》等政策，建立健全科技政策法规体系。进一步加强科技政策法规宣传，加大科技政策落实检查力度，确保激励创新的各种法规政策落实到位。

四是加强创新文化建设。深入贯彻落实十七届六中全会精神，进一步加强对文化与科技结合的支持与引导，加强文化科技服务体系建设，推进文化科技创新，推动文化大发展大繁荣。倡导科研创新文化，加强科研诚信建设。加强科学技术普及，加快实施“十二五”科普工作发展纲要。加强科技宣传工作，唱响加快科技进步与创新、推动创新型广西建设的主旋律。

除了以上工作安排外，还要抓好科技管理干部特别是基层科技管理干部的培训，加强党的作风建设和反腐倡廉建设，深化反腐倡廉教育，推动反腐倡廉工作取得新成效，努力造就一支勤政、廉洁、务实、高效的科技管理干部队伍。

同志们：

2012年是迎接党的十八大胜利召开的喜庆之年，是加快实现富民强桂新跨越的重要一年。认真做好今年的各项科技工作，具有十分重要的意义。我们要按照自治区党委、政府的部署，咬住目标不放松，坚定信心不动摇，化压力为动力，变挑战为机遇，创造性地开展工作，努力开创建设创新型广西新局面，为富民强桂新跨越做出更大的贡献，以优异成绩迎接党的十八大胜利召开！

部门区域科技创新

广西壮族自治区国土资源厅

广西国土资源厅成立于2000年8月，由原地质矿产厅、土地管理局、海洋局共同组建而成，是自治区人民政府的组成部门，主管全区土地资源、矿产资源、海洋资源的规划、管理、保护、开发与合理利用等工作。

几年来，广西国土资源厅在自治区党委和政府的正确领导下，按照科学发展观的要求，始终坚持围绕经济建设这个中心，服从、服务于发展大局，确保了全区经济建设的用地、用矿、用海需求，为全区社会和经济发展提供有力的资源保障，为全区的经济建设积累了巨额资金，连续5年实现耕地占补平衡和总量动态平衡，确保全区国土资源的可持续利用，为建设“富裕广西、生态广西、文化广西、平安广西”作出了贡献。

▲2012年3月1日，中国土地勘测规划院与广西国土资源厅签订合作备忘录签约现场。

▲2012年4月26日，中国近海海洋综合调查与评价广西壮族自治区908专项任务现场查验会议在广西南宁召开。

◀2011年9月28日，国家地理信息应急监测车交接仪式暨无人飞机航测系统推广应用现场会

▼2012中国—东盟矿业合作论坛开幕式矿业高官会议

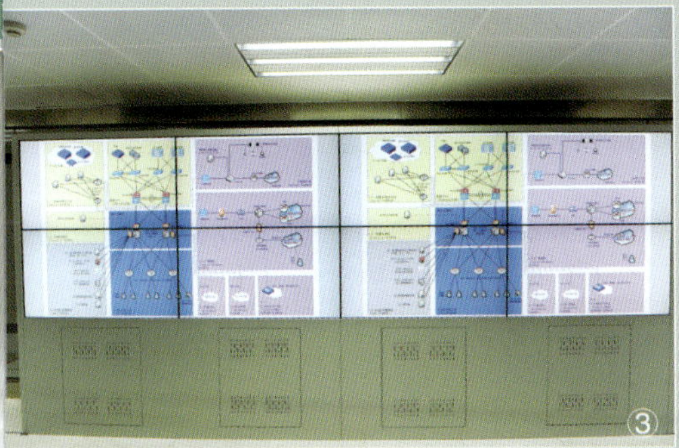

①2012年9月28日，容县集约用地现场会

②2012年中国信息化成果评选结果在京揭晓，广西国土资源遥感监测“一张图”研究与应用项目获一等奖。

③广西国土资源数据中心运维监控中心

④2011年3月25日，时任国土资源部部长徐绍史到广西国土资源厅视察“一张图”工程建设

⑤广西国土资源厅与南宁市政府在首府南宁举行“广西找矿在行动基层行”启动仪式及世界地球日活动

⑥广西国土资源信息中心EMC统一存储

⑦卫星监测地灾野外作业

广西林业厅

盛世兴林 绿溢壮乡

——广西全力建设生态文明示范区和林业强区

广西生态区位重要、自然条件优越，是我国生物多样性最丰富的地区之一。2012年，在自治区党委、政府的正确领导和各级各部门的大力支持下，全区林业系统认真贯彻落实科学发展观，紧紧围绕建设全国生态文明示范区、全国林业强区、全国木材战略核心储备基地和全国林下经济发展排头兵的目标，以改善生态和改善民生为总任务，以推动林业科学发展为主题，以加快转变林业发展方式为主线，坚决打好造林绿化“三大战役”，深入开展林业基础设施建设“五大会战”，全力实施林业发展“六大工程”，各项工作扎实推进，全区林业实现了平稳较快发展，呈现出十大亮点：

●造林绿化成效显著。全区完成植树造林450万亩，森林覆盖率达61.4%，比2007年提高8.7个百分点。柳州市成为广西第三个国家森林城市。

●石漠化治理成效全国第一。成功争取35个县纳入全国石漠化片区扶贫规划。广西现有石漠化面积比2005年减少679万亩，减幅19%，是8个石漠化省区中石漠化面积减少最多的省区。

●落实中央林业项目资金成效明显。全年落实中央林业项目资金达到37.9亿元，约是2007年的2.8倍。

●林业产业提前3年实现建设林业强区的发展目标。全年全区林业产业总产值2194亿元，实现5年翻两番，提前3年实现建设林业强区的发展目标。其中，造纸与木材加工业产值达900亿元。

●林下经济成为促农增收的新引擎。全区林下经济产值达360亿元，增长57%。通过发展林下经济实现人均增收1000元以上的林农达818万人。林下经济发展继续成为全国典型。

●林业投资规模不断扩大。全区林业固定资产投资达650亿元。

●全国木材战略核心储备基地建设顺利推进。组织实施《广西木材战略储备生产基地规划（2011～2020年）》，加快发展速丰林，全年木材产量达2100万立方米。广西已成为全国最大的木材生长、生产基地，森林年生长量、年木材产量、森林蓄积年净增量均居全国第一。全区森林蓄积量达6.4亿立方米，比2007年净增1.3亿立方米。

●改善民生取得重要进展。林业基础设施建设“五大”会战任务基本完成，林区水电路等基础设施建设取得新进展。圆满完成12万座沼气池建设任务。

●林业科技创新取得新突破。2012年取得了一批重大科技成果，共获得广西科技进步奖6项，其中二等奖2项、三等奖4项。选育出全国第一个高油酸油茶优良杂交组合新品系。林业科技成果示范建设不断加强。

●林业干部队伍建设取得新进展。林业干部队伍结构明显优化，干部素质稳步提高。目前，区直林业系统拥有博士70名、硕士902名、学士1290名，拥有教授或相当于教授职称36名，教授、博士、硕士分别是2008年的9倍、11倍和9倍。初步构建起具有广西林业特色的惩防腐败体系，“1234”权力监督制衡机制和党风廉政建设成为全国林业系统的典型。

高峰林场速丰林林相

①自治区政协主席陈际瓦（中）到七坡林场调研花卉产业

②自治区党委副书记危朝安（前中）到广西林科院了解广西林业科技创新中心建设情况

2013年，围绕建设生态文明示范区和林业强区、富民强桂新跨越的总目标，广西林业系统将深入学习贯彻党的十八大精神，大力发展生态林业和民生林业，坚持建设林业强区“三步走”战略和“12345”工作思路，加快转变林业发展方式，着力加强生态建设，着力提升林业产业，着力增强综合实力，着力夯实发展基础，全面推进全国生态文明示范区和美丽广西、全国木材战略核心储备基地和林业强区建设，力争广西的生态环境长期走在全国前列，为全区实施北部湾经济区和西江经济带“双核”驱动战略保驾护航，努力打造全国林下经济排头兵，助推全区绿色增长、绿色发展、绿色崛起。

▲广西国有钦廉林场林下种牧草养羊

▲融水县农民在林改确权发证后，在自家的杉木林下发展种植灵芝菌

▲（雅长林场）世界最大的野生莞兰群

▼区直林场中纤板生产车间一角

贵港市科学技术局

贵港市科学技术局（贵港市知识产权局）是贵港市人民政府组成部门。

2011～2012年我市建成高新技术企业4家，自治区级创新型试点企业1家，自治区级工程技术研究中心2家，市级工程技术研究中心15家，自治区农业产业科技示范县3个，农业良种培育中心，农业标准化生产示范基地8个，产业技术创新战略联盟1个。组织开发高效新配比农药21%阿维.毒死蜱微乳剂等工业新产品20个，引进木薯淀粉生产节能降耗新技术等工业先进技术15项；引进示范推广“新选048”、“桂蚕二号”等农业优良种46个，集成推广先进种养技术23项。获得国家级和自治区级科技项目立项58项科技经费1404.67万元，组织实施《食用菌菌棒垒墙栽培技术研究与示范》等市本级科技计划项目164项，总投资2.3亿元，支持科技经费314万元。其中：广西贵港动力公司自主研发拥有自主知识产权的新产品4LBZ-120型半喂入水稻联合收割机获得科技部、环保部、商务部、质检总局联合颁发的国家重点新产品证书；贵港市群星电缆有限公司的“扁型发（承）热电缆产品研究与开发”获2012年广西技术发明奖三等奖；由广西港桥水泥有限公司承担的“高掺合比工业固废水泥制成清洁生产新技术集成与示范” 获得国家高技术研究发展计划（863计划）支持，这是我市承担的首个国家高技术研究发展计划（863计划）科技项目。“物流行业信息化智能管理系统”和“3ZP—0.8型甘蔗中耕培土机”获得国家科技型中小企业技术创新基金项目支持；《天然桧木精油产品的研制与开发》、《制浆造纸废水深度处理技术研究与产业化示范》、《洗车场废水循环使用技术应用示范》、《以木薯为原料生产燃料乙醇》等重大项目被列入自治区千亿元产业重大科技攻关工程。

◀2012年11月7日上午，贵港市首个国家高技术研究发展计划（863计划）课题——“高掺合比工业固废水泥制成清洁生产新技术集成与示范”项目在广西港桥水泥有限公司正式启动。自治区科技厅党组书记兼中国科技开发院广西分院院长陈大克出席启动仪式并宣布项目启动。

▲自治区农业产业科技示范县¬——桂平市木薯产业累计引进华南5号、新选048等木薯新品种6个，推广木薯高产栽培技术示范面积达25万亩，平均亩产2.16吨，木薯良种覆盖率达到92%，木薯加工企业工业产值8.85亿元，项目实施期间累计实现利税2.38亿元。

▶由广西安泰化工有限责任公司实施的国家农业科技成果转化资金项目“高效低毒环保型农药3.4%甲氨基阿维菌素苯甲酸盐微乳剂中试”，应用自主研发的微乳剂核心技术，完善了工艺参数，形成年产2000吨的生产规模，实现了3.4%甲氨基阿维菌素苯甲酸盐微乳剂农药产品销售收入7739.27万元，净利润912万元，缴税总额210万元，示范推广面积11万亩，带动农民增收880万元，取得了显著的经济、社会和生态效益。

贵港市嘉特电子科技有限公司

▲贵港市蒋和生副市长到公司检查工作

▲科技厅钟会超副厅长到公司指导工作

▲获广西优秀软件企业奖

▲公司与北京航空航天大学签订技术合作项目

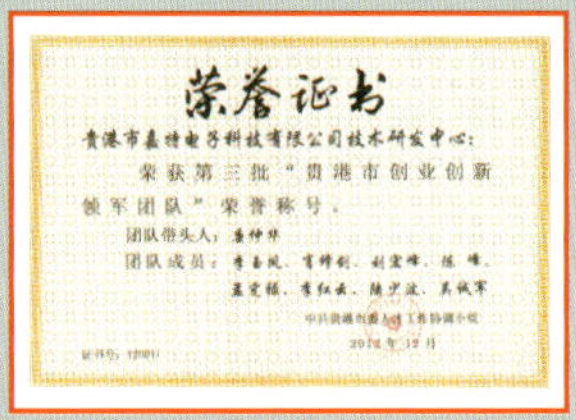

贵港市嘉特电子科技有限公司于2008年在北京航空航天大学部分教授大力支持和帮助下成立的。从成立至今，公司秉承“科学技术为第一生产力，人才是关键”的宗旨，在尊重科学、重用人才的同时也十分注重自身的人才培养。目前，公司拥有来自由国内各大理工科名校及高新技术企业专业高级技术人员组成的技术团队49人。嘉特电子科技有限公司资金实力雄厚，管理理念先进、市场运作能力强，坚持“科教兴国”、“科技兴企”的理念，以“立足贵港、建设广西、服务全国”为目标，与北京航空航天大学材料科学与工程学院、北京航空航天大学交通科学与工程学院、广西现代物流生产力促进中心等多个高等院校、科研院所建立了战略合作关系，参与了贵港西江“黄金水道”信息化规划项目，自主研发了部标车载GPS北斗双模行驶记录仪一体机、车辆监控智能管理系统、物流行业信息化智能管理系统、危险品（油罐车）进、出油口电子（阀门）封签系统等多个具有专利及软件著作权的核心技术产品。获得广西“100家产学研用一体化重点培育单位”、贵港市“现代物流系统工程技术研究中心”、贵港市目前唯一一家经区工信委认定的软件企业、软件产品“双软”企业。获得了2011年贵港市“科技进步一等奖”；2012年广西“优秀软件企业”、“优秀软件产品”；2012年贵港市“创业创新领军团队”等殊荣。目前，公司正往多元化发展，在工、农业智能化方面已成功开发出马蹄自动收获机、甘蔗（玉米）高杆作物收获机、抢险机器人等产品原型。已成为集软、硬件开发及应用、技术引进和技术转化的高新技术企业。

玉林市中小企业科技创新孵化服务中心

玉林市中小企业科技创新孵化服务中心是玉林市科技局属下的副处级财政全额拨款事业单位，下设综合科、创业服务科、项目管理科3个内设科室，共有12名编制，现有在编人员8名。我中心是目前玉林市唯一的一家自治区级科技企业孵化器，定位是综合孵化器，享有开发区同等的优惠政策，重点进行先进装备制造、生物医药、新材料和新能源等领域的科技成果转化和孵化培育。为提升孵化服务能力，我中心正在实施玉林市中小企业科技创新孵化公共服务平台建设项目，拟建设科技企业孵化大楼、中小企业产品研发检测中心、中试标准厂房及配套设施，总建筑面积32868平方米，建成后可满足80-100家中小型科技企业入孵。

我中心通过整合全市科技资源，与市内科研实力较强的单位合作共建了科技及专业数据库服务平台、玉林市科技信息服务平台、陶瓷产业科技创新研发与检验检测平台、玉林市机械产业科技创新研发与检验测试平台和循环经济技术转移服务平台五大技术服务平台，并获得市政府的支持，设立了科技成果转化专项资金，可为在孵企业提供30-150万元的成果转化项目经费支持。目前，中心的在孵企业已发展到53家，领域涵盖机械、电子电器、生物制药、陶瓷、节能环保、现代农林产品加工等行业，大部分企业的产品技术为自主开发或引进区内外先进技术，未来转化形成生产力的潜力较好。

▲时任玉林市市长王凯到在孵企业洋平石斛组培快繁车间调研

▲玉林市中小企业科技创新孵化公共服务平台建设效果图

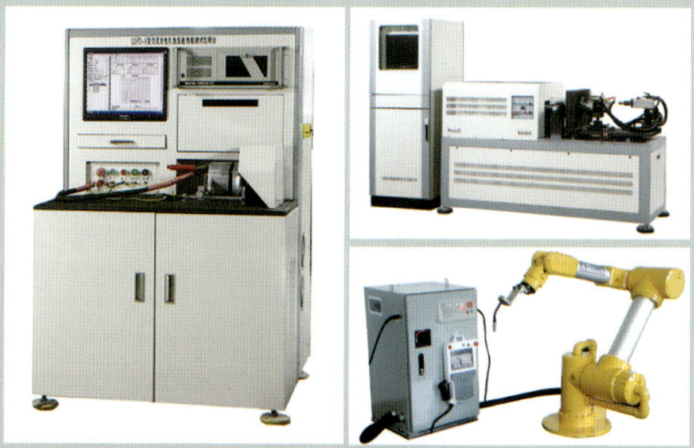

▲中心与玉林市国家内燃机及零部件产品质量监督检验中心共建的机械产业科技创新研发检测服务平台

▲中心与玉林市出入境检验检疫局合作共建的陶瓷产业科技创新研发检测检验平台

▲在孵企业悍牛工程设备有限公司自主研发的国内第一款多功能压雪车

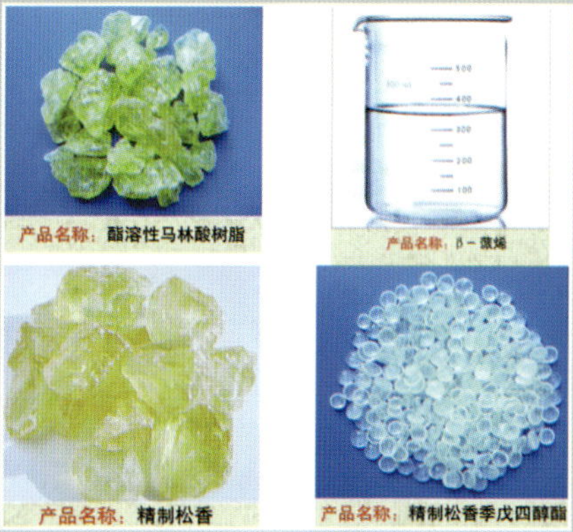

◀在孵企业北流市兆周林产有限公司研发生产的系列优质松脂产品（其中松香季戊四醇酯荣获广西科技进步二等奖）

钦州市科技局

▲科技厅领导在钦州宇欣电子科技有限公司考察

▲科技厅领导在钦州坭兴陶艺有限公司考察

▲科技厅领导到广西钦州清华同方数字责任有限公司进行实地考察

▲自治区科技厅与钦州市人民政府共同召开第二次工作会商会议

▼全国科技活动周钦州活动开幕式暨钦州市第二届校园科技文化节活动

近年来，钦州市科技工作在自治区科技厅的指导下，紧紧围绕市委、市政府中心工作，大力发展高新技术产业，加强科技平台建设，推动科技项目管理工作，促进科技与经济的紧密结合，使得科技事业加快发展。

自治区级钦州市高新技术产业开发区成功申报。

2012年11月24日，自治区人民政府正式同意批准设立广西钦州高新技术产业开发区。

高新技术产业服务中心顺利升格为自治区级孵化器。

2012年12月24日，钦州高新技术产业服务中心成功升格为自治区级科技企业孵化器。

高新技术产业加快发展。

2010年前，全市仅有钦州华成自控设备有限公司1家高新技术企业，2011年增加到4家，同比增长300%。2012年再创新高，高企数量达到了12家，比上年增长300%。

知识产权工作不断推进。

2012年我市完成发明专利申请量为149件，同比增长282.05%，成为全区第2个提前超额完成全年发明专利申请任务的市。我市引进1家专利中介服务机构—桂林市持衡专利商标事务所有限公司钦州分公司。钦州市知识产权局荣获“全国知识产权系统人才工作先进集体”，是广西仅有的3家获奖单位之一。

创新平台建设进一步完善。

一是广西慧宝源制药有限公司获自治区科技厅批准组建广西抗肿瘤民族药工程技术研究中心，成为我市首家自治区级的工程技术研究中心。二是积极开展市级工程技术研究中心建设，全市共建成市级工程技术研究中心17家。

科技创新能力不断提升。

一是争取自治区科技计划项目取得新突破。2012～2013年，我市共争取到上级科技项目66项，获得经费支持2259万元。二是市本级技术研究与开发计划项目的立项及项目的验收和成果鉴定工作有序推进。近两年来共征集到市本级技术研究与开发计划项目建议181项，并组织下达我市科学研究与技术开发计划自筹经费项目17批，341项，总投资5847万元。

厅市会商工作顺利开展。

2012年8月，自治区科技厅和市人民政府正式开展第二轮“厅市工作”工作，正式确定了“加快钦州高新技术产业孵化器服务体系建设”、“科技促进坭兴陶文化产业提升”、“共同推进中国—马来西亚钦州产业园区建设”三大议题。签署两个项目合同，共获得科技厅立项支持400万元。

科技兴农成效显著。

一是广西灵山县园丰牧业有限公司、浦北县共和香蕉专业合作社2家单位被认定为第二批自治区农业标准化生产技术示范基地。二是建立了10万亩水稻高产高效栽培示范区，百强帽岭奶水牛养殖基地被国家农业部授予“国家级奶水牛标准化养殖示范基地”。三是钦北区申报国家富民强县项目《松脂产业技术开发与示范》，并获得国家科技部立项。四是钦南区康熙岭镇、浦北县官垌镇被自治区科技厅认定为2012年广西社会主义新农村科技示范镇，钦北区贵台镇洞利村、灵山县丰塘镇陂塘村被认定为2012年广西社会主义新农村科技示范村。

科技交流合作取得新成效。

近两年来，我市每年组团参加（实施）了自治区科技活动周、全国科技活动周钦州活动、发明专利交易展、北京科博会、西安杨凌农产品交易会、深圳高新技术产品交易会、中国—东盟博览会、中俄蒙高新产品交流会，大力宣传推介钦州，扩大我市企业产品影响力，加大招商引资力度，达成多项科技项目合作。我市被评为“广西科技活动周优秀组织单位”、“2012全国科技活动周广西活动优秀组织奖”。

防城港市科学技术局

“十二五”以来，防城港市全社会科技投入持续增长，区域创新体系不断完善，自主创新能力得到显著增强，科技支撑和引领经济社会发展的作用日益突显，全市科技发展取得了长足进步。市科技局先后荣获市直机关“创先争优”先进基层党组织、广西科技活动周优秀组织奖、自治区和谐单位、自治区文明单位等荣誉称号。

科技创新取得新成就。实施第五轮创新计划取得新成效，多项指标提前或超额完成。全市实施市级以上科技项目125个，补助经费达到1947万元。10个项目通过科技成果鉴定。全市综合科技进步水平稳居全区第五位。

高新技术产业保持较好发展势头。高新技术企业增至7家。2012年，全市规模以上高新技术企业工业产值首次突破百亿元大关，达到132.4亿元。

知识产权工作卓有成效。设立专利申请资助及奖励资金。引进专利代理机构1家。2011年1月－2012年12月，我市三种专利申请量444件，专利授权146件。其中2012年全市专利申请量增幅在全区排名第一。

科普宣传彰显防城港特色。深入开展具有特色的各类科普主题活动，办好《百姓科技》电视栏目，下派48名农村科技特派员开展种养技术指导。认定命名自治区级科普示范村4个、科技服务新农村建设示范4个，市级青少年科普教育基地4个。

科技合作交流成效好。组织企业和产品、技术参加全国、全区科技会展等活动。成功举办2012年“百名博士防城港行”暑期科技服务活动，影响深远。吸引区内外高校建立了一批校企实践基地和产学研合作基地。

科技创新环境不断优化。出台《防城港市专利申请资助及奖励暂行办法》、《防城港市科技企业孵化器管理试行办法》等文件，为加快创新型城市建设营造良好的环境。

①科技厅陈大克书记（左一）到上思县调研依蒙粘土
②科技厅谢適堂厅长（前排左二）到港口区企业调研
③图为市委书记、市人大常委会主任刘正东在2012年百名博士防城港行暑期科技服务活动启动仪式上致欢迎辞。
④荣获自治区文明单位称号
⑤荣获自治区和谐单位称号
⑥高新技术企业之一——东兴华鸿光学科技有限公司生产的镜片产品

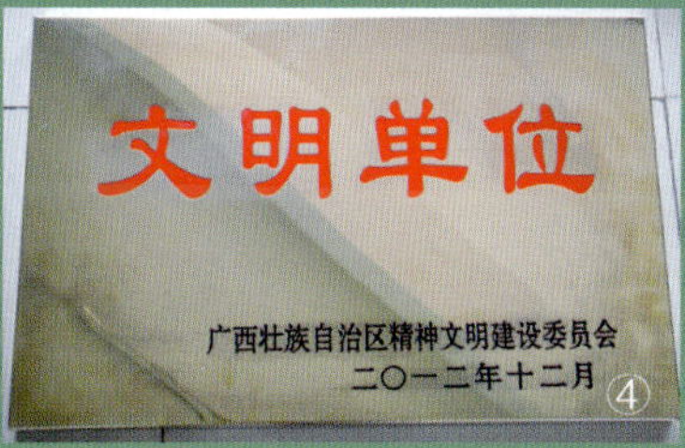

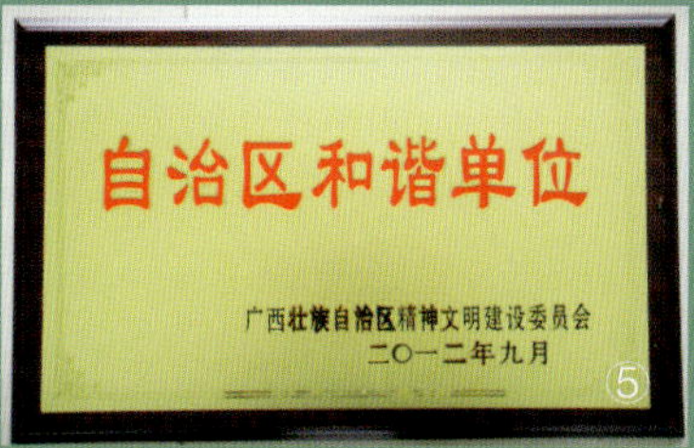

⑦广西农垦糖业集团昌菱制糖有限公司的朗姆酒陈酿仓库
⑧东兴市盛泽生态农业综合开发有限公司兰花基地一角

广西百色国家农业科技园区

广西百色国家农业科技园区（以下简称园区）是2001年由科技部、农业部等六部委批准成立的全国首批21个国家农业科技园区（试点）之一，2010年正式挂牌，2013年获评全国优秀国家园区。

2011～2012年，园区紧紧围绕“抓科研，促推广，重经营，强合作”工作思路，加强亚热带特色农业和面向东盟的国际化特色，加强亚热带特色农业科技的创新、集成与示范，强化企业的引领与带动，深入开展农业对外交流与合作，有效推进了农业科技成果转化推广。一是“一区多园”、“一园多区”建设不断拓展和提升。2011年以来，园区继续突出亚热带农业特色，建立了反季节芒果产业化示范园、节本高效优质香蕉产业化示范园，同时加强无公害蔬菜产业化示范园建设和特色畜禽水产养殖示范园建设、积极提升甘蔗产业化示范园建设水平，积极打造生态循环有机农业产业化示范园和加快园区农产品加工集中区建设，不断提升了园区的辐射示范带动能力。二是科技支撑能力不断增强。在完善提升原有研发平台的基础上，2011年园区创建了广西水稻、芒果、玉米产业技术体系综合试验站等平台。依托这些平台，园区先后组装、集成、转化、示范、推广一批科技成果，为我国亚热带特色农业发展提供了技术支撑和示范平台。三是项目实施成果显著。2011～2012年，自治区科技厅向百色园区下达了《芒果、番茄等特色农产品加工技术应用与产品开发》、《右江河谷芒果优质高效生产技术集成创新与示范》等9个项目。园区积极组织项目实施，建立了14个示范基地，开发新产品7个，培训农户3144人次。四是对外交流合作能力不断提升。先后举办或承办了2011国际（百色）有机农业技术研讨会、农作物废弃物功能成分筛选研究暨第二届芒果苷研究国际学术论坛、两期亚热带优质果树栽培技术国际培训班、两届中国-东盟（百色）现代农业展示交易会。先后有40多个东盟各国的代表团和考察团近500人到园区参观交流，年吸引国内考察团、培训班近2万人次到园区参观考察学习，成为了我市、我区农业对外交流合作的重要平台。五是组织管理水平得到提高。2011年园区举办了建园十周年座谈会，自治区副主席陈章良率科技厅、发改委、财政厅等10个自治区推进百色园区建设工作联谊会议单位出席会议并给予园区大力支持。2012年9月《广西百色国家农业科技园区“十二五”发展规划》通过市政府审批并印发实施。同时，由园区主笔的《中国一东盟（广西百色）现代农业合作示范区规划》报自治区政府并获审批。

▲2012年7月1日，农业部党组书记、副部长余欣荣在考察园区，自治区副主席、公安厅厅长梁胜利（左三）及自治区、百色市有关领导陪同考察

▲2011年10月23日，袁隆平院士（左三）检查超级稻种植示范基地，百色市副市长、园区主任赵桂兰（右三）、园区常务副主任韦胜（左二）等领导陪同

下一步，园区将全面贯彻落实党的十八届三中全会精神，全力推进实施园区“十二五”发展规划，创新和完善园区建设的配套政策和运行保障机制，加大招商引资力度，提高开放合作水平，以建设中国一东盟（广西百色）现代农业合作示范区为重点，打造成引领广西现代农业发展的新硅谷，面向东盟的国际农业合作大基地，农业增效、万千农民增收的好平台。

综　述

2011～2012年广西科技工作综述

一、科技计划实施

《广西壮族自治区科学技术发展“十二五”规划》和《广西创新计划（2011～2015年）》先后颁布实施，明确了2011年至2015年广西科技发展的指导思想、发展目标和主要任务等内容。到2015年，广西科技进步将达到全国中等水平，科技进步对经济增长的贡献率达到48%，每万人口发明专利拥有量达到3件，全社会研究与试验发展经费（R&D）支出与地区生产总值（GDP）的比例达到2.2%。

二、产业科技发展

工业科技　围绕汽车、机械、有色金属等千亿元产业发展，整合优化创新资源，据不完全统计，2011～2012年千亿元产业重大科技攻关工程（“350”工程）累计安排实施646个课题，支持科技经费2亿元，带动社会投入99.2亿元。自主创新成果显著，广西成功研发出国内首台达到欧Ⅵ排放标准的车用柴油机，填补了国内高效清洁柴油机的空白，成为我国发动机研发史上的又一里程碑；广西首款中级轿车宝骏630专属生产基地正式竣工投产，拥有国际领先的装配工艺和设备；玉柴机器股份有限公司自主开发成功的YC12VC等三款高速大功率船电发动机，有望打破国内高端船电发动机被国外产品占据的市场格局；上汽通用五菱汽车股份有限公司连续七年蝉联国内微型商用车行业销量冠军，旗下N300（五菱荣光）车型成功在埃及下线，实现了从输出产品到输出知识产权的重大转变。

农业科技　围绕粮食、甘蔗、桑蚕等十大广西特色优势农业产业，建设了一批农业科技集成示范平台，加速农业科技成果推广与转化应用，有效带动农民致富，促进县域经济发展。籼型三系杂交水稻特优“582”被农业部确认为广西第二个超级稻品种。“北部湾1号”南美白对虾通过国家新品种审定，成为广西第一个获得国家认定的水产新品种。桂单0810等玉米新品种，成为能够与跨国公司玉米品种抗衡的、为数不多的优良品种。水稻新品种“特优269”百亩示范平均产量超过国家超级稻品种亩产标准。成功育成广西首个亚热带天然黄色茧蚕品种——“桂蚕H9”等桑蚕新品种。进一步加强了50个现代农业产业科技示范县和百色、北海两个国家农业科技园区的建设。两年来认定78个广西农业良种培育中心、132个农业标准化生产技术示范基地。突出抓好高产、高效、优质农业先进适用技术集成与示范，有效地促进了粮食、甘蔗、木薯、桑蚕等特色优势农业发展，加强了农业新品种选育。

高新技术产业　2011年新修订《广西壮族自治区高新技术产业开发区条例》并颁布实施，进一步规范了高新区管理，2012年广西壮族自治区人民政府出台《关于加快高新技术产业开发区发展的若干意见》，对广西今后一个时期加快高新区发展作了全面部署。成立了自治区级梧州高新区和钦州高新区，广西高新区数量达到6家。桂林和南宁国家高新区建设创新型特色园区建设方案通过了科技部评审。两年来，桂林、南宁、柳州、北海四个高新区总产值、总收入、出口创汇分别为4941.32亿元、5209.14亿元、49.21亿元。全区高新技术企业达到420家。制造业信息化水平进一步提升，高新技术对传统产业的改造提升作用进一步显现。加快培育和发展战略性新兴产业，设立了战略性新兴产业发展专项资金，重点扶持和引导节能环保、生物医药、生物农业、新材料、先进装备、新一代信息技术、新能源汽车、养生长寿健康等产业发展。

三、创新体系建设

2012年9月29日，广西壮族自治区党委、人民政府在南宁召开全区科技创新大会，先后出台了《关于提高自主创新能力建设创新型广西的若干意见》（桂发〔2012〕21号）、《关于深化科技体制改革加快建设广西创新体系的实施意见》（桂办发〔2012〕41号）及66个配套文件。“2＋66”文件体系为今后一个时期广西深化科技体制改革、加快广西创新体系建设的纲领性文件。

四、科技研究条件与基础平台建设

两年来，广西共获得国家各类科技项目（课题）1125项（个），获得支持经费超6亿元；全区财政科技拨款总共为69.92亿元，其中自治区本级为29.29亿元；获得国家自然科学基金项目共837项，资助经费3.96亿元。自治区主席院士顾问总数达到了116名；八桂学者总人数达到48名。2011年3月，科技部批准广西大学和华南农业大学联合建设“亚热带农业生物资源保护与利用国家重点实验室”，实现了广西依托高校建设国家重点实验室零的突破。广西已建设有2家国家重点实验室、3家国家工程技术研究中心、38家自治区重点实验室、25家自治区工程院、23家千亿元产业研发中心、125家自治区工程技术研究中心等一批国家和自治区级科技创新平台。

五、民生科技

在生态环境、人口健康与食品安全、防灾减灾与公共安全等民生领域，开展科技攻关，加强科技成果转化，取得了丰硕成果。启动自治区可持续发展实验区建设，确定柳州市柳北区等五个县（市、区）为广西可持续发展实验区，依靠科技引导，开展可持续发展机制模式的创新实践。实施“金属尾矿资源高效利用和安全处置”等民生领域重大专项。首次在国内建立了市、县、乡（镇）统一指挥的三级急救网络，在国际急救领域中探索了一种符合中国国情的城乡一体化院前急救模式，技术处于国内领先水平。国内率先开展了曼地亚红豆杉生长特性与紫杉醇含量特性研究，为制定药材质量标准提供了理论依据。筛选出3个林果新品种和3种分类方法应用于漓江生态修复和旅游管理。科技扶贫工作深入推进。

六、知识产权与专利

2011年《广西壮族自治区人民政府关于开展全民发明创造活动的决定》《广西发明专利倍增计划（2011～2015年）》等有关配套文件相继出台。设立了自治区财政专利专项资金，成功召开全区发明创造大会，全面部署和推进发明创造工作。组织开展全民发明创造活动，实施发明专利倍增计划。2011年9月《广西壮族自治区专利条例》颁布实施，专利行政执法工作加强，专利创造环境不断优化。2012年11月第一届广西发明创造成果展览交易会在南宁举办，全区各地约2000件发明创造成果参展参会，成功签订合同15项，签订协议20项，签约总金额3.4亿元。《关于加强专利服务机构建设的实施方案》制订出台。2012年，全区专利申请总量首次突破万件大关，达到13605件，同比增长67.84％；其中，发明专利申请6507件，同比增长136.02％，增长率比全国平均水平高107个百分点，居全国首位。专利授权总量达到5902件，同比增长34.11％；其中发明专利授权901件，同比增长42.11％，增长率比全国高14个百分点。

七、科技交流合作

广西先后与中国科学院、中国工程院、北京大学、清华大学、上海交大和同济大学等国内大院大所、著名高校签署科技战略合作协议，建立战略合作关系。2012年科技部与广西壮族自治区人民政府签署新一轮部区会商合作议定书，确定了双方今后五年重点合作的议题。广西壮族自治区科学技术厅与南宁、北海等市建立会商制度，厅市会商机制实现14个设区市全覆盖。与自治区质量技术监督局、建设银行广西分行签订了合作协议，与交通银行广西分行共同支持广西企业开展知识产权质押贷款试点。成功举办第8、第9届中国—东盟博览会农村先进适用技术暨高新技术展和中国－东盟太阳能政策对话与技术洽谈会，温家宝总理、习近平副主席和东盟各国领导人、贵宾参观了专题展并给予充分肯定。圆满承办首届中国—东盟科技部长会议、中国—东盟科技合作伙伴计划启动仪式，广西牵头在南宁建设“中国—东盟技术转移中心”，深化与东盟国家的科技合作交流。广西水牛研究所获批准为国际科技合作基地，首批10家自治区级国际科技合作基地获得认定。

八、科学技术普及和科技宣传

成功举办了第20、第21届广西科技活动周，2011、2012年全国科技活动周广西活动，“十月科普大行动”等一系列丰富多彩的科普专题活动，推动科普工作向纵深发展。制作播出广西电视科技宣传专题栏目《创新传奇》48期，编辑出版

《建设创新型广西文件读本》等宣传刊物。

（科技厅办公室）

2011年广西科技工作要点

一、指导思想

以邓小平理论和“三个代表”重要思想为指导，深入贯彻落实科学发展观，全面贯彻落实党的十七届五中全会、自治区党委九届十三次全会以及全国科技工作会议和全区经济工作会议精神，围绕实现“富民强桂”新跨越战略，以提高自主创新能力为核心，以支撑经济发展方式转变为主线，着力强化科技基础，着力培育发展战略性新兴产业，着力支撑千亿元产业发展，着力推进农业现代化，着力发展民生科技，加快创新型广西建设，为加快我区经济转型和科学发展、和谐发展、跨越发展提供有力的科技支撑。

二、主要任务及要求

围绕自治区党委、政府年度工作重点，结合科技工作实际，着力推进以下工作：

（一）组织实施重大专项，全面推进科技发展“十二五”规划和第五轮广西创新计划实施。

围绕科技发展“十二五”规划明确的“十一个重大专项”和第五轮创新计划明确的“七大科技工程”，加强组织协调，确保各个重大专项和科技工程顺利推进。

（二）加强重点产业科技攻关，提高产业核心竞争力。

一是加强重点产业重大科技攻关，深入实施千亿元产业“350”重大科技攻关工程。二是加强科技成果集成及推广应用示范。

（三）强化农业科技创新，提高农业发展水平。

一是加强农业科技攻关和科技成果转化。重点在部分优势特色产业开展共性关键技术攻关和集成科技示范。二是加强农业科技园区和科技服务平台建设。

（四）大力发展高新技术产业，培育发展战略性新兴产业。

一是做大做强高新技术产业开发区，提升高新区对高新技术产业发展的承载能力和高新技术辐射能力。二是进一步壮大高新技术产业集群自主创新能力。三是加快培育战略性新兴产业。四是利用高新技术改造提升传统产业，深入推进制造业信息化示范企业和示范城市建设。

（五）大力发展民生科技，促进科技成果惠民。

一是组织开展民生领域科技攻关，重点开展人口健康、食品安全、生态环境保护与修复等领域关键技术研究开发。二是促进农民增收致富和新农村建设，继续推进科技富民强县试点示范、科技服务新农村建设示范、科技特派员等工作。三是加快可持续发展实验区建设。

（六）深入实施技术创新工程，提升企业自主创新能力。

一是加快培育创新型企业，加快培育建设壮大100家创新型（试点）企业，增强创新型企业示范带动作用。二是加快产业技术创新战略联盟建设，增强优势特色产业技术创新能力。三是加强企业科技特派员工作，启动实施“千人百企”科技特派员行动。

（七）强化科技基础能力建设，增强发展后劲。

一是加强基础研究和前沿技术研究。二是加强创新平台建设，全面推进千亿元产业研发中心、工程技术研究中心、重点实验室等创新平台建设。三是建立完善科技公共服务平台。

（八）加强创新人才培养及团队建设，夯实科技创新基础。

一是加强高层次科技创新人才培养及团队建设。二是做好自治区主席工业院士顾问聘请工作。三是做好“八桂学者”岗位设置和人员遴选等工作。

（九）深化科技合作与交流，聚集自治区内外创新资源。

一是深入推进部区会商工作。二是加强国际科技合作与交流，重点推进中国—东盟科技合作与技术转移服务网络中心建设。三是扩大多区域科技合作，积极参与泛珠三角、长三角等区域的科技合作，利用“两周三会”等平台，引进先进技术、人才和项目等。

（十）实施知识产权战略，提高核心竞争力。

深入贯彻落实《广西壮族自治区实施知识产权战略意见》。制定科技计划、科技工程知识产权管理办法；加强科技计划知识产权（专利）绩效考核；加大专利申请资助理力度；加强专利和信息服务能力建设，建立健全知识产权预警应急机制；加强专利行政执法能力和条件建设；推进知识产权试点示范工作；加强知识产权宣传工作。

（十一）加强市县科技工作，提高市县科技创新和服务能力。

一是深化厅市会商工作。二是加强创新型试点城市建设工作。三是强化科技兴县（市）工作，增强科技对县域经济发展的支撑能力。

（十二）创新体制机制，营造良好创新环境。

一是加大科技投入力度。二是加快以企业为主体的技术创新体系建设。三是进一步完善科技政策法规环境，尽快配合自治区有关部门修订实施《广西壮族自治区高新技术产业开发区条例》、《广西壮族自治区科学技术进步条例》、《广西壮族自治区专利保护条例》。四是深化科技体制改革，完善科技管理机制。五是加强科学技术普及。六是强化科技宣传工作。

（十三）加强服务保障，打造素质过硬的科技管理队伍。

一是加强“一服务两公开”建设，强化机关政务和后勤服务工作。二是加强科技干部队伍建设，完善教育培训制度。三是加强党风廉政建设和机关党建工作。四是加强绩效考评工作。五是加强直属单位能力建设。

（科技厅办公室）

2012年广西科技工作要点

2012年是实施“十二五”规划承上启下的重要一年，也是贯彻落实自治区第十次党代会精神、加快富民强桂新跨越进程的重要一年。自治区科技厅继续按照“强基础、提能力、促发展、惠民生”的思路，紧紧抓住科学发展这个主题和加快经济发展方式转变这条主线，围绕“十二五”科技发展规划和第五轮创新计划的各项任务，重点推进以下工作：

一、加快推进重大专项和科技工程，增强科技对产业的支撑和引领

（一）落实好“十二五”科技规划和第五轮创新计划明确的重大任务。

抓好“十二五”科技规划确定的11个重大专项的落实，已启动实施的，要加强督促检查；未启动实施的，要全面启动实施，做好项目的策划。加快推进第五轮创新计划七大科技工程，争取取得一批阶段性科技成果，加快促进科技成果的转化和产业化，支撑产业跨越发展。

（二）继续深入实施千亿元产业科技攻关工程（“350”工程）。

加快构造和启动实施一批重点攻关项目，累计实施重点攻关项目达到350项以上。加强各关键技术之间的系统集成和产品创新，尽快掌握核心技术，加强应用示范和市场推广，培育和形成产业链。抓好重点攻关项目的示范工作，加大对实施效果好的典型企业的宣传，示范带动其他企业增强技术创新能力，提升产业创新能力和综合竞争力。

二、加强基层科技工作，提升科技创新与服务水平

（一）加强农业科技创新。

贯彻落实中央一号文件精神，加强粮食、桑蚕、甘蔗、木薯、柑橘、香蕉、葡萄、油茶、罗非鱼、奶水牛、茶叶、食用菌、海洋养殖等特色优势产业的科技创新，开展新品种选育、新技术的研发和技术集成示范，加快科技成果转化。围绕特色农产品深加工关键技术，开展产业化技术示范和副产物综合利用的研究开发，提高农产品附加值。组织科技特派员开展创业和科技服务，继续抓好重点县、乡、村、协会、企业等重点节点的三农科技信息服务网建设，以及利用电视频道广泛开展科技宣传、培训和科技咨询等服务工作。

（二）帮扶企业提升自主创新能力。

深入实施技术创新工程，帮助企业提升自主创新能力。加强创新型试点企业的建设，大力推进国家级创新型企业、自治区级创新型企业的培育工作。加强对产业技术创新战略联盟的指导，建立长效机制，推动联盟开展产业共性关键技术研究，提升产业创新能力。加强企业科技特派员工作，开展产学研合作，引导创新要素向企业转移。

（三）大力发展民生科技。

围绕提高人民生活质量和健康水平，以解决人口、资源、环境等社会发展重大科技问题为目标，重点在人口与健康、食品安全、环境保护等领域开展科技攻关，加强民生领域的关键技术攻关和成果转化，全面提高社会发展领域的科技水平。

（四）加大科技扶贫工作力度。

按照自治区新一轮扶贫开发攻坚战的统一部署，以扶贫点为示范，以科技创新为支撑，推动科技扶贫的深入开展。做好新农村建设指导员工作。选派好贫困村党组织第一村支书工作。实施好科技扶贫项目。

（五）提高市、县科技管理水平。

调查研究新形势下进一步推进市、县科技进步的意见、措施。继续实施科技富民强县专项，增强科技在县域经济社会发展中的支撑和引领作用。加强市、县科技管理业务培训和指导，继续扶持市、县科技创新服务能力建设，切实提高市、县科技管理和服务的水平。

三、优化科技资源布局，加强科技创新基地和平台建设

（一）加快高新区发展。

加快推进桂林、南宁、柳州国家级高新区建设创新型特色园区，推进北海高新区升级为国家级高新区，支持梧州、钦州建立自治区级高新区，扩大高新区产业规模，提升高新区竞争力。大力培育发展高新技术企业，加强高新技术特色产业化基地、科技企业孵化器建设，推动创新型产业集群和科技服务体系发展，继续推进广西北部湾经济区国家高新技术产业带建设，提升高新技术产业竞争力。

（二）加强科技创新示范基地建设。

支持百色、北海国家农业科技园区加强科技转化示范能力建设，建立水稻、番茄、芒果等综合技术示范基地，建设海洋产业科技成果创新、转化平台和海洋产业企业孵化器。进一步加强农业产业科技重点示范县、农业良种培育中心、标准化生产技术示范基地等的建设。支持桂林漓江农业科技园区和贵港西江农业园区申报国家级农业科技园区。加强国际科技合作基地建设，充分发挥合作基地的先导作用。

（三）加强各类创新平台建设。

加快现有国家重点实验室、省部共建国家重点实验室培育基地和自治区重点实验室建设。进一步加强千亿元产业研发中心、工程技术研究中心建设，支撑千亿元产业创新发展。

（四）加强基础研究。

围绕“十二五”科技规划中提出的重大战略需求，策划布局一批重大基础研究项目。组织开展高水平的学术交流与合作，争取在广西北部湾生态监测、重金属的环境污染、岩溶地质灾害遥感建模理论、桉树生态、西江流域资源保护利用等研究领域策划和申报一批国家重大基础研究项目。

四、全面开展全民发明创造活动，推动发明专利跨越发展

（一）全面实施《广西发明专利倍增计划》。

实施科技项目发明专利倍增工程，创新平台发明专利倍增工程、知识产权优势企业发明专利倍增工程，组织开展全民参与发明创造大行动和创新成果专利化引导行动，激励全社会开展发明创造活动。

（二）加强知识产权服务能力建设。

出台促进我区专利代理机构发展和建设广西知识产权交易平台的具体政策措施，加快建立功能完备的专利技术转化交易平台，推动各市组建新的专利代理机构。加强专利数据库建设。

（三）进一步优化政府专利工作绩效考核。

会同有关部门，完善设区市政府绩效考核体系专利考核指标设置。

（四）深化知识产权试点示范。

以实施“广西知识产权创造与运用示范”项目为抓手，深入开展知识产权试点示范工作，提升企业专利工作能力。

五、落实自治区有关人才政策，加强高层次人才培养

引导和支持第一批主席院士顾问和八桂学者发挥专业优势，为广西科技创新服务。

配合做好第二批八桂学者设岗工作。

加大对广西杰出青年基金项目和创新研究团队项目的支持力度，培养一批高水平的科技领军人才。

六、深化科技体制改革，提高科技管理科学化水平

（一）推进科技计划管理改革。

进一步完善广西科技计划业务管理信息系统，加快推进广西科技计划信用体系建设，完善科技计划项目管理办法。推进阳光立项，加强项目实施的督促检查和到期项目验收等工作，提高项目（课题）按期完成率和验收率。

（二）强化科技机制创新。

进一步加强科技宏观战略研究，不断健全部门协调、上下联动的宏观科技统筹合作机制，提高科技管理水平。完善产学研合作机制，推动企业与高等院校、科研院所开展产学研合作。建立完善科技条件资源共享机制，建立健全各类创新平台向社会开放服务的有效机制，提高资源利用效率。

七、扩大科技交流合作，在更高的起点推进自主创新

（一）进一步深化科技会商制度。

开展部区会商议题专项调研，研究凝练议题，召开第二轮部区会商会议，组织申报会商项目。

开展厅市会商工作专项评估，总结经验，加强指导，与4个市开展厅市会商。做好厅际之间的合作沟通，协调各项工作的顺利开展。

（二）扩大科技交流与合作。

加强与东盟、欧美等国家的科技交流与合作，组织和指导高校、科研院所和企业积极开展国际科技合作。积极开展与中科院、工程院、北大、清华、复旦、上海交大等与我区建立战略合作关系单位的交流合作，策划科技合作主题，充分利用国家大院大所、知名高校和企业的创新资源为我区科技创新服务。

（三）承办好第九届中国－东盟博览会各项科技活动。

围绕“科技合作”主题，继续办好第九届中国—东盟博览会先进技术展。积极配合科技部办好在第九届中国—东盟博览会期间召开的中国—东盟科技部长会议和中国东盟科技合作论坛。

八、多措并举，为科技创新和创新型广西建设营造良好氛围

（一）完善科技政策法规。

配合自治区人大尽快修订出台《广西壮族自治区科学技术进步条例》和《广西壮族自治区专利条例》。为落实即将出台的《关于提高自主创新能力，加快创新型广西建设的若干意见》，组织制定配套政策文件和实施工作方案。推动《关于加快高新技术产业开发区发展的若干意见》的出台。建立健全科技政策法规体系，进一步加强科技政策法规宣传，加大科技政策落实检查力度，确保激励创新的各种法规政策落实到位。

（二）加大科技宣传力度。

充分利用报纸、电视、广播、网络等新闻媒体，加大对重大科技专项、重大科技活动和事件的宣传报道力度，加强对创新技术、创新人才、创新团队的宣传，扩大科技的影响力。

（三）加强科学技术普及。

加快实施“十二五”科普工作发展纲要。完善现有科普基地和科普示范村的硬软件设置，新建一批科普基地和科普示范村。继续推进全国科技活动周广西活动、广西科技活动周、科技下乡、双休日博士教授科普讲座等大型科普活动，不断提高公众的科学素养。

九、加强党的建设、干部队伍建设和党风廉政建设

（一）继续抓好创先争优活动。

组织自治区科技厅机关党员干部深入结对村，密切机关党员干部与基层群众的关系，深入组织开展“科技进企下村入户”、“创先争优，基层同行”、学习型组织创建、“富民强桂我先行”等系列活动，进一步增强党员的宗旨意识，坚定广大党员的理想信念，激发党员干部工作热情，争创一流业绩。

（二）加强科技管理干部队伍建设。

进一步优化干部队伍结构，加强科技管理干部队伍建设，尤其是年青干部培养，不断提高科技宏观管理能力和执行力。加强二层单位的队伍建设，提高服务能力。加强群团建设，发挥工会、青年、妇女等组织联系与服务群众的桥梁纽带作用，营造和谐、团结、奋进的工作氛围。

（三）加强以完善惩治和预防腐败体系为重点的反腐倡廉建设。

严格执行党风廉政建设责任制，按照2011—2012年党风廉政建设责任书，抓好责任落实、措施落实，贯彻落实《建立健全惩治和预防腐败体系2008—2012年工作规划》，对照《科技厅贯彻落实＜工作规划＞的实施办法》，做好业务督查工作，加强廉政制度建设，加强机关廉政文化建设。

十、开展“解放思想、赶超跨越”大讨论活动

按照自治区的总体部署，充分结合科技工作实际，明确科技厅开展活动的目标任务要求，认真组织实施，确保讨论取得实效。通过大讨论，切实解决科技厅系统存在不敢解放思想、不会解放思想、不想解放思想的问题，以思想的大解放，推动科技的大发展，以科技进步与创新来支撑和引领我区经济社会的跨越发展。

（科技厅办公室）

2011年广西科技工作成效

2011年，在自治区党委、政府的正确领导下，广西科技工作按照“强基础、提能力、促发展、惠民生”的科技工作总体思路，着力创新体制机制，夯实创新基础，集聚创新资源，优化创新环境，强化产业创新，科技进步与创新取得了新进展，实现了科技发展“十二五”良好开局，为加快富民强桂新跨越提供了有效的支撑。

一、科技发展“十二五”规划和第五轮创新计划启动实施

《广西创新计划（2011～2015年）》和《广西

壮族自治区科学技术发展“十二五”规划》先后颁布实施，明确了今后五年广西科技发展的指导思想、发展目标和主要任务等内容。到2015年，广西科技进步将达到全国中等水平，科技进步对经济增长的贡献率达到48%，每万人口发明专利拥有量达到3件，全社会研究与试验发展经费（R&D）支出与地区生产总值（GDP）的比例达到2.2%。

二、千亿元产业重大科技攻关工程初见成效

围绕汽车、机械、有色金属等千亿元产业发展，整合优化创新资源，加快实施千亿元产业“350”工程和“2423”工程，取得了初步成效。据不完全统计，“350”工程累计安排实施千亿元产业重大科技攻关工程270项，支持科技经费1.58亿元，带动社会投入143亿元。预计通过项目实施可实现年增产值715亿元，年增利税111亿元。23个千亿元产业研发中心已全部挂牌运行，建设资金累计投入17.7亿元，现有关键设备3815台套，获得新研发成果1766项，申请专利895件，获专利授权748件，参与制订各类技术标准677项。

三、产业自主创新取得新突破

2011年，玉柴机器股份有限公司在国内率先研发出我国首台满足欧Ⅵ排放标准的车用柴油机，填补了我国高效清洁柴油机的空白，提升了国家研发高等级排放发动机的技术水平，成为我国发动机研发史上的又一里程碑。“木薯非粮燃料乙醇成套技术及工程应用”项目成功开发了木薯非粮燃料乙醇成套技术，推进了我国生物质能源领域的技术进步，荣获2011年国家科技进步奖二等奖。籼型三系杂交稻“特优582”被农业部确认为2011年超级稻品种，将对促进广西粮食产量大幅提升起到积极作用。

四、承担国家科技项目能力增强，获经费支持明显增加

广西创新主体承担国家科技项目能力不断增强，获得国家科技项目和经费创历史新高。2011年，广西获得国家各类科技项目（课题）支持518项（个），获得支持经费将近3亿元，同比增长76.5%。其中，获得国家自然科学基金项目401项，资助经费1.9亿元，同比增长61.7%和191.7%，获资助项数和支持经费增长幅度位居全国前列。

五、广西首家依托高校建设国家重点实验室获准建设

在2010年依托企业建设的非粮生物质酶解国家重点实验室获准建设的基础上，2011年3月，科技部批准广西大学和华南农业大学联合建设“亚热带农业生物资源保护与利用国家重点实验室”，实现了广西依托高校建设国家重点实验室零的突破，标志着广西基础研究工作步入了一个新的发展阶段，将为我国特别是亚热带农业的可持续发展提供强劲的资源、科技和人才支撑，进一步提升边疆民族地区的科技创新能力。

六、全民发明专利创造再创新高

科技部门全面贯彻落实自治区主席马飚对加强专利工作的重要批示精神，起草了《广西壮族自治区人民政府关于开展全民发明创造活动的决定》和有关配套文件，全面推进发明专利产出。2011年，全自治区共申请专利8106件，同比增长58.41%，高于全国平均水平22个百分点。其中发明专利申请授理2757件，同比增长75.16%，比全国高33个百分点。获专利授权4401件，同比增长20.68%。其中获授权发明专利634件，同比增长48.83%，比全国高8个百分点。全自治区14个市的专利申请增长率超过25%，扭转了“十一五”期间发明专利申请和授权增长率低于全国平均水平的局面。

七、高新技术产业快速发展

桂林、南宁、柳州、北海四个高新区继续保持快速发展势头。2011年1～12月，四个高新区工业总产值、总收入、总利税、出口创汇分别为2226.44亿元、2391.66亿元、251.47亿元、21.71亿美元，分别比上年同期增长15.1%、14.22%、17.25%、52.88%。高新技术企业培育和认定工作取得成效，全年向国家推荐新认定高新技术企业89家，预计广西高新技术企业总数将达到364家。

八、高层次人才培养和引进取得新成效

按照自治区党委、政府的工作部署，全面启动自治区主席院士顾问、八桂学者和特聘专家工作，新聘请了53位自治区主席院士顾问，累计达到66位。首次聘请了27名八桂学者和31名特聘专家。自治区主席院士顾问、八桂学者和特聘专家确立了我区高层次人才开发的崭新格局，必将有效地解决制约广西发展的高层次人才缺失的“短板”，推动我区经济社会跨越发展。

九、科技交流合作持续深化

为在更广领域加强科技交流合作，在更高层次上引进自治区外智力和技术，在更高起点上推进自主创新，2011年以来，自治区先后与中国工程院、北京大学、清华大学、上海交大和同济大学等国内大院大所、著名高校签署科技战略合作协议，建立战略合作关系。同时，成功举办第八届中国—东盟博览会农村先进适用技术暨高新技术展和中国—东盟太阳能政策对话与技术洽谈会，温家宝总理和东盟各国领导人、贵宾参观了专题展并给予充分肯定。

十、自主创新政策环境进一步优化

进一步优化科技政策法规环境，夯实科技创新基础，推动全社会创新创造，促进广西经济社会发展。2011年以来，新修订三大法规，新拟定三大政策文件。新修订的《广西壮族自治区高新技术产业开发区条例》已颁布实施，《广西壮族自治区科学技术进步条例》和《广西壮族自治区专利条例》已提请自治区人大审议。制订的《关于开展全民发明创造活动的决定》已印发实施，《关于提高自主创新能力加快建设创新型广西的若干意见》和《关于加快高新技术产业开发区发展的若干意见》等政策文件，已提交自治区人民政府审议。

（科技厅办公室）

2012年广西科技工作成效

2012年，在自治区党委、自治区人民政府的正确领导下，全自治区科技工作按照“强基础、提能力、促发展、惠民生”的科技工作总体思路，深化科技体制改革，加快创新体系建设，夯实科技创新基础，优化创新发展环境，科技进步与创新取得了新进展，为加快实现富民强桂新跨越提供了有力支撑。

一、召开全区科技创新大会，出台“2＋66”文件，深化科技体制改革迈出新步伐

2012年9月29日，自治区党委、人民政府在南宁召开了全区科技创新大会；先后出台了《关于提高自主创新能力建设创新型广西的若干意见》（桂发〔2012〕21号）、《关于深化科技体制改革、加快建设广西创新体系的实施意见》（桂办发〔2012〕41号）及66个配套文件。“2＋66”文件体系是今后一段时期广西深化科技体制改革、加快广西创新体系建设的纲领性文件。

二、“350工程”扎实推进，千亿元产业自主创新取得新成就

围绕汽车、机械、有色金属等千亿元产业发展，整合优化创新资源，千亿元产业领域重大科技专项、第五轮创新计划七个工程和“350工程”都取得了新成绩。2012年，“节能环保柴油机关键技术及产业化”项目获得国家科学技术进步奖二等奖。玉柴机器股份有限公司自主开发成功包括YC12VC在内的三款高速大功率船电发动机，有望打破我国高端船电发动机被国外产品占据的市场格局。广西首款中级车专属生产基地正式竣工投产，拥有国际领先的装配工艺和设备。上汽通用五菱汽车股份有限公司连续七年蝉联国内微型商用车行业销量冠军，旗下N300（五菱荣光）车型成功在埃及下线，实现了从输出产品到输出知识产权的重大转变。新认定了11家自治区创新型试点企业和33家自治区创新型企业。

三、农业科技创新能力持续提升，特色优势产业创新取得新成就

2012年，广西通过审定的农业新品种116个。其中，“北部湾1号”南美白对虾通过国家新品种审定，成为我区第一个获得国家认定的水产新品种。桂单0810等玉米新品种，成为能够与跨国公司玉米品种抗衡的、为数不多的优良品种。水稻新品种“特优269”百亩示范平均产量超过国家超级稻品种亩产标准。成功育成我区首个亚热带天然黄色茧蚕品种——“桂蚕H9”等桑蚕新品种。进一步加强了50个现代农业产业科技示范县和百色、北海两个国家农业科技园区的建设。全年新认定43个广西农业良种培育中心、67个农业标准化生产技术示范基地、181名农村科技特派员，12个县区获国家科技富民强县立项。

四、高新区强力引擎作用进一步显现，高新技术产业和战略性新兴产业发展呈现新态势

自治区人民政府出台了《关于加快高新技术产业开发区发展的若干意见》，对今后一个时期加快高新区发展作了全面部署；批准建立了梧州高新区和钦州高新区，广西高新区数量达到六家。国家级高新区建设创新型特色园区工作全面启动，桂林和南宁国家高新区建设创新型特色园区建设方案通过了科技部评审。2012年，南宁、柳州、桂林和北海四个高新区完成工业总产值2714.88亿元，工业增加值765.06亿元，营业总收入2817.48亿元，出口总额27.50亿美元，分别是2007年的3.68倍、3.53倍、3.16倍和3.97倍。

全年新认定复审公示高新技术企业 183 家，总数达到 420 多家。

五、民生科技工作进一步加强，科技创新为保障和改善民生做出了新贡献

在生态环境、人口健康与食品安全、防灾减灾与公共安全等民生领域，开展科技攻关，加强科技成果转化，取得了丰硕成果。启动“金属尾矿资源高效利用和安全处置”等民生领域重大专项。首次在国内建立了市、县、乡（镇）统一指挥的三级急救网络，在国际急救领域中探索了一种符合中国国情的城乡一体化院前急救模式，技术处于国内领先水平。国内率先开展了曼地亚红豆杉生长特性与紫杉醇含量特性研究，为制定药材质量标准提供了理论依据。筛选出 3 个林果新品种和 3 种分类方法应用于漓江生态修复和旅游管理。科技扶贫工作深入推进。

六、科技基础进一步夯实，持续创新能力不断提升

2012 年，全自治区财政科技拨款 42.1 亿元，同比增长 161.6%，其中自治区本级 16.62 亿元，同比增长 31.1%。获得国家各类科技项目（课题）607 项（个），获得支持经费 3.44 亿元，同比增长 6.3%和 11.44%。高层次人才培养和引进取得新进展。新聘请 50 名自治区主席院士顾问，总数达到了 116 名；新聘请 23 名八桂学者，总人数达到 48 名。组建了 25 个自治区工程院，新认定了 11 家自治区创新型试点企业、33 家自治区创新型企业、2 家广西重点实验室和 1 家广西重点实验室培育基地。基础研究工作再上新台阶。2012 年获得国家自然科学基金项目 436 项，资助经费 2.06 亿元，获资助项数和经费数再创历史新高。广西科研人员首次主持国家重大科学研究计划重大科学目标导向项目子课题，首次作为第一作者在国际顶级杂志《自然》系列期刊发表论文。

七、全民发明创造活动全面开展，全区发明创造实现新突破

全区发明创造大会成功召开，全面部署和推进发明创造工作。组织开展全民发明创造活动，实施发明专利倍增计划。《广西壮族自治区专利条例》颁布实施，专利行政执法工作加强，专利创造环境不断优化。第一届广西发明创造成果展览交易会举办，全自治区各地约 2000 件发明创造成果参展参会，成功签订合同 15 项，签订协议 20 项，签约总金额 3.4 亿元。《关于加强专利服务机构建设的实施方案》制订出台。全自治区专利申请总量首次突破万件大关，达到13605件，同比增长 67.84%；其中，发明专利申请6507件，同比增长 136.02%，增长率比全国平均水平高 107 个百分点，居全国首位。专利授权总量达到5902件，同比增长 34.11%；其中发明专利授权 901 件，同比增长 42.11%，增长率比全国高 14 个百分点。

八、协同创新向纵深推进，创新环境进一步优化

圆满完成首届中国—东盟科技部长会议、中国—东盟科技合作伙伴计划启动仪式和中国一东盟博览会先进技术专题展的组织承办工作。广西水牛研究所获批准为国际科技合作基地。认定了首批 10 家自治区级国际科技合作基地。科技部支持广西牵头在南宁建设“中国—东盟技术转移中心”。

科技部与自治区人民政府签署新一轮部区会商合作议定书，确定了双方今后五年重点合作的议题。自治区人民政府与中国科学院签订科技合作协议，双方重点在加强产学研用等方面开展合作。自治区科技厅与南宁、北海等市建立会商制度，厅市会商机制实现 14 个设区市全覆盖。与自治区质量技术监督局、建设银行广西分行签订了合作协议，与交通银行广西分行共同支持广西企业开展知识产权质押贷款试点。

科学技术普及和科技宣传进一步加强。成功举办了第 21 届广西科技活动周、2012 年全国科技活动周广西活动、“十月科普大行动”等一系列丰富多彩的科普专题活动，推动科普工作向纵深发展。制作播放我区电视科技宣传专题栏目《创新传奇》48 期，编辑出版《建设创新型广西文件读本》等宣传刊物。

九、各市科技工作迈出新步伐，创新型广西建设合力进一步形成

南宁高新区管委会获中国产学研合作促进奖。柳州市技术交易中心成为中国创新驿站广西区域站点内首个基层站点，发明专利量拥有量居全区首位。梧州和玉林市以开辟电视宣传专题栏目的方式加强科技创新宣传。北海、钦州和防城港市联合举办的广西北部湾首届“高新杯”科技创业大赛取得圆满成功。河池市专利代理机构“零的突破”。

（科技厅办公室）

科技管理

科技计划管理

【概况】 2011～2012年，自治区科技厅结合《广西壮族自治区中长期科学和技术发展规划纲要（2006～2020）》，编制了《广西壮族自治区科学技术发展“十二五”规划》和《广西创新计划（2011～2015年）》并由自治区人民政府颁布实施。针对广西经济社会发展和科技进步提出的重大问题，优选一批重点领域科技攻关项目，切实解决一批广西经济社会发展进程中提出的重点、热点、难点问题；攻克一批对于广西经济社会科技中长期发展有重要影响的战略性、前瞻性、关键性课题，增加科技储备；加强科技创新基础能力建设，为持续创新提供动力源泉和必要保障，为自治区经济社会持续发展提供科技支撑；同时，不断探索科学化、规范化、法制化的科技计划和项目管理模式，提高科技管理水平和资金使用效益。

继续加强科技计划管理改革，逐步建立健全科技计划体系和项目管理制度，进一步完善广西科技计划业务管理信息系统，加强历年在研项目（课题）的清理和验收工作，积极推进科技计划项目审批下放工作，促进科技计划管理的规范化、科学化、制度化。

【制度建设与管理创新】 2011年，自治区科技厅组织完善科技计划管理制度。加快已部署的相关软科学研究项目的进展，加强调研分析，出台《科技厅党组关于深化自治区科技计划管理改革的意见》《关于加强广西科技计划项目全过程管理的若干意见》《广西科技重大专项管理暂行办法》《广西科技计划体系》四项政策。《广西科技计划体系》由重大专项计划、基础研究与创新人才培养计划、科技攻关计划、科技成果转化与推广计划、科技合作与交流计划、科技创新能力与条件建设计划和软科学研究计划等七个计划组成。2012年还对广西科技计划信用管理制度、科技厅“阳光立项”工作制度进行了专项研究。

2012年，自治区科技厅根据《广西科技计划体系》确定的科技计划类别，调整完善广西科技计划业务管理信息系统中项目合同（课题任务书）管理模块和课题申报、网上评估等管理模块，完善广西科技计划业务管理信息系统。

自治区科技厅加强历年在研项目（课题）的清理和验收。2012年印发《关于加强广西科学研究与技术开发计划项目（课题）验收工作的通知》，并召集各市科技局、有关单位召开加强项目验收工作会议。限制信用不良单位和个人申报2013年新课题，还对20多个单位进行了重点集中约谈。通过多种措施，全年组织验收项目（课题）达1566项，同比增长五倍。

自治区科技厅推进科技计划项目审批下放工作。制定了委托下放科技计划项目审批方案和委托公告，将县级行政区域内组织申报列入自治区科技计划的科技创新能力与条件建设类的项目申请的受理（包括形式审查），委托下放县级科技行政主管部门负责。2012年召开了自治区科技厅扩权强县下放审批事项培训会议，对14个地级市、120多个县级科技局进行了业务培训。2012年委托县级科技部门受理2013年度科技计划课题申报212项。

【科技规划与计划】 2011～2012年，《广西壮族自治区科学技术发展“十二五”规划》和《广西创新计划（2011～2015年》编制完成，十一个重大专项和七大科技工程及时启动，出台相关的管理办法，建立绩效评估考核机制。

《广西壮族自治区科学技术发展“十二五”规划》于2011年8月8日经自治区人民政府同意，由自治区发展和改革委员会、自治区科技厅联合印发。《规划》明确了“十二五”期间广西科技发展的指导思想和目标任务，提出“强基础、提能力、促发展、惠民生”的思路，重点实施八大任务和十一个重大专项，以及七个方面的保障措施，到2015年，科技进步对经济增长的贡献率达到48%，全社会研究与试验发展经费支出与地区生产总值的比例达到2.2%，每万人口发明专利拥有量达到3件。为加快推进规划重大专项的落实，自治区科技厅编制并发布了《广西科技重大专项管理暂行办法》，成立重大专项管理办公室，十一个重大专项均成立了专家咨询委员会，确定了牵头实施单位，并安排经费推动实施。2012年底，组织开展了规划与年度计划衔接情况分析，为规划的下一步实施提供指导意见，确保规划中的各项任务能在年度计划中得以落实。

2011年，自治区人民政府印发《广西创新计划（2011～2015年）》（以下简称第五轮创新计划）。与前几轮广西创新计划相比，新一轮广西创新计划具有三大显著特点：一是实施时间从原来三年延长到五年，与“十二五”规划同步；二是在内容上注重市、县科技创新能力建设，各市围绕基层科技创新能力建设需求，已构造出一批科技创新能力与条件建设项目；三是设立了广西创新计划专项资金。各市调整充实了创新计划实施协调小组，同时，将第五轮创新计划各项指标任务逐项分解到市直有关部门和各县（市、区），明确分工，同时建立了第五轮创新计划实施进展督察制度和实施绩效评估考核机制。2012年，编制了《广西创新计划专项资金管理暂行办法》，全自治区共组织实施创新计划项目93项，投入科技经费2亿元。在创新计划的23个任务指标中，有10项指标已提前完成五年的总量，有16项指标已完成总任务的89%以上。2012年，新批准组建自治区级工程技术研究中心10家，新建自治区级工程院25家，新认定33家自治区创新型企业和11家自治区创新型试点企业，全年新认定高新技术企业95家。第五轮创新计划实施以来，累计开发工业新产品1027个，引进开发工业新技术448项；引进、培育、推广应用的农业优良品种362个，引进、开发、推广标准化种养新技术204项；累计培养技能型人才147010人，各市共培训农村实用人才202930人。

【年度科技计划与经费（分年度）】 2011年安排自治区本级科技计划项目（课题）1577项，资助经费3.17亿元，其中技术研究与开发项目（课题）1048项，经费2.7亿元，其中：支持千亿元产业重大科技攻关工程项目1亿元；自然科学基金项目497项，经费0.42亿元；其他专项经费项目7项，经费0.05亿元；自筹经费项目（课题）25项。完成2005～2010年度下达的自治区本级科技计划项目执行情况调查，对调查数据进行整理和汇总，编印《广西科技计划年度报告2010》。

2012年安排自治区本级科技计划项目（课题）1391项，资助经费3.637亿元，其中：技术研究与开发项目（课题）901项，经费3.1亿元，其中支持千亿元产业重大科技攻关工程项目1亿元；自然科学基金项目474项，经费0.487亿元；其他专项经费项目10项，经费0.05亿元；自筹经费项目（课题）6项。完成2006～2011年度下达的自治区本级科技计划项目执行情况调查，对调查数据进行整理和汇总，编印《广西科技计划年度报告2011》。

积极组织协调国家各类科技计划项目申报。2011年广西获得国家各类项目（课题）571项（个），经费3.08亿元。2012年广西共获得国家各类科技项目（课题）639项（个），经费4.31亿元，其中，国家自然科学基金项目20623万元，首次突破2亿元，再创历史新高。

【国家、自治区科技重大专项】 自2011年起，广西共设立十一个重大专项：一是铝资源关键共性技术开发与产业链延伸；二是制糖业共性关键技术研发与示范；三是中药现代化关键技术研究与开发；四是新能源汽车关键技术研究；五是非粮生物质能源产业关键技术攻关与产业化示范；六是粮食安全关键技术研发与示范；七是桑蚕茧丝绸产业发展关键技术研究与开发；八是罗非鱼产业关键技术研究与开发；九是畜禽安全生产关键技术研究与开发；十是金属尾矿资源高效利用和安全处置；十一是桉树人工林生态效应与调控机制研究。截至2012年底，广西科技重大专项计划下达项目（课题）154项，经费7530万元（其中2012年安排4830万元）。2012年，科技重大专项实施取得新成效，经济和社会效益显著。

粮食重大专项建立了7个粮食产业示范县，引进水稻、玉米新品种24个；粮食种质创新与新品种选育成果丰硕，创新获得野生稻优异种质79份、水稻耐冷育种中间新材料或品系31份、栽培稻优异种质33份，育成高产、优质、抗稻瘟病、高配合力的水稻恢复系6个，育成优质高产水稻新品种2个，育成耐旱、耐密、抗病玉米自交系3个，培育玉米新品种2个；水稻“两迁”害虫综合防控有点有面有新药，进一步完善了20个重点观测点的实验观测设施条件建设，成功研制2个水稻稻飞虱专用防治药剂；实现了广西区“超级稻＋超级稻＋冬种”的“双超”种植模式，实现特优582新型超级稻种植模式，年公顷产达到21294.3千克；研制出1种植物源储粮防护剂，研制了1套实用型农户储粮仓。申请专利5项，申请植物新品种权保护1项。

罗非鱼重大专项 采用群体选育和家系选育法结合，对美国尼罗罗非鱼、埃及尼罗罗非鱼、吉富尼罗罗非鱼和美国奥利亚罗非鱼进行选育，构建了这四种罗非鱼的核心群；建立4个罗非鱼大水面标准化养殖示范基地，示范网箱588个，总面积11592平方米，总产鲜鱼927吨；建立了鱼虾混养、鱼菜共生2种生态高效健康养殖模式，开发了越冬大棚微孔增氧、池塘围栏2种罗非鱼越冬技术；建立了国内最大的罗非鱼链球菌病原库，保存菌株200株，获得一株安全稳定的弱毒菌株，开发了免疫佐剂和免疫增强剂各一种；开展了罗非鱼质量安全的产地环境质量、养殖种苗质量、养殖投入品质量、养殖病害、禁用药物残留、食源性致病菌等6个关键控制点的监控与监测；建立了2条罗非鱼精深加工示范生产线，开发了6类12个罗非鱼深加工产品及3个副产物加工产品。

桑蚕茧丝绸重大专项 育成蚕桑新品种2个，蚕桑生产的新技术18项，建立6个重点产业科技示范县，示范基地12个，示范面积3466.67公顷，辐射带动6.68万公顷，示范区每公顷产蚕茧达到2250千克，生丝平均等级达到4A～5A级，部分达到6A级，开发茧丝绸加工新产品5项，开发家纺、丝绸新产品5种，利用桑蚕茧丝大宗副产品资源开发新产品3种，缫丝加工能耗降低5%，茧丝绸加工综合效益提高10%。项目申请发明和实用专利3项，制定（修订）相关标准7项。使广西蚕桑生产技术、茧丝加工技术达到全国先进水平，具备丝绸深加工和资源综合利用的规模化技术开发能力。

畜禽重大专项 建成养殖示范基地34个；出栏生猪69.673万头、优质肉鸡8523万只；建成奶水牛养殖小区9个和示范点3个；选出产奶量1800千克以上的良种母牛178头，作为高产水牛核心群，并选用优秀水牛公牛冻精进行选配工作，年产优质冻精23603支；建立5个研究平台，分离鉴定猪、鸡传染病的广西流行毒（菌）株116株，全基因组测序10株；建立猪鸡疫病快速诊断技术11项，研发试剂盒2种；建立14项违禁药物的快速检测方法；研制高效疫苗1个；制定肉猪健康养殖技术规程3个；申请专利19项，其中已授权3项。

中药现代化重大专项 促使中药材资源保护性开发利用得到加强，中药标准规范体系进一步健全，产品创新提升和优势企业培育成效凸显，创新能力明显提升，有力推进了中药国际交流与合作。

金属尾矿重大专项 按照“减量化，再利用，资源化”原则，深入开展金属冶选尾矿和固体废物综合利用，减少尾矿或固体废弃物堆存量，使得有价资源得到充分利用，并降低尾矿产生的环境风险；开展金属冶选尾矿渗漏污染的成分和类型分析，进行尾矿库渗漏应对处理及地下水渗漏修复，有效解决长期以来存在的金属选冶尾矿渗漏污染周边地下水和地表水的问题，改善全自治区尾矿库周边生态环境。

桉树人工林重大专项 初步探明桉树吸收水分的机理、桉树人工林生物多样性下降的原因、人工林表层水分变化机理。

【部区工作会商】 2011年，根据国家科技部与自治区人民政府第三次部区工作会商会议确定的议题和任务分解，推进各项工作开展。在漓江流域生态保护与旅游可持续发展关键技术研究与示范、广西大品种特色中药材GAP种植、特色中药新药研制、南宁市国家创新型城市试点等方面初步落实国家项目经费3000万元，各项目顺利推进。

2012年9月23日，国家科技部与广西人民政府签署新一轮会商合作议定书并在南宁召开2012年部区工作会商会议，双方商定把“提能力、建体系、筑高地”作为五年内合作的主要内容，并确定了近两年内重点实施的五个议题。一是强化企业创新主体地位，增强区域创新能力；二是加快中国—东盟科技合作与技术转移服务体系建设；三是加快北部湾高新技术产业带建设；四是加快科技支撑柳州汽车城建设；五是发挥科技支撑生态文明示范区建设的作用。

【厅市工作会商】 自2007年建立厅市会商制度以来，自治区科技厅针对地方经济社会发展所亟需的科技创新平台建设、科技基础能力提升、科技人才队伍建设等需求，2011年分别与来宾市、百色市、崇左市建立厅市会商工作机制并召开第一次会商会议，与贵港市、柳州市、桂林市召开厅市会商第二次会议，全年共安排厅市会商专项经费1670万元；2012年与钦州市、贺州市、河池市开展第二次会商会议，与南宁市、北海市正式建立厅市工作会商制度并召开第一次会议，全年共安排专项经费达2000万元。截至2012年，自治区科技厅已与全区14个地级市全部建立厅市会商工作制度，实现广西厅市会商制度的全覆盖，累计安排专项经费7175万元，涵盖有色金属、装备制造、糖业、电子信息、特色新材料、海洋生物、旅游等产业，进一步提升了各地特色优势产业科技创新能力，推动了战略性新兴产业发展，为地方经济社会发展提供了有力的支撑。首次与自治区质量技术监督局建立厅局工作会商制度，为厅际双方高层对话提供了良好的平台。

（肖美艳　王媚游）

高新技术与工业科技管理

【概况】 2011～2012年，广西高新技术工作围绕自治区党委、政府中心工作，深入贯彻落实科学发展观，创新体制机制，集聚创新资源，优化创新创业环境，辐射带动区域科技创新和经济发展，各方面都有新进展。新认定高新技术企业186家。2012年北海高新区创业服务中心申报国家级孵化器并获得国家级孵化器认定，至2012年末，广西已有自治区级孵化器12家，国家级5家。2011～2012年，广西工程技术研究中心工作主要加强工程技术研究中心的组建、管理和考核工作，加大对工程技术研究中心的支持力度，注重完善工程技术研究中心的布局，不断提升创新能力。在稳步推进千亿元产业“350工程”、“2423工程”工作的基础上，精心组织实施重点产业科技重大专项，加强调研，做好统筹，集成优化、加强督导以促实效。制造业信息化科技工程顺利推进。推动南宁、桂林、柳州高新区建制升格。2012年7月、11月自治区政府分别批准梧州、钦州高新区成立，自治区级高新区达到6家。2012年11月，南宁高新区管委会升格为副厅级建制机构。

【高新技术企业】 2011年，在自治区高新技术企业认定管理领导小组各成员单位的共同努力下，根据新《高新技术企业认定管理办法》，共组织开展了两批高新技术企业认定评审和两批高新技术企业复审。全自治区共收到企业申请认定材料109家，共通过认定90家（第一批30家，第二批60家）。对2008年认定的63家高新技术企业进行复审。全自治区共收到企业复审材料54家，共通过复审52家（第一批28家，第二批24家）。

2012年，加强高新技术企业的认定、培育和培训工作，2012年共受理4批251家高新技术企业认定、复审申请，新认定高企96家，通过高企复审87家，截至2012年底，全自治区共拥有高企423家。组织广西高新技术企业协会举办2期高新技术企业申报培训办。自治区科技厅、财政厅、国税局和地税局共同组织起草了《广西高新技术企业认定规程》。

【科技企业孵化器】 2011年科技企业孵化器建设蓬勃发展。4月，在北海市召开全自治区科技企业孵化器工作会议。至2011年末，广西已有自治区级孵化器9家，国家级4家，在孵企业达到700多家，共投入200万元用于支持科技企业孵化器能力建设。

2012年10月25日自治区人民政府办公厅印发《关于全面加快科技企业孵化器建设的实施方案》，方案提出到2015年，全广西建成科技企业孵化器50个以上，孵化场地总面积达100万平方米以上，建成创新创业公共服务平台10个以上，累计孵化科技型中小企业1000家以上的目标。为进一步推动方案的实施，12月5日，自治区科技厅在梧州市召开全自治区科技企业孵化器工作会，明确了科技企业孵化器工作的思路和重点，全面推动科技企业孵化器工作的开展。为加强科技企业孵化器的培育和能力的提升，自治区科技厅科技计划项目下达1000万元资金支持科技企业孵化器的能力建设。2012年组织推动北海高新区创业服务中心获得国家级孵化器认定，认定桂林民华科技企业孵化器、钦州市高新技术产业服务中心、贵港市科技企业孵化基地等3家为自治区级科技企业孵化器，使广西的科技企业孵化器在量和质上有了提升。

【高新领域工程中心】 2011年，广西工程技术研究中心工作主要加强工程技术研究中心的组建、管理和考核工作，加大对工程技术研究中心的支持力度。在对工程中心数量、领域及地域分布进行分析的基础上，经深入调研和严格把关，完成了第六批和第七批工程技术研究中心的评审与认定。至2011年末，高新技术领域内自治区级工程技术研究中心已发展到72家。2011年共安排经费6150万元用于支持高新技术领域工程技术研究中心的科技攻关和能力建设，共有39家工程技术研究中心获得经费支持。积极组织柳工国家土方机械工程技术研究中心申报国家科技支撑计划项目，获得国家科技部立项，得到国拨经费支持900万元。支持玉柴公司申报国家工程技术研究中心，多次组织有关单位人员赴科技部汇报对接。

2012年，广西工程技术研究中心工作注重完善工程技术研究中心的布局，不断提升创新能力。一是进一步完善自治区工程技术研究中心的布局，2012年新认定2家工程技术研究中心，并在对现有工程技术研究中心的数量、领域及地域分布进行分析的基地上，提出了2013年度工业领域工程技术研究中心建设指南。二是加强对工程技术研究中心的绩效考评，组织专家对现有工程技术研究中心进行年度绩效考核，召开绩效考评分析会，分析存在的问题，责令考评不合格的工程技术研究中心制定整改方案，进行整改。通过以考促建，推动工程技术研究中心的能力建设，提升现有工程技术研究中心的创新能力。三是与自治区外国专家局共同举办“引进国外人才智力项目培训班”，帮助工程技术研究中心引进国外人才智力，加强研发团队的建设。

【重点项目建设】 加强千亿元产业的科技攻关，提高企业的自主创新能力，提高产业核心竞争力，是广西高新技术工作的重点。在稳步推进千亿元产业“350工程”、“2423工程”工作的基础上，精心组织实施重点产业科技重大专项，加强调研，做好统筹，集成优化、加强督导以促实效。

“350工程”稳步推进 2011年完成了445个“350工程”课题的立项工作，共资助科技经费10000万元课题，总投资达到78.86亿元。至2011年底，“350工程”立项课题达到582个（项目270个），累计资助财政经费达22080万元，带动社会投入143亿元。加强了对“350工程”项目的监理工作。2011年上半年对2009～2010年下达的118个课题进行了监理，下半年对507个课题进行了监理。根据监理结果筛选了“350工程”重点跟踪管理项目，并确定了60个重点联系企业，编写了《重点联系企业及重点跟踪项目信息表》。为保证项目实施进度，组织专家对实施进度较慢的49个项目进行督促检查。2012年结合千亿元产业的发展情况，通过调研和专家咨询，策划2012年度千亿元产业科技攻关方向，从面向社会征集、部门推荐、单位申报的项目中，选出符合要求的102个项目（共201个课题）进行立项，项目总投资额达22.34亿元，带动社会投资约21.34亿元，共资助科技经费10000万元，为“350工程”的推进提供了基础保障。

到2012年底，“350工程”共实施372个攻关项目，累计开发工业新产品487种，新工艺420项，新材料219种，获软件登记82套；建立技术研发平台129个，科技信息平台17个，示范点155个，建立试验基地165个，建中试线179条，建生产线341条；累计参与制定各类标准467个，其中国际标准47个，国家和行业标准43个，地方标准28个，企业标准349个；累计申请专利1314项，其中，发明538项，实用新型634项，外观设计142项；累计获发明专利授权147项、实用新型授权545项、外观设计授权122项。发表论文726篇，培养93人，硕士650人，举办1471期培训班，培训37475人（次）。实施项目的企业新增销售收入3441229万元，新增产值2901323万元，新增利税421615万元，新增出口创汇30879万美元。

工业领域科技重大专项的实施取得进展 为了落实《广西科技术发展“十二五”规划》，2012广西高新技术工作加强了“铝资源关键共性技术开发与产业链延伸”“制糖业共性关键技术研发与示范”“新能源汽车关键技术研究”和“非粮生物质能源产业关键技术攻关与产业化示范”等四个重大科技专项的组织实施，2012年5月，分别组织成立四个专项的专家咨询委员会，共47位专家。组织编制四个专项的实施方案，先后两次邀请专项专家咨询委员会的专家对实施方案进行咨询和论证，根据专家论证意见进行了修改，目前《方案》已印发实施，其中，制糖、非粮生物质专项已启动实施。

战略性新兴产业得到有效的培育 2012年，广西高新技术工作加强战略性新兴产业技术发展

状况的调研，了解和掌握广西战略性新兴产业的发展状况，进一步明确广西战略性新兴产业发展的重点及科技攻关方向。年初，自治区科技厅与自治区发改委、工信委等部门一起，联合编印《广西战略性新兴产业发展重点领域指导目录》，目录体现了广西加快培育和发展战略性新兴产业，推进产业结构优化升级、促进经济发展方式转变的新需求，明确了发展战略性新兴产业的具体内容。10月，对广西LED生产企业做了一个摸底调查，初步掌握广西LED生产企业的规模及产品情况，明晰了攻关方向。围绕广西战略性新兴产业发展的重点领域，选择非粮生物质新源、有色金属新材料、节能环保、新能源汽车等领域，加大支持技术攻关研究。2012年安排“非粮生物质能源产业关键技术攻关与产业化示范”、“新能源汽车关键技术研究”重大专项，实施7个课题，共支持科技经费610万元；在“新能源技术研发”“新材料关键技术与产品研发”“节能共性关键技术研究开发”“新一代信息技术与产品研发”等四个战略性新兴产业领域，下达项目（课题）16个，安排经费共780万元，有效的推动了广西战略性新兴产业的培育，并产生了积极的效果。广西武鸣县安宁淀粉有限责任公司实施的“以木薯废渣为原料的生物燃气高效制备技术及成套设备的研发”项目已取得成效，形成日产3万立方米民用燃气和车用燃气的规模，生产出符合标准的民用燃气和车用燃气，并在南宁市出租车上使用，反映很好。

深入实施“2423工程”，产业研发中心建设取得明显成效　2011年在柳州市召开了广西千亿元产业研发中心建设现场会。23个产业研发中心依托单位的领导、研发中心主任及相关市工信委、发改委、科技局领导参加了会议。自治区科技厅厅长谢迺堂、副厅长李昌华、柳州市副市长王柳平等领导出席会议并做了重要讲话。在充分调研的基础上，完成了《千亿元研发中心建设任务书》的签订工作，制订《关于加快千亿元产业研发中心建设的指导意见》。积极安排落实千亿元产业研发中心项目经费，制订了《千亿元产业研发中心建设专项经费分配方案》及《千亿元产业研发中心建设内容简表》，参加了研发中心能力建设项目评审会，明确了研发中心经费申报渠道和详细要求。至2011年末，23个研发中心已将中心建设项目报工信委，项目资金共4380万元。加大了对千亿元产业研发中心宣传力度，组织媒体深入东风柳汽公司、柳工机械公司等10家产业研发中心依托单位进行专访，进一步营造宣传产业研发中心建设的良好氛围。

2012年在前两年“2423工程”实施的基础上，加强对产业研发中心建设的指导和管理，加强对产业研发中心的检查考核，提高产业研发中心的建设水平。2012年，成立了由22位管理和技术专家组成、覆盖23个产业研发中心产业技术领域的产业研发中心建设咨询专家组，组织专家对产业研发中心的建设进行指导和调研；组织人员编制了《千亿元产业研发中心考评办法》，并依此对23个产业研发中心的建设情况进行年度考评和现场查验，推动产业研发中心高水平加快建设。加强与工信委、财政厅等部门之间的沟通和协调，落实产业研发中心的建设的政府补助资金，争取多方投入，支持产业研发中心的建设。2012年，在自治区工信委技改专项资金中安排千亿元产业研发中心创新能力建设项目共24项，共落实财政补助资金9800万元，项目总投资达69791万元，银行贷款8550万元，企业自筹51441万元。在2012年科技攻关计划中，安排了“白车身及零部件焊点质量在线检测关键技术及装备”、“CLG945E液压挖掘机开发”等17个项目，落实1025万元科技经费，支持产业研发中心开展行业关键共性技术攻关。产业研发中心的建设及创新能力取得了明显的成效，2012年23个产业研发中心新增研发场地22496平米，新增主要设备1211台套，价值28325万元，引进博士41人、硕士238人，申请发明专利398项，发表论文499篇，制定国家和行业标准32项。

【制造业信息化】　2011年为推进广西制造业信息化科技工程，促进信息化与工业化融合，提升广西支柱产业创新能力，经多次组织专家对自治区汽车产业企业进行调研，联合广西汽车产业相关单位，由广西机械工业研究院牵头，申报了《数字汽车企业与产业链协同关键技术研究及示范应用》国家科技计划课题。为做好课题申报工作，邀请科技部领导和国家制造业信息化科技工程专家来广西考察指导，针对课题申报提出建议。该课题已被科技部列入国家科技支撑计划项目《支撑区域和地方支柱产业的制造业信息化综合应用示范项目》。课题预算总经费为1200万元，其中科技部支持国拨经费为435万元。启动了广西制造业信息化工程第七批示范企业认定工作。

2012 年，制造业信息化科技工程顺利推进。一是推进国家课题“数字汽车企业与产业链协同关键技术研究与示范应用”的实施。组织专家到上汽通用五菱汽车股份有限公司、东风柳州汽车有限公司、柳州五菱汽车有限责任公司、柳州五菱物流有限公司、柳州东风李尔方盛汽车座椅有限公司等承担单位进行课题进度情况调研，落实课题任务分解及完成情况，指导企业开展下一步工作。二是加强广西制造业信息化工程示范企业建设，完成了第七批制造业信息化示范企业的考核认定工作，认定 12 家企业为广西制造业信息化工程示范企业。三是组织专家到梧州市进行制造业信息化示范城市建设调研，指导梧州市制定制造业信息化示范城市建设方案并对方案进行论证，全面启动梧州市开展制造业信息化示范城市建设。

【科技计划管理工作】 组织筹划项目，争取国家创新资源，服务企业创新　把为企业争取国家科技创新资源作为服务企业技术创新的一项重要工作来抓，通过组织培训班、召开项目凝练会等形式，宣传和发动企业申报国家支撑计划、国家火炬计划、国家重点新产品计划项目和国家中小企业创新基金项目。2011 年开展高新技术发展及产业化领域 2012 年度国家科技计划预备项目征集推荐工作，组织相关领域专家召开咨询会，确定自治区申报方向，对预报项目申报进行摸底，并对全自治区项目申报进行整合。推荐 2012 年国家预备项目 48 项，至 2011 年底，基本确定出库 12 项，初步落实国拨经费6220万元。柳工机械股份有限公司申报的国家土方机械工程技术研究中心获得科技部 900 万元的科技支撑计划项目的支持。组织开展 2011 年度国家火炬计划、国家重点新产品计划项目申报与评审工作。举行了火炬计划、国家重点新产品计划项目申报培训会议，14 个地市科技局和 30 多家企业的有关人员参加了培训。完成了 15 个国家火炬计划项目和 12 个国家重点新产品计划项目材料的审核和上报科技部工作。2011 年科技型中小企业创新基金平稳推进。组织完成了 2011 年度科技型中小企业公共技术服务机构补助资金项目申报工作。2011 年组织申报创新基金项目 303 项，其中 2011 年度申报项目 150 项，经地方立项并向国家推荐 127 项，经国家评审，立项 84 项，获得资助金额5793万元。组织申报 2012 年度项目 153 项。2011 年共下达自治区本级项目 402 项，经费9815万元。

2012 年组织广西生产力促进中心等科技中介到柳州、梧州、贺州等市进行项目申报培训，讲解项目的申报要求，指导和帮助企业策划项目，共对 220 多家企业，338 人次进行了培训，取得了显著的成效。2012 年，组织申报 2012 年国家高新技术领域项目 45 项，共获科技支撑计划和 863 计划项目 15 项，获国家经费支持6690万元；组织申报 2012 年度国家火炬计划、国家重点新产品计划项目 27 项，共有 22 项获国家立项支持，获得国家经费支持 170 万元；组织申报 2012 年国家中小企业创新基金项目 153 项，经地方立项并向国家推荐 143 项，共有 108 项获国家立项，获得资助金额6500万元。据统计，2012 年广西在工业和高新技术领域共获国家支持项目 145 项，获得资助金额14377万元，为广西企业的技术创新开拓了多渠的经费来源。

加强项目的结题验收　为了提高财政资金的使用效率，加强对在实施项目的结题验收，通过集中清理，采取通讯验收、委托各市科技局、科技中介验收等方式加快到期项目的结题工作。2011 年全自治区完成了 110 个项目的监理和 25 个到期项目的验收工作。截至 2012 年底，共完成了 236 个项目的验收，办理延期项目 34 个，办理终止撤销项目 10 个。完成了“铟、铝深加工关键技术攻关与产品开发”等 55 个国家支撑计划、国家火炬计划、重点新产品计划、中小企业创新基金项目的结题验收。

【高新技术产业开发区】 加强高新技术产业发展环境建设　2011 年组织自治区主席院士顾问团部分院士考察南宁高新区。由自治区副主席陈章良带领自治区科技厅、发改委、工信委、人社厅、金融办等厅局领导，到南宁、柳州、桂林、北海高新区进行调研，研究解决国家级高新区升副厅级、权限授予、发展空间、资金等问题。2011 年新修订《广西壮族自治区高新技术产业开发区条例》经自治区十一届人大常委会第二十次会议审议通过，并于 2011 年 6 月 1 日起施行，健全完善了高新区发展的地方法制环境。

2012 年，历时 2 年多新建的梧州、钦州高新区获自治区人民政府批准成立，全自治区高新区增加至 6 家，数量规模跃上新台阶。与此同时，北海高新区的升级工作被纳入科技部与自治区人民政府第三次部区会商议题，并完成了科技部专家现场调研查定工作。2012 年，经中央编办批准，南宁国家高新区管委会升格为副厅级建制，解决了长期以来困扰南宁高新区发展的重大体制机制问题。自治区对国家级高新区创新引领发展工作进行了专门部署，2012 年 7 月，为进一步加快广西高新技术产业开发区建设，自治区人民政府出台《广西壮族自治区人民政府关于加快高新技术产业开发区发展的若干意见》，还分别出台《关于加快桂林（南宁、柳州）高新区建设创新型园区的实施方案》，并将三个实施方案纳入自治区《关于深化科技体制改革、加快建设广西创新体系的实施意见》及 66 个配套文件体系中进行部署。2012 年，自治区科技厅先后组织专家对南宁、柳州、桂林高新区的创建特色园区方案进行论证，指导各高新区理清发展思路，研究发展途径，确定发展方式及措施，并进一步修改完善特色园区创建方案，11 月桂林、南宁高新区创建国家创新型特色园区方案通过了科技部火炬中心的专家评审，创建方案正式稿报送科技部待批。

2011 年 1 月～12 月四个高新区工业总产值、总收入、总利税和出口创汇分别为2226.44亿元、2391.66亿元、251.47 亿元、21.71 亿美元，分别比 2010 年同期增长 15.1%、14.22%、17.25%、52.88%。2011 年 1 月～12 月四个高新区出口创汇增长较好，其中南宁高新区与 2010 年同期相比增长 73.65%；四个高新区固定资产投资也大幅增长，其中柳州高新区固定资产投资额与 2010 年同期相比增长 84.75%；四个高新区引进人才数与 2010 年同期相比增长 39.88%，其中以柳州高新区引进人才数最多，占四个高新区总数的 68.34%；引进高新技术项目 123 个，比 2010 年同期减少 3.91%；四个高新区在孵化企业数指标与 2010 年同期相比增长了 2.17%。

2012 年 1 月～12 月，广西四个高新区完成工业总产值2714.88亿元，同比增长 21.94%，增速比 2011 年高出 6.84 个百分点；完成工业增加值 765.06 亿元，同比增长 18.83%，增速比 2011 年降低 10.88 个百分点；完成营业总收入2817.48亿元，同比增长 17.78%，增速比 2011 年高出 3.56 个百分点；完成出口总额 27.50 亿美元，同比增长 31.26%，增速比 2011 年降低 21.62 个百分点；实现净利润 154.02 亿元，同比增长 18.28%；实交税金总额 132.94 亿元，同比增长 19.95%，增速比 2011 年高出 2.7 个百分点。截至 12 月底，四个高新区现有企业数9972家。其中规模以上工业企业 556 家，上市企业 14 家，收入超亿元企业 313 家。高新区已成为广西重要经济增长点和带动地方经济发展重要引擎。

（梁　波）

农业科技管理

【概况】 广西农业科技工作紧紧围绕广西特色优势农业产业发展，积极组织开展农业新品种选育、繁育，高效、标准化种植，以及农产品高值化加工、利用等方面的共性、关键技术研究与新产品开发，大力实施农业科技示范、推广项目和星火计划、农业科技成果转化、科技富民强县、农村科技信息服务平台建设等专项，为广西现代农业发展和社会主义新农村建设提供有力的科技支撑与服务。

【星火计划与科技扶贫】 2011～2012 年是自治区党委、政府实施自治区上一轮扶贫开发攻坚战扫尾总结和新一轮扶贫开发攻坚战的重要两年。

科技创新与扶贫开发有机融合，发展贫困地区特色优势产业　2011～2012 年，突出抓好十大农业产业科技重点示范县建设和科技富民强县示范，安排科技经费 723 万元，扶持 15 个贫困县实施 19 个专项课题。在专项实施中，采取科技开发与示范推广相结合方式，集成应用并示范推广一批农业先进适用技术和优新品种，有效地促进贫困县优势产业的发展。

科技培训与科技服务相结合，提高农民种养水平和创业能力　下达贫困县科技培训经费 80 万元。组织举办各类农村实用技术培训班和返乡农民工技能培训班、发放各种科技资料，提高农民群众的科技文化素质，注重提高贫困县市农民的科技创业和科技致富能力，培养懂技术、有技能、会经营、善管理的新型农民，加快了农业新技术新成果在贫困县市的转化、示范和推广。通过农业科技“三网通”信息服务平台，以及覆盖全区主要乡镇的科技信息网络服务节点，为农民群众传授科普知识和党的农村政策、介绍就业创业技能。

建立科技创新服务平台与增强科技服务能力建设相结合，提高服务贫困地区的能力　2011～2012 年，安排科技经费1550万元，改善贫困县（市）基层科技服务条件，提升科技服务和科技成

果的推广示范能力。在已建立的4个县（市）科技信息服务中心，10个乡镇科技信息服务站，9个科技信息服务示范村中，培训了102位县、乡、村科技信息服务人员，实现了科技信息服务网络的进一步延伸，有效增强了贫困地区科技信息的综合服务能力。

定点扶贫与产业扶贫相结合，促进贫困村农民增加收入 2011年在定点帮扶的金秀县、融水县，自治区科技厅共下达科技经费300万元，帮助当地发展优势特色的毛竹、柑桔、野生毛葡萄等产业，建立毛竹低改和种植示范基地200亩，辐射扩大毛竹低改面积1400亩；建立65亩柑桔科技示范基地、15亩野生毛葡萄科技示范基地，辐射带动广大农民群众发展特色产业。指导融水县引进毛竹精深加工企业，延长毛竹产业链，促进融水县毛竹产业水平的整体提升。为了抓好“整村推进”定点扶贫工作，2011年，在金秀县建立产业科技示范户22户，辐射带动75户农户，示范户和带动户占全村总户数的40%左右；开展了科技培训11期，培训村民959人次；引进新品种2项，进全村经济社会发展，全面完成了“整村推进”定点扶贫工作的16项指标。2012年在融水县香粉乡九都村建设科技示范户15户，举办毛竹种植技术培训班2期，培训农民60人次，组织科技示范户和种养能手20人次赴兴安县等地参观毛竹种植科技示范基地。投资约70万元，建设科技综合楼建筑面积达400平方米，设有村委办公室、科技培训教室、信息图书室、计生卫生室等功能，将大大提升村委的社会公共综合服务能力。

【农村信息化建设】 2011～2012年，自治区科技厅重点建设与完善了农村科技信息资讯中心、视频中心、呼叫中心和远程培训中心等四个中心，并在桂林市、崇左市、河池市、来宾市建设区域分中心。资讯中心对“三农”科技服务网、广西科技信息综合服务频道（IPTV）及广西科技信息（移动短信息）采集系统进行整合，充实了农产品供求信息库、农业实用技术库、农业百科数据库等数据库资源，新增数据、信息7万条；视频中心拍摄了科技会议、科技展会等资讯类科技视频的51部，新增视频650G；呼叫中心966118科技服务热线覆盖全广西，共设置3位人工座席，分别为企业、协会、服务站、农户提供呼叫、记录、转接等综合服务，参与服务专家200人次，服务用户26815次；远程培训中心培训信息员210名，通过实地和网络远程培训7000人次。在葡萄、桑蚕、糖蔗等六大农业优势特色产业进行科技信息服务示范应用，并建设了凭祥市夏石镇、天等县上映乡桃永村、江州区新和镇等一批科技信息服务示范节点。

【科技富民强县试点示范】 2011～2012年，自治区获得国家科技富民强县专项行动计划项目21项，国家财政资金支持3818万元（其中2012年12项，支持资金2252万元）；自治区财政两年配套1130万元。2005年～2012年，我区已有58个县、市、区实施科技富民强县项目，其中有52个县、市、区获国家立项支持，累计获国家专项资金支持10637万元。科技富民强县专项实施已覆盖全区65%的县市。

广西农业科技工作严格按照国家科技富民强县专项行动计划实施方案和专项经费管理办法及有关要求，创新工作机制，整合资源，推进产学研结合，发挥农村科技服务组织作用，引导项目区培育龙头企业，促进县域特色产业发展。2011年自治区科技厅制订了《国家科技富民强县专项行动计划广西项目实施与管理要求》，对科技富民强县专项行动计划项目的组织管理、实施、经费使用与管理、资料归档、宣传、验收与绩效考评、滚动实施等方面工作提出了具体要求。切实加强专项的实施指导和监督检查以及验收与绩效考评工作。据统计，2012年广西28个在研项目均按计划完成阶段目标任务，共引进、转化、应用推广新品种新技术250个（项），建设完善农村科技服务组织（机构、平台）508个，培训农民50.3万人次，扶持、培育以特色农产品为主要原料的加工企业509家（其中龙头企业318家），实现产业总产值371亿元，创利税18亿元，直接带动项目区196万农民人均创收2824元。

（蒙福贵　李思源　董颖聪　韦昌联　徐有海）

社会发展科技管理

【概况】 2011～2012年，广西实施的社会发展科技计划项目涵盖医疗卫生科技、自然灾害防御科技、中药现代化建设、环境保护与节能减排科技等领域，这些项目的实施，对推动社会发展领域的科技进步、提高人民生活质量产生了积极作用。

【医疗卫生科技】 2011～2012 年，广西组织实施医疗卫生科技计划项目（课题）146 项，安排科技经费1180万元，拉动投入4147多万元。主要开展广西艾滋病、区域性高发恶性肿瘤、心脑血管疾病、地中海贫血等免疫缺陷疾病、高能量损伤、老年人及妇儿常见病、复杂性疾病等规范化诊治或系统生物学及个性化诊治新方法、新技术研发。

完成并通过验收的项目（课题）158 项，其中通过成果鉴定 50 多项。主要在柳州市城乡医疗紧急救援一体化技术、广西地区三级甲等医院三种清洁手术预防用抗菌药物的干预、慢性皮肤溃疡中药辨证换药的护理方案、广西农民工尘肺病预防控制措施、医护群体职业枯竭有效干预、枢经刮痧疗法防治小儿反复呼吸道感染、出血性中风急性期辨证论治综合治疗方案、人工开放性气胸在纤支镜代胸腔镜检查等方面取得较好的科技成果。

2011 年度、2012 年度医疗卫生科技成果获广西科技奖项数，分别占获奖总项数的 20.7%和 13.3%。其中，2011 年度获广西自然科学奖二等奖、三等奖分别为 1 项和 4 项，分别占同级获奖项数的 20%和 50%；获广西科技进步奖一、二、三等奖分别为 1 项、7 项和 16 项，分别占同级获奖项数的 25%、22.6%和 19%。2012 年度获广西科技进步奖二、三等奖分别为 8 项、13 项，分别占同级获奖项数的 22.2%、和 22.5%。

【自然灾害防御科技】 2011 年，自治区科技厅组织开展"防灾减灾技术攻关与应用"科技项目，下达"广西精细化天气预报关键技术研究"、"广西凌云与凤山交界特殊震群研究"、"广西大厂矿区地震活动特征分析及成因机理研究"、"广西煤尘爆炸危险性与煤层自燃倾向性数据库"等 4 个科学研究与技术攻关课题，下达科技经费 50 万元。2012 年，自治区科技厅组织开展"地震、气象等灾害防治技术研究与应用示范"科技项目。下达"地震动荷载下广西地区岩溶塌陷的破坏机理与成因机制研究"、"桂西地区暴雨触发特殊震群活动特征及成因机制研究"、"基于 GIS 的广西灾害天气预警服务一体化业务系统关键技术研究"、"广西地面人工影响天气作业条件综合识别、监测技术研究"、"广西桂西北旱情遥感监测预报与信息管理系统研究"、"广西暴雨诱发山洪地质灾害预警预报研究"等 6 个科学研究与技术攻关课题，下达科技经费 100 万元。通过研究广西重大灾害损失等级指标，以及重大灾害的时、空分布规律，构建重大灾害监测、预警和风险评估技术体系，提出灾害防治对策与建议，并在实践中应用示范，为政府防灾减灾决策提供科学依据；加强事故预防和控制技术研究开发，建立完善的技术支撑体系，采取相应的管理对策措施，为生产安全提供技术保障。

【中药现代化建设】 2011～2012 年，广西组织实施中药科技计划项目（课题）102 项，安排科技经费1595万元，拉动投入14571多万元。主要开展：金花茶叶降血糖胶囊、水解南珠合剂、参灵扶正胶囊、生姜总酚软胶囊、龙眼多糖免疫调节方剂、扶芳藤软胶囊等 18 种现代中药、壮瑶药新产品创制；三金片、紫金牛属瑶药、三七姜等 14 种中药、壮瑶药的质量控制、评价关键技术研究与示范；山豆根、红根草、三七等 8 种中药材品种改良、良种选育和繁育技术研究；罗汉果、苦丁茶、铁皮石斛等 22 个大品种、主特产药材的规范化种植或 SOP 优化研究与示范，以及桂东南地区中药材多种模式规范化种植研究与应用示范。

完成并通过验收的项目（课题）290 多项，其中通过科技成果鉴定 40 多项。主要在金秀大瑶山八角的系列产品产业化、壮族民歌中壮医药内容的挖掘整理、广西瑶药柚子枫的化学与药理活性、广西老瑶医传统医技的挖掘整理及理论体系、壮医"三道两路"病临床用药组方配伍规律、石斛等道地药材种苗快速繁育及栽培、大瑶山珍稀灵香草、石斛药材组培、壮药解毒抗白颗粒及广西壮瑶药验方'抗毒升白合剂'开发六类肿瘤新药、广西壮族/侗族人群 Gerbich、Lutheran、Colton 稀有血型等研究开发与示范取得较好成果。获得 13 个品种优良种质 16 份；完成 3 个品种野生抚育；建立规范化种植基地 30 个，面积约 166.67 公顷；制定标准操作规程 32 项；完成血栓通片研制开发等特色中药新产品研发课题 37 项，获得新产品 29 个，制定质量标准 46 个。

2011 年度和 2012 年度中药现代化科技成果获广西科技奖项数，分别占获奖总项数的 4.3%和 3.2%。其中，2011 年度获得广西科技发明奖二等奖、三等奖各 1 项，分别占同级获奖项数的 50%和 33.3%；获自治区科技进步奖三等奖 4 项，占同级获奖项数的 4.8%。2012 年度获得广西技术发明奖二等奖 1 项、占同级获奖项数的 20%；广西科学技术进步奖二等奖 1 项、三等奖 3 项，分别占同级获奖项数的 2.8%和 3.8%。

【节能减排及环境保护】 2011～2012 年，围绕广西“十二五”减排目标和自治区科技发展规划中“减量化，再利用，资源化”以及低消耗、低排放、高效益的目标，针对广西旧城改造中拆除旧建筑及建筑材料生产过程中产生的建筑垃圾问题以及陶瓷、铁合金、有色金属、水泥等工业能耗大，效率低的问题，开展重点产业中的高能耗企业和高污染行业进行降低能耗、污染物减量和达标排放科技攻关，自治区科技厅组织开展重点行业减排及资源化利用共性技术研究与示范。下达了广西建筑垃圾减排及资源化综合利用技术研究与开发、重点行业节能减排控制技术及工程示范、减排及资源化利用共性技术研究与示范等 3 个项目 6 个课题，科技经费 300 万元；下达了“重点行业减排控制技术研究与示范”项目 6 个课题，科技经费 320 万元。通过这些项目的实施，推动广西重点行业污染减排和废弃物回收再利用新技术的研发和集成应用，促进广西重点行业的结构优化和技术升级，主要工业产品单位能耗水平明显降低，为建设生态广西提供有效的科技支撑。

（谢美清）

基础研究与管理

【概况】 2011～2012 年基础研究工作在科技厅党组的正确领导下，深入贯彻落实科学发展观，以促进创新人才培养和团队建设、平台建设为主线，以加强重点实验室建设和完善管理制度体系为工作重点积极组织开展相关工作，加强调研和指导，改革完善管理体系，统筹落实项目安排，促进重点实验室建设、创新人才培养和团队建设，在国家自然科学基金项目争取和重点实验室建设等方面取得重大进展，推动广西基础研究工作发展。

【制度建设与管理创新】 2011 年根据科技工作部署，研究科技人才成长规律，改革完善科学基金项目体系，形成人才成长资助路线，制定完善广西杰出青年和海外回国人员科学研究资助路线，促进创新研究团队建设和优秀青年人才脱颖而出。针对原广西自然科学基金项目体系在人才成长培养过程中存在项目设置不完善，组织起草了广西自然科学基金项目体系改革方案，研究、提出了 2012 年起增设广西杰出青年科学基金项目，突出对优秀青年科技人员的培养；把回国基金项目分为两类（一般项目和重点项目），提高回国基金项目资助力度，加大对高层次海外回国科技人员开展科学研究的支持。

为进一步加强和规范广西自然科学基金项目管理，修改出台了《广西自然科学基金项目管理办法》。在认真总结近年来科学紧紧项目管理经验的基础上，结合上述项目体系改革方案，组织专家对原《广西自然科学基金项目暂行管理办法》进行修订，经多次征求意见，反复修改完善，形成了《广西自然科学基金项目管理办法》，并于 6 月 28 日由自治区科技厅、自治区财政厅联合印发施行，推动基础研究工作的发展。

2012 年自治区党委、政府出台《关于提高自主创新能力建设创新型广西的若干意见》、《关于深化科技体制改革、加快建设广西创新体系的实施意见》及配套文件《关于加强基础研究和前沿技术研究的实施方案》，为重点实验室创新能力提升提供了坚实的环境和条件保障，对今后一段时间的工作目标、工作任务以及保障措施进行了明确。文件的出台，将会对促进自治区基础研究和前沿技术研究起到较好的促进作用。

【科学基金计划项目立项与实施成效】 自然科学基金项目 2011 年完成广西自然科学基金项目结题、验收共 360 项（其中验收项目 13 项）。这些结题、验收的项目共出版专著 12 册，在国内外各类学术刊物发表研究论文2207篇，其中有1005篇发表在中文核心学术刊物上，有 234 篇被 SCI（科学引文索引）、有 238 篇被 EI（工程索引）、有 21 篇被 ISTP（科技会议录索引）等国际著名索引收录；获得发明专利授权 19 项，实用新型专利授权 7 项，发明专利受理 66 项；植物新品种审定 5 项。

2012 年自治区科技厅共下达自然科学基金项目 475 项，科技经费4870万元。其中，创新研究团队项目 5 项，科技经费1000万元；广西北部湾经济区基础研究重大专项项目 2 项，科技经费 400 万元；首次设立杰出青年基金项目，当年下达 10 个项目，科技经费 400 万元；重点项目 29 项，科技经费 800 万元；面上项目 235 项，科技经费1145 万元；青年基金项目 178 项，科技经费 875 万元；回国基金项目 16 项，科技经费 250 万元。2012 年广西自然科学基金共有 928 个项目顺利结题。结题的项目共出版专著9册；在国内外各类学术刊物发表研究论文4119篇，其中，有1610篇发表在中文核心学术刊物上，有461篇被SCI（科学引文索引）、351篇被EI（工程索引）、32篇被ISTP（科技会议录索引）等国际著名索引收录；获得发明专利46项，发明专利受理159项，实用新型专利3项；共培养人才2338人，其中博士后6人，博士199人，在读博士40人，硕士1914人，在读硕士179人。2012年广西各科研单位共获得国家自然科学基金资助项目436项，资助经费20623万元，项目总数和经费总额继续保持增长，资助经费首次突破2亿元大关，再创历史新高。

重点实验室建设 2011年广西重点实验室共发表学术论文2537篇，其中SCI收录论文540篇；申请发明专利189项，获授权发明专利91项。

2012年广西拥有国家重点实验室2个、省部共建国家重点实验室培育基地2个、自治区重点实验室38个、自治区重点实验室培育基地12个，2012年安排科技基础条件平台建设重点实验室专项经费5000万元，重点支持国家重点实验室、省部共建国家重点实验室培育基地和自治区重点实验室建设。已认定的38个自治区重点实验室获广西自然科学奖一等奖1项、二等奖7项，广西科技进步奖一等奖2项、二等奖12项和广西技术发明奖二等奖2项；年内获授权专利290项，其中发明专利183项；出版科技专著100部，其中学术专著77部；发表研究论文2803篇，其中SCI收录574篇；转让技术成果17项，转让收入1962.4万元；开发新产品（新品种）35个，其中具有自主知识产权新产品32个，投放市场14个；开发新技术25项，制定技术标准33项；实现新增产值9141.7万元。

创新研究团队建设 2012年，广西自然科学基金新下达创新研究团队项目5项，科技经费1000万元，资助经费采用根据进度分年度下达的方式（第一年100万元，第二年70万元，第三年30万元）。2012年，创新研究团队项目，培育和资助了一批科技领军人才。其中，有两个团队获得教育部“创新团队发展计划”项目，培育国家教育部新世纪优秀人才支持计划入选者1名，资助3名被自治区聘为“八桂学者”的科技人员开展研究。在研的14个创新研究团队项目在2012年共发表论文307篇，其中SCI/EI收录超200篇；申请发明专利20项，年度获授权发明专利3项；目前共有49名博士、101名硕士参与研究，年内培养了12名高级职称人才。

（潘红雄）

软科学研究与管理

【概况】 2011～2012年，广西软科学研究队伍日益壮大，研究人员素质不断提高。广西现有高等院校76所（本科院校30所）、科研院所77家（自治区直属）中，常年开展软科学研究的机构超过50个，形成一支来自高等院校、科研院所超过2000多人的高素质专业研究队伍。2011～2012年，广西软科学研究项目下达科技补助经费987万元，共立项课题95个。在第三、四届广西壮族自治区政府决策咨询成果奖评选中，“未来几年广西产业科技发展预测及对策研究”等多项软科学研究成果获自治区政府决策咨询奖。《广西壮族自治区科技进步条例修订研究》《完善广西科技型中小企业技术创新基金管理研究》荣获广西第十二次社会科学优秀成果奖二等奖，《广西北部湾经济区科技创新能力评价与政策配置研究》《广西创新计划实施机制与模式研究》获广西第十二次社会科学优秀成果奖三等奖。

【制度建设与管理创新】 在2011年出台的《广西科技计划体系》中，将软科学研究计划列为广西科技计划体系中七个计划之一，明确了广西软科学研究计划的定位和目标：以辅助科学决策为目标，以政府和科技管理部门的决策需求为导向，组织软科学研究机构、高校、院所和相关单位开展研究，重点围绕科技发展战略、规划、政策、管理、体制机制和科技法制等的调查与研究，以及重大项目的可行性研究，获取一批调查分析与研究报告等软科学研究成果，为科学决策提供依据和建议。

【软科学研究计划项目】 2011年，广西软科学研究项目下达科技补助经费429万元，共立项课题46项；2012年广西软科学研究项目下达科技补助经费558万元，共立项课题49项。在广西软科学研究计划项目管理上，突出重点，做好项目安排工作。分三大类：一是围绕自治区热点、难点问题，开展宏观性战略研究，为自治区领导提供决策依据，如加快建设创新型广西配套政策战略研究、加快体制改革深化广西创新体系研究、科技支撑下的广西欠发达地区发展模式研究等选题；二是围绕产业科技发展和计划管理中的一些重大问题安排项目，从科技支撑重点产业发展、创新园区、创新人才、国际合作等多方面设立课题开展研究，如广西太阳能产业发展及科技支撑战略研究、广西高新区创新型产业集群建设对策研究、广西创新农业科技服务体系对策研究等；三是针对科技管理中的绩效评价等深层次的科技管理问题，以及科技统计数据资料为基础的分析预测等开展一批专题调研工作，如广西科技进步水平监测研究、科技进步贡献率测算、广西产业技术创新战略联盟运行绩效评价体系研究、企业知识产权以及民营科技企业发展等相关问题。

【决策咨询研究】 随着经济社会的快速发展，广西软科学研究越来越受到各级决策部门的重视和支持，已成为推动广西经济、社会和科技发展的重要力量，较好地发挥了软科学的决策咨询作用。

以广西软科学研究会主要成员为课题组成员完成的“未来几年广西产业科技发展预测及对策研究”“科技支持北部湾经济区发展战略规划研究”软科学研究项目，分别获得第三届广西壮族自治区政府决策咨询奖二等奖、三等奖。重点支持的桂林电子科技大学软科学研究院、广西大学、广西民族大学、广西财经学院、广西科学院、广西社会学科院等高校院所，历年来也承担了累计超过百项的国家和自治区软科学计划项目，各领域研究的科研团队得到发展，一批软科学研究基地逐步形成。

总体上看，广西软科学研究得到了较大发展，得到自治区领导和各有关部门的重视，许多研究成果已被自治区党委政府及有关部门所采纳，为党委政府的战略性决策提供了重要的科学依据。

【软科学成果选介与应用】 2011～2012 年，广西软科学研究立足于服务地方经济社会发展，为政府宏观决策的民主化、科学化服务，取得了丰硕的成果，下面介绍部分具有代表的成果。

“广西科技重大专项管理及绩效评价研究”项目充分了解了国家、兄弟省市及广西的科技重大专项管理和绩效评价状况，总结了“十二五”期广西当前科技重大专项管理和绩效评价主要经验和存在问题，以及面临的新形势、新要求，提出了广西科技重大专项的组织与实施管理制度，包括全过程管理的申报、立项、评估、实施、验收、绩效评价等环节的指标体系和操作模式，为广西科技重大专项管理办法的出台奠定了基础。

“广西科技进步水平监测研究”项目对全自治区及各市科技进步水平进行监测和综合评价，并以研究成果为基础，按年度编撰《广西科技进步统计监测报告》。监测报告展示了全自治区及各市综合科技进步水平以及科技进步环境、科技活动投入、科技活动产出、高新技术产业化和科技促进经济社会发展等各方面表现。通过对监测结果的分析，有利于在新的一年，自治区市各级部门保持原有优势，弥补暴露出的不足，更有效地提高科技进步水平，更好地保持经济社会快速健康发展。

“广西创新计划实施机制与模式研究”项目深入调查了解部分发达国家、我国和国内部分省市科技计划实施的基本现状，分析其运行机制和管理模式特点，以及对广西制定实施新一轮广西创新计划的经验启示；全面回顾总结前四轮创新计划组织实施的主要成效和存在不足，分析提出新一轮创新计划运行机制和模式，在此基础上，提出新一轮创新计划的战略思路，明确其基本定位、总体思路、发展目标、重点任务和主要措施。在形成研究总报告的基础上，提出新一轮创新计划框架，形成《广西创新计划（2011～2015）》文本建议稿，为第五轮创新计划的出台提供了重要依据。

“科技会商机制监测及评估体系研究”项目研究了广西面临的重大机遇对广西科技工作提出的新要求，构建科技会商工作的事前、事中和事后三阶段监测机制及其绩效评估指标体系，结合广西科技会商的发展，提出科技会商保障性政策建议，为广西第三、第四次部区会商的顺利召开提供了参考。

“提高广西公众科学素质对策研究”项目分析了国内外科学素质状况及影响因素，调查了解区内外实施《全民科学素质行动计划纲要》的主要做法、经验、存在问题及启示，分析了广西公民科学素质状况及面临的挑战和差距，提出了提高广西公民科学素质的需求和对策建议，填补了广西公众科学素质研究的空白。

（肖美艳　王媚游）

科技成果管理与科普

【概况】 2012 年，自治区科技成果管理与科普工作围绕自治区党委、政府的工作重点，营造良好的政策氛围和社会氛围，在促进出成果、出人才，加快科技成果推广，促进科技成果转化，深化完善科学技术奖励制度、大力推进科学技术普及等方面开展工作，成效显著。

【科技成果登记】 2012 年自治区科技成果登记共

583项，比2011年增加了75项，增加14.8%。其中，市级科技部门推荐的科技成果306项，占成果总数的52.5%；自治区直属有关部门推荐的科技成果277项，占成果总数的47.5%。

应用技术成果　在登记的524项应用技术成果中，处于成熟应用阶段的有491项，占93.7%，同比减少了1.3%；处于中试阶段的有22项，占4.2%，同比增加了1.7%；处于实验室、小试等初期阶段的有11项，占2.1%，同比减少了0.4%。技术水平达到国际领先水平的成果12项，占2.3%，同比增加了1.2%；达到国际先进水平的成果51项，占9.7%，同比增加了2.3%；达到国内领先水平的成果213项，占40.6%，同比减少了1.5%；达到国内先进水平的成果195项，占37.2%，同比增加了1.4%；达到自治区内领先水平的成果31项，占5.9%，同比减少了1.0%；达到自治区内先进水平的成果8项，占1.6%，同比减少了2.2%；其他14项，占2.7%，同比减少了0.2%。属高新技术领域的成果有163项，占总数31.1%。其中，电子信息11项，占6.8%；软件25项，占15.3%；光机电一体化31项，占19.0%；生物、医药和医疗器械19项，占11.7%；新材料17项，占10.4%；新能源与高效节能10项，占6.1%；环境保护11项，占6.8%；地球、空间与海洋2项，占1.2%；农业37项，占22.7%。在登记的524项应用技术成果中，已投入实际应用的成果512项，占97.7%；未应用的成果12项，占2.3%。

基础理论成果　在登记的36项基础理论研究成果中，国家计划14项，占38.9%，同比增加19.7%；部门计划0项，同比减少3.9%；省级计划12项，占33.3%，同比减少35.9%；厅局计划1项，占成果总数的2.8%，同比增加2.8%；市级计划1项，占成果总数的2.8%，同比增加2.8%；自选8项，占22.2%，同比增加14.5%。达到国际领先水平的成果5项，占13.9%，同比增加10.1%；达到国际先进水平的成果21项，占58.3%，同比增加0.6%；达到国内领先水平的成果8项，占22.2%，同比减少4.8%；达到国内先进水平的成果1项，占2.8%，同比减少8.7%；其他1项，占2.8%，同比增加2.8%。

软科学成果　在登记的23项软科学成果中，国家计划0项，同比减少28.6%；省级计划17项，占73.9%，同比增加16.8%；厅局计划4项，占17.5%，同比增加3.2%；市级计划1项，占成果总数的4.3%，同比增加4.3%；自选1项，占4.3%，同比增加4.3%。成果水平：在登记的23项软科学成果中，达到国内领先水平的成果6项，占26.1%，同比减少31.0%；达到国内先进水平的成果9项，占39.2%，同比增加10.6%；达到自治区内先进水平的成果1项，占4.3%，同比增加4.3%；其他7项，占30.4%，同比增加16.1%。

【科技成果奖励】　2012年广西科学技术特别贡献奖共有两个推荐单位推荐奖励项目3项，经形式审查，3项符合送评条件。经奖励委员会委员评审、质疑答辩并投票表决，2012年度广西科学技术特别贡献奖空缺。

2012年广西自然科学奖推荐项目42项、广西技术发明奖推荐项目19项、广西科技进步奖推荐项目272项。经对推荐奖励项目形式审查，309项符合送评条件。经聘请专家进行评审、专业评审组推荐、评审委员会及奖励委员会委员评审、质疑答辩并投票表决，2012年广西科学技术奖励评审奖励项目158项。其中广西自然科学奖一等奖1项、二等奖7项、三等奖17项；广西技术发明奖二等奖5项、三等奖8项；广西科技进步奖一等奖4项、二等奖36项、三等奖80项。评审结果于11月1日在《广西日报》和广西科技信息网公示，征求社会意见。公示期内有2个项目有异议，7个项目申请撤回。

2012年广西科学技术奖励获奖项目151项，其中：广西自然科学奖一等奖1项、二等奖7项、三等奖15项；广西技术发明奖二等奖5项、三等奖8项；广西科技进步奖一等奖4项、二等奖35项、三等奖76项。

【技术转移】　2012年，围绕“创新型广西建设目标”和《国家技术转移促进行动实施方案》的要求，积极推进和实施国家技术转移促进行动，加快技术市场发展的环境建设，加强全区技术市场的管理和指导，组织、协调和管理技术贸易活动，促进全区技术市场发展。截至2012年，已建成3个国家级技术转移示范机构、19家自治区级技术转移示范机构。结合中国创新驿站工作网络建设，广西技术市场成为国家创新驿站区域站点，柳州技术交易中心作为基层站点。

2012年组织广西科技活动周参观人数4万人次，参展企业1000家，参展项目2000项，签约合同、协议53项，成交金额16.12亿元；2012组织参加深圳高新技术产品交流交易会，参展参会人数 800 人，参展企业 56 家，参展项目 56 项；2012 组织参加北京国际科技产业博览会，参展参会人数 400 人，参展企业 36 家，参展项目 37 项，与北京航空航天大学、北京科技大学、中科院、中国农业大学、清华大学、北京有色金属总院等开展对接洽谈活动，签订了《直升飞机轮胎研究与开发》《液体恒压源的开发和试制》等 14 个合作项目；2012 组织参加中国一东盟博览会科技专题展，参观人数 5 万人次，参展项目 380 项，签约合同、协议 32 项，成交金额 3.2 亿元。在第十四届西博会上参加第一届中国西部科技创新与技术转移高峰论坛，签订了《中国西部技术转移联盟战略合作协议》。在广西第一届发明创造成果展览交易会上成功组织了专利拍卖会，有 14 项专利进入拍卖程序，共落锤成交 10 项，成交总额1806万元，丰富了技术转移渠道，对推动广西壮族自治区更多的专利申请和应用具有深远的示范意义。

加强对技术合同认定登记机构的管理，完善技术合同登记制度。目前，全自治区共有 15 个技术合同认定登记点，开展日常技术合同认定登记工作，已在全自治区推广应用《全国技术合同网上登记系统》，对从业人员进行全方位的业务知识和技能培训，开展年度技术市场统计工作，促进科技成果转化优惠政策的连续性和稳定性，推动技术市场健康有序发展。2012 年共受理技术合同登记 423 项，成交总金额 25，238.28 万元。

【科普活动】 2012 年科普工作以科学发展观为指导，在自治区科技厅的正确领导下，认真贯彻落实《中华人民共和国科学技术普及法》和《广西壮族自治区科学技术普及条件》，扎实开展各项工作，取得了较好的成效，有力地推进了全区科普工作稳步发展。

广西科技活动周专题活动 以市和自治区科普联席会议组成部门为单位，组织全自治区性科普展竞赛，展示全自治区科普工作的新亮点、新特点、新形式、新成效。2012 年科普展共组织了自治区科协等 25 家单位参加竞赛活动，为市民及孩子们提供一个近在眼前的科普课堂。科普展专题活动参与群众达6000多人次，取得了良好的宣传效果。

“乡土情深”文化科技卫生“三下乡” 向陆川县赠送了复印机、电脑等办公设备及科技书籍、光盘等一批物资。组织有关农业专家在“宣传一条街”现场，为广大农民开展科学种养技术及病虫害防治技术咨询、发放种养技术资料等；散发艾滋病防治知识读本、宣传资料。

全国科技活动周广西活动 2012 年自治区科普工作联席会议办公室，具体组织实施全国科技活动周科普工作广西各项活动，在全自治区掀起了学科学、用科学的热潮。

“明日科技之星——爱心科普行”专项活动 组织柳州市融水县的 25 名品学兼优、家庭经济困难的青少年学生到南宁参加科技活动周的活动，互相交流、学习，提高自治区农村青少年理解科学、参与科学的热情。

开展全区科普工作统计 根据《国家统计局关于同意制发科技统计调查制度的函》和科技部《关于开展 2011 年度全国科普统计的通知》精神，制订了《2011 年度广西科普统计实施方案》，组织实施 2011 年度全自治区科普统计工作。累计收到统计报表近2000份，并对数据逐项审核，汇总进入统计数据，数据已经过中国科技信息研究所的审核验收。

做好科技项目管理、实施、结题工作 完成《院所高校与地方“结对共进”与农村科技教育培训示范》《大众科普讲座活动》《科技下乡大篷车活动》《科技下乡网络平台技术开发及特色专家库建设》《农村青少年及基层骨干师资科技培训示范》《青少年课外科技教育机制建设及南宁市一中课外教育示范》《青少年科技教育基地区校共建创新示范》等七个科技计划项目的组织结题、验收工作。

编印《广西青少年科技教育基地指南》 组织对自 2000 年以来由自治区科技厅、自治区党委宣传部、自治区教育厅、自治区科协联合认定的 100 家科技教育基地运行情况开展调查。根据调查结果，从中筛选出运行状况良好的基地 61 家，以文字介绍、图片说明相结合的形式汇编成册，并在全国科技活动周前印制了8000册，免费向公众发放。

（陈 健 王 锋 黄 殿）

政策法规与体制改革

【概况】 2011～2012 年，广西科技政策法规与体制改革工作完善科技立法和科技政策体系，加强部门法制工作，组织实施技术创新工程，工作取得显著成效。

【科技政策建设】 为深入贯彻落实《深化科技体制

改革，加快广西创新体系建设的实施意见》，2012年自治区科技厅制定并修改、完善《关于加快建设100家创新型企业的实施方案》《关于加强产业技术创新战略联盟建设的实施方案》和《关于进一步激励科技人员创新创业的若干规定》三个配套文件及《广西创新型企业管理办法》。

2012年11月，参加科技部政策法规司和科技评估中心在南京市联合举办的科技创新政策评估培训研讨班，学习科技评估理论和国际经验、国内外科技政策发展趋势、科技创新政策评估实践案例等内容，围绕建立和完善科技创新政策监测与评估长效机制、构建创新政策评估基础标准和指标体系、做好重点政策的跟踪调研和评价等主要议题进行了专题研讨。

【科技法规建设】 为进一步优化科技政策法规环境，2011年，广西加快修订《广西壮族自治区科学技术进步条例》，自治区十一届人民政府第93次常务会议，原则通过《广西壮族自治区科学技术进步条例（修订草案）》，并于2012年7月23日参加自治区十一届人大常务委员会第二十九次会议，听取常委会对《广西科学技术进步条例》（修订草案）的二审意见。

为进一步优化高新区发展环境，推动高新区向创新型特色园区发展，2011年6月1日起施行修订后的《广西壮族自治区高新技术产业开发区条例》。

《广西壮族自治区专利条例》由广西壮族自治区第十一届人民代表大会常务委员会第二十九次会议于2012年7月26日修订通过，并于2012年9月1日起正式颁布实施。

为更好实施人才强桂战略，加快吸引和培养高层次创新创业人才，广西出台《自治区主席院士顾问聘任管理办法（试行）》《广西壮族自治区八桂学者制度试行办法》和《广西壮族自治区特聘专家制度试行办法》。

为规范科技厅规范性文件起草实施工作，对《广西重点实验室建设与运行管理办法》《广西科技重大专项管理暂行办法》等规范性文件进行合法性审查。

【技术创新工程实施】 产业技术创新战略联盟 产业技术创新战略联盟能有效促进企业提高自主创新能力，解决产业集中度分散、核心竞争能力不强等问题，是加快技术创新组织建设的重要举措。为实现非粮生物质能源的高效生产和可持续发展，2012年12月24日，自治区科技厅组建“广西非粮生物质能源产业技术创新战略联盟”。至2012年底，广西已拥有27家战略联盟，进一步增加了战略联盟的产业覆盖面。其中工业领域围绕非粮生物质能源产业、汽车零部件产业等组建9家联盟；农业领域主要围绕广西资源和产业优势组建桑蚕、甘蔗、木薯等15家战略联盟；社会发展领域围绕中药产业、罗汉果产业组建了3家战略联盟。2012年，组织“广西非粮生物质能源产业技术创新战略联盟”启动广西“十二五”重大科技专项“非粮生物质能源产业关键技术攻关与产业化示范”，设立5大研究方向25个项目，重点解决能源作物新品种选育和高效种植技术，木薯燃料乙醇、糖蜜燃料乙醇、蔗渣纤维素乙醇高效、低成本、清洁生产技术，废渣和废弃液制取沼气和氢气技术以及生物丁醇高效生产技术等。力争到“十二五”末，通过项目的实施获得一批先进品种、新菌种和新技术。2012年召开“广西罗汉果产业循环经济产业技术创新战略联盟”试点启动仪式暨创新发展论坛，取得预期效果。

创新型（试点）企业 2012年11月，自治区科技厅推荐的上汽通用五菱汽车股份有限公司被科技部等国家三部委认定为第五批国家创新型试点企业。至2012年底，广西已拥有国家创新型企业4家，国家创新型试点企业4家。为进一步壮大广西创新型企业队伍，突显优秀创新型企业示范作用，科技厅于2012年组织开展广西第四批创新型试点企业申报评选和广西第二批创新型企业及广西优秀民营创新型企业申报评选工作。根据有关标准对申报企业进行全面评估，确定广西梧州三鹤药业有限公司等11家企业为广西第四批创新型试点企业，确定中国有色桂林矿产地质研究院有限公司等33家企业为第二批广西创新型企业，确定广西丰林木业集团股份有限公司等10家民营企业为第二批广西优秀民营创新型企业。至2012年底，广西已认定自治区级创新型企业43家，认定自治区级创新型试点企业111家，完整覆盖广西“14+4”千亿元产业及其它特色、优势产业。2012年，科技厅组织开展创新型企业培育攻关课题申报，共投入经费250万元支持12家企业建设，涉及了食品、医药、电子信息、材料和有色金属等领域。为鼓励民营企业创建国家级和自治区级创新型企业，自治区财政将给予国家创新型试点企业奖励100万元，评估优秀的自治区级创新型企业奖励50万元。

（谢美清）

科技合作与交流

【国际科技合作交流】 2011～2012年，为进一步宣传广西科技成果，学习国外先进的科学技术和科学管理经验，2年内共组织广西科技人员赴东盟各国，以及美国、加拿大、澳大利亚、日本、英国等25个国家（地区）开展了科技考察、科技培训、国际学术论坛、科技展览等多种形式的对外科技交流活动共派出科技团组32批（次），105人（次）；围绕广西优势产业，为承办好科技部中国—东盟科技部长级会议，做好国际科技项目和科技考察的对接工作，共接待国（境）外来访科技团组44批（次），189人（次），为广西对外科技合作与交流服务。

【首届中国—东盟科技部长会议】 为贯彻落实温家宝总理2011年11月在第十四次中国—东盟领导人会议暨中国—东盟建立对话关系20周年纪念峰会上关于倡议将2012年定为“中国—东盟科技合作年”、在中国举办首届中国—东盟科技部长会议暨中国—东盟科技伙伴计划启动仪式的精神，务实推进中国—东盟之间的科技合作。由中国科技部主办，广西科技厅承办的首届中国—东盟科技部长会议暨中国—东盟科技伙伴计划启动仪式于2012年9月22日在广西南宁举办。此次会议对于规划中国与东盟科技合作前景，提升科技合作层次，扩大我国长远影响力具有重要意义，会议规格高，意义重大。出席本次会议的国内外嘉宾50余人，其中包括全国政协副主席、科技部部长万钢在内的副部（省）级以上领导12人，东盟10国科技主管部门均派代表出席。文莱驻中国大使馆、马来西亚驻昆明总领馆、泰国驻南宁总领馆等东盟国家驻华机构均派代表出席会议。另外，来自湖南、广东、云南、海南、福建等省科技主管部门的负责人也参加了会议。在科技部长会议上，与会各方回顾了中国与东盟的科技合作，讨论了中国—东盟科技伙伴计划的主要内容，并就进一步完善中国—东盟科技合作机制，促进中国—东盟科技合作深入发展交换了意见。为落实中国—东盟科技合作伙伴计划，各方就科技合作的内容、方式，包括合作计划、旗舰项目等，尤其是完善中国—东盟科技合作的机制达成了共识。会议成功召开并取得了丰硕成果。

【中国—东盟科技合作与技术转移平台建设】 通过建设中国—东盟科技合作与技术转移服务网络中心、中国—东盟网上技术市场以及以“中国—东盟技术转移中心”为重点的中国—东盟科技合作与技术转移服务体系，构建具有科技信息交流、国际科技会展、国际合作研发、技术转移中介、国际科技培训、成果转化应用等六大服务功能的中国—东盟科技合作与技术转移平台，打造中国与东盟科技合作新高地，推动广西及国内的企业、科研院所、大学和科技中介机构与东盟国家开展科技合作与交流，促进我国与东盟国家间的技术转移和成果转化。

2012年9月，经过与科技部国际合作司的反复沟通，商定落实将“中国—东盟科技合作与技术转移服务体系建设”列为自治区与科技部签署的新一轮部区会商议题。科技部将支持自治区科技厅牵头，并联合云南、广东、海南等重点省共同建设“中国—东盟技术转移中心”，支持广西与东盟在特色农业、生物医药、节能环保、新能源和可再生能源等重点领域开展联合研究，建设若干联合实验室（联合研究中心），开展关键技术研发和产业化。科技部支持广西实施国际科技特派员行动，支持科技人员和企业到东盟国家创新创业，支持广西企业和科技园区与东盟国家合作伙伴共建科技园区和农业科技示范基地，促进广西先进适用技术在东盟国家示范推广和应用。

【第八届、第九届中国—东盟博览会先进技术展】 第八届、第九届中国—东盟博览会先进技术展共展出了800个项目。共接待了科技部、北航、全国各省、自治区、直辖市以及东盟国家科技代表团等60多个代表团300多人参会，接待观众超过10万人次。两届先进技术展都利用基于互联网的先进适用技术数字展进行展示，并在展馆现场设置体验区，丰富的表现形式，获得参展商及观众的肯定。两届博览会期间，先进技术展共达成合作意向53项，初步意向技术交易金额5.98亿元人民币。

展览得到国内外领导人和贵宾的充分肯定，并受到媒体的广泛关注。温家宝总理在巡视先进技术展时表示，中国—东盟博览会为中国—东盟双边推广农业先进适用技术，促进高新技术合作交流搭建了一个很好的平台，希望大家继续努力，实现共赢。各东盟国家的领导人和贵宾也参观了先进技术展，并对展览表示赞赏。新华社、中新社、广西日报、广西人民广播电台、广西电视台等主流媒体都对先进技术展进行了宣传报道。先进技术展的成功举办受到出席展览的国家领导人和科技部领导的肯定和赞许，也得到了东盟各国领导人、贵宾的广泛关注和各级领导、参展商的普遍赞誉。

（罗锦模　彭元芳）

科技投入与科研条件管理

【概况】　2011～2012 年，科技投入与科研条件管理工作贯彻落实自治区“十二五”科技发展规划纲要精神，以科学发展观为统领，围绕广西实现全社会研究与试验发展经费支出（R&D）与地区生产总值（GDP）的比例达到 2.2%和每万人 3 件发明专利的目标，加大财政科技支持力度，逐步构建多元化、多渠道、多层次的科技投入体系。在“强基础、提能力、促发展、惠民生”中，科技投入与科研条件管理工作发挥着重要的支撑作用。

【科技财务管理与制度建设】　2011～2012 年，为了规范科技经费的管理使用，提高资金使用效益，自治区进一步加强了科技经费管理制度建设和审计监督检查工作，全面推进依法行政，依法理财。先后制定了科学事业费、技术研究与开发经费、科技成果转化经费、改善公益类科研机构科研及办公条件专项经费、科技基础条件平台建设专项资金、大型仪器协作共用专项资金等科技经费管理制度，对规范科技经费管理，明晰科技活动中各主体的权、责、利关系，促进各项科技事业的快速发展，提高科技经费的使用效益等方面都起到了积极作用。

自治区不断强化科技经费预算执行，推行财政预算精细化管理，严格监督管理。在每年的部门预算执行情况审计检查工作的基础上，开展科技项目资金使用绩效考评活动，委托社会中介机构对技术研究与开发经费项目和科技成果转化项目进行绩效考评。经常性的预算执行情况审计检查工作，进一步加强了科技经费的规范管理和使用监督，保证专款专用，提高资金使用效益；科技项目绩效考评活动，利用社会力量加强科技经费监督管理，对转变政府职能，改进科技计划管理，建立面向全过程的科技经费监督管理机制，从源头上防止和治理腐败都具有重要意义。

【转制院所产业化发展】　国家“十二五”期间发展纲要指出，坚持把科技进步和创新作为加快转变经济发展方式的重要支撑，强调要完善科技创新体制机制，尤其是对国有转制科研院所的改革与发展提出了更深层次的体制及机制上的要求。2011～2012 年，广西转制科研院所的改革发展取得了丰硕成果，主要体现为两个方面：一是以建立现代企业制度为目标，完善了科研院所的管理机制。二是科研院所的科研及技术创新能力进一步增强，科研能力得到了有力提升，如自主创新能力不断提高，成果转化优势突出；科研投入持续增加，科技创新能力稳步增强。

自 1999 年以来，自治区科技厅会同财政厅设立了“区直科研单位成果转化项目专项经费”。1999～2012 年共安排 23 个单位 224 项科技成果产业化项目，经费34300万元，其中 2011 年～2012 年 20 个转制科研院所科技成果产业化项目 39 项，经费5800万元。项目实施后，在科技成果转化资金支持的 224 个科研成果转化项目中，已成功转化推向市场并实现销售收入的产品有 309 个，占产品总数的 83%。截至 2012 年底，224 个项目累计创造的总产值 436214万元，其中 2011～2012 年创造的总产值 126844.1万元；累计产品销售收入403462.4万元，其中 2011～2012 年产品销售收入116433.2万元；累计实现税金总额19038.3万元，其中 2011～2012 年实现税金总额5446.8万元；累计利润（正负相抵后）25478.8万元，其中 2011～2012 年利润7663.95万元。

2011～2012 年，转制科研研所的科研成果取得了新的突破，其中：开发新品种 33 个，已获专利授权数 20 项，获广西科技进步奖三等奖 4 项。

【科技与金融结合】　2012 年 11 月 22 日，自治区科技厅与中国建设银行广西分行签订《全面战略合作协议》，旨在积极贯彻党的十八报告提出的“要支持小微企业特别是科技型小微企业发展”的要求，充分发挥政府对科技型中小企业资金扶持的引导作用，鼓励金融机构等社会资本加大对科技型中小企业技术创新的支持力度，帮助科技型中小企业解决融资难题，促进科技成果转化和产业化，推动产业结构调整。自治区科技厅与自治区财政厅、建设银行联合启动对科技型中小企业进行贷款贴息扶持，自治区财政厅每年安排2000万元用于科技型中小企业的贷款贴息。

2012 年 2 月 27 日桂林国家高新区科技金融中心成立并正式运营，该中心由桂林银行小微企业信贷、华夏银行桂林分行和桂林市华洲融资性担保有限公司以及其他科技中介等机构组成。2012 年金融中心金融担保、贷款等业务完成金额达到20亿，业务数量达到3000项以上。桂林华杰专利事务所与桂林持衡专利事务所完成专利申请达一千项，桂林立信会计师事务所完成各类审计10项，桂林市生产力促进中心全年技术合同登记48份，合同成交总金额1704.55万元，技术交易额为1213.89万元，其中技术开发合同44项，技术服务3项，技术转让1项。

【实验动物资源建设】 实验动物许可证管理 1997年7月，经自治区人民政府批准，广西科技厅、卫生厅和医药管理局（现自治区食品药品监督管理局）联合成立“广西壮族自治区实验动物管理委员会”，负责组织协调广西范围内有关实验动物的各项工作。自治区科技厅依法管理广西辖区内实验动物工作，在科学研究、生产和应用各个环节中，保证实验动物的质量和动物实验的安全。截至2012年12月，广西科技厅共审批核发实验动物生产许可证29个，实验动物使用许可证43个，办理实验动物许可证单位37家，涉及教育、科研、医学、制药、疾控、出入境等多个领域。

实验动物科研条件建设 广西先后颁布实施了《广西壮族自治区实验动物许可证管理实施细则（试行）》《广西实验动物许可证现场验收评分细则》《广西壮族自治区实验动物许可证年检办法》等管理制度与文件，为实验动物质量保证体系的建立与完善起重要作用。2009年10月经自治区科技厅审批报科技部条财司备案，确认广西壮族自治区疾病预防控制中心、广西出入境检验检疫局技术中心为自治区实验动物质量检测实验室，广西实验动物质量检测服务体系投入运行，并建立实验动物行政许可项目的年度审查机制。

2011年广西纬美生物有限公司申报国家“十二五”“重大新药创制”科技重大专项取得成功，非人灵长类实验动物（食蟹猴）研发平台建设列入国家项目计划。2012年广西南宁灵康赛诺科生物科技有限公司的“人类重大疾病灵长类动物模型研究及应用”项目更是开创了获得国家863计划的先河。从2004～2012年的9年中，广西实验动物获得的国家立项7项，研究经费2800万。广西科技厅立项46项，投入科研经费2300万。

实验动物资源建设 广西拥有极具特色的实验动物资源，广西巴马小型猪（简称小型猪）已连续进行了24年封闭交配和全同胞近交的纯繁选育，到2012年底，小型猪“封闭群”进入24世代，近交系已达14世代，总存栏数340头，其中封闭群295头、近交系45头，是国内小型猪基因纯合度最高的品系之一，是不可多得的珍贵实验动物资源，连续被列入“九五”“十五”“十一五”“十二五”国家重大科技攻关项目、国家自然基金项目和广西攻关项目进行研究。广西是全国最大的食蟹猴生产繁殖地，现有实验猴养殖企业13家，存栏总数达12万只，2011～2012出口量达2.1万只，每年的出口量和存栏量占全国总量的一半以上。广西啮齿类实验动物（小白鼠）总数达到12万只。

【大型仪器协作共享】 机构及制度建设 1998年，广西科技厅建立了广西大型仪器协作共用网。2008年，自治区科技厅、财政厅、教育厅、发改委等9部门联合成立广西大型仪器协作共用管理委员会，负责对自治区财政经费购置的大型、精密科学仪器设备进行协调管理。先后制定了《广西大型仪器设备协作共用绩效考核管理办法（试行）》和《广西大型仪器协作共用网入网仪器单位（机组）绩效考核实施细则（试行）》，《广西大型仪器协作共用专项资金管理暂行办法》和《广西大型仪器协作共用专项资金管理暂行办法实施细则》，初步形成大型仪器协作共用的管理制度框架。

大型仪器资源建设 2011～2012年，累计加入大仪网的仪器达到945台，总价值6.9亿元，入网单位达到108个。其中单台（套）在50万元以上的仪器有339台（套），占全网仪器总数的36%以上，价值5亿元，占全网仪器总值的77%，仪器使用领域覆盖了农产品和食品、生态环境、生物医学、医药、水文气象、地质矿产、金属材料、汽车、机械工程、海洋等众多领域。

大仪网服务体系建设 2011～2012年，大仪网建成南宁、柳州、桂林、梧州、河池五个区域服务中心，建立了依托区域中心为主的全自治区大型仪器协作共用服务体系管理新格局，为产业发展提供了大型仪器物质保障和检测技术服务支撑。南宁服务中心主要面向东盟各国，着力打造食品安全和公共卫生等专业检测领域特色服务品牌；柳州服务中心立足服务广西汽车、机械千亿元产业发展，着力打造汽车及零部件检测服务品牌；桂林服务中心围绕服务广西冶金和有色金属千亿元产业发展，着力打造有色金属、地球化学、环境、新材料成分、结构和物理性能检测服务品牌；梧州服务中心重点整合该地区现有出口产品检测相关力量，为广西及梧州地区轻工业产品检测提供技术服务；河池服务中心围绕地方长寿食品、有色金属冶炼等特色产业提供技术支撑与服务。

信息化建设　建成的广西大型仪器协作共用网站（www.gxyq.cn），是一个以国家数据库为标准，数据资源规范化标准化，接口统一的全新网站——泛珠三角大型科学仪器协作共享平台（广西门户）。共收集942条广西大型精密仪器信息，165条权威检测机构详细信息，77位分析测试领域专家资料，为泛珠三角四省区（广东、广西、福建、海南）提供大型仪器资源和技术信息服务。

【科技文献平台建设】　科技文献服务体系和制度建设　2012年8月22日自治区财政厅、科技厅联合制定了《广西壮族自治区科技文献信息专项经费管理暂行办法》，同年11月6日自治区科技厅配套出台了《广西科技文献共享与服务平台绩效管理实施细则》，规范化的制度管理体系为平台持续良性运行提供了有力的制度保障。

2011～2012年，科技文献共享与服务体系建设在建立文献平台市级和高新区服务节点基础上，各市县科技局和情报所按照“统一标识，一站式服务”的建设要求，在村、镇建立文献平台服务分节点，形成区—市—县（城区）—乡（镇）—村（屯）科技文献服务体系新格局。

科技信息文献资源建设　围绕广西科技创新需求，对广西科技文献信息资源进行有效整合和战略重组，具有公益性、基础性、战略性的特点，实现基础文献、辅助文献和广西重点产业专题文献三大类文献的有效整合及与国家科技图书文献中心资源的虚拟整合，平台信息量、可靠性和应用绩效居于全国同类平台前列水平。截至2012年底，文献平台更新增加数据库数据约110多万条，拥有文献数据库57个，文献量达1.12亿条，数据储存量达35个T。国内重要标准文献满足率达71%。

建立的科技信息文献体系，包括以科技期刊、科技图书、专利文献、标准文献、报纸、会议资料、学位论文、科技报告和检索工具等为主要内容的基础文献；以政策法规、科技资源、科技成果、市场动态和机构与产品等为主要内容的辅助文献。

建设成效　一是广西科技文献共享与服务体系建设在全自治区各市科技部门建立了“统一标识，一站式服务”的科技服务大厅，实现了自治区、市、县情报所三级联动；二是运用广西科技文献平台与广西党建网（八桂先锋网）互链获得的海量科技文献信息资源，实现了科技教育视频资源的整合。以党员科技教育“动车组”项目为抓手，服务基层科技，有效带动广大党员增收致富、推动了县域经济的发展。三是提供的有关地方经济发展建设和产业发展决策咨询报告，引起了党委政府的高度关注，进一步彰显了科技服务的能力和作用。

（周　琳　韦永诚）

知识产权（专利）创造、运用、保护与管理

【概况】　2011～2012年，广西共申请专利21711件，获专利授权10303件，分别比2009～2010年增长131.11%和62.28%。到2012年末，广西历年申请专利累计67267件，获授权36638件。

2011年全自治区发明专利申请量比上年增长75.2%，从“十一五”低于全国平均水平跃居全国第二位。2012年全自治区发明专利申请6507件，比上年增长136%，首次实现发明专利年度倍增目标；获发明专利授权901件，增长42.1%，增长率居全国第9位；专利申请总量突破10000件，达到13605件，增长67.8%；获专利授权总量达到5902件，增长34.1%。2012年末广西拥有有效发明专利2560件，每万人口发明专利拥有量为0.56件，同比增长39.59%。

2011～2012年广西各年度专利申请、授权情况表

（单位：件）

年度	专利申请量				专利授权量			
	合计	发明	实用新型	外观设计	合计	发明	实用新型	外观设计
2011	8106	2757	3614	1735	4401	634	2563	1204
2012	13605	6507	5017	2081	5902	901	3421	1580
合计	21711	9264	8631	3816	10303	1535	5984	2784

【全民发明创造活动与发明专利倍增计划】　自治区国民经济和社会发展“十二五”规划纲要提出，到2015年全自治区每万人口发明专利拥有量达到3件。为实现此目标，提高广西自主创新能力，加快转变经济发展方式，自治区人民政府决定，在全自治区开展全民发明创造活动，实施发明专利倍增计划。

2011年以来，针对实现“3件”目标任务的艰巨性，时任自治区主席马飚同志多次作出重要指示和批示，要求坚定信心，动员全社会特别是企业的力量，出台综合性措施，全力推动“3件”目标的

实现。2011年8月29日，马飚主席亲自主持召开自治区发明专利专题工作会议，作出了推动专利工作的重大决策，包括在全区推动全民参与发明创造、实施广西发明专利倍增计划、加强广西知识产权局机构建设、发展30至50家专利代理机构、建设健全发明专利转化运用中介服务平台、设立自治区专利专项资金等。

根据发明专利专题工作会议精神，自治区人民政府成立推动发明创造工作领导小组，由自治区主席马飚任组长、副主席陈章良任副组长，27个部门主要负责人任成员，共同推进全民发明创造活动。参照自治区的做法，14个市也相继成立了相应的推动发明创造工作领导小组，建立起强有力的自治区发明创造工作的组织领导机构。

2011年12月，《广西壮族自治区人民政府关于在全区开展全民发明创造活动的决定》（以下简称《决定》）出台。《决定》包括四部分：开展全民发明创造活动的重大意义；指导思想、基本原则和总体目标；重点任务；保障措施。《决定》明确，“十二五”时期广西发明创造工作的八项重点任务是：进一步强化政府科技计划的知识产权导向；推动创新平台成为发明创造高地；推动企事业单位加强发明创造；打造专利集聚区域；鼓励群众性发明创造活动；发展壮大专利服务业；加强政府重大投资项目和重大经济活动的专利审议；实施发明专利倍增计划。

2012年1月，经自治区人民政府同意，自治区人民政府办公厅印发《广西发明专利倍增计划》（以下简称《倍增计划》）。《倍增计划》提出，以“十二五”时期全区发明专利申请量逐年倍增为目标，大力加强以发明创造为重点的自主创新，有效促进科技创新成果专利化，增强经济科技核心竞争力。《倍增计划》组织实施五项重点任务：一是科技项目发明专利倍增工程；二是创新平台发明专利倍增工程；三是知识产权优势企业发明专利倍增工程；四是全民参与发明创造大行动；五是创新成果专利化引导行动。《倍增计划》明确，设立自治区本级专利专项资金，用于支持创新成果专利化工程的实施和相关配套措施的落实，“十二五”时期自治区财政落实资金总额2.2亿元。

2012年2月，广西召开发明创造大会，对全自治区发明创造工作进行全面部署。自治区人民政府根据各市产业发展水平、科技创新基础能力等条件，把全自治区发明专利申请量等主要指标分解到各市，与各市人民政府在会上签订了发明创造工作目标任务责任状。此后，14个市也相继召开本市发明创造大会，贯彻落实自治区大会精神，落实发明创造工作目标任务。自治区推动发明创造工作领导小组办公室还将推动广西发明创造工作的任务分工方案印发各成员单位和各市政府，形成部门协作、上下联动的推动之势。

【知识产权战略实施】 2011年3月，自治区人民政府召开自治区知识产权办公会议，自治区副主席陈章良在会上就自治区层面的知识产权特别是专利工作作出了总体部署，强调各部门要协调配合，形成工作合力。会后，自治区知识产权办公会议办公室印发了《广西壮族自治区实施知识产权战略2011年度部门工作推进计划》，明确知识产权办公会议各成员单位的工作分工。自治区知识产权办公会议办公室加强组织协调，积极通过组织召开相关工作会议、分解工作任务、加强督促检查等措施，努力推动各部门加强知识产权战略的实施。

2012年2月，自治区人民政府在南宁召开广西发明创造大会暨自治区知识产权办公会议，28个成员部门的分管领导和联络员，以及14个市分管副市长参加会议。会议总结了2011年广西知识产权战略实施情况，部署广西发明创造和2012年知识产权战略实施的工作重点。自治区知识产权办公会议办公室印发《广西壮族自治区实施知识产权战略2012年度部门工作推进计划》，各成员单位贯彻落实会议精神，形成部门协作、上下联动的推动之势。

【专利工作机构】 根据自治区发明专利专题工作会议精神，自治区编委印发了《关于调整自治区知识产权局内设机构和人员编制的批复》（桂编〔2012〕2号）增加自治区知识产权局内设处1个，增加机关行政编制6名，全局机关行政编制达到17名；印发《关于设立广西壮族自治区知识产权发展研究中心的批复》（桂编〔2012〕21号），设立广西知识产权发展研究中心，增挂国家知识产权局专利局南宁代办处、中国（广西）知识产权维权援助中心、广西知识产权信息中心牌子，为自治区科学技术厅（自治区知识产权局）管理的相当正处级全额拨款事业单位，核定全额拨款事业编制11名。各市参照自治区的作法，积极推动编制部门加强知识产权工作管理队伍建设，其中南宁市知识产权局新增1个科，防城港市知识产权局新增3个事业编制。

国家知识产权局专利局南宁代办处专职工作人员增加到5人，配有远程视频系统、服务器、网络交换机等设备30多台（套）。推进专利申请统计分析、专利运用等服务工作，对全区专利申请、授权量、有效发明专利拥有量进行分析，定期向有关领导、部门和各市通报情况；为中国专利周、广西科技活动周、广西发明创造成果展览交易会等提供权属、法律状态等支持；配合广西科技厅的高新技术企业的认定工作。

中国（广西）知识产权维权援助中心坚持“服务执法、服务维权、服务社会”的理念，以构建网络服务平台、完善服务体系为重点，推动知识产权维权援助工作迈向规范化、信息化、科学化发展的轨道，着力开展以支撑广西千亿元产业自主创新和提升创新主体维权能力为主要内容的维权援助工作。

2011～2012年，广西专利代理机构建设步伐加快。到2012年末，广西共有专利代理机构10家，执业专利代理人58人；引进自治区外专利代理机构3家，执业专利代理人6人。

【专利执法与保护】 2011～2012年，根据国务院办公厅和国家知识产权局的统一部署，广西知识产权局系统开展了“打击侵犯知识产权和制售假冒伪劣商品专项行动”和“知识产权执法维权护航专项行动”，专项行动期间，全自治区共开展集中执法整治行动60多次，出动执法人员380多人/次，检查商品流通市场1000多个/次，检查各类商品2000多件，共查出有专利标识的商品700多件，立案查处假冒专利案件21件。处理专利侵权纠纷案件11件。

为维护广西参展商的合法权益，最大限度预防参展商出现专利侵权和假冒专利行为，自治区知识产权局会同自治区商务厅起草并印发《关于协同做好广交会广西展团专利执法维权工作方案》。研究制定《广西发明创造成果展览交易会保护知识产权若干规定》。开展第八、第九届中国—东盟博览会，第一届广西发明创造成果展览交易会，以及广交会广西展团的专利执法维权工作。

广西每年举办一期全自治区专利行政执法人员培训班，两年共培训人员150多人次，其中有32人经考试合格，由国家知识产权局颁发了《专利行政执法证》。

广西完成《广西壮族自治区专利保护条例》的修订工作，新修订的《广西壮族自治区专利条例》于2012年7月26日通过了自治区人大常委会第二十九次会议审议，并于2012年9月1日起正式实施，标志着广西专利工作步入新的阶段。这次修订除了修订原条例中与专利法及其实施细则不相适应的内容，进一步细化专利管理与保护方面的条款外，着重增加促进专利事业发展和激励专利创造和应用的内容，例如：将专利管理权限下放到县，并明确县级以上政府设置专项经费；为激励专利的创造制定了相应的政策；在促进专利产业化、商品化和资本化方面提出具体措施；建立专利审议机制和专利评价机制；建立专利预警机制；加强流通领域和各类会展防范假冒专利的指导等。

【知识产权区域及企业试点示范】 2011～2012年，自治区以推动县域经济发展为重点，进一步促进知识产权区域试点。2011年，在深化原有的9个试点县（市、区）工作的基础上，又先后批准9个知识产权工作试点县（市、区）、园区。通过实施科技计划项目，推动区域专利创造与产业化，培育知识产权优势特色产业。支持北流市积极培育陶瓷产业的竞争优势，北流市知识产权局被人力资源社会保障部和国家知识产权局授予“全国专利系统先进集体”荣誉称号；支持桂林高新区建设以专利转化为重点的知识产权转化交易平台建设，支持玉林市玉州区发展内燃机产业，支持横县培育茉莉花、茶叶、桑蚕产业等。推动知识产权服务机构与市县建立战略合作，促进知识产权服务能力提升。促进广西生产力促进中心与自治区知识产权试点县（市、区）签订知识产权服务协议，有关专利代理机构与市县知识产权局签订共建联络处协议。

2012年，广西通过开展专利集聚区域专利创造与运用示范，培育建设集聚区域专利挖掘、专利申请、专利转化等知识产权服务人才队伍；开展区域知识产权创造与运用试点示范，推动区域专利创造与产业化；培育知识产权优势特色产业，运用知识产权推动区域经济创新发展。以“专利集聚区域专利创造与运用示范”项目形式，安排科技经费200万元，支持横县科学技术局、梧州市科技活动中心、北海市专利管理办公室、兴安县科学技术局、柳江县经济开发区管理委员会、田东县科学技术情报研究所、八步区科学技术局、柳州市城中区科学技术局开展县域知识产权试点示范工作。推动南宁市积极申报国家知识产权试点城市。

广西组织实施第四批全国企事业单位知识产权试点工作。组织桂林理工大学、广西壮族自治区花红药业股份有限公司、上汽通用五菱汽车股份有限公司、梧州神冠蛋白肠衣有限公司、中国化工橡胶桂林有限公司开展知识产权试点工作，达到预期效果，各试点单位共申请专利694件，其中发明专利

320件。广西壮族自治区花红药业股份有限公司的一项发明专利荣获第十三届中国专利优秀奖。

2011年在全区高新技术企业、创新型企业、知识产权试点企业，“千亿元产业350科技攻关工程”承担单位，重点实验室、工程技术研究中心、千亿元产业研发中心依托单位，以及各市科技创新、知识产权工作基础较好的其他企事业单位，选择108家重点企事业单位，建立长期互动的知识产权联系服务机制。2012年推动建立专利服务机构与企业的联系服务机制，组织50名专利特派员深入上汽通用五菱汽车股份有限公司等231家知识产权优势企业开展对口帮扶服务，帮助企业挖掘发明专利申请潜力，提高企业将创新成果专利化的技巧和能力。其中“发明专利申请扫零”企业70家，帮助企业挖掘专利申请1468件，其中发明专利821件。

2011年，广西企业2项发明专利获第十三届中国专利优秀奖。2012年，广西企业3项发明专利获第十四届中国专利优秀奖。

2011～2012年，广西下达“企业专利创造与产业化能力提升示范”科技计划项目共10个课题，下达“企业知识产权创造与运用能力提升”科技计划项目10个课题，资助财政科技经费共计400万元。

2011～2012年，78家知识产权试点企业专利申请2104件，占全广西690家申请专利的企业申请量的68.53%；全广西9家知识产权示范企业共申请专利397件，占全广西申请专利的企业申请量的12.93%。

【专利转化应用】 2011年，自治区知识产权局联合自治区教育厅、科协、团区委等12个部门开展发明创造辅导员进校园、青少年科技创新大赛、创新方法进企业、面向企业的金融产品推介会等形式多样的活动。2012年联合自治区教育厅、科协、团区委、总工会等部门，举办2012年广西全民发明创造活动暨优秀专利成果展，展示交流全民发明创造活动和全民发明创造成果，重点展出近年来广西获国家“中国专利奖”项目，申请国外专利项目，重点企业、高校、科研院所的优秀专利项目，以及企业职工创新成果，大、中小学生创新大赛成果。

自治区人民政府决定，自2012年起原则上每年举办两届广西发明创造成果展览交易会（以下简称发明展）。第一届发明展以“推动全民发明创造，促进产业优化升级”为主题，于2012年10月29日至11月1日在南宁举办，自治区党委书记郭声琨、自治区主席马飚等15位自治区领导和国家知识产权局李玉光副局长出席了开幕式。本届发明展集中展示了自治区内994家企业、高校、院所的发明创造成果1953项，其中部分项目（产品）在展会现场交易或销售；成功拍卖10个专利技术，总成交额达1806万元；有35项专利交易项目成功签约，签约总金额达3.4亿元。开启了广西发明创造成果宣传、展示、转化和交易的新模式。

2012年，广西出台《关于加强专利服务机构建设实施方案》，推进具备知识产权交易、评估、投融资服务等功能的广西（南宁）知识产权交易中心和广西（桂林）知识产权交易中心建设，并在发明专利专项资金中安排经费支持。2011年开始，支持以桂林国家高新区技术产权交易所为基础建设广西（桂林）知识产权交易中心，2012年，广西（桂林）知识产权交易中心已建成可使用面积达到1600平方米的知识产权交易大厅，与上海联合产权交易所、北京产权交易所、广西联合产权交易所、金马甲交易平台等相关单位签订合作协议，实现服务项目共享，组建知识产权交易服务联盟，已有桂林华杰专利事务所、桂林市银盛行融资性担保公司等十多个单位入驻，初步开展了知识产权交易服务，完成技术交易项目5项，技术及产权融资项目7项，其他正在洽谈的项目12项。广西（南宁）知识产权交易中心正在筹备建设中。

自治区设立专利技术引进专项资金，支持企业消化吸收再创新。2012年在专项资金中安排了780万元支持13个发明专利技术引进项目。

推动专利质押融资，促进专利技术实施。举办专利质押融资银企对接会，推动交通银行广西区分行提供专利质押融资年度授信总额度2亿元，并分别与6家企业签订专利质押融资项目。

【知识产权（专利）宣传与培训】 广西每年举办知识产权宣传周、广西科技活动周广西专利集市、中国专利周广西活动等大型宣传活动，组织广西各地开展各种形式的宣传和咨询。2012年，自治区先后召开自治区人民政府推动全民发明创造活动新闻发布会、广西知识产权宣传周新闻通气会、《广西专利条例》颁布新闻发布会、第一届广西发明创造成果展览交易会（以下简称发明展）新闻发布会等4次新闻发布会。结合全区发明创造大会、第一届发明展等重大活动的举办以及全自治区发明创造取得的阶段性成效，组织中央驻桂及自治区主要媒体开展大型宣传活动，分别在广西卫视《广西新闻》节目、广西日报、广西知识产权局门户网站上设立广西发明创造专栏，系列报导全区发明创造活动开展情况和先进典型。每年编印《广西壮族自治区知识产权保护状况》（白皮书），向社会各界公布广西各领域知识产权保护工作状况。加强《广西专利情况专报》《发明创造与知识产权工作简报》等编发和政务信息报送，2011～2012 年共编发《广西专利情况专报》21 期、《发明创造与知识产权工作简报》19 期，得到了自治区主要领导的高度重视，对上报信息作了 4 次批示。

面向知识产权行政管理部门、高校、科研院所、企业组织和专利代理机构等举办系列各类知识产权培训班、宣讲班和专题讲座，增强社会各界知识产权意识和能力。2011～2012 年，自治区知识产权局先后邀请多批国家知识产权局领导和国内知名专家为广大企业、高校、科研院所举办各类培训班 20 场次以上，专题讲座 15 场，参加培训人数近6000人次。此外，广西承办了 2012 年全国专利代理人资格考试南宁考点工作，组织全自治区 365 人参加全国专利代理人资格考试，是广西历年全国专利代理人资格考试报考人数最多的一次，报考人数增长率 420%，居全国首位。其中 47 人获得专利代理资格，培养人数超过“十五”“十一五”的总和。全自治区拥有专利代理人资格人数达到 160 人。广西还争取了国家知识产权局的支持，在北京举办广西市县知识产权局局长专题研究班。

【知识产权交流与合作】 应国家知识产权局的邀请，巴西工业产权局局长乔治·阿维拉一行 3 人于 2012 年 8 月 1～5 日到广西访问考察，国家知识产权局副局长李玉光陪同访问考察。自治区政协副主席黄日波会见了巴西工业产权局代表团。

在广西考察访问期间，巴西工业产权局代表团考察了广西药用植物研究所，了解药物企业专利申请及发展情况。巴西工业产权局代表团与广西知识产权局举行工作座谈，双方就知识产权创造及保护进行了交流。广西知识产权局介绍了近年来知识产权工作情况，提出推动全民发明创造，促进发明专利的产出，努力实现“十二五”期末广西每万人口发明专利拥有量达到 3 件的目标任务。巴西工业产权局代表团表示，双方可以在专利展示交易方面开展合作，希望广西在巴西举办类似的专利展览交易会，把中国广西专利技术介绍到巴西，寻找专利技术合作机会。

（刘会宁）

科技统计

【概况】 2011～2012 年，自治区科技厅组织开展各项科技统计工作。在一年一度的科技统计工作中，每年召开一次全自治区科技统计工作会，总结本年度科技统计工作和部署下一年度科技统计工作。组织 14 个市科技局、部属及自治区直属独立科学研究与技术开发机构开展以国家科技部统计年报为主的科技统计调查工作，做好数据审核、录入、汇总、评估和上报工作，按时完成科学研究与技术机构统计年报表、国家级科技计划项目执行情况调查表、地方财政科技拨款年报表以及软科学研究机构统计调查表，并通过国家科技部发展计划司的验收。

在召开年度自治区科技统计工作会时对科技统计人员进行科技统计基本知识和报表指标、报表软件培训。组织科技统计人员参加科技部科技统计业务培训班，通过培训增强科技统计人员业务素质，提高数据质量。每年进行一次科技统计先进集体和先进个人评比，由自治区科技厅进行表彰和奖励，调动了广大科技统计工作者的积极性，促进广西科技统计事业的发展。

加强对科技统计数据的收集整理和科技统计分析工作，提高服务水平。每年收集广西经济、社会及科技的主要指标数据，按照国家科技部要求更新和完善“地方主要指标数据库”数据。联合自治区统计局，编印《2011 广西科技统计数据》和《2012 广西科技统计数据》。为了对全自治区及各市科技进步水平进行监测和综合评价，编印《2010 广西科技进步统计监测报告》和《2011 年广西科技进步统计监测报告》。为全面反映广西科技事业发展概况，编印《广西科技事业发展概况》。

【科研与技术开发机构年报】 自治区科技厅组织 14 个市科技局、部属及自治区直属独立科学研究与技术开发机构，分别对县及县以上政府部门属国有独立的科学研究与技术开发机构按五大类（自然科学和技术领域机构、社会与人文科学领域机构、科技信息和文献机构、县属研究与开发机构、转制机构）进行年报统计（见表 1）。该年报调查的主要内容包括：人员、经费、基本建设、资产、科研仪器设备、科研课题、技术获取与转让、科技成果等情况。

【国家及自治区科技计划项目执行情况】 自治区科技计划项目执行情况　2011 年调查了 2006～2011 年下达的3108项科技计划项目及课题（以下统称项目），其中1258项已完成研究开发任务，占调查项目总数的 40.5%，1629项按计划进度进行，占 52.4%，221 项延期、停顿或申请撤销，占 7.1%，见图 2—1。

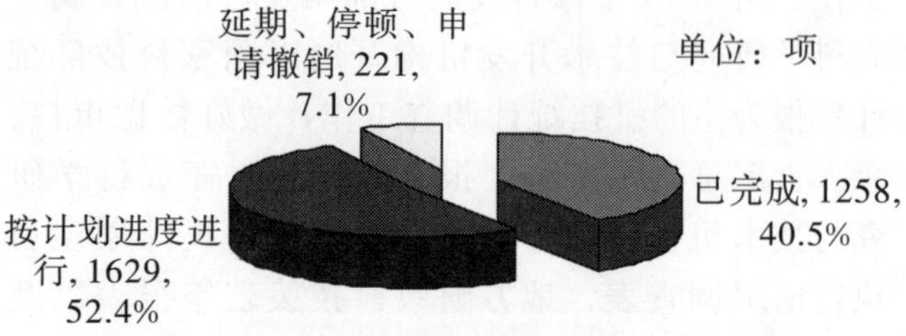

图 2—1　2011 年科技计划项目进展总体情况

造成科技计划项目延期、停顿、申请撤销的原因较多，比较突出的原因有设备材料不落实、技术骨干变动、协作关系影响、市场变化、技术变化、计划性调整等。

2011 年广西科技计划项目到位资金总额为 62.42 亿元，其中来源于承担单位自有资金 50.43 亿元、政府部门拨款 4.03 亿元（其中国家级 0.38 亿元，自治区级 3.11 亿元）、金融机构贷款 4.17 亿元、其他资金 3.79 亿元。项目到位资金投入分布情况如下：

从项目服务的领域看，2011 年工业到位资金 45.10 亿元，占当年到位资金总额的 72.3%，农业、社会发展、科技创新公共服务平台到位资金分别为 4.27 亿元、3.13 亿元、9.92 亿元，所占比重分别为 6.8%、5.0%、15.9%，见图 2—2。

图 2—2　2011 年科技计划项目到位资金按项目服务领域分布

从单位性质看，2011 年企业到位资金 50.98 亿元，占当年到位资金总额 81.7%，表明企业是广西研究开发活动经费的支出主体；科研院所到位资金 2.72 亿元，占 4.4%；高等院校到位资金 1.68 亿元，占 2.6%；其他单位① 7.04 亿元，占 11.3%，见图 2—3。

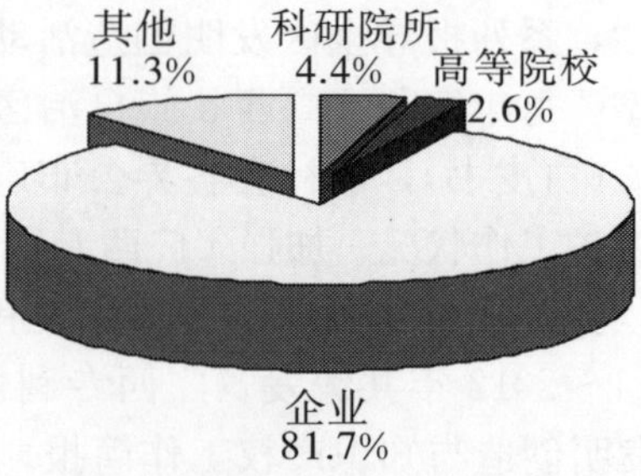

图 2—3　2011 年科技计划项目到位资金按承担单位性质分布

注：①其他单位包括，(1) 除科研院所、大专院校之外的其他事业单位；(2) 政府部门；(3) 各类中介机构、协会（学会）；(4) 其他机构。

按隶属关系分布，2011 年自治区直属单位承担项目到位资金 6.43 亿元，占到位资金总额的 10.3%；14 个地级市中柳州市承担项目到位资金 24.89 亿元，占 39.8%，桂林市 9.02 亿元，占 14.5%，南宁市 5.14 亿元，占 8.3%，其他地市均不足 5 亿元，所占比重均不足 6.0%，见图 2—4。

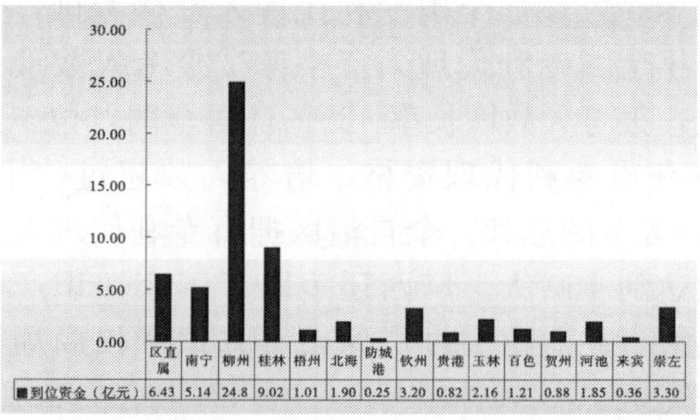

国家科技计划项目执行情况　自治区科技厅组织有关单位对广西 2011～2012 年获得国家科技部批准、调查年底仍在实施的国家 973 计划、863 计划、科技支撑计划、火炬计划、星火计划项目，以及自治区科技计划项目开展执行情况调查（见表 2—表 6）。

【地方财政科技拨款】　2011～2012 年，自治区科技厅组织各市、县科技局（科委）填报本级财政科技拨款数据（主要包括科学事业费、科技三项费等），在此基础上汇总形成全自治区地方财政科技拨款数据（见表 7）。

【其它各类统计表格】　2011～2012 年，广西科技统计数据还包括大中型工业企业（表 8—表 10）、高等院校（表 11）、高技术产业（表 12—表 13）、科技企业孵化器（表 14—表 15）、重点实验室（表 16—表 17）、工程技术研究中心等统计表格（表 18—表 19）。

表1 2011年全区研究机构情况

	机构数（个）	R&D人员（人）	博士毕业	硕士毕业	R&D经费支出（万元）	科研用仪器设备原价（万元）	进口
总 计	723	20956	1564	3415	298198.3	478828.6	141639.2
一、按执行部门分组							
科研机构	124	4310	229	1220	99413.0	68006.0	21895.0
高等院校	168	2702	1238	947	13196.7	69431.2	22241.6
企 业	399	12585	87	1137	180269.4	335559.3	93841.6
其中：大中型	203	10446	47	917	152182.3	292384.0	91797.4
其 他	32	1359	10	111	5319.2	5832.1	3661.0
二、按学科分组							
自然科学	42	1131	377	308	23487.0	42148.0	17266.0
农业科学	63	2069	123	516	44239.9	21778.0	4181.2
医药科学	48	2611	131	453	30744.1	35302.2	12787.0
工程与技术科学	480	13938	525	1678	194205.6	376337.2	107108.4
人文与社会科学	90	1206	408	460	5521.7	3263.2	296.6
三、按研究机构组成类型分组							
政府部门办	139	4806	327	1352	105944.2	72506.7	21895.0
与国内高校合办	17	372	190	83	2185.3	20465.5	3092.2
与境内注册其他企业合办	3	83	25	25	203.0	1432.0	484.0
单位自办	563	15690	1018	1954	189865.2	384423.4	116168.0
四、按隶属关系分组							
中 央	193	4432	1279	1259	43903.4	109084.8	36235.2
地 方	530	16523	285	2155	254294.9	369744.8	105404.0
五、按地区分组							
南宁市	271	6925	807	1645	121926.6	137746.2	29719.8
柳州市	116	5345	31	511	67624.6	60022.2	9842.6
桂林市	156	4382	673	868	47964.6	80872.0	26347.4
梧州市	26	795	7	48	3219.4	9127.4	1618.6
北海市	37	466	11	38	9036.8	9416.9	515.2
防城港市	5	149	4	11	283.9	1962.1	92.5
钦州市	15	159	8	45	928.8	21793.0	14303.6
贵港市	7	365	9	5	6400.3	8329.5	3912.1
玉林市	35	1630	2	151	28723.1	39209.0	23630.0
百色市	7	6	0	2	194.6	941.5	0.0
贺州市	9	205	3	16	3413.8	1009.6	102.3
河池市	22	180	1	20	1345.6	2219.6	444.0
来宾市	5	36	0	4	242.8	688.1	0.0
崇左市	12	313	8	51	6894.4	105491.4	31110.1

表2　2011年全区实施国家级五大科技计划项目数

单位：项

	合　计	主体性计划				产业化计划		
		小计	973	863	科技支撑	小计	国家火炬	国家星火
实施项目数	**125**	**49**	**5**	**14**	**30**	**76**	**46**	**30**
基础研究	3	3	3					
应用研究	17	17	2	8	7			
试验发展	15	15		5	10			
研究与发展成果应用	17	10		1	9	7		7
推广示范与科技服务	33	4			4	29	8	21
生产应用与产品化	40					40	38	2

注：国家科技计划项目执行情况调查表是根据国家科技部各计划主管部门提供的项目清单，由广西壮族自治区内的项目第一承担单位填报。五大国家级科技计划是指973计划、863计划、国家科技支撑计划、国家火炬计划、国家星火计划。

表3　2011年全区实施国家级五大科技计划项目参加人员情况

单位：人

	合　计	主体性计划				产业化计划		
		小计	973	863	科技支撑	小计	国家火炬	国家星火
参加项目人员	**2729**	**1567**	**103**	**482**	**982**	**1162**	**772**	**390**
其中：高级职称	852	563	39	122	402	289	182	107
中级职称	962	460	12	110	338	502	335	167
初级职称	197	197	6	54	137			
其他人员	347	347	46	196	105			
其中：博士	261	261	17	125	119			
硕士	386	386	47	89	250			

表4　2011年全区实施国家级五大科技计划项目到位资金情况

单位：万元

	合　计	主体性计划				产业化计划		
		小计	973	863	科技支撑	小计	国家火炬	国家星火
项目当年到位资金	**86232.9**	**9456.5**	**25.0**	**3482.9**	**5948.6**	**76776.4**	**60201.4**	**16575.0**
政府资金	5673.1	1511.1	25.0	197.0	1289.1	4162.0	3429.0	733.0
贷款	18691.3					18691.3	17511.3	1180.0
自有资金	61037.6	7945.4		3285.9	4659.5	53092.2	39117.2	13975.0
其中：企业资金	57656.0	7926.1		3285.9	4640.2	49729.9	38434.3	11295.6
其他资金	830.9					830.9	143.9	687.0

表 5　2011 年全区实施国家级五大科技计划项目经费支出情况

单位：万元

	合　计	主体性计划				产业化计划		
		小计	973	863	科技支撑	小计	国家火炬	国家星火
当年项目经费支出	78606.7	13539.7	131.3	5220.7	8187.7	65067.0	51573.4	13493.6
基础研究	68.3	68.3	68.3					
应用研究	3578.6	3578.6	63.0	608.8	2906.8			
试验发展	8383.1	8383.1		4611.9	3771.2			
研究与发展成果应用	3917.8	1246.8			1246.8	2671.0		2671.0
推广示范与科技服务	7811.2	262.9			262.9	7548.3	425.7	7122.6
生产应用与产品化	54847.7					54847.7	51147.7	3700.0

表 6　2011 年全区实施国家级五大科技计划项目成果情况

	单位	合　计	主体性计划				产业化计划		
			小计	973	863	科技支撑	小计	国家火炬	国家星火
成果转让数	项	9	9		1	8			
成果转让收入	千元	3960	3960		500	3460			
获省部级以上奖	项	15	15		1	14			
取得新产品等成果*	项	32	32		17	15			
发表科技论文	篇	318	318	37	75	206			
向国外发表	篇	71	71	20	15	36			
出版科技著作	万字	568	568	4		564			
专利申请数	项	136	72	8	45	19	64	51	13
发明专利	项	68	46	7	24	15	22	19	3
向国外申请专利	项								
专利授权数	项	81	31	3	17	11	50	44	6
发明专利	项	32	18	2	8	8	14	14	
国外授权专利	项								

注：取得新产品等成果是指取得新产品、新材料、新工艺、新装置等成果。

表7　各市地方财政科技拨款

单位：万元

		科学技术拨款（科学技术功能支出）		科学技术拨款占地方财政支出比重（%）	
		2010	2011	2010	2011
广西壮族自治区	全　区	216554	282470	1.08	1.11
	区本级	108675	126720	2.66	2.07
南宁市	全　市	28654	37630	1.16	1.34
	市本级	14898	21578	1.20	1.74
柳州市	全　市	19654	19457	1.38	0.70
	市本级	12344	10985	1.78	0.60
桂林市	全　市	18014	22356	1.06	1.08
	市本级	5919	6534	1.34	1.10
梧州市	全　市	4601	8847	0.43	0.63
	市本级	1187	4365	0.27	0.71
北海市	全　市	2015	4075	0.32	0.40
	市本级	1513	2233	0.46	0.40
防城港市	全　市	1242	2556	0.24	0.49
	市本级	435	570	0.29	0.31
钦州市	全　市	1771	2356	0.10	0.23
	市本级	959	1469	0.08	0.49
贵港市	全　市	1573	1957	0.18	0.17
	市本级	550	622	0.25	0.28
玉林市	全　市	6789	10006	0.42	0.62
	市本级	1982	1940	0.69	0.80
百色市	全　市	7119	11237	0.49	0.70
	市本级	1799	2149	0.89	1.24
贺州市	全　市	2906	4334	0.48	0.55
	市本级	788	852	0.61	0.47
河池市	全　市	6478	8919	0.54	0.62
	市本级	714	961	0.62	0.70
来宾市	全　市	2858	5240	0.30	0.44
	市本级	802	568	0.23	0.10
崇左市	全　市	4751	6866	0.49	0.81
	市本级	1522	1081	1.02	2.06

表8　大中型工业企业科技活动人员情况（2006－2011）

单位：人

年份	科技活动人员	科学家工程师	研究与试验发展人员折合全时人员（人年）
2006	19191	11308	5508
2007	26763	13376	6605
2008	23459	14519	7083
2009	*	—	9658
2010	29685	—	11895
2011	39631	—	16885

注：2009年大中型工业企业的“科技活动人员”数据空缺。

表 9　大中型工业企业研究与试验发展经费支出情况（2006－2011）

单位：万元

年份	研究与试验发展经费内部支出	基础研究	应用研究	试验发展
2006	110313	1498	14320	94495
2007	132263	1796	17169	113298
2008	196087	4539	19173	172375
2009	265124	138	4906	260080
2010	358915	79	8649	350188
2011	497161	4024	15313	477824

注：①2004—2008 年 R&D 三分类数据是按比例推算。

②2010、2011 年数据来源于自治区统计局的《广西科技统计年报数据汇编》。

表 10　大中型工业企业技术获取情况（2006－2011）

单位：万元

年份	技术改造经费支出	引进国外技术经费支出	引进技术的消化吸收经费支出	购买国内技术经费支出
2006	452819	19140	4640	3749
2007	713690	8180	3411	3779
2008	1038615	4249	2959	9767
2009	1043545	2758	3762	13455
2010	990863	3875	5729	7432
2011	1099430	15235	6696	25506

表 11　全区高等学校主要科技指标（2006－2011）

	单位	2006 年	2007 年	2008 年	2009 年	2010 年	2011 年
科技活动人员	人	16868	17826	19166	30219	29072	31875
科学家工程师	人	14404	15047	16251	24389	22848	25706
R&D人员全时当量	人年	8322	8304	9259	9524	9792	10274
R&D科学家工程师	人年	8179	8028	9089	7712	7817	8049
科技经费筹集额	万元	49805	63350	62084	—	—	—
科技经费支出	万元	36720	52218	52298	—	—	—
R&D经费支出	万元	30948	38866	44372	54773	67052	67328

注：①2009 年起取消“科学家工程师”指标，采用“大学本科及以上学历”指标代替；

②2009 年起取消“R&D科学家工程师“指标，采用“R&D研究人员”指标代替。

表 12　全区高技术产业基本情况（2006－2011）

单位：亿元

年份	2011	2006	2007	2008	2009	2010
高技术产业总产值（当年价）	139.05	173.75	242.55	273.67	432.40	615.8
高技术产业增加值	56.94	67.96	90.89	100.87	—	—
高技术产业主营业务收入	111.10	137.60	191.03	234.43	383.80	539.6
高技术产业利税总额	14.21	16.18	26.22	30.26	69.00	101.8
高技术产业出口交货值	9.32	20.35	34.32	35.40	95.10	147.8

注：2008 年起，《中国高技术产业统计年鉴》取消“高技术产业增加值”指标，2008、2009 年数据根据高技术产业总产值推算。

表 13 全区高新技术产业开发区

序号	名称	所在地	认定年份	级别
1	桂林国家高新技术产业开发区	桂林市	1991 年	国家级
2	南宁国家高新技术产业开发区	南宁市	1992 年	国家级
3	柳州国家高新技术产业开发区	柳州市	2010 年	国家级
4	北海高新技术产业园区	北海市	2001 年	省 级
5	梧州高新技术产业开发区	梧州市	2012 年	省 级
6	钦州高新技术产业开发区	钦州市	2012 年	省 级

表 14 国家级科技企业孵化器

序号	科技企业孵化器名称	认定年份
1	南宁新技术创业者中心	2008 年
2	桂林科技创业服务中心	2008 年
3	柳州高新技术创业服务中心	2008 年
4	北海市高新技术创业服务中心	2009 年
5	北海高新技术产业园区创业服务中心	2009 年

表 15 自治区级科技企业孵化器

序号	科技企业孵化器名称	认定年份
1	南宁高新区软件技术园管理服务中心	2008 年
2	梧州市科技创业服务中心	2008 年
3	玉林市中小企业科技创新孵化服务中心	2009 年
4	南宁市科技企业孵化基地	2010 年
5	桂林电子科技大学科技园孵化器（试点）	2011 年
6	钦州市高新技术服务中心	2012 年
7	贵港市科技企业孵化基地	2012 年

表 16 各部委重点实验室

序号	重点实验室名称	依托单位	备 注
1	中南速生材繁育实验室	广西林业科学研究院、广西大学林学院	林业部重点开放性实验室（1995 年）
2	微生物及植物遗传工程	广西大学	教育部重点实验室（2002 年）
3	广西亚热带农业生物资源保护利用重点实验室	广西大学	2003 年 1 月 3 日科技部下文批准为省部共建国家重点实验室培育基地
4	有色金属及材料加工新技术	广西大学、桂林理工大学	教育部重点实验室（2004 年）
5	国土资源部岩溶动力学重点实验室	中国地质科学院岩溶地质研究所	国土资源部重点实验室（2004 年）
6	工程防灾与结构安全	广西大学	教育部重点实验室（2005 年）
7	药用资源化学与药物分子工程	广西师范大学	教育部重点实验室（2005 年）
8	区域性高发肿瘤早期防治研究	广西医科大学	省部共建教育部重点实验室（2007 年）
9	认知无线电与信息处理	桂林电子科技大学	省部共建教育部重点实验室（2008 年）
10	珍惜濒危动植物生态与环境保护	广西师范大学	省部共建教育部重点实验室（2008 年）
11	北部湾环境演变与资源利用	广西师范学院	省部共建教育部重点实验室（2009 年）

续表

序号	重点实验室名称	依托单位	备　注
12	长寿与老年相关疾病	广西医科大学	省部共建教育部重点实验室（2011年）
13	农业部水牛遗传繁育技术重点实验室	广西壮族自治区水牛研究所	农业部重点实验室（2011年）
14	农业部广西甘蔗生物技术与遗传改良重点实验室	广西壮族自治区农业科学院	农业部重点实验室（2011年）

表17　自治区重点实验室

序号	重点实验室名称	依托单位	认定年份
1	广西亚热带农业生物资源保护利用重点实验室	广西大学	2005年
2	广西区域性高发肿瘤早期防治研究	广西医科大学	2005年
3	广西有色金属及特色材料加工重点实验室	广西大学、桂林理工大学	2005年
4	广西药用资源化学与药物分子工程重点实验室	广西师范大学	2005年
5	广西中药药效研究重点实验室	广西中医学院	2005年
6	广西无线宽带通信与信号处理重点实验室	桂林电子科技大学	2005年
7	广西作物遗传改良生物技术重点开放实验室	广西农业科学院	2005年
8	广西岩溶动力学重点实验室	中国地质科学院岩溶地质研究所	2005年
9	广西生物炼制重点实验室	广西科学院、广西大学	2007年
10	广西制造系统与先进制造技术重点实验室	广西大学、桂林电子科技大学	2007年
11	广西信息材料重点实验室	桂林电子科技大学	2007年
12	广西超硬材料重点实验室	桂林矿产地质研究院	2007年
13	广西海洋生物技术重点实验室	广西海洋研究所	2007年
14	广西林产化学与工程重点实验室	广西民族大学	2007年
15	广西防灾减灾与工程安全重点实验室	广西大学	2007年
16	广西环境污染控制理论与技术重点实验室	桂林理工大学、广西师范大学、桂林矿产地质研究院	2007年
17	广西隐伏金属矿产勘查重点实验室	桂林理工大学	2007年
18	广西岩土力学与工程重点实验室	桂林理工大学	2007年
19	广西红树林保护重点实验室	广西红树林研究中心	2007年
20	广西地中海贫血防治重点实验室	广西医科大学	2010年
21	广西电力系统最优化与节能技术重点实验室	广西大学	2010年
22	广西石化资源加工及过程强化技术重点实验室	广西大学	2010年
23	广西空间信息与测绘重点实验室	桂林理工大学	2010年
24	广西建筑新能源与节能重点实验室	桂林理工大学	2010年
25	广西可信软件重点实验室	桂林电子科技大学	2010年
26	广西代谢性疾病研究重点实验室	中国人民解放军第一八一医院	2010年
27	广西药用资源保护与遗传改良重点实验室	广西药用植物园	2010年
28	广西甘蔗遗传改良重点实验室	广西甘蔗研究所	2010年
29	广西畜禽疫苗新技术重点实验室	广西兽医研究所	2010年
30	广西水牛遗传繁育重点实验室	广西水牛研究所	2010年
31	广西水产遗传育种与健康养殖重点实验室	广西水产研究所	2010年
32	广西中药质量标准研究重点实验室	广西中医药研究院	2010年
33	广西植物功能物质研究与利用重点实验室	广西植物研究所	2010年

续表

序号	重点实验室名称	依托单位	认定年份
34	广西优良用材林资源培育重点实验室	广西林业科学研究院	2010年
35	广西混杂计算与集成电路设计分析重点实验室	广西民族大学	2010年
36	广西中医基础研究重点实验室	广西中医学院	2010年
37	广西信息挖掘与信息安全重点实验室	广西师范大学	2012年
38	广西车辆零部件先进设计制造重点实验室	广西科技大学（筹）	2012年
39	广西近海海洋环境科学重点实验室	广西科学院	2013年
40	广西珍稀濒危动物生态学重点实验室	广西师范大学	2013年
41	广西地表过程与智能模拟重点实验室	广西师范学院	2013年
42	广西自动检测技术与仪器重点实验室	桂林电子科技大学	2013年
43	广西道路结构与材料重点实验室	广西交通科学研究院	2013年
44	广西家畜遗传改良重点实验室	广西畜牧研究所	2013年
45	广西柑橘生物学重点实验室	广西柑桔研究所	2013年
46	广西作物病虫害生物学重点实验室	广西农业科学院植物保护研究所	2013年
47	广西移植医学重点实验室	解放军第303医院	2013年
48	广西肝脏损伤与修复分子医学重点实验室	桂林医学院	2013年
49	广西艾滋病防治研究重点实验室	广西医科大学	2013年

表18　国家级工程技术研究中心

序号	工程技术研究中心名称	依托单位	批准建设年份
1	国家特种矿物材料工程技术研究中心	桂林矿产地质研究院	2000年
2	国家非粮生物质能源工程技术研究中心	广西科学院	2009年
3	国家土方机械工程技术研究中心	广西柳工机械股份有限公司	2011年

表19　自治区级工程技术研究中心

所属领域	序号	名称	建设单位	认定年份
食品	1	广西制糖工程技术研究中心	广西贵糖（集团）股份有限公司	2005年，第一批
	2	广西啤酒酿造工程技术研究中心	燕京啤酒（桂林漓泉）股份有限公司	2008年，第四批
	3	广西甘蔗工程技术研究中心	广西甘蔗研究所	2010年，第五批
	4	广西甘蔗资源绿色加工工程技术研究中心	广西农垦糖业集团股份有限公司	2010年，第五批
	5	广西水产品加工工程技术研究中心	广西南宁百洋集团有限公司	2010年，第五批
	6	广西天然甜味剂工程技术研究中心	桂林莱茵生物科技股份有限公司	2011年，第六批
	7	广西地方猪工程技术研究中心	广西扬翔股份有限公司	2011年，第七批
汽车（新能源汽车）	8	广西汽车零部件工程技术研究中心	柳州科尔数字化制造技术有限公司、柳州五菱汽车联合发展有限公司	2006年，第二批
	9	广西汽车检测工程技术研究中心	广西汽车拖拉机研究所	2006年，第二批
	10	广西专用车工程技术研究中心	柳州汽车工业有限公司	2007年，第三批
	11	广西汽车饰件系统工程技术研究中心	广西方鑫技术中心有限公司	2007年，第三批
	12	广西汽车传动部件工程技术研究中心	柳州市龙杰汽车配件有限责任公司	2008年，第四批
	13	广西钢制车轮工程技术研究中心	吉凯恩车轮柳州有限公司	2008年，第四批
	14	广西微小型汽车工程技术研究中心	上汽通用五菱汽车股份有限公司	2010年，第五批
	15	广西汽车传动系统工程技术研究中心	桂林福达集团有限公司	2010年，第五批
	16	广西汽车车身电子工程技术研究中心	柳州市华航电器有限公司	2010年，第五批
	17	广西商用车驾驶室工程技术研究中心	东风柳州汽车有限公司	2010年，第五批

续表

所属领域	序号	名称	建设单位	认定年份
石化	18	广西精细化工工程技术研究中心	广西化工研究院	2005年，第一批
	19	广西阻燃剂工程技术研究中心	广西华锑化工有限公司	2006年，第二批
	20	广西润滑油工程技术研究中心	南宁飞日润滑油有限公司	2006年，第二批
	21	广西松脂深加工工程技术研究中心	广西梧州松脂股份有限公司	2006年，第二批
	22	广西无机化工新材料工程技术研究中心	广西新晶科技有限公司	2008年，第四批
	23	广西磷化工工程技术研究中心	防城港越洋化工有限公司	2011年，第六批
电力	24	广西电力设备及自动化系统工程技术研究中心	北海银河高科技产业股份有限公司	2006年，第二批
	25	广西电工材料工程技术研究中心	桂林电器科学研究所	2006年，第二批
	26	广西电力电容器工程技术研究中心	桂林电力电容器有限责任公司	2007年，第三批
	27	广西特种变压器工程技术研究中心	广西柳州特种变压器有限责任公司	2008年，第四批
有色金属	28	广西铝合金成型及表面处理工程技术研究中心	南南铝业股份有限公司	2005年，第一批
	29	广西铟锑锡工程技术研究中心	柳州华锡集团有限责任公司	2005年，第一批
	30	广西锡多金属矿物加工工程技术研究中心	华锡集团车河选矿厂	2006年，第二批
	31	广西铝加工工程技术研究中心	广西百色银海铝业有限公司	2010年，第五批
	32	广西氧化铝工程技术研究中心	中国铝业广西分公司	2011年，第六批
冶金	33	广西锰业工程技术研究中心	中信大锰矿业有限责任公司	2007年，第三批
	34	广西汽车用钢板工程技术研究中心	广西柳州钢铁（集团）公司	2010年，第五批
机械	35	广西工程机械工程技术研究中心	广西柳工机械股份有限公司	2005年，第一批
	36	广西轮胎机械工程技术研究中心	桂林橡胶机械厂	2005年，第一批
	37	广西中小型工程机械工程技术研究中心	广西玉柴重工有限公司	2007年，第三批
	38	广西制糖装备工程技术研究中心	广西机械工业研究院	2007年，第三批
	39	广西轮胎工程技术研究中心	中国化工橡胶桂林有限公司	2007年，第三批
	40	广西精密磨削工程技术研究中心	桂林桂北机器有限责任公司	2008年，第四批
	41	广西柔性版印刷机工程技术研究中心	柳州市精柔印刷包装机械有限公司	2008年，第四批
	42	广西工程钻机工程技术研究中心	桂林市华力重工机械有限责任公司	2011年，第六批
	43	广西中小型煤矿采煤自动化装备工程技术研究中心	广西壮族自治区右江矿务局、桂林电子科技大学	2011年，第七批
建材	44	广西预应力钢结构钢纤维混凝土工程技术研究中心	柳州市威尔姆预应力有限公司	2006年，第二批
	45	广西建筑墙体装饰材料工程技术研究中心	广西启利新材料科技股份有限公司	2007年，第三批
	46	广西新干法水泥制造工程技术研究中心	广西鱼峰水泥股份有限公司	2010年，第五批
	47	广西桥梁监测及加固工程技术研究中心	广西交通科学研究院	2010年，第五批
	48	广西水泥工业节能及综合利用工程技术研究中心	华润水泥（南宁）有限公司	2010年，第五批
造纸与木材加工	49	广西竹浆纸一体化工程技术研究中心	广西柳江造纸厂	2005年，第一批
	50	广西木质板材加工工程技术研究中心	广西丰林木业集团股份有限公司	2010年，第五批
	51	广西木浆纸工程技术研究中心	广西南宁凤凰纸业有限公司	2010年，第五批
电子信息	52	广西光通信网络及设备工程技术研究中心	中国电子科技集团公司第三十四研究所	2006年，第二批
	53	广西中间件软件工程技术研究中心	广西德意数码股份有限公司	2006年，第二批
	54	广西64位软件工程技术研究中心	南宁市平方软件新技术有限责任公司	2006年，第二批
	55	广西数字化工程技术研究中心	南宁海蓝数据有限公司	2007年，第三批
	56	广西敏感元器件工程技术研究中心	广西新未来信息产业股份有限公司	2008年，第四批

续表

所属领域	序号	名称	建设单位	认定年份
医药制造（生物医药）	57	广西药物提纯工程技术研究中心	广西梧州制药（集团）股份有限公司	2005年，第一批
	58	广西中药材良种繁育工程技术研究中心	广西药用植物园	2005年，第一批
	59	广西中药新药开发与药物安全性评价工程技术研究中心	广西中医药研究院	2005年，第一批
	60	广西现代中成药工程技术研究中心	桂林三金药业股份有限公司	2007年，第三批
	61	广西贴膏药业工程技术研究中心	桂林天和药业股份有限公司	2007年，第三批
	62	广西现代中药工程技术研究中心	广西玉林制药有限责任公司	2007年，第三批
	63	广西中药材制药工程技术研究中心	广西万寿堂药业有限公司	2008年，第四批
	64	广西中草药牙膏工程技术研究中心	柳州两面针股份有限公司	2011年，第六批
	65	广西兽药制剂工程技术研究中心	广西北斗星动物保健品有限公司	2011年，第六批
	66	广西数字化医疗器械工程技术研究中心	桂林优利特医疗电子（集团）有限公司	2005年，第一批
	67	广西口腔医疗设备工程技术研究中心	桂林市啄木鸟医疗器械有限公司	2008年，第四批
	68	广西现代中药配方颗粒工程技术研究中心	培力（南宁）药业有限公司	2011年，第六批
	69	广西女性健康中成药工程技术研究中心	广西壮族自治区花红药业股份有限公司	2011年，第六批
纺织服装与皮革	70	广西桂林纺织工程技术研究中心	桂林银海纺织集团公司	2007年，第三批
	71	广西桑蚕丝产品工程技术研究中心	广西华虹蚕丝股份有限公司、广西蚕业技术推广总站	2010年，第五批
	72	广西纤维素纤维纺织工程技术研究中心	南宁锦虹棉纺织有限责任公司	2010年，第五批
修造船及海洋工程装备	73	广西海洋及船舶机械工程技术研究中心	中船华南船舶机械有限公司	2007年，第三批
	74	广西特种船舶制造工程技术研究中心	中船桂江造船有限公司	2011年，第七批
新材料	75	广西特种矿物材料工程技术研究中心	桂林矿产地质研究院	2005年，第一批
	76	广西碳纤维工程技术研究中心	平果县强强碳素制品有限责任公司	2008年，第四批
	77	广西铟基材料工程技术研究中心	广西有色金属集团公司	2010年，第五批
	78	广西铅锌锑及其新材料工程技术研究中心	河池市南方有色冶炼有限责任公司	2010年，第五批
	79	广西稀土材料深加工工程技术研究中心	广西有色金属集团金源稀土股份有限公司	2011年，第六批
	80	广西高精铝箔新材料工程技术研究中心	广西贺州市桂东电子科技有限责任公司	2011年，第六批
	81	广西电子焊接材料工程技术研究中心	广西泰星电子焊接材料有限公司	2011年，第七批
新能源	82	广西淀粉化工工程技术研究中心	广西明阳生化科技股份有限公司	2006年，第二批
	83	广西生物质工程技术研究中心	广西科学院生物研究所	2006年，第二批
	84	广西生物基化学品工程技术研究中心	广西金源生物化工实业有限公司	2011年，第七批
节能环保	85	广西化工清洁生产工程技术研究中心	柳州化学工业集团有限公司	2010年，第五批
	86	广西绿色建筑与建筑节能工程技术研究中心	广西建筑科学研究设计院	2011年，第七批
生物农业	87	广西农药剂型工程技术研究中心	广西田园生化股份有限公司	2005年，第一批
	88	广西水牛繁殖工程技术研究中心	广西水牛研究所	2005年，第一批
	89	广西生物化工工程技术研究中心	广西易多收生物科技有限公司	2007年，第三批
	90	广西良种猪繁育工程技术研究中心	广西农垦永新畜牧集团有限公司	2011年，第六批
	91	广西水稻工程技术研究中心	广西农科院水稻所	2011年，第七批
	92	广西生态高值农业工程技术研究中心	广西康华农业股份有限公司	2011年，第七批
	93	广西柑桔工程技术研究中心	广西柑桔研究所	2011年，第七批
先进装备制造	94	广西预应力机具工程技术研究中心	柳州欧维姆机械股份有限公司	2005年，第一批
	95	广西内燃机工程技术研究中心	广西玉柴机器股份有限公司	2005年，第一批
	96	广西数控铣床及加工中心工程技术研究中心	桂林机床股份有限公司	2005年，第一批
	97	广西内燃机高温热交换工程技术研究中心	南宁八菱科技股份有限公司	2006年，第二批

续表

所属领域	序号	名称	建设单位	认定年份
海洋经济	98	广西海水养殖新品种繁育工程技术研究中心	广西海洋研究所	2005年，第一批
	99	广西海洋生物深加工工程技术研究中心	北海国发海洋生物产业股份有限公司	2006年，第二批
	100	广西贝类精深加工工程技术研究中心	广西正五海洋产业股份有限公司	2011年，第七批
其他	101	广西日用陶瓷工程技术研究中心	广西三环企业集团股份有限公司	2005年，第一批
	102	广西环境治理工程技术研究中心	桂林矿产地质研究院	2005年，第一批
	103	广西交通勘察设计工程技术研究中心	广西交通规划勘察设计研究院	2008年，第四批
	104	广西公路桥梁建设工程技术研究中心	广西区公路桥梁工程总公司	2008年，第四批

（肖美艳　王媚游）

科技干部管理

【概况】　2011～2012年，广西各级人力资源和社会保障部门和组织部门坚持以邓小平理论和“三个代表”重要思想为指导，认真贯彻落实全国、全区人才工作会议精神，按照自治区党委、政府的部署和要求，围绕中心，服务大局，积极推进人才强桂战略，在重点工作、重点领域、重点行业以及县乡全面落实“十一五”人才资源开发重点专项规划，人事人才工作取得新的发展，人才总量稳步增加，人才素质显著提升，人才结构明显改善，人才队伍建设呈现出良好的发展态势。

【专业技术人员继续教育工作】　2011～2012年，全自治区共举办25期自治区级高级研修班，培训各类专业技术人员近3000人。同时，组织开展国家级高级研修班和国家继续教育基地申报工作，争取国家对广西继续教育工作的支持。2011～2012年，广西申报的“西部地区中小型企业发展与知识产权创新”“现代物流与供应链管理”“西部地区生态保护与经济社会可持续发展”和“中国—东盟贸易投资法律实务新动向”四个项目入选国家级高研班项目计划，获得国家资助103.2万元，共有自治区内外的200余名专业技术人员参加了研修。

2011年，自治区人力资源和社会保障厅与自治区公安厅联合开展了“广西信息网络专业技术人员信息安全等级保护”专业科目学习活动，全面促进信息网络专业人员水平提高，全自治区共有2855名专业技术人员参加了学习考试。2012年，自治区人力资源和社会保障厅组织开展了“职业教育课程教学改革专业科目学习活动”，全自治区共有800余名技工院校的专业技术人员参加了学习考试。

2012年，在调查研究的基础上，自治区人力资源和社会保障厅研究拟定了2013年全自治区专业技术人员继续教育公需科目培训考试工作方案和广西壮族自治区专业技术人才知识更新工程实施方案，并将循环经济发展确定为2013年全自治区专业技术人员继续教育公需科目，努力开创广西继续教育工作新局面。

【引进国外智力】　2011～2012年，广西共资助引进国外专家319人，接待国际著名专家和友好人士140多人；办理《外国专家来华工作许可》692件、《外国专家证》1401件，受理并办结“聘请外国专家单位资格认可”申请36例。2012年新培育和批准自治区级引进国外智力成果推广基地和示范单位7家。评选出2011、2012年度广西“金绣球奖”，获奖外国专家20名。审核上报因公出国（境）培训项目102项，派遣因公出国（境）培训人数2036人。因广西外国文教专家管理工作成绩突出，2012年得到国家外国专家局表扬并颁发荣誉证书。

【重点领域急需紧缺高层次人才招聘】　从2007年开始，广西每年都组织用人单位特别是重点发展领域的企事业单位赴自治区外人才富集地区招聘高层次人才，建立了引进人才的长效机制，成为广西人才开发的一大品牌，彰显了党和政府“爱才、招才、用才”之风，体现了自治区党委、政府把经济社会发展的第一资源——人才资源开发提到了突出位置。

2011 年 11 月 22 日～12 月 3 日，广西重点领域急需紧缺人才招聘会分别在北京、武汉、西安、重庆、南京五地举办。这次招聘活动是广西贯彻温家宝总理视察广西人才市场重要讲话的实际步骤，是落实全区人才工作会议的具体行动。据统计，这次招聘会全自治区共有 152 家用人单位发布硕士、博士及中级技术职称以上人才岗位信息 1803 个。在北京、武汉、西安、重庆、南京五地共有6000人参加招聘会，4580人投递简历（其中：博士 382 人、硕士2881人、本科1284人、其他 33 人），达成初步的意向 606 人（其中：博士 150 人、硕士 922 人、本科或者中级职称 48 人）。

2012 年 10 月 27 日～11 月 9 日，广西重点领域急需紧缺高层次人才招聘会分别在北京、上海、武汉、重庆、长沙五地举办。这次招聘活动是广西第七次组织重点领域企事业单位赴自治区外人才富集地区招聘高层次人才。据统计，这次招聘会共有 126 家用人单位参加，共发布硕士、博士及中级技术职称以上人才岗位信息1060个，招聘人数3286名。五地招聘会共接待人员达6000多人，初步达成意向 600 多人（其中：本科 105 人、硕士 420 人、博士 75 名，其他 22 名）。

【落实专业技术人员政策】 2012 年，广西深入实施自治区中长期人才发展规划纲要，落实《关于加快吸引和培养高层次创新创业人才的意见》《八桂学者制度试行办法》《特聘专家制度试行办法》和《关于进一步加快广西北部湾经济区人才开发的若干政策措施》等“1＋3”人才政策文件，进一步加强专业技术人才队伍建设。面向海内外公开选聘第二批八桂学者 27 名，自治区特聘专家 22 名，其中从海外、自治区外引进 24 名；引进国家“杰青”7 人、“长江学者”4 人、中科院“百人计划”4 人、国家“千人计划”特聘专家 4 人。组织申报国家高层次人才支持计划，广西医科大学王洲教授入选国家引进海外高层次人才“千人计划”第八批创新短期项目，广西大学石德顺教授、南宁职业技术学院黄春波教授入选国家高层次人才特殊支持“万人计划”。2012 年 7 月 5 日，自治区党委、政府在南宁举行自治区主席院士顾问聘请仪式，向周其凤、李培根等 46 位院士颁发聘书，至此，自治区主席院士顾问总数达 116 人。印发实施《广西人才小高地考核评估办法（试行）》（桂人社发〔2012〕105 号）。广西城乡规划和建筑设计人才小高地、广西会计人才小高地、广西物联网技术与产业化推进人才小高地、广西文化及自然遗产保护与利用人才小高地、广西老年相关疾病与长寿研究人才小高地、广西危险废物处置产业化人才小高地、广西中西医结合临床人才小高地、广西非粮生物质能源研发人才小高地、广西食品药品安全评价人才小高地、广西分子固体新材料研究人才小高地等第四批 10 个自治区级人才小高地投入建设。

【选派和管理科技副职】 2012 年，广西把干部挂职作为引进人才和智力、促进地方经济社会发展的重要途径，继续加强选派和接收科技人才挂职工作。深入推进与中央国家机关、重点高校和中央企业的人才合作，选派 20 名厅级领导干部、后备干部到中央国家机关挂职，选派 18 名自治区属企业高级管理人才到中央企业挂职。遴选 16 名“西部之光”访问学者到全国重点高校、科研院所学习进修。选派3000名机关干部到贫困村驻村担任党组织“第一书记”，选派30000名新农村建设指导员，强力助推扶贫攻坚和社会主义新农村建设。接收中组部、团中央第 13 批博士服务团 11 名成员到广西挂职锻炼，其中，2 人挂任副市长，2 人挂任厅长（主任）助理，6 人挂任市长助理，1 人挂任市政府副秘书长。2012 年 12 月，广西作为全国唯一的挂职干部接收单位代表，在中组部、团中央博士服务团总结动员会上介绍工作经验。推进自治区与上海交通大学战略合作，接收上海交通大学车生泉、金隼两位同志来广西分别挂任广西大学校长助理、广西科技大学校长助理，分两批从广西大学、广西医科大学等 6 所区属高校选派欧阳缮、赵伟等 12 名干部到上海交通大学挂职锻炼。

（张露春　郭志峰　孙　红）

科技政务管理

【概况】 2011～2012 年，自治区科技厅制定了有关政务服务工作及制度；安排年度工作任务和分工；做好文电、会务、机要、档案、财务、机关国有资产管理、督查督办、信息、信访、提案、安全保密等机关日常工作；完成科技宣传、新闻发布及科技志、科技年鉴的编辑工作；重点筹办全区科技工作会、广西科技活动周、全国科技活动周广西活动、全区科技创新大会等一系列重大科技活动；深入开展科技体制改革调研活动；深化“一服务两公开工作”，转变机关工作作风推进服务型政府建设；承担自治区科技教育领导小组日常工作；承担自治区国防动员委员会科技动员的相关工作；牵头负责行政审批工作。成立了广西科技厅机关服务中心，加强了安全生产、节能减排、固定资产管理、公务用车等后勤服务能力，并顺利推动危旧房改造工作，完成了厅机关办公用房的搬迁工作。

【制度建设与管理创新】 在行政审批制度方面，2012年9月5日印发《广西壮族自治区科学技术厅行政审批否定报告备案制度（暂行）》。在信息制度方面，2011年7月26日印发《广西壮族自治区科学技术厅政务信息报送工作制度（试行）》；2011年9月1日印发了《广西壮族自治区科学技术厅政府信息公开工作管理办法（试行）》，其中包括《广西壮族自治区科学技术厅政府信息主动公开管理制度（试行）》《广西壮族自治区科学技术厅政府信息依申请公开管理制度（试行）》《广西壮族自治区科学技术厅澄清虚假或不完整信息工作制度（试行）》《广西壮族自治区科学技术厅政府信息公开发布协调制度（试行）》等四项制度。在办理人大建议、政协提案方面，2012年4月1日印发《广西壮族自治区科学技术厅人大代表建议和政协提案办理工作暂行制度》。在保密管理方面，2012年5月补充完善了《广西壮族自治区科学技术厅涉密文件信息资料保密管理规定》《广西壮族自治区科学技术厅密码电报机要室和专用网络、计算机安全保密管理制度》《广西壮族自治区科学技术厅密码电报安全保密管理应急预案》《广西壮族自治区科学技术厅涉密人员保密工作守则》等四项制度。

【作风建设】 一服务两公开 三项政府行政职责简称为“一服务两公开”。2011年，自治区科技厅重新调整成立了科技厅“一服务两公开”（政务服务、政务公开和政府信息公开）工作领导小组，由厅长任组长，进一步明晰、规范了工作职责和主要任务。领导小组办公室设在科技厅办公室（行政审批办公室），负责“一服务两公开”的日常管理工作。在政务服务方面：开辟与民互动的渠道，在门户网站上开通完善了“在线咨询”“厅长信箱”“公众意见箱”等与公众互动的专栏，收到各类信息82条，全部进行了答复，为公众提供了快捷的政务服务。逐步健全政务服务体系，充分发挥政务中心窗口作用，进一步规范行政审批事项，做到“应进必进”。对承担的9项行政审批业务进行了认真梳理，所有审批事项已全部进入自治区政务服务中心办理。所有审批事项已全部进入政务服务中心办理，非行政许可项目“高新技术企业认定”项目工作重新回归政务服务中心办理，对非行政许可项目“专利实施许可合同备案”，根据国家知识产权局有关规定进行了撤销，并及时对外进行了通告。在原有制度的基础上研究出台了行政审批否定报告备案制度，明确了行政审批事项否定报备的依据、程序、时限、责任追究等内容，将审批事项的办理依据、时限、流程等印制成自治区科技厅办事指南手册。缩减审批事项办理时限，制定出台了《深化自治区科技计划管理改革的意见》《广西科技重大专项管理暂行办法》等文件，对非行政许可项目“科技计划项目审批”的审批流程、操作规范、承诺办结时限等做了相应的修改，将原来该项目承诺办结时限由原来的360日压缩到330日，缩减审批时间1个月；将行政许可项目“专利代理机构设立（含律师事务所开办专利代理业务）的审查同意”法定办结时间由原来的60个工作日调整为50个工作日，承诺办结时间由原来的51个工作日调整为41个工作日，切实提高了工作效率。按照扩权强县的要求，成立了扩权强县领导小组，正式将“民营科技企业的认定”审批权限直接下放市、县科技行政主管部门，将部分“科技计划项目审批”权限委托下放县级科技行政主管部门。在政务公开方面：完成了对广西科技厅政务公开网和广西科技信息网的“两网合一”改版工作，按照相关规定，设计、编排，整合有关栏目，编制信息公开类别目录和公开指南，对主动公开的范围、形式、时限、依申请公开的受理程序等做出详细规定，及时更新和调整其中内容，更利于群众查询，门户网站共有信息公开栏目达到262个。推动自治区、市、县级科技管理部门接入国家电子政务外网。建一步加强了网站、手机短信平台、LED大频幕电视、触摸屏、楼道电视系统等信息公开载体建设，利用现代科技手段多渠道向社会进行信息公开。在政府信息公开方面：在自治区科技厅门户网站（广西科技信息网）上主动公开各类政府信息，向自治区政务服务中心、档案馆、广西图书馆等部门提供公开信息。自治区科技厅与

《科技日报》、《广西日报》、广西电视台、广西新闻网等主要媒体建立长期合作关系，拓宽了信息公开的广度。

信访工作　建立了信访统计月度报备制度，每月都对信访事件进行统计并报自治区信访部门备案。两年来，自治区科技厅受理信访事件 14 件，其中主要领导阅批的 5 件。建立网络沟通机制。在门户网站上设立了厅长信箱和在线咨询栏目，及时解答公众反映的问题。2012 年通过网络收到公众反映问题 170 条，全都及时回复。其中在线回复 84 条，线下回复 86 条，所有线下回复的问题都在 7 个工作日内完成答复。开展“阳光在线”活动，在厅内 9 个业务部门设立了“阳光在线”咨询电话，接受听众和网民的日常咨询，2012 年，自治区科技厅受理“阳光在线”日常咨询 68 次。通过以上方式拓宽交流渠道，稳步推动信访工作。

【督查督办】　自治区科技厅制定了年度《科技工作要点和主要工作任务分解表》，对各项任务进行督查督办，确保当年工作顺利完成。重点督促检查自治区党委和政府重点督办的工作、年初工作部署的落实情况、重大科技活动和重点科技项目的推进情况、领导交办事项的办理情况。进一步规范了文件办理签收工作，领导批办、转发、承办等文件转送到各承办部门，并认真做好文件登记、造册和签收工作，确保业务工作办理有依有据，按时、按质完成。配合做好自治区党委、政府督办工作，并定期报送结果。2012 年修订了《广西科技厅人大代表建议和政协提案办理工作暂行制度》，进一步规范了人大代表建议和政协提案办理工作的组织机构、工作程序、办理时限等。2012 年 11 月，自治区科技厅获得“2012 年度自治区政协提案先进办理单位”称号。

【政务信息】　先后出台《广西科学技术厅政府信息公开工作管理办法》《广西科学技术厅政府信息主动公开管理制度》《广西科学技术厅政府信息依申请公开管理制度》等一系列规章制度。严格实施《广西壮族自治区科学技术厅机关政务信息报送工作制度（试行）》《广西壮族自治区科学技术厅机关政务信息报送工作考核评比办法（试行）》等制度，按照“谁发布、谁审核、谁负责”的原则，加强了对主动公开信息发布的审核力度，对网站上的公开信息建立值班读网制度，严格实行“先审核后发布”机制，重要信息采取“三级审核”机制。做到每天对公开信息的保密性、规范性、准确性进行审核，确保公开信息安全不出错。扩大信息公开范围。根据《政府信息公开条例》“不公开为例外”的原则，今年自治区科技厅加大了信息公开的范围，主动公开了一些人事、财务、应急等方面的信息，信息公开工作进一步深化。

2011～2012 年，在门户网站（广西科技信息网）主动公开各类政府信息共14836条，其中概况类信息 67 条、人事管理类信息 41 条、政策法规类信息 80 条、工作动态类信息8429条、决策类信息 16 条、审批服务类信息 868 条、其他类信息5340条。2011～2012 年召开新闻发布会 11 次。向自治区党委报送信息 333 条，向自治区政府报送信息 435 条，向国家科技部报送信息 253 条。编发《情况通报》简报近 885 期。每年举办一期科技系统通讯员培训班，邀请自治区党委办公厅信息处、自治区政府办公厅信息处有关负责人授课。

【档案管理】　2011 年 7 月自治区科技厅按时按质向自治区档案馆移交 1990～1998 年文书档案 418 卷，1999 年归档文件 211 件，2010 年收集归档文件3000余件，归档2334件，实物档案 20 个（本），照片档案 118 张，在年底检查时受到好评。2012 年，收集归档文件3000余件，共归档2242件，实物档案 15 个（本），收集整理会计档案 595 盒，在区直和驻桂单位 2012 年度档案工作检查中荣获优秀单位。重视档案的利用，全年查阅使用档案 2600多卷（次）。

【科技宣传】　精心组织策划重大宣传活动，组织全区科技创新大会、广西科技活动周、全区科技工作会议等重大活动宣传报道，充分利用传统媒体与网络媒体载体，扩大宣传范围，有关报道总量超1500篇（次）。积极创新宣传方式方法，努力营造全区科技创新大会氛围，在全区掀起以“创新驱动发展”为主旨的宣传高潮。在科技日报、广西日报刊登多个彩色整版连版，重点报道广西推进科技创新发展的显著成效和经验做法；在广西日报等媒体开辟学习贯彻全区科技创新大会精神专栏专题，刊播各市和区直各部门贯彻落实会议精神的情况。进一步加强与媒体沟通合作，与广西电视台联袂打造自治区首个解读科技创新背后故事的电视专题栏目——《创新传奇》，共播出 48 期。与自治区唯一省级重点新闻网站——广西新闻网建立年度合作关系，共同制作科技宣传专栏《聚焦新科技　全民齐创新》；与科技日报建立年度合作关系。大力宣传自治区“十一五”科技发展成果和建党90周年来自治区科技支持引领经济社会发展所做出的贡献，在《光辉历程——建党90周年广西发展建设成就巡礼》《辉煌“十一五”看广西》《广西年鉴》等杂志和刊物上著有专题文章。

【信息安全】 2011～2012年，高度重视科技信息安全保护工作，定期举办安全保密工作会及信息安全保密知识培训，提高全体干部职工对信息安全及保密工作重要性认识及责任感。建立健全信息安全管理制度，制定了《科技厅信息安全管理制度》《科技厅等级保护管理办法》等日常管理制度。对科技厅现有的网站和应用系统进行涉密信息自查，关停一批长期未更新的信息系统，强化用户账号和密码管理，委托第三方资质单位进行安全检测，保证了新增信息系统的信息安全等级备案工作。对内外网计算机终端和移动存储介质开展拉网式检查，尤其对涉密网络、涉密计算机终端和涉密移动存储介质进行了严格核查，排除一切信息安全隐患。完成科技厅软件正版化检查整改工作，保证计算机终端设备软件应用安全。加强日常办公平台维护与测试，保障电子政务系统的正常运行。完成新版“中国一东盟区域性科技成果转化与服务平台”、东盟新版GIS地理系统、东盟划词翻译工具等系统的部署，完成广西科技计划业务管理信息系统升级测试部署，完成科技部视频答辩系统联调和测试工作。严格贯彻落实机房设备管理制度，完善了日常巡检制度，设备维护登记制度，保障机房服务器及相关设备的正常开展，构建了安全、流畅、便捷的网络环境，维护了机房、设备安全。

（马钧声　覃明园　黎霞）

行业科学技术

农业科学技术

【概况】 2011～2012 年，自治区农业厅大力实施“科技兴农，人才强农”战略，坚持加快推进农业科技创新和进步，加大农业科技攻关力度，深入开展“看禾选种”“测产选肥”“看蔗选种”等科技活动；着力推进良种良法，积极引进各类农作物新品种进行试验、示范和推广；着力推广农业实用技术，大力推进基层农技推广体系建设；扎实推进自治区主席农业院士顾问工作和广西农业发展“百名顶尖人才支撑工程”，加强国家现代农业产业技术体系广西创新团队建设，依靠农业科技创新促进农业钱粮双增。2012 年，广西农业增加值1183.63亿元，增长 5.7%，全年农民人均纯收入突破6000元，达到6008元，增长 14.8%，实现了广西农业生产的大突破、粮食增长的大突破、农民增收的大突破。

【科技队伍】 2012 年末，自治区农业厅实有人数2231人（含广西柑橘研究所，广西桂林茶科所，广西蚕业科学研究院），其中正高级职称 39 人，副高级职称 270 人，中级职称 527 人，初级职称 463 人。有八桂学者 2 人。

【科研项目与经费】 2011～2012 年，自治区农业厅下属各单位共承担科技项目 63 项，科研经费 2350万元。

【科技成果】 2011～2012 年，广西农业系统共组织实施农业科技攻关项目课题 134 项，支持自治区农业良种培育中心育成并通过新品种审定 45 个。试验和示范推广农作物新品种 653 个，通过审定的种植类农业新品种达 101 个（含区外引进品种）。取得农业科技成果 134 项，组织申报 2012～2013 年度中华农业科技奖 25 项。桂糖 39 号实现了中国能源甘蔗品种选育的新突破；杂交水稻优质不育系丰田 1A 实现了杂交水稻优质化育种亲本选育的新突破；桂单 0810 和桂单 688 玉米新品种的综合性状、产量和品质均优于目前区内主推品种；“桂 12 号”哈密瓜在南方首次实现露地栽培。

【农业技术示范推广应用】 2011～2012 年，广西农业系统扎实推进科技增粮工程，加快推进良种良法，推广农业新技术。一是大力推广间套种。深入实施“千万亩农作物间套种示范推广行动计划”，广西 2011 年推广农作物间套种 72.342 万公顷，2012 年推广农作物间套种 85.6 万公顷；二是大力推广“三免”“三避”等先进耕作栽培实用技术，广西 2012 年推广“三免”“三避”技术分别为 100.6 万公顷和 183.07 万公顷；三是大力推广科学施肥技术，成功举办第二届“测产选肥”大型科技活动，广西推广应用测土施肥技术 405.2 万公顷；四是大抓病虫害综合防控，广西农作物病虫草鼠害发生面积1600万公顷次，防治面1660万公顷次，占发生面积 103.7%，将田间病虫害有效控制在轻发生程度。新建果树无病毒苗木繁育基地建设项目 15 个，新砧木 571 万株，新嫁接苗木 520 万株；五是大抓良种引进示范，继续举办“看禾选择种”“看蔗选种”“看菜选种”等大型科技活动，广西 2012 年引进试验示范农作物新品种 556 个；六是大抓高产创建科技活动，粮食高产创建示范　逐年增加，广西农业县（市）基本建立了粮油高产创建示范片。深入开展“多播一斤种、增收百斤粮”“种三产四”“两分地养活一个人”等高产攻关活动，继续实施“千万亩超级稻示范推广行动计划”，把大力推广超级稻作为提高粮食单产水平确保粮食稳产增产的重要抓手，2011年，广西推广超级稻82.27万公顷，广西争取到9个粮食主产乡镇实施整建制高产创建，落实早稻高产创建片面积5.39万公顷，平均每公顷产8476.5千克，比上年增加397.5千克，增长4.9%。袁隆平院士主持培育的“Y两优302”品种杂交稻在灌阳县创下一公顷产量13044千克的超高产纪录，平均每公顷产量突破12750千克，再次刷新广西杂交稻单产最高记录。2012年，广西推广超级稻94.47万公顷，比上年增加12.47万公顷，超级稻面积占水稻面积45%。

【基层农业科技服务体系建设】 2011～2012年，广西基层农技推广体系改革与建设实现了“两个全覆盖”。11个市的基层农技推广体系改革（种植）实现整体推进，乡镇推广机构实行“县乡共管，以县为主”。全自治区1146个乡镇推广机构，有1092个获得国家支持开展建设，占应建可建的100%，基层农业技术推广公共服务能力和水平进一步提升。基层农技推广补助项目县覆盖自治区107个县（市、区），总经费9200万元，共选聘了11205个农技人员开展包村联户，培育了64451个科技示范户，建立了486个科技试验示范基地，确定了主导品种186个、主推技术150项，全年农民实用技术培训335万人次，阳光工程培训10.84万人。建立健全各项农技推广制度，创新了“专家+农技人员+试验示范基地+科技示范户+普通农户”的农技推广模式，真正实现农技推广工作机制创新、方式创新、效果创新。农村科技服务方式和内容有新变化，2012年全自治区新认定农村科技特派员1749名，服务乡镇、村屯、农民数分别达到560个、4258个、396万人次。广西农村气象信息员队伍灾害防御信息传播及时、到位，2012年全自治区未出现由于重大气象灾害直接导致人员死亡事故。

【现代农业产业技术创新团队建设】 2011～2012年，继续实施自治区主席农业院士顾问、广西农业发展“百名顶尖人才支撑工程”，2012年17名自治区主席院士顾问和多名首席专家、学者等到区内各地开展科技服务，推进了10万亩杂交制种项目、生物质能源，桑蚕、甘蔗、茶叶、柑桔、生猪等产业方面的项目引进和一批省院、厅校、院所、校企之间的合作。设立了水稻、玉米等9个国家现代农业产业技术体系广西创新团队，各创新团队深入田间地头，开展科技创新与服务，并针对生产遇到的实际问题，开展调研和攻关。团队坚持把品种选育作为攻关的主要任务：水稻团队的“特优269”，2012年7月经农业部组织专家验收，百亩示范稻平均亩产742.3千克，成为团队的第三个超级稻品种；玉米团队育成并提供了240多个苗头组合参加2012年新组合多点筛选试验；蚕桑团队育成“桂蚕H9”和“桂蚕N2”，分别于2012年6月通过广西省级审定；芒果团队开展24项专项技术试验研究；食用菌团队研究出优良培养基料配方6个。整合了科教资源，盘活了自治区市、县农科所资源：创新团队采用各种方式与产业对接，共育成新品种49个，举办各类技术培训班374期（次），培训6.9万人次，下乡进行技术指导超过3万次。在全区建立试验示范基地106个，面积4000多公顷，辐射带动3.333万公顷以上，实现了示范区产量均比非示范区增加10%以上。建立自治区农业产业技术创新战略联盟15个。

【农业科技交流与合作】 2011～2012年，广西农业加强与东盟国家的农业交流与合作。自治区农业厅率团参加了中国广西与越南广宁、谅山、高平边境三省农业厅厅长联席会议，签署了马铃薯生产及销售合作框架协议等合作文件。加强与非洲的农业合作：继续协调组织援建埃塞俄比亚农技中心项目，组织推荐14名农业高级专家分别赴马拉维、赛拉利昂、埃赛俄比亚等非洲国家执行南南合作项目，推动中非农业技术领域的交流合作。开展与台湾农业合作：组团参加台湾合作论坛，与台湾休闲农业发展协会、花莲县农会签署了一系列科技合作协议。广泛深入开展厅校科技合作，与华南农业大学签订第三次合作协议，签订《荔枝龙眼产业技术研究 试验与示范推广合作》、《蚕桑产业发展合作》、《动物疫病防控技术合作》、《林饮料产业发展合作》等科技项目合作协议。

（陈振华）

林业科学技术

【概况】 2011～2012年，广西林业科研经费逐年增多，累计达17064万元，其中中央投资约6640余万元，占总投资的近40%、自治区级以上投资的50%以上。科技成果显著，获得科技成果49项；科技推广全面铺开，新建各类林业科技试验示范点100多个，总面积2000多公顷；林木良种选育获得重大突破，累计审（认）定良种43个，推广面积超过100万公顷；林业生态工程技术取得长足进展，产业支撑能力显著提升，科技平台建设进一步加强，科技服务林改卓有成效，科技服务体系和质量监督体系进一步完善，国内外林业科技合作更加紧密，林业科技体制改革不断深入，林业科技人才队伍进一步壮大，科技对林业产业的贡献率进一步加强。

【科技队伍】 2009年以来，为了加快推进生态文明示范区和林业强区建设，广西大力实施林业“136”人才引进工程和“226”人才培养工程，广西林业科技基本形成了林业科研和技术推广两大体系。科技力量主要集中在“四院一中心一站”，即广西林科院、广西林业勘测设计院、广西生态工程职业技术学院、广西大学林学院、中国林科院热带林业实验中心和广西林业技术推广总站。全自治区现有从事林业科技（管理）工作的人员近7000人。在积极推进林业科技队伍总体水平提高的同时，重点抓好高层次人才的培养，两年间新增博士25人、硕士108人，高学历人才比2010年增加了近2倍。新增广西“新世纪十百千人才工作”第二层次人选4人，新增自治区优秀专家6人。2011年4月广西林科院获得由自治区党委批准设立的首批31个“八桂学者”岗位之一——“松树资源培育及产业化关键技术创新团队”和首批30个“特聘专家”岗位之一——“桉树优质资源培育与产业升级技术创新团队”设岗单位。2012年，自治区主席院士顾问、中国工程院院士、森林培育科学家尹伟伦院士受聘广西林科院客座教授。依托广西林科院博士后科研工作站，共引进博士后2名。

【科研项目与经费投入】 2011～2012年，广西共实施林业科技项目300多项，其中，中央投资项目70余项，自治区级项目130余项，市级项目80余项，县级项目30余项，共计投资17000多万元。同时还加大对科研机构基建方面的投资，累计投资8300万余元。2011年，新立项目66项，投入项目经费2872万元，中央投资1336万元，占投资总额的46.5%；2012年，新立项目85项，投入项目经费3848万元，中央投资2039万元，占总投资的52.9%。2012年，首次获得广西战略性新兴产业发展专项资金项目立项，经费500万元，科技平台建设资金超过1000万元，其中重点实验室获得438万元专项资金支持。

【科技成果与推广应用】 2011～2012年，广西共取得林业科技成果65项（其中获专利授权16件）。1个行标和10个地标通过审定，马尾松、杉木、桉树等42个良种通过国家或自治区良种委员会审定。取得获奖成果17项，其中获广西科技进步奖二等奖4项、三等奖3项，获第四届梁希林业科技奖三等奖3项，获广西社会科学优秀成果奖三等奖2项，获钦州市科技进步奖2项，获广西重要技术标准奖1项，获2012年度广西发明创造成果展览交易会银奖1项。发表科技论文200多篇，其中，SCI期刊源引用8篇、核心期刊占50%以上。出版专著14部，其中，共120万字的《广西树木志》第一卷正式出版。

2011～2012年，依托项目支持带动，广西在全自治区进行优良种苗推广、栽培技术指导和病虫害防治服务。一是建立各类新技术、新品种示范点100多个，推广示范面积3.733万公顷，培育各类优质苗木8000多万株；二是通过开展送科技下乡活动加大成果转化力度，举办各类技术培训班80期，直接或间接培训林农近10万人（次）。

苍梧县珠江高效生态经济型防护林体系综合配套技术研究与示范 （详见广西林业科学研究院篇）。

桉树中大径材良种与高产栽培模式研究 （详见广西林业科学研究院篇）。

马尾松工业用材林良种选育及高产栽培关键技术研究与示范 该项目由广西林科院、南宁市林科院、中国林科院热带林业实验中学等单位完成。该项目研究历经15年，从多层次、多角度对马尾松工业用材林良种选育及栽培技术进行了研究，形成较完善的研究和推广体系，建立的高产示范林生长量比行业标准提高40%以上，在广西、福建、重庆和贵州累计推广成果造林18.26万公顷，平均生产力提高20%～35%，20年生林分可新增产值73.03亿元。该项目成果达到国内同类研究领先水平，获2012年广西科技进步奖二等奖。

无色松香季戊四醇酯产业化关键技术研究 该项目由广西北流市兆周林产有限公司、广西林科院、中国科技开发院广西分院承担。该项目研

制出无色松香季戊四醇酯（无色松香树脂），并制定出了一套生产技术和相关的产品质量标准。研制出的松香季戊四醇酯可以满足生产热熔胶、压熔胶、复膜胶、密封胶涂料、油漆、油墨等，还可以做橡胶和塑料的改性剂等产品所需原料。该成果获 2012 年广西科技进步奖二等奖。

2011－2012 年度广西林业科技成果获奖情况表

序号	成果名称	获奖情况	完成单位
1	苍梧县珠江高效生态经济型防护林体系综合配套技术研究与示范	2011 年度广西科技进步奖二等奖	广西林科院、广西大学、广西林业勘测设计院、苍梧县林科所
2	广西桉树人工林配方施肥技术研究与示范推广	2011 年度广西科技进步奖三等奖	广西林科院
3	西南桦人工林丰产技术研究与示范	2011 年度广西科技进步奖三等奖	广西生态职业技术学院、百色林业技术推广站
4	岑软 2 号、3 号油茶无性系繁育与示范推广	第四届梁希林业科技奖三等奖	广西林科院
5	桉树无性快繁技术产业化	第四届梁希林业科技奖三等奖	广西林科院、钦州市林科所、东门林场、博白林场等
6	耐寒桉树种质资源改良及培育技术	第四届梁希林业科技奖三等奖	广西林科院
7	桉树优良无性系规模化繁殖技术研究	2011 钦州市科学技术特别贡献奖	钦州市林科所
8	红掌、粉掌和白掌的组培快繁技术研究	2011 年度钦州市科技进步奖二等奖	钦州市林科所
9	桉树中大径材良种与高产栽培模式研究	2012 年广西科技进步二等奖	广西林科院、广西国有东门林场、玉林市林科院
10	马尾松工业用材林良种选育及高产栽培关键技术研究与示范	2012 年广西科技进步奖二等奖	广西林科院、南宁市林科院、中国林科院热带林业实验中学
11	无色松香季戊四醇酯产业化关键技术研究	2012 年广西科技进步奖二等奖	广西北流市兆周林产有限公司、广西林科院、中国科技开发院广西分院
12	农村沼气新技术研究与示范	2012 年广西科技进步奖三等奖	广西林科院、广西大学、南宁泰源能源有限公司
13	桂西北岩溶山区泡核桃早实丰产关键技术与应用	2012 年广西科技进步奖三等奖	广西凤山县农林生产专业合作社、广西大学、广西林科院
14	油茶高油酸优良品系选育	2012 年广西科技进步奖三等奖	广西林科院
15	广西壮族自治区森林生态系统服务功能及其价值评估报告	2012 年广西社会科学优秀成果奖三等奖	广西林业勘测设计院、国家林业局中国森林生态系统定位研究网络管理中心
16	广西林业可持续发展战略研究	2012 年广西社会科学优秀成果奖三等奖	广西林业可持续发展战略研究课题组
17	石漠化治理技术规程	获广西重要技术标准奖	广西林科院

【科技交流与合作】 广西林业加大国内外科技交流与合作，2012 年末全自治区共有合作项目 208 项，其中本级类合作 186 项，跨区合作 32 项。

与国际热带木材组织（ITTO）、世界银行（WB）、国际林业研究中心（CIFOR）、澳大利亚国际农业研究中心（ACIAR）、泰国、美国、日本、缅甸和越南等多个国际组织和国家开展林业方面的科技合作与交流，并派出近 100 人次科技人员赴国外考察、进修。其中，特别是加大与越南、泰国等东盟国家的合作力度，与越南在林木种苗基地建设、桉树经营合作方面，与泰国在油茶、八角等树种的引种以及栽培方面，都合作日趋紧密；“中日合作海防林示范林”项目为日本小渊基金在中国实施的第二个小渊基金示范林项目，第一期工程已通过验收，正在实施第二期工程。

国内合作与交流方面也进一步加强。一是自治区林业厅与北京林业大学、南京林业大学、中南林业科技大学签定了科技合作协议，确立长期战略合作伙伴关系。继续与中国林科院、广西大学、广西科学院、广西农科院以及四川、云南、湖南、福建、广东等省的林科院在科研方面保持良好的合作关系。二是广西林业厅和中国林学会共同主办，广西林学会、中国林学会桉树专业委员会（国家林业局桉树研究开发中心）等单位联合承办的“2012 全国桉树论坛暨中澳合作东门项目 30 周年成就展示会”在南宁召开，论坛紧紧围绕生态文明建设，以多方参与、共同分享为前提，以学术创新、共建平台为导向，形式多样、内容丰富，成效显著。

【林业标准】 2011～2012 年，林业标准立项 16 项，其中林业行业标准 5 项，地方标准 11 项。通过国家林业局和自治区质量技术监督局审定 13 项，其中林业行业标准 3 项，地方标准 10 项。由广西林科院主持制定的地方标准《石漠化治理造林技术规程》获得广西 2010 年度重要技术标准奖。

【国家级标准化示范区建设】 2011～2012 年，自治区林业厅进一步加强全国油茶标准示范区项目建设管理工作，建设了 6 个全国油茶标准化示范区，组织相关人员参加全国林业标准化编制培训工作会议，举办全自治区林业地方标准培训班，落实林业标准化建设任务和责任。各市林业局推广站、市级林科所、区直国有林场、相关县（区）林业局或林场技术人员总共 120 多人参加了培训。

【林业知识产权体系建设】 2011～2012 年，广西林科院、广西华峰林业股份有限责任公司作为广西全国林业知识产权试点单位，广西林科院知识产权试点于 2013 年 1 月顺利通过国家林业局组织的验收。广西林业专利创新工作取得突破，共申请专利 56 件，获得专利授权 16 件，其中，2012 年广西林科院专利申请量获广西科研院所专利申请量第一。桉树专用肥和纸容器育苗 2 项专利分别以及 65 万元和 62 万元实现有效转化。

2012 年，广西植物新品种权工作取得突破，全自治区申请植物新品种保护 5 件，第一个广西林业植物新品种马尾松“松韵”获得授权。在第一届广西发明创造成果展览交易会上，广西林科院展出自主研发设计的压力升降式育苗床、移动式沼气罐、一种林木肥料的包装材料及其包装方法等 9 项发明专利。

【信息化建设】 一是搭建知识产权信息平台。广西林科院在科技信息网上开辟知识产权专栏，内容设置包括“知识产权 ABC”、“知识产权陈列馆”、“工作动态”、“政策法规”、“他山之石”、“典型案例”、“影像长廊”等版块；二是逐步建立科技信息化管理系统。目前已经建立覆盖全自治区的广西林业综合协同办公系统。

（许华功　韦达威　周卫玲　陆俊玲　夏莹莹）

水产畜牧兽医科学技术

【概况】 2011～2012 年，广西水产畜牧兽医系统积极实施科技兴渔兴牧战略，大力推进科技工作，累计实施科技项目 255 项，取得的科技成果 121 项，获省部级以上科技成果奖励 15 项，申请技术发明专利 107 件，获得专利授权 30 件，发表科技论文 553 篇，起草技术标准 29 项，认定无公害农产品产地 208 家，获得无公害农产品认证 161 项，申报农产品地理标志登记 10 项。水产畜牧兽医科技工作为提高养殖生产技术水平、转变经济增长方式、建设现代水产畜牧业提供了技术支撑。广西水产畜牧业良种化、产业化、标准化水平不断提高，生猪、家禽、罗非鱼、对虾、龟鳖等优势特色水产畜牧产品生产持续发展，产品质量安全监测合格率保持较高水平。2012 年，全自治区肉类产量 412 万吨，水产品产量 303 万吨，水产畜牧业养殖产值 1407 亿元。

【科技队伍】 2012 年，自治区水产畜牧兽医局直属单位有专业技术人员 882 人，其中高级专业技术职称 168 人，中级专业技术职称 303 人，二级研究员 4 人，“八桂学者”1 名，全国对虾产业技术体系广西岗位科学家1名，罗非鱼产业技术体系首席科学家1名，“水牛种质资源创新及应用”特聘岗位专家1名。自治区、市、县三级有水产技术推广机构119个，技术人员675人；有畜牧兽医技术推广机构131个，专业技术人员992人。

【科研项目与经费投入】 2011～2012年，自治区水产畜牧兽医直属单位承担各级科研项目共255项，投入总经费5786.7万元。其中，科技部项目14项，农业部项目14项，自治区科技厅计划项目92项，自治区水产畜牧局项目79项，其他项目56项。

【科技成果与推广应用】 2011～2012年，广西水产畜牧兽医行业取得的科技成果共121项，获省部级及以上奖励15项。其中，广西科技进步奖一等奖2项、二等奖2项、三等奖10项，神农中华农业科技奖三等奖1项。申请专利107件，获得授权专利30件。发表科技论文553篇，其中SCI论文29篇。广西水产科学研究院开展的水产良种选育和病害防控研究取得新近展。“桂海1号”南美白对虾通过了国家级水产新品种审定，选育建立了100个家系，2012年销售亲虾1万对，生产无节幼体35亿尾，虾苗4亿尾。罗非鱼选育获得高产型、耐寒型、抗病型等优秀家系24个，其中，高产生长型“百桂1号”和高产耐寒型“百桂2号”性能显著，推广鱼苗8200万尾。罗非鱼链球菌病口服疫苗研究，示范免疫保护率80.6%～95.0%，达到中试水平。广西水牛研究所成功分离与培养了水牛乳腺上皮细胞，组建了水牛成纤维细胞、乳腺上皮细胞和水牛转基因平台，构建了乳腺特异性fatl基因多位点基因打靶载体，初步建立了一套精子介导的水牛体外转基因胚胎生产方法，生产出了转FAT－1基因胚胎，移植母水牛3头，怀孕1头；推广出场种牛430头；研究开发水牛乳发酵系列干酪产品3个；获得国家科技部授予国家国际科技合作基地。广西畜牧研究所利用分子技术开展了生猪遗传育种基础研究，培育出了适合广西本地的桂科猪配套系；采用动物模型BLUP法估计育种值和分子遗传标记等先进技术进行联合育种，生产的桂科猪享誉全国，顺利进入第一批国家生猪核心育种场。利用胚胎移植手段，引进优良胚胎改良本地黄牛，选育出耐热性能好、疾病少、耐粗饲的黄牛，牛奶质量得到了提高。筛选出了适合广西及我国南方地区优质牧草山毛豆、白花扁豆、台湾象草等品种和混播组合。实施优质鸡高效健康养殖关键技术研究和环境控制与废弃物资源化利用研究，制定了优质鸡健康养殖技术规程，在家禽养殖零排放关键技术研究与应用方面取得了很大的进展，在对广西优良鸡品种选育及健康养殖技术推广方面起到了积极的引导和促进作用。推广优良原种猪18859头、二元种猪26176头、桂科种猪486头、商品猪102675头，良种羊310只，优良牧草100吨。广西兽医研究所建立了“动物疫病防控技术研发国际科技合作基地”，建立了抗体快速检测猪自体红细胞凝集试验方法等可视化检测方法，研制出适合高脂肪含量的水牛奶隐性乳腺炎诊断方法；针对广西新城疫、肠炎沙门氏菌病和J亚型鸡白血病进行了防控技术研究与示范，建立了基因信息库；对中越边境地区动物和广西区内野生动物疫病进行了监测和预警系统维护。组织实施科技成果转化项目《猪瘟病毒防控技术成果的转化与推广》，在12家不同规模猪场建立猪瘟防控体系，共进行约25万头猪的猪瘟防控技术应用，建立猪瘟净化种群约1.5万头，年产健康猪苗约30万头。

【科技交流与合作】 2011～2012年，广西畜牧研究所与越南畜牧研究所合作实施“草食动物优质牧草的筛选与示范”和“亚热带冬季牧草筛选与混播组合研究与示范”项目。2011年4月17日～6月17日，自治区水产畜牧兽医局在南宁组织举办了为期两个月的“中国广西——老挝畜牧水产技术交流培训班”，委托广西水产研究所、广西水牛研究所对口培训老挝畜牧水产司选派的水产、畜牧技术骨干各2人。2011年8月10日至9月10日，广西兽医研究所实施农业部“中越边境重大动物疫病防控阻截带建设项目”，对2名来自越南和1名来自老挝的兽医技术员进行动物疫病防控技术培训。2012年5月，广西兽医研究所协助国家外国专家局、广西外国专家局举办了“发展中国家智力引进与农业产业化发展官员研修班”，对来自乌克兰等14个发展中家的21名学员进行了“中越边境地区疫情联合防治技术及措施”的专题授课和交流。2012年6月11日～21日，农业部、自治区农业厅和自治区水产畜牧兽医局在南宁举办的柬埔寨淡水渔业培训班，为12名柬埔寨学员进行了为期11天的培训；2012年10月，广西水牛研究所接待了来访的老挝农林部畜牧水产局代表团一行6人，进行了渔业技术交流。2012年10

月～11月，广西兽医研究实施农业部国际合作司项目，对2名来自越南、1名来自柬埔寨的兽医技术人员进行了为期30天的培训。2012年，广西水产畜牧系统实施农业部948项目2项和科技部国际科技合作重点项目1项，广西水产研究所研发的“桂海1号”南美白对虾新品种通过了国家原良种审定委员会的新品种审定，广西水牛研究所获科技部批准为国家国际科技合作基地。2012年，广西水产畜牧兽医系统邀请来自6个国家和地区的9名国外知名专家来桂交流访问、开展课题研究。

【技术标准工作】 围绕提高水产畜牧业标准化水平，增强水产畜牧产品市场竞争力，以技术标准制订和产品认证为重点，推进标准化工作。实施技术标准制订计划，组织编写29项广西水产畜牧业技术标准，其中已经颁布实施12项；现有水产畜牧业技术标准（广西地方标准）218项，初步建立广西水产畜牧业技术标准体系；开展无公害农产品认证，认定无公害农产地208家，获得无公害农产品认证161个。全自治区有效期内水产畜牧业无公害产地410个，其中畜牧产地282个、规模28715万头（只），水产产地128个，规模5006公顷；无公害农产品认证540个，年产量675433吨，其中畜牧324个、年产量594365吨，水产216个、年产量81068吨；开展农产品地理标志产品登记工作，组织钦州石金钱龟、合浦文蛤、大化草鱼、平南墨底鳖、灵山香鸡、龙胜翠鸭、涠洲黄牛、八步信都鸡、全州东山猪和都安山羊等10项广西水产畜牧优势特色产品申报农产品地理标志登记，现有20项水产畜牧产品获得农产品地理标志登记。

（邓　毅　易显凤）

气象科学技术

【概况】 2011～2012年，广西加大贯彻落实《气象科技创新体系建设实施方案（2009～2012年）》的力度，努力转变发展方式，加强省级气象科研所发展，实施广西气象部门科技人才工程，加强气象科技创新团队建设，组建广西暴雨天气预报和广西强对流天气预报两支创新团队，促进科技成果转化和业务支撑能力。广西气象部门立足全区经济社会发展和人民福祉安康对气象工作提出的更高要求，紧紧围绕基本实现气象现代化这一战略目标，坚持公共气象发展方向，开展提高气象预报预测能力、气象防灾减灾能力、应对气候变化能力和开发利用气候资源能力的研究，完成了一批科研业务项目。

【科技队伍】 2011～2012年，自治区气象局实施气象科技人才工程，鼓励科技人员依据业务发展趋势和需求，结合自身优势，自由选题开展气象科学研究，为人才的发展创造宽松的科研环境，促进人才发展。制定出台《广西气象部门各层次科技人员考核办法（试行）》，并开展科技人员的聘期考核。组建广西暴雨天气预报和广西强对流天气预报两支专家型预报员科技创新团队，发挥自治区气象局首席预报员在现代天气业务发展中的重要作用，培养和带动更多的优秀预报人才成长。2人通过评审取得正研资格，市级气象局首次实现正研级技术人员零的突破。继续深化国际交流与合作，组织6人次到美国、澳大利亚、日本等国进行预报业务、应急管理等方面的培训与交流。

【科研项目与经费投入】 2011～2012年，广西气象部门共承担科研项目56项，项目经费投入949.07万元。其中获省部级以上项目38项，获资助经费330.27万元，厅局级以上项目18项，获资助经费618.8万元。在省部级上以项目中，国家科技支撑项目2项，支持经费23万元；科技部公益性行业专项项目4项，支持经费58.26万元；广西自然科学基金广西北部湾经济区基础研究重大专项项目1项，支持经费40万元；广西自然基金项目10项，支持经费50万元；广西科学研究与技术开发计划项目3项，支持经费48万元；中国气象局科研项目13项，获资助经费78.01万元，横向合作的省部级项目5项，获资助经费33万元。

【科技成果与推广应用】 2011～2012年，广西省级气象部门共取得各类气象科技成果50项，其中省部级成果11项。

基于3S的广西主要农业气象灾害监测预警技术研究与开发　基于实时多源、多时相卫星遥感资料，结合野外调查与地物光谱测量等先进方法，研究了广西水稻、甘蔗、春玉米的光谱特征及其信息提取技术，建立了相应农作物种植空间的遥感信息数据库，其中在环境减灾星（HJ－1）数据的应用方面已走在全国前列，用卫星遥感技术提取的广西水稻与甘蔗面积已得到自治区政府的高度重视与认可。项目在海南省气象科学研究所、广东省气候中心、江西省气象科学研究所、贵港市气象局、柳州市气象局、来宾市气象局开展了系统应用试验，并根据试验地作物及灾害特点进行了本地化改造，服务效果良好。项目研究成果在“广西水稻植被指数遥感监测”、“广西甘蔗种植区植被指数遥感监测”、农业气象旬报、干旱、洪涝、水稻专题气象服务、应急气象服务等多种业务产品中展开应用，在广西防灾减灾气象服务中产生了较好的社会效益。

广西季风暴雨及强对流天气多谱勒雷达临近预报研究与应用 项目找出广西大范围暴雨新的前期强信号和预测指标，并建立预报平台投入业务应用，研究建立了影响华南的暴洪、暴雨的β尺度强降水超级单体的雷达回波的概念模型。总结广西的强降水超级单体的线形波动、弓状回波、冰雹单体的三体散射、钩状回波、龙卷的小尺度旋转等多普勒雷达产品特征，以及单体尺度、旋转速度、VIL等相关阈值，使临近预报水平提高。研究成果被收录到《多普勒天气雷达原理与业务应用》和《现代天气预报》等专著中，对我国短临预报人才培养具有重要作用。研究成果在自治区防汛抗旱指挥部、自治区地质环境监测总站、自治区气象台、桂林防汛抗旱指挥部、中国民用航空桂林空中交通管理站气象台、桂林市气象局、柳州气象台、百色市气象台等单位应用。

广西气温与降水的气候变化诊断和监测的研究与应用 首次在广西运用百分位法确定极端降水的阈值，并对极端降水进行监测、诊断研究，改变了以往对不同地区仅运用统一固定的日降水量简单定义极端降水事件的现状。应用多种资料结合统计诊断技术建立的“华南区域极端强降水监测检测业务系统”是广西气候变化业务和科研中开创性的工作，能方便地提供全面的、最新的基础气象数据资料与分析结果，向政府相关部门和社会公众及时传递气候变化信息，提高对极端事件等气候灾害风险管理能力。

基于数字化智能学习技术的广西灾害天气预报概念模型应用研究 建立了广西四类重大灾害性天气过程专家型概念模型，利用系统进行学习与培训，通过系统提供的检索和查询、智能化分析、专家模型等功能分析灾害天气的成因，实现从粗放型经验性学习向归纳型精细化学习转变，提高对发生灾害天气机理的认识。在广西区气象台，广西气象减灾研究所，深圳市、南宁市、桂林市、百色市等11个气象台投入使用，对当地开展重大灾害性天气概念模型研究，建立概念模型的思路和方法有很好的指导意义。项目应用有助于预报员，尤其是年青预报员在较短时间内通过对各类灾害性天气形势的归纳总结，提高把握天气过程的能力，建立预报思路、提高预报技术水平有极大的帮助。预期本项目的研究对于类似经验性行业如卫生、地震、水文等部门的培训及科研成果转化有很大的借鉴作用。

提供甘蔗生产信息服务的服务产品发布系统平台 由广西气象减灾研究所建立，逐日滚动更新甘蔗生产气象决策信息。在南宁糖业股份有限公司提供遥感技术服务的示范作用下，2012年减灾所进一步将该项工作拓展到广西上思县。在广西上思县党委、政府、糖业部门以及气象局的大力支持和协助下，开展了包括甘蔗种植分布遥感信息的识别与提取、甘蔗种植面积估算、野外调查验证、甘蔗长势动态监测以及蔗糖产量预报等专项气象服务工作，取得较好的服务效果。自治区气象局与自治区农业厅等相关部门建立了在重大灾害性、转折性天气出现期间和关键农事季节联合会商的机制，开展多次春播春种农业气象条件分析会商、广西晚稻寒露风影响等农情农事联合会商，共议应对策略，联合开展灾害监测预警和评估、技术研究、农业气象服务等，充分发挥气象为农业生产服务的职能和作用，不断提高农业应用气候资源和防御气象灾害的水平，促进了广西农业和粮食生产稳定发展。

（林健玲）

农业区划科学技术

【概况】 2011～2012年，广西农业区划系统工作者紧紧围绕建设社会主义新农村、实现农业现代化、保障粮食安全和农产品有效供给及农业增效、农民增收的目标，深入贯彻落实科学发展观，遵循“农业资源调查监测评价——战略研究——区域研究——试点示范”的工作主线，以农业遥感等新技术应用为支撑，大力推进农业区划创新发展，着力抓好以大宗农作物种植面积为重点的农业资源调查监测评价，及时摸清广西农业资源家底；有针对性地开展区域农业发展战略研究和农业区划、规划，为广西特色农业和农业科学发展提供技术支撑；加强农业资源区划成果的转化应用，积极探索农业资源持续高效利用新模式、新途径；积极创建广西农业资源区划信息系统运行平台，推进农业资源区划工作的信息化进程，加强农业区划宣传力度。农业区划工作在推进广西“三农”发展和农业现代化发展进程中取得了显著成效。

【科技队伍】 到2012年末，广西农业区划机构有123个，其中自治区1个，为副厅级事业单位，参公管理，归自治区农业厅管理；市级14个，其中：12个归农业局管理，2个归农委管理；县（市、区）108个，其中大部分县（市、区）农业区划办归农业局管理，少部分独立归政府管理。

【研究与开发】 2011～2012年，广西农业区划系统共承担国家和自治区本级科研开发项目36项，其中，全国农业资源区划办公室项目19项，自治区科技厅项目1项，自治区农业区划办项目17项，与国家有关部门合作项目3项，与外省有关部门合作项目1项，与自治区有关部门合作项目4项。总投入资金2087.89万元。其中国家拨款183万元，自治区财政拨款1325.28万元；市、县、区财政拨款579.61万元。已完成项目34项，成果应用于领导决策参考和农业生产，取得较好的社会效益、经济效益和生态效益。

【科技成果】 2011～2012年，广西农业区划系统共取得科技成果12项。其中获国家科技进步二等奖1项。

农业遥感监测体系建设　围绕农业资源、大宗农作物、土壤墒情等监测重点，初步建立起广西农业遥感监测体系。目前，广西形成了自治区农业遥感应用中心，南宁、桂林、玉林、河池、百色、贵港、钦州等7个区域遥感监测站，武鸣、宜州、扶绥、桂平、玉州、灌阳等6个定点常态化遥感监测县，宜州、宾阳、柳江、江州、玉州、临桂、钟山、藤县等8个国家级遥感监测地面样方县，布设有368个水稻遥感监测地面样方。并以桂政办发〔2012〕328号转发“广西农业区划办关于加强农业遥感监测体系建设提高遥感监测能力实施方案”，为继续加强和完善广西农业遥感监测体系建设，提高农业遥感监测能力提供保障。

农业资源调查监测　一是完成了定点常态化遥感监测县第一次监测。开展了武鸣、宜州、扶绥、桂平、玉州、灌阳等6个定点常态化遥感监测县大宗农作物种植面积监测，提取了相关农作物种植面积数据及空间分布数据。二是开展了多个农作物种植面积遥感本底调查。完成了广西水稻种植面积本底调查工作，获取了广西全境水稻种植面积本底数据和空间分布数据；开展了广西甘蔗种植面积遥感本底调查，提取了调查区域2011年甘蔗种植面积及空间分布数据；资源、兴安、田阳、田东、桂平等县（市）分别开展了葡萄、西红柿、芒果、淮山等特色优势产品种植面积遥感本底调查。三是完成广西、广东的水稻、甘蔗和贵州的油菜两年度种植面积动态变化监测，按时向农业部遥感应用中心和自治区人民政府提交监测报告。四是国家级农业遥感地面样方县监测工作每年任务完成率达99%以上，及时向农业部遥感应用中心提供土壤墒情、作物长势及农业灾情等监测数据。五是与农业部遥感应用中心合作，开展广西甘蔗、广东水稻遥感监测技术研究，顺利完成了甘蔗测产研究、环境卫星应用评估等多项首期实验研究任务；完成了国家重大专项前期攻关研究和华南地区主要作物遥感信息提取技术研究的相关任务。

新一轮广西农业区划　完成了《广西农业功能区划》《广西农业气候区划》《广西农用土地区划》编制工作。其中《广西农业功能区划》被自治区政府列为2011年全自治区农村工作会议参阅材料。《广西种植业区划》已完成初稿，《广西农业综合区划》正在组织编写中。

区域农业发展规划　两年来，广西区划系统完成的主要研究成果有《广西边境地区农业资源保护利用与产业发展研究》《广西—东盟农业产业合作发展研究》《广西城郊型休闲观光农业开发模式及政策研究》《广西高寒山区生态中药材发展战略研究》《广西特色农产品区域布局规划修编》《广西农业资源持续高效利用实验示范》《广西千户农民种植意向调查》等专题研究项目20多项，研究内容涵盖农业资源调查评价、区划、农业区域发展研究、农业发展规划、农业结构调整、农业发展模式等。

农业资源持续高效利用实验示范　两年来，全自治区共建设实验示范项目24项，实验面积800多公顷，示范带动面积约36593公顷，技术培训2.2万多人（次）。实验内容涉及特色资源开发利用、生态农业、传统优势产业可持续发展、岩溶石漠化地区农业资源开发与利用、生态循环农业模式等，从不同角度、多层次探索农业资源持续高效利用的路径和方法，实验效果十分显著，为引导当地农民发展高效农业实现增收发挥了很好的示范作用。

【农业区划信息化】 完成了历年来产生的农业自然资源数据资料的电子化处理，收集了各市、县（市、区）2000～2010年的地理要素、土地利用、土壤资源、气候资源、农业经济资源、人口与劳动力资源、农业资源调查监测等8个大类农业资源数据，建成了广西农业资源信息数据库，包括基础库的构建、原始记录整理输入，前、后台主要功能模块等应用接口的设计，配对了1∶10万的广西电子地图，确定了用户分类和权限，初步建成了广西农业资源区划信息管理系统。

（王辉武）

农垦科学技术

【概况】 广西农垦始建于1951年，现辖97家直属国有企事业单位、14个特色产业园区，拥有16.8万公顷国有土地，分布在广西13个地级市40个县，国有资产总额286亿元，农垦管区总人口31.8万人。经过60多年的发展，广西农垦形成了门类比较齐全的经济体系，建立以蔗糖、剑麻、木薯生化、畜牧、水产、茶叶、亚热带果蔬、矿泉饮料为主导产业的八大特色农业产业，走上农业现代化、工业规模化、企业集团化、园区特色化发展的发展道路，是广西经济社会发展的一支重要力量。广西农垦充分发挥国有土地资源优势，不断深化合作，大力发展园区经济和循环经济，以八大主导产业为核心延伸产业链，以循环经济引领生态产业发展，先后建设了明阳、新兴、西江、北部湾、九曲湾5个规划面积40平方千米以上的产业园区以及农场层面的9个工业集中区，引进企业820多家。

2011～2012年，广西农垦主导产业的科研与推广应用能力取得显著成效。甘蔗糖业方面，在广西农垦甘蔗研究所和广西南亚热带农业科学研究所（原热作所试验站）甘蔗健康种苗繁育中心等一批高起点的科研设施和平台上，继续加大国内外新品种的引进及推广力度，加快甘蔗优良品种繁育推广，推进广西农垦国有金光农场等一批全国现代农业产业技术体系综合试验站建设，促进广西垦区乃至自治区蔗糖产业持续稳定健康发展。广西农垦糖业集团股份有限公司通过“广西甘蔗资源绿色加工工程技术研究中心”、广西千亿元产业“糖业研发中心”和“国家重点实验室”这两个平台，开展国家科技部科技支撑的千亿元产业重大科技攻关工程项目和课题等11个项目的研发工作。木薯淀粉产业方面，广西壮族自治区亚热带作物研究所拥有广西良种培育中心等更高起点的科研平台，极大程度地提高了木薯良种选育和示范推广等技术体系支撑能力，为促进广西农垦木薯产业可持续发展奠定了坚实的基础。广西农垦明阳生化科技股份有限公司作为全国最大的木薯变性淀粉加工基地，加强产学研合作，与广西科学院、广西大学、中国热带农业科学院等高校、科研院所积极开展科技合作与交流，实施广西千亿元重大科技项目“木薯黄浆废水混合发酵高效、清洁生产技术研发与示范项目”和“热电联产技术改造和生物高致密性颗粒燃料建设”等一批项目，开展木薯相关科研课题的研发工作。畜牧业方面，完成了《加系瘦肉型良种猪推广与配套技术应用》和《瘦肉型猪无公害标准化生产技术的应用示范》两个成果的转化，推进广西农垦永新畜牧集团有限公司参与国家生猪产业技术体系和永新综合试验站建设，健全龙头企业与基地的利益联结机制，广西农垦永新畜牧集团有限公司完成梧州新利和松树岭原种猪场两条母猪生产线等产业链延伸项目。剑麻方面，广西农垦拥有世界领先的剑麻种植技术，广西农垦剑麻集团有限责任公司完成了“利用剑麻纤维和纳米材料制备高性能的摩擦复合材料的应用基础研究”项目。茶叶方面，广西农垦茶业集团与广西职业技术学院、广西标准院等建立长期技术合作关系，广西地方标准《有机产品 绿乌龙茶加工技术规程和广西地方标准》《有机产品 绿乌龙茶生产技术规程》经自治区质量技术监督局批准立项，由广西职业技术学院、广西农垦茶业集团有限公司、自治区标准技术研究院等单位共同起草制定，该标准于2012年制定完成，并通过批准发布。

广西农垦系统内各企业在完善农业标准化生产技术规程上有新突破，推进规模化经营、标准化生产、产业化发展。到2012年末，广西农垦3个国家农业标准化示范场、2个全国农垦现代化农业示范区、1个全国农业标准化优秀示范区，通过引进优良品种、因地制宜集成、配套、创新高产栽培和养殖技术体系，提高了高产高效示范片的农业生产标准化水平和质量效益；组织开展17个（新增3个示范园）热作标准化示范园创建，大力推进高产创建工作，建立10个部级示范片（场）、30个垦区示范片，推进10个（新增4个项目）农业部农垦农产品质量追溯系统建设项目，11个农产品实现质量安全全程可追溯，建设了农业部亚热带果品蔬菜质量监督检测中心和4个农产品质量安全县级检测站，形成从生产环境、农业投入品到农产品的多层次检验检测系统；广西农垦系统累计建成18个无公害农产品生产基地、14个绿色食品生产基地和4个有机食品生产基地，无公害农产品共25个，绿色食品21个，有机食品（含有机转化食品）4个，无公害、绿色、有机农产品认证数达到58个，认证种植基地面积达5万公顷，认证养殖产品规模30万吨。

2011～2012年，广西农垦系统引进先进实用的现代农业装备，推进农业发展。积极争取国家和自治区农机补贴项目，引进甘蔗、木薯、水果等先进实用农业生产装备和机具，农机具达到16111台（套）。其中，拥有农用大中型拖拉机1184台，小型拖拉机5143台，各类拖拉机配套农具6346台（套），农业排灌动力机械3429台（套），引进国外甘蔗大中型收获机械9台套，农业机械总动力达25.4万千瓦，全年机耕作业面积达2.13万公顷。垦区有效灌溉面积达到1.46万公顷，其中滴灌（含微灌）面积2333.3公顷，喷灌面积6133.3公顷，其他6133.3公顷，水利基础建设的不断加强，进一步提高了产业基地抗御自然灾害保丰收能力。积极推进金光等农业部甘蔗、木薯全程机械化试验示范工作，实现生产从种植到收获全程机械化，形成一套适合广西甘蔗、木薯生产全程机械化生产技术体系，探索出甘蔗高产、节本、增效的种植管理模式。主要农作物的耕、种、收综合机械化水平大幅提升，有力地促进现代农业生产机械化发展。

2011～2012年，广西农垦系统发展生态循环经济，大力推进产业链延伸项目实施和生态文明建设的工作。重点推进园区、企业开展以环境倒逼机制推动产业转型升级攻坚战，节能减排、清洁生产、资源综合开发利用和生态环境治理41个重点项目（其中9个项目列入自治区重点项目）的实施，抓好节能减排和生态文明示范区建设，推进绿色发展、循环发展、低碳发展。在农业生产中稳步推进柑橘、蔬菜等优势主导产业，着力打造高端、规范、高效的特色优质水果、蔬菜等生产基地，大力推广生态循环种植模式，成为现代循环农业的典范。全面开展农场环境综合整治，推广使用生物有机肥，推广测土配方施肥，推广现代农业技术，实施生态栽培、套种绿肥植物等生态高效栽培方式，有效减免了土地污染。健全龙头企业与基地的利益联结机制，积极推进万吨朗姆酒生产线项目1个、万吨木糖醇联产2000吨L—阿拉伯糖项目1个、热电联产技术改造和生物高致密性颗粒燃料建设项目1个、原种猪场2条1200头母猪的生产线等产业链延伸和节能减排项目。广西农垦系统将组织实施推进生态文明示范区建设重点项目23个，其中续建项目15个，新建项目8个，预计年度总投资8.7亿元，进一步推进生态文明建设的工作。

2012年，广西农垦实现经营总收入915.3亿元，实现地区生产总值347.3亿元，完成固定资产投资235.1亿元，招商引资实际到位资金达160亿元，三次产业比例结构由上年的13.4：60.8：25.8调整为11.8：63.2：25.0。

【科技队伍】 2012年底，广西农垦系统共有各类专业技术人员4176人，其中，高级技术职称278人，中级技术职称1273人，初级技术职称2625人，研究生以上学历429人，大中专学历3748人，享受政府特殊津贴专家、自治区优秀专家、突出贡献科技人员19人，建立了一支专业经验丰富、工作能力较强的科研和推广队伍，成为广西农垦系统科技发展的中流砥柱。

【科研项目与经费投入】 2011～2012年，广西农垦系统实施各级科技与推广项目（课题）303项，共投入科技与推广经费47771万元，其中国家拨款经费9930万元，其他来源经费37841万元。已经完成项目180项，其中达到国内领先水平的有49项。

【科技成果与推广应用】 2011～2012年，广西农垦系统共取得科技成果42项，获国家发明专利13项，通过科技成果鉴定5项，广西地方标准审定5项，行业标准审定1项，品种审定2项。取得获奖成果16项，其中，获国家科学技术进步奖二等奖1项，广西重要标准奖1项，广西科技进步奖二等奖1项、三等奖3项，获广西自然科学奖二等奖1

项、广西技术发明奖三等奖1项、国家农业部中华农业科技奖一等奖1项，其他奖项7项。

糖料蔗新品种选育及高效节本增效栽培技术研究 该课题是国家科技支撑计划“糖料蔗新品种选育及高效节本增效栽培技术研究”项目课题之一，主要任务是以优良的甘蔗品种为支撑，组装先进适用的机械深耕深松、地膜覆盖、蔗叶还田、智能化施肥、酒精废液定量还田、健康种苗、节水灌溉（喷灌和滴灌）、病虫鼠害综合防治、化学调控、旱坡地甘蔗小型机械收获等技术进行配套组装集成，在旱地大面积开展应用示范。课题自2007年实施以来，分别在广西农垦昌菱、金光、良圻、黔江、红河、新兴、西江、星星、滨海及露糖等农场进行甘蔗栽培技术集成研究与示范。至2008年，田间核心示范区达到预期效果，10个试验实施点核心示范区面积达1320.33公顷，辐射区面积达23.33万公顷。通过对示范区选取两个示范点和非示范点的蔗地，采用理论测产、实地砍收和实验室检测相结合的办法进行。按进厂原料蔗规格砍收称重，并测量砍收面积，折算平均亩产量，同时调查甘蔗生长株高、茎径、田间锤度、亩有效茎等指标。验收结果显示，三个示范区蔗糖分超过14.5%以上，平均亩产量为8050千克，比非示范区的5393千克增产2656千克，增幅为49.24%。该项目通过一年度旱地甘蔗生产中十大高效节本增效栽培技术的实施，实现了糖料甘蔗旱地栽培种植高产高糖的目标，同时在先进的栽培技术指导下大大节省生产成本，为广大蔗区的大面积应用推广提供了技术支撑。该项目2011年通过自治区科技成果鉴定，成果达到国内领先水平，获2012年广西科学技术进步奖三等奖。

特色热带作物种质资源收集评价与创新利用 该项目由中国热带农业科学院牵头组织广西亚热带作物研究所参与，针对我国芒果、菠萝、剑麻、咖啡等12种特色热带作物存在的资源储备不足、鉴定技术空缺、优异资源匮乏、生产品种短缺、种苗生产和栽培技术落后等突出问题。开展了特色热带作物种质资源收集评价和创新利用，提出了特色热带作物种质资源保护利用新思路，探明我国特色热带作物资源的地理分布和富集程度。首次发现具有重要利用价值新类型3个，引进新作物2个，还在全国首次创建了特色热带作物种质资源鉴定评价技术体系，鉴定准确率达99%；筛选优异种质107份，共创制优异新种质89份，培育新品种34个，并在海南、广东、广西等5省区广泛应用，累计推广123.33万公顷，社会经济效益926亿元，新增社会经济效益555亿元，为产业培育发挥了关键性作用。项目以培育新兴特色热作产业和促进产业升级、增加热区农民收入为目标，系统开展热带特色作物种质资源创新和利用，形成了一批资源、品种、专利和技术，共获省部级奖励8项，其中，科技进步奖一等奖5项；获授权发明专利4项；制定各类标准36项；审定、认定、登记品种34个；出版专著12部，发表论文120多篇。该项目获2012年国家科学技术进步奖二等奖。

木薯品种桂热4号中试示范 该项目是农业科技成果转化资金项目，总体目标是开展木薯新品种桂热4号的中试示范，通过嫩枝繁殖、单芽、营养袋装等培育方法，熟化种苗快繁技术，加快种植材料的繁殖速度，确保种苗供应，建设良种繁育基地，同时将新品种桂热4号进行多点中试和生产性示范，通过桂热4号中试示范种植，总结一套桂热4号新品种规模化、标准化种植、丰产、稳产的栽培技术方案，为新品种大面积推广应用奠定基础。由企业扶持农户种植，产品再经过统一的部署返交企业消化，解除农民的后顾之忧而又保证企业有足够的原料来源，农民和企业双双受益，达到成果转化的最终目的。该木薯品种桂热4号中试示范项目种植200公顷，向社会辐射推广应用面积1333.33公顷。中试示范平均亩产2.8吨，比我国主栽品种华南205增产20%，向社会扩大辐射种植亩产量2.5吨以上。该项目于2012年通过自治区科技成果鉴定，成果达到国内先进水平，获2012年广西科技进步奖三等奖。

DGT－A型、DGT－B型多功能干果脱壳机的研制开发 该项目根据板栗、油茶、核桃、澳洲坚果等干果的果实结构、形状、大小等特征和果皮、种子的承重，进行了样机模型设计与机型筛选，研究影响机器生产能力（吞吐量）的装置和部件、机器工作路径与干果脱壳率和脱壳完好率的关系、脱壳板的形状和尺寸与脱壳率和脱壳完好率的关系、机器螺旋轴螺线的粗度与脱壳率和脱壳完好率的关系，通过电脑设计，精确制作脱壳板，通过电脑模拟机器工作时，机器各部件运作和干果输送脱壳情况，解决影响脱壳效果不能极限提高的技术瓶颈，使脱壳效果得到突破，研制出兼容几种干果脱壳的多功能干果脱壳机（样机）。其发明要点：（1）研制出的DGT－A型

和DGT－B型多功能干果脱壳机，澳洲坚果、板栗、油茶、核桃的破壳、脱壳率均达到99.5%，澳洲坚果、板栗、油茶、核桃的脱壳完好率分别达到99.5%、99.3%、99.6%、98.5%，达到国际领先水平；（2）研制出兼容多种干果脱壳的脱壳机，填补了国际没有类似脱壳机的空白；（3）系统研究测定了澳洲坚果、板栗、油茶、核桃等干果果实（果皮）和种子的承重力（保持不破烂的情况下，果皮和种子承受的最大压力），这是国际首次研究；（4）研制出澳洲坚果脱壳机，填补国内没有同类产品的空白。澳洲坚果脱壳机在广西的澳洲坚果种植区岑溪市和合山市以及云南推广使用、干果脱壳机在广西的板栗、核桃、油茶主产区凤山县推广使用，大大降低了劳动强度，脱壳及时又能尽快进行干燥，防止变质，提高产品的质量和售价，每千克干果的脱壳加工费只0.02元左右，是人工脱壳的费用（0.3元/千克）的6.7%。按目前广西年产板栗、油茶、核桃等干果30万吨，30%使用本项目研制出的多功能干果脱壳机进行脱壳加工，澳洲坚果2000公顷，年产1.5万吨，90%使用本项目研制出的多功能干果脱壳机进行脱壳加工，每年就可节省2898万元。该项目综合研究水平达到国际同类研究项目的先进水平，项目有3项达到国际领先水平，3项达到国内领先水平。该项目获得2项发明专利：链式澳洲坚果脱壳机（专利号：ZL 2008 1 0073649.0）、板式澳洲坚果脱壳机（专利号：ZL 2008 1 0073650.3），以及获得实用新型专利1项：一种干果脱壳机（专利号：ZL 2008 2 0104344.7）。该项目获2012年广西技术发明奖三等奖、广西农垦技术发明奖二等奖。

利用剑麻纤维和纳米材料制备高性能的摩擦复合材料的应用基础研究　该项目为发展一种宏观纤维与微观纤维（SF/TLCP）的混杂复合制备耐磨复合材料的新技术，解决材料制备中的成型工艺技术、固化工艺技术、不同纤维与基体材料的界面作用等技术难点，系统研究SF/TLCP/PF复合材料的力学性能、摩擦磨损性能、动态力学性能与材料微观结构和细观结构之间的关系，建立SF/TLCP混杂纤维增强性热固性聚合物的新理论体系，提出相应的磨损机理，为剑麻纤维替代石棉纤维以及酚醛树脂的高性能化打下理论基础。该项目实施制得剑麻纤维/聚合物木塑装饰板，最优化的性能指标弯曲强度大于（或等于）49 MPa，弯曲模量大于或（等于）2600 MPa，拉伸强度大于（或等于）28 MPa，简支梁无缺口冲击强度大于（或等于）2 8 kJ/m^2，洛氏硬度HRR大于（或等于）75，24小时吸水率小于（或等于）0.7%，密度为1.15 g/立方厘米，负荷热变形温度大于（或等于）110摄氏度。该项目申请了发明专利7项。液晶研究方面，获授权专利4项。该项目拟建设一条剑麻纤维复合材料生产线，项目完成后，可年产各种规格的剑麻复合材料20000吨，实现销售收入20000万元。该项目2012年通过自治区科技课题验收，获2012年广西自然科学奖二等奖。

热带亚热带优稀果树种质资源的收集　该项目共引进收集了热带亚热带优稀果树种质资源48科75属116种481份，建立了7.67公顷的热带亚热带优稀果树种质资源圃，评价123份种质，筛选出38份优异种质，建立广西首个热带亚热带优稀果树种质资源数据库，为自治区内外提供16份广西地方特色果树种质资源，为中国热带亚热带果树新品种选育提供了物质基础。该项目2012年通过自治区科技成果鉴定，项目研究达到国内同类研究的先进水平，获2012年广西农垦科学技术奖三等奖。

花茶封闭式内循环花茶分离窨制技术研究　该项目是广西职业技术学院与横县南方茶厂共同实施完成，针对广西长期以来茉莉花茶生产因采用以茶坯物理吸附理论为主要依据的传统窨制技术，导致工序复杂、生产周期长、鲜花利用率低、生产成本高的情况，开展“花茶封闭式内循环花茶分离窨制技术”研究，开发了封闭式内循环花茶分离窨制工艺。新工艺采取离地加工，温湿可控，工序简化，用工可减少85.7%，每吨茶成本比常规工艺减少500元，用花量比常规工艺减少800千克，降低61.5%；能耗成本减少3520元，能耗降低74.57%，生产效率高、生产周期短，保持了原茶的色、香、味，产品质量明显提高，成功解决了茉莉花茶封闭式内循环隔离窨制技术难题。3年来，采用本技术加工的茉莉花铁观音茶251992千克，总产值达18620万元，产品销售收入增加7656万元，净利润2000.35万元。税金800.12万元，产生了良好的经济效益和社会效益。该项目于2011年通过自治区科技厅成果鉴定，获2012年广西科技进步奖三等奖。

福云6号茶树品种新产品研究与开发　该项目是广西职业技术学院主持与广西乐业县顾式茶业有限公司共同完成，集成了“‘金丹’茶产品的

研究与开发”和“‘绿八桂’茶产品研制与开发”两个科技成果技术，解决了福云6号原来生产绿茶时产品外形色黑枯黄、不显毫、香气低、苦涩味重，品质差，不耐存放、售价低廉，经济效益差和生产绿茶后部分鲜茶资源浪费的问题；生产加工的“绿八桂”和“金丹”茶总量达到34530千克，总产值1419.68万元。比项目实施前同一原料生产单一茶类（绿茶）产值增加889.94万元，增幅62.69%，取得显著经济效益，项目技术属广西首创，研究结果达到国内同类研究的领先水平，于2011年通过自治区科技厅成果鉴定，项目成果获2011年广西科技进步奖三等奖。

多个项目着重推广应用最新技术取得良好成效　加强瘦肉型原种猪选育和配套组合研究、瘦肉型猪无公害标准化生产技术研究与示范、瘦肉型猪健康养殖关键技术研究与应用、大型集约化种猪场伪狂犬病净化技术研究与应用、空气过滤技术在动物疫病防控的应用、国家生猪现代产业技术体系建设（生猪）、农垦农产品质量追溯系统建设、标准化养殖技术推广等项目着重推广应用最新技术：开展联合育种和加速品种改良，种猪遗传进展5年提高10%；猪瘟净化技术的研制和推广应用；利用国内外领先技术研发自家猪副嗜血杆菌疫苗；种猪精准营养生长曲线的研究与应用；母猪测背膘定喂量技术、B超妊检技术的推广与应用；国外先进科学养猪新工艺新技术本土化应用；建设高度生物安全的种公猪站，设法维持PRRS阴性；实行标准化改扩建；玉米过风过筛试验与成果；饲料厂膨化玉米和膨化玉米大豆的应用；开展生态环境建设，促进养猪业可持续发展；为中国集约化种猪场伪狂犬病低阳性率提供净化模式，在养殖业中起到标杆和导向作用，推动广西甚至全国的种猪场全面向PR阴性种猪生产发展，每年为市场提供阴性种猪5万头、改良种猪50万头；空气过滤技术在疾病防疫上率先推广应用，每年提供阴性猪精50万头份；水泡粪工艺规模猪场节约土地1/3，节约劳动力2/3，节约用水2/3，减少排污量2/3，设备利用率提高15%，极大地种猪群的健康度，阴性种猪每母年提供活仔约增加1头，猪群死亡率降低2～3个百分点，育肥猪饲养期缩短15～20天。2011～2012年实现出栏猪251万头，销售收入171894万元，实现利润12913万元。

【科技交流与合作】　2011～2012年，广西农垦系统积极组织科技人员到江苏、安徽、云南、上海等垦区交流学习农业科技、农机管理、标准化建设、质量追溯等方面的先进经验，并多次组团赴台湾、泰国、缅甸、印尼、菲律宾、柬埔寨、斯里兰卡、印度、韩国、日本、以色列、巴西、澳大利亚、美国等国家和地区考察学习，及时了解、引进、消化、吸收国际先进的农业科技，引进先进农机装备，如从巴西引进了5台凯斯甘蔗收获机等，从而加快了管区现代农业科技发展进程。广西亚热带作物研究所还与国际热带农业中心、泰国农业部大田作物研究中心、越南南方农业科学院、澳大利亚和夏威夷的科研院等国外科研机构、台湾屏东科技大学建立了交流合作平台，形成互访机制，并组织科技人员到泰国、哥伦比亚、巴西、澳大利亚、夏威夷等国家和地区参加技术培训，拓宽了科技人员的视野，提升了研发工作水平。糖业集团、明阳生化集团、剑麻集团等单位也积极加强与英国、越南、柬埔寨、缅甸等国家的科技交流与合作，在木薯、甘蔗、剑麻良种繁育和生产、加工技术研发等方面开展了大量的工作，实施了越南归仁年产10万吨木薯干法变性淀粉加工基地项目、缅甸1万公顷中缅替代剑麻种植项目、柬埔寨马德旺木薯种植基地等项目，为打造海外广西农垦奠定了良好的基础。

（黄兑武）

造纸工业科学技术

【概况】　广西造纸工业经过“十一五”期间的快速发展，多数企业已形成一定规模、结构得到优化、实施了清洁生产，成为具有较强自主创新能力的产业体系，是广西国民经济的重要产业之一。共有制浆造纸企业200多家，制浆造纸生产能力突破350万吨。2011年全区机制纸产量：235.51万吨，造纸及纸制品纸工业产值241.62亿元。2012年，全自治区机制纸产量304.3万吨，同比增长28.3%；造纸及纸制品纸工业产值316.83亿元，同比增长31.13%。在造纸科技方面，广西大学轻工学院一批科技成果得到推广应用；在新建和扩建项目中，国外先进技术、装备的引进和投入使用，促进了企业技术装备水平的显著提高，尤其是在设备的大型化方面获得了突破性进展，如制浆技术方面有：贺达纸业DDS蒸煮系统的改造、南宁凤凰纸业深度脱木素技术应用、东亚纸业、金桂浆纸业和冠桂纸业等蔗渣连续蒸煮设备应用及南宁糖业引进的碱性过氧化氢化机浆（APMP）先进生产线等；在漂白技术方面：所有新建项目采用ECF漂白或TCF漂白工艺，代替传统的氯和次氯酸盐漂白，从源头上减少制浆过程中各种污染物的排放量，对现有企业的传统三段漂白工艺按照国家清洁化生产要求，逐步改造为少氯或无氯漂白工艺；在抄浆抄纸技术及设备方面：金桂公司的白卡纸机引进自德国福伊特公司，设计车速1400米/分，净纸宽8.1米，是目前世界上最长、最快、最先进的机内涂布白卡纸机。其他企业的气垫干燥纸机、高速夹网带门辊新闻纸机、新月型高速生活用纸纸机、稀释水流浆箱技术及宽压区压榨及软压光等技术已成功应用。

【研究与开发】 *广西造纸产业发展专题研究* 自治区政府委托广西轻工协会开展“广西造纸产业发展专题研究”。课题组经过一系列的考查、调研与综合分析，编写完成该研究报告，并上报广西区经济贸易委员会。此外，在对研究报告进行归纳、浓缩及分析的基础上，撰写了“关于促进广西造纸工业健康发展的建议”上报广西区科学技术协会，并发表在《广西科技工作者建议》上，中共自治区党委常委、自治区人民政府林念修副主席在该“建议”上作了批示。从经济社会效益情况上看，该专题研究促进了广西造纸工业健康发展。2012年，广西机制纸产量304.3万吨，同比增长28.3%；造纸及纸制品纸工业产值316.83亿元，同比增长31.13%。

上流式多级处理厌氧反应器（UMAR）及沼气纯化技术 广西大学轻工学院通过优化厌氧污泥颗粒化加速技术和旋流布水强化内循环技术，以及沼气纯化技术的开发，提高了废水厌氧处理系统抗负荷冲击能力与厌氧处理效率，解决了厌氧反应器快速启动问题，有效提高了沼气利用价值。该技术实现了高效内循环厌氧反应器的国产化，结束了国外公司对该领域的技术垄断，填补了国内空白，2007年起开始推广应用，已为设备生产企业实现销售收入43634.54万元，利税11008.05万元，累计减少COD排放约60万吨。该技术已在南宁糖业股份有限公司、广西永凯糖纸有限责任公司、龙州南华纸业有限公司、俄罗斯阿马扎尔北极星纸浆工业联合体、白俄罗斯劳动英雄造纸厂、缅甸CTMP新闻纸厂等40多家国内外企业中推广应用。经处理后COD去除率最高可达90%以上，甲烷产率和颗粒污泥产量分别达0.35 m^3/kgCOD和0.02 kg/kgCOD以上，产生了较显著的经济效益。上流式多级厌氧反应器已列入国家发改委和环保部发布的《当前国家鼓励发展的环保产业设备（产品）目录》。

上流式多相废水处理氧化塔（UHOFe） 广西大学轻工与食品工程学院针对普通Fenton高级氧化技术中氧化试剂用量大、化学污泥量大等特点，研制了上流式多相废水处理氧化塔（UHOFe），通过开发异相催化氧化技术，提高了催化剂的稳定性，解决了铁泥产量大、难处理的问题。载体覆膜技术与双氧水缓释技术的成功开发，有效地抑制了过氧化氢的无效分解，提高了氧化降解效率；开发了旋流布水技术，改善了催化剂与废水的混合效果，提高了传质效率，解决了布水装置易被沉降铁泥堵塞的技术难题。该技术已经在广西贵糖（集团）股份有限公司、广西华劲集团南宁纸业公司、广西贺达纸业有限责任公司、俄罗斯阿马扎尔北极星纸浆工业联合体等30多家企业推广应用。经处理后出水COD可降至40 mg/L以下。该技术已为设备生产企业累计实现销售收入14544.85万元，利税3669.35万元，累计减少COD排放约28万吨。UHOFe深度水处理设备被列入国家科学技术部“2011年度国家重点新产品”。

BSC还原法二氧化氯制备系统及非木浆无元素氯漂白技术 广西大学轻工学院成功实现了BSC还原法二氧化氯制备系统产业化应用，开发了非木浆二氧化氯漂白技术，各项指标均达到国际先进水平，实现了二氧化氯制备系统国产化，价格仅为同规模进口产品的50%～60%，降低了应用企业的投资与运行成本，推进了我国纸浆无元素氯漂白技术的应用进程，为造纸行业达标排放、实现清洁生产提供了技术保障。该技术分别应用于APP集团下属印度尼西亚IKPP浆厂和LONTAR浆厂、白俄罗斯斯韦特洛戈尔斯克纸浆公司、广西南宁糖业股份有限公司等国内外10多家企业，利用该项技术生产的无元素氯漂白浆总量累计已达100万吨，实现销售收入50亿元，利税10亿元。其中在广西南宁糖业股份有限公司实施的蔗渣浆二氧化氯漂白为世界上首例，被列入2010年中国造纸工业十大要闻之一。APP集团评价BSC还原法二氧化氯制备技术完全可以取代世界上先进的EKa公司和Erco公司的技术，使二氧

化氯漂白方面的投资减少了三分之二。

竹子清洁化制浆造纸关键技术开发及应用　广西大学轻工学院开发了竹子清洁化制浆造纸关键技术。该技术结合广西、云南等广大中西部地区具有丰富的竹子资源，大力发展竹子清洁化制浆，降低生产成本、保护森林资源以构建资源节约型的新型造纸工业。开发的双元助留助滤技术、竹子快速置换蒸煮技术、高配比竹浆配抄高档文化纸技术已成功应用于广西贺达纸业有限公司、广西柳江造纸厂、广西华劲集团股份有限公司等企业，并已推广应用到四川、贵州、福建等地。该成果既有利于推动竹浆纸一体化进程，又能推动造纸工业的产业发展和技术进步，提高纸产品的附加值和市场竞争能力，具备与国际市场竞争的能力，市场前景广阔，具有显著的经济、环境和社会效益。

【新建项目与技术改造】　认真贯彻落实自治区党委、政府关于做大、做强、做优广西工业的决定，围绕自治区发展千亿元产业的部署，抓好一批重点技改及林浆纸一体化项目。2011～2012 年建成投产验收的主要项目如下：

广西金桂浆纸业有限公司项目　广西金桂浆纸业有限公司（以下简称金桂）于 2003 年经广西壮族自治区批准注册成立，由金光纸业（中国）投资有限公司（股份比例为 95%）与钦州市华晖林业有限公司（股份比例为 5%）合资组建，其厂址位于广西钦州市钦州港经济技术开发区。金桂是 APP 金光纸业（中国）投资有限公司在华投资建设的第 17 家制浆造纸企业，是其在中国建设的林纸一体化的企业之一。金桂现有员工2600余名，厂区实际占地220多公顷。建设总规模为年产 180 万吨浆和 310 万吨纸。一期工程为年产 30 万吨化机浆和 60 万吨高档纸板，总投资 80 亿元人民币，其中环保投资 6.6 亿元，占总投资的 8.25%。二期工程规划为年产 150 万吨浆和 250 万吨纸，总投资约 380 亿元人民币。

金桂林浆纸一体化一期工程年产 60 万吨高档纸板项目，主要建设内容为化机浆车间、食品级白卡纸车间以及配套的碱回收车间、热电站、废水处理站等，配套的速生桉树林基地建设规模为 105 万亩。化机浆车间及其配套部分于 2011 年 1 月 11 日获准投产，当年年底即通过了环保部的竣工验收，2011 年和 2012 年实际产浆量分别为 47 万吨和 48 万吨。

白卡纸车间及其配套部分于 2013 年 3 月 7 日获准投产。金桂的白卡纸机是从德国福伊特公司引进，设计车速1400米/分，净纸宽 8.1 米，是目前世界上最长、最快、最先进的机内涂布白卡纸机。金桂公司入选为工信部信息化与工业化融合促进安全生产重点推进项目承担单位和广西 2012 年度千亿元产业重大科技攻关工程项目。

广西永凯集团 9.5 万吨/年蔗渣浆项目建成投产　永凯糖纸公司年产 9.5 万吨漂白蔗渣浆项目及年产 20 万吨高档文化用纸项目属于永凯糖纸集团蔗糖产业延伸链，是循环经济可持续发展战略的重大举措，制浆项目建设启动于 2009 年 4 月，占地总面积1000亩，总投资 16 亿元；制浆系统采用国内先进的横管连续蒸煮器、ADLZ 全封闭式筛选和 D0EopD1 的 ECF 无氯元素漂白、配套的热电联产和碱回收系统（碱回收炉 450tds/d）等；项目已于 2011 年 12 月竣工试产；从试产到目前为止生产漂白蔗渣浆 13 万吨，回收碱量 3.12 吨，碱回收率 85.7%。

高档文化用纸工程已投入厂房建设，纸机幅宽4850 mm，车速1200 m/min；采用美卓的水力式流浆箱和靴压，拟定于 2014 年竣工投产。

此外在这两年投产的还有广西农垦糖业集团华成纸业 20 万吨/年文化纸、南宁劲达兴纸业 20 万吨/年文化纸、广西龙腾纸业 9.8 万吨/桑枝浆、广西博冠纸业有限公司年产 5 万吨漂白蔗渣浆等项目。

【环境保护】　广西制浆造纸行业全无氯漂白技术交流现场会　漂白是造纸过程中产生污染主要工序：根据政策，所有新建项目采用 ECF 漂白或 TCF 漂白工艺，代替传统的氯和次氯酸盐漂白，从源头上减少制浆过程各种污染物的排放量，对现有企业的传统三段漂白工艺按照国家清洁化生产要求，逐步改造为少氯或无氯漂白工艺。该会议邀请了来自中国造纸协会、中国轻工业企业投资发展协会、环保部华南环境科学研究所、陕西科技大学、天津科技大学、南京林业大学、广西大学等 8 位国内知名专家参加，来自广西各地 20 多家重点制浆造纸企业的负责人参加了会议，与会代表听取了广西博冠纸业有限公司等 4 家采用全无氯、无元素氯漂白企业的经验介绍，并到广西博冠纸业有限公司生产现场参观考察。验收会当天，正值广西壮族自治区副主席杨道喜率区直有关部门到博冠纸业考察调研，杨副主席详细了解企业采用全无氯漂白技术、实现清洁生产的情况，并与参加项目验收会的专家进行座谈，共同探讨如何推进广西糖纸联产、循环互促模式的发展。杨副主席建议对经综合处理达标的造纸厂外排水如何用于农田灌溉、综合再利用进行探索。

广西金桂浆纸业有限公司一期工程竣工环境保护验收　目前生产运行顺畅，为了贯彻清洁生产、节能减排，金桂一期工程配套建设了国内首套专为处理化机浆生产废水的碱回收系统，该系统改变了传统的化机浆废水厌氧处理工艺，通过燃烧化机浆废水中的有机物获取热能，大大减轻了后续废水处理的负荷。金桂排放的废水主要污染物指标均优于国家标准。

废气治理：热电站采用石灰石炉内脱硫工艺，配备双室五电场静电除尘器，热电站烟囱高 180 米，烟囱装配烟气在线监测装置，并与钦州市环保局网站联网；制浆车间配废热回收系统，回收处理制程废热蒸汽；碱回收炉配两台四电场静电除尘器，碱回收车间的烟囱高 100 米，烟囱装配烟气在线监测装置，并与钦州市环保局网站联网；烟气在线监控设施已经通过了钦州市的竣工环境保护验收。

废水治理：制浆车间的废水送去碱回收车间，经蒸发浓缩、燃烧、苛化处理，回收烧碱后基本消除有机污染物。其他车间的生产废水送废水处理站处理，采用“SBR＋浅层气浮”工艺，处理能力为 6 万 m^3/d。化机浆制浆废水经碱回收车间处理后，大部分又回用到制浆车间，剩余部分为污冷凝水，与其他车间废水经废水处理站 SBR 工艺和浅层气浮处理，达到 GB3544－2008 的排放限值要求，深海排放，排海管线长 8.6 千米。

灰渣处置：备木车间的树皮木屑、废水处理站的生化污泥、及制浆废浆渣等送热电站锅炉燃烧；造纸车间产生的少量的废渣外卖处理。碱回收车间的绿泥、白泥、石灰渣送热电站锅炉做锅炉炉内脱硫剂；煤灰渣外售做综合利用。

（白树雄）

制糖工业科学技术

【概况】　2011～2012 年，广西制糖工业的科研和技改的重点：实施制糖先进技术的综合集成及推广；采用先进工艺技术、大型、高效、节能设备和自控技术装置。全面提升制糖企业生产技术水平、生产能力，提高了企业的经济效益、社会效益和环保效益。目前，拥有 31 户制糖企业（集团）（103 间糖厂），总日榨蔗能力 66.7 万吨，其中日榨蔗万吨以上的糖厂 23 间，最大是东门南华糖业有限责任公司日榨蔗能力23000吨。两年来，分别完成科研 11 个项目，重点技改 7 个项目，技术引进 4 个项目，综合利用 7 个项目，总共投入资金 42.76 亿元，增加压榨甘蔗能力 3.23 万吨/日，共榨原糖甘蔗11333万吨（2010/2011 年和 2011/2012 年榨季合计，下同），食糖总产量1369.46万吨，产品现行价销售收入 878.18 亿元，工业总产值 900.8 亿元，实现利税总额 166 亿元，盈亏相抵后利润总额 101.52 亿元。

【科技成果与推广应用】　2011～2012 年，广西糖业共取得科技成果 10 项，其中获奖成果 3 项（获广西科技进步奖二等奖 1 项、三等奖 1 项，南宁市科技进步奖二等奖 1 项）。

喷射式自控燃硫炉的研究　主要完成单位：广西南宁成泰糖业技术有限公司、广西来宾永鑫华糖小平阳糖业有限公司。2008 年，两公司共投资 300 万元用于研发“喷射式自控燃硫炉”。经过两年时间研究，于 2009 年样机投入生产试验，该新型炉采用电脑自动控制系统，硫磺充分燃烧，无升华硫产生，燃烧效率高，硫磺与蔗比降至 0.07～0.08％（旧式燃硫炉约 0.11％），设备密封好无漏硫气现象，运行稳定可靠，解决了旧式燃硫炉燃烧状态不稳定和漏硫气现象。2009 年，通过自治区科技厅技术鉴定，技术水平达到国内领先水平，2012 年获南宁市科技进步奖二等奖。该成果被采用为广西 2011/2012 年榨季和 2012/2013 年榨季“糖业节能减排降耗增效共性技术集成推广示范”之一。

环保高效汽化旋风燃硫炉研发　主要完成单位：柳州市易普科化工技术开发责任公司。2009 年，该公司投资 200 万元，集成了现代燃烧理论的多项新技术，即分级燃烧、汽化燃烧、旋风燃烧、低温燃烧、一键启动和智能控制。通过计算机模拟对设备结构进行合理设计和优化。该炉 2011/2012 年榨季在崇左市湘桂糖业有限公司应用，在≤550℃条件下硫磺完全燃烧，燃烧效率高，SO2 浓度稳定在 17％以上，硫熏强度稳定在 18～21 mL，燃烧产物中没有升华硫，燃烧过程完全密闭，无硫气泄漏，设备运行安全。通过自治区科技厅技术鉴定达到国内先进水平，2012 年广西有 6 家制糖企业使用，获得企业欢迎。

中和汁单层快速沉降器技术开发 主要完成单位：南宁吉然糖业技术有限公司、广西大新县雷平永鑫糖业有限公司。2006 年，两公司共投资 200 万元，经过较长时间的研究探索，研究出适合于亚硫酸法糖厂工艺改造的新沉降器，缩短蔗汁在新沉降器停留时间，平均停留时间 23～35 分钟，比多层沉降器蔗汁停留时间少 50%，清汁色值比连续沉淀池降低 50～150IU，实现了沉降过程的快速稳定沉降分离。通过了自治区科技厅技术鉴定，达到国内领先水平。广西已有 40 多家糖厂推广应用该新设备。

该成果已被采用为广西 2011/2012 年榨季和 2012/2013 年榨季“糖业节能减排降耗增效共性技术集成推广”之一。

喷雾式真空冷凝器设备研发 主要完成单位：南宁吉然糖业有限公司。2007 年，该公司投资 30 万元，针对糖厂的蒸发和煮糖工序多数采用的冷凝器存在用水量大、动力消耗大、真空度不高等缺点，而研究出由复合喷雾冷凝段和喷射抽吸段组成新冷凝器，配置真空自动调节控制系统，该新设备达到用水量少、对水压要求不高、高温水也能稳定使用，冷凝效果好。该成果通过了自治区科技厅技术鉴定，达到国内领先水平，广西已有 80 家糖厂成功推广应用。

该成果被采用为广西 2011/2012 年榨季和 2012/2013 年榨季“糖业节能减排降耗增效共性应用示范项目”之一。

无需添加磷酸与石灰的糖浆上浮新技术研究 主要完成单位：广西轻工业科学技术研究院。2009 年，该公司投资 170 万元，在广西上上糖业公司进行生产试验。该项目核心技术是自主研发压力溶气制泡技术，在糖浆上浮过程中，只添加少量絮凝剂，不加磷酸和石灰，完全取消糖浆二次硫熏，糖浆脱色率达 45%，浑浊度下降 83.6%，纯度升高 1.97AP，白砂糖平均含硫量≤10 mg/kg。该项目在 2010 年通过自治区科技厅技术鉴定，技术水平达到国内领先。并建议糖厂在 2011 年推广应用。

煮糖自动化系统开发 主要完成单位：广西机械研究院。2007 年，该公司投入 100 多万元，研发煮糖自动化系统，首先对煮糖工艺过程进行数学建模，建立由液位、锤度、压力、真空、搅拌电流、温度等组成的控制曲线模型，通过检测到仪器仪表的信号和系统的设置来控制执行机构，自动完成整个煮糖的过程。使之按预先设置好的曲线运行，消除人为因素对煮糖的影响。通过对液位、锤度、蒸汽、搅拌等进行合理及时控制，达到最佳的煮糖效果。该系统由强制搅拌装置、控制仪表、控制软件组成。该自动控制系统和人工煮糖模式可以自由切换。该自动化系统在广西田东南华糖业有限责任公司三个榨季（2010/2011 年、2011/2012 年、2012/2013 年榨季）的运行稳定、安全可靠。煮甲糖缩短 15 分钟，煮乙糖可缩短 20～30 分钟，煮丙糖可缩短 40 分钟至 1 小时。

该研究成果 2011 年通过自治区科技厅技术鉴定，技术水平达到国内领先。

机械搅拌烟道气蔗渣干燥技术应用研究 主要完成单位：广西大学课题组。2007 年，该公司投入 144 万元（含自治区财政拨款 30 万元），在广西华盛集团桂中糖业有限责任公司试验研究，创新出管道机械搅拌气流蔗渣干燥设备，该设备优于传统蔗渣干燥器，设备紧凑，无堵塞现象，干燥效率高，经过 2010/2011 年榨季和 2011/2012 年榨季在广西农垦糖业集团西江制糖有限公司应用考验，糖厂满意。2012 年 4 月，自治区科技厅组织专家生产现场查定，该设备干燥蔗渣能力 12.06 t/h，未经干燥蔗渣水分平均 48.6%，经干燥后入炉蔗渣水分平均为 37.02%，设备运行平稳安全。在 2013 年 8 月，通过自治区科技厅组织专家鉴定，技术水平属国内领先，具有推广应用前景。

全自动立式连续结晶罐研究应用 主要完成单位：广西永鑫华糖集团有限公司。2011 年，该公司投资1500万元，科技人员在没有现成资料和图纸，仅从网上查阅和参考国外有关报导的一些资料，经过一年多的反复研究，成功研究出立式全自动四室总有效容积 180 立方米连续结晶罐一台，配备自动控制系统，于 2012/2013 年榨季投入煮丙糖生产，由于能用好＃3 效蒸发罐汁汽，节能效果显著，丙糖膏经离心机分离后其废蜜重力纯度 37.5～38.5%，比传统结晶罐煮的糖膏的废蜜低 2.5～3.5GP。来宾永鑫华糖有限公司也采用立式全自动有效容积 125 立方米连续结晶罐一台和自动控制系统，效果很好，深受企业欢迎。该成果属自主研究，是首创，填补广西的空白。

甘蔗糖蜜酒精高产专用酵母的选育构建 主要完成单位：广西科学院。2010 年，该院投资 80 万元，在广西丰浩酒精有限公司进行研究试验。

项目通过选育、构建高性能的酿酒酵母生产菌种，建立高浓、高效发酵技术，实现技术创新：①甘蔗糖蜜酒精发酵的速度和产量均提高30%以上；②发酵效率提高2个百分点，吨酒精糖蜜单耗降低0.3～0.5吨；③生产能耗降低30%以上；④废液排放减少30%以上。

2011年，在广西丰浩酒精有限公司生产应用，成熟醪酒精浓度达到了13%（V/V）以上，可发酵残糖含量降低到0.3%以下。当年广西科学院主持通过鉴定，获2011年广西科技进步奖二等奖。

甘蔗糖蜜酒精废液资源化利用技术研究及应用 主要完成单位：桂林理工大学、广西贵糖（集团）股份有限公司。从2000年至2006年，它们总投资2000万元，进行《甘蔗糖蜜酒精废液资源化利用技术研究及应用》项目研究。该研究通过利用多孔性吸附剂、分散剂和选择合适的物料来处理甘蔗糖蜜酒精废液，经过浓缩、喷雾干燥后经科学配制和造粒得到颗粒状的有机——无机复合肥产品。能彻底解决甘蔗糖厂糖蜜酒精废液污染环境的难题。广西贵糖（集团）股份有限公司推广应用该技术建成年产3万吨肥料厂。2010年，自治区科技厅组织专家鉴定，技术水平达到国内先进水平。获2012年广西科技进步奖三等奖。

【技术改造】 2011～2012年，广西制糖工业重点技术改造共实施7个项目，投资11.63亿元。主要有：1.中粮屯河崇左糖业有限公司，于2011年新建一条二步法精糖生产线，日榨原料蔗10000吨，生产原糖13万吨，精制糖日产1000吨。项目建设总投资87112.8万元。用于总体工程、原糖和精制糖生产线，该公司选用φ12002400毫米压榨机，同时采用大容量高效的UG85－3.82－9型蔗渣锅炉3台和背压汽轮发电机组20000千瓦和6000千瓦各1套，精制糖工艺关键设备从国外进口。原糖和精制糖生产线分别于2012年2月和11月投产。2.广西农垦糖业集团昌菱制糖有限公司，于2011年，投入13500万元，日榨蔗能力由10000平衡改造到12000吨及热力系统技术升级改造项目。将原两列压榨机改造，提高榨蔗量。淘态耗能高汽压25 kg/cm²，20 t/h锅炉6台和1500千瓦发电机组6套，选用高效节能型的汽压39 kg/cm²，75 t/h、90 t/h和170 t/h锅炉各1台，将原有2台35 t/h锅炉改造为45 t/h。同时增加背压汽轮发电机组15000千瓦和7000千瓦1套。3.广西合浦西场永鑫糖业有限公司，于2011年，投资1730万元，进行节能降耗技术升级改造项目，淘态耗能高的蒸汽压力25 kg/cm²、蒸发量20 t/h锅炉2台，将2台35 t/h锅炉改为45 t/h，增加1台85 t/h蔗渣锅炉。4.广西农垦糖业集团金光制糖有限公司，于2011年，投资6000万元，用于节能降耗技术升级改造项目。淘汰耗能高的蒸汽压力25 kg/cm²、蒸发量20 t/h锅炉2台、1 500千瓦背压汽轮发电机组2台，选用节能型汽压39 kg/cm²、75 t/h蔗渣锅炉2台和背压汽轮发电机12000千瓦1台。5.广西来宾东糖迁江有限公司，于2012年，投入3500万元，由碳法生产改为亚法生产，平衡日榨蔗能力15000吨。6.广西上上糖业有限公司，于2012年，投资7000万元。实施节能降耗技术升级改造。淘汰能耗高的3台25 t/h锅炉和3台1500千瓦发电机组，选用高效节能型130 t/h锅炉1台和12000千瓦发电机组1套，2013年建成投产。7.横县冠桂糖业有限公司石塘糖厂，于2012年，投入1300万元，煮糖楼改造和增加2台55 m³结晶罐及配套设备。

【技术引进与创新】 2011～2012年，广西制糖企业实施先进技术的综合集成及推广，引进国内外先进新技术和新设备，提高了企业的技术装备水平，并取得显著的经济效益、社会效益和环保效益。

广西糖业节能减排降耗增效重大共性推广应用示范 2011年，项目投资10800万元（含自治技术成果推广费500万元）。组织10间糖厂实施。

中国科技开发院广西分院牵头组织区内6家技术成果依托单位，优先通过自治区科技厅鉴定技术达到国内先进水平的7项重大关键共性技术，在广西10家制糖企业进行技术升级和改造示范。其6家技术依托单位和7项技术成果是：（1）广西宏智科技有限公司——澄清、蒸发控制系统；（2）广西南宁成泰糖业有限公司——喷射式自控燃硫炉设备；（3）南宁吉然糖业有限公司——喷射雾化真空冷凝器、中和汁单层快速沉降器；（4）广西轻工业科学技术研究院——滤汁上浮、糖浆上浮清净技术；（5）广西苏氏有限责任公司——XG型系列全自动刮刀卸料上悬式离心机；（6）广西宏业环保节能工程有限公司——糖厂生产零取水达标排放技术。

2010/2011年榨季，广西10家示范糖厂是：广西雷平永鑫糖业有限公司、广西都安永鑫糖业有限公司、广西农垦糖业集团金光制糖有限公司和西江制糖有限公司、广西来宾永鑫小平阳糖业有限公司、广西田东南华糖业有限责任公司、广西东门南华糖业有限责任公司、广西环江远丰糖业有限责任公司、广西丰浩糖业巴马制糖有限公司、广西大新县世纪飞龙制糖有限公司，并选定广西都安永鑫糖业有限公司为示范样板厂，经过实施后效果显著。

企业实施前后生产技术指标比较表一

指标＼项目	白砂糖一级品率(%)	白砂糖S02含量(mg/kg)	标准煤耗(%)	吨蔗耗新鲜水(吨)	水循环利用率(%)	蔗渣打色率(%)	吨蔗耗电(kwh)
实施前2009/2010年榨季广西平均值	94.8	18	5.03	0.8	92.2	5.2	33.69
2010/2011年榨季都安样板厂	100	9.1	3.84	0	99	6.6	29
2010/2011年榨季10家示范厂平均值	98.72	7.19	4.38	0.5	98.31	9.81	27.85

据10家示范厂统计计算当年多产糖6176吨、节约标准煤4.52万吨、节约新鲜水661万吨、节约电1208万千瓦时，直接增收节支10012万元。

2011年10月，10家制糖示范企业通过自治区科技厅组织专家验收。截至2011年底广西推广该项相关技术成果的制糖企业有47家，占制糖企业总数的45%。

继续组织实施“广西糖业节能减排降耗增效重大共性技术应用示范” 2012年，共投资11900万元（含自治区科技成果推广经费300万元）。

中国科技开发院广西分院，在2011年推广应用示范的基础上，增加了三项技术，即煮糖自动控制技术、煮糖强制搅拌技术、制糖生产信息化与工业化的“两化”融合技术。

2011/2012年榨季，12家示范厂是：龙州南华糖业有限责任公司、广西来宾永鑫糖业有限公司、广西永凯糖纸集团有限责任公司宾阳大桥分公司、广西百色甘化股份有限公司、广西农垦糖业集团防城糖业有限公司、广西华盛集团廖平糖业有限责任公司糖厂、广西崇左湘桂糖业有限公司、广西农垦糖业集团昌菱制糖有限公司、南宁糖业股份有限公司香山糖厂和明阳糖厂。经过2011/2012年榨季和2012/2013年榨季示范，2012/2013年榨季选定合浦西场糖厂为样板厂。

企业实施前后生产技术指标比较表二

指标＼项目	白砂糖一级品率(%)	白砂糖S02含量(mg/kg)	标准煤耗(%)	水循环利用率(%)	吨蔗耗新鲜水(吨)	吨蔗耗电(kwh)
实施前广西2009/2010年榨季平均值	94.8	18	5.03	92.2	0.8	33.69
2011/2012年榨季12间示范厂平均值	98.23	7.01	4.58	97.65	0.4	29.26
2012/2013年榨季西场样板厂	98.3	9	3.81	98.34	0	29.24
2012/2013年榨季10间示范厂平均值	98.50	10.2	4.23	97.63	0.17	28.98

据12间示范厂统计一级白砂糖年多产10791吨，年节约标煤42678吨，年节约新鲜水1199万立方米。项目直接增收节支12969万元。

该项2012年6月，通过了自治区科技厅组织专家验收；2013年4月，通过自治区科技厅鉴定。两年来带动了广西75家糖厂使用了以上相关的技术成果，对行业科技进步起到很大的推动作用。

中粮屯河崇左糖业有限公司 2011年筹建的精制糖关键工艺和设备从国外进口，主要进口有：从法国引进连续助晶机150立方米和170立方米各1台、离子交换系统1套、XTZ1600－N上悬离心机4台、德国板式蒸发系统1套、美国精糖熟化筒仓及配套1套。提高了工艺和设备装备水平。

广西农垦糖业集团金光制糖有限公司 2011年，投资1350万元，引进法国法孚糖机公司115立方米卧式丙糖连续结晶罐和配备自动控制系统一台（套），2011/2012年榨季投入使用，使用＃3效蒸发罐汁汽，节约能源显著，丙糖膏经分离后废蜜重力纯度38.5%，比传统煮糖罐的废蜜低3～3.5GP。为提升制糖企业技术水平起了示范作用。

【质量管理与标准化】 广西制糖企业重视产品质量管理，从生产源头严格执行各项工艺技术指标，抓好生产过程中间监测，不断完善产品安全质量的控制与监督，白砂糖产品质量不断提高，广西白砂糖产品出厂质量达到国标（GB317－2006）一级指标。广西90%以上制糖企业已通过ISO9000质量体系认证，10%以上企业通过ISO1400环境管理系列标准认证。产品质量名列全国同行业前茅。

2011年广西制糖评为广西名牌产品表

序号	产品名称	商标名称	企业名称
1	白砂糖	明阳牌	南宁糖业股份有限公司明阳糖厂
2	白砂糖	柳兴牌	广西农垦糖业集团柳兴制糖有限公司
3	白砂糖	桂花牌	广西贵糖（集团）股份有限公司
4	白砂糖	云鸥牌	南宁糖业股份有限公司伶俐糖厂
5	白砂糖	晶龙牌	广西来宾永鑫糖业有限公司
6	白砂糖	大明山牌	南宁糖业股份有限公司香山糖厂
7	白砂糖	防城牌	广西农垦糖业集团防城精制糖有限公司
8	白砂糖	古府牌	南宁糖业股份有限公司东江糖厂

资料来源：广西壮族自治区产品质量监督检验院。

【综合利用与三废治理】 广西制糖企业重视综合利用和三废治理。主要在四大系统取得长足的发展。

产品深加工　继农垦糖业集团柳兴制糖有限公司和防城精制糖有限公司开发精制糖后，2011年，中粮屯河崇左糖业有限公司，新建精制糖生产线，日产精制糖1000吨。东亚糖业集团公司也新建精制糖车间，日产1200吨。精制糖产品投入市场，深受客户欢迎。另广西农垦糖业集团昌菱制糖公司投资1.8亿元，于2012年建成年产1万吨朗姆酒，填补了广西的空白。

酒精废液治理　利用糖蜜生产酒精过程排出大量的废液，化学耗氧量（COD）和生化需氧量（BOD）甚高且呈酸性的废液，对环境污染严重。在原有治理的基础上，2011年和2012年在酒精废液治理有新进展：广西丰浩糖业科技开发有限公司，于2011年，投入2.1亿元，利用年产10万吨酒精所产生的废液，研究开发年产30万吨生物有机、无机复合肥，现年产15万吨生物有机肥已投入生产，另15万吨生物无机复合肥预计2013年年底前投产；广西农垦糖业集团昌菱制糖公司，2011年投入1000多万元，利用酒精废液与滤泥经科学配制年产5万吨生物有机肥，专供甘蔗用肥，此外另将朗姆酒产生的废液经过浓缩后再经科学配方生产出农作物肥料。

蔗渣利用　蔗渣在原有造纸的基础上进行利用：广西农垦糖业集团在红河工业园区投资15亿元，利用蔗渣生产9.5万吨漂白蔗渣浆。于2010/2011年榨季投入生产；广西永鑫华糖集团在来宾工业园投资8亿元，建设年产10万吨蔗渣浆；广西农垦糖业集团昌菱制糖公司投资7000万元，兴建年产1万吨糖醛车间，于2012年投产。

锅炉废气烟尘治理　糖厂配备的锅炉多以蔗渣或煤为燃料，烟气含有大量的烟尘和SO_2气体，制糖企业进行了各种治理，取得初步成效。近两年制糖企业则重在锅炉烟气的除硫和除尘治理。如南宁糖业股份有限公司明阳糖厂2011年投入1700多万元，增加锅炉烟气的除硫和除尘设备，取得良好的效果。又如中粮屯河崇左糖业有限公司2011年新建3台85 t/h蔗渣锅炉，采用高效脉冲喷吹袋式除尘器进行除尘，除尘效率达99.9%，烟气由引风机排至1座高100米上出口径3.5米的烟囱直接排放，对烟气的烟尘得到较好除去，改善了厂区的空气质量。

（陆益栋）

汽车工业科学技术

【概况】 截至2012年末，广西汽车工业共有规模以上企业288家，其中载货车企业1家，客车企业1家，微型汽车企业1家，特种汽车及改装车企业8家，车用内燃机企业6家，摩托车企业1家，汽车及摩托车零部件及配件企业270家。广西汽车工业完成工业总产值1666.50亿元，同比增长13.72%；完成工业增加值349.09亿元，同比增长13.8%；实现销售收入1561.00亿元，同比增长8.89%；实现利润74.36亿元，同比下降0.67%。汽车整车产量为167.33万辆，同比增长17.6%；车用发动机产量为205.35万台，专用汽车产量6.75万辆。全部从业人员平均人数为12.68万人（其中科技人员1.26万人），较上年增长1.52%。

2011年四个研发中心获自治区政府批准："轿车研发中心"、"商用车研发中心"、"底盘零件研发中心（含微车发动机及测试中心）"、"商用车用发动机研发中心"。

2012年，广西汽车工业通过大力调整产品结构，加快新产品开发，积极开拓国际国内市场，实现了较快增长。上汽通用五菱汽车股份有限公司相继推出多款新产品。宝骏6301.5 L自动档车型3月上市；搭载B15发动机的五菱荣光加长版车型6月上市；宝骏6301.8 L手、自动档车型8月上市。GP50两厢、GP30、GP60等产品的研发工作加快推进。同时，公司大力拓展海外业务并取得较大突破。7月，微客产品五菱荣光（N300）

正式投放埃及乘用车市场；印度五菱宏光(CN100)项目进展顺利。全年公司汽车产销分别为150.0万辆和145.8万辆，同比增长17.1%和12.0%；实现主营业务收入507.6亿元，同比增长16.2%；利税72.6亿元，同比增长14.1%。微型车市场占有率为50.1%，连续7年居行业第一。东风柳州汽车有限公司强化产品研发工作，夯实管理基础，努力实现重点产品上量，取得较好成绩。全年汽车产销分别为16.9万辆和16.8万辆，同比增长21.4%和16.0%。其中乘用车产销双双突破13万辆大关，分别为13.9万辆和13.7万辆，同比分别增长36.4%和35.5%。菱智系列车型销量同比增长112%，菱智、景逸车型销量均位列细分市场前列。广西玉柴机器集团有限公司成功发布了YC4DN-50、YC4S等七款国5天然气发动机和五款国4柴油发动机等科研成果；与多家大型企业集团结成了战略联盟，在传统优势市场始终保持较高的市场占有率，在新市场如气体机市场、校车动力市场，销量占有率行业第一。全年柴油机产量为57.73万台，市场份额增长了3个百分点。

2012年广西汽车工业出口交货值为13.21亿元，同比减少4.24%。上汽通用五菱汽车股份有限公司整车出口12985辆，完成出口创汇9196万美元，同比增长16.74%。东风柳州汽车有限公司海外市场“三网”建设扎实推进，在越南、缅甸、印尼等重点市场建立销售网络84家、服务网络57家、配件网络45家，形成主销区域销售网络100%全覆盖。全年出口汽车1518辆，创汇5846万美元。中国重汽集团柳州运力专用汽车有限公司新开拓缅甸、马来西亚、印度尼西亚、老挝、柬埔寨等东盟国家市场，并实现了批量订单出口。2012年自营出口各类专用车334辆，其中自卸车197辆、搅拌车24辆、矿山车113辆，实现创汇值1745.89万美元。广西玉柴机器股份有限公司的产品出口已覆盖五大洲特别是东南亚、中亚、东欧、非洲、南美和中美地区。

【科研投入】 2011年广西汽车工业企业科研投入：上汽通用五菱155000万元，东风柳汽43697万元，五菱1.4亿元，玉柴12.8亿元。

2012年广西汽车工业企业科研投入：上汽通用五菱160712万元，东风柳汽44134万元，五菱1.9亿元，玉柴13.8亿元。2012年科技技改投资46.83亿元。

【科技成果】 2011～2012年，广西汽车工业获科技成果奖5项，其中：2011年，获广西科学技术进步奖3项（其中二等奖1项、三等奖2项），2012年，获广西科学技术进步奖2项（其中二等奖1项、三等奖1项）。

上汽通用五菱汽车股份有限公司的高效、节能、环保的小型车用汽油发动机平台关键技术及应用　主要完成单位：上汽通用五菱汽车股份有限公司。该项目是根据国家大力推行节能、环保的汽车产业政策，在严格的排放、油耗等汽车法规下，为适应国家汽车产业政策和汽车市场需求，开发高性能的小排量发动机。项目主要创新点：一是以整车应用为基础的发动机台架耐久试验评估技术；二是集成可变进气截面系统的塑料进气歧管；三是低张力活塞，集成气门刮碳技术的低惯性量配气机构；四是正时驱动系统的齿型静音链技术；五是电子控制废气再循环系统技术。对比国际同类发动机的油耗和升功率指标，B系列发动机升功率达52.2，满足欧Ⅴ排放法规和第二阶段噪音法规；B发动机搭载在乐驰系列车型，其综合百公里油耗仅为5.7L，在同级别车型中率先提前满足国家第三阶段油耗法规的要求。

该平台技术申请发明专利4项、获授权实用新型技术专利36项。B系列发动机已经成功应用于上汽通用五菱的主导产品五菱宏光、五菱荣光、五菱之光、乐驰等系列车型、上海通用的雪佛兰赛欧小型轿车及通用印度的N200车型上。2007年8月投产至2011年8月，B系列发动机总产量超过224万辆，销售收入146.5亿元，上缴税金9.3亿元。成果获2011年广西科学技术进步奖二等奖。

柴油发动机过滤器系列产品的研发及产业化　主要完成单位：玉柴华原机械（玉林）有限公司、玉林市技术市场管理办公室、广西玉柴机器有限公司。目前在国内滤清器的行业标准中，机油滤、柴油滤和空气滤的原始滤清效率都是以“重量法”—即被阻挡的污染物重量与加入的污染物重量的百分比来表示。而国外先进标准（除空气滤之外）中，机油滤、柴油滤的原始滤清效率采用的是“颗粒计数法”，即将各尺寸段被阻挡的污染物颗粒数与加入的同尺寸段的污染物颗粒数的百分比分别列出，此表示方法更科学，更能够客观地反映过滤器的过滤效率。该项目创新点：一是首次采用“颗粒计数法”替代“重量法”，对过滤器产品的过滤效率性能指标进行科学按标定。

确保其核心部件选用的原材料完全等同于国外同类产品，研制的过滤器产品满足欧Ⅱ、欧Ⅲ排放标准发动机使用要求；二是首创将手打泵、液位传感器、加热器、温度开关等附加功能延用到过滤器上，形成过滤器总成部件，有效降低喷油泵、喷油器、共轨管等零件故障率；三是对于倒置安装在发动机滤座上的过滤器，为防止更换过滤器时内部的油液溢出，在过滤器座与机油出口间设计防泄漏的密封圈，提高过滤器产品使用过程中的可靠性；五是在发动机油冷却器上设计带有与过滤器连结构的螺纹接头和密封面，使过滤器直接安装在机油冷却器上，消除了零部件结合处漏油的隐患，降低制造成本。

项目成果达到国内领先水平，获中国实用新型专利7项。研制开发的符合欧Ⅲ排放标准的柴油机滤清器已批量生产，近三年累计实现新增产值57141万元，新增税收5228万元。成果获2011年广西科学技术进步奖三等奖。

基于物联网的微车后桥数字化制造关键技术研究与应用　主要完成单位：柳州五菱汽车有限责任公司、武汉理工大学。项目通过在物联网环境下对微车后桥的数字化制造技术进行全面的分析和关键技术开发，包括对汽车后桥装配、制造的数字化技术研发、汽车后桥数字化检测技术的研发、汽车后桥车间物流信息管理系统的研发。实现物联网环境下的微车后桥的全数字制造。

该项目集成应用的主要技术有：装配线柔性化设计技术；主、被动齿轮安装调整垫片选择数字化技术；轴承内外压装力自动监控技术；启动力矩、齿侧间隙及螺母扭力自动检测技术。同时，将车间物流、制造及质量检测过程应用数字化关键技术纳入物联网的管理和监控中。

该项目技术的创造性与先进性：一是首次在国内微型汽车零部件装配生产中采用物联网技术。将车间物流、后桥数字化制造及后桥数字化检测纳入统一的管理和监控中。二是在国内首次将后桥制造采用数字化的装配技术。改原有人工装配与检测为数字化自动装配与检测。该技术集高柔性、高精度、高可靠性与适应性于一体。三是该项目首次应用基于物联网的微车后桥主减速器智能质量检测技术，将原有人工经验检测方式为数字化的自动检测，形成了后桥质量的判断标准，从而为建立国家、行业检测技术标准提供依据。

该项目技术成熟，适用范围和安全性。项目首先实现后桥的数字化检测，降低损耗、提高劳动生产率，已先期实施并运行两年，取得了较大的经济效益和社会效益。第二步实现后桥的数字化装配，主要是利用数字化仪器实现装配过程中的自动准确的测量，各垫片自动选择和扭力自动拧紧，改变了纯手工装配的模式，体现了数字化高技术的现代化装配线发展趋势，其生产模式及质量控制得到了根本性改善。然后进行车间物流信息管理系统的设计，最后集成整个系统。

该项目采用一系列关键技术开发出的基于物联网的微车后桥数字化管理、装配及检测设备应用于后桥生产线上，取得了极大的经济效益和社会效益：一是采用基于物联网的车间物流管理系统，实现物流配送过程的转变，生产节拍有很大的提高。保证生产数据记录的准确性和及时性、实现生产现场信息与物料管理部门之间信息的及时交换，有效解决了配送不及时、不准确、缺料、丢料的情况，减少不必要的浪费，并最终达到有效地控制生产成本。为提高企业生产率和企业经济效益做出了一些探索性的设计与开发。二是采用规模化的数字化制造设备，生产效率将大为提高，企业新增产值大幅上升，后桥的返修费用也将大大降低。三是通过基于物联网的后桥装配数字化技术研发，解决了原有的通过人工耳听判断主减速器品质好坏的途径，克服了以往手工装配效率低、精度差的问题，极大的推动了行业科学技术的进步。采用新的数字化制造系统设备后，2010年比2008年新增工业产值4.4亿元，产能提高71%。由于后桥数字化检测手段的更新，返修率下降为1‰。另外，由于现代物流管理系统的实施，产品交货达成率提高到95%。

基于物联网的后桥数字化制造与检测设备已安装在柳州五菱汽车有限责任公司的生产线上，另外，其数字化检测设备已在上汽通用五菱股份有限公司等相关汽车零部件企业得到全面的推广应用，成功解决了以前通过人工经验等传统方式进行后桥质量判断等问题，其生产效率大为提高。经过长期检验，用户反映良好。该成果获2011年广西科技进步奖三等奖。

五菱荣光系列车型开发　主要完成单位：上汽通用五菱汽车股份有限公司。该项目开发的五菱荣光车型是具有完全自主知识产权的全新平台产品，包括短、长轴客车、单双排货车等系列车型，搭载1.2 L/1.5 L发动机，在外观、整车参数、结构及性能方面进行了全新的设计，开创了中国“大微客”市场，引领安全、节能、环保的

技术方向。该项目关键技术研究内容：一是建立了完美的大微客产品平台关键性能参数评价方法，形成模块化的平台设计开发技术，掌握了从汽车造型设计、整车集成、结构设计、性能集成到零部件设计、轻量化设计等汽车自主研发技术。二是研发出4N结构的高刚性、高安全性、高可靠性的车身技术，应用于整车碰撞性能设计，在国内微客产品中第一个同时满足100%正碰、40%偏置碰撞、侧面碰撞等要求。三是创新应用半经验多软件混合整车建模仿真技术，操控性、平顺性、转向性等性能优于铃木APV车型，底盘性能达到了国际水准。四是处于行业领先水平的整车NVH（振动噪声）性能集成开发技术，在发动机悬置优化设计、进排气优化技术、动态减振技术、微车声学包装技术等NVH技术研发领域取得多项创新成果。

项目获授权发明专利20项、外观设计专利11项，发表论文64篇，形成企业标准178项，参与起草国家和行业、地方标准12项。自2008年上市至2012年，五菱荣光系列车型累计总产销已达127万辆，新增产值420亿元，实现销售收入445亿元，新增利税46.28亿元，创汇9794万美元，节支总额1.4亿元。该成果获2012年广西科技进步奖二等奖。

重型汽车多层铆接车架研究及轻量化应用 主要完成单位：东风柳州汽车有限公司、广西工学院。该项目针对重型汽车多层铆接车架存在的自重大、工艺复杂、生产率低等问题，在国内外率先进行了重型汽车铆钉连接传力路线特征的研究。该项目主要创新点：一是铆钉连接力的特征研究；二是双层槽钢铆钉联接合理布局的研究；三是建立双层槽钢车架结构化设计的目标函数；四是提出双层槽钢的车架用铆钉连接时，内层槽钢受力参与程度不足，不符合梁理论中梁横截面平面变形的假设；五是进行了铆钉位置和间距对车架刚度及应力和影响研究；六是采用内层槽钢应变能占应变的比例作为评价结构设计结构设计优劣的量化指标及结构优化的目标函数。

项目研究成果主要应用于东风柳州汽车有限公司生产的所有64，84，104系列重型商用车车架设计中。项目产品2005～2011年7月产销量为70260辆，新增产值97863万元，利润24216万元，税收16907万元，节省成本11451万元（以上按车架总成计算）。项目从优化车架结构入手解决轻量化问题，降低了整车自重，有效地降低油耗，为国家倡导的低碳、环保的可持续发展理念产生积极的社会意义。该成果获2012年广西科技进步奖三等奖。

【技术开发】 2011～2012年，广西汽车工业注重技术开发，获得多项技术专利，取得了较好企业效益及社会效益。

汽车车身尺寸工程数字化管理系统与高效开发 2011年获自治区政府批准为“轿车研发中心”，科研投入20亿元以上。车身开发过程的尺寸工程数字化设计系统，在微车外企中首次实现了尺寸工程全数字化开发与项目管理。应用于企业全系列车型：五菱荣光、五菱之光、五菱宏光。宝骏630轿车的四大平台10个车型中，在我国微车行业中首次实现了工艺设计制造的数字化开发与项目管理，缩短了产品开发周期，得到美国通用汽车公司完全认可，已成功推广到印度、埃及等海外制造基地，截至2012年底已销售450余万辆微车，创造经济效益3.4亿元，产销量已连续7年行业排名第一，项目已获得授权发明专利13项，实用新型专利29项，制定企业标准30项，查新结果表明本项目主要关键技术“具有新颖性”，技术达到国际先进水平。为推动我国自主品牌技术进步做出了突出贡献。

M6系列车型开发及产业化 2011年获自治区政府批准为“商务车研发中心”，科研投入约15亿元。M6车型主要进行五方面的创新：一是车身强度及轻量化设计技术创新；二是车辆振动噪声研究创新；三是驾驶室安全设计创新；四是动力系统匹配创新；五是可靠性试验方法创新。可保证整车性能、质量目标，可作为M10车型的全新换代，并发展成功，已获得12项知识产权的授权，4项发明专利，2项知识产权的受理，并获得法国莱茵公司的第三方出口认证，综合技术水平居国内领先，提升了企业和广西自主品牌核心能力。投放市场以来，截止2012年12月销售28862辆，新增销售收入288176万元，新增利润5153万元，上缴税金10473万元；批量出口越南、菲律宾、缅甸、老挝等国家。至2012年12月共计出口464辆，创汇947.52万美元，企业效益及社会效益均很优。

电动微型货车开发及产业化 2011年获自治区政府批准为“汽车底盘零部件研发中心”，科研投资约16亿元。电动微型货车的开发是成功的，动力性能好，清洁、噪音小、能源利用率高，易

于补充能量等优点，拥有完全的独立自由知识产权，并获得9项专利授权，其中发明专利1项，适应新型专利8项，该产品的产能已达到5万辆/年，产品除销国内外，还远销美国等国家，2012年出口178台，新增销售额680.08万元，新增利润126.38万元，新增税收65.69万元，创汇101.01万美元。该产品零排放、噪声小、能量利用率高，带动电器零部件制造运输等产业的发展，增加就业机会，同时促进了广西电动车行业技术水平的提高，带来良好的经济效益和社会效益。

重型汽车整体式铸钢桥壳新产品新工艺研究开发　针对采用拼焊结构的重型汽车桥壳存在焊缝单薄，桥壳容易变形致使在使用过程中有裂纹和漏油等现象，研制了单桥额度载重11～16吨的重型汽车整体式铸钢桥壳，同时开发了适合于新结构的铸造新模具新工装，产品把桥壳、加强圈、后盖和桥壳安装位组合铸为一体，整体铸造。该研发项目成功获发明专利授权一项，知识产权授权一项，项目填补了区内和国产品牌的空白，为开拓国内、国际市场创造了有利条件。

主要经济指标突出：年产12000件以上整体式铸钢桥壳，年产值达3000万元，新增利税总额250万元，新增就业人数35人。

另外广西汽车工业技术开发的还有：尼龙换挡操纵机构分总成模块化开发、SGMWCN100轿车内饰硬顶及植绒地毯的研究开发、风行景逸两厢轿车（B12）开发、中高档轿车系列惰轮总成生产关键技术开发及产业化、新型高强度单片防火玻璃开发生产等。

【技术改造】　2011年广西汽车工业企业完成更新改造投资183.16亿元，比上年增长48.9%。完工项目有方盛车桥（柳州）有限公司阳和车桥研发制造基地技术改造二期项目，柳州市七彩阳光安全玻璃有限公司汽车用安全玻璃生产线项目，桂林星火机械制造有限公司轿车、轻型汽车同步器生产线技术改造项目，万向钱潮（桂林）汽车底盘部件有限公司产品性能检测、实验设备和污水处理项目，桂林福达齿轮有限公司年产15万套螺旋锥齿轮项目等。在建项目主要有柳州广菱模具技术有限公司乘用车模具及冲压件项目、柳州福臻车体实业有限公司汽车白车身生产基地冲焊项目、柳州市银兴车轮制造有限公司年产450万套汽车钢圈生产线建设项目、柳州裕信方盛汽车饰件有限公司乘用车饰件模块改造项目、广西南轻车桥汽配有限公司汽车配件制造基地建设项目、南宁怡铭海科技有限公司汽车配件生产项目、广西卫通汽车信息技术有限公司汽车导航系统生产建设项目、南宁星淼科技有限公司智能喷塑生产线及烟气环保处理装置建设项目等。

【技术创新】　2011年广西汽车工业企业加快技术创新体系建设，一些关键产品和技术取得重要突破，创新效果显著。广西玉柴机器股份有限公司与天津大学内燃机燃烧学国家重点实验室合作，成功开发出中国首台满足欧VI排放标准的车用柴油机样机。柳州五菱柳机动力有限公司的LJ465Q-2AE6汽油机获广西新产品优秀成果奖一等奖，桂林大宇客车有限公司GL6129HC系列全承载层半客车和GDW6128HWR系列卧铺客车获二等奖。包括广西玉柴机器股份有限公司的YC6MK420-40型柴油机在内的6个技术创新项目通过自治区工信委组织的鉴定，其技术达到国内先进水平。桂林星火机械制造有限公司生产的涂陶汽车同步器获国家发明专利；桂林锚盾汽车保险箱科技有限公司车载GPS定位保险箱填补国内空白，拥有8项专利；广西玉柴机器股份有限公司申报229项专利，获得授权194项。技术创新项目建设取得重大进展。桂林大宇客车有限公司承担的GDW6115HKD客车和柳州六和方盛机械有限公司承担的Bl2后轴总成等28个技术创新项目列入自治区技术创新项目计划，项目投资1.47亿元。柳州上汽汽车变速器有限公司中级轿车变速器总成研制与开发、柳州安泰方盛电器系统有限公司汽车车身控制模块产品研发等10多个项目获得柳州市技术创新专项资金支持，资金总额达230万元。南宁市加快推进重点技术创新项目实施，主要项目有南宁燎旺车灯有限责任公司新型系列灯具开发项目、南宁星淼科技有限公司汽车灯具反射镜喷漆固化全新工艺研究项目等。广西玉柴机器股份有限公司加快推进其国家级企业技术中心技术创新和技术攻关项目建设，以提升企业的技术攻关能力和技术创新水平。技术创新体系进一步完善。年内，汽车行业新增柳州乘龙专用车有限公司技术中心、柳州双英汽车配件制造有限公司技术中心、柳州航盛科技有限公司技术中心和桂林福达集团有限公司技术中心等四个自治区级企业技术中心。

【质量管理】　2011年广西汽车工业企业在抓质量

创名牌工作中取得较好成绩。玉柴 YC6MK420－40 发动机获 2011 年度国家质量奖，南宁八菱科技股份有限公司的八菱牌汽车散热器、广西天鹅蓄电池有限责任公司的天鹅牌起动用铅酸蓄电池、柳州市双飞汽车电器配件制造有限公司的汽车线束总成、柳州延龙汽车有限公司的延龙牌加盖自卸式垃圾车、玉林正菱汽车配件有限责任公司的缨菱牌汽车座椅等产品获 2010 年度广西名牌产品称号。广西玉柴机器股份有限公司被评为全国质量工作先进单位，公司总质量师马晓霞获得全国质量管理小组活动卓越领导者称号，冷加工厂超越 QC 小组、铸造厂机体车间 QC 小组双双获得全国优秀质量管理小组称号。

【产业园区建设】 广西汽车产业园区主要有柳州阳和工业新区、柳州新兴工业园、玉柴工业园和桂林汽车产业园。

柳州阳和工业新区　柳州阳和工业新区位于柳州市东面，总规划面积约为 45 平方公里，于 2003 年 7 月正式启动建设。2005 年，柳州市阳和工业新区顺利通过国家发改委对全国开发区的整顿和审核，成为广西区内 23 家通过国家发改委审核的自治区级开发区之一。其产业定位为汽车及零部件制造业、工程机械和以通用机械为主的机械制造业、重大装备制造业等。新区按照“一区多园”的规划思路和开发次序，主要规划分为三个区域，即阳和汽车机械园、古亭综合配套服务区、雒容工业园。园区现有入园企业 140 家，2012 年实现规模以上工业总产值 350.6 亿元，同比增长 18.2%。园区重点推进项目共 8 项，全年完成技改投入 2.39 亿元。方盛车桥（柳州）有限公司阳和车桥研发制造基地技改二期、柳州福臻车体实业有限公司汽车白车身生产基地冲焊技术改造、柳州上汽汽车变速器有限公司汽车变速器技术改造等一批项目竣工投产。

柳州新兴工业园　柳州新兴工业园位于柳州市东南近郊，距市中心 10 公里。园区总体规划为 25.26 平方公里，其中工业用地 12.1 平方公里。规划布局以汽车、汽车零部件、工程机械、通用机械、机电一体化为主，配套发展物流运输、金融保险、信息服务、商贸服务等服务行业。2007 年，柳州新兴工业园被确定为广西 A 类产业园区。园区现有入园企业 143 家，2012 年新兴工业园实现规模以上工业总产值 167.33 亿元，同比增长 6.7%。2012 年园区重点推进项目 2 项，全年完成技改投入1055万元，柳州金锻方盛工业有限公司汽车及工程机械精密锻件制造基地建设项目竣工投产。

2011 年获自治区政府批准为柴油汽车用发动机研发中心，科研投入 13.8 亿元。

玉柴工业园　玉柴工业园建于 2006 年，位于玉林市南部。目前园区总规划用地面积 22.83 平方公里，计划扩展至 133.83 平方公里或 78.83 平方公里，主要围绕广西玉柴机器集团柴油机及工程机械配套，发展动力机械和工程机械两大产业。玉柴工业园有入园企业 50 家，建成投产 34 家。2012 年重点推进的项目主要包括广西玉柴机器股份有限公司铸造中心二期工程、玉柴船用柴油机基地建设项目、玉林市质监局（玉林）国家内燃机及零部件产品质量监督检验中心项目、玉林市嘉祥机械有限责任公司工程机械配件柴油机配件技改项目、玉林市嘉德机械有限公司柴油发动机气缸盖生产项目、玉柴气体发动机生产项目、玉柴物流项目、安耐哲公司磷酸铁锂动力电池生产项目等。2012 年园区完成工业总产值 362.01 亿元、工业增加值 75.02 亿元、税收 10.81 亿元、工业项目投资 27.01 亿元、基础设施投资 1.81 亿元，同比分别增长 24.7%、23%、1.5%、7.1%、20.7%。

桂林汽车产业园　桂林汽车产业园位于桂林苏桥经济开发区，规划面积 66.67 公顷，建设为整车及零部件生产基地。其中汽车整车规划总面积约 40 公顷，产业定位为广西客车生产基地、西南地区新能源客车生产基地。桂林苏桥园客车基地包含三个板块：一是桂林客车工业集团有限公司自主客车板块，占地 250 亩，建设年产各型客车（含新能源客车）8000辆的产能，年产值 20 亿元。项目已在 2009 年 4 月开始动工，至 2010 年 9 月桂客集团本部完成搬迁投产。二是桂客集团与柳州五菱投资合作的桂林客车发展有限责任公司整厂搬迁项目，该项目于 2009 年 11 月开工建设，占地 248 亩，总投资 2.5 亿元，以生产轻型客车为主，建成年产 2.5 万辆轻型客车产能，实现销售收入 20 亿元。项目已于 2012 年 12 月竣工投产。三是桂林大宇客车有限公司的搬迁项目，总建筑面积约 100 亩，预计投资 2.6 亿元，已于 2009 年 12 月开工建设，建成年产2000辆大型客车、1 万辆高级商务客车及小型货车的产能，年产值达 30 亿元。桂林苏桥园客车基地形成后，可带动相关汽车零部件企业的发展。

（黄怀轩）

机械工业科学技术

【概况】 广西机械工业主要拥有金属制品制造业，通用设备制造业，专用设备制造业，铁路、船舶、航空航天和其他运输设备制造业，电气机械及器材制造业，仪器仪表及文化、办公用机械制造业等六个分行业。2011年全行业国有及年销售收入2000万元以上非国有企业607家，从业人员15.11万人。全年完成工业总产值1386.4亿元，比上年增长39.1%，工业增加值累计增速为26.6%。实现主营业务收入达到1271亿元，比上年增长33.1%，其中金属制品业收入160.18亿元，增长58.4%；通用设备制造业收入233.5亿元，增长26.2%；专用设备制造业主营业务收入414.18亿元，增长22.8%；交通运输设备制造业(除汽车外)收入85.99亿元，增长21.1%；电气机械及器材制造业收入355.1亿元，增长45.6%；仪器仪表及文化办公机械制造业收入22.06亿元，增长37.5%。全行业实现利润总额97.39亿元，缴税27.51亿元，分别比上年增长58.7%和31.8%。

2012年，广西机械工业产销下滑，全年完成现价工业总产值1445.82亿元，比上年增长11.59%；增加值累计增速10.27%。全行业实现主营业务收入1311.71亿元，较上年增长9.81%，其中：金属制品业主营业务收入207.56亿元，同比增长21.96%；通用设备制造业主营业务收入133.61亿元，同比增长11.02%；专用设备制造业主营业务收入372.03亿元，同比增长－12.09%；铁路、船舶、航空航天和其他运输设备制主营业务收入110.03亿元，同比增长23.25%；电气机械及器材制造业主营业务收入461.70亿元，同比增长24.06%；仪器仪表及文化、办公用机械制造业主营业务收入26.74亿元，同比增长38.19%。全行业实现利润总额93.00亿元，较上年增长7.52%。全行业缴纳税金总额34.62亿元，较上年增长33.12%。

机械产品钢绞线、电力电缆、液压元件、水泥专用设备、谷物收获机械、磨具、环境污染防治专用设备、交流电动机、高低压开关板及太阳能电池增长幅度较大；工业锅炉、电站水轮机、数控机床、装载机、泵、阀门、混凝土机械、大气污染防治设备、水轮发电机组及互感器下滑比较大。

【科技成果】 2011年广西机械行业共获得自治区科学技术奖4项，其中：获广西科学技术特别贡献奖1项、获广西科学技术进步奖二等奖1项、三等奖2项。

YC6L系列柴油机研发及推广应用　主要完成单位：广西玉柴机器股份有限公司。该项目自2002年开始启动。在持续9年的研发、产品拓展、技术创新与推广应用中，该项目负责人兼技术总负责人、玉柴总工程师沈捷以及冯静、卓斌、覃壮革、覃文、李勤、林志强、陶泽民、林铁坚、韦文学、张文、孙步武、杨春、杨剑、钟洪文等一大批科技人员为此付出了艰辛的劳动，做出了创造性贡献。

YC6L系列柴油机是目前国内成长快、销量大的新一代高效节能环保发动机。项目的主要创新体现在排放升级、缸内制动技术应用、曲轴箱强制通风技术应用、两级增压技术应用、发动机电子控制系统、燃烧系统优化、燃油适应性研究等方面。在排放升级方面，玉柴通过后处理技术攻关优化，在原来机型达标国Ⅲ的基础上，开发了国Ⅳ以上排放的机型并使之成功批产；在缸内制动技术应用方面，玉柴采用VVEB制动系统作为车辆的辅助制动系统，使整车制动力比欧美同类产品低速制动力高10%以上，提高了车辆的安全性；在发动机电子控制系统方面，玉柴独立开展发动机台架标定、整车标定和三高标定（高温、高原、高寒），在国内率先掌握了电控发动机标定技术，突破了国外技术封锁；在燃烧系统优化方面，玉柴通过攻关，使万有特性最低燃油消耗率为191 g/kW·h，发动机噪声为113 dB，远低于国内其它机型，达到国际先进水平；在燃油适应性研究方面，玉柴首创的低温氨存储控制策略及高含硫量柴油下的SCR系统控制策略，解决了SCR系统在中国城市公交车车速低、排气温度低的市场应用难点。

该项目拥有完全自主知识产权，共获国家、省部级、市级科学技术奖励8项，获专利授权162项。其中“四气门柴油机气缸盖卸荷槽”专利突破了国外技术封锁，解决了德国发动机研发专家长期没有突破的技术难题。

YC6L系列柴油机是国内首先排放达标国Ⅲ、国Ⅳ、国Ⅴ并投放市场的产品，得到了汽车厂和用户的广泛认可。目前已与国内大部分主流汽车厂建立了稳固的配套关系，主要配套开发的车型达107个。该系列发动机在北京奥运会、上海世博会、广州亚运会上作为接待用车发动机稳定可靠运行，表现出不凡的优秀品质。其中YC6L系列的国Ⅳ柴油机在北京奥运会上，作为国内唯一民族品牌动力，以零故障记录完满完成了全程服务任务，并圆满完成了全国每年的两会、中非论坛、上海世博会、广州亚运会、深圳大运会等重大接待任务。该项目对推动我国内燃机工业的快速发展，提升我国柴油机制造业的国际竞争力具有重要意义。

项目产生了巨大的经济及社会效益。YC6L系列柴油机及应用核心技术延伸的机型在2008年、2009年、2010年共销售81.5万台。在广西发展直接配套供应商超50多家。近3年，在广西区内直接零部件采购总额约85亿元，带动了广西以及国内零部件供应商的技术进步。该项目获2011年广西科学技术特别贡献奖。2012年9月29日，在全区科技创新大会上，玉柴集团公司总工程师、玉柴股份公司董事长高级技术顾问沈捷，代表研发团队接受了自治区党委书记郭声琨授予的获奖证书和百万奖金。

6×3.2万千牛（Φ650 mm缸径）超硬材料六面顶液压机　主要完成单位：桂林桂冶实业有限公司、四川大学原子与分子物理研究所、桂林电子科技大学。硬材料六面顶液压机是我国自主开发的超高压设备，该设备的制造和合成技术经过四十多年的提高和积累，已成为我国独具一格的技术。它是一种通过液压产生高压，并通过低电压大电流产生高温，为超硬材料合成提供所需的压力和温度的设备。其工作原理：采用六个铰链梁相互铰接定位，并利用液压系统产生的超高压力推动六个活塞，从上下左右前后六个不同的方向同时对合成块施加压力，同时通过低电压大电流在合成块内部产生高温，使合成块内部的材料在特定的高温高压条件下发生物理及化学变化，最终得到所需的超硬材料及其制品。

性能指标：缸体直径：φ650 mm；公称压力：32000 KN；高压工作压力：12.6 MPa；超高压工作压力：97 MPa；活塞行程：100 mm；增压比：7.7：1；压力控制精度：≤±0.1 MPa；电加热调功控制精度<0.2%

6×32000千牛（φ650 mm缸径）超硬材料六面顶液压机应用了多项具有自主知识产权的专利技术（其中已获得授权专利5项，受理专利4项），科学合理地解决了六面顶压机大型化存在的技术难题，具有突破性、创新性和先进性。CS－Ⅹ（HD）型6×32000千牛超硬材料六面顶液压机是合成超硬材料及其制品的超高压设备，是我国超硬材料行业使用的最主要机型。它具有结构紧凑、操作灵活、维护简单、上马快、经济效益高等优点。应用于制造人造金刚石、立方氮化硼的单晶和聚晶，以及合成复合片（PCD、PCBN）等超硬材料领域的研究和生产。

该设备经国内外多家用户投入工业生产和科研使用，反映良好。产品投产以来，国内外市场占有率超过50%，居同类产品首位，市场前景广阔。该产品的推广和应用，对我国超硬材料行业装备水平及合成技术水平的提升起到了重要的推进作用，具有显著的经济效益和社会效益。成果获2011年广西科学技术进步奖二等奖。

75 t/h高效节能循环流化床锅炉研制　主要完成单位：广西西江锅炉制造有限公司。该锅炉的关键技术是保证燃料的充分燃烧，提高锅炉的热效率、优化循环流化床锅炉的燃烧工况以及解决固体颗粒对受热面冲刷磨损的问题。主要创新点：一是合理设置两个水冷旋风分离器，旋风分离器出烟管材料为耐热高强度合金；二是采用高温物体分离，空气预热器和省煤器等关键部位都装有耐高温材料做的防磨装置；三是过热蒸汽的调温方式采用自制冷凝水减温器械，通过调节减温水量的多少来进行调温；四是炉壁四周采用了全膜式水冷壁结构，使炉得到可靠的密封；五是采用非机械的U型回料装置，保证料位于平衡和防止烟气反窜；六是采用床下风道点火，省油、启动方便、可靠性高，可自动点火。

75t/h高效节能循环流化床锅炉实测热效率为89.34%，与同类产品实际平均热效率83%相比提高了6.34%，技术水平达到国内领先水平，每年因热效率提高可以节约燃料采购费262.2万元；同时，该高效节能锅炉排放的废气和烟尘远比一般的同类锅炉少，符合国家环保标准要求，具有显著的社会效益。成果获2011年广西科学技术进步奖三等奖。

HL530A水平定向钻机　主要完成单位：桂林市华力重工机械有限责任公司。非开挖铺管技术作为一种新型的地下管线建设方法，因其不影响交通、铺管速度快、效率高、无环境破坏、不影响人们正常工作生活等一系列优点越来越受到地下管线建设部门的青睐。该项目针对目前国内

市场非开挖水平定向钻机同类产品成本偏高、机器体积偏大、无法满足作业场地高要求等问题进行全新设计。研发出具有国际先进水平的高附加值产品 HL530A 水平定向钻机。主要创新点：一是独创了具有自主知识产权的主臂摆动连杆机构，使 HL530A 钻机在行走状态可实现大的接近角度（接近角可达 24°）；二是独创的支脚在收回时可自动保持倾斜状态，不影响钻机的离去角（离去角可达 25°）；三是自主开发的动力头液双速阀，通过电—液控制，实现在操纵台上操纵动力头的换档。2010 年，项目产销 167 台 HL530A 水平定向钻机，已广泛应用在电信、电力、热力、燃气、给排水等管线铺设上，新增销售收入6851万元，利润 787 万元，税金 518 万元。成果获 2011 年广西科学技术进步奖三等奖。

2012 年，广西机械行业获得中国机械工业科学技术奖二等奖 1 项，获得广西科学技术奖励 12 项（其中：获广西技术发明奖 2 项、广西科学技术进步奖 9 项）。

CLG856III 轮式装载机 主要完成单位：广西柳工机械股份有限公司。项目采用满足欧美排放法规的电控发动机技术，借助柳工发动机与变矩器匹配优化关键技术，使发动机与变矩器匹配处于低油耗、高效率的最佳工作点，采用温控液压马达驱动风扇技术和双泵合流高压卸荷液压系统，起到节能作用；通过模拟仿真技术和降噪措施，使整机噪音远远低于 CE 认证要求；利用柳工 ZL-CAD 优化软件及有限元分析优化工作装置；采用多项代表目前国际先进水平的微电子技术，微电脑控制智能三级声光报警技术、自动放平技术、电子称重技术。项目创新点：一是采用双泵合流高压卸荷液压系统和温控液压马达驱动风扇系统，为客户节省油耗，降低使用成本；二是采用超静音消音器及隔音驾驶室，整体驾驶室内部噪音低于 CE 认证要求6 dB；三是项目采用液晶显示、电子监控、声光报警、微电脑控制等技术，智能化设计大大地提高了产品的魅力；四是高效的工作装置系统，提高作业效率；五是宽敞舒适的操作环境和个性化需求的配置，满足客户的需求。CLG856III 轮式装载机产品从 2009 年至 2011 年共计销售 200 台，新增销售额10192.03万元，新增利润1104.22万元，新增税收 320.15 万元，出口创汇1554.03万美元，出口创汇能力逐年增强。

该产品主要出口至欧美等发达国家，是中国目前最高水平装载机之一，是国产装载机参与国际高端市场竞争的先行者和开拓者，对学习国外先进技术和发展我国民族工业起着积极作用。该项目成果获 2012 年中国机械工业科学技术奖二等奖。

挖掘机液压全功率电子控制器 主要完成单位：广西柳工机械股份有限公司。挖掘机驾驶操纵系统上的电子控制研发技术是目前锅铲挖掘机最薄弱的技术环节。国外挖掘机和合资挖掘机产品几乎全部装上了液压全功率电子控制系统，而目前市场上的国产挖掘机还未装有这种系统。该项目对国外同类技术进行分析和研究，并在实际测试和试验中不断改进，提出了创新的控制方法，即挖掘机全功率控制方法前馈反馈调节。项目通过主泵及负流量的变化量及发动机转速来实现控制，其优点是节能、提高功率利用率、增强作业功率、消除冲击，改善柴油机特性曲线的平滑性，可以调节油泵的吸收功率，保证柴油机转速能稳定在给定值，实现油泵的吸收功率与柴油机的输出功率完全匹配，不仅提高了工作效率而且还具有节能环保的功能。全功率控制方法在整机上的试装，实现了微电脑控制发动机功率和液压系统自动匹配、自动控制挖掘状态；同时。整机还可自动监测整机工作状态，进行自诊断及故障报警，采用 CAN－BUS、RS232 多种总线进行数据通讯，通过 GSM/GPRS 进行远程数据交换；集成 GPS 全球卫星定位系统；开发防错接技术等。项目创新点：一是挖掘机全功率控制方法这一发明专利的应用；二是故障诊断与远程监控的应用；三是自动预热功能；四是自动怠速与瞬间增力功能。该控制其技术已成功在柳工 15T20T25T36T 等挖掘机上大批量应用。2009 至 2011 年底，已销售安装有该控制器的 15T～36T 挖掘机6966台，实现销售收入 31 亿元，利润 2.8 亿元，创汇 1.04 亿美元，税金9300多万元。该项目成果获 2012 年广西技术发明奖二等奖。

扁型发（承）热电缆产品研究与开发 主要完成单位：广西贵港市群星电缆有限公司。我国发热电缆制造技术与跨国企业相比，总体差距仍然较大，油气在技术含量较高的产品上，国内目前仅有少数企业能够生产。该项目突破传统发热电缆的生产工艺，开发出性能更好，更先进的扁型发（承）热电缆，以打破国外品牌的垄断。项目针对扁型发（承）热电缆的新材料、新结构、新工艺、设备选型等方面进行研究，建立企业标准 1 个，建成生产线 1 条。铲平外形为薄型长带

状，以电力为能源，将电能高效转化为热能，以辐射形成均匀供暖，达到采暖或者保温的效果，具有发热面积宽、发热快、使受热物体接触紧粘，热能迅速传输到所需加热的物体内达到节能的作用；采用超薄合金电阻带作导体，聚氯乙烯、氟塑料、硅橡胶做护套，具有独特性能和特殊结构。可广泛应用于地板采暖、管道保温、排水沟和道路融雪化冰、土壤加热、养殖育雏保温等方面，施工简便、分户设计、安全节能。

项目系列研究在2009年至2012年期间分别获得发热电缆授权发明专利（ZL201010258451.7）和实用新型专利（ZL201020297252.2）各1项、承热电缆授权发明专利（ZL200910113969.9）和实用新型专利（ZL200920140683.5）各1项。年生产超薄扁型发（承）热电缆1万千米，销往全国多个省市及东南亚、欧、美等国家与地区，年新增产值2000余万元，新增利润310.48万元，经济与社会效益显著。该项目成果获2012年广西技术发明奖三等奖。

液压挖掘机回转与行走驱动器研制及技术的延伸应用　主要完成单位：桂林电子科技大学和桂林禾田建筑机械有限公司。该项目开展C系列液压挖掘机回转驱动器的研制和小型液压挖掘机行走驱动器的国产化研发，并通过技术成果的延伸应用实现了产品的系列开发，以及向塔式起重机、港口起重机、汽车起重机和采矿挖掘机等其他工程机械领域的扩展。项目以液压挖掘机回转与行走驱动器核心部件——行星减速器为研发重心，开展了相关设计与制造工艺设计研究，在驱动器新结构设计、制造工艺、环段工艺、热处理工艺、过载与冲击工况模拟实验以及齿轮失效分析、点齿和齿轮仿真等方面取得创新成果。项目研制的回转与行走驱动器达到1500小时工况考核、0.86以上传动效率、75分贝运转噪音、1.3倍过载能力和70℃运转温升等考核指标，具有与进口配套产品相同的使用效果和可靠性。研发的各类驱动器产品已形成多种规格系列。液压挖掘机回转与行走驱动可与3～20吨级主机配套，延伸研发的系列塔式起重机回转、起升与变幅机构最大扭矩可达16000 N·m，港口起重机回转驱动器最大扭矩可达36000 N·m。项目研发产品已在桂林禾田建筑机械有限公司投入生产，应用于工程机械各领域，目前已实现销售收入11130万元，利税1519万元，出口创汇186万美元，产生了良好的经济社会效益。该项目成果获2012年广西科学技术进步奖二等奖。

4LBZ－100型半喂入履带自走式水稻联合收割机研究与开发　主要完成单位：广西开元机器制造有限责任公司。4LBZ－100型半喂入履带自走式水稻联合收割机是该项目结合国内经济水平及应用情况进行设计开发的一款水稻收割装备。项目主要创新点：一是改进完善梳脱带和轴流滚筒混合脱粒方式；二是采用梳脱带防跑偏机构；三是防飞溅机构的运用；四是采用双刀机构；五是送禾轮防缠草机构的运用；六是液压操作控制作业；七是柴油消声器防送装置。该项目达到国内同类产品领先水平，共申请专利14项，获授权10项。产品性能优良，损失率低，可靠性好，且造型美观，具有整机布局紧凑合理、体积小、重量轻、接地比压小、通过能力强、转弯半径小、操作简单等特点，是一款适用于水稻、小麦的收割机械，特别适合于在我国南方以及东南亚广大丘陵地带、小平原地区的推广应用。近三年来项目产品远销全国十多省区，已销售5300多台，新增产值25210万元，新增利润3238万元，新增税收830万元。该项目成果获2012年广西科学技术进步奖二等奖。

大型双轴定向薄膜生产线关键技术的研究　主要完成单位：桂林电器科学研究院。双轴定向薄膜生产线的技术水平代表了一个国家的塑料机械设备水平。为了缩短与世界塑料机械设备强国的差距，该项目经过攻关，在以下几方面取得了突破：一是设计开发的新型气刀结构，确保了从贴附气刀出来的高压风均匀、稳定、方向性一致；二是发明了全新结构的导轨及其滑动结构，解决了由导轨向链齿部过度而产生跳跃和抖动的难题；三是开发出适合高速高温下运行的点对点注射润滑系统，实现了链条润滑的动态控制；四是开发出具有特定高宽比的矩形静压箱结构，提高薄膜的品质和成膜率；五是采用机电气动一体化技术，研制出一套收卷控制系统，实现在收卷过程中张力和压力分段设定并控制；六是开发了一套远程实时诊断系统，通过互联网对生产线故障进行远程诊断并在线修复，最大限度地提高了生产线连续生产效率。

该项目研发的大型双向拉伸薄膜生产线主要参数幅宽已达8.2米、运行速度450米/分钟、产能超过25000吨，与世界排名第一的德国布鲁克纳公司生产的生产线性能相差无几。已取得销售收入4.5亿元，客户包括安徽铜陵铜爱电子材料有限公司（为世界500强的韩国SK公司的合资公司）、安徽铜峰电子（世界上最大的电容器用BOPP薄膜生产企业）等知名企业，为我国国防、军工、电工、电子等行业用薄膜生产提供了强大的技术支撑。该项目成果获2012年广西科学技术进步奖二等奖。

1000 kV特高压交流试验示范工程110 kV并联电容器装置研制 主要完成单位：桂林电力电容器有限责任公司和桂林电子科技大学。特高压建设日益成为电网建设的重中之重，特高压交流输电工程用电容器得到广泛应用。该项目依托1000 kV晋东南—南阳—荆门特高压交流试验示范工程，开展特高压1000千伏输变电工程，用并联电容器成套装置研制。此装置是该工程的一次主设备，起并联接至频率50 Hz的110 kV中性点不接地交流电力系统，主要用于提供容性无功功率，提高功率因数，降低网络损耗，改善电压质量，提高电网系统运行稳定性。项目创新点：一是采用首创的“双桥差电流保护”专利技术，提高不平衡保护的可靠性；二是采用“避雷器＋过电压阻尼装置”双重过压电保护专利技术，有效抑制装置的操作过电压；三是采用“耐爆破结构设计”，彻底解决了电容器爆破能量集中泄放的问题；四是采用“预装式结构”专利技术，有效简化电容器组的结构装配，减少用户现场安装的工作量。

项目技术达到国际先进水平，其依托工程是成功商业运行的特高压交流工程，已累计送电260亿度，项目研制的110 kV并联电容器成套装置至今运行情况良好，对保障国家能源安全和电力可靠供应具有重要意义。该项目成果获2012年广西科学技术进步奖二等奖。

发动机嵌入式智能控制器研制 主要完成单位：桂林理工大学和桂林金铭和智控科技有限公司。该项目是为降低发动机排废气污染，提高发动机的动力性同时改善发动机经济性而监控发动机最重要的转速、水温、油压三个参数的发动机嵌入式智能控制器研制。该发动机控制器能快速处理多参数信息，功能齐全，抗干扰能力强，控制效果好，满足不同类型发动机的自动控制需求。项目主要技术创新点：一是在自主研发的嵌入式系统通用开发平台上，设计了基于J1939协议的发动机嵌入式智能控制器，并开发了发动机组远程监控系统软件；二是在控制器的控制方法、输入信息处理方法方面采用了发明专利技术；三是在通用发动机控制系统上，采用了CAN总线嵌入式系统控制，并符合J1939协议；四是控制器集测量、控制、保护、四遥等功能为一体。

项目达到国内领先水平，获得国家发明专利授权6项、实用新型专利授权5项、软件著作权2项。该控制器已提供给国内十多家发动机产品开发公司配套使用，并远销美国，直接经济效益达400万元、间接经济效益达5000多万元。该智能控制器还可广泛应用在以发动机为源动力的消防泵机组、舰船、轨道机车、农业机械、工业发动机和发电机组等大型设备的集成控制系统，市场前景广阔。该项目成果获2012年广西科学技术进步奖二等奖。

糖厂制炼车间关键工段自动控制技术攻关 主要完成单位：广西壮族自治区机械工业研究院和广西南宁叶茂机电自动化有限责任公司。成果获2012年广西科学技术进步奖三等奖。

YC20系列液压挖掘机的研发及推广应用 主要完成单位：广西玉柴重工有限公司。YC20系列液压挖掘机液压系统采用了传统节流开中心控制系统，在保证各液压元件性能的前提下，适当地提高泵的排量，使整机工作效率更高；发动机采用成熟的国产品牌，在品质、售后、配件方面都具有良好的保障，同时在发动机的减震上采用较为先进的减震器，降低工作中整机振动；监控系统采用数字化处理的液晶组合仪表及微电脑监控和声光报警技术，具有良好的监控效果；底盘系统上应用了目前较为先进的减震轮系及履带，大大地降低由于行走带来的震动，可以保证操作人员在高效工作室的舒适性；工作结构配备了快换装置，通过触发快换装置即可轻松快速实现附属工作装置的安装和拆卸，实现多元化作业功能。项目共申请了6项国家专利，全部获得授权。YC20系列液压挖掘机经国家工程机械质量监督检验中心型式试验，产品质量稳定、性能可靠，是一种适合于小型工程施工的土方机械，具有挖掘、破碎、推土、抓物、钻孔、清沟等功能，可广泛应用于城市市政建设、水利建设、园林绿化等领域的土方施工。产品打破了该吨位进口挖掘机在国内市场的垄断地位。2009～2011年，项目累计新增产值3714.92万元，新增利润227.06万元，新增税收83.46万元。该项目成果获2012年广西科学技术进步奖三等奖

CLG936D履带式液压挖掘机 主要完成单位：广西柳工机械股份有限公司。挖掘机是一种

效率高、功能丰富、适用面广的工程机械，CLG936D的开发和投产拓宽了企业挖掘机产品系列，增加市场覆盖率，提高企业在挖掘机产品市场的竞争力和影响力。它具有以下特点。一是技术上采用双泵开式双回路、总功率调节负流量控制、液压先导操作等技术。它的智能控制系统、液压全功率电子控制系统等是全球挖掘机行业竞争的最前沿的关键技术。二是关键部件采用世界著名专利厂家的成熟产品进行配套。动力采用美国 CUMMINS 工程机械专用发动机。液压泵、阀、马达采用日本川崎公司产品。底架采用高强度箱型结构，结构件通过有限元对应力进行分析和优化，改善了工艺性，减少焊缝，强度高。另外，在管路密封及电器元件的设计制造上采用可靠高，能抗震的成熟技术。三是液压系统具有多种增值回路及特殊设计的液压比例先导操纵系统和行走阀液压阻尼减振功能。瞬时增力、平地模式、自动怠速和防止过热等诸多机电液一体化控制功能。四是智能监测系统可实现自诊断及故障报警，多种数据通讯方式可与外部设备进行远、近程数据交换或升级软件，还可以实现 GPS 全球定位。

CLG936D于 2011 年 1 月正式上市，2011 年销售 369 台，市场占有率 3%，实现产值 3.37 亿元、销售收入 3 亿元、创汇2301万美元，新产品产值率 12%，创造了显著的经济效益。该项目成果获 2012 年广西科学技术进步奖三等奖

环氧涂层钢丝及环氧涂层钢丝拉索体系　主要完成单位：柳州欧维姆机械股份有限公司。项目首次将环氧涂层钢丝用于平行钢丝拉索体系，其防腐和力学性能明显优于平行镀锌钢丝拉索体系，环氧涂层钢丝采用熔结环氧粉末涂料（FBE）静电喷涂工艺，是一种无毒、不污染环境、节省资源的制作工艺。环氧涂层钢丝及环氧涂层平行钢丝拉索，技术性能可靠、生产工艺成熟，项目锚具各项技术指标满足《预应力筋用锚具、夹具和连接》（GB/T14370－2000）的相应要求；成品拉索各项技术指标满足《斜拉桥热挤聚乙烯高强钢丝拉索技术条件》（GB/T18365－2001）的相应要求，具有显著的社会经济效益，可在桥梁及建筑等各类钢丝拉索结构中推广应用。项目的研究成果属国内首创，居国际领先水平，成果获 2012 年广西科学技术进步奖三等奖。

【新产品开发】　2011 年获自治区新产品优秀成果奖 8 项。其中：桂林电力电容器有限责任公司的TBB110－216500/501－AQW 型并联电容器成套装置，桂林市啄木鸟医疗器械有限公司的新型多功能手柄式 LED 光固化机等成果获自治区新产品优秀成果奖一等奖；广西申能达智能技术有限公司的一体化冷热联供机组，桂林机床电器有限公司的 GB1－32L 系列漏电保护开关等成果获自治区新产品优秀成果奖二等奖；广西宇达水处理设备工程有限公司的全自动一体化净水装置，广西柳工机械股份有限公司的 CLG416 平地机等成果获自治区新产品优秀成果奖三等奖。

2012 年获自治区新产品优秀成果奖 10 项。其中：广西柳工机械股份有限公司的 CLG915D 液压挖掘机、桂林电力电容器有限责任公司的±800 KV特高压直流输电工程交、直流滤波电容器及其装置等 2 个项目获自治区新产品优秀成果奖一等奖；柳州欧维姆机械股份有限公司的 750 型液压推拉千斤顶系统、广西柳工机械股份有限公司的 CLG856III 轮式装载机、桂林电力电容器有限责任公司±400 KV直流联网工程电容器及其装置等 3 个项目获自治区新产品优秀成果奖二等奖；柳州欧维姆机械股份有限公司的 M15DHS 型钢绞线低回缩量锚固体系、北海银河开关设备有限公司的 VYGQ 全密封型固封式真空断路器、广西开元机器制造有限责任公司的 KY70－7 液压挖掘机、广西星宇智能电气有限公司的 YH－B811 小电流接地选线系统、广西宇达水处理设备工程有限公司的无填料冷却塔等 5 个项目获自治区新产品优秀成果奖三等奖。

【技术改造】　2011 年，广西机械行业加大更新改造投资力度，利用先进技术改造传统产业，培育新的经济增长点，全年固定资产投资完成额 322.08 亿元。广西柳工机械股份有限公司“世界级工程机械装备制造基地项目”通过竣工验收，桂林华力重工履带式锚杆钻车系列产品生产基地建设项目、广西华力集团有限公司阳和生产基地建设项目、柳州特种变压器有限责任公司 110～220 千伏整流变压器及电力变压器搬迁扩能技术改造项目相继竣工投产。新开工项目包括百色矿物局重型煤机装备中心建设项目、南宁广发重工集团有限公司整体搬迁技术改造项目、广西华力集团有限公司建设华力汽车零部件及 500 万支减振器生产加工基地建设项目、柳工股份国际工业园建设项目、柳工大型工程机械及关键零部件研发

制造基地建设项目、金盘电气集团桂林“绿色能源·智能电网产业园”建设项目等。

2012年，全行业技改投资力度继续加大，全年行业固定资产投资累计完成599.73亿元，较上年增长64.7%，其中更新改造投资累计完成492.98亿元，较上年增长73.4%。1月18日，桂林绿色能源智能电网产业园项目在桂林市铁山工业园竣工投产。该项目被列入自治区重点项目，也是近年来桂林国家高新区落户的实力最强、投资规模最大、技术含量最高、建设速度最快的企业之一。项目投资5.2亿元，产业园采用了最新研发的技术和工艺，具有环保、智能、节能、减排等突出特点。柳工股份公司与波兰工程机械企业Huta Stalowa Wola公司于1月10日在波兰南部的巴兰诺夫·桑多米尔斯基（Baranów Sandomierski）城堡签订《有条件收购协议》，这是第一个由中国企业参与的波兰国有资产私有化项目，也是迄今为止中国在波兰最大的投资项目，同时也是柳工目前最大的海外投资项目，是柳工全球化进程一座新的里程碑。5月9日，柳工机械波兰有限责任公司首台装载机、挖掘机成功下线。6月15日，柳工与康明斯公司合资成立的“广西康明斯工业动力有限公司”厂房奠基仪式在柳江县新兴工业园举行。广西康明斯工业动力有限公司推出的发动机，将推动柳工机械的动力优化和产品升级，利用康明斯技术和全球销售服务网络优势，打造柳工在更广阔的国际市场的独特竞争优势。合资公司生产基地占地20公顷，一期厂房面积43000平方米。项目正式投产后将视市场的需求，在2～3年形成年产5万台发动机的能力，并在满足柳工产品需求的同时，可向国内工程机械厂家提供配套。8月25日，柳工股份公司核心铸件研发制造项目在柳州鹿寨县经济开发区鹿寨工业园奠基，这标志着公司铸造业向高端铸件迈进，将为公司在国内国际市场占据重要竞争地位提供有力的支撑。柳工核心铸件铸件研发制造项目总投资6.4亿元，拟分两期实施。主要建设变矩器铸造厂、液压件铸造厂、箱体铸造厂、桥壳铸造厂、生产辅助设施及生活办公配套设施等。项目预计年产各类核心铸件5万吨，年实现产值7亿元。柳工工程机械核心铸件研发制造项目的开工建设，标志着柳工铸造业向高端铸件迈进，是柳工在国际化战略征途上的一个重要里程碑。梧州市鸿图精密压铸有限公司年产2.2万吨铝合金精密压铸件及275套精密型腔模具生产项目开工建设，新建生产厂房及库房、综合楼及写字楼，辅助厂房及公用设施，引进国外先进技术、进口国外关键生产设备和成套试验检测装置、购置国内生产流水线、配套生产设备及工位器具、厂区基础建设工程，形成年2.2万吨铝合金精密压铸件及275套精密型腔模具的生产能力，预计整体投产后年产值约人民币11亿元。项目总投资人民币50400万元（8000万美元），包括固定资产投资人民币48951万元。

【品牌建设】 2011年广西机械工业企业在抓质量、创名牌工作中取得新成效。6月，年度全球工程机械制造商50强排行榜发布，玉柴重工榜上有名，列居第43位，向全球工程机械知名品牌的目标迈出了坚实的一步。12月20日，柳工历史上第一台CLG856III静音装载机成功下线，它拥有司机耳旁噪音72dB、机外辐射噪音104dB的国内绝对领先的静音技术。年内，广西机械行业有20家企业的30多种产品被评为广西名牌产品，这些产品分别是：桂林电力电容器有限责任公司的桂容牌牌电容式电压互感器系列，贺州桂东电子科技有限责任公司的GET牌215VF－730VF电子铝箔，桂林机床电器有限公司的桂林牌CJX9B－25、GC系列交流接触器，桂林广陆数字测控股份有限公司的广陆牌CJX9B－25、GC系列交流接触器，梧州新华电池股份有限公司的新华牌R20S、R14S、R6S、R03、LR6、LR03锌一锰、碱一锰系列电池，桂林天湖水利电业设备有限公司的桂变牌110 KV及以下油浸式电力、箱式、干式变压器，桂林国际电线电缆集团有限责任公司的穿山牌系列电线电缆，北海银河高科技产业股份有限公司的银河科技牌SC（B）系列环氧树脂浇注干式变压器，广西纵览线缆集团有限公司纵缆牌系列电缆，南宁家友电线电缆厂的家友牌系列聚氯乙烯绝缘电缆，桂林量具刃具有限责任公司的山字牌DK（0－500）电子数显卡尺，广西纵览线缆集团有限公司的纵缆牌BV15－400、RV15－240、BLV25－400、BVR25－70聚氯乙烯绝缘电缆电线，广西阳工电线电缆有限公司的阳工牌系列电线，广西网联电线电缆有限公司的网联牌BV、BLV聚氯乙烯绝缘电线，广西顺业线缆有限公司的顺帆系列电线电缆，广西昌用电线电缆有限公司的昌用牌系列聚氯乙烯绝缘无护套电缆电线，玉林宝炬电线电缆有限公司的宝炬牌系列电线电缆，南宁南昌电缆有限责任公司的南慧牌BV、

BLV电线，贵港市群星电缆有限公司的群星牌BV、BLV25－240聚氯乙烯绝缘电线，广西龙头焊剂厂的龙头牌埋弧焊系列焊剂等。

2012年，广西机械工业企业在抓质量创名牌工作中取得很好的成绩。广西柳工机械股份有限公司获得首届主席质量奖（共4家企业）。桂林市啄木鸟医疗器械有限公司的WOODPECKER牌超声洁牙机、广西玉柴重工有限公司的玉柴重工牌液压挖掘机、柳州东方工程橡胶制品有限公司的欧维姆OVM牌桥梁橡胶支座、桂林机床股份有限公司的GMTC牌铣床、桂林桂冶实业有限公司的晶鼎牌超硬材料六面顶液压机、广西建工集团建筑机械制造有限责任公司的牛头牌塔式起重机、广西三零一机械有限公司的宏新301粉碎机获广西名牌产品。

（韦继宵）

建材工业科学技术

【概况】 2011～2012年，广西建材工业科技工作紧紧围绕国家建材工业“十二五”规划进行，产业结构调整步伐加快，特别是水泥工业。加快新型干法水泥的发展，重点建设西江沿岸水泥工业基地、桂林—柳州—南宁—崇左铁路沿线水泥工业基地，支持河池、百色、贺州、防城港等市适度发展新型干法水泥生产线，形成地区性产业中心。合理布局水泥粉磨站，重点在南宁、贵港、钦州、防城港、北海建设100万吨及以上大型水泥粉磨站。支持部分立窑水泥企业改建成年产60万吨及以上的水泥粉磨站及水泥制品企业。

2012年，广西水泥产量9964万吨，比2011年增长13.37%，比2010年增长33.2%。2012年广西新型干法水泥熟料设计产能8700万吨，占全国新型干法水泥熟料设计产能16亿吨的5%。2011年广西平板玻璃产量为327万重量箱，2012年广西平板玻璃产量607.6万重量箱，同比增长85.6%。2012年全年广西卫生陶瓷制品产量408万件，同比增长9.88%。陶瓷砖产量21731万平方米，比上年增长32.8%；瓷质砖产量21370万平方米，比上年增长32.35%；2012年新型墙体材料产量突破150亿块标砖，占墙体材料总量的55%。2012年，全自治区散装水泥供应量为4157.76万吨，同比增长7.35%；预拌混凝土供应量为3005.87万立方米，同比增长16.55%。

【科技队伍】 2012年末，广西建材行业直属单位共有科技人员337人，占职工总数的76.3%，其中，高级专业技术职称55人，占科技人员总数的16.3%，中级专业技术职称196人，占科技人员总数的58.2%。2011～2012年，随着同济大学、武汉理工大学、广西大学、桂林理工大学等高等院校相关专业毕业生不断充实到建材行业的科研队伍中，科技人才队伍得到进一步的壮大，为建材行业的发展奠定了坚实的人才基础。

【科研项目与经费投入】 2011～2012年，广西建材行业科研工作紧紧围绕技术创新和循环经济进行。在废弃物资源化利用方面，广西建材科研设计院完成了广西银亿科技矿冶有限公司红土镍矿堆浸渣生产加气混凝土砌块的应用技术开发，完成了广西博白县澳通矿业有限公司铅锌矿尾渣生产免烧砖应用研究，与广西大学合作完成了磷石膏改性作水泥增强缓凝剂的应用研究；广西鱼峰水泥股份有限公司在利用水泥生产线处理城镇生活垃圾及污泥等方面作了大量的应用研究和生产试验。

【科技成果与推广应用】 2011～2012年，广西建材行业获奖成果8项。其中：获国家技术发明奖二等奖1项，获广西科技进步奖一等奖1项、二等奖1项、三等奖4项，获广西技术发明奖二等奖1项。

管磨开流选粉节能技术及其水泥绿色制成应用　主要完成单位：桂林理工大学、武汉理工大学、广西鱼峰水泥集团。该项目针对当前国内水泥制成中粉磨能耗大、废弃物资源利用率低、环境污染严重、先进技术应用集成度低等问题，从关键技术装备管磨机粉磨效率低、能耗高的核心问题入手，开展系统理论研究、技术创新、装备开发和大规模生产应用。该项目与传统生产技术相比，可节省投资10%～15%，节电10%～30%，提高产量10%～25%。同时，还能减少二氧化碳的排放量。目前，该项目的成果已在全国23个省区的300多家企业，甚至包括东南亚国家的一些企业生产应用。桂林市超过90%的水泥企业率先在全国运用该技术。桂林因此项技术的应用，每年节支增收可达5000万元。其技术进步和推广应用成果获2010年广西科技进步奖一等奖，2011年国家技术发明奖二等奖，实现了广西在国家技术发明奖上的突破。

混凝土结构耐久性增强技术和设计方法及其应用　主要完成单位：广西大学。混凝土是土木工程中用量最多的建筑材料，混凝土结构已成为应用最为广泛的建筑结构形式。然而由于碳化、氯离子侵蚀等原因，混凝土结构常发生耐久性劣化现象，许多钢筋混凝土结构不得不在投入使用一二十年后就花巨资维护和加固，腐蚀严重的甚至只能拆除重建，造成巨大的经济损失和资源浪费。因为广西南临北部湾海域，气候湿热，所以混凝土结构的耐久性问题相当突出，需要开展有针对性的研究工作，延长混凝土结构的服役寿命。

在充分调研了国内外混凝土结构耐久性研究现状基础上，项目组围绕混凝土结构耐久性增强技术与设计方法开展了9年多的研究工作，在混凝土材料制备和耐久性增强技术、混凝土结构耐久性分析和设计技术、混凝土结构服役寿命分析与加固技术等方面取得了一批具有自主产权的高水平研究成果：研发了制备具有优良耐久性混凝土的新技术，基于氯离子二维扩散的分析理论与测试方法建立了混凝土结构耐久性设计技术，提出了多因素作用下的混凝土结构服役寿命预测、承载力评估和耐久性增强技术。课题组的研究工作得到了国家自然科学基金委、教育部、人事部、广西科技厅等单位的立项资助，主持完成国家级课题2项，省部级课题5项。在国内外学术期刊上正式发表论文52篇，其中SCI收录7篇，EI收录19篇，申请专利5项，已授权专利4项，其中发明专利3项，实用新型专利1项。

该项目取得了系统的研究成果，为高性能混凝土制备、混凝土结构耐久性设计与加固提供了新的理论和关键技术支撑，并已在近海工程、大型桥梁、公共建筑等混凝土结构的耐久性分析、设计与加固中得到了广泛应用，创造了较大的经济效益，据不完全统计已达8254万元。同时，该项目研究工作为广西城乡建设、工程管理和土木工程学科发展培养了一批高水平学科带头人、学术骨干和高层次优秀技术人员，获得了良好的社会效益。该项目获2011年广西科学技术进步奖一等奖。

核电工程专用水泥的开发与产业化　主要完成单位：广西鱼峰水泥股份有限公司。该项目研制的核电专用水泥是以石灰石、砂岩、铁粉、水等为主要原料，经破碎、配料、磨细制成生料料浆，然后经过脱水、烘干、破碎进入分解炉，在分解炉中加入占总燃料用量50%～60%的燃料，使生料的碳酸钙分解率达92%以上后进入回转窑中煅烧成熟料，熟料经冷却、破碎后加适量石膏经水泥磨粉磨制成的。核电专用水泥要同时满足多种水泥的技术指标要求，指标范围窄，生产难度大，尤其是早期高抗压强度与低水化热的矛盾，是研制开发该水泥产品的难点。因此在生产过程中通过研究矿物岩相结构、工艺参数、外加剂掺量、颗粒级配以及对设备进行技术改造和更新等控制核电专用水泥的强度高与低水化热的矛盾、干缩率、碱含量、进场温度等关键性指标。该项目研制出的核电专用水泥符合国家标准、水泥技术规格书（B. T. S）及核电工程实验室提出的核电专用水泥的技术标准，不含氯化物、硫酸钠或碳酸钠等杂质，各性能指标均达到合同要求。在国内首次采用湿磨干烧工艺研制出符合特殊技术指标要求集中热硅酸盐水泥、普通硅酸盐水泥、道路硅酸盐水泥、低碱水泥品质于一体的核电专用水泥。制定了全套生产技术规程，编制了企业核电专用水泥质量管理标准。目前公司生产的核电专用水泥已在防城港核电站建设工程中投入使用，应用效果良好，用户对产品的满意度高，预期将为社会创造1.6亿元以上的经济价值，为企业带来经济效益4800万元。核电专用水泥的开发与产业化，填补了广西该产品的空白；拓宽该公司差异化水泥的市场领域，提高了鱼峰水泥的竞争力和鱼峰的品牌声誉；培养了一批生产特种水泥的技术专家、技术能手。该项目获2011年广西科学技术进步奖三等奖。

YNMT隔热防晒涂料　主要完成单位：广西绿桂化工建材有限公司。YNMT隔热防晒涂料属于建筑反射型隔热涂料，它是以减少建筑物受太阳的热辐射，达到降低室内空间温度目的的功能性涂料。

该材料主要是以自交联弹性丙烯酸乳液、纳米单晶硅和进口空心微珠、颜填料等物质，经循环式超声波分散技术等特殊工艺，使涂料形成均质的体系，成膜时纳米单晶硅会游离至漆膜表面形成致密的热辐射层，而空心微珠则形成高反射层，使大部分太阳辐射热无法达到被涂基面，基面吸收的少量热量通过半球发射快速散发，隔断了基面的直接热传导，有效反射、辐射太阳辐射热和屏蔽紫外线照射等，反射、辐射率高达90%以上，有效降低建筑物的表面温度，达到节能效果；同时有效屏蔽紫外线，屏蔽反射率高达95%以上，避免太阳射线对涂膜的破坏，大大提高涂膜的保色耐候性和装饰保护性的极限，有效降低建筑物的表面温度及建筑能耗，真正实现隔热、装饰一体化。

隔热不需要消耗电力及任何外加能源，也不需要采用特殊的隔热设备。YNMT隔热防晒涂料是以涂料的形式涂布于建筑物外表面，涂覆后形成的膜能够有效的反射和辐射太阳热辐射，阻止建筑物外表面受太阳辐射升温，同时被吸收的少量热量，也能通过半球发射的方式，快速向建筑物外再辐射，使建筑物外表面吸收的热量无法堆积和向室内传递。反射隔热涂料的隔热机理是把大部分的太阳热辐射、反射回大气中，建筑物表面基本不受太阳辐射热的影响。这种反射隔热涂料的主动隔热机理作用，可以从根本上解决因太阳辐射导致的热传导问题。

使用方法：根据不同的表面效果和施工方法，可加清水5%～10%稀释，并充分搅拌均匀即可施工。一般采用滚筒涂刷2道，每道间隔时间为2～4小时。

该涂料研发成功后，在2008年开始投入市场，即获得政府相关建设职能部门、广大业主、开发商、建筑商等一致好评，不仅产品的隔热节能效果，内在品质获得广泛认可，更重要的，其相对低廉的材料及施工成本，让大面积推广该材料成为可能。至今仅在广西，应用在建筑外墙的涂刷面积已达几百万平方米，且正以几何倍数的增长率高速向前发展。

发展隔热效果好，价格相对便宜的建筑装饰材料已是目前推进建筑节能，提高能源利用率，实现国家经济可持续发展的最重要、最紧迫的措施之一，尤其在夏热冬暖及夏热冬冷地区，目前实现节能减排的一个最主要、最经济的办法就是提高建筑本身的隔热效果，从而达到降低室内空间温度，减少能耗的目的。而YNMT隔热防晒涂料正是这样一种新型墙材。该成果获2011年广西科学技术进步奖三等奖。

锰渣制备绿色混凝土掺合料的工业化生产成套技术研究与工程应用　主要完成单位：桂林理工大学、广西鱼峰水泥股份有限公司、桂林宝利新技术开发有限公司合作完成。该项目针对国内水淬锰渣低水化活性、难烘干、难粉磨而造成的资源闲置现状及环境污染问题，课题组开展了锰渣制备绿色混凝土掺合料的工业化生产成套技术研究与工程应用。自主研发了新型锰渣烘干技术、锰渣开流选粉技术、锰渣活性物理与化学复合激发技术、基于锰渣微粉的混凝土高性能化设计及制备技术、磨内雾化降温技术、磨尾除渣技术、钢球钢锻分级技术等系列关键技术及装备，并首次在国内形成了锰渣微粉工业化生产成套技术，。课题较好地解决了锰渣未能充分利用、占用土地及环境污染等问题，为国内外特别是广西锰系铁合金产业的健康发展和促进锰渣建材资源化利用提供了有力的技术支撑，具有进行大规模生产示范和推广应用的极大潜力，项目达到国内领先水平。该成果获2012年广西技术发明奖二等奖。

低环境负荷、高性能混凝土制备技术及工程应用　主要完成单位：广西壮族自治区建筑科学研究设计院、广西大学合作完成。混凝土是广泛使用的一种最大宗且最重要的建筑材料，该项目从解决满足经济社会发展的混凝土需求量与混凝土行业消耗大量资源并带来严重污染问题之间的矛盾出发，着重研究利用广西本地的工业废弃物及原材料，开发制备满足不同设计强度等级要求且耐久性优良的低环境负荷、高性能混凝土的关键技术，开展了系统理论研究、软件开发和工程应用的配套工作。

该项目的主要创新点：一是提出低环境负荷、高性能混凝土配合比设计方法；二是建立低环境负荷、高性能混凝土的制备技术；三是建立低环境负荷、高性能混凝土的耐久性评价体系；四是编制低环境负荷、高性能混凝土应用指南并指导实际生产及应用；五是建立低环境负荷、高性能混凝土全生命周期评价方法。

项目的研究成果已大量应用于南宁市同达盛混凝土有限公司、南宁嘉泰水泥制品有限公司、南宁兴典混凝土有限责任公司等多家广西预拌混凝土生产企业，产生直接经济效益达3000多万元，并在南通苏中建设有限公司、广西建工集团第一、二、五建筑工程有限责任公司承建的多个项目的结构混凝土工程中应用。该成果在广西推广后，一年的经济效益可达2.55亿元，可节约水泥675万吨，由此减少生产水泥时石灰石消耗648万吨、标准煤108万吨，减少CO_2排放540万吨；同时，减少粉煤灰、矿渣等掺合料的填埋费用达3000万元；另外因低环境负荷、高性能混凝土具有的优良耐久性而减少的因耐久性不佳导致的建筑物的修补直至拆除，一年共可节约维修资金达2500余万元，具有良好的经济效益和社会生态效益。成果获2012年广西科学技术进步奖二等奖。

新型无机轻质保温墙板的研发及产业化 主要完成单位：柳州市桂人建材有限公司、广西工学院。保温墙板多使用高分子聚合物泡沫保温材料，成本高、成型及施工复杂、易燃以及抗老化性能差。本项目以自主研发的无机保温材料作芯材、改性的硅酸钙板作面板，通过两者直接粘结，复合成新型轻质保温墙板。产品具有环保、低成本、易安装、高板材强度、低导热系数、低吸水率、较稳定的热工性能和良好的隔热性能。产品技术性能达国家标准。已建成年产30万平方米板材生产线，年产值2250万元，年税利540万元。项目技术居国内领先水平。该成果获2012年广西科学技术进步奖三等奖。

基于广西气候特征的居住建筑节能技术创新与集成示范 主要完成单位：广西壮族自治区建筑科学研究设计院。该项目依据国家住建部《夏热冬暖地区居住建筑节能设计标准》JGJ75－2003，结合广西气候条件、产品、技术、经济水平等实际情况，通过对新节能材料、节能措施在工程中的集成示范应用，提出了广西地区居住建筑节能设计的地方要求和技术路线，为广西推广建筑节能发挥积极作用。

成果主要创新点：一是通过计算机软件对各种建筑在各种不同条件下的能耗进行计算，得出大量广西不同地区、不同型式、不同材料等的建筑基础能耗数据和节能数据，并在试点示范项目中应用节能新材料、新技术等；二是提出广西居住建筑不宜使用外墙外保温节能措施（剪力墙除外），应采用替代外墙保温层的建筑外墙自隔热节能技术；三是提出在广西应用外墙保温技术时应优先采用无机保温技术的节能措施；四是提出广西地区建筑节能设计以重视和优化自然通风、强调建筑遮阳、突出外窗节能作用、做好外墙和屋面隔热措施的设计原则和技术路线；五是编制配套标准图集指导设计、施工，如《外墙外隔热保温建筑构造专项设计图集（二）》等；六是提出的节能措施，建筑整体节能50%以上，满足国家要求。增量成本小于8%，低于国家要求12%以内的指标。

该课题实施及成果应用，使广西“十一五”期间新建居住建筑的节能设计由不足50%发展到95%以上，节约标准煤约47万吨，节约住宅使用电费约22800万元，减少二氧化硫排放量近4000吨，减少二氧化碳排放量约117万吨，而且节能新产品的产出可年均新增产值34200万元以上。成果的推广使用，推进了广西建筑节能工作的广泛开展，对节约能源、缓解环境污染，为政府、社会、行业、消费者带来无可估量的好处，对社会经济的可持续发展具有十分积极的作用。该成果获2012年广西科学技术进步奖三等奖。

【技术改造与重大技术创新】 2011～2012年，企业技术改造步伐不断加快，水泥产业以立窑企业改建成年产60万吨以上水泥粉磨站为主要特点，墙体材料产业以新型墙体材料专项基金的征收和核退为推手，积极推动新型墙体材料的发展。以企业为主体的技术创新体系逐步形成，广西鱼峰水泥股份有限公司积极开展技术创新，全面推广应用生态水泥绿色制成技术成果，并形成示范线。

全自治区建材行业有广西鱼峰水泥股份有限公司、兴安海螺水泥有限责任公司、广西三环企业集团、广西大都混凝土集团有限公司等企业进入2011年度广西企业100强。台泥（贵港）水泥有限公司、广西三环企业集团、广西鱼峰水泥股份有限公司、兴安海螺水泥有限责任公司等企业进入2012年度广西企业100强。

【科技交流与合作】 2012年，广西举办了中国水泥技术年会。

2011～2012年，广西建材科研设计院加强了与高等院校的交流与合作，与广西大学等联合开展研发工作，该院的产业化基地和重点实验室也是广西大学、广西经济管理干部学院的科研实习基地。广西建材科研设计院是“广西新型干法水泥制造工程技术研究中心”的协作单位之一，还与广西鱼峰水泥股份有限公司等单位合作建设广西绿色水泥产业工程院。该院还是广西建材工业协会的秘书处所在地，积极承担建材行业的信息收集、发布和组织各项学术交流活动。

与学校、企业合作方面，广西鱼峰水泥股份有限公司与广西大学、桂林理工大学等高等院校及桂林宝利新技术开发有限公司等企业都建立了良好的合作关系，共同开展科研及技术开发工作。广西境内华润集团属下不少建材企业也与高等院校、科研院所建立有密切的合作关系。

（甘天亮）

粮油工业科学技术

【概况】 2011～2012年粮油工业主要从事粮食储藏、粮油食品加工及食品安全方面的科研、技术攻关及产业化应用开发，承担国家和自治区科技计划项目，积极推进粮油科技成果的转化和产业化。通过自治区科技厅批准，在自治区粮食局的指导下，由广西部分粮油加工骨干企业、科研院校和行业协会等单位组建的“广西粮油食品加工产业技术创新战略联盟”两年来开展行业科研合作与技术创新工作，先后承担了科技部、财政部及科技厅的油茶产业开发课题，还承担了自治区的绿色安全储粮技术攻关课题研究以及国家粮食局的农户科学储粮推广项目。

【科技队伍】 截至2012年12月31日，全自治区粮食系统在职人数10731人，其中专业技术人员1776人。专业技术人员当中，研究生84人，大学本科355人，大学专科504人，中专560人，高中222人，初中及以下51人；正高技术职称16人，副高技术职称88人，中级技术职称413人，初级技术职称866人。

【科研项目与经费投入】 2011～2012年，承担1项科技部科技型中小企业技术创新基金项目（“食品安全检测免疫亲和色谱柱的制备技术研究及产品开发”）和11项自治区科技计划课题，其中新立项8项。完成了8项自治区科技计划课题验收。这期间科研总投入413万元，其中科技经费143万元，自筹经费270万元。

新立项的自治区科技计划课题有“茶油绿色高效加工技术研究及应用示范”“充氮气调储粮技术及农村储粮技术设施的研究与示范”“巴马火麻仁系列功能营养食品合作研究与开发”“农产品中有害物质的快速检测技术研究及产品开发”等8项。

完成的课题验收有国家科技支撑计划“木薯生物质能源产业化关键技术研究与示范”课题3项，国家科技部特派员服务企业项目“外用型精细茶油产品的研发”1项，自治区科技计划课题“利用植物提取物进行绿色安全储粮的技术研究”“农村粮食储藏技术研究”“原料木薯集约化处理及仓储技术研究”等三项以及自治区水产畜牧兽医局的“水产品中孔雀石绿快速检测试剂盒的研制”课题1项。

【科技成果与推广应用】 2011～2012年，取得科技成果3项；实施科技成果产业化项目2项，投入资金共450万元，其中科技资金250万元、自筹资金200万元。

“木薯综合配套节本高效栽培技术集成研究与示范”获自治区科技进步奖三等奖；“亚热带主要农作物抗寒害冻害技术集成研究与应用”获广西农业科学院科技进步一等奖。

广西农户科学储粮专项 该专项由自治区粮食局组织实施，根据国家粮食局《实施农村粮食产后减损安全保障工程指导意见》要求，2010年年底在百色市田东县举行了“广西农户科学储粮专项试点启动暨组合仓发放仪式”，规划在广西逐步实施农户科学储粮专项计划，采用国家财政、自治区财政和农户各承担一部分费用的形式，陆续为广大的农户配备标准化储粮仓，改善农户储藏条件，减少粮食产后损失，

长寿保健食用油脂一火麻油产业化 2011年，广西粮油科学研究所实施了“长寿保健食用油脂一火麻油产业化”项目，开发巴马长寿健康食品，针对火麻油非常高的不饱和脂肪酸和植物甾醇含量和具有特殊的生理功效等特点，采用绿色工艺，利用机械压榨和纯物理精制工艺，生产符合国家压榨一级食用油标准、具有保健功能和原汁原味的火麻油产品。该产品具有促进增强免疫力、延缓衰老、降低血脂、预防老年人疾病等保健功能作用。建成火麻油产业化加工基地，形成高级保健火麻油的规模生产能力。

食品有害物质快速检测前处理产品——色谱微型柱产业化 该项目是2012年由广西粮油科学研究所实施的，是在科技部科技型中小企业技术创新基金项目的基础上进行产业化开发。食品安全问题的层出不穷和人们对食品安全意识的提高，对食品中有害物质残留的检测技术有了更高层次的要求。免疫亲和色谱技术是分析化学中的样品处理及分离提纯技术，可以将分析的对象从复杂的样品中纯化和富集，提高分析的可靠性、准确性和检测的灵敏度等。项目通过化学合成和载体蛋白耦连技术生产免疫亲和微型净化柱产品。免疫亲和层析柱可选择性吸附样品液中的待测组分，从而对样品起到特异性纯化和富集的作用。样品过柱后的洗脱液既可结合ELISA测试盒和胶体金

试纸条进行检测，又可联合高效液相色谱等仪器进行精确定量。免疫亲和微型净化柱的使用可以改善信噪比，可提高检测方法的准确度。

主食面食品工业化的技术研究和应用示范　根据国家粮食局的《粮食科技“十二五”发展规划》精神，广西鑫粮粮食集团有限公司开展了“主食面食品工业化的技术研究和应用示范”，为了适应现代化生活的节奏需要，改变单一的传统手工作坊式格局，研究工业规模化生产馒头包子等主食面食品的生产技术以及配套的工艺设备，并进行应用示范。

【科技交流与合作】　2011 年 11 月，来自全国各省级粮油科研院所长以及部分市级粮油科研机构负责人、国家粮食局和一些省市粮食局的领导以及部分粮食企业的代表相聚南宁，参加了由东道主广西粮油科研所组织的第 24 届全国粮油科研院所长会议，共谋粮油科研单位的共同发展，交流粮食安全技术与成果。该所与加拿大免疫药剂公司签订了长期的项目合作协议，建立了食品残毒高敏酶联快速检测技术平台，能够持续地开发真菌毒素、农药残留、激素、瘦肉精等食品有害物质的快速检测试剂盒、胶体金试纸条和样品前处理产品，承担了自治区和科技部的科技计划课题，取得多项自治区级的科技成果，达到了同类技术的国内领先水平，多次受到了自治区领导和专家的好评。

【品牌建设】　广西粮油科研所发挥自己的技术特点，自主研发打造“粮科”绿色高档粮油精品，其中的“良大头”食用精品油系列应用了该所多项专利技术和科研成果，采用压榨取油和特色物理精制工艺，产品香味地道、品质优异。在原有生产“原味花生油”的基础上，近年完成了“原味山茶油”和“原生态火麻油”新产品的开发。原汁原味的高品质食用油进入市场后，受到消费者的好评，被指定为“粮油食品安全行动之全国粮科院所交流精品”，原汁花生油产品 2011 年荣获“第 11 届中国国际粮油展金奖”，原生态火麻油在 2012 年荣获“第 12 届中国国际粮油展金奖”并被列为广西医生协会营养分会推荐产品，经过几年的努力，产业化项目逐步得到发展，树立了“良大头”的品牌形象，锻炼了科技人员，提高了市场的竞争能力。

（黄　毅）

地质矿产科学技术

【概况】　2011～2012 年，自治区地矿局地质研究课题主要是根据当前广西经济建设发展的主要需求、地质找矿新突破的迫切需要来展开，积极争取到一批国家和自治区地质找矿科研项目的支持，发挥了地质科技服务地质找矿新突破的效果。一是配合当前广西地质矿产勘查要求，为“攻深找盲”提供技术支撑。区域矿产研究方面，在区域成矿研究的基础上，开展了“广西重点地区深部岩体圈定与形态”“广西金刚石成矿条件及选区评价”“广西三稀资源综合研究与重点评价”“中南片区重要矿产成矿远景区划（广西）”“全国二氧化碳地质储存潜力与适宜性评价（广西）”等研究；重要成矿区带及隐伏岩体和深部找矿方面，根据现有基础地质及找矿成果，探究成矿时空分布特征，总结成矿富集规律，为探边摸底找矿提供依据，提高找矿效率，开展了“桂北扬子型铅锌矿成矿规律与成矿预测”“云开地区铜金多金属成矿作用及其地质背景研究”“桂西地区铝土矿勘查选区研究”“桂东铜多金属矿集区成矿地质背景及找矿潜力研究”“广西融水县摩天岭—元宝山铀成矿规律与找矿方向研究”“恭城瑶族自治县回头山铅锌矿区地质调查与成矿预测研究”“广西岑溪市龙湾铅锌矿床成矿远景预测专题研究”“广西岑溪市佛子冲矿田铅锌矿成矿规律与深部找矿预测研究”“广西苍梧县社垌地区钨钼矿成矿规律与预测研究”等项目研究。二是加强物化探、选冶测试技术方面的研究，开展了“综合物化探在铅锌矿勘查中的应用研究”“X 射线荧光光谱法测定铝土矿、高岭土及硅酸盐中主次量元素研究”“广西微细粒锡矿利用研究”“离子吸附型稀土标准物质研制”“广西土壤及岩石矿物中稀土分量和总量的检测配套方法研究”等项目研究工作。三是加强基础地质研究，开展“钦杭结合带（广西段）构造演化研究”等项目研究工作。四是为规范当前广西三水铝土矿勘查工作，开展“桂中三水铝土矿成矿规律与勘查评价技术综合研究”。五是服务北部湾经济区建设，为北部湾经济区可持续发展提供技术支持，为政府制定近浅海、涂滩、地下水等资源的开发利用，以及海洋渔业经济结构调整和城建规划等宏观决策提供科学依据，开展“广西北部湾近岸海域重金属元素分布特征研究”

“广西近岸生态环境系统与地下水循环的关系研究”“广西北部湾经济区海洋、陆地环境生态背景数据调查及数据库构建研究”“广西海岸带地质环境及其对临海工程建设的响应”“广西北部湾经济区城市（北海为例）盆地地面沉降雷达监测研究”“广西北部湾经济区海洋、陆地环境生态背景数据调查及数据库构建研究”等课题研究。六是为地方政府摸清资源家底，以便科学决策，继续开展“广西矿产资源潜力评价”“广西区矿产资源利用现状调查”，新开展“广西页岩气找矿潜力预测”等项目研究工作。

自治区地矿局研究工作上采取自主完成以及与高等院校、科研院所合作等形式，使各项目研究工作有序进行，大多能达到预期效果。这些研究项目的开展和完成，将丰富广西地质矿产资源研究程度，更好地指导广西地质勘查工作部署，提高找矿效益，更好地为广西经济社会发展服务。

【科技队伍】 截至 2012 年末，自治区地矿局全局下属 39 个队（处）级单位共有专业技术人员3755人，其中本科及以上学历1927人，占 51.3%；高级职称 579 人，占 15.4%；40 岁以下1677人，占 44.7%。与“十一五”末期相比，本科以上学历人员所占的比例由 42%增加到 51.3%。共有注册岩土工程师 47 人，二级注册建造师 201 人，一级注册建造师 40 人，一级项目经理 2 人，二级项目经理 23 人，五大员 497 人，注册安全工程师 44 人。拥有注册资格的人员数量基本满足单位保持现有资质的需要。

【科技工作与改革创新】 2011～2012 年，自治区地矿局把科技工作的发展方向与国家和自治区地质找矿新突破的需求结合起来，坚持以国家西部大开发重大战略需求为导向，把突破能源、资源环境的瓶颈制约放在突出位置，促进科技工作引领地质找矿。并把地勘单位的找矿目标任务与推动和实现“358”的宏伟目标结合起来，把承担地质调查任务与增强自主创新能力结合起来，促进调查与研究相结合，充分发挥科研单位的科技优势，通过承担地质调查任务，对其中基础性、方向性、全局性、关键性重大科技问题组织攻关，促进科学研究深化。同时加强科技工作管理，坚持科研与地质矿产勘查和生产紧密结合，与高等院校合作，整合科技力量，多渠道筹集科研经费，调动科技人员的积极性，促进地矿科技进步，推动了地质矿产勘查、矿产资源开发和地矿经济的发展。

【科研项目和经费投入】 2011～2012 年，自治区地矿局承担地质矿产科研项目 47 项，其中国家项目 42 项，经费投入达5700多万元。资金主要来源于国土资源部矿产资源利用现状调查专项、中央和地方财政矿产资源潜力评价专项、国土资源部公益性科研专项、中国地质调查局科研专项、中国地调局海洋地质保障工程专项、自治区大规模找矿工程专项、自治区部门预算前期项目专项、广西新能源项目、广西自然科学基金、广西科学研究与技术开发计划专项等；我局自筹投入资金项目 3 项，投入资金 240 万元；社会资金项目 2 项，投入资金 35 万元。

【科技成果与推广应用】 2011～2012 年，自治区地矿局有 2 项科技成果获广西科技进步奖，其中《桂西铝土矿勘查与研究》获广西科技进步一等奖，《广西铀矿成矿规律与预测研究》获广西科技进步三等奖。在优秀地质找矿成果奖评奖中，获有色金属地质找矿成果奖一等奖 1 项，获有色金属地质找矿成果奖二等奖 2 项。

广西壮族自治区矿产资源潜力评价 至 2012 年上半年，全面完成广西锰矿、锡矿、钼矿、镍矿、银矿、萤石、重晶石、硫铁矿等矿种的资源量预测工作，预测资源量锰32032.98万吨、银 2.72 万吨、锡 186.09 万吨、钼 24.93 万吨、镍 79.31 万吨、硫铁矿矿石64975.3万吨、重晶石矿石7352万吨、萤石矿石1113.2万吨。

广西壮族自治区矿产资源利用现状调查研究 两年间完成包括煤、铁、锰、铜、铝、铅、锌、镍、钨、锡、钼、锑、金、银、稀土、硫铁、磷、重晶石、萤石、高岭土共 20 种重要矿产利用现状调查成果与储量统计衔接。提交了广西矿产资源利用现状调查总报告，包括矿区核查成果数据库、单矿种汇总成果数据库、利用现状调查成果总数据库，以及能源、黑色金属、有色金属、稀贵金属、非金属等 5 类矿产资源分布图、开发利用图、布局建议图共 15 份 1：50 万矢量图。

广西融水县摩天岭—元宝山铀成矿规律与找矿方向研究 该研究课题系统研究了摩天岭岩体和元宝山岩体的地质学、地球化学以及年代学特征，首次系统性地阐述了该区经历的岩浆—构造热事件。深入研究了 D 矿床等的成矿流体来源；

首次提出研究区的成矿流体是混合流体，既有浅表层的大气降水，又有深部流体的参与，揭示了深部流体的直接证据，强调了该区深部流体成矿作用对深部找矿的重要意义。系统总结了研究区的铀成矿规律，分析了铀源、流体来源、热源以及控矿条件，总结了研究区的铀成矿作用。分析了研究区铀及多金属矿的分带规律，总结了研究区铀矿化的定位标志，指出了研究区的铀找矿方向。在研究区内圈定了18个找矿远景区，为下一步找矿提供了基础。采用多参数综合分析法定量法评价了摩天岭岩体的铀资源量，预测铀资源量XX吨，为该区铀矿地质勘查总体部署提供重要的依据。经评审鉴定，该研究报告是首次系统全面总结该地区铀矿成矿规律及找矿方向的一项高水平的科研成果，对该地区的铀矿地质找矿工作具有重要的指导意义，在国内同类研究工作和成果中居于领先水平。

电磁法在矿产勘查中的应用研究　在系统总结广西近50年来区域地球物理勘查成果的基础上，该项目主要通过对广西区域重磁场特征的全面分析，结合地、物、化、遥资料，运用建立的物探地质解释推断标志——分别建立了重磁场的分区标志、断裂构造划分标志、隐伏岩体的预测标志、岩浆岩有关的深部成矿地质找矿的定位标志、深部找矿重点找矿有利远景区圈定的标志等系列标志，圈定隐伏岩体，并建立了广西岩浆岩分布规律特征图解，这些物探推断成果在地质勘查中也已得到部分验证，可信度较高。通过引进先进的小波数据处理方法，开展重磁异常特征分析，探讨隐伏岩体深部空间侵位特征。该项目按照新的成矿理论，研究岩浆岩带与重点成矿区带的关系，提出有利找矿有利远景区。同时建立物探推断岩浆岩带、岩浆岩体找矿有利远景区数据库。这些成果在今后的物探成果解释中具有重要的应用价值。经评审鉴定，该研究报告是首次系统、全面应用广西区域地球物理成果开展隐伏岩体的研究，方法技术先进，对部署"找矿突破战略行动"和实现找矿"358"目标具指导意义，经成果查新比对，在国内同类研究工作和成果中居于领先水平。

广西重点地区深部岩体圈定与形态研究　该项目主要收集和整理广西重力、磁测、化探、地质资料及相关研究成果，开展广西重点地区深部岩体分布范围圈定和形态研究。获得的主要成果：利用1/20万重力资料建立了"钦甲岩体""西大明山岩体""西山岩体""珊瑚岩体""古龙岩体"等重点成矿区带的隐伏或半隐伏岩体的三维模型。三维模型可在宏观上较好的体现出隐伏或半隐伏岩体的空间展布特征。

广西金刚石成矿条件及选区评价研究　通过对以往的广西金刚石找矿工作进行全面系统总结，借鉴当今全球金刚石矿床成矿条件与勘查最新成果，深化广西区内金刚石矿床成矿条件研究，目前通过地质调查和综合研究取得的成果：认为桂北地区潜在金刚石母岩的产出时代可能主要为新元古代；大瑶山地区潜在金刚石母岩的形成时代可能主要为印支—燕山早期，而加里东—印支期形成的桂东南—云开造山带，其潜在的金刚石母岩的形成时代可能主要为印支—燕山早期；因此，寻找可能金刚石母岩的主要产出时代实际上就是，根据不同大地构造单元具有不同的增厚和减薄演化过程，确定主要增厚向减薄转换的时代，进而对主要增厚向减薄转换时代形成的基性一超基性火山岩进行可能金刚石母岩的优选。

桂东铜多金属矿集区成矿地质背景及找矿潜力研究　该项目进行了区域成矿地质背景研究，分析了地层成矿专属性、构造成矿专属性、岩浆岩成矿专属性，以矿床类型或矿化类型、矿种为基线进行区域成矿规律研究，并进行钼、钨、铜、金等多个矿种的找矿潜力研究。

广西北部湾经济区城市（北海为例）盆地地面沉降雷达监测研究　通过应用合成孔径雷达干涉INSAR之差分干涉技术（D-InSAR），对广西北部湾经济区雷达数据进行分析，结合LIDAR技术得出地面沉降形变值，获取北部湾经济区地面沉降分布图，综合反映近30多年广西北部湾经济区城市（北海）地面沉降等的主要模式、演化规律和变化趋势，对今后高植被覆盖沿海地区地区地面沉降监测有重大的意义，为广西北部湾经济区发展规划提供决策基础。

广西北部湾经济区海洋、陆地环境生态背景数据查及数据库构建研究项目　通过土壤地球化学调查，统计了各类样的地球化学参数，按照有关标准进行相应评价，编制系列剖面图和统计分析图，建立样品采集、分析结果数据库和初步建立背景值成果数据库。目前取得的主要研究结果有：灌溉水总体呈弱酸性；不同地区饮用水（以浅层地下水为主）酸碱性差异明显，强酸至弱碱性均有分布；表、深层土壤元素（氧化物）含量均与地层及母岩密切相关；水稻田根系土As、

Cd、Cu、Hg、Zn 等重金属含量低；水稻籽实有毒有害元素超标数较少，超标率较低，但富含硒元素。

广西海岸带地质环境及其对临海工程建设的响应研究 该项目应用地面调查、遥感、采样测试、动态监测等技术手段，详细调查北海市所辖的500 km^2海岸带（滩涂、岸线）的地质环境条件历史与现状，临海工程的类型特点以及地质环境背景条件对临海工程建设的响应类型，分析二者相互影响的机理，建立临海工程对海岸环境影响的概念模型与数学模型，预测分析海岸带规划利用对环境的影响，提出问题（灾害）的防治对策以及对规划的合理建议。

（黄 强 刘家试）

国土资源管理科学技术

【概况】 2011～2012 年，国土资源科技事业取得积极进展。规划及制度建设方面，制定了《广西壮族自治区国土资源中长期（2006～2020 年）科学和技术发展规划》《广西壮族自治区国土资源“十二五”科学技术发展规划》和《广西壮族自治区国土资源厅科技项目管理办法》，确定了国土资源科技发展目标，规范了科技计划和科技成果管理。科研项目研究方面，完成了国土资源保障能力问题研究等 210 项重要的科研项目，投入科研经费 2.86 亿元，取得了 83 项科研成果，获省部级奖 10 项。重点工程方面，开展了金土工程、矿产资源调查评价、广西国土“一张图”数据库工程建设等国土资源工程建设并取得重大进展。科技交流与合作，加强与东盟各国的交流合作，推动与区外管理部门、集团合作，推进与国内外科研机构的交流合作。质量管理与标准化建设方面，出台了 10 余项标准及规范。

【科技队伍】 自治区国土资源厅直属的科研机构包括：广西国土资源信息中心、自治区国土资源厅土地整理中心、广西国土资源规划院、广西地质环境监测总站、广西机电工业学校、广西地质学会、广西矿业学会、广西土地学会等，主要为广西国土资源管理工作提供技术支撑。2012 年，主要科研机构在职人员 738 人，其中高级技术职称 129 人，中级技术职称 229 人，初级技术职称 206 人。

2011 年，广西国土资源规划院 1 人获国土资源部“十一五”科技工作先进个人；3 人获国土资源部“全国矿业权实地核查先进个人”称号；2011 年 6 月，获国土资源部授予“全国矿业权实地核查先进集体”称号。

【科研项目与经费投入】 2011～2012 年，广西国土资源系统组织开展科研项目 210 项，投入科研经费超过 2.86 亿元。其中，地质矿产勘查类项目 59 项、地质环境与地质灾害调查 11 项，测绘类项目 11 项，土地规划、整治类 88 项，信息化建设 40 项（其中金土工程 23 项），科普基地建设 1 项。其中，广西金土工程项目投入经费8173.30万元，广西矿产资源利用现状调查投入经费1902万元，广西矿产资源潜力评价投入经费1060万元，广西第二次土地调查继续投入经费 193 万元。

【科技成果与推广应用】 2011～2012 年，取得科技成果 83 项。如“广西国土资源遥感监测‘一张图’研究与应用”“广西国土资源综合监管平台”及“广西国土资源综合审批系统”在用地、用矿审批中得到很好的应用，“基于 3S 技术的广西土地调查关键技术及应用研究”“广西第二次土地调查”“广西矿政信息系统整合集成与应用试点”“广西攻深找盲地质勘查深孔钻探配套技术应用研究”等研究成果有很好的应用。2011 年以来自治区国土资源厅组织推荐了数十余项参评省部级奖项，其中，自治区国土资源厅获 2012 年中国信息化（国土资源领域）成果奖一等奖 1 项、二等奖 1 项、三等奖 1 项；同时获 2012 年中国地理信息产业优秀工程金奖；四项矿产资源总体规划获评“全国矿产资源规划优秀成果”。2011～2012 年《基于 3S 技术的广西土地调查关键技术及应用研究》和《基于云计算的广西国土资源空间数据集成与应用》均获得广西科技进步奖二等奖；获广西壮族自治区人民政府决策咨询成果奖一等奖 1 项；获广西社会科学优秀成果奖研究报告类二等奖 1 项、三等奖 1 项。

【重点工程与重大科技进展】 金土工程广西项目是“十二五”期间自治区国土资源厅的一项重大工程，2011～2012 年期间完成了金土工程广西项目一期一阶段建设及验收工作，基本完成金土工程广西项目一期二阶段建设工作，继续推进金土工程广西项目一期第三阶段、第四阶段前期工作。一方面，金土工程广西项目（一期一阶段）的八个项目，如建设用地批后实施监管系统、广西地质灾害预警分析系统、智能化单项工程、国土资源广域网络系统、全区远程会商与应急指挥系统、国土资源立体沙盘展示模型、南方国土资源网和广西土地市场网，均已建设完成并基本验收完毕。另一方面，金土工程广西项目（一期二阶段）项目包括国土资源数据中心、国土资源协同办公系统、国土资源动态巡查系统、国土资源统计分析系统、土地开发整理管理信息系统、地质资料电子服务网络系统六个项目，均已基本建设完成。再则，2012 年金土工程广西项目（一期三阶段）初步设计方案、投资概算获得批复，概算投资5621.56万元，包括土地规划协同管理信息系统、土地供应协同管理信息系统、矿山三维实时监管系统、网上交易系统、广西国土资源电子签章认证系统，项目现已进入招投标阶段，完成了金土工程广西项目（一期四阶段）项目可行性研究报告编制工作。

广西矿产资源利用现状调查工作中，已完成煤炭、铁、铜、铝土矿、磷、铅、锌、锰等 20 个矿种和 815 个矿区资源利用现状调查工作，涉及矿山 900 多个，准确掌握广西主要矿产资源储量，为找矿和矿山企业管理等实践工作提供丰富的基础资料，并对现状调查成果进行系统集成，开展广西矿产资源供需预测及资源保障程度研究、广西矿产资源开发利用的宏观布局与规划研究等，让成果发挥出更大作用。同时开展了广西矿产资源潜力评价，已完成铜、金等矿种构造专题研究及图件编制工作，在成矿规律和矿产预测方面，已全面展开典型矿产研究及典型成矿要素、成矿模式研究工作。其中重点开展广西三稀（稀有、稀散、稀土）资源综合研究与重要矿产资源开采回收率、选矿回收率、综合利用率（简称“三率”）调查评价项目，采用储量利用现状调查的最新汇总数据，并开展锰、银、锡钼多金属矿以及萤石、重晶石、硫铁矿单矿种（组）资源潜力评价。

广西国土资源“一张图”数据库工程建设方面，建立了国内数据内容最全面的“一张图”数据库，建设完成了国内首个省级综合统计分析系统，建设完成了国内首个省级综合监管平台，完成了综合审批系统建设，对广西国土资源政务管理系统进行了改版升级，全面提升广西国土资源信息化水平。已经建成自治区、市、县三级国土资源管理部门门户网站集群，网站建设率达到100%。

【科技交流与合作】 科技交流与合作取得了积极进展。2011 年举办了第二届中国—东盟矿业合作论坛暨推介展示会，论坛以“加强矿业合作，推进互利共赢”为主题，在会上自治区国土资源厅与中国五矿集团公司签署矿业项目合作协议。论坛期间，自治区国土资源厅与天津市国土资源和房屋管理局举行会谈，为推进我国矿业权市场规范建设，签订了《关于矿业领域战略合作框架协议》，双方加强合作交流、优势互补，建立长期全面交流合作关系，实施共同发展。2012 年举办了第三届中国—东盟矿业合作论坛暨推介展示会，论坛以“加强地质找矿、促进矿业发展”为主题，自治区国土资源厅副厅长田凤鸣参加了首届中国—东盟矿业合作论坛联络官会议，为落实《南宁宣言》和《中国东盟高官会议纪要》，推动广西矿业经济可持续发展和矿业优化升级，继续实施矿业“走出去”的战略，2011 年自治区国土资源厅组织申报 10 个已获批 4 个国外矿产资源风险勘查专项项目，2012 年组织申报 18 个已获批 3 个项目。中国—东盟矿业合作论坛第二次联络官会议在泰国召开，同意成立中国—东盟矿业人才交流培训中心和中国—东盟珠宝交易中心。

加强与国内科研单位的科技合作与交流。2011 年自治区国土资源厅、自治区地矿局与中广核铀业公司签署《铀资源勘查开发战略合作框架协议》，进一步落实 2009 年签订的《能源合作框架协议》，积极构建广西核电发展的铀资源保障体系，实现资源、资本、企业、地勘单位的合作共赢。2012 年 1 月 4 日，自治区国土资源厅与广西电网公司就共同推进广西国土资源与电网和谐发展举行签约仪式，双方将通过会商通报国土资源管理形势和电网发展情况，技术沟通和协调解决电网建设过程中涉及的土地利用及保护问题。2012 年 3 月自治区国土资源厅与中国土地勘测规划院签订了《业务发展合作备忘录》，双方将建立长期合作关系，不定期召开专门的联席会议，中国土地勘测规划院将广西国土规划院作为技术指导试点院，推进科研实践基地建设。2012 年 11 月 5 日，自治区政府与国家测绘地理信息局签署了共同推进数字广西地理空间框架建设合作协议书，双方将合作共建统一的数字广西地理空间框架，实现基础地理信息的生产更新、集成共享和高效利用，全面提升测绘地理信息服务保障的能力和水平，加快广西信息化建设步伐，促进广西经济社会又好又快发展。

【质量管理与标准化】 2011～2012 年，组织开展了国土资源相关技术规程和标准的编制。一是技术规程类，组织编制了《广西壮族自治区市级土地整治规划编制技术规程（试行）》、《广西壮族自治区县级土地整治规划编制技术规程（试行）》、《广西壮族自治区土地复垦技术要求与验收规范》、《广西壮族自治区土地整治项目预算定额标准》、《广西征地统一年产值标准》等，修订了《广西土地开发整理工程建设标准》《广西壮族自治区土地整治工程质量评定标准》《广西壮族自治区土地整治项目验收技术规程》。二是标准及其它类。组织编制了《关于规范土地登记意见的实施细则》《广西壮族自治区农村宅基地审批管理办法》《广西壮族自治区产业园区节约集约用地管理办法》《广西壮族自治区矿业权交易管理暂行办法》《广西市县级国土资源信息化建设标准（试行）》等。

【科普活动】 科普工作方面，筹备广西国土资源博物馆及六景科普基地建设，利用“世界地球日”“全国土地日”和“科技活动周”等平台，通过举办展览、发放宣传材料、深入学校等形式进行国土资源科普宣传活动，取得了良好的科学普及效果。

（黄　乐）

测绘科学技术

【概况】 2011～2012 年，广西测绘地理信息科技工作全面贯彻《国务院关于加强测绘工作的意见》，李克强总理关于测绘地理信息工作的重要批示和在中国测绘创新基地座谈会上的重要讲话精神，按照自治区人民政府与国家测绘地理信息局签署的《共同推进数字广西地理空间框架建设合作协议书》的要求，结合广西经济社会发展对测绘地理信息工作需求，把为经济社会发展提供测绘地理信息保障服务作为出发点和落脚点，加快“数字广西地理空间框架建设”，努力建设服务型测绘、开放型测绘、创新型测绘，在全面提高测绘地理信息对建设富裕文明和谐新广西的测绘地理信息保障服务水平取得了可喜成绩，有 3 项科技成果获得全国测绘科技进步奖，3 篇论文获得广西自然科学优秀论文奖，一部科技著作由广西科技出版社出版发行，1 人获得第十一广西青年科技奖并入选 2011 年度广西“新世纪十百千人才工程”第二层次人选。

【科技机构与队伍建设】 2011～2012 年，自治区测绘地理信息局继续实行青年学术、技术带头人培养制度，开展两年一次的青年学术和技术带头人考评、增选工作，经过对 9 名 2009～2010 年自治区测绘地理信息局青年学术和技术带头人的严格考核，有 6 人继续当选 2011～2012 年自治区测绘地理信息局青年学术和技术带头人，并新增选了 9 人。其中 1 人入选国家测绘地理信息局青年学术和技术带头人。自治区测绘地理信息局重视人才培养发展工作，2011 年 8 月，自治区测绘地理信息局制定并下发了《自治区测绘地理信息局“十二五”人才发展规划》。2012 年，自治区测绘地理信息局加大竞争性选拔干部工作力度，为想干事、能干事、干成事的年轻科技人才搭建用武平台，从局直属单位中选派 14 名优秀青年科技干部到全自治区各市国土资源局（测绘地理信息局）挂职锻炼。同时通过多渠道、多形式为各类人才提供继续深造的机会。

2011 年 1 月，举办“走进广西”院士报告会，邀请中国著名摄影测量与遥感学家、中国工程院院士张祖勋教授前来作《摄影测量—地理空间信息的采集与更新》专题报告；2011 年 8 月，邀请中国工程院院士、武汉大学博士生导师刘经南教授前来作《泛在测绘与泛在地图》专题报告；2012 年 2 月，邀请香港中文大学太空与地球信息科学研究所所长、香港中文大学地理信息科学联合实验室主任、国际欧亚科学院院士林珲教授前来作《空间综合人文学与社会科学研究进展》专题学术报告；2012 年 11 月，邀请中国工程院院士、武汉大学博士生导师刘经南教授、李建成教授分别在“全区现代测绘地理信息体系建设与应用高级研修班”上作专题报告。

2011～2012 年，在职教育得到进一步发展，输送了 534 名测绘地理信息工作者到武汉大学等高等院校深造。2011 年 9 月，由自治区测绘地理信息局、自治区人力资源和社会保障厅、区总工会、共青团广西区委等单位联合举办的第二届广西测绘地理信息行业职业技能竞赛暨第二届全国测绘地理信息行业职业技能竞赛选拔赛在南宁举行。来自全自治区52支参赛队伍共104名选手参赛。通过参赛，一名选手获“广西五一劳动奖章”称号，3名选手获“广西技术能手”称号，前3名且年龄在35岁以下的选手获“广西青年岗位能手”称号，25名选手获“广西测绘技术能手”称号。截至2012年末，广西测绘地理信息系统共有在编的各类专业技术人员490人，其中高级专业技术职称91人、中级专业技术职称169人、初级专业技术职称230人。

【科研项目与经费】 2011～2012年，广西测绘地理信息科技主要在数字城市地理空间框架建设、广西地理信息公共服务平台建设、广西基础测绘成果网络化分发服务系统、城市地理信息数据与应用系统开发、广西航空摄影历史资料数字化与建库等方面开展一系列研究。

2011～2012年，广西测绘地理信息系统设立的测绘地理信息科研项目18项，投入经费5918.87万元。其中科研项目投入经费5630.82万元，测绘地理信息科技培训投入经费288.05万元。

【科技成果与转化】 2011～2012年，自治区测绘地理信息局积极鼓励直属单位科研立项并在经费上给予支持。2012年6月，自治区测绘地理信息局组织专家对“广西地理信息公众服务平台技术研究”“广西测绘成果目录服务系统”“数字老街三维虚拟景观制作”“高分辨率DEM在林地生产力分析、评价中的应用研究”等七个项目进验收，全部项目较好地完成了科研内容，在测绘地理信息科学技术的研究、开发和应用推广等方面为测绘地理信息事业的快速发展起到积极的指导作用。2011～2012年，“广西大地测量基准成果管理与服务系统技术研究”“数字城市三维空间信息共享服务平台及其应用”获全国测绘科学技术进步奖二等奖，“数字城市地理空间框架数据库系统”获全国测绘科学技术进步奖三等奖。《百色市（右江区）第二次土地调查（城镇部分）项目》等18个项目获全国优秀测绘工程奖。《北部湾现今地壳运动特性研究》《区域精化似大地水准面在工程三维GPS控制网建设中的应用研究》《搭建学术技术交流和继续教育平台，为会员营造创新环境》等三篇论文获“2011年度广西自然科学优秀论文”三等奖。廖超明博士编著的《广西区域现今地壳运动》一书，2012年5月由广西科学技术出版社出版。

【科技交流与合作】 2012年4月，自治区测绘地理信息局与自治区气象局签订《广西CORS基础设施项目共建与共享协议书》，联合进行对广西CORS系统在气象学中的应用进行研究，使CORS系统在基础测绘、气象服务、地震及地壳变形监测、环境监测、公共安全应急调度、工程建设等各行业全面发挥提供地理空间信息公共服务保障作用。2012年11月，自治区人民政府与国家测绘地理信息局在北京签署《共同推进数字广西地理空间框架建设合作协议书》，正式启动数字广西地理空间框架建设工作。截至2012年末，广西14个地市已经全部启动地理空间框架建设工作。“数字北海”“数字柳州”通过了国家级验收；“数字玉林”“数字百色”通过市级预验收；“数字贵港”“数字来宾”列入2011年国家地理空间框架建设推广城市，“数字防城”列入2012年国家地理空间框架建设推广城市，其他各市均已立项。

（李建常）

环境保护科学技术

【概况】 2011～2012年，广西环保科技工作全面贯彻落实《广西壮族自治区环境保护和生态建设“十二五”规划》和《广西壮族自治区科学技术发展“十二五”规划》，着力提升全自治区环保科技水平，建设具有广西特色的环保创新体系。2012年颁布了广西首个环保科技发展规划《广西环境保护科技发展“十二五”规划》，明确“十二五”期间11个环保科技重点领域和重点任务。紧紧围绕污染减排、生态广西建设中心任务，以解决污染防治、资源节约与综合利用中的共性和关键技术为重点，大力开展环保科技工作，为广西的污染减排、生态环境保护工作发挥技术引领和支撑作用。

【科技机构与队伍建设】 到2012年末，广西环境保护系统有广西环境保护科学研究院、广西环境监测中心站、广西辐射环境监督管理站、广西海洋环境监测中心站、防城港金花茶国家级自然保护区管理处，以及市、县环保科研所、监测站等208家环境保护科研、监测技术单位。环保系统科技机构科技人员共有批准编制数1820人，实有科技人员2062人；有博士学历人数8人，硕士学历人数229人；有高级专业技术职称204人，中级专业技术职称527人，初级专业技术职称470人，高中级技术人员占比为60.9%。2011年，广西环境保护科学研究院获准成立广西危险废物处置产业化人才小高地。2012年，自治区环境保护厅推荐清华大学郝吉明院士、中国环境科学研究院孟伟院士为自治区主席院士顾问，并将广西环境保护科学研究院等单位为院士工作依托单位，重点在固体废物污染防治、重金属污染防治等领域开展研究工作。2011～2012年，广西环保科技人才队伍结构得到进一步优化，技术水平得到较大提升。

【科研项目与经费投入】 2011～2012年，自治区各级环境保护科研、监测机构围绕自治区社会经济发展和环境保护的难点和重点技术问题积极开展研究，领域覆盖生态、大气、水体、土壤、工业园区、污染物、污染源、污染事故、畜禽养殖、农村等多个方面，研究类型包括政策研究、基础研究、重大问题调研、治理技术、标准研究、环境规划等。全自治区组织自然科学基金项目、自治区本级科技研究与技术开发计划项目、国家环保公益性行业重大科研专项和水专项等科研项目申报100余项。

2011～2012年，自治区级环保技术单位开展了《广西壮族自治区大气环境容量研究》《漂白蔗渣浆废水减排及处理技术研究与示范课题》《广西重金属污染综合防治对策研究》等科学研究与技术研发、应用示范项目50多项，科研经费总投入3600余万元。市级环保科研部门开展了《南宁市灰霾天气污染特征研究》《“中国水城”水环境保护研究》《柳钢结构脱硝技术研究》《漓江流域典型农村环境质量调查及监测指标体系研究》等45项科学研究，科研经费总投入近1000万元。

【科技成果与推广应用】 2011～2012年，广西环保系统共取得科技成果34项（其中获授权专利1项），获奖成果15项，其中获自治区级奖励11项。《广西土壤环境污染、风险评估与生态修复研究》《流域水环境突发事件应急处置技术体系研究及在广西应用》2个项目获得广西科技进步奖二等奖；《广西壮族自治区地表水环境容量研究》《城镇生活垃圾填埋场渗滤液处理的技术研究与应用示范》《环境污染防治与控制技术研究》子课题《邕江流域有机污染物来源、分布及迁移演化规律的研究》三个项目获得广西科技进步奖三等奖；《广西重金属污染综合防治对策研究》项目获得2012年度广西社会科学优秀成果奖一等奖。《木薯废渣烘干装置及制薪棒制炭装置》获得国家知识产权局颁发实用新型专利证书。2012年完成了首个地方环境保护标准《广西甘蔗制糖工业水污染物排放标准》的制定。

在科技成果应用方面，以污染减排和生态保护为核心，开展一系列支撑污染减排和生态保护的科技研发及成果推广应用工作。组织电力、冶炼等行业脱硫技术应用与工程建设；推进水泥行业烟气脱硝、钢铁行业烧结机脱硫、制浆造纸企业废水深度处理和规模化畜禽养殖业污染防治等重点领域重点行业减排工程建设；实施漓江流域污染治理及水生态修复、环江县大环江流域土壤重金属污染防治技术集成与示范应用等工程；开展农村生活污水处理技术筛选和推广应用，并发布《广西农村生活污水处理技术指南》（2011年）。科技成果的推广应用为广西污染物总量减排、污染防治和环境风险防控等工作提供了有力的技术支持。

【环境监测体系工程建设】 2011～2012年，全自治区投资7000余万元用于34个环境监测站标准化建设、重金属监测能力提升、重金属环境监测预警等方面，使广西环境监测基础能力得到持续加强。2011年，自治区环境监测中心站监测大楼建设落成，总建筑面积8000平方米，其中实验区6000平方米。现场监测仪器和实验室仪器共400余台（套），硬件装备条件达到全国一级水平。南宁市、柳州市环境监测站已率先通过广西标准化建设达标验收，达到国家西部地区二级环境监测站的水平，实现广西环境监测站标准化建设零的突破。

在环境质量自动监测网络方面，全自治区已建成34个水质自动站建成和16个近岸海域水质自动监测站，实现对全自治区主要河流、国界断面、省界断面、各市的河流交接断面和广西近岸海域实施24小时自动监测。南宁、柳州、桂林和北海4市共完成21个空气自动监测点位的设备更新和站房改造，具备细颗粒物（PM2.5）等6项指标的自动监测能力和AQI等7项指标的实时发布能力。

【环境监测技术应用】 广西科学研究与技术开发计划项目“环境污染防治与控制技术研究”子课题“邕江流域有机污染物来源、分布及迁移演化规律的研究”，基于GIS技术建立了水环境信息管理系统，在有机前处理技术方面取得显著效果，拥有2项专利技术，已在自治区市级监测部门得到应用实施。

利用全自治区环境监测网络，尤其是自动监测网络建立起跨界流域预警监测机制，已逐步建立起跨界水污染的应急响应、联合监测、数据确认、信息共享与通报机制，并与广东省环境监测中心初步建立了跨省应急监测联动工作机制，区域污染预警能力得到提高。

2012年起，利用多源数据同化与集成技术和水动力—水质—生态等数学模型，有效整合广西近岸海域的多种海洋环境监测资源（包括广西近岸海域水质自动监测网络、入海河流河口水质自动监测网络、直排入海企业污染源在线监测系统、近岸海域环境质量常规监测网络）和环境卫星遥感解析数据，开发建立海陆统筹、天地一体化的广西近岸海域环境监控与预警系统，实现定量和及时掌握海域环境质量与安全状况，提高广西近岸海域水质、环境综合管理水平和环境管理决策、应急处置能力。

坚持监测技术为环境管理服务，组织全自治区城市空气、酸雨、地表水、辐射、噪声和近岸海域（水质、沉积物、生态）等环境质量监测，强化环境质量信息发布，对外发布环境质量周报、月报、季报、年报等。

【工业污染防治科技】 以污染减排为核心，主要行业污染物控制技术研究取得较大进展。针对制糖、酒精、淀粉、制浆造纸、氮肥、冶炼、火电、水泥、陶瓷等主要污染行业开展了污染治理技术研发，初步掌握了一批先进生产工艺和技术，常压富氧直接浸出新工艺生产金属锌、高效节能悬浮电解新工艺生产电解锰、生物酶催化机械法工艺制浆等一批污染控制技术得到应用示范。

针对生活垃圾卫生填埋场渗滤液难以稳定达标排放的共性难题，组织开展了城镇生活垃圾填埋场渗滤液处理技术研究与应用示范。结合国家重金属污染防治“十二五”规划实施，开展铅锌、锰冶炼废渣的综合利用及无害化处理技术研究和应用，为广西重金属污染防治发挥了技术支撑作用。

【城市环境综合整治科技】 针对当前城市大气污染、生活污水、垃圾处理存在的突出环境问题，开展了《城镇生活垃圾填埋场渗滤液处理的技术研究与应用示范》《水泥窑掺烧城市污水处理厂污泥的减量化处理技术研发》《南宁市灰霾天气污染特征研究》等多个项目研究和成果应用工作。其中，《城镇生活垃圾填埋场渗滤液处理的技术研究与应用示范》针对卫生填埋场渗滤液难以保证稳定达标排放的难题，将常规处理技术、回灌技术、膜分离技术有机结合，创新性地提出了垃圾渗滤液的多孔陶瓷膜＋两级反渗透膜＋浓缩液回灌组合处理工艺，总体处于国内同类研究领先水平，获2011年广西科技进步奖三等奖。

【污染减排工作】 2011～2012年，广西以科学技术为推手，推进重点领域重点行业污染减排工作。组织实施完成2台燃煤锅炉烟气脱硫设施、2家钢铁企业烧结机脱硫设施、2家水泥烟气脱硝设施以及20家制浆造纸企业废水深度处理等重点工程建设，组织实施了446项规模化畜禽养殖业减排工程。

以污染减排和重金属污染治理为核心，大力开展重点企业清洁生产审核，推行清洁生产技术，从源头上减少污染物的产生，促进污染治理设施的达标排放。2011～2012年，广西共214家企业完成了重点企业清洁生产审核评估，150家企业完成了重点企业清洁生产审核验收。

截至2012年，全自治区化学需氧量排放量78.03万吨，比2010年（80.73万吨）下降3.34%；氨氮排放量8.26万吨，比2010年（8.45万吨）下降2.25%；二氧化硫排放量为50.41万吨，比2010年（57.22万吨）下降11.90%；氮氧化物排放量为49.83万吨，比2010年（45.11万吨）上升10.46%。

【流域区域生态保护科技】 在流域区域生态环保领域，组织自治区内外科研机构开展了全自治区大气及地表水环境容量、河流水库污染综合治理与生态修复、污染土壤风险评估与生态修复、农村生活污水处理工程示范、流域水环境突发事件应急处置技术等一系列项目研究，为防止或减轻人类活动造成的生态环境影响，防范生态风险提供科学依据与技术支持。《广西土壤环境污染、风险评估与生态修复研究》《流域水环境突发事件应急处置技术体系研究及在广西应用》研究成果分别荣获2011年度、2012年度广西科学技术进步奖二等奖，《广西自治区地表水环境容量研究》项目获2012年度广西科学技术进步奖三等奖，《广西自治区大气环境容量研究》《广西农村生活污染源核算与污染控制研究》《广西近岸海域水质自动监测网络研究》《广西钦州湾海洋生态系统健康及其保护和修复对策的示范研究》等项目通过自治区科技厅组织的成果鉴定，总体水平达到国内同类研究领先水平。

【重点工程与重大科技进展】 《广西环江县大环江流域土壤重金属污染治理工程》属于环境保护部重金属污染治理专项，研究期限自2011年至2013年，由中国科学院地理科学与资源研究所、广西大学、自治区环境监测中心站等单位共同承担。项目采用国际上较为成熟的农田污染土壤修复技术，包括植物萃取技术、超富集植物——经济植物间作修复技术、植物阻隔修复技术、化学修复技术等，第一期治理环江县3个镇被污染农田85.33公顷。2013年3月，项目第一期治理已结束，总体上取得一定成效（局部区域治理效果明显），治理区域农产品产量得到保持、质量得到提升，耕地质量比治理前有所改善。同时，项目初步形成了一套针对土壤重金属污染治理工程的技术规范，并在研究重金属治理项目监理技术和绩效机制方面取得积极成果。

《北部湾区域重大环境突发性污染事件应急技术开发与示范》属于国家高技术研究发展计划（863计划）“资源环境技术领域”重大项目“重大环境污染事件应急技术系统研究开发与应用示范”的子课题之一，研究期限为2009年至2012年，由广西神州西部生态环境研究院、广西大学、自治区环境监测中心站等单位共同承担。课题从北部湾经济区迫切的环境应急技术需求出发，利用共性集成和个性技术开发相结合，对风险源进行排查识别，构建区域性风险源监控网络；对环境风险进行预警，构建区域性一体化响应系统；研究开发敏感环境重大污染事件的综合控制与快速处置一体化技术体系。课题共申请国家发明专利11项，获得国家发明专利授权2项，发表学术论文41篇，并于2012年9月顺利通过科技部验收。

广西南丹地区环境与健康专项调查　该项目属环保部、卫生部“全国重点区域环境与健康专项调查”试点调查项目之一，由广西环科院、广西医科大学等单位承担。该项目是全国首次开展，对研究掌握有色金属开采冶炼污染区环境与健康现状，为全国开展同类调查研究积累方法和经验等具有重要的意义。目前已完成2012年试点阶段调查研究任务。

广西合浦儒艮国家级自然保护区能力建设重点工程　继续利用国家湿地项目专项资金2604万元和国家级自然保护区专项资金285万元，主要完成了保护区界标工程建设、海草床恢复与保护、科研监测、宣传教育等工程建设，共建界标12座，生物多样性数据库1个，海草移植保护与恢复工程5处，购置先进的科研监测仪器设备一批。并组织完成保护区综合考察和保护区总体规划编制工作。

【科技交流与合作】 2011～2012年，自治区环科院引进清华大学郝吉明院士、中国环境科学研究院孟伟院士两位自治区主席院士顾问组建院士工作站。聘请中国环境科学研究院等9名国内外环保领域知名专家作为广西危险废物处置产业化人才小高地特聘专家；与复旦大学、广西大学、桂林理工大学签订科技合作框架协议，培养环保科研人才；与华锡集团股份有限责任公司等企业签订产学研合作协议，共同开发重金属污染防治技术。在国际合作方面，组织实施大湄公河次区域核心环境项目和生物多样性廊道等国际合作项目；组织广西环保企业参加澳门国际环保合作发展论坛及展览活动，开展环保技术对外交流与合作。2011年10月，以“创新与绿色发展”为主题，在南宁成功举办“中国—东盟环保合作论坛”，为促进中国与东盟国家、各有关合作伙伴的相互了解与合作搭建环境与发展政策对话与交流的平台。

【环保科普宣传】 充分利用“六五”世界环境日、“广西科技活动周”、“全国科技活动周”、“广西十月科普大行动”等平台，积极开展环保科普宣传活动，策划组织了“千名青年环境友好使者”在行动、“环保科技下乡”、“环保科技咨询”、制作宣传展板和环保知识问答等形式多样的科普宣传活动，发放环保宣传知识手册2000多份，累计接受环保科普宣传的群众近万人。

（胡永东　余婉丽　唐本红）

邮政科学技术

【概况】 2011～2012年，自治区邮政公司继续坚持“科技兴邮”发展战略，大力推进邮政科技进步和技术创新，强化信息系统开发，加强信息网的建设和维护，邮政信息网络能力和安全水平持续提升，网络结构进一步优化，营业电子化、邮件处理机械化和自动化水平进一步提高，为经营管理和通信服务工作提供了良好的支撑和服务。信息网规范化管理水平进一步提高，取得了自治区公安厅颁发的信息系统等级保护备案证明。

【科技队伍】 截至2012年底，自治区邮政公司共有科技管理人员289人，其中大学以上学历147人，占总数的50.9%；中高级职称的有49人，占总数的17%。

【科研项目与经费投入】 自治区邮政公司的科技项目主要是由中国邮政集团公司统一部署和投入建设，以便全网统一标准，互联互通，且节约建设成本。两年来，自治区邮政公司还根据自治区邮政企业自身的实际需要，围绕中心工作任务，共立项下达新技术发展项目14个，投入资金合计53万元，包括广西普通邮件全程时限监控系统、基于Internet的名址信息搜索工具、银企账单回执退信管理系统、工时管理系统、绩效考核系统等科技发展项目，启动了基于网点损益核算的网点资源管理、广西城市信报箱建设研究、广告效果评估技术在邮政企业的应用等软科学研究项目。

【电子邮政建设和应用】 遵照中国邮政集团公司统一部署，重点加强了五大类应用系统的建设应用。

邮务类应用系统加速了传统邮政向现代邮政转型 营业信息系统、营业款管理系统、投递系统、网运信息系统、火车押运信息化作业系统、火车邮厢管理信息系统等的上线或升级，完善了业务功能，促进了信息采集、资源共享，提高了生产效率，增强了邮政企业产品的竞争力。

速递物流类应用系统增强了业务竞争力 网运成本清分系统上线，为理清产品各环节成本提供了工具。落地配业务支持配套程序、居民二代证绿色通道寄递业务系统、出入境管理处与EMS数据交换接口程序上线，有力支撑了相应业务的发展。11185客户服务中心系统提升了客户服务能力。

金融类应用系统全面提升了商业化服务水平 完成了公司外汇系统、手机银行系统、数据下载平台扩容、网点视频监控安防集中监控、资金清算管理系统、现金与凭证业务系统等项目的上线推广。省内中间业务平台项目建设方面，完成了高速罚没、南宁社保、广西公务卡等近十个项目的上线应用。

经营管理类应用系统更好地发挥了辅助决策作用 人力资源管理系统二期工程及邮政工时管理、邮编名址维护、电子汇兑业务准备金申报、绩效考核、区内名址自建库一期、普通邮件全程时限监控、商函业务信息等系统的上线或升级，为全面提升经营分析和管理决策能力，发挥了有效的支撑作用。

电子邮政类应用系统丰富了服务手段 电子商务平台自邮一族系统挪车提醒功能、航意险业务系统、航空票务业务系统等的升级，提升了业务发展的能力。综合慈善公益服务信息系统上线，支撑了“母亲邮包”项目的开展。代收南方电网电费、便民服务站等系统在全自治区上线推广，促进业务形成新的增长点。

（郑冠彪　黄德衡）

广播电视科学技术

【概况】 2011～2012年，自治区广电局深入贯彻落实科学发展观，紧紧围绕安全播出和科技创新的主题，强化安全播出运行管理，构建完善安全运行保障体系，确保了十八大期间广西广播电视的安全播出。加大科技创新力度，转变发展方式，通过科技创新促进事业产业的发展。采用多种先进技术手段，不断扩大广播电视节目的覆盖，提高公共服务能力。积极推进三网融合，主动与新媒体“融合”发展，加快战略转型升级。一大批科技创新成果涌现。

【科技队伍】 2011～2012年，自治区广电局大力抓好各类科技工作人员的管理和培养，并按照中央关于建设创新型国家等一系列重要战略部署和自治区党委、政府有关部署，结合广西广播影视实际，深入实施科技创新工程，切实加强组织领导和专项经费的保障，营造出良好的创新氛围。截至2012年底，自治区级广播影视系统共有干部职工5734人，其中自治区广电局机关公务员57人；广播影视事业单位管理人员408人、专业技术人员1458人（其中171人同时在管理岗位）、工勤技能和其他从业人员共1329人；公有经济企业经营管理人员1094人、专业技术人员2305人（其中同时在管理岗位的746人、工程技术人员1727人）。事业单位、公有经济企业专业技术人员中聘任高级岗位或职务的362人，中级1190人，初级1661人。

【科研项目与经费投入】 2011～2012年，自治区广电局继续加大对科技创新项目的支持力度，加大经费投入，重点完成了以下科研项目的研发和建设。

广西人民广播电台 投入资金500万元建成全媒体聚合发布平台，该项目整合全台的信息资源，采用全局动态负载和CAS内容寻址等多项国内创新性的先进技术，成功构建广电网、互联网、手机网等多平台的“一站式”内容生产、管理和发布体系，研发支持多语种、“跨屏”信息发布的全功能型多媒体综合业务平台，既优化了多媒体内容的生产方式和发布流程，又创新了传统广电媒体与新媒体融合发展的模式，实现论坛、播客、博客、微博等双向互动及融合应用，实现业务模式创新、技术创新和管理创新，开创跨地区、跨行业、跨终端的立体化传播业务，全面提高传统广电媒体的综合竞争力。

投入资金1000万元建成多格式全兼容高品质电影鉴定审片室，该项目在技术设计及设备配置上大胆创新，其声学条件、放映还音系统设备的技术指标均高于一般的商业电影院。所采用的胶片、高清数字电影系统都达到世界级的先进技术水平，放映载体上具备数字、胶片两种格式，形式上具备2D、3D放映模式，可兼容目前院线所有影片格式，为全国少有的同时支持胶片和数字电影、2D和3D的高级别审片室。

该项目投入资金100万元建成基于混合验证门禁管理可播可控多功能融合型录制系统，系统优化了广西人民广播电台广播中心节目录制的业务流程和管理流程，实现了录制系统数字化、建声系统专业化、机房管理规范化，极大提高了广西电台节目生产能力，提升了节目制作质量，增强了机房管理水平，为广播行业录音系统建设进行了有益的探索。

广西电视台 投入资金440万元对600平方米演播室灯光控制高清系统进行改造。包括600平方米演播室灯光电缆、调光系统、布光系统等灯光系统。改造后，解决了设备老化、不受控制等安全问题，同时达到了安全、节能、受控等目的。

投入资金540万元对非编网和摄像设备进行升级改造。对Avid高清非编网进行了扩容，增加16台高清编辑站点以及相应的周边设备，满足日益增加的节目制作需要。采购了一批无线微波摄像设备，使重点栏目的制作手段进一步得到了丰富，也使诸多重大活动现场直播的特殊画面制作手段更为便捷高效，满足了电视节目制作团队对节目制作形式不断创新的需求。

投入资金4200万元建成广西卫视高标清同播系统，并对7个地面频道的播出系统进行升级改造。目前，播出系统可播出4个高清频道，并可升级为具备播出10个高清频道的能力。总控系统配备288288主备高清矩阵及主备高清编码系统，Ku高清卫星车配备两套无线微波摄像机，使广西电视台具备了开展高标清同播的能力。

广西广播电视技术中心 投入资金100万元成功研制地面数字电视直放站，并完成了广西村村通无线数字电视覆盖工程第一期。在全自治区建设安装33个无线数字电视覆盖站点并投入使用。加强了广西广播电视公共服务能力，扩大了边远地区数字电视的覆盖范围，推动广播电视服务城乡均等化的进程。

投入资金160万元实现对西新工程16个边境台站的远程智能化管理。将西新工程16个边境台站纳入到广西整省（区）广播电视无线发射台站运行支撑管理系统，有效降低了台站运行成本，降低了职工劳动强度，提高了台站安全播出运行维护水平。

投入资金120万元对广西124座无线发射台站使用的广西整省（区）广播电视无线发射台站运行支撑管理系统进行升级。包括电源系统的升级、环境安防系统的升级、音视频存储容量的升级、远程对讲系统的增加等。进一步提高了运行支撑管理系统的安全性和可靠性，提高了无线发射台站安全播出运行维护水平。

广西广播电视监测中心 投入资金200多万元完成数字移动通信网手机电视监管系统、互联网手机WAP监管系统、广播电视广告监管系统建设。数字移动通信网手机电视监管系统实现对中国移动、中国联通、中国电信三个运营商在广西区内提供的3G手机电视直播/点播节目内容的监管；互联网手机WAP监管系统实现对对广西辖区手机WAP网站及网站的视听节目的监管；广播电视广告监管系统实现对全自治区116个电视频道和30个广播频率的广告节目的自动监管。

投入资金100万元完成1个数据处理中心及14个市CMMB广播电视监管系统的建设，实现对90套CMMB广播电视节目安全播出的科学有效管理。

投入资金170多万元完成广播电视监听监看系统二期扩容工程建设。增加对中央台、外省卫视、广西区内市县共66套电视节目的监听监看，确保了广西各级广播电视节目的内容安全。

投入资金140多万元完成嵌入式模拟数字广播电视监测系统的建设，对7个市、7个县共14个监测前端设备进行嵌入式设备升级改造，使系统具有免维护、高可靠、高智能的性能。

广西广播电视信息网络股份有限公司　投入资金500万元用于交互数字电视应用平台建设项目，该项目完善了交互数字电视应用平台，实现电视支付、收视调查、游戏互动、股票交易等相关应用。

投入资金800万元建成全媒体集成播控平台，实现了面向有线电视网络、互联网络和手机3G网络的多网络流媒体传输播放业务，支持电视、电脑、平板电脑和手机等多种终端应用，采用IPQAM、OTT等多种技术形式完成流媒体推送。目前平台已建成投入试运行。

【科技成果与推广应用】　《广西人民广播电台全域智能化广播台网》1个项目获2011年度广西科学技术奖二等奖；《基于全局动态负载和CAS内容寻址技术的全媒体聚合发布平台》1个项目获2011年度国家广播电影电视总局科技创新奖二等奖，《广西电视台三位一体高清新闻网络制播系统》和《基于CMTS接入技术构建广西全省（区）广电网络新型HFC全业务接入系统》2个项目获2012年度国家新闻出版广电总局科技创新奖二等奖，《广西电视台多功能新闻综合业务系统》等5个项目获2011年度国家广播电影电视总局科技创新奖三等奖，《多功能热线安全控制器的研究与开发》等9个项目获2012年度国家新闻出版广电总局科技创新奖三等奖。

广西人民广播电台2012年重点推广多功能热线安全控制器的研究与开发项目的成果，按照研究成果定型生产了多功能热线安全控制器，并不断改进，先后形成了第一代、第二代、第三代产品。2012年8月20至25日，第三代多功能热线安全控制器产品作为创新产品参加了北京国际广播影视设备展览会（BIRTV 2012）。在展会上，该产品获得了国内众多同行的关注，展示了广西人民广播电台的技术研发实力。2013年1月14日，多功能热线安全控制器获得国家知识产权局的实用新型专利。第三代产品在全自治区六个市级广播电台进行推广应用，取得良好效果。

广西电视台为加强网站安全，与广西数字认证中心（GXCA）合作开发完成了广域网B/S双向多维安全防护数字认证系统，该系统能大大提高网站安全系数以及尽最大可能避免了网站管理人员的意外操作导致的安全隐患，在2011年上半年西亚北非政局动荡时期以及建党90周年安全保障期间起到重大作用。2012年3月～8月，广西电视台“美丽天下网”网站完成第四次重大升级，升级之后的网站系统摒弃了沿用多年的WMV编码，采用了目前主流的H.264编码方式，并在自主研发的网站CMS系统上进行升级改进。系统包含收录、制作、合成、多屏分发等环节，收录广西电视台播控机房传输到网站机房的九个频道270M标清电视信号。该系统按“整体规划，分步实施”的原则进行开发，着眼未来发展，为未来手机视频以及后续新技术新需求留下接口，在底层架构上实现了从内容集成到多媒体分发全流程本质性的改进，为“美丽天下网”打造成为全新的内容集成平台和多媒体信息发布中心打下坚实的基础。

广西广播电视技术中心承担了国家广电总局与自治区广电局联合开展的“广西地面数字电视推广与应用研究”这个项目，通过覆盖测试和网络优化研究，在大量的兼容分析计算的基础上，研究并提出了多频网及单频网相结合的广西现有台站的省、市县地面数字电视综合覆盖组网方案，是全国首个省一级地面数字规划方案。该方案极大的提高频率资源使用效率，有效解决了广西广大农村偏远山区广播电视覆盖问题。2011年12月，国家广电总局科技司通过了对该项目的验收，并给予了充分肯定。同时还自主研发了基于ARM控制架构的地面数字电视宽带直放站和手持地面数字电视测量仪，为在广西扩大无线数字电视覆盖工作打下了坚实基础。

广西广播电视监测中心自主研发建设了广播影视及网络媒体监测监管信息共享平台。该平台由国家安播、广西安播、无线覆盖、放映监管、互联网监管、广告管理、新媒体监管、新闻频道、专题频道、舆情频道十大板块组成，通过与自治区广电局办公 OA 网对接，向各级广电系统工作人员提供透明的数据访问与操作，更新图片、节目、数据数万条。同时在全国首创完成数字移动通信网手机电视监管系统的建设，通过采用固定采集、车载移动采集方式，实现对中国移动、中国联通、中国电信三个运营商在广西辖区内提供的 3G 手机电视直播和点播节目内容的整个流程进行监管。截至 2012 年，利用系统查获违规视频共 282 个，实现了三网融合下手机电视节目监管，保障了移动通信网手机电视节目健康传播，净化了手机电视屏幕环境。

广西广播电视信息网络股份有限公司参与了国家广电总局数字电视一体接收机标准的制定，为我国数字电视一体机技术标准的出台提供技术支持。公司还建成了全媒体集成播控平台，实现对现有视频媒资资源和网络资源的整合应用，该平台面向三网融合环境下的全媒体管理需求，采用多种传输方式（IPQAM、OTT）实现不同应用场景（不同码率）下的流媒体传输服务，支持电视、电脑、平板电脑和手机等多种终端屏幕显示，兼容现有的交互数字电视平台，同时满足集团客户视频业务的应用要求，实现个性化的信息发布和控制。同时完成了电视支付平台、农村无线地面数字电视机顶盒、EPG 广告系统、三网融合机顶盒、标清数字电视机顶盒、IP 数字电视平台、RF PON 技术应用、单纤双向粗波分复用技术应用 8 个科技创新项目的研发工作，进一步提高了广西广电网络公司的业务提供能力。

【采编播控技术】 *广西人民广播电台* 采编播控技术领先，自主研发的“全域智能化广播台网”项目获 2010 年度国家广播电影电视总局科技创新奖一等奖，数字化水平跃升全国广播先进行列，在节目制作、存储、播出、传输等环节，已经全部实现数字化。

广西人民广播电台建有 10 个数字化直播机房、14 个数字化录制机房，1 套专业级演播室视频系统和国内一流的播控中心；拥有全国一流的卫星数字广播直播车；强大的网络系统、超大规模的磁盘存储系统构成了一个丰富多彩的音频资料库，为各类广播节目的制作和播出提供了便利。

良好的录制环境及先进的技术平台为录音师提供了良好的舞台，结合高超的录制技术，广播节目制作取得了丰硕的成果。2011～2012 年，广西人民广播电台共获得国家广播电影电视总局广播节目技术质量奖（金鹿奖）一等奖 1 项，二等奖 4 项，三等奖 4 项。

广西人民广播电台 6 套节目通过广西广播电视专用光缆和卫星两种方式高质量地把广播节目传输到广西各地覆盖，全自治区广播人口综合覆盖率达到 92%。

广西电视台 广西电视台完成了卫视频道高标清同播系统的建设，经过 4 个月多的试播后，正式于 2012 年 12 月 1 日起通过有线数字电视网络在全自治区开展高标清同播。播出系统能播出 4 个高清频道，并可升级为具备播出 10 个高清频道的能力。

广西电视台目前拥有 2 辆高清数字转播车，1 辆标清数字转播车，以及两套 EFP 转播系统（标清、高清各一套），其中 1 辆大型高清电视转播车配置为 10＋2 讯道，1 辆小型高清转播车配置为 6 讯道，标清转播车配置为 6＋2 讯道；拥有 1 个 1000平米演播厅、1 个 600 平米演播厅、1 个 300 平米高清演播室、以及若干个 80 平米演播室；拥有节目后期制作系统包括 1 个高清 AVID 非编网（37 站点）、1 个标清 AVID 非编网（25 站点）和 1 个 SOBEY 标清非编网（33 站点），同时拥有 1 套宽泰高端包装系统，1 套 3D 制作系统。

《2012 一声所爱——大地飞歌》选秀大赛是广西电视台自办节目的重中之重。为此，广西电视台对1000平方米演播厅舞台进行了重新设计，对演播室进行了改造，并新建了一套灯具设备吊挂系统，对三百多个电脑灯具及智能控制台进行重新配置、调试；添置了一批音响设备，包括：话筒放大器、微麦配件、耳机放大器、话筒架、谱架、乐器话筒等；扩容改造了 Avid 高清非编网，优化了工作站的使用管理，提高了非编网的使用效率和效益，顺利完成了节目的录制和直播任务。

【广播电视无线覆盖网技术】 *广西村村通无线数字电视覆盖工程* 2012 年，广西广播电视技术中心利用自主研发的基于 ARM 控制架构的地面数字电视宽带直放站，建设完成 39 个广西村村通无线数字电视覆盖基站，发射数字电视节目 40 多套。

直放站工作稳定，运行良好。下阶段将增加建设基站，进一步扩大覆盖规模。

扩大广西人民广播电台系列广播的节目覆盖 2011年，在自治区广电局的部署下，广西广播电视技术中心对5座所辖无线发射台站增加播出设备，用于扩大广西人民广播电台系列广播的节目覆盖。即在河池250台增加广西经济广播（90.3MHz、1kW）、广西教育广播（93.6MHz、1kW）、广西文艺广播（94.7MHz、1kW）；在梧州249台增加广西教育广播（101.3MHz、3kW）；在百色247台增加广西教育广播（104.6MHz、3kW）；在崇左243台增加广西文艺广播（105.5MHz、3kW）和在防城248台增加广西文艺广播（104.7MHz、3kW）等广西系列广播节目的播出频率。在河池250台，建设安装了一副专门发射三个新增频率的天馈线系统；在其他4座发射台，则只对多工器进行扩容改造，分别利用台站原有的发射天馈线系统完成扩大播出。经过一年多的建设，新增播出频率经报请国家广播电影电视总局批准同意，于2012年10月1日零时正式播出。

乡镇圩日广播系统建设 2012年，由广西广播电视技术中心自主研发并承担建设的乡镇圩日广播系统，通过无线调频覆盖和乡镇大喇叭结合的方式在广西百色市隆林县三个乡镇建成开播，为乡镇农村提供丰富的广播节目，同时兼顾发布本地通知、以及通过手机进行紧急广播等功能。

【广播电视有线覆盖网技术】 *全自治区二级波分干线网建设* 2011～2012年，广西广播电视信息网络股份有限公司建设了以各地市为中心，覆盖地市到所辖县共15个环的二级波分干线网。该网络采用智能OTN设备进行搭建，设计容量4040 G，该网络于2012年2月开始安装，目前完成了网络设备安装和调测进入试运行阶段。该项目的建成将极大地提高广西广电网络干线网的传输带宽。满足未来高带宽业务承载的需求。目前该网络承载着数字电视备份节目流、付费数字电视、高清电视、数据承载网、大客户专网等业务。

南宁万兆IP城域网的建设 南宁原有的城域网为千兆二层网络，随着三网融合业务发展，互联网宽带流量迅猛增长、高带宽网络应用发展加快，必须建设同时提供承载语音、视频、数据及企业互连等多业务能力的大带宽IP城域网。2012年，广西广播电视信息网络股份有限公司建设了南宁的运营级三层IP城域网，分前端之间互联采用10GE链路互联，使用业务接入路由器进行业务控制，实现了可认证、可授权、可计费，真正具备了三网融合业务运营能力。

【广播电视监测网技术】 2011～2012年，广西广播电视监测中心采用基于CPCI总线的嵌入式监测技术，建立了嵌入式模拟及数字广播电视监测系统，完成7个市、7个县共14个监测前端设备的升级改造，完成了全自治区14个市CMMB广播电视监管系统建设。系统使用嵌入式、模块化、刀片式一体化设备，采用统一的CPCI总线标准，将开路广播、模拟TV、DTMB、DVB－C/T/S、CMMB等不同监测模块混插于同一CPCI机箱，将广播、电视信号采集、信号分析、转码、数据处理等功能集成在同一块监测板卡上实现，软件功能硬件化，完成对各种广播、电视信号的监测。系统具有简约化、无缆化、标准化、免维护性能，进一步提高了系统运行的稳定性、可靠性。

【科技合作与交流】 *广西人民广播电台* 广西人民广播电台全域智能化台网项目建设完成后，成为全国广播行业第一家全面完成数字化台网建设的广播电台。2011～2012年，国内广电同行多次到广西人民广播电台进行技术交流与学习，其中有北京人民广播电台、天津人民广播电台、湖南人民广播电台、广州人民广播电台。

2012年12月，中南地区省级广播电台技术协作会议在广西人民广播电台召开，广西人民广播电台、湖北广播电视总台、湖南广播电视台、广东广播电视台、海南广播电视台、河南广播电视台、贵州人民广播电台、深圳广播电影电视集团共8家单位参加会议，与会技术人员共同讨论了广播新技术的发展及应急广播体系建设的主题。国内从事广播技术领域开发的主流技术公司也参加了本次会议。

广西电视台 2011～2012年，广西电视台“美丽天下网”先后两次前往中国网络电视台（CNTV）交流学习，在2012年网站技术升级和设备选型方面，借鉴了CNTV很多有益的做法。广西电视台还参观了搜狐网、新浪网、乐视网、青岛广播网、山东齐鲁网等国内大型视频门户和广电新媒体网站，通过与同行交流和沟通，提高了认识，获得了宝贵经验。

2011～2012年，广西电视台两次派人参加在北京举行的CCBN和BIRTV展会，了解当今最前沿的广播电视及网络技术，参观国内外厂家展示的广电行业设备。

广西广播电视技术中心　2011～2012年，广西广播电视技术中心先后分两批组织人员赴上海高清、东洲罗顿等公司就地面数字电视相关标准、技术、生产工艺等方面开展学习和交流，联合开展地面数字电视技术的研究。通过合作交流，技术中心自主开发了地面数字电视激励器、地面数字电视直放站。

在国家广电总局的统一领导下，以自治区广电局为基础，广西广播电视技术中心与国家广播电影电视总局广播科学研究院联合开展“广西地面数字电视推广与应用研究”。项目于2011年底顺利完成，编制了广西全区地面数字电视频率规划。

广西广播电视监测中心　2011～2012年，广西广播电视监测中心积极与上海科江电子信息技术有限公司开展技术合作，在广西广电率先采用嵌入式监测技术对模拟广播、模拟电视、数字电视、CMMB信号的技术指标和质量进行监测、调度指挥和告警信息发布，系统整体技术处于国内领先水平，在国内广电监测领域起到示范效应。

2011～2012年，广西广播电视监测中心科研人员与紫光软件系统有限公司联合攻关，共同开发了数字移动通信网手机电视监管系统，对中国电信、移动、联通广西公司传输的违规视频自动识别、查处；共同开发完成了广播电视广告监管系统，对广播电视节目播出的广告实现自动识别、违规内容定位和分析统计。

广西广播电视信息网络股份有限公司　2011～2012年，广西广播电视信息网络股份有限公司组织了近百次的学术和技术交流，分别与国内外计算机、通信技术、有线电视技术的相关企业进行了行业发展前景探讨和技术交流，并派出公司技术骨干到兄弟省市广电网络公司学习新业务和运营经验。

2011～2012年，广西广播电视信息网络股份有限公司先后与广西广播电视技术中心合作研发了DTMB国标无线数字电视；与山东泰信电子股份有限公司、北京视达科科技有限公司合作研发三网融合机顶盒；与深圳创维电子有限公司、飞利浦电子有限公司、深圳同洲电子股份有限公司合作研发数字电视一体机。

2011～2012年，广西广播电视信息网络股份有限公司参与了中国广播电视协会技术工作委员会组织的用同轴电缆来代替光纤兼容现有的1G和10G EPON的新标准EPOC制定。并与全国各省的有线网络公司一起参加IEEE P802.3bnEPoC PHY Task Force的标准制定中间会。促进IEEE工作组与中国业界的深层次交流，让IEEE EPoC标准组了解中国有线业务发展、网络建设改造的需求。

（蓝照华）

医疗卫生科学技术

【概况】　2011～2012年，广西卫生系统坚持科学发展、创新思维，紧紧围绕自治区“十二五”科技发展规划等重大战略部署，坚持优化配置科技资源、提高科技成果利用率为工作重点，坚持以科学发展观统揽卫生科教工作的全局，按照深化医改责任分工与目标任务，有条不紊地开展医学科技创新、加强成果转化和卫生人才队伍建设等工作，促进医药产业的健康、持续、快速发展。

2011～2012年，自治区卫生厅认真贯彻国家重大科技战略部署，积极推进科技重大专项组织实施；集中精力紧抓重点，组织实施依托重点（建设）学科和重点科研课题培养医学杰出人才的战略；增添举措，加大基层医疗卫生人才队伍建设力度，切实深化医药卫生体制改革；统筹管理，保证各项卫生科技工作顺利开展。在学术队伍、科研水平、业务水平和人才培养等方面均取得了突破性的进展，进一步提高了广西医疗卫生服务水平，促进了广西经济社会发展，并对推动全局、协调广西卫生事业健康发展，增强卫生科技系统的整体素质和力量起到了重大作用。

【科技队伍】　至2011年末，广西卫生系统共有职工266159人，其中卫生技术人员189574人（执业医师和执业助理医师70829人，注册护士70250人），占职工总数的71.23%，具有高级专业技术职称9177人，中级专业技术职称48752人。截至2012年末，广西卫生系统共有职工303759人，其中卫生技术人员220761人（执业医师和执业助理医师78043人，注册护士85515人），占职工总数的72.68%，具有高级专业技术职称9394人，中级专业技术职称51567人。

【科研项目与经费投入】 *重点科研课题* 2011～2012年，受理申报自治区卫生厅重点科研课题289项，其中2011年受理152项，2012年受理137项；经过专家评审，评出了244个项目作为2011年至2012年广西医疗卫生重点科研课题，其中2011年124项，2012年120项，与课题负责人签订任务合同书，以1：1下拨科研经费，加强重点科研课题的过程管理。组织专家组对广西医疗卫生重点（建设）学科进行终期评估验收，并确定了新的广西医疗卫生重点（建设）学科82个，其中，重点学科31个，重点建设学科51个。

自筹经费课题 2011～2012年，设立自筹课题，多渠道筹集科研经费，共受理申报自治区卫生厅自筹经费科研课题共1412项（2011年579项，2012年833项），经组织同行专家评审，共批准立项项目1273项（其中2011年529项，2012年744项），极大提高广西医药科研水平。

医药卫生适宜技术 2011～2012年，广西卫生科教管理学会共受理申报广西医药卫生适宜技术推广奖的项目共362项（其中2011年199项，2012年163项）。

【科技成果与推广应用】 2011～2012年，广西医疗卫生系统取得科技成果大丰收，成果显著，成效斐然。其中获广西自然科学奖三等奖2项，广西技术发明奖三等奖2项，广西科学技术进步奖二等奖7项，广西科学技术进步奖三等奖23项。2011年获广西医药卫生适宜技术推广奖137项，其中一等奖12项、二等奖39项、三等奖86项。2012年组织专家评出广西医药卫生适宜技术推广奖121项，其中一等奖12项、二等奖35项、三等奖74项。

2012年，自治区卫生厅主持由自治区科技厅委托的科技成果鉴定共16项，其中达到国际先进1项，国内领先2项，国内先进14项；自治区卫生厅组织的科技成果鉴定68项，其中达到国内领先35项，国内先进33项。这些鉴定结果体现了广西医学科研发展和重点学科建设的成效。

【卫生技术准入管理】 根据卫生部《人类辅助生殖技术管理办法》（2001年卫生部长令第14号）和《关于印发人类辅助生殖技术与人类精子库评审、审核和审批管理程序的通知》（卫科教发〔2003〕177号）等文件精神，组织自治区内外专家对开展夫精人工授精技术试运行满一年的南宁市妇幼保健院进行了评审，并批准其正式运行夫精人工授精。配合卫生部完成了人类辅助生殖技术管理情况的调查工作，对广西已批准运行人类辅助生殖技术的单位进行了一次摸底调查。截至2012年底，广西共有正式运行夫精人工授精12家，常规体外受精—胚胎移植8家，卵胞浆内单精子显微注射技术8家，供精人工授精技术1家，共计29家。

【实验室生物安全管理】 2012年为加强病原微生物实验室生物安全管理，保护实验室工作人员和公众的健康，根据《中华人民共和国传染病防治法》《实验室生物安全通用要求GB19489－2008》和《生物安全实验室建筑技术规范》等有关规定，结合广西实际制订了《广西壮族自治区病原微生物一、二级生物安全实验室管理规定》。

【重点学科建设】 重点（建设）学科是广西医疗卫生科技具有战略意义的重点建设工作，涵盖了人才培养、科学研究、队伍建设、学术交流和条件建设等方面的工作。重点科研课题以重点（建设）学科为依托，在学科建设的基础上从学术上寻找突破点，它们是培养、激励广西医学杰出骨干人才引领科学研究，探索医疗卫生行业未知领域，促进医疗卫生技术新跨越的重要载体；同时，也是探索建立创新型医疗卫生人才队伍、提高广西医疗卫生行业整体服务素质的重要抓手。2012年，自治区卫生厅结合国家深化医药卫生体制改革的精神，严格组织重点（建设）学科验收、确定工作和重点科研课题的申报工作。

根据《广西医疗卫生重点（建设）学科建设管理办法》的有关规定，2012年，组织专家组对第三批广西医疗卫生重点（建设）学科进行终期评估验收，并确定了第四批广西医疗卫生重点（建设）学科，其中，重点学科16个，重点建设学科25个。通过第三批重点（建设）学科建设，培养和引进了一批医学杰出骨干人才，进一步提高了学科的诊疗水平；同时，通过重点（建设）学科的辐射作用，全面提升了广西的医疗卫生服务水平，不断满足人民群众日益增长的医疗卫生需求，使得广西的医疗卫生事业更好地位广西经济社会发展服务。现第四批的重点（建设）学科已顺利进入了第一年度的学科建设阶段。

2012年，共受理申报自治区卫生厅重点科研课题137项。对所有申报课题严格按照《自治区卫生厅关于受理申报2012年度重点科研课题的通知》的规定进行了形式审查，并组织同行专家对申报项目进行了函审。在评审过程中，始终坚持公平、公开、公正和程序规范、精益求精的原则。为了集中卫生科技资源，实现重点突破和跨越式发展，在同等条件下，对面向基层研究开发和推广临床适宜技术的课题以及广西医疗卫生重点（建设）学科申报的项目给予优先立项。经过专家评审，评出了120个项目作为2012年广西医疗卫生重点科研课题。

【技术合作与交流】 根据自治区人民政府办公厅《关于印发落实桂黔粤桂“十二五”战略合作框架协议任务分工的通知》（桂政办电〔2012〕73号）要求，2012年度，自治区卫生厅利用中医药、民族医药资源优势，推进桂黔粤桂“十二五”期间合作开展的中医药、民族医药研究与开发项目。

广西中医药研究院与广东的技术合作　由广东科技厅组织，广东中医药大学作为项目组长单位，广西中医药研究院作为课题承担单位负责的“十二五”国家科技支撑计划“华南区中药材规范化种植及大宗中药材综合开发技术研究”项目的1个子课题“苦丁茶等3种药材SOP优化及产品标准化研究”取得初步成果（课题编号：2011BAI01B04；研究对象：丁茶、千斤拔、八角；课题参与单位：广西壮族自治区药用植物园、广西中医药大学、广西邦琪药业有限公司、桂林亦元生生物技术公司、广西邦尔植物制品有限责任公司）。取得的成果：选育了苦丁茶优良品种一个，千斤拔新品种一个；完成了苦丁茶、蔓性千斤拔、八角茴香资源调查和样品收集工作；发现了一个冬青科植物新种（苦丁茶混淆品）；建立了苦丁茶、千斤拔良种繁育与规范化种植示范基地；基本完成了苦丁茶抗菌药效筛选和红外指纹图谱研究工作；完成八角叶综合利用工艺小试验证；发表科技论文4篇；申请专利2件

广西药用植物园与广东的技术合作　在2012年中，广西药用植物园本着求真务实的态度，按粤桂合作医药卫生合作的内容，积极推进与广州中医药大学等相关单位的联系合作。与广州中医药大学开展“华南区域中药材规范化种植及大宗中药材综合开发技术研究”项目研究；与广州暨南大学的合作开展中药民族药药效物质馏分库建设及活性筛选研究项目；继续开展植物园间进行药用植物种质交换。

广西中医药大学与广东的技术合作　2012年，广西中医药大学与广州中医药大学、南方医科大学中医药学院、广东省中医院、广州中医药大学深圳附属医院（深圳市中医院）等相关单位进行人才培养、科研课题开发的合作。“十二五”期间广西中医药大学与广东省相关单位的合作主要体现在两个方面：一是人才培养；二是中医药及中西医结合科研课题的合作研究。建立中医药高层次人才的培养平台，进行中医药科研项目合作。

【全科医学培训】 全科医生规范化培训　2011年在全广西的二级以上（含二级）综合医院、乡镇中心卫生院、社区卫生服务中心遴选一批全科医学临床培训基地和基层实践培训基地，涵盖了包括全科医学科在内的17个专科，以对应届医学毕业生进行3年的规范化培训。2011年10月开展全科医生规范化培训试点工作。

2011年通过全国统一高考招收250名免费医学本科生，其中临床医学专业200名，由广西医科大学、桂林医学院和右江民族医学院负责培养，中医专业50名，由广西中医学院负责培养。

开展基层医疗卫生机构全科医生转岗培训工作。2011年全面启动了基层医疗卫生机构全科医生转岗培训工作。全广西共计实施基层医疗卫生机构全科医生转岗培训人数520人，其中乡镇卫生院全科医生转岗培训450人，社区卫生服务机构全科医生转岗培训70人。基层医生通过为期一年的转岗，大大提升了其基本医疗和公共卫生服务水平，培养一支符合农村基层全科医疗卫生服务需求的全科医生队伍，切实解决基层医疗卫生事业发展中全科医学人才缺乏的问题。

实施城市社区卫生服务人员岗位培训项目，2011年全广西培训全科医师骨干132人、全科医师1190人和社区护士1323人。

开展农村医学专业（中专）学历培养项目。自治区卫生厅与自治区教育厅联合印发了《广西壮族自治区面向边远贫困地区农村培养执业助理医师的规划（2011—2015）》（桂卫科教〔2011〕7号），面向全广西应历届初中、高中毕业生和农村在职卫技人员招收“农村医学”专业学生，学员经过三年脱产学习，完成全部课程并考试合格后，由教育厅颁发国家承认学历的中职毕业证书，毕业生可报名参加执业助理医师资格考试，毕业生考取执业助理医师资格后，只能在广西村级卫生

室及边远贫困地区乡镇卫生院执业。在所招收的农村医学学员中，按比例招收一定数量的农村在职卫技人员。该项目预计用五年的时间，为全广西每个乡镇卫生院及村卫生室培养一名农村医学专业毕业生。就读中等卫生学校"农村医学"专业的学生，按国家和自治区的有关政策享受生活资助和减免学费待遇。2011 年招收应历届初中、高中毕业生3000人，农村在职卫技人员1100人。

为完善和落实鼓励全科医生长期在基层服务的政策，从体制机制上解决基层医疗卫生人才不足的问题，广西积极开展全科医生规范化培训试点工作。一是做好全科医学培训基地建设工作。为了解决全科医生规范化培训基地不足的问题，在已经建立 68 个全科医学培训基地的基础上，加强对培训基地的建设力度。2012 年 4 月在全广西的二级以上（含二级）综合医院、乡镇中心卫生院、社区卫生服务中心遴选一批共 85 个全科医学临床培训基地和基层实践培训基地，以对应届医学毕业生进行 3 年的规范化培训，使学员能更好，更方便的接受临床技能和实践培训。二是继续做好全科医生规范化培训试点工作。2012 年度全科医生规范化培训学员招收工作已经完成，共招收 38 名学员，随即进行培训。

全科医生临床培养基地建设　根据《以全科医生为重点的基层医疗卫生队伍建设规划》（发改社会〔2010〕561 号）的精神，以及国家确定的建设范围和基本原则，广西结合地方实际，编制完成了广西壮族自治区全科医生临床培养基地规划，列入规划的有 20 个项目，建设规模 11.93 万平方米，项目总投资41367万元，计划申请中央投资33010万元，地方配套8357万元。启动实施全科医生临床培养基地建设方案，重点支持五所全科医生临床培训基地建设，包括广西医科大学第一附属医院、广西中医学院第一附属医院、桂林医学院附属医院、右江民族医学院附属医院及玉林市第一人民医院。总投资10747万元，其中申请中央预算内投资8500万元，地方配套2247万元。严格按照国家发改委下达的投资计划，认真组织实施，确保地方配套资金及时足额到位，按时竣工投入使用。建设规划、报建、可行性研究报告等前期工作已完成，建设资金已到位。

（许书培）

医药科学技术

【概况】　2012 年设立自治区和 14 个设区市食品药品监督管理局以及 95 个县（市、区）食品药品监督管理局，并建有 14 个设区市食品药品监督所、80 个县（市、区）食品药品监督所；设自治区药品不良反应监测中心、药物滥用监测中心和自治区食品药品监督管理局品认证审评中心；设中华人民共和国广西口岸药品检验所、自治区食品药品检验所和 8 个区域食品药品检验所、自治区医疗器械检测中心、自治区药品包装及容器材料检测中心；设立 8 个区域级、3 个市级和 4 个县级药品不良反应监测中心。

截至 2012 年底，全广西许可餐饮服务食品、药品（医疗器械）、保健食品、化妆品生产经营企业96778家。其中：持有许可证的餐饮服务单位74018家，药品生产经营单位15963家，医疗器械生产经营单位3073家，保健食品生产企业 27 家，已经备案的保健食品经营企业为3655家，化妆品生产企业 42 家。获准保健食品批准文号 172 个，取得医疗器械注册证书的产品 676 个，药品批准文号4379个，广西构建起比较完整的药品生产供应保障体系，形成了包括中成药、化学药、中药饮片、医用氧、药用辅料、医疗器械、包装材料、卫生材料为主的医药工业体系；医药商业物流、连锁、批发、零售及农村配送网点等不同业态均衡发展，具备了较好的产业发展基础，医药产业持续健康发展。

【科技队伍】　截至 2012 年底，广西食品药品检验系统核定编制3238名，其中各级食品药品监管局编制1402名，食品药品监督所编制1280名。

【科研项目与经费投入】　2011～2012 年，广西食品药品检验系统开展国家级、省部级及其他科研课研究工作，投入科研经费共计1500多万元。

启动广西瑶族习用药材质量标准编制工作。通过对瑶族医药文化及临床应用情况的调研，2012 年 4 月，自治区食品药品监管局组织相关单位制定了《广西瑶族习用药材质量标准（第一卷）》编制计划；5 月，经评审会专家审评，遴选确定了 150 个拟收载品种（包括 104 种老班药）。其中，尚无质量标准的 49 种药材的质量评价与标准研究工作现已全面启动。

食品安全风险预警系统模式合作研究。与意大利中意食品安全中心（CSISA）进行合作，开展食品安全风险因素及途径、风险预警系统模式及风险预警系统研究，探索建立广西食品安全风险预警系统以及各相关部门食品安全信息对接机制与共享方式，提高食品安全保障工作效率；借鉴欧盟食品和饲料快速预警系统（RASFF）的运作机制和经验，实现自治区内外信息共享以及国际间信息交流，结合广西实际情况，实现食品安全风险预警，建立适宜广西的食品安全风险预警体系。

广西民族及特色食品安全性分析及其防范对策研究。围绕广西民族及特色食品酵米面，酸鱼、酸肉等，熏制腊肉、烧卤制品、米粉、火锅底料等开展调查活动，了解不同地区食品的制作方法。对样品进行分析检测，查找中毒原因，探讨不同的制作方法、气候条件等与产生不安全因素的关系，对加工工艺及原料采集中容易发生微生物及理化污染环节，进行污染风险分析研究。

2011年自治区科技计划千亿元产业重大科技攻关工程项目——凉粉草质量标准研究及凉粉草GAP种植示范基地的建立课题。

开展手持式拉曼和中红外光谱仪药品快速检测项目研究，共建立模型3435个。

采用微型化学原子化器测定香菇等食品中有害元素铅、镉、汞的质量标准研究，应用专利产品“微型化学原子化器”与原子吸收光谱仪结合，开发香菇等食品中重金属的测定方法。

针对市场上出现黄连、黄芩、乳香、没药等中药的染色与掺假现象，对以黄连为主药的黄连上清丸，以乳香、没药为主药的小活络丸进行可能掺入的化工染料金胺O和松香的检验方法研究。

“中国全球基金结核病项目”研究项目；青蒿琥酯等9个品种的近红外和液相快速筛查方法的研究；常用药品中红外建模研究；“大黄”快速检验新方法研究；与北京大学国家重点实验室联合，开展北部湾地区特色海洋生物资源研究；注射用血栓通临床安全性风险评估研究；常见食品药品近红外现场快检技术研究与应用；中国食品药品检定院中药对照药材的标定、制备等。

【科技成果与推广应用】 2012年底，编制出版《广西壮族自治区壮药质量标准》（第二卷），共收载壮药材211种（植物药材193种，动物药14种，其他类药材4种），其中，对水银花等74个品种进行了较全面的质量研究，有24个品种设立了共26项含量测定，大幅度的提高了质量标准水平，对广西民族医药事业的发展，特别是对壮医药的规范化、标准化管理，起到积极的促进作用。

完成100多种中药材、中成药的快检方法研究，并已收载于《中药快检手册》，与药品快检车配套在全国推广应用，同时收载于化学工业出版社出版的《药品快速检测技术研究与应用》，公开发行。

与中国食品药品检定研究院合作研究建立了15种中药材、中药饮片和中成药的补充检验方法，通过国家食品药品监督管理总局的审批，并多次在全国中药材、中药饮片专项监督抽验中应用。

科研成果“常见中药假劣品种的近红外光谱鉴定研究”，通过中国食品药品检定院复核认可，在全国食品药品监管系统推广应用，于2011年获得桂林市科技进步奖二等奖，2012年获得广西科技进步奖三等奖。

在国内首次将“电子鼻”技术应用于中药材、中成药以及食用油的快速检测，研究论文被作为“第二届国际药品快检论坛”的专题报告材料。

“手持式拉曼和中红外光谱仪药品快速检测项目”顺利通过了专家技术鉴定会，该项目技术在国内属于领先水平。

完成国家食品药品监督管理局《超声洁牙设备产品注册技术审查指导原则》和《干化学尿液分析试纸条产品注册技术审查指导原则》项目。

【新产品开发】 2011～2012年，研究开发了跌打烫疗散、通络消积液、温中熨烫散、伤科消肿散、痔瘘洗液等医疗机构制剂。

受海南省某企业的委托，承担并完成的抗艾滋病六类新药灵尼胶囊的质量标准、生产工艺等研究，目前，已通过了国家食品药品监督管理总局新药注册评审。

【医药产品检验与监测】 广西食品药品检验机构承担着对国家、广西餐饮食品、药品、保健食品、化妆品、医疗器械、药品包装材料质量实施技术监督检验、应急检验、注册检验、复核检验和委托检验等职能。2010～2012年，完成监督抽验、委托检验和风险监测的检品累计约5万批。

2011～2012年，广西药品不良反应监测中心（广西药物滥用监测中心共收集评价药品不良反应报告59553例，医疗器械不良事件报告10108例，药物滥用报告14399例。

【科技合作与交流】 广西与意大利托斯卡纳大区的合作 该项目由自治区食品药品监督管理局、广西大学、广西进出口检验检疫局等单位组织，赴意大利对食品安全控制和食品安全评估体系进行详细的学习，加强了教育培训、科研合作交流、国际技术交流、食品安全信息网站资源共享平台建设及经贸、旅游、文化及健康方面的合作交流，推动了中意食品安全中心（CSISIA）的建立。

共建广西食品药品安全评价人才小高地 2011年10月，自治区党委人民政府批准成立广西食品药品安全评价人才小高地，由广西出入境检验检疫局技术中心、广西大学食品质量与安全研究中心联合共建，通过开放、协作、流动的人才机制，聚集一批高层次人才，加强在人才和科研方面的合作，提高食品药品安全监测能力，经过一年多的建设取得良好效果。

共建北部湾药用生物资源开发联合研究室 北海食品药品检验所与北京大学天然药物与仿生药物国家重点实验室联合成立“北部湾药用生物资源开发联合研究室”，研究北部湾地区特色药用生物资源，特别是在海洋药用生物资源的开发利用方面进行深入研究。

自治区食品药品监管局认证审评中心参与全球基金结核病 RCC 项目建设，推动广西抗肺结核、疟疾和艾滋病三类药品生产企业通过 WHO PQ认证，获得全球采购权，扩大出口量，从生产环节确保患者获得优良质量的药品。

梧州食品药品检验所为广西中医药大学、桂林医学院实习基地。

2012年3月21日～23日，玉林食品药品检验所在南宁承办了中国全球基金结核病项目活动2·14活动和2·15学术（南宁）研讨会。

【广西食品药品检验检测综合实验大楼】 广西食品药品检验检测综合实验大楼于2012年11月初实现初步竣工验收。总投资1.2亿元，占地1.87公顷，建筑面积17715平方米。实验室环境焕然一新，食品药品检验检测综合能力得到更大的提升，服务经济社会发展和开放开发建设的能力和作用将进一步增强。根据药品、食品、保健食品、化妆品、医疗器械检验领域拓展的实际，以需求为导向，投入3535.546万元购置了104台件仪器设备，其中餐饮食品仪器987.566万元16台/件，保化仪器设备700万元共计13台/件，其他1847.98万元75台/件，为提升检验检测技术能力奠定了坚实的基础。

【梧州食品药品检验所】 梧州食品药品检验所为广西大型仪器协作共用网、梧州大型仪器协作共用网的成员单位，其中2010～2012年连续3年获广西大型仪器协作共用网“先进机组”称号。是国家认可委的实验室认可检验机构、国家第一批国产非特殊用途化妆品备案检验机构、第一批餐饮食品检验机构，食品检测能力在广西地市级食药检系统中最强的，为梧州市食安办组成机构里唯一的技术检验机构，为梧州市食品安全检验检测中心。

（杨　燕　施晓光　孙红兵　李　玲　林　昊　莫可丰　黄玉香　蔡联辉）

计划生育科学技术

【概况】 计划生育服务网络不断完善 2011～2012年，全自治区安排服务站建设（包括市级中心、县站、乡所）41个，总建设面积（包括改扩建）22871平方米，总投资4179万元，其中中央预算内投资2200万元，自治区投资1816万元，市、县配套投入163万元。建设“幸福家园”村级综合服务平台（含村级公共服务中心建设项目）12348个，投入资金2.5亿元。

基本医疗设备全部配齐 2011～2012年，全自治区各级财政投入资金1047亿元，采购国家规定的基本医疗设备，装备各级计划生育技术服务机构。其中，自治区本级财政投入资金5238万元（2011年、2012年分别投入资金：2831万元和2407万元），市、县级财政投入资金9352万元。全自治区所有县、乡计划生育服务机构配齐了开展免费孕前优生健康检查项目所需的检查、检验、手术设备，有效地满足了群众的生殖保健需求。

技术服务队伍不断优化 自治区共有计划生育技术服务人员4642人，全部取得《计划生育技术服务合格证》，取得医疗卫生《执业资格证》的3924人，占85%。其中取得医学本科以上学历的有576人，占12%，取得医学专科学历的有2595人，占56%，取得医学中专学历的有1410人，占

30%，取得卫生系列高级技术职称有69人，中级技术职称983人，初级技术职称2579人。

国家优生项目试点顺利推进　广西按照国家人口计生委有关工作部署，制订工作方案，扩大试点范围，加强组织领导，强化责任分解，科学规范地推进免费孕前优生健康检查项目。

2011年，广西五个国家级试点单位检查对象5.3万人，优生检查人群覆盖率达99%。5个试点单位接受咨询指导4.9万人，优生咨询指导率达93%；评估为高风险人群有1万人，均进行了优生咨询指导。早孕随访7390人，妊娠结局随访7731人，早孕随访率达97%，妊娠结局随访率达100%。21个自治区内试点单位共检查对象2.3万人，全面超过了自治区下达的每个单位检查不少于500对（1000人）的工作要求。

2012年，广西66个国家级项目单位共检查对象41万人，目标人群覆盖率达到100%，群众优生知识知晓率达到95%；咨询指导31.7万人次，咨询指导率为82.6%；早孕随访7.7万人次；妊娠结局随访1.8万人次；不良妊娠结局325人。全自治区目标人群覆盖率、群众知晓率等主要指标提前2个月全面完成国家免费孕前优生项目工作进度任务。

积极开展地中海贫血筛查工作　广西是地中海贫血高发地区，广西人口计生系统大力开展出生缺陷干预工程，以开展免费孕前优生项目工作为契机，有效履行自治区人民政府地中海贫血防治计划部分职责。全自治区11个地中海贫血筛查试点单位共筛查群众7万人，经血常规和蛋白电泳法初筛阳性人员1.7万人，人群携带率约为24%，经基因诊断确诊双方均为地中海贫血携带者的高危夫妇716对，指导落实产前诊断措施136对，有效地降低了出生缺陷的发生风险，人口计生部门出生缺陷防控能力不断提升，取得了令人满意的社会效益。

优质服务创建活动不断向前发展　广西各级人口计生部门大力开展“以技术服务为重点”的计划生育优质服务工作，积极完善动态管理机制，本着更加注重创建过程，更加注重解决实际问题、更加注重服务机构标准化建设、更加注重创建效果原则，加大推进创优工作力度，夯实基层工作基础，改善服务条件，提升服务水平，努力实现计划生育优质服务“提质提速”。截至2012年底，全自治区67个县（市、区）获得了“全国计划生育优质服务先进单位”的称号，自治区级优质服务先进单位实现了全自治区全覆盖。

【科技机构与队伍建设】　人口和计划生育技术服务机构设置情况　全自治区乡级以上计划生育技术服务机构1222个，其中，自治区计划生育研究中心1个，市级计划生育服务中心5个，县级计划生育服务站94个，乡级计划生育服务所1122个。乡级以上技术服务机构取得《计划生育技术服务机构执业许可证》1115个，占机构数的91%，其中，自治区计划生育研究中心、5个市级计划生育服务中心和94个县级服务机构均取得《计划生育技术服务机构执业许可证》，乡级服务机构取得《计划生育技术服务机构执业许可证》1015个，占乡所总数90%。自治区和市级计划生育服务机构均取得《医疗机构执业许可证》；县级服务机构取得《医疗机构执业许可证》93个，占县站总数的99%。

人口和计划生育技术服务人员情况　全自治区四级计划生育技术服务机构共有技术服务人员4642人，全部取得《计划生育技术服务合格证》，取得医疗卫生《执业资格证》的3924人，占85%。其中取得医学本科以上学历的有576人，占12%，取得医学专科学历的有2595人，占56%，取得医学中专学历的有1410人，占30%，取得卫生系列高级技术职称有69人，中级技术职称983人，初级技术职称2579人。

自治区计划生育研究中心共有技术服务人员144人，全部取得《计划生育技术服务合格证》的有144人，取得医疗卫生《执业资格证》的125人，占87%。其中取得医学本科以上学历的有60人，占42%，取得医学专科学历的有35人，占24%，取得医学中专学历的有49人，占34%，取得卫生系列高级技术职称有20人，中级技术职称33人，初级技术职称74人。

全自治区5个市级计划生育服务中心共有技术服务人员77人，全部取得《计划生育技术服务合格证》，取得医疗卫生《执业资格证》的66人，占86%。其中取得医学本科以上学历的有30人，占39%，取得医学专科学历的有23人，占30%，取得医学中专学历的有11人，占14%，取得卫生系列高级技术职称有7人，中级技术职称33人，初级技术职称35人。

全自治区县级计划生育技术服务人员共有1662人，全部取得《计划生育技术服务合格证》，取得医疗卫生《执业资格证》的1610人，占97%。

其中取得医学本科以上学历的有 205 人，占 12%，取得医学专科学历的有 975 人，占 59%，取得医学中专学历的有 455 人，占 27%，取得卫生系列高级技术职称有 16 人，中级技术职称 725 人，初级技术职称 774 人。

全自治区乡级计划生育技术服务人员共有 2759人，全部取得《计划生育技术服务合格证》，取得医疗卫生《执业资格证》的 2113 人，占 77%。其中取得医学本科以上学历的有 281 人，占 10%，取得医学专科学历的有1562人，占 57%，取得医学中专学历的有 886 人，占 32%；取得卫生系列高级技术职称有 26 人，中级技术职称 192 人，初级技术职称1696人。

【科技成果与推广应用】 2011 年，自治区人口和计划生育研究中心申报《联合 DGC 和 MACS 精子处理技术对精子 DNA 完整性影响的研究》《人脂肪干细胞异位表达 DAZL 基因的研究》等七项科研课题；完成了《广西地中海贫血的监测及预防体系的建立》《精子形态学分析与精卵透明带结合试验在体外授精中的应用研究》和《广西 1998～2004 年绝育复通术后回顾性调查研究》等科研课题的结题工作。参加科技厅自然科学基金申报，获得广西自然科学基金面上项目经费资助一项。完善科研实验室建设，由研究中心 IVF 科调配出适量的仪器设备成立一个新的科研实验室，独立开展细胞培养、体外受精、卵母细胞成熟等基础实验，为攻克 IVF 应用中遇到的实际难题提供了科研场所。与上海人口计生所合作开展精子 DNA 完整性的研究，已为此研究收集了 500 多份不育男性患者血液，并录入相应的精液常规检查数据。自治区人口和计划生育研究中心还承担的国家科技支撑计划项目《出生缺陷人群监测与综合干预模式及示范研究》子课题《地中海贫血人群干预模式的研究》和国家科技基础性工作专项子课题《中国男性生育力基本指标和生殖相关基础生理数据的调查》，分别获得优秀科技成果奖一等奖（第四完成单位）和优秀科技成果奖三等奖。

2012 年，完善科研实验室建设，逐步在 IVF 科基础实验室开展细胞培养、体外受精、卵母细胞成熟等基础科研业务。完成了对广西灵山县那隆中学和那隆中心校、武鸣县第一中学和实验学校 5 年级至初三，总人数将近2400人的电子问卷调查和外生殖器发育状况调查；同时，对参与调查的相关学生进行了青春期性教育，派遣男科和妇科专家对她们提出的青春期心理、生理问题进行解答，受益人群约5000人。积极开展与广西医科大学的科研合作，拟定科研项目针对广西地方特色的遗传病，尤其是地中海贫血的研究，并涵盖 G6PD、缺铁性贫血等其他特色遗传病的研究，现已经进入课题合同修订阶段。参与广西医科大学主持的广西科学基金项目《可溶性细胞间粘附分子—1 在多囊卵巢综合征的表达研究》获得广西卫生科教管理学会颁发的广西医药卫生适宜技术推广三等奖和广西科技进步奖三等奖。

【计划生育技术服务】 一是坚持依法执业，规范服务行为 严格执行国务院《计划生育技术服务管理条例》等一系列管理办法和指导意见。利用审批、校验、监督等行政管理手段，规范计划生育技术服务行为。在执业注册、机构执业审批问题上，加强与卫生部门的协调与沟通，目前 100% 的计划生育技术服务人员能够规范执业注册；100%的县级以上服务机构取得了《医疗机构执业许可证》，所有服务机构都能够在执业许可范围内从事计划生育技术服务和相关临床服务工作。二是加强质量监督，强化服务安全。各级计划生育服务机构严格执行计划生育技术服务规范，成立技术服务质量控制小组，建立技术服务质量监管机制，参加自治区临床检验中心开展的室间质量评价活动，健全质量控制体系，加大监管力度，强化县站对乡所的技术支撑和指导功能。对照国家人口计生委《计划生育技术服务质量管理规范》要求，每年对所有机构进行质控检查，不断调整检查内容，引导基层全面加强质量控制，及时发现问题，提出整改措施。三是发挥专家作用，加强工作指导。聘请自治区内计划生育相关医疗卫生学科带头人，建立计划生育科技专家库，除承担每年的病残儿医学鉴定、节育手术并发症鉴定工作外，充公发挥专家的技术支撑作用，不定期组织专家到基层服务机构进行指导，参与自治区级计划生育优质服务站的评估验收、指导等工作。同时，每年拿出一定事业经费，发挥专家积极性，充分利用技术服务阵地，发挥“传、帮、带”作用，组织开展计划生育技术、管理方面的相关科研课题和工作研究，为科技管理提供决策依据，推进服务机构规范管理和服务能力提升。四是注重功能发挥，拓宽服务内涵。强力推行服务体系层级管理模式，在服务内容上，要求各级服务机构突出自身特色，积极拓展服务领域，完善服务功能，全面实施以国家免费孕前优生健康检查项目为主要内容的生殖健康促进计划，努力降低出生缺陷发生风险，提高出生人口素质，并大力推行满意服务，需求服务、特色服务，不断满足群众多层次、多样化的计划生育、生殖健康、家庭保健需求。全自治区各级计划生育技术服务机构承担宣传教育、技术服务、药具发放、人员培训、信息咨询、优生指导、随访服务、生殖保健等八项职能。落实节育手术占全自治区节育手术总量的70%以上；计划生育技术服务内容由基本四项服务向出生缺陷预防、信息咨询、育龄妇女随访及生殖健康普查普治等综合服务转变发展，进一步拓宽了计划生育技术服务内涵。

【信息化建设】 自治区人口计生委信息化建设严格按照电子政务建设标准、程序实施，成立了专门的领导机构和组织实施机构，为指导和规范全自治区人口计生信息化建设，专门印发了《广西人口和计划生育信息化建设指导意见》、《广西人口和计划生育服务管理与决策信息系统项目建设管理暂行办法》以及一系列规范和标准。在2010～2011年投入3500万元的基础上，2012年投入资金1500万元用于信息系统建设，给全自治区每个乡（镇、街道）下拨1万元用于采购计算机和证件打印机等终端设备，实现了全自治区人口计生服务管理自治区内、外“一盘棋”。目前，广西全员人口信息数据库入库总记录数5300万人，覆盖了全自治区所有人口；主要数据项完整率、身份证号码录入率两项核心指标均达到了95%以上。实现了人口信息、业务信息通过网络平台实时共享，规划统计、全员人口、流动人口服务管理等业务网上办理、网上督办。2012年通过网络实现了跨县以上（含跨省）108万流入人口、291万流出人口户籍地、现居地的基础信息、服务信息的核查、比对和确认，对有效控制超生、躲生和打击“两非”，以及提高服务管理效率、减少行政成本发挥了积极作用。2012年，广西全面推广出生实名登记信息共享制度，继柳州、贺州、来宾之后，钦州、贵港等市实现了出生实名登记信息实时通，南宁、桂林大部分县区也实现了信息共享，通过部门信息共享，及时更新广西全员人口信息数据库，实现了出生人口信息全自治区共享，为各级党委、政府推进人口工作提供了决策依据。

【计划生育宣传与教育】 推进“婚育新风进万家”活动深入开展 广西各级人口计生部门根据广西党委宣传部等13个部门联合制定的《关于“十二五”期间全面推进婚育新风进万家活动的意见》，立足基层，面向家庭，大力开展了“婚育文明、性别平等、计划生育、优生优育、生殖健康、家庭幸福”人口文化建设，推进婚育文化与乡土文化、群众广场文化、新农村建设相结合工作，大力开展“婚育新风进万家”工程。全自治区共建成人口文化示范校园541个，人口文化示范村6148个，人口文化大院示范点1406个，人口文化广场131个，人口文化长廊1768条。打造出一批集自然风光、人文景观、休闲娱乐与人口文化融为一体的人口文化园、村、院、场、廊等人口文化阵地。

组织全区人口计生系统文艺演出 为纪念计划生育基本国策确立30周年和《人口与计划生育法》实施10周年，自治区人口计生委、自治区计生协充分利用广西山歌文化历史悠久，广大群众喜爱山歌的特点，举行了“山歌唱起来”——广西人口计生系统学习宣传十八大精神山歌演唱会。以山歌表演唱、广西特色戏曲、快板、情景剧等具有地方民族特色、群众喜闻乐见的形式宣传党的十八大精神和人口计划生育基本政策，弘扬新型人口婚育文化。

做好优化人口计生户外宣传环境工作 2011年6月～2012年12月，广西按照《国家人口计生委办公厅关于优化人口计生户外宣传环境的通知》（人口办宣教〔2011〕23号）要求，结合开展婚育新风进万家活动第四阶段和“人口文化建设”活动，扎实开展了优化人口计生户外宣传环境活动，据不完全统计，全自治区在各主要交通干道共建设、更新图文并茂、整洁规范、简约朴实的大型人口计生宣传牌1607块，制作户外人口计生宣传画23206幅，清理过时、破损宣传标语11953条，新制作宣传标语22162条。

（艾　翔）

质量技术监督科学技术

【概况】 2011～2012年，广西质监系统认真履行自治区实施质量兴桂战略领导小组办公室的职责，充分发挥质监部门职能优势，通过实施三大战略、搭建三大平台、优化三大业务，全力推进质量兴桂工作，在促进广西经济社会发展、保障民生、维护社会和谐等方面做出了积极贡献。

【科技成果】 2009～2012年，广西质监系统各级领导始终将科研工作作为未来发展的新方向，对科研工作给予高度重视，全系统先后承担各级科研项目169项，实现了质监科研工作的跨越式发展，在科研成果方面，全系统现共获得自治区科技进步奖一等奖1项，二等奖7项，三等奖9项，国家信息化成果奖二等奖一项；《光电珍珠检测仪研究与应用》项目获得2009年广西科学技术进步奖一等奖，实现了广西质监系统在广西科学技术进步奖一等奖零的突破；《广西产品质量安全数据溯源与监管系统研发与应用》项目获得2010年广西科学技术进步奖二等奖及全国信息化成果评选二等奖；由标准院主持的《广西米粉质量安全跟踪、追溯与监管体系》通过成果鉴定，获得广西政府领导的充分肯定，为广西食品安全监管提供了新思路。通过各类科研项目的推进，为地方产业发展壮大、保障人民生活安全，提供了强有力技术支撑，为实现富民强桂新跨越贡献应有力量。

【科技人才队伍建设】 全系统先后引进和培养博士后3名，博士13名，硕士和研究生518名。有1人获国务院特殊津贴，有8人次获得国家质检总局和自治区认定的专家、技术骨干荣誉称号，有4人聘为大学兼职教授，1人次入选“广西新世纪十百千人才工程”，聘请2名“八桂学者”作为技术顾问；有13人获正高级技术职称、291人获副高级技术职称，1329人获中级技术职称。实现了系统内博士和正高级技术职称专业人才“零”的突破。

【实施三大战略】 *质量兴桂* 广西质监系统坚决贯彻落实自治区党委、政府关于实施“质量兴桂”战略的决策部署，承担起了自治区质量兴桂领导小组办公室的职责，联合相关部门协调推进“质量兴桂”战略，有力推动产品质量、工程质量、服务质量、环境质量显著提升。广西制造业竞争力指数由2007年的76.99增长到2011年的79.67；工业产品、农产品、药品安全形势稳定；工程质量总体稳定在较高水平，市政、交通、水利工程验收合格率近两年均维持在100%；全广西服务质量平均顾客满意率稳步上升；环境质量保持优良；品牌带动效应逐步显现。全广西14个市、109个县（区）全部开展质量兴市（县）活动。广西柳工机械股份有限公司、广西玉柴机器股份有限公司、广西柳州钢铁（集团）公司、燕京啤酒（桂林漓泉）股份有限公司四家企业荣获广西首届主席质量奖。柳州、桂林、北海、防城港、钦州、贵港、玉林、百色、贺州、来宾、崇左11个市政府设立了市长质量奖。柳州市获国家质检总局批准创建首批“全国质量强市示范城市”。柳州两面针股份有限公司、国家橡胶及橡胶制品质量监督检验中心（桂林）获评“全国中小学质量教育社会实践基地”。

推动自治区人民政府出台《广西壮族自治区人民政府办公厅关于贯彻国务院〈质量发展纲要（2011—2020年）〉的实施意见》。邀请国务院参事张纲在广西领导干部“时代前沿知识”系列讲座作题为“坚持以质取胜　建设质量强国”的专题讲座，成功举办了广西质量发展论坛。企业积极开展“质量兴企”活动，有力推动了质量兴桂向纵深发展。2012年10月29日，全区质量兴桂工作暨首届主席质量奖表彰会议隆重召开。时任自治区党委书记、自治区人大常委会主任郭声琨，时任国家质检总局副局长刘平均出席会议并作重要讲话，时任自治区主席马飚主持会议。自治区领导、各市政府分管领导，区直、中直驻邕副厅级以上党政机关、企事业单位有关负责同志，企业代表和广西质检两局干部参加了会议。我区质量工作得到了自治区党委、政府和国家质检总局的高度重视和充分肯定。

以认证许可为手段，严把准入关和证后监管，督促企业守法生产经营，全广西通过质量管理体系认证的企业达2172家，通过环境管理体系认证的企业达446家，通过强制性产品认证的企业261家1600项产品；获工业产品生产许可证企业1280家，5211家企业获得食品生产许可证。以12365举报处置指挥系统为平台，加强应急管理，完善执法打假预警制度、快速反应机制和区域综合监管打假责任制，开展重点产品区域整治、“质检利剑行动”和专项执法检查，打击侵犯知识产权和制售假冒伪劣商品行为，着力规范市场经济秩序。近年来，共查获假冒伪劣产品标值6.08亿元，为企业和消费者挽回经济损失近1亿元。

名牌战略 广西质监部门围绕广西特色优势产业，培育名牌产品、企业（集团）、产业、区域，以名牌效益加速经济发展，振兴区域经济。全广西获得国家地理标志保护产品38个，有效期

内的广西名牌产品181个，广西优质农产品20个。获得名牌产品称号对于保证产品质量，提高产品的市场价格和市场竞争力、促进特色产品产业化具有积极的带动和促进作用。2011年统计数据显示，有效期内名牌产品生产企业对全广西工业总产值增长的贡献率达20.9%，拉动全广西工业总产值增长7.1个百分点。

标准体系　围绕广西“14＋10”产业，建立了以国家标准、行业标准为主，地方标准相配套的广西支柱、特色产业技术标准体系，用标准引领企业创新技术、创建品牌，提高产品的市场竞争力，促进广西产业优化升级。全广西已组建全国标准化技术组织14个，广西标准化技术委员会27个。参与制修订国际标准22项、国家标准378项、行业标准217项，发布广西地方标准937项，提高了广西在标准领域的话语权。1047个重点规模工业主导产品办理采用国际标准或国外先进标准备案证书；72家企业通过标准化良好行为试点确认；组织开展了5个国家级、17个自治区级服务业标准化试点；先后建成118个国家级、174个自治区级农业标准化示范区。

【三大平台建设】　公共检测技术服务平台　贯彻落实郭声琨书记关于“要大力实施质量兴桂战略，着力加强公共检测平台建设，围绕广西支柱产业和特色产业，打造一批技术装备精、检测水平高、支撑能力强的国家级、自治区级质检中心”的重要指示，围绕广西14个千亿元产业和10大战略性新兴产业，布局建设国家级质检中心11个，自治区级质检中心34个，建设总规模达19.73万平方米，概算总投资7.42亿元。截至2013年9月，9个国家级质检中心和23个自治区级质检中心已建成并投入使用；国家内燃机及零部件质检中心和4个自治区级质检中心将于年底投入使用；国家汽车质检中心和13个自治区级质检中心正在建设中。质检中心仪器设备增加到1.54万台套，原值达到2.72亿元，固定资产达到10.52亿元。这些质检中心分布在产业中心区域，为产业集聚、标准研究制订、合格评定、认证许可、监督检验和人才培训等提供了强大的技术支持。

建立了以国家计量检测中心及区计量检测院为龙头，市计量检测所为骨干，县计量检测所为基础的三级量值传递体系，实现对10大领域393类依法管理计量器具的检定覆盖，为广西贸易结算、医疗卫生、安全防护、环境保护、能源节约等工作奠定坚实基础。

电子政务信息服务平台　累计投入资金近4500万元用于“金质工程（一期）”建设，建成了覆盖区局、4个区局直属技术机构、14个市局、76个县（区）局的三级计算机网络平台，实现了总局—区局—市局—县局的互联互通和资源共享，被国家质检总局列为全国“金质工程”（一期）应用系统运行试点单位，是国家“十二金”工程在广西首家通过验收的单位。利用“金质工程（一期）”建设成果，探索推进电子监管、信息化绩效管理等电子政务工作，大力提升行政效能。目前，全广西质监系统全面实现了网上行政审批，企业“足不出户”就可以开展行政许可申报工作，大大方便了企业。建立了重要工业产品、食品重要数据报送溯源信息系统、企业电子档案系统、信用等级自动评价系统，实现了网上电子监察辅助行政监管，提高了监管的有效性。建成东盟信息技术服务平台，收集、整理、翻译东盟国家标准目录共2.9万条，标准全文9000个，建立了与东盟各国标准化部门的长效合作机制，为促进双方贸易往来提供了良好服务。

行为规范管理平台　抓住监督工作的关键，大力倡导规范化、科学化、精细化管理，在全广西政府机关中率先建立覆盖全系统的ISO9001质量管理体系并通过国家权威机构的认证。通过实施质量管理，树立了“优在制度，重在执行，严在监督，成在整改”的科学管理理念，形成了工作讲标准、行为讲规范、办事讲程序、评价讲严格、整改讲成效的良好氛围，有效促进机关管理模式由传统、松散、零星、临时的粗放型向科学、系统、标准、长效的集约型转变，行政效能由能快能慢的自由型向限时办结的规范型转变，政纪由有令不行的放任型向令行禁止的约束型转变，工作作风由以我为中心的经验型向以顾客为中心的服务型转变，全系统工作目标完成率逐年大幅提高。做法得到自治区政府、自治区纪委的高度重视，先后在2007年自治区纠风工作会议、自治区直单位落实“三项制度”现场会上进行了典型发言，并在2007年全区各市纪委书记和监察局长工作座谈会上作了经验介绍。2008年，时任国家质检总局局长王勇到广西调研，对广西质监系统推行ISO9001质量管理体系的做法给予了充分肯定，并迅速在国家质检总局机关和各省质监局推广。2012年，广西质监又会同自治区绩效办制定了国内首个机关绩效管理地方标准——《绩效评价广西地方标准》，有力助推了广西政府机关绩效管理的科学化、规范化、制度化。

【优化三大业务】 有效推行“三抓手”，强化监管护民生 认真总结多年来产品质量安全监管经验，创新推行了“三抓手”质量安全监管模式，第一抓手是引导、督促监管对象建立运行质量管理体系，强化基础质量保证能力；第二抓手是建立以重要数据报送溯源全覆盖网络化和现场检查相结合的监督机制；第三抓手是建立政府、群众、舆论、市场化四方监督的质量信用分类管理机制。这一质量安全监管模式，促使质量安全各方责任得到进一步落实，提高了监管的有效性，得到了马飚主席的肯定，其核心内容写入了《广西产品质量监督管理条例》中。

由于实施了有效的监管，广西妥善应对了“苏丹红”“三聚氰胺”“罗丹明B”“塑化剂”“非法使用工业明胶加工食品”“汽油门”等质量安全突发事件，守住了质量安全底线，全广西至今没有发生区域性、系统性、行业性产品质量安全事故。全广西产品质量监督抽查合格率从2005年的70.8%提高到了2012年的89.33%。在特种设备数量大幅增长的情况下，全广西万台特种设备死亡人数从2003年的1.76人下降至2011年的0.83人，下降52.8%。

实施行政许可“三分离”，网上审批大提速 在全国质检系统率先推行了“充分授权前置受理、企业即可试产试销、全程跟踪技术服务、确保质量行政许可”的行政审批“受理、审查、批准”三分离全程受控工作机制，对行政审批业务的受理、技术审查、审定、批准、办结等各个环节实施行政效能监察，实行网上审批，实现了“一个窗口对外”、“一站式服务”，大大提高了工作效率，在自治区许可权限能办结的65项行政许可件办结时间，比规定的许可时间缩短了三分之一，真正落实了“以顾客为中心”的服务原则，起到了减负增效、减少企业办事成本的作用。

推进行政执法“三分离”，依法行政树公信 为规范和加强行政执法工作，提高工作效能，广西质监紧紧围绕地方经济社会发展大局，把维护社会稳定与维护市场经济秩序有机统一起来，创新推行了行政执法“立案调查、审理、集中执行”三分离工作机制，制订了《广西食品生产加工小作坊登记备案办法（试行）》，出台和修订了《广西实施＜特种设备安全监察条例＞办法》《广西产品质量监督管理条例》等法规、规章，有效解决了行政监察对象底数不清、调查取证迟缓、查处不力的不作为、乱作为、越位、缺位等问题。2012年，全系统行政执法结案率达到95.71%，服务对象满意率达到99.47%，行政行为在行政复议或诉讼中的撤销、变更率为0，树立了依法行政的良好形象。

【科技交流与合作】 2011～2012年，广西质量技术监督局积极加强系统外科技交流与合作，组织学术研讨、联合开展科研等活动。深化与天津大学、广西大学、广西科技厅等部门院校的战略合作关系，进一步拓展与其他知名研究机构与大学的科技交流与合作。2012年9月20日，广西质量技术监督局与广西大学共同签订《科技研发应用与人才培养合作框架协议》，开启局校合作的新篇章。双方在人力资源、仪器设备等方面实现优势互补、资源共享，开展多种形式的产学研合作，以促进科技创新和加快科技成果转化，为建设富裕、文明、和谐新广西提供智力支持与科技支撑。

2012年12月15日，广西质量技术监督局与天津大学签订合作协议，双方通过建立院士、博士工作站、人才培养教学基地等方式，共同打造人才小高地，开展科研合作，强力推进人才强检规划。双方围绕食品、汽车、冶金、石化、机械、电子信息、建材、造纸、木材加工等支柱产业，以及新材料新能源、节能环保、海洋经济、生物医药、先进设备制造、港口物流等重点产业和中国—东盟自贸区开放开发，通过建立院士、博士工作站，打造人才小高地，加强科研和教学培训合作等方式，培养具有国际国内先进水平的质量检测、质量风险分析、质量管理、计量测试、标准化技术以及检测仪器开发等方面的高、中级人才。同时，充分利用国家质检中心的优势，深入开展检、学、研、用等方面的合作。

（傅志忠　刘小昊）

防震减灾科学技术

【概况】 2011～2012年，广西地震系统紧密围绕防震减灾事业发展的迫切需求，科学分析当前地震科技面临的新形势、新任务，瞄准地震科学技术的前沿领域，适应广西经济社会发展的形势和任务，大力推进地震科技创新，全面提升地震科技工作对广西防震减灾事业各个环节的贡献率。

【科技队伍】 自治区地震局共有博士 3 人，硕士、在职研究生 44 人，本科 54 人，大专及以下学历 28 人，本科以上学历人员占总人数的 78%。专业技术人员中，高级工程师 14 人，其中正研级高工 1 人，教授级高工 1 人，工程师 35 人。在地震监测预报、工程抗震设防、应急指挥技术等重点领域建立了 3 支科技团队。2011 年以来共举办专业技术培训班 6 期，参加培训人员 400 余人次；150 余人次参加了中国地震局和自治区举办的各类培训班，14 人次出国（境）参加科技交流培训。

【科研项目与经费投入】 2011～2012 年，自治区地震局始终把科技项目建设列为年度防震减灾重中之重的中心工作予以部署和推进，建立健全以财力投入为主体的多渠道投入机制，深化地震科技体制改革，完善跨部门多层次合作机制，加强地震科技人才队伍建设，切实保障地震科技事业更好更快地发展。一是积极推进地震背景场工程和社会服务工程。两项工程均属于国家层面的立项项目，总投资 911.59 万元全部到位，截至 2012 年 12 月 31 日，地震背景场工程土建部分基本完工，并已顺利通过中国地震局组织的专家验收，社会服务工程也按计划推进。二是成功推荐陈颙、陈运泰院士为自治区主席院士顾问，并诚聘两位院士作为自治区地震局科技顾问，自治区财政厅每年下达主席院士顾问专项资金 40 万元，旨在提升自治区地震局地震科技研究的眼界和能力，推进防震减灾科技项目的进步。三是着眼地震科技未来发展的方向，投入 20 多万元专项资金超前部署基础科学和前沿技术研究，编制印发了《自治区地震局地震科技“十二五”发展规划》等一系列规划，着力提升自治区地震局地震科技创新能力。四是重大项目加紧立项，科研项目申报活跃。包括“北部湾地震烈度速报与海啸预警技术系统”在内的一批重点科研项目获得自治区主席资金 1500万经费支持。《桂西地区暴雨触发特殊震群活动特征及成因机制研究》获自治区科技厅立项支持，课题经费达 35 万；《广西水库地震资料收集分析和震情跟踪研究》获中国地震局地震监测专项任务课题经费支持。局内共下达 15 项局课题任务，支持经费突破 20 万。五是着力在政策和经费上给予倾斜，构建自主知识产权的科技项目。先后完善了《广西简明地震信息手册》，建立和完善分析预报应急数据库系统，编制了全国地震震中分布图，研发了自治区地震局自主研发的首个实用性关键技术——“广西地震应急信息系统”，可以快速查询、分析地震造成的破坏情况，快速得出地震震区的基本情况，解决了地级市应急指挥存在的数据更新难、技术平台不适用的问题。

【科技成果与推广应用】 2012 年，自治区地震局承担的 4 个自治区科技厅科技计划项目完成了成果鉴定。《龙滩水库诱发地震活动特征分析与中强地震预测》、《长大桥梁在强震作用下破坏损伤和倒塌机理研究》和《南宁盆地及其周边未来地震潜势及地质危险划定研究》3 个项目成果达到国内领先水平，《北部湾盆地中强地震发震构造探测及成因研究》项目成果达到国内先进水平。成果鉴定专家组认为，这些项目的实施使广西监测预报、震灾预防、紧急救援三大体系技术系统上升了一个新台阶，对整体提升广西防震减灾实力，最大限度地减轻地震灾害具有十分重要的现实作用和深远的科学意义。

龙滩水库诱发地震活动特征分析与中强地震预测 该项目的研究成果整体达到国内领先水平，系统开展龙滩水库地震数字化资料应用研究，对库区中小地震震源精确定位、震源机制解、震源参数计算等研究；探索龙滩水库诱发地震主要影响因素及其成因机理；系统分析研究龙滩水库诱发地震活动特征，开展龙滩水库地震预测预报工作；有助于避免或减轻可能的水库诱发地震灾害，保障龙滩水电工程的安全，并为今后广西重大水库工程建设的决策提供更加充分的科学依据，从而保障水库工程和水电等重大基础设施的安全。该项目填补了广西在龙滩水库地震领域系统研究的空白，使广西水库地震研究走在全国前列，推动广西水库诱发地震研究达到国内领先水平。

长大桥梁在强震作用下破坏损伤和倒塌机理研究 该项目的研究成果整体达到国内先进水平，课题研究的整体经济、社会和环境效益非常显著，具有良好的推广应用前景。该项目的成果可以推广到其他大跨度桥梁如斜拉桥、悬索桥和钢桥中，也可以推广至全自治区和国内其他省、市和自治区。

南宁盆地及其周边未来地震潜势及地质危险划定研究 为南宁盆地及周边防震减灾和地震安全工程提供科学的依据，为南宁盆地及周边地震

预测预报和地震安全性评价等研究打下了扎实的基础，其成果达到了国内同类研究的先进水平，应用前景良好，值得推广。其成果将可以应用于地震安全性评价、工程地震、城市抗震设防、地震中长期预测等领域，前景广阔。该项目为南宁盆地及周边中长期地震预测预报、地震安全性评价以及地震发生发展机理等研究做好基础工作。

【地震应急救援】 2011年11月28日，广西地震灾害紧急救援队正式成立，按照“一队多用、专兼结合、平战结合、资源共享”的原则，采取固定专业救援人员加兼职人员的方式组建，以武警部队官兵为骨干力量，以通信、医疗、装备保障等专家为技术核心，以社会志愿者队伍为强力支撑；下设总队队部和第一搜救支队、第二搜救支队、医疗支队、综合保障支队等4个支队，总人数243人。2011年、2012年自治区人民政府把地震应急避难场所建设纳入各市人民政府绩效考评范围，有力推动全自治区各地地震应急避难场所建设。截至2012年底，广西规范建设的地震应急避难场所67处，总面积约279.8万平方米、可疏散人数约191.23万人。截至2012年底，全自治区有14个市级人民政府，111个县级人民政府、928个乡镇人民政府（含街道办事处）、2401个各级政府有关部门、1391个社区（村）、5814个学校、386个医院、2802个企业，制定或修订了各自的地震应急预案。县级以上人民政府100%制订了地震应急预案。初步建立了具有广西特色的横向到边、纵向到底的地震应急预案体系。

【地震台网和台站建设】 2011～2012年，在中央和地方财政支持下，广西地震监测台网及台站建设迅速发展。2011年7月正式启动了国家重点项目广西地震背景场探测项目及2010年广西凌云、凤山3.0级地震震群后为加密广西地震监测而实施的广西政府财政专项新建数字地震台站项目。项目建设包括新建9套一体化数字流动观测设备的应急流动台网，新建德保1个国家级数字测震台和斜阳岛等14个区域级数字测震台，新建凭祥数字重力台，以及改造南宁石阜和九塘数字流体观测台。到2012年底，广西地震背景场探测项目6个测震台站土建顺利通过竣工验收。九塘数字流体观测台完成升级改造。国家前兆台网中心2012年实施的全国前兆台站改造计划，对广西邕宁、灵山数字钻孔应变观测进行升级改造。完成了邕宁地震台和灵山地震台新钻井口和安装十五钻孔应变仪的工作。

2012年，广西水库地震监测工作上了一个新台阶。岩滩水库地震监测台网（6个测震台站和3个强震台）建成并投入运行。龙滩水电站强震传输技改项目通过验收。随着广西地震背景场探测项目等台站建设项目的实施，广西地震监测能力薄弱和监测台网分布不平衡的状况将会进一步得到优化和改善。

【地震监测预报】 自治区地震局紧盯震情，综合运用各种分析方法和手段，点面结合抓日常分析，做好定期商会，加强异常核实，综合分析研判，密切跟踪地震动态，成功应对自治区内外多次显著地震事件。自治区地震局在沿袭震情趋势判断的传统做法基础上，大胆引进国内外的先进做法、新方法，探索适合广西震情、灾情、区情的新模式，邀请知名专家来广西“会诊”，召开专题研讨会，对自治区内震情做出分析；在重点监视防御区召开年中会商会，将会商会与震情实况紧密结合。通过打破传统，将震情研判水平提升到了一个新的台阶。及时、积极、主动向自治区党委、政府和中国地震局汇报震情动态，以《震情内参》《灾害图册》《趋势分析报告》等多种形式提供深入浅出，图文并茂，科学严谨，分析透彻的研究报告，为自治区党委、政府开展防震减灾工作决策部署提供科学依据。

【信息化建设】 2011年7月，自治区地震局承担建设的南宁、桂林、百色、北海、梧州、河池等6个GNSS站点，获得了全面竣工和通过验收。这标志着广西防震减灾基础观测空间网络平台得到了进一步拓展。

2011年8月，自治区地震局门户网站进行了全面升级改造。升级后的广西防震减灾网页面采用DIV（层技术）+CSS（样式）结构，访问速度提升50%以上，版面布局更加美观合理，同时部署了网页防篡改系统，安全性大大增强。

2012年5月，自治区地震局与自治区人民政府应急办的视频联动指挥通信专线正式开通，实现了地震应急事件中，自治区地震局横向与应急办等相关自治区直部门视频联动作战。

2012年10月，自治区地震局完善了地震应急预评估与辅助决策报告、灾区基础信息报告等文档的美化工作，建立不同响应级别的地震演练报告模版，并分别做好了 14 个地级市的最新专题图，更好地服务领导指挥决策和抗震救灾工作大局。

【科技合作与交流】 2011 年 4 月，借开展 2011 年桂台经贸文化合作论坛系列活动的契机，自治区地震局派出代表赴台与花莲县消防局等开展防震减灾工作交流，签署了交流合作协议和备忘录，达成了多项交流意向。9 月底，台湾花莲消防局副局长林建亿一行 24 人组团来桂回访，双方就地震灾害现场救援、救援队装备、避难场所建设等问题进行了深入交流研讨。

2012 年 8 月 8 日～17 日，由自治区地震局劳王枢副局长带队的 4 人防震减灾考察团，前往澳大利亚、新西兰深入考察两国在防震减灾法律体系、防震减灾工作机制、建筑抗震设防管理及防震减灾宣传教育等方面的工作情况。

2012 年 9 月 12 日～21 日，自治区地震局局长高荣胜参加中国地震局团组，前往希腊和捷克，探讨在地震、火山科学研究及应急救援领域的合作。

2012 年 9 月 15 日～25 日，应中华消防及减灾学会和台湾花莲县消防局的邀请，自治区地震局副局长李青春率领自治区地震学会考察团前往台湾，与合作单位花莲消防局就地震监测、地震应急救援、地震预警等进行广泛交流。

2012 年 9 月 19 日～10 月 17 日，2 人参加中国地震局国际合作司组织的第二届科研人员赴美培训班，收获了新知识和新技能。

2012 年，4 人参加由自治区党委、自治区人民政府组织的 2012 年桂台经贸文化合作论坛及系列活动，学到了新知识，开拓了新视野。

【科普宣传与教育】 2011～2012 年，自治区地震局按照自治区科普工作联席会议的年度工作方案和中国地震局的防震减灾科普宣传工作要求，认真做好防震减灾宣传教育工作，积极参加广西科技活动周、防震减灾日宣传周，全国科技活动周、十月科普大行动等一系列的科普宣传的大型活动，2011 年开展了防震减灾科普知识进边关的活动，2012 年开展了防震减灾科普知识在河池市的巡展活动，与《小博士报》合作，在全自治区中小学生中开展防震减灾科普知识竞赛。在一系列的科普宣传活动中获得了优秀项目奖、优秀组织奖和优秀个人的荣誉称号。在宣传方式上充分利用了现代化的多媒体网络宣传的优势，在互联网上开辟了防震减灾科普宣传的专栏，利用微博、微信等新兴媒体宣传防震减灾法律法规、地震基本知识、地震应急避险自救互救。利用报纸、电视媒体等大众传播手段，在特定时段介绍广西的防震减灾工作的开展情况。

2012 年自治区地震局组织编写的《广西壮族自治区防震减灾系列科普读物》获得广西科普读物作品一等奖，并推荐到全国科普作品评奖。广西柳州地震科普馆获得了自治区级和国家级防震减灾科普教育基地命名。

【震害防御】 2011～2012 年，自治区地震局开展了《北部湾盆地中强地震发震构造探测及成因研究》、《南宁盆地及其周边未来地震趋势及地震危险区划定研究》、《地震动荷下广西地区岩溶的破坏机理与成因机制研究》等 4 项自治区级科研课题。科技人员发表了《钢管混凝土拱桥地震破坏评估研究》、《我国农村房屋抗震与加固的研究及进展》、濑劳—龙庄断裂特征研究《最大效力矩准则约束下的广西罗阳山地震、地质与地貌效应》等 12 篇文章。

【广西地震活动概况】 2011 年 1 月 1 日～2012 年 12 月 31 日，广西陆区及北部湾共发生 538 次≥1.0 级地震，其中，2.0～2.9 级 124 次，3.0～3.9 级地震 7 次，最大为 2012 年 1 月 8 日广西平果 3.2 级及 2012 年 2 月 7 日广西东兰 3.2 级地震，在 2011 年 6 月 25 日至 7 月 16 日发生显著的靖西震群。平果 3.2 级地震造成平果县城、新安镇、太平镇、马头镇、坡造镇、果化镇、海城镇和南宁市隆安县雁江镇均有明显震感，其中马头镇同仁村有一户民居的挡土墙被震塌，坡造镇内里村、扶琴村有少数民房掉瓦和窗户玻璃被震碎，新安镇坡南村群众震感强烈并有掉瓦现象，东兰 3.2 级地震引发了山石滚落等次生灾害，靖西震群具有震源浅、频度高、烈度大、密集程度高、持续时间长等特点。近年来，广西及其邻近地区地震活动呈现出“小震活跃、中震平静、震群频发”的特征。

（张雄　陆正兴　贺院华　陈珊　甘延锋　孙学军　史水平　梁兆东　余宗飞　吴永春　袁媛　郭培兰）

出入境检验检疫科学技术

【概况】 2011～2012年，广西出入境检验检疫局按照《中华人民共和国进出口商品检验法》《中华人民共和国进出境动植物检疫法》《中华人民共和国卫生检疫法》《中华人民共和国食品卫生法》《边境贸易出入境检验检疫管理办法》对进出口商品、进出境动植物、进出境人员、进出境交通工具和进出境食品实施检验检疫。两年来，检验检疫出入境货物45.7万批次，金额531.5亿美元。为保护出入境人员身体健康和安全，防止疫情疫病传入传出、保护国门安全、维护国家经济利益和消费者的合法权益作出了重要的贡献。

两年来，广西出入境检验检疫局重视加强检验检疫科技工作，努力抓好科技队伍建设，研究、开发科研与制标检验检疫项目，认真抓好科技成果奖励、应用，重视信息化建设和重点工程、重大科技进展，抓好实验室建设和技术改造，落实科研经费，积极开展对外学术交流和科技合作，营造科技氛围，充分调动了科技人员的积极性，进一步推动了检验检疫科技工作的开展。

【科技队伍】 广西检验检疫局机关内设16个处室，4个直属事业单位，下辖33个分支机构，其中正处级机构19个（南宁办事处、南宁机场办事处、南宁保税物流中心办事处、柳州局、桂林局、梧州局、北海局、防城港局、东兴局、钦州局、钦州保税港区局、贵港局、玉林局、龙邦局、贺州局、河池办、凭祥局、水口局、凭祥综合保税区办事处），副处级机构4个（桂林局机场办事处、北海局机场办事处、北海局出口加工区办事处和梧州局进口再生资源加工园区办事处）和10个科级办事处。

截至2012年12月底，全自治区检验检疫系统共有在职正式职工1008人，拥有中高级专业技术职称人员398人，其中高级技术职称66人，中级技术职称332人。研究生以上学历145人，占职工总数的14.4%，本科学历631人，占职工总数的62.6%，大专学历155人，占职工总数的15.4%。现有专业技术人员179人，其中具有高级技术职称28人，中级技术职称93人，初级技术职称58人。

广西出入境检验检疫局组建了8个技术专业组：卫生检疫专业组、动植物检疫专业组、食品检验专业组、机电轻纺检验专业组、化矿鉴定检验专业组、认证认可评审专业组、综合业务信息化专业组、管理科学专业组，涵盖了检验检疫相关领域。

【科研项目与经费投入】 2011～2012年，广西出入境检验检疫局共完成科研制标项目55项。其中，2011年完成12项出入境检验检疫行业标准和3项国家制标项目，承担国家质检总局科研项目计划3项，其中，《烟花爆竹中有毒有害物质限量及控制的研究》获国家批复项目经费210万元，成为广西检验检疫系统有史以来获得单笔经费最多的项目；2012年承担认监委下达的待业标准制（修）订计划项目16项，承担国家质检总局科研项目计划12项，广西科技厅项目9项。

【科技成果与推广应用】 2011～2012年，广西出入境检验检疫局取得获奖成果10项。其中，获国家质检总局“科技兴检奖”三等奖1项，广西科学技术进步二等奖2项、三等奖4项，广西第十一次社会科学优秀成果二等奖1项，《半自动加酸系统日用陶瓷浸泡柜》《电动分样器》入选2011年“中国海峡项目成果交易会”质检科技成果展。2011～2012年，广西出入境检验检疫局在公开刊物上共发表论文95篇（含核心期刊发表51篇）。

【实验室建设】 为加强对安全、卫生、健康、环保类产品及反欺诈行为的检验检疫把关，守好国门，广西出入境检验检疫局把加强实验室建设作为“科技兴检”的战略重点，加大投入，整合资源，引进人材，努力把实验室建设成为具有国际一流水平的实验室体系。经过多年的努力，到2012年广西出入境检验检疫局拥有25个类别的检验检疫专业实验室32个，其中国家级重点实验室10个，国家总局区域性中心实验室7个，常规实验室15个，仪器设备4000多台，总值3亿多元。另外，经广西出入境检验检疫局考核确认的系统外分包实验室13家，承担所委托的检验检疫业务，弥补广西出入境检验检疫局实验室的资源不足。

为了加快科技创新，增强科技实力，广西出入境检验检疫局把建设国家级重点实验室作为“科技兴检”的重点工作。多年来，质检总局批准广西出入境检验检疫局建设10家国家级重点实验室，分别是广西（北海）烟花爆竹检测国家级重点实验室、广西（防城港）有色金属矿产品检测国家级重点实验室、广西（凭祥）鼠疫国家级重点实验室、广西（南宁）灵长类实验动物检测国家级重点实验室、广西（钦州）石油化工产品检测国家级重点实验室、广西（南宁）农产品安全检测国家级重点实验室、广西（南宁）生丝及制品检测国家级重点实验室和广西（玉林）陶瓷检测国家重点实验室、广西（柳州）进出口汽车检测重点实验室、广西（凭祥）热带和亚热带水果检疫重点实验室。其中有5家通过了质检总局专家组的核查验收，分别是广西烟花爆竹检测中心国家级重点实验室（2009年11月）、广西防城港局国家有色金属矿产品国家级重点实验室（2010年9月）、广西出入境检验检疫局国家级鼠类检测重点实验室（2010年12月）、广西（南宁）灵长类实验动物检测国家级重点实验室（2011年5月）、广西（钦州）石油化工产品检测国家级重点实验室（2011年8月）。在建的5家重点实验室正加快建设速度，完善软硬件设施，争取早日通过核查验收。实验室的检验检疫项目涵盖动物检疫、植物检疫、卫生检疫、食品、轻工、纺织产品与原料、化矿金、危险货物与包装、机电等领域。

广西出入境检验检疫局根据本系统的实际，提出在实验室建设中加强“四个结合”的要求，即加强重点实验室与其他实验室的结合，加强各实验室专职人员与兼职人员的结合，加强广西出入境检验检疫局技术中心、保健中心与各分支机构实验室、保健分中心的结合，加强检验检疫实验室与外部实验室的结合，充分利用和整合现有资源，加强系统内外实验室交流和合作，提高了实验室整体技术水平和科研能力。为了加强实验室机构建设和使人员相对稳定，确定综合实验室为正科级建制、国家级重点实验室为副处级建制。

广西出入境检验检疫局采用《检验检疫设备管理系统》对仪器设备进行管理，依托网络实现总局、直属局、分支局三级对设备实时动态管理；配置设备条码管理打印系统，可对设备现场快速核查，提高设备管理信息化水平。制定了《广西检验检系统仪器设备管理办法》，仪器设备购置由用户申报、专家论证（特别对20万元以上仪器设备重点论证）、上级审批、委托中介招标机构进行政府采购，对新购置设备进行验收、登记、张贴统一标识，对在用设备实行绩效管理。

【科技合作与交流】 广西出入境检验检疫局重视并加强科技合作与交流活动，以促进检验检疫事业的发展。

2011年1月，侯金坡纪检组长率中国检验检疫代表团一行到越南进行考察交流，了解越方落实《中越植物检验检疫会谈纪要》情况。2月，卢厚林局长、董国富副局长与自治区农业厅厅长张明沛就建立联合机制，共同促进扩大广西农产品出口等进行座谈。卢厚林局长与南宁市市长黄方方签订《关于促进南宁市外向型经济发展合作备忘录》，总局孙大伟副局长到会致辞。卢厚林局长与广西区农业厅张明沛厅长签署“加强出入境检验检疫合作，促进广西农产品出口合作备忘录”。4月，卢厚林局长、董国富、莫伟媛、谢殿智副局长、侯金坡纪检组长出席广西局与深圳局关于加强协作把关，共促食品农产品扩大出口合作备忘录签字仪式。5月，卢厚林局长、董国富副局长出席中越联合监测会谈纪要签署仪式。6月，卢厚林局长出席国家质检总局与重庆市人民政府《关于共同加快内陆开放高地建设、推进质量强市战略合作备忘录》签字仪式，并代表广西局与重庆局签署《关于桂渝两地进出口货物实施直通放行合作备忘录》。卢厚林局长与贵州局祝一方局长在南宁就进一步落实两局于5月23日共同签署的《关于建立更加密切检验检疫合作机制共促桂黔外经贸科学发展备忘录》等工作进行座谈交流。7月，广西局与新疆局在乌鲁木齐签署《关于加强业务交流与培训　共促边疆地区繁荣稳定协议书》。9月，卢厚林局长和广西大学校长唐纪良代表广西检验检疫局与广西大学签订“科技研发应用与人才培养合作框架协议”。9月，广西、四川检验检疫局与四川航空公司在南宁签署成都—南宁—胡志明国际中转航班检验检疫监管备忘录。莫伟媛副局长与越南农林与水产品质量管理局副局长冯友豪一行就中国植物源性食品出口越南的有关工作进行座谈。11月，卢厚林局长出席第十九届中美植物检疫双边会谈并致辞。广西检验检疫局与山西、河北、陕西、新疆检验检疫局在南宁举行“关于加强协作把关，共促果蔬贸易发展合作备忘录”签字仪式。广西检验检疫局举行特聘美籍专家仪式暨专题学术讲座。莫伟媛副局长给美国阿拉斯加大学黄洁华教授颁发了特聘专家聘书。广西检验检疫局与钦州市人民政府在钦州举行《关于促进钦州市外向型经济发展合作备忘录》签字仪式，国家质检总局副局长杨刚等领导见证签字。12月，卢厚林局长陪同广西自治区副主席蓝天立一行拜会国家质检总局杨刚副局长，双方就加强部区合作，促进广西质检工作，共同推动广西经济社会发展交换了意见。

2012年3月，广西检验检疫局与南宁市政府举行工作联席会议，就签署《关于促进南宁市外向型经济发展合作备忘录》一年来的工作进行回顾。4月，卢厚林局长率领工作调研组赴江西、宁波就基建管理、重点实验室建设和特殊监管区检验检疫管理等工作进行调研学习考察。广西检验检疫局、自治区农业厅、自治区水产畜牧兽医局召开加强疫情防控、共促广西农产品扩大出口联席会议。卢厚林局长、自治区农业厅张明沛厅长、自治区水产畜牧兽医局梁雨祥局长分别通报了各自单位工作情况并提出了下一步加强合作的意见。5月，卢厚林局长与越南广宁省卫生厅武春面厅长在广西南宁签署“边境口岸卫生检疫工作研讨会会议纪要”。卢厚林局长与广西海事局李国凯局长签署《关于加强进出境船舶货物监管，加快推进电子口岸建设合作备忘录》。7月，以董国富副局长为团长的中方代表团与越南农业部植物保护局黄忠为团长的越方代表团在桂林召开2011年度中越边境地区实蝇监测工作总结暨技术交流会并签署了《会议纪要》。9月，自治区副主席蓝天立出席广西局实验室开放日活动启动仪式，见证广西局与贺州市政府《关于加强出口食品农产品质量安全示范区建设，促进农业产业发展合作备忘录》签字仪式。第三届中国—东盟质检部长会议在广西南宁召开，国家质检总局局长支树平，东盟农林部长会议副主席、老挝农林部副部长提·坡马萨，广西自治区主席马飙分别致开幕辞。广西局和柳州市政府共同签署《关于共促柳州市汽车产业发展及扩大出口合作备忘录》。国务院参事、全国政协委员、中国出入境检验检疫协会会长葛志荣、国家质检总局总检验师项玉章等出席并见证签字仪式。10月，广西、四川、重庆、贵州、云南、西藏等六省（区、市）检验检疫局在成都共同签署《加强区域合作共促西南地区开放型经济加快发展合作备忘录》，卢厚林局长出席仪式并在《合作备忘录》上签字。

（周　君）

新闻出版科学技术

【概况】　2011～2012年，广西新闻出版系统全面落实科学发展观，实施“科技兴业”战略，加快文化广西建设步伐，做好广西新闻出版业各项科技工作，提高新闻出版业的科技含量。这期间，广西新闻出版系统主要是加强科技成果与应用、印刷复制业技术改造、出版物印刷质量管理、出版管理信息化建设、科技队伍建设等科技工作。以科技创新为动力，广西新闻出版业保持了持续、快速、健康发展。

【科技队伍】　截至2012年末，广西新闻出版行业获正高技术职称的在职专家173名，副高技术职称的在职专家423多名，中级技术职称的出版专业技术人才达3000多名。与此同时，聚集了一批在国内享有声誉、在本行业起着领军作用的高端人才，共有34名国务院政府特殊津贴专家、中宣部“四个一批”人才、入选国家新世纪百千万人才工程专家、全国新闻出版领军人才分布在广西图书、报刊、音像等领域，这些高端领军人才中，其中又以获得国务院政府特殊津贴专家居多。

广西新闻出版局下属有广西新闻出版局职业技能鉴定所、广西印刷行业工人技术考核站和广西新闻出版行业特有工种职业技能鉴定站。广西新闻出版局职业技能鉴定所负责全广西印刷行业企业部分工人职业资格（即初级工、中级工、高级工、技师、高级技师这些工人技术等级职业资格）鉴定，广西印刷行业工人技术考核站负责全广西机关事业单位印刷工人技术等级（即初级工、中级工、高级工）考核的考核鉴定，广西新闻出版行业特有工种职业技能鉴定站负责全广西发行行业发行员（含初级发行员、中级发行员、高级发行员）职业资格的鉴定。截至2012年12月，广西新闻出版局职业技能鉴定所、广西印刷行业工人技术考核站共鉴定技师、高级技师74人。广西新闻出版行业特有工种职业技能鉴定站共鉴定初级发行员、中级发行员、高级发行员5393人。其中：国有单位人员2551人，集体个体人员2842人；高级13期，中级23期，初级42期。

广西新闻出版局直属的广西新闻出版技工学校创建于1980年，是广西唯一一所直接为出版印刷企业、广告公司培养从事印刷技术、印刷图文设计、印刷机械维修、印刷经营和管理等各种实用型人才的自治区属公办技工学校，是自治区级高技能人才培训基地。共培养学生26届，为社会累计输送专业技术人才3528名。学校现有专、兼职教师55人，学生规模达1000余人。2012年，学校在全面完成各项教学计划的基础上，加强教学常规管理，注重教学过程和效果，努力提高教育教学质量，进一步加强专业特色及实训教学，包括充实骨干教师队伍、根据学生专业培养职业技能，其中部分学生还代表广西参加全国印刷行业技能比赛。深入推进校企合作，6月，顺利完成了2010级学生顶岗实习推荐工作，完善顶岗实习制度，保证了所有学生到自治区内外大型企业的对口岗位进行实习并持续保持毕业生就业率100%。为加快出版专业人才培养，促进广西民族文化强区建设，自治区新闻出版局把学校迁址扩建作为一项重要工程，并得到自治区领导和自治区、南宁市相关部门的大力支持，纳入南宁—东盟经济开发区项目建设。按照规划，新校区预计2014年建成投入使用，总投资金额达1.1亿元，学校校区由原先的0.4公顷扩大为10公顷，总建筑面积38000平方米，项目建成后可容纳学生3000人以上。办学条件和教学设施将进一步完善。

【科研项目与经费投入】 广西新闻出版局加大中国—东盟数字出版基地建设工作的推进力度。一是明确了基地建设的项目业主。为了确保自治区“十二五”重点文化产业发展项目——中国—东盟数字出版基地建设的顺利实施，根据自治区有关项目立项的要求，广西新闻出版局作为该项目的牵头单位，在充分调研和商洽的基础上，选定了广西文化产业投资集团有限公司作为中国—东盟数字出版基地项目的业主，正式启动了项目的立项申报，项目建设进入了实质性操作阶段。二是召开中国—东盟数字出版基地建设工作会议，进一步征求广西出版单位开展数字出版工作的意见和建议，并协调各出版单位数字出版项目进驻数字出版基地，进一步完善数字出版基地的规划设计，以更好的适应广西数字出版产业发展的要求。三是组织广西的有关出版单位赴外省的国家级数字出版基地进行实地考察调研，学习数字出版工作的先进经验，开拓数字出版工作思路，更好地推进广西数字出版产业的发展。

【科技成果与推广应用】 发展数字出版等新兴文化业态。新闻出版总署于2011年4月正式签发了《新闻出版总署关于进一步支持广西壮族自治区新闻出版业繁荣发展的实施意见》。2012年5月，为落实自治区党委、自治区人民政府关于建设“民族文化强区”的战略部署，加快推进广西传统出版产业的转型升级，大力发展以数字技术、高新技术为基础，以数字内容网络化传播为主要形式的战略性新兴出版业态，自治区人民政府办公厅出台了《关于加快数字出版产业发展的意见》。这是我国又一个由省（自治区）一级政府出台的加快数字出版产业发展的政策文件，对提升广西出版业的竞争力，助推战略性新兴出版业态的发展，推动数字出版走向东盟，起到积极的促进作用。《意见》提出了加快广西数字出版产业发展的目标：用十年左右的时间，通过中国—东盟数字出版基地等重大产业项目建设，培育一批数字出版龙头企业，打造一批数字出版品牌，使广西数字出版产业成为国内数字出版产业发展的一支重要力量。《意见》还提出了加快广西数字出版产业发展的六项重点任务。一是加快数字出版产业聚集区建设，通过整合资源，引企入桂，搭建平台，优化环境，在广西打造出覆盖全广西、辐射全国、面向东盟的数字出版产业集群。二是鼓励和支持传统出版单位开拓数字出版业务，促进跨媒体、跨行业、跨所有制、跨地区的数字出版业务的发展。三是支持非公有制企业从事数字出版活动，对非公有制企业在游戏、动漫、音乐等数字出版产品创作生产以及数字出版物传播平台建设等领域进行重点扶持。四是加强新闻出版公共服务项目的数字化建设，支持“农家书屋”向数字化方向发展，建设公益性数字出版阅读平台，推进和扩大壮文出版物数字化传播，增强新闻出版公共服务的能力。五是推动数字出版“走出去”，充分利用中国—东盟出版博览会、东盟国家中国图书展销会等对外合作交流平台，促进我国数字出版版权和数字出版技术向东盟国家输出，扩大中华文化的国际影响力。六是加快数字出版重大项目建设，重点建设数字内容资源库、民文数字出版、数字教育出版、数字网络传媒、手机阅读等数字出版工程，引导和带动数字出版产业的发展。此外，《意见》还就财税政策扶持，数字版权保护，人才培养等方面提出了明确的实施意见。

广西出版物市场和互联网监管平台项目进展顺利。广西出版物市场和互联网监管平台项目计划投资2640万元。现已完成了项目的前期调研和规划，初步编制项目建议书。为了推进项目建设，广西新闻出版局自筹资金250万元用于该项目的一期工程，即广西互联网出版监管系统建设项目。一期工程于2011年9月启动，2011年12月建成验收。一期工程完成后，所建成的广西互联网出版监管系统已正式运行，并已实现广西300家涉及互联网出版服务的网站的在线监管功能。

广西少数民族语言文字排版制版技术项目取得新进展。广西民族印刷包装集团有限公司2010年12月，向新闻出版总署申请1500万元国家文化产业发展专项资金用于广西少数民族语言文字排版制版技术开发及民族文字出版物生产设备技术改造，获得国家文化产业发展专项资金资助1000万元。2011年，该项目由广西出版传媒集团印刷及物资供应部组织人员实施。2012年5月，该项目已按照项目计划书基本完成，项目包括壮语排版制版软件一期开发，方正印刷管理信息系统，方正印刷数据库废纸、纸粉处理系统，精密达胶钉线自动化改造等9个小项目。2011年，经国家发展改革委和新闻出版总署相关部门评审通过后，广西“十二五”少数民族新闻出版东风工程建设项目安排了广西日报社采编信息化、广西民族出版社编辑信息化等三个信息化建设项目以及购置新华书店流动售书车项目，项目总投资为620万元，国家补助金额为443万元，自治区财政同时配套了177万元。目前各项目（除流动售书车项目由新闻出版总署统一组织招标）均已启动并进入开发实施中。按照广西新闻出版业“十二五”发展规划，将技术改造、设备引进、提高印刷生产能力作为印刷复制业工作重点，不断加大技术改造力度，提高印刷复制质量。

截至2012年，全广西共有印刷企业1609家，其中出版物印刷企业180家，包装装潢印刷企业559家，其他印刷品印刷企业870家。2011年，广西印刷工业发展增速加快，印刷设备投入比往年有较大的提高，同上年相比，印刷业规模进一步扩大，产品结构更趋合理，包装装潢印刷产值连续三年占广西印刷工业总产值六成以上。据统计，2011年广西印刷工业总产值达84.87亿元。比2010年增长22.16%，其中出版物印刷企业24.33亿元，占28.67%；包装装潢印刷企业52.84亿元，占62.26%；其他印刷品印刷企业7.70亿元，占9.07%。2011年广西印刷企业资产总额84.31亿元；其中出版物印刷企业32.40亿元，占38.43%；包装装潢印刷企业43.57亿元，占51.68%；其他印刷品印刷企业8.34亿元，占9.89%。印刷业在广西出版产业总量份额中已占五分之三以上，已经成为广西出版产业的支柱行业。

2011～2012年，广西印刷全行业购置印刷设备887台，总价值4.29亿元。其中印前设备89台，价值为2375.86万元；印中设备366台，价值为3.35亿元；印后设备432台，价值7039.99万元。

数字印刷在广西已逐步应用。企业引进了CTP直接制版技术和数码打样、数码印刷设备。印刷企业印前CTP设备18家，数码印刷26家；以连诺海尔、爱克发等为主的色彩桌面制版系统的进口印前设备，以海德堡、曼罗兰、小森、高宝、樱井为主的四色、五色进口印刷设备，以高斯等为主的高速多色卷筒纸彩报印刷机，以柯尔布斯、马天尼为主的装订生产联动设备等150多台（套）进口设备，已成为广西印刷的主力设备。形成了平印印刷为主，凹版、柔性版、丝网印刷为辅的较为齐全的印刷工艺，建立以纸印为主，塑印、金属印刷配套的出版物、包装装潢、社会商业印刷的印刷体系。广西印刷复制业产业结构日趋合理，整体印刷能力和水平得到提高，逐步向规模化、集约化方向发展。

【出版物印刷质量管理】 2011～2012年，广西新闻出版局采取有效措施，加强出版物印刷质量管理，促进出版物印刷产品质量的提高，印刷质量管理工作水平和印刷产品质量逐年提高。2011～2012年，广西新闻出版局连年获“出版物印制‘署优产品’管理部门奖”铜奖；2011～2012年连续被国家新闻出版总署授予“全国‘3·15’质检活动先进单位”。

一是培训质量管理人员。主要从三个方面加强质量管理人员的培训，一是把质量管理作为印刷企业法人、负责人法规培训的主本内容，增强企业管理人员依法管理的质量意识。二是加强对印刷复制质量检测技术人员的培训，力求质检人员能全面掌握和严格执行质量检测。三是开展印刷复制技术工人职业技能培训和鉴定，提高从业人员技术素质和水平。2011～2012年，培训出版社和出版物印刷企业的质量管理人员、质检人员和技术人员4次，共120人次。加强了企业管理人员的质量意识，提高了质检人员和技术人员的质量检测和管理水平。

二是实施严格的送样和抽样检测，组织开展并完成了广西2011年和2012年“3·15”教材教辅产品和食品包装装潢印刷品质量监督检测活动。共抽取教材教辅样品批质量42个品种，非批质量59个品种进行了检测认定。涉及三十多家自治区内外印刷企业的产品。经检测：批质量样品合格率100%，非批质量样品合格率99.44%。在开展印刷品环保质量抽样方面，主要抽取2012年秋季学期的中小学教科书，获得绿色印刷认证的印刷企业为必须抽取样本单位。“食品包装装潢”印刷品除抽取部分食品、药品包装印刷品外，重点抽取的是中秋节月饼包装盒。圆满完成国家新闻出版总署布置的各项工作任务，成效明显。国家新闻出版总署出版产品质量监督检测中心检查组到广西检查，对广西的工作给予了高度评价。

三是全面完成2011年和2012年出版物送样检测工作。其中2012年出版物送样检测工作全广西共有151家单位送样，收到送检样书（报、刊）3421种。广西出版传媒集团有限公司送样499种；8家图书出版单位共送样949种；出版物印刷企业（含内部资料性出版物印刷企业）共送样1973种。经检测，认定自治区优等品58个品种，占总品种数1.70%，自治区一等品1014种，占总品种数29.64%，合格品2348种，占总品种数68.63%，不合格品1种，占总品种数0.03%。广西出版单位送检的图书，继续保持较好的质量。表现比较突出的是广西出版传媒集团的教材课本，广西师范大学出版社、广西科技出版社、广西美术出版社等单位出版的图书。印刷企业，除了广西民族印刷包装集团有限公司、广西地质印刷厂继续保持较好的印装质量水平外，广西日报印刷的报纸具有较高的质量品质，多个品种获得了优等品。桂林广大印务有限公司、南宁桂川印务有限公司的印刷水平有了长足的进步，送样检测也获得了不少的优等品。但是，从检测结果看，有相当一部分广西出版的优等品图书是自治区外印刷的，这也表明了广西与先进省市在印刷技术方面的差距。

四是加强对音像电子出版物的质量检查，促进出版物质量提升，组织开展“3·15”光盘质量检查。根据新闻出版总署《关于开展2012年“3·15”教材教辅产品和食品包装装潢印刷品质量监督检测活动的通知》（新出字［2012］44号）要求，为促进全广西音像制品复制产品质量检查工作开展，对全广西的光盘复制企业、部分音像出版单位、部分音像经营单位生产经营的音像制品进行抽样，共抽取了复制加工单位光盘类产品7种，35张光盘，音像出版经营单位出版、销售的光盘类产品6种，30张光盘，涉及13家出版社（其中广西2家）、8家光盘复制企业。所抽检样品按规定报新闻出版总署质检中心进行检测，并对广西音像出版单位的抽检样品进行了编校质量检查，检查结果均为优质品。

【信息化建设】 2011～2012年，广西新闻出版局积极推进政务信息化建设工作，加强对信息化建设工作领导，加大信息化建设投入，累计投入达500万元，重点建设信息化基础设施，开发电子政务应用系统，建立支撑互联网出版管理的高科技平台，有效地提高新闻出版行政管理的信息化水平，提高行政效能和工作效率，增强了新闻出版社会管理和公共服务的能力。

2012年，广西新闻出版局投入300多万元资金启动了新闻出版电子政务二期项目和桂版出版物数据库项目建设工作。新闻出版电子政务二期项目将在原有一期项目建设的基础上进一步拓展行政管理和政务服务功能，开发网络年检系统实现新闻出版书报刊出版单位、出版物发行企业、印刷企业的网上年检，提升年检数据的统计报送能力和年检工作的效率；开发新闻出版行政许可在线申报系统，丰富政务网站的政务服务功能，方便群众办事，进一步打造阳光政府、服务政府、效率政府。桂版出版物数据库项目将推进出版物资源数字化工作进程，实现广西出版的图书、报纸、期刊出版物的实时数字化管理，规范出版物数字加工及存储管理工作，为加强出版物的管理，有效建设和利用出版物数字资源，提供强大的数据资源平台。2012年已完成了新闻出版电子政务二期项目的硬件设备采购安装工作和桂版出版物数据库项目系统开发工作，计划2013年全面完成以上两个项目的建设。

（邵福荣）

科协活动

【概况】 截至2012年底，自治区科协系统有省会城市科协1个，地级科协13个，县级科协109个，乡镇科协814个，街道科协88个。各级科协有所属学会、协会、研究会1865个，企业科协269个，大专院校科协29个，农技协3217个，个人会员63.58万人。其中，自治区科协所属的自治区级学会108个，大专院校科协15个，企业科协1个。有各类科技馆8个，全国科普教育基地17个，自治区级科普教育基地37个，科普活动站（室）2199个，科普大篷车24辆。有各类科普示范县63个，科普示范街道536个，科普示范社区1534个，科普示范户117033户，各类科普网站32个。

2011～2012年，自治区各级科协及所属学会共组织召开学术会议847次，参会人员10.47万人次，交流论文19572篇。接待国外及港澳台地区科技考察团133个，接待专家学者1396人；派出国外及港、澳、台地区科技考察团72个，派出专家学者751人。

2011～2012年，自治区各级科协及所属学会反映科技工作者建议1868条，其中获批示建议729条；答复人大代表议案、建议和政协委员提案263项，受理科技工作者来访来信1278件；表彰奖励科技工作者7302人次，其中女性科技工作者2438人次。

2011～2012年，自治区科协及所属学会共举办科普讲座、科普报告、科普宣讲活动4972场(次)，受众达690.4万人次，其中举行院士报告会65场（次）；举办实用技术培训7698场（次），参加人数达141.8万人次；面向青少年开展科技竞赛活动577场（次），参加人数257.4万人次；举办夏冬令营活动151场（次），参加人数6.53万人次；举办科技教育培训1221次，参加人数49.46万人次。

【服务经济社会发展情况】 *中国科协与自治区人民政府签订合作协议准备工作* 积极组织力量到各地企业、学会、科协调研，起草完成《中国科学技术协会与广西壮族自治区人民政府关于促进广西经济社会又好又快发展的合作协议》。协议内容包括“整合人才智力资源，为广西经济文化建设提供科技支撑”“加大全民科学素质工作力度，为广西经济文化建设奠定科学素质基础”“支持广西科协工作，增强服务广西发展能力”等多个方面。

建言献策 向自治区党委、政府提出《建立和完善生态补偿机制，促进我区生态文明建设》《广西首次科技工作者状况调查研究成果报告》等18篇（件）调研和决策咨询成果科技工作者建议。其中《关于发展广西罐头果蔬原料的建议》，获得自治区领导批示。向自治区政协会议提交了《关于进一步加大广西石漠化治理工作力度的建议》等6件提案，其中有3件提案被评为年度优秀提案，《关于加强广西资源危机矿山深部和外围找矿的建议》被列为自治区领导阅批督办的重要提案，组织农业方面的专家开展《广西小杂粮发展对策研究》，荣获第三届广西壮族自治区政府决策咨询成果奖。2012年7月，自治区科协被中国科协列为第二批国家级科技思想库建设试点单位。

引导创新要素向企业聚集 组织实施“创新方法进百企行动计划”，向南宁五菱桂花车辆有限公司导入创新方法萃智理论，帮助企业培养骨干技术人才，取得6项发明专利，设计制造出第四代甘蔗收割机，行动范例被写进全国创新方法萃智理论教材。向玉柴集团导入创新方法萃智理论，培育了一批技术骨干，已获批和正在申请6项专利。举办7场创新方法萃智理论宣讲报告会，培训工程技术人员和科技管理人员1200多人次。在广西博世科环保科技股份有限公司、玉柴集团建立2家“院士专家企业工作站”。联合自治区发改委、科技厅、国资委等部门开展“讲理想、比贡献”活动。组织专家帮助企业完成107项技术攻关、技术咨询，帮助51家企业申报国家级高新技术企业认定，27家企业申报企业创新基金。

科普惠民惠农 全自治区有192个单位和个人获全国“基层科普行动计划”表彰奖励，奖补资金总计3510万元；有133个先进单位和带头人获自治区“科普惠农兴村计划”表彰，奖补金额1000万元；有9个社区被中国科协、财政部命名为“全国科普示范社区”；有26个社区被自治区科协命名为“广西科普示范社区”。组织举办2届广西“科普惠农兴村计划”优质农产品迎新春“农超对接”洽谈展销会，300多个农技协、科普基地携1000多种绿色、安全、优质的农产品带到现场展示，并与华润万家、北京华联等10家大型超市洽谈对接，拓宽了农产品购销渠道。

【全民科学素质及科技普及工作】 自治区全民科学素质工作领导小组办公室组织编制了《广西壮族自治区全民科学素质行动规划（2011～2015年）》和《广西壮族自治区全民科学素质行动计划纲要实施方案（2011～2015年）》。全自治区有12个地级市、94个县（市、区）明确将全民科学素质工作纳入政府工作部署和目标责任考核体系。有34个县（市、区）被中国科协命名为“2011～2015年度全国科普示范县”，有14个县（市、区）参与创建第五批广西科普示范县。

科普基础设施建设进一步完善 2012年，广西天文馆项目获得立项建设，项目占地16.67公顷，总投资约3亿元。南宁、防城港市科技馆建设稳步推进，柳州、崇左等市的科技馆项目建设逐步推进。

主题科普活动丰富多彩 每年均组织开展广西科技活动周、全国科技活动周、全国科普日、广西十月科普大行动等活动。其中，“十月科普大行动”历时3个多月，主题活动达到600多项，受益群众400多万人次。联合自治区商务厅、科技厅等单位举办了4届广西科技大集，收到举办地党委、政府充分肯定和群众的热烈欢迎。2011年举办“地震、海啸、核辐射大型科普图片展”巡

展活动，有25万人次参观了展览。2012年联合自治区气象局、地震局举办反击“世界末日论”大型科普图片展，消除社会恐慌，传递正能量。举办“2012广西城市科普行——畅享健康生活广场舞大赛”。

科普资源开发整合深化拓展 启动“科普信息数字传递工程”建设，在南宁、北海、河池等地建设80多个科普LED数字屏并投入试运行。出版印刷12万册《农博士答疑一万个为什么》（第二套），世界杂交水稻之父袁隆平院士担任顾问，获2012年全国优秀科普作品奖和农函大优秀教材奖。广西科技馆免费对未成年人开放，“十二五”实施常设科普展厅更新改造，两年累计接待观众超过175万人次。青少年科技教育活动蓬勃开展，全自治区参与人数超过200万人次，其中2012年的广西青少年科技创新大赛、青少年机器人大赛，全区有80多万青少年学生参与活动。

【学会学术交流工作】 2012年12月，设立“广西学术活动月”，期间举办了“广西中医药壮瑶医药千亿元产业战略研讨会”“广西化学化工与可持续发展研讨会”“广西防灾减灾与可持续发展专题”等5场专家论坛，主办和承办了“广西地理信息产业发展战略报告会”“知识产权的理论与应用”等22场学术报告会，其中院士报告会9场。2011年，恢复举办广西自然科学优秀论文奖评选活动，每年评出获奖论文182篇。

在第八、九届中国—东盟博览会期间，与中国一东盟博览会秘书处、东盟工程科技院联合举办2届“中国一东盟工程项目合作与发展论坛”，每届论坛均有来自新加坡、马来西亚、柬埔寨、香港、澳门等国家和地区的工程界专家及国内科技工作者100多人参加了论坛。与澳门工程师学会、京港学术交流中心签订加强学术交流、构建双方交流互动常态机制的合作协议。

【服务科技工作者工作】 组织开展《广西首次科技工作者状况调查及研究》、《广西科技工作者事业发展需求及发挥作用状况调查研究》等工作，调研报告获得自治区领导重要批示。设有16个全国级、54个自治区级科技工作者状况调查站点，收集反映科技工作者呼声、建议的站点信息403篇，编发《科技工作者状况调查站点信息摘报》52期，向中国科协报送信息152篇，被中国科协采用45篇，信息报送数、采用数均列全国前茅。自治区科协连续两年被评为优秀区域责任部门，有10个被中国科协评为优秀站点，其中3A级站点3个，2A级站点2个，1A级站点4个。

进一步完善“广西科协专家数据库”，推荐201人入选中国科协高层次人才库。做好科技人才的举荐工作，2011年，组织开展第十一届广西青年科技奖评选活动，评出30名获奖者；推荐2人获中国青年科技奖，有4个单位和11人被评为全国科协系统先进集体和先进工作者，其中集体标兵和个人标兵各1个。2012年，推荐14名科技工作者荣获“第五届全国优秀科技工作者”荣誉，1名科技工作者荣获“十佳全国优秀科技工作者”提名奖。配合并参与广西人才协调小组的引进“千人计划”、“特聘专家”、“八桂学者”方案的制定、人员筛选、项目设定等工作。加强与科技工作者的联系，举办首府科技界迎春茶话会和中秋、国庆联欢会等活动。联合自治区教育厅等单位举办广西科学道德和学风建设宣讲教育活动，邀请5位院士专家为8000多名研究生和青年科技工作者作报告。

【科协组织自身发展建设情况】 2011年8月，完成了《广西科协事业发展“十二五”规划（2011—2015）》编制工作，并正式印发实施。基层组织不断发展壮大，新批复成立10个自治区学会，2个高校科协。2012年组织34个所属学会参加广西第一批社会组织评估工作，被评为5A级有16个、4A级有15个、3A级有3个。

干部队伍建设加强。组织首批全自治区科协系统37名副处级以上干部赴清华大学参加领导能力提升高级研修班学习。举办广西县级科协主席培训班，广西少数民族地区科协系统干部培训，承办中国科协县级科协主席培训班，94名基层科协负责人参加培训。举办第三、第四届广西科协系统运动会，组织开展“解放思想、赶超跨越”大讨论活动和“学用政策抓落实、强化执行促发展”活动，增强了科协系统的凝聚力。

【重大活动】 *广西首次科技工作者状况调查及研究完成* 2010年5月～2011年11月，自治区科协立项并组织开展了“广西首次科技工作者状况调查及研究”工作。调查由自治区统计局、广西社会科学院作为调查指导机构，由广西财经学院、广西经济干部管理学院作为调查执行机构给予技术支持，依托自治区科协在全自治区建立的70个科技工作者状况调查站点进行调查。本次调查样本总量为3000份，使用SPPS统计软件，EX-

CELL 软件进行数据整理与分析，进一步摸清了广西科技工作者的工作、学习、生活、思想、社会参与等基本情况，形成了约 10 万字的《广西首次科技工作者状况调查及研究调查报告》，6 个专题报告：《广西科技工作者的继续教育现状与对策研究》《广西科技工作者的健康现状与对策建议》《广西科技工作者的权益保障现状与对策建议》《广西科技工作者的思想状况与对策建议》《广西北部湾经济区科技工作者状况调查及研究》。

自治区主席马飚邀请百名台湾少年儿童到广西科技馆作客 2011 年 9 月 9 日，100 名台湾花莲县少年儿童应自治区主席马飚邀请与广西少年儿童代表在广西科技馆共同参加科技与梦想主题活动。期间，马飚主席与孩子们一同参观南宁中小学生科技成果展，观看机器人竞赛，共同体验制作再生纸、民族蜡染等，并在活动现场向桂台少年儿童赠送了印有自己亲笔题词的特制明信片。自治区副主席李康、自治区政府秘书长王跃飞等参加了活动。

中国科协党组书记陈希在广西调研考察 2012 年 7 月 2 日～5 日，时任中国科协常务副主席、书记处第一书记、党组书记陈希，中国科协副主席、书记处书记、党组副书记程东红一行到广西调研，与自治区党委书记、自治区人大常委会主任郭声琨，自治区党委副书记危朝安，自治区党委常委、秘书长余远辉等深入南宁、贵港、玉林、北海等地的企业、高校、社区和科普阵地，就强化企业的技术创新主体地位，推动科技与经济结合，加强科学道德与学风建设，做好科普惠农惠民等工作进行调研。时任自治区科协党组书记、副主席甘向群，副主席方芳等参加调研考察。

自治区科协获批为中国科协第二批国家级科技思想库试点单位 2012 年 7 月，自治区科协被中国科协正式批复同意列为第二批国家级科技思想库建设试点单位，试点期为 2012～2015 年；8 月 13 日召开了“广西科协开展国家级科技思想库试点建设动员大会”，全面启动了试点建设工作。10 月 30 日～31 日，在中国科协召开的 2012 年度国家级科技思想库建设试点工作年度考核评审会议上，自治区科协试点被评定为全国 10 个优良等级试点之一。思想库试点建设工作取得的三大系列成果是：一是党政领导批示成果。在上报的专报、建议中获自治区党政领导批示 8 次。二是优秀和重点提案成果。有 2 篇提案被评为自治区政协重点提案，其中 1 篇入选政协《重要提案摘报》，1 篇获 2012 年优秀提案表彰，1 篇被自治区发改委在制定《广西“十二五”再制造产业发展规划》时充分吸收和采纳。三是社会科学优秀成果奖成果。广西首次科技工作者状况调查及研究成果荣获广西第十二次社科优秀成果三等奖。

举行大型科普展览反击“世界末日论” 2012 年 12 月 21 日，由自治区科协、气象局、地震局联合主办的《反击“世界末日论”大型科普图片展》在南宁举行。该展览共分九个部分，展板 200 多块，展览用科学的知识和科普的力量，诠释了相关自然与社会现象，用丰富的图片和严谨的文字，一一击破了“世界末日”谣言。自治区人大常委会副主任刘新文在开幕式上讲话并宣布科普图片展开幕。

广西天文馆项目正式立项建设 2012 年 12 月 28 日，广西天文馆项目在南宁市良庆区龙象谷正式启动。该项目于 2012 年 10 月 10 日由自治区发改委批复立项。项目占地 16.67 公顷；项目建设总规模约 2.15 万平方米；项目投资约 3 亿元。项目主要规划建设包括室内场馆、天文观测台和室外科普功能区等，具备天文、航天、气象“三位一体”的科普、教育、展览功能。

优质农产品迎新春“农超对接”洽谈展销会举办 2011～2012 年，自治区科协每年联合自治区财政厅、商务厅等单位在 12 月联合举办广西“科普惠农兴村计划”优质农产品迎新春“农超对接”洽谈展销会。来自全自治区 14 个地市的 300 多个农技协、科普基地等单位把各自农产品基地的上千种绿色、安全、优质的农产品带到现场展示，并与华润万家、北京华联、人人乐等 10 余家大型超市进行洽谈和对接，获得良好反响。自治区副主席陈章良、自治区政协副主席李彬出席展销会。

启动科学道德和学风建设宣讲教育活动 2011～2012 年，连续两年联合自治区教育厅、社科院、科学院和农科院等单位举办广西科学道德和学风建设宣讲教育活动，邀请中国科学院杨乐院士、中国科学院杨文采院士、中国工程院郑皆连院士和教育部长江学者特聘教授陈保善等科学家在南宁、桂林举办宣讲活动，为 10 余所高校 8000 多名师生做报告。自治区单位副书记危朝安出席 2011 年活动启动仪式并做讲话。

（陈启浩　盘健斌）

区域科学技术

南宁市

【概况】 2011～2012年，南宁市实施“科教兴市”战略，启动科技发展“十二五”规划，推进国家科技进步示范市、国家创新型试点城市建设，组织实施第五轮创新计划、产业重大科技专项、科学研究与技术开发项目，开展企业自主创新能力服务、新农村建设科技引领服务、技术转移促进服务、科技进步惠民富民服务、全民科技素质提升服务、自主创新环境优化服务等活动，共组织实施各级创新计划项目830项，各级科学研究与技术开发计划项目992项（国家级105项、自治区级182项、市本级705项），产业重大科技专项24项。取得科技成果2756项，科技“一招三引”（招商、引资、引技、引智）活动签约项目44项，签约人民币金额5.27亿元、外汇金额230万美元。培育新增自治区级工程技术研究中心3家，全市拥有34家；新建市级工程技术研究中心15家，全市拥有28家。引进、选育、繁育、示范推广农业新品种132个，引进、研发、示范推广农业新技术50项，引进、试验、示范推广农村实用新技术47项，研发农产品加工新产品、新技术63个（项）。截至2012年底，南宁市国家高新技术企业突破130家，高新技术企业实现产值250亿元、增加值75亿元，南宁市高新技术产业总收入达到780亿元，总产值突破700亿元。南宁市拥有自治区级农业良种培育中心9个、农业标准化生产技术示范基地10个，市级农业科技创新示范基地21个，龙头企业技术创新中心19家；农业良种覆盖率94.1%，农业先进适用技术覆盖率91.8%。

【科技队伍】 2012年，南宁市在重点高新技术产业和战略新兴产业领域，引进培养高水平创新人才31名，配合引进海外高科技人才9名，培育创新带头人才及创新团队5个。通过引进高层次领军型专家人才，在干细胞生物学研究领域造就一支40～50人的专业结构合理的高水平科研队伍。全年组织科技系统领导干部参加时代前沿知识讲座66人次，组织参加中心组理论学习280人次，参加自治区、市级和业务部门举办的各种培训、学习考察等160人次，组织开展业务技能培训320人次。不断优化科技人才发展环境，修订出台《南宁市科学技术奖励办法实施细则》和《南宁市科学研究与技术开发计划项目经费管理暂行办法》，组织实施《关于贯彻落实广西开展全民发明创造活动决定的实施意见》和《南宁市发明专利倍增计划实施方案》等有利于人才发展的政策。2012年，南宁市科技局荣获“全国知识产权人才工作先进集体”称号。截至2012年底，南宁市拥有自治区直属驻邕科研机构26家，直属科研院（所）12家，其中自然科学与技术院（所）8家，社会科学与人文科学院（所）2家，科技信息与文献院（所）1家，其他类型1家。拥有从业人员606人，高级技术职称人员75人，中级技术职称人员128人。

【科研项目与经费投入】 2011～2012年，南宁市围绕工农业科技创新、民生科技发展、知识产权战略等，重点立项实施科技含量高、市场前景好的市本级科学研究与技术开发计划项目705项，总投资29亿元，科技经费投入2.2亿元。其中工业175项，总投资12.59亿元；农业141项，总投资6.28亿元；社会发展156项，总投资1.63亿元；项目实施完成后，预计年新增产值165.48亿元、利税34.5亿元、节创汇1.37亿美元。围绕突破制约产业结构优化升级的关键共性技术，组织实施“CPVC原位改性及其在电力套管中的应用”“轨道交通用6005A铝合金挤压型材热处理关键技术研究”等涉及工业、农业、社会发展等领域产业重大科技专项24项，总投资2.79亿元，科技经费投入2230万元。其中工业13项，总投资1.63亿元，科技经费投入1350万元；农业7项，总投资9432万元，科技经费投入640万元；社会发展3项，总投资650万元，科技经费投入160万元；专利产业化1项，总投资1500万元，科技经费投入80万元。

【研究与开发】 2011～2012年，南宁市共引进开发工业新技术、新产品177（项）个，引进、开发高新技术和新产品136（项）个。组织实施“基因重组法生产生物助漂剂耐高温碱性木聚糖酶研究及产业化”“利用木薯淀粉重组发酵生产透明质酸的产业化”“食品工业蛋白酶产品高新技术开发及产业化”“生物法转化木薯淀粉生产木糖醇的研究”等生物制造产品关键技术研究项目44项。针对制糖、造纸、化工、建材、金属加工和淀粉、酒精等高耗能（高污染）产业，加强工业废水、废渣、废气处理及生物质能源新技术、新产品和洁净能源综合利用关键技术研究开发，引进推广应用节能减排新技术20项，建设节能减排技术集成应用示范企业20家。引进、选育、繁育、示范推广优质谷、糖蔗、水果、蔬菜、畜牧、水产等农业新品种132个，引进、研发、示范推广农业新技术50项，引进、试验、示范推广农村实用新技术47项；组织开发肉鸡、罗非鱼、淮山、奶牛、肉丸、蚕茧等农产品加工新产品36个、新技术27项。建设和提升超级杂交水稻、优质玉米、茧丝绸等龙头企业技术创新中心20家。建设企业创新平台，促进新技术、新产品开发，全市新增自治区级工程技术研究中心3家、新建市级工程技术研究中心15家。截至2012年底，南宁市拥有自治区级千亿元产业研发中心8家，自治区级工程技术研究中心34家，市级工程技术研究中心28家，国家认可检测实验室4家，上市企业4家，产业技术联盟7个，院士工作站2家，博士后工作站4家。

【科技成果与推广应用】 2011～2012年，南宁市取得科技成果2756项（其中2011年983项，2012年1773项，同比增长44.03%）。获奖成果136项，其中获自治区科学技术奖37项（自治区技术发明奖4项、自治区科学技术进步奖33项），南宁市科学技术进步奖99项，通过市级以上科技成果鉴定155项，通过区（省）级科技成果登记166项，其中达到国际领先或先进技术水平的7项、国内领先或先进水平的145项、区内领先或先进水平的12项。组织实施“新型智能化40.5kV HGIS高压组合电器开发与产业化”“基于LED显示与照明系统研发及产业化”“地聚物基水性环保涂料的开发”等工业科技成果转化与应用项目，科技经费投入390万，项目实施完成后，预计年新增产值2.23亿元、利税3680万元。组织实施“妇血康滴丸的专利产业化”“盆底功能障碍性疾病的超声诊断研究”“标准大骨瓣在额颞对冲性颅脑损伤的应用研究”等社会发展科技成果转化与示范推广项目5项，项目总投资1615万元，科技经费投入115万，项目实施完后，预计年增总产值1.09亿元、利税1424万元。组织实施“甘蔗节水灌溉关键技术集成研究与示范”“马铃薯轻简高效稻草包芯栽培技术研究与示范”“龟、鳖优良新品种引进、繁育与示范推广”“农药乳油产品水基化改造技术研发”等农业科技成果转化与示范推广项目31项，科技经费投入625万元，项目实施完后，预计年增总产值5.66亿元、利税1.19亿元。2011年，广西武鸣县安宁淀粉有限责任公司和中国农业大学联合实施的“生物燃料工程技术研究中心建设——沼气纯化制备生物燃气产业化研究”项目通过两院院士石元春教授为组长的国内资深专家组查定验收，达到国家《车用压缩天然气》（GB 18047－2000）标准，截至2012年底，累计生产生物燃气450万立方米，南宁市已有500辆出租车在使用。

【知识产权（专利）管理保护】 2011～2012年，南宁市制定施行《南宁市专利资助奖励暂行办法》《关于贯彻落实广西开展全民发明创造活动的实施意见》和《南宁市发明专利倍增计划实施方案》。实施知识产权战略项目51项，科技经费投入1565万元。全市专利申请量5925件（其中发明专利2682件、实用新型2399件、外观设计844件），专利授权量2838件（其中发明专利560件、实用新型1632件、外观设计646件），专利申请量和授权量位居全自治区第一，受理专利申请资助1773件，发放资助金额223.32万元。截至2012年底，每万人发明专利拥有量1.33件。成功承办第一届广西发明创造成果展览交易会，组织450个专利项目参展，涉及机械制造、电子信息、生物、制药、新能源、新材料、文化、旅游等 36 个领域，交易额达 1.93 亿元。成功拍卖出 3 项专利，总成交价 1422 万元；达成专利交易 5 项，签约金额 8000 万元；6 家企业与交通银行广西分行签订专利质押融资项目。南宁市获第一届广西发明展最佳组织奖，参展项目获各类奖项 40 项，获奖数居全自治区第一，其中金奖 7 个，银奖 23 个，传统手工业创新成果奖 3 个，中小学生发明创造特别奖 7 个。2012 年，南宁市获批国家知识产权试点城市，南宁市知识产权局获“全国知识产权系统知识产权人才工作先进集体”。

【科普工作】 2011～2012 年，南宁市科普工作在南宁市委、市政府的正确领导下，认真贯彻落实《中华人民共和国科学技术普及法》和《全民科学素质行动计划纲要》，围绕市委、市政府“项目建设年”“发展环境建设年”和“党组织建设年”等工作重点。组织市科普工作联席会议各成员单位实施“1246”科普工程（即做好一个宣传、用好二类基地、把握四个重点、开展六大行动）。以 1 月广西科技活动周、4 月知识产权宣传周、5 月全国科技活动周、十月科普大行动为载体，开展科普活动 2282 项，其中发表科普宣传稿件 1154 篇（条），发放科普图书、宣传资料 125.69 万份，展出科普展板（板报）2273 块，吸引 132.87 万人次参加活动。投入 570 万元实施“科普能力建设与示范”项目，开展南宁市气象天文科普示范园、南宁市“都市菜园”科普教育基地等建设，截至 2012 年，南宁市拥有青少年科普基地 44 个。

【科技服务体系建设】 2011～2012 年，南宁市围绕区域性国际城市和广西“首善之区”建设，加快推进区域性创新体系建设，进一步加强科技资源有效整合，重点推进科技文献共享与服务、中小企业创新科技服务、专利信息服务、制药业信息服务、生产力促进中心联动服务 5 大科技支撑服务平台和物流、商贸科技支撑技术平台建设；开展技术攻关、仪器设备共享、专家诊断、企业培训、项目策划等服务，培训企业应用数据人员 720 人，发展会员企业 630 家，提供信息咨询 3000 条（项），项目和成果查新 300 项，企业采用技术文献 1100 篇，下载技术应用论文和专利文献 800 篇。加快推进南宁市科技企业孵化基地建设，拥有入孵企业 23 家。实施物流、商贸科技支持技术平台建设项目 17 项，总投资 6135 万元，科技经费投入 430 万元；重点推广无线射频识别技术、全球定位系统、地理信息系统等自动识别、采集跟踪技术应用。启动南宁—东盟科技企业孵化器、南宁市生物产业大型科学仪器共享服务平台建设。推进和加强市、县（区）生产力促进中心联动服务体系服务能力，建立自治区级示范生产力促进中心 2 个，培训企业人员 900 多人，发展会员 900 多家，重点服务企业 94 家，联系服务企业 580 家。组织评审南宁市创新资金项目 238 项，立项 94 项，获资金支持 2000 万元；包装、申报自治区级项目 14 项、市级项目 26 项；获国家立项 25 项，获资金支持 2608 万元；获自治区和南宁市立项 28 项，获资金支持 610 万元。推进中国东盟（南宁）国际科技合作信息平台、中国绿城技术转移网建设，重点服务会员企业 261 家，发展企业会员 500 家，科技技术开发、技术转让、技术咨询和技术服务信息 700 条，完成技术合同认定登记 631 项，交易额 3.02 亿元。截至 2012 年，拥有南宁市金盟信息科技有限公司、南宁市技术市场服务中心、南宁市新技术创业者中心等 4 家自治区级技术转移示范机构。

【科技交流与合作】 2011～2012 年，南宁市积极开展科技“一招三引”（招商、引技、引资、引智）活动，每年组团参加广西科技活动周、中国北京国际科技博览会、中国深圳高新技术成果交易会、中国—东盟博览会等活动，累计组织参展单位（企业）361 家，参展项目 805 项，高新技术产品 433 个，签订科技合作项目 44 项，签约金额 5.27 亿元、230 万美元，连续两年获中国北京国际科技产业博览会最佳组织奖。2012 年，在第六届中国产学研合作大会上，南宁高新区管委会获中国产学研合作促进奖，落户该园区的广西田园生化公司获产学研合作创新奖、北部湾人才金港获评中国产学研合作创新示范基地。加强市校与校企合作，两年来，南宁市与广西大学实施“市校科技合作”科研课题 15 个，科技经费投入 440 万元。推进国际科技合作基地建设，认定广西南南铝加工有限公司、广西易多收生物科技有限公司、广西博科药业有限公司、南宁邦尔克生物技术有限责任公司、广西玮美生物科技有限公司、广西博世科环保科技股份有限公司、培力（南宁）药业有限公司、广西万川种业有限公司、南宁哈威尔紧固件有限公司 9 家单位为“南宁市国际科技合作基地"，主要在铝合金新材料、生物化工、工业水污染治理、中药配方颗粒研究、农作物新品种新技术等领域进行合作研究开发。加强与日本及东盟国家的科技合作与交流，其中南宁市动物疾病预防控制中心与日本本间兽医研究院开展狂犬病防控技术合作；南宁邦尔克生物技术有限责任公司与越南合作实施"新型脱羧酶产品出口与技术服务示范"项目；南宁市蓝光生物技术有限公司与加拿大合作实施"高性能 Tag 抗体及亲和色谱填料制备技术研发"项目；广西万川种业有限公司与越南合作实施"优势杂交稻新组合在越南的试验示范与推广"项目；广西南宁市圣农科技开发有限公司与老挝合作实施"特种动物（穿山甲、龟、蛤蚧）养殖关键技术研究与示范"项目。2012 年，南宁市组织 15 家高新技术企业参加越南国际科技展览会达成多项合作协议，被越南国家科技部授予"优秀外国组织奖"。

（刘万娴）

柳州市

【概况】 2011 年柳州市成为第二批"国家级两化融合试验区"和首批国家级创新型汽车整车及零部件产业集群试点。工程机械、预应力机具两个国家级高新技术产业化基地落户柳州。国家级高新技术企业增至 101 家，成为广西首个突破 100 家的城市。新增自治区级工程技术研究中心 2 个、企业技术中心 8 个；国家茧丝绸产品质量监督检验中心、广西汽车零部件产品质量监督检验中心、广西钢产品质量监督检验中心、广西预应力机具产品质量监督检验中心相继挂牌；上汽通用五菱造型中心落成启用。5 个项目获国家 863 计划和重大科技支撑计划立项，27 个项目获国家科技型中小企业技术创新基金立项，共获资金支持近 5000 万元。3 项科技成果获国家科技进步奖二等奖，1 项获国家技术发明奖二等奖。实施知识产权战略和技术标准战略成果显著，申请专利 1280 件，比上年增长 45.12%；获专利授权 864 件，比上年增长 13.24%；企业参与制定、修订国家和行业标准 13 项。年内，该市获"2011 年度最具成长力自主创新型城市""2008～2010 广西创新计划目标任务完成市"等称号，第六次获"全国科技进步先进市"称号。六县四城区全部通过全国科技进步考核，其中，鱼峰区、柳北区、柳南区、融安县获"全国科技进步考核先进县（区）"称号；16 人获 2011 年"全国县（市）科技进步考核先进个人"称号。柳州市科技局被评为第二次全国 R&D（即研究与试验发展）资源清查先进单位、广西科技活动周 20 周年先进单位一等奖、2011 年全国县（市）科技进步考核广西优秀组织单位等称号。柳城县科技情报研究所被评为"十一五"国家星火计划工作先进集体。

2011 年柳州市科技局编制完成《柳州市实施广西创新计划（2011～2015 年）工作方案》。由柳州市科技局牵头，委托科技部国家战略发展研究院编制完成《柳州市科技发展"十二五"规划》，规划于 9 月 7 日出台，重点通过组织实施六大任务和十大科技提升工程 27 个主要专项。

2011 年柳州市科技局制定《柳州市"十大科技提升工程"实施方案》，启动实施"十大科技提升工程"27 个专项，内容包括如下。产业技术创新能力建设工程，设 3 个专项：创新研发平台建设、产业技术创新战略联盟建设、创新型企业和科技型中小企业建设。创新公共服务平台能力提升工程，设 2 个专项。创新公共服务平台建设、科技服务能力建设；汽车千亿元产业重大科技攻关工程，设 2 个专项。汽车及其零部件关键技术研究、新能源汽车及其零部件关键共性技术攻关。优势产业重大科技提升工程，设 3 个专项：钢铁新品种、综合生产技术及产业化研发，工程机械及机械新产品开发及技术攻关，化工、建材等优势特色产业关键技术研究与开发。高新技术和新兴产业发展科技扶持工程，设 4 个专项：机电仪产品创新及产业化、新材料产品与技术开发、信息产业技术及制造业信息化技术应用、现代医药技术研究及产业化开发。特色园区科技创新工程，设 3 个专项：柳州国家高新区建设、广西柳州汽车城建设、循环经济产业园建设。特色优势农业产业化科技支撑工程，设 2 个专项：特色优势农业产业化关键技术研究与示范、农业产业科技重点示范县（区）建设。科技成果转化促进工程，设 3 个专项：重大科技成果和共性关键技术引进、示范、推广，政产学研联盟建设，科技成果转化基地建设。知识产权战略推进工程，设 2 个专项：知识产权试点示范、优势产品技术标准研究。宜居柳州科技惠民工程，设 3 个专项：循环经济和环境保护的关键技术研究开发、公共安全技术研究与应用、健康安全技术开发与应用研究。2011

年，柳州市科技局制定并组织实施《柳州市“三年四千亿”产业提升科技支撑扶持计划（2010—2012年）》。

2011年柳州市应用技术研究与开发计划支持157个项目，共计7092万元。“三年四千亿”科技支撑扶持计划项目65项，支持项目经费5000万元，占全年项目经费的73.73％，其中优势产业重大科技支撑计划项目20项，支持项目经费2090万元，占全年项目经费的30.82％。中小企业、新兴产业科技扶持计划项目45项，支持项目经费2910万元，占全年项目经费的42.91％。支持17个市中小企业科技创新资金项目310万元。

2011年柳州市科技局重点推动上汽通用五菱自治区级工程技术研究中心开展申报国家级微小型车工程技术研究中心工作。2011年，新建成广西工程技术研究中心3家、广西创新型企业4家，柳城县甘蔗研究中心获广西科技厅认定为广西甘蔗良种培育中心，6家企业被认定为自治区级农业产业标准化示范基地。全市已建成国家级企业技术中心3家、自治区级企业技术中心27家、自治区级工程技术研究中心21家、在建自治区千亿元产业重要研发中心6家、企业博士后科研工作站8个。柳工“国家土方机械工程技术研究中心”成为广西首家企业层面的国家级工程技术研究中心。拥有国家级科技企业孵化器、国家级示范生产力促进中心、国家技术转移示范机构各1家；国家级创新型企业及创新型试点企业3家，自治区级创新型试点企业15家；自治区级产业技术创新联盟1家；广西“两甩”（“甩账表”和“甩图纸”）制造业信息化示范企业8家；推进汽车零部件、工程机械、桑蚕等重点产业和领域技术创新联盟建设，成立全国首家市级桑蚕茧丝产业技术创新联盟，编制完成《柳州市农业产业技术创新联盟（试点）管理办法（试行）》。柳州市科技项目管理信息系统上线运行。在市级科技进步奖评审中首次启用专家网络评审子系统，实现专家评审的信息化。市科技局委托市科技情报研究所实施《柳州科技数字化公共服务平台暨数字科技一站式服务建设》科技项目，并列入自治区科技厅与柳州市人民政府科技第二次会商议题。

2012年柳州市科技局编制完成《“十一五”柳州市科技要览》；完成柳州市科技发展“十二五”规划2011年度实施监测评估工作；完成《柳州市科技局行政处罚裁量权基准制度》制定和《柳州市科技计划项目管理办法》《柳州市科技计划项目结题管理办法》规范性文件备案工作；组织修订科技计划管理办法等规范性文件，开展柳州市科技计划历年未结题项目清理工作。组织完成柳州市2013年自治区科技计划项目组织申报工作，共推荐课题167项。做好国家科技计划项目迎检工作，9月26日，科技部检查组成员13人、专家2人，对广西佳力电工集团有限公司承担的“大功率永磁同步电动机及控制系统的研制”（支持项目经费297万元）、广西柳工机械股份有限公司承担的“土方机械关键部件技术研究”（支持项目经费900万元）、“装载机、挖掘机类工程机械再制造应用开发及集成示范”（支持项目经费500万元）项目进行实地监督检查。

2012年柳州市应用技术研究与开发计划支持项目104项，共计7272万元。“三年四千亿”科技支撑扶持计划项目77项，支持项目经费6362万元，占全年项目经费的87.49％，其中优势产业重大科技支撑计划项目20项，支持经费3152万元，占全年项目经费的43.34％。中小企业、新兴产业科技扶持计划项目57项，支持经费3210万元，占全年项目经费的44.14％。

2012年柳州市科技局组织编制2013年科技计划项目指南，于6月下旬通过柳州市科技信息网向社会发布。8月22日举办一期面向县区、企业的课题申报培训班，针对性地对申报指南及相关要求、网上申报流程、科技经费管理等方面进行讲解，全市80余家相关企业的科技管理人员、财务人员和技术人员共150余人参加。评估项目214项、评审项目2项，其中专家评分80分以上的评估项目有82项，优良率达38.32％。

2012年柳州市申报科技进步奖项目获广西技术发明奖二等奖2项、三等奖2项；广西科学技术进步奖二等奖1项、三等奖12项。获市级科学技术奖项目65项，其中《以车身为核心的微型汽车产品工程及精益制造关键技术的开发与应用》项目获“重大贡献奖”；《液压推拉千斤顶研究及产业化》项目获“技术发明奖”一等奖，《废茧、丝胶或蚕蛹蛋白质基表面活性剂的研制与生产》《尼龙换档操纵机构分总成模块化开发》项目获“技术发明奖”二等奖，《低间隙行星动力混合机研发》获“技术发明奖”三等奖。2012年，柳州市获“科技进步奖”一等奖7项、二等奖21项、三等奖32项。

【工业科技】 2011年柳州市下达工业科技项目

61项，支持科技经费4610万元。全年组织申报自治区各类科技计划项目150多项，获自治区科技厅支持82项，获自治区科技经费支持2018万元。组织申报国家各类科技计划项目67个，获国家科技部立项支持43个，获国家科技经费支持5220万元。全年争取上级科技经费支持7238万元，其中柳州五菱汽车有限责任公司、广西柳州银海铝业股份有限公司等15个项目获得国家863计划、重大科技支撑计划、重点新产品计划等立项支持。广西德邦科技有限公司、柳州腾龙煤电科技股份有限公司等27个项目获国家科技型中小企业技术创新基金立项，共获资金支持近5000万元。广西糖网食糖批发市场有限责任公司通过科技部组织的专家评审与答辩，成为广西首家国家现代服务业创新发展示范企业。2011年，柳州市有7家企业通过国家高新技术企业认定，全市国家级高新技术企业累计达101家。柳州高新区成为自治区唯一一个国家级高新技术企业过百家的高新区。

2011年11月广西科技厅与柳州市政府在柳州饭店举行厅市工作会商第二次会议，双方就“共同推动创建国家级创新型汽车整车及零部件产业集群试点城市，加快广西柳州汽车城建设”“共同推动国家级新材料产业化基地建设，促进新材料产业发展”“共同推动产业技术创新平台和公共服务平台建设，提升产业核心竞争力”等三个议题进行会商，提出“柳州市数字科技基础服务平台建设”“建设国家微小型汽车工程技术研究中心”等两个立项意向。

2012年推荐上报国家创新基金项目45个，其中，市本级推荐27个项目，配套创新资金325万元；获国家创新基金立项33个，资金2065万元，占全自治区31.6%。组织企业申报国家重点新产品开发计划和国家火炬计划项目工作，推荐上报并立项5个项目（课题），获科技经费300亿元。完成广西创新与创新型试点企业申报认定工作，组织本市4家企业申报试点，15家申报创新企业，其中，2家获创新试点认定，6家获创新型企业认定。获国家立项支持863与科技支撑计划项目5项（五菱有限600万元、柳工900万元、腾龙煤电382万元、银海铝业360万元、上通五330万元），经费2572万元；申报2013年度国家科技支撑计划项目5个。全年新培育认定国家高新技术企业20家。截止年底，全市国家高新技术企业共120家，相比上年增加19家。全年在工业科技领域，共策划支持机电仪、新能源汽车、新材料、信息技术等新兴产业53个项目（含国家创新基金项目柳州配套的27个课题325万元），支持科技经费1920万元。

产业创新研发能力建设 6个广西千亿元产业研发中心获得第二批技术创新经费2700万元；完成组织企业申报2012年广西工程技术研究中心认定申请工作；立项支持5个课题资金1500万元，推进上汽通用五菱建设国家微小型汽车工程技术研究中心；获广西认定1家区级重点实验室（依托广西工学院的广西汽车整车及零部件实验室）；完成市级工程技术研究中心认定管理暂行办法制定，完成认定申报、评审、考察工作及下文工作，共认定60家，全市共培育市级工程技术研究中心82家（含国家级工程技术研究中心1家，区级工程技术研究中心22家）重点实验室。

工业科技立项 柳州市完成2012年工业科技计划项目课题的调研与立项工作，组织对100多家企业进行科技计划项目调研，立项支持56个课题，落实工业科技扶持资金4767万元（不含申报国家创新基金配套匹配项目325万元）。全年共立项49个课题支持中小企业开展科技攻关与新产品试制等创新能力建设，占重点项目立项总数的80%以上；匹配支持2012年国家创新基金项目27个，支持创新资金经费325万元。支持全市汽车、机械、钢铁、化工等支柱和优势产业科技攻关与新产品开发计划项目30个项目，落实科技扶持经费3172万元，占工业科技项目资金的66%。建立广西制造业信息化示范企业56家；全年共支持有色金属新材料、电子信息和制造业信息化技术等新兴产业科技立项26个，落实科技计划项目经费1595万元。

新培育8家广西创新型企业和创新型试点企业，其中，企业型企业6家；广西创新型企业发展到19家，其中，创新型试点企业11家。组织指导20多家企业参加国家高新技术企业资格认定，20家通过评审，柳州市国家级高新技术企业发展到120家。

【农业科技】 2011年柳州市下达农业科技项目26项，支持科技经费662万元。全年全市获国家、自治区科技项目资金493万元。4家企业申报国家农转资金项目，1家企业获科技部农转资金支持60万元。柳城县甘蔗研究中心获自治区科技厅认定为自治区甘蔗良种培育中心，6家企业被认定为自治区级农业产业标准化示范基地。

桑蚕茧丝绸产业技术创新联盟　2011年5月15日，柳州市桑蚕茧丝绸产业技术创新联盟成立大会在柳州饭店举行。柳州市科技局、市工信委、市农业局、广西桑蚕茧丝产业技术创新战略联盟成员单位、柳州市各缫丝深加工及副产品利用企业、市农技推广中心、市农科所、市自动化所等单位参加成立大会。第一届联盟理事长单位由市自动化研究所担任，副理事长单位及理事单位由广西工学院、国家茧丝绸产品质量监督检验中心（柳州）等11家单位担任。联盟成员单位共18家。

特色农科项目申报　2011年柳州市科技局启动针对融水、三江特色产业和县域发展规划。组织两县申报国家、自治区科技项目。2012年由国家科技部立项支持柳州市融水苗族自治县“竹木产业化开发与示范”项目203万元，支持三江侗族自治县“油茶产业化升级技术开发与产业链延伸示范”项目224万元。

科技三下乡　2011年3月15日，自治区、柳州市、柳江县三级农业专家和柳江县农林牧渔等涉农部门联合组成科技服务团约百余人在百朋圩日广场开展科技咨询活动。专家服务团为百朋镇的农民群众传授桂糖系列甘蔗新品种种植技术和西红柿栽培技术等，发放科技资料和农资、种子等。开展“南丰蜜桔种植技术”和“水鱼养殖技术”培训。

项目协助　协助柳城县、鹿寨县开展国家科技富民强县专项行动计划项目检查、验收，柳城县、鹿寨县以优秀等级通过自治区科技厅组织的项目验收；协助三江侗族自治县、融水苗族自治县申报2012年国家富民强县项目，两县获得科技部下达的科技富民强县专项行动计划项目立项，获得407万元中央专项资金。柳州市获自治区科技厅农业项目立项6项，补助资金280万元；推荐2012年市本级科技计划项目24项，补助科技资金916万元。柳州市科技局与融水县人民政府签订局县科技工作会商制度；筹备柳州市茶叶产业技术创新联盟成立大会。获自治区科技厅认定农业良种培育中心1个、生产技术标准化示范基地6个。组织农业企业申报工程中心22家、良种培育中心13家、生产技术标准化基地29家。

新农村建设和星火计划　市本级支持新农村建设项目3项12个村，支持经费96万元。获自治区科技厅认定新农村建设示范乡1个，示范村5个；获自治区科技厅认定农村科技特派员6人。开展科技三下乡促春耕活动，邀请到柳州市农业专家到柳州县六塘镇为农民解答养殖、土肥等方面疑问，发放资料400多份，接待咨询100多人。

【社会发展科技】　2011年柳州市下达社会发展科技项目57项，支持科技经费917万元，项目总投资9291万元。获自治区社会发展类科技项目22个，获经费支持217万元。柳北区获自治区首批可持续发展实验区认定，获自治区科技经费支持30万元。

防艾科研与技术推广　2011年柳州市通过科技项目重点支持艾滋病确诊实验室能力建设和艾滋病防治科技示范区建设，支持现代医药技术研究及产业化，组织实施防治艾滋病、地方性重大疾病、常见多发妇幼老年疾病及避孕节育、生殖健康和出生缺陷诊断技术科学研究与技术推广。

循环经济项目　2011年广西鱼峰水泥股份有限公司“生态水泥绿色制成技术应用延伸及示范线建设”项目围绕建立生态水泥绿色制成新模式，开展在水泥制成过程中的熟料或工业废渣粉磨、湿粘仓料配送、惰性工业废渣活性激发、生产线优化设计、湿粘物料烘干、细粉料均化等关键技术的应用工艺研究和产业化研究，形成生态水泥绿色制成技术应用生产示范线，实现生态水泥的低能耗、简洁工艺、低环境污染的绿色制成。

中药现代化项目　2011年广西花红药业股份有限公司“大罗伞药材化学成分研究及在消肿止痛酊中的应用”项目围绕消肿止痛酊的质量提高开展大罗伞药材化学成分研究。项目完成后，预计每年新增销售收入可增加800万元，新增利润101.53万元，新增税收161.38万元。

催化分解法治理硝酸尾气温室气体N_2O项目　2012年柳州化工股份有限公司“催化分解法治理硝酸尾气温室气体N_2O”项目是广西壮族自治区第一个清洁发展机制（CDM）项目。项目总投资6835万元，柳州市支持科技经费60万元；项目建设三套催化分解温室气体N_2O系统，累计实现减排N_2O折成$CO_2$171万吨，累计实现减排量联合国认定和签发约130万吨CO_2；实现减排收入8500万元，达到预期的温室气体减排和创造经济效益的双赢目标。

利用地沟油与对苯二甲酸废料制造醇酸涂料的研究与产业化项目　2012年柳州市造漆厂、广西工学院“利用地沟油与对苯二甲酸废料制造醇酸涂料的研究与产业化”项目开发利用地沟油作为资源使用的工艺和技术，用地沟油代替我国需要大量进口的植物油生产AK树脂，避免地沟油重回餐桌。项目总投资420万元，柳州市支持科技经费50万元。

高炉除尘灰处理技术的研发项目 2012年柳州市环源利公司“高炉除尘灰处理技术的研发”项目主要从炉灰废渣中提取铁、碳等矿物质，形成铁精粉、焦碳粉、碳粉尾泥等三大产品，有效处理了高炉除尘灰并综合回收利用，实现了废渣转化为有用资源，无废渣二次污染，废水净化后闭路循环使用，实现零排放，做到环保、节能减排。项目总投资460万元，实现年销售收入11230万元，利润3737万元。

公共安全技术研究与推广 2012年柳州市自动化研究所与柳州市水利工程管理站共同完成“水库自动化监测与安全预警信息化系统”科技项目。应用水库监测数据多级存储逐级上传技术、水库监测数据转发连接池和线程池、缓冲记录技术，采用3G信号/有线宽带视频远程实时传输方式，可随时了解水库枢纽及库区情况，并对水位自动预警及报警。提高了水利部门的运行管理水平，增强对突发事件的应对能力。该系统能针对不同用户需求进行个性化定制，系统性价比高，具有良好的推广前景。系统已在拉达水库、马步水库、三合水库、龙母水库、泗维河水库现场安装试运行，运行情况良好。项目通过鉴定后在柳城县两个水库推广应用。

柳州市城乡医疗紧急救援一体化技术研究项目 2012年柳州市医疗急救指挥中心“柳州市城乡医疗紧急救援一体化技术研究”科技项目是首次在国内建立的基于新农合信息网络系统的市、县、乡（镇）统一指挥的三级急救网络；首次将城乡居民健康档案信息用于现场急救；利用基于3G技术的车载智能终端系统，实现边远农村地区院前急救现场的远程技术指导；在国际急救领域中探索了一种符合中国国情的城乡一体化院前急救模式。

【科技成果与推广应用】 2011年广西鱼峰水泥股份有限公司参与的“管磨开流选粉节能技术及其水泥绿色制成应用”项目获得国家技术发明奖二等奖。市妇幼保健院参与的“α和β地中海贫血的遗传分析及其在临床和人群预防中的应用”、上汽通用五菱汽车股份有限公司参与的“复杂薄板产品装配的数字化工艺设计与装备技术”项目和隶属中国航天科工集团的柳州长虹机器制造公司的创新产品获得国家科技进步奖二等奖。柳州市所在的企事业单位获得2011年度广西科技进步奖21项，其中广西自然科学奖三等奖3项，广西技术发明奖二等奖1项，广西科技进步奖一等奖1项，广西科技进步奖二等奖4项，广西科技进步奖三等奖12项。全年，柳州市组织科技成果鉴定（评审）69项，科技成果登记87项。组织2011年度柳州市科技进步奖申报项目评审，评出奖励项目70项，其中一等奖10项，二等奖20项，三等奖40项。

成果管理 2012年组织申报自治区科学技术奖40项，其中推荐特别贡献奖1项，科技进步奖一等奖4项、二等奖13项、三等奖19项，自然科学奖1项，技术发明奖2项。最终获得技术发明奖2项、科技进步奖12项，获奖项目数为历年最高。组织修订《柳州市科学技术奖励办法》和《柳州市科学技术奖励办法实施细则》；设立柳州市科学技术重大贡献奖。市科学技术奖推荐重大贡献奖4项，推荐市技术发明奖11项，推荐市科学技术进步奖82项。全年组织各类成果鉴定82项、完成成果登记109项。全年技术合同认定登记的项目共有33项，金额达3238.8万元（其中技术交易额3221万元）。

政产学研工作 2012年结合重点优势产业和战略新兴产业的发展需要，联合县（区）科技局以及高新区和阳和开发区有关部门，召开座谈会、深入企业、高校进行实地调研、发放调查表等形式，掌握柳州市企业和区内外部分高校开展政产学研合作的现状、存在问题和难点、校企双方各自的需求等情况。完成培育产值超亿元以上的政产学研合作重点企业5家和形成高校政产学研合作战略伙伴2～3家的考核指标。

【知识产权（专利）管理与保护】 *知识产权宣传周* 2011年4月20日～26日，柳州市以“知识产权助推经济转型”为主题举办知识产权宣传周，宣传周活动内容包括：“宣传周”开幕式、知识产权宣传服务日活动、专项执法活动、“双打”（即打击侵犯知识产权和制售假冒伪劣商品）专项行动宣传、柳州法院2010年审结的知识产权典型案件公布、知识产权培训与宣讲和知识产权媒体宣传活动。4月20日，在柳州市人民广场举行的宣传周活动开幕式上，开展“双打”专项活动突出成果展，举办青少年机器人表演和个人发明专利产品宣传展示，专利代理人和律师现场开展知识产权法律、法规咨询活动等。

专利执法专项行动　2011年柳州市知识产权局出台《专利执法专项行动实施方案》。从2010年10月至2011年6月，以各类商品流通集散地检查整治为重点环节，以高新技术产品、食品、药品等为重点产品，以权利人反映强烈、社会影响大、社会关注度高的案件为重点案件，加大主动查处力度，组织开展集中检查和整治行动。4月20日，由柳州市整规办牵头，柳州市知识产权局、市文化局、市新闻出版局、市工商局、市公安局等部门组成两个联合执法组，对音像制品、图书市场，批发市场、超市等开展知识产权联合执法行动。7月至8月，未发现本地域从事网络营销企业和产品存在违规行为。

知识产权制度建设　2011年柳州市印发《关于建立知识产权联系机制的通知》，将柳州市168家企事业单位确定为知识产权重点联系企业。对联系企事业单位管理人员进行培训，落实专利申请资助和奖励等知识产权政策。从武汉理工大学和中南工业大学等聘请知识产权专家教授等14人为专利特派员，支持和帮助联系企事业单位开展行业专利研究、专利分析预警、知识产权风险分析；帮助联系企事业单位提供专利申请咨询服务、专利转化咨询服务、专利纠纷咨询服务。

专利信息平台建设　2011年，柳州市建设千亿元产业产品数据库、千亿元产业主要竞争者专利数据库、法律状态数据库、专利纠纷案例数据库；建设专利预警网站，定期发布专利预警信息和产业分析报告；完善全领域数据库的专利分析；开展专利分析、专利预警培训或服务。配合建设“14+4”千亿元产业及战略性新兴产业专题专利数据库的相关工作，开展专利相关培训。

知识产权示范试点工作　2011年柳江县、柳南区成为自治区级知识产权示范试点县区，阳和工业新区成为自治区级知识产权示范试点工业园区。建立两家自治区知识产权示范企业：上汽通用五菱汽车股份有限公司和柳州欧维姆机械股份有限公司。

专利申请、授权、资助及奖励　2011年柳州市申请专利1280件，比上年增长45.12%，其中发明专利285件、实用新型专利833件、外观设计专利162件。获专利授权864件，比上年增长13.24%，其中发明专利106件、实用新型专利625件、外观设计专利133件。全市累计有效发明专利量264件，每万人口发明专利拥有量0.7件。开展发明专利申请资助及奖励，资助104件，金额14万元；授权奖励24件，金额4.8万元；实施奖励12件，资助3.6万元。

2012年10月29日至11月1日期间，组织33家企事业单位共172人的柳州代表团参加第一届广西发明创造成果展览会，共展出专利技术、产品62项。柳州欧维姆机械股份有限公司、柳州市达迪通信设备有限公司、上汽通用五菱汽车股份有限公司等九家企业共获得金奖5个、银奖4个。柳州市获得最佳组织奖称号。全年共为企业办理专利费用减缓项目1143项，其中发明专利612项，实用新型专利504项，外观设计专利27项，共为企业减免费用164万元。

组织各试点园区、企业参加“2012年知识产权管理人员培训班”“2012年知识产权高层次人才培训班”“2012年全区知识产权宣传工作会议暨通讯员研讨班”“国有企业专利实务培训班”“2012年全区专利行政执法培训班”“生物医药领域知识产权实务培训班”“西部地区中小型企业发展与知识产权创新高级研修班”“第一届广西发明展专利发展报告会”“广西专利电子申请推广培训会”等培训，全年组织各类知识产权培训活动110场次，参加培训人数5000人次。

县级知识产权局　建立市县、工业园区全民发明创造工作领导机构，统筹指导知识产权工作。2012年下半年，融安县知识产权局挂牌成立，成为柳州市第一个设立县级知识产权局的县区。

专利代理人培训　组织67人参加2012年全国专利代理人资格考试基础培训班；9月组织43名考生参加2012年全国专利代理人资格考试考前强化培训班。柳州市共有67名考生报名参加2012年全国专利代理人资格考试。

专利特派员帮扶　选派15名专利特派员帮扶企业120家，其中发明专利申请“零突破”企业30家，帮助企业开展专利诉讼5次，开展培训50场次，参加培训1500人次，帮助企业检索专利项数5000项，完成企业专利分析报告20篇。

知产专利执法维权　共开展各类知识产权执法检查12次，收缴非法出版物60957册、各类盗版音像制品2534套、盗版光碟1万张，全年开展各类培训10余场，培训500人次。

专利倍增计划工作　全市完成发明专利申请906件，同比增长258.10%；完成目标任务113.25%，共获得发明专利授权102件，超额完成50件的考核任务。

【科普工作】 2011～2012年，柳州市完成《“十二五”科普工作规划》的组织编制工作。柳州市科技局立项支持广西生态工程职业技术学院的“柳州市生态林业科普基地建设与示范”项目50万元，与柳州市林业局共同命名龙潭公园等4家单位为“柳州市生态林业科普基地”。

【科技交流与合作】 2011年柳州市组织的“钢圈CAE仿真合作”等14个合作项目签约，项目投资总额22150万元。5月17日～22日，组织市大荣非金属材料有限公司、市蓝海科技有限公司、市双铠工业技术有限公司、柳州译海网络科技有限公司、柳州相光科技有限责任公司等企业，参加第十四届中国北京国际科技产业博览会（简称科博会）。柳州市参展的项目有：大颗粒金刚石单晶的批量化合成、“联合战线”动漫游戏机等。科博会期间，柳州市代表团参观了清华大学研究生院；到中国技术交易所进行工作洽谈并签署战略合作协议；派出项目采集小组到科博会各展区进行项目采集，共采集到科技新成果、新技术、新产品等项目100余项，扩充了柳州市的技术源、项目库贮备；参加广西—北京航空航天大学科技合作座谈会，在校企合作签约仪式上，中航工业柳州乘龙专用车有限公司、柳州博实唯汽车科技有限公司、北京航空航天大学三家联合签署“适应于商用车底盘运输用专用半挂车开发”合作项目，合同金额300多万元。年内，全市有10个单位的15个项目获清华大学研究生院批准，27名博士研究生在柳州开展为期40天的社会实践活动。

政产学研共同体建设 2011年柳州市政府、上海同济大学、柳州市科技局与中国技术交易所建立科技创新和全面战略合作关系，在技术转移与引进、人才交流与培养等方面开展合作。继续加强与中科院广州分院的对接洽谈，利用中科院广州技术转移中心柳州分中心的有利条件，推进中科院广州分院参与广西柳州汽车城的建设。5月，第十四届北京国际科技产业博览会期间，中航工业乘龙专用车有限公司与北京航空航天大学关于“适应于商用车底盘运输用专用半挂车开发”合作项目签约。11月，第十三届中国国际高新技术成果交易会期间，柳州市科技局与柳州高新区前往中科院广州分院就院地合作进行深入的交流和探讨，在技术和人才的引入方面达成共识。“柳州—上海技术转移平台项目视频对接活动”继续开展产学研合作。至2011年末，完成培育产值超亿元以上的政产学研合作重点企业5家，形成高校政产学研合作战略伙伴3家。市级应用与研发经费支持产学研合作项目5项、590万元，项目总投资1.24亿元。

科技活动周活动 2011年1月，在广西科技活动周开幕式暨科技表彰奖励大会上，上汽通用五菱汽车股份有限公司的“‘五菱之光’系列微型汽车自主研发及制造”成果获自治区科学技术进步特别贡献奖，广西柳州钢铁（集团）公司的“铁前系统节能减排技术的研发与应用”获广西科学技术进步奖一等奖，柳州化学工业集团有限公司的“新型复合型煤粘结剂研发”等13项成果获二、三等奖。柳城县冲脉镇指挥村大伍屯的韦光安获“科技种养大王”称号，三江侗族自治县古宜镇东竹茶叶生产专业合作社理事长郭朝阳等4人获“科技种养能手”称号。全市共组织66家企业和超过百个产品参加广西科技“十一五”成果展、广西千亿元产业科技成果展、广西新技术新产品交流交易会、科技论坛、科普活动、广西地理标志产品展、专利集市以及科技产品和名特优产品展销等活动。活动周开幕当天，柳州市19家企业的科研合作项目与高等院校、科研所举行签约仪式，签约金额2亿多元。

2011年5月15日～21日，柳州市举办科技活动周活动。活动周期间，举办科技创新成就展、广场科普咨询活动、柳州市桑蚕茧丝绸产业技术创新联盟成立大会、广西桑蚕丝产业技术创新战略联盟年会等。广西汽车零部件产业技术创新联盟围绕汽车和机械千亿元产业发展，发挥广西大型仪器协作共用网装备、技术和人才的优势，突出宣传协作共用网服务自主创新、支撑产业发展的重要作用，深入企业解决行业、产业发展中遇到的关键、共性技术问题。联盟与有关汽配企业签订技术帮扶协议，组织专家队伍赴汽车和零部件企业进行技术对接服务。5月16日，柳州市科技局和上海技术开发交流中心共同举办柳州—上海技术转移视频对接活动，上海技术开发交流中心组织上海交通大学、上海大学等高校与柳州钢铁（集团）公司、市明阳机电制造有限公司、市宇翔工程机械钢圈有限公司、市威罗动力机械有限公司分别与上海的铸造、冶金、电机专家就柳州市铸造、冶金及电机行业的多个项目所存在的技术需求进行咨询和交流。

科技活动周 2012年市部分企业与高校院所及自治区内外先进企业开展技术对接洽谈，签约

项目11个，项目总投资14113万元。组织柳州市机关、企事业、科研机构、高校及职业技术学校等近100家单位的科技、管理人员、企业家及代表、广大柳州市民近2000人次到南宁参加科技活动周有关活动。柳州市代表团积极参加新成果、新产品的展示，名特优产品、农副产品展销，技术转移配对洽谈、项目签约等活动，取得显著成效。明亮大气的柳州展厅充分展示了我市在实施创新计划以来特别是近两年以来所取得科技成果，包括科技服务“三农”、千亿元产业发展成果、科技创新能力建设、我市高新技术产业优势和特色，以及园区建设与发展中取得的科技成果等板块。参加展示的企业有45家（不含高新区）和项目77个，六县四城区共组织工农业展示实物16大类共140个品种。极大地丰富我市展厅的展示内容和效果。整个柳州展区采用统一布展的特装形式，以图片及文字说明为主、部分实物展示为辅展示的亮点非常突出，除了广西首款中级轿车宝骏630之外，首次亮相广西科技活动周的柳工滑移装载机更是引起了广大观众和业内人士的极大兴趣。柳州市代表团还获得了最佳组织奖。

北京科博会、重庆高交会等国内重大科技会展　2012年组织十多家高新技术企业参展参会宣传展示柳州市先进的技术和成果，为企业提供了解国内先进地区新技术、新产品的发展现状和开展技术合作与引进的桥梁和平台。

全国科技活动周及柳州市科技活动周　2012年举办“高校院所——企业技术需求对接会”，广西大学、桂林电子科技大学、广西工学院及广州中科院工业研究院的44位专家就该市企业提出的27个技术需求及难题开展对接洽谈。中科院深圳先进技术研究院的领导和专家应邀专程来柳考察，与柳州市科技局、工信委以及柳工金嗓子等企业开展交流，寻求合作，并在深圳高交会期间达成部分合作意向。

实施清华大学研究生院的社会实践基地合作项目　2012年组织该市企事业单位申报清华大学博士生暑期社会实践项目，其中全市11个单位的19个项目获得清华大学研究生院的批准，24名博士研究生来柳开展为期40天的社会实践活动。柳州市获得清华大学社会实践基地的优秀工作奖的称号。

全国科技活动周广西活动暨柳州市科技活动周　2012年5月举办“2012年全国科技活动周暨柳州市科技活动周”和“发明专利成果展”，柳州市科普联席会议成员单位以及广大市民参加活动，10家具有发明专利产品的企业拥有专利产品31个、专利871项；28家市科普联席会议成员单位开展丰富多彩的科普咨询等活动。

（李纳）

桂林市

【概况】　2011～2012年，桂林市贯彻自主创新战略，落实《桂林市“十二五”科学技术发展规划》，启动第五轮《桂林创新计划（2011～2015年）》，组织实施自治区千亿元产业重大科技攻关工程，加强产学研结合，打造区域创新体系，推动科技进步与创新，提升科技对经济社会发展的支撑作用。2011年，桂林市第四次获“全国科技进步先进市”称号。

【科技队伍】　截至2012年末，桂林市统计在册的专业技术人员共71502人。其中正高级专业技术人员122人，副高级专业技术人员4100人，中级专业技术人员38194人，初级专业技术人员29086人。入选国家“千人计划”人才3人，16人获自治区“八桂学者”、9人获自治区“特聘专家”。2011年11月，桂林市委、市人民政府出台《关于加快引进和培养高层次人才的意见》《桂林市拔尖人才评选管理办法》《桂林市漓江学者制度试行办法》等人才政策文件，2012年首次评选表彰了桂林市十大杰出创新人才，首次设立5个“漓江学者”岗位，选聘首批5名漓江学者。

【科研项目与经费投入】　2011～2012年，桂林市共实施各类科技项目1319项，科技经费5.2286亿。其中，国家级科技项目391项，科技经费2.226亿，自治区级科技项目651项，科技经费1.628亿，市本级科技项目277项，科技经费1.3746亿。国家863计划、973计划、国家科技支撑计划、火炬计划、星火计划5大国家科技计划项目共立项18个。

【科技成果与推广应用】　2011～2012年，桂林市共登记科学技术成果93项，其中国际领先成果6项，国际先进成果11项；国内领先成果32项，国内先进成果35项；自治区领先成果6项，自治区先进成果2项，其他1项。共获广西科学技术奖励项目61项，其中广西自然科学奖19项：一等奖1项，二等奖8项，三等奖10项；广西技术发明奖4项，二等奖3项、三等奖1项；广西科技进步奖38项，一等奖2项、二等奖16项、三等奖20项。共有59个项目获得桂林市科技进步奖，其中特别贡献奖1项、一等奖7项、二等奖19项、三等奖32项。

全钢子午线巨胎关键装备系列化开发项目　该项目由桂林市橡胶机械厂完成。全钢巨型子午线轮胎是集轮胎生产工艺、结构设计、配方设计、机械装备等高新技术于一体化的重大项目，关键装备包括巨胎硫化机以及巨胎成型机，属于橡胶机械领域，用于全钢子午线巨胎生产工艺过程中的成型及硫化。产品包括3000型硫化机，以及后续开发的3100型、3200型、3300型、4320型、4500型、4800型、5000型硫化机，51成型机以及后续开发的57成型机，其中3000型硫化机获2008年桂林市科技进步奖一等奖、广西科技进步奖二等奖；51成型机获2009年桂林市科技进步奖一等奖、广西科技进步奖一等奖；5000型硫化机获2010年桂林市科技进步奖一等奖、广西科技进步奖二等奖。特别是51成型机和4800型硫化机分别列入2007年国家科技支撑计划项目，是桂林市自新中国成立以来第一个此类项目，也是我国橡胶机械最高级别的新产品国家级项目，代表我国轮胎装备技术的最高水平。本项目开发的产品目前已销售给日本、美国、印度以及国内多家轮胎厂商，特别是出口世界最大的日本普利斯通轮胎公司，奠定了该厂在巨胎硫化机生产制造方面国际龙头的地位。

6×32000千牛（φ650mm缸径）超硬材料六面顶液压机　该项目由桂林桂冶实业有限公司、四川大学原子与分子物理研究所、桂林电子科技大学完成。以金刚石、立方氮化硼及各类复合片制品为代表的超硬材料因具有高硬度、高耐磨性、良好的耐热性能和化学稳定性而广泛应用于建筑、机械、能源、电子、矿产、医疗、航空航天等行业。近年来，我国的超硬材料高温高压合成技术发展迅速，已成为世界最大的超硬材料生产销售国。超硬材料六面顶液压机是一种广泛应用于超硬材料行业的超高压设备，该产品由我国自主研发，具有结构紧凑、操作灵活、维护简单、上马快、经济效益高等优点，经过多年的提高和积累，该设备的制造和合成技术已成为我国独具一格的技术。项目主要内容：开发6×32000千牛（φ650mm缸径）超硬材料六面顶液压机，并对该设备的测量、控制及生产工艺控制技术进行研究。项目产品主要技术指标：缸体直径φ650mm，公称压力32000KN，高压工作压力12.6MPa，超高压工作压力97MPa，活塞行程100mm，增压比7.7∶1，压力控制精度≤±0.1MPa，电加热调功控制精度<0.2%。项目主要经济指标：累计新增生产销售项目产品197台，新增产值19115万元，新增利润1126万元，实现税金1259万元，其中出口48台，出口创汇790万美元。本项目应用了8项具有自主知识产权的专利技术（实用新型6项，发明专利2项）。项目实施期间，主要研究人员在国内外期刊上表相关论文5篇（国内3篇，国外2篇）。项目产品经国内外多家用户投入工业生产和科研使用，反映良好。产品投产以来，国内外市场占有率超过50%，居同类产品首位，市场前景广阔。

HL530A水平定向钻机　该项目由桂林市华力重工机械有限责任公司完成。该项目为厅市会商项目，得到自治区及桂林市科技部门的大力支持。HL530A水平定向钻机是一款以非开挖方式进行地下穿越工程的中型钻机，广泛应用于通讯、电力、给排水、燃气等地下管线铺设的机械化施工当中，是桂林市华力重工机械有限公司针对市场需要开发的一款紧凑型水平定向钻机，该机具有性能先进、结构合理、造型美观、工作可靠等特点。并且针对市场需求，采用了很多独创的设计（申请了1项发明专利、3项实用新型专利已获证书），以实现结构紧凑、转场灵活、适合松软地面作业、通过性强等特点。是一个拥有自主知识产权，完全能与国内外先进产品竞争的新一代水平定向钻机产品。HL530A水平定向钻机已投入市场的前二机型的优点，同时针对国外市场的需求加入了大量有自主知识产权的科技点，产品主要技术指标最大回拖力300kN、回扩头直径250－900mm。高科技含量和优异的性价比设计定会吸引国外用户的青睐。桂林市华力重工机械有限责任公司是桂林市重点企业之一，也是区高新技术企业，本项目通过2010年的批量生产，已完成了年产167台HL530A水平定向钻机，实现新增销售收入6852万元，利润786.85万元，税金518万元。本项目的实施对推动桂林市工业经济的发展有着重要的意义。

1000kV特高压交流试验示范工程110kV并联

电容器装置研制　该项目由桂林电力电容器有限责任公司和桂林电子科技大学完成。我国能源结构不平衡，资源在西北、西南部，用电大户在东南，两地距离几千公里，要想长距离、高容量、大容量送电，必须通过特高压电网输送。1000kV晋东南—南阳—荆门特高压交流试验示范工程是世界上第一条商业运行的空中高速路，全长640千米，也是世界上正在运行的电压最高、输电能力最强、技术水平最先进的交流输电工程。整个工程技术完全是自主创新，设备也完全是100%国产化，是世界上最顶尖的、唯一成功使用的工程，已累计送电260亿度。为了满足国家特高压电力电容器国产化的需要，桂林电力电容器有限责任公司依托该工程成功研究开发了110kV并联电容器成套装置，目前运行情况良好，并通过了国家能源局新产品鉴定。该工程是目前世界上唯一成功商业运行的特高压交流工程，标志着我国在远距离、大容量、低损耗的特高压输电核心技术和设备国产化上取得了重大突破，是我国能源基础研究和建设领域取得的世界级重大创新成果，是世界电力发展史上的重要里程碑。工程的成功建设对保障国家能源安全和电力可靠供应具有重要意义。随着"十二五"规划的实施，特高压建设将是电网建设的重中之重。特高压交流输电工程用电容器的广泛应用，势必带来巨大的经济效益和良好的社会效益。该成果获2012年广西科技进步奖二等奖、桂林市科技进步奖一等奖。

【奖励技术标准研制】　2011～2012年，依据《桂林市重要技术标准研制奖励实施暂行办法》，桂林市继续每年投入100万奖励经费，实施重要技术标准奖励，两年来共计奖励各类重要技术标准30项，其中，国家标准22项，行业标准6项，地方标准2项。

【产业技术创新战略联盟建设】　2011～2012年，桂林市在已有的橡胶、机床、量具量仪和罗汉果4个产业技术创新战略联盟的基础上，于2011年成立葡萄和柑橘两个产业技术创新战略联盟，于2012年成立创意产业技术创新战略联盟，罗汉果产业技术创新战略联盟也升级为自治区级产业技术创新战略联盟。桂林市科技局支持各战略联盟对本行业的共性技术和制约本行业发展的技术瓶颈展开科技攻关，共安排专项经费395万。

【工业科学技术创新】　2011～2012年，桂林市新增高新技术企业37家，总数达到86家。全市获国家中小企业创新基金项目立项10个，获资助经费645万元；新增列入自治区千亿元产业科技攻关项目87项，获资助经费1700万元；全市组织实施工业技术创新项目382项，开发工业新产品75个，促进了桂林市企业技术创新。以新增的"桂林特种轮胎及装备制造"和"桂林微波与光通信"两个国家级高新技术产业化基地和"光纤器件"一个自治区级高新技术特色产业基地为试点依托，集中优势力量开展技术攻关和科技成果集成应用，提升产业核心竞争力，推进了桂林市高新技术产业快速发展。"基于移动互联网的旅游服务平台研发及示范应用"获国家支撑计划项目立项，获经费资助248万元；全市共有自治区创新型企业12家，创新型试点企业22家。桂林精成生物科技有限公司的"高产率、耐高温饲用β-甘露聚糖酶的开发与研究"等13个项目获科技部中小企业创新基金资助，经费700万元。桂林激光通信研究所承担的国家重大科技专项"神光-Ⅲ主机装置前端系统"研制取得阶段性成果；国家科技支撑计划"全钢子午线巨胎生产工艺和关键装备研发项目"圆满完成，其产品主要技术指标达到国际先进水平，填补了国内空白。2012年，桂林电子科技大学科技园科技企业孵化器建设"等4个服务平台建设项目获自治区立项支持，经费资助230万元；漓东科技孵化器、桂林大学科技园等科技企业孵化器建设加快推进，雁山大学科技园建设的前期调研稳步开展。全市在孵企业达450家，在孵项目超过650项。2012年，桂林国家高新区技术交易所有限公司和桂林市生产力促进中心成功申报自治区技术转移示范机构，全市自治区级技术转移示范机构已达到3家。自治区首家由政府引导的科技金融中心——桂林高新区科技金融中心正式投入运营，有力地带动和促进了科技与金融的结合。

【农业科技创新能力建设】　2011～2012年，桂林市"科技富民强县"工作稳步推进。永福县申报的"罗汉果产业化开发与示范"、资源县申报的"毛竹低产林改造及产业化技术开发与示范"和灵川县申报的"漓江流域灵川县水稻综合开发技术应用与示范"项目入选国家科技部富民强县专项行动计划，分别获科技部155万元、190万元和185万元资金支持。至此，全市累计共有10个县列入国家科技富民强县试点，共获资助1811万元。2011～2012年，桂林市水产技术推广中心站等两家单位被认定为第一批自治区农业良种培育中心；广西康华农业股份有限公司等33家单位和企业被认定为第一批自治区农业标准化生产技术示范基地。广西生态高值农业技术研究中心、广西柑橘工程技术研究中心相继落户桂林；桂林市引进、推广新品种、新技术65个（项），选育并认定农业新品种4个，其中由桂林市蔬菜研究所承担的《航天系列辣椒品种的选育与应用》科技项目，在品种选育上取得新突破，选育出“桂航一号”“桂航二号”“桂航三号”三个辣椒品种，并通过广西农作物品种登记认定，填补了广西航天辣椒育种的空白。2012年，平乐县“出口蔬菜产业化开发与示范”项目顺利通过国家科技部验收，“永福罗汉果产业化开发与示范”等34个农业科技项目（课题）获自治区立项支持，共获科技经费861万元。兴安、灵川、龙胜等三个县获得自治区第一批科技进步示范县。桂林市农业科技园区建设工作有条不紊。经桂林市人民政府批准，成立了桂林市国家级农业科技园区筹建工作领导小组，领导小组组织专家组开展了农业科技园区建设的前期调研和专题研讨，完成了园区规划初稿的撰写工作。

【第二次厅市会商工作】 2011年12月，桂林市人民政府与自治区科技厅进行了第二次工作会商。围绕桂林市经济社会发展的重大科技需求，将“共同推进桂林国家高新区千亿元创新型特色园区建设”“共同推动桂林国家级农业科技园区创建”列为厅市会商议题，“橡胶及橡胶制品产业技术创新服务平台”“漓江流域生态旅游观光农业基地建设与示范”等项目获自治区300万元经费重点支持。

【第五轮创新计划实施】 2011年，桂林市为落实自治区第五轮创新计划，成立了桂林创新计划实施协调小组，制定了《桂林创新计划（2011～2015年）》，将创新计划目标任务细化到年度，落实到单位，确保目标任务的顺利完成。两年来，各任务单位创新计划实施顺利，基本完成了自治区下达的各项阶段任务指标。

【科技发展“十二五”规划实施】 2011年，围绕桂林市经济社会发展目标和桂林市委、市政府的中心工作，编制完成了《桂林市科技发展“十二五”规划》，明确了今后五年桂林市科技发展的指导思想、总体目标和主要任务。为全面推进科技规划和创新计划实施，紧紧围绕“加快构建区域创新体系，促进科技成果转化”等10大重点任务，凝炼策划了“橡胶制品及设备关键技术研发与产业化示范”等22个重点项目，启动实施了“企业自主创新能力提升工程”等7大科技工程，有力推动了全市科技事业的全面发展。

【重点实验室建设】 截至2012年末，桂林市辖区内共有各类部区重点实验室22个，另有4个自治区重点实验室培育基地。在22个重点实验室中，各部委重点实验室有6个，自治区重点实验室有16个。它们分布在住桂林市有关高校和科研院所中，具体分布情况见下表：

各部委重点实验室名单

序号	重点实验室名称	依托单位	备注
1	广西有色金属及特色材料加工重点实验室	桂林理工大学	2010年2月8日科技部下文批准为省部共建国家重点实验室培育基地
2	广西药用资源化学与药物分子工程重点实验室	广西师范大学	省部共建教育部重点实验室（2005年），2010年8月20日科技部下文批准为省部共建国家重点实验室培育基地
3	有色金属及材料加工新技术	广西大学、桂林理工大学	省部共建教育部重点实验室（2003年）
4	岩溶动力学重点实验室	中国地质科学院岩溶地质研究所	国土资源部重点实验室（2004年）
5	认知无线电与信息处理	桂林电子科技大学	省部共建教育部重点实验室（2008年）
6	珍惜濒危动植物生态与环境保护	广西师范大学	省部共建教育部重点实验室（2008年）

广西壮族自治区重点实验室名单

序号	重点实验室名称	依托单位	认定年份
1	广西无线宽带通信与信号处理重点实验室	桂林电子科技大学	2005

续 表

序号	重点实验室名称	依托单位	认定年份
2	广西药用资源化学与药物分子工程重点实验室	广西师范大学	2005
3	广西有色金属及特色材料加工重点实验室	广西大学、桂林理工大学	2005
4	广西岩溶动力学重点实验室	中国地质科学院岩溶地质研究所	2005
5	广西信息材料重点实验室	桂林电子科技大学	2007
6	广西超硬材料重点实验室	桂林矿产地质研究院有限公司	2007
7	广西制造系统与先进制造技术重点实验室	广西大学、桂林电子科技大学	2007
8	广西岩土力学与工程重点实验室	桂林理工大学	2007
9	广西环境污染控制理论与技术重点实验室	桂林理工大学、广西师范大学、桂林矿产地质研究院	2007
10	广西隐伏金属矿产勘查重点实验室	桂林理工大学	2007
11	广西植物功能物质研究与利用重点实验室	广西植物研究所	2010
12	广西代谢性疾病研究重点实验室	中国人民解放军第一八一医院	2010
13	广西空间信息与测绘重点实验室	桂林理工大学	2010
14	广西可信软件重点实验室	桂林电子科技大学	2010
15	广西建筑新能源与节能重点实验室	桂林理工大学	2010
16	广西多源信息挖掘与安全重点实验室	广西师范大学	2012

广西壮族自治区重点实验室培育基地名单

序号	名称重点实验室名称	依托单位
1	广西珍稀濒危动物生态学重点实验室培育基地	广西师范大学
2	广西柑桔种质改良重点实验室培育基地	广西柑桔研究所
3	广西肝脏损伤与修复分子医学重点实验室培育基地	桂林医学院
4	广西自动检测技术与仪器重点实验室培育基地	桂林电子科技大学

【知识产权（专利）管理与保护】 2011年，桂林市专利申请量达1767件，比2010年增长71.55%，高于广西平均水平13个百分点，超额完成专利申请增长25%的目标，总量在全自治区排名第二位。其中发明专利申请709件，比上年增长79.9%，专利授权896件，有效发明专利587件，每万人口发明专利拥有量达1.24件，在广西排名第一。桂林市科技局知识产权与社会发展科丛莉同志获得全国知识产权工作先进个人称号。2012年，桂林市研究制定并启动实施了《桂林市发明专利倍增计划》，修订并颁发了《桂林市专利申请资助及奖励暂行办法》，充分调动了企事业单位及个人开展发明创造活动的积极性。桂林市专利申请2386件，授权1252件；其中发明专利申请1236件，同比增长74.3%；每万人拥有有效发明专利1.71件，居广西首位。全市有9个县发明专利申请数量实现了倍增，临桂县每万人拥有有效发明专利1.27件，在各县中率先超过1件。

【发明创造成果展成绩显著】 2012年，桂林市组织106个项目、300多件科技产品参加了自治区首届发明创造成果展览交易会以及专利推介与洽谈会、专利拍卖会以及专利项目签约等活动。在该次展会活动中，桂林市获得自治区人民政府授予的最佳组织奖，并有14件专利成果获自治区奖励。

【科普工作】 2011～2012年，桂林市以“五月科技活动周”“十月科普大行动”和科技下乡、科技进校园、科技进社区等活动为载体，充分发挥科技服务“三农”专家服务团的人才优势，先后在灌阳、平乐、恭城、资源、龙胜、阳朔等县组织开展了一系列内容丰富、形式多样的农业科技宣传培训活动，增强了广大民众的科学素养。共开展科技竞赛9场次，送科技下乡活动521期，累计举办各类培训班、讲座656期，派出专家3900人次，参加培训人员达39万人次。发放各类资料45万多份。桂林市分别拥有市级、自治区级和国家级青少年科技教育基地25个、2个和1个。

【科学技术信息服务】 2011～2012年，桂林市科技局积极开展科技信息服务。一是科技公共服务平台不断完善。搭建“桂林市科技计划业务管理信息系统”，建立科技计划申报子系统、科技项目评估子系统，通过计算机网络完成科技计划项目申报、评估等相关业务管理，有力地提升了桂林市科技服务和科技管理能力。继续完善“桂林市科技信息网”“桂林市知识产权局”等网站建设，实现政务公开；二是农村信息化建设不断加强。顺利实施了“桂林城乡风貌改造三期工程综合整治村屯科技示范村户建设项目”，完成20个村屯信息服务中心、80个示范户的建设。灵川、兴安、平乐、阳朔等四县实施的自治区农业信息“三网通”示范与应用项目全面铺开。荔浦、灵川、资源、兴安、灌阳等县获自治区“社会化农村科技信息综合服务平台建设与应用”立项支持。通过信息化改造，使农业科技信息进村入户，提高了示范村、户的信息化应用水平和科技意识，促进了当地特色产业的发展。三是桂林国家高新区技术产权交易所建设取得新突破，有力促进了企业发展，为产学研结合和科技成果转化搭建了良好的平台。

【科技交流与合作】 2011～2012年，加强了与国外政府间科技合作与交流，德国、巴西、瑞典等政府科技代表团访问桂林，开展了科技交流。“社区康复医疗人才培养”等中日政府间JICA基层友好技术合作项目取得了良好实效，引进了6名日本专家来桂林开展学术交流和技术培训，推荐中医院4名科技人员赴日研修，为该市培养了一批护理和康复方面的专业技术骨干和管理人才，建成了一个有中医特色的综合性康复中心；依托广西植物研究所的“广西植物功能物质研究与利用重点实验室”与日本莎罗雅公司合作成立了“中日罗汉果综合开发研究中心”，对促进我市罗汉果产业发展具有重要意义。桂林微邦生物技术有限公司的“β-甘露聚糖酶高效表达关键技术研究”列入国家国际科技合作项目、获科技经费310万元。借助广西科技活动周、北京国际科博会、深圳高交会、中国—东盟博览会等科技合作与交流平台，桂林市组织100多家企业参展，促进了技术交易与技术转移。

（李斐）

梧州市

【概况】 截至2012年末，梧州市拥有市级科研机构6家、国家高新技术企业15家、国家级示范生产力促进中心1家、广西千亿元产业研发中心2家、自治区级工程技术研究中心5家、自治区级企业研发中心（培育）10家、市级工程技术研究中心8家、自治区级科技企业孵化器1家、自治区级制造业信息化示范企业15家、自治区级创新型企业4家、自治区及创新型试点企业6家、广西优秀民营创新型企业2家、广西产学研示范培育企业14家、广西可持续发展实验区1个、广西农业产业科技重点示范县2个。2011年，梧州市专利申请量达288项，同比增长68%，其中发明专利67项，实用新型专利80项，外观设计专利141项；获得授权的专利184项，比上年增长50.8%，其中发明专利16项，实用新型专利82项，外观设计专利86项。2012年，全市专利申请量达691件，同比增长139.93%，其中，发明专利276件、实用新型专利174件、外观设计专利241件；获得授权的专利204件，同比增长10.87%，其中，发明专利11件，实用新型专利86件，外观设计专利107件。2012年末，梧州市拥有有效发明专利73件，同比增长10.61%，每万人发明专利拥有量0.25件。

【科技队伍】 2012年，梧州市科技局共有领导班子6人，内设机构6个：办公室、政策法规与社会发展科、国际合作和对外交流科、高新技术科、农村科技科、知识产权与成果管理科。核定人员编制：行政编制13人，后勤事业编制1人。2012年末，实有行政人员13人。科技局属下二层机构4个。

【科研项目与经费投入】 2011年，梧州市获得国家级科技计划立项6项，其中火炬计划4项，富民强县项目1项，国家中小型企业技术创新基金项目1项；自治区科技计划立项44项，获得国家和自治区科技项目和奖励经费共计1550万元；下达市级科技计划项目157项，科技经费345万元，带动项目资金投入18200万元；通过科技成果鉴定并进行登记的科技成果共28项。梧州神冠蛋白肠衣有限公司的“WEF型号西式肠衣”项目获自治区技术发明奖三等奖；广西西江锅炉制造有限公司的“75t/h高效节能循环流化床锅炉研制”项目获自治区科技进步奖三等奖；共有22项科技成果获得2011年度梧州市科技进步奖，其中一等奖5项，二等奖5项，三等奖12项。2012年，梧州市获得国家级科技计划立项6项，其中，富民强县项目1项、国家中小型企业技术创新基金项目5项；自治区科技计划立项60项，获国家和自治区科技项目和奖励经费共计4334万元；下达市级科技计划项目67项，科技经费450万元，带动项目资金投入25166.50万元。通过科技成果鉴定并进行登记的科技成果共20项；获2012年度自治区科技进步奖二等奖1项——《三七总皂苷工业化低中压梯度吸附纯化及动平衡冻干技术研究与应用》（项目实施单位：广西梧州制药集团（股份）有限公司）；共有25项科技成果获得2012年度梧州市科技进步奖，其中一等奖3项，二等奖6项，三等奖16项。

【研究与开发】 2011年，梧州市组织申报各级各类科技项目368项，其中市本级项目237项，自治区级项目102项，国家级项目23项。各级科技计划立项项目113项，完成项目39项。在重点产业方面取得一批科研成果，完成了“动力型发泡镍制备技术”“YQHG3550-40t-28m（10t-42m）海洋平台起重机”“60T（230T）-24M双体甲板货物起重机”“注射用血栓通关键冻干技术的研究”等项目，累计形成约20多亿元/年的生产能力。实施计划内农业科技项目39项，完成了“砂糖橘无公害高产优质栽培综合技术集成应用与推广”“马尾松采脂林经营关键技术研究与示范”等项目的研究开发任务。在人口与健康、医疗卫生、新药开发、资源与利用、防灾减灾、可持续发展等领域实施了一批社会发展科技专项项目。

2012年，梧州市组织实施市级科技项目211项，自治区级科技项目63项，国家级科技项目6项，其中首次实现自治区级工程院能力建设项目3项，实施国家科技型中小企业技术创新基金项目5项，为历年之最。一批重点领域的科技项目实施取得了重要成果，广西有色再生金属有限公司和中国瑞林工程技术有限公司联合研发的“废杂铜高效‘精炼摇炉’冶炼工艺及设备产业化的研究”项目在引进、消化、吸收国内外先进的铜冶炼工艺与设备的基础上，自主研发出一种新型的高品位废杂铜精炼炉—精炼摇炉，以及其达到国际先进水平的废杂铜精炼工艺，2012年产出的阳极铜及其附产品销售收入达104亿元，利税2.91亿元；岑溪市实施国家富民强县行动计划项目《岑溪三黄鸡产业化开发》，苍梧县和藤县实施自治区农业产业重点示范县建设示范项目，促进了三黄鸡、砂糖桔、木薯等农业优势产业成为当地农民致富、财政增收的支柱产业；《羊水栓塞病理途径研究》等一批医疗卫生项目也取得了较高的学术价值和临床实践效益，在保障社会公众健康方面体现了科技创新的支撑作用。

【科技成果与推广应用】 2011年，梧州市完成科技成果登记项目28项，自治区成果登记项目9荐，获得广西科技进步奖三等奖项目1项，广西技术发明奖三等奖项目1项，获得梧州市科技进步奖项目22项，其中一等奖5项，二等奖5项，三等奖12项。

2012年，梧州市科技成果登记项目34项，自治区成果登记项目15项；获广西科技进步奖二等奖项目1项，获梧州市科技进步奖项目25项，其中一等奖3项，二等奖6项，三等奖16项。

【知识产权（专利）管理与保护】 2011年根据国家部署，梧州市集中执法资源，开展了“天网”知识产权执法专项行动，加大重点领域侵犯知识产权行为的打击力度，对关系人民群众切身利益的批发市场、大型超市、商业场所，进行大规模检查与集中整治行动，开展各类专项执法活动12多次，整改存在问题的专利标识商品100多种。展会知识产权监管机制进一步健全，梧州市知识产权局、农业局、药监局、工商局、质监局、商务厅六个部门建立了展会知识产权保护工作机制，成立了知识产权咨询与投诉工作组，在每年六堡茶会等重大展会期间开展对展出商品的知识产权监管。

截至2011年底，梧州市专利申请量和专利授权量分别达288件和184件，同比分别增长68.24%和50.82%。2011年，共对105项专利申请和授权专利项目进行资助及奖励，经费达72400多元。截至

2011年底，中国老字号商标和广西著名商标分别达到2件和7件，地理标志证明商标4件。

2011年梧州市专利申请、专利授权数

年度	专利申请量（件）				专利授权量（件）			
	合计	其中			合计	其中		
		发明	实用新型	外观设计		发明	实用新型	外观设计
2011	288	67	80	141	184	16	82	86

2012年，梧州市专利申请量达到691件，同比增长139.93%。其中发明专利申请为276件，同期增长311.94%，在全区发明专利申请增长率排行名列第二。根据《梧州市专利申请资助及奖励暂行办法》，对245项专利申请和授权专利项目进行资助及授权奖励，经费达271050元。全年度，开展8次专利执法检查。

2012年梧州市专利申请、专利授权数

年度	专利申请量（件）				专利授权量（件）			
	合计	其中			合计	其中		
		发明	实用新型	外观设计		发明	实用新型	外观设计
2012	691	276	174	241	204	11	86	107

【科普工作】 *2011年文化科技卫生“三下乡”启动仪式* 梧州市科技局与市委宣传部、市卫生局等17个部门以及岑溪市有关部门在2011年1月11日参加了在岑溪市筋竹镇举行的2011年文化科技卫生“三下乡”启动仪式。在活动中，梧州市科技局根据当前持续低温阴雨天气对农业生产影响的情况，印制了2000份《雨雪冰冻灾后重建农业实用技术手册》，并购置了一批水果类农村实用技术科普丛书送到农民手中。

广西科技厅2011年送科技下乡促春耕生产梧州行活动 该活动于2011年3月21日在梧州市藤县太平镇举行，参加活动的单位有自治区科技厅、广西农科院等自治区直属部门以及梧州市科技局、藤县科技局、农业局等共20多个单位，该活动内容丰富，包括启动仪式、农资捐赠、科技集市技术咨询、科普知识有奖问答、农业实用技术培训班以及专家现场技术指导等内容。广西农科院覃维治和樊学军两位专家为当地100多名种植大户和村干部开办了木薯、西瓜新品种栽培及病虫害防治专题培训班；广西农科院蔬菜专家张曼等一行来到位于新雅村的金贸种植基地进行了现场技术指导。参加这次现场活动的农民群众达8000多人，参加培训班的种植户、村干部100余人，发放各种科普宣传资料1万多份。

开展2011、2012年全国科技活动周梧州市各项活动 两次科技活动周期间，梧州市县两级科普联席会议成员单位以及近百个活动承担单位参加了活动，活动项目达到38项，直接参加活动人员达8万多人，发放科普资料11万余份，培训人员7500余人次。其中梧州市科技局与梧州市教育局、科协以及市辖区5所小学联合开展的“‘节约能源、保护生态’校园科技创新活动”项目，以“节约能源、保护生态”为主题，开展形式多样的科技创新实践活动，使青少年体验科学探究活动的过程中培养良好的科学态度与价值观，增强了创新意识和实践能力。参加活动的师生达6000多人，活动项目获得全国科技活动周广西活动优秀项目奖。梧州市科技局获优秀组织奖，梧州市4名活动项目组织者获得“先进个人”称号。

十月科普大行动广场宣传活动 2011年10月19日，梧州市科技局与农业局、林业局、水产畜牧兽医局、气象局、市科协等全民科学素质工作领导小组成员单位联合岑溪市全民科学素质工作领导小组有关成员单位在岑溪市大中路举行主题为“关注公众安全健康，建设和谐生态社会”科普宣传活动，吸引了当地的大批市民和赶集的农民参加活动。科普活动内容相当丰富：安全驾驶图片展、气象灾害预防有奖问答、医疗卫生健康咨询、防治艾滋病科普知识宣传、公共应急安全知识图片展等，以及砂糖桔病虫害防治、澳洲坚果种植技术、三黄鸡养殖技术、瘦肉型猪、龟养殖技术等农业实用技术。

村级公共服务中心农村书屋建设 农村书屋是村级公共服务中心综合楼建设的重要内容，梧州市科技局自筹资金购买了价值12万多元的农村实用技术科技书籍，为建设81个村级公共服务中心农村书屋配备书籍，这批书籍针对目前农村生产中农民急需的技术而选购，补充了农村书屋农村实用技术书籍的不足，丰富了村级公共服务中心建设的内涵，将为今后农村基层开展科普工作发挥积极作用。

【科技服务体系建设】 2011～2012年，梧州市科技服务体系进一步完善发展。梧州市科技局联合市工商局、市人社局、梧州工业园区管委会、共青团梧州市委等单位，采用“5＋2＋N”模式，建立“梧州市科技微型企业青年创业园”推动微型科技企业的发展，梧州市科技孵化孵化器初步建立起“预孵化—孵化”接力式培育模式，使孵化服务功能进一步向前期延伸，提升创新平台支撑产业发展的能力。大型仪器协作共用科技服务平台为29项企业研发测试项目提供技术服务和经费支持，进一步提升平台的服务能力。梧州市生产力促进中心以实施党员科技教育“动车组”项目，利用自治区科技文献共享与服务平台丰富的科技文献资源以及自治区党员干部现代远程教育系统，提升了基层党员干部现代科技知识信息量，使基层党员干部更好地利用科技致富。

【科技交流与合作】 梧州市组织参加第十四、十五届中国北京国际科技产业博览会，在第十四届博览会上，梧州市高新技术企业广西梧州制药（集团）股份有限公司的“注射用血栓通”等产品和梧州金正原电子科技有限公司的汽车电子油耗显示仪、多功能汽车设计仪、V60D柴油车故障检测仪、梧州奥卡光学仪器有限公司大视场立体显微系统、苍梧港德硬质合金制造有限公司的硬质合金材料等科技项目新产品参加展示。在第十五届博览会上，梧州市共组织4家企业较有代表性的23个高新产品参展。梧州市松桦化学品有限公司与北京航空航天大学、广西北航工程技术研究院进行技术洽谈对接，三方签订共同合作开发协议书，项目对接洽谈成功标志着梧州市林产林化产业在技术交流合作领域又取得一个新的成果。

梧州市组织参加第十三、十四届中国深圳国际高新技术成果交易会，在2011年围绕“促进国际创新合作，加快发展方式转变”为主题的高新技术成果交易会，梧州市筛选了高新技术企业梧州三和新材料科技有限公司的“连续式泡沫镍”成果参展，其技术居国内领先，并达到20世纪90年代国际同类产品先进水平。在展示会期间，该产品成为广西展厅的一亮点，极受专业客户的关注。梧州市松脂股份有限公司的“精制歧化松香”、梧州市东麟宝石机械有限公司的“水水钻打磨上卸料”、梧州市高新美管业科技有限公司的“年产750万件卡压式薄壁金属管件产品”成果项目也在展馆闪亮登场吸引大众眼球，受到业内人士的称赞。在第十四届高交会上，梧州市共组织了中船桂江造船有限公司、广西梧州恒声电子科技有限公司、广西绿生缘生物科技有限公司、广西嘉进药业有限公司、梧州市轻工业研究所、梧州市科技情报研究所、梧州市自动化技术研究开发院、梧州市科技活动中心等8个单位的科技项目参展。

梧州市组织参加了2011、2012年广西科技活动周。2011年广西科技活动周突出展示“十一五”期间梧州市获得广西科技进步奖的项目以及高新技术、新能源、新材料、新产品等科技成果。共展出科技成果（产品）375项（个），参会参展企业39家，签约项目2个，签约金额4亿元。梧州市代表团获2011年广西科技活动周最佳组织奖称号、“科普长廊展示竞赛”获三等奖。签订2个科技合作项目，合同金额达4亿元。其中藤县人民政府与广西宇豪新型环保建材有限公司签订的陶瓷项目投资合同，投资总额达2.5亿元，与广东余志良投资商签订陶瓷生产合同，签约金额1.5亿元。2012年活动周突出展示2011年梧州市获得自治区科技进步奖的项目以及生物医药、高新技术、新能源、新材料、新产品等科技成果。共展出科技成果（产品）355项（个），参会参展企业35家，签约项目1个，签约金额1.2亿元。梧州市代表团获2012年广西科技活动周优秀组织奖称号、“科普长廊展示竞赛”获二等奖。梧州市长洲区人民政府与梧州恒声电子科技有限公司签订“恒声新增高保真电声器件技改”项目合同，合同金额达1.2亿元。

此外，梧州市还组织参加第十届中国重庆高新技术交易会暨第六届中国国际军民两用技术博览会，第八、九届中国—东盟博览会，第十八、十九届中国杨凌农业高新科技成果博览会。

（梁德辉　甘　卫　梁劲捷　麦进琳　黄美建　龙　铭　黄甲夫）

北海市

【概况】 2011～2012年，北海市科技工作紧紧围绕市委、市政府的中心工作，开拓创新，为北海经济又好又快发展提供良好的科技支撑。至2012年末，北海市共有高新技术企业23家，高新技术企业队伍不断壮大。农业科技方面引进示范推广龙虎斑、钝缀锦蛤等8个名优新品种，引进示范推广和研究开发珠农大美人西瓜、杏鲍菇、鲍鱼菇等食用菌、金鲳鱼面包鱼片、香蕉防台风技术等15项新技术。成立广西北海国家农业园区综合服务中心，为北海市科技局下属正科级财政全额拨款事业单位，核定编制5人。2011年专利申请量合计265件，较2010年同期的179件同比增长了48.04%。2012年全年发明专利申请量为363件，同比增长286.17%。发明专利授权量为31件，同比增长72.22%。北海市每万人发明专利拥有量为0.66件。

【高新技术产业】 *为科技企业申报高新技术企业提供认定* 2011～2012年兖矿北海高岭土有限公司、北海宇能科技发展有限公司、北海田野食品有限公司、广西正五海洋产业股份有限公司和广西中粮生物质能源有限公司等8家企业已通过国家高新技术企业认定，至2012年末，北海市共有高新技术企业23家，高新技术企业队伍不断壮大。同时组织和协助北海诚德镍业有限公司和中国石化北海分公司申报自治区千亿元产业工程技术研究中心——广西金属新材料工程技术研究中心及广西石化工程技术研究中心。

组织项目申报国家科技项目 组织广西星宇智能电气有限公司的“具有跳闸保护及绝缘监察功能的YH－B811小电流接地选线装置”和广西源创科技有限公司的“面向房地产行业的电子商务平台”两个项目申报2011年国家中小企业创新基金；广西银河艾万迪斯风力发电有限公司的“6兆瓦直驱永磁海上风力发电机组的研发和制造”、北海石基信息技术有限公司的“Pastoral酒店前台管理系统”和合浦果香园食品有限公司的“超大规模精准化农业核心业务集成应用平台及关键性设备与系统研究”等三个项目申报高新技术发展及产业化领域2012年度国家科技计划预备项目；北海市辉煌化工陶瓷有限公司的“蜂窝陶瓷蓄热体（红柱石）产业化示范项目”、北海市辉煌朗洁环保科技有限公司的“柴油发动机SCR汽车尾气净化器（国IV）产业化示范项目”申报国家火炬计划项目；北海石基信息技术有限公司的“Pastoral酒店前台管理系统”、北海宇能科技发展有限公司的“年产伍万吨陶瓷金属润滑油”申报国家重点新产品计划项目。

广西北部湾首届“高新杯”科技创业大赛启动 2012年6月14日在北海成功举行广西北部湾首届“高新杯”科技创业大赛启动仪式，各级领导，以及师生代表共计600多人参加了仪式。

【农村科技】 *引进推广新技术、新品种* 2011～2012年引进示范推广龙虎斑、钝缀锦蛤等8个名优新品种，引进示范推广和研究开发珠农大美人西瓜、杏鲍菇、鲍鱼菇等食用菌、金鲳鱼面包鱼片、香蕉防台风技术等15项新技术。这些新产品和新技术的引进和推广应用在北海市取得了显著的经济效益和社会效益，对调整农业产业结构、增加农民增收起到了积极作用。

开展农村党员大培训 北海市科技局会同有关农业的科研院所，充分利用科技活动周、科技三下乡、科技特派员培训班等有利时机，组织召开无公害蔬菜种植、科学养猪、海水养殖等农业实用技术培训班21期，开展农村党员培训，2011～2012年共培训2150人次，取得良好的效果。

加强农业科技创新服务体系建设 广西正五海洋产业股份有限公司所建的研发中心被认定为自治区工程技术中心，广西海洋研究所、北海市银海区丰顺种业技术有限公司所建的良种培育中心被认定为自治区农业良种培育中心，广西东园生态农业科技有限公司、北海市高沙农业开发有限公司等8家企业所建的基地被认定为自治区农业标准化生产技术示范基地。同时充分发挥3家国家星火技术培训学校、1个广西星火计划农业科技专家大院、4个自治区级农村专业技术协会、3个星火计划龙头企业技术创新中心、16个农村信息化基地以及50多个市县级农村专业技术协会等农业科技服务组织的作用，推进科技服务组织化、系统化、广泛化发展。

【广西北海国家农业科技园区】 根据国家科技部的要求，北海市制定《北海国家农业科技园区实施方案》上报国家科技部。成立广西北海国家农业园区综合服务中心，为北海市科技局下属正科级财政全额拨款事业单位，核定编制5人，中心积极推进农业园区工作有序地开展。一是推进核心区建设。核心区初步具备了海洋科技创新研发、苗种培育、海水养殖科研试验、成果转化、科技培训与信息等功能。二是加快示范区建设。建立了海水养殖标准化示范基地6个、对虾养殖标准化示范片6个片，共示范面积2500公顷，示范区基本具备了新品种、新技术示范带动功能及示范效应。三是发挥辐射区辐射带动作用，发展带动水产养殖3.33万公顷。四是依托园区项目的实施，建立了园区创新服务平台。建立了一支由31位专业人员组成的海洋农业科技服务队伍，先后开展了系列养殖技术培训班，培训渔农民1086人次。

【知识产权管理】 分解任务，落实责任 2012年3月21日组织召开北海市发明创造大会。北海市政府与一县三区政府和三个工业园区管委会的领导签订了目标任务责任状。把广西与北海市签订的目标责任状量化指标分解到一县三区政府和三个主要工业园区管委会，同时加紧督促、检查各成员单位落实推进发明创造工作情况。

积极宣传，营造氛围 2011年4月20日和2012年4月20日，在北部湾广场举行了北海市知识产权宣传周广场咨询活动，北海市知识产权宣传周活动开幕式及广场宣传日活动。举行了销毁“侵权物品”点火仪式。

组团参加首届广西发明创造成果展览交易会，展示北海在发明创造中取得的成果 2012年10月28日～11月1日，由副市长任团长，一县三区政府分管副县长、副区长、科技局、知识产权局局长，市教育局、高新区管委会等部门分管领导参加广西首届发明创造成果展览交易会。会上，北海市的“甘蔗自动种植机”“混合动力车发电机组与驱动电机同步控制装置”等6项专利交易，总成交金额达7145.80万元。

深入基层单位，广泛动员，推进发明创造工作 2012年以来，北海市科技局已走访、调研了近200家企业和科研院所，宣传自治区和北海市发明创造、专利资助与奖励有关政策，广泛发动发明人申报发明专利。2011年专利申请量合计265件，较2010年同期的179件同比增长了48.04%。2012年全年发明专利申请量为363件，同比增长286.17%。发明专利授权量为31件，同比增长72.22%。北海市每万人发明专利拥有量为0.66件。

推进专利代理机构建设，拓宽与国内专利代理机构的联系，争取更多代理机构落户北海 北海市已获得国家知识产权局批准成立一家专利事务所。此外，北海市还引进了北京一家专利服务机构进驻北海开展专利代理业务，有力助推北海市发明专利事业的发展。

【科技孵化服务平台建设】 坚持“专业孵化器为重点，综合孵化器相结合”的建设思路，走“特色化”和“专业化”方向，把重点落在电子信息产业专业孵化器建设。北部湾电子信息科技企业孵化器至今入驻企业已达到40多家。硬件设施不断完善，配套宣传视频区、自助服务咨询区、技术及产品展示区、企业沙龙休闲区、公共会议室、公共培训室、洽谈区、仓储室等基础设施。建成300平方米的电子信息产品公共测试中心，面向电子信息中小企业开展电磁兼容测试、环境测试、电量标准测试等三大检测服务；400平方米的创业者宿舍，为创业者做好后勤保障；1200平方米的中试及小试厂房，为创业提供生产研发基础保障；建立创业种子资金，尝试搭建创业投融资平台。制定了《北部湾电子信息专业孵化器管理办法》和《电子信息产品测试中心管理办法》。根据不同的创业主体，在租金、科技项目、投融资、税收、商务及科技服务等各方面充分配套政策优惠，形成“政府引导、科技部门和经济园区密切联动、龙头企业积极参与”的合作推进局面，营造良好的创业政策环境，扶持中小企业发展。孵化器工作开展顺利，成绩突出，成为广西孵化器建设的一个典范。2011年4月28日，全自治区科技企业孵化器建设工作现场交流会在北海市举行，会上，北海市孵化器作为经验交流，得到社会各界的好评。

【科技项目管理】 规范管理制度，提升科技管理的水平 以科技项目管理为主要抓手，创新工作思路，规范管理制度，不断提升科技管理的水平。制订和完善市级科技项目管理有关制度，修订《北海市本级科学研究与技术开发项目管理暂行办法》，出台《北海市本级科学研究与技术开发立项工作细则》等一系列规范性文件，建立专家评审机制，对于2011年和2012年北海市本级科学研究与技术开发计划项目（科技研发类）全部采取专家评审形式，提高项目筛选的科学性和公平性。

加强科技系统队伍培训，提升科技管理水平 配合市委组织部，在2011年的6月和10月，组织北海市116名党政干部到清华大学参加两期脱产培训，两期培训主题分别是“转变经济发展方式、培育高新技术产业”和“发展社会事业、建设和谐北海”，参加培训的包括市宣传部、组织部、党委办、政府办、发改委、工信委、商务局、人保局、公安局、教育局、科技局等40名处级和50多名科级干部。2012年的11月12日～16日，配合市委组织部，组织北海市53名党政干部到北京大学参加“国学与传统文化”研修班学习，科技系统15名同志参加培训班学习。

【科技宣传和普及】 组织实施《全民科学素质行动计划》和《北海市创新计划实施方案（2011～2015年）》，开展了形式多样、内容丰富、特色突出的科技活动周活动。在2011年5月13日～21日和2012年5月18日～25日的北海市科技活动周期间，组织开展了北海市科技活动周开幕式暨科技表彰大会、广西青少年“我爱祖国海疆”暨珠城科普广场活动、“科技、文化、卫生三下乡”等丰富多彩的科普活动。

组织修订《北海市科学技术进步奖励办法》，并经市政府批准实施，完成修订《北海市科学技术进步奖励办法实施细则》《北海市科学技术进步奖评价指标体系》等相关文件。组织市科技进步奖专业组评审，组织召开市科学技术进步奖励委员会全体会议进行评审。2012年5月18日，组织召开2012年北海市科技活动周开幕式暨科技表彰大会，对2011年度北海市科技进步奖获奖单位和个人进行表彰奖励，对2012年获北海市科普教育基地的单位进行授牌。

【厅市会商】 2012年12月17日，自治区科技厅与北海市人民政府在北海召开厅市会商第一次会议。自治区科技厅党组书记陈大克、厅长谢迺堂，北海市市长周家斌等厅市领导出席会议。会上，双方在科技工作思路、工作重点和工作措施等方面进行了磋商。双方经认真研究和协商后，确定了以“共同推进北海高新技术产业化公共服务平台建设”“全面提升北海高新技术产业园区建设水平，加快推进北海高新技术产业园区晋升国家级高新区”和“共同推进北海国家农业科技园区建设”作为双方第一次会上议题，并在工作会商制度议定书上签字。

（陈　穗）

防城港市

【概况】 2011～2012年，防城港市科技坚持以“三个代表”重要思想和科学发展观为指导，以科技创新为主线，着力培育科技创新主体，不断提高自主创新能力，全面提升科技服务水平，多项工作创新高，实现新突破。2012年防城港市科技局获市直机关“创先争优”先进基层党组织、广西科技活动周优秀组织奖、自治区和谐单位、自治区文明单位等荣誉称号。

【科技队伍】 2011～2012年，防城港市注重发挥科教工作领导小组作用，切实加强组织人事、经济、科技、教育等部门之间的沟通合作，认真做好科技人才队伍建设工作，及时解决科技人员的工作、学习、生活等实际问题，使科技人员“引得进，留得住，用得好”。2011年，防城港市在全国范围内公开招聘高层次复合型科技人才，共有24名硕士以上学历的科技人才落户防城港。到2012年末，防城港市共有高级专业技术职称人员456人，中级专业技术职称人员5675人。

【科研项目与经费投入】 2011～2012年，防城港市共实施各类科技计划项目125项，各级财政科学研究与技术开发经费投入1947万元，具体如下表。

防城港市2011年～2012年科技项目与经费投入情况

计划类别／年度	国家		自治区		市级		合计	
	项目数（项）	经费（万元）	项目数（项）	经费（万元）	项目数（项）	经费（万元）	项目数（项）	经费（万元）
2011	0	0	15	364	38	352	53	716
2012	0	0	28	771	44	460	72	1231
同比增长（%）	0	0	86.7	111.8	15.8	30.7	35.8	71.9

【研究与开发】 2011～2012年，防城港市围绕全市经济社会发展的需要，围绕该市千百亿元产业发展，整合创新资源，全力实施创新计划和厅市会商项目，不断加大重大科技攻关力度，两年累计引进、开发工农业新产品、新技术53种，组建科技企业孵化器2个，创办广西优秀民营科技企业2家、广西创新型试点企业4家。

【科技成果与推广应用】 2011～2012年，全市累计推广应用标准化种养新技术等工农业新技术（品种）33项，累计取得科技成果27项，其中获授权专利3项，获防城港市科技进步奖一等奖1项、二等奖7项、三等奖12项。

两年来，重点围绕粮食、甘蔗、畜牧、水产等特色优势农业产业，开展新品种引进繁育、先进技术推广和科技成果转化应用等工作，全市动植物良种覆盖率达到95%以上，对虾、深水抗风浪箱养殖等优势特色产业生产技术达到全国先进水平或处于全国领先地位。

【知识产权（专利）管理与保护】 2011～2012年，防城港市以“4·26世界知识产权日”大型宣传活动为载体，向公众宣传知识产权知识，为群众提供咨询服务，开展联合执法检查。2012年上半年，防城港市政府先后出台发明专利倍增计划、专利申请资助和奖励办法等政策文件。2012年5月挂牌成立桂林持衡专利商标事务所防城港办事处，填补防城港市专利代理机构的空白。2012年10月，成立防城港市专利工作办公室，负责统筹协调全市知识产权（专利）事宜。2011年全市专利申请109件，同比增长101.9%，增速位居自治区第三位。2012年全市专利申请达335件，同比增长207.3%，增幅在自治区排名第一。东兴“红姑娘”红薯和防城金花茶获农业部农产品地理标志认证。

【科普工作】 2011～2012年，防城港市累计组织开展大型科技（科普）专题活动9次、送科技下乡22次、举办各类实用技术培训班45期（次），建设村级农家书屋示范点15个，赠送各类科技书籍、技术资料11多万册（份）。培育科技型农业产业化龙头企业33家，建立农业科技专家大院6个、星火学校4家、农村专业技术协会22个、“青少年科技教育基地”4个。持续办好《百姓科技》电视科普栏目，两年累计播出电视科普类节目600多期。

【科技服务体系建设】 2011～2012年，防城港市科技服务体系逐步改善，到2012年底，全市企业研发机构累计达到12家，其中自治区级工程技术研究中心2家，自治区级企业技术中心2家，市级工程技术研究中心8家。高新技术企业由2011年的1家增加到2012年的5家。科技企业孵化器建设实现零的突破，2012年8月组建防城港市第一个科技孵化器——防城港明华科技企业孵化基地。扎实推进科技特派员创新创业体系建设，两年累计选派科技特派员48名，组织实施科技特派员科技专项18项，帮助群众引进新品种22个、新技术25项。加快推进全市科技信息化进程，基本建立覆盖城乡的科技信息服务网络体系。

【科技交流与合作】 2011～2012年，防城港市通过广西科技活动周、北京科博会、深圳高交会、杨凌农高会等科技活动会展平台，大力开展科技交流与合作，两年累计与自治区内外高校、科研院所签订了技术合同14项，签约金额达18亿元。2012年7月组织举办以“聚才防城港，扬帆北部湾”为主题的“百名博士防城港行”暑期科技服务活动，共有来自全国13所高校128名在读博士和博士导师参加了各项科技服务活动，集结编印课题研究报告专刊，同时与中国农业大学等高校签订了市校科技合作协议。

（陈　著）

钦州市

【概况】 2011～2012年，钦州市承担各级科技项目71项，获得经费支持2085万元，共完成鉴定验收项目60项。钦州市共评审出钦州市科学进步奖62项，其中特别贡献奖2项，一等奖8项、二等奖20项、三等奖32项。共有11家企业通过高新企业认定，至2012年末，钦州市高企数量达到了12家，比上年增长300%，实现了两年来翻倍增长的势头，迈出了坚实的步伐。全市2年专利申请量为621件，专利授权量为347件。

【科技队伍】 2012年，钦州市科技局（市知识产权局）内设办公室、发展计划与条件财务科、成果管理与国际合作科、工业科技与信息化科、农业科技与社会发展科、知识产权科6个机构。编制13名（行政编制12名，机关后勤服务事业编制1名），其中科学技术局局长1名（兼知识产权局局长），副局长2名，科级领导6名，副主任科员1名。另外设有钦州市科学技术情报所（钦州市生产力促进中心）、钦州市工业研究所（钦州市技术转移中心）、钦州市星火计划办公室、钦州市科学技术开发中心、钦州市高新技术产业服务中心5个下属事业单位。

【科研项目与经费投入】 2011年，钦州市承担各级科技项目41项，获得经费支持779万元。其中国家科技计划项目2项，获得国家科技经费120万元；广西科技计划项目39项，获得自治区科技经费659万元，同比增长36%。组织下达钦州市科学研究与技术开发计划项目8批，共129项，总投资2194万元。其中财政拨款450万元，企事业单位自筹经费1744万元。完成了35个项目的鉴定验收。

2012年，主动做好市本级技术研究与开发计划项目建议征集工作，向各县区、市直有关部门广泛征集，2012年共征集到项目建议87项。2012年，钦州市共承担各级科技项目30项，获得经费支持1306万元，同比增长72%。在项目的鉴定验收工作方面，跟踪落实科技部、科技厅下达的科技计划项目，并督促实施，配合自治区科技厅做好2006年～2011年自治区项目进展情况调查。做到在实施项目按时报送率达到92%以上。加大项目的组织实施力度，加强过程管理。加强项目的验收和鉴定工作，至12月末，推动完成了25个钦州市科学技术开发计划项目的验收。

【研究与开发】 *创新载体建设* 工程技术研究中心建设。2011年，钦州市出台了《钦州市工程技术研究中心管理暂行办法》，鼓励和动员符合条件的企业参与市级工程技术研究中心的组建，共认定了“钦州市仙草深加工工程技术研究中心”“钦州市茧丝绸环保设备工程技术研究中心”“钦州市橡胶循环利用工程技术研究中心”“钦州市海事通信工程技术研究中心”4家市级工程技术研究中心。推荐了广西慧宝源制药有限公司、广西灵山县宇峰保健食品有限责任公司、广西远景橡胶科技有限公司、广西钦州保税港区欧博科技开发有限公司等4家企业参与申报2011年广西工程技术研究中心的组建。

开展市级工程技术研究中心的组建和认定工作 2012年3月，对钦州市同方数字图传及节能技术工程技术研究中心（同方）等4家市级工程技术研究中心进行认定，以项目的形式扶持已认定的工程技术研究中心的建设。推荐有条件的企业申报自治区级工程技术研究中心，争取自治区科技厅科研项目支持。在钦州市科技局的大力推荐下，自治区科技厅将培育广西生物与医药工程技术研究中心项目列入了广西创新计划项目，钦州市广西慧宝源制药有限公司获得了项目立项支持。

重点实验室建设 加快重点实验室的建设，组织受理市级重点实验室申报2家，组织评审认定市级重点实验室1家。国家石油化工品检测重点实验室（广西钦州）顺利通过了国家质检总局重点实验室专家组核查验收，成为我国西南地区第一家也是目前唯一的国家级石油化工品检测重点实验室。

科技中介机构的建设 加强钦州市生产力促进中心和钦州市技术转移中心等科技中介机构的建设，努力为园区内科技型企业开展技术咨询与中介、高新技术培育、科技信息服务、管理咨询、评估等专业化服务工作。

第三批创新型试点企业及特色产业基地试点申报工作。钦州市申报第三批创新型试点企业共3家，组织了中石油、东油沥青等8家石化企业参与特色产业基地构建。2011年11月24日，自治区科技厅正式发文，确定在钦州市组建广西首批两家特色产业基地试点之一“广西钦州石化高新技术特色产业基地试点”。

创新型企业培育 2011年，鼓励和支持企业与高等院所以产学研合作联合攻关、成果推广应用等形式，开展创新型企业培育，提升钦州市企业科技持续创新能力。指导广西钦州千秋陶业有限公司开展第一批创新型试点企业总结评估工作，并开展广西创新型企业认定申报工作。组织开展第三批创新型试点企业申报工作，钦州市申报第三批创新型试点企业共3家，分别是广西钦州桂金诺磷化工有限公司、广西灵山县宇峰保健食品有限公司和广西远景橡胶科技有限公司。

【科技成果与推广应用】 2011年，钦州市评审出钦州市科学进步奖共31项。其中特别贡献奖1项，一等奖4项、二等奖10项、三等奖16项。共组织鉴定科技成果35项。2012年，钦州市评出钦州市科学技术奖评审奖励项目31项，其中特别贡献奖1项，一等奖4项，二等奖10项，三等奖16项。

科技成果推广 加强农业产业科技重点示范县建设。2011年，钦南区以科技示范场建设为核心，通过整合优化技术推广队伍，创新推广服务机制，深入实施“近江牡蛎（大蚝）产业化开发与示范”项目，建立大蚝浮排串吊养殖示范场2个，面积共82公顷，带动大蚝浮排串吊养殖面积超过666.67公顷。促进钦州市大蚝和对虾产量和质量同步提高，增强产品市场竞争力，培育壮大县域特色产业，带动农民致富和财政增收。钦州市科技部门组织实施了《浦北县香蕉产业技术开发与示范》《灵山县奶水牛产业技术升级开发示范》两个科技富民强县试点示范后续项目，加速成果转化。

加强灵山县、浦北县两个县区推进广西农业产业科技重点示范县建设，注重农业集成技术的示范推广应用。2012年，灵山县在实施水稻科技重点示范县建设中，分别在灵城、新圩、檀圩、石塘等8个镇实施水稻高产高效栽培集成技术面积10万亩，建立了示范面积2333.33公顷，示范带动全县水稻生产面积6万公顷。在实施奶水牛科技重点示范县建设中，2012年累计完善奶水牛养殖小区12个；新增建设奶水牛养殖小区6个，全县共有奶水牛养殖小区28个。新增奶水牛饲养量11869头、新植牧草面积443.53公顷、现有奶水牛养殖协会3个，新增奶水牛养殖专业合作社3个。浦北县在实施香蕉科技重点示范县建设中，在大成、北通二个镇创建了2个具有一定规模的实验示范基地，以推广香蕉标准化栽培技术为重点，香蕉标准园示范带动，有力地推动了浦北县香蕉产区的发展，带动辐射大成、白石水、张黄镇的香蕉标准化生产1333.33公顷，推广种植广西组培苗公司的高产优质威廉斯B6、巴西等香蕉高产优质品种。

科技成果管理　2012年，钦州市科技局认真做好科技成果鉴定、登记、奖励、统计等工作。钦州市共推荐11项科技成果参加自治区科学技术奖评选，其中由钦州市中医医院及其合作单位完成的“名贵道地药材桑寄生种质资源异地保护及质量控制关键技术研究与推广应用”项目获得广西科技进步奖三等奖。同时，认真做好钦州市科学技术奖评定工作，共受理科学技术奖推荐项目43项。

【知识产权（专利）管理与保护】　2011年，钦州市专利申请量为211件，超过了2010年153件的申请量，同比增长37.91%。专利授权量为174件，同比增长59.63%。提前超额完成了自治区人民政府下达给钦州市2012年的专利申请量191件的任务。专利申请和授权工作取得新突破，灵山县被定为自治区知识产权工作试点县。2012年钦州市专利申请量为410件，专利授权量为173件。钦州市完成发明专利申请量为149件，同比增长282.05%，完成自治区下达的90件年度任务的165.56%。

2011年，钦州市科技局（知识产权局）采取多项措施，推进知识产权保护工作。一是围绕高新技术企业培育工作，组织专家协助企业开展专利申请。二是加大知识产权培训工作力度，分别在灵山、浦北、钦南区举办一期知识产权培训班，参加培训的政府知识产权相关部门管理人员及企业领导、技术专家达到180多人。三是建立钦州市企事业单位知识产权联系机制，选择了5家企业，建立知识产权联系机制，同时建立与其它相关企业的知识产权结对帮扶制度。重视知识产权示范县区建设。根据灵山县特色农业发展较好的特点，鼓励其特色产业凉粉草、玉桂、奶水牛等加工龙头企业申请专利，组织专家到企业进行指导、培训，激发企业及其人员在生产实践中进行技术创新，运用知识产权推动区域经济发展。四是继续实施《钦州市企事业单位专利申请资助暂行办法》，对申请国内发明专利，每件予以资助2000元；对申请国内实用新型专利，每件予以资助1800元；对申请国内外观设计专利，每件予以资助1000元。

2012年，钦州市科技局（知识产权局）采取多项措施，推进知识产权保护工作。

一是市政府成立了由市长为组长、分管副市长为副组长、市科技局、市发改委等26个单位主要领导为成员的发明创造工作领导小组，印发了《关于在全市开展全民发明创造活动的决定》《钦州市发明专利倍增计划》及《关于印发开展全民发明创造活动主要任务分工方案的通知》等一系列政策措施，进一步推动发明创造工作。

二是钦州市科技局先后引进了桂林持衡专利事务所、广东博士科技有限公司、自治区高新企业认定办、广西开发院等多家服务机构共同进入钦州形成竞争激励机制，为钦州市高新产业发展提供更优质服务，大幅度地提升了钦州市专利申请量。

三是组织参加第一届广西发明创造成果展览交易会。共组织广西钦州力顺机械有限公司、广西金桂浆纸业有限公司等70多家企业参展，涉及食品、机械、生物制药、先进装备制造等方面的项目74个（专利项目53个，传统手工艺14个，中小学生作品7个）。

四是修改完善了《钦州市专利申请资助暂行办法》，加大了专利资助的力度，将发明专利申请的资助金额从2000元/件提高到2200元/件；将发明专利资助范围从过去仅资助企事业单位扩大到个人也资助。

五是制订了科技部门服务钦州市企事业单位知识产权联系服务机制，落实“四个到位”制度。首先是领导到位：每个季度亲自带队深入到两县三区重点企事业单位开展调研，实行“面对面”的服务。其次是专家到位：不定期送专家到生产一线对企业的生产流程和制造工艺进行专利点的包装和挖掘。同时，做到企业有专利申请要求，随时请专家到企业协助申请专利。再次是培训到位：邀请知识产权专家学者，深入到企业和科研院所、高校的研究生产工作人员的一线进行知识产权的培训和宣传。最后是宣传到位：在自治区级的新闻媒体“广西新闻网”设立“钦州科技创新”专题版面在广西范围内宣传钦州市科技创新工作。同时，在钦州电视台、电台制作多期宣传知识产权工作的专题节目。形成了全市重视发明创造的良好氛围。

【科普工作】 2011年，钦州市科技局累计组织科技下乡人数1800多人次，发放科技资料56500多份，接受群众咨询18007人次，解答群众在生产中遇到的疑难问题1586个；组织下乡医疗队5支，下乡医务人员800人次，为农民义诊13059人次；开展科技培训167期，培训20140人。

2012年，钦州市科技局累计组织科技下乡人数1800多人次，发放科技资料56500多份，接受群众咨询18000多人次，解答群众在生产中遇到的疑难问题1588个；组织下乡医疗队5支，下乡医务人员800多人次，为农民义诊13000多人次；开展科技培训167期，培训20145人。

科学技术普及活动 2011年，钦州市组织开展“广西科技活动周”“全国科技活动周”等活动中被评为广西科技活动周优秀组织单位二等奖。举办了钦州市第四届“古安杯”青少年坭兴陶创作大赛、“科普大篷车进校园活动”等新的科普主题活动，在全市营造了良好的热爱科技、学习科技、运用科技的浓厚氛围。重点加强青少年科技教育基地和科普示范村建设。认定了市林科所、市坭兴陶艺有限公司等一批青少年科技教育基地。认定了钦州市钦北区那桑村为科普示范村。

2012年，在全国科技活动周科普长廊科普知识竞赛荣获三等奖，钦州市第一届“园丰杯”校园科技文化节和钦州市第五届青少年坭兴陶艺大赛获得“2012全国科技活动周广西活动优秀项目奖”；组织推荐参加的广西企业科技科普板报竞赛获二等奖；组织推荐参加“广西优秀科普作品获两个三等奖”。此外还举办了“钦州市第五届青少年坭兴陶创作大赛”“科普大篷车进校园活动”等新的科普主题活动，在全市营造了良好的热爱科技、学习科技、运用科技的浓厚氛围。

科技文化“三下乡”活动 到灵山县沙坪镇，浦北县小江镇、三合镇，钦北区平吉镇、大寺镇，钦南区黄屋屯镇、东场镇，开展科普大行动和科技文化卫生“三下乡”集中活动。重点加强青少年科技教育基地和科普示范村建设，认定了市林科所、市坭兴陶艺有限公司等一批青少年科技教育基地就，认定了钦州市钦北区那桑村等一批科普示范村。

钦州市党员科技教育“动车组”项目 充实党员科技教育人才库，将各类专业技术人才和乡土人才的信息采集入库，入库人数65名；建立第二批党员科技教育示范户98户，向示范户提供科技教育培训、咨询解答、技术指导、科技文献平台应用培训等服务，每月定期向示范户投寄《农村新技术》等图书资料；深入开展科技文献平台和党员科技教育相结合的专题培训和信息咨询服务活动4场次，参加培训或接受科技咨询服务的基层党员、群众达到275人次，承担钦州市科技查新委托代办业务18项。

【科技服务体系建设】 *科技企业孵化体系建设* 科技企业孵化器（也称高新技术创业服务中心）是促进科技成果转化、支持技术创新、培育高新技术企业和企业家的社会公益性服务机构。

2011年，钦州市成立了钦州市高新技术产业服务中心，属于钦州市科学技术局下属正科级财政全额拨款事业单位，定编10名。2011年，出台了《钦州市高新技术产业服务中心优惠政策》，鼓励和扶持入孵企业创新创业。落实了首批孵化场地。经过筛选，已有5家来自深圳等地拥有高新技术及高素质团队的企业首批进入钦州市高新技术产业服务中心进行孵化。

科技企业孵化器是促进科技成果转化、培育科技型中小企业、高新技术企业和企业家为宗旨的科技创业服务机构。2012年以来，钦州市科学技术局积极推动孵化服务体系建设，制定完善孵化器管理制度和优惠政策，设立100万元孵化种子资金。举办了广西北部湾首届“高新杯”科技创业大赛暨“钦州市首届‘远景橡胶杯’科技创业大赛”，钦州市参赛项目获一等奖1名、二等奖2名、三等奖3名。12月24日，钦州市高新技术产业服务中心被认定为自治区级科技企业孵化器。2012年9月，钦州市高新技术产业服务中心整合钦州学院资源创建了“钦州市大学生创业孵化基地”，增加孵化面积3000平方米，实现“预孵化—孵化器”接力式孵化培育体系。

科技特派员工作 2011年，钦州市共选派了63名素质高、能力强的科技人员，作为科技特派员派遣到农村、企业等开展科技服务工作。其中，企业科技特派员13人，农村科技特派员50人。此外，自治区还选派了15名广西科技特派员到钦州市的钦州市漓源粮油饲料有限公司、广西万山香料有限责任公司、石冲镇香蕉新品种高产示范基地等开展科技服务工作，壮大了钦州市科技人员创业的队伍，提高了企业的科技创新能力，为市县特色优势产业发展提供科技人才支撑。同时，钦州市出台了《钦州市科技特派员以奖代补暂行办法》加大了对钦州市科技特派员工作的监督和考评，逐步建立以考核为主要环节的竞争激励机制。

2012年，钦州市共选派61名素质高、能力强的科技人员，作为钦州市年度科技特派员，在基层、企业创新创业，开展科技服务工作。2012年，自治区认定了4名同志为广西2012年农村科技特派员到钦州市的农村基层开展科技服务工作，壮大了钦州市科技人员创业的队伍，提高了企业的科技创新能力，为市县特色优势产业发展提供科技人才支撑。此外，创新选人方式，不断完善和创新考核评价体系做好钦州市2012年度科技特派员的选派工作。首先，坚持“双向选择”的原则，进一步扩大选派范围从自治区内外科研院所及基层第一线选拔人员。其次，钦州市出台了《钦州市科技特派员以奖代补暂行办法》，实现绩效为主，以奖代补，对年终考核达优秀、良好等次的科技特派员分别奖励5000元、3000元，逐步建立以考核为主要环节的竞争激励机制。

科技信息化建设 “三农”科技信息服务网。2011年，搭建完成了“三网通”市级服务中心、三个县级服务中心和3个乡镇服务中心，3个村服务中心，以及30个示范户服务站，服务站均挂牌、制度上墙、规范原始资料收集。建立了以“三农”科技服务网络平台、“966118”电话平台、农信通手机平台以及农村多媒体点播农讯通网络平台等多种方式相结合的运行模式。组建了一支20人的专家队伍，一支150人的信息员队伍，累计发布各类信息13221条。

制造业信息化建设 2011年，钦州市科技局以信息技术改造传统产业，推进开展信息技术集成与推广应用。组织实施“基于Android平台的现代物流移动商务系统开发与应用”，“船舶信息管理与海上应急指挥系统”等多个项目，提高了钦州市物流、电子产业的技术水平。同时，组织广西钦州天山微电子等企业申报第七批制造业信息化示范企业。

【科技交流与合作】 *第二十届广西新技术新产品交流交易会* 2011年1月7日，钦州市科学技术局组织广西坭兴陶产业技术创新战略联盟参加第二十届广西新技术新产品交流交易会，对启动一年以来在促进坭兴陶产业发展、增强产业自主创新方面的成果进行了集中展示和经验交流。自治区党委常委、宣传部部长沈北海，自治区副主席陈章良，自治区政协副主席黄日波在自治区科技厅党组书记陈大克、副厅长粟定成、钟会超等陪同下，视察了坭兴陶创新战略联盟成果展台，对坭兴陶科技创新产品表示了极大肯定。

钦州市高新技术产业服务中心启动 2011年6月，市编委批准在钦州市科技局设立高新技术产业服务中心，12月25日，钦州市高新技术产业服务中心在河东工业园区举行隆重的启动仪式。自治区科技厅副厅长李昌华，钦州市委常委、政法委书记寇兴广，钦州市人大副主任何敏成，钦州市副市长陆钦华，钦州市政协副主席韦全等领导参加了此次启动仪式，并为启动仪式剪彩。

桂林持衡专利商标事务所钦州联络处挂牌成立 2011年8月19日，桂林持衡专利商标事务所钦州联络处成立揭牌暨企业专利申报工作座谈会在钦州市召开。市委常委、副市长高朴以及自治区知识产权局领导出席了会议并讲话。专利商标事务所钦州联络处的成立，填补了钦州市专利商标事务所的空白，这是为解决钦州市因暂无条件成立专利事务所这一实际性难题而采取的开拓性做法，在广西是首创，标志着钦州市专利事务工作一个新的跨越，避免了以往钦州市申请人申请专利必须到南宁、桂林找专利事务所代理的不便，可直接在钦州市办事处为社会各界办理专利和商标的申请事务，方便专利申请人申请专利，有利于鼓励社会各界开展专利申请热情。

组织参加科技活动周及展览交易会 2012年，钦州市组团参加（实施）了广西科技活动周、全国科技活动周钦州活动、发明专利交易展、北京科博会、西安杨凌农产品交易会、深圳高新技术成果交易会、中国-东盟博览会、中俄蒙高新产品交流会。大力宣传推介钦州，扩大钦州市重点企

业重要产品在国内外的影响力和知名度，加大招商引资力度，达成了多项科技项目合作，有力推动了钦州市创新发展。钦州市在广西科技活动周、全国科技活动周活动中钦州市取得了很好的效果，钦州市被评为“广西科技活动周优秀组织单位”“2012全国科技活动周广西活动优秀组织奖”。

高新技术企业培育　2012年，钦州市科技部门进一步加大对科技型企业的扶持力度，鼓励企业进行研发，并给予一定的科技开发项目经费支持。通过聘请专家和下派培育小组深入企业进行指导的方式，宣传国家高新技术企业相关政策，指导企业参与高新技术企业申报认定工作。2012年，钦州市科技局组织了9家企业进行高企认定申报工作。至2012年末，钦州市获批的高新技术企业数量已达12家，比上年增长300％。

自治区级高新技术产业开发区筹建和申报　2012年，钦州市科学技术局制定了与自治区各相关厅局对接跟踪落实制度。2012年8月30日，自治区党委常委、常务副主席黄道伟主持召开专题会议，审议通过同意设立自治区级钦州高新技术开发区。2012年11月24日，自治区人民政府正式同意批准设立广西钦州高新技术产业开发区。

厅市会商工作　2012年8月，自治区科技厅和市人民政府正式开展第二轮“厅市工作”工作，正式确定了“加快钦州高新技术产业孵化器服务体系建设”“科技促进坭兴陶文化产业提升”和“共同推进中国—马来西亚钦州产业园区建设”作为三大议题。会后，认真贯彻落实本次厅市会商的精神，围绕三大主题积极做好三个项目的申报工作。2012年已有两个项目合同已经签署，共获得科技厅立项支持400万元，其中坭兴陶产业技术创新战略联盟里的五个成员承担的“科技促进坭兴陶文化产业提升”项目获得150万元的科研经费支持，拉动企业投入研发经费280万元，吸引对该项目进行研发的坭兴陶工艺美术大师、科研人员30余人。

院局“地方产业科技创新能力共建活动”　2012年，钦州市科技局与中国科技开发院广西分院本着平等互利、优势互补的原则，共同开展“地方产业科技创新能力共建活动”（以下简称“共建活动”）。双方共建活动开展以来，深入科技企业进行调研，发企业科技需求调查表，纳入培养共建示范企业6家。2012年，广西开发院为钦州市企业提供科技免费咨询20余次，为钦州市4家企业包装策划项目，参与自治区科技厅2013年科技计划项目申报工作。

（蒙炎忠　王晓雯）

贵港市

【概况】　2011～2012年，贵港市以科学发展为主题，以转变发展方式为主线，以实施第五轮创新计划为抓手，以开展“创先争优”“三百工程”项目建设大会战为切入点，推进科技创新，提高自主创新能力，实施“三年目标任务行动计划”，建设西江流域核心港口城市，推进科技体制机制创新，以提高自主创新能力、科技项目建设、科技成果推广和实施发明专利倍增计划，推动全民发明创造为重点，以强科技管理、抓科技计划、重科技创新、促科技进步为目标，创新工作思路，细化工作措施，科技和知识产权各项工作取得新成效。

【科技队伍】　至2012年末，贵港市有各类专业技术人员5.3万人，点总人口的1.04％。其中：具有高级专业技术职称0.22万人，占专业人员总的4.2％；具有中级专业技术职称2.21万人，占专业人员总的41.8％；农业技术人员927人。

【科研项目与经费投入】　2011～2012年，获国家级和自治区级科技项目立项58项，获上级科技项目经费1404.67万元。其中国家级科技项目3项，分别是科技型中小企业技术创新基金项目2项经费120万元，国家高技术研究发展计划（863计划）项目1项经费171.67万元；自治区科技项目54项经费1073万元；自治区主席院士顾问专项经费40万元。下达《食用菌菌棒垒墙栽培技术研究与示范》等市本级科技计划项目164项，总投资23602万元，其中技术研究与开发项目40项，科技经费314万元。

【研究与开发】　农业　2011～2012年，围绕优质稻、甘蔗、木薯、蔬菜、蚕桑、食用菌、黄沙鳖和畜禽等优势特色产业，以科技项目为载体，以引进推广新技术、新品种，集成推广先进适用技术为重点，推进农业科技创新，为新农村建设提供科技支撑。全市组织实施《优质肉猪健康养殖技术研究与示范》《水稻高产高效栽培技术集成与示范》《木薯新品种集成技术应用示范》等各级各类农业科技项目39项，项目总投资5372万元，投入科技经费499万元。累计引进示范推广“新选048”“特桑优2”“桂蚕二号”等农业优良种46个，集成推广先进种养技术23项，建立水稻、木薯3个自治区农业产业科技示范县、1个农业良种培育中心、8个农业标准化生产示范基地、2个农口工程技术研究中心、1个农口产业技术创新战略联盟。稳步推进科技特派员工作，出台了《关于进一步加快推进科技特派员工作的实施意见》和《贵港市农村科技特派员工作绩效考核办法》，全市选派科技特派员200名，获认定自治区农村科技特派员18名，29人获贵港市科技特派员工作先进个人，下达市级科技特派员项目38项支持科技经费30万元，获自治区立项科技特派员项目5项经费55万元。

工业　2011～2012年，围绕贵港市制糖、建材、电力、化工、机械等支柱产业，结合自治区千亿元产业重大科技攻关工程实施，着力打造以企业为主体的技术创新体系，推进企业技术创新，通过政策引导和项目扶持，鼓励企业建立研发机构，企业自主创新能力进一步增强。2011～2012年，全市新增高新技术企业4家，新增自治区级创新型试点企业1家，新培育自治区级工程技术研究中心2家，新增市级工程技术研究中心15家。至2012年末，全市共有高新技术企业5家，创新型试点企业1家，自治区级工程技术研究中心1家，市级工程技术研究中心22家。共组织开发高效新配比农药21%阿维毒死蜱微乳剂、绿色低毒新型农药4%阿维菌素乳油、天然桧木精油产品、高性能自控温发热体材料及电缆、利用木薯深加工合成乙酰乙酸酯等工业新产品20个，引进开发高品位细纤度生丝加工集成技术、木薯淀粉生产节能降耗新技术、物流行业信息智能化管理系统的开发与应用、牛奶中抗菌药残留快速检测技术研究与示范、有机茶标准化生产技术研究与示范等工业先进技术15项。广西贵港动力公司自主研发拥有自主知识产权的新产品4LBZ－120型半喂入水稻联合收割机获得科技部、环保部、商务部、质检总局联合颁发的国家重点新产品证书。贵港市群星电缆有限公司的“扁型发（承）热电缆产品研究与开发”获2012年广西技术发明奖三等奖。2012年由广西港桥水泥有限公司、桂林理工大学、中国科技开发院广西分院共同承担的“高掺合比工业固废水泥制成清洁生产新技术集成与示范”获得国家高技术研究发展计划（863计划）课题支持，这是全市首个国家高技术研究发展计划（863计划）科技项目。贵港市嘉特电子科技有限公司“物流行业信息化智能管理系统”、广西贵港动力有限公司“3ZP－0.8型甘蔗中耕培土机”获得国家科技型中小企业技术创新基金项目支持。《天然桧木精油产品的研制与开发》《制浆造纸废水深度处理技术研究与产业化示范》《洗车场废水循环使用技术应用示范》《以木薯为原料生产燃料乙醇》等重大项目被列入自治区千亿元产业重大科技攻关工程。

【科技成果与推广应用】　抓好科技成果引进推广　一是加强新品种、新技术的引进与推广。两年来，引进推广水稻、木薯、果蔬、食用菌、蚕桑、畜禽、水产等新品种65个，新技术45项。二是加快普及先进实用技术如：蚕桑高产栽培示范推广、测土配方施肥示范推广、农作物重大病虫害防治技术示范推广、现代节水农业技术等。三是建立农业新品种示范基地5个，加速农业新品种更新换代，夯实产业发展基础。

完善农村科技服务体系　继续加强“科技110”等农村科技信息平台建设，密切与涉农部门配合，切实加大农业新知识、新技术的宣传与推广工作。深入推行“农业科技特派员”制度，充分发挥全市专家带动作用，把最新实用技术、科技成果、实用政策送到农民手中，进一步提升农民科技致富能力。

加强农村科技人才队伍建设　通过农村科技推广人才培养，扎实推动农业技术培训活动的开展，全面提高农业生产经营者选择、采纳和应用先进技术的能力，提升农业生产力。

加快贵港市工业技术中心、市级工程技术研究中心与十所重点科研院所合作，利用产学研合作洽谈会、科技成果对接会等会展活动，以及网络发布、媒体宣传等形式，拓展企业与高校院所的信息交流与沟通渠道。

在生物质化工、水泥建材、制糖造纸等领域构建产业技术创新战略联盟，提高贵港市企业重视和参与产学研合作的积极性，引导和鼓励大学、科研机构结合自身优势，围绕全市产业发展需求组织开展科学研究和技术开发。

对获得国家级科技奖励项目和国家级科技计划支持，并符合该市产业发展规划、适于转化应用的重大科技成果，对其在项目对接、融资渠道等方面提供必要的帮助和支持，推动科技成果向现实生产力的转化。

【知识产权（专利）管理与保护】 2011～2012年，贵港市共申请专利651件，获授权专利共359件，其中：申请发明专利146件。

加强宣传，努力营造发明创造良好氛围。一是开展4·26知识产权宣传周活动，通过群发短信，举办知识产权现场咨询一条街活动以及知识产权“进学校、进企业、进乡镇”等形式多样的宣传活动，加强宣传，营造全民发明创造良好氛围；二是及时编制“发明专利资助及奖励扶持政策”宣传手册，利用“4·26知识产权宣传周”“广西科技活动周”“全国科技活动周”等大型活动，开展“知识产权进千家入百企”活动，宣传《贵港市发明专利申请资助及奖励办法》，发放“发明专利资助及奖励扶持政策”服务手册5000多份，营造发明创造良好氛围；三是举办知识产权保护培训班和专利知识专题讲座，邀请自治区知识产权局领导和有关专家来授课，市直相关部门及企事业单位负责人、技术人员、科技人员约400多人次参加了培训或讲座；四是贵港市科技局和市财政局联合印发了《贵港市发明专利申请资助及奖励办法》（试行），为全市发明专利的产出提供良好政策支持和激励环境，有效提升了贵港市的发明专利申请量及拥有量。

加强培训，提高企业知识产权保护和运用能力。2011～2012年，先后举办“知识产权与创新发展”的专题讲座、知识产权（发明专利）培训班共5期；开展2期知识产权知识讲座进贵港职业学院、贵港市电视广播大学等校园活动；组织全市企业参加全区企业知识产权培训班3期；组织13名理工科毕业的人员参加2012年广西专利代理人资格考试。

主动服务，提高发明创造服务水平。为完成全市“十二五”时期的发明专利申请量1040件，发明专利拥有量400件任务。贵港市以挖掘企业的发明专利源为突破口，以增加发明专利申请量为目标，坚持以企事业单位为主体，启动企业发明专利“扫零”工程，加强指导，主动上门服务，引导企业加大投入，加大科技创新，促进有效发明专利的申请，提高企业的核心竞争力。

积极组团参加第一届广西发明创造成果展览交易会。贵港市共组织参展企业65家，推荐参展项目96项（参展项目涉及机械制造、食品加工、电缆、化工、医药、节能与环保、农业生产、学生创新发明等领域），参展实物72件。广西发明展所设奖项，贵港市都组织参与并获奖，其中：贵港市人民政府获最佳组织奖；获金奖1项、银奖2项、小学生发明创造特别奖4项、传统手工业创新成果奖2项。

加强知识产权（专利）项目管理，促进贵港市知识产权专利工作的发展。贵港市科技局按照《广西壮族自治区知识产权区域试点管理暂行办法》的要求，大力培育本地的知识产权优势产业，努力开展全民发明创造活动，加大知识产权宣传力度，引导当地企业及农民实施和应用成熟的专利技术成果等工作，并对获得自治区知识产权（专利）工作试点县（市）项目的桂平市和平南县加强指导和实施项目管理，确保全市知识产权专利项目的顺利实施。

加强执法，知识产权保护能力提高。2011～2012年，贵港市科技局根据自治区知识产权局的部署和要求，开展专利执法专项行动和专利执法维权“护航”专项行动等专项行动2次，通过制定专利执法专项行动实施方案，成立贵港市知识产权专利执法专项行动督导小组，制定专项行动时间表及各项实施措施等，认真开展全市专利执法专项行动的各项工作。在开展专利执法专项行动期间，全市通过在科技信息网及《贵港科技》刊物向社会公开全市专项行动热线电话：0775-4563129，12330（自治区知识产权局维权援助中心免费举报电话），受理举报投诉。专项行动期间，共接到专利侵权纠纷咨询电话10多起，我们都及时给予了答复；二是联合市商务局、工商局、新闻出版局（版权局）等相关部门开展流通领域的专利知识产权联合执法检查3次。出动执法人员40多人（次），累计检查专利商品300多种，重点对销售的专利商品上标注的专利号、专利标识是否标注规范和商品是否有假冒他人专利行为进行检查，并对6件有假冒专利号标识的嫌疑商品进行逐项登记、拍照、收集进行查证处理；三是对全市参加北京科搏会、杨凌农业高交会、深圳高交会、广西发明创造成果展览交易会、广西科技活动周等参展企业的专利技术及专利产品，进行专利技术法律状态有效查询，严禁杜绝假冒专利技术及产品进入各展交会，有效保护各专利权人（专利申请人）的合法权益；四是指导企业在研发环节加强专利保护。

【科普工作】 2011～2012年，贵港市围绕实施

《科普法》和《全民科学素质行动计划纲要》，该市科技局充分发挥科普联席会议对全市科普工作的组织、协调作用，开展各种群众性科普活动，提高全民科学素质。一是做好自治区科技厅下达的《农村青少年课外科技教育示范基地》《京龙村科普示范村建设与示范》等4个科普教育示范基地和科普示范村项目的组织实施和结题验收工作。二是组织参加2012年广西科普长廊竞赛“青少年科技小创作、科技小发明成果展示”活动，获二等奖。贵港市委书记王可和市长李宁波莅临现场视察指导。三是精心组织2012年全国科技活动周系列活动，隆重举办2012年全国科技活动周贵港市活动暨贵港市科技服务“三年目标任务行动计划”—走进工业园活动启动仪式。获优秀组织奖、优秀项目奖、先进个人3人，企业科普板报竞赛奖一等奖1个，三等奖2个，是获奖最多的地市。四是配合市委宣传部、市政协等部门开展大型科技三下乡6次，全市各科技局开展“科技三下乡”活动12次，举办各种科普讲座13场和技术培训班17场，培训农民群众2万多人次，现场接受科技咨询3500多人次，发放农村科普丛书3500多本、技术资料3.2万多份，营造了全社会爱科学、学科学、用科学的浓厚社会氛围。五是积极配合市委组织部开展贵港市千名科技人员下基层进企业咨询服务活动。六是组织贵港市科技人员进企业桂平座谈会、邀请广西大学专家教授团贵港行、专利代理服务机构走进工业园等活动。

【科技服务体系建设】 *贵港市科技服务体系建设初步形成* 贵港市建立以市科技情报研究所、市新技术应用研究所、贵港市小微科技企业创新服务中心为核心的服务专业化、运行规范化、发展规模化的骨干科技服务机构，贵港市生产力促进中心于2011年11月通过ISO9001资格验证，2012年创立以来，已入孵企业20家。全市建立企业技术中心4家，企业工程技术研究中心8家，造就了一支具有较高专业素质和具备相应资质资格的科技服务业从业人员队伍，初步形成了符合社会主义市场经济体制和全市区域创新体系建设要求。

科技网络化服务协作稳步推进 全市加强区域性生产力促进机构和行业性生产力促进机构建设服务协作，二者优势互补，资源共享，形成网络化的服务协作关系。全市各工业园、开发区建立了300多家网络协作机构。

大力发展为中小企业服务的各类科技服务机构 依托各工业园区，大力发展科技创业服务中心，为中小企业创业提供服务。大力加强市科技文献共享与服务平台建设，提高科技信息机构的信息采集、分析和综合加工能力。针对当前全市科技咨询、评估业发展薄弱的现状，在为政府决策服务的同时，面向社会开展科技咨询、评估活动。

完善农业科技服务体系 以高校、农业科研机构为依托，采取专家与农业技术推广站、农业“龙头”企业和农村经济协作组织相结合的方式，两年来举办各类技术培训班40多期，农村指导员、科技特派员等农村科技服务队伍达3万多人，为广大农户提供农产品的产前、产中、产后全程服务，增强农副产品深加工和市场开拓能力，提高农业生产的组织化、市场化程度。

【科技交流与合作】 2011～2012年，全市组团参加全国科技活动周、广西科技活动周、中国北京国际科技产业博览会、深圳中国国际高新技术成果交易会、中国—东盟博览会、中国杨凌农业高新成果博览会等“二周五会”取得丰硕成果。累计组织参展企业125家，展出科技创新成果和专利产品610项、高新技术产品14个，签约项目25项，签约金额达到3.2亿元；累计组织展出自治区高新企业贵港市智鸿环境科技有限公司ZY-A系列废水处理装置、贵港市群星电缆公司开发的额定电压300/500V生活设施和防冻结冰用的扁型带状发热电缆系列产品、贵港市科隆农林高新技术开发有限公司的植物非试管快繁技术产品等1000多种新产品新技术和高新技术产品，引进北京航空航天大学、中国农业大学、广西大学等单位新技术25项。贵港市连续两年获“广西科技活动周最佳组团奖”。

（罗维康）

玉林市

【概况】 截至2012年12月，玉林市事业单位在岗人员96712人（其中管理人员4518人，专业技术人员73801人，工勤人员11620人，其他从业人员6773人），在岗的96712人员中，有研究生学历718人，本科学历31933人，专科学历36600人，中专学历14779人，高中及以下12682人；专业技术人员中，在高级技术岗位3392人，中级技术岗位31715人，初级技术岗位35436人；未评定岗位等级及岗位等级不明确人员3258人；在工勤人员中，高级技师2人，技师9人，高级工4313人，中级工3411人，初级工864人。全市企事业单位人员中，享受国务院特殊津贴专家7人，自治区优秀专家10人，广西新世纪十百千第二层次人选2人，在玉林市工作的院士、博士（包括柔性引进）共有80人（院士2人，博士生导师10人，博士后7人，博士61人）。全市有科研院所13所；有59家企业建立了企业技术研究开发机构。

2011～2012年，玉林市人民政府印发《玉林市实施知识产权战略意见》，科技引领玉林经济社会可持续发展、支撑城乡一体化建设；编制、印发、组织实施《玉林市科学和技术发展“十二五”规划（2011～2015）》《玉林市第五轮创新计划（2011～2015）》，加快创新体系建设，组织实施企业自主创新能力提升工程、高新技术产业促进工程、科技兴农能力提升工程、产业创新人才队伍建设工程、科技成果转化能力提升工程、知识产权战略推进工程、科技惠民能力提升工程，突出抓项目、兴产业、优环境、促创新、强能力，强基础、提能力、促发展、惠民生，大力推进自主创新，着力创新体制机制，夯实创新基础，集聚创新资源，优化创新环境，推进科技进步与创新，力推科技与经济社会发展相结合，加快经济发展方式转变、支撑富民强市新跨越，为全市经济和社会发展提供有力的科技支撑，县（市、区）科技进步工作进一步加强。各县（市、区）立足于本地经济社会发展，积极开拓，大胆创新，成效显著。北流市、陆川县顺利通过2011年全国县（市）科技进步考核。北流市知识产权局、陆川县知识产权局都被评为“2011年度全区专利申请先进单位”。2011年容县专利申请量比上年（2010年）增长89个百分点，居全市7个县（市、区）之首。兴业县、博白县、福绵管理区大力推广种养新品种、新技术，助推农民增收。玉州区以多种形式鼓励企业创新，提高企业的创新能力，从而有效地提升区域创新能力。发明创造工作得到各级政府重视。全市开展“全民发明创造”活动，实施专利倍增计划，县（市、区）的专利申请量列入党委、政府年度绩效考核目标。全市各级政府加强领导，采取积极措施推动发明创造，2011年、2012年全市7个县（市、区）的专利申请量都完成玉林市人民政府确定的专利申请数量增加幅度的年度绩效考核指标。2011年北流市专利申请181件，在广西县（市）排名第一位；陆川县专利申请102件，在广西县（市）排名第三位。北流市、陆川县都被评为“2011年度全区专利申请先进单位”。2012年，博白县成为玉林市第五个列入自治区知识产权试点县。2011～2012年玉林市人民政府表彰奖励了玉林市科技创新十佳中小企业20家（2011年10家，2012年10家）。

2011年，全市生产总值（GDP）10199447万元，按可比价格计算，比上年（2010年）增长11.0%。其中，第一产业增加值2138103万元，比上年（2010年）增长5.4%；第二产业增加值4585858万元，比上年（2010年）增长13.7%；第三产业增加值3475486万元，比上年（2010年）增长10.9%。第一、二、三产业增加值占地区生产总值的比重分别为20.96%、44.96%和34.08%。三次产业对经济增长的贡献率分别为10.1%、55.2%和34.08%，其中工业的贡献率为45.7%。按常住人口计算，年人均地区生产总值18501元。2011年玉林市全市财政收入858627万，同比增长24.5%，其中公共财政预算收入489414万元，同比增长32.9%。公共财政预算支出1598457万元，同比增长23.6%。2011年R&D经费内部支出49311.2万元。

2012年，全市生产总值（GDP）11020782万元，按可比价格计算，比上年（2011年）增长10.9%。其中，第一产业增加值2292030万元，比上年（2011年）增长6.1%；第二产业增加值4823274万元，比上年（2011年）增长14.6%；第三产业增加值3905478万元，比上年（2011年）增长8.7%。第一、二、三产业增加值占地区生产总值的比重分别为20.8%、43.8%和35.4%。三次产业对经济增长的贡献率分别为10.96%、61.03%和28.01%，其中工业的贡献率为48.10%。按常住人口计算，年人均地区生产总值19822元。2012年玉林市全市财政收入1003589万元，同比增长16.9%，其中公共财政预算收入655709万元，同比增长34.0%。公共财政预算支出1926529万元，同比增长20.5%。2012年全社会研究和试验发展（R&D）经费内部支出72790.6万元。

【科研项目与经费投入】 2011～2012年，玉林市实施市级以上科学研究与技术开发项目695项，各级财政补助项目经费 5149 万元（国家级项目 15 项，获得国家财政补助项目经费 990 万元；自治区级项目 106 项，获得自治区财政补助项目经费 3219 万元；有部分市级科学研究与技术开发项目，市本级财政给予经费补助，共补助项目经费 940 万元）。玉柴船舶动力公司成功研发制造出 RT-flex35 低速船用柴油发动机动车。玉柴机器股份有限公司研发出满足欧Ⅵ排放标准的欧Ⅵ6L-60 车用柴油机。

2011 年全市实施市级以上科学研究与技术开发项目 371 项，各级财政补助项目经费 2108 万元（国家级项目 6 项，获得国家财政补助项目经费 510 万元；自治区级项目 56 项，获得自治区财政补助项目经费 1151 万元；市级项目 300 项，有部分市级科学研究与技术开发项目，市本级财政给予经费补助，一共补助项目经费 447 万元）。

2012 年全市实施市级以上科学研究与技术开发项目 324 项，各级财政一共补助项目经费 3041 万元（国家级项目 9 项，获得国家财政补助项目经费 480 万元；自治区级项目 50 项，获得自治区财政补助项目经费 2068 万元；市级项目 265 项，有部分市级科学研究与技术开发项目，市本级财政给予经费补助，一共补助项目经费 493 万元）。

地方财政科学技术功能支出 2011 年玉林市全市地方财政支出 1611121 万元（含市本级财政支出 243001 万元），其中全市地方财政科学技术功能支出 10006 万元（包括国家和自治区财政对玉林市的科技经费拨款在内），其中，科学技术管理事务费支出 1090 万元，基础研究支出 60 万元，应用研究支出 1125 万元，技术研究与开发支出 3924 万元，科技条件与服务支出 625 万元，科学技术普及支出 586 万元，科技交流与合作支出 230 万元，科技重大专项支出 150 万元，其他科学技术支出 2216 万元。

2011 年玉林市市本级地方财政科学技术功能支出 1940 万元（包括国家和自治区财政对玉林市的科技经费拨款在内），其中，科学技术管理事务费支出 362 万元，基础研究支出 10 万元，应用研究支出 70 万元，技术研究与开发支出 1204 万元，科学技术普及支出 64 万元，其他科学技术支出 230 万元。

2012 年玉林市全市地方财政支出 2339551 万元（含市本级财政支出 363738 万元），其中全市地方财政科学技术功能支出 16076 万元（包括国家和自治区财政对玉林市的科技经费拨款在内），其中，科学技术管理事务费支出 1090 万元，基础研究支出 10 万元；应用研究支出 601 万元，技术研究与开发支出 8746 万元，科技条件与服务支出 359 万元，科学技术普及支出 619 万元，科技交流与合作支出 165 万元，其他科学技术支出 4486 万元。

2012 年玉林市市本级地方财政科学技术功能支出 5834 万元（包括国家和自治区财政对玉林市的科技经费拨款在内），其中，科学技术管理事务费支出 417 万元，基础研究支出 10 万元；应用研究支出 80 万元，技术研究与开发支出 1837 万元，科学技术普及支出 93 万元，其他科学技术支出 3397 万元。

第五轮创新计划实施及经费投入 玉林市自 1999 年起按照自治区统一要求制定组织实施每轮为期三年的创新计划，至 2010 年已组织实施了四轮。从 2011 年起创新计划改为五年一轮。第五轮创新计划实施年限为五年（2011～2015 年）。前四轮创新计划玉林市都能按计划完成任务，并被自治区评为创新计划实施先进市。2012 年 1 月，玉林市莫立钊、于一飞、莫承振、黄庆源、陶泽民、廖杏、唐金水、莫振茂、赵勇、王伟林、梁雄、陈承业、林桂海、杨家森等 14 人被评为广西创新计划（2008～2010 年）实施先进个人。第五轮创新计划（2011～2015 年）从 2011 年起组织实施。2011～2012 年全市组织实施第五轮创新计划项目 80 项（2011 年 39 项，2012 年 41 项），财政投入创新计划项目经费 3718 万元（2011 年 1434 万元，2012 年 2284 万元），其中，自治区科技部门拨款 2418 万元（2011 年 839 万元，2012 年 1579 万元），玉林市科技部门拨款 750 万元（2011 年 305 万元，2012 年 445 万元），县（市、区）科技部门拨款 550 万元（2011 年 290 万元，2012 年 260 万元）。玉林市科技兴农能力提升工程专项项目海峡两岸（广西玉林）农业合作试验区示范建设财政资金投入 80 万元，报告期研究开发经费支出 10 万元，新增产值 280 万元，新增新产品产值 180 万元，利税总额 20 万元；建立农业标准化技术示范基地 7 个，引进、推广种植农业新品种 15 个。

【玉林市科学和技术发展“十二五”规划】 2011 年玉林市根据自治区总体部署，结合玉林市实际，编定印发了《玉林市科学和技术发展“十二五”规划（2011～2015 年）》（简称《规划》）。《规划》明确 2011～2015 年玉林市科学和技术发展的指导思想、发展目标和主要任务等内容。

《规划》提出，玉林市“十二五”科技发展总体目标是：到2015年全市科技创新环境较大改善，创新体系基本建成，创新型玉林建设取得突破性进展，自主创新能力显著增强，科技支撑引领产业发展和促进经济社会发展的能力明显提高，社会科技事业快速发展，科技成果惠及民生，人民幸福指数提升，科技支撑社会可持续发展能力进一步提高。科技进步达到全区中等水平，科技进步对经济增长的贡献率由2010年的49%提高到51%以上；自主创新能力快速提升，全社会研究与试验发展经费支出占全市国民生产总值的比例由2010年的0.8%提高到2.2%。每万人口拥有发明专利数由2010年的0.09件提高到3件；专业技术人才由2010年的81593人，增加到12万人；技能人才由2010年的127091人增加到18万人。

《规划》围绕玉林市经济社会发展的重大需求，集聚资源，统筹安排，科学布局，对2011～2015年玉林科技发展和自主创新的战略任务进行了部署，明确了玉林市科学和技术发展“十二五”规划（2011～2015年）的九大战略任务，23个优先发展主题，主要指标。科技重点支持：建设1个科技园区、2个科技服务平台、3个科技示范基地、5个特色产业基地、7个高新技术产业基地，组建8个创新战略联盟，实施5个产学研合作专项。

九大战略任务：一是加快完善玉林创新体系，大幅提升自主创新能力；二是加快高水平创新人才队伍建设，增强科技发展的战略储备；三是加快完善技术推广服务体系，提升科技成果转化能力；四是加快推进高新技术产业发展，引领支撑战略性新兴产业发展；五是加大千百亿元产业科技攻关力度，促进经济发展方式转变；六是强化农业科技支撑，引领现代农业发展；七是集成应用信息技术，加快现代服务业发展；八是加强社会发展科技创新，推动经济社会和谐发展；九是深化区域科技合作，促进创新资源集聚。

23个优先发展主题：1. 生物质能源；2. 生物育种；3. 新能源开发与利用；4. 矿产精深加工技术与新产品；5. 食品工业精深加工技术与新产品；6. 机械产业低碳科技创新技术与新产品；7. 数字化与智能化机械装备；8. 特色医药新产品和新技术；9. 特色林业种植与林产品技术研发；10. 节能环保技术与循环经济；11. 高效动植物育种创新；12. 高效优质安全种养；13. 农产品加工与质量安全；14. 数字农业与设施农业；15. 生态农业与绿色农业；16. 现代物流技术与电子商务；17. 现代旅游业和文化创意产业技术；18. 电子政务系统开发；19. 生态环境保护与修复；20. 城镇化与新农村建设；21. 人口健康；22. 食品安全；23. 防震减灾。

科技重点支持：建设1个科技园区（玉林市高新技术产业园），2个科技服务平台（玉林市科技创新研发平台，玉林市技术转移服务平台），3个科技示范基地（海峡两岸（玉林）现代农业科技示范基地，玉林市中草药种植科技示范基地，玉林市蔬菜新品种科技示范基地），5个特色产业基地（玉林市特色优势水果新品种引进选育及安全生产示范基地，玉林市水稻新品种引进、选育及安全生产示范基地，玉林市中草药种植示范基地，玉林市畜禽水产优势产业关键技术研究与开发示范基地，玉林市特色林木新品种选育及高效种植与增值深加工关键共性技术研究与示范基地），7个高新技术产业基地（玉林市电子信息高新技术产业基地，玉林市机械高新技术产业基地，玉林市生物质和新材料新能源高新技术产业基地，玉林市健康高新技术产业基地，玉林市可再生利用资源高新技术产业基地，玉林市陶瓷高新技术产业基地，玉林市有色金属高新技术产业基地）；组建8个创新战略联盟（玉林市技术转移战略联盟、玉林市中药产业技术创新战略联盟、玉林市日用陶瓷产业技术创新战略联盟、玉林市日内燃机及工程机械产业技术创新战略联盟、玉林市农业机械产业技术创新战略联盟、玉林市禽畜水产及加工产业技术创新战略联盟、玉林市粮食生产及加工产业技术创新战略联盟、玉林市服装产业技术创新战略联盟）；实施5个产学研合作专项（玉林市中药现代化关键技术研究与开发专项，玉林市日用陶瓷关键技术研究与开发专项，玉林市内燃机关键技术研究与开发专项，玉林市机械产业关键技术研究与产业化专项，玉林市工程机械关键共性技术攻关与产业化专项）。

为确保《规划》顺利实施，《规划》提出了七个方面的保障措施。一是落实完善自主创新政策，营造良好环境；二是建立多元化科技投入体系，为创新提供资金保障；三是深化科技体制改革，健全自主创新的体制机制；四是深入实施知识产权战略，提升核心竞争力；五是加强科普和创新文化建设，提升全民科技意识与素养；六是反腐倡廉，建设守法奉公的科技管理干部队伍；七是加强领导和统筹协调，形成科技创新合力。

《规划》由《玉林市科学和技术发展“十五”规划（2001～2005年）》《中共玉林市委员会玉林

市人民政府关于增强自主创新能力促进经济社会全面发展的决定》和《玉林市科学和技术发展“十一五”规划（2006～2010年）》、玉林市创新计划、玉林市科技工作年度计划、玉林市科技工作年度总结、玉林市科技工作年度工作报告、中共玉林市委市人民政府领导关于科技工作讲话稿等文件文稿起草人莫立钊起草，起草编制工作历时两年，历经了战略研究、编制、征求意见和论证审议等多个阶段，广泛听取了各县（市、区）、各部门和社会各界意见，玉林市的科研机构、几十名专家参与，修改二十多次。

玉林市科学和技术发展“十二五”规划（2011－2015年）主要指标

序号	指标	2010年底拥有数	2015年拥有数	预计2011－2015年增加数	备注
1	科技进步对经济增长的贡献率（%）	49.25%	≥51.25%	2个百分点	
2	全社会研究与试验发展经费支出占全市国民生产总值的比重（%）	0.8	2.2	1.4个百分点	
3	每万人口发明专利拥有量（件）	0.069	3	2.931	
4	通过全国科技进步县（市、区）考核（个）	5	6	1	
5	国家科技进步示范县（市、区）（个）	0	1	1	
6	广西可持续发展实验区（个）	0	1	1	
7	培育国家级工程技术研究中心（企业技术中心）（个）	1	3	2	
8	开发工业新产品（个）		280	280	
9	引进、开发工业先进技术（项）		60	60	
10	自治区级工程技术研究中心（个）	4	9	5	
11	自治区级企业技术中心（个）	9	15	6	

续表

序号	指标	2010年底拥有数	2015年拥有数	预计2011－2015年增加数	备注
12	市级工程技术研究中心（企业技术中心）（个）	22	50	28	
13	自治区级重点实验室（个）	0	1	1	
14	市级重点实验室（个）	0	3	3	
15	专业技术人才（人）	81593	12万	38407	
16	技能人才（人）	127091	18万	52909	
17	高新技术产业园	0	1	1	
18	自治区级创新型企业（家）	0	5	5	
19	市级创新型企业（家）	0	20	20	
20	自治区级优秀民营创新型企业（家）	0	30	30	
21	产业技术创新战略联盟（个）	0	8	8	
22	自治区级科技型企业孵化器（个）	1	2	1	
23	制造业信息化示范企业（家）	10	20	15	
24	高新技术企业（家）	6	19	10	
25	“三农”科技信息网县节点	90%	100%	10个百分点	
26	“三农”科技信息网乡村节点	40%	≥60%	20个百分点	
27	高新技术龙头骨干企业	0	3	3	
28	实施市级重大专项（项）		12	12	
29	高新技术企业总产值占工业总产值（%）	25	40	15个百分点	

续表

序号	指标	2010年底拥有数	2015年拥有数	预计2011－2015年增加数	备注
30	自治区级推进农业产业科技重点示范县（个）	1	5	4	
31	市级科技创新十佳中小企业（家）		50		
32	培育科技型中小企业（家）		30		
33	引进、开发、推广应用农业优良品种	45	75	25	
34	引进开发推广种养新技术（项）	30	50	20	
35	科技创新团队（个）	0	10	10	
36	科技领军人才（名）	0	50	50	
37	培养技能型人才（人）	680	10680	10000	
38	培训农村实用型人才（人）	14320	36320	22000	
39	技能人才培训示范基地（个）		10	10	
40	选派企业科技特派员（名）	35	95	60	
41	选派农村科技特派员（名）	827	1027	200	
42	建立自治区级技术转移示范机构（个）	1	2	1	
43	培育自治区级科技成果转化示范企业（家）	0	3	3	
44	农业种养科技示范基地（个）		60		
45	培育千亿元产业（个）		1		
46	培育知识产权示范企业（家）	6	9	3	

续表

序号	指标	2010年底拥有数	2015年拥有数	预计2011－2015年增加数	备注
47	建立知识产权试点县（市、区）	2	6	4	
48	建立自治区级青少年科技教育示范基地（个）	6	13	7	
49	自治区级科普示范村（个）	1	5	4	
50	科技富民强县试点示范县（个）	1	3	2	
51	科技服务新农村建设示范点（个）	20	32	12	
52	产学研农业科技合作示范基地（个）		5		
53	实施重大项目（项）		50		
54	攻克涉及千百十亿元产业关键技术（个）		10		
55	二恶英排放量降低（%）		10		
56	建成玉林市技术转移中心		1		

【科技成果与推广应用】 2011～2012年，玉林市通过市级以上科技成果鉴定的项目有60项（2011年37项，2012年23项；工业11项，农业14项，医学34项，其他1项），其中，达到国内领先水平的有16项，国内先进水平的有20项，自治区领先水平的有22项，自治区先进水平的有2项。2011～2012年玉林市有67项成果获玉林市科技进步奖（2011年36项，2012年31项；一等奖14项，二等奖29项，三等奖24项）。2011年有1项成果获广西科学技术特别贡献奖，有2项成果获广西科技进步奖（一等奖1项，三等奖1项）；2012年有5项成果获广西科技进步奖（二等奖3项，三等奖2项）；2012年有1项成果获2012年度国家科技进步奖二等奖。

玉林市植保站参与的项目“重大农业害虫性诱监控技术研发与集成应用”成果获得2011年度

广西科技进步奖一等奖；广西玉柴机器股份有限公司的“YC6L系列柴油机研发及推广应用”项目成果获得2011年度广西科技特别贡献奖；广西玉柴机器股份有限公司的“节能环保柴油机关键技术及产业化”项目成果，获得2012年度国家科技进步奖励二等奖。

2011～2012年全市培育、推广种植新品种139个（2011年72个，2012年67个），引进、培育和推广应用农业优良品种74个（2011年39个，2012年35个），种植（养殖）新技术41项（2011年20项，2012年21项）。

YC6L系列柴油机研发及推广应用该项目由广西玉柴机器股份有限公司承担。“YC6L系列柴油机”凭借其结构、性能、节能、环保、成本、质量等方面的优势赢得市场，是国内高效节能环保发动机。项目主要创新点：①排放升级。在原机达标国Ⅲ的基础上，开发国Ⅳ以上排放机型并批量生产，成为国Ⅳ、国Ⅴ重型柴油机的主流技术。②缸内制动技术应用。采用VVEB制动系统作为车辆辅助制动系统，提高整车制动力，比欧美同类产品低速制动力高10%以上，提高了安全性。③曲轴箱强制通风技术应用。采用封闭循环系统，曲轴箱油蒸汽经过分离后，油回到油底壳，气回到压气机机前，不直排大气，减少环境污染。④双级增压技术应用。采用复合废气涡轮增压技术，提高进气密度，优化组织缸内燃烧，降低发动机排放。⑤发动机电子控制系统。开发具有自主知识产权的电控单体泵发动机控制系统，独立开展发动机台架标定、整车标定和三高标定，在国内率先掌握了电控发动机标定技术，突破国外技术封锁。⑥燃烧系统优。万有特性最低燃油消耗率为191g/kW·h，发动机噪声为113dB，远低于国内其它机型。⑦燃油适应性研究。首创的低温氨存储控制策略及高含硫量柴油下的SCR系统控制策略，解决了SCR技术在油品变化大的中国市场应用的难题。项目的研发与改进形成了38项核心专利，与国内大部分主流汽车厂建立了稳固的配套关系，主要配套开发的车型达107个，成为北京奥运会、上海世博会用车的首选国产发动机。2008～2010年YC6L系列柴油机及应用核心技术延伸的机型一共销售81.5万台，销售收入超过300亿元，纳税9亿多元，利润29亿多元。该成果获2011年广西科技特别贡献奖。

节能环保型柴油机关键技术及产业化 该项目由广西玉柴机器股份有限公司承担。该项目是以节能环保为核心，以低油耗、低排放为目标，通过优化结构设计、创新燃烧技术、排放控制技术和电子控制术，构建了具有完全自主知识产权的节能、环保、全电控高效柴油机研发平台。主要创新点有五点：一是建立了柴油机结构设计核心技术平台：独创性地研发了柴油机高位高效冷却系统、开式高位支撑缸套结构、内部气体平衡系统、油气分离系统和四气门等技术，实现了柴油机结构设计的重大突破。二是建立了基于缸内流动分析、应用新一代燃烧理论的清洁、高效柴油机燃烧开发平台：独创性地完成柴油机整体燃烧系统设计、试验设计（DOE）、系统匹配关键技术研发与应用，对实现节能减排起到关键作用，使柴油机排放污染物控制达到与国外先进水平同步。三是建立了柴油发动机电子控制技术开发、应用、匹配及标定技术平台：构建基于电控单体泵、电控高压共轨燃油喷射技术系统集成及标定方法与规范；构建柴油机控制器开发流程；开发具有自主知识产权的电控单体泵发动机电子控制系统（ECU）和SCR后处理控制系统（DCU），控制器硬件和软件；掌握了发动机标定、整车标定和发动机控制的核心控制策略。四是建立了适应市场需求的柴油机尾气排放后处理技术集成开发核心技术平台：引进消化再创新柴油机选择性催化还原排气后处理技术；独创性研究开发低温氨存储控制策略技术；自主集成排放控制技术应用于柴油机国Ⅳ、国Ⅴ、欧Ⅵ产品，解决了城市公交车应用中车速低、排气温度低的应用难点，有效降低了城市公交污染物的排放，使玉柴发动机排放控制水平处于国内领先地位。五是建立了柴油机与整车动力总成匹配技术平台：创造性地以细分市场应用需求分析为基础，大幅提高柴油机适应性，实现整车使用条件下最佳经济性。该项目在公开刊物上发表论文53篇，授权发明专利5项，实用新型专利137项；2009～2011年一共销售节能环保全电控柴油发动机123.92万台，销售收入301.81亿元，新增税收10.93亿元，利润27.63亿元；2009～2012年在西部地区发展直接配套供应商76家，直接采购配件总额约84.8亿元，解决了西部地区近4.5万人的就业，带动西部经济发展和零部件供应商技术进步。该成果核心机型“YC6L系列柴油机”获2007年广西科技进步奖一等奖、2011年广西科技特别贡献奖。“节能环保型柴油机关键技术及产业化”成果获2012年国家科技进步奖二等奖。

基于“玉林市中小企业商机博览”技术转移平台服务建设 该项目由自治区科技厅下达，玉林市技术市场管理办公室和玉林市科技局联合承担。2010～2012年，玉林市技术市场管理办公室、玉林市科技局联合承担自治该项目区科技厅下达的“基于‘玉林市中小企业商机博览’技术转移平台服务建设”科学研究与技术开发项目（项目负责人：莫立钊），经过两年多的实施，通过无偿举办科技主题展，无偿与企业、高校、科研院所对接服务，无偿举办技术推介会，促产学研合作，科技成果转化；无偿跟进服务等形式，完善技术市场，知识产权、信息平台等综合配套服务体系，全面提升玉林市技术转移服务能力，促进本地经济的快速发展。2012年12月，课题按计划完成了考核指标：一是促成玉林市人民政府和自治区科技厅、自治区教育厅、中国中小企业国际合作协会于2010年10月22～24日在玉林联合成功主办第七届中小企业商机博览（中国·玉林）（简称玉博会）。玉林市科技局、玉林市技术市场管理办公室成功承办中小企业商机博览（中国·玉林）特别设立的科技创新跨越发展主题展；并和玉林市教育局联合举办玉林市青少年科技创新成果展。展出清华大学、上海交通大学、广西大学、广西科学院等125所（家）高校、科研院所和企业的新产品、新技术、新成果308项（其中玉林本地的高新技术成果146项）以及玉林市青少年科技创新实物620件。本届博览会设展位1300个，参展商来自美国、泰国、新加坡等24个国家和地区，以及国内18个省市自治区。观展人数105万人次（其中专业采购商1.3万人）。达成贸易合同87.56亿元，比上一届增长27.4%；现场销售6.59亿元。自治区党委、自治区人大、自治区政协有关领导，自治区科技厅党组书记，自治区高校工委副书记，中国中小企业国际合作协会常务副会长，中国西部研究与开发促进会副会长，柬埔寨国务兼商务大臣等出席本届博览会开幕式。二是政府搭台，高校、科研院所和企业谈合作。玉博会期间，举办科技创新与中小企业发展论坛和高校、科研院所科研成果及能力专场推介会，其中清华大学等5所自治区外高校，广西大学等13所自治区内高校，广西科学院等12所科研院所推介最新科技成果42项，对接成功35项。展会成交额3.51亿元，其中合同成交额3.21亿元，意向成交额3073.48万元，签订合作项目52个，协议投入经费2.81亿元。三是玉博会会展期间，有的放矢组织参会院校、科研单位到企业参观，与企业一对一洽谈合作，玉林市技术市场管理办公室随后跟进无偿为院校、企业对接服务。四是建立“玉林技术转移网”，完善玉林市技术转移网络节点，丰富拓宽信息资源，无偿为院校、科研院所、企业服务，帮助高校、科研院所、企业发布技术需求、技术成果转让、专利转让、需求项目等信息。五是培育广西南山瓷器有限公司、玉林市好邦医疗设备有限责任公司、玉林金翻特种养殖有限公司，玉林广安中药材科技有限公司，玉林市展民阉鸡专业合作社等技术转移示范企业5家；包装策划项目20多项；促成玉林市和广西大学市校科技合作项目15项。六是举办全市技术转移业务培训班，培训玉林师范学院、玉林市科技行政部门、企事业单位技术转移业务业务骨干100多人。经委托广西科学技术情报研究所（国家一级科技查新咨询单位）对该项目进行科技查新，查新结论为：“在以地市级技术市场管理机构建立的技术转移服务体系中，除广西玉林市外，未见广西地级市有建设具备上述特点的基于科技展会（博览会）/洽谈会的技术转移平台的公开文献报道。”该项目已经通过自治区科技厅组织的专家组验收。

玉林市技术转移服务示范建设及能力提升 该项目由自治区科技厅下达，玉林市技术市场管理办公室承担。2011～2012年，玉林市技术市场管理办公室承担了自治区科技厅下达的“玉林市技术转移服务示范建设及能力提升”科学研究与技术开发项目（项目负责人：莫立钊），经过两年的实施，通过无偿与企业、高校、科研院所对接服务，无偿举办技术推介会，促产学研合作，科技成果转化；无偿跟进服务等形式，完善技术市场，知识产权、信息平台等综合配套服务体系，全面提升玉林市技术转移服务能力，促进本地经济的快速发展。课题按计划完成了考核指标：一是建立玉林市技术转移综合服务平台——玉林技术转移网。该网站依托广西技术转移网络平台，整合资源，通过网络无偿为高校、科研院所、企业发布技术难题、技术成果、专利技术、需求项目等信息，为企业参与合作提供信息指导和技术服务。二是与玉林市科学实验中心测试所、玉林市科技情报研究所、玉林市中小企业孵化服务中心及县市区的生产力促进中心组建成玉林市技术转移联盟，完善“玉林市技术转移服务网”信息资源，为企业创新提供原材料检测，文献查找，成果孵化等服务。三是每年组织企业参加广西科技活动周、全国科技活动周、北京科博会、玉博会、深圳高交会，促产学研合作；开展市校科技项目合作，实施玉林市和广西大学产学研合作项目10个。四是组织企业参加会展，为企业提供项目推介会、项目对接洽谈、项目签约等形式的技术对接等服务。2012年组织玉林市41家企业代表、26个专利权人和市、县（市、区）两级政府相关人员共185人参加2012年10月29日至11月2日在南宁市举办的第一届广西发明创造成果展览交易会。玉林市有135件专利和专利产品及地理标志产品在本届发明创造成果展览交易会展示展销，参展项目涵盖机械制造、新材料、新能源、节能环保、生物技术、健康产业等领域。玉林市有20件发明专利进入发明专利展厅展览；有34件专利成果推介对接洽谈。本届交易会玉林市参展单位成功签订专利成果交易合同3份，合同成交额共计2070万元；有2件专利进行拍卖；有些项目达成意向性签约。本届交易会玉林市获得金奖奖项1项，银奖奖项5项，手工业创新奖奖项4项，中小学生发明创造特别奖奖项1项。2011～2012年促成玉林市企业和广西大学签订科技合作项目10项，签约金额26500万元。帮助玉林市中小企业策划、包装科技项目10项，成功配对项目5项。五是开展全市技术转移业务培训，培训人员100多人。六是开展技术合同认定服务，2011年技术合同认定1项，技术金额2.25亿元。七是创新服务形式，组建科技特派员小分队，与广西南山瓷器有限公司等4个企业签订科技特派员派驻服务协议，无偿为企业、农村种养大户进行个性化服务。经委托广西科学技术情报研究所（国家一级科技查新咨询单位）对该项目进行科技查新，查新结论为：“在技术转移服务体系中，未见国内的地市级技术市场管理机构有组建科技特派员小分队对企业进行服务的公开文献报道。”该项目通过了自治区科技厅组织的专家组验收。

【高新技术与工业科技】 2011～2012年，玉林市用高新技术改造、培育发展企业研发机构，提高自主创新能力，培育创新型企业，促进企业可持续发展。2012年玉林市人民政府印发《玉林市高新技术产业发展规划（2012～2015）》。规划提出要建设玉林市高新园区，大力发展高新技术产业。把玉林市高新园区建设成为一个面向泛珠三角经济区、广西北部湾经济区和西江经济带的高新园区。玉林市高新园区要以国家战略性新兴产业为主导，以产业集群、结构升级、空间整合、低碳生态为目标，重点发展电子信息、新能源新材料、节能环保、生物制药、特色保健食品产业，把园区建设成为创新资源集聚、产业特色鲜明、生态环境优美的现代化高新技术产业开发区和重大科技成果转化基地。继续推进创新型企业建设，贯彻落实自治区千亿元产业调整振兴规划，加快“千亿元产业重大科技攻关工程”建设，组织实施一批重大工业项目，加大企业技术改造投入力度，加强工业园区建设，建设一批产业基地，培育大企业大集团，打造“三个千亿元”（千亿元玉柴、千亿元产业、千亿元园区）。针对重点发展的先进装备制造产业和生物产业，积极培育新材料产业、电子信息产业，加快高新技术改造提升传统产业。2011年玉林市规模以上工业企业167家，年总产值9234840万元，利税总额1211485.1万元，新产品产值1170266万元。2012年玉林市规模以上工业企业197家，年总产值10285370万元，利税总额1053206.7万元，新产品产值675184.3万元。2012年12月，玉林市有高新技术企业12家，制造业信息化示范企业16家。2012年全市高新技术企业工业总产值1607218万元，占全市工业总产值的12.12%。

企业研发平台 截至2012年12月，玉林市有地市级以上研发机构59个（国家级企业技术中心1个，国家级内燃机工程实验室1个；自治区级企业技术中心12个；广西千亿元产业研发中心1个；自治区级工程研究院2个，自治区级工程技术中心4个，市级工程技术研究中心、企业技术中心38个）；自治区级制造业信息化示范企业11家；自治区创新型试点企业4家，自治区级科技企业孵化器1个，广西技术转移示范机构1个。2012年企业工程技术研究开发中心为玉林市先进装备制造产业和生物产业等培养工程技术人员68名、开发新产品126种、转化科技成果42项、新增研发投入17012万元。2011年玉柴机器股份有限公司研发出了我国第一台满足欧Ⅵ排放标准的高效清洁车用柴油机。至2011年末，广西玉柴机器股份有限公司累计专利申请1200件，获得专利授权850件，在全国规模以上工业企业有效专利百强榜中排名第46位，该公司2011年专利申请301件（其中发明专利申请84件）在广西企业排名第1位。广西玉柴重工有限公司专利申请86件，在广西企业排名第4位。2012年，广西玉柴重工有限

公司、广西三环企业集团股份有限公司获得认定为第二批广西创新型企业；广西参皇养殖集团有限公司、广西银亿科技矿冶有限公司获得认定为第四批广西创新型试点企业；玉林市达志机械配件有限公司、玉林市川迪机器制造有限公司、广西玉林市智宇陶瓷自动化设备有限公司等3家企业获得认定为国家高新技术企业。

【农业与农村科技】 2012年末，玉林市有农业专业技术人员1994人（其中公有制经济企业119人，事业单位1875人）。2011～2012年玉林市组织实施产业创新人才队伍建设工程，其中培训农村实用人才2195人（2011年培训1078人，2012年培训1117人）。组织实施科技兴农能力提升工程，该工程以农业科技创新项目为载体，增强农业科技创新能力。重点组织实施农业科技成果转化资金项目等专项计划，建立科技产业示范基地，开展科技示范。通过科技示范作用带动农业产业化发展，推进建设农业良种培育中心和农业标准化生产技术示范基地，加快农业科技成果转化，增强本市优势特色农业产业良种培育和生产技术水平。以推进农业新品种选育，高产、高效、优质农业先进适用技术集成与推广示范，促进水稻、甘蔗、蔬菜、柑橘、畜禽养殖、农副产品加工等特色优势农业发展。在全区推进乡镇科技进步工作中，玉林市有24个乡（镇）通过自治区科技厅的科技进步乡（镇）的考核。有8个乡（镇）被评为广西科技进步先进乡（镇）。

农业科研平台与示范基地　截至2012年12月，玉林市有市级农业科学研究机构3个，林业科学研究机构1个，县级农业科学研究机构3个。自治区认定的农业良种培育中心6个，自治区标准化生产技术示范基地15个，市级农业科技示范基地24个，农村专业技术协会106个。全市建有花卉示范基地15个，中药材示范基地10个，食用菌生产示范基地30个，无公害标准化蔬菜种植示范基地17个，畜禽产品无公害养殖示范基地35个，自治区认定的星火计划农民科技培训星火学校10所，星火培训基地1个，星火计划农村专业技术示范协会7个，星火计划龙头企业技术创新中心5个。广西星火计划农村区域科技成果转化中心2个，广西星火计划农村信息化基地2个。7个县（市、区）都建立了农业信息服务平台，有46个行政村、406家农业企业、103个农民合作经济组织开展网上购销业务。

农业技术推广　至2012年12月，全市建成农业科技示范场（园）、农业龙头企业136家。组织实施4个国家级涉农重大科技专项；共选育、引进示范推广农业新品种28个，示范推广新技术32项，取得农业科技成果15项（其中，有2项获得广西科学技术进步奖，8项获得玉林市科学技术进步奖）。兴业县葵阳镇、北流市西琅镇、福绵区福绵镇香山村、陆川县珊罗镇大山村获得自治区认定为2012年广西社会主义新农村建设科技示范镇（试点）。全市有2家企业获得认定为第二批自治区农业良种培育中心，8家企业获得认定为第二批自治区农业标准化生产技术示范基地。

科技特派员创业行动　2011～2012年玉林市继续推行科技特派员制度，重点围绕玉林市水稻、水果、蔬菜、禽畜、中草药种植（养殖）五大产业开展创业行动，促进产业发展，农民增收。2011年全市有1012名科技特派员在农业、农村和涉农企业服务，科技特派员服务范围覆盖到全市95%的行政村，全部覆盖到涉农龙头企业和农业主要产业基地。2011年，玉林市科技特派员实施创业项目182项，项目总投资19902.69万元（其中市本级财政补助项目经费93万元），建立科技特派员创业示范基地86个，农业科技协会16个，引进推广农业种养殖新品种160个，实用新技术147项；建立科技特派员和企业、公司、农户利益共同体112个；年内共举办农业实用新技术培训班16期，培训科技特派员1000多人次，发放各种科普及技术资料5000多份。2012年全市征集委派科技特派员法人单位4个、小分队56个，个人科技特派员297人。2005年玉林市开始试行实施科技特派员制度，至2012年12月全市下派科技特派员总人数达到1100人次。2012年全市科技特派员实施科技项目143项（其中自治区科技特派员专项项目7项，获得科技项目经费补助75万元；市级科技特派员创业项目136项，项目总投资16533.32万元，其中市本级财政补助技特派员创业项目经费109万元）。至2012年12月，玉林市科技特派员一共建立了科技种植（养殖）示范基地87个；引进、推广种养新品种135个，实用新技术134项，培育形成产业链13条。

【知识产权（专利）管理与保护】 2011～2012年，玉林市组织实施知识产权战略推进工程，开展“全民发明创造”活动，实施专利倍增计划，继续对专利申请，专利转化给予资助；继续加强知识产权试点示范，深入开展发明创造宣传活动和打击侵犯知识产权和制售假冒伪劣商品专项行动，提高知识产权创造、运用、保护和管理能力。一是召开全市发明创造大会，进行全民发明创造总动员，玉林市人民政府与各县（市、区）人民政府（管委会）签订了发明创造工作目标责任状，明确目标责任。二是修改完善《玉林市专利申请资助及奖励暂行办法》，继续对专利申请，专利转化给予资助，提高专利申请资助金额和奖励金额，并简化办理手续。修改后的玉林市专利申请资助标准：（一）申请国内发明专利：个人申请的资助2000元/件：收到国家知识产权局或其批准的代办处的受理通知书的，资助1000元/件；提出实质审查请求并且已缴纳实质审查费的，再资助1000元/件；单位申请的资助2500元/件：收到国家知识产权局或其批准的代办处的受理通知书的，资助1000元/件；提出实质审查请求并且已缴纳实质审查费的，再资助1500元/件。（二）申请国外发明专利的，资助3000元/件。同时符合第（一）、（二）款的发明专利申请只资助一次。玉林市对获得专利授权及专利实施应用奖励范围及金额：（一）获国内发明专利授权并缴纳自授权当年起前三年的年费，给予奖励1000元/件；（二）获国内外实用新型、外观设计专利授权并缴纳自授权当年起前三年的年费，分别给予奖励500元/件、300元/件；（三）获得发明专利授权、并在专利有效期内在本市实施应用的，给予发明专利实施奖，奖励金额为2000元/件；（四）获中国专利奖金奖的项目，奖励10000元/项，获中国专利奖优秀奖的项目，奖励5000元/项；（五）企事业单位（含高校、院所等）发明专利申请总量在全市当年排位前三名且增长幅度超过30%的，分别奖励20000元、15000元、10000元；（六）超额完成市政府下达当年年度专利绩效考评指标任务4%以上的县（市、区）科技行政管理部门奖励20000元，并颁发荣誉证书。修改完善后《玉林市专利申请资助及奖励暂行办法》的实施，激发了社会创新热情，推动全市专利特别是发明专利申请量大幅增长；坚持以企事业单位为主体，启动企业发明专利“扫零”工程，帮助企申请发明专利，提高企业在市场经济活动中的核心竞争力；继续加强知识产权试点示范，开展知识产权宣传周活动，向市民和企业赠送《中华人民共和国专利法》《中华人民共和国专利法实施细则》《如何识别假冒专利》等宣传资料；开展知识产权执法维权“护航”联合执法检查，打击侵犯知识产权和制售假冒伪劣商品行为，对发生在辖区内的专利侵权案件进行查处，提高知识产权创造、运用、保护和管理能力。2012年10月，组团参加2012年10月29日至11月2日第一届广西发明创造成果展览交易会，获得本届交易会最佳组织奖。2012年博白县被自治区列为知识产权试点县。至2012年12月玉林市一共有5个县（市、区）被自治区列为知识产权试点县，有6家企业被自治区列为知识产权示范企业。

专利申请与授权　2011～2012年，全市专利申请2147件（其中发明专利679件，实用新型专利申请1030件，外观设计专利申请438件）；获得专利授权1208件（其中获得发明专利授权63件，实用新型专利授权808件，外观设计专利授权337件）。其中，2011年全市专利申请847件（其中发明专利申请182件，实用新型专利申请441件，外观设计专利申请224件）；获得专利授权521件（其中获得发明专利授权28件，实用新型专利授权348件，外观设计专利授权145件）。2012年，全市专利申请1300件（其中发明专利申请497件，实用新型专利申请589件，外观设计专利申请214件）；获得专利授权687件（其中获得发明专利授权35件，实用新型专利授权460件，外观设计专利授权192件）。2011年末，全市拥有有效发明专利62件，每万人口有效发明专利拥有量0.11件（2011年广西每万人口有效发明专利拥有量0.40件）。2011年玉林市有效发明专利拥有量在广西14个地级市排第6位，每万人口有效发明专利拥有量在广西14个地级市排第7位。2012年末，全市有有效发明专利92件，每万人口有效发明专利拥有量0.17件（2012年广西每万人口有效发明专利拥有量0.56件）。2012年玉林市有效发明专利拥有量在广西14个地级市排第5位，每万人口有效发明专利拥有量在广西14个地级市排第8位。2011年、2012年玉林市的专利申请量和授权量在广西14个地级市中都排在第4位（仅次于南宁市、桂林市、柳州市）。

2011～2012年，玉林市财政资助专利申请647件，资助金额902595元（2011年资助288件，资助金额283870元；2012年资助359件，资助金额618725元）；玉林市财政奖励专利授权及专利实施应用共58件，奖励金额79000元（2011年奖励16件，奖励金额22000元；2012年奖励42件，奖励金额57000元）。

2001～2012年玉林市各年度专利申请、授权一览表

年度	专利申请（件）				专利授权（件）			
	合计	发明	实用新型	外观设计	合计	发明	实用新型	外观设计
2001	134				132			
2002	138				136			
2003	264	13	122	129	161	4	60	97
2004	160	15	84	61	144	1	72	71
2005	219	25	118	76	130	5	75	50
2006	334	33	211	90	167	4	99	64
2007	342	55	203	84	254	4	202	48
2008	450	76	271	103	320	10	247	63
2009	434	75	280	79	332	13	214	105
2010	594	96	329	169	491	10	307	174
2011	847	182	441	224	521	28	348	145
2012	1300	497	589	214	687	35	460	192
2001～2012年合计	5216				3475			

【科学技术普及与宣传活动】 至2012年12月，玉林市有科学技术普及专职人员2206人，科学技术普及兼职人员12146人。全市有非场馆类科学技术普及基地28个（自治区级青少年科技教育基地7个，市级青少年科技教育基地16个，县级科学技术普及基地5个），展区面积12538平方米；公共场所科学技术普及宣传场地1355个（社区科学技术普及活动场地83个，农村科学技术普及场地1260个，科学技术普及画廊12个），科学技术普及示范村1个，科技服务新农村建设示范点10个。2011～2012年玉林市科学技术普及工作主要是围绕市委、市政府的中心工作，组织开展形式多样的科技培训、科技宣传，着力提高人民群众、干部职工的科学素养。继续以每年1月的广西科技活动周，3月的文化、科技、卫生三下乡活动周，4月的保护知识产权活动周，5月的全国科技活动周，10月的科学技术普及大行动，开展科学技术普及进农村、进社区、进学校、进企业、进机关等活动。依托互联网、电信通信网、广播电视网三大网络平台，构建公共技术服务平台和共享的资源数据平台，科技信息服务向民生科技扩展。玉林市科技局和玉林市电视台继续利用电视进行农村科技宣传，在电视节目《农村天地》专栏增设“科技在农家”栏目，进行农业科学技术传播，每星期一期，每期10分钟，分别在玉林电视台新闻综合频道、知识频道轮番播放，每星期播放8次；同时在玉林市科技信息网和玉林电视网开设农业科学技术点播专栏，提供点播服务。2012年，共播放培训节目51期，其中，种养技术（品种）29项（个），科技种养典型12例，农业信息技术10条。2011年5月，在全市中小学中开展了“创新在我身边，科技创造未来”的科学技术普及活动。2012年3月，玉林市在文化、科技、卫生“三下乡”活动周，发放科学技术普及宣传资料6万多份，为群众免费诊病2000多人次，市县（市、区）农业、科技部门联合举办农业实用技术培训，推广种植（养殖）新品种75个、新技术49项，有11500人次参加培训。2012年全国科技活动周玉林市活动和“十月科学技术普及大行动”玉林市活动一共散发宣传资料10万份，展出挂图1000多幅，悬挂标语165幅。

【科技服务体系建设】 2011～2012年，玉林市把发展科技服务业作为推进区域创新体系建设的重要举措。围绕自治区重点产业布局和地方特色优势产业发展，加快建设一批专业化的公共技术服务平台，为中小企业提供研发设计、孵化、中试、培训等服务，提高中小企业科技创新能力。在科技服务体系建设，完善技术推广服务模式方面进行探索：由单一政府主导型的服务体系逐步发展到以政府服务机构为主体，科技、农业、工业、教育等部门合作，企业、专业合作组织、龙头企业等共同参与建立以成果转化、信息服务、创业投资、公共平台、知识产权为主要内容的社会多元化科技服务体系，促进全市科技服务业发展。鼓励科研院所、学校和各级事业单位的专业技术人员参与农村和企业科技服务，通过开展技术指导、项目开发、试验示范、技术培训等，增强科技服务人才队伍力量，提高中介服务机构专业化水平。开展人才培养，为科技服务体系建设奠定社会基础。对乡村干部、乡村能人、农村星火带头人及“大学生村官”等乡土科技服务队伍，通过加强“传、帮、带”和业务培训，提高其素质和能力，发挥其技术“二传手”的作用。积极引进市外科技人才，特别是符合本市农村发展的高素质科技人才，提升全市农村科技服务队伍水平。鼓励广大科技人员深入农村，推广先进适用技术，转化科技成果。加大推进科技特派员试点工作的力度，发挥服务农村的示范带动作用。鼓励涉农

单位和个人以技术入股、参股的形式与基层农民组织建立合作关系，创办农村科技服务机构。明确农村科技服务人员的责、权、利，建立健全奖惩激励机制、约束机制。至2012年12月，玉林市建立了4个公共技术服务平台，分别是玉林市科学实验测试中心、玉林市中小企业科技创新孵化服务中心、玉林市陶瓷产业科技创新研发检测检验平台、玉林市机械产业集群科技服务平台。2011～2012年，玉林市组织实施产业创新人才队伍建设工程，其中培训了农村实用人才2195人（2011年培训1078人，2012年培训1117人）。至2012年12月，全市有广西技术转移示范机构1个。市级科学实验测试机构1个，科技文献服务机构1个，生产力促进中心8个，科技信息研究机构1个，专利代理机构1个，农村科技服务机构253个，国家级企业技术中心1个，自治区级企业技术中心12个，自治区级千亿元产业研发中心1个，自治区级工程研究院2个，自治区级工程技术研究中心4个、自治区级科技企业孵化器1个，市级工程技术研究中心（企业技术中心）38个。2005年玉林市实施农村科技特派员制度试点以来，至2012年12月，玉林市一共选派了科技特派员1100多名，为农业、农民、农村和中小企业服务，其中2012年全市征集并委派了玉林市科技特派员法人单位4家、玉林市科技特派员小分队56支、玉林市科技特派员个人297名；玉林市技术市场管理办公室主任、高级讲师莫立钊等23人被自治区科技厅聘为自治区农村科技特派员。这些机构和人员，形成了玉林市科技服务体系的基本力量，推动了研发设计、创业孵化、技术转移等科技服务业的发展。

技术转移服务工作 2011～2012年，玉林市技术转移服务工作主要是完善技术市场，知识产权、信息平台等综合配套服务体系，提升玉林市技术转移服务能力，促进本地经济的快速发展。重点是玉林市技术转移综合服务公共平台建设，建立玉林技术转移网，为企业、自然人的技术转移提供无偿服务。通过举办玉林市科技主题展和组织企业参加大型科技会展，技术推介会，项目对接洽谈，项目签约，技术对接，技术合同认定，跟进服务等形式，无偿提供企业、高校、科研院所之间的搭桥对接服务，促产学研合作，科技成果转化。2011～2012年，促成签订科技合作项目10项，签约金额26500万元；帮助中小企业策划、包装科技项目10项，成功配对项目5项；开展全市技术转移业务培训，培训人员100多人；2011年认定一份签约金额为2.2亿元的技术转让合同，创广西单笔技术合同认定签约金额之最，将近占当年广西技术合同认定签约金额4.84亿元的一半。创新服务形式，组建科技特派员小分队，与广西南山瓷器有限公司等四个企业签订科技特派员派驻服务协议，无偿为企业、农村种养大户进行个性化服务。2012年，玉林市中小企业科技孵化服务中心有入孵企业40家，毕业企业3家。截至2012年12月，全市有100多家企业与高等院校、科研院所建立了产学研合作关系，借市外科技之力提升企业创新能力。2011～2012年，全市组织策划包装申报国家科技型中小企业技术创新基金9项，国家农业科技成果转化资金14项，国家火炬计划1项、国家重点新产品计划2项，国家星火计划14项，向自治区科技厅推荐申报广西科学研究与技术开发计划项目176项，广西农业科技成果转化资金项目19项，自治区千亿元产业重大科技攻关工程项目20项，国际科技合作基地项目2个；组织技术交易活动4次，其中组团参加2012年10月29日至11月2日在南宁市举办的第一届广西发明创造成果展览交易会，组织了玉林市41家企业代表、26个专利权人，以及市、县（市、区）两级政府相关人员共185人参会，玉林市有135件专利和专利产品及地理标志产品在会上展示展销，参展项目涵盖机械制造、新材料、新能源、节能环保、生物技术、健康产业等领域。有20件发明专利进入发明专利展厅展览；有34件专利成果推介对接洽谈。本届交易会玉林市参展单位成功签订专利成果交易合同3份，合同成交额共计2070万元；有2件专利在展会进行拍卖；有些项目达成意向性签约。2012年，玉林市中小企业科技孵化服务中心有入孵企业40家，毕业企业3家。截至2012年12月，全市有100多家企业与高等院校、科研院所建立了产学研合作关系，借市外科技之力提升企业创新能力。玉林市技术市场管理办公室和玉林市科技局共同承担的广西科学研究与技术开发项目："基于'玉林市中小企业商机博览'技术转移平台服务建设"，玉林市技术市场管理办公室承担的广西科学研究与技术开发项目："玉林市技术转移服务示范建设及能力提升"都按计划完成了考核指标。经委托广西科学技术情报研究所（国家一级科技查新咨询单位）对这两个项目进行科技查新，项目"基于'玉林市中小企业商机博览'技术转移平台服务建设"

的查新结论是："在以地市级技术市场管理机构建立的技术转移服务体系中，除广西玉林市外，未见广西地级市有建设具备上述特点的基于科技展会（博览会）/洽谈会的技术转移平台的公开文献报道。"；项目"玉林市技术转移服务示范建设及能力提升"的查新结论是："在技术转移服务体系中，未见国内的地市级技术市场管理机构有组建科技特派员小分队对企业进行服务的公开文献报道。"这两个项目都顺利通过了自治区科技厅组织的专家组验收。玉林市技术市场管理办公室继2009年荣获中国技术市场最高奖"中国技术市场协会金桥奖"后，2011年被评为"广西技术转移示范机构"，成为广西第一批7个技术转移示范机构之一。2011年，玉林市技术市场管理办公室主任、高级讲师莫立钊荣获中国民营科技发展最高奖——"中国民营科技发展贡献奖"、中国技术市场最高奖——第五届"中国技术市场协会金桥奖"。

【科技交流与合作】 2011～2012年，玉林市科学技术合作与交流工作以科学发展观为指导，结合实际，突出重点，围绕增强自主创新能力和经济社会发展需求，努力深化务实合作，加强厅市合作、市校合作，继续重点支持玉林市企业与广西大学开展科技合作，推动企业与科研院所合作，政、产、学、研合作，向多渠道、宽领域、多层次发展，推动玉林科技"引进来"和"走出玉林"，提升玉林科技发展水平，促进玉林对市外科技合作与交流，加快经济社会发展。

厅市合作　2010年10月11日，自治区科技厅和玉林市人民政府签订了2010年10月至2013年12月为期三年的《广西壮族自治区科学技术厅玉林市人民政府工作会商制度协议书》，从签订协议书之日起建立厅市科技工作会商制度，以协调自治区创新资源，合力提高玉林市自主创新能力，发挥科技对玉林经济与社会的支撑和引领作用，加快构建城乡一体化发展格局。2011年自治区科技厅支持玉林市厅市会商科技项目经费350万元，实施厅市会商确定的三个主题：一是共同推进玉林市中小企业科技创新孵化平台建设，建设陶瓷产业科技创新研发与检验检测中心平台和农业机械产业科技创新研发与检验测试中心平台，开展对陶瓷、农机产品检验检测。二是共同推进玉林特色农业产业科技攻关和基地建设。选育适合区域性超级水稻新组合2个，企望亩产达到720千克以上；选育优质常规水稻品种2个，企望亩产达到500千克以上；建设陆川猪产业化和优质肉鸡产业化科技示范基地，企望到2013年基地出栏商品猪达到150万头以上，开发陆川猪深加工产品5个以上；建设优质肉鸡养殖示范基地2个，年出栏优质肉鸡达到500万羽以上，开发优质肉鸡深加工产品3个以上。三是共同推进玉林市现代中药产业发展，到2013年建成特色中医天冬、金银花和莪术良种选育和标准化育苗及规范化种植示范基地5个，种植面积达到3333.33公顷以上、实现规范化药材种植年产值达到4亿元以上，中成药二次开发新产品年产值达到3亿元以上，流通领域年流通额达到100亿元以上。

市校合作　2011～2012年，玉林市企业与广西大学合作实施科技项目10个（每年5个）。按照2007年11月17日玉林市人民政府和广西大学签订的科技合作协议，从2008年起玉林市企业和广西大学每年合作研发项目5个，玉林市财政每年补助项目经费100万元。2008～2012年，玉林市企业已经与广西大学合作研发项目25个。2011年7月，玉林市人民政府和清华科技园运营公司——启迪科创（北京）科技发展有限公司签订了合作协议书，双方决定共同建设清华科技园玉林分园。2011年12月，玉林市人民政府和中国农业科学院签订了共建海峡两岸（广西玉林）农业合作实验区战略合作协议书，旨在加强市院农业技术合作。

企业科技交流与合作　2011～2012年，玉林市每年组团参加1月在南宁市举办的广西科技活动周，5月参加在北京举办的北京国际科技产业博览会，10月组团参加在南宁市举办的中国—东盟博览会，11月组团参加在深圳举办的中国（深圳）国际高新技术成果交易会等科技展览和科技招商引资金、引技术、引人才活动，以促进玉林企业与国内高校、研究机构和企业开展技术交流与合作。2012年1月，在南宁市举办的第二十一届广西科技活动周暨广西新技术新产品交流交易会，广西科技活动周组委会特别为玉林市设立一个节能发动机专题馆，展示玉林玉柴集团在发动机低碳新技术上取得的创新成果。本届展会，玉林市科技合作签约项目投资额有1.73亿元。玉林市2011年1月获得"第二十届广西科技活动周优秀组织奖"，2012年1月获得"第二十一届广西科技活动周暨广西新技术新产品交流交易会优秀组织奖"。

组团参加第一届广西发明创造成果展览交易

会　2012年10月29日～11月1日由自治区人民政府主办，南宁市人民政府、自治区科技厅和自治区知识产权局共同承办的第一届广西发明创造成果展览交易会在南宁市国际会展中心举办。玉林市组织41家企业代表、26个专利权人和市、县（市、区）两级政府相关人员共185人参加本届发明创造成果展览交易会。玉林市有135件专利和专利产品及地理标志产品在本届发明创造成果展览交易会展示展销，参展项目涵盖机械制造、新材料、新能源、节能环保、生物技术、健康产业等领域。玉林市有20件发明专利进入发明专利展厅展览；有34件专利成果推介对接洽谈。本届交易会玉林市参展单位成功签订专利成果交易合同3份，合同成交额共计2070万元；有2件专利进行拍卖；有些项目达成意向性签约。本届交易会玉林市获得金奖奖项1个，银奖奖项5个，手工业创新奖奖项4个，中小学生发明创造特别奖奖项1个。

（莫立钊）

百色市

【概况】　2011～2012年，百色市启动第五轮创新计划和“十二五”科技发展规划，各项工作开局良好。共建立自治区工程技术研究中心4家、市级工程技术研究中心9家，引进开发工业先进技术8项、农业新技术15项，获自治区新认定的现代农业产业科技示范县（区）6个、新农村建设科技示范乡镇2个、示范村4个。“三农”科技信息服务网覆盖12个县（区），每年组织5次以上大型科普活动，开展科技培训6万人次以上。全市有右江区、田阳县、田东县3个县（区）通过全国科技进步考核。完成百色市人民政府与自治区人民政府签订的专利申请目标责任状任务。

科技网络信息服务平台建设、工业制造业信息化技术应用、农业科技信息化技术应用成效显著。防治传染病、心血管疾病、糖尿病等重病治疗技术得到全面推广，医疗、卫生科技实力增强。组织参加各类交易会展示项目及成果近110项（次），签订科技项目合作协议16个，协议金额6亿多元。专利与知识产权管理工作进一步加强，企业与高等学校、科研院所合作（依托）关系更加紧密。公安、消防科技强警进一步强化。大气跟踪监测、地震监测和预防、垃圾处理技术等进一步深化。平果强强碳素制品有限责任公司、靖西一洲锰业有限公司、靖西湘潭锰业有限公司被自治区认定为高新技术企业。建立国家级铝金属产品质量监督检验中心、国家杂交水稻工程技术研究推广中心东盟分中心、广西百色国家农业科技园区博士后科研工作站。

【第五轮创新计划】　*企业自主创新能力提升工程*　百色市坚持通过政策引导，推动企业建立工程技术研究中心，开展技术攻关。已在百色美联、平果博导、苏源投资等9家企业建立市级工程技术研究中心。已有强强碳素、银海铝业、百色矿务局、中铝广西分公司等4家获得自治区级工程技术研究中心。其中，强强碳素公司组建的广西碳素工程技术研究中心与东北大学合作，研究碳素节能降耗。年投入销售总额3%以上的科研开发经费，申报6个国家专利，3个已获证书。被评为第一批广西优秀民营创新型企业，获自治区财政奖励50万元。

高新技术产业促进工程　一是加快培育高新技术企业和创新型企业。围绕高新技术产业领域，不断提高研发水平和成果转化能力，出专利、出成果，提升自主创新能力和市场竞争力。

百色美联能源公司联合桂林电子科技大学，开展“煤矿透水灾害探测关键技术研究与产品示范”项目研究，研制出TVLF煤矿探水雷达，得到中国工程院张明高院士等专家的高度评价，认为项目创新性强，研制的探水雷达探测距离深、分辨率高，处于国际领先水平。2012年7月1日，探水雷达首批30套成功投放市场，引发一阵抢购热潮。公司今年生产TVLF—1500型探水雷达500套，同时向市场推出TVLF—150HP井下便携式超前探水雷达1000套，产值超10亿元，实现利税近3亿元。

二是开展传统技术改造，推进“千亿铝产业工程”。根据国家发改委审核通过《广西百色生态型铝产业示范基地实施方案》，开展节能减排，着力构建生态产业链。2012年，百色工业园区成为广西第二个国家授牌的“国家新型工业化产业示范基地”。

中铝广西分公司通过发明专利的应用，已建设年处理75万吨赤泥的生产线并稳定运行，回收铁精矿品位55%以上，回收率35%以上，外排赤泥减少15%以上。

百色银海铝业实施的“节能环保铝电解先进集成技术引进与合作开发”项目，电解铝工艺电流效率保持在93.5%以上，吨铝直流电耗减少1300千瓦时，吨铝成本下降585元。

广西强强碳素公司实施的“铝电解用石墨化阻流块技术研发”项目，产品应用在铝电解生产中，吨铝节电1000千瓦时以上，减少CO_2气体排放1.74吨以上。

三是加快培育新兴产业。苏源投资公司投资10亿元，利用研磨成超细微粒的碳酸钙粉，添加无毒树酯制成环保纸，至2012年底，已达年产2万吨能力，填补了广西的碳酸钙造纸生产的空白。

科技兴农能力提升工程 一是加强农业科技示范基地建设。围绕玉米、芒果、蔬菜、油茶等产业，推广优良品种和先进技术。田林县投入150万元建设良种采穗圃，投入6万元培训资金，推进了低产油茶林的技术改造。

二是加快培育科技型农业龙头企业。鼓励企业开展深加工技术研究活动，提高产品附加值。凌云浪伏公司开发出6大茶类20多个产品。2012年5月，公司获农业产业化国家重点龙头企业称号。

三是加快农产品标准化建设。大力发展无公害、绿色、有机农产品，“三品”认证总面积13.15万公顷，认定38个，大幅提升产品质量检测合格率，全市农产品质量检测合格率99.15%，

产业创新人才队伍建设工程 百色市通过设立人才专项资金、小高地建设资金，依托工程技术研究中心，引进培养产业创新人才和团队。其中，引进中国工程院2个院士作为技术顾问，为田东竹子、凌云浪伏等2个市级工程技术研究中心揭牌。2012年7月15日，百色市人民政府与华南农业大学签订合作协议，在百色建立博士后工作站，开展科研和人才培养工作。

科技成果转化能力提升工程 百色市积极整合生产力促进中心、技术市场等平台的科技资源，为成果转化提供服务。强强碳素公司自主研发两项发明专利，通过技术转让和合作开发，获技术转让费10882万元。嘉润成建材公司通过发明专利成果转化，年利用建筑垃圾和矿山废渣45万吨，生产绿色建筑免烧砖1.8亿块，年产值7200万元。

知识产权战略推进工程 百色市人民政府出台《百色市专利申请资助和奖励暂行办法》《百色市专利培增计划》，与12个县（区）人民政府签订责任状。同时，通过召开会议、扩大宣传、加强培训、优质服务等，推进专利申请取得突破性进展。据广西知识产权局门户网站公布数据，2012年，该市专利申请量达476件，同比增长173.56%，增幅排全自治区第二位。其中发明专利284件，占专利申请量59.66%，比百色市人民政府与自治区人民政府签订目标任务120件多出164件，完成目标任务236.67%，排全自治区第二位。提前半年超额完成全年目标任务，成为全自治区第一个完成全年目标任务的地级市。12个县（区）人民政府都完成了与市人民政府签订的年度专利绩效考评目标任务。

科技惠民能力提升工程 一是加强科学技术普及。深入开展科技三下乡、咨询、科普讲座等活动，加大技术与良种的推广应用。在全国活动周期间，共开展科技三下乡65次，举办培训50场，培训人数1万多人次。

二是开展科技富民强县试点示范。至2012年，该市先后有田阳、右江、平果、田东等4个县（区）获得国家科技富民强县项目支持，通过实施芒果产业化、甘蔗产业链开发、肉兔养殖、竹子产业化等项目，带动了农民致富和财政增收。

三是开展科技服务新农村建设示范。百色市有2个示范镇、4个示范村新获自治区认定，开展了芒果、甘蔗、葡萄、云耳、茶叶、香葱、生态养殖等产业科技示范。通过示范，带动农村生产发展、农民生活质量提高。

【科研项目与经费投入】 2011～2012年，百色市人民政府安排到该市科技局的研发经费情况为：2011年318万元；2012年3750万元。

2011年，全市共组织申报国家、自治区级科技计划项目63个，获国家、自治区支持项目42个，支持经费1522万元，其中，获得国家农业成果转化资金支持项目2个，经费120万元。获得自治区支持项目40个，经费1402万元。下达市本级科技计划项目82个。其中，40个项目由承担单位自筹项目资金，对42个科技计划项目给予经费支持，支持科技经费458万元。

2012年，全市共组织申报国家、自治区各类科技项目73个，全市共获自治区级以上科技项目支持57个，经费2060多万元，获得支持的项目和经费位列全自治区第4位。其中，国家项目4个，经费566万元；自治区项目53个，经费1494万元。右江区甘蔗产业、田东县竹子产业分别获得

科技部富民强县项目支持 145 万元和 200 万元。

2011～2012 年，百色市在实施农业科技项目中，重点实施国家富民强县项目 3 个：右江区实施的“蔗糖循环生态产业链开发”项目，建立示范基地 666.67 公顷，集成推广甘蔗高产高糖节本技术 9 项。平均公顷产 97.5 吨，平均蔗糖份 14.7%，幅射面积 2.67 万公顷；平果县实施“优质肉兔养殖及深加工产业技术示范”项目，通过“公司＋协会＋基地＋农户”模式，利用农作物秸秆生产颗粒饲料，并开发兔肉深加工，企业年新增产值 500 万元以上，全县养兔规模扩大 10%；项目区农民人均增收 200 元。田东县实施“竹子产业化开发与示范”项目。通过开展竹子优良品种种苗繁育推广、竹子高效种植技术示范和竹子深加工产品开发、综合利用以及竹子产业科技服务体系建设，发展壮大竹子加工龙头企业，促进产业发展，带动农民增收致富和财政增收。到项目结束时，全县竹子种植面积发展到 2.067 万公顷，全县农民年人均种竹收入达 1470 元。

2011～2012 年，百色市在实施工业科技项目中，主要是围绕铝工业和制糖业发展为重点，以组织实施节能降耗，提高效益、减少排放和用高新技术改造传统技术项目为主。中铝广西分公司、百色银海铝、德保华银铝、靖西信发铝、亚洲铝型材厂、平果强强碳素制品公司、靖西一洲锰业公司、百色甘化公司、田东思林金荣纸业公司等企业成为区内乃至国内同行企业产品生产科技含量最高的代表。如百色银海铝业公司生产的电解铝产品其信息化技术应用水平达到国内同行的领先地位；平果强强碳素制品公司生产的“铝电解阳极”产品其工艺技术达到了国际先进水平。

2011～2012 年，百色市社会发展科技项目以实施疾病防控和重症病及传染病防治为重点，两年共立项 33 项。

【科技成果与推广应用】 2011～2012 年，百色市共取得市级以上鉴定的科技成果 41 项；获自治区科技进步奖 12 项（一等奖 2 项、二等奖 4 项、三等奖 6 项）；自然科学奖 2 项（二等奖 1 项、三等奖 1 项）；技术发明奖三等奖 1 项；应用推广工业科技成果项目 16 项；应用推广农业科技成果项目 20 项；转让工业科技成果项目 4 项。

2011～2012 年，百色市获市本级科技进步奖一等奖 4 项、二等奖 10 项、三等奖 16 项；获市本级科技创新奖杰出贡献奖 1 项，一等奖 2 项、二等奖 5 项、三等奖 10 项。

2011 年，百色市获广西自然科学奖二等奖 1 项，项目名称：DNA 修复酶基因多态性与 p53 热点突变的相关性及其在肝癌发病中的地位，主要完成单位：右江民族医学院。获广西自然科学奖三等奖 1 项（广西 8 项），项目名称：广西壮族人感染幽门螺杆菌耐药分子机制的研究，主要完成单位：右江民族医学院。

获广西科技进步奖一等奖 1 项，项目名称：重大农业害虫性诱监控技术研发与集成应用，主要完成单位：百色市植保植检站。

获广西科技进步奖二等奖 3 项，项目名称：测土配方施肥技术研究与示范推广，主要完成单位：百色市土壤肥料工作站；项目名称：田东电厂褐煤锅炉掺烧技术研究及应用，主要完成单位：广西水利电力建设集团有限公司田东电厂；项目名称：新型阴极结构电解槽高效节能铝电解技术，主要完成单位：广西百色银海铝业有限责任公司；

获广西科技进步奖三等奖 6 项，项目名称：福云 6 号茶树品种新产品研制与开发，主要完成单位：广西乐业县顾式茶有限公司；项目名称：西南桦人工林丰产技术研究与示范，主要完成单位：百色市林业科技教育工作站；项目名称：氧化铝生产中含铁矿物的脱除与赤泥综合处理工艺技术，主要完成单位：中国铝业股份有限公司广西分公司；项目名称：60 浓密机技术改造及其应用，主要完成单位：中国铝业股份有限公司广西分公司；项目名称：碳素回转窑烟气余热节能减排技术开发利用，主要完成单位：中国铝业股份有限公司广西分公司；项目名称：猫豆产业链支撑技术研究及应用，主要完成单位：广西那坡制药有限公司。

2012 年，百色市获广西技术发明奖三等奖 1 项，项目名称：电解二氧化锰生产中的钛阳极表面活化研究与开发，主要完成单位：广西靖西县一洲锰业有限公司；获广西科技进步奖一等奖 1 项，项目名称：GTX 起爆药及系列雷管，主要完成单位：广西金建华民用爆破器材有限公司、获广西科技进步奖二等奖，项目名称：基干合理可靠性的氧化铝生产在役压力容器检验模式研究，主要完成单位：中国铝业股份有限公司广西分公司、广西华银铝业有限公司。

2011～2012 年，全市引进推广烤烟生产技术 6 项；引进芒果新品种 10 个，栽培管理新技术 12 项，推广面积 2000 公顷；引进生物组培技术 13

项，培育优质苗木45万株；推广水稻免耕技术5.9万公顷；推广免耕技术12.85万公顷，其中水稻完成5.9万公顷，玉米完成6.95万公顷；引进优良种牛5个；引进优良种羊8个；引进水产新品种20个；引进网箱养鱼技术11项，推广养殖水面200公顷；引进化工生产工艺技术8项，生产工业新产品7个；引进选矿技术15项；引进铝材加工技术16项；引进木材加工技术10项；引进中草药育苗及中药提取技术13项；引进推广茶叶生产技术15项；转让电解铝加工技术4项。

【科学技术普及与宣传】 2011～2012年，百色市加大科学技术普及和宣传工作，科普与宣传工作重点围绕科技培训、科技讲座、评比表彰、科技咨询、科技下乡、科技进社区、科技集市等方面共20多项内容广泛开展科技普及和宣传活动。组织全市性科技下乡65项次。全市举办各类科技培训班300期，举办科普讲座、报告会150场，开展大型科普活动40项，播放科普影视、录像800场，发放科技资料、图书13.5万册（份），参与人数85万人次。

科技下乡进社区　一月份广西科技活动周期间，全市共有18个项目参加全自治区集中签约，金额达5亿元。百色市科技局获优秀组织奖、优秀项目奖，全市有7人获先进个人；广西百色美联能源科技有限公司获企业科技科普板报竞赛三等奖；黄大雄被评为广西十大科技种养大王，5人被评为广西科技种养能手。2011年1月25日，百色市人民政府联合自治区科技厅、广西农科院、广西人民广播电台在田东县开展“科技促农惠民闹春耕”现场直播活动，共组织自治区22家农业研究院所、大专院校和农业龙头企业及百色市6家农口部门共60位专家开展现场咨询。

五月份全国科技活动周百色活动，以“携手建设创新型百色，努力实现富民强市新跨越”为主题，在凌云县举办“喀斯特地区少数民族科普行”启动仪式，自治区科技厅纪检组长黎昆参加了仪式。举办了大型科普宣传活动、科普知识问答活动、科普知识宣传挂图展示、青少年科技教育活动、节能减排与环境保护科普知识宣传以及地震、海啸、核辐射防灾减灾安全知识进校园系列活动。其他县区结合实际也开展丰富多彩的科普宣传活动，激发全民参与科普热情。2011年5月12日，百色市科技局联合15个市直单位在百色市森林广场举行防灾减灾日主题活动及科普宣传活动，共发放自然灾害宣传资料3500份、实用技术、资料12000份、法规条例4000份、各种挂图1500张、健康宣传资料4400份。

2011年10月，田阳县科技局和田阳县青少年活动中心联合广西科技馆、广西青少年科技活动中心深入田阳县城及乡镇8所中小学，开展“科技进校园”公益活动，吸引上万名师生及学生家长，促进在校学生的科技探索积极性和创造力。

2011～2012年，全市共组织文化、法律、卫生、农业干部和医务人员开展科技下乡活动50次，举办各类科技培训班82期，举办科普讲座、报告会40场，培训人数1万多人次。参加新技术新产品展览会、科技集市、农产品擂台赛等大型科普活动12次，制作光碟50套送到社区和农村，出版板报、墙报110期，悬挂标语100条，出动宣传车30辆（次）。

科技宣传　2011～2012年，百色市充分利用科技信息网资源，通过网上向社会发布科技信息1320条，向自治区科技厅投稿反映本市科技稿件88篇，向新闻媒体提供有关科技信息51条，向农民发放科技图书、资料8.6万份（册）。市、县（区）科技部门出版《科技工作简报》60期。全市12个县（区）、13个乡（镇）、28个村建立了科技文化站和科技信息网节点，右江河谷4县（区）已经形成了县、乡、村、屯四级科技信息服务体系，科技宣传文化站已经成为农民学习科学技术的重要场所。

科技培训　2011～2012年，市、县两级共投入科技培训经费683万元，其中，财政投入526万元，其他渠道投入157万元，举办水果、蔬菜、种桑养蚕、茶种植和加工、烤烟、中药材、水稻、玉米、乌鸡养殖、网箱养鱼、无公害农产品、绿色食品、有机农产品生产等各类农村实用技术培训班1212期，培训6.12万人次，其中，培训农民3.52万人次，进城务工农民2.3万人次，科技致富带头人1722人次，农村科技服务人员562人次，基层科技服务人员716人次。

（陆荣华）

贺　州　市

【概况】 2011～2012年，贺州市共组织实施创新计划项目82项，总投资约1.13亿元。2012年8

月10日与自治区科技厅召开厅市会商第二次会议，确定“共同推进贺州特色新材料产业发展”和“共同推动贺州农业科技创新条件建设”两大会商议题，并推荐申报会商项目5项，获立项5项，争取经费支持400万元。全市完成地区生产总值由2011年的350亿元，增加到2012年的393.9亿元；财政收入由2011年的26.6亿元，增加到2012年32亿元，增速排全自治区第3位。

【科技队伍】 2011～2012年，贺州市各类人才总量12万人，占总人口比重为5.0%，全市具有全日制本科以上学历的18269人，博士有25人，硕士有468人，具有高级专业技术职称1626人（其中正高专业技术职称43人），中级专业技术职称11299人，初级专业技术职称12434人。从清华、北大、自治区内各高校以及发达地区引进了56名博士、硕士以及正高、副高等高层次人才来贺州市开展社会实践服务或挂职锻炼。

【科研项目与经费投入】 2011～2012年，贺州市承担国家级科技项目4项，项目总投入8510万元，其中国家科技部下达科技经费818万元；承担自治区级科技项目61项，项目总投入9629万元，其中自治区科技厅下达科技经费1792万元；市本级科技项目117项，其中自筹经费项目62项，项目总投入6173.2万元，其中市本级安排科技经费140万元。

【研究与开发】 2011～2012年，结合贺州市委、市政府中心工作重点和第五轮创新计划重点目标任务，按照“强产业、出专利、出标准、出能力、出人才”的目标要求，以产品和技术创新为核心，鼓励和引导企业、机构充分利用科技资源，加强产学研合作，组织申报国家、自治区级和市本级科技项目182项，组织开发工业新产品5个，引进、开发工业先进技术3项，引进、培育和推广应用农业优良品种10个，引进、开发、推广种养新技术6项。

新型稀土金属及其功能材料新产品技术项目 该项目承担单位中铝广西有色金源稀土股份有限公司是一家从事稀土开发、高纯稀土分离及稀土新材料深加工的国内规模高新技术企业。公司拥有年产3500吨高纯稀土分离厂、年产1000吨稀土钕铁硼永磁材料分厂和年产3000吨稀土合金联合企业。现已能生产15个系列近40种不同规格的单一稀土高纯氧化物、稀土钕铁硼永磁材料和稀土金属，该公司研究开发并批量生产钇铕共沉物、氧化钕、氧化铽、铈铽共沉物、N50高性能钕铁硼永磁材料、35UH高性能钕铁硼永磁材料等6个产品获得自治区新产品优秀成果奖。2011年以来，共实施了“混合稀土制备高性能永磁材料技术开发与应用”“混合稀土制备高性能永磁材料技术开发与应用”等4项科技项目，其中1项获得科技部立项，3项获得自治区立项。

铝电解电容器用箔腐蚀化成生产工艺研究与开发项目 项目承担单位贺州市桂东电子科技有限责任公司是一所集电子铝箔开发、生产、服务于一体的国家高新技术企业，在中国铝电解电容器用化成箔行业很高的知名度。公司科研部被认定为自治区级“企业技术中心”，并经自治区科技厅批准作为依托单位组建“广西高精铝箔新材料工程技术研究中心”。该公司依托“焊机铝电解电容器用箔腐蚀化成生产工艺研究与开发”“频闪光铝电解电容器用箔腐蚀化成生产工艺研究与开发”等科技项目的实施，自主研发并应用新的腐蚀、化成工艺配方，生产出高品质焊机铝电解电容器用化成箔和频闪光铝电解电容器，为我国铝电解电容器的生产和发展提供强有力的基础材料保障。该公司承担的“大型长寿命铝电解电容器用腐蚀工艺开发”获2011年广西科技进步奖三等奖。

油茶优质高效栽培技术集成应用项目 贺州市通过实施油茶产业科技重点示范县项目，与广西林业科学院、广西大学等科研院校合作重点推广林地间套种、油茶低改（林地抚育、嫁接换冠、配方施肥、回缩更新、预栽更新等）、苗芽嫁接、新品种栽培和油茶病虫害防治等技术，引进岑软2号、3号等无性系高产优质油茶新品种。2012年，已建成66.67公顷低产油茶示范基地，其中核心连片示范区面积10公顷，6.67公顷的油茶新品种种植示范基地2个，23.33公顷的高产优质油茶示范基地1个，为贺州市油茶产业的可持续发展提供科技支撑。2011年，八步区、昭平县被自治区科技厅认定为油茶产业科技重点示范县，贺州市远东林业有限公司被自治区科技厅认定为油茶标准化生技术示范基地。

富民强县试点示范项目 主要围绕县域特色产业发展，通过开展农业新品种引进、筛选，建立种植示范基地，并繁育特色产业发展所需的优质种苗；开展农业高效、标准化种植示范，引进、集成应用先进适用技术，并进行大面积推广；扶持农业龙头企业开展新技术、新产品的开发；扶

持农村科技服务组织为特色产业发展提供科技服务；扶持企业研究开发新技术、新品种、构建完善农业科技服务体系。组织实施的"加工外销型蔬菜产业技术开发与示范""有机茶产业化开发与示范"荣获国家科技部立项。其中"加工外销型蔬菜产业技术开发与示范"项目，通过与广西大学、广西农学院、贺州学院开展技术合作，引入专家参与项目实施和技术指导，取得科技成果 2 项，拟制种植技术规程 4 项。同时项目区采取引进蔬菜优良新品种 8 个，示范种植面积 74.33 公顷，推广种植面积 1061.53 公顷。在贺州市八步区贺街、莲塘、信都、铺门、桂岭、大宁等 6 个镇建立蔬菜标准化栽培示范基地 177.13 公顷，推广应用蔬菜测土配方施肥 1.03 万公顷，叶面施肥技术 0.82 万公顷，病虫害综合防治技术 1.05 万公顷，示范带动 3.6 万农民参与蔬菜种植。2012 年新增蔬菜种植面积 237.33 公顷，新增产量 1140 万千克，新增产值 3245 万元，新增纯收益 1710 万元，直接安排农民就业人数达 1200 多人，项目区农民人均增收 475 元。

【科技成果与推广应用】 2011～2012 年，该市取得科技成果 198 项，其中专利 173 件，获奖科技成果 26 项，其中获广西科技进步奖一等奖 1 项、三等奖 5 项，贺州市科技进奖一等奖 3 项、二等奖 7 项、三等奖 10 项。

540Vf 液馈高压长寿命化成工艺研究与开发项目 该项目以研制满足变频器用铝电解电容器的电子铝箔为出发点，结合当前国内化成箔生产技术，研发了"硼酸＋FS32＋FA16"组合化成液；结合液馈供电方式，研发出条形组合电极供电技术。结合以上两种技术，形成了四段化成生产流程的液馈高压长寿命化成工艺，生产出升压时间短、漏电流小、损耗低和寿命长的 540vf 优质化成箔，可以应用于 400wv 变频器用电容器，寿命可达 5000 小时以上。目前国内要使用 560～580vf 才能基本满足 400wv 变频器用电容器的要求，寿命约为 3000 小时左右。使用该项目的 540vf 化成箔代替 560～580vf 普通产品，除了寿命更长外，还有两个优点，一是可以节约能源约 3～6%，因为同样比容下低电压化成箔的单位电耗要小于高电压化成箔；二是可以提高比容 2～5%，以满足产品的小型化要求。该项目成果获 2011 年广西科技进步奖三等奖。

35UH 高性能钕铁硼永磁材料 35UH 高性能钕铁硼永磁材料 该项目采用双合金法＋HD＋JM 工艺技术，产品按照国家标准执行，其主要技术指标是：①剩磁 Br：1.17～1.22T（11.7～12.2kGs）；②内禀矫顽力 Hcj：≥1990kA/m（25kOe）；③矫顽力 Hcb：≥876kA/m（11.0kOe）；④最大磁能积（BH）max：264～288kJ/m3、(33～35MGOe)；⑤工作温度 Tw：≤180 摄氏度。产品广泛应用于技术软、硬件驱动力器的音圈电机、汽车启动电机、电动汽车驱动电机、微特电机、变频家电用变频器领域，特别是在汽车电机、风力发电大功率电机领域发挥着愈加重要的作用。该项目成果获 2011 年广西科技进步奖三等奖。

N50 高性能钕铁硼永磁材料 N50 高性能钕铁硼永磁材料 该项目采用最先进的真空速凝工艺、氢爆（HD）工艺、气流磨制粉（JM）、垂直压制＋冷等静压（CIP）技术，并采用真空烧结工艺制备出性能为 N50 的高性能钕铁硼永磁材料，其最大磁能积（BH）max 达到 48～51MGOe（382.1～406kj/立方米），内禀力 Hcj 大于 10kOe（800kA/m）以上；主要用于汽车零部件运用在机电（维特机电）及相关领域，微特电机是指电视电机直径小于 160 毫米或额定功率小于 750W 的特殊性能、特殊用途的电机。用钕铁硼制造的电机效率比普通电机高 8%～50%、电耗降低 10%、重量减少 50%以上，因此在相关领域应用广泛。该项目成果获 2011 年广西科技进步奖三等奖。

高异交结实率两系不育系的选育研究项目 该项目成果是在 2001 年选育成功的两用温敏核不育系贺 S 基础上，针对贺 S 生育期偏长、高温闭颖性差的缺点，导入优质基因，选育出具有良好闭颖性，生育期适中，分蘖力强，剑叶直而短，包颈率低，异交结实率高达 80%左右、制种异交结实达常规稻结实率水平，转育起点温度适中的水稻两系不育系 1 个，提供科研和生产应用。项目的实施，达到了预期的效果：①项目育成的水稻品种已通过广西农作物品种审定 3 个，其中 1 个获得国家植物新品种权，具自主知识产权。②在国内首次研究自然条件下多环境大群体多次选择育种技术，育成两系核不育系孟 S，创新了国内水稻育种技术。③孟 S 的剑叶直而短，包颈度低，制种田不喷"九二 O"激素或少喷就能正常抽穗，平均节本 1398 元/公顷，显著降低杂交稻繁殖制种生产成本。该项目成果获得了 2012 年广西科技进步奖三等奖。

【知识产权（专利）管理与保护】 2011～2012年，贺州市知识产权（专利）工作，围绕“自主创新、科技兴贺”的发展战略，深入贯彻实施《全区开展全民发明创造活动的决定》《广西发明专利倍增计划》，落实全自治区“十二五”期间每万人口发明专利拥有量3件的重要目标，在推动全民发明创造、扩大专利申请量、组织宣传培训、完善各项机制等方面工作取得新的突破。两年来，深入实施《贺州市专利申请资助及奖励暂行办法》和《贺州市实施知识产权战略意见》，不断加大对知识产权（专利）工作的扶持力度，促进该市专利申请量和授权量大幅增长。2011～2012年，专利申请量734件，其中发明专利500件、实用新型专利160件、外观设计专利74件，专利申请量中发明专利占比68.12%；获得授权173件，其中发明专利26件，实用新型专利91件、外观设计专利56件；专利申请量2012年比2011年增长30.82%。2009～2011年连续三年专利申请量增长率全广西设区市排名第二；2011年为全广西年度专利申请量增长及“创先争优”考核中唯一获满分的地级市；2011年获“全国知识产权培训工作先进集体”称号；“2012年全国知识产权人才工作先进集体”荣誉称号。

为推进该市专利行政执法制度建设、机制建设和能力建设，强化知识产权保护工作，营造市场经济的良好秩序。贺州市知识产权局根据上级文件要求，在全市集中开展了专利维权“护航”专项行动。2012年4～6月，组织联合各县（区、管理区）科技系统行政执法人员，先后深入三县两区等20家企业开展专利保护状况调研，对各企业在研发环节的核心技术专利保护进行指导、检查，无发现专利侵权案件。2012年7～8月，与贺州市公安局、工商局、文化局新闻出版局、中级法院、食品药品监督局等多个部门组成联合执法组，在全市范围内组织开展专项行动检查和督导工作，对该市10多家重点经营商场进行了专项检查。共抽查食品、药品、化妆品、保健品、日用品、家电8大类26件专利商品，未发现侵权和假冒专利商品，也没有专利权纠纷调解申请案件。“护航”专项行动的开展，大幅提升企业对知识产权的创造、保护、运用和管理能力，逐步净化专利商品流通领域，优化了市场消费环境。

【科普工作】 2011～2012年，贺州市科普工作宣传贯彻《中华人民共和国科学技术普及法》和《国家中长期科学和技术发展规划纲要（2006年～2020年）》《全民科学素质行动计划纲要（2006年～2010年～2020年）》，科普工作蓬勃开展。一是以全国科技活动周、广西科技活动周、科普日、十月科普大行动等活动为载体，在全市开展形式多样的科普活动。据不完全统计，开展科技下乡241次，参加人数5200人次；举办各类科技培训班98期，参加人数5150人次；举办科普讲座、报告会112场，参加人数8600人次；开展科技活动周、科技集市等大型科普活动35场，参加人数4.3万人次；播放科普电影、电视、录像180场次，观众人数11万人次；发放科技资料、图书5.1万份。先后获广西科技活动周最佳组织奖、科普竞赛三等奖；全国科技活动周优秀组织奖，企业科技科普知识板报竞赛二等奖。二是加大了科技宣传力度。贺州市科普联席会议成员单位进一步加强了与电视、电台、报社、网站等多家媒体的合作，推出了《科技与生活》《科普大篷车》《金色田野》《生活百科》《环保之声》《电力之声》等科普类专栏，扩大宣传面；开通的“12316”三农热线，新增用户2300多户；推出的《奇异的海底世界》和《蝶彩斑斓——蝴蝶标本展》两个普及自然科学知识的展览，展出各项静态标本7400多件，活态标本170多件，接待观众3.5万人次。三是开展青少年科技创新活动，培养创新精神。组织开展贺州市第十一届青少年科技创新大赛机器人项目竞赛，并选拔优秀选手代表该市参加2012年广西青少年科技创新大赛机器人竞赛项目，获得一等奖8个、二等奖1个；该市航模团队参加全国青少年航模广西区赛和全国总决赛，获广西区赛第一名2个、第二名1个，获得全国总决赛金牌1枚、银牌1枚、铜牌1枚；该市获自治区命名的5家青少年科技教育基地，在青少年科技创新和示范带动中起到了关键作用，贺州第二高级中学承担的“青少年航模活动示范机制研究”获得市本级科技进步奖二等奖。

【科技服务体系建设】 2011～2012年，贺州市以加快主导产业科技创新为主线，加强创新平台建设，科技服务体系建设取得了成效。一是快速发展创新平台建设。把支持企业创新研发平台建设，作为提升企业自主创新能力，培育壮大企业，做大做强优势产业的优先手段抓紧抓好，大力支持企业建设创新研发平台。支持桂东电子、金源稀土2家自治区级工程技术研究中心进入关键组建期的建设，指导金广稀土公司顺利获得国家高新技术企业认定及金源稀土公司成为该市继桂东电子公司后的第二家广西创新型企业。二是抓好农业良种培育中心与标准化生产技术示范基地建设。根据《广西壮族自治区农业良种培育中心与标准化生产技术示范基地建设实施方案》要求，进一步抓好已获认定的1家良种培育中心、5家标准化示范基地建设工作，并积极组织推荐第二批自治区农业良种培育中心与标准化生产技术示范基地，新认定优质稻、绿茶加工标准化技术示范基地2家。三是进一步提高科技中介服务体系的服务能力建设。“贺州市技术转移服务平台建设”“贺州市生产力促进中心进园区服务示范研究”“农村科技信息综合服务体系建设与应用”“广西科技文献共享与服务平台贺州市服务节点建设”等科技项目建设成效显著，科技创新基础条件平台建设得以改善，为更好地开展科技创新、技术培训、信息服务等中介服务工作提供了平台。

【科技交流与合作】 2011～2012年，积极利用科技活动周、北京科博会、深圳高交会等平台组织项目推介、洽谈等活动。据统计，在第一届广西发明创造成果展览交易会参展中，该市推荐的《养殖场全自动双渠道水暖恒温热地系统》项目与百色市大型养蛇场初步达成合作协议；广西玖典电子新材料有限公司的《锥形结构节能发射灯罩及其灯具》项目成功与北京一家公司签订了1026.64万元的合作协议；贺州学院专利发明人柳延东副教授的专利《基于多普勒效应的功率自动调节路灯》与广西广拓电子科技有限公司达成合作，签约金额180万元。在第二十二届广西科技活动周中，“钟山县金牡丹茶叶种植生产加工”“果蔬冷藏保鲜加工厂建设示范”“天地源生态旅游休闲农庄建设”三个项目经双方洽谈磋商，达成合作意向并成功签约，项目涉及农产品种植、加工领域，签约金额达8800万元，实现新年科技合作开门红。

（岑燕）

河池市

【概况】 2011～2012年，河池市科技工作坚持以科学发展观为指导，围绕市委、市人民政府的发展思路，以提升全市综合科技进步水平为目标，以增强自主创新能力为主线，以实施创新计划为抓手，以促进科技成果转化为重点，启动实施第五轮创新计划和十二五科技发展规划，科学处置河池市龙江河镉污染事件，狠抓“五大工程”实施，依靠科技进步和创新推动全市经济“破冰运行”“稳进突围”。2012年，全市地区生产总值497亿元，同比下降1.14%；财政收入44.56亿元，同比下降12.15%；规模以上工业总产值294亿元，同比下降24.12%；农村居民人均纯收入4647元，同比增长12.8%；市本级科技三项经费投入430万元，同比增长7.5%。

【科技队伍】 至2012年末，全市已建立5个人才小高地、1个博士后科研工作站、1个自治区工程院。汇集了有色金属、酿酒、桑蚕加工、化工、生态研究、农业等方面的专业技术人才共2.3万人，引进的486名中高级人才中，其中院士2人，博导13人，博士后1人，博士36人，硕士103人。聘请了以何继善院士、杜长华教授为高级顾问的有色金属人才小高地研发团队；喀斯特农业生态人才小高地拥有了曾馥平研究员、陈洪松研究员、聂云鹏博士等一批优秀科研人员的高层次人才集群；河池农作物原种繁育人才小高地组成了韦贵剑、侯春光等同志为骨干的农业技术人才队伍。其中，有色金属人才小高地的10多项产品分获国家、省部级名牌产品，其中，“金海牌”系列产品在英国伦敦金属交易所注册，为中国同类企业首家。

【科研项目与经费投入】 2011～2012年，全市围绕优势特色产业的科技需求，进一步加大共性关键技术攻关，加大科技经费投入，加强科技项目管理工作，在全市财政收入严重下滑的境况下，依然确保科技经费投入的稳步增长。2012年，全市共有32个科技项目获国家、自治区级立项，获得科技项目资金1504万元，较上年增长70.5%，实现历史性突破；下达市本级科技计划项目55项，项目总投资12043.32万元，其中有42项课题获本级财政科技经费扶持，安排本级科技三项经费430万元。

【研究与开发】 2011～2012年，全市加快发展以有色金属新材料、低品位复杂多金属矿先进选冶及综合回收技术、茧丝绸、特色农产品深加工和长寿食品研发为重点的技术研究与开发，努力提高资源能源利用效率，提升产业核心竞争力。

有色金属方面 南方公司先后投入了11783万元，改进铅、锌冶炼烟气综合利用的工艺技术，在自治区内首家成功把锌冶炼 SO_2 烟气制酸技术运用到铅冶炼低浓度 SO_2 烟气制酸上，年可回收生产硫酸约4.3万吨、减少 SO_2 排放约2.5万吨，在广西有色冶炼企业中起到示范推广作用。同时，通过实施煤改气工程，针对铅精炼熔铅锅燃煤系统烟气排放过程中的 SO_2 难以控制问题进行改造，将原来的燃煤燃烧供热改造为煤气，并实施余热综合利用，建设7台余热锅炉，运行的余热锅炉每小时产汽量为74吨，年产汽量302423吨左右，年可节约使用标煤32390吨，较大程度上缓解了环境压力。广西津泰资源再生有限公司应用拥有完全自主知识产权（国家发明专利）的“烟化处理铅锑鼓风炉渣工艺”，获得巨大经济效益。广西金山铟锗冶金化工有限公司采用锌冶炼综合回收锗的技术，达到了全国最先进的铟锗联合萃取法，公司成为广西唯一一家可回收锗的企业。

化工工业方面 广西广维化工有限责任公司开发的乙烯法工艺项目，以生物质资源“甘蔗、糖蜜、桔杆”等生物质资源酿制酒精，酒精生产生物乙烯，乙烯生产醋酸乙烯（VAC）、聚乙烯醇（PVA）、醋酸乙烯-乙烯共聚乳液（VAE）及乙烯下游产品，用最新的乙烯法工艺替代原来高污染、高能耗的电石乙炔法，新的工艺路线具有产品品质大幅度提升、低碳环保效果显著、产品成本明显下降等优点，为广西生物质资源拓新产业道路。2012年公司主导产品醋酸乙烯-乙烯共聚乳液（VAE）生产量达45119吨，与上年同期比增加62.28%；营业收入2.97亿元，同比增长49.46%。

特色农产品方面 广西凤山县农林生产专业合作社实施的泡核桃凤优1号、2号及丰产配套技术中试与示范项目，该项目2012年通过省级林木良种中心审定的繁育适于岩溶山区栽培的泡核桃新品种凤优1号、凤优2号进行丰产培育中试示范，建立中试示范林66.67公顷，新造林保存率提高到95%以上，开花挂果率提前2年以上，达产后亩产核桃150千克以上。创新点是转化广西岩溶山区的凤优1号、凤优2号等核桃新品种及其繁育技术，和丰产栽培配套技术的转化应用，其产量、品质以及相应的繁育、栽培配套技术均处于国内先进或领先水平。项目熟化后，其示范成果可为我国西南石漠化地区种植泡核桃新品种的应用、高效示范建设提供示范样板和技术支持，带动岩溶山区石漠化治理和提高农民经济收入，形成有效解决石漠化地区生态效益和经济收益矛盾的途径，促进广西岩溶山区经济社会走上可持续的发展道路。该项目获2012年广西科技进步奖三等奖。广西巴马常春藤生命科技发展有限公司2011年承担了自治区级科技型中小企业技术创新基金资助项目“火麻（汉麻）籽壳中降血脂功效成效提取技术研究”等3个项目的研发工作，都取得了显著成效，获得较大经济效益。

【科技成果与推广应用】 2011～2012年，全市共获广西科技进步奖二等奖1项、三等奖6项；获河池市科技进步奖一等奖2项、二等奖4项、三等奖7项。2011年有南丹县、宜州市、环江县、大化县、天峨县等5县（市）通过国家科技进步考核评审，在广西综合排名第四位；同时在都安、大化、宜州、环江、罗城、巴马等6县分别在毛葡萄、罗非鱼、桑蚕、山茶油、玉米等农业科技领域被认定为现代农业产业科技示范县。

巨型（龙滩）水电站接地技术研究及应用 龙滩水电站研发。龙滩水电站在500 kV发生单相接地故障时入地短路电流达26.4 kA，电站所在地区地质电阻率极高，按常规方式进行接地无法满足规程要求。通过项目研究，工频接地电位升高按5000 V控制，利用库区红水河河水与河床浅层电阻率较低（33.3～37.6Ω.m）的有利因素，通过采取在库区上游红水河中敷设大范围库区接地网并与原有接地系统连接等方式，降低整体接地系统的接地电阻。技术应用后，龙滩水电工程接地系统电阻实测为0.168Ω，小于0.189Ω，取得了预定的效果。该成果获2011年广西科技进步奖二等奖。

混凝土配料秤检定方法的研究及推广应用 河池市计量测试研究所承担项目。重点研究一个或多个称量单元和与其相关联的一个或多个自动给料装置，以及相应的控制装置和卸料装置，通过自动称量给料方式，在承载器里将骨料、粉料和液体独立分成为预先设定的重量的装料或载荷，然后将这些物料传送到搅拌机里迅速搅拌成混凝土出料。成功研制出以静态称量准确度检定与动态装料准确度相结合的集成方法，对混凝土配料秤进行科学精确检定的方案。项目通过专家组评审并由广西质量技术监督局发布实施，由河池市计量测试研究所在全广西组织推广应用，已成为

广西的检测法定依据。

【知识产权（专利）管理与保护】 全市加强实施知识产权战略，大力宣传《专利法》和《广西专利保护条例》，围绕专利申请、应用和保护开展各项工作，每年认真开展“4·26”知识产权保护宣传周活动，组织召开知识产权保护与执法工作会议暨打击侵犯知识产权和制售假冒伪劣商品专项行动，突出加强生产源头治理、市场监督管理、进出口环节和互联网等领域的知识产权保护、刑事司法打击、使用正版软件、知识产权保护宣传等6方面工作，全面提高了企业和社会公众的知识产权意识。

2011～2012年，共申请专利489项，其中发明专利210项，实用新型专利155项，外观设计专利124项。建立了2家专利代理机构，出台了《河池市专利工作奖励办法》，举办了20场次专利工作培训会，聘请和选派14名自治区级专利工作特派员进驻企业指导工作，推动全市专利工作上档进位。2012年发明专利申请量完成全年任务143.81%，同比增长155.93%，增速在全自治区排名第五位。

【科普工作】 全市科普工作以开展科普宣传和青少年科技创新活动、推进科普惠农兴村计划实施为重点，进一步提升全民科学素质。举办“十月科普大行动”活动，推进科普大篷车进社区、进校园、进企业活动，先后深入11个县（市、区）35个行政村（社区）、19个基层单位、25所中小学校、27个企业开展科普活动。举办气象科普山歌会、海洋生物展览活动、应急科普宣传演练等系列活动，2011年组织推荐优秀作品参加广西2011年广西青少年科技创新大赛，获一等奖1项、二等奖5项、三等奖12项。推进全国科普示范县创建工作，宜州市被中国科协命名为2011～2015年全国科普示范县。2012年，全市有3个农技协会、1个科普基地、1个农村科普带头人被自治区科协、财政厅评为2012年广西“科普惠农兴村计划”先进单位和带头人；还有3个协会、1个科普基地、1个科普示范社区被中国科协、财政部评为2012年全国“基层科普行动计划”先进单位，共获得奖补资金134万元。

【科技服务体系建设】 至2012年末，全市建立国家火炬计划河池有色金属新材料特色产业基地，建成1个千亿元产业研发中心、4个自治区级工程技术研究中心、8个市级工程技术研究中心、1个博士后科研工作站、1家自治区工程院、1个中关村大学科技园联盟河池工作站，2家自治区生产力促进中心、10家县级生产力促进中心、2个专利代理机构河池工作站、1个广西大型仪器合作共用网河池服务站、1个广西科技文献平台河池服务站和一批国家科技星火专家大院等，全市科技创新体系初步形成。

【科技交流与合作】 2011年，河池市与北京矿冶研究总院签订了科技合作协议，进一步加强了与北京有色金属研究总院、广西大学、桂林电子科技大学、广西民族大学、昆明理工大学等国内科研院所和高等院校的科技交流合作，实施了一批推动有色金属产业发展的重大科技项目和标准化示范项目，形成了以政府为引导、企业为主体、市场为导向、产学研相结合的自主创新体系，培育了一批高新技术企业和高新技术产品，取得了一批新技术、新产品的自主创新成果。2011年5月份北京科博会期间，河池市与高校院所签订了6项合作协议。河池市南方有色冶炼有限责任公司与北京有色金属研究总院就《新型电锌用Pb-Ag-Ca-Sr惰性阳极的开发与应用》项目签订了合作协议，与北京矿冶研究总院签订了“低银长寿命电积锌用铅基阳极材料的开发与应用”等合作项目。同时，全市积极推进科技特派员工作，已引进自治区内外高校、科研院所派出的25名高学历、高职务、高水平的自治区级科技特派员入驻全市，帮助派驻单位提高企业创新管理、科技研发和自主创新能力。2012年开拓了与北航、北京化工、北京林大、北京科大、中国农大、中南大学等6所高校建立科技合作关系。不断拓宽合作领域，扩大合作范围，在产品开发、产业升级、人才培养、市场开拓等多方面展开“大合作”，促成了多项合作项目。

2011年，河池学院邀请自治区内外专家、学者来开展学术指导，举办学术讲座30多次；安排教师到各地开展科技讲座或学术报告10多次；学院师生公开发表的科研论文有600多篇，其中核心100多篇，SCI等四大检索收录论文20篇。

（韦映凡）

来宾市

【概况】 2011～2012年，来宾市组织实施《关于来宾市实施创新驱动发展的决定》和第五轮创新计划，开展科技服务“三农”活动，加强科技对外交流与合作，狠抓知识产权管理及保护工作，全市科技事业得到发展，创新能力提升，推动全市经济社会更好更快地发展。2012年全市完成地区生产总值519亿元，同比增长11.8%，连续十年保持两位数增长。其中一产增加值130亿元，增长7.7%；二产增加值240亿元，增长15.6%；三产增加值149亿元，增长8.4%。

【科技队伍】 截至2012年底，全市共有专业技术人员23524人，其中：有高级专业技术职称人员758人，中级专业技术职称人员11051人，初级专业技术职称人员11715人。各类人才结构：工业科技人员1002人，占4.26%；农林科技人员1757人，占7.47%；教育科技人员16206人，占68.89%；卫生科技人员4206人，占17.88%；其他360人，占1.53%。

【科研项目与经费投入】 2011～2012年，来宾市承担国家级科技项目2项，总投资1615万元，其中国家科技部下达科技经费205万元；承担自治区级科技项目37项，总投资15445万元，其中自治区下达科技经费1283万元；市本级科技项目74项，总投资21038.84万元，其中科技经费项目34项，总投资6138.2万元，安排科技经费152万元，自筹项目40项，总投资14900.64万元。

【研究与开发】 2011～2012年，来宾市共组织开发蚕丝绸布、特种纸、沉淀硫酸钡、低铁黄片硫化碱等工业新产品18个，引进开发鲜茧缫丝加工技术、高品位细纤度生丝加工集成技术、木薯淀粉生产节能降耗新技术等工业先进技术15项；汇元锰业公司被列入自治区级创新型企业试点；重点培育广西铁合金有限公司建设自治区级工程技术研究中心；汇元锰业公司承担的“多矿法生产电解金属锰的工艺研究”和“净化渣提取镍钴锰等金属研究及产业化示范”项目，象州红枫科技有限公司承担的“木薯淀粉产业重大共性关键技术集成应用示范”项目，来宾华锡冶炼有限公司承担的“高铟高铁锌精矿节能减排冶炼新工艺研究”等重大项目被列入到自治区千亿元产业重大科技攻关工程；汇元锰业公司、广西铁金有限公司、广西象州华佳丝绸有限公司、来宾华锡集团冶炼厂、来宾东糖集团有限公司5家企业通过自治区企业技术中心认定；汇元锰业有限公司、象州联壮化工有限公司、来宾华锡集团冶炼厂、广西双蚁药业有限公司4家企业通过自治区高新技术企业认定。

2011～2012年，来宾市围绕粮食、蔗糖、桑蚕、草食动物、水果、蔬菜、中药材、木薯、商品经济林、花卉等十大特色优势农业产业，积极组织开展农业技术攻关和农业标准化示范基地建设。先后引进、培育和推广应用桑树良种桂桑优62、桂桑优12号、甘蔗高产高糖良种、水稻中浙优8号、天丰优998等农业优良品种21个，引进、开发、推广小蚕共育新技术、甘蔗深耕地膜覆盖新技术等种养新技术12项；推进兴宾区、象州县2个农业产业科技重点示范县建设。

精品铁合金生产工艺技术研究　来宾市的广西铁合金有限公司通过开展“精品铁合金生产工艺技术研究”课题，研究采用热封炉眼技术生产微碳锰硅合金、大容积摇包脱硅精炼技术生产低微碳锰铁、炉外脱碳脱磷技术生产低碳低磷锰系铁合金。课题对增强企业的市场竞争力、完善调整铁合金产品结构、促进铁合金深加工工艺技术进步发展，均具有重大意义和必要性。项目完成后，开发3个新产品——微碳锰硅合金、低碳锰铁、低碳低磷锰系铁合金。开发3个新工艺——微碳锰硅合金、低碳锰铁、低碳低磷锰系铁合金生产工艺技术，制订1个技术标准，发表1篇国内科技论文。

糖业节能减排降耗增效重大共性技术推广与应用示范　来宾市的广西来宾永鑫糖业有限公司通过课题的推广转化与应用，推动制糖行业技术进步，促进糖业生产技术和装备水平的提高；解决制糖企业技术水平参差不齐，部分技术装备落后，设备陈旧、能耗高、自动化和信息化水平低、人工劳动强度大等问题。

甘蔗脱毒健康种苗繁育技术示范　通过在兴宾区引进甘蔗脱毒健康种苗优良品种，建立甘蔗脱毒健康一、二级种苗繁育基地，开展繁育技术示范；研究甘蔗健康种苗高效繁育推广模式，建立一个现代、高效的健康种苗繁育技术体系；开展科技培训活动，加快健康种苗的推广应用，促进蔗糖业的健康发展。

旱地高产高效栽桑技术集成示范研究　通过在象州县组织实施“旱地高产高效栽桑技术集成示范研究”项目，围绕旱地高产高效栽桑，优良耐旱桑树品种应用，以及机械深耕深松土壤、合理密植、科学剪伐、蚕沙与桑枝还田、智能化施肥、地膜覆盖、节水灌溉（喷灌和滴灌）、病虫草害综合防治等技术进行配套组装集成，在旱地桑园开展应用示范研究。组装集成一套旱地高产高效种桑配套技术，推动象州县桑蚕产业向专业化生产、规模化经营发展，实现农业增效、农民收增的目的。

【科技成果与推广应用】　2011～2012年，来宾市共评选表彰23项科学技术成果。其中，工业4项，农林牧水9项，卫生7项，其他3项。其中，缫丝触蒸煮茧新设备的研究及开发应用等7项科技项目获得来宾市科技进步奖一等奖；壮医木药灸疗肩周炎的临床研究与应用等7项项目获得二等奖；优桑优蚕优茧产业化开发与示范等9项项目获得三等奖。

【知识产权（专利）管理与保护】　2011～2012年，来宾市围绕自治区提出的每万人口发明专利拥有量达到3件的目标任务，全市专利工作以策划开展全民发明创造活动为主线，以强化政府组织领导、完善政策措施、优化发展环境为重点，着力推进专利工作，取得显著成绩。一是全面完成自治区下达的专利工作任务。2011～2012年，来宾市共组织申请专利398件。其中，申请发明专利192件，申请实用新型专利138件，申请外观设计专利68件。获得专利授权123件，其中，发明专利16件，实用新型专利75件，外观专利31件。二是加强服务和指导，促进发明创造活动的开展。加强对知识产权试点示范企业的指导，组织实施了《来宾市推动企业实施专利战略试点示范》等项目，在中钢集团广西铁合金有限公司、广西有色金属集团汇元锰业有限公司、广西华锡集团来宾冶炼有限公司等企业建立专利试点示范，引导企业学习运用专利制度，帮助企业制订和完善相应的工作机制，支持企业调整与专利管理相关的职能，为企业提供信息咨询、申报项目、培训企业技术人员等服务。通过开展试点工作，进一步调动企业在专利研究、开发方面的积极性，提高企业知识产权保护意识。进一步提高服务质量。三是广泛宣传，提高全社会发明创造意识。联合组织开展知识产权宣传周活动，深入企业、学校、乡村，以现场咨询、印发传单、展出板报、放映光碟等形式，向市民群众宣传知识产权法律法规及相关知识。每年组织该市专利产品参加全自治区专利集市活动；在政府网站和科技信息网站上公布专利申请指南和相关信息，扩大专利政策宣传。深入工厂、生产车间，向技术人员了解产品工艺、技术措施、设备改造等工作情况，现场指导专利工作，引导企业申请专利。四是加强执法保护，优化专利发展的法治环境。按照国家和自治区的部署，来宾市制定出《来宾市知识产权执法专项行动实施方案》，根据该项行动各个阶段的任务要求，协同该市公安、工商、文化出版等有关执法部门，及时协调解决各领域、各行业、各企业的产权纠纷案件。活动开展以来共受理侵权案件8起，其中：跨地区侵权案件4起，市内企业之间侵权案件4起，涉及生产企业57家、销售单位20余家，案件请求赔偿金额近7000万元，营造保护知识产权的良好环境。

【科普工作】　来宾市发挥科普工作联席会议的职能作用，各有关部门，集成全市科普资源，实施“科普惠农兴村计划”，开展“农民科学素质行动”及“城镇劳动人口科学素质行动”“未成年人科学素质行动”“快乐科普校园行”“领导干部和公务员科学素质行动”等活动，实现科技下乡、科技进厂、科技进校、科技进机关，进一步提高全民科技素质。据不完全统计，全市开展科技“三下乡”活动747次，参加人数98032人次，举办各类科技培训班1117期，参加人数82954人次。其中，农村党员105期，20565人次；妇女39期，18488人次。举办科普讲座、报告会250场，参加人数55902人次。其中，青少年47期，12763人次；干部43场，5814人次；妇女50场，8394人次。开展新技术、新产品展览会、科技集市等大型科普活动。活动项目100个，参加人数93120人次；发放科技宣传资料598460份，图书36496册；开展科技咨询服务，参加咨询活动74571人次；开展科普成果展览，成果展板337块，挂图3226张，产品、样品530件；加大科普投入，政府投入325.5万元，部门（单位）投入76.45万元，社会投入25.2万元。

为了加大科普宣传力度，普及科技知识，来宾市还通过与市、县广电局合作在当地广播电视台开设了《来宾科技之窗》专题栏目，每天分三个时间段（中午12：00、下午15：30、18：30）播放科技知识录像等约1小时，让群众足不出户即学到产业技术。2012年，来宾市科技局进一步加强开展利用县电视频道进行科技培训工作。一年来，利用县电视频道进行科技培训面已覆盖全市70%村委（社区）达285个、覆盖自然屯596个，覆盖城镇和农居13.6万户45万多人口，播放农业科技实用新技术培训节目约900小时，约1900期（次），培训群众77万多人次。

【科技服务体系建设】　来宾市已经形成县（区）区、镇（乡）农、林、牧、蔗、桑、蚕等技术推广站；科技和农业信息服务中心、技术培训中心等科技创新服务体系主体。全市有农技、甘蔗、桑蚕等科技推广服务机构427个，各类技术服务部303个，各类技术培训中心110个，各类专业技术协会324个，建立有县科技信息服务中心6个，开设县、市、区科技信息网门户网站，建设桑蚕专家大院5个，龙头企业技术创新中心11个，32个乡镇信息服务站，28个村级科技信息示范点，54个农业科技110服务站。科技服务覆盖乡镇数52个，覆盖村屯622个，形成了较为完善的县、镇（乡）科技创新服务体系。

【科技交流与合作】　来宾市坚持“走出去、请进来”，通过“两周三会”交流平台，加强与国内科研院所、高校和高新技术企业的广泛合作，引进先进技术和人才，积极开展技术项目洽谈、科技成果展示等交流活动，实现了产学研的有机结合，提高了科技成果的转化和产业化水平，促进了“引技术、引人才、引智力”的工作发展。首先，建立产业人才小高地，集聚高技术人才。来宾市建立了“重晶石矿开发利用人才小高地”和“桑蚕种养加工人才小高地”，建立“八桂学者”“特聘专家”等制度，先后聘请自治区蚕业总站顾家栋等15人为市政府经济顾问。引进上海陶土研究所钟树升等122名中高级技术人才，在桑蚕、精细化工、造纸等领域发挥技术引领作用；其次，建设产业科技示范基地企业，转化应用科技新成果。2012年，全市建立甘蔗生产、桑蚕生产、优质稻生产、农产品加工、钡盐加工、蔗渣纸浆生产等科技示范基地和示范企业56个，为产学研合作和科技成果转化应用提供载体。2011～2012年，来宾市共引进高新技术项目125项，实现成果转化项目52项，投资总额达100多亿元。来宾市积极与自治区科技厅沟通，并于2011年与自治区科技厅正式建立厅市工作会商制度，获得350万元的项目经费，用于“桑蚕茧丝科技创新与服务应用”“精品铁合金生产工艺技术研究”和“年处理5000吨净化渣回收镍钴金属的研究”等重大项目的实施，对提升来宾市传统产业发展发挥了重大的作用。

（巫雄斌）

崇左市

【概况】　2011～2012年，崇左市创新体系建设不断完善，自主创新能力稳步提升，支撑全市经济社会又好又快发展，获“广西设区市专利申请增长率第一名”“全国科技活动周优秀项目奖”“广西科技活动周优秀组织奖”“2011年县（市）科技进步考核优秀组织单位”“广西创新计划（2008～2010）目标任务完成市”。2012年崇左市全年完成地区生产总值549亿元，同比增加59亿元，增长12%，连续9年实现两位数增长；财政收入67亿元左右，增长16.2%，总量排自治区第9位，增速排自治区第5位；全社会固定资产投资530.5亿元，同比增加115亿元，增长27.8%，连续三年净增100亿元；规模以上工业增加值187亿元，同比增加29.4亿元，增长19%，增速排自治区第5位。各项经济指标均完成或超额完成任务，并实现两位数的增长速度，部分指标排在自治区前列，比去年有了大跨步的发展。

【科研项目与经费投入】　2011～2012年，崇左市围绕糖、锰等支柱产业组织开展重大科技攻关，共承担各类科技计划项目164项，其中国家级项目6项，自治区级项目110项，市本级项目48项，共获得国家和自治区科技厅经费支持4323万元。2011年，全市共获得科技计划项目立项支持52项，获得经费支持1496万元。其中，国家立项支持3项，获得经费支持303万元；自治区立项支持49项，获得经费支持1193万元。2012年，全市共获得科技计划项目立项32项，获得经费支持1587万元。其中，国家立项支持2项，获得经费支持272万元；自治区立项支持30项，获得经费支持1315万元。崇左市不断加大财政科技投入，科技投入稳步增加。2011年全市财政科技投入7667万元，比上年增长62.33%，2012年全市财政科技投入1.1663亿元，比上年增长52.12%。2010年全市研究与试验发展（R&D）经费13743万元，（R&D）经费支出占GDP的比重为0.35%。2011

年，全市研究与试验发展（R&D）经费15116.2万元，（R&D）经费支出占GDP的比重为0.35%。

【研究与开发】 2011～2012年，崇左市实施千亿元产业工程取得新成果，共组织实施产业重大科技攻关工程项目20项，在蔗糖深加工、锰系新能源、新材料、新装备制造等领域组织开展重大科技攻关并取得重大突破，新增产值5.78亿元，研发新产品7个，新工艺44个，申请专利36项，获专利授权9项。2项国家“863”项目通过国家科技部验收，多项重大技术工艺取得突破，达到全国和世界行业先进水平。中信大锰矿业有限责任公司组织开展锂锰电池级高纯硫酸锰新产品研发及产业化示范、锰酸锂电池材料用低钠型电解二氧化锰新产品的研制、动力型锰酸锂关键技术研究及产业化示范等多项科技攻关，在锰系新材料浓缩结晶、除杂提质、节能降耗以及新技术装备制备等方面取得重大突破。广西凭祥市丰浩酒精有限公司通过开展甘蔗糖酒联产高新技术集成产业化示范、蔗渣水解液态发酵生产燃料乙醇关键技术与示范技术攻关，突破了酿酒酵母菌株及其发酵甘蔗汁生产乙醇的关键技术，攻克了利用蔗渣为原料生产燃料乙醇的关键技术。

崇左市加大糖、锰等特色产业科技创新力度，在锂锰电池级高纯硫酸锰新产品、锰酸锂电池材料用低钠型电解二氧化锰新产品以及高核苷酸酵母抽提物等产品的研究开发方面取得了显著成效。中信大锰公司在锂锰电池级高纯硫酸锰新产品研发方面，研发出一整套专用MVR设备装置并在生产工艺和专用设备方面获得多方面技术专利。同时，牵头制订锂锰电池级高纯硫酸锰新产品国家标准，规范行业技术标准，提高产品质量和带动行业进步。公司年产5000吨锂锰级高纯硫酸锰生产线和年产500吨的锰酸锂电池材料用低钠型电解二氧化锰生产线已经于2012年底顺利投产。中信大锰矿业有限公司为全球锰系新材料产品的重要供应商，为电解金属锰、天然放电锰粉、化工锰粉国家质量标准的起草和审定的主要单位。安琪酵母（崇左）有限公司在蔗糖蜜高核苷酸酵母抽提物发酵工艺研究、糖蜜转化率工艺研究以及分离纯化技术研究方面也取得了重大突破，共申请专利17项，获得授权8项，研发一批新产品，拉长蔗糖产业链。

农业科技创新取得成效，崇左市累计有4个县（区）获国家科技富民强县项目支持，3个县（区）获得自治区科技富民强县项目支持，获经费支持998万元。全市获得自治区级农业产业科技重点示范县5个，获得自治区认定的农业良种培育中心7个、农业标准化生产技术示范基地8个。全市共建立甘蔗“三高”示范基地2333.33公顷，甘蔗良种繁育基地266.67公顷。

【科技成果与推广应用】 2011～2012年，崇左市进行该市科技成果鉴定和登记各12项，广西科技成果登记6项，推荐广西科技进步奖8项，获得2011年度广西科技进步奖二等奖1项。2011年，崇左市共表彰2010～2011年崇左市科学技进步奖20项，“金凤凰”奖、“科技种养大王”和“科技种养能手”等先进个人24名。广西凭祥市丰浩酒精有限公司与广西科学院合作开展的“甘蔗糖酒联产高新技术集成产业化示范”千亿元产业项目，其研发的“甘蔗废糖蜜制取酒精的高效清洁生产技术”获广西科学院优秀科技成果特等奖和广西科技进步奖二等奖。

【知识产权（专利）管理与保护】 2011～2012年，崇左市制定和出台激励政策措施，推进知识产权的创造、运用、保护和管理工作上新台阶。崇左市人民政府成立了知识产权工作领导小组，召开了全市专利工作推进会并出台了《崇左市专利申请资助及奖励暂行办法》，重新修订了《崇左市科学技术进步奖励办法》，提高奖金标准，对专利申请、维护和管理进行资助，全市专利申请量、授权量和拥有量均有大幅提高。2011年全市共申请专利74件，同比增长131.25%。其中，发明专利19件，占全部专利的25.68%，实用新型38件，外观设计17件，获得专利授权36件。2012年全市专利申请量115件，同比增长55.41%，其中，发明专利申请量66件，同比增长247.37%。2011～2012年，崇左市加强知识产权示范企业培育和知识产权试点县（市、区）建设。培育了知识产权试点企业4家，自治区知识产权示范企业1家；培育知识产权试点县2个，建设知识产权试点县（市、区）1个。

【科普工作】 2011～2012年，崇左市开展医疗卫生科技攻关，共下达了24项市级科技计划项目。组织开展科技惠民行动，服务基层，新建7个党员科技教育服务示范基地。启动崇左市党员科技教育“动车组”项目活动，为首批7个党员科技教育示范基地授牌和赠送了一大批农村实用技术书刊。组织开展形式多样的科技下乡活动。崇左市开展防震保安知识巡展暨“富民兴边科普行”科技行动、“携手建设创新型崇左，加快实现富民强市新跨越”为主题的系列科普活动，共展示了新产品、新技术400项，共展出科普图片8700多幅，赠送科普图书、光盘10000多本（盘），设立科普咨询服务台195个，接受群众咨询6万多人次，发放各种科技资料6万多份，举办各类培训30场，培训农民4000多人，全市参与科技活动周的各级科技人员、专家、科普志愿者1900多人，受科普教育人数达3.5万多人。

【科技服务体系建设】 2011～2012年，崇左市共培育各类创新主体13家。培育各类产业工程院、产业技术研发中心、企业工程中心5家，建设科技企业孵化器1个，创新平台建设累计达到10家。全市有自治区创新型企业1家，自治区创新型试点企业2家，市级创新型试点企业8家。

崇左市围绕打造特色产业强市目标，重点开展糖深加工和锰新材料等新兴产业的高新技术攻关，研发技术含量高、附加值大的高端产品，延长产业链，大力发展壮大糖深加工和锰新材料高新技术产业。崇左市高新技术产业业加快发展，全市累计获得高新技术企业认定3家。2012年，全市工业总产值完成476.49亿元，增长12.4%，规模以上工业增加值实现175.13亿元，增长18.8%；全年糖业循环产业产值228.33亿元，增长18.3%，全年锰产值80.82亿元，增长3.9%。糖深加工和锰系新材料高新技术产业快速发展，2012年糖深加工和锰系新材料产品产值突破44.77亿元。高核苷酸酵母抽提物、高纯硫酸锰、高纯金属锰、高性能电解二氧化锰、锰酸锂、四氧化三锰等高新技术产品畅销国内外市场，经济效益显著。中信大锰崇左深加工产业园等一批特色高新技术产业基地初具规模，成为崇左市经济发展的新亮点和新增长点。

2011～2012年，崇左市建立一批科技创新平台，成为支撑全市重点领域自主创新和科技人才团队建设的重要载体，带动了崇左市科技创新能力的整体提升。中信大锰矿业有限公司独立承建广西锰业研发中心和广西锰产业工程院，实现崇左市在自治区级科技创新平台培育建设方面零的突破。截至2012年底，中信大锰矿业有限公司技术中心有科研大楼2栋，面积2000多平方米，中试示范基地1个，面积5000多平方米；产品质量检测分析平台1个，设施完善，拥有进口垂直观测型全谱直读等离子体发射光谱仪、粒度分析仪、比表面积分析仪、自动电位滴定仪、伏安极谱仪、原子吸收分光光度计、原子荧光光度计、等先进大型检测设备30多台（套），可满足各种产品性能测试和试验控制的要求。具备国内行业内企业最强的技术研发创新能力和基础条件。2011年以来，公司先后投入近2000万元，加强了公司技术中心各项研究开发及实验条件基础设施建设，已具备较好的锰新产品开发、应用研究、性能测试的技术服务条件。广西丰浩糖业有限公司承建的甘蔗生物炼制技术研究中心、安琪酵母（崇左）有限公司承建的酵母技术研发中心等科技创新平台建设也得到加快推进。

崇左市以实施重大科技项目和建设科技创新平台为载体，加强科技创新团队建设，建设一批糖业、锰业人才小高地，全市组建3个科技创新人才团队，建立了2个自治区级人才小高地、5个市级人才小高地。中信大锰锰业人才小高地以“柔性引智”方式聘请和引进以中国工程技术突出贡献奖、全国优秀科技工作者、享受国务院特殊津贴的电解二氧化锰专家李同庆等高层次人才28人，其中：博士后1人、博士（博导）8人、硕士5人，本科14人。

【科技交流与合作】 2011～2012年，崇左市依托广西科技活动周、全国科技活动周、北京科博会、重庆高交会、首届广西发明展、深圳高交会等重大科技活动交流平台，寻求国内外经济、技术、人才合作。全市共组织68家企业145个产品以及2100多名科技人员、农民、企业代表到会参观、展览和展销，组织68个项目、41个技术需求项目到会推介，7个项目在签约仪式进行签约。加强与越南等东盟国家开展国际科技合作与交流，面向中越边境蔗区示范推广甘蔗良种和高产种植技术应用，与越南谅山省科技厅合作建设“农业综合技术示范基地”，拓展合作领域。

深化产学研合作，促进科技资源整合利用。组织企业与有关高校洽谈活动。扶绥沣桦酒业有限公司与广西大学资源环境学院达成了木薯酒精废液减排及资源化利用技术开发合作协议。组织有关企业参与全国、全区行业技术创新联盟，加强与高校院所合作，协助企业引进科技特派员等各类创新人才。组织广西凭祥市丰浩酒精有限公司通过参加全国甘蔗产业技术创新联盟，组织崇左森隆林化科技有限公司参与广西松脂产业技术创新战略联盟，促进科研院校重大科技成果产业化。

（黄婷婷）

高新技术产业开发区、农业科技园区科学技术

南宁国家高新技术产业开发区

【概况】 南宁高新技术产业开发区成立于1988年8月，成立之初规划面积为8.5平方千米，1992年11月经国务院批准为国家级高新区（以下简称南宁高新区）。2002年托管心圩街道办事处后向快环以北拓展到18平方千米。2011年4月，南宁高新区代管安宁街道办事处后，规划管理区域面积已达80平方千米。南宁高新区功能区规划为一园四区，即高新科技产业园和文教区、商业中心区、配套住宅区、科技工业园区。

南宁高新区位于南宁市西北郊，地处广西科技资源密集区中心，聚集了广西大学、广西科学院、广西农业科学院、广西民族大学、广西财经大学、广西中医学院等47所大中专院校和科研机构。离火车站3千米，离机场30千米。距防城港175千米，钦州港104千米，北海204千米。周长40多千米的快速环道和周长80多千米的高速环道，由东向西横穿高新区。

南宁高新区充分利用广西特色资源禀赋和区位战略优势，大力推进生物工程与制药、电子信息、汽车零配件与机电产品制造三大特色产业向主导产业转变，集中整合各类资源与三大特色产业实现有机结合，不断促进产业技术结构升级。加快培育生物技术、健康产业和新一代信息技术三大战略性新兴产业，努力形成领先的产业集群和创新集群。截至2012年，南宁高新区已形成生物工程与制药、电子信息、汽车配件与机电制造三大主导产业。

【经济运行】 2011年，南宁高新区实现政策区营业总收入820.6亿元，同比增长20.67%；实现政策区工业总产值698.3亿元，同比增长27.74%。新建区共198家规模工业企业，共完成规模以上工业总产值395.9亿元，同比增长57.59%；高新区实现进出口总额12.08亿美元，其中出口总额8.02亿美元，同比增长135%；高新区实现新建区财政收入20.9亿元，同比增长38.59%

2012年，南宁高新区实现政策区营业总收入953.78亿元，同比增长16.23%；实现政策区工业总产值840.62亿元，同比增长20.39%。新建区共198家规模工业企业，共完成规模以上工业总产值462.80亿元，同比增长31.20%；其中产值超亿元企业124家，亿元企业实现产值480.84亿元，占规模工业产值的91.32%。全年实现全部工业总产值539.72亿元，其中，规模工业总产值526.56亿元，规模工业企业达到200家，产值超亿元企业达到124家；高新区实现进出口总额21.00亿美元，同比增长173.78%；其中出口总额12.45亿美元，同比增长155.21%；南宁高新区实现新建区财政收入27.23亿元，同比增长30.29%。

【科技创新】 2011年，园区企业成功申报国家科技项目28项，获资金扶持2590万元，成功申报自治区科技型中小企业技术创新资金项目18项，获资金扶持440万元，南宁市科技计划项目及南宁高新区本级财政技术创新项目共140项，资助资金3500万元。广西威利方舟有限公司承担建设的"闭环肌松注射系统"、广西麦德罗威智能有限公司承担建设的"基于物联网的网控色码直读水表及远传抄表控表系统"获国家火炬计划项目立项，广西地凯科技有限公司的"DK－PV10铜铟镓硒薄膜太阳电池"、广西博世科环保科技有限公司的"上流式多相废水处理氧化塔UHOFe"成功申报国家重点新产品。广西玉柴专用汽车有限公司的"高速公路绿篱修剪车研制及产业化"、南宁邦尔

克生物技术有限责任公司的“新型淀粉酶及优良酿酒酵母菌的改造构建”等28个项目获自治区2012年千亿元产业重大科技攻关工程项目。

2011年，南宁高新区新认定高新技术企业13家，新增专利授权418件，其中发明专利97件；新增软件著作权登记278件。南宁高新区企业与科研机构、高等院校合作开发研究新技术新产品35项。2011年完成技术合同交易额7578.52万元，同比增长87.43%。

2012年，南宁高新区获国家科技型中小企业创新基金立项22个，占全广西的20.4%，扶持资金1275万元，占全广西的19.6%。广西南宁灵康赛诺科生物科技有限公司的“人类重大疾病非人灵长类动物模型研发和应用平台”等3个项目列为国家863项目。各级技术创新项目立项近200项，获资助7500万元。本级财政扶持技术创新专项计划共86项，无偿资助资金17090万元。

2012年，南宁高新区专利申请量和授权量均创历史新高。2012年完成专利申请1694件，占南宁市的45.78%；其中发明专利申请879件，占南宁市的49.27%，同比增长128.90%。专利授权755件，占南宁市的44.83%；其中发明专利授权174件，占南宁市的51.33%，同比增长79.38%。取得科技成果鉴定15项，其中国内领先10项，获广西科技进步奖6项（一等奖1项）、市级科技进步奖11项（一等奖1项）。

在2012年第一届广西发明创造成果展览交易会专利拍卖会上，高新区企业——南宁多灵生物科技有限公司自主研发的一种治疗高血压药物专利拍出了拍卖会最高价1050万元，南宁高新区企业成为“南宁创造”自主知识产权的代表。

【体制机制改革创新】 2011～2012年，南宁高新区管理体制机制进一步完善，政策更加优惠。

——提升机构行政级别。2012年11月6日，中央编办正式批复南宁高新区管委会为副厅级规格机构，成功升格为广西首个副厅级高新技术产业开发区。

——创新人事制度和分配制度。2012年7月，自治区出台《关于加快高新技术产业开发区发展的若干意见》（桂政发［2012］55号），从自治区层面支持创新人事制度与分配制度，南宁高新区可在人员编制总额内自行调整人员配备，试行结构工资与弹性工资相结合的分配制度。

——下放管理权限。2012年12月，南宁市委、市政府出台《关于促进南宁高新技术产业开发区跨越发展的若干意见》（南发［2012］41号），对南宁高新区采取最特别、最特殊、最灵活的政策，赋予南宁高新区行使开发建设所涉及的市级经济社会和行政管理审批权限。

——创新人才机制。2012年10月，南宁市委、市政府出台《关于建设人才特区的决定》（南发［2012］34号），支持南宁高新区建设具有首府特色、广西一流、全国知名的“五特”人才特区。2012年12月，全国第一个落户高新区的中国产学研创新人才培养示范基地、北部湾人才金港在高新区顺利挂牌和开港。

——支持拓展发展空间。2012年，自治区、南宁市出台桂政发［2012］55号、桂政办发［2012］278号以及南发［2012］41号文件明确支持南宁高新区按照“一区多园”的模式建设和管理。

【创新型特色园区】 2012年10月，自治区出台《关于加快南宁高新区建设创新型园区的实施方案》，加快推动南宁高新区创新型园区建设，提升南宁高新区的科技创新示范作用。

2012年11月《南宁高新区创建国家级创新型特色园区建设方案》通过了科技部火炬中心组织的专家论证，并于2013年2月6日获科技部批复，这是南宁高新区被批准为国家级高新区以来建设发展的又一次重大升级，对南宁高新区发展具有里程碑意义。

【人才特区】 2012年10月，南宁市委、市政府出台《关于建设人才特区的决定》（南发［2012］34号），支持南宁高新区建设具有首府特色、广西一流、全国知名的“五特”人才特区。2012年12月，全国第一个落户高新区的中国产学研创新人才培养示范基地、北部湾人才金港在高新区顺利挂牌和开港。截至2012年底，共投入400多万元高标准高质量完成了“北部湾人才金港”项目的办公场地的软硬件设施建设，通过利用人才金港已有的高校、企业、金融、教育等资源，大胆创新人才政策，健全科技创新创业评价机制，抓好人才培养、引进、使用三个关键环节的工作，加快培育高层次创新创业人才和科技领军人物，广泛吸纳海内外高层次人才，帮助园区企业和科研机构引进、培育急需紧缺中高端人才。

2012年，申报人才培养项目51项，立项金额362万元；申报并获批南宁市特聘专家岗位8个，占南宁市的53.3%，广西软件研发人才小高地和南宁市生物工程与制药人才小高地采取“不求所有，但求所用”、合作开发科研项目等方式引进硕士以上人才31人，有力的促进了高新区人才的引进、培养和使用。

【主导产业集群发展】 2011～2012年，战略性新兴产业进一步聚集高新区。继富士康科技集团、丰达电机、中恒制药、博雅肝细胞等知名企业和重大项目落户高新区以来，新浪、华鑫志和、千橡集团（猫扑网）、淘宝网、国电广西公司、中恒制药二期、强寿药业纷纷落户南宁高新区。

生物工程与制药产业　总投资20亿元的中恒集团血栓通系列项目、总投资1.2亿元的三科医疗器械项目、总投资1亿元的富莱欣生物科技项目、总投资2.4亿元的强寿药业项目落户南宁高新区，为南宁高新区打造千亿元生物医药产业园带来强大的发展后劲。

电子信息产业　富士康南宁科技园高新园区（富桂公司和富泰宏公司）、领华数码南宁科技园、中国移动广西通信信息产业园等一批重大工业项目顺利推进，南翔模具、上英印刷、华湘联等一批相关配套企业相继落户南宁高新区，为下一步扩大产业链招商成效起到积极的示范作用。

2012年，南宁高新区生物工程与制药、电子信息、汽车零配件与机电产品制造三大特色主导产业累计完成产值668.37亿元，同比增长40.64%，占产值总量的79.51%，产业集群发展优势明显，并成为孕育本土上市企业的摇篮。继2010年1月皇氏乳业股份公司成功上市，实现上市公司零的突破后，2011年11月八菱科技股份公司A股在深交所正式挂牌交易，2012年9月百洋水产集团股份有限公司在深交所首次公开发行股票。

【现代服务业发展】 2012年，南宁高新区获得了全国首批“国家电子商务示范基地”授牌，成为广西唯一、全国首批34个国家电子商务示范基地之一。在南宁软件园（三期）规划建设中国—东盟电子商务产业园，园区占地面积6.67公顷，规划建设面积20万平方米，总投资5亿元。建设电子商务孵化中心、电子商务培训中心、电子商务公共服务平台等设施，至2012年底，项目已完成土地招投标，正在进行项目评估，图纸设计阶段。建设完成将成为面向东盟的电子商务企业首选园区。在明月湖湿地公园西侧建设中盟科技园，占地面积1.53公顷，总建筑面积6.7万平方米，预计在全部完工后，可容纳3000人办公。至2012年底，园区吸引了新浪网、千橡集团（猫扑网）、淘宝网等一批知名电子商务企业共159家电子商务企业入驻，年营业收入超过15亿元。

2012年，南宁高新区完成国家广告产业园高新区部分的材料申报组织工作，获自治区工商局批准为广西广告产业园。至2012年底已在南宁—东盟总部基地9号区设立创业孵化区，位于南宁高新区滨河路南宁广告产业园发展区南宁广告产业大楼也已完成土地招拍挂以及前期勘测、设计、土建等工作。

【科技创新服务体系】 科技政策　2012年修订了《关于进一步支持中小企业融资的暂行办法》《关于鼓励企业开展标准化工作的暂行办法》《关于鼓励发展自主知识产权的暂行规定》《关于鼓励高新技术企业认定的暂行规定》《关于扶持企业技术创新的若干规定》等一系列科技政策，鼓励企业创新、发展自主知识产权，2012年南宁高新区财政兑现扶持企业技术创新政策近17090万元。

科技企业孵化器建设　2012年已建成孵化场地近20万平方米，支持民营企业建设近4万平方米的专业孵化器，形成了以南宁留学人员创业园、南宁软件园、南宁大学创业园、生物产业孵化园、高新产业示范孵化园、大学生创业实习基地等专业孵化器为主的较为完善的孵化网络，一批知识密集、技术先进、前景广阔的高科技成果和项目在这里孵化、成长。

技术中心建设　2012年，南宁高新区财政连续第3年投入250万元扶持“示范性技术中心（工程技术研究中心）”建设。截至2012年底，拥有国家认可检测（测试）实验室5家，国际认证实验室1家，国家认定企业技术中心1家，国家级工程技术研究中心1家，自治区级工程技术研究中心16家，占全市45.8%，市级工程技术研究中心28家，自治区级企业技术中心23家，占全市47.9%，市级企业技术中心24家。

公共技术服务平台建设　已经基本建成了公共技术服务平台2个，即南宁软件公共技术平台和生物工程技术中心。生物工程技术中心是广西第一家开放型生物工程公共技术平台，2012年开展中试项目28项，其中国家创新基金项目2项，科技成果转化并形成产业化的项目4项。2012年投资500万元新建了药物研发平台，按照化学合成、检测仪器室、植物化学室、药理研究室等功能配置设备。占地27.3公顷、总投资16亿元的生物工程中心升级版正加快推进，2012年已完成投资3亿元。南宁软件公共技术平台升级完成投资500多万元，可为当地软件企业提供包括构件库(4000多成熟构件)、工具库（100多件工具）、开放源码库（19000多项源码）、S-ERP（美国ISPC公司提供的满足CMMI5的质量管理平台）、知识管理系统（包括标准化课题发布库、网上视频培训系统）、微软开发资源库等目前国内最先进的软件园区技术支撑资源和应用支撑服务。在此基础上，还立项建设了南宁软件与服务外包信息平台、北部湾经济区高新技术产业带科技服务信息平台、动漫产业公共服务平台。

科技融资体系建设　与北京、广东等地的PE基金、投资公司进行了接触，已有2家有意在高新区设立总规模约10亿元的产业投资基金。已有3家企业获PE投资。非上市公司股份交易“新三板”试点工作顺利推进，已有7家企业完成了股份制改造。

2011年联创担保与联创创投共计成功开展业务18笔，累计涉及为中小企业解决融资8000多万元。南宁高新区财政出资3000万元风险补偿基金加入广西金融投资集团的三级共建体系，2011年为22家园区企业担保贷款28540万元。

南宁高新区管委会对2011年挂牌上市的南宁八菱科技股份有限公司给予250万元的奖励。对拟进入代办股份转让系统挂牌改制的广西飞日润滑油有限公司、广西地凯科技有限公司、广西圣保堂药业有限公司等3家企业分别给予改制工作启动经费补助20万元。

南宁高新区全资国有的金融服务机构——南宁联合创新融资性担保有限公司在全广西率先采用“园区+信用担保+政府贴息”融资担保模式，推行融资担保“萌芽”计划，2012年先后为园区15家企业提供总额达1.5亿元的信用担保，实际为企业融资担保贷款2.3065亿元。

（伍建源）

桂林国家高新技术产业开发区

【概况】　桂林国家高新区位于风景秀丽的漓江东畔，1997年与桂林市七星区合并，实行“两块牌子，一套人马”方式运作，总面积97平方千米，至2012年末，常住人口为26.67万。

2011～2012年，桂林国家高新区坚持“创新驱动，战略提升”的发展战略，以科学发展观统领全局，以科技为先导、以创新为核心，逐步完善技术创新服务体系，面对异常复杂严峻的国内外经济形势，积极抢抓机遇，努力克服困难，致力发展高新技术产业，实现了经济和社会平稳较快发展。2011年实现技工贸总收入461.65亿元，同比增长18.53%；工业总产值510亿元，同比增长18.6%；上缴税28亿元，同比增长7.69%；实现利润26亿元；出口创汇6.3亿美元，同比增长7.14%。2012年实现技工贸总收入575.98亿元，同比增长24.76%；工业总产值596.2亿元，同比增长16.9%；上缴税29.1亿元，同比增长3.93%；实现利润41.6亿元，同比增长60%；出口创汇6.08亿美元，下降3.5%。桂林国家高新区的科技实力、经济实力以及综合竞争力都得到大幅度的提高。

【技术创新】　2011年和2012年桂林国家高新区分别获得30、49项国家、广西和市级科技进步奖、自然科学奖和技术发明奖。其中，桂林电力电容器有限责任公司等完成的“特高压交流输电关键技术、成套设备及工程应用”项目获国家科学技术进步奖特等奖，这是桂林国家高新区、同时也是桂林市获得的第一个国家科技进步奖特等奖。

桂林市思奇通信设备有限公司自主研发的“中国米波段数字声音广播（CDRadio）”项目，通过了国家广播电影电视总局广播科学院专家组的评审，确认该技术属世界首创，成功突破欧美技术壁垒，具有完全自主知识产权，非常适合我国国情。这是广西50多年来，在广电行业内取得的最重大的科研成果。该公司另外开发的“国标地面数字电视传输系统”，经国家广电总局专家测试，技术性能达到国际同类产品先进水平，产品已成功打入斯里兰卡、吉尔吉斯坦等国际市场。

桂林星辰科技有限公司与桂林五洲旅游股份有限公司合作开发的纯电动全向直翼桨浅水游览船，拥有多项专利技术，其中全向直翼桨在浅水船上的使用目前在国内外均无先例，已在桂林两江四湖纯电动游船上成功使用。

中国化工橡胶桂林有限公司的发明专利“全钢子午巨胎成型机成型鼓”获得第十四届中国专利优秀奖。

2011～2012 年，桂林国家高新区共获得 205 项国家、自治区和市科技计划项目，资金 6885 万元，有力促进了桂林国家高新区技术创新活动的蓬勃开展。

【高新技术产业】 2012 年 11 月 14 日，桂林国家高新区《创新型特色园区建设方案》通过科技部火炬中心专家组评审。

2011～2012 年，桂林国家高新区围绕千亿元创新型特色园区建设和国家“微波与光通信高新技术产业化基地”“特种轮胎及装备制造高新技术产业化”建设，通过整合传统优势产业、优化产业布局，实施“抓大壮小扶微工程”和企业成长计划、翻番计划、培育计划“三个计划”，通过服务、资金、土地、政策等方面的帮扶措施做大做强做优高新技术产业。至 2012 年底，桂林国家高新区形成了“3＋3＋2”的产业发展格局，即做大做强做优高端装备制造、电子信息、生物医药三大特色优势主导产业，培育发展新材料、新能源、创意等三个新兴产业，大力发展总部经济及现代服务业，先后建成国际线缆二期、兴元机械二期、实创真空、智龙电工、加华一期、英才园创业孵化中心一期等一批项目。投资 10 亿元的金盘电器君泰福绿色能源产业基地一期项目实现了“当年动工、当年投产”。投资 10 亿元的电科院电工电子新材料产业基地、投资 6000 万元的广州华工百川科技股份有限公司聚氨酯生胶及混炼胶扩建工程二期等项目均已开工建设。医药总部基地及现代物流中心、漓佳公司扩建、海威二期、思奇二期、湖塘总部经济园等一批项目全面推进。

创意产业园被自治区评为文化产业示范园区。

2012 年新增亿元企业 6 家，新增规模企业 5 家，新增微型企业 230 家。两年来共认定高新技术企业 29 家，累计拥有高新技术企业 63 家，高新技术企业数占全市 76％，在桂林市起到了较好的引领、幅射、带动作用。

【科技创新服务体系】 桂林国家高新区拥 60 多个工程技术研究中心、工程院、检测中心以及国家级科技创业服务中心、留学创业园、大学科技园、电子产品稳定性试验公共技术服务平台、广西中小企业数字化产品公共技术服务平台、科技金融中心、技术产权推广中心、专利事务所、投资办证中心等组成的科技创新服务体系。

2012 年，为缓解科技型中小企业融资难问题，桂林国家高新区建成广西首个地方政府主导的科技金融中心，该中心以专利交易、企业融资、科技服务为核心，围绕资本与资本、资本与人才、资本与科技、资本与项目的对接，引入桂林银行、交通银行、华夏银行以及北京中海智圣专利代理事务所、广西联合产权交易所、广西科技情报所、桂林中小企业服务中心等 16 家服务机构设立服务窗口，使桂林国家高新区科技创新服务体系建设得到大大加强。同年，启动了互联网产业和新材料产业两个专业孵化器建设、加快进行了大学科技园二期、创意产业园二期建设；新增孵化企业 110 家，在孵企业总数达 330 家；建成甲天下人才特区网，搭建广西首家“企业高端人才服务平台”，建立了中高端人才数据库；举办了优秀企业中高级人才专场招聘会，引进和培养创新型人才 1000 多人。

【知识产权管理】 桂林国家高新区是经自治区知识产权局批准的“自治区知识产权工作试点（园）区”，为鼓励发明创造，出台了《专利申请资助及奖励暂行办法》等政策，两年来共受理专利资助及奖励申请 474 件，发放专利申请资助与奖励资金 24.57 万元，在一定程度上起到了鼓励发明创造积极性的作用，同时通过举办知识产权保护培训班、加大宣传力度、举办专利项目推介会、建立知识产权交易平台等多种形式，有越来越多的企事业单位及个人加入到知识产权保护的行列，促使桂林国家高新区的专利申请量和授权量有了较大幅的增长。2011 年桂林国家高新区申请专利 926 件、授权专利 503 件，其中发明专利申请量 449 件、发明专利授权量 151 件。2012 年专利申请量 1249 件，同比增长 34.88％；授权量 653 件，同比增长 29.82％；其中发明专利申请量 718 件，同比增长 59.91％；发明专利授权量 215 件，同比增长 42.38％。

在鼓励企业积极申请专利的同时，桂林国家高新区十分重视专利和技术成果的转化，积极整合桂林市大专院校、科研院所及高新技术企业等优势资源，成立了桂林国家高新区技术产权推广中心，中心主要业务包括专利、股权、资产的交易、转让、合作、融资等，建有合作科研院校名单库、合作企业名单库、合作中介机构名单库、转让项目库以及技术需求库 5 大数据库；与 20 所高校和科研院所签订了合作意向书，委托进行科技成果发布与交易；126家企业委托进行科技成果对接与交易；与上海、杭州等发达城市产权交易所建立了合作关系，实现了服务项目共享。2012年底，高新区技术产权推广中心升格为广西（桂林）知识产权交易中心，成为广西第一个省级知识产权交易中心。

【产学研结合】 桂林国家高新区有11所高校、13家科研院所，以及其他一些技术创新资源，具有很好的产学研结合的基础，多数高新技术企业和规模企业与高校和科研院所建立了密切合作关系，桂林电子科技大学和中国电子科技集团公司第三十四所的“广西光通信网络及设备工程技术研究中心”，为光隆光电、利通电子等电子企业提供了技术支持；电力电容器公司与电子科技大学联合研制的1000kV特高压交流试验示范工程110kV并联电容器装置获得了2012年广西科技进步奖二等奖。

（王大明）

柳州高新技术产业开发区

【概况】 柳州高新区于1992年经自治区人民政府批准成立。1996年，柳州市委、市政府为进一步促进柳州高新区的发展，将高新区的规划区域调整为12平方千米。2005年，高新区核心区基本建设开发完毕，为充分发挥柳州高新区的科技引领作用，做大做强柳州高新技术产业，柳州市启动高新区官塘园区建设。2008年，柳州市提出“一心两城、完善老城、建设新城、扩大两翼、重点向东”城市发展战略，将柳州高新区与2007年成立柳东新区的合并，实行“两块牌子、一套人马”的管理体制，行使市级经济和行政管理权限。2010年9月，经国务院批准，柳州高新区升级为国家高新区。2010年，自治区党委、政府作出在柳州高新区（柳东新区）建设广西柳州汽车城的重大决策。2011年2月16日，广西柳州汽车城奠基开工，柳州高新区（柳东新区）的发展迎来战略转折和发展机遇。

柳州高新区（柳东新区）官塘片区位于柳州市东北部，西临柳江，东南至桂海高速公路，北达北环高速公路，南至阳和，辖区总面积455平方千米，规划面积231.6平方千米，其中广西柳州汽车城规划面积203平方千米，建设用地138平方千米，包括南面建设用地约68平方千米，北面建设用地70平方千米。

在“一区多园”发展模式指导下，柳州高新区的范围为原柳州高新区中心区域、示范区域、柳东新区（广西柳州汽车城、阳和工业新区），以及五菱、柳工、柳化、柳钢4家企业高新园区在内的高新技术产业园区。

经过多年发展，至2012年末初步构建柳东新区、柳州国家高新区、广西柳州汽车城“三位一体”的管理模式及柳州国家级高新区、柳州东城投资公司、雒容洛埠镇及阳和工业新区组成的“112+1”的组织架构。

2011～2012年，自治区人民政府、自治区科技厅、柳州市人民政府出台《广西高新区条例》《关于加快高新技术产业开发区发展的若干意见》、为柳州高新区单独出台《加快建设柳州高新区创新型园区建设方案》《柳州市人民政府关于柳州国家高新技术产业开发区建设创新型特色园区的若干意见》。高新区根据创新型园区建设指南、创新型产业集群建设精神、及各级文件精神继续开展科技工作。

2011年，柳州高新区总产值1106亿元，同比增长26.8%；总收入1329亿元，同比增长32.4%；出口创汇8.2亿美元，同比增长121.6%；利润69亿元，同比增长18.3%；利税67.6亿元，同比增长18.4%；工业增加值218亿元，同比增长18.9%；研发投入27.8亿元，同比增长289.7%。

2012年，高新区企业完成工业总产值1163.9亿元；增加值281.1亿元；营业总收入1196亿元；出口创汇6.6亿美元；实交税金66.1亿元；实现利润43.9亿元，企业研发经费投入52.1亿元，较2011年成倍增长。

【园区科技工作成果】 从园区经济数据上来看，2012年柳州高新区营业总收入为1196亿元，其中国家级高企1153亿元，企业净利润为43.9亿元，占园区营业总收入比例为3.7%。经认定的高企营业总收入占园区营业总收入比例为96.4%，园区工业增加值率为28.1%。园区企业研发总投入为52亿元，占园区营业总收入的比例为4.3%；园区财政的科技拨款为2800万元，占园区全部财政支出

4.9亿元的5.7％。园区现有从业人员78696人，其中本科及以上学历人数为17547人，2012年新增授权发明专利21件，发明专利申报达443件。园区万元增加值能耗为0.51吨标准煤。

2011年，柳州高新区高新技术企业技工贸收入超过1200亿元，广西高新区排名第一；全年新增国家级高新技术企业25家，通过复审企业6家。国家级高新企业总数累计达119家，成为广西首个国家级高新技术企业过百家的高新区；全年共获得18项国家级项目，总金额3220万元。自治区级项目27项，资金611万元，柳州市级项目26项，资金1305万元。获批项目数广西高新区排名第一；在广西3个国家高新区中率先开展“新三板”试点工作，共有11家企业签订新三板挂牌服务协议；国家级科技孵化器通过国家科技部复核，汽车电子基础实验室和模拟工厂建成并投入使用；全年引进孵化企业81家，新增孵化项目50项，毕业孵化企业10家。

2012年高新区科技工作成效显著。一是2012年高新区专利申请665件，其中发明申请443件，占柳州市申请量的49％，居全市之首，是去年申请量的13.4倍，超全年任务343％。专利授权143件，发明授权21件。二是2012年全年申报国家级高新技术企业62家，通过新认定20家。复审36家。申报量和认定量广西高新区第一。三是2012年高新区企业获市级以上科技项目46个，共计获市级以上政府科技经费共计3110万元，居柳州各县区之首，其中国家项目18个，1700万元，广西千亿元产业科技项目9个，360万元，市级项目19个，1050万元。四是科技金融进一步发展，青海明胶（000606）定向增发募集约3.5亿元，全部投资于收购和增资宏升肠衣用于建设年产4亿米胶原蛋白肠衣生产线技改项目。在新三板工作方面，腾龙煤电和天润热能已于近期完成股改，并初步通过国海证券的内部审核，为高新区企业上市及新三板业务开展做好准备。

【创新型园区建设】 *产业集群* 根据创新型特色园区指标要求，柳州高新区已形成全国领先的汽车整车及零部件产业集群，其中2012年上汽通用五菱股份公司销售收入533亿元、东风柳汽公司销售收入141亿元、柳工机械公司销售收入132亿元、柳州五菱汽车公司销售收入86亿元，依托这4家汽车、工程车整车厂，形成了容纳3000多家协作配套企业的中小企业群体。

品牌效应 广西汽车城自2011年2月奠基以来，柳州市委、市政府出台政策、汇聚资源、周密组织协调，精心打造国内一流、世界先进的现代化汽车城。

在单一品牌上看，上汽通用五菱2012年度整车销量再创历史新高，达到145.8万辆，在全国汽车市场不景气的环境下，不仅超额完成全年预定135万销量目标，还较上年同期增长12％，继续蝉联国内单一车企冠军。汽车产业占园区营业总收入的81.14％。此外，还培育出具有自主知识产权的“乘龙”“霸龙”“风行”“景逸”等全国知名品牌，上汽通用五菱的微型车、东风柳汽的多功能乘用车国内市场占有率分别达51.5％和19％，居全国榜首。

【国家级中心建设】 在汽车产业中，高新区拥有4家国家级的专业研究开发机构分别是湖南大学汽车车身重点实验室柳州分中心、国家汽车质量监督检验中心柳州分中心、国家进出口汽车检测重点实验室柳州分中心、牛津大学牛津国际创新中心。拥有3家国家级产业促进服务机构，分别是柳州高新区创业中心，广西生产力促进中心柳州站、柳州生产力促进中心。并建设有汽车城科技园、汽车科技文化发展平台、广西科技大学汽车学院、汽车物流平台、汽车产业投融资平台等一系列创新创业所需的各类公共服务平台。

【研发及服务平台建设】 2012年，高新区引进和建设国家级重点实验室、公共技术研发平台、国家级科研机构工作初具成效。一是管委会与牛津大学签订建设柳州牛津国际创新中心项目。二是湖南大学汽车车身国家重点实验室入园已达成初步协议。规划已经通过规委会，确定建设规划用地2公顷，预留0.67公顷。三是引进国家汽车质量监督检验中心（柳州）分中心，落户花岭片，该分中心在建成后，将为中国西南部地区的汽车整车及零部件企业，提供最专业检测检验服务。为新区国家级汽车整车及零部件产业集群建设添砖加瓦。四是国家级广西生产力促进中心柳州高新区站筹备工作完成，自治区生产力促进中心已经正式进驻柳州高新区。

（周资云）

北海高新技术产业园区

【概况】 2011～2012年，北海高新区认真贯彻市委市政府关于“北海三年跨越发展工程”的决策部署，完善园区基础设施，营造良好投资发展环境，加大招商引资工作力度，扎实推进项目建设。围绕创建国家级高新区，积极拓展科技创新平台，完善科技服务体系，区域创新能力不断增强，经济综合实力跃上新的台阶。

2011年北海高新区完成固定资产投资13.54亿元，同比增42.5%；规模以上工业产值30.1亿元，同比增16.4%，其中电子信息产业实现工业产值25.1亿元，同比增14.2%；规模以上工业增加值12亿元，同比增16.5%；出口创汇4200万美元，同比增23.8%；招商引资到位资金5.28亿元，同比增21.4%；实现税收1.38亿元，比增29%。

2012年，北海高新区完成固定资产投资18.05亿元，比增33.2%；其中，工业投资5.62亿元、技改投资5.42亿元、制造业投资5.62亿元。规模以上工业产值38.3亿元，比增27.3%；电子信息产值33亿元，比增29.4%；进出口6952.79万美元，比增62%；招商引资到位资金58350万元，比增10.5%；完成税收1.46亿元，比增6%。

【申报国家高新区】 2012年4月，自治区人民政府以桂政报〔2012〕17号文专题呈报国务院，申请将北海高新区升级国家级高新技术产业开发区。此后，北海高新区管委会多次派员赴京汇报工作，协调沟通和争取支持，并邀请国务院参事室和科技部主管的司、处领导及相关专家前来调研，指导创建国家高新区工作。北海高新区升级方案列入2012年科技部、自治区人民政府“部区会商”议题，自治区人民政府主席马飚亲自致函科技部部长万钢，请求科技部大力支持北海高新区升格；全区政府工作报告和经济工作会议也提出支持北海高新区升级国家级高新区。市委、市政府对高新区升级工作高度重视，市政府主要领导亲自统筹，督促协调，配套出台《关于加快北海高新技术产业园区发展的若干意见》（北政发〔2012〕68号），赋予高新区一级财政管理权限等政策支持。2012年12月6日，科技部专家调研组应邀前来北海高新区实地调研，充分肯定高新区“以升促建”所取得的成绩，认为北海高新区已初步具备升级条件，并就创建国家高新区提出建设性的指导意见。

【园区创新创业环境建设】 2011～2012年，北海高新区充分发挥企业创新主体作用，围绕“公共服务平台、技术支撑平台、科技金融平台”三大平台建设，搭建了科技培训服务平台、信息共享和推广服务平台、CSIP北部湾分平台、北部湾海洋生物科技成果转化服务平台、创新创业服务平台。其中，高新区与工业和信息化部软件与集成电路促进中心（简称“CSIP”）签署CSIP北部湾分中心建设合作协议，将借助CSIP“中国芯”（集成电路）、“华夏擎”（软件）、“IP China”（知识产权）、“NITE”（人才培养）、“ChinaSourcing”（软件与信息服务外包）等行业领域的公共品牌优势，吸引更多的高端人才、品牌企业向高新区聚集，支撑新兴产业发展。积极引进科技中介服务机构，提升了政策扶持、项目申报、科技咨询、中介服务、人才培训、投融资等综合服务能力。同时，北海高新区建立健全鼓励企业自主创新配套政策，促进企业、高校、科研院所等多主体协同创新。支持具备条件的企业组建重点实验室、工程实验室、工程中心、检验检测中心、企业技术中心等创新平台，新增广西贝类精深加工工程技术研究中心、广西星宇智能电气有限公司技术中心等两家技术工程中心，园区共拥有自治区级工程技术研究中心和技术中心6家。为营造创业文化，引导科技资源和创业人才向孵化器集聚，北海高新区联手北海、钦州、防城港3市科技部门组织以“聚合创意资源，推动跨越发展”为主题的首届广西北部湾“高新杯”科技创业大赛并取得圆满成功。

【北海高新技术创业园】 2011～2012年，北海高新区加强科技孵化器建设，组织实施“科技企业孵化器能力提升工程”，采取整合社会资源、多元投资主体共同开发的模式，与北海银河高科技产业股份有限公司合作共建科技企业孵化器，建成占地58581.8平方米、建筑面积22091.95平方米的“北海高新技术创业园”。按照“智慧型花园式创业社区”的建设目标，北海高新技术创业园实现1000兆光纤接入、wifi信号全覆盖，重点打造电力产品测试实验室、科技创新成果展示与推广平台、多媒体培训室、多功能会议室等科技、培训平台，配套建设了高尔夫推杆练习场、中庭花园、篮球场、员工餐厅、咖啡厅、健身房等公共设施。园区环境优美，设施齐全，功能完备，可为入孵企业提供良好的创业环境和一流的创业孵化服务。北海高新技术创业园的建设，充分整合社会资源，发挥了社会资本的优势，实现了投资主体的多元化，探索了不同主体之间的衔接沟通机制，推进了孵化器的组织创新和模式创新，得到各级科技管理部门的充分认可和高度重视，并被共青团广西区委、市文化局分别认定为“广西青年创业创新基地”和“北海市第二批文化产业试验园区（基地）”。

【区域创新能力】 北海高新区通过积极发挥财政科技投入的引导作用，强化企业科技创新主体地位，培育和聚集了一批持续创新能力强、成长性好的科技企业。2012 年园区共有 40 个项目列入各级各类科技、中小企业发展计划。其中国家级 3 项、自治区级 24 项、市级 13 项，获得各级财政支持资金 1331.58 万元（其中国家级 50 万元，自治区级 1123.58 万元，市级 188 万元，企业研发投入达 29384.23 万元。园区企业申请专利 93 项，其中发明专利申请 47 项，获得授权 42 项，其中国际发明专利 1 项、发明专利数 9 项、软件著作权登记 6 个、1 项计算机软件产品登记、实用新型专利 24 项、外观设计专利 1 项；参与国际标准制订 1 项，制订企业标准 2 项，新注册商标 3 个。石基信息公司被国家发改委认定为“2011～2012 年度国家规划布局内重点软件企业”，也是获此殊荣的广西唯一一家企业；正五海产公司成功晋级高新技术企业，也是广西第二家从事水海产品行业的高新技术企业；辉煌朗洁公司被认定为国家“火炬计划”重点高新技术企业，是 2012 年北海唯一一家国家“火炬计划”重点高新技术企业；石基信息与银河高科公司列入“100 家自治区级研发中心重点培育企业”名录；银河开关公司被认定为“广西创新型企业”；星宇智能、辉煌陶瓷、华澜微电子、石基信息 4 家公司通过广西工信委“信息化应用企业”认定；银河开关“VYGQ 全密封型固封式真空断路器”及星宇智能“YH－B811 小电流接地选线系统”获自治区新产品优秀成果奖三等奖。

【软件与信息服务产业基地】 为突破园区发展空间瓶颈，2012 年北海高新区实行“腾笼换鸟”的办法，通过土地清理、置换等方式，有效整合项目用地，引进中国科技开发院建设“高技术服务业基地”、清华科技园“科创慧谷（北海）”等一些影响力大、拉动力强的大项目。同时，为推动北海电子信息产业的发展，报经市土地（海洋）审批委员会 2012 年第八次会议同意，北海高新区落实位于北海市铁路以东、铁山港大道以南、铁滩大道以西的北海软件与信息服务业产业基地项目用地选址，核准面积为 230 公顷。根据该产业基地的建设发展规划，拟分三期对产业基地进行开发。其中：一期项目位于产业基地的西北角，总用地面积约为 52.67 公顷，用于建设企业孵化器、加速器、商务会展培训中心及生活居住配套设施等。该基地的规划建设，吸引了上海交大百年财富俱乐部、香港嘉应商会等众多客商的眼球，丰富了“一区多园”的发展版图，提升了北海高新区的产业承载能力。

（陈启东）

广西百色国家农业科技园区

【概况】 广西百色国家农业科技园区是国家科技部、农业部等 6 个部门于 2001 年 9 月批准建立的全国首批 21 个全国农业科技园区之一，是广西唯一的国家农业科技园区。该园区位于百色市右江河谷，覆盖 3 县 1 区、18 个乡镇 231 个行政村，园区规划建设核心区 1666.67 公顷，示范区 1.33 万公顷，辐射区 3.67 万公顷，园区按“一区多园”的模式建立了“六园两基地”。“六园”：1.5 万亩芒果产业化示范园、1 万亩无公害蔬菜产业化示范园、1 万亩优质香蕉产业化示范园、2 万亩高产高糖甘蔗示范园、1000 亩优质种子和种苗繁育示范园、500 亩特色畜禽水产养殖示范园。“两基地”：农产品加工产业化基地和农村信息服务体系及科技培训基地。现园区建有现代农业技术研究推广中心、专家实验楼和专家公寓楼，并配套国内先进实验设备，旨在为国内外高层次专家、学者和留学人员来百色开展亚热带特色农业高新技术和石漠化综合治理技术的研究开发、技术成果的就地转化和示范推广，以及为高科技型企业提供全程孵化服务。

2011～2012年，广西百色国家农业科技园区认真贯彻落实2010年9月自治区推进百色园区建设工作第一次联席会议精神和国家科技部《“十二五”国家农业科技园区发展规划》，紧紧围绕“抓科研，促推广，重经营，强合作”工作思路，继续突出亚热带农业特色和面向东盟的国际化特色，加强亚热带特色农业科技的创新、集成与示范，强化企业的引领与带动，深入开展农业对外交流与合作，不断提升园区功能，有效推进农业科技成果的转化推广，为推动百色市现代农业发展，促进农业增效和农民增收，发挥了科技支撑和示范的平台作用。

【基础设施建设】 2011～2012年，百色园区继续突出亚热带农业特色，在巩固提升“六园两基地”基础上，按照“一区多园”“一园多区”的产业布局和“公司＋基地＋农户”等多种产业发展模式，不断拓展和提升园区亚热带特色农业示范园建设，为发展百色亚热带特色现代农业提供强有力的科技支撑和示范平台。

反季节芒果产业化示范园 建立反季节芒果种植示范基地66.67公顷，示范推广7～8月份开花，10～12月份成熟上市的“四季蜜芒”芒果新品种，开创右江河谷发展两季芒果生产的新模式，提高了右江河谷芒果果品的市场竞争力。

无公害蔬菜产业化示范园建设 在核心区田阳县百育镇建立了圣女番茄新品种新技术引进示范基地6.67公顷，先后引进示范种植10多个番茄品种。按“公司＋协会＋农户＋基地”运营模式，在田阳县兴城村建立无公害蔬菜标准化示范园200公顷，并注册了“壮乡红”番茄品牌，使产品打入全国市场。2011年，兴城村被评为“广西番茄村”，全村人均纯收入超万元。

甘蔗产业化示范园建设 以国家甘蔗产业技术体系百色综合试验站为载体，重点开展甘蔗高效低耗轻简技术集成的试验与示范、优良品种筛选和配套栽培技术研发试验与示范，先后引进甘蔗新品种30多个进行试验、筛选、繁育和示范推广。同时，采用测土配方施肥、地膜覆盖等标准化栽培技术，建立“双高”甘蔗优良品种标准化栽培技术示范基地133.33公顷，推广桂糖97/69、桂糖30号等十几个早、中、晚熟新品种。

节本高效优质香蕉产业化示范园 按照“经济能人＋租用农户土地＋返聘当地劳动力”的方式，园区在田东县祥周镇模范村建立了333.33公顷节本高效优质香蕉标准化生产示范园，大力引进种植威廉斯B6等高产优质香蕉新品种，推行香蕉良种良法产业化与高效生态安全栽培技术，采用“三避”、生态栽培、水肥一体化微喷等现代香蕉生产技术，使每公顷每年节约施肥劳动成本约10500元，每公顷增产40%左右，每公顷增收达64800元，平均每公顷可节本增收75300元。

优质种子种苗繁育示范园建设 建立铁皮石斛等中草药组培苗繁育基地，年生产推广铁皮石斛等中草药组培苗5000万株，有力地推进了百色及广西新兴产业铁皮石斛的种植发展。开展了两系杂交水稻种子的研究、试验、筛选、示范等开发工作，并于2012年在百色市右江河谷县（区）建立两系杂交水稻制种基地400公顷，开展两系杂交水稻种子的产业化生产。在田阳县龙河村建立芒果优新品种苗木繁育基地3.33公顷，年繁育台农一号、金煌芒等优良芒果种苗120万株，不仅满足百色市芒果生产用苗，还远销广东、四川、云南、福建等地，年产值350多万元。

特色畜禽水产养殖示范园建设 在田阳县那满镇共联屯建立林下养鸡示范基地，尝试采用生态有机养殖技术发展有机鸡养殖，计划年出栏肉鸡100万羽，力争打造有机鸡品牌。在百育镇建立特色野香猪养殖示范基地，年出栏肉猪100头以上。联合入园企业在右江区建立优质水禽健康养殖示范基地，年养殖出栏肉鸭5万羽，并注册了“密蒙鸭”品牌。

现代农业展示观光园 加强对展示观光园的建设管理，加大业主投入，完成道路硬化、大棚改造、景观改造扩建等基础设施的提升改造工作，初步形成了设施农业展示、农耕文化展示、自由采摘、垂钓休闲、餐饮娱乐等功能区，引进示范推广了双季葡萄、水果番茄、大棚西（甜）瓜、夏威夷木瓜、黑色花生、黑色玉米等果蔬品种。2011年，以现代农业展示观光园为重点内容的百色园区被自治区授予“广西青少年科技教育基地”称号。

园区农产品加工集中区 引进百色壮乡河谷农业科技有限公司等一批农产品加工流通企业投资创业。其中百色壮乡河谷农业科技有限公司在经营好园区果菜配送中心的基础上，2012年开工建设了农产品集配中心暨深加工项

①

②

广西交通科学研究院

广西交通科学研究院自1984年成立以来，历经30年的发展，已经成为广西交通运输系统重要的科技开发、成果转化和产业化基地，广西新发展交通集团公司资质最全、业务最广的直属企业，现持有各项资质28项，业务领域涵盖公路、桥梁及市政道路等勘察设计、监理、试验检测，智能交通系统软硬件开发、施工、交通机电监理，交通规划、技术咨询，公路交安设施施工，路桥工程养护，公路水运工程质量检测，建设项目环境影响评价和水土保持报告编制，地质灾害评估、勘查、设计与施工，橡胶沥青生产和技术咨询服务等交通基础设施建设的全过程，可提供全面、多样化及全流程的优质服务。2002年通过了ISO9001-2000质量体系认证，2011年通过了质量管理、环境管理、职业健康安全管理“三标一体”认证，2012年通过了国家实验室（CNAS）认可和广西高新技术企业认定。

作为广西交通运输系统中集科研、设计、咨询、施工为一体的重要力量，广西交通科学研究院始终立足交通创新科技，面向市场共谋发展，坚持以市场为根本，以科研为引领，以人才为先导，坚定不移走科技立院、经营富院、质量兴院、人才强院、文化塑院之路。建院以来，该院坚持结合交通建设实际与科技发展趋势，积极开展技术盲点和关键难点的研究攻关工作，为交通运输事业和企业发展提供了强有力的科技支撑。迄今，已累计开展了近200余项科研课题研究，荣获了包括国家科技进步奖二等奖、广西科学技术特别贡献奖等50余项科技成果奖，获得了各类设计及咨询成果奖30余项，成果涵盖公路、桥梁、计算机应用、机电产品等领域，产生了巨大的经济效益和社会效益。

广西交通科学研究院人才资源丰富，创新实力雄厚，专业技术成果突出，先后建成广西道路与材料重点实验室培育基地，广西桥梁监测及加固工程技术研究中心，广西道路结构与材料特聘专家岗位等创新平台。研发的“高速公路IC卡‘一卡通’联网收费系统”使广西率先成为全国第一个实现高速公路联网收费的省份；成功研发了广西第一套完全知识产权的“不停车收费系统”（ETC），为广西公路收费管理的智能化水平提升提供了有力支撑；创新提出了新建水泥混凝土路面加铺薄层橡胶改性沥青（“白+黑”）的复合式路面结构，有效提高路面结构的耐久性和使用寿命，形成了具有广西区特色的道路专业。在沥青路面修建及养护技术方面、水泥路面修建及养护技术方面、膨胀土、高液限粘土等特殊土路基修筑技术方面及公路岩溶等地质灾害防治方面居于全国领先地位。

30年来，广西交通科学研究院始终专注于持续为交通运输事业发展提供新技术、新产品，坚持“科技领先、优质高效、诚信守法、环保安康”的质量方针，紧握交通运输事业大发展的机遇，实施推进由总量型向效益型转变、施工型向咨询型转变、传统技术向高新技术、优势技术转变的“三个转变”战略，实现企业跨越式发展，关键经济指标以年均40%的幅度快速增长，企业规模和社会影响力持续扩大，综合实力迅速增强，2012年产值超过5亿元，业务范围已拓展至重庆、云南、贵州、江西以及越南、孟加拉等自治区外、国外市场，成为广西交通科研先行者与交通建设生力军。

历经创业、立业艰辛洗礼的广西交通科学研究院将继续秉承“科学、先进、诚信，创新、严谨、团队”的企业精神，用新思路谋划新发展，以新起点再造新辉煌，在打造经营管理强院、科技创新强院、人才资源强院、文化软实力强院的宏伟道路上奋勇前行，努力成就全国一流的科技服务型企业。

①自治区人大常委会副主任委员杨道喜（左2）、交通运输厅厅长潘巍（右2）视察该院

②自治区科技厅厅长谢迺堂（左2）、副厅长钟会超（右2）在该院检查工作

③完成的“广西钦州保税港区一期路网工程勘察设计”荣获广西优秀工程勘察设计一等奖

④为迄今全国最长一条的改性沥青路面高速公路广西隆林至百色高速公路提供橡胶沥青路面产品与技术咨询服务

⑤承担玉林至铁山港高速公路监理之新村枢纽

⑥承担六景至钦州高速公路钦江特大桥施工监控与荷载试验

⑦承担重庆鱼嘴长江大桥荷载试验

⑧成功研发广西第一套具有完全知识产权的“不停车收费系统（ETC）”

⑨完成的“田林至西林二级公路平吉至八书段”获交通运输部2012年度公路交通优秀设计三等奖

广西壮族自治区林业科学研究院

广西壮族自治区林业科学研究院（简称广西林科院）创建于1956年，是自治区直属公益型科研事业单位。是国家林业局中南速生材繁育、广西优良用材林资源培育、国家油茶科学中心南缘地区种质创新及茶油加工等3个省部级重点实验室主要技术依托单位，首批广西科技创新金源单位。近年来获得林业国际科技合作基地、博士后科研工作站、第一批全国林业知识产权试点、国家林业局八角肉桂工程技术研究中心、国家林业局林产品检验检测中心（南宁）、国家林木良种基地、广西油茶良种栽培工程技术中心、首批“八桂学者”和“特聘专家”、第一批广西院士工作站等国家或省部级创新研发平台建设单位。先后完成国家和省（部）级科技项目500多项，获各级奖励的科技成果220项；出版科技专著50多部。被授予“全国林业科技先进集体”、“全国生态建设突出贡献奖先进集体”、“全国绿化先进集体”等荣誉称号。据国家林业局考评，科技创新综合实力位居全国省级林科院前三之列。

▲袁铁象院长向自治区党委常委、自治区常务副主席黄道伟（左二），自治区林业厅厅长陈秋华（右一）介绍广西林科院林木优良组培苗研发情况

▲广西林科院院长袁铁象与徐建民签订聘任合同书

▲袁铁象院长（左一）上主席台领奖

——**人才与科研团队**：全院现有职工600多人。正高级技术职称20人，副高级技术职称85人；博士生导师2人，硕士生导师20人；博士34人，硕士130多人；国家有突出贡献中青年专家2人，享受国务院特殊津贴专家12人，自治区政府优秀专家10人，自治区有突出贡献科技人员7人，自治区“十百千人才工程”第二层次人选6人。

——**主要研究方向**：以林业应用研究为主，相应开展应用基础研究，着重解决广西林业发展所亟需的关键技术、公用技术、配套技术以及合成技术中的突出难点和瓶颈问题，以及林业全局性的前沿领域重大技术研究，促进科技成果转化和地方林业产业经济发展，为培育森林资源、保护生态环境、发展林业产业经济和建设现代化林业服务。主要研究领域有：林木遗传改良，林木高效栽培，森林生态及重建，经济林培育，森林保护，林木生物技术，热带特色花卉培育，森林资源开发利用，生态能源利用，土壤肥料及林木营养诊断、林产品质量检验检测等。

——**主要研发基地与科研产品**：全院拥科研试验林地面积338公顷；科研实验楼总面积30000平方米；收集保存有1300多个种质资源的树木园40公顷；年产6000多万株的林木、花卉种苗基地；年产600吨山茶油和年产100吨白千层芳香油加工基地各1个；年产250吨香料分馏车间1座；科研产品主要有：松、杉、桉等良种和优良无性系，黄花梨、红锥等珍贵优良树种，油茶、八角等经济林良种和优良无性系，以及特色花卉，林木专用肥，林用农药，山茶精炼油系列产品和木本香料系列加工产品等。

▲自治区党委副书记危朝安（中）听取广西林业科技创新中心项目建设情况汇报

新建大楼（广西林业科技创新中心）

中国地质科学院岩溶地质研究所

①2011年5月，国土资源部副部长、中国地质调查局局长汪民一行莅临中国地质科学院岩溶地质研究所视察指导工作

②2012年1月，德国教育科研部部长沙万女士一行参观岩溶馆

③2011年召开岩溶水文地质调查技术方法国际培训班

④MAT 253稳定同位素质谱仪

⑤2011年所长姜玉池一行赴山东泰安慰问岩溶所北方应急抗旱找水突击队

⑥2012年机关干部下基层 学包标本

⑦2012年岩溶所抗旱突击队 千里驰援云南抗旱

中国地质科学院岩溶地质研究所是中国地质调查局、中国地质科学院直属的科研事业单位，为国家非营利性科研机构，既是国家科技创新体系的重要组成部分，也是地质队伍‘野战军’的科研和技术方法创新支撑体系的重要组成部分。主要承担岩溶地质基础理论与应用研究工作，承担岩溶地质调查与评价工作。形成了岩溶动力学与全球变化、岩溶资源评价与开发利用、岩溶生态系统与石漠化治理、岩溶地质灾害防治与环境保护、岩溶景观与洞穴资源评价等五个优势研究领域，在岩溶地质学科研究方面，走在世界前列。

主要职责和任务是，立足西南八省（市、区），面向全国，承担基础性、战略性和前瞻性岩溶地质研究和调查评价工作；开展岩溶动力系统运行规律研究，发展现代岩溶学理论；承担岩溶矿产资源、洞穴资源调查评价及石漠化调查研究和治理工作；承担岩溶水文地质、灾害地质调查研究和监测评价工作；建设全国岩溶地质数据库，开展岩溶地质信息化社会服务；开展相关地质科学技术研究和国际交流与合作，为联合国教科文组织国际岩溶中心提供支撑；进行分析测试、地下水示踪等新技术、新方法的研究和推广应用；开展岩溶研究的科技开发、技术服务工作。

截止到2012年底，岩溶地质研究所所在职职工213人，包括中国科学院院士1人、正高级职称36人、副高级职称41人，有博士学位23人，硕士学位74人。拥有国土资源部、广西壮族自治区、国土资源部岩溶生态系统与石漠化治理重点实验室和中国地质科学院岩溶塌陷防止重点实验室。

2011～2012年，全所开展科研地调项目285项，经费总额21691.16万元。其中，基础科研项目47项，经费3281.21万元；基本科研业务费项目66项，经费963.50万元；横向科技项目143项，经费4906.45万元；地调工作项目 29 项，经费 12540万元。

2011～2012年，岩溶所以第一作者公开发表论文213篇，其中SCI、EI检索刊物论文27篇，中文核心118篇；国家实用新型专利2项。“生态环境变化地质指标体系研究”获国土资源部科技成果二等奖。“岩溶体温度法隧道（洞）施工掌子面前方涌水预报研究”获中国铁路工程总公司科学技术奖二等奖，“复杂地形地质条件下山区高速公路建设成套技术”获中国公路学会特等奖；“中国岩溶碳汇潜力研究”获得中国地质科学院2011年度十大科技进展，该领域研究成果《Science》作了报道，并给予了很高的评价。岩溶动力学重点实验室被评为国土资源部“‘十一五’科技工作先进集体”。2人被评为国土资源部“‘十一五’科技工作先进个人”，1人获中国地质科学院新华联科技奖。

织国际岩溶研究中心岩溶水文地质调查技术方法培训班
ing Course on Karst Hydrogeological Investigation Technology and Methodology
③

⑥

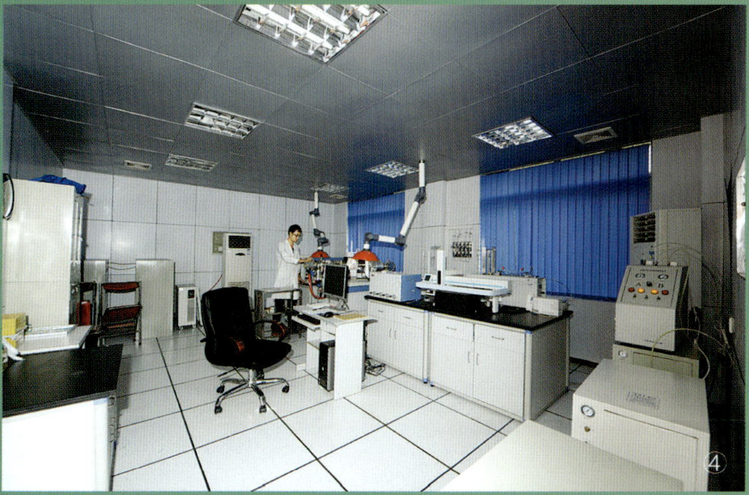
④

云南抗旱突击队
⑦

钦州市中医药研究所

钦州市中医药研究所2005年5月由钦州市编办批准成立，是钦州市级专门从事中医药研究开发的科研机构，现有科技人员16人，其中博士2人，在读博士2人，硕士4人，高级职称6人，中级职称7人。研究所挂靠钦州市中医医院，与医院实行一套人马两块牌子，研究所全面负责医院中医药科技创新和科研项目管理，并肩负着钦州市中医药研究和技术推广等任务。

该所在对广西主产道地南药进行充分调研的基础上，结合市场需求及钦州本地实际，选择广西道地药材桑寄生作为研究所主攻方向，经过多年的研究与探索，走出了一条产、学、研与科、工、贸紧密结合的中药现代化发展道路，通过建立中药材种植示范基地，以基地+种植户的模式实现中药材原料生产的产业化经营。目前拥有桑寄生规范化种植示范基地100多亩，桑寄生的系列研究与开发工作处于国内领先水平，得到了包括肖培根院士在内的国内中药学许多专家的高度肯定，国内多家高校与科研院所纷纷前来洽谈技术合作共同开发，推动了中药现代化科技产业（广西）基地建设。

从2006年起，该所陆续承担国家、自治区以及钦州市中医药科研项目10多项，共获得上级科技项目专项经费支持近200万元，取得了一系列中医药科技创新成果，申请国家发明专利3项，获得广西科技进步奖三等奖1项，钦州市科技进步奖一等奖1项、二等奖2项，桑寄生规范化人工种植的技术填补国内空白。

①科技奖励证书
②桑寄生茶
③桑寄生规范化种植基地
④实验室一角

广西桂林茶叶科学研究所

广西桂林茶叶科学研究所成立于1979年4月，前身系1965年创办的桂林市茶叶示范场，是广西惟一一所集茶叶技术研究、示范、推广和服务的应用型、公益性研究机构。隶属于自治区农业厅，财政预算归口自治区科技厅管理。

全所占地面积607亩，现拥有茶树品种资源圃、良种繁育场、示范茶园共345亩，另在昭平县建有1个面积200亩的科技示范基地。资源圃已收集凌云白毫茶、桂平西山茶、龙井43等各类茶树品种（品系）资源609个。所内设有生化实验室、科研试验厂、茶叶加工厂、育苗温室等科研场所，具备茶树良种选育、扩繁和加工红茶、绿茶、乌龙茶、六堡茶、花茶等茶类的能力。

近年来，得益于国家科研推广体系的不断完善，所内先后建立了国家现代农业（茶叶）产业技术体系综合试验站、全国休闲农业与乡村旅游示范点、广西茶叶产业技术创新战略联盟、桂林茶叶产业技术创新战略联盟、广西茶叶科技成果转化中心、广西茶叶良种培育中心、广西绿茶加工标准化技术示范基地、桂林市青少年科技教育基地等8个科研平台，有效促进了茶叶科学技术研发与交流、推广。

2000年以来，已累计承担了国家农业科技成果转化项目、“948”项目、作物新品种区试等科研课题107项。建所至今，共获得各级各类科技成果奖励55项（次），获得发明专利6项、实用新型专利2项。先后选育出桂红3号、桂红4号、桂绿1号、尧山秀绿、桂香18号5个国家级良种，桂香22号1个自治区级良种，以及国家级优质资源7个，优良品系28个；制定广西茶叶地方标准2个；参与制定《广西茶叶产业发展规划（2008-2015）》；主编或合著著作5部，发表科技论文260余篇。

2004年起，主编《广西茶业》（内部资料）。创新“短穗侧枝扦插繁育”等3项茶苗繁育新技术，具有年繁育6000万株茶苗能力。茶叶产品主要有桂林毛尖、三青茶、桂花茶、茉莉花茶、菊花茶、银针茶、冰鲜乌龙茶等。

长期以来，围绕新品种、新技术、新成果开展茶叶科技服务，先后与中国茶叶研究所、农业技术推广部门、茶叶企业等单位建立了广泛而稳定的合作关系，形成以本所为技术源，茶叶基地和茶业企业为枢纽，茶叶生产县、乡为终端的技术服务体系，与各茶区及桂林市部分大专院校建立“结对共进”合作单位21个，成立广西茶叶科技服务星火学校5个，建立技术服务点60多个。引进、繁育、推广茶树良种累计20亿余株、推广面积50多万亩、占广西茶园面积的51%以上，年培训茶农或技术骨干6000多人次，为广西茶叶产业发展做出了重要贡献。

①仪器检测
②定时取样
③专利证书

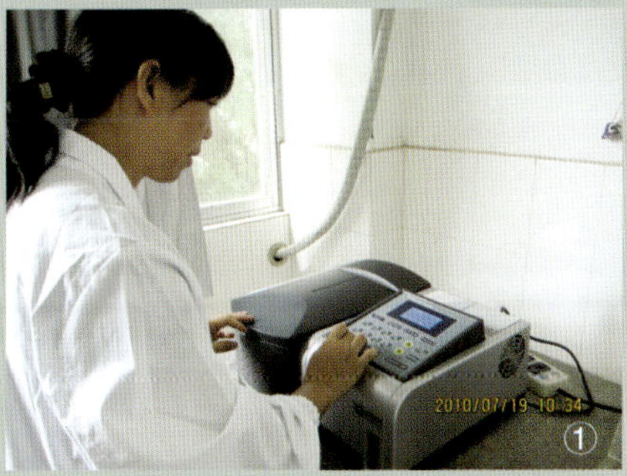

红茶发酵适度检测方法的研究

红茶是世界上生产、销售最大的茶类。在红茶的生产中，发酵是决定品质的关键工序，发酵程度把握不好，产品品质难以稳定。现行生产中发酵适度的判断是依靠人的感官进行的，这种感官判断的准确性是建立在操作人员的素质即经验的积累上，其结果因人而异，具有较强的模糊性和不确定性，不能实施标准化操作，所得出的产品也很难保证其品质。为了解决红茶发酵适度判定难这一行业关键、共性的问题，寻找出一种快速、准确且可操作的方法，广西壮族自治区桂林茶叶科学研究所进行立项攻关，取得了以下创新成果：

1. 发明了仪器检测确定工夫红茶发酵适度的方法；
2. 发明了工夫红茶发酵过程中不同发酵叶茶汤吸光值的快速测定方法；
3. 研究发现了工夫红茶发酵过程中发酵叶茶汤吸光值有从小→大→小的变化规律，与红茶发酵理论中茶黄素含量变化规律一致；
4. 研究发现发酵叶茶汤吸光值大小与产品茶黄素含量呈正相关；
5. 研究发现综合品质最好的茶样出现在发酵叶茶汤吸光值最大值附近。

项目研究的方法在广西、广东、福建等多家单位试应用，应用的结果不受品种、原料嫩度、生产季节、种植地域的影响，与人的感官判断相比较，具有准确、可操作性的优势。实施后，产品质量得到稳定提高，两年来取得新增经济效益319.13万元，为企业实施标准化生产提供了科学的技术支撑，获得了2012年广西科学技术发明奖三等奖。

南宁市环境保护监测站

（南宁市核与辐射安全监督管理站　南宁市机动车排气污染管理中心）

概 况

南宁市环境保护监测站是南宁市环保局下属的社会公益性事业单位，属副处级参照公务员管理单位，全国环境监测网络二级站，2007年12月、2011年11月分别增挂“南宁市核与辐射安全监督管理站”和“南宁市机动车排气污染管理中心”两块牌子，是自治区计量认证合格单位，2012年通过了国家环境监测站西部地区二级站标准化验收。

全站目前在编在岗人员共计84人，专业技术人员占90%。拥有各类先进的监测分析仪器设备320台（套），其中包括气相色谱—质谱联用仪、液相色谱—质谱联用仪、电感耦合等离子发射光谱—质谱联用仪等各类大型实验室分析仪器。通过自治区级计量认证的测试能力共有362项，涉及水、气、声、振动、土壤、固体废物、机动车排放污染物、辐射等共12大类。南宁市环境保护监测站还运行管理6个水质自动监测站、9个环境空气自动监测站、7个环境噪声功能区噪声自动监测站、1个温室气体自动监测站和1个环境外照射自动监测站，2012年9月，完成对环境空气自动监测站的升级改造，新增了细颗粒物（PM2.5）自动监测仪，从2012年12月24日起正式实施国家环境空气质量新标准并对外发布环境空气监测数据和空气质量指数（AQI）。

▲2012年11月6日，环保部吴晓青副部长检查南宁市实施空气质量新标准准备情况

▲2012年11月22日，自治区副主席林念修视察南宁市环境保护监测站空气质量新标准的实施情况

环境科研成果与应用

2011～2012年，南宁市环境保护监测站在全区率先组织完成了《南宁市灰霾天气污染特征研究》课题，掌握了当前社会共同关注的细颗粒物（PM2.5）在南宁市区内的时空分布特征以及不同粒径颗粒物对灰霾天气污染的影响程度，深度解析了当前环境质量评价与市民感官不一致的问题，定量解析了南宁市细颗粒物的污染来源，提出了灰霾预警方案。该课题荣获2012年南宁市科技进步奖三等奖。其成果为南宁市委市政府开展大气污染防治宏观决策提供了有力的技术支持，为广西开展大气细颗粒物污染研究起到了示范作用。

此外，另有3个科研课题获得南宁市科技局立项，分别是《南宁市主要河流持久性有机污染物污染现状调查与控制对策研究》、《南宁市饮用水源地重金属污染现状调查、风险评估与预警体系研究》、《南宁市交通环境下大气污染特征及防治研究》和《南宁市环境空气细颗粒物污染成因与自动监测系统示范应用研究》。

南宁市环境保护监测站坚持环境监测为环境管理服务的理念，常年对辖区环境质量开展例行监测，定期公布环境质量状况。开展国控重点污染源减排专项监测和农村生态监测，为生态文明建设做好技术支持与服务。

①南宁市辐射应急监测演练
②南宁市水污染事故应急监测演练
③空气自动监测仪器设备
④空气自动监测采样头
⑤南宁市右江雁江水质自动监测站
⑥南宁市环境保护监测站大型分析仪器气相色谱仪

河池市金城江区疾病预防控制中心

河池市金城江区疾病预防控制中心位于河池市新建东路409号，是在自治区政府、自治区卫生局领导下，上级业务部门指导下，具体承担辖区内疾病预防控制业务的卫生事业单位。现有在职在编人员31人，设立有疾病预防控制、免疫规划管理、艾滋病防制、卫生监测、结核病防治、检验、质量管理、免疫门诊及中心办公室等职能科室。

▲荣获自治区民族团结进步先进集体

2010年至今，河池市金城江区疾病预防控制中心在完成疾病控制工作任务基础上，先后配合自治区疾控中心开展了轮状病毒疫苗、Hib疫苗、水痘疫苗、A、C流脑疫苗以及23价肺炎疫苗临床研究项目。通过参加项目工作，让业务人员技术水平得到提高，整体提升了该单位在疫苗临床研究方面的管理能力。

▲2009年荣获河池市卫生应急岗位技能大比武疾控组三等奖

为改善辖区白裤瑶族村寨环境卫生,减少疾病发生，河池市金城江区疾病预防控制中心结合国家农村改厕项目，利用马来西亚爱心人士捐款，在侧岭乡白裤瑶寨开展改厕示范工作。2010年以来，共建成卫生厕所50余座，结束了白裤瑶村寨没有厕所的历史，改善瑶寨环境卫生。该中心还引荐社会爱心人士和发动职工捐款，为白裤瑶村寨修建水窖4座，容积1000m³，解决了部分群众的吃水难问题。

▲马来西亚爱心人士到瑶寨考察卫生厕所

河池市金城江区疾病预防控制中心通过卫生宣传教育、改水、改厕综合措施，降低白裤瑶寨传染病发病率，并开展专题研究，探讨分析影响白裤瑶族农民健康的因素，摸索一条在贫困少数民族地区实施清洁乡村，改善环境卫生、提高农民生活质量，促进健康奔小康的路子。

▲捐款建水柜

▲开展白裤瑶居民健康调查

▲《ROTA-075研究项目》在金城江区启动

▲向白裤瑶族同胞传授疾病防治知识

▲业务知识培训

▲2008年为古洞瑶寨修复引水渠道，解决130人饮水难问题

广西壮族自治区亚热带作物研究所

▲发展中国家智力引进与农业产业化发展官员研修班到广西热作所芒果种质资源圃考察

▲广西亚热带优势作物繁育及综合开发新技术重点实验室

广西壮族自治区亚热带作物研究所（下称“广西热作所”）是从事木薯、澳洲坚果、芒果、甘蔗、剑麻等热带、亚热带作物种质资源收集保存、良种选育繁育、丰产栽培、环境与植物保护、贮藏保鲜、加工技术及中试示范、综合开发新技术等方面研究的农业科研机构。全所现设有广西壮族自治区木薯研究所、广西农垦甘蔗研究所、农业部果品蔬菜质量监督检验测试中心等13个具有较高科研水平的研发中心和研究室。目前全所土地面积500多公顷。主办省级刊物《农业研究与应用》。现有在职职工261人，各类专业技术人员128人，具有高级职称28人，国家现代农业产业体系岗位科学家1人，试验站站长2人，广西芒果产业创新团队栽培岗位专家1人，广西特聘岗位专家1人。

2011年至2012年，该所先后承担国内外科研项目98项，共取得科技成果35项，通过审定或登记的新品种6个，制定并得到颁布实施的标准5项，获国家发明专利授权2项，获科技成果奖共17项（次）。其中，国家科技进步奖二等奖1项，省部级科技进步奖7项（次），其他科技成果奖10项（次），发表科技论文111篇，其中中文核心49篇，被SCI收录1篇。

拥有一批特色的作物品种及其配套栽培技术、生物技术、农产品加工技术等科技成果在热带亚热带区域大面积推广应用，建立了160多个推广网点，2011至2012年累计推广应用面积达3万多公顷，技术覆盖率达58%，累计增加社会经济效益6亿多元。

2011至2012年广西热作所荣获南宁市南宁市兴宁区军警民共建标兵单位等称号，并顺利通过自治区级“文明单位”复核检查。这些精神文明成果为我所科研事业快速发展注入了强大的动力。广西热作所“十二五”期间继续坚持科研、示范、成果转化为一体的工作思路，抓好改革发展，为建设具有专业特色、华南区域一流的科研院所而努力奋斗。

广西壮族自治区柑桔研究所
广西壮族自治区果蔬研究所

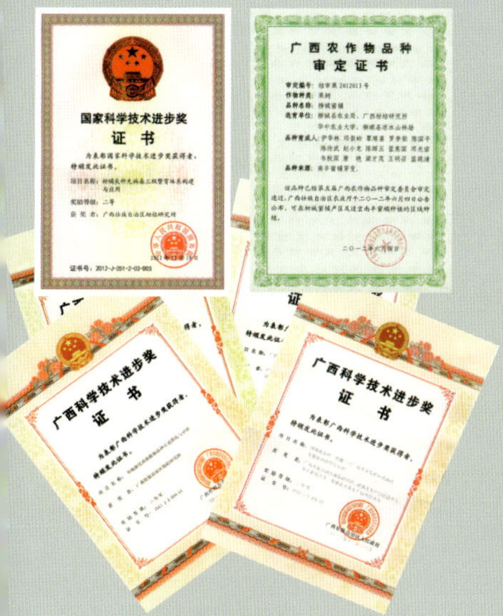

广西壮族自治区柑桔研究所成立于1965年12月，1997年12月增挂广西壮族自治区果蔬研究所牌子，属公益性科研事业单位，占地面积约50公顷。2012年末在职人员110人，其中专业技术人员70人，具有高级技术职称21人、中级技术职称33人；硕士13人、博士4人。设有柑橘品种研究室、柑橘栽培研究室、植保研究室、落叶果树蔬菜研究室、实验室等5个科研内设机构；现有建成或认定科研平台：国家农业部“广西壮族自治区(桂林)柑桔无病毒良种繁育基地”、“广西柑橘生物学重点实验室”、“广西柑桔工程技术研究中心”、“广西柑桔良种培育中心”、“一年两收葡萄栽培技术研究”广西八桂学者设岗单位、国家现代农业（柑橘）产业技术体系桂北综合试验站、“国家现代农业（柑橘）产业技术体系广西创新团队栽培功能专家岗位”、国家现代农业（柑橘）产业技术体系广西创新团队桂林综合试验站。

该所主要从事以柑橘为主的果蔬种质资源收集、保存、鉴定与评价，新品种引进、脱毒、保存、筛选与应用，新品种选育，优质高效安全栽培，病虫害综合防控与检测，采后处理及贮藏保鲜，无病毒苗木繁育等方面的共性关键技术研究与推广工作。建所以来共获得科研成果奖70项次，通过自治区审定柑橘新品种4个、西瓜新品种2个，为广西各地培训柑桔栽培综合技术人才67万多人次；编著出版专业著作16部，公开出版发行《南方园艺》期刊1种；累计繁育推广柑桔无病毒苗木650多万株。

▲2011年3月24日，自治区科技厅陈大克书记到“广西柑橘无病毒良种繁育基地”检查指导

2011～2012年，该所共取得科技成果5项，其中，“柑橘良种无病毒三级繁育体系创建与应用”获国家科学技术进步奖二等奖1项，“柑橘新品种‘桂橙一号’选育及优质高效栽培关键技术研究与示范”和“广西柑橘黄龙病疫情普查、防控技术研究与推广”获得广西科学技术进步奖二等奖，“金柑避雨避寒高效优质栽培技术示范推广”和“早晚熟优质脐橙新品种引进筛选与示范”获得广西科学技术进步奖三等奖。

▲2011年7月4日，自治区科技厅谢迺堂厅长，桂林市巫家世副市长到柑桔所检查指导

该所的目标是面向生产，不断进取，努力开展新品种、新技术的试验研究与推广；宣传和普及果蔬科学新知识、新技术，为促进广西果蔬业的可持续发展，提高果蔬业农技人才的科技水平，提供技术支撑。

柳城蜜桔果实

PCR检测柑橘黄龙病-重点实验室

柑橘无病毒苗圃

广西柑橘生物学重点实验室

柑橘茎尖嫁接脱毒苗培养

广西工艺美术研究所

【单位基本概况】 广西工艺美术研究所成立于1960年1月，是广西唯一专业从事民族工艺美术行业技术研究与产品开发的省级科研机构。2004年初完成整体从事业单位转制为科技型企业。下设有科研项目管理部、织锦工艺厂、雕塑工程部等部门。

【人员构成】 全所在岗职工38人，其中专业技术人员12人，具有高、中级专业技术职称8人，民间手工艺人17人，中国织锦工艺大师1人。

【主要从事业务】 旅游工艺品、民族民间用品、织锦、刺绣、染织的研制、设计和开发、生产、销售；技术转让、咨询、服务、培训；书画装裱、雕塑及各类模型的设计制作；室内装饰设计装修；国内企业形象策划、CI设计、各类广告设计制作、代理等。

【科研成果】 2011～2012年完成了《瑶族织锦旅游产品产业化》等2个科技成果转化项目，建立广西锦类新技术实验室和工程技术研发中心；完成《广西传统民族锦绣制作技术多媒体系统开发》、《广西文物织锦的复制与开发》、《植物染色民族旅游工艺品的研究与开发》等6个课题的研究；承担了国家级科技项目《广西民族服饰文化遗产保护与文化旅游产业数字化应用示范》和省级科研项目各1项。获得8个专利及2个作品的版权登记、发表论文4篇。新开发产品6类32个品种，形成了《广西壮锦产品企业标准》，为今后发布广西民族织锦国家标准打下基础。

【获得荣誉】 2011年，民族织锦披肩等三项产品获得广西首届特色旅游品牌大赛"广西最受欢迎旅游工艺品"称号；民族织锦时尚系列用品等5类产品获得"南宁礼物时尚设计大赛"银奖；民族织锦服饰产品获得桂林国际旅游博览会"广西特色旅游商品及服装服饰展服装"大赛铜奖；2012年，民族织锦5类产品获得首届广西工艺美术作品展金奖两个，银奖两个及铜奖一个。民族织锦商务礼品获得首届广西发明创造成果展览交易会银奖。

【发展远景】 创建一流的民族织锦产业基地，做大做强民族织锦产业，做民族织锦的领头羊。

该所产品分别获得工艺美术作品展金、银、铜奖

广西传统锦棉料设计的产品，赋予了传统工艺品新的实用价值。

①科技部高新技术发展及产业化司司长赵玉海、财政部教科文司副司长宋秋玲率队到广西工艺美术研究所开展"科技与文化融合"工作调研，广西科技厅厅长谢逦堂陪同调研
②刘惠军所长与外宾进行友好洽谈
③该所宣传展位场景一览
④车间
⑤实验室

玉林市林业科学研究所

玉林市林业科学研究所成立于1957年5月，地处广西容县容西镇，有林地6200亩，是广西重点林木良种基地、广西林科院玉林分院、玉林市“海峡两岸（广西玉林）农业合作人才小高地”建设载体单位和玉林市荔枝、龙眼科普示范基地。

2012年，全所承担林业科研项目17项（国家级5项，自治区级6项，市级6项），主要开展火力楠、高脂马尾松、紫荆、红锥、油茶、桉树、肉桂等树种的引种推广、优良家系选育、速生丰产和组培技术研究，建成全国唯一的火力楠优树种子园，在火力楠良种选育研究方面居国内领先水平；大花序桉良种基地收集国外大花序桉种源19个、优良家系119个，收集区已成为国内第一个规模大、遗传材料丰富的大花序桉实生种子园；建设了高脂马尾松良种基地、红锥良种基地、荔枝高值化和标准化栽培示范基地及油茶种质资源收集圃和采穗圃。“玉林市林木良种繁育中心”成熟拥有桉树、石斛、兰花、金线莲、牛大力等苗木的组培生产技术，实现良种化、规模化和工厂化育苗，年产量达600万株以上。育苗基地面积扩大到120亩，有3500m²荫棚，繁育桉树、高脂马尾松、火力楠、红锥等优质良种造林苗木250万株。

《火力楠优良家系选择技术研究》项目获玉林市科技进步奖一等奖；《玉林市荔枝高值化和标准化技术研究开发》项目获玉林市科技进步奖一等奖；2项发明专利—《铁皮石斛的杂交育种方法》和《在龙眼园种植铁皮石斛的方法》；与广西林科院合作项目《桉树中大径材良种与高产栽培模式研究》获自治区科技进步奖二等奖；发表科技论文6篇，《不同追肥配方对厚荚相思生长的影响》获玉林市自然科学优秀学术论文二等奖；1人获全国生态建设突出贡献奖先进个人和玉林市科技创新计划组织实施先进个人；单位获广西林业厅授予“广西林业科技工作先进集体”。

地址：广西容县容西镇玉林市林业科学研究所　邮编：537501
电话：0775-5516468　5516469　E-mail：yllks468@163.com

①玉林市林木良种繁育中心

②全国唯一的火力楠优树种子园

③大花序桉种子园

中国电子科技集团公司第三十四研究所

所区办公大楼

中国电子科技集团公司第三十四研究所（以下简称三十四所），1971年建于成都，1975年迁建桂林，先后分别隶属第四机械工业部、机械电子工业部、电子工业部、信息产业部，现隶属中国电子科技集团公司，是中国电子科技集团公司内唯一从事军事光通信技术研究的系统整机研究所。

三十四所现有职工800余人，其中国家级、部（省）级专家30余人，研究员及高级工程师60余人，专业技术人员占职工总数的76%。自建所以来，三十四所共取得科研成果600多项，获国家各类科技成果奖100多项等。

三十四所以国家光通信事业的研究与发展为宗旨，在国内最早实现图像信号光纤传输，最早开展数字光通信系统室外试验，最早开通三次群光通信设备用于市话中继，最早将光通信用于铁道的专用通信系统，最早参与环西太平洋海底光缆工程，最早开展多项光器件和光通信仪表研究并取得成果等等。同时，还参与了国家863计划项目、“神舟”系列飞船、“嫦娥工程”、“神光-Ⅲ工程”、XXX一期、XXX二期等国家重大工程建设任务，在光通信领域创造了许多填补空白、国内首创的辉煌业绩，为国防现代化和国民经济建设做出了应有的贡献。

现今的三十四所已经建设成以光通信系统、光网络技术、光通信整机、光通信仪表、光无源器件、光通信工程为主体，并正在形成以光通信、信息感知与安防、光电子技术应用三大专业板块为骨架的专业方向，是集科研、生产、工程以及军、民、贸于一体的科技型企业。

桂林电器科学研究院有限公司

桂林电器科学研究院有限公司1954年在北京成立，1970年搬迁至桂林，1999年7月转制为科技型企业。前身为第一机械工业部电器科学研究院，现隶属于中国机械工业集团有限公司。桂林电科院长期以来承担着国家、部、委下达的科研任务，1970年以来共取得900多项科技成果，获国家、省、部级科技进步奖140余项，其中国家级奖励10项，省部级科技进步奖一等奖6项，科技进步奖二等奖47项，科技进步奖三等奖70余项。公司转制后，经过专业与产业重组，目前已发展成为以电触头材料、电工塑料、聚酰亚胺薄膜、薄膜成套装备、特种电机为主导产品的高科技产业集团。

公司现有在职职工800余人，其中专业技术人员占职工总人数的60%左右；建筑面积11.6万平方米，占地面积21万余平方米。公司拥有精良的测试设备，先进的科学仪器和强大的产品开发手段，拥有国家级的“电工材料行业生产力促进中心”、“机械工业电工材料产品质量监督检测中心”和“博士后科研工作站”；被自治区认定为“高新技术企业”、“广西创新型企业”、“企业技术中心”，设有省级科研开发平台“广西院士工作站”、“广西电器产业工程院”、“广西电工材料工程技术研究中心”，具备优越的研发条件和生产能力，是我国电工合金、薄膜成套装备、绝缘材料重要的研发和生产基地。

①

②

③

④

①2013年7月29日，我国塑料机械领域唯一的中国工程院院士瞿金平与桂林市科技局局长刘翔共同为桂林电器科学研究院有限公司院士工作站揭牌。
②公司产品
③BOPP薄膜生产线
④公司系列产品——低压触头
⑤电动汽车用150KW双绕组直流无刷电机

⑤

中橡集团曙光橡胶工业研究设计院

【单位基本概况】

中橡集团曙光橡胶工业研究设计院（简称曙光院），位于广西桂林市七星区横塘路55号。始建于1972年，1999年由事业单位转制为科技型企业。目前，曙光院隶属于中国化工集团公司中国化工科学研究院，院长兼党委书记王继泽。

曙光院现有资产2.4亿元，占地面积约600亩。现有职工354人，其中工程技术人员83人，高级工程技术人员25人，教授级高级工程师10人，享受政府特殊津贴8人。

曙光院大门及证书

经过四十余年的发展，曙光院在橡胶产品研究生产方面逐渐形成了两大专业特色：特种轮胎和橡胶制品。特种轮胎方面，主要以航空轮胎、安全轮胎、越野轮胎、航空翻新轮胎等产品为主；橡胶制品方面，主要以防化服、电磁辐射防护服、密封件及胶带制品为主。

目前，曙光院承担着我国航空轮胎、地面特种轮胎和化学防化服、电磁辐射防护服等重要产品的研发、生产和检测任务，是我国航空轮胎、特种轮胎和特种橡胶制品重要的生产基地和主要供应商。此外，曙光院有我国唯一的特种轮胎质量监督检验中心，获得中国合格评定国家认可委员会的“实验室认可”。从事航空轮胎及机轮刹车装置、特种轮胎及橡胶制品的试验检测。

▲旅美学者马正东教授莅临曙光院进行学术交流

▲曙光院航空轮胎动态模拟试验机

【科研成果及获得荣誉】

建院40年来，曙光院大力开展自主创新，在产品研发领域共获得各类科研成果280多项，其中国家发明奖2项，国家级、省部级成果66项，技术专利37项。

在2011～2012年，共完成国家重大科研项目5项，获得技术成果10项，专利授权12项。曙光院参研的《歼轰7A飞机》项目2011年1月荣获中华人民共和国国务院颁发的2010年度国家科学技术进步奖一等奖；《空警2000飞机（即伊尔七六飞机改进型）》2011年1月荣获中华人民共和国国务院颁发的2010年度国家科学技术进步奖一等奖；《歼十型飞机主、前轮胎研制》荣获中国化工集团科学技术进步奖二等奖，桂林市科学技术进步奖一等奖；《730×210－381 Ⅱ TL、390×125－178 TL轮胎研制》荣获广西壮族自治区新产品优秀成果一等奖。

【发展远景】

未来的5～10年中，曙光院将继续秉承“航空轮胎，舍我其谁；持续改进，永争第一”的企业精神和“国防有我 事业报国”的企业志向，不断创新，在特种轮胎和橡胶制品方面实现质的飞跃和量的倍增，使曙光院的研发、生产、试验检验均达到国际先进水平，把曙光院建成“效益显著、特色鲜明、国内领先、国际先进”的现代化科技型企业。

◀中航沈飞集团李天院士莅临曙光院进行学术交流

广西建筑材料科学研究设计院

广西建筑材料科学研究设计院成立于1984年5月，位于广西南宁市星湖路南二里6号，坐落在美丽的南湖公园湖畔。该院隶属于广西壮族自治区国资委监管的国有企业，拥有国家建设部颁发的建材行业乙级和建筑行业乙级设计资质，拥有工程咨询、工程项目管理、清洁生产审核、节能评估、见证取样检测、建筑节能检测等资质，是广西唯一拥有建材行业咨询设计资质的单位，可从事建材行业及建筑工程相应的总承包业务与相关的技术与管理服务。

建院二十多年以来，该院积极有效地开展各项建材专业服务工作，院属下设有科研所、建材设计一所、建筑设计所、矿山设计所、产业化公司、广西新型建筑材料与工程应用重点实验室、建筑工程检测公司、水泥技术发展中心、高校实训基地、院办公室等机构。全院在职职工65人，其中教授级高级工程师2人、高级工程师13人、高级经济师、高级会计师各2人，各类国家注册工程师6人，工程师23人。主营业务为建材行业（水泥、玻璃、陶瓷、耐火材料、新型建材、非金属矿及制品等）、建筑行业与矿山行业的科研、咨询、设计、节能评估、能源审计、清洁生产审核、安全评价、安全生产标准化考评等技术服务。

该院的科研项目曾多次获得广西科技进步奖，并拥有国家授权发明专利和多项科技产业化成果，该院承建或设计的项目覆盖了建材领域的各个方向，在东南亚的多个国家也开拓了业务往来，在业界享有较高声誉。近几年来，该院重点在新型建材（包括新型墙材）和建筑、矿山领域卓有成效地开展了相关技术业务工作，为今后的发展开拓了更宽广和长远的道路。

地址：广西南宁市星湖路南二里6号

邮编：530022

电话：0771-5313340

传真：0771-5313340

E-mail：gxjcy888@163.com

①自治区科技厅陈大克书记视察该院加气混凝土砌块产业化项目

②自治区科技厅谢洒堂厅长视察以该院为依托建设的广西新型建筑材料与工程应用重点实验室

③徐德龙院士到该院实验室及产学研基地指导工作

④预拌混凝土产业化基地实景

⑤⑥⑦实验室

⑧该院设计的加气混凝土砌块生产线

广 西 塑 料 研 究 所

广西塑料研究所创建于1964年，座落于广西梧州市新兴二路131号，主要从事研究开发各种改性塑料、塑料加工助剂，是全国首批建立的省级塑料研究所之一，中国塑料加工工业协会理事单位，中国塑协塑料技术协作委员会理事单位，全国性科技期刊《国外塑料》的主办单位之一，自治区国资委直属的国有科技型企业。培养有一批从事研发和加工生产改性塑料的技术骨干，拥有一批先进的塑料加工设备和检测仪器。该所定位于研发和生产汽车用改性塑料，为广西汽车塑料零部件加工行业服务。

唐尧所长陪同科技厅领导检查工作

该所设有广西宇丰塑料检测有限公司、广西塑料情报信息中心，承担着塑料工业的资料查新和塑料成分、塑料产品质量检测工作。目前正在培育建设广西汽车用改性塑料工程重点实验室。拥有多台双螺杆挤出生产线、注塑机、吹塑机、发泡机以及辅助加工设备、大批检测仪器设备等。

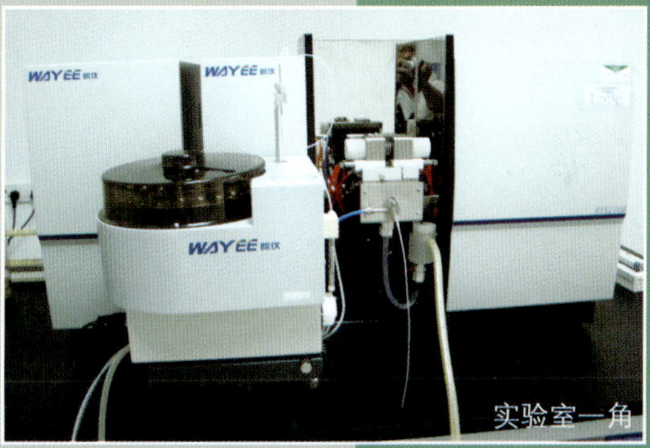

实验室一角

中国塑料加工工业协会与广西塑料研究所共同主办有全国性科技期刊《国外塑料》，这是一本解读世界塑业与中国塑业的权威杂志，报道国外塑料先进科技，传播中国塑业优秀成果，竭诚为行业的稳定、健康、持续发展服务。“贴近企业，突出创新”是该刊追求的风格。

该所与柳州五菱汽车工业有限公司联合开发的科技创新项目“五菱汽车保险杠用PP改性料的研制”已于2012年年底通过自治区科技厅组织的专家鉴定。同时，陆续开展一系列汽车用改性塑料产品项目的研发工作，即将投入产业化生产。计划到“十二五”期末，该所力争达到年产2万吨汽车用改性塑料的生产规模。按产学研结合的发展模式，与柳州五菱汽车工业有限公司、国内知名高校、民营企业结成战略合作伙伴。努力培养科技创新人才和团队，提供优秀人才储备，增强研发能力；争取整合和优化资源配置，有效改善科研基础条件，建成汽车用改性塑料技术监测体系，有效服务汽车内外饰件及零部件制造行业。

参加27届国际橡塑展

地址：广西梧州市新兴二路131号
邮编：543003
书记、所长：唐尧
行政办电话：0774－3837806
科研办电话：0774－3828356

科研院所科学技术

桂林电器科学研究院有限公司

【概况】 桂林电器科学研究院有限公司成立于1954年，原名为中国第一机械工业部电器科学研究院，1970年从北京搬迁到桂林，1999年转制成为国有科技型企业隶属中国机械工业集团有限公司，2013年初进一步改制，更名为桂林电器科学研究院有限公司。截至2012年底，该公司有职工800人，其中各类专业技术人员460人，其中高级专业技术职务人员76人，中级专业技术职务人员145人。2012年销售收入6.7873亿元，实现利润3361万元。

该公司原为机械工业部直属研究所，负责全国电工材料和绝缘材料行业归口管理及全国电工合金标准化技术委员会和全国绝缘标准化技术委员会工作，负责IEC/TC10、TC15、ISO/TC 29/SC 8国内技术对口管理工作，承担我国电工材料、电工模具、特种电机、塑料薄膜成套机械装备、磁性材料及电工材料等重大专项科技攻关和重点军工产品研发，拥有《电工材料》《绝缘材料》和《模具工业》等三本科技期刊，拥有经国家科技部批准成立的“电工材料行业生产力促进中心”和经中国实验室认可委员会（CNAL）认可、中国国家认证认可监督管理委员会计量认证的“机械工业电工材料产品质量监督检测中心”，在绝缘材料热老化、绝缘系统电/热老化、局部放电、耐脉冲放电老化及环境试验等检测方面，是国内一流的、最具权威性和影响力的专业检测实验室，也是ABB、SIEMENS（西门子）、AREVA（阿海法）、COOPER（库柏）、Emerson（埃默森）、DuPont（杜邦）、陶氏化学和东芝水电等国际知名跨国公司的签约实验室。

1999年转制后，该公司以市场为导向，将原有在电工材料、塑料薄膜成套机械装备等领域所取得的核心技术进行了产业化延伸，逐渐形成了年产300吨低压电触头材料、10万件高压触头元件、100万片真空触头材料、3000万件低压焊接触头元件、2000吨电工用特种模塑料的生产能力，具备国内唯一的集总体设计、生产加工、安装调试能力于一体的特种塑料薄膜生产线项目的综合承接能力。2012年综合市场竞争力位列全国第四，尤其在中高端应用中，该公司全国市场占有率位列第一。

【科技队伍】 该公司在职职工800人，其中各类专业技术人员460人，占在职员工总数的57.5%。在各类专业技术人员中，具有教授级高级工程师职称11人，高级专业技术职务人员76人，中级专业技术职务人员145人，享受政府特殊津贴待遇的5人。博士生1人，研究生32人，本科生263人，专业涉及合金材料、绝缘材料、高分子材料、自动化、机械设计、机电工程、工商管理等相关专业。

【科研项目与经费投入】 2011～2012年，该公司共承担各级（类）纵向科研项目15项，自主设立科研项目25项，累计投入科研经费3941.13万元。其中，省部级项目9项，桂林市科技开发项目3项，中国机械工业集团科技发展基金项目3项，组织制修订国家标准11项、行业标准81项。

【科技成果与转化】 2011～2012年，该公司共获得科技成果40项，特别是“大型双轴定向薄膜生产线关键技术的研究”和“高性能环保触头材料研究”成果转化效果显著。

大型双轴定向薄膜生产线关键技术的研究　该项目是科技部资助的科研院所资金项目，成果技术达到国际同类产品先进水平，项目成果转化程度高。项目研究成果已成功应用于该公司承接的5条大型双向拉伸塑料薄膜生产线上，部分单项成果如导轨、链铗和热风系统等还应用于BOPET、BOPA、动力锂电池隔膜等多条生产线上，累计取得经济效益4亿元。特别是“8.3米双向拉伸聚丙烯薄膜生产线”是目前我国幅宽最宽、速度最快（达到350米/分钟），产量最大（年产量达15000吨）的双向拉伸聚丙烯薄膜生产线，属国内首创，它的成功具有里程碑的意义，结束了我国宽幅高速塑料薄膜生产线只能依靠进口的历史，打破了大型高速双轴定向拉伸薄膜成套装备设计和制造被德、法、日三国垄断的局面。该项目成果的转化，进一步确立了该公司在国内塑料薄膜机械行业的领先地位，同时表明我国已具备与世界知名企业同台竞争的实力。该项目获2012年广西科技进步奖二等奖和桂林市科技进步奖一等奖。

高性能环保触头材料研究　该项目为广西千亿元产业重大科技攻关工程项目。近年来，受欧盟“RoHS”指令影响，我国低压电器出口受到限制，由于我国低压电器中普遍使用银氧化镉（AgCdO）触头材料，其中镉对人们的身体健康和环境有一定的危害，含镉触头材料的电器产品已被世界各国抵制，未来十几年，预计银氧化镉触头材料将在全世界范围内逐步退出市场。因此，发展环保型触头材料是低压电器行业一项既紧急又重要的工作。该项目研制的高性能 $AgSnO_2$ 是替代有毒AgCdO的理想环保型材料，项目的成功不仅将提升该公司触头材料的制造水平，同时也提高了我国触头材料的制造水平，促进我国低压触头材料加快升级换代的步伐，使我国低压触头生产制造符合绿色环保要求，且将消除我国电子电气产品因含镉而无法出口的障碍，极大地促进我国电子电气产品的出口。

【专利成果】　2011～2012年，该公司在自主创新方面取得了丰硕的成果，申请专利91项，其中发明专利46项，获授权专利45项，改造专利13项。该公司拥有的专利，都在围绕着各产业的发展发挥着不可替代的作用。如：专利《一种高压水雾化银粉的制造方法》《银复合氧化锡触头材料制备工艺》《银基合金熔化炉除尘装置》《银基合金带材导电加热设备》均与该公司主导产业中低压银基触头材料产品的制造技术密切相关，而《银—纳米氧化锡电触头材料及其制备工艺》《耐高温的银氧化物触头材料的制造方法》《金属带材清洗干燥流水线》等专利更是在制造工艺方面为低压银基触头材料产品的生产增加一道保险。《拉伸薄膜生产线的链铗》则是该公司双轴拉伸薄膜生产线的一项核心专利技术。《聚酰胺酸树脂输送装置》《聚酰亚胺薄膜生产中的溶剂低温回收风循环工艺及系统》《聚酰亚胺薄膜生产中的溶剂低温回收风循环工艺》《聚酰亚胺薄膜的亚胺化方法及亚胺化设备》《聚酰胺酸树脂合成方法》等专利将为该公司新近开发的聚酰亚胺薄膜产业提供保障。《印制绕组电机》《共磁场印制绕组直流电动机—测速机机组》一直以来都在为该公司的特种印制电机产业提供专利技术支持。这些专利的实施，不仅保护了该公司产业技术，也体现了新产品的技术特点和制造工艺特色，有效提高了新产品的市场宣传效果，增强了新产品的市场竞争力。这些专利不仅延伸了该公司的技术特色，还形成了该公司新的核心技术，为该公司今后产业的发展提供了保障。

【人才与创新团队】　该公司通过制订人才强企战略，完善人才考核、评价、激励机制，建立科技带头人、首席工程师、院士辅导和复合型人才培养制度，畅通了科研人员职业发展通道，营造了优秀人才脱颖而出的良好环境，建立了点接触关键材料研发与制造技术队伍，电绝缘关键材料研发与制造技术队伍和电子电器用薄膜成套装备研发与制造技术队伍，一大批科技人才在实践中快速成长。

该公司采用开发式的人才培养机制，通过挖掘技术骨干，选出“首席工程师”作为专业技术带头人，以建立“产品研制”“生产工艺技术开发”“材料机理研究”“应用试验研究”专业技术研发队伍为基础，通过各类项目的实施，增强研发队伍的创新能力。

该公司利用外聘国内知名专家的形式辅导青年科研人员开展研发，聘请了黄崇祺院士（有色金属及其合金压力加工专家）、雷清泉院士（电绝缘技术专家）和瞿金平院士（华南理工大学塑料机械专家）三位中国工程院院士组成了院士顾问团队，为青年研发人员规划正确的职业发展方向，快速成才。

该公司选派30多名技术骨干参加清华大学

MBA 学习班，通过强化培训，打造了一支专业知识结构合理、年龄结构有一定梯度、能为产业发展持续提供技术支撑的高素质管理团队。

【科研平台建设与科研仪器设备】 建立高效、协同、开放的技术创新体系对企业技术创新能力的提升至关重要。该企业技术创新体系包括内部研发体系的组织和外部创新资源的联合利用两个部分。

在内部研发体系的组织上，通过梳理整合内部科技资源，组建了涵盖触头材料及其元件、绝缘材料（薄膜）及其元件、机电产品 3 大业务的公司级研发中心，为各产业技术的开发研究提供平台，构建先进的电工电子材料和机电产品研发平台以及高层次精干的研发团队，为各产业的可持续发展提供强有力的技术支撑；与生产部门面向产品的工艺改进明确分开，形成两个层次紧密结合，互有侧重的研发体系，避免了科研资源重复分散购置的现象，着力加强实验室、中试基地等基础条件平台建设，打造业内一流的科研开发平台。

在外部资源的利用上，该公司有效地整合了设立在该公司的全国电工合金标准化技术委员会、全国绝缘材料标准化技术委员会、全国模具标准化技术委员会、中国电器工业协会电工合金分会、中国电器工业协会绝缘材料分会、中国电工技术学会绝缘材料与绝缘技术专业委员会、机械工业职业技能鉴定模具行业分中心、机械工业电工材料产品质量监督检测中心、机械工业第十六计量测试中心站、桂林国际联机情报检索服务中心、广西电工材料工程技术研究中心、广西电器产业工程院等技术服务机构和科研资源，形成了集研发、产业化、检测、标准、情报、技术服务为一体的面向全社会的电工材料开发平台。为了提高研发的起点和水平，该公司与国内行业知名的 3 位院士黄崇祺院士、雷清泉院士和瞿金平院士的团队建立了战略合作关系，确保在电工合金、绝缘材料和双向拉伸塑料薄膜生产线等主营业务的技术水平始终保持在行业前列，与国际水平同步。通过“开门”搞创新，该企业不断加强内外部资源的有效结合，着力构建开放式的技术创新体系，推动企业创新能力的快速提升。

通过整合内外资源，现拥有建筑面积为5200平方米的固定实验室，其中恒温恒湿试验室面积4000余平方米，内置有空气净化、电磁屏蔽试验室，具有完善的硬件基础条件，拥有1100余台（套）各类先进的科研检测分析仪器设备、器具及条件保障设施（含制样设备、模具等）。包括：电气性能检测分析仪器设备、机械性能检测仪器设备、理化性能检测仪器设备、燃烧及着火危险检测仪器设备、热学性能检测仪器设备、老化性能评定仪器设备等。

【科技交流与合作】 2011～2012 年，该公司通过与华南理工大学、哈尔滨理工大学、哈尔滨工程大学、湖南工程学院、广西师范大学、桂林电子科技大学、桂林理工大学等高校开展学术交流，并建立了院士工作站，以“产—学—研”合作共同研究的方式实现长期战略合作伙伴关系，充分利用高等院校高层次的人力和设备资源，推动产学研之间的优势互补和强强联合。如与湖南工程学院共同开展“银氧化锡材料电弧侵蚀机理研究”，与桂林电子科技大学共同完成了“高性能环保触头材料”开发，与广西师范大学、桂林福达股份有限公司合作开展了“汽车零配件电子束焊接生产线”的研发。

作为电工合金、绝缘材料和模具 3 个行业的归口管理单位，该公司积极组织各种国内外的科技考察和学术交流活动，3 个行业标委会和协会秘书处每年组织近千人次参加理事会议、会员大会、标准研讨会和专业技术交流会等各类会议，邀请国内外优秀专家和企业家对行业发展进行分析，为行业企业的发展提供方向。绝缘材料分会组织了绝缘行业 13 家企业赴美国参观了在美国芝加哥举办的 2012 年美国芝加哥线圈、绝缘材料及电器制造展，并考察了杜邦公司及东元西屋电机公司。通过参观考察活动，使企业了解和掌握了国外绝缘材料技术的发展动态，开阔了思路，为企业开拓国际市场提供了良好的机会。

该公司积极主动参与国际、国内学术交流与合作，2012 年与美国 Advanced Menmbrane Systems Inc 公司合作开展高端电动汽车用锂电池隔膜研究，在锂电池隔膜生产工艺研究方面取得了一定的成果。

（冯俊杰　张　倩）

中国地质科学院岩溶地质研究所

【概况】 中国地质科学院岩溶地质研究所建于

1976年，2004年确定为国家非营利性科研机构，是国家科技创新体系的组成部分，是中国地质调查局、中国地质科学院直属的事业单位。该所主要承担岩溶地质基础理论与应用研究以及岩溶地质调查与评价工作，为联合国教科文组织国际岩溶研究中心提供支撑。

该所的职责和任务是主要从事国家科技创新体系建设；从事基础性、公益性岩溶地质调查和战略性资源勘查工作；提供国家岩溶地质基础信息服务。经过三十多年的努力，逐步形成了岩溶动力学与全球变化、岩溶资源评价与开发利用、岩溶生态系统与石漠化治理、岩溶地质灾害防治与环境保护、岩溶景观旅游资源评价、岩溶探测与测试等优势研究领域。

岩溶动力学重点实验室为国土资源部和广西壮族自治区重点实验室，岩溶生态系统与石漠化治理重点实验室为国土资源部重点实验室，岩溶塌陷防治重点实验室为中国地质科学院和中国地质调查局重点实验室。中国地质学会岩溶专业委员会和洞穴专业委员会挂靠在岩溶所，主办学术刊物《中国岩溶》是我国唯一公开发行的岩溶学术性刊物。

【科技队伍】 截至2012年底，该所总人数339人(含离退休职工)。在职职工207人，其中中科院院士1人，研究员28人，副研究员及高工53人，博士、硕士72人。

【科研项目与经费投入】 2011～2012年，该所在研项目216项，总经费2.15亿元。组织实施3个国土资源大调查计划项目“中国地质碳汇潜力研究”“西南岩溶石山地区地下水与环境地质调查”和“重点地区岩溶塌陷调查”；还承担自治区自然科学基金项目3项，预算总经费30万元；自治区科学研究与技术开发计划项目2项，预算总经费64万元；自治区重点实验室建设专项1项，预算总经费400万元。科研与地调成果为广西经济和社会发展提供了有力的技术支撑。

【科技成果与转化】 2011～2012年，该所发表论文194篇，其中SCI检索期刊11篇、核心期刊93篇、出版专著2部、获得专利3项。获中国铁路工程总公司科学技术奖二等奖1项，中国公路学会特等奖1项，国土资源部科学技术奖二等奖1项。

喀斯特峰丛洼地水土调蓄技术研究 国家科技支撑计划课题（2011BAC09B02）。课题在前期研究的基础上，进一步完善了平果果化示范区的建设，继续开展节水节肥滴管试验、石漠化、水土流失、土壤、表层岩溶泉、土壤水、岩溶动力系统、气象等生态环境因子和效益动态监测，新建立固定土壤剖面监测点20个、监测样地5000平方米，采集水、土、植物样200个。

深入开展了水土流失过程、表层岩溶水调蓄利用、生态系统水分运移与利用、植物的地质适宜性等科学问题的研究，采用CS137和Pb210同位素示踪技术进一步论证了岩溶峰丛山区不同地貌部位、不同土地类型水土流失的过程与特征，依据3个不同环境类型表层岩溶泉水文特征，系统总结分析了石漠化治理对调蓄表层岩溶水的作用，依据2个时相的遥感数据动态监测研究了示范区不同等级石漠化的空间变异和演变特征，取得了显著进展。

地表和近地表条件下岩溶缝洞充填过程及机理研究 973项目（2011CB201001）专题。通过开展塔北和南方露头区缝洞地质描述和露头区缝洞充填特征研究，建立了7种缝洞系统充填模式：①地下河外源型充填模式；②内源型充填模式；③上下结构充填模式；④圈层结构充填模式；⑤嵌入式混合充填模式；⑥溶塌充填模式；⑦膏溶垮塌充填模式。提出了井下缝洞垮塌角砾岩与沉积充填物识别标志：①不同充填组分常规测井响应不同，充填物性质不同，常规测井响应不同。泥岩段和泥质充填的洞电阻率为低值，自然伽玛高值，常有扩径现象；②不同充填程度大型溶洞的测井响应，对于单一的泥质充填而言，缝洞系统随着泥质充填程度的增大，测井伽玛值由低到高而变化；深/浅双侧向、微侧向数值低，且有差异；井径扩径严重；中子、密度、声波曲线变化极大。初步阐明了塔河油田古岩溶机械沉积充填物、塌积充填物、化学淀积充填物和风化残积充填物的特征及充填机理。

西南典型岩溶流域水文地质环境地质调查 地质调查工作项目。项目组在收集和分析了与本项目有关的基础地质、水文地质、土地利用现状以及水文、气象、水利设施、森林植被等资料基础上，完成了1/5万岩溶水文地质环境调查940平方千米；修建地下水环境监测站和雨量站15处；通过物探确定水文地质探采结合孔5口，有效解决了当地超过4000人的饮水问题；开展了岩溶生态地质环境的遥感解译；开展岩溶地下水开发和

地下河综合开发论证工作；完成了5个洞穴的结构特征、水资源分布的调查，测制了洞穴平面、和剖面图3567米。

通过调查，项目组对广西地层划分进行了校核，将广西的主要岩溶地貌划分为峰丛洼地、峰丛谷地两种类型；初步分析了广西水文及水文地质结构基本特征；确定了广西岩溶层分布及岩溶发育的基本特征；探明了广西地下河、岩溶大泉及蓄水构造的发育控制因素及发育规律，掌握了广西水资源分布、富水性，查明了水资源开发利用现状与开发潜力以及主要存在的地质灾害（干旱与洪涝）特征与成因。

中国典型流域岩溶碳汇调查　项目组完成珠江流域线路调查总长度2000千米，选取代表性水文站点14个，完成了δ13CPOC、δ13CDIC、87Sr/86Sr、POC、PIC、DOC、DIC、水化学分析以及现场分析水样各126件；开展南盘江、北盘江、黄泥河、红水河等流域岩溶碳汇调查，共调查水点252个，岩性点120个，采集岩样96个，土壤剖面调查82个，野外溶蚀试验125组，植被样方115个，监测地下水点11个，地表河流断面监测3处。

计算了珠江流域的TSS、TC（总碳）、POC、PIC（颗粒无机碳）、DOC、DIC、以及TPC（颗粒碳）、TOC（总有机碳）的侵蚀通量，DOC、POC和TOC侵蚀模数均高于全球平均值；南盘江地区岩溶碳汇强度为3.48×107 g/（a·km^2）；应用GEM－CO_2模型计算珠江流域岩石化学风化消耗大气CO^2约252×109 mol·a^{-1}，折合为碳量6.9tC km^{-2}·a^{-1}；从流域分布统计，二级流域以西江流域CO_2消耗量最大，占珠江流域总CO_2消耗量79.4％，北江、东江、三角洲河网流域分别占总量的13.0％、4.9％和2.7％；西江、北江、东江流域大气/土壤CO_2对河流水中HCO^{3-}通量的贡献分别为52％、58％和69％。

西南主要城市地下水污染调查评价　地质调查工作项目。工作项目完成了柳州市、河池市、遵义市和昆明市（西部）土地利用、污染源和水文地质调查（比例尺1：50000），并在此基础上编制地下水水质和污染调查样品采集方案。按照统一的技术要求和制订的样品采集方案，进行地下水水质和污染样品的采集和测试。开展了地下水污染调查评价数据库建设。开展西南主要城市地下水水质与污染状况评价以及相关综合研究工作。

通过对现有资料收集、整理和综合分析，确定了柳州市、河池市、遵义市和昆明市地下水水质对照值。通过地下水污染调查，基本掌握了柳州市、河池市、遵义市和昆明市地下水污染状况，初步查明了地下水污染原因。对岩溶地下水DOM荧光组分与传统指标之间具有显著关联及其对污染物来源的指示进行了深入探讨。

永德县大雪山水库库盆渗漏水文地质调查与连通试验　社会服务项目。完成了坝址及周边1：10000岩溶水文地质补充调查10平方千米；完成坝址附近及其上下游1：1000岩溶水文地质条件调查约0.3平方千米；完成主要水点的水化学分析19个，同位素分析16个；编制1：10000岩溶水文地质图1幅、1：200岩溶地质剖面图3幅。先后采用荧光素钠、亚硝酸钠、罗丹明B、钼酸铵等示踪剂开展了6次示踪试验，查明了水库库盆岩溶地质体结构特征、岩溶水系统结构特征与岩溶发育深度（库盆区裸露区岩溶发育深度80～90米），查明了岩溶水地下水径流特征；6次示踪试验结果表明：库盆地表径流主要通过户婆地下河出口、忙岗河地下河出口方向径流，地下水径流存在集中径流特点，地下水径流主要沿溶蚀裂隙带或小岩溶管道径流特点。地下水径流通道主要以溶蚀裂缝带或溶潭段缓冲径流，因而地下水径流缓慢；示踪剂呈跳跃式出现，反映地下水补给、径流过程中存在水力坡度平缓向水力坡度较陡转换过程，说明岩溶管道发育存在多级高程特点。查明了库盆渗漏问题主要是库盆岩溶地质体岩溶渗漏。

浦北县五皇山国家地质公园申报　社会服务项目。项目组通过对五皇山地质公园的实地调查和测量，全面系统详述、概括、对比及评价该公园地质遗迹资源进行系统，概括其资源独特性：典型的海陆过渡区风化花岗岩石蛋地貌；系统分析和研究其区域成景背景，探讨其S型花岗岩特征，系统分析公园花岗岩石蛋地貌的形成演化过程；提出该公园“一心一核二重二配三线”的开发模式，并有针对性设计出独具其特色的旅游产品体系和旅游线路；提出并阐述该公园相应的分级保护措施和建议。

【科研平台建设与科研仪器设备】　该所现有11个各类野外科学观测研究基地，其中桂林丫吉水文地质试验场、桂林海洋—寨底地下河系统观测站、桂林会仙岩溶生态与水生态观测基地以及平果果化岩溶石漠化治理示范基地为国土资源部级研究基地；技术装备总量1258台/套，包括实验室仪器、野外用车、野外物探设备和现场水、气等测试仪器。

【科技交流与合作】 国际岩溶研究中心是联合国教科文组织地学第一个二类中心，2008年12月15日在岩溶所挂牌成立。下设理事会和学术委员会，理事会成员16人，学术委员会成员32人。理事会已成功召开3次会议，学术委员会成功召开1次会议。现有20多位国际著名岩溶专家加入了国际岩溶研究中心。

2011～2012年，该所与泰国水文局和CCOP组织进行学术交流以及签署合作备忘录；同时也先后与瑞士、奥地利、斯洛维尼亚、美国、巴巴多斯、泰国等国相关研究单位签署合作备忘录和意向书。

（陈宏峰　覃汉莲）

中国林业科学研究院热带林业实验中心

【概况】 中国林科院热带林业实验中心（简称热林中心）位于广西壮族自治区凭祥市，成立于1979年，是热带南亚热带国家级林业科学实验基地、科技创新基地和科普教育基地，主要承担我国热带南亚热带林业科学实验、成果推广、经营示范等任务。该中心实验基地横跨龙州、宁明、凭祥二县一市，经营面积1.9万公顷，森林蓄积量139万立方米。中心下设4个研究室、9个机关处室、4个实验场和1个贮木场。2011～2012年，该中心科研工作的重点是，围绕生态林业和科技产业建设主题，强化科技管理、科技示范与推广、优质森林资源培育、林业科技产业化建设，为广西地方生态林业建设和珍贵优质用材资源培育新技术、新品种推广应用，提供技术咨询、人才培训和技术推广示范服务。至2012年末，该中心有在职职工409人，其中科技人员138人，高级专业技术职称人员31人，硕士以上人员占科技人员总量的23.9%。

【科技队伍】 热林中心的科研人员包括科研项目课题研究人员、林业生产经营管理和技术推广人员。至2012年底，课题活动人员共93人，科技管理和科技服务人员共45人。科技人员占单位职工人数33.7%，其中高级专业技术职称人员31名、中级78名、初级专业技术职称人员28名；博士研究生3名、硕士研究生30名、大学本科64名、大专33名。

【科研项目与经费投入】 2011～2012年，该中心紧紧围绕国家生态建设和林业发展需求，结合中心的发展实际，积极参加国家科技部、国家林业局和中国林科院以及地方的科研项目。2011～2012年，该中心承担研究项目（课题）63项，国家投入的科研经费960万元。其中国家科技部项目11项，国家林业局和中国林科院基金项目33项，国际合作2项，自选课题10项，与地方合作7项。

【科技成果与转化】 2011～2012年，该中心获得科技成果9项，获奖成果2项。其中获国家科技进步奖二等奖1项，获广西科技进步奖二等奖1项。这些成果均已在生产中得到转化推广。发表核心期刊和学术论文60多篇，发表的期刊主要有《Forest Ecology and Management》（SCI收录）、《Soil Science and Plant Nutrition》（SCI收录）以及《林业科学研究》《生态学杂志》和《世界林业研究》等具有较大行业影响力的科技期刊以及科技推广应用性的期刊。该中心参加广西的"绿满八桂"绿化工程，推广珍贵用材树种培育技术，在广西南部地区大力推广降香黄檀和柚木等珍贵用材树种的"四旁"造林绿化，累计提供政府采购珍贵树种苗木200余万株，折合造林面积达2千余公顷，取得了良好的生态、社会和经济效益。

退化天然林生态恢复技术　该项目是该中心参与中国林科院森环生态所等单位主持的科技部项目取得的科研成果。该中心在广西南亚热带林区，针对大面积人工针叶纯林健康和生态功能差的问题，提出了以丰富林分结构和促进天然更新为目标的人工林近自然化改造的技术体系。从森林经营的宏观时空尺度、林分尺度、物种尺度和林木个体尺度等4个维度确定林分特征识别量化技术指标、5个作业设计和实施内容，首次建立了一套完整的人工林近自然经营作业的技术体系。其中，人工针叶林定向改造与优质珍贵混交林培育技术模式，即在针叶林冠下栽种珍贵阔叶树种，如红椎、润楠、格木、米老排、大叶栎等，保护林下灌草植被、恢复生物多样性，调整人工针叶纯林的树种结构，诱导其形成复层空间异龄混交

林；在景观尺度上采用斑块状混交方式，在空间布局上采取“松戴帽，阔穿裙”方式，调整并优化森林景观的空间配置结构，即在山坡上部发展耐旱、耐瘠薄的马尾松林，在山坡下部发展乡土珍优阔叶树种，在近自然化改造过程中优先考虑优质大径材阔叶树种培育。该技术通过以优质、珍贵、大径级树种为主的群落结构调整，以及定向恢复、珍贵物种的保护与扩繁及再引入技术，解决了我国典型林区大面积人工针叶纯林近自然化改造的技术难题，并成功建立了多目标经营示范模式。该成果获2012年国家科技进步奖二等奖

马尾松工业用材林良种选育及高产栽培关键技术研究与示范　该项目为该中心参加广西林科院主持的科研协作成果，该项目根据马尾松遗传改良和速生丰产林培育的技术原理，对各种栽培试验林进行连续定时、定位观测，研究幼林技术抚育、密度、施肥等关键技术措施对林木生长的影响，通过经济分析，选出经济效益最佳的模式，确定工业用材林轮伐期；同时采用优良家系与高产栽培关键技术结合建立高产示范林，使良种与良法的有机结合，形成优化配套培育技术体系，并以此为基础，进行大面积推广应用。项目选出材积平均遗传增益达15.04%的优良家系65个；选出纸浆材优良家系5个；通过国家级良种审定1个、自治区良种审定15个；建立了2个马尾松工业用材林定向培育改良代种子园。在球果处理和花粉贮藏研究中申报2项国家发明专利；通过遗传控制、立地选择、密度控制、施肥等速生丰产配套技术，建立的高产示范林单位面积蓄积量提高40%以上。其中最优家系营造的试验林单位面积蓄积年生长量达到39.15立方米，增产潜力巨大。项目研究经历15年，从多层次、多角度对马尾松工业用材林良种选育及栽培技术进行了研究，形成了较完善的研究和推广体系，建立的高产示范林生长量比行业标准提高40%以上，在广西、福建、重庆和贵州累计推广成果造林18.26万公顷，平均生产力提高20%～35%，20年生林新增产值73.03亿元。该项目成果获2012年广西科技进步奖二等奖。

红椎西南桦等珍贵树种大径材培育技术创新集成与示范　该项目为2010年国家林业局的国家级林业成果推广项目。该项目选择了红椎、西南桦、格木和米老排等作为主要推广树种，集成其先进的苗木繁育、混交林营造、幼林抚育经营等技术，在该中心基地营建珍贵树种优质大径材示范林。该项目主要完成：(1) 在热林中心苗圃实施，苗木培育推广使用新型容器苗培育技术——网袋轻基质容器育苗技术，培育红椎和西南桦等珍贵树种网袋容器苗，共4.5万株，总结一套容器育苗技术。(2) 建立珍贵树种高效优质栽培技术示范林。应用珍贵树种立地条件控制技术、密度控制技术、丛植培优技术、混交林营造技术等进行组装配套，在热林中心伏波实验场开展红椎、西南桦、格木和米老排等珍贵优良乡土阔叶用材树种的综合培育技术试验示范，建立试验示范林30公顷。(3) 采取近自然森林经营技术建立幼林抚育技术示范林。选择不同树种的幼林，林木抚育管理按目标树单株经营为特征的近自然森林经营管理，对林分进行目标树的选择与修枝整形等作业，建立试验示范林30公顷。项目于2012年12月顺利验收，各项经济技术指标全面完成。所建的试验示范林对推广我国南亚热带珍贵用材林培育技术，将产生较大的促进作用。

柚木优良种质繁殖及高效示范林营造　该项目为2009年度科技部农业成果转化项目，主要内容为在该中心的实验基地已有试验林中筛选出100份柚木优良种质资源繁殖材料，分别建立基因收集幼化圃、采穗圃，进行规模化育苗，最后建立无性系测定林和示范林。项目建成种质收集幼化圃和临时采穗圃面积共3650平方米；建成扦插苗圃并开始无性系扦插育苗；无性系组培配方进一步完善，生产技术熟化，进行规模化的组培苗生产，已生产无性系苗木69.7万株，其中扦插苗25.1万株，组培苗44.6万株；完成了高效示范林营造任务，面积共计28.5公顷；完成营造了无性系测定林2.3公顷，营建优良家系保存林2.2公顷，营建种子园4.7公顷，建成采穗圃1668公顷。项目与农垦系统的农场合作，创新柚木与木薯间种的柚木混农模式，柚木生长快，一年生农作物木薯的产量没有降低，是一条值得推广的珍贵用材培育新途径。该项目的开展，为珍贵用材柚木的发展，提供了大量优质苗木和培育技术推广示范林，项目产生了较大的社会效益和经济效益。

【人才与创新团队（人才小高地建设、博士后科研工作站）】　2011～2012年，围绕创一流林业实验基地，该中心高度重视人才培养和创新团队建设工作，推进岗位目标管理，加大人才引进和培养的工作力度，职工队伍整体素质明显提高。一是积极引进高层次人才，优化人才队伍结构。两年

来，该中心从高校毕业生中招用人才14人，其中硕士9人、学士5人；根据学科发展及培养人才的需要，从中国林科院属研究所和广西大学聘请较知名学者4名为客座研究员。二是鼓励和资助在职职工参加各种学历教育，积极组织职工进行岗位技能培训，参加培训人数达890人次。共有50人参加各种学历教育，其中攻读博士学位4人、硕士学位6人。三是加强人事制度建设。认真执行国家、中国林科院有关人事制度和政策，结合中心的实际情况，先后制定了《热林中心领导干部考核办法》《热林中心职工聘用管理办法》《热林中心专业技术岗位评聘实施办法》等多项人事管理规章，稳妥推进全员岗位聘用工作，实行全员岗位目标责任制管理，干部管理和人才队伍建设得到加强。

【科研平台建设与科研仪器设备】 该中心是我国热带南亚热带珍贵用材树种研究与示范的实验基地。2011～2012年，该中心高度重视研究平台建设。一是持之以恒，继续把林木引种、种质资源收集和保存作为科技基础建设来抓，为林业科学研究提供优质资源。二是从落实好永久性的野外科学研究样地着手，在中心不同类型的试验示范林中选择合适的地段，建立符合研究要求规范的固定样地。同时结合科研与森林经营需要，2011年按公里网格设置了238块连续观测固定科学样地。三是加强国家林业局友谊关森林生态系统定位监测研究站的建设，选择一些典型树种、典型样地建立林木植被、土壤和水文等综合功能的固定样地、野外生态观测场，加强南亚热带珍贵用材人工林生态服务功能的研究。第四，进一步完善科研档案。由专人对固定样地、科学试验林样地连续观测数据进行收集、建档、建库与管理，为科研院所提供了理想的野外科学研究平台。第五，加强实验室和野外调查常规仪器设备的配备，基本满足科研试验的需要。

【科技交流与合作】 该中心继续发挥科研平台作用，积极与国内外科研院所及大专院校联系与沟通，开展合作。2011～2012年，先后与热林所、资信所、森环所、国际竹藤网络中心及贵州大学林学院、广西大学林学院、广西林科院等科研院所建立科技合作关系，参加了“柚木珍贵用材林高效培育技术”“热带南亚热带人工林生态经营技术的研究”“热林中心重要资源数据整合及监测结果验证”“广西马尾松高产脂无性系与家系选育及利用”“实验基地建设以及数据采集”等20个协助科研项目的研究工作。该中心在开展国内交流合作的同时，积极开展国际合作与交流，2012年起又开展第二期中德合作项目研究，中德科技人员在该中心的实验基地进行珍贵树种生物质资源调查技术研究、森林立地精细分类技术研究和近自然人工林择伐技术研究等。

（郭文福）

广西科学院

【概况】 广西科学院成立于1980年，是自治区综合性自然科学研究机构，隶属于自治区人民政府管理，现有中国科学院广西植物研究所、广西红树林研究中心、广西北部湾研究中心、广西海洋研究所、广西计算中心、广西科学院生物研究所、广西科学院应用物理研究所、广西燃料气体产品质量监督检验站等二层研究单位7家。至2012年末，全院在职职工577人，其中高级专业技术职称人员133人，享受政府特殊津贴专家21人。全院研究范畴涵盖19个领域41个学科，已形成生物及生物能源、海洋、信息技术、植物、生态修复、环境保护等优势学科领域。全院拥有国家级工程技术1个，自治区重点实验室和工程技术研究中心8个，在建国家级工程研究中心1个、国家重点实验室1个。全院科研仪器设备约1500台（套），其中50万元以上大型仪器设备35台（套），科技藏书16万册，动植物标本50万件。办有《广西科学》《广西植物》等核心学术刊物。

院　长：黄日波

院党组书记、副院长：钟夏平

党组成员、副院长：陈　波、缪剑华、陆海生、黄志民、吕郁彪

副厅级调研员：李　锋

【科技队伍】 至2012年，全院职工577人，其中高级专业技术职称133人，博士46人，硕士136人。全国杰出专业技术人才1人，国家突出贡献中青年专家2人，国家百千万人才3人，广西十百千人才12人，广西优秀专家11人，获国务院政府特殊津贴专家和自治区优秀专家称号21人，自治区突出贡献专家6人。

【科研项目与经费投入】 2011～2012年，全院争取科研项目385项，新增科研经费1.343亿元，年均增长16.3%。其中，国际项目2项，国家级项目33项，省部级项目147项，厅局级项目71项，横项项目77项，共争取国家级项目经费约3000万，是“十一五”期间的总和，争取广西北部湾重大专项项目5项，是广西重大专项项目数的五成。2011～2012年，该院科技服务经济社会的能力显著提高，横向合作项目经费达2206万。

【科技成果与转化】 2011～2012年，全院验收结题及鉴定的科技成果为280项，是“十一五”期间的1.19倍，荣获省部级以上科技奖励项目8项。其中，广西自然科学奖一等奖1项、二等奖1项、三等奖1项，广西科技进步奖二等奖2项、三等奖3项。申请专利57项，是“十一五”期间的1.73倍，其中获得发明专利授权24项。“一种池塘养殖方格星虫的方法”获第一届广西发明创造成果展览交易会金奖。

2011～2012年，该院成果转化和应用的主要成绩：

在非粮生物质能源方面：推动了产业技术进步。一是组织共性和关键技术攻关，承担了863“纤维素乙醇产业化示范”等国家级项目3个，启动了自治区重大科技专项“非粮生物质能源产业化关键技术攻关与产业化示范”项目，牵头组建了广西非粮生物质能源产业技术创新战略联盟。着力解决了酒精产业关键技术难题，升级了传统糖蜜酒精、木薯酒精发酵技术，开发了高产酿酒酵母菌株和先进发酵工艺，高产糖蜜酒精技术应用于5万吨级甘蔗糖蜜酒精生产上，提高了产品得率，节能减排效果显著，每吨酒精生产成本降低了563元。高效木薯酒精发酵技术成功应用于20万吨木薯酒精生产上，各项经济技术指标大幅提升，这两项核心技术成果均达到国际先进水平，并获得了2011年广西科技进步奖二等奖，其推广应用和产业化前景广阔。二是发明了木质纤维超高压爆破处理技术，突破了木质纤维低成本组分分离，纤维素和半纤维素水解糖化、高效乙醇发酵，以及工艺制备等关键技术，部分研究成果达到国际先进水平，在建有纤维素乙醇示范生产线。三是牵头成立了“广西生物质产业化工程院”，加强了生物质产业化力量。四是在生物蛋白分子结构与活性关系理论研究上取得重大突破，获得了2012年广西科学技术自然科学奖一等奖，进一步推动了非粮生物质能源产业酶分子改造关键技术发展。

在食用菌产业方面：一是牵头承担了自治区重大科技专项课题“食用菌关键技术研究与产业化示范”项目，开展了毛木耳、侧耳类、草菇等食用菌优良品种选育、高效栽培技术、栽培模式的研究和推广示范，以及毛木耳、秀珍菇、香菇等精深加工关键技术研究，全面提升食用菌产业技术。二是推广利用桑枝等农林废弃栽培食用菌技术，发展循环经济，延长了桑蚕业产业链，对广西食用菌产业发展做出贡献。至2012年底，广西食用菌产业初具规模，其中利用桑枝杆生产食用菌达8000多万棒，产出鲜菇4万多吨，菇农收入3亿多元，该院已成为广西食用菌产业关键技术依托单位。

在生物炼制业和罗汉果产业及珍稀植物方面：一是开展秸秆清洁炼制技术研究，取得突破，研究成果达到国际先进水平，并成功进行了20吨规模中试，至2012年底，该研究成果正在试产，产业前景良好。同时蔗渣木聚糖的清洁生产、秸秆水解生产糠醛等技术均取得突破，该技术也已进入中试。二是开展了罗汉果成分化学、活性及质量控制研究，取得突破，研究成果达到国际领先水平，获得了2012年广西科技进步奖二等奖，已在桂林莱茵、桂林吉福思等企业推广应用。三是珍稀名贵药用植物铁皮石斛繁育技术获得突破，将铁皮石斛从播种到种苗出瓶移栽的周期大大缩短，并且移栽的成活率高达90%以上，栽植的石斛药材产品品质好、产量高，已建立示范种植地。

在海水养殖业方面：一是在广西海水养殖新品种繁育工程研究中心和广西海水养殖良种培育中心的基础上，组建了北海国家农业科技园区海洋农业科研中心，原养殖中试基地升级为园区海水种苗繁育基地，还新增红树林生态养殖基地1个。二是开展珍稀海产品健康养殖技术，推广生态养殖模式。三是为北部湾地区提供大量珍稀海产品种苗，如锯缘青蟹、方格星虫、中华乌塘鳢、大獭蛤、文蛤种苗，助推北部湾海水养殖业发展，每年为当地渔民带来1亿元以上收入。

在电子信息服务业方面：一是推广“大规模图文资料数字化系统”和GD2000综合档案管理软件，承接档案管理和档案数字化外包业务81项，对广西电子信息外包服务业发展产生了积极影响。二是运用现代物联网、电子商务等先进技术开发现代物流软件，建设了基于云计算的企业物流服务平台，自主研发“星纳电子商务智能终端”和“星纳移动订餐手机软件”，推动了广西现代物流业和电子商务的发展。

在北部湾用海和海域环境监测的技术服务方面：一是发挥了两个具有国家海域使用论证乙级资质单位的作用，积极承接北部湾工业项目用海论证服务，取得显著成绩，2011～2012年，承接用海论证项目40多项，技术服务收入近千万元。二是开展北部湾海洋环境与资源调查，开展海洋、陆地环境生态演变、保护、修复研究，开展海洋灾害监测防控技术研究，对北部湾近岸海域污染物排放和输运状况进行有效监测，为保护好北部湾生态环境作了大量有益工作。

【人才与创新团队情况】 2011～2012年，该院采取措施，继续大力推行人才激励和招聘政策，依托各类创新平台，让许多优秀人才纷纷落户该院，高层次研究人员比例显著提高。至2012年，该院高级专业技术职称人员135人，占23%，比2010年底增加了35%，博士学位人员46人，占8%，比2010年底增加了31%；硕士学位人员136人，占23.5%。设立广西八桂学者岗位1个，特聘专家岗1个，引进八桂学者1人，组建广西人才小高地1个。

聘请了欧阳平凯、孙汉董、麦康森、赵法箴、雷霁霖五位院士担任该院科技顾问，聘请了美国北卡莱那州大学的生物物理学专家黎永青和加拿大生物计算专家杜奇石两位外籍博士。

已形成的创新团队如下：

以黄日波教授为首，生物催化剂及生物能源创新团队。2011～2012年，承担国家级项目及课题7项，其中国家科技支撑项目2项，国际合作项目2项，国家自然科学基金2项，973子课题1项。获广西自然科学奖一等奖1项，广西科技进步奖二等奖1项。

以陈波研究员为首，海洋环境与生态动力学创新团队。2011～2012年，承担国家自然科学基金项目4项，广西重大专项3项及服务北部湾的项目20多项。

以范航清研究员为首，红树林保护及海洋生态系统和滨海湿地研究团队。2011～2012年，承担国际基金项目3项，国家自然科学基金2项，自治区重大专项2项及服务北部湾项目30多项。获广西科技进步奖二等奖1项。

以周兴研究员为首，食用菌产业技术研究团队。2011～2012年，共完成食用菌领域研发项目9项，其中4项通过成果鉴定，成果水平均居国内领先或先进水平。

以李先琨研究员为首，植物生态学与岩溶生态学研究团队。深入开展了广西喀斯特植被的特殊性及其演替与环境的关系研究，2011～2012年，主持国家自然科学基金项目、国家重大攻关课题10余项，获广西科技进步奖二等奖1项，广西科技进步奖三等奖1项。

以李典鹏研究员为首，中药及天然植物、天然药物的植化研究团队。开展了天然先导化合物的提取分离、纯化、结构鉴定及活性研究，以及新药及保健食品开发。2011～2012年，主持国家自然科学基金项目1项，自治区科技攻关3项，中科院“西部之光”项目2项，自治区基金2项，获得广西科学技术进步奖二等奖1项，。

以韦霄研究员为首，药用植物引种驯化、规范化栽培（GAP）和濒危植物保育生物学研究团队。2011～2012年，主持包括国家自然科学基金、中国科学院知识创新工程、中科院“西部之光”等项目10余项。

以张厚瑞研究员为首，秸秆纤维生物炼制、生物转化与功能性糖醇研究创新团队。2011～2012年，主持国家自然科学基金等项目多项，获得国家发明专利授权4项，成功开发生物法同步生产木糖醇和阿拉伯糖工艺技术、秸秆木糖清洁生产技术等。

【科研平台建设与科研仪器设备】 2011～2012年，该院共建成省级以上科技平台19个。其中，国家级工程中心和重点实验室3个，分别为非粮生物质能源国家工程技术研究中心、特色生物能源国家工程中心和非粮生物质酶解国家重点实验室。省级重点实验室5个，分别为生物炼制重点实验室、广西近海海洋环境科学重点实验室、红树林保护重点实验室、海洋生物技术重点实验室、植物功能物质研究与利用重点实验室。省级工程中心3个，分别为生物质工程研究中心、海水养殖新品种繁育工程技术研究中心、数字化工程技术研究中心。省级国际合作基地2个，省级农业良种基地3个，生物质产业化工程院及广西千亿元研发中心和生物能源研发中心1个。

2011～2012年，全院新增科研仪器设备投入4000千万元。2012年底，全院拥有科研仪器设备

1500台（套），其中10万以上仪器设备187台（套），50万以上的大型仪器35台（套）。全院大型仪器设备实现共享，入网率为65%。

【科技交流与合作情况】 2011～2012年，全院办理因公出国访问29批次、64人次，接待来访20批次、112人。

国际论坛方面：成功举办了2012年国际生物工程前沿论坛、亚太地区红树林恢复与可持续管理激励机制研讨会和第一届泛北部湾海洋环境论坛。

国内合作方面：一是与中科院加强了合作，中科院与自治区人民政府共同签署了支持广西科学院建设和发展协议，至2012年底，已落实合作项目3个。其中该院生物中心与中科院广州能源所、丰原集团联合申报国际科技支撑计划项目，项目总经费1605万元。二是与国内其他院所的合作，如植物所与广西大学合作申报了“桉树大面积人工林生态功能与调控技术研究”课题，争取国家973项目。和中国海洋大学、广东海洋大学、上海大学、中国水产科学研究院、海南水产研究所、黄海水产研究、浙江海水养殖研究所、广西师范大学、广西医科大学、广西师范学院等都有交流与合作。另该院还和国内一些企业通过合作实现院企共赢，如该院生物中心与明阳生化、丰浩酒精等企业合作申报项目并进行产业化运行；植物所与“九芝堂”公司签署了二次开发新药的合作协议，还与桂林三金药业签订了委托研究开发合作协议。

国际合作方面，与联合国工业发展组织开展合作已取得突破，筹建了联合国工业发展组织广西分中心，至2012年底，已开展清洁生产及生物能源等项目的合作；植物所与日本莎罗雅公司合作成立的罗汉果综合研究开发中心已正式挂牌运行；红树林中心与德国专家合作研究项目“人类影响下北部湾海岸生态系统生物地球化学通量的红树林作用”已完成，与英国普利茅斯海洋研究院就进一步开展“海洋污染快速评估”的交流与合作也达成了协议。该院还和美国、英国、德国、日本、韩国、巴西、新加坡、泰国等国专家学者保持着密切地合作关系。

【学术期刊与科普】 广西科学院主办有《广西科学》《广西植物》《广西科学院学报》等3种定期出版的学术刊物，2012年，《广西科学》被中国科学技术信息研究所评为“中国科技核心期刊”，被武汉大学中国科学评价研究中心评为“RCCSE中国核心（扩展版）学术期刊”。《广西植物》被选入中文核心期刊。全国科普教育基地2个：桂林植物园及生物标本馆。桂林植物园是贮备国家战略植物资源的重要场所，是开展物种保育和科普教育的重要基地。物种保育是植物园的核心工作，桂林植物园主要开展了广西特有植物、珍稀濒危植物和苦苣苔科植物、棕榈科植物、苏铁科植物以及荫生植物的引种保育工作，共引种1160种，其中广西特有植物523种、苦苣苔科植物120种、棕榈科植物78种、苏铁科植物29种，荫生植物182种，其他植物228种。生物标本馆位是广西最大的生物标本馆，是中国科学技术协会认定的第一批“全国科普教育基地”，同时也是“广西青少年科技教育基地”和“南宁市青少年创新实践工作站”。标本馆馆藏脊椎动物、昆虫、大型真菌等标本12万8千余号，其中昆虫标本12万多号，脊椎动物标本6580多号，大型真菌标本1100多号，标本藏量及定名数均居广西之冠。

（何小英）

广西壮族自治区中国科学院广西植物研究所

【概况】 广西植物研究所内设6个研究中心，即植物资源与植物地理学研究中心、生态与环境研究中心、天然产物化学研究中心、特色经济植物研究中心、园林园艺研究中心、生物技术与野生珍稀植物保育中心；1个重点实验室，即广西植物功能物质研究与利用重点实验室；拥有馆藏近50万份标本，跻身全国十大植物标本馆之列、华南第二大标本馆——广西植物标本馆。

【科技队伍】 2011～2012年，该所7人获评正高职称，14人获评副高职称，定向委托培养博士6名，新引进博士7名、硕士9名，2人新入选广西“新世纪十百千人才工程”。截至2012年底，全所在职职工192人，其中科技人员160人，高级专业技术职称研究人员61人，中级专业技术职称76人，博士22人，硕士59人。全所享受国务院政府特殊津贴专家和有突出贡献科技人员10人，广西优秀专家2人，广西“新世纪十百千人才工程”人选6人。

【科研项目与经费投入】 2011～2012年，该所在研项目总数达到253项，项目研究总经费9709.71万元，其中获资助经费6207.28万元。新开科研项目135项，总经费5056.28万元，其中获资助经费3039.78万元。在新开项目中，国家级12项，总经费2103.28万元；省部级55项，总经费1844.5万元。

【科技成果与转化】 2011～2012年，该所获广西科技进步奖二等奖1项、三等奖2项，获广西自然科学奖三等奖1项，广西科学院成果特等奖2项、一等奖2项。在国家核心期刊和国际刊物上发表论文255篇，其中：SCI收录61篇，EI收录5篇；出版专著6部。申请发明专利18项，获发明专利授权7项，获国家实用新型专利授权1项。“罗汉果成分化学、活性及质量控制研究”、“秸秆生物质清洁炼制技术”等多项研究成果达到国际国内领先水平，并转化投入生产，创造了巨大的经济和社会效益。

罗汉果成分化学、活性及质量控制研究 项目系统性研究了罗汉果果实、枝叶花和根的化学成分与活性。分离得到化合物32个，其中新结构化合物10个。并对和单体化合物进行了体内体外降血糖，抗肿瘤和抗氧化活性研究，阐明了罗汉果果实、根、花的化学物质基础。找出了成熟罗汉果味甜和未熟罗汉果味苦的化学依据。建立了一套罗汉果原料指纹图谱以及同时定量检测罗汉果中6种苷类成分的含量测定方法，该方法已在罗汉果生产企业实际应用，被认为可广泛应用于罗汉果生产的质量控制的科学方法。

项目共发表研究论文32篇，其中SCI论文7篇。项目编写的专著“罗汉果栽培与化学研究”成为罗汉果种植户及罗汉果生产加工企业的重要科普参考资料。该项目研究成果处国际领先水平，获广西科技进步奖二等奖。其中罗汉果苷类成分的分离纯化工艺、罗汉果原料指纹图谱质量控制方法方法、6种罗汉果苷类成分的定量测定方法已成功实现产业化，创间接效益近2.5亿元。对罗汉果产业的良性发展壮大产生巨大推动作用。

广西岩溶药用植物生物多样性保育及可持续利用研究 项目在2012年6月，由自治区科技厅组织专家进行了鉴定、验收，认定项目成果达到同类研究的国内领先水平。本项目取得的主要成果有以下几点：（1）首次全面开展了广西岩溶特有珍稀药用植物资源调查，查明了其野生资源状况，建立了1.69公顷生物多样性迁地保育基地，收集保存了135种广西岩溶特有珍稀药用植物，为广西岩溶特有珍稀药用植物的科学研究构建了科研平台。（2）编写了《广西岩溶特有珍稀药用植物彩色图谱》，对146种广西岩溶特有珍稀药用植物进行了描述，并附450幅原生境彩色图片。（3）率先开展了地枫皮、广西美登木、块根紫金牛等广西岩溶特有珍稀药用植物的种子、扦插及组培快繁技术，以及光合生理生态特性和遗传多样性等研究。（4）利用红外光谱（FTIR）结合现代化学计量学方法，开展了广西美登木、短序10大功劳等植物的真伪鉴别、有效成分快速评价与分析研究，为广西中药材的质量评价提供了参考。（5）发表研究论文15篇，其中SCI论文3篇，中文核心期刊12篇，发表苦苣苔科新种2个，申请发明专利1项。

《广西植物志·第三卷》 2011年12月，广西植物研究所主持编研的《广西植物志·第三卷》由广西科学技术出版社出版。《广西植物志》被誉为广西植物的“户口册”，是植物学各分支学科以及大农业、医药、轻工等部门科学研究的基础依据，是国家植物志与任何一个地区性植物志所不能替代的工具书。《广西植物志·第三卷》具有明显的地域特色，主要表现在：1. 首次查清广西桑科至萝藦科50个科的植物资源本底，对广西这些科的植物分类、区系地理与资源保护与可持续利用具有重要意义；2. 加重了属与种检索表的分量，在检索表中，尽可能多地采用多项特征来检索，提高了实用性与可读性；3. 包含的图版多，50.3%的种类有图可查，图文并茂，可读性强；4. 记载广西的种类最齐全，产地具体，便于资源的寻找和开发。

《广西植物志·第三卷》的编研出版将广西植物学基础研究推上一个新的台阶，是广西及邻近地区乃至越南等植物区系地理、石漠化生态修复、植物学其他分支学科研究与教学等的重要参考书。

《华南苦苣苔科植物研究》 项目由广西植物研究所主持完成，该项目获得2012年广西自然科学奖三等奖。苦苣苔科植物具有重要的观赏、药用和科研价值。华南地区是世界苦苣苔科植物的分布和特有中心之一，资源极其丰富。项目首次对华南地区的苦苣苔科植物的野生居群现状、濒危情况、经济价值、引种栽培、化学成分、传粉生物学等进行了全面系统的研究。该科研成果丰

富了世界苦苣苔科植物区系和园艺材料，为苦苣苔科植物的系统进化研究做出了重要贡献。

该所正式发表植物新属2个、新种42个。在国内外学术刊物发表论文74篇（其中被SCI收录21篇，SCIE收录10篇），出版专著1部，获得国家发明专利1项；专著《华南苦苣苔科植物》为中英文对照，约115万字，777页，得到了国内出版界的高度评价，在国内同类专著中处于领先水平。先后获得了由国家新闻出版总署组织的第三届“三个一百”原创图书出版工程奖、中国出版协会的第十九届中国西部地区优秀科技图书一等奖以及广西新闻出版局组织的第十六届广西优秀图书奖一等奖。

秸秆生物质清洁炼制技术　2011～2012年，该所在作物秸秆纤维炼制领域取得了一系列研究成果，申请国家发明专利8项，获得专利授权3项。“秸秆清洁炼制”项目于2011年12月25日通过由自治区科技厅组织及中国科学院相关专家主持的技术成果鉴定，项目研究技术达到国际先进水平。为进一步完善技术、熟化工艺，课题组按工业规模要求，设计、制作20M3水解罐及配套固液分离装置，于2012年3月水解试验取得成功，完全达到了预期效果，为秸秆纤维清洁水解技术大规模产业化应用奠定了基础。11月，与山西长治木糖生产企业合作，将秸秆木糖清洁生产技术用于改造年产5000吨规模的木糖生产线，单位耗水量仅为传统工艺的1/6，节能60%以上，木糖生产成本降低50%。

珍稀名贵药用植物铁皮石斛繁育技术　铁皮石斛是一种珍稀名贵的药用兰花品种，有“中华九大仙草之首”的美称，具有较高的药用价值和经济价值。目前铁皮石斛市场需求量大，供不应求，价格昂贵，依靠野生资源已远远不能满足市场的需求，因此人工种植铁皮石斛不但有很好的市场前景，而且对野生资源的保护也有重要的意义。

广西植物研究所在药用兰科植物种质资源收集、保存、繁殖和利用方面有着深厚的积累和丰富的经验，已研发出了包括铁皮石斛在内的多种药用兰科植物的种苗快繁与高效栽培技术体系。在利用生物技术生产种苗、人工大面积栽培方法及栽培模式等领域取得了重大科研成果，并在无菌播种快繁、母苗复壮、炼苗移栽、仿野生无公害栽培等方面取得了实质性的突破，将铁皮石斛从播种到种苗出瓶移栽的周期大大缩短，并且移栽的成活率高达90%以上，栽植的石斛药材产品品质好、产量高。

2011～2012年，该所先后与自治区科技厅山区中心、国营阳朔县大源林场、桂林市农业技术学校以及自治区内外多家企业合作开展“铁皮石斛种苗工厂化生产与高效栽培技术研发与示范”成果转化，联合建立了近6.67公顷的铁皮石斛人工无公害栽培示范基地。通过合作项目的实施，将对广西铁皮石斛产业的发展起到良好的推动作用，促进区域农业产业结构的优化与升级和农业生产效益的提高。

【人才与创新团队】　2011～2012年，广西植物研究所高度重视人才队伍建设，在引进高素质、高水平科技人员的同时，着力构建以学科带头人和知名专家为核心的科技创新团队，形成了一批在广西有着不可替代作用和较高知名度的科研团队：李先琨研究员，研究团队有副研究员3名，助理研究员5名，硕士研究生3名。主要从事植物生态学与岩溶生态学研究，对广西喀斯特植被的特殊性及其演替与环境的关系领域有深入的研究成果。本团队先后主持国家自然科学基金项目、国家“十五”重大攻关课题、国家西部科技行动课题、中国科学院生物特别支持课题、中科院“西部之光”项目等10余项；广西科技攻关项目、广西基金项目等10余项。获广西科技进步奖二等奖2项、三等奖1项，在国内外学术刊物上发表学术论文80余篇，编写专著4部。

李典鹏研究员，药学博士，研究团队有研究员2名，副研究员2名，助理研究员5名，硕士研究生8名。主要从事中药及天然植物、天然药物的化学研究；天然先导化合物的提取分离、纯化、结构鉴定及活性研究；新药及保健食品的开发。先后主持国家自然科学基金项目1项，广西科技攻关3项，中科院“西部之光”项目2项，广西基金2项。获得广西科技进步奖二等奖1项，在国内外学术刊物上发表科研究论文70余篇，其中10篇被SCI收录。编写专著两部，申请发明专利7项，其中3项已获授权。

韦霄研究员，理学博士，研究团队有研究员4名，副研究员3名，助理研究员4名。主要从事药用植物引种驯化、规范化栽培（GAP）和濒危植物保育生物学研究工作。先后主持国家自然科学基金6项，中国科学院知识创新工程重要方向项目2项，中科院“西部之光”项目3项，广西科技攻关项目15项，广西基金项目10项。已在国内外学术刊物上发表科研究论文70余篇，其中12篇被SCI收录。

张厚瑞研究员，研究团队有副研究员3名，助理研究员1名，主要从事秸秆纤维生物炼制、生物转化与功能性糖醇等领域的研究与开发工作。先后主持、参与这一领域的国家自然科学基金项目3项，广西自然科学基金项目6项及广西科技攻关项目4项，在核心期刊，SCI期刊上发表论文三十余篇，获得国家发明专利授权4项。以这一系列研究成果为基础，在国际上率先实现生物法同时生产木糖醇、阿拉伯糖工艺产业化，秸秆木糖清洁生产技术也成功应用于传统木糖生产企业的改造。

【科研平台建设与科研仪器设备】 “广西植物功能物质研究与利用重点实验室”于2011年正式挂牌，并完成了340万元的核磁共振仪的购置。截至2012年底，该研究所拥有大型仪器60余台套，仪器设备价值逾4000万元。

2011～2012年，该所建立了“广西喀斯特生物多样性保育与恢复生态学”国际科技合作基地，“广西首座人工林生态学效应综合科研野外观测塔”，“广西热带亚热带森林生态系统与生物多样性监测网络”，分别在弄岗、木论、十万大山、元宝山、猫儿山、花坪等自然保护区建立长期森林生态系统生物多样监测样地，其中弄岗大样地，作为国际第一个岩溶森林生态系统大样地加入了Center for Tropical Forest Science（CTFS）网络和中国森林生物多样性监测网络（CForBio），也进入了国家林业局森林生态系统野外科学观测研究站（CFERN）。

《广西植物》继续保持在国家中文核心期刊、中国自然科学核心期刊、中国科学引文数据库（CSCD）核心库期刊、中国科技核心期刊行列，2012年荣获“广西期刊奖”和“广西期刊优秀管理工作者”2项广西期刊出版最高奖，并首次成为中国科学院科技期刊开放获取平台（CAS－OAJ）收录期刊，访问用户涉及全世界70多个国家和地区。

【科技交流与合作】 2011～2012年，该所成功举办了“第四届中国热带森林生态学学术研讨会”“第六届海峡两岸森林动态样区研讨会”等高层次学术会，有来自美国、新西兰、澳大利亚、匈牙利、日本等国家约110多位外籍专家学者到访该所进行学术交流；该所派出25人次出访日本、美国、加拿大、澳大利亚等国家和台湾地区进行学习考察；与美国密苏里植物园、美国国家博物院签订了合作备忘录；与日本莎罗雅株式会社共同组建“中日罗汉果综合开发研究中心”；与世界苦苣苔协会签订了《广西植物研究所与世界苦苣苔协会合作谅解备忘录》。

【桂林植物园】 2011～2012年，为改善物种保育的基础条件，有效推进植物战略资源建设，桂林植物园新建立了占地1.33公顷的植物物种保育区；此外，还新建成喀斯特岩溶植物专类园、中亚热带典型常绿阔叶林示范园、苦苣苔展示区、秋海棠展示区4个新的专类园区和展示，共完成引种2071种，其中新种1609种。

（郑凯文）

广西壮族自治区海洋研究所

【概况】 广西壮族自治区海洋研究所创建于1978年5月，所部位于北海市长青东路92号，占地2.667公顷，有办公、实验综合大楼一幢，面积1700平方米，拥有万元以上的仪器设备80多台（套），海洋生物标本馆收藏标本2000多件。在距离所部约30千米处的北海市竹林盐场内建有一个占地面积为10.387公顷，集育苗、中培和养殖示范于一体、设施齐全的海水增养殖中试基地，育苗水体12000立方米、标准化养殖塘4.667公顷。建立了广西海洋生物技术重点实验室、广西海水养殖新品种繁育工程技术研究中心、广西海水养殖技术中心、广西海水养殖技术成果转化中心、国家级锯缘青蟹良种场、自治区青少年科技教育基地等研究创新平台和科技教育平台，广西大学、衡阳师范学院和钦州学院等院校在本所设立教育、科研和实习基地。

该所建立35年以来承担了300多项国家和地方科研项目，其中国家自然科学基金项目17项，国家地方攻关项目12项，国家农业科技成果转化项目2项，国家星火计划项目2项，国家科技支撑课题2项，国家908专项1项，香港海洋公园保育基金项目1项，涉及大型海洋资源综合调查、海洋生物技术、海水养殖新产品新技术开发、环境科学、海洋功能区划及海水养殖规划等内容。获各级科技进步奖70多项，其中省部级以上科技进步奖18项。在海水养殖技术领域，以海水养殖新品种开发为主，研究地方特色品种的苗种繁育技术及养殖技术，形成新的经济增长点，以科技带动经济的快速发展。近年来自主研发的新品种有文蛤、大獭蛤、锯缘青蟹、方格星虫、方斑东风螺、中华乌塘鳢、石斑鱼等，其中大獭蛤、锯缘青蟹、方格星虫和中华乌塘鳢等品种的人工育苗生产技术处于国内领先水平。

【科技队伍】 2011年，该所继续引进人才，共引进博士、硕士、本科生各1名。至2012年底，该所在职员工50人，其中专业技术人员41人（博士4人、硕士5人），具有高级专业技术职称11人、中级专业技术职称24人，获国务院政府特殊津贴专家和自治区优秀专家称号1人，入选广西“新世纪十百千人才工程”第二层次1人。

【科研项目与经费投入】 2011～2012年，该所获得科研项目立项共32项，总投入经费1469万元。其中国家自然科学基金项目1项，资助经费49万元；国家星火计划项目1项，资助经费35万元；国家海洋公益性行业科研专项1项，经费113万元；其余为广西科技计划项目等共29项，资助经费1272万元。

【科技成果与转化】 2011～2012年，该所共有16项科技成果通过验收。其中，“方格星虫池塘高密度养殖技术研究”获得2010年度广西科学院科技成果奖一等奖和北海市科技进步奖一等奖、2011年广西科技进步奖三等奖。共发表科技论文38篇，其中SCI刊源2篇，中文核心期刊24篇。申请发明专利7项。获得授权的专利6项，其中发明专利5项、实用新型专利1项。发明专利“一种池塘养殖方格星虫的方法”获第一届广西发明创造成果展览交易会金奖。

该所一直注重科研与生产的结合，加强科技成果的转化工作，通过实施成果转化项目，把科学技术的潜在生产力转变为现实生产力，自主研发的方格星虫、大獭蛤、青蟹等品种的推广效果显著。2011～2012年，生产方格星虫苗种12000多万条，辐射带动方格星虫滩涂养殖面积0.11万公顷以上，实现社会经济效益1亿元以上。生产大獭蛤苗种2亿粒，推广养殖面积1333.33公顷，年产值超亿元。培育优质青蟹苗种1500多万只，推广养殖面积1000多公顷。同时开展锯缘青蟹大眼幼体与南美白对虾或斑节对虾的混养技术研究，以及青蟹的遗传育种研究，以提高青蟹养殖技术及青蟹良种覆盖率，促进青蟹养殖业的可持续、健康发展。

2011年，该所独立承担了国家星火计划项目“方格星虫人工养殖技术示范与推广”，至2012年底，共培育方格星虫苗种12000万条，苗种产值360万元。建立方格星虫苗种繁育基地1个、养殖示范点2个，示范养殖方格星虫66.67公顷，产量62千克/公顷，产值6200元/公顷。推广养殖面积1000公顷，培训养殖户600人次，培训就业人员300人次。

【人才与创新团队（人才小高地建设、博士后科研工作站）】 2009年6月，该所被自治区党委办公厅批准成为“广西海洋生物产业人才小高地”建设载体单位，该所自始至终坚持“科技是第一生产力”这条真理，重视科技创新，重视科技人才的培养，重视海洋科技事业的发展。该所为了加强重点实验室和工程技术研究中心的建设，为科技兴海，新品种开发提供支持，先后聘请了麦康森、赵法箴、雷霁霖三位科学院士作为单位的技术顾问。2011年继续引进博士1名，硕士1名。通过对高层次人才的引进，不仅完善了原有研究梯队的人员配置，还为组建新的研究方向储备了人才。在引进人才的同时，该单位还注重加强自身人才的培养和创新团队的建设，2011年有4人晋升高级专业技术职称，培育了一批学科带头人，组建了新品种繁育、特色品种选育、营养与饲料、海洋生物活性物质提取与深加工、养殖技术与生态等多个研究方向的创新团队。

【科研平台建设与科研仪器设备】 2011年5月21日，广西海洋生物技术重点实验室在广西北海市广西海洋研究所举行了“2011年学术委员会会议”，会议由实验室学术委员会主任麦康森院士主持，该次学术委员会会议的主要议题是分析实验室建设发展现状、找出实验室存在的主要问题、对实验室建设与研究方向提出建议。会议最后确定了实验室以海洋生物繁育与选育、海水健康养殖、海洋生物活性物质研究为主要建设发展方向。实验室提出的“以基础和应用基础研究促产品开发和成果转化”的思路，得到了以麦康森院士为主任委员、吴灶和副校长为副主任委员的实验室学术委员会的认可和赞赏。

为保证实验室各科研方向的空间需求，对实验室科研用房进行了扩建与改造。2011 年完成了竹林海水增养殖基地 300 平方米的可控条件养殖实验车间土建，并自制实验系统 2 套。该年度新增仪器设备 32 件（套），总值 160 余万元，其中单价 5 万元以上仪器设备 5 套；2012 年重点建设海洋生物活性物质研究平台，新建实验室用房 70 平方米。该年度购置各类仪器设备 15 件（套），价值 118 万余元，其中单价 10 万元以上仪器设备 4 件。通过这些仪器设备及配套设施的完善，不仅进一步完善了人工繁育、分子育种以及天然产物前期研究等平台，并初步为海水健康养殖研究方向搭建了营养与饲料开发研究平台和养殖生态环境研究平台，为实验室承担更多相关基础与应用研究课题提供了条件。

【科技交流与合作】 随着重点实验室的建设，高层次人才的引进，加强了对外合作交流的步伐。2011～2012 年，该所多次派出科研骨干参加学术研讨会和相关技术培训、参访相关高校和院所，探讨项目合作事宜。2011 年，该所与南华大学、广西大学等联合培养硕士研究生，成为广西大学、衡阳师范学院、钦州学院等高校的教学、科研基地。2011 年 4 月 20 日，该所领导专门拜访赵法箴、雷霁霖院士，征询对该所发展思路的建议；2011 年 4 月 21 日下午，该所顾问赵法箴院士与全所科技人员座谈，指导科研骨干开拓视野和思路。2011 年 5 月 21 日，麦康森院士和广东海洋大学副校长吴灶和等学委会成员与全所科技人员座谈，解答科技人员提出的相关问题；中科院昆明植物研究所罗晓东研究员和中国水科院黄海水产研究所李健研究员还专门举行学术讲座，介绍他们在天然产物提取和虾蟹遗传育种方面的研究成果和经验体会，进行学术交流。2012 年，该所先后邀请广东海洋大学的吴琴瑟教授、中国海洋大学的麦康森院士、黄海水产研究所赵法箴院士团队（博导李健研究员、崔毅研究员等 6 人）、中国水科院副院长崔国辉研究员、浙江海水养殖研究所所长谢起浪研究员等到该所讲学、交流。

（王志成　文　雪）

广西科学院应用物理研究所

【概况】 2011～2012 年，该所围绕国家战略目标和以市场需求为导向，充分开展物联网、太阳能光热、光伏、刹车片四个业务方向的调研及业务洽谈，确定了发展方向及发展思路。2012 年末，该所在职职工 65 人，其中科技人员 46 人，具有高级专业技术职称 12 人（含博士后 4 人），中级专业技术职称 23 人，硕士 6 人，初级专业技术职称 15 人。

所长：余　振（2010 年 6 月～2012 年 7 月）
　　　杨　磊（2012 年 8 月～　）

【科研项目与经费投入】 2011～2012 年，该所承担研究开发、成果转化项目 7 项（其中成果转化 2 项），总投入 960 万元，其中，拨款 455 万元，自筹及其他 505 万元。列入自治区科技厅计划项目 6 项，南宁市科技局项目 1 项。已完成项目 2 项，其中有 2 项研究成果达到国内领先水平。

【科技成果与转化】 2011～2012 年，该所承担研究开发、成果转化项目 7 项（其中成果转化 2 项），发表科研论文 1 篇。

高能效 LED 驱动电源　该项目利用改进与发展 LED 驱动电源技术，进一步提高 LED 发光效率、减少 LED 应用能耗，符合国家相关产业政策和可持续发展战略要求，经济效益和社会效益可观。该项目在利用该所在电光源方面的技术基础及生产条件基础上，进行技术创新，降低生产成本，扩大生产规模，提高该所高效能 LED 驱动电源的生产能力。该项目的实施，符合国际节能减排大趋势，符合《国家中长期科学和技术发展规划纲要》将半导体照明产品列入“重点领域及优先主题”的规划要求，对于全国节能照明技术发展与进步，实现广西乃至全国节能减排目标将起到积极促进作用。

高效耐用 LED 光伏照明系统　该项目将光伏照明和 LED 光源的两者优势结合，取代传统光源应用于光伏照明系统，彻底地解决了传统的光伏照明系统存在的交流逆变不可靠、灯管寿命短、耗电量大、效率低等缺点。应用太阳能与 LED 结合是人类照明的发展方向，它为人类“绿色照明工程”开辟了广阔的道路。所以，LED 光伏照明系统的开发具有重要的现实意义。可以预见LED光伏照明产业将是一个大有发展前途的高新技术产业，不仅是经济的一个新的增长点，同时将会给社会环境和人类的生活带来巨大的变革。

基于Linux系统的物流信息管理平台的研究与开发 该项目以Linux系统为核心服务器，包含物流管理中心和信息中心服务器，用Linux嵌入式系统作为数据采集和传输器，以无线定位系统、远距离移动目标实时GPS定位、射频标识卡(RFID)、二维码等多种技术为识别感知手段，并以Linux系统的计算机为主要应用终端，建立一个跨行业、基于纯Linux系统的物流信息管理开放式平台。该项目不仅能为物流企业带来物流效率提升、物流成本控制等效益，也从整体上提高了企业以及相关领域的信息化水平，从而达到带动整个产业发展的目的。

太阳能热水器建筑构件模块的研究与开发 该项目研制开发出适应广西气候特征及广西建筑特点的全天候太阳能热水器建筑构件标准模块，在技术上解决与建筑一体化有关的难题，使太阳能热水器系统成为建筑的一个构件，同时产品标准化、系列化、配套化。该项目使太阳能热水器系统中太阳集热器和蓄热水箱成为建筑构件模块，并使模块标准化、配套化，能有效地使太阳能热水器与建筑一体化；同时由模块组成的太阳能热水器系统运行方式与智能控制相结合，把太阳能的利用纳入环境的总体设计，把建筑、技术和美学融为一体，太阳能设施成为建筑的一部分，相互间有机结合，取代了传统太阳能的结构所造成影响，并且有效地延长该模块的寿命，从而推动太阳能热水器在建筑上的运用。

城市轨道交通制动合成闸瓦的研制 该项目通过研制混杂纤维增强聚合物基制动闸瓦，解决城市轨道交通轮对异常磨损和润滑条件下的摩擦稳定性问题。该项目的实施符合广西“14+4”产业规划和南宁市工业装备发展方向，并为广西培养摩擦材料领域的创新人才提供平台，对广西社会和经济发展具有重要经济意义和工程价值。

太阳能—空气源热泵热水器与高层建筑集成技术的应用研究 该项目研究开发太阳能空气源热水器与高层建筑一体化技术的集成产品，充分利用免费、清洁的太阳能，实行光电互补的节能环保型产品。发挥两者的节能优势，不仅能够有效地解决广西的高层绿色居住建筑用热水问题，而且可以达到节约高位能和减少环境污染的目的，具有很大的开发、应用潜力。该项目将太阳能热水器和空气源热泵热水器技术整合，结合广西地方气候特性和高层居住建筑特点，开发出新型太阳能空气源互补的高效节能热水器，通过试验研究，优化设计使其符合高层居住建筑规范要求，达到国家有关太阳能热水器标准和空气源热泵标准。太阳能集热器与建筑一体化结合，达到寿命长，免维护的要求；空气源热泵主机的选型配置，确定最佳参数，提高空气源热泵的热效率；将两个储热水箱，合为一个水箱，一体化设计；太阳能集热系统和空气源热泵系统集成技术结构研发；太阳能集热系统运行循环技术；太阳能集热器与高层建筑阳台结合，结合广西气候特性和地理位置确定安装。

基于单片控制的节能型太阳能LED路灯的研究开发 该项目主要是研究以单片机作为太阳能LED路灯系统的微控制器，为了最大限度的利用能源，通过控制器实现对环境的监测，实现路灯系统根据现场环境的变化自动调节亮度，从而提高太阳能路灯系统能源的利用率。同时，通过软硬件的结合，实现系统对太阳能LED路灯充放电过程的最优控制，提高整个系统的使用寿命。

【人才与创新团队】 2011～2012年，该所根据科研与管理岗位工作需要，通过网上公开招聘，严格考核，已引进985工程院校本科生2名，211院校硕士研究生1名，浙江大学硕士研究生1名。通过项目不间断地引进科研型技术人才，组建强有力的人才梯队，创建“能者上、平者让、庸者下”的人才激励机制，积极为科研技术人才搭建施展才华平台创造有利条件，让年轻有为的科技人才脱颖而出。该所在通过引进和培养人才，加强人才队伍建设，逐步提升自身科研与开发能力，加快科技创新步伐。

【科研平台建设与科研仪器设备】 2011～2012年，该所充分利用已有科研技术力量，研究开发照明低碳排放、建筑节能、新能源综合利用等节能方面的关键技术，形成有特色有市场的研究领域和具有自主知识产权的科研成果。至2012年末，该所有标准厂房约2800平方米，实验用房1600平方米。该所科学研究的核心基地实验中心包含“物联网与信息技术”“新能源与节能技术”“新材料”三个实验室。

【信息化建设】 2011～2012年，该所大力加强信息化建设，投入一定的资金，购置更新电脑、复印机、扫描仪、数码相机等现代化办公设备，办公接入互联网，实现远程网络申报项目、网上发布该所基本信息等网络办公环境，增强科研人员的信息化意识，以普及计算机信息技术知识为目标，积极开展计算机信息化培训，提高全所员工的信息化意识和网络运用能力。该所员工经培训均能独立操作计算机网络，熟识信息化办公。

【科技交流与合作】 2011～2012年，该所每年派科技人员，选送科研成果展品参加“全国科普日”“广西科技活动周”“广西专利展览会”活动，宣传推广本单位的专利产品。同时，还依托该所作为南宁市青少年科技创新实践工作站的优势，与南宁市十几所中小学校，开展科技交流与合作，多次与星湖小学、南宁市二中等多个中小学校合作交流，充分开展科普活动，积极为科学知识的普及做贡献。此外，该所积极与与邕江大学合作洽谈，共同开展产学研工作。

（卢　平）

广西科学院生物研究所

【概况】 广西科学院生物研究所筹建于1977年，系自然科学类科研机构，属农业公益类科研机构。目前设有综合办公室、财务科、业务科、销售部等职能部门，研究机构有广西生物质工程技术研究中心、生物工程研究中心、广西食用菌良种培育中心，生产经营部门有所全资直属的微生物实验厂和生物实验厂，以及全资公司——南宁桂科菌业有限责任公司，参股公司——广西投资集团维科特生物技术有限公司，科普机构有生物标本馆——全国首批科普教育基地。该所现有在职职工38名，其中专业技术人员33名，中级、高级职称23名，博士1名、硕士7名，广西“十百千人才”第二层次人才1名、国家“西部之光”青年科技创新人才1名。拥有先进的生物技术研究设备及大型微生物发酵设备、植物活性物提取设备等生产设备，按照GMP标准来建设的酶工程生产基地，以及年产3000万株铁皮石斛组培苗生产场地。

所长：周　兴（2005年2月～　）

【科技队伍】 2011年，该所加强科技队伍建设，优化科技队伍结构，提升科技队伍素质。2012年末，该所中、高级专业技术职称科技人员23名，45岁以下中、青年科技人员占科技人员总数90%，青年科技人才作为项目主持人或主要成员在该所“异麦芽酮糖系列产品”“生物活性物质提取”“工农业废弃物生产生物肥料资源化利用”“食用菌菌种繁育及栽培原料本土化技术”“酶法合成新型糖苷化合物”“蔗糖异构酶研发”“植物组织培养技术研究”等优势重点项目的研究与开发工作中发挥了重要的作用。2011年该所获得国家科技部颁发“十一五”国家星火计划执行优秀团队奖。

【科研项目与经费投入】 2011～2012年，该所承担研究与开发项目28项，项目研究总经费1553万元，其中获资助经费718万元。列入国家科技计划3项，自治区科技计划项目11项，地方科技计划23项。

【科技成果与转化】 2011～2012年，该所获得科技成果12项；发表科研论文13篇，其中SCI收录1篇；申请国家发明专利2项，获授权1项。“桑杆毛木耳等九种食用菌栽培技术研究”等研究成果居国内领先水平。

桑杆毛木耳等九种食用菌栽培技术研究 该项目针对食用菌产业现状，开展了以桑杆为主要原料栽培食用菌的技术研究，以桑杆为主基质，进行了毛木耳等9个广西常规栽培食用菌品种的配方筛选试验，共筛选出生产配方38个。项目对延长桑蚕产业链及促进广西食用菌产业的发展具有重要意义。项目成果居于国内同类研究的领先水平。

桑杆云耳栽培技术研究 该项目针对广西云耳生产现状，开展了以桑杆为主原料栽培云耳的技术研究，总结出一套桑杆云耳生产的技术规程，对延长桑蚕产业链及促进广西食用菌产业的发展具有重要意义。项目分离纯化育成云耳品种“百云6号”（已获得“广西农作物品种登记证书”），填补了广西云耳无本土品种的空白。项目成果居于国内同类研究的领先水平。具有较大的推广应用前景。

广西野生黑木耳种质资源库的建立和适于代料栽培的优良菌株选育 该项目首次系统开展广

西野生黑木耳种质资源调查，菌种分离，针对广西原材料，选育出以桑枝杆为主料的黑木耳菌株1个（百云6号），获得2010年广西农作物品种登记。研究成果居国内同类研究的先进水平。

以蔗糖为原料生产异麦芽酮糖醇系列产品 项目以蔗糖为原料，针对目前生产企业在异麦芽酮糖醇系列产品生产中存在的问题展开研究，开发出了以聚乙烯醇为载体固定化红色精朊杆菌生产异麦芽酮糖（醇）工艺，具有一定创新性。项目筛选获得的菌株在工艺中使用，异麦芽酮糖（醇）的蔗糖消耗比原技术工艺节约能耗29～31%，经济效益及社会效益可观，对促进广西蔗糖深加工产业的发展和延长蔗糖产业链具有重要现实意义。研究成果居国内同类研究的领先水平。

【人才与创新团队】 该所现有在职职工38名，其中专业技术人员33名，中级和高级专业技术职称23名，博士1名、硕士7名，广西“十百千人才”第二层次人才1名、国家“西部之光”青年科技创新人才1名；2011年，该所被选定为国家现代农业产业技术体系广西创新团队第二批功能专家食用菌产业依托单位。2011～2012年，该创新团队共完成食用菌领域研发项目9项，其中通过成果鉴定4项，成果水平均居国内领先或先进水平。2012年，该所牵头承担的“食用菌关键技术研究与产业化示范”项目，是广西首个食用菌科研专项，项目下设15个子课题，针对广西食用菌产业发展急需解决的共性关键技术问题，分别开展食用菌优良品种筛选与繁育技术研究、食用菌原料本地化栽培技术研究与示范、食用菌间套种高效栽培示范、食用菌产品精深加工关键技术研究与新产品开发等，为推进广西食用菌技术创新，广西食用菌特色产业持续快速发展提供技术支撑。

【科研平台建设与科研仪器设备】 2011～2012年，为加快建设科研创新平台，该所进一步整合科研人才和科研设备力量，投入近400万元对植物组培苗生产场地、食用菌良种培育中心及酶制剂中试车间进行改扩建，极大改善该所科研生产条件。

通过加强平台建设，该所在食用菌种质资源的利用、优良新品种的选育繁育技术等研究初见成效，2011年被自治区科技厅认定为第一批自治区农业（食用菌）良种培育中心，同年被选定为国家现代农业产业技术体系广西创新团队第二批功能专家食用菌产业依托单位。至2012年底，该所共拥有广西生物质工程技术研究中心、广西食用菌良种培育中心2个自治区级科研平台，已形成生物质能源和生物材料开发，广西优势资源加工研究，广西优势植物活性物质提取技术及植物组织培养技术，广西大宗工农业废弃物资源化利用研发，食用菌菌种选育、提纯、复壮、繁育及本土原料栽培技术的研究、开发、生产和经营等科研领域布局。

该所建成实验室面积约600平方米，配备有高效液相色谱仪、气相色谱、PCR基因扩增仪、核酸（蛋白）成像系统、超低温冰箱、30L自控发酵罐等仪器设备；中试和生产用房共5000平方米，配备1吨和5吨深层通气发酵系统各一套、冷库5间（200立方米），以及微滤、超滤、管式离心机、板框压滤机、锥形真空干燥机、冷冻干燥机等中试和生产设备；形成了食用菌菌种年生产能力达200万袋（瓶）、铁皮石斛植物组培苗年生产能力达3000万株、木瓜蛋白酶精酶年生产能力达5吨的生产规模，并能满足以及各类微生物发酵生产的中试和小规模生产需要。

【科技交流与合作】 该所积极策划筹备筛选项目、指派科技人员参加广西科技活动周、全国科技周、云南桥头堡建设科技入滇对接会及广西食用菌产业发展暨成果展览交流大会，推介科技成果；定期或不定期的组织科技特派员前往驻点企业开展科技下乡活动，指导有机食用菌生产和香蕉种植等；同时，该所与林业部门相关单位建立长期合作关系，开展标本制作及林下生态食用菌高效栽培与示范等项目研究。

【科普教育基地】 该所标本馆是广西最大的生物标本馆之一，馆藏有脊椎动物、昆虫、大型真菌等标本12.8万余号，是经中国科学技术协会认定的第一批“全国科普教育基地”，同时也是“广西青少年科技教育基地”和“南宁市青少年创新实践工作站”。2011～2012年，该所利用现有的人才、信息、设备等优势开展科学教育活动，指导的青少年科技创新课题获自治区一等奖1项、二等奖2项。

（李　槐、欧　娜）

广西壮族自治区计算中心

【概况】 广西计算中心是广西科学院主管的转制科研院所，专业从事计算机应用技术研究与产品开发和技术服务。除开展计算机软硬件产品代理销售、系统集成、软件开发、技术培训、计算机及外部设备维修服务、大规模图文资料数据加工、网站建设、多媒体应用系统制作等传统 IT 业务外，近年来还新增了电子政务与电子商务、网络信息安全、面向东盟信息服务、物联网、云计算、大数据等技术研究与产品开发。该中心下设的研究开发与经营机构有：广西软件新技术实验室、计算机网络工程中心、广西海蓝计算机技术职业技能培训学校、广西计算中心海蓝电脑公司、EPSON 授权维修中心和涉密计算机设备维修站。对外投资合作的实体有：南宁海蓝数据有限公司、南宁海蓝图文高科有限公司、广西海蓝数码科技有限公司、南宁桂科创业咨询有限公司和广西现代物流生产力促进中心。广西计算中心是全国科学院联盟软件分会理事单位、广西国际商会理事单位以及广西计算机学会和广西计算机用户协会的挂靠单位。被广西软件行业协会评为 2012 年度优秀软件企业。

【科技队伍】 至 2012 年末，广西计算中心职工总数 67 人，平均年龄 32 岁，其中专业技术人员 55 人，占 82%，具有中高级以上职称 19 人，占 28%。该中心现有硕士研究生导师 3 人，享受国务院特殊津贴专家 5 人，国家和自治区有突出贡献的科技专家 2 人，全国优秀科技工作者 1 人，全国五一劳动奖章获得者 1 人，中共十五大代表 1 人，全国先进工作者 1 人，第六届中国科技创新优秀奖获得者 1 人，自治区优秀专家 2 人，广西留学回国人员先进个人 2 人，广西青年科技奖获得者 3 人，入选自治区“新世纪十百千人才工程”第二层次人选 2 人，广西三八红旗手获得者 2 人（次），计算机信息系统集成项目经理 6 人，思科认证网络高级工程师（CCNP）3 人。

【科研项目与经费投入】 2011～2012 年，广西计算中心共承担科技攻关项目 12 项，其中，列入自治区科技项目 11 项，地方科技项目 1 项。投入科技经费1772万元，其中获资助金额 945 万元。

【科技成果与转化】 2011～2012 年，广西计算中心取得科技成果 6 项，获得科技成果奖励 4 项（次），包括广西科技进步奖 1 项，广西科学院科技成果奖 3 项。知识产权方面，登记计算机软件著作权 2 项，登记软件产品 2 项，在国内学术刊物上发表学术论文 9 篇。

中越电脑翻译系统关键技术研究 项目开发的是一套中文和东盟小语种翻译系统，该系统采用高速扫描技术将大量越南文（或中文）资料快速数字化输入电脑，结合自主开发的图像压缩技术和词汇库模块，系统能自动完成原文图像存储显示→文本识别→机器翻译的功能，用户可在计算机屏幕阅读图像原文的同时得到译文。项目成果为一套可初步实现中文与越南文互译的原型系统，进而为研究开发实现中文与其它东盟小语种翻译系统打下基础。项目开发成果已应用在“中国—东盟科技合作与成果转化网”中文版和越文版，通过采用 Ajax 技术，用户不需安装任何软件，只需进行一个简单的划词操作，就可以在浏览网页时享受到中越文互译的服务。系统辅助用户在线阅读非母语信息，降低社会成本，推动中国—东盟科技合作与技术转移平台及其它信息服务平台的建设，提高平台服务效果，促进我国与东盟国家之间的科技合作与技术转移，实际应用效果良好。该项目获得 2011 年度广西科学院科技进步奖一等奖。

越南文印刷体 OCR 识别引擎研发 项目针对印刷体的越南文字符，通过扫描等光学输入设备获取纸张上的文字图片信息，利用自主开发的神经网络和区域特征双识别引擎等智能技术来提取字符形态特征，判断出越南文字符的标准编码，转化为可供使用者编辑、引用、查询的计算机文本文件。项目产品获得软件产品、软件著作权登记证书，采用的图像压缩技术获国家发明专利证书。项目通过自治区科技厅组织鉴定，达到国内同类研究的领先水平。本项目首创的越南文字 OCR 识别技术填补了国内相关领域的空白，软件运行性能稳定，操作简便，已投入批量销售并获得市场好评。先后获得了越南永鸿国际运输有限公司的软件出口订单，以及南宁海事局、南宁海关等多个单位的涉越档案数字化服务合同。该项目获得 2010 年广西科技进步奖三等奖、南宁市科技进步奖二等奖、广西科学院科技进步奖一等奖。

通过浮动车辆获取城市道路交通流信息技术

研究　项目通过信息获取模型研制，车载信息采集装置研制，交通流信息获取软件开发等，获取城市道路交通信息的模型与技术、道路地图匹配技术、车辆密度图像提取技术三方面跨行业的关键技术，解决城市道路交通动态信息获取的难题，有效地提升城市交通指挥与管理的技术水平。该项目成果主要应用于城市道路交通信息采集和处理，交通控制、管理、指挥和决策等交通诱导服务领域，有效解决了城市道路交通流动态信息获取的难题。交通信息获取软件的研发，为城市道路交通信息采集和处理，交通控制、管理、指挥和决策，交通路况信息发布等工作提供了交通流量数据，提升了城市智能交通管理系统的技术水平，服务于城市交通管理和社会公众的日常出行，社会意义重大。该项目获 2010 年广西科学院科技进步奖一等奖。

【人才与创新团队（人才小高地建设、博士后科研工作站）】　该中心高度重视学科带头人培养及科研创新团队建设，对科研团队在科学研究和技术开发活动中的资金投入、设备保障、人员配置等方面给予重点支持。该中心充分利用自治区 2010 年出台的八桂学者、特聘专家 1＋3 文件等人才政策，制订了本单位的人才培养管理办法。采用自主培养与外部引进相结合的方式，千方百计吸引人才，进一步完善研究梯队，尤其注重青年学术梯队的培养，利用国家与自治区科技攻关项目、广西科学自然基金项目等来开展科学研究，以实战锻炼人才，形成了一支整体水平较高、结构合理、团结协作、善于攻克科研难题的科研队伍，并且根据发展目标为每个研发人员制订了相应的发展计划、培训计划和个人目标，将个人的发展与中心的发展结合起来，鼓励和支持年轻科技人员到国内高校进行不脱产深造和进修学习。学习期间，保证其工资待遇和奖金。除此之外还制订了技术人员考核及奖惩办法，对受聘专业技术人员进行全面的年度考核和评价，同时评选出“十佳”优秀员工，给予表彰和奖励。每年还组织赴深圳高交会、北京软件博览会等考察学习。通过学习和交流，加强团队内成员纵向和横向的沟通，营造良好的敬业氛围，从而增强创新能力，促进科研工作的开展。

2011～2012 年，该中心的人才培养取得一定成绩，其中，获“广西青年科技奖” 1 人，完成了北京大学高级工商管理 EMBA 研修班学习 3 人，获得软件工程硕士学位 1 人，晋升为高级专业技术职称 1 人，晋升为中级专业技术职称 2 人。

【科研平台建设与科研仪器设备】　该中心具有计算机信息系统三级集成资质，被自治区科技厅认定为“科技金源单位”，现有广西软件新技术实验室、广西现代物流生产力促进中心和广西数字化工程技术研究中心等自治区级科研机构和行业生产力推广机构。实验室科研用房 630 多平方米，生产基地用房1800多平方米，配备了高端服务器、高速扫描仪、计算机与外部设备及开发软件、数据库软件、云计算操作系统等用于科研与生产的软硬件设备。到 2012 年末，广西计算中心拥有固定资产原值 681 万元，设备原值 392 万元。

广西软件新技术实验室　该实验室隶属广西计算中心，成立于 1994 年，是广西第一个正式挂牌对外开放的省级实验室。2002 年，入选首批广西科技创新金源单位。该实验室主要从事计算机软件及应用的研究开发，先后承担了国家 863 计划、国家自然科学基金、电子发展基金、广西重点科研等各类项目，先后获得各级成果奖达 20 余项（次）。2011～2012 年，广西计算中心在原有优势研究成果基础上，明确信息发展战略，根据广西千亿元产业发展需求及创新计划精神，根据广西 IT 行业的发展趋势，找准实验室研究方向，包括：一是智能信息采集处理技术与应用研究；二是物联网技术与应用研究；三是云计算技术与应用研究。2012 年，实验室加大投入，开展了云计算实验平台建设。至 2012 年底，平台初具雏形，为下一步的应用研究打下了良好基础。实验室的目标是：建设符合广西当前发展形势的高水平信息技术重点实验室，更好地服务于广西产业发展与经济建设。

广西现代物流生产力促进中心　该中心隶属广西计算中心，成立于 2004 年，是广西物流行业唯一的科技中介服务机构。该中心先后被国家科技部和自治区科技厅授予“国家级示范生产力促进中心”和“自治区级示范生产力促进中心”称号；获中国商业技师协会授予的广西物流经理培训资格；入选国家生产力促进中心科技金融服务首批 24 家试点单位；通过 ISO9001：2008 质量管理体系认证。

广西计算中心长期发挥科技中介机构的作用，始终坚持以技术推广、培训、交流、服务为核心，以服务创新为动力，以业务素质提高为重点，构筑了服务广西物流行业的“一网三库一平台”的共性技术支撑平台，先后为政府、高校和物流企业等上百家客户提供了科技融资、信息咨询、技术支撑、培训交流、协助申报项目等服务。2011～2012年，该中心总计服务181项，培训810人次，为客户提供信息服务6700多条，成效显著。

广西数字化工程技术研究中心　该中心为广西计算中心与南宁海蓝数据有限公司共建单位，2007年经自治区科技厅批准成立。该中心在上级主管部门的大力支持和指导下，坚持自主创新，组织研发力量攻克了高比率图像压缩、高速数字化加工生产线的自动监控、多引擎自动印刷体文字识别等数字化领域的关键共性技术，开发出档案开放鉴定系统、档案接待利用系统等系列产品，获国家发明专利1项，完成软件著作权登记12项，形成了软件销售与数据加工服务外包的商业模式，近200家用户推广应用，为广西的数字化加工产业发展走出了一条探索之路。

【科技合作与交流】　2011～2012年，该中心积极开展科技合作与交流，2012年派出1名专家参加在缅甸仰光举行的中国广西—缅甸投资贸易洽谈会，并多次派出科技人员参加中国国际软件博览会、深圳高新技术产品交易会、中国—东盟博览会等展会，了解考察高新技术。

该中心开展国际科技合作与交流的同时，积极与中国科学院软件研究所、广州科学院软件应用技术研究所、中国人民大学等院所和高校，以及中国移动广西分公司、广西中信国际物流有限公司、广西凭祥万通国际物流有限公司、广西伟恒物流有限公司等自治区内企业开展合作，就云计算关键技术、云数据处理、现代物流技术、电子商务等课题开展应用研究，取得了重大的研究成果。

（杨丽芳　叶南均）

广西壮族自治区农业科学院

【概况】　该院机关设有院办公室、人事处、科技处、计财处、行政处、成果转化处、国际合作处、机关党委、监察室、项目办、科研基地管理办、离退处、保卫处等13个处室与1个后勤服务中心；科研机构设有甘蔗研究所、玉米研究所（旱粮作物研究所）、水稻研究所、农业资源与环境研究所，园艺研究所、经济作物研究所、植物保护研究所、作物品种资源研究所、农业科技信息研究所、农业经济研究所、生物技术研究所、微生物研究所、杂交水稻研究中心、蔬菜研究所、广西作物遗传改良生物技术重点开放实验室、农产品加工研究所、能源作物研究所、葡萄与葡萄酒研究所、花卉研究所、广西现代农业科技示范园等20个专业研究机构。与中国农业科学院共建中国农业科学院甘蔗研究中心，分别与广西柳州、河池、桂林、百色、玉林、贺州市人民政府共建了广西农业科学院桂中分院、桂西分院、桂北分院、百色分院、桂东南分院、贺州分院。2011～2012年，广西农业科学院主要是针对广西农业生产近期及长远发展需要，承担国家和自治区下达的科研课题任务，以应用研究及应用基础研究为主，为广西农业生产提供适用、配套的技术成果；主要开展粮、糖、果、菜、油、麻、食用菌等作物种质资源收集保存利用、优良品种选育及栽培、农产品加工、营养、植保、农业环境等配套新技术研究，以促进高产、优质、高效、低耗农业和农村经济发展。全院占地约338公顷，其中科研试验用地297公顷。

【科技队伍】　该院拥有水稻、甘蔗、玉米、西甜瓜、果树、蔬菜、花生、薯类、大豆、食用菌、花卉等育种科研队伍，以及植物虫害、植物病害、生物技术、农业资源与环境、微生物等配套的农业技术科技队伍。截至2012年底，该院职工总数1723人，在职职工955人，科技人员712人，其中，具有高级专业技术职称250人（占科技人员比例为35.1%，下同），中级专业技术职称305人（占42.8%），初级专业技术职称157人（占22.1%），博士89人（占12.5%），硕士315人（占44.2%），在站博士后5人，在读博士46人。

【科研项目与经费投入】　2011～2012年，该院新获各级科研立项507项，新增经费10424万元。其中：国家级项目56项，经费3985.54万元；省部级167项，经费5068.26万元；其他284项，经费1370.2万元。

【科技成果与转化】　2011～2012年，该院获国家科技进步奖二等奖3项，农业部中华农业科技进步奖2项，广西科技进步奖16项（其中：一等奖

1项、二等奖2项、三等奖13项），浙江省科技进步奖二等奖1项，第三届广西政府决策咨询成果奖三等奖1项，广西第十二次社会科学优秀成果奖3项（其中：二等奖1项、三等奖2项），广西农科院科技进步奖31项（其中：一等奖15项、二等奖12项、三等奖4项），其他地市级科技进步奖19项（其中：一等奖3项、二等奖12项、三等奖4项）；获国家知识产权局授权专利15个（其中发明专利12个，实用新型专利3个）；获广西第一届发明创造成果展专利金奖1项，银奖5项；获中国杨凌农业高新科技成果博览会后稷特别奖1项；制订并申请审批发布广西地方标准11项；获植物新品种权3个；通过国家农作物品种鉴定品种1个，通过广西农作物品种鉴定（审定）品种65个，发表科技论文975篇（其中SCI收录31篇，中文核心286篇，国际刊物86篇），出版著作23部。主办的《南方农业学报》2012年入选“全国中文核心期刊”和中国引文数据库来源期刊。

2011～2012年，该院先后派出300多位专家深入广西100多个县（市、区）近1000个乡镇上万个村屯进行科技培训和技术咨询服务。组织专家为基层干部和农民上技术培训课累计达500多次，接受培训人员超过5万人次，展出宣传图片500幅、实物近200多种、新技术100多项，发放技术资料100多万份，同时赠送了大批种子种苗以及农药、肥料等实用农资品。通过科技宣传培训，增强了农民科技意识，提高了农民获取科技知识和依靠科技脱贫致富、发展生产和改善生活质量的能力，培养出了一大批有文化、懂技术、会经营的新型农民，为广西农业生产提供了强有力的技术支持。2012年，该院启动并深入开展了“联百企、进千村、扶万户”科技行动，选派100多名党员专家，组成17个党员专家服务分队，深入广西百县千村万户开展科技服务活动。先后与150多家企业建立了战略合作关系，支持企业建立生产基地面积合计55773.3公顷，为企业争取项目经费750.5万元，向企业转让科技成果20项，为企业培训业务骨干1000多人次，举办技术培训200多场次，培训农民上万人次，发放各类技术资料达50多万份（册），推广新品种、新技术100多项。2012年，该院受聘自治区农村科技特派员35名，选派进驻战略合作企业科技特派专员2名。

2011～2012年，该院共在广西内外累计建立新品种、新技术核心示范基地610个、基地共计71万多亩，展示新品种（品系）、新组合415个。建立种子种苗基地156个、共计6.4万多亩，累计辐射推广面积达2000多万亩。通过新品种、新技术的推广应用，直接创造社会效益约270多亿元，农民直接增收在50亿元以上。

此外，该院积极参加广西科技活动周、广西发明创造成果展览交易会、中国—东盟博览会农村先进适用技术暨高新技术展、中国农产品交易会农业科技成果展、中国国际高新技术成果交易会、中国杨凌农业高新科技成果博览会等大型科技展览会12场次。通过展览以及与相关技术需求单位的洽谈与交流，及时地向广西、全国、东南亚乃至全世界展示及宣传了该院的科技成果和先进适用技术，有效地推动了该院科技成果转化和先进适用技术的输出，加强了该院与外界相关单位的科技合作与交流。

【人才与创新团队（人才小高地建设、博士后科研工作站）】 该院现有国家有突出贡献科学技术专家3人，享受国务院政府特殊津贴28人，“百千万人才工程”国家级人选1人、全国先进工作者1人、全国粮食生产突出贡献科技人员3人、全国五一劳动奖章3人、全国优秀科技工作者3人、全国三八红旗手2人、全国五一巾帼标兵1人、广西优秀专家10人、广西有突出贡献科技人员8人、广西“新世纪十百千人才工程”人选21人、“八桂学者”4人、自治区特聘专家3人、广西五一劳动奖章2人、广西先进工作者2人。2011～2012年，该院新聘院士顾问2位，新获享受国务院特殊津贴专家1人，新获全国粮食生产突出贡献科技人员3人，新聘自治区八桂学者2人、特聘专家1人，新入选广西“新世纪十百千人才”2人，新获广西五一劳动奖章1人。

2011年，该院博士后科研工作站获得独立招收博士后人员资格，成为我国西南片区第一个有独立招收博士后人员资格的博士后工作站。

该院现有甘蔗病虫害防控、甘蔗耐寒耐旱品种选育、甘蔗华南区栽培、西甜瓜反季节栽培、香蕉种苗生产与良种选育、花生华南区栽培、木薯种苗繁育、荔枝熟期育种等8个国家现代农业产业技术体系岗位专家团队，水稻、玉米、食用豆、大豆、西甜瓜、香蕉、黄/红麻、马铃薯、葡萄、大宗蔬菜、甘薯等11个国家现代农业产业技术体系综合试验站以及甘蔗、水稻、玉米、芒果、食用菌等5个国家现代农业产业技术体系广西创新团队（其中3个首席专家、8个功能专家、1个综合试验站站长）；新获准设立了“水稻种质创新与新品种选育岗位”“甘蔗种质创新利用岗位”“亚热带作物分子育种岗位”等3个八桂学者岗位和“农作物重大病虫害监测与防控岗位”“甘蔗联合固氮研究与应用岗位”“热带亚热带蔬菜种质创新与新品种选育岗位”等3个特聘专家岗位等科研创新团队。同时，这两年该院以项目支持方式，重点资助了“甘蔗多用途育种材料的创新研究”“水稻优异种质创新和超级稻新品种选育研究”“玉米种质资源改良与创新研究”“甘蔗家系选择法—生物技术相结合的定向育种程序研究”“广西农田地下害虫综合防控技术研究与示范”“水稻产量、品质和抗性的分子遗传改良”“广西土壤环境资源数字化管理技术体系的研究”“香蕉种质创新与新品种选育”“转基因甘蔗创新团队建设”“热带亚热带特色蔬菜多抗种质创新及新品种选育”等10个创新团队项目，以构建和发展优势学科团队，其中“甘蔗多用途育种材料创新及应用”成为自治区资助创新研究团队。

【科研平台建设与科研仪器设备】 2011～2012年，该院共投入7495.77万元用于科研基础条件建设。该院申报的农业部广西甘蔗生物技术与遗传改良重点实验室获得批准，实现了农业部重点实验室零的突破，同时获批了作物基因资源与种质创制、南方特作营养与施肥、西南玉米大豆间套作、南亚热带果树、能源植物、作物有害生物、华南地区作物栽培等7个农业部科学观测实验站；广西作物遗传改良生物技术重点开放实验室和广西甘蔗遗传改良重点实验建设也得到进一步加强；国家玉米改良中心广西分中心、国家水稻改良中心广西南宁分中心二期和国家糖料改良中心广西甘蔗分中心二期建设项目获准立项；国家农作物种质资源繁殖更新基地获农业部批准建设；甘蔗育种与栽培技术国家地方联合工程研究中心首次获得国家发改委资助；农业部甘蔗品质监督检验测试中心（南宁）、农业部广西玉米良种原原种扩繁基地、广西甘蔗工程技术研究中心、现代化低温干燥种质资源库等陆续建成并投入使用。2011～2012年，该院获批16个自治区级良种培育中心。广西农业良种海南南繁育种基地（简称广西南繁基地）顺利奠基动土建设；里建、丁当、海南、明阳等4大科研试验基地逐步完善。此外，该院共投入1625万元，用于重点实验室的仪器采购和设备完善，在一定程度上解决了缺少大中型仪器的问题，基本满足了目前广西主要作物分子育种及生理生化研究的硬件设施需求。

【科技交流与合作】 该院注重与国内外相关单位的科技交流与合作，特别是前沿技术、创新研究方面的交流与合作。该院与国际水稻研究所、国际玉米小麦改良中心、国际半干旱热带作物研究所、加拿大钾磷研究所等30多个国际农业研究机构建立了交流与合作关系。2011～2012年，成功举办或承办了“第十一届亚洲玉米大会”“第四届国际糖业大会和博览会（IS—2011）”“第十届甘蔗病害研讨会”“第二届热带亚热带高产高效现代农业国际研讨会”等4次大型国际学术会议，开办了“中越水稻迁飞性害虫防治合作稻田病虫害识别技术”“甘蔗育种与栽培管理技术”等一系列国际培训班，参与出版了国际学术刊物《Sugar Tech》。先后派出46批，125人次到巴西、古巴、美国、澳大利亚、新西兰、越南、布隆迪、埃塞俄比亚、塞拉利昂、荷兰等国家和台湾地区考察访问、开展合作研究、援助建设等，接待来自美国、巴西、阿根廷、越南、日本、巴基斯坦、缅甸、印度、古巴等30多个国家的35批专家，共370人次，签署国际合作备忘录7个，获自治区级国际科技合作项目19项，引进国外技术、管理人才项目4项。该院共邀请了80多位国内专家、院士到该院进行学术交流活动50多场次，派出科技人员参加学术交流300多场次，科技人员参加学术交流2000多人次。2012年11月，该院与中国农业大学签订了科技合作框架协议，推进了校院在人才培养、项目合作、成果转化等科技合作方面向深层次发展。同时，该院还在完善与广西柳州、河池、桂林、百色、玉林等市人民政府共建分院的合作机制基础上，与贺州市人民政府新共建了贺州分院，并加快了与钦州市人民政府共建北部湾分院的进程，进一步探索建立新的战略合作机制和服务模式。

（刘永贤　蓝桃菊）

广西壮族自治区农业科学院经济作物研究所

【概况】 广西农业科学院经济作物研究所前身隶属1935年在柳州成立的广西农事试验场，1957年迁至南宁，成立广西农业科学研究所经济作物研究系，1971年改为经济作物研究室，1986年升级为广西农业科学院经济作物研究所。2006～2012年，该所主要从事花生、大豆、木薯、淮山、马铃薯、红薯、黄红麻、苎麻、芝麻、烟草等作物新品种选育、栽培技术及产品加工技术研究。该所是全额拨款公益性事业单位，内设油料作物、豆类作物、薯类作物、生物质能源作物、麻类作物和生物技术6个研究室，拥有农业部现代农业产业技术体系花生、木薯岗位专家各1个、黄红麻和马铃薯综合试验站各1个，以及国家木薯改良中心广西分中心等科研平台。截至2012年末，全所在职职工55人，其中科技人员51人。所内有研究员9人，副研究员8人，有博士学位人员6个，在职博士生6人，有硕士学位人员32人。国务院特殊津贴专家2人、广西壮族自治区优秀专家和广西有突出贡献科技人员1人，广西“新世纪十百千人才工程”第二层次人选3人。

所长：唐荣华（2009年3月～　）

【科研项目与经费】　2011～2012年，该所承担国家级、省级科研项目41项，获研究经费3437.4万元。其中，国家“863”子项目1项，国家转基因专项1项，科技部科技支撑计划项目1项，国际合作项目2项，国家自然科学基金项目4项，农业部公益性行业专项1项，现代农业产业技术体系项目4项，广西科技攻关项目16项，广西主席科技资金1项，广西自然科学基金项目5，自治区科学基金项目5项。

该所重视作物种质资源搜集与保存，建有薯类种质资源圃和国家种质野生花生南宁分圃，保存木薯、淮山等薯类以及花生、大豆、麻类等作物种质资源3000多份。有排灌方便的试验地1.73公顷。试验基地15个，适合花生、薯类、大豆新品种选育、高产栽培技术研究和新品种新技术示范推广。依靠作物遗传改良生物技术重点开放实验室和国家木薯改良中心广西分中心，开展花生、大豆、淮山薯等作物分子标记研究，以及马铃薯、淮山、木薯和红薯等作物脱毒和组织培养研究，取得创新性阶段成果。

【科技成果】　2011～2012年，该所获科技成果14项，其中获奖成果5项、品种审定4个、成果鉴定3项、成果登记2项，获奖成果包括国家科技进步奖二等奖（本单位为第三完成单位）1项，广西科技进步奖二等奖1项、三等奖1项，广西农科院科技进步奖一等奖2项。通过品种审定4个，发表论文50篇。

高产、优质、多抗桂花系列花生新品种的创制与应用　该项目利用种间远缘杂交技术手段、常规杂交育种手段以及系统育种手段育成了“桂花22”“桂花25”“桂花30”等9个高产、优质、抗病优良花生新品种，在广西等地得到大面积推广应用。在花生分子标记和油酸/亚油酸性状遗传等花生育种基础理论研究方面取得创新性理论成果，同时研究集成了与育成品种配套的花生高产栽培技术，创造了珍珠豆型花生秋植亩产458千克的高产典型。通过该项目的实施，桂花系列花生优良新品种在广西、广东、云南、江西等地累计应用面积达95.744万公顷，新增产值201653.78万元，该成果获2011年广西科技进步奖二等奖、广西农科院科技进步奖一等奖。

花生野生种优异种质发掘研究与新品种培育　该项目发掘出82份具有多个突出优良性状的野生种质，包括兼抗2种病害种质5份，兼抗3种病害种质35份，兼抗4种病害种质17份，兼抗6种病害种质2份，含油量达58%以上种质13份，高蛋白种质9份，含油量和蛋白质含量之和超过85%的种质1份，其中兼抗6种主要病害的种质、含油量特高（63.74%）以及含油量和蛋白质含量双高（87%以上）的种质为国际首次报道。通过种间杂交育成了7个综合性状优良的花生新品种，尤其是远杂9102在含油量、综合抗性、生态适应性等方面具有重要突破。利用三倍体途径、六倍体途径育成花生新品种以及种间杂交品种大规模应用于生产在国内外尚属首次。该项目培育的远杂9102等优良新品种在河南、安徽、四川、广西、湖北、山东、河北、辽宁等地累计推广260万公顷，新增经济效益547253.7765万元。该成果获2011年国家科技进步奖二等奖（该所为第三完成单位）。

木薯综合配套节本高效栽培技术集成研究与示范　该项目研究提出了木薯种茎“播种控苗”技术，木薯高产田间需水临界指标。通过试验研究明确木薯需要氮、磷、钾营养元素比例大约为2∶1∶3，提出木薯适施基肥、重施苗肥、补施壮薯肥的木薯高产基本施肥策略和配方施肥技术；项目研发集成包括选用良种、深耕垄栽、科学砍种播种、配方施肥、合理间套种等在内的木薯节本高效集成栽培技术；研究提出木薯丰产种植地的土壤环境及“深耕垄栽”技术；研究提出木薯

种植水土保持技术；在中国农业出版社出版专著《中国木薯栽培技术与产业发展》；累计完成综合配套节本高效栽培技术示范4880公顷，平均每公顷产50.62吨，最高每公顷产达78.1吨；辐射推广应用11.62万公顷，平均每公顷产鲜薯35.42吨，新增经济效益7.37亿元。该成果获2011年广西科技进步奖三等奖、广西农科院科技进步奖一等奖。

育成的作物新品种　2011～2012年，该所育成花生品种有：桂花836、桂花833；大豆新品种有：桂春豆104；淮山新品种有：桂淮7号。

【科技体制改革】　2011～2012年，该所不断加强学科建设和条件建设，进一步提升解决生产实际问题的综合实力和研究水平。倡导实事求是、科学严谨、无私奉献和团结协作的科学精神，鼓励科技人员要理论与实践相统一，不断提高实践能力和创新能力。通过“走出去，请进来”的方式加强科研交流与合作，积极争取科研项目，在科研项目任务中提高科研和学术水平。恢复完善了所《科研奖励试行办法》，对获奖科技成果、发明专利、登记成果、审定品种、品种保护权、论文、论著、科研立项等事项。在上级奖励基础上，该所拿出经费给予科技人员一定奖励，鼓励科技人员认认真真、一心一意搞科研，多出成果，进一步提高该所在促进国民经济发展中的科技支撑作用。狠抓落实“联百企、进千村、扶万户”行动，通过田间示范、指导等方式，对农技干部、农民在广西进行技术培训，与广西兆和种业有限公司建立了战略合作关系，合作搭建产学研合作平台，积极探索科研成果转化新模式。

（赖振光　陈玉冲）

广西壮族自治区农业科学院植物保护研究所

【概况】　广西农业科学院植物保护研究所是广西植物保护综合性科研机构，从事农业植物病、虫、草害发生规律及防治技术研究与开发。研究方向包括农业重大病虫害防治技术、外来有害生物监测与防控、水稻抗病虫品种筛选和选育（包括抗稻瘟病、白叶枯病、稻飞虱和稻纵卷叶螟等）、广西特色经济作物病虫鉴定和防治技术（包括甘蔗、木薯、桑、芒果、香蕉、龙眼、荔枝、罗汉果、烟草、茉莉花等作物）、害虫抗药性的研究与监测、农田杂草防除、新农药田间药效评价与推广应用、农药残留分析与安全使用标准研究、农产品标准化生产及安全性检测、作物抗病虫转基因等研究。2011～2012年，在职职工60人，其中专业技术人员53人，高级专业技术职称23人，中级专业技术职称19人；博士12人，硕士24人；广西突出贡献专家1人，广西“跨世纪十百千人才工程”人选4人。现与华南农业大学、广西大学等高等院校联合培养硕士研究生，有硕士研究生导师6人。下设3个科研机构：植物病理研究室、农业昆虫研究室、应用农药与杂草研究室。建设科研平台2个：农业部作物有害生物科学南宁观测实验站、广西作物病虫害生物学重点实验室。服务平台2个：国家农业部“新农药大田药效试验”和“农药残留分析检测试验”的认证单位。2004年被自治区科技厅认定为“广西科技创新金源单位”。

所长：韦善富（2012年～　）

【科研项目与经费投入】　2011年，该所新增项目22项，总经费489万元。其中科技部“中国—东盟重大农业外来有害生物预警与防控平台”1项；国家基金“水稻品种抗褐飞虱稳定性及机制研究”1项；自治区科技厅攻关项目1项、基金项目2项；广西农科院重大项目1项、重点项目2项、基金项目2项；“现代农业产业技术体系广西杧果创新团队岗位”；合作项目4项、横向8项。2012年，新增项目18项，到位经费380.6万元。其中“十二五”国家科技支持计划子课题、“广西地区重大病虫害防控新技术集成示范”；科技部国际合作“中越南方水稻黑条矮缩病综合防控技术合作研究”；自治区主席科技基金项目1项，特聘专家团队项目；国家现代农业产业技术体系广西创新团队植保岗位专家（水稻、杧果）；广西自然基金2项；广西农科院重点项目2项，广西农科院基本科研业务费3项；横向3项。

该所在研项目63项，其中科技部、国家基金等5项，省部级项目21项，其他项目37项。

【科技成果与转化】　2011～2012年，该所申请专利4个，获授权2项，即“抗稻褐飞虱主效基因及其分子标记方法和应用”“一种植物源杀虫剂增效剂”；通过成果鉴定的项目2项，获广西科技成果鉴定1项，获2012年度广西农业科学院技术进步奖一等奖1项；对稻纵卷叶螟进行了140多种杀虫剂的药效筛选试验，筛选出6%乙基多杀菌素SC等9个对稻纵卷叶螟防治效果≥95%的杀虫剂新品种，有些品种已推广应用于生产；对稻飞虱进行了150多种杀虫剂的药效筛选试验，筛选出11个对飞虱防治效果≥95%的杀虫剂新品种，有些品种已推广应用于生产；研制出防除园林菟丝子专用药剂：6%菟丝特AS，并在南宁市进行了应用示范，对小叶榕、柳叶榕、秋枫、黄素梅安全，防除效果达到100%，持效期60天以上；发表论文70篇，其中在核心刊物上发表57篇、SCI3篇。

2011～2012年，该所在重大作物病虫害生物学及可持续综合防控技术研究、作物抗病虫育种和抗病虫基因应用研究、外来危险性作物病虫害的监测与防控研究、农产品质量安全与农药残留检测、现代农业产业技术体系建设方面取得良好成果，具体研究项目如下：

稻纵卷叶螟和白背飞虱测报与防控技术研究 该项目的研究基本掌握了广西水稻“两迁害虫”方面的天敌种类及其发生特点，优化集成适宜广西不同稻区的水稻“两迁害虫”综合防治技术体系，通过推广抗飞虱水稻品种如中浙优8号，分蘖期浅水灌溉、分蘖后期晒田控苗。在害虫发生初用1.8%阿维菌素EC30 ml/亩＋25%吡蚜酮WP20 g/亩，中后期用10%虫螨腈SC40 ml/亩＋25%吡蚜酮WP20 g/亩。

广西农田地下害虫综合防控技术研究 项目组建了南宁、桂林、百色、玉林、崇左、北海、河池等主要农作物产区地下害虫监测网，掌握了广西主要地下害虫种类、分布、危害情况，并形成了地下害虫综合防控创新团队，为地下害虫的综合防控提供了依据和保障。

广西香蕉有害线虫调查监测与安全防疫技术应用研究 项目明确了广西香蕉有害线虫的分布、发生、为害情况，其中以根结线虫分布最广、为害最严重，是广西香蕉线虫的优势种，掌握其随季节变化而波动的发生发展动态，为制订有效的防疫措施提供科学依据。项目开展了香蕉根结线虫检疫技术和栽培防病技术研究，筛选利用生物杀线剂和拮抗菌肥，合理使用高效低毒化学农药，改进田间施用方法，研究制订一套适合田间大面积防治香蕉根结线虫的综合防疫技术。

防治水稻纵卷叶螟、飞虱的植物源高效农药研制与示范 该项目确定了1个既可对稻纵卷叶螟又可对稻飞虱具有较高活性的配方。并研制出该配方的乳油剂型，取得了对稻纵卷叶螟的农药登记证，2012年企业已生产产品420吨，销售额1500多万元，产品远销长江以南稻区。

冬种马铃薯主要病虫害综合防控技术研究与示范 该项目提出的马铃薯病虫害防控配套主要措施：对种薯严格执行植物检疫，严防疫病传入；建立无毒种薯繁育基地，种植无病种薯；播种时做好种薯和刀具的消毒，防止切薯传病；加强病虫害监测，及时采取化学药剂进行应急防治；坚持“预防为主，综合防治”的植保方针，做到以选用优良无病种薯为基础，以种薯消毒处理为辅，以农业防治为基础，化学防治为辅的多种防治措施综合运用。

广西蔬菜黄化曲叶病毒病综合防控技术研究与示范 该项目组深入田东县、田阳县、南宁、钦州、玉林等地调查蔬菜黄化曲叶病毒在广西的发生与为害情况；采集蔬菜黄化曲叶病毒样品36份，鉴定出为害番茄引起黄化曲叶病的双生病毒有中国番茄黄化曲叶病毒、中国番木瓜曲叶病毒和胜红蓟黄脉病毒3种。

杏和李产业技术研究与试验示范 针对李果病虫害进行调查与防治示范，到广西李果主产区贺州市和灌阳县设点调查与进行防治示范试验，为主产区专业户提出了病虫害综合防治技术措施，效果良好。

杧果病虫害防治 针对广西杧果产区的气候条件和特点，对杧果细菌性角斑病、炭疽病、流胶病、蓟马、叶蝉蚧壳虫和果实蝇等多种病虫害提出了具体的综合防治技术措施。对危险性病害——杧果畸形病提出了预警报告。

香蕉枯萎病快速检测方法筛选与品种抗病性鉴定 通过研究已初步明确了快速检测方法和部分品种的抗性水平，为今后的检测工作和抗性育种和种植奠定了技术基础。

水稻品种抗褐飞虱稳定性及机制研究 该项目研究表明光照强度、施氮量、苗龄、温度和浸水对水稻品种抗褐飞虱两个生物型的影响极显著。光照强度、施氮量和苗龄对水稻品种抗褐飞虱具有互作效应，光照强度低、过度施氮、苗龄弱时，11个水稻品种抗性消失，稻株死亡；低温和高温对水稻品种抗褐飞虱的影响较大，但对含不同抗性基因的水稻品种影响程度不同；浸水对水稻品种抗褐飞虱的影响很大，浸水时间越长，水稻品种抗性越弱，由抗虫变为中抗甚至变为感虫。

中越南方水稻黑条矮缩病综合防控技术合作

研究　项目收集广西主栽早、晚稻品种和野生稻500份及材料，利用白背飞虱接种南方水稻黑条矮缩病毒以鉴定抗性结果。同时建立了稳定的检测南方水稻黑条矮缩病毒（SRBSDV）和水稻齿叶矮缩病毒（RRSV）的RT－PCR方法，已能成功检测单头白背飞虱，奠定了良好的基础。

植物抗冻蛋白转入柑桔培育和柑桔抗寒品种研究　通过添加不同种类生长调节剂（NAA，IBA，GGR1，GGR6），并优化组合条件与组合浓度，使转化植株生根率达到90％；通过添加硝酸银并结合暗培养解决了研究初期转化植株经常在感染农杆菌后褐化死亡率高的问题，使转化率得到提高。

抗菌肽基因转入猕猴桃培育抗病高产猕猴桃品种研究　该项目采用短期升汞与长期低浓度次氯酸钠结合的方法解决猕猴桃组织培养中无菌系的建立问题；通过暗培养结合改变抗菌素的类型，解决了转基因植株在选择过程中，被抗菌素抑制，导致转化率低的问题。

国家国际科技合作“中国—东盟重大农业外来有害生物预警与防控平台”　项目以病、虫、草主要科研骨干组成了中国—东盟重大农业外来有害生物研究创新团队（广西），并与越南农业部植保局搭建了中国—越南农业有害生物预警与防控平台，并签订了友好合作协议；同时，邀请越方植保专家来华交流进行有害生物鉴定与防控技术交流。研究团队多次赴广西各地和越南，对广西和越南本土的农业有害生物进行了系统的调查，掌握了广西和越南农作物病虫草害目录，明确了广西农业重要外来入侵物种127种，其中：虫害20种，病害13种，杂草94种。筛选确定了重大危险性有害生物为：黄瓜绿斑驳病毒病、木薯细菌性枯萎病、蔗扁蛾、番石榴实蝇、豚草和假高粱。拟订了外来有害生物应急防控技术方案，并在百色、防城等边境地区设置了实蝇诱捕防控阻隔带，将有害生物防控前移。

外来主要入侵害虫经济损失与风险评估　该评估项目编制了部分外来入侵害虫物种名录；以新近入侵但限于局部分布的重要外来入侵害虫物种稻水象甲、蔗扁蛾为研究对象，系统分析其入侵广西的可能性及重要性，以及稻水象甲、蔗扁蛾在世界与中国的分布情况，危害特点，探索稻水象甲、蔗扁蛾在广西各地市的发生态势。

农产品质量安全与农药残留检测　一是建立了果蔗和土壤样品中毒死蜱和辛硫磷同时检测的气相色谱的分析方法，并进行了回收率、准确度、灵敏度验证试验取得了满意的结果，满足了农药残留分析的要求。二是对常用主要15种有机磷农药进行了仪器色谱条件的分离条件以及果蔗样品的前处理条件进行了摸索试验；最终，建立了果蔗中10种有机磷农药的多残留同时检测的分析方法，并进行了回收率、准确度、灵敏度验证试验取得了满意的结果，满足了农药残留分析的要求。

现代农业产业技术体系建设　一是国家现代农业产业技术体系广西杧果创新团队岗位：主要针对杧果主要病虫害的调研与防治示范工作，在广西杧果主要产区的田东、田阳、田林、灵山、武鸣及四川省攀枝花市农科所、米易热作所和云南省华坪县等杧果产区进行了病虫害调查和防治指导，同时在广西田东县百育镇、田东县祥州镇、武鸣县农科所华侨农场进行了杧果病虫害防治示范试验，用碧生＋凯润防治杧果炭疽病防效可达77.43％，用碧生防治杧果细菌性角斑病防效可达75.06％，效果比较明显。二是国家现代农业产业技术体系广西（水稻）创新团队岗位：一是监测出广西水稻重要病虫害褐飞虱、白背飞虱、稻瘿蚊、稻瘟病的种（型）变异，为抗病虫品种的选育和利用提供科学依据；二是鉴定发现了一批抗褐飞虱、白背飞虱、稻瘟病的品种和材料，为水稻抗这些病虫育种提供亲本材料；三是建立了水稻品种抗南方水稻黑条矮缩病毒的方法，为发掘水稻抗南方水稻黑条矮缩病提供技术支撑。

【科技体制改革】　2012年，该所一名科技人员被聘为广西重大病虫害综合防控岗位特聘专家；职称申报中，2名科技人员获得研究员资格，1名获得副研究员，成为学科带头人；该所继续支持6位年轻科技人员攻读博士学位，并培养1名硕士研究生；力争新引进3～4名具有硕士以上学位的优秀毕业生。在团队建设上，先后组建了水稻重大病虫害综合防控研究创新团队、广西地下害虫综合防控研究创新团队、广西外来有害生物研究创新团队等。在科技平台建设上，该所是国家农业部“新农药大田药效试验”和“农药残留分析检测试验”的认证单位，是广西作物病虫害生物学重点实验室（培育基地）和农业部南宁作物有害生物科学观察实验站依托单位，拥有现代化仪器设备及先进的试验设施。2012年，该所上下继续做好新农药大田药效试验和农药残留检测分析工作，为企业服务；同时，不断提升科研服务水平，力争顺利通过下次阶段性检查。

广西作物病虫害生物学重点实验室（培育基地）和农业部南宁作物有害生物科学观察实验站，是该所最重要的科研平台之一。

（杜晓利）

广西壮族自治区农业科学院园艺研究所

【概况】 广西壮族自治区农业科学院园艺研究所隶属于广西农业科学院，是一个以热带、亚热带果树、西瓜、甜瓜等农作物的遗传育种及栽培技术研究为主的多学科研究所。2012 年末，在职职工 47 人，其中专业技术人员 43 人，具有高级专业技术职称 19 人、中级专业技术职称 16 人，具有博士学位 6 人、硕士学位 16 人，在读博士研究生 2 人；享受政府特殊津贴科技专家 2 人，自治区优秀专家 1 人，广西“十百千”人才工程第二层次人选 1 人。获准设立国家现代农业技术体系西瓜栽培科学家岗位、荔枝育种科学家岗位以及西甜瓜综合试验站、农业部南宁南亚热带果树科学观测实验站。该所下设常绿果树研究室、西瓜甜瓜研究室、落叶果树研究室、实验室、科研管理办公室和行政管理办公室等 6 个专业研究室。

所长：罗瑞鸿（2009 年 2 月～ ）

【科研项目与经费】 2011～2012 年，该所共承担科技研究项目 66 项，其中国家级项目 2 项，省部级项目 22 项，其他项目 42 项，共获科技项目资金约1089万元。2012 年实施在研科研项目 43 项，其中国家自然科学基金项目 1 项，农业部研究专项 2 项，现代农业产业技术体系 4 项，广西科技攻关项目 6 项，广西科学基金项目 8 项，南宁市科技攻关项目 2 项，广西农科院科技发展基金 20 项。

【科技成果与转化】 2011～2012 年，该所取得科技成果 14 项，其中获奖成果 5 项，包括国家科学技术进步奖 1 项（第六完成单位）、中华农业科技奖一等奖 1 项（第六完成单位），广西农业科学院科技进步奖二等奖 2 项，广西农业科学院科技进步奖三等奖 1 项。通过广西农作物品种审定委员会审定的果树、西甜瓜新品种 5 个，育成并推广新品种 16 个。所筛选出的龙眼、荔枝、葡萄等的丰产性好、品质优良，其中早熟、晚熟、大果型等品种受到农民朋友的广泛欢迎，对广西水果产业结构的调整具有重要作用。

新兴的热带、亚热带水果的研究也取得显著成效，近年来选育出的优质大果甜杨桃、无核黄皮、优质草莓、红肉火龙果等，已显示出巨大的市场潜力。在果树栽培技术研究方面，现代果树栽培管理技术结合生物技术与化学调控技术的有效应用，使新建果园早结果、早丰产，实现老果园的低产改造。西瓜、甜瓜研究，培育出“广西 1 号”“广西 2 号”无籽西瓜优良品种，在全国范围推广了 15 年，为社会创造显著的效益。随后又相继培育出“广西 3～7 号”“黄金桂冠”等系列无籽西瓜，“桂红三号”西瓜新品种，广泛应用于生产，推广面积年增长量达 6666.67 公顷，给农业生产和社会经济带来明显的经济效益。

国家科学技术进步奖一项（第六完成单位）——热带作物种质资源收集保存、评价与创新利用　完成热带作物种质资源描述、评价、鉴定技术规程的制订工作，并以此为支撑，基本完成热区主要资源持有单位现有的热带作物种质资源的标准化整理、整合工作，并提交给 E—平台；建立热带作物种质资源共享网络平台，实现资源的信息共享和实物共享，并与 E—平台联网运行；协助制定完善一系列自然科技资源共享平台相关的法规、条例和平台管理运行机制，开展相关服务；繁殖部分资源入库保存，提高资源安全保存效率；补充收集一些特殊资源，保证资源贮藏总量不断增加，并建立一座热带作物种子和离体保存库，总库容量 10 万份；建立了热作种质资源研究工作协助网络。

该项目创新程度：在热带果树、热带经济作物、热带牧草、南药等热带作物种质资源收集保存、评价及创新利用领域处于国内领先水平，部分达到国际先进水平。一是系统构建橡胶树、杨桃、油棕等 63 种主要热带作物种质资源描述与评价技术体系，其中 53 种属国际首创，是目前国内外最系统、权威的热带作物种质资源评价专业工具，填补国内外相关空白。二是自主研发 35 个科 57 个属 412 种植物 901 项离体快繁技术，其中，歧花铁兰、矮凤梨、带纹凤梨、异色血叶兰等的离体快繁技术属国际首创；蜻蜓凤梨、彩叶凤梨、海南钻喙兰、益智、海南砂仁、胆木、牛大力、蝴蝶豆等离体快繁技术属国内首创，为热带作物种质资源和优良品种的快繁和保存提供了技术支撑，居国内领先水平。

该项目应用推广情况：一是建立的技术标准体系在全国范围内规范热带作物种质资源的收集、整理、鉴定评价和利用，已在热区科研和教学单位中广泛采用，系统评价鉴定了热区20多家科教单位1.65万份热带作物种质，建立了热带作物种质资源共享网络平台，实现资源信息和实物共享；二是筛选出一批优良种质材料在生物技术、育种等方面应用；三是选育出23个新品种在热区大面积推广，产生了良好的经济效益，并为热作产业的可持续发展、热带农业"走出去"战略和"热作外交"提供了资源支持和保障。

热带作物种质资源收集评价与创新利用　该项目针对中国芒果、菠萝、番木瓜、杨桃、黄皮、剑麻、咖啡等12种特色热带作物开展种质资源收集评价和创新利用，取得重大突破与创新。在种质收集方面，提出特色热带作物种质资源保护利用新思路，构建了资源安全保存技术体系，收集保存资源5302份，占我国特色热带作物资源总量的92%，建立起全国热作资源协作网络；在种质评价方面，在全国首次创建了特色热带作物种质资源鉴定评价技术体系，鉴定准确率达99%；对资源进行系统鉴定评价，并提供资源信息共享22.6万人次、实物共享6.3万份次，筛选优异种质107份，为产业培育发挥了关键性作用；在种质创新利用方面，创制新种质89份，培育桂热芒120号、红铃番木瓜、大果甜杨桃一号等系列新品种34个，首创番木瓜、剑麻等组培快繁技术，构建了与优良新品种相配套的种苗生产和栽培技术体系，并在海南、广东、广西等5省区广泛应用，累计推广123.33万公顷，特色热带作物良种覆盖率达90%，社会经济效益926亿元，新增社会经济效益555亿元。该成果获中华农业科技奖一等奖。

【科技工作与改革创新】　2011～2012年，该所的科技工作取得了较大进展，承担的科研项目数稳步增加，项目资金同步增长，科技创新也取得新突破。

西甜瓜研究方面，挂牌成立广西壮族自治区农业良种培育中心。两年来，西甜瓜研究多项研究成果居国内领先地位，新选育的兴桂系列西瓜，好运系列甜瓜有3个品种通过省级品种审定，在丰产性、抗病性、抗逆性以及品质等综合经济性状上具有突出的表现优势，不仅是生产栽培的主栽品种，而且在市场上具有较强的市场竞争力，应用推广前景十分广阔。

荔枝、龙眼研究取得较大进展，在对广西荔枝、龙眼种质资源开展全面调查的基础上建立了种质资源圃，保存荔枝、龙眼种质资源158份，近年开展了荔枝、龙眼杂交育种、生物学性和遗传多样性研究，选育出大果型荔枝新品种贵妃红、桂糯，焦核荔枝新品种草莓荔，以及热带型龙眼新品种优选四季窜蜜、大果型龙眼新品种桂龙早1号和优质龙眼新品种桂蜜。在热带型龙眼产期调节研究方面获得新突破，成功地将龙眼采收期调节到11月上旬。结合国家荔枝龙眼产业技术体系工作，开展荔枝、龙眼、龙荔种质资源调查、收集、保存和评价和龙眼辐射诱变育种研究，在各荔枝产区开展了荔枝品种区划试验，在平南、桂平和武鸣示范基地进行四季蜜龙眼产期调节示范。

南方湿热地区鲜食、酿酒葡萄选育种和栽培技术研究取得令人瞩目的成就，在对广西野生毛葡萄资源开展调查和引种国内外葡萄品种的基础上，开展杂交育种，选育出桂葡1号等优质、抗病酿酒葡萄新品种，并在葡萄产区开展应用示范。利用南方暖冬干燥气候条件，应用夏季重修剪与人工打破休眠调控技术相结合的方法，在成功实现了葡萄一年两熟栽培，南方葡萄研究已逐步拓展成为有别于北方欧亚葡萄研究的优势学科。

菠萝研究方面，广西菠萝新品种选育和高产栽培协作组，进行菠萝有性杂交、辐射育种和丰产栽培技术研究，决选出"4312""3136""4529"等菠萝杂交编号，选育出金菠萝、台农19号等耐寒品种，对我国菠萝产业的发展起到了极大推动作用。

香蕉研究方面，主要开展香蕉种质资源与育种研究。至2012年底，在试验基地建立了蕉类种质资源圃，已收集、保存有广西内外种质资源约100份，并开展相关遗传多样性分析和鉴定、育种评价和创新利用研究。

落叶果树研究方面，主要从事梨、桃和李子等落叶果树种质资源的收集评价、栽培、育种以及果树自交不亲和性的研究，建立落叶果树的周年生产，主攻1～6月份上市的早熟和特早熟的优质、丰产、无公害栽培技术。至2010年末，主持建立了0.4公顷的梨、桃和李子种质资源圃，保存种质资源116份。

生物技术方面，分别对香蕉、菠萝、番木瓜、葡萄等果树进行了组织培养、原生质体培养与杂交技术研究以及利用分子标记技术辅助选育种研

究，部分成果在生产中广泛推广应用并取得了良好的经济效益和社会效益

此外，对芒果、杨桃、番木瓜、番石榴、大青枣、黄皮、番荔枝和菠萝蜜等热带和南亚热带名果进行种质资源收集保存，建立种质资源圃，开展栽培技术和品种选育研究，育出大果甜杨桃一号、二号、三号三个新品种，并通过品种审定。

【人才与创新团队】 2011～2012 年，该所加强学科建设和人才队伍建设，突出重点学科团队，鼓励新兴学科团队，取得显著的效果。

西甜瓜研究室　该室是所里的重点研究室，代表该所作为全国西甜瓜科研与生产协作组的主要创始单位之一，在 60 年代中期已开展西瓜、甜瓜资源收集与品种选育工作。70 年代初开始多倍体无籽西瓜研究，是全国多倍体西瓜科研与生产协作组的主要创始成员之一，拥有资源、技术、人才等方面较突出的优势，多项研究成果居国内领先地位，具有广泛的影响力，已成为我国重要的南方西甜瓜育种研发中心。该室先后育出广西系列无籽西瓜、桂红系列有籽西瓜、桂系系列小型西瓜。在南方生态型哈密瓜创新研究中，该室已育成好运 52、好运 8 号等新品种，其中：获国家科技进步奖二等奖的品种有 2 个；获省部级科技进步奖一等奖的有 2 个；分别有 12 个西瓜品种和 4 个甜瓜品种通过品种审定。“广西五号”和“广西三号”无籽西瓜品种应用推广全国 19 个省、市，每年应用推广面积达 2 万多公顷，累计推广面积达 300 万多公顷。西甜瓜研究试验与示范基地 20 公顷，现已建设完成专门为西甜瓜研究的钢架大棚设施2000多平方米，在建大棚设施2000多平方米。该室西甜瓜新品种得到越南、泰国、缅甸和马来西亚等国家的引进和推广。

龙眼荔枝研究室　该研究室上世纪八十年代在对广西荔枝、龙眼种质资源开展全面调查的基础上建立了种质资源圃，保存荔枝、龙眼种质资源 158 份，编辑出版《广西荔枝志》。主要开展荔枝、龙眼种质资源收集、创新利用、育种、实生选种、杂交育种和资源评价以及荔枝古树资源、野生荔枝资源调查、建档等基础工作。近年选育出大果型荔枝新品种贵妃红、桂糯，焦核荔枝新品种草莓荔，以及热带型龙眼新品种优选四季窜蜜、大果型龙眼新品种桂龙早 1 号和优质龙眼新品种桂蜜。在热带型龙眼产期调节研究方面获得新突破，成功地将龙眼采收期调节到 11 月上旬。分别建立了龙眼和荔枝的种质资源研究、品种选育和栽培技术研究与示范的专业队伍，承担科技部、农业部和省级多项科研课题。2011～2012 年，该研究室通过广西农作物品种审定的两个荔枝新品种为“北通红”荔枝和“桂早荔”荔枝。

热带果树研究室　该室主要从事菠萝、芒果、杨桃、番木瓜、番石榴、大青枣、黄皮、番荔枝和菠萝蜜等热带亚热带果树种质资源收集、保存、创新和利用，新品种选育，生殖生物学，生态生理学，果品标准化安全生产关键技术研究。先后承担完成国家 863 计划、国家科技平台、农业部农业结构调整重大技术研究专项、农业部行业科技专项、国家星火计划等科研项目 32 项，获科技成果奖项目主要有 8 项。20 世纪 70 年代牵头成立广西菠萝新品种选育和高产栽培协作组进行菠萝有性杂交、辐射育种研究，决选出“4312”“3136”“4529”等菠萝杂交编号，主持制订了两项菠萝的国家和地方行业标准。选育出贵妃红荔枝、桂蜜龙眼、金桂香芒、大果甜杨桃 1 号、大果甜杨桃 2 号、甜杨桃 3 号等 10 个果树新品种通过广西农作物品种审定，大部分品种已在我国热带和南亚热带地区大面积推广应用，经济效益和社会效益显著。

香蕉研究室　该研究室自 2007 年成立以来，已形成一支以年轻的科研人员为主要力量的香蕉研究团队，现项目组成员共 7 人，其中高级专业技术职称 3 名，中级专业技术职称 2 名，初级专业技术职称 2 名，具有博士学位 2 人，硕士学位的有 4 人。与广东省果树所、中山大学、华南农业大学、福建农科院甘蔗研究所等香蕉研究单位和专家建立了长期、良好的合作关系。2007～2012 年，先后承担了科技部和自治区内的香蕉研究项目 4 项。主要开展广西野生蕉类种质资源的收集、创新利用和育种，香蕉抗寒技术，香蕉新品种选育，广西野生蕉种质资源利用研究等方面研究。收集了广西野生蕉类资源近 50 份，从国内外引进香蕉新品种（系）15 个，建立香蕉示范试种基地 8 个。其中有两个香蕉新品种已经测产验收，新品种受到了专家组和蕉农的一致好评，有望进行品种审定并在广西推广种植。

生物技术研究室　该研究室主要开展番木瓜品种资源收集、新品种选育、组培快繁和配套栽培技术、贮藏保鲜等研究，先后承担了农业部、广西、南宁市等科技项目，分别在广东、云南和广西的南宁市、崇左市、梧州市、玉林市等地开

展了示范，建立了8个品种与栽培技术示范基地，取得了较好的经济、社会效益。

落叶果树研究室 该研究室主要从事梨、桃和李子等落叶果树种质资源的收集评价、栽培、育种以及果树自交不亲和性的研究，建立落叶果树的周年生产，主攻1～6月份上市的早熟和特早熟的优质、丰产、无公害栽培技术。2010年末，主持建立了0.4公顷的梨、桃和李子种质资源圃，保存种质资源116份，曾获得国家知识产权局专利保护1项。

【科技交流与合作】 2011～2012年，该所与国内外相关科研单位开展广泛的合作与交流，与越南南方果树研究室、越南谅山省科技厅及越南葡萄研究中心建立长期交流与合作关系并建立葡萄示范种植基地。不定期与欧美等著名大学开展交流，建立了国内外科研网络和科研成果推广示范基地，为社会培养了大量专业人才，同时该所还积极参与各级农业管理部门的农业决策过程，协助各级政府进行农业综合规划，指导农业生产。

（黎丽菊）

广西壮族自治区农业科学院农业资源与环境研究所

【概况】 广西农业科学院农业资源与环境研究所属科研事业单位，主要开展解决广西农业生产中有关土壤资源利用，土壤改良和恢复生态环境，防治土壤污染和退化及提高肥料利用率等方面的技术研究；无公害农产品的施肥技术研究；设施农业（大棚种植，无土栽培，滴、喷灌等）施肥技术及作物营养诊断研究；有机复合肥，生物肥料，缓、控释化肥等新特肥料的研制与开发；精确农业系统的关键技术及土壤肥料信息系统研制与开发；技术成果开发与咨询；土壤、农作物植株、肥料和农产品品质的化验分析服务等。该所拥有较好的科研平台，是全国土壤学会、中国植物营养与肥料学会、全国稳定性肥料产业技术创新战略联盟、中国热带作物学会生态环境专业委员会的理事单位。2012年被认定为“农业部南方特作营养与施肥科学观测实验站”依托单位，是“农业部华南地区作物栽培科学观测实验站”参与单位；2012年该所的分析检测室通过了自治区质量技术监督局CMA认证，是广西最权威的农业资源利用、农业环境保护与修复、土壤与肥料研究和农业分析检测服务机构。该所设有植物营养与肥料研究室、土壤环境与生态研究室、土壤资源研究室、农业有机物资源化利用研究室、耕地保育研究室、分析检测室、成果转化室、肥料工艺与作物施肥技术推广中心、行政办公室和科研管理科等10个部门。

2012年末，该所在职职工38人，其中科技人员31人，具有高级专业技术职称11人，所占比例为35%；中级专业技术职称14人，所占比例为45%；初级专业技术职称6人，所占比例为20%。拥有国家甘蔗产业技术体系栽培技术华南区岗位专家1人，博士6人，硕士15人，在读博士5人。

所长：何铁光

【科研项目与经费投入】 2011～2012年，该所共承担科研项目75项，其中国家级项目6项，省部级科技计划项目26项，市厅级项目35项，横向项目8项；总投入研究经费918.85万元。

【科技成果与转化】 2011～2012年，该所获湖南省科学技术进步奖二等奖1项（二级证书）。申请发明专利1项，发表科研论文61篇，其中会议论文10篇，SCI收录3篇，参编论著4部。

农业废弃物利用方面取得显著效益 该所通过与相关肥料生产企业、木薯生产管理单位的合作平台，利用木薯加工企业木薯皮、乙醇渣、淀粉渣，城市污水处理厂污泥，通过生物发酵技术处理，根据土壤养分性质和不同作物营养需求特点，配以合理的氮、磷、钾营养和中、微量元素，研制新一代增产增收、培肥地力、改善农产品品质效果显著系列不同作物养分配方的专用生物有机复混肥料、生物有机肥、作物育苗营养基质产品2个（润桂牌），并通过了自治区相关专家的田间查定，同时做了大量的相关作物应用试验示范与推广工作，已推广基质5000立方米。通过合作平台，根据“三农”经济的发展需求不断创新技术成果和产品，以实现农业科研成果的有效转化，推动科研成果技术产品的工业化、规模化，提高了农业科研成果对经济社会的贡献率。

甘蔗产业技术体系栽培岗位专家课题研究 该所引进和筛选了桂糖32号、桂糖29号、桂糖31号、柳05－136等可在中等肥力旱地种植的甘蔗新品种，基本解决新台糖22号在较宽行距（1米以上）容易造成减产的问题，利用蔗叶还田技

术、糖厂滤泥有机肥、猪栏有机肥、缓控释肥应用技术为解决广西蔗区长年连作造成的营养失衡地力下降的问题提供了有效的途径，研究并确认了硅肥在酸性土壤条件下施用起到明显增产效果，研究表明新型光解除草复合地膜增产和降解效果良好，在隆安示范面积达 33.33 公顷，举办培训班 18 场，培训2000人次以上。

改土培肥和施肥技术研究　国际合作项目“广西不同耕作制度的土壤培肥研究”的研究表明施用生物有机肥增加土壤有机质，能显著提高土壤肥力，并提高甘蔗对氮、磷和钾肥的利用率；公益性行业（农业）科研专项“南方菠萝主要种植区的土壤养分特征及高产施肥技术的研究”的研究表明广西菠萝种植区土壤以酸性土壤居多，土壤的有机质、全 N、全 P、全 K、有效 K、S、Mo、B 均属偏低，探索并确定了不同母质土壤养分的限制因子，提出在菠萝施肥管理上必须重视硼、硫、镁的合理施用；自治区农业厅课题“甘蔗间套作的经济和生态效益研究”和院重点项目“甘蔗间套作的经济和生态效益研究”取得较好研究结果，表明利用木薯皮或鸡粪可以起到较好的甘蔗间套种的改土培肥、增产增收的效果，并通过了专家测产验收；自治区攻关项目“甘蔗—马铃薯间套种模式高效栽培技术研究与示范”取得可喜进展，表明以种植马铃薯时盖地膜效果最好，产量比常规栽培高 25%～30%，2012 年，在来宾市进行 164 公顷甘蔗间套种马铃薯高效栽培技术示范，马铃薯平均公顷产量17934千克，公顷产值25110元，164 公顷新增产值 411.8 万元。

农业资源信息化管理研究方面逐步深入　广西农业科学院基本业务费重点项目“基于卫星遥数据的广西农业旱情监测研究”和广西自然科学基金“旱情实时监测”，通过安装卫星遥感数据下载软件并下载数据，分析土壤水分、植被生长状况、降水量等数据，绘制出 10 年来植被变化图和田间持水量分布图、旱情分布图等；广西农业科学院科技发展基金“GIS 在该院武鸣基地土壤养分监测中的应用与改土试验”，在里建基地结合 GPS 定位采取 47 个土壤样品进行分析，摸清了土壤的理化性状，分析了土壤质量下降的原因，提出了改土培肥和合理施肥建议，并进行了香蕉肥料配比试验，确定最佳施肥量为 N38.64 千克/667 平方米，P_2O_5 19.3 千克/667 平方米，K_2O_4 3.5 千克/667 平方米和 1000 千克鸡粪，香蕉产量达到 2058.5 千克/667 平方米。

水土环境污染防治方面取得较多应用性技术成果　农业部重点科技攻关项目“种植业源污染物流失系数测算旱地平原甘蔗重点监测试验”，研究摸清了地表径流发生的规律、地表径流中氮、磷的浓度均值与变化范围，各形态所占平均比重、农田肥料氮、磷四年的累积流失率均值或范围和主要影响因素、农田氮、磷流失量均值及范围、农田本底流失量、农田养分收支情况、氮磷肥料利用率等；自治区国际合作项目“农田养分径流流失模型模拟及评价技术引进与创新”，在武鸣县开展了甘蔗单种、木薯套种玉米、木薯套种花生 3 种种植模式的水肥流失规律的研究，分别对雨水、径流水、土壤和植株的水分和养分含量进行了定期跟踪检测，摸清了水肥的作物吸收、土壤残留和流失规律；自治区攻关项目“粮食主产区土壤主要重金属含量与安全性研究”调查摸清了广西主要水稻产区土壤和稻米重金属含量情况，并制订和实施了削减稻米重金属含量的技术措施。广西农业科学院重点项目“广西土壤 Cd 含量及其风险评估”在武鸣里建英才村开展大田不同磷肥施用量连续累积施用对稻田土壤、水稻 Cd 累积试验，开展了渗漏装置的准备和安装工作。

【人才与创新团队】　近年来，该所不断引进和培养人才，科研人才队伍总数和高学历人才逐年增加，年龄结构和学历结构日趋合理。通过对研究人员进行国外进修培养和国内合作研究等形式，拓宽学术骨干的研究思路，提高了他们的科研能力。2011 年 3 月～2012 年 3 月，该所选派所长何铁光到美国 Clemson University 进行为期一年的访问，选派黄玉溢副研究员到非洲参加农业部和商业部牵头的援非建设。该所在注重引进人才的同时，也在积极培养与开发自身的人才资源，2011～2012 年，共有 5 位科技人员分别在中国农业科学院、中国矿业大学、广西大学在职攻读博士学位。

该所注重创新团队建设，已形成植物营养与肥料、农业废弃物利用与绿肥、耕地保育、土壤资源、土壤环境与生态 5 个学科研究团队。学科研究团队带头人领导着不同方向的课题团队，并通过相互配合形成交叉的多学科联合攻关，从而形成了一个以中青年科技人员为骨干，梯队合理，不同层次人才团结协作的研究团队。根据该所发展的实际，团队间定期或不定期举行组织论文交流、学术研讨等学术交流活动，由学术带头人带领科研小组，集思广益，互通有无，将自己的阶段性科研成果与同事们交流，充分发挥团队作用，使该所有一个良好的学术氛围。

【科研平台建设与科研仪器设备】 该所重视科研平台建设，积极购置先进科研设备，整合各方资源，打造科研平台，不断提高科研基础条件建设，为科研工作的顺利开展提供保障。

科研平台建设 2012年该所获批准建设农业部重点实验室“南方特种作物营养与施肥科学观测试验站”，同时也是农业部重点实验室“作物生理生态科学试验站”的主要参与单位。

2012年，该所分析检测室通过了自治区质量监督局的CMA计量认证，是广西从事植物营养与土壤肥料研究的第一家入围的科研事业单位。该实验室能检测土壤肥料和植物营养检测项目129项的111项指标，为农业科研和生产做出了较大贡献。

2012年，该所成立了肥料工艺技术和农作物施肥技术推广中心。主要是以该所肥料工艺技术、农作物施肥技术成果为基础，联合广西中世顺农业科技开发有限公司等企业，利用企业的人力、财力和市场推广优势，以推广中心为实施平台，将该所的技术成果快速转化。推广中心在环江县与广西环江县远丰糖厂有限责任公司进行了甘蔗种植、测土配方施肥技术的示范推广，糖厂技术人员在该所进行了为期15天培训，这是该所为企业开办的第一期培训班。同时，为广西环江远丰糖业有限责任公司建成年生产3万吨能力的有机—无机肥料生产线，企业获利达到720万元以上。

科研仪器设备 2011～2012年，主要购置了高速冷冻离心机、电热恒温鼓风干燥箱、火焰光度计、气浴恒温振荡器、全自动虹吸式雨量计等仪器。该所仪器设备进一步完善，为保证检测分析数据的准确可靠提供了基础保障。

【三农服务】 该所积极发挥科技优势，以科技服务为核心，先后派出专家和技术人员160多人次，到全自治区25多个县市40多个乡镇，与有关部门联合开办技术培训班65场，接受培训人员达6850人次，发放科技资料7000多份，传授农业生产技术，有力支持广西“三农”。

【科技交流与合作】 2011～2012年，该所积极开展科技交流学习。分别派专家和技术人员参加全国、国际学术交流会40人次，如国际糖业学会、“十二五”公益性行业专项启动会、全国缓控释肥试验示范推广协作网会议等，邀请并接待国际参观访问团4次，联合举办大型学术交流会或技术交流会4次。

在科技合作上，该所已与中国科学院南京土壤所赵其国院士的科研团队，中国农业大学资环学院张福锁教授的科研团队已经开展了实际性的项目合作；与中科院亚热带农业生态研究所就生态修复方面达成了合作的初步协议；与美国Waterborne Environmental公司就环境风险评估、环境监测、自动采样、模型模拟、地理信息系统和数据库研发及管理等方面开展了实际性的研究工作；与老挝国立农林研究所就甘蔗配方施肥达成了初步合作意向。一系列科技交流合作活动的开展为缩短与国内外同行的差距打下了基础。

（石继山、李忠义）

广西壮族自治区农业科学院生物技术研究所

【概况】 该所成立于1986年12月25日，是广西壮族自治区农业科学院下属的公益型农业科研事业二级法人单位。坐落在中国广西南宁市大学东路174号，科研大楼占地面积4500平方米，科研温室大棚6600平方米。设有生物技术育种研究室、香蕉遗传改良研究室、药用植物研究室、特色水生蔬菜研究室、良种快繁及栽培研究室和行政后勤项目办公室。从事农业或其它作物的生物技术育种、转基因和分子标记，珍稀中草药的改良与利用，香蕉、粉蕉、马蹄、毛葡萄、罗汉果、番木瓜等特色作物资源收集、选育、种苗繁育技术研究和成果转化等科研工作。

广西农业科学院生物技术研究所选育了多个创造良好社会经济效益的作物新品种：已成为全国推广种植面积最大的当家品种、累计创造社会效益达1300多亿元的“桂蕉6号”香蕉品种；能有效促进石漠化生态环境问题治理的世界第一株两性花野生毛葡萄“野酿2号”；抗风、耐寒、抗病性较强，口感细腻甜滑，目前广西主要栽种的粉蕉优良品种“金粉1号”；推广面积逾2万公顷的荸荠优良品种“桂蹄1号”“桂蹄2号”和“桂粉蹄1号”等。

此外，先后获得广西科技重奖1项，广西科

技进步奖一等奖1项、二等奖2项、三等奖2项，广西地厅级科技进步奖一等奖6项，广西地厅级科技进步奖二等奖2项。自成立以来，已创社会经济效益1400多亿元，为广西乃至全国农业科技做出了积极贡献。

所长：林贵美（2007年8月～2012年7月）
韦绍龙（2012年7月～）

【科技队伍】 2011～2012年，该所有科技人员36人，其中高级专业技术职称人员16人，中级专业技术职称人员11人，拥有博士3人，硕士15人，成果转化和推广人员150多人。拥有国家香蕉产业技术体系种苗生产和良种选育岗位专家1名，国家香蕉产业技术体系南宁综合试验站站长1名。获全国五一劳动奖章和广西五一劳动奖章、广西有突出贡献科技人员1人，“广西新世纪十百千人才工程”第二层次人选1人。

【科研项目与经费投入】 2011～2012年，广西农业科学院生物技术研究所新增项目32项，累计新增科研经费832.5万元，2012年广西农业科学院生物技术研究所在研项目共计43项，在研项目经费累计达到1475.5万元。其中国家科技支撑计划1项，国家星火计划1项，自治区级项目14项，广西农科院科技发展基金研究项目23项，自选和横向研究课题2项。

【科技成果与转化】 2011～2012年，广西农业科学院生物技术研究所审定品种6个，其中香蕉新品种2个，粉蕉1个，铁皮石斛2个，毛葡萄1个。“香蕉新品种桂蕉6号的选育与产业化”项目获2012年广西科技进步奖一等奖，“淀粉专用型马蹄（荸荠）新品种桂粉蹄1号选育”获2012年广西科技进步奖三等奖及2012年广西农业科学院科技进步奖一等奖，“香蕉防寒及其产期调节技术研究与应用”获2012年南宁市科技进步奖一等奖。“蝴蝶兰种质资源收集、优良品种繁育及示范推广”项目，通过结题验收和成果鉴定，为国内同类技术领先水平，获得2011年度南宁市科学技术进步奖二等奖。“亚热带主要农作物寒害冻害评估及监测预警技术研究”和“亚热带主要农作物抗寒害冻害技术集成研究与应用”项目获2011年广西农科院科技进步奖一等奖，“亚热带主要农作物抗寒害冻害关键技术研究与应用”项目获2011年广西科技进步奖二等奖。此外广西农业科学院生物技术研究所集体和个人在西乡塘区2012年科技工作会议上，获得多项荣誉：生物所获科技项目实施先进单位称号，所长林贵美获科技领军人物区长奖，所长邹瑜副获科技先进个人称号。此外，广西植物组培苗有限公司获科技创新区长奖。该所共发表论文38篇，其中1篇为SCI文章，获得科技成果登记2项。

香蕉种质创新与新品种选育　广西农业科学院生物技术研究所收集了多份抗（耐）枯萎病品种资源，并进行了组培繁育、资源保存研究；分别在南宁、海南、广东等地对初选出具有抗耐枯萎病潜力的香蕉品种并进行品比试验；利用病原菌及其毒素分别在试管苗、盆栽等早期阶段进行抗性选育研究。

香蕉枯萎病发病蕉园的高产优质栽培技术研究　形成一套完善的无病种苗组培和杯苗生产技术。针对金粉1号粉蕉组培苗移苗成活率低的问题，进行专用蔬菜育苗土、纯泥炭、普通土等不同营养基质装杯育苗的试验。形成一项育苗轻简技术予已推广应用。

香蕉防风抗倒伏高产技术集成示范　在广西区内选择了3个示范点进行香蕉抗倒伏高产技术集成应用研究，分别为北海市海城区高德赤西村、南宁市武鸣正安分场和南宁市武鸣宁武唐村，进行第一造蕉的防风模式及高产技术集成应用研究，并进行了田间测产。

香蕉多酚类物质的分布规律及其抗氧化性的研究　摸索香蕉多酚的薄层色谱检测体系及高效液相分析检测体系；测定不同蕉类品种的花、果、叶等不同材料的总酚含量及抗氧化活性，掌握了多酚类在不同品种、不同材料间的分布规律；对不同香蕉材料的不同溶剂提取物的抗氧化活性（采用DPPH法）进行了分析比较，明确了香蕉抗氧化能力与多酚类的相关性。

两性花毛葡萄“野酿2号”新品种种苗繁育与推广　广西农业科学院生物技术研究所在毛葡萄种苗工厂化生产方面做了大量研究工作，包括培养基的优化、组织培养获取、消毒灭菌工作、培养温度和条件的摸索等，逐渐摸索和建立了两性花毛葡萄工厂化生产技术体系。毛葡萄石漠化治理及林下经济栽培技术研究：石漠化治理工作是当前广西实现贫困山区农民脱贫致富的重要工作，为解决生态和效益双丰收问题，广西农业科学院生物技术研究所科技人员先后在多个石漠化地区开展了两性花毛葡萄治理石漠化工作和林下经济发展工作，并取得较好实验数据。

荸荠新品种的示范推广及产业化　建立和完善荸荠新品种规模化生产组培苗快繁技术体系，形成一套成熟的组培苗育苗移栽及优质高产高效的荸荠栽培管理技术，进行推广应用示范，培训基层技术骨干及种植户，加速荸荠新品种“桂蹄2号”和“桂粉蹄1号”的推广应用，促进荸荠产业健康发展，确保农民增产增收。2012年荸荠课题组科技人员先后在广西、广东、湖南等多个非荸荠传统产区建立荸荠种植示范基地，深入田间地头开展技术指导工作。

铁皮石斛新品种选育和示范　对收集回来的铁皮石斛种质资源进行植物学性状观察鉴定、多糖含量分析，筛出优良品种（株系）进行组培快繁和大棚栽培试种研究。最终选育出的适应广西气候栽培铁皮石斛新品种2个（桂斛1号和桂斛2号）并通过广西农作物品种审定委员会的审定。通过收集和整理各地栽培铁皮石斛的技术和经验，总结一套铁皮石斛高产栽培技术规程，在中文核心刊物《广东农业科学》上发表了研究论文《广西铁皮石斛规范化生产标准操作规程》。

【人才与创新团队（人才小高地建设、博士后科研工作站）】　广西农业科学院生物技术研究所现共建立了5个学科创新团队，分别是：生物技术育种学科团队；香蕉遗传改良学科团队；良种快繁及栽培学科团队；药用植物学科团队；特色水生作物学科团队。着重培养了一个12～15人的高水平香蕉研究团队，3名优秀科研人员职称晋升为高级，行成一支具有5名高级专业技术职称人员，5～7名科技骨干、4～5名实验技术员的梯度队伍，同时兼顾基层技术人员的培养培训。团队结构层次合理，研究方向明确，创新能力强，在香蕉品种选育、组培工厂化及产业化应用等方面的研究保持国内领先水平；团队研究成果丰富了香蕉良种的多样性，提高了香蕉产业的综合效益，促进了香蕉产业可持续发展和农民增收。

【科研平台建设与科研仪器设备】　经过多年发展，广西农业科学院生物技术研究所获批建立了国家亚热带果树品种改良中心广西香蕉分中心、国家香蕉产业技术体系种苗生产和良种选育岗位、国家香蕉产业技术体系国家香蕉产业技术体系南宁综合试验站、广西香蕉良种繁育中心等多个国家和省级科研服务平台。研究涵盖包括遗传育种、作物栽培、植物细胞培养以及植物病理学等学科领域。

至2012年底，该所拥有包括气相色谱仪，高效液相色谱仪，倒置相差显微镜，细胞融合仪，多功能梯度PCR仪等价值300多万元的科研仪器设备。

【科技交流与合作】　广西农业科学院生物技术研究所与中国热带农业科学院生物技术研究所，广东农科院生物技术研究所等兄弟单位建立了长期稳定的合作关系，定期进行学术交流，结合优势互补，通过联合申报课题，使广西农业科学院生物技术研究所科研项目数量大幅提高，项目完成质量显著提升。

广西农业科学院生物技术研究所坚持产学研结合，践行“联百企，进千村，扶万户”的理念，指导广西武鸣蛟龙能源有限公司和广西武鸣县合立淀粉酒精有限公司利用企业生产的废水废渣，实现农业加工企业排放污染物的资源化利用，在香蕉、粉蕉、甘蔗、蔬菜取得了增产增收减少投入的良好效果，累计应用面积333.33公顷以上；与广西中天领御酒业公司（原罗城县山葡萄酒厂）合作种植加工野生毛葡萄，累计推广种植“野酿2号”30万株，种植治理石漠化地区面积1333.33公顷，加工销售野生毛葡萄酒4000吨，产值5000万元，上缴利税850万元；作为技术依托单位与贺州市八步区贺街镇人民政府、桂林荔浦县青山镇人民政府签订了荸荠种苗生产与种植技术依托单位合作方案，为进一步地方社会经济发展提供了良好的技术支撑。

【机构调整】　根据广西农科院机构调整安排，从生物技术研究所抽调人员，2011年11月单独组建广西农科院花卉研究所。

【引进人才】　2011～2012年，广西农业科学院生物技术研究所共引进科研技术人员8名。

（周　维）

广西壮族自治区农业科学院水稻研究所

【概况】　广西壮族自治区农业科学院水稻研究所成立于1981年，其前身为组建于1957年的广西农科所粮食作物系，2004年获准建设国家水稻改良中心南宁分中心，“十一五”期间获全国100强科研院所，排第36位，是广西唯一进入全国100强的研究所。设有杂交稻、超级稻、功能稻米、抗性育种、分子育种、优质常规稻、野生稻种质资源、栽培稻资源、种质创新利用、水稻栽培、成果转化、转基因安全性评价、区域试验和食用豆类资源等14个研究室和优势学科团队，以及广西稻丰源种业有限责任公司、广西农乐种业有限公司，长期从事稻种资源的保存与创新、常规稻与杂交稻育种、水稻分子育种、水稻高产栽培及配套技术、应用生物技术以及水稻科研成果转化等研究工作。

【科技队伍】 至2012年末，该所在职职工89人，其中，科技人员76人，研究员10人，副研究员27人，中级专业技术职称30人，博士12人，硕士36人。拥有获八桂学者、享受国务院特殊津贴专家、水稻创新团队首席专家、全国粮食生产突出贡献农业科技人员、广西优秀专家等荣誉的学科带头人。

【科研项目与经费投入】 2011～2012年，该所共获各级科研经费1819万元，其中，国家级项目20项，经费920万元，省级项目22项，经费679万元，地厅级及横向项目22项，经费220万元。其中，“十二五”农村领域国家科技计划项目“华南稻区水稻新品种培育与扩繁”，项目经费195万元；国家国际科技合作专项项目“东南亚优异作物种质资源收集、保存和创新”，经费80万元，获国家自然科学基金4项，经费131万元，国家农业科技成果转化资金项目2项，经费120万元。

【科技成果与转化】 2011～2012年，该所共获科技成果奖4项，其中，广西科技进步奖三等奖2项，广西农科院科技进步奖一等奖2项，获第十九届中国杨凌农业高新科技成果博览会“后稷特别奖”1项。育成通过广西农作物品种审定水稻新品种6个，通过农业部超级稻品种认定1个，育成三系不育系4个，获国家植物新品种权2个，申请技术专利4项；在各级学术刊物上发表科技论文82篇，出版专著1部。

水稻种质创新与利用获新成果 “药用野生稻对褐飞虱免疫抗性新基因的鉴定及创新利用”和“热带亚热带优势农作物品种资源收集与鉴定评价”分别获2011年、2012年度广西科技进步奖三等奖和广西农科院科技进步奖一等奖。

“药用野生稻对褐飞虱免疫抗性新基因的鉴定及创新利用”项目研究成果是从药用野生稻中发现了一个抗褐飞虱的显性新基因，将抗性新基因转育到栽培稻中，获得了抗褐飞虱创新品系——“药恢128”。“药恢128”在苗期和抽穗期都具有很强的抗褐飞虱能力，米质优、产量较高，对许多不育系均有较好的恢复能力，配组组合有较强的杂种优势；该品系既是恢复系又可作为优质常规稻栽培，可大大减少农药的施用量，适宜作为无公害的水稻进行规模开发；在三系杂交稻利用方面，因其显性基因的优势，可以利用该材料作为核心抗源与其它恢复系进行聚合，培养出新的恢复系，市场前景十分广阔。

“热带亚热带优势农作物品种资源收集与鉴定评价”项目在国家科技支撑计划和“948”项目的支持下，经过多年的努力，创造了品种资源引进新模式，鉴定出了一批国内急需的优异种质材料，弥补了我国种质资源的不足。对引进的资源进行了系统的数据采集，根据其原生地的特点，结合鉴定结果，筛选出一批优异性状的亲本材料并进行了优异基因的初步定位，创新出了一批优异育种新材料，为进一步利用提供了良好的材料和技术储备。

超级稻示范与推广获新进展 研究探索广西“超级稻＋超级稻＋冬种”一年三熟年亩产粮食1400千克以上“双超”种植模式。2012年早、晚稻，在玉林市陆川县珊罗镇珊罗村山根二组实施了“百亩连片双季超级稻丰产示范”，经同行专家组田间测产，“桂两优2号”年亩产达1425.34千克，“特优582”达1419.62千克。获袁隆平、谢华安院士盛赞。广西日报等多家媒体对该成果进行了报道。

常规稻育种产量获突破 该所育成的常规种品种在保证米质优的前提下，产量得到了突破。育成高产优质常规稻新品种“桂育7号”，在区试中表现突出，平均亩产达497.02千克，排名第一，米质达国标二级水平，2011年5月通过了广西农作物品种审定。在百色市田阳县田州镇龙河村建立了13.333公顷连片高产示范片，测产验收，亩平均产量超过550千克。

科技成果转化示范项目有序开展 2011～2012年，承担农业科技成果转化项目6项，其中，国家农转项目4项，自治区农转项目2项，开发品种包括超级稻桂两优2号、特优582，优势品种百优

838、良丰优339、桂香3号、桂红一号，通过农转项目实施，共示范繁殖制种166.67公顷，生产种子50万千克，辐射种植面积达2.67万公顷，培训农民15000人次，发放资料2万余份，赠送水稻种子3500多千克。

通过国家和广西区农转项目、北流示范基地建设及种业企业的带动作用，联合北流、横县、灵山等市县农业局推进该所水稻新品种示范推广力度，促进科技成果转化，该所与百色、合浦、博白、贺州、梧州、桂林、河池、乐业等地共建高产示范区60多个，示范水稻新品种30个次，示范技术主要有超级稻再生高产栽培示范、优质稻高产栽培示范、直播稻高产栽培示范、南方水稻黑条矮缩病综合防控技术示范、超级稻高产栽培示范、绿色优质稻高产栽培示范、机械化插秧高产栽培示范、水稻覆膜节水高产栽培示范等10余项。示范面积800公顷，实现了示范区比非示范区增产5～10%的目标。通过新品种、新技术的展示和示范，推动了示范区品种的更新换代及新品种、新技术应用面积的不断扩大。

【人才与创新团队】 该所5名博士和副高职称技术人员成为团队的核心成员。2011～2012年，全面深入启动人才培养和团队研究工作，新引进和培养博士4人、硕士7人、晋升研究员1人、副研究员7人，分别补充到育种、栽培、资源研究等研究室，进一步充实了该所的研究队伍。通过人才的引进、培养和整合，人才队伍结构逐步合理，学科团队优势突显。2011年，粟学俊研究员获国务院颁发“全国粮食生产突出贡献农业科技人员”荣誉称号，获“广西五一劳动奖章”荣誉称号，入选2010年享受政府特殊津贴专家。

【科研平台建设与科研仪器设备】 2011～2012年，获批建“国家农作物种质资源繁殖更新基地”“国家水稻改良中心广西南宁分中心二期改扩建项目”“农业部作物基因资源与种质创制科学观测试验站”“广西水稻良种培育中心（广西第一批农业良种培育中心）”和“广西水稻工程技术研究中心（广西第七批）”等5个平台。

其中，“国家农作物种质资源繁殖更新基地”项目总投资342万元，其中获中央经费310万元，地方配套32万元。建设地点拟在南宁市武鸣县，建设期为两年，建作物种质资源繁殖更新基地14.67公顷，其中新建考种室、持藏室、储藏室、农机库棚等土建工程690.66平方米，完善田间工程、购置仪器设备27台（套）。

“国家水稻改良中心广西南宁分中心二期改扩建”项目顺利实施，已经完成了项目的招投标工作，施工单位进驻并完成了部分田间工程建设，仪器设备采购进入后期工作。

【科技交流与合作】 2011～2012年，该所得到各级领导和专家的关怀指导，自治区党委副书记陈际瓦、自治区副主席陈章良、袁隆平院士、谢华安院士先后到该所检查指导工作，接待中国农科院作科所、中国水稻所、国家品种审定委员会、福建、广东、云南农科院等领导专家来访交流70多人次，该所派出科技人员出访东南亚、非洲、兄弟院校等50多人次。先后与越南、柬埔寨、布隆迪、印度尼西亚等国家开展水稻新品种、新技术示范和人才培训等工作。通过广西科技攻关计划“中国—柬埔寨优势农作物新品种新技术联合研究与示范”项目实施，与柬埔寨华人企业合作，在柬埔寨进行了23个水稻新品种的比较试验，筛选出5个适合当地种植的品种，为下一步进行大面积示范推广打下良好的基础。2012年，在中越农业综合技术示范研究推广基地及越南谅山省，共示范推广中国广西或中国南方的水稻新品种20多个。通过与企业合作在越南谅山省谅山市建设了“中国杂交水稻新品种试验展示基地”，展示的杂交水稻新品种共13个，参加展示的杂交水稻新品种，大部分长势良好，均达到每公顷产7500千克以上的产量，比当地对照品种DV 108增产10%以上。其中，经测产该所水稻新品种特优136和特优269公顷产达7774.5千克和8442千克，增产19.3%和25.6%。

（张宗琼）

广西壮族自治区农业科学院甘蔗研究所

【概况】 广西农业科学院甘蔗研究所始建于1956年，是一个以新品种、新技术创新和成果转化研究为主的国内最大的省级甘蔗专业研究所，隶属广西农业科学院。该所占地面积50公顷，其中科研试验用地25公顷。2011～2012年，该所主要从事甘蔗育种、甘蔗分子生物学、甘蔗品种资源、甘蔗栽培生理、甘蔗植物保护、甘蔗生物技术等研究，为确保我国蔗糖业的可持续发展，不断提供着甘蔗科技成果支撑。

所长：谭宏伟（1961年2月～ ）

【科技队伍】 2011～2012年，该所有专业技术人员100人，其中研究员技术职称14人，副研究员技术职称26人，博士学位18人，硕士学位49人。

【科研项目与经费投入】 2011～2012年，该所共获资助科研项目53项，其中国家级5项、自治区级18项以及其他项目30项，受资助科研经费共计3355万元。

【科技成果与转化】 2011～2012年，该所获自治区科技厅成果登记项目12项，通过自治区审定甘蔗新品种10个，申请国家专利5项，获国家授权专利6项。发表科技论文108篇，其中SCI论文4篇。

桂糖系列甘蔗新品种的种植面积稳步增加，自育桂糖系列甘蔗品种累计种植面积超过9.33万公顷；2010～2011年、2011～2012年两年度榨季甘蔗砍收情况，砍收甘蔗面积共100.92公顷，收获甘蔗产量共5110.97吨（实生苗种植面积大，产量低），甘蔗总产值达252.93万元，创历史新高。

2011～2012年，根据该所实施的“国家现代农业产业技术体系广西创新团队（甘蔗）”工作实施方案的要求，在柳州、河池和贵港试验站，继续开展甘蔗高效节本栽培技术集成高效栽培模式研究与试验示范，力争形成2～3套适合当地蔗区的高效节本栽培技术模式。已初步摸索出一套高效节本技术模式，通过集成应用机械化深耕深松、地膜覆盖、蔗叶还田、化学调控及病虫草鼠害综合防治等节本增效技术，比当地传统生产模式增产15吨/公顷以上，节约成本5%～8%，节本增效，提高甘蔗种植生产效益；初步掌握甘蔗间套种豆科作物的种植管理模式，通过开展甘蔗间套种豆科作物研究，甘蔗间套种豆科作物的种植管理模式与非间套种相比，每公顷可增加收入10%以上。

【人才与创新团队（人才小高地建设、博士后科研工作站）】 该所加强人才与创新团队建设。新增和委托培养博士5人、硕士6人，并通过加强学术交流，提高科研人员的科技创新能力。

2011～2012年，该所甘蔗常规育种研究团队、甘蔗种质资源创新及创制研究团队、甘蔗生物技术育种研究团队、甘蔗植保研究团队、甘蔗节本增效栽培技术研究团队、甘蔗健康种苗研究及生产团队、甘蔗及其制品检测团队正在不断成熟。

【科研平台建设与科研仪器设备】 2011年，“农业部广西甘蔗生物技术与遗传改良重点实验室”获农业部重点实验室认定（农科教发［2011］9号）。这是（依托广西农业科学院建设）主要由该所承建的第一个农业部重点实验室，也是广西仅有的两个农业部重点实验室之一，标志着该所的甘蔗科研平台和实力又上一个新台阶。在2011年获资助100万元的基础上，广西甘蔗遗传改良重点实验室2012年再获自治区科技基础条件平台建设专项资金资助100万元。此外，“农业部广西甘蔗生物技术与遗传改良重点实验室”完成农业科技创新能力条件建设规划；2012年“国家糖料改良中心广西甘蔗品种改良分中心”二期建设项目获农业部批复（农计函［2012］20号），总投资380万元；2012年“甘蔗育种与栽培技术地方联合工程研究中心”获资助经费500万元。

该所现拥有比较齐全和先进的科研仪器设备，为开展甘蔗科研提供了良好的硬件基础。

【科技交流与合作】 2011～2012年，该所组织科技人员参加各类学术活动和相关培训班700多人次；共派出专业技术人员76人次到越南、柬埔寨、印度尼西亚、塞拉利昂、印度、美国、澳大利亚等国家进行学术访问和交流，促进了该所与各国甘蔗科研的交流，派出4名科技人员长期驻国外进行学习和交流，实现了经验共享；邀请来自巴西、美国、澳大利亚、印度、古巴等20多个国家和地区的甘蔗专家就甘蔗病虫害综合防治技术、病害分子检测技术、分子标记技术等为该所科研人员做学术报告近百场并现场指导培训科技人员。2012年，组织该所科技人员参加在南宁由国际甘蔗技师协会（ISSCT）主办的“甘蔗病害研讨会”并在会上进行了口头发言和板报展示、参加印度甘蔗育种研究所举办的“甘蔗研究新模式国际研讨会（International Symposium on New Paradigms in Sugarcane Research）”、参加“2012年全国农作物优质高产安全高效生产研讨会”、“食品检验机构资质认定”培训班、“食糖产品质量分析交流会”、“农产品分析技术进展国际研讨会”等大型国际国内会议。同时组织该所职工参加各类学术报告和培训班，搞好科研工作的同时学习国内外最新科研动态和领域，拓宽科技人员的视野，不断提高科研水平。

2011 年，该所与毛里求斯完成品种交换 20 个，其中引进品种 10 个，出口品种 10 个；与柬埔寨签订了技术咨询服务合作备忘录，还实施柬埔寨 KPT 技术咨询服务项目，派专家团队赴柬埔寨 KPT 进行为期一年的技术服务工作；实施高产技术示范工作计划和技术咨询服务任务，完成 4 块地面积 15 公顷的高产技术示范工作，进行 7 期 360 人次的技术培训，提交 11 期 2.5 万字的技术咨询服务工作报告。

2011～2012 年，该所继续开展与兄弟省农科院、其他国家甘蔗研究机构和农业公司等的合作，如云南农业科学院、安徽省农业科学院、美国农业部运河点甘蔗试验站、澳大利亚 BSES 公司、北海大禹公司、北海绿生农民专业合作社、桂平联兴纸业有限公司等。同时与来宾市人民政府签订双方甘蔗科技合作战略协议、与来宾市农业发展投资有限责任公司签订了“来宾市 133.33 公顷甘蔗新品种繁育中心”合作协议等。

（翁梦苓）

广西壮族自治区农业科学院玉米研究所

【概况】 广西壮族自治区玉米研究所成立于 1963 年，2010 年 12 月机构调整后并到广西壮族自治区农业科学院，并更名为广西壮族自治区农业科学院玉米研究所。该所是以玉米、大豆、甘薯等作物新品种选育、新技术研究、成果转化应用为主的全区唯一的旱粮作物研究所。建有国家玉米改良中心广西分中心、广西玉米良种原原种扩繁基地、广西大豆良种繁育基地、广西玉米良种培育中心、国家农业产业技术体系玉米、甘薯和大豆综合试验站等一批国家级、省部级科研平台。设有玉米抗逆育种研究室、玉米优质育种研究室、玉米种质资源研究室、玉米品种筛选鉴定研究室、玉米生物技术研究室、玉米栽培生理研究室、植物保护研究室和薯类研究室 8 个专业研究室（2012 年 9 月，原所属豆类研究室整体归并广西农业科学院经济作物研究所）。

所长：程伟东（2003 年 4 月～2012 年 7 月）
黄开健（2012 年 7 月～ ）

【科技队伍】 至 2012 年末，该所在职职工 127 人，其中专业技术人员 77 人，高级专业技术职称正职 5 人，高级专业技术职称副职 12 人，中级专业技术职称 45 人，初级专业技术职称（含以下）15 人；博士 4 人，硕士 36 人，在读博士 7 人。科研创新团队 65 人，其中玉米科研团队 49 人，大豆科研团队 9 人，甘薯科研团队 7 人。全国粮食生产突出贡献科技人员 1 人，广西“十百千人才工程”第二层次人选 1 人，广西“百名顶尖人才支撑工程”专家 2 名。

【科研项目与经费】 2011～2012 年，该所新增科研项目 48 项，新增科研经费 947.5 万元，其中国家级项目 9 项，自治区级项目 19 项，广西农科院基金项目 20 项。获农业部支持建设国家玉米改良中心广西分中心，国家甘薯产业技术体系南宁综合试验站 1 个，国家现代农业（玉米）产业技术体系广西创新团队栽培岗位专家 1 名，

【科技成果与转化】 2011～2012 年，该所获科技成果 20 项，其中获国家科技进步奖二等奖 1 项，广西科技进步奖三等奖 1 项，广西农科院科技进步奖一等奖 1 项。育成玉米、甘薯和大豆新品种一批，其中通过广西审定品种 16 个（玉米 9 个、甘薯 5 个、大豆 3 个），通过国家鉴定甘薯品种 2 个。在国内学术刊物上发表科技论文 59 篇，参与专著编写 3 部。技术成果转让 16 项，创直接经济效益 300 多万元。同时，该所依托本所的科技成果转化战略合作伙伴，加大科技成果推广力度，推广本所自主选育的玉米品种桂单 0810、桂单 589 和玉美头 105 共计 2.2 万公顷，累计增产 825 万千克，增加社会经济效益1980万元。

“热带、亚热带优质、高产玉米种质创新及利用”该项目由云南省农业科学院粮食作物研究所、广西壮族自治区玉米研究所、云南田瑞种业有限公司、会泽县农业技术推广中心、保山市农业科学研究所、云南足丰种业有限公司共同完成。项目研究历经 20 多年，利用云南和广西独特的地理气候资源优势，长期开展热带、亚热带优质、高产玉米种质改良、创新及利用研究，系统地研究我国温带玉米种质与热带、亚热带玉米种质的配合力和杂种优势，取得了利用热带、亚热带玉米种质的一系列理论研究成果，项目完成人作为第一作者和通讯作者在国内外重要学术刊物发表了

大批论文（其中 SCI 10 篇、国家一级学术刊物 10 篇）；选育了通过国家和省级审定的优质高产玉米品种 25 个，获国家植物新品种权 13 项，有效地解决了长期以来我国热带、亚热带地区缺乏强优势玉米杂交品种的重大技术难题。

该项目研究成果显著，在国际上首次选育出高抗玉米穗粒腐病的高油玉米品种云瑞 8 号和高油高淀粉玉米品种云瑞 21，这两个品种较普通玉米增产 10%以上，抗多种玉米主要病害，在解决国内外高油玉米产量低和抗病性差方面取得了重大进展；选育出一批国内外独创的热带、亚热带高油玉米种质，成功地拓宽了高油玉米的种质基础，解决了长期困扰高油玉米遗传多样性匮乏的重大技术难题；项目选育出国内首批硬质胚乳优质蛋白玉米品种云瑞 1 号、云优 19 和玉美头 102，这些品种具有突出的抗病性，有效地解决了长期以来国内优质蛋白玉米胚乳呈软质或半硬质、抗病性差的重大技术问题，其中云瑞 1 号通过三省审定（认定），是国内外首个抗灰斑病的优质蛋白玉米品种，云优 19 是国内唯一油分含量超过 6%的优质蛋白玉米品种，玉美头 102 是国内外首个优质蛋白高淀粉玉米品种；此外项目利用普通热带玉米突变体选育加强甜玉米品种云甜玉一号和甜糯 888，各项品质指标均超过国家食用玉米一级质量标准，克服了我国鲜食玉米适口性、商品性较差的缺点，并拓宽了我国鲜食玉米的种质基础。

自 1995 年以来在云南、广西、贵州等省区推广应用热带、亚热带优质、高产玉米新品种累计达1166.67万公顷，新增产值 237.23 亿元。这些品种的选育和推广为保障国家粮食安全、促进产业结构调整、提高山区农民收入做出了重大贡献，极大地促进了畜牧业和相关产业的发展，对改善以玉米为主食地区的人民群众的营养状况具有十分重要的意义。预计在今后较长时间内，这些品种将继续作为云南、广西的主栽品种大面积种植，还可以在东南亚、非洲等生态条件相似地区推广，还将产生更大的经济及社会效益。

该项目共获何梁何利基金科学与技术创新奖 1 项、省部级科学技术奖一等奖 3 项、二等奖 8 项和第十四届全国发明展览会金奖 1 项；国际玉米小麦改良中心（CIMMYT）在官方网站和刊物上连续两次公开报道本项目在热带、亚热带优质玉米选育和大面积推广应用方面取得的重大进展，在国际上产生了重要影响。

经中国农业大学戴景瑞院士和中国农科院、CIMMYT 等有关单位的国内外专家鉴定，该项目创新性突出、难度大，主要技术经济指标达到国内同类研究的领先水平，部分技术指标达到国际领先水平，已大规模应用并取得显著的经济和社会效益，获 2012 年国家科技进步奖二等奖。

“桂春 6 号、桂夏二号等大豆新品种选育及应用”项目针对广西缺乏适合间套种的高产、优质和多抗的优良大豆品种及其配套栽培技术等问题，进行育种目标、策略、方法和栽培技术的创新。取得的创新性进展：一是育成了 5 个在产量、品质和抗性上有重大突破，适合间套种的大豆新品种。5 个优良新品种适应华南地区高温高湿气候，适合与甘蔗、木薯、玉米等作物间套种，公顷产潜力超过3750千克，最高公顷产达4305千克，超过南方大豆超高产指标。抗性方面，对霜霉病、锈病、豆秆蝇等 6 种主要病虫害抗性达中抗以上水平，蛋白质含量普遍达到或超过 45%，属高蛋白大豆品种。二是创新大豆间套种栽培技术。改进了大豆—甘蔗、大豆—木薯和玉米—大豆等间套种模式的栽培技术，摸索出一套适合华南气候特点的高产高效节本栽培技术，即大豆间套种复合群体优化调控技术。该技术可使大豆间套种产量提高 20%～30%。三是创建一大批新品种示范基地。在广西 20 多个县市建立了一批大豆新品种及间套种技术示范基地，培训了 2 万人次的农民技术骨干。

截至 2010 年底，该项目育成的 5 个大豆品种在广西各地累计种植面积 43.42 万公顷，其中间套种面积38.37万公顷，增产大豆16970万千克，新增产值84850万元。该项目大豆间套种增产效果显著、示范推广面积巨大、产生了巨大经济社会效益，成果居国内领先水平。该成果获 2011 年广西科技进步奖三等奖、2011 年广西农业科学院科技进步奖一等奖。

【科技工作与改革创新】 2011～2012 年，该所围绕品种选育、材料创新、生物技术利用、科研平台建设等方面开展相关内容的研究，取得重大进展。

育繁推科企合作迈出新步伐 2011 年 6 月 27 日，该所与广西兆和种业有限公司签下玉米科技成果转化战略合作伙伴关系协议，签约双方在科研投入、成果转化、市场开发等方面达成了长期合作共识，这标志着广西玉米育繁推科企合作步伐得到了进一步的提升，将有利于该所玉米育种创新和成果转化，充分发挥育成新品种的经济效益和社会效益，同时也进一步提高种子企业的市场竞争力，为广西种业的发展谱写新的篇章，也是加快推进现代农作物种业发展战略的重要举措。

新品种选育取得突破　2012 年该所育成突破性玉米新品种——桂单 0810。该品种综合优良性状表现突出，具有制种容易、制种产量高、生育期适宜、品质优（蛋白质含量＞12%，淀粉含量为 75.6%接近于专用玉米水平，籽粒黄色硬粒型，外观性状好）、产量高（比正大 619 高）、抗多种病害（抗大斑病、小斑病、纹枯病、锈病、粒腐病和丝黑穗病，中抗玉米螟，高抗茎腐病）、耐瘠、结实性好（秃尖比正大 619 小）、适应性广（可适合全广西及其邻近省份及国家种植）、综合性状优等优良特性。桂单 0810 成为战略合作伙伴单位重点开发品种之一。桂单 0810 于 2012 年在广西全区进行了试种，试验面积 200 公顷，在贵港、都安、富川、天等、靖西、巴马、乐业、来宾、忻城、上林等地均深受广大农民群众的欢迎；上半年，都安县科技局组织有关专家对桂单 0810 进行了测产验收，产量比正大 619 增产 66 千克，增产率 13.6%。该品种还在印度尼西亚等国家进行了试种，表现良好。桂单 0810 在外省进行了制种，19 点测产验收平均产量达4204.5千克/公顷。这为桂单 0810 的大面积推广奠定了基础。

甘薯新品种研究获得重大突破：2011～2012 年，育成 2 个新品种通过国家鉴定（桂粉 2 号、桂粉 3 号）。2012 年选送花紫色薯新品种桂薯 131 参加中国首届紫色薯品种（四川古蔺）推介，获得较高的产量，公顷产41610千克。

该所育成的大豆品种产量获得大幅度提高，市场占有率快速升高，进而使得大豆良种覆盖率快速增长。2011 年，经国家大豆产业技术体系岗位专家测产验收，桂春 8 号与木薯间套作产量亩产高达 202.77 千克，远远超过一般间套种亩产 50～80 千克的产量水平。至 2012 年底，春大豆良种桂春 8 号、桂春 11 号、桂夏 1 号、桂夏 3 号等新品种快速取代农家种和桂春 1 号、桂春 2 号；夏大豆主产区隆安县、马山县夏大豆品种 75%以上是种植桂夏 1 号，都安县 70%以上种植是桂夏 3 号，春大豆主产区武鸣县 90%以上种植的大豆品种为桂春 8 号。两年来在广西累计推广种植面积 13.33 万公顷。

生物技术研究利用取得新进展　通过改良高频率单倍体活体诱导系农大高诱一号，选育出诱导率较农大高诱一号更高，抗病性更好，植株综合性状及生育期等更适于本地利用及大规模单倍体诱导的新诱导系——桂诱 1 号，并申报了发明专利；利用转基因技术、分子标记技术育成一批耐旱、耐热转基因材料和优良玉米自交系；甘薯茎尖脱毒技术在生产上得到较大面积应用。

【人才与创新团队】　2011～2012 年，该所加强人才与创新团队建设，共引进硕士生 7 人，在读博士 8 人。选派到国外做访问学者 2 人。国家甘薯产业技术体系综合试验站长 1 人，国家现代农业产业技术体系广西创新团队岗位专家（玉米）1 人。获“全国粮食生产突出贡献农业科技人员”荣誉称号 1 人。

【科研平台建设与科研仪器设备】　2011～2012 年，该所进一步加强科研基础平台建设，基本完成“广西玉米良种原原种扩繁基地”和“广西壮族自治区大豆良种繁育基地”两个平台项目的建设。建成了配套完善的“温室大棚”“晴雨阳光棚”，扩建“种子挂藏室”“科研晒场”，完成 33.33 公顷科研实验地土地平整、改良，实验地排灌渠维修、主干道路硬化，建成一个气象参数相对完善的小型气象站，购置一批先进的种子加工、检测设备、农机具设备；在该所建成 6.67 公顷的原种扩繁基地 1 个，在武鸣、隆安等建成大豆良种繁育基地 5 个，面积 420 公顷。2011 年，国家甘薯现代产业技术体系南宁综合试验站落户该所，同年 5 月和 8 月该所分别由农业部批复为“国家玉米改良中心广西分中心”建设依托单位，由自治区科技厅认定为第一批广西农业良种培育中心。这标志着该所的科技创新平台建设登上了新台阶，对该所的科技支撑能力的提升和科技成果的产出和转化将产生积极作用。

【信息化建设】　该所在原有的 ADSL3 兆光纤宽带的基础上，不断加强内部局域网的信息化建设工作，更新部分仪器设备，报账局域网络的安全运行。至 2012 年底，该所实现每位科技人员配备 1 台电脑办公，提高了工作效率，为广西的农业生产和农业增收提供科技支撑。

【科技交流与合作】　2011 年 11 月 8～11 日，该所成功承办了“第十一届亚洲玉米大会”。大会有来自中国、印度、越南、孟加拉、不丹、伊朗等

20多个国家从事玉米科技及产业的专家、学者305人参加，共同探讨在新形势下如何增强科研合作、提高科研水平和单位面积产量，满足亚洲市场需求等问题。本届大会以“应对气候变化影响，满足亚洲玉米需求”为主题。在为期4天的会议中，43个专家学者的学术报告以及90余篇论文海报，分“亚洲玉米（现状、趋势、挑战与展望）”“适应气候变化”“减缓气候变化的影响”“满足亚洲玉米的需求”等专题，针对玉米产业发展形势日趋复杂，市场环境发生深刻变化，气候条件提出严峻挑战的现状，紧紧围绕全球宏观经济形势，探讨玉米产业未来发展的机遇和对策，研讨如何提高玉米生产对气候变化的适应性，如何减缓气候变化对玉米的影响以及如何满足亚洲玉米的需求等问题。

2011～2012年，该所与柬埔寨棉芷大学签署合作研究备忘录，双方在玉米杂交种鉴定、科技信息交换、专家互访、人员技术培训等方面达成合作意向；与马来西亚、印度尼西亚、越南、缅甸等东盟国家的科研机构及公司开展了玉米试验基地建设规划、玉米新品种（组合）的引进、筛选和鉴定试验，并取得阶段性成果，筛选出适应当地种植的玉米新品种和建立了友好的科研合作关系。

同时，该所与中国农业大学、中国农业科学院作物研究所、四川农业大学、复旦大学等国内院校的合作也日益增强。2011～2012年，通过科技合作项目的实施，该所派出30余人次到布隆迪、秘鲁、马来西亚、柬埔寨、越南、印度尼西亚等国家进行访问交流，接待来自印度、泰国、越南、布隆迪等国家的专家学者20余人次。

（何雪银　磨　康　廖金秀）

广西壮族自治区农业科学院蔬菜所

【概况】　2012年，广西壮族自治区农业科学院蔬菜所共申报国家自然科学基金、自治区各级及广西农业科学院本部项目42项，已获得立项项目20项，其中国家级项目2项，自治区级项目10项，地厅级项目5项，横向项目3项，到位经费258万元。该所科研成果获广西科技进步奖三等奖1项；南宁市科技进步奖二等奖2项；广西农业科学院科技进步奖一等奖1项、二等奖2项；获成果登记5项；通过广西农作物品种审定蔬菜新品种4个；通过结题验收项目19个；发表科技论文20篇。

【科技队伍（人才队伍及团队建设）】　该所科研人员1人博士顺利毕业，1人晋升研究员，1人晋升副研究员，两人考上博士；至2012年底，该所科研人员高级专业技术职称11人，共有在读博士4名，新增加2名硕士研究生，有高学历人才21名（其中博士8名，硕士13名），占该所技术人员的70%。该所科研力量不断加大，团队建设更加合理。

【科研项目与经费投入】　截至2012年11月，该所共申报国家、自治区各级及院本部项目共42项，已获得立项项目21项（包括2011年申请2012年立项的项目），获批立项国家自然科学基金和国家农转基金项目各一项。现已到位经费350.98万元。

【科技成果与转化】　2011～2012年，该所获得科技进步奖6项，其中“热带亚热带优势农作物品种扩繁关键技术研究”项目获广西科技进步奖三等和广西农科院科技进步奖一等奖、“抗青枯病优质茄子新品种选育及示范推广”项目获南宁市和广西农业科学院科技进步奖二等奖、“丝瓜新品种——皇冠3号选育及推广应用”项目获南宁市和广西农科院科技进步奖二等奖；获成果登记5项，分别为热带、亚热带、优势农作物品种扩繁关键技术研究、丝瓜新品种——皇冠3号选育及推广应用、抗青枯病优质茄子新品种选育及示范推广、高产优质抗青枯病茄子新品种选育、优质、耐热、抗病有棱丝瓜新品种选育；该所通过广西农作物品种审定蔬菜新品种4个（桂蜜12号厚皮甜瓜、桂特一号大叶韭、桂特一号大叶菊花菜、金选一号绞股兰）；此外，该所通过结题验收项目19个，发表科技论文20篇。

该所通过核心示范，辐射带动新品种、新技术在蔬菜生产上的应用，有力推动该所科技成果转化。在农科院里建科研基地新建立了38个制种网室、两个育苗大棚以及新品种露地展示0.33公顷，建立菜心种质资源圃0.35公顷，总面积近3.33公顷。另外，该所在贵州、北海、南宁等地建立蔬菜制种基地约13.33公顷；在南宁、柳州、桂林、玉林、贺州、贵港、北流、扶绥等地开展实验示范苦瓜新品种“桂农科一号”和“桂农科二号”示范种植近6.67公顷，新组合“桂农科三号”“桂农科五号”“桂农科六号”和“桂农科八号”示范2公顷，辐射带动周边种植户种植苦瓜80公顷；紫长茄的示范推广，在隆安、长塘等地建立“瑞丰3号”连片示范基地，为新组合的全面推广打基础；在玉林市、柳州市、横县等基地展示“桂线6号”和“桂牛5号”等新品种，桂牛5号以其皮色独特的优势正迅速扩大栽培面积；在武鸣县府城镇成功开展了厚皮甜瓜新品种“桂蜜12号”春、夏两茬露地栽培示范，引起了当地农民的极大兴趣。

2012年，该所通过核心示范，辐射带动新品种、新技术在蔬菜生产上的应用，全年累计生产苦瓜、茄子、冬瓜、辣椒、节瓜等蔬菜品种种子2000千克左右，生产茄子、番茄、辣椒、丝瓜、黄瓜等蔬菜嫁接苗及实生苗32万株左右，实现直接经济效益400多万元，间接经济效益8000多万元，该所的蔬菜品种在广西、广东、海南、河南、山东、湖南等全国各地都有比较大的推广面积。

【科研平台建设与科研仪器设备】 在科研平台建设上，2012年7月，该所获得“热带亚热带蔬菜种质创新与新品种选育”广西特聘专家岗位建设单位；按照广西第一批农业良种培育中心建设目标，该所正积极策划和落实蔬菜中心的相关工作；2012年4月，该所周生茂等科技人员参加2012年中国园艺学会黄瓜分会，该所成为新的理事成员；2012年8月，该所副所长李文嘉参加中国蔬菜协会成立大会，该所被选为中国蔬菜协会理事成员。在科研仪器设备的配置上，2012年该所在原有实验室仪器设备的基础上，新购进一批高端仪器，包括荧光显微镜、灭菌器、超净工作台等，价值30多万元。

【科技合作与交流】 加强国内外学术交流 2012年该所科技人员积极参加自治区科技厅、广西农业科学院科技处等举办的学术报告（讲座）累计200多人次，参加外单位学术交流10余场，从课题申报、品种选育、栽培技术、生物技术等各个方面进行了深入的学习与交流，并且成功主办了全国第二届冬瓜节瓜学术研讨会。

鼓励科技人员出国学习先进技术 2012年1月，该所周生茂博士从美国进修学习回国，8月，该所所长黄如葵到荷兰进行为期半年的访问学习。此外，该所科技人员还应邀到越南、泰国、柬埔寨等过进行交流学习。科技人员出国学习开阔了视野，更新了思维观念，为该所的发展具有重要的学习和借鉴作用。

积极组织科技人员对外交流 该所领导班子积极组织科技人员先后到广东省农科院、重庆市农业科学院、广州市农科院、南宁市桂福园农业有限公司、及广西农业科学院桂东南分院、桂中分院、桂北分院和百色分院进行学术交流，增强了科技人员对自治区内外蔬菜研究情况的了解，为今后该所蔬菜研究的发展提供了极大帮助。

（蒋雅琴）

广西壮族自治区农业科学院 农业科技信息研究所

【概况】 广西壮族自治区农业科学院农业科技信息研究所原名广西壮族自治区农业科学院科技情报研究所，成立于1986年，前身为院图书资料室，2008年底改为现名。主要从事农业信息收集、分析研究、传播和农业软科学研究等工作，现开展有期刊编辑出版、情报检索查新、信息资源建设、决策与咨询和农业技术培训等业务。是国家农业部、自治区科技厅认定的农业科技项目查新咨询单位。下设有农业信息评估与分析研究室、农业信息技术研究室、东盟农业研究室、学报编辑部、图书馆和检索查新室等业务部门。全所职工33人，其中博士1人，硕士17人，大学本科8人，大专及以下7人。负责编辑出版的《南方农业学报》现为中文核心期刊，并与科学出版社合作冠名出版；与四川、云南、贵州、重庆和西藏六省区市农科院共同主办的《西南农业学报》现为中文核心期刊。图书馆现拥有馆藏图书资料约13.5万册（卷），建成“广西农科院CNKI镜像服务系统”，订购和引进中国学术期刊数据库和镜像库、超星数字图书馆、超星读秀知识库、维普资讯中文期刊库、博看电子杂志、CABI文摘数据库、ProQuest生物和农业数据库、Springer电子期刊、NSTL外文传递等中外文献数据库；开发建成图书馆数字化管理系统和农业实用技术数据库、热带亚热带特色水果数据库等10多个数据库，建有广西农业科技信息网。

【科研项目与经费投入】 2011～2012年，该所共获项目立项18项，其中，国家级星火计划项目1

项，广西科学研究与技术开发计划项目5项，南宁市科技项目3项，广西农业科学院科技项目5项，中国热带农业科学院项目1项，其他项目3项，参与百万元级大项目3项，在研项目52项，项目经费实际到位195万元。

【科技成果与转化】 2011～2012年，全所通过项目结题验收12项，获省部级成果登记5项。其中，该所主持完成的《广西现代农业的重大科技问题研究》获得2012年广西农业科学院科技进步奖一等奖、广西第十二次社会科学优秀成果奖研究报告类成果三等奖；《广西秸秆综合利用科技发展研究》获得2012年广西农业科学院科技进步奖三等奖。该所参与完成的《中国一东盟水果贸易发展趋势预测与对策研究》获得广西第十二次社会科学优秀成果奖研究报告类成果二等奖。该所发表科技论文20篇，其中中文核心期刊10篇，科技核心期刊4篇。完成了上级有关部门委托的《广西农业科技创新专项调研报告》《广西农村科技“十一五”总结及“十二五”发展思路》《广西林下经济发展调研报告》等一批调研报告；牵头组织编写了《林下经济示范建设项目可行性研究报告》《贵港市农产品交易与物流园区建设项目可行性研究报告》《贵港市国家农业科技园区总体规划》《南宁市青秀区农业科技园区总体规划》等各类可研报告和规划20多个。

《广西现代农业的重大科技问题研究》项目成果被2011年和2012年广西科学研究与技术开发计划课题申报指南（农业部分）、广西“十二五”科技发展规划、农业科技重大专项、《“十一五”农村科技工作总结》和《“十二五”农村科技发展思路报告》应用。《广西秸秆综合利用科技发展研究》项目研究成果被《“十二五”广西秸秆综合利用规划》、2011年和2012年广西科学研究与技术开发计划课题申报指南（农业部分）应用。《广西农业科技自主创新体系建设研究》部分研究成果已被有关部门采纳，对领导决策有重要参考价值。《中国—东盟水果贸易发展趋势预测与对策研究》培养硕士研究生2名。

【人才与学科团队】 2011～2012年，该所专业技术人员27人，高级专业技术职称7人，中级专业技术职称13人，初级专业技术职称及以下7人。2012年获聘广西农村科技特派员4名。

学科团队有：决策咨询研究学科团队。 团队成员5人。其中，高级专业技术职称2人，中级专业技术职称1人，初级专业技术职称及以下2人；硕士3人，大学本科2人；团队平均年龄36.4岁。研究方向：农业和农村宏观发展研究；工程咨询、项目可行性研究；产业和园区规划研究。

农业信息技术研究学科团队。 团队成员7人。其中，高级专业技术职称1人，中级专业技术职称4人，初级专业技术职称及以下2人；硕士5人，大学本科2人；团队平均年龄34.2岁。研究方向：现代信息技术在农业信息化、农村信息化、科研信息化中的应用研究、农业智能分析技术研究与应用。

信息管理与服务研究学科团队。 团队成员8人。其中，高级专业技术职称2人，中级专业技术职称3人，初级专业技术职称及以下3人；硕士6人，大学本科及以下2人；团队平均年龄38.9岁。研究方向：数字图书馆建设、文献信息资源管理与应用研究、编辑出版学研究、数字出版研究、期刊评价研究、国际期刊研究。

东盟农业信息研究学科团队。 团队成员6人。其中，高级专业技术职称2人，中级专业技术职称3人，初级专业技术职称及以下1人；硕士4人，大学本科及以下2人；团队平均年龄39岁。研究方向：东盟各国农业信息收集保存、分析研究与应用，中国—东盟农业科技合作研究。

【科研平台建设与科研仪器设备】 2011～2012年，进一步完善农业专家远程科技服务平台，建立了中国—东盟科技合作与技术转移网络服务平台（农业）呼叫中心、远程培训中心、信息培训基地，配备了40多台新电脑及相关的仪器设备。建立了西乡塘区金陵镇、象州县石贵村、昭平县茶叶专家大院和扶绥县岜盆村农业科技信息服务基地，参与了广西农村科技信息综合服务平台建设。开展“农信通”手机短信服务，编发信息1万多条。构建了广西农业科技基础数据库、中国—东盟特色农业数据库、中越主要农作物病虫害知识库、农业短信数据库，开发建成了示范村村务管理和信息服务系统，主持建立了以电脑、电话、电视等多媒体为终端的全自治区信息服务网络，完成“三网通”呼叫中心广西农业科学院农业科技信息研究所节点建设。

【科技交流与合作】 2011～2012年，该所分20

批 68 人次赴自治区外参加全国性学术交流或工作会议；参加各类学术报告 180 多人次；接待来访 10 批 53 人次；组织自治区内调研 20 批共 60 多人次。与中国新闻出版研究院培训中心就科技论文出版、会议发布、培训进行前期合作；与安徽农科院信息所就农业视频技术培训和数据库建设合作达成意向；与广东农村信息直通车工程实施办初步达成合作意向。与越南计划投资部经济发展与培训研究所（ITED）签订合作备忘录；与越南河内农业大学联合申报国家国际科技合作专项及广西国际科技合作专项，实现了从横向参与到独立申报的转变。

（杨景峰）

广西壮族自治区林业科学研究院

【概况】 广西壮族自治区林业科学研究院（简称广西林科院）创建于 1956 年，是自治区直属公益型科研事业单位；是国家林业局中南速生材繁育实验室、广西优良用材林资源培育实验室、国家油茶科学中心南缘地区种质创新及茶油加工实验室等 3 个省部级重点实验室的主要依托单位，同时也是首批广西科技创新金源单位。近年来获得科技部林业国际科技合作基地、人社部博士后科研工作站、第一批全国林业知识产权试点、国家林业局八角肉桂工程技术研究中心、国家林业局林产品检验检测中心（南宁）、国家林木良种基地、广西油茶良种栽培工程技术中心、首批“八桂学者”和“特聘专家”等国家或省部级创新研发平台建设单位。先后承担完成国家和省（部）级科技项目 500 多项，获各级奖励的科技成果 220 项；出版科技专著 40 多部。被授予“全国林业科技先进集体”“全国科技服务林改先进集体”“全国绿化先进集体”“全国生态建设突出贡献奖先进集体”“广西振兴科技先进单位”等荣誉称号。据国家林业局考评，其综合运行绩效居全国省级林科院前列之三。

该院以林业应用研究为主，相应开展应用基础研究，着重解决广西林业发展所亟需的关键技术、公用技术、配套技术以及合成技术中的一些突出难点和瓶颈问题，以及林业全局性的前沿领域重大技术研究，努力促进地方林业产业经济发展和科技成果转化，为培育森林资源、保护生态环境、发展林业产业经济和建设现代化林业服务。主要研究领域有：林木遗传改良，林木高效栽培，森林生态及重建，经济林培育，森林保护，林木生物技术，热带特色花卉培育，森林资源开发利用，生态能源利用，土壤肥料及林木营养诊断等。

下设用材林、森林生态、经济林、油茶、桉树、农村能源、森林保护、生物技术、园林花卉、林产化工、林业土壤与肥料、林业研究、林业调查规划等 13 个研究所及桂北林业科技试验示范基地（环江县华山林场）；玉林、钦州 2 个分院；广西林产品质量检验检测中心；广西绿满八桂园林景观设计工程有限公司和广西林勘林业规划设计有限公司共 2 个公司。

【科技队伍】 2011～2012 年，该院有职工 580 人，在职职工 360 人，其中各类专业技术人员 280 多人，具有正高级专业技术职称 20 人、副高级专业技术职称 78 人、中级专业技术职称 140 人。国家有突出贡献中青年专家 1 人，享受国务院特殊津贴专家 4 人，自治区政府优秀专家 4 人，自治区有突出贡献科技人员 2 人，自治区“十百千人才工程”第二层次人选 6 人，博士生导师 2 人，硕士生导师 20 人，博士 30 人，硕士 110 人。

【研发基地与科研产品】 至 2012 年底，该院拥科研试验林地面积 338 公顷；科研实验楼总面积 5000平方米；收集保存有1300多个种质资源的树木园 40 公顷；年产2000多万株的林木、花卉种苗基地；年产 500 吨山茶油和年产 50 吨白千层芳香油加工基地各 1 个；年产 250 吨香料分馏车间 1 座；油茶、红锥良种基地被认定为国家级林木良种基地，油茶培育中心获得自治区农业良种培育中心称号。科研产品主要有：松、杉、桉等良种和优良无性系，黄花梨、红锥等珍贵优良树种，油茶、八角等经济林良种和优良无性系，以及特色花卉，蜂窝育苗纸容器，林木专用肥，林用农药，山茶精炼油系列产品和木本香料系列加工产品等。

【科研项目与经费投入】 2011～2012 年，该院新立项目（课题）142 项，新增合同经费6500万元，新增到位经费7148万元，其中国家级重大项目约占 40%；首次获得广西战略性新兴产业发展专项资金项目立项，经费达 500 万元。2012 年末，该院主持承担 220 项各类在研科技项目，同比增长

33.3%。

【科技成果与转化】 2011～2012年，该院取得科技成果121项，其中，鉴定成果11项，分别是《桉树中大径材良种与高产栽培模式研究》《山苍子高效加工工艺及主要成分单离技术》《广西桉树人工林配方施肥技术研究与示范推广》《主要木本香料树种选优及优良无性系组培》《油茶高油酸优良品系选育》《农村沼气新技术研究与示范》《马尾松工业用材林良种选育及高产栽培关键技术研究与示范》《油茶优良无性系组培快繁技术》《松树外来有害生物松突圆蚧天敌及其繁殖技术研究》；11个标准通过审定，分别是《油茶低产林改造技术规程》《油茶采穗圃营建技术规程》《油茶小砧嫁接育苗技术规程》《桉树人工林幼林白蚁防治技术规程》《人面果绿化苗木培育技术规程》《莽草酸》《油茶高干嫁接技术规程》《宝巾花（三角梅）栽培技术规程》《大叶栎育苗技术规程》《桉树短周期人工林栽培技术规程》《樟叶（精）油，芳樟醇型》。

获奖成果22项，其中，获广西科技进步奖8项，分别是：由该院主持完成的“苍梧县珠江高效生态经济型防护林体系综合配套技术研究与示范”“桉树中大径材良种与高产栽培模式研究”“马尾松工业用材林良种选育及高产栽培关键技术研究与示范”3项成果获广西科技进步奖二等奖，“广西桉树人工林配方施肥技术研究与示范推广”“农村沼气新技术研究与示范”“油茶高油酸优良品种”3项成果获广西科技进步奖三等奖；作为第二、第三单位参与协作完成的“无色松香季戊四醇酯产业化关键技术研究”“桂西北岩溶山区泡核桃早实丰产关键技术与应用”2项成果分别获广西科技进步奖二、三等奖。

另外，《石漠化治理技术规程》标准获广西重要技术标准奖，《油茶矮密早丰采穗圃的营建方法》专利获广西发明创造成果展览交易会银奖；《果树嫁接与扦插繁殖技术》《广西主要乡土树种》《广西桉树营养与施肥技术》《油茶栽培实用技术》《麻竹栽培实用技术》等科普作品分别获第三届梁希科普作品和广西科普作品二、三等奖。

马尾松、杉木、桉树等64个优良品种通过国家和自治区审（认）定。

有16项专利获得授权，分别是《油茶组培继代芽嫁接育苗方法》《油茶矮密早丰采穗圃的营建方法》《压力升降式育苗床》《一种简易的昆虫毒瓶》《红锥嫩枝微繁方法》《柚木容器育穗快繁育苗方法》《一种实地测角仪》《马尾松球果的处理方法》《马尾松花粉的贮藏及其解冻方法》《方头甲的室内繁育及野外释放方法》《一种方头甲饲养装置》《一种用于小型昆虫嗅觉仪的成虫释放管》《压力升降式育苗床》《一种林木肥料的包装袋》《山苍子无性快繁育苗方法》《多功能单宁纯化反应罐》。

主编出版《广西主要乡土树种》《广西桉树营养与施肥技术》《油茶栽培实用技术》《麻竹栽培实用技术》《木本植物营养繁殖实用技术》《广西珍贵树种高效栽培技术》《广西树木志》《毛竹栽培实用技术》《广西林业实用技术图解》《速生桉林重大病虫害控制技术彩色原生态图鉴》《家庭养花赏花全书》共专著12部；发表学术论文297篇。

重点研究领域技术新突破　油茶组培生根技术率先在全国获得突破并规模化生产，成果技术达国际领先水平；选育出全国第一个高油酸油茶优良杂交组合新品系；成功解决了油茶冷榨技术难题，开发高保真精制茶油产品2个；建成我国遗传改良成效最大、种质基因收集最多、面积最大的国家级马尾松良种研发和种苗生产核心基地；首次在全国成功应用日本方头甲防治松突圆蚧，有效实现生物防治；筛选出桉树复合经营优化模式6个，总结出了1套完善的桉树复合经营配套技术；马尾松“松韵”植物新品种通过国家林业局组织专家的现场审定，是广西首个获授权的林业植物新品种；松树组培育苗技术攻关正全面推进；杉树组培育苗规模化生产已全面启动。

科技平台建设　2011～2012年，获得科技平台建设资金2320多万，其中重点实验室获得730万元专项资金支持；国家林业局中南速生材繁育实验室、广西优良用材林资源培育实验室的仪器设备进一步完善；建设资金489万元的漓江源森林生态定位研究站获国家林业局批复立项，建设资金890万元的珍贵树种种质资源库项目已正式开工建设；广西桉树人工林生态定位站建设全面开展；国家林业局八角肉桂工程技术研究中心获批复建设；油茶、红锥国家级林木良种基地获得认定；国家林业局林产品检测中心（南宁）站获得授权；首次获得自治区外专局授予的引智示范基地；八桂学者和特聘专家的科研与团队建设全面推进。

【科技引领支撑发展】　科技成果转化与推广

2011～2012年，获中央财政林业科技推广示范资金近1000万元，将松、杉、桉、竹子速生丰产用材林，油茶、八角等经济林和红锥等珍贵乡土树种发展作为科技服务的主要内容，重点推进良种培育、丰产技术栽培等领域技术研发，选育出的优良品系增产均达20%～30%以上，科技推广项目完成率为100%；科研推广示范面积9000公顷，科研成果产生的经济效益为107.5亿元。开展科技下乡和科技培训活动，派出专家和科技人员到广西各地市、县、林场进行栽培技术指导、林木施肥和病虫害防治服务，直接或间接培训技术人员或林农近9万人次。建立了50多个近4000公顷各类速生丰产高效示范点或试验基地，分布在广西各市、县、林场，辐射带动广西林业发展。科技对林业贡献率超过48%，对林农增收贡献率达76.6%。

科技产业稳步发展 2011～2012年，该院总收入近13300万元，总产值15607多万元。直接或间接为社会生产包括桉树、松树等速生丰产优良种苗，油茶、八角等经济林优良种苗，红锥、黄檀等珍贵乡土树种优良种苗共9600多万株；精深加工茶油和代加工重油近800吨，产值达2000多万元；签订各类业务、服务合同130多项，总金额近4000万元。

【人才与创新团队】 2011～2012年，该院引进博、硕士等各类人才38人；送培博士、硕士52人。2人被提拔为副处级领导干部，提拔正科级干部13人，续聘正科级干部16人，续聘副科级干部19人，调整交流3人；设立院基本科研业务费180万元共45个项目，通过“传、帮、带”模式，在项目实施过程中促进青年科技人员的成长。有10名专家晋升正高专业技术职称，18名科技骨干晋升副高专业技术职称，为历年最多；有9人考取博士研究生；有6名科技人员荣获广西优秀专家或其他荣誉称号，高层次人才培养迈出新步伐。

【科技交流与合作】 2011～2012年，该院以学术交流、相互来访等形式继续与国际相关组织开展遗传育种、森林病虫害防治、桉树研究等领域的交流与合作，重点与澳大利亚、泰国、越南等林业机构的交流，共有35名科技人员到国外学习考察，接待来自澳大利亚、日本等外国专家50多人次。与中南林业科技大学、南京林业大学、中国林科院等单位在项目合作方面开展实质性合作，共有7个项目联合实施。与自治区内多家林场、林业企业及林业局签定科技合作协议，在项目联合实施、提供技术指导与服务等方面开展广泛合作。

（刘达峰）

广西壮族自治区环境保护科学研究院

【概况】 广西壮族自治区环境保护科学研究院，是广西壮族自治区环境保护厅直属的正处级公益型事业单位。主要职责是：针对广西重大建设项目开展环境影响评价，评估和论证项目的可行性；根据政府部门的安排，开展环保政策研究，制订有关行业环保标准或规定，并组织环保基础性、前瞻性、战略性研究；开展广西不同区域或流域的环境容量和污染控制对策分析，为环境管理提供科学、准确的依据；牵头整合有关社会和企事业单位的环保科技资源，针对广西存在的主要环境问题，组织环保应用技术的研发、引进和推广，开展环保工程的治理。

该院是广西从事环境科研的单位中，获得环保资质证书最多、从业时间最长、开展业务范围最广、牵头组织的环保科研项目总数最大的单位。广西壮族自治区环境保护科学研究院拥有国家颁发的甲级《建设项目环境影响评价资格证书》和乙级《环境工程专项工程设计证书》《环保设施运营资格证书》《编制建设项目水土保持方案资格证书》，业务包括环境影响评价、环境规划、水土保持、环保竣工验收、环境工程监理、环保设施营运、环保认证、清洁生产审计、循环经济、环境工程承包（设计、施工、调试）。

【科技队伍】 至2012年底，该院有职工126人，其中科技人员比例达90%以上，拥有教授级高工2人，高级工程师25人，工程师42人，博士4人，硕士比例达60%左右。其中，6人列入国家环境影响评价专家库成员、2人列入国家清洁生产专家库成员、23人列入广西科技项目评估及环境影响评价专家库成员。

【科研项目与经费投入】 2011～2012年，该院积极开展科研项目，并投入大量经费。主要开展的项目有：广西自治区饮用水源地基础环境调查评估技术支持——饮用水源环境状况评估与管理；全国重点地区环境与健康专项调查——广西试点地区环境与健康专项调查；跨国界水环境调查评估——广西中越边境地区生态环境调查；广西壮族自治区大气环境容量研究；广西地表水环境容量研究；漂白蔗渣浆废水减排及处理技术研究与示范课题；制浆造纸废水高级氧化深度处理技术研究课题；龙江河环境突发事件环境损害与生态环境影响后评估；流域水环境突发性污染事件应急处理技术体系研究及在龙江应用；广西生态环境十年变化遥感调查与评估专项——广西土地利用样点核查及生态系统样方调查；广西南丹矿山开采砷、铅、镉污染区环境与健康专项调查项目；广西河池有色金属生态产业与污染防治规划——河池市有色金属产业现状分析与企业污染综合整治方案设计等 32 项。

其中，全国地下水基础环境状况调查评估——广西壮族自治区试点地区地下水基础环境状况调查评估；广西河池有色金属生态产业与污染防治规划——河池市有色金属产业现状分析与企业污染综合整治方案设计；广西生态环境十年变化遥感调查与评估专项——广西土地利用样点核查及生态系统样方调查；龙江河环境突发事件环境损害与生态环境影响后评估；全国重点地区环境与健康专项调查；广西南丹矿山开采砷、铅、镉污染区环境与健康专项调查项目都是投入几十万甚至上百万经费的项目。

【科技成果与转化】 2011 年，该院列为第四批自治区级“人才小高地”建设载体单位，桂林理工大学环境科学与工程学院和广西神州立方环境资源有限公司同为建设载体单位。

2011 年，环保部将广西列为“环境与健康”专项调查试点地区，该院作为广西试点调查地区技术牵头单位，与广西医科大学、广西环境监测中心站、广西职业病防治研究院联合承担广西试点地区环境与健康专项调查。该项目是全国首次开展，在国内资深专家和教授的指导下，广西的环境与健康研究工作走在全国前列，研究团队的科技能力为全国的先进水平。

2011～2012 年，该院《流域水环境突发性污染事件应急处置技术体系研究及在龙江应用》项目获得广西科技进步奖二等奖，《广西壮族自治区地表水环境容量研究》项目获得广西科技进步奖三等奖。

【人才与创新团队】 2011～2012 年，广西危险废物处置产业化人才小高地在自治区党委组织部、自治区人力资源和社会保障厅的正确领导下，坚持以科学发展观为指导，以“努力搭建一流舞台、创造一流条件，营造一流环境，吸引、聚集和培养一批由学术带头人、技术研发骨干及优秀经营管理者组成的环境保护领域高层次专业人才团队，通过产学研相结合，迅速提高全自治区环境学科尤其是危险废物处置方向的学术水平，尽快促进该领域内先进技术成果的产业化”为目标，开展团队建设和人才培养。

团队建设 一是由自治区环境保护厅副厅长蹇兴超带领人才小高地管理团队多次拜访了中国环科院与清华大学环境学院等国内知名高校与科研院所，成功引进国内外环保领域知名专家作为广西危险废物处置产业化人才小高地特聘专家，为人才小高地的快速发展提供强有力的智力支撑；二是与复旦大学环境科学与工程系签订科技合作框架协议，并聘请知名专家担任人才小高地特聘专家，在重金属污染防治、危险废物处置，大气 PM2.5 治理机制研究等领域指导小高地建设；三是通过招聘等方式引进硕士研究生 25 名。

人才培养 一是资助一批管理人员到复旦大学环境科学与工程系、广西大学化学化工学院攻读在职博士；二是 2 名高级工程师晋升为教授级高工，1 名中级工程师晋升为高级工程师，12 名初级工程师晋升为中级工程师；三是载体单位该院叶凡被国家环保部评为“十一五”以来全国环保规划财务工作先进个人，韩彪列入广西第十五批新世纪“十百千人才工程”第二层次人选名单；四是小高地联合载体单位选派人员参加广西人才小高地论文研讨会、2012 年度第一批自治区级人才小高地业务培训班以及各类危险废物处置领域相关培训，努力提升小高地人才团队的综合素质和科研能力。

【科研平台建设与科研仪器设备】 该院拥有独立的分析测试中心，具备实验室及实验条件，具备进行环境保护相关的大部分分析测试工作能力，有实验大楼2000平方米，拥有仪器设备的 110 台(套)，价值 500 万元人民币。主要仪器设备有：原子吸收光谱仪、微波消解仪、流动注射仪、离子色谱仪、原子荧光仪等。

桂林理工大学环境科学与工程学院现设有环境工程、环境科学、给水排水工程、水文与水资源工程、水文地质与工程地质5个本科专业；拥有环境科学与工程一级学科硕士授权点，环境工程、环境科学、市政工程、水文与水资源4个二级学科硕士授权点，有联合培养博士研究生10名。桂林理工大学环境科学与工程学院同时作为广西危险废物处置产业化人才小高地建设载体单位，拥有环境工程专业实验室，实验室面积4000平方米，拥有仪器设备的187台（套），价值1650万元人民币。主要的仪器设备有活细胞激光共聚焦成像系统、原子吸收光谱仪、TOC总有机碳分析仪、离子色谱仪、气相色谱仪等。

该院作为桂林理工大学、广西大学、广西师范学院本科生、研究生教学实习基地，每年提供约30名学生实习。

【科技交流与合作】 2011～2012年，该院引进清华大学院士郝吉明、中国环境科学研究院院长孟伟院士两位自治区主席院士顾问组建院士工作站；聘请中国环境科学研究院段宁院士，中国环境科学研究院总工程师李发生研究员、王琪研究员，清华大学环境学院院长余刚教授、李金惠教授，环保部华南环境科学研究所岳建华所长、许振成副所长等9名国内外环保领域知名专家作为广西危险废物处置产业化人才小高地特聘专家，为人才小高地的快速发展提供强有力的智力支撑；与复旦大学环境科学与工程系签订科技合作框架协议，并聘请该系党委书记马蔚纯教授、系副主任杨新教授、周斌教授、包存宽教授等知名专家担任人才小高地特聘专家；与广西大学、桂林理工大学签订合作协议，培养环保科研人才；与华锡集团股份有限责任公司等涉重金属企业签订产学研协议，共同开发重金属污染防治技术。

（刘慧琳）

广西壮族自治区水牛研究所

【概况】 该所是全国唯一对水牛进行专门研究的省级科研事业单位，隶属中国农业科学院和广西水产畜牧兽医局双重管理。地处广西首府南宁市北郊，占地266.67公顷，人员编制117人。主要从事水牛科学研究、科研成果中试、技术培训、推广、开发、种牛的培育和推广等任务。拥有一个国家级水牛种畜场，存栏种用水牛1100多头，是培育中国摩拉水牛、中国尼里—拉菲水牛以及三元杂交乳肉兼用水牛的主要繁殖基地。

该所自1958年成立以来，一直从事水牛科学研究，在水牛人工授精、杂交改良、新品种选育、细胞染色体组型、超数排卵、体外受精、同期发情、胚胎移植、活体采卵、体细胞克隆和转基因、营养需要与饲料资源开发、乳肉产品加工等方面取得多项重大成果，形成了水牛遗传育种与繁殖、水牛营养、水牛乳制品研发和水牛产业开发等四大科研领域，至2012年底，获科技成果50多项，其中广西科技进步奖一等奖1项、二等奖5项、三等奖10项。尤其在水牛遗传繁殖方面取得多项重大突破，获得了世界首例亚种间克隆水牛、世界首例性别控制试管水牛等一批重大科技成果，标志着中国在水牛生物技术领域全面进入世界先进行列。也因此水牛研究所曾获国际水牛大会授予“水牛先驱者奖”和“科研荣誉奖”。先后荣获国家外专局引进国外智力成果推广示范基地、全国农业科普示范基地、全国农村科普示范基地、广西首批科技创新金源单位、广西首批人才小高地建设单位、广西水牛遗传繁育重点实验室、农业部水牛遗传繁育技术重点实验室、自治区特聘专家岗位、农业部奶牛标准化示范场、科技部国际科技合作示范基地、自治区水牛良种工程中心等称号。

水牛奶业是广西优势明显、特色鲜明的新兴产业。广西奶水牛的发展一直得到国家领导人和自治区党委、政府的大力支持。1990年以来，党和国家领导人江泽民、温家宝、李瑞环、周光召、宋健、杨汝岱、钱伟长、李兆焯等曾亲临广西水牛研究所视察，并给予高度评价；2006年，国务院总理温家宝视察广西皇氏甲天下乳业股份有限公司来宾市奶水牛基地，肯定了水牛奶的高品质，并指示要加快水牛奶业的发展。

【科技队伍】 2012年末，该所在编人员96人，其中科技人员55人，高级专业技术职称16人，中级专业技术职称16人，博士5人、硕士8人；广西优秀专家1名，广西特聘专家1名，享受国务院津帖专家2名，广西十百千人才工程第二层次人选1名，获第十届广西青年科技奖1名。本着建设宽松和谐、健康向上的创新研究氛围，凝集了水牛遗传繁殖、水牛饲料营养、水牛食品加工和水牛产业开发4个学科方向，并培养了各学科方向的学术带头人各1名。2011年，经自治区党委人才工作协调小组批准，在该所设立“水牛种质资源创新及应用”特聘专家岗位，面向自治区内外公开引进高层次学术技术带头人，形成一支求真务实、勇于创新、团结协作的水牛科技创新团队。

【科研项目与经费投入】 2011～2012年，该所围绕国家和广西产业发展政策方向和战略需求，结合自身优势和特色，加大科研项目谋划力度，积极争取国家和自治区资金支持，谋求水牛事业实现更大发展。在科技人员的共同努力下，已获科技项目立项60项，其中国家级项目4项，省部级项目10项，地市级目项15项，共获资助经费1271万元。

【科技成果与转化】 2011～2012年，该所取得一批具有自主知识产权的科研成果，共完成科研项目34项，获科技成果5项，发表科技论文51篇，SCI收录9篇；授权发明专利2项，实用新型专利1项，实现了该所专利授权上零的突破。并与广西大学、广西畜禽品种改良站合作完成的“水牛XY精子分离性别控制技术研究及应用”项目，获广西科学技术进步奖一等奖，这是该所建所以来所获的最高科技奖项，标志着该所在水牛科技创新上迈进了新的一步。

两年来，该所共向自治区内外推广种牛近500头，派出科技人员100多人次深入百色、永福、灵山、北流、兴宾、贺州、钦州、武鸣和博白等县（市、区），对各地水牛业的建设和发展进行战略规划指导，开展奶水牛饲养技术、繁殖技术的推广，培训科技骨干近50人次，农户近千人，有效地推动了广西奶水牛杂交改良的进程。同时加大对企业的扶持力度，深入壮牛、壮壮、桂林香巴拉、博白桂牛等水牛养殖企业和乳品加工企业，加强科技指导与服务，加强科技联盟与合作，为推进水牛产业发展不断寻找新方法、探索新途径，有效促进了水牛产业的快速发展。

【人才与创新团队】 2011～2012年，该所依托水牛研发人才小高地，积极进取，务实求新，两年来在人才与创新团队的建设中成绩突出，共柔性引进了中国科学院院士吴常信等7名国内行业领域具有较高影响力的专家、学者，加盟本人才小高地的重点实验室学术委员会，刚性引进了3名博士、3名硕士，这些高层次人才的加盟，为加快水牛研发步伐增强了实力，如虎添翼。至2012年底，该所共拥有柔性引进高级专家30人，其中院士3人，国外专家1人，自治区外专家13人，自治区内专家13人；拥有刚性引进高层次人才16人，其中博士6人，硕士10人，形成了一支高学历、高水平、高素质的人才团队。两年来还选派8人次出国进修学习，选派参加国内外学术会议近150人次，选派中组部“西部之光”高级学者培训1人，2名科技骨干赴上级行政管理部门挂职锻炼。通过人才小高地建设，实现了人才工作方式的创新和人才工作手段的突破，水牛研发人才团队不断壮大，整体素质不断提升。2011年，该所所长杨炳壮研究员获全国优秀科技工作者，被自治区人民政府聘为广西首批特聘岗位专家；梁贤威研究员荣获国务院特殊津贴专家；张秀芳同志作为科技骨干光荣当选中共广西第十届党代表，出席广西第十届党代会。

【科研平台建设与科研仪器设备】 2011～2012年，该所进一步加强了科技创新平台建设，为科研人员更好地发挥作用提供良好的舞台和空间，并成功荣获了广西水牛遗传繁育重点实验室和农业部水牛遗传繁育技术重点实验室。两年获得科研平台建设经费500万，购买科研仪器设备13台套，并促进实验室升级，完成了分子生物学实验室、分子细胞实验室装修以及PCR室改造工程，为加快重点实验室建设步伐、开展相关实验研究提供了强有力的条件保障。同时通过其它项目资金的支持，该所进一步加强其它配套基础设施的建设，完成了标准化牛场、水牛胚胎移植受体牛场、水牛科普楼的建设，促进种牛场实现建设科学化、生产环境生态化、配套设施现代化；为科技成果的有效转化提供了良好的平台，更为加强水牛科学知识普及和产品宣传推广等起到良好的推动作用。

【科技交流与合作】 2011～2012年，该所在科技交流与合作方面，进一步寻找和创造机会，扩大对外开放渠道，不断加强加深与国内外的交流与合作，有效地促进了科技进步与发展，成功获科技部国际科技合作示范基地。

一是加强了国内科技交流。进一步深化与广东佛山医学院、华中农业大学、华南农业大学、南京农业大学、浙江大学、广西大学等高等院校的合作研究，加快了水牛科学深层次研究的步伐。同时，注重开放高端技术培训平台，接纳一些高校、研究院所的研究生、科技人员来该所学习交流。

二是通过国际交流合作提升的研发能力。两年来先后接待了巴西、意大利、日本等国代表团来所开展科技考察，并邀请国外专家到所举办学术报告5次，引进新西兰、美国等国家的专家开展学术交流和项目合作，签订了合作意向，为加强今后的长期合作、促进科研发展奠定良好的基础。

三是紧贴国家发展战略，加强与东盟国家的合作，成功接待多批次东盟国家考察团，为两名老挝科技人员开展为期2个月的水牛科技专业培训，协助国家外国专家局开展发展中国家智力引进与农业产业化发展官员研修班一期；成功与越南、老挝达成水牛产业合作意向，为将来我国水牛遗传资源以及相关技术推广开拓了新的国际市场奠定良好的基础。

（张秀芳、方文远）

广西壮族自治区兽医研究所

【概况】 该所成立于1956年，是一所专业性兽医科技研究机构，主要从事动物疫病发生发展规律及防制技术的研究工作。现为广西动物疫病防治技术研发人才小高地、广西畜禽疫苗新技术重点实验室和博士后科研工作站的建设单位。所内设有病毒研究室、细菌研究室、兽医生物技术研究室、畜禽疫病专家诊治中心、兽药新技术开发中心等5个研发部门及行政办公室、业务办公室、人事教育科、财务科等4个职能科室；配备有综合科研楼、实验动物综合楼、兽医生物安全实验室、兽医科技资料室、污水处理站和一批价值千万余元的科研仪器设备。

至2012年末，该所在职在编人员98人，离退休人员80人。在职人员中有专业技术人员62人，其中具有高级专业技术职称30人，中级专业技术职称18人，初级专业技术职称14人。专业人员中有博士5人，在读博士2人，硕士13人，在职研究生学历8人，出国研修人员14人，享受政府特殊津贴人员3人，新世纪百千万人才工程国家级人选1人，广西优秀专家1人，自治区特聘专家1人，广西十百千人才工程二层次人选4人。

所长：孙建华（2000年11月～　）

【科研项目与经费投入】 2011～2012年，该所共承担各级科研项目41项，投入科研经费1054.5万元。其中国家自然科学基金项目2项，经费100万元；农业部行业公益性项目1项，经费144万元；国家外专局引智成果示范推广项目1项，经费30万元；自治区特聘专家专项1项，经费35.5万元；广西科技攻关项目4项，经费120万元；广西科学基金项目5项，经费25万元；广西科技成果转化项目1项，经费20万元；广西地方标准修订项目4项，经费8万元；自治区林业厅项目1项，经费10万元；自治区水产畜牧兽医局项目12项，经费202万元；广西科研基本业务费项目8项，经费180万元；重点实验室建设专项1项，经费180万元。

【科技成果与转化】 2011～2012年，该所共取得科技成果43项，获奖成果3项，其中获中华农业科技奖三等奖1项，广西科技进步奖三等奖2项；在国内外公开刊物发表论文127篇，其中发表在SCI期刊12篇。

猪伪狂犬病快速诊断及综合防制技术研究 该项目研制的“杂交瘤细胞株及其产生的抗人细胞表面H抗原的单克隆抗体”获国家发明专利；在国内首次建立了以基因工程抗原（双功能融合蛋白）为诊断抗原；研制的试剂盒及胶体金试条等技术具有操作简便、快速、特异性强，易于推广的特点；制订了一套先进性和实用性很强的猪伪狂犬病净化技术措施，其技术在15个规模养猪企业实施示范应用两年，使猪伪狂犬病死亡率由原来的7.25%下降到1.72%，新增产值1.26亿元。该项目总体技术处于国内领先水平，其成果获2010～2011年度中华农业科技奖三等奖。

猪瘟抗体快速检测方法研究及综合防控技术应用示范 该项目完成了32个E2基因的GenbanK登陆，比较全面、准确地反映了猪瘟病毒在广西不同地区的分布和流行情况，并能实时监控新毒株和变异株的出现；开发了“猪e馆猪场生产数据在线管理系统”，并用于日常管理和疫病监控，提高了猪场管理水平；制定了广西地方标准《猪场生物安全技术规范》，并已由广西技术质量监督局颁发实施。同时还制定了6项猪场疫病控制与净化技术规范，经对12个不同规模养猪企业实施示范应用，净化种猪2万头，淘汰猪瘟抗体阳性猪264头，使猪瘟发病率平均降低3.7%，仔

猪成活率提高4.5%，胎产活仔数提高2.1%，该项目总体技术处于国内领先水平，成果获2012年广西科技进步奖三等奖。

鸭疫里氏杆菌病防治技术研究　该项目查清了广西鸭疫里氏杆菌病流行毒株的主要血清型为I型，并同时存在2型和3型；建立了荧光定量PCR的病原检测技术和RA复红平板血清型快速诊断技术；起草了中华人民共和国出入境检验检疫行业标准《鸭疫里默氏杆菌实时荧光定量PCR检验操作规程》；提出了鸭疫里氏杆菌病的综合防治措施，并在广西9个市（县）的鸭场应用，使本病平均死亡率降低6.4%，该项目总体技术达到国内同类研究先进水平，成果获2012年广西科技进步奖三等奖。

【科技工作与改革创新】　2011～2012年，该所提出以筹建"中国—东盟兽医科技培训与交流中心"和提升现有重点实验室档次，朝着国家级重点实验室方向努力作为"十二五"工作目标，坚持推进科技创新，不断加强科技基础条件平台建设，努力做好科研项目立项工作。其间该所重点实验室共获得政府资助180万元，主要用于开展动物主要传染病流行病学调查和监测技术研究，已成功开设了"H1和H6亚型禽流感病毒的分子进化及快速检测技术的研究""广西猪繁殖与呼吸综合征病毒分子病原学及快速检测技术的研究""鸭病毒分子病原学和新型快速检测技术的研究""新城疫及水禽副粘病毒的分子遗传进化及快速诊断新技术研究""猪源主要病毒性人畜共患传染病综合防控技术研究""广西家畜布氏病流行病学调查及主要基因的遗传进化分析研究"等课题。开设的课题主要针对畜禽重要疫病开展研究，获自治区科技厅批准为广西畜禽安全生产关键技术研究与开发牵头单位。连续两年将自治区科技厅划拨的180万元科研基本业务费用于支持8名年轻科技人员开设课题开展研究，鼓励年轻科技人员早出人才，快出成果。

【人才与创新团队】　2011～2012年，该所充分利用人才小高地和博士后科研工作站的特点优势，把用好现有人才，留住关键人才，引进急需人才，培养未来人才作为推动科技发展的工作思路，统筹抓好以高层次科技人才和高水平管理人才为重点的人才队伍建设，有针对性地加大对年轻科技人员的培养和引进力度。两年来，该所人才小高地项目共获政府资助150万元用于人才培养和引进工作，先后选派60多人次参加国内各类业务培训班培训，选送2名年轻科技人员前往美国康州大学、佐治亚大学进修学习，支持2名年轻科技人员到广西大学攻读博士学位；成功引进了1名博士后进站工作，吸收了5名硕士毕业生，3名大学本科毕业生等新生力量扩充原有的科技队伍，人才小高地柔性引进的13名国内外专家还继续在团队中发挥支撑作用；有9名科技人员分别晋升副研究员和助理研究员，使科技队伍不断发展壮大。至2012年末，该所已汇聚国内外动物疫病研发人员70余人，构成了专业与学科搭配比较合理并具有创新能力的科技团队。该所因在引智方面成绩卓著，获国家外专局命名为"动物疫病快速诊断技术引智成果示范推广基地"。

【实验室建设】　2011～2012年，该所共获政府资助基建专项经费1230万元，主要用于实验动物综合实验楼的建设和科研楼实验室通风系统设备安装等基建项目。实验动物综合实验楼总建筑面积为2615平方米，五层框架结构，其中一层为兽药新技术开发中心实验室，二层为中型动物实验室，三层为小型动物实验室，四、五层为二级生物安全实验室。至2012年末，该项目主体工程已竣工验收，一层按照中兽药研究实验流程要求进行了装饰装修，并配备了超高效液相色谱仪、超临界液体萃取系统、五通道实时荧光定量PCR等实验仪器设备并已投入使用；二、三层根据二级动物安全实验室要求进行了装饰装修，并已安装了空调、净化、水电和实验动物笼具等设施设备；四层实验室完成了装饰装修和实验台安装工程，其余工程计划在2013年底完成。科研楼实验室通风系统设备安装则采用酸雾净化原理对实验室主要有害气体进行净化，其净化效率为95%～98%以上，该工程已竣工验收投入使用，使实验室的有害气体得到了有效处理，科技人员的身体健康得到有效保障。

【科技交流与合作】　2011～2012年，该所继续与美国康州大学、佐治亚大学、南达科达州大学、明尼苏达州大学、宾州大学、澳大利亚南澳大学、新西兰林肯大学、丹麦哥本哈根大学、香港大学、吉林大学、广西大学、中国农业科学院哈尔滨兽医研究所、兰州兽医研究所、上海兽医研究所、新疆畜牧科学院兽医研究所等国内外高等院校和科研院所建立良好的合作关系，并互派专家学者访问、考察、讲学和技术指导等形式开展科技合作与交流。其间还为越南、老挝、柬埔寨等东盟国培训科技人员 6 人；协助国家外专局和广西外专局为乌克兰、埃及、巴基斯坦、厄瓜多尔等 16 个发展中国家培训 21 名学员；协助新疆兽医研究所组织召开了边境疾病控制项目会议，并就边境地区动物疫病防控技术研究合作项目进行了学术和技术交流；派出 3 名专家到越南开展技术援助，并对援建的广宁、谅山和高平省 3 个动物疫病防控技术试验站项目进行验收并交付使用。与中国人民解放军军事医学科学院等单位合作完成的“猪瘟抗体快速检测方法研究及综合防控技术应用示范”成果，获 2012 年度广西科技进步奖三等奖。该所获自治区科技厅批准为“动物疫病防控技术研发国际合作基地”。

（覃健飞）

广西壮族自治区蚕业技术推广总站

【概况】 广西壮族自治区蚕业技术推广总站是一家集蚕业科学研究、蚕桑良种繁育、蚕业技术推广、蚕种质量检验检疫等职能于一体的自治区级综合性专业机构。2007 年、2009 年分别增挂“广西壮族自治区蚕种质量检验检疫站”和“广西壮族自治区蚕业科学研究院”牌子，是亚热带蚕桑育种与种养技术国家地方联合工程研究中心（广西）、中国农业科学院蚕业研究中心（广西）、广西亚热带蚕桑良种培育中心、广西蚕业研发人才小高地建设载体单位，是农业部桑蚕遗传改良科学观测实验站、国家现代农业产业技术体系蚕桑体系亚热带桑树育种岗位、南宁综合试验站、广西现代农业蚕桑产业技术体系创新团队和广西桑蚕丝产品工程技术研究中心建设以及“八桂学者”依托单位，牵头组建广西桑蚕茧丝产业技术创新战略联盟。

站长：祁广军（2007 年 4 月～ ）

【科技队伍】 至 2012 年末，该站有在职职工 176 人，其中各类专业技术人员 129 人，正高专业技术职称 11 人、副高专业技术职称 28 人、中级专业技术职称 47 人。

【科研项目与经费投入】 2011～2012 年，该站共承担科技课题项目 34 项，科研经费 641 万元。其中国家星火计划项目 1 项，科技部项目 1 项、省级科技项目（课题）32 项。

【科技成果与转化】 2011～2012 年，该站获各级科技成果奖励 3 项，其中《瑶族濒危天然彩色茧蚕品种的抢救与选育》获 2011 年广西科技进步奖三等奖。有 15 个项目顺利通过验收结题，其中 7 个项目参加科技成果鉴定并取得科技成果登记证书；通过广西农作物品种审定委员会审定品种 2 个；申报中华农业科技奖 2 个；科技人员共发表科技论文 120 篇。

瑶族濒危天然彩色茧蚕品种的抢救与选育研究 该项目利用“孤卵孵化、单体跟踪”技术进行全封闭隔离筛选，成功地从微粒子病感染率达 100%的“金黄色丝瑶蚕”下一代带病群体中选出无病个体，在实验室里进行继代、保种。经过筛选保留的“金黄色丝瑶蚕”无微粒子病感染，结成的蚕丝保持了“平板丝”的原有特性，天然金黄色茧率达 100%，结茧率也由当初收集时的 29.58%提高到 90%～98%。彩色茧、丝的研究是近年来国内外蚕业界的热门课题。被誉为“纤维皇后”的蚕丝在我国绝大部分是白色，彩色“平板丝”在国际市场上几乎是空白。至 2012 年底，成功收集和保存在实验室的无病“金黄色丝瑶蚕”品种资源，为进一步研发亚热带细纤度天然黄色茧实用性品种，促进多元化蚕种研发提供了技术支撑，应用前景广阔。该项目获 2011 年广西科技进步奖三等奖。

天然黄色茧家蚕品种选育研究 该项目利用遗传互补的原理将广西优良的白茧蚕品种改良成优良的天然黄色茧家蚕品系，培育出适合广西饲养的亚热带型强健性夏秋用特殊用途家蚕新品种。2012 年 6 月通过广西农作物品种审定委员会审定，定名为“桂蚕 H9”。该品种参加省级实验室联合鉴定结果：结茧率 97.29%，虫蛹率 95.99%，一茧丝长 849.51 米，解舒率 74.09%，净度 91.84 分。省级农村联合鉴定结果：单张产茧量 31.47 千克，一茧丝长 712.0 米，解舒率 68.06%，净度 92.26 分。与现行品种“两广二号”相比，结茧率、虫蛹率等强健性相仿，产量、一茧丝长、净度等主要经济性状均略低。天然黄色茧率 100%，且茧色较均匀，是一对强健性夏秋用二元杂交天然黄茧蚕品种，适宜亚热带蚕区夏秋期应用，广

西各蚕区全年各造均可饲养；也可在长江流域、珠江流域夏秋季饲养。该品种的育成成为广西亚热带蚕区首个天然黄色茧蚕品种，为满足蚕业多元化发展和特殊用途原料茧市场需要提供品种保障。

家蚕抗血液型脓病新品种桂蚕N2的选育 桂蚕N2是抗家蚕血液型脓病的强健性夏秋用家蚕新品种，该品种特征特性：正交卵色浅灰，卵壳浅黄色，蚁蚕黑褐色，克蚁头数2300头左右，孵化齐一，趋光性、趋密性较强；反交卵色紫褐色，卵壳白色，蚁蚕黑褐色，克蚁头数2300头左右，孵化齐一。在常规条件饲养下，该新品种强健性、蚕茧产量和质量等主要经济性状与对照种两广二号相仿或略有提高；参加省级实验室鉴定结果：结茧率97.80%，虫蛹率97.07%，一茧丝长880.34米，解舒率83.25%，净度92.34分。省级农村联合鉴定结果：单张产茧量31.97千克，一茧丝长778.70米，解舒率77.47%，净度93.78分。抗病方面：经实验室定时添食NPV病毒，该品种的半毒死中量高达1109个/毫升的NPV多角体，比两广二号对照具有较强的抗家蚕血液型脓病特性。可以在广西各蚕区全年各蚕期饲养，特别在家蚕血液型脓病多发的蚕区和夏秋期饲养，更能表现出其强健丰产的特性，该品种的广泛应用将可以解决蚕农因家蚕血液型脓病多发而引起的减产和失收的问题。2012年已通过广西农作物品种审定委员会审定。

三倍体杂交桑“桑特优2号”及配套技术示范 该项目研究解决了“桑特优2号”良种繁育、高产高效栽培的关键技术问题，建成“桑特优2号”育苗基地，育苗5亿多株；建立新品种种植示范基地367.07公顷，进行大规模示范推广。2009～2011年，在广西累计应用3.698万公顷，取得显著的经济、社会、生态效益，累计增产蚕茧9671吨，累计新增产值3.81亿元，新增纯收益2.24亿元。三倍体杂交桑“桑特优2号”除在广西大面积推广外，在亚热带地区的越南、老挝及国内贵州、云南、广东等省区试验示范均表现良好，深受农民欢迎。该成果具有广阔的推广应用前景。2012年通过科技成果鉴定。

桑种子与桑果汁加工技术研究与开发 该项目在国内首先开发应用杂交桑种子园种子加工与果汁综合利用的集成技术，通过控制桑果的采收成熟度和压榨程度，既保证桑果出汁率，又保证桑种子的完好性。项目建成了桑树品种“桂桑优12”“桂桑优62”“桑特优2号”的桑种子生产基地；研究建立杂交桑种子园优质高产制种技术。项目建成桑果酒加工车间900平方米，冷藏库2个各100平方米，建成年产50吨桑果酒生产线1条，并已获桑果酒食品生产许可证；项目执行期内试生产桑果酒42.6吨，申请国家发明专利1项，制定杂交桑良种繁育技术规程1部，发表科技论文4篇。该项目超额完成了合同约定的任务指标，取得显著的经济效益和社会效益，对广西桑蚕产业发展起到了良好的示范、推动作用。2012年12月通过科技成果鉴定。

蚕桑产业信息采集及数据库建立 该项目构建基于Internet的广西蚕业信息报送系统、蚕种质量信息管理系统和蚕桑技术智能化咨询系统3个数据库，获得国家版权局软件著作权；建立了14个市级、80个县级蚕业信息采集点、33个蚕种生产相关单位的信息采集点，形成广西蚕业信息采集报送和监测系统。建立的信息数据库，已全面应用于广西蚕业生产与市场信息数据采集、蚕种生产销售计划制订、蚕种质量监督和蚕种生产经营监管、蚕业生产技术指导，取得显著的经济效益和社会效益，应用前景广阔。2012年通过科技成果鉴定。

【人才与创新团队】 2011～2012年，面向社会公开选聘1名技术总监及招聘8名本科专业技术人员，调入高级农艺师1名，并继续聘请国内20名专家担任该院客座研究员。有1人入选第十五批广西新世纪“十百千人才工程”，1人获“第五届全国优秀科技工作者”称号。

【科研平台建设与科研仪器设备】 该站在平台搭建上狠下功夫，加强科研创新平台建设，在广西创建了亚热带蚕桑育种与种养技术国家地方联合工程研究中心，并正式签约实施广西蚕业科技文化博览园项目。该站现拥有蚕桑品种选育室3500平方米，各类仪器设备415台（套）、桑园和试验田15公顷，保存桑树品种资源1350份、家蚕品种资源400份；拥有蚕种质量检验检疫实验室1200平方米，年检验蚕种量达600万张，是全国蚕种检验量最大的实验室。通过完善科研开发平台建设，提升研发条件和手段，并依托以上科研平台，聚集八方人才，开展合作研究，推进产业发展。

【科技交流与合作】 2011～2012年，该站与西南大学合作共建家蚕基因组国家重点实验室南繁基地和国家973重点项目研究用材料基地，成功完成了55个新型转基因蚕品种材料和241份珍贵的功能性蚕品种新材料的加代优选扩繁工作。选派1名“西部之光”访问学者到中国蚕业研究所学习深造。组织60名专业技术骨干赴浙江大学参加蚕业技术高级研修班学习培训，选派科技人员30人次到重庆、浙江、广东等地参加各类学术研讨会，开拓了视野和思路，广泛探讨合作途径。

（梁秀玲）

广西桂林茶叶科学研究所

【概况】 广西桂林茶叶科学研究所是广西唯一一家自治区级应用型茶叶研究机构，公益性事业单位，主要职能是面向全自治区开展以茶树品种研究、开发、技术推广为主，相应开展茶树栽培、病虫害防治、茶叶加工、新产品开发等方面的研究及技术服务工作。该所位于桂林市金鸡路17号尧山风景区内，隶属于自治区科技厅和自治区农业厅，占地32公顷，其中科研试验茶园、生产茶园、茶树品种资源圃（收集国内外茶树品种、品系达609个）、苗圃共23公顷。该所选育出桂红3号、桂红4号、桂绿1号、尧山秀绿、桂香18号5个国家级良种，桂香22号1个自治区级良种，以及国家级优质资源7个，优良品系28个。

2005年被评为“广西茶叶科技成果转化中心”，2008年成为全国茶叶现代产业技术体系综合试验站依托单位；2011年牵头组建“广西茶叶产业技术创新战略联盟”，为理事长单位；该所茶叶科技园2012年被农业部、国家旅游局认定为“全国休闲农业与乡村旅游示范点”。该所设有办公室、人事教育科、财务科、科研管理科、品种研究室、栽培研究室、加工研究室、广西桂林富通科技实业公司、茶叶技术咨询服务部等9个部门。

2012年末，该所在职职工79人，其中专业技术人员59人，具有高级专业技术职称15人，中级专业技术职称18人，硕士研究生以上学历7人；享受政府特殊津贴专家2人。

所长：林朝赐（1995年9月～2011年12月）
　　　蒋漓生（2011年12月～　）

【科技队伍】 2011～2012年，该所共招聘引进人才7名，充实了科研队伍，人才队伍总量和高学历人才逐步增加，年龄结构、学历结构进一步优化。截至2012年底，该所管理人员9人，专业技术人员59人。管理人员中本科以上学历4人，大专学历3人，中专及以下学历2人。专业技术人员中高级专业技术职称15人，占其总人数的25%；中级专业技术职称18人，占其总人数的31%；初级专业技术职称15人，占其总人数的25%。

【科研项目与经费投入】 2011～2012年，该所共承担科研项目46项，总投入经费755.5万元；其中国家级项目2项，投入经费104.5万元；省部级科技计划项目13项，投入经费470万元；基本业务专项支持项目22项，投入经费100万元；其他项目9项，投入经费81万元。2012年，该所作为牵头单位承担本年度广西科技开发计划中的农业产业科技攻关项目——“广西茶叶产业关键技术研究与示范”（子项目13项，承担单位21家），财政下达经费合计320万元。截至2012年底，已完成项目18项，达到国内领先水平2项，国内先进水平2项。

【科技成果与转化】 该所紧紧围绕科研中心工作，全力推进茶叶科研项目实施，为广西茶产业跨越式发展提供了科技支撑。2011～2012年，获广西技术发明奖三等奖1项、桂林市科技进步奖三等奖1项、梧州市科技进步奖一等奖1项；研制的名优茶获广西名优茶评比金奖3项、银奖2项、特等奖1项、一等奖2项；制订广西地方标准1项；获得国家发明专利1项，实用新型专利2项；发表学术论文38篇，参编学术专著1部。

红茶发酵适度检测方法的研究 该项目为解决红茶发酵适度判断难这一关键、共性的加工工艺问题，研究发明了用仪器检测红茶发酵适度的方法，显著提升了我国工夫红茶生产的技术水平，该方法与现行用人的感官判断法比较，具有准确、及时、可操作性的优点，解决感官判断的模糊性与不确定性问题，产品的制优率提高15%左右，从而稳定提高产品质量，有效提高产品在市场上的竞争力。项目实施共获得发明专利1项，制订广西地方标准1项，发表核心期刊论文4篇。项目的研究方法在自治区内外11家单位试应用，显现出定量控制的优势。该项目获2012年广西技术发明奖三等奖和2012年桂林市科技进步奖三等奖。

绿茶连续化加工清洁生产线研究与示范 项

目针对绿茶初加工存在的劳动强度大、效率低、产品质量不稳定和存在"二次污染"等问题，集成应用过热蒸汽杀青、烟气余热回收等具有自主知识产权的技术，实现了绿茶初制加工全过程中茶叶不落地、不与人接触产品的连续化、清洁化生产。项目实施完成了3种不同型号的蒸青绿茶连续化加工清洁生产线的设计，产品达到国家规定的卫生标准，质量超过传统机制茶质量。获得国家实用新型专利3项，发表论文4篇，建立示范基地3个，培训技术人员3000人次；在国内外推广生产线10条，获得新增产值15543.78万元、新增利税1948.29万元的经济效益，为当地茶农增收2124.64万元，取得了显著的经济效益和社会效益。

乌龙茶、绿茶低温真空干燥技术研究　项目通过对乌龙茶、绿茶低温真空干燥技术的研究，创新出一种新的干燥工艺，既保持冷冻真空干燥技术的优点，同时又克服冷冻真空干燥技术的缺点。与目前茶叶传统的热风干燥工艺技术相比，解决了干燥过程中乌龙茶香气容易损失和绿茶干燥过程中色泽易变黄褐的问题，达到较大幅度提质增效的目的。项目申报两项国家发明专利，其中"一种乌龙茶干燥的新方法"已获得授权，发表论文3篇。

上述技术经本所、贵港、福建、广东等生产企业试应用，产品的品质提高，特别是产品的商品性得以大幅度提升，使产品的卖点突出，实施期间共取得新增经济效益451.88万元。另外，在鲜花的干燥上取得了较好的效果，干燥的桂花、菊花、金花茶花等花卉很好的保留了其色、香、味、形，深受消费者的喜爱，售价成倍增长，取得了较好的经济效益和社会效益。

茶叶科技与文化普及教育基地建设与示范　该项目是在1999年实施的广西首批科技创新项目"桂林尧山旅游观光园——桂林茶叶科技园"的基础上，对软件、硬件设施进行了全面的完善和提升。首次在茶叶科普领域，实现茶叶科学、茶文化与旅游、经营相结合，将科普与企业融为一体，探索出一条科普与企业经营相结合的新模式，为科研院所创新发展提供了示范和经验。制作了一部《六大茶类加工技术》声像片教材，编写了一本《茶叶科普教材》书籍，同时首次将广西传统饮茶方法"打油茶"、茶餐进行研究和总结。

项目建设期间，成果技术在桂林茶叶科技园、桂林茶叶研究所技术服务部及广西茶区推广应用，取得了很好的经济、社会、生态效益。2010～2012年，接待国内外游客5万人次，培训11116人次，新增产值8299.5万元，新增利税3953.5万元。成果总体上达到了国内先进水平，在茶叶科普与企业相结合经营方面具有创新，达到国内领先水平。

【人才与创新团队】　经过近年来的不断引进和培养人才，该所科研队伍人员结构日趋合理、技术力量持续扩大、高层次人才显著增加。2011～2012年，该所通过"走出去，请进来"等方式，自行或联合举办培训班20多期，培训上千人次；参加各类专业知识培训班70多期，使广大职工进一步开拓了视野、增强了信心，提高了素质。该所已初步形成茶树品种选育与鉴定、茶树栽培模式与病虫害防治研究、加工工程技术研究等方向的创新团队。

2011年以来，该所注重强化内部管理，加强内部管理成效显著，先后制定出台了《工作业绩考核办法》《科研管理办法》《茶产品管理办法》《车辆使用管理规定（试行）》《工作纪律规定》《茶叶销售管理办法》《固定资产管理办法》等10多种制度或办法，进一步规范了内部管理，营造了想干事、能干事、干成事的良好氛围。特别是实施了《科研管理办法》以来，科技人员申报项目和撰写科研论文的积极性得到了大幅度提高，在申报科研项目、新增签订项目合同（课题任务书）、争取科研经费数量等均创下了历史新高。

【科研平台建设与科研仪器设备】　该所重视科研平台建设，坚持推进该所科研条件硬实力与研究平台软实力协调发展的方针，通过购置、引进、联合等手段，整合各方资源，不断提高科研基础条件建设，有效保障了科研工作的顺利开展。

【国家茶叶产业技术体系桂林综合试验站】　2011～2012年，国家茶叶产业技术体系桂林综合试验站根据国家茶叶产业技术体系的工作安排，进一步完善了组织工作，扎实开展科研、试验示范和技术推广；积极与基层农技推广体系合作，深入一线开展技术培训，推进地方茶产业发展。针对地方实际需求，与基层农技推广体系合作，深入一线开展技术培训，推进地方茶产业发展，针对地方实际需求，先后27次派出专家团队开展技术培训，共培训技术骨干上千人次，培训农民14100

人次。

广西茶叶产业技术创新战略联盟　为贯彻落实中央《关于推动产业技术创新战略联盟构建的指导意见》，促进广西茶叶产业又好又快地发展，2011 年 1 月 7 日，广西茶叶产业技术创新战略联盟成立。联盟成员组成涵盖了广西茶叶领域的企业、科研院所、大专院校等各种机构。

2011～2012 年，该所作为联盟理事长单位，牵头联系联盟各成员，以发展壮大广西茶叶为主线，按照产业联盟确定的发展目标和工作重点，组织联盟成员单位深入生产调查研究，相互学习借鉴，掌握广西茶叶生产情况，分析广西茶叶生产存在的关键共性问题。组织力量，围绕茶叶生产“省力化、标准化”、茶叶加工“连续化、自动化”以及产品“优质化、多元化”的目标，针对其中急需解决的重大、共性技术需求，加速产学研相结合步伐，开展技术合作，聚集产学研等创新资源，联合攻克制约产业发展的共性、关键、核心技术，提升产业核心技术竞争力和产业创新效率。

对外，该所积极配合落实“自治区主席院士顾问团”及“百名顶尖人才支撑工程”工作部署，先后邀请了联盟顾问中国工程院陈宗懋院士，国家茶产业技术体系首席科学家、中国农业科学院茶叶研究所所长杨亚军和国家茶叶产业技术体系加工研究室主任林智研究员等国内茶叶界领军专家深入广西梧州、三江、昭平、凌云等地考察指导，为广西茶产业发展建言献策。

在强化国家茶叶产业技术体系桂林综合试验站、广西茶叶产业技术创新战略联盟建设的基础上，2011 年，通过自身建设和努力，该所和昭平基地分别被认定为广西茶叶良种培育中心、广西绿茶加工标准化技术示范基地；广西桂林茶叶科学研究所茶叶科技园被认定为全国休闲农业与乡村旅游示范点。2011～2012 年，该所通过努力多渠道筹措到 200 多万元资金用于改善实验室和办公科研条件，建成专家、学员楼一栋，新建办公科研楼也即将交付使用，大大改善了该所科研基础条件。

【科技交流与合作】　在致力于“科技兴茶”的工作中，该所发挥专业优势，围绕广西茶产业广泛开展技术服务，与各产茶市有关部门及桂林市部分大专院校建立“结对共进”合作单位 21 个，成立广西茶叶科技服务星火学校 5 个，建立技术服务点 80 多个，加大茶农培训力度，加强茶叶科技产业服务。

通过承担“茶叶科普教育基地建设能力提升与创新示范”“茶叶科技与文化普及教育基地”等项目开展了形式多样的技术培训和科普宣传，普及营造“全民爱茶”理念。同时，坚持以会为媒，以会会友，积极组织参加广西科技活动周、广西发明创造成果展览交易会、中国杨凌农业高新科技成果博览会、广西农耕文化展及广西名特优农产品交易会、广西创意农业精品推介活动等大型活动，大力推介宣传科研成果，促进成果转化，为广西茶产业发展作出应有的贡献。

【品牌建设】　到 2012 年末，该所主要的产品品牌为“双桂牌”，正在打造的品牌为“天赐茶”，由“技术咨询服务部”负责管理和宣传推广，通过调结构、抓质量、创品牌、走高端、拓市场等措施，开发出了“特制毛尖”“漓江剑毫”和“天赐雪芽”等名优茶，并对科技成果进行中试、转化，对基层茶叶生产单位进行技术推广、指导。自主研制开发的茶产品桂林毛尖、漓江白毫、桂林银针、桂林三青茶、尧山冰鲜乌龙茶、桂花茶、六堡茶等深受市场欢迎。

（何建栋）

广西壮族自治区柑桔研究所
广西壮族自治区果蔬研究所

【概况】　广西壮族自治区柑桔研究所创建于 1965 年 12 月，1997 年 12 月增挂广西壮族自治区果蔬研究所牌子。2011～2012 年，该所主要从事以柑橘为主的果蔬种质资源收集、保存、鉴定与评价，新品种引进、脱毒、保存、筛选与应用，新品种选育，优质高效安全栽培，病虫害综合防控与检测，采后处理及贮藏保鲜，无病毒苗木繁育等方面的应用基础和应用技术研究，以及成果转化和技术推广工作。至 2012 年底，在职职工 110 人，其中专业技术人员 70 人。

所长：陈国平（2011 年 1 月～2012 年 5 月）

副所长（主持工作）：邓崇岭（2012 年 5 月～　）

【科技队伍】　至 2012 年底，该所有专业技术人员 70 人，其中具有正高级专业技术职称 4 人，副高级专业技术职称 17 人，中级专业技术职称 33

人，其他16人；拥有博士4人、硕士14人、本科学历30人、大专学历23人。2011～2012年间，从华中农业大学、中国农业科学研究院柑桔研究所、湖南农业大学、广西大学、广西师范大学、广西植物研究所等科研院校聘请了12位高级客座研究人员作为学术顾问。通过对人才的引进培养，已形成柑橘品种、柑橘栽培、柑橘植保、落叶果树和蔬菜5个方面的研究团队。

【科研项目与经费投入】 2011～2012年，该所共承担科研项目32项，投入科技经费377.4万。其中，国家自然科学基金项目1项，国家农业科技成果转化资金项目1项，经费共103万元；广西科学研究与技术开发计划项目15项、广西自然科学基金项目5项，经费共195.5万元；桂林市科学研究与技术开发计划项目7项，经费共47.4万元；其他3项，经费共31.5万元。2010～2012年，自治区财政厅共下拨自治区直属公益性科研院所基本科研业务费专项资金100万元，14个基本业务费专项课题研究获得支持。两年间通过结题验收项目17项，取得科技成果9项，其中达到国内领先水平3项。

【科技成果与转化】 2011～2012年，通过审定柑橘新品种1个；获成果奖励8项次，其中获国家科技进步奖二等奖1项、广西科技进步奖二等奖2项、三等奖2项，获广西桂林市科技进步奖一等奖1项、二等奖1项，获教育部科技进步奖一等奖1项；编著专业著作1部；制订广西地方标准4项；在专业期刊上发表论文68篇（其中SCI收录1篇，在核心期刊发表论文22篇）。

柑橘良种无病毒三级繁育体系创建与应用 本项目针对柑橘病毒类和检疫类病害检测时效性差、无毒种源应用滞后、良种繁育技术落后等突出问题开展系统研究，实现危险性病害的实时监测和防控预警，构建国际先进的柑橘无病毒良种三级繁育技术体系，通过创新良种推广模式，推动我国柑橘产业结构优化，取得十分显著的社会、经济和生态效益。成果发表论文84篇、标准6个、专利6个。其中，柑橘无病毒容器苗繁育技术，在主产省的99个良繁场应用，全国覆盖率85%，累计产值77.8亿元。该项目获2012年国家科技进步奖二等奖，该所是第三完成单位。

柑桔新品种“桂橙一号”选育及优质高效栽培关键技术研究与示范 “桂橙一号”品种是采用植物学形态、遗传性鉴定和分子标记分析相结合的方法进行选育。该品种的栽培技术在6年应用实施基础上总结优质高效栽培关键技术一套；建立“桂橙一号”原种保存圃0.15公顷，无病毒苗圃2.733公顷，繁育无病毒苗木82.36万株，提供接穗201万芽；建立试验示范果园56.87公顷，平均亩产3849.5千克；优质果率95.34%；培训果农7170人次，发表论文7篇，制作了“桂橙1号优质高产栽培技术”宣传光碟一套，累计推广面积1966.67公顷，3年累计产值46620万元，新增利润23926万元，经济、社会和生态效益显著。该项技术达到国内同类领先水平，获得2012年广西科技进步奖二等奖、2012年桂林市科技进步奖一等奖。

广西柑橘黄龙病疫情普查、防控技术研究与推广 该项目全面普查广西柑橘黄龙病疫情发生情况，掌握了疫情分布和动态；明确了黄龙病及柑橘木虱发生规律，建立了柑橘木虱预测预报体系；通过对柑橘植株的各个器官感病情况进行研究，首次从花粉、种皮和胚乳中检测出黄龙病菌。创新出“动力烟雾机防治柑橘木虱”“飞机施药防治柑橘木虱”和“沤埋法”清除病树残桩技术，开辟了区域性防治柑橘木虱和清除病树残桩新途径。组装集成了柑橘黄龙病菌大规模快速检测技术；首次制订标准5个；健全了柑橘无病毒苗木繁育体系和以防控柑橘木虱为重点，以种植无病苗木和清除病树为基础的柑橘黄龙病综合防控技术体系。技术推广应用面积累计达到54万公顷，全自治区柑橘黄龙病病株率下降至2011年的0.8%，经济、社会和生态效益巨大。该项目获2012年广西科技进步奖二等奖，该所是第三完成单位。

金柑避雨避寒高效优质栽培技术示范推广 该项目在提高金柑单果重量和产量，金柑果实生长发育规律、金柑果实成熟期间树冠盖膜果实品质变化规律与金柑地粉蚧最佳防治时期试验研究等方面取得了创新性成果。制订了广西地方农业标准2个，完成了视频教程1个，发表论文3篇，举办技术培训班330期次，示范推广金柑避雨避寒栽培技术7740公顷，新增产值8.20亿元，利润7.27亿元。该项成果达到国内同类研究先进水平，获得2012年广西科技进步奖三等奖。

早晚熟优质脐橙新品种引进筛选与示范 该项目引进了Bellamy、Lanelate、Neilson、Summergold、Navelate、脐晚、Hutton、Bellamy和石棉脐橙品种，弄清其成熟期、适应性、丰产性、

抗病性、果实品质、生物学特性等综合性状表现；通过茎尖嫁接首次获得了8个品种的无病单株14个；首次观察研究了Bellamy、Lanelate、Neilson、红肉、Summergold、Navelate、脐晚、Hutton和石棉脐橙的花芽分化、落花落果规律，弄清了上述脐橙品种的坐果率、裂果率、脐黄率及Bellamy、Neilson脐橙的果实生长发育规律；从中筛选出福本、红肉、Bellamy、Summergold、Neilson、Hutton6个适合在广西种植的脐橙品种，发表研究论文18篇。共培育无病苗16.05万株，推广应用188.5公顷，直接新增产值3122.18万元、利润2402.53万元。该项成果达到国内同类研究先进水平，获2011年广西科技进步奖三等奖、2011年桂林科技进步奖二等奖。

柑橘新品种"柳城蜜橘"2012年通过广西壮族自治区农作物品种审定委员会审定，审定编号：桂审果2012013。由柳城县农业局、广西柑桔研究所、华中农业大学、柳城县凉水山林场共同选育。柳城蜜橘树势壮旺，树冠圆头形，枝梢细长而密。部分苗木及幼龄树枝条有刺。叶片长椭圆形，叶顶端急尖，叶基狭楔形，翼叶线性，叶缘浅波缘，叶形指数2.58～2.80，春梢叶片长7.68～9.29厘米，宽2.79～3.52厘米。春稍长4.53～16.74厘米，粗0.180～0.358厘米。花小，单生，完全花，花瓣披针状，5瓣，花瓣长13.0～15.8毫米，花瓣宽5.0～6.2毫米；雄蕊17～21枚，花丝完全联合，花柱直立。果小，扁圆形，果形指数0.61～0.75，果实横径39.8～52.7毫米，果实纵径25.5～35.4毫米，单果重33.34～48.50 g。果肩平，果顶微凹，橙黄色，有光泽；油胞中等大。果实于10月下旬成熟。

【人才与创新团队（人才小高地建设、博士后科研工作站）】 2011～2012年，作为国家现代农业柑橘产业技术体系桂北柑橘综合试验站、广西现代农业产业技术体系柑橘创新团队栽培功能专家岗位、广西现代农业产业技术体系桂林柑桔综合试验站依托单位，以及"一年两熟葡萄栽培技术研究"八桂学者创新团队设岗单位，该所高度注重人才与创新队伍的建设，积极引进和培养高学历人才，构建人才梯队。成功引进博士后1人、博士2人、硕士2人；培养硕士2人，支持培养1名硕士并已学成归来；派遣1人赴美国农业部农业研究院进修学习；有6名科技人员分别晋升研究员、推广研究员和高级农艺师。精心挑选2名德才兼备潜质好的技术骨干到国内高等院校学习深造，进行学历教育。

【科研平台建设与科研仪器设备】 2011～2012年，该所被认定为自治区柑橘良种培育中心、获准组建广西工程技术研究中心。"柑桔种质改良与生物技术应用重点实验室（培育）"进入认定准备阶段。建设期间，该所整合了中心实验室、组培中心、生测中心和无病毒苗木繁育中心，同时自筹经费新建300平方米的植物营养元素分析测试中心，使现有实验室面积达2500平方米。利用自治区科技厅实验室仪器采购专项资金214万元新增仪器设备49台（套），购置了原子吸收光谱仪、气相色谱仪、高效液相色谱仪、定量PCR仪、凝胶成像系统、高速冷冻离心机、超低温冰箱等仪器设备。可开展植物生理生化、分子生物学、细胞工程、基因工程、种质资源与种质改良等方面的研究工作。实验室还拥有柑橘种质资源圃、脱毒鉴定温室、种苗繁育试验研究网棚和品种观察试验大棚11.67公顷以及新品种展示与比较试验基地25公顷。仪器设备设施总值达1367万元，拥有原值达717万元的仪器设备272台（套），原值650万元的试验温室网棚12公顷。

【科技交流与合作】 2011～2012年，该所继续采取多学科、多部门联合方式加强与美国农业部农业研究与服务署、美国糖业公司越南太原农林大学以及越南果蔬研究院等国外研究单位的科技合作交流。与国内的华中农业大学、西南大学（中国柑桔研究所）、湖南农业大学、广西师范大学、上海交通大学、广西大学和桂林农业专科学校等优秀院校和研究机构开展了广泛的学术交流并建立了长期合作关系。两年间，该所科技人员到外地参加国际国内学术交流及学术活动50多人次；邀请国内外知名专家到实验室进行学术交流22人次；参加学习交流300多人次。科技交流与合作的开展活跃了学术氛围，提高了科技人员的技术水平和业务素质，并取得了一定的合作研究成果。

（罗世杏）

广西壮族自治区气象减灾研究所

【概况】 广西壮族自治区气象减灾研究所成立于

1984年，它的前身是广西壮族自治区气象科学研究所，是自治区气象局的直属气象科研机构。牵头开展气象科技应用研究、技术开发和技术推广工作，承担农业气象、卫星遥感应用业务工作，是广西气象科技创新基地和气象科技人才培养基地。2001年7月根据广西壮族自治区气象局事业结构调整的需要正式更名。

该所面向广西社会经济的发展、气象基本业务系统建设和气象科技服务、科技产业、研究广西气象灾害的监测、预警以及防御和救灾对策各个方面的重大问题和关键技术。作为广西气象部门的科技创新基地，它努力为广西气象科技人员提供良好的科研环境，在科学研究中扮演着重要角色。

【科研项目与经费投入】 2011～2012年，在项目申报、获得立项项目、项目研究成果、气象业务服务工作、撰写科技论文等方面均保持良好的发展势头。共获得项目资助经费370多万元，立项项目26个，其中获得科技部下达项目2个，广西自然科学基金5个，中国气象局下达项目2个，发改委小型业务项目4个，气象行业标准项目4项，横向项目10项；以该所为第一完成单位在国内各类刊物上发表核心论文15篇，参加国际会议交流12篇，其中EI收录7篇、SCI收录2篇、ISTP收录3篇。获得广西科技进步奖二等奖2项；获得计算机软件著作权登记3个。

卫星与自动站资料分析处理系统集成开发 该项目是2011年中国气象局下达的气象关键技术集成与应用项目。以开展卫星云图、自动站、雷达等各种非常规观测资料综合分析处理和应用研究为目的。2011年4月“卫星与自动站资料分析处理系统”V1.0正式进入试运行，分析处理结果参加了全国重要天气过程会商3次，全自治区天气会商5次，均取得了较好效果，为加强对流短临预报提供了较为可靠的客观分析依据。2012年，该项目又在国家自然科学基金项目和广西自然科学基金等多个项目的支持下，探索卫星资料在中尺度天气系统的应用研究，建成了广西前汛期主要暴雨类型的中尺度概念模型，升级了“卫星与自动站资料分析处理系统”v1.0版本，即“中尺度对流过程和模拟系统”，至2012年底，该系统已投入业务试用。

北部湾台风、暴雨灾害流形学习数据挖掘和智能计算客观集合预报建模理论方法研究与应用 该项目是2011年广西自然科学基金重点项目。至2012年底，该项目已建立了径流总量预测模型、3种粒子群—神经网络台风强度集合预报模型、基于径向基—神经网络的小波支持向量机集合预报模型，并提出了一种新的基于遗传算法（genetic algorithm，GA）和模拟退火算法（simulated Annealing，SA）的神经网络集合降水预报模型。这种新的算法将metropolis容许准则融入交叉算子中，能较好的保持了上一代的优良特性，并减少遗传算子的破坏性影响。利用新的GASA－NN模型对广西柳江的暴雨径流进行预报试验，结果表明，该算法与传统的暴雨径流预报方法相比，显示了较好的预报效果。

2012年，自治区政府为精细化农业气候区划工作提供专项经费150万元，用于开展广西大宗农作物精细化农业气候区划工作。在过去完成广西综合农业气候区划、广西特色作物和优势农产品精细化气候区划的基础上，至2012年底，已初步完成了广西水稻熟种搭配农业气候区划及广西桑蚕区划；在市县级农业气候区划方面，初步完成了油茶种植的精细化农业气候区划；初步完成了两个体系示范县——上思县甘蔗精细化农业气候区划、柳城县甘蔗及蜜桔精细化农业气候区划、环江县桑蚕及水稻精细化农业气候区划、北海市果蔬大棚精细化农业气候区划及其冷害和高温热害风险区划、北海的台风、暴雨、低温冷害、干旱、雷电灾害风险区划及其防御区区划。

【科研成果与转化】 2011～2012年，在天气预警预报技术、农作物遥感长势监测与估产、生态环境遥感调查与生态质量气象评价等方面取得一大批科研成果，同时注重科技成果快速转化，使气象业务服务逐渐向高时效、精细化发展，业务服务水平和能力明显提高。

生态遥感监测技术为制糖企业服务 在传统甘蔗产量统计模型基础上，综合考虑不同长势的甘蔗所占比例、遥感估算的甘蔗种植面积、各种灾害等因素，建立了甘蔗产量预测模型，并对2011年度南宁市区域南糖辖区甘蔗产量进行了产量预测，预测精度达到了97.4%。2012年还建立了提供甘蔗生产信息服务的服务产品发布系统平台，逐日滚动更新甘蔗生产气象决策信息。为南宁糖业股份有限公司提供遥感技术服务的示范作用下，2012年，该所进一步将该项工作拓展到上思县。在上思县党委、政府、上思县糖业部门以及上思县气象局的大力支持和协助下，开展了包括上思县甘蔗种植分布遥感信息的识别与提取、甘蔗种植面积估算、野外调查验证、甘蔗长势动态监测以及蔗糖产量预报等专项气象服务工作，取得较好的服务效果。同时继续利用 HJ 数据针对样本区继续开展广西水稻长势监测业务和服务工作，并利用多时次环境减灾卫星数据对广西晚稻主产县市的水稻种植面积进行了调查，开展决策气象服务。

神经网络客观预报系统在预报应用中效果显著　南海台风遗传—神经网络客观预报系统，是国家自然基金“模糊神经网络和粗集理论的数值预报产品释用预报研究”项目的研究成果。2007～2011 年，该系统连续 5 年参加了全国气象预报广播，相对于全国其它各种参与评定的强度客观预报方法，该预报工具预报精度经评定均排名第一。热带气旋路径预报方面，经过不断对模式进行升级改进，在参加预报评定的国内外全部的 15 种客观方法和数值预报模式中排名第三，与欧洲中心和日本数值模式的预报相比略有误差，较国内其他 13 家客观方法和数值预报模式的预报结果精准。

气象卫星资料在生态环境监测的应用与研究　2012 年以多源卫星遥感资料为主，辅助气象、环境和其他信息，综合利用“3S”技术，以桂西岩溶石山区和十万大山重要生态功能区为试点，构建生态环境评估模型和分级指标，确定了广西典型生态环境气象监测与评估的技术、方法、流程，设计并完成了“广西典型生态环境气象监测与评估”业务系统平台的构建，并在业务应用不断试验、补充和完善，使研究成果满足业务需求并形成业务能力，取得明显效果。以 NASA 数据中心产品，对广西十万大山和桂西岩溶山地两个典型生态功能区植被进行动态监测，开展植被年内变化特征及年际变化趋势分析和两个典型生态区植被 NDVI 与降水量和气温的相关性分析。

继续开展无人机应用实验工作　2011 年 5 月，无人机组参加全国草原防扑火演练活动，无人机在草原防火工作中的应用前景再次得到农业部草原防火办领导的肯定。2011 年 10 月，无人机参加了第八届中国—东盟博览会高新技术展，最新的无人机应急监测系统样车及飞机系统在展会上受到了海事、供电、物流等部门的关注。

2012 年完成了新型飞翼布局无人机的地面调试和气动空中飞行测试工作，同时开展了无线通讯链路测试、导航系统地面和空中调试等工作。与中国气象科学院大气成分研究所签订《大气边界层无人机探测与化学采样试验》合同书，多次赴北京、四川、陕西等地进行研讨学习，明确了大气采样设备的操作、运行条件和采样要求。结合现有无人机的情况，拟定了设备搭载方案、飞行采样方案和飞机改造方案，已按照工作计划进入无人机设备改造阶段。

【人才与创新团队】　2011～2012 年，该所培养在读硕士研究生、博士研究生各 1 名，并取得相应学位。

遥感应用研发团队、人工智能预报方法研究团队、气象 GIS 三个创新团队继续围绕广西农业气象、生态气象与遥感的科研和业务，结合广西气象局气象科技人才队伍建设目标，以广西气象部门特聘专家、学科带头人等高层次人才为核心，组织科技业务骨干、青年新秀以及其他科技人员，在科研与业务服务工作中发挥重要作用。

【科研平台建设与科研仪器设备】　2011 年，该所购买了光温水自动监测系统 2 套。通过对植物生长环境相关生态因子的监测，研究气象条件与生态系统、环境之间的相互关系和作用机理，有效解决了农业生产中的气象问题，科学合理地利用气候资源和其它自然资源，预防和减轻农业自然灾害影响。至 2012 年底，我们已在桂林的临桂、柳州的沙塘两地安装该系统，监测水稻作物的生长环境。

【科技交流与合作】　2011 年，该所协助自治区气象局完成广西 8 个申报搬迁的国家气象台站环境评估工作，完成基于 GIS 和遥感技术下，台站历次迁站过程详图、评估台站周边 100～200 公里范围内国家级气象观测站分布图、台站现址周边不同分辨率的卫星遥感图和地形图。同时，该所还积极协助 15 个县气象局完成了当地地表类型分布图、地形图和河网分布图等为规划编制、区划研究工作。

2012 年 4 月，该所承办了“气象卫星应用发展专项规划实施研讨会”和“全国卫星遥感技术交流会暨卫星遥感应用试验基地 10 周年座谈会” 2 个全国性会议。本次研讨会是《气象卫星应用发展专项规划（2010～2015 年）》印发以来首次召开的全国性规划实施进展交流研讨会。全国卫星遥感技术交流会暨卫星遥感应用试验基地10周年座谈会总结并展示了广西气象减灾研究所及其他兄弟单位近10年在卫星遥感应用经验和成果，研讨进一步加强卫星遥感和气象业务特别是省级气象业务的结合，提高卫星遥感对气象预报预测、防灾减灾、应对气候变化和开发利用气候资源的支撑能力。

2012年2月，自治区气象局与自治区农业厅在南宁签署防灾减灾工作合作协议。2012年，该所业务技术人员与自治区农业厅水果总站专家联合开展了香蕉生产情况调查，并撰写了调研报告。与自治区农业厅等相关部门建立了在重大灾害性、转折性天气出现期间和关键农事季节联合会商的机制，多次开展春播春种农业气象条件分析会商、广西晚稻寒露风影响等农情农事联合会商，共议应对策略，联合开展灾害监测预警和评估、技术研究、农业气象服务等，充分发挥气象为农业生产服务的职能和作用。

2012年，该所与新疆维吾尔自治区气候中心积极开展跨省区合作，联合开展新疆库尔勒市香梨遥感调查及香梨信息系统建设工作，已经取得初步成果。

2012年，该所组织召开气象GIS应用联合实验室产学研工作交流会，与广西师范学院、北京超图软件股份公司就产学研基地就有关科研成果进行了汇报，并就下一步在农业区划、气象灾害监测预警、生态环境监测、服务产品输出等各个方面的合作需求和意向进行了深入细致的交流。

【基础业务】 2011～2012年，该所完成各类农业气象旬（月）报、农业干旱综合监测、智能农业决策服务、土壤墒情监测、农用天气预报、春耕春种、夏收夏种、秋收秋种气象服务、甘蔗病虫害等级预报、林业病虫害气象预报等服务产品、气象影视服务产品、农情进度汇报产品、中国天气网为农服务产品等合计711期。每季农业气象情报质量总评分/全年农业气象情报质量综合评分的目标值≥2.50。每季农业气象情报质量总评分/全年农业气象情报质量综合评分的目标值≥2.50，业务质量保持平稳运行。圆满完成广西早、晚稻产量以及全年粮食总产趋势和定量预报。完成植被指数、林火、水情、干旱、洪涝、甘蔗、水稻等遥感监测业务服务产品共计354期。

【气象服务】 2011年，该所协助气象防灾减灾2个体系建设试点县田东县开展一系列特色现代农业气象服务。一是开展2011年芒果成熟期预测等专项气象服务，编制田东县7月～8月期间各级降雨出现频率等服务产品，县政府以此为依据确定了2011年田东芒果节的开幕日期，并保障了芒果节圆满成功。二是积极协助田东县气象局把天气预报信息、气象为农服务产品、气象科普知识等防灾减灾方面内容与田东其他的“一办三中心”的服务内容集约到田东县祥周镇的政务大厅的触摸展示屏中，使普通老百姓能更便捷了解到气象知识。三是制作完成广西及田东县暴雨灾害风险度实时监测评估产品，完成广西暴雨灾害风险区划图及田东、苍梧县暴雨灾害风险区划图。四是利用基础地理信息、卫星遥感等资料为广西15个“两个体系”建设试点县灾害防御规划编制了水系、高程、卫星遥感、植被等重要图件。

2012年，该所指导和协助梧州、柳州、河池、北海等两个体系示范市（县）气象局等开展气象灾害防御规划工作。一是编撰了柳州市、柳城县、梧州市、梧州市城区（包括万秀区、蝶山区、长洲区）、蒙山县、藤县、岑溪市等地的暴雨灾害致灾因子危险性分布图、暴雨灾害承灾体易损性分布图、暴雨灾害抗灾力分布图和暴雨灾害风险区划图等共35幅以及柳州市、柳城县、梧州市、梧州市城区、苍梧县、藤县的干旱灾害风险区划图件36幅。编制完成了环江县等细化至村级的暴雨灾害风险区划图件。二是指导河池市环江县完成了水稻、蚕桑种植精细化气候区划，制作了两种作物的精细化气候区划图。三是与北海市气象局合作举办精细化农业气候区划和农业气象服务技术培训，并到示范点进行实地调查，了解大棚果蔬种植情况。四是积极将行业专项“农业气候资源区划成果”及广西科技计划项目“基于GIS的广西暴雨风险度实时评估系统”和中国气象局业务建设项目“农业干旱监测评估系统”等科研成果应用于气象为农服务中，将作物区划图、灾害的实时监测评估图等充实到农用天气预报、夏收夏种服务专报、秋收秋种服务专报等业务产品中，图文并茂，提高了产品的科技含量和可用性。

【信息化建设】 完善业务流程　该所积极推进与北京超图软件股份有限公司和广州全讯软件有限公司合作，基于B/S的新一代农业气象业务系统平台经过多次升级改造，系统框架构建基本完成，部分功能模块已经开发完成。同时，该所组织技术骨干不断完善“农用天气预报业务平台”“农业干旱监测预报与农情分析系统”“HJ－1卫星数据预处理软件”“生态环境气象监测与评估应用软件”“多源卫星洪涝监测评估软件系统”“卫星遥感产品发布系统”“卫星与自动站资料分析产品”以及“基于GIS的广西暴雨灾害风险度实时评估业务系统”，更加大了面向业务实际所需求的统计、制图等功能模块的研发力度。不断完善和规范业务流程，提高业务和服务产品的质量和效益。

广西遥感本底信息数据实现全自治区共享　以HJ－1卫星遥感数据为主要信息源，开展了广西全境2012年的遥感本底信息解译调查，完成广西全境的森林、灌草、农用地、城镇、地表水体、道路以及岩溶石漠化、水土流失等遥感本底信息调查工作，获取广西2012年的8类遥感本底信息数据，并基于GIS技术完善了省、市、县三级的遥感本底信息数据库。在全自治区气象部门范围内实现了信息共享。为开展气象业务、气象科研、作物长势监测、气象灾害监测评估、生态环境监测评估等提供了丰富的基础信息数据。

开展暴雨洪涝灾害风险普查　该所暴雨洪涝灾害风险普查工作于2012年初开展。主要完成洛清江的中小河流域和山洪沟边界信息的提取、编码以及基本情况的普查工作；绘制洛清江中小流域及山洪沟分布图、地形图、水系图、气象站和水文观测站点分布图、山洪地质灾害泥石流及滑坡点分布图、流域山洪沟人口分布图、流域乡镇人口分布图。

（李玉红）

广西壮族自治区化学纤维研究所

【概况】　广西壮族自治区化学纤维研究所座落在首府南宁的南湖北滨，前身系中国科学院广西分院应用化学研究所，始建于1959年10月19日，1962年改为广西壮族自治区科委中心实验室，1965年改为广西壮族自治区化学纤维研究所，2000年由事业性质科研院所转制为国有科技型企业，2001年在南宁沿海经济开发区投资建设中试基地，2004年完成企业法人工商登记注册。该所设有科研开发室、综合办公室、财务科、化纤纺丝厂、吹塑加工厂、注塑加工厂及科腾有限责任公司。现已发展成为一家集科研开发和生产经营为一体的自治区级应用开发类科研机构和科技型企业。涉及化学纤维、高分子材料、纺织助剂、精细化工、塑料制品和环境保护等行业和领域。

【科技队伍】　至2012年末，该所共有科技人员16人，占职工总人数的30.77%，其中具有高级专业技术职称4人，中级专业技术职称7人，初级专业技术职称3人，聘用专家1人。科技人员专业覆盖化学纤维、高分子材料、化工、纺织等，主要从事化学纤维，精细化工，塑料制品等领域的技术研究和产品开发及生产工作。承接涤纶、丙纶、单丝工厂设计；为纤维素材料加工企业新产品研发探索工艺条件；为塑料加、塑编工厂提供技术支持等。

【科研项目与经费投入】　2011～2012年，该所根据产业化发展实际和市场需求信息，积极做好各类科学研究与技术开发项目和基金项目申报工作，开展新产品研究开发，引进吸收先进实用技术，提高研究开发产品市场竞争力。

2011年，在研科研项目有产业化项目《包装VAE乳酸用高档塑料桶产业化》、产业化项目《包装磷酸用高档塑料容器产业化》、广西自然科学基金项目《蔗渣纤维无机物复合膨化材料及其复合机理的研究》、产业化项目《高档塑料包装桶制造产业化》、广西自然科学基金项目《蚕丝丝胶蛋白基水凝胶膜及其溶胀动力学的研究》，其中广西自然科学基金项目《蚕丝丝胶蛋白基水凝胶膜及其溶胀动力学的研究》于2011年通过自治区科技厅验收，全年科研经费投入共140万元。

2012年，在研科研项目有产业化项目《耐低温佛灯油脂PE包装桶产业化》、产业化项目《包装VAE乳酸用高档塑料通桶产业化》、广西自然科学基金项目《蔗渣纤维无机物复合膨化材料及其复合机理的研究》，通过自治区科技厅鉴定验收项目有产业化项目《高档塑料包装桶制造产业化》、产业化项目《包装磷酸用高档塑料容器产业化》，全年科研经费投入共180万元。

【科技成果与转化】　加快推进科技成果产业化，提高企业核心竞争力，是实现该所更好更快发展的必然选择，也是该所科研和产业化改革转制以来取得发展的重要支撑。

通过自治区科技厅支持的成果产业化项目和自有资金，建成良庆玉洞中试生产基地，支持了广西化学纤维研究所的改革转制工作顺利进行及经济发展，通过产业化项目科研成果与转化的实施，建设了塑料工厂厂房和年产1300万只吹塑生产线以及年产5000万只注塑生产线，购进先进的国产塑料机械及附属设备，提高塑料制品的质量好生产能力，增强了市场竞争力。2011年产业化项目产值为1425万元，2012年产业化项目产值为1600万元。

【人才与创新团队】 广西化学纤维研究所以现有科研条件为基础，通过申报、实施科研项目带动、培养科技人员，使科技人员在工作中学习、提高，通过推出新技术新成果不断成长。

2011～2012年，该所以自主创新作后盾，以产品创新为重点，围绕塑料制品这一主导产品编制滚动性技术创新计划，建立和完善以企业为主体、市场为导向、产研相结合的创新人才培养体系，造就了一支创新能力强、有高素质的产品研究开发、内部管理、市场营销人才的创新团队。

【科研平台建设与科研仪器设备】 该所良庆玉洞中试基地不仅是产业化的平台，更是以项目为载体的科研、融资大舞台，通过整合现有科技资源，优化资源配置，加强了科技创新平台建设。2011年，良庆玉洞中试基地科研仪器设备新增投资30611.11元；2012年，该基地科研仪器设备新增投资共288333.34元。

【科技交流与合作】 2012年12月1日～4日，中国化学纤维工业协会、中国纺织工程学会化纤专业委员会李瑞高级顾问（原常务副主任）等2人来到该所，围绕广西特色生物质资源竹子开发利用，解决纺织纤维原料先端化不良问题，促进生态环境保护和社会经济的可持续发展进行调研。期间与自治区工业和信息化委员会副巡视员蒋满及广西化学纤维研究所相关技术人员就利用广西速生桉树、甘蔗、蚕茧产量居全国第一位的优势，推进生物质高分子纺织新纤维科技创新和装备研发进行了交流。

【广西科技活动周】 2011年1月7日～11日，该所参加第二十届广西科技活动周，该届活动周主题为科技支撑发展、创新引领未来。该所以展品、展板形式参加在广西展览馆举办的广西新技术新产品交流交易会高等院校科技创新服务能力及技术转移成果展，获得组织先进单位三等奖的表彰。2012年1月7日～11日，该所参加第二十一届广西科技活动周，该届活动周主题为提升自主创新能力，促进发展方式转变。该所以展品、展板形式参加在广西展览馆举办的广西新技术新产品交流交易会科研院所科技创新服务能力及技术转移成果展，展示该所为企业科技创新提供服务的能力及可向产业转移、转化的科技成果。获得组织先进单位三等奖的表彰。

（李庆春）

广西壮族自治区纺织服装设计研究所

【概况】 广西壮族自治区纺织服装设计研究所建于1985年，2000年由事业转制为企业。隶属广西壮族自治区国有资产监督管理委员会。是广西唯一的国营服装专业性研究机构，集“科、工、贸”于一体，技术力量雄厚，拥有服装设计、服装工艺、电脑技术、纺织工程、机械等各类初、中、高级专业技术人员39人，员工180人。总资产1500万元。各式服装年加工能力十五万套以上。

该所受广西北部湾投资集团有限公司的委托，进行了全套高速公路管理人员及收费员制服的款式设计，设计作品得到领导的肯定，成为广西北部湾投资集团有限公司沿海高速公路制服生产定点厂家。

该所已被世界品牌如“花花公子”、“PALMER”（花雨伞）、“老爷车”等指定为定点生产加工厂，优质出口西服、西裤、衬衣、夹克等产品销往欧美、香港、台湾及东南亚市场，生产的产品质量优良，受到外商外贸的好评。开发产品经广西壮族自治区纤维检验所检测，各项技术指标均达到国家标准GB/T2664－2001优等品要求。

该所生产的产品质量稳定、优良，产品已通过ISO9001：2000国际质量管理体系认证，并连续几年均经严格复检继续通过国际质量管理体系认证。

【科技工作与改革创新】 2011～2012年，该所完善产业化生产基地建设，在原有基础上对服装CAD进行深入的技术应用研究，引进全套现代高新设备——服装电脑CAD/CAE/CAPP/CAM辅助设计系统，以及世界一流的服装生产专用设备，为服装产品生产注入了高新科技内涵，使服装设计和生产得到有机的结合，为确保产品质量及交货期提供了可行的信誉保证。被最高人民法院司法行政装备管理局确定为全国法院系统审判制服加工推荐企业，同时也是自治区内许多单位的行业服装定点生产厂家。

【科研项目与经费投入】 2011～2012年，自治区科技厅向该所下达科研项目《广西高档服装制造业进口加工专用设备的引进与集成创新研究》，资助成果转化专项经费共100万元，通过专项经费的资助，该所购进部分进口服装加工专用设备，以及对生产车间环境改造，使该所在服装科研和服装生产上达到设施完善、技术成熟、规模生产、经营规范，形成完整的服装加工产业化基地。

【科技成果与推广应用】 该所生产的“彩丽达”服装产品是经国家商标局注册的优质产品。产品均采用高科技电脑CAD/CAE/CAPP/CAM先进技术，在配套齐全的日本、德国生产的服装加工设备和西服生产流水线下进行优质的生产。先进的制作工艺为新型的产品注入了全新的技术含量。经过多年来的不断开发研制，多项科研成果不断转化为生产动力。“彩丽达”商标西服产品已创造了广西高档西服最好水平，并被国内一线品牌西服委托贴牌生产。

该所开发有服装产品四大系列：出口西服、内销西服、职业服装、男女时装等，历年来该所承制的职业服装在广西各行各业中有良好的信誉，如：自治区国税局、自治区地税局、自治区高级法院、自治区技术监督局、南宁海关、自治区邮政局、自治区电信局、柳州铁路局、南宁客运段、自治区高速公路管理局、自治区公路运输管理局、南宁市城市管理综合执法支队、广西中烟集团、南宁糖业集团等行业和单位职业服装均在该所加工，返修率均低于2%，从未因交货期延误而发生索赔现象。

【人才与创新团队】 2011～2012年，该所举办服装专业知识培训班2次，培养技术人员12人，技术工人60人，提拔一批年轻的技术人员作为技术骨干。由所领导亲自抓，建立一个由中、青年技术骨干组成的创新团队，成立服装研发中心。

（黄剑庆）

广西壮族自治区冶金研究院

【概况】 该院建于1958年，是广西唯一的省级冶金和有色金属工业科学综合性应用开发研究设计单位，隶属自治区国有资产监督管理委员会，于2008年12月加入广西有色金属集团有限公司。院下设业务机构有：资源应用研究所、冶金化工研究所、金属材料研究所、自动化（机电）研究所、工程设计研究分院、分析测试中心、矿山工程设计研究所等七个专业所。广西铟基材料工程技术研究中心、广西千亿元产业平台——广西有色金属研发中心、广西冶金生产力促进中心、广西合金材料中试基地、广西有色金属科技情报中心站均设在该院。全院占地面积7.38万平方米，建筑面积6.5万平方米，资产总额1572.43万元，设备仪器500台（套），其中国家规定的23种大型精密仪器9台（套），馆藏中外文图书资料10多万册。建院50年来共完成国家和地方研究项目1500多项，荣获国家级省部级奖励42项，申请专利获得20多项。

该院已于2001年4月20日完成了企业注册登记，成为全民所有制科技型企业。2006年7月取得了ISO9001：2000质量管理体系标准认证；设计分院于2008年8月取得了冶金行业（金属冶炼）及建材行业（非金属矿及原料制备）工程设计乙级资质；分析测试中心于2008年5月取得自治区质量技术监督局颁发的计量认证证书；2010年获得自治区国土资源厅认定地质勘查资质（乙级）证书；2012年设计分院获得中华人民共和国国家发展和改革委员会颁发的工程咨询单位丙级资格证书；2012年通过了自治区科学技术厅、自治区财政厅、自治区国家税务局、自治区地方税务局4部门的高新技术企业复审。

截至2012年底，该院在职职工人数为184人，高级工程师23人，中级工程师46人，助理工程师61人，技工29人；大专学历32人，占该院职工人数的17.4%；本科学历86人，占该院职工人数的46.7%；硕士以上学历25人，占该院职工人数的13.6%；大专以上科技人员143人，占该院职工人数的77.7%；从事研究开发人员为136人，占该院职工人数的73.9%。

院长：黄进文（2007年5月～ ）

【科技工作与改革创新】 该院科学研究和技术服务的主要方向分为：资源应用研究所主要从事有色金属、贵金属、黑色金属、非金属的选矿技术研究、选矿设备和药剂的研发及技术服务工作；冶金化工研究所主要从事有色金属提取冶金过程中新技术、新工艺、新装备和新材料的研发及技术服务工作；金属材料研究所主要从事具有特殊性能合金材料的研发和铁合金企业技术服务工作；自动化研究所主要从事选矿、冶炼行业的在线检测、自动化控制等系统的研究与开发；设计分院主要从事冶炼工程的可行性研究和工程设计；分析测试中心主要从事地质样品分析、岩矿鉴定、选冶产品、钢铁加工试验样品分析；矿山工程设计研究所主要从事矿山资源开发利用设计及工程技术研究工作。

矿产品加工贸易和研发选矿新药剂等新业务成果显著。在巩固原选矿主干业务的基础上，利用技术和管理的优势，通过合作开展了矿产品选矿加工及贸易业务，2012 年矿产品选矿代加工累计实现产值1100万元；开发选矿新药剂，并重点研发无毒氰化钠代用品，以实现巴里选厂锌浮选无氰工艺技术难题的突破，至 2012 年底，已分别为五吉有限公司、恭城矿产公司、瓮安华雄磷业商贸公司等选厂提供选矿新药剂。

全方位的咨询服务业务方兴未艾。2012 年，该院获得了国家发改委授权的“工程咨询（有色冶金专业）丙级”资格证书，在进一步做好“工程咨询”“节能评估”和“环境评价”等业务的基础上，咨询服务业务得到了全方位的拓展。为把握全球化“绿色生产”的趋势，在河池、桂林等地全面开展了清洁生产咨询服务，着手准备碳排放交易咨询服务；利用与东盟矿业网站建立的合作为依托，加强与东南亚国家的合作，为东盟区域提供技术支持，在柬埔寨、尼日利亚等国帮助其公司建设分析实验室，为东盟国家培训检测人员，在东盟多国开展采矿、选矿和冶炼设计等业务，提高了该院在东南亚国家的知名度及影响力，为国际业务的深入开展打下坚实的基础；加强与广西政府检验部门的技术服务合作，防城港海关矿物价值评估服务，防城港进出口检验检疫局进口固体物料（有色金属）属性鉴定服务等。

工程设计业务范围进一步拓展，成果丰硕。工程设计业务实现了采、选、冶、深加工的全面覆盖，取得了一批具有代表性的成果。在采矿方面，完成了“水东钼镍矿缓倾斜极薄矿体金刚石串珠绳锯机切割采矿方法”的方案设计工作，有望在“倾斜极薄矿体的开采”这一难题上取得突破，其成果也将为国内外同类型矿山的采矿起到示范作用；完成了河池五吉有限责任公司五圩矿 173－4＃洞提升运输系统整改项目初步设计和施工设计。在选矿方面，完成了广西有色金属集团柬埔寨有限公司罗文铁矿 60 万吨/年采选设计，广西高澎矿业科技有限公司年综合利用 100 万吨高硅高铝低品味铁矿磁化焙烧选矿厂设计等。在冶炼方面，完成了栗木钽铌（钨、锡）资源冶炼综合利用技改设计，赤峰大井子锡业有限公司年产 1 万吨精锡冶炼工程项目等。在深加工方面，完成了永州零陵动力锂电池材料生产基地建设的设计工作。

【科研项目与经费】 2011～2012 年，该院共承担自治区科技厅下达的科学研究与技术开发项目 12 项，获科研拨款 84 万元，院内自筹配套资金 399 万元，已完成验收项目 5 项；自治区直科技型企业科研成果转化资金项目 2 项，获科研拨款 300 万元，院内自筹配套资金2545万元。完成企业委托的技术开发和技术咨询项目 156 项。

【科技成果与转化】 2011～2012 年，该院取得科研成果 16 项，其中获国家专利 5 项，其中《大厂富锡多金属复杂硫化矿提高选矿综合回收率研究及应用》通过自治区科技厅成果鉴定并获得 2012 年度广西科技进步奖三等奖；《大厂矿区尾矿有价金属再回收选矿工艺研究与应用》获得中国有色金属工业协会 2012 年度科学技术奖二等奖。已发表论文 73 篇，其中被 SCI、EI 收录 4 篇，其中中文核心期刊发表 8 篇。

该院紧紧围绕“十二五”发展规划，持续推进市场开拓，在技术服务、工程设计方面保持良好增长势头，在生产方面，冶金化工产品已完成年初制定生产目标。广西冶金研究院积极进行的中试项目的开展，并推动产业化。开展并完成的中试及产业化项目共 8 项，大部分得到企业的产业化应用，为广西有色金属产业的发展做出了贡献。

还原焙烧法处理广西高含铁铟锌物料的新工艺开发 项目采用还原转化焙烧技术处理高含铁铟、锌物料，对锌精矿氧化焙烧产出的高温焙砂进行还原焙烧，在还原焙烧过程中，能有效破坏铁酸盐的致密结构，经中性浸出、酸性浸出、中

和沉铟、高压除铁，实现铟、锌、铁的分离，简化了工艺流程，提高了铟、锌的回收率，并使矿物中伴生的铁得到有效利用。

微波焙烧技术应用于石煤提取五氧化二钒中的研究 金属钒及其化合物是现代工业不可缺少的重要原材料，也是一种重要的战略物资，广泛用于冶金、机械、国防、航天、化工等领域。从石煤中提取 V_2O_5 是获取钒的重要途径。该项目试验采用萃取或离子交换工艺提取出 V_2O_5 产品，解决了传统石煤提钒工艺回收率低的技术难题，钒的回收率达到75%。该工艺技术指标达到国内目前石煤提钒领域的先进水平。试验获得的 V_2O_5 产品达到GB3283－87中98级甚至99级粉钒的要求。通过该项目的实施，建立了1个石煤综合利用研究技术平台，并申请了一项国家发明专利：用钙复合添加剂从石煤钒矿中提取钒的方法，专利申请号：201210040771.4。该项目的实施结合了绿色冶金工艺和发展循环经济的思路，其成功研发及应用将对石煤提钒行业起到示范性的作用。

炉衬式烟化炉处理复杂冶炼废渣综合回收有价金属技术研究 该院研发的采用创新的改良炉衬式烟化炉处理锌冶炼的高酸浸出渣，通过中试后在来宾华锡冶炼有限公司得到产业化应用，项目投资5000多万元，现已建成投产。在解决了环境污染问题的同时，回收了锌高渣中的锌、铟、铅、锡、银等有价金属，同时解决了传统烟化炉水套结构寿命短、产生的低压蒸气利用困难的问题，同时达到了环保、效益、节能三方面效果，在有色行业中技术上具有先进性和创新性，为有色金属集团下属企业提供技术支撑。

锌焙砂热酸还原浸出—赤铁矿法沉铁技术产业化 现有提锌、铟的工艺流程存在明显不足，主要表现为：铁矾渣渣量大（矾渣渣率45%），含锌高，锌损失大；铟回收系统流程长，铟冶炼回收率低；焦炭消耗量大，能耗高，年消耗的细粒焦碳达到38.5kt；铟在回转窑还原过程中挥发的不彻底，使得铟分散，一部分难以回收利用。为克服上述不足，开展了锌焙砂中性浸出—中浸渣热酸还原浸出—赤铁矿除铁试验。试验结果表明：锌焙砂经中性浸出和热酸还原浸出，锌总浸出率92%，铟浸出率80%，热酸还原浸出铁的浸出率80%，热酸浸出液含 Fe^{3+} 1.5～3.0 g/L。2010年起开始进行锌焙砂热酸还原浸出—赤铁矿法沉铁提取锌铟半工业试验，经过半年试验取得了预期的效果。现该项目进入初步设计阶段，产业化前景光明。预计在原设计能力55 kt/a的基础上通过采用新的先进工艺改造，提高现有设备的能力，能够达到的100kt/a产能。预计新增建设投资35939.00万元，项目新增流动资金为6609.01万元，实现年均营业收入130074.08万元，年均营业税金及附加702.99万元，年均利润总额22153.54万元，年所得税5538.38万元。

多金属复杂矿提高选矿综合回收率集成技术产业化 105号矿体矿石属锡石多金属复杂矿，主要回收金属有锡、铅、锑、锌，伴生有价成分有银、铟、磁黄铁矿、黄铁矿和毒砂。矿石成分较为复杂，回收的目的矿物种类较多，选矿工艺覆盖了磁选、浮选、重选及细粒锡石回收等工艺，工艺流程较为复杂，要获取高的选矿指标和综合回收其伴生矿物，必须采用较为合理先进的选矿工艺流程，解决各矿物之间准确分离的技术难题。该项目通过研究“高效磨矿分级技术”、“磁性矿物精选技术”“铅锑浮选新药剂”“高效锌硫分离技术”和“矿泥锡石回收新工艺”等新技术，并加以集成，较好地解决了105号矿体锡石多金属复杂矿石的选矿技术难题。现该项目已在广西有色金属集团广西高峰矿业有限责任公司巴里选厂形成生产能力30万吨/年的多金属复杂矿“磁—浮—重”选矿工艺流程生产厂。大幅提高了锡铅锑锌银铟选矿综合回收率，铅回收率提高7.76个百分点，锑回收率提高5.31个百分点，锌回收率提高5.35个百分点。产值94150.35万元（新增39474.90万元），利税71185.60万元（新增33125.33万元），创历史最高水平，技术、经济指标上了新台阶。

选矿过程在线品位自动检测及控制系统的研发 该项目利用放射性同位素源X射线荧光分析技术、计算机技术、自动控制技术研发X荧光矿浆在线元素分析仪，重点解决了矿浆取样的代表性、元素之间的干扰排除和校正、数据处理等关键问题，为生产过程优化获得准确详实的实时数据。根据原矿、精矿、尾矿的品位和其它参数，通过理论计算和生产经验数据，建立数学模型，实时给出有关确定加药量的信号给浮选自动加药系统，实现浮选过程的品位优化控制，从而提高矿物回收率和品位等指标。研制一套连续、快速准确地测量选矿流程中各个关键部位矿浆中的主要金属品位、运行可靠、易于维护、性价比高的选矿过程在线品位自动检测及控制系统，切实解决目前选矿厂浮选作业中的问题，降低企业生产

成本，提高产品质量，增强企业竞争力。

优特钢产品生产 以广西合金材料中试基地的生产条件和技术力量为基础，形成高合金钢银亮材生产线，产品以303、316F、430F系列不锈钢电渣锭和棒材为主。根据目前市场上大规格易切削不锈钢紧缺的现状和现有装备条件，通过改造和完善原有合金材料中试基地的生产设备，采用中频炉冶炼—电渣重熔—热轧—固溶处理—冷拉加工—精密矫直—无心研磨（或无心扒皮）等工艺生产较大规格的高硫易切削不锈钢棒材。通过分析其夹杂物特征（种类、形貌、尺寸、数量及分布）及对钢性能（切削性能、切屑形貌、表面粗糙度等）的影响，掌握了钢的冶炼、加工工艺—夹杂物形态特征—性能三者间的关系，提出了优化的加工工艺。本研发中心开发的易切削不锈钢银亮材（303F）直投入市场后，受到了用户的好评，产品的各项性能均能满足生产和使用要求，基本达到国外进口同类产品的水平。

高锑粗锡合金制备高级锡试验 研发高锑粗锡合金直接生产高级锡，不仅可使锡冶炼系统锑的开路更加顺畅，有利于维持锡冶炼系统的稳定，而且延长了锡产品的产业链，提高了产品附加值。该研发中心开展了高锑粗锡合金电解中试，已进行四批高锑粗锡合金电解，获取锡阳极泥约200千克，电锡约1000千克。电解产生的高级锡已能满足电子行业的要求（Pb＜2ppm），且比市场同类的高级锡（Pb：6～9ppm）杂质更低，市场竞争力更强。

【人才与创新团队】 该院特聘美国加州大学伯克利分校博士、美国选矿理事会理事戴维·杨为该院选矿技术顾问，聘请肖文丁博士为该院专家委员会主任。

健立柔性引才引智机制。根据该院科研发展的需要，采取“走出去、请进来”的方式，吸引相关领域的人才来该院创新创业，尤其是优秀高层次人才，通过柔性流动，该院对外聘请专家、有专业资质人才为该院服务。使该院在业务拓宽方面进一步延伸，为今后的业务发展提供了良好的平台。

抓好专业技术人才、管理人才培训。建设高素质管理人才队伍。按照建立现代企业制度需要，重视培养服务意识较强、善于组织科研项目、掌握科技发展、熟悉经济运作的专业人才，进行外请专家到院里进行学术交流。鼓励各类专业人员参与不同领域的学术交流，充分发挥各类人才的作用。为拓展各类专业人才培养，该院每年注入不少的资金用于人才培养及购置各类学习书籍、材料设备等，在院内营造浓厚的学习氛围。

【科研平台建设与科研仪器设备】 2012年，该院加强科研平台建设的力度，依托广西铟基材料工程技术研究中心”及“广西千亿元产业平台——广西有色金属研发中心”，组织人员编写项目申报材料，积极向政府申报以获得资金支持。

通过《广西千亿元产业研发中心（“1823工程”）创新能力建设项目》《广西有色金属研发中心创新能力建设项目之铟基新材料平台创新能力建设》两个项目向自治区工信委、科技厅、财政厅申请经费，共获得300万元的资金支持，充分发挥了该院科研平台建设对创新体系的支撑作用。

在建设好“广西铟基材料工程技术研究中心”和“广西有色金属研发中心”的同时，对整体布局进行重新合理规划，对环境进行彻底的整治。通过增加硬件设施的投入，增加先进的试验设备，初步建设成了多个重点研发平台。包括针对中小型火法冶金试验的火法综合实验室；打造具有核心竞争力和先进冶金技术的高压冶金实验室；以自主知识产权技术为依托的高纯氧化钪研发和小生产基地，成功地从钛白废酸和铝钪合金废料中提取出纯度为3N及以上的氧化钪产品；装备了西门子S7－200/300/400系列PLC的工业过程综合自动化技术实验室，重点研究有色金属工业大中型自动化系统集成；引进半工业连选设备、磨矿机、三头研磨机等选矿新设备，进一步完善了磁选实验室、浮选实验室、重选实验室、细菌选矿实验室，新建成了浸出实验室、选矿药剂研发室；新增了电感耦合等离子体质谱仪（ICP－MS）、电感耦合等离子体发射光谱仪（ICP－OES）等大型设备，完善了分析检测平台。研究院系列重点研发平台的建设立足于集团根本，着力于将其打造成广西有色金属的研发中心和产业孵化基地，为后续科研工作的开展起支撑作用。

【信息化建设】 2011～2012年，该院已完成内部局域网的建设工作。局域网内的计算机可以互相发送文件，实现应用软件、资料共享、打印机共享等，极大地提高职工们的工作效率，而且保密性较好、便于管理，为后期该院信息平台建设打下良好基础。该院网站准确及时的向社会发布科研、技术开发、科技服务的最新动态。

【科技交流与合作】 该院特聘美国加州大学伯克利分校博士、美国选矿理事会理事戴维·杨为该院选矿技术顾问，聘请肖文丁博士为该院专家委员会主任。两位专家每年定期到该院资源所给予新型充填式浮选柱和杨氏跳汰机项目技术指导及解决各种实验过程中遇到的问题。

国内合作方面：该院强化与国内高校、院所和企业的技术交流合作，通过联合申报项目、技术合作、合作培养硕士研究生等多种方式与中南大学、广西大学、桂林理工大学、昆明理工大学、中国铝业广西分公司、云南锡业集团有限责任公司等进行了多层面的合作，还与大学建立了校企通用的科技研发平台和检测中心，拓展了科技和产业发展空间，有效推进了实验室科技创新工作。

国际合作方面：该院已逐步建立了与国外科研机构、生产企业、高校的合作交流关系，采取“走出去、请进来”模式，不断扩大合作领域，先后派遣专家赴美国、英国、加拿大、韩国等十几个国家援外、访问、考察和进修，并与来访的美国、加拿大、英国、韩国的专家在有色金属清洁生产技术开发与应用等方面进行了广泛深入的学术交流和技术协作。

（陶 媛）

广西壮族自治区机械工业研究院

【概况】 该院始建于1964年，隶属于自治区机械厅。2001年1月转制为科技型企业，转企后主要致力于制糖新装备及新技术的研发、制造及销售，为广西支柱产业服务，并开展信息技术咨询及人才培训、查新等业务。广西制糖装备工程技术研究中心、广西机电生产力促进中心、广西制造业信息化咨询服务中心均设在该院。院部占地面积4905.25平方米，建筑面积2195平方米，产业化基地（位于南宁市国家高新技术产业开发区）占地面积2.67公顷，厂房面积7500平方米。2011～2012年，该院坚持自主创新战略，持续推进创新型企业建设。不断完善创新激励机制，建设创新型企业文化，实施“以创新求效益，以创新促发展”的战略取得了显著成效。2011～2012年，共实现各项收入7706万元，利税1041万元。2011年顺利通过国家高新技术企业复审，2011年获得南宁高新区技术创新三等奖，2012年被自治区科技厅认定为第二批自治区创新型企业，2012年被自治区国资委授予“自治区直属企业文明单位”称号。

院长：叶丽娜（1998年3月～ ）

【科技队伍】 至2012年末，该院有在职职工92人，其中专业技术人员42人，具有高级专业技术职称9人，中级专业技术职称16人，工学硕士学位7人，享受国务院特殊津贴专家1人。

【科研项目与经费投入】 2011～2012年，该院共承担研究与开发项目13项，共投入科研经费754万元，其中拨款320万元，自筹资金434万元。列入国家级项目2项，自治区级科技计划项目7项，南宁市级项目4项。已完成项目6项。该院为满足糖厂提升自动化、信息化管理水平的需求，实施了数个糖厂自动化高端技术装备的开发项目，包括全自动蒸发罐清罐系统、成品糖全自动包装线、制炼车间管控一体化等，这些项目多数是国内外尚未成功开发应用的技术，技术含量高，开发难度大，项目的实施表明该院的研发水平跃上一个新高度，也标志着其开发模式正由原来的以消化吸收再创新为主的模式向着以自主研发为主的模式转型。

【科技成果与转化】 2011～2012年，该院共获得成果7项。该院投入成果转化资金743万元，其中自治区专项资金支持283万元，自筹460万元，完善冷作车间建设，新增一批关键生产及研发设备及软件，使成果产业化能力得到了较大提升。2012年10月，该院承担的自治区直科技型企业科研成果转化资金项目“煮糖自动化系统产业化”和“制糖装备新产品产业化能力提升”两个项目顺利通过了自治区科技厅组织的专家验收。“煮糖自动化系统产业化”项目解决了糖厂制炼车间关键自控技术难题，获得软件著作权1项，企业标准1项。项目的实施使多家糖厂实现了煮糖罐的连续优化和可靠的控制，提高了糖厂自动化水平，为糖厂在节能、减排、提高产糖率和产品质量及节省人工等方面带来了显著的经济效益。“制糖装备新产品产业化能力提升”项目通过完善产业化基地设施及研发条件、加强人才培养、加快重大技术的研发等措施，提升制糖装备新产品产业化能力。通过项目的实施，该院生产规模由原来的年产各类大中型糖机设备100台（套）提高到180台（套），项目实施期间累计实现新增产值5163万元，利润557万元，税金359万元。

列管式加热器全自动清洗系统　该设备用于制糖生产中的蒸发罐列管式加热器污垢自动清洗，原有的人工清洗方式存在劳动强度大，工作效率低，清洗质量差，安全隐患大的问题。该设备实现全自动清罐，效率高，冲洗每根管仅需3～4秒。适应不同规格蒸发罐，可实现单机头或多机头同时清洗；数据库技术自动记忆每个孔的坐标，不遗漏、不重复，采用神经网络算法优化冲洗路径；模块化设计，重量轻，整机装拆时间不超过15分钟；人机界面友好，操作简单方便；可通过无线高清摄像头远程监视设备运行状态。已申请20项专利技术，其中发明专利8项，填补国内空白。

连续离心机　主要用于糖厂的乙、丙糖膏分蜜。该机采用不锈钢整体式筛篮，运转平稳；采用椭圆形排蜜孔，开孔率高，排蜜能力强；采用独特的气流式密封结构，不跑蜜；底网焊于筛篮上，面网不需要穿螺钉固定，寿命长；糖蜜分离前后重力纯度差最低可达1GP，分蜜机提糖率超过96.5%；筛出的糖水分低，丙糖可达1.5%以下；色值低，颗粒性好；采用蒸汽加压，生产能力大。

澄清、蒸发自动控制系统　该系统化能实现制糖生产澄清、蒸发工艺过程稳定控制，提高效能、节约蒸汽；减少跑糖、干壁现象和糖分转化损失；采用独创的模糊智能算法，控制准确、稳定可靠。可实现集团Internet远程实时监视和考核。

【人才与创新团队】　2011年，该院进行了两年一度的全员竞争上岗，通过此次竞岗，盘活了员工队伍，增强了员工的进取心和责任感，鼓励员工不断创新，实现自我提升。该院不断加强科技队伍建设，通过多种形式提升科技人才的综合水平及能力。2011～2012年，该所先后派4名高层管理者参加北京大学高级工商EMBA研修班学习；组织全体员工分层次参加了中旭集团的“西点执行力”“精鹰特训营一领导力”“鹰计划”等系列培训，通过培训增强了员工的危机意识及责任感，提高了执行力和职业化素养。组织员工参加了知识产权、西门子DCS7培训、专利代理人、财会管理、人力资源管理、安全生产标准化等多种培训，两年累计培训技术人员195人次。有1人获得国家专利代理人资格。该院每年举办“小改革小创新及管理创新奖”评审活动，鼓励职工发扬创新精神，2011年还出台了《产品开发奖励办法》和《科技项目奖励暂行办法》等奖励力度更大的创新奖励政策，充分调动了员工的创新积极性。

【科研平台建设与科研仪器设备】　2011～2012年，该院投入资金新购置了数控门式切割机、CAK50135数控车床、X5042数显铣床、PTC Creo等一批科研仪器设备及相关软件，新建自动控制技术实验室1个，满足了科研开发规模及水平不断提高的需要。该院和广西大学联合牵头实施的广西糖业科技创新平台建设项目已完成各子平台的搭建；与广西大学、广西工学院等6家单位共同承担的“面向行业的制造业信息化ASP服务平台开发及应用”“行业信息化服务体系建设”和“广西制造业信息化公共技术服务平台特色服务研发及深化应用”项目，2012年顺利通过自治区科技厅组织的验收，项目面向工程机械、制糖、汽配、港口物流、机床工具和锰业6个行业的信息化需求，开发了技术服务、供应链管理、图形构件管理、商务服务等方面的服务平台，在多家企业直接使用，通过各平台联系和服务企业近200家，为企业提供了装备服务、技术服务等，培训技术人才1459人次。项目取得了良好的社会效益。

【科技交流与合作】　2011～2012年，在产学研合作方面，该院与广西工学院、上汽通用五菱汽车股份有限公司、东风柳州汽车有限公司合作承担国家“十二五”科技支撑计划“数字汽车企业与产业链协同关键技术研究及示范应用”，与上上糖业有限公司合作实施“列管式加热器全自动清洗系统的开发与应用”项目，与南华糖业集团合作实施制糖企业管控一体化项目，同时与南华糖业集团建立战略合作伙伴关系，成为该集团承担的“广西糖业工程院”项目的协作单位之一。该院作为广西制糖关键工艺及装备产业技术创新战略联盟的牵头单位，组织联盟成员开展了新技术推广应用、制糖关键共性技术项目策划及申报、制糖关键技术联合攻关和试验等相关工作。

在技术交流方面，2011年9月，该院为越南芹苴糖业股份公司的四家糖厂的技术管理团队26人进行了为期5天的培训，培训内容包含了甘蔗制糖技术经济发展情况、甘蔗制糖综合利用、以及制糖的各个关键工序的新工艺、新技术、新设备等。2012 年 5 月，该院还接待了由泰国农业大学卡拉那隆教授率领的泰国制糖代表团，就该院的科研水平、人才储备、技术创新成果等进行交流，达成初步的合作意向。2012 年 9 月，该院受邀作为培训方参加云南省糖业协会举办的“云南省糖业技术交流会”，在会上就糖厂新装备、新工艺和新技术以及糖业未来的发展方向进行了累计 6 个小时的技术报告，得到与会的几十家云南糖厂生产技术负责人的好评，通过这次交流会，为云南糖业界的工程技术人员传授了经验，推广了节能降耗的新技术、新成果，为今后的合作打下了良好的基础。2012 年 10 月，该院受邀参加越南糖业协会 2012/2013 榨季动员会，向越南制糖企业宣传了自己，并增进了与越南制糖企业之间的交流。该院作为广西制造业信息化工程领导小组办公室，还多次组织专家前往柳州、玉林、贵港、梧州等市进行制造业信息化技术服务。

（叶淑芳）

广西壮族自治区农业机械研究院

【概况】 2011～2012 年，该院是综合性科技型企业，主要从事甘蔗机械、现代农业设施、农产品采收加工及保鲜设备、复合肥生产设备、人防设施、输送设备、电解铝用阳极爪、通风管以及其它通用和非标设备的研究开发、生产销售、技术咨询、技术服务；机电设备、建筑工程建设项目招标代理服务；包装食品塑料机械、人防工程防护设备产品质量监督检测等业务。设有 1 个研究开发中心、1 个农机生产经营部、4 个生产工厂、1 个招标代理中心，1 个设备检测公司。广西农业机械生产力促进中心，全国农机标准化技术委员会甘蔗机械工作组设在该院。拥有国家唯一的甘蔗机械国家重点工业性试验基地和广西农机中试基地，是国家甘蔗产业技术体系建设依托单位。2011 年被认定为广西高新技术企业。该院科研、设计、加工、试验、检测手段完备，科研、生产性建筑面积 4.1 万多平方米，配备有加工中心、数控车床、500 吨油压机、数控切割机等先进的机械加工设备及其它各类加工设备 180 多台（套）。建立了 ISO9000：2008 质量管理体系。科技开发、生产经营等各项业务取得新业绩，两年来，累计实现营业（含科技开发、产品销售、技术服务等）总收入22676万元，利润3223万元，上缴税金2586万元。

该院坚持以市场为导向，以技术创新和产品创新为支撑，以管理创新和机制创新为保障，重视科研成果的商品化和产业化工作，对具有市场前景的科研成果实施产业化生产，产品包括：甘蔗机械、农业大棚、防护密闭门、节能型钢壳铝芯阳极爪、新型不燃无机玻璃钢通风管、输送设备等。其中产业化效果较好的产品有防护密闭门、输送设备、农业大棚、节能型钢壳铝芯阳极爪等。

院长：王晓鸣（1997 年 5 月～）

【科技队伍】 2012 年末，该院有从业人员 531 人，其中，各类专业技术人员 92 人，具有高级专业技术职称 34 人，中级专业技术职称 41 人。技术开发、生产、销售人员比例为 6：30：4。

【科研项目与经费投入】 2011～2012 年，该院共承担各级各类项目 8 项，总投资1923万元。其中，承担研究与开发项目 6 项（国家级项目 2 项，自治区级项目 4 项），总投资1348万元，其中财政拨款 583 万元，自筹 765 万元；承担自治区产业化项目 2 项，总投资 575 万元，其中拨款 250 万元，自筹 325 万元。通过省、部级验收项目 5 项，省级鉴定项目 5 项，其中达到国内先进水平 3 项。获得国家授权实用新型专利 3 件。在国内外刊物上公开发表科技论文 21 篇。取得了甘蔗联合收割机、木薯联合种植机、甘蔗中耕施肥培土机等一批科研成果，部分成果已在国内得到推广应用。

4GZQ—260 型甘蔗联合收割机中试　4GZQ—260 型切段式甘蔗联合收割机是该院研发的系列甘蔗收割机中的一款新产品。该机利用广西农机研究院拥有的在甘蔗收获机械方面的多项专利技术，在原 4GZ－250、4GZ－180 型基础上，吸收国外同类甘蔗联合收割机的先进技术，运用机电液一体化技术进行集成创新设计而成，液压传动系统的关键元件采用国际著名厂家或合资公司的产品，实现了甘蔗切梢、扶倒、砍割、输送切段、杂质分离、升运联合作业，设计生产率为 30 吨/小时，适合种植行距 1.4 米及以上、地势较平坦、单块面积较大的蔗地作业。至 2012 年底，该项目正在实施中，其目的是通过项目的实施对该机进行可靠性、适应性进行考核，对存在问题进行改进、完善提高，完善甘蔗联合收割机生产工艺和装备，为工业化生产提供成熟配套的技术。至2012年底，该机已小批量生产，正在广西农垦金光农场进行应用试验、示范。

2CMS—2型木薯联合种植机　该机用于木薯的种植作业，配套动力为70HP以上的拖拉机。可一次性完成开沟、下种、施肥、覆土联合作业工序；切段和施肥机构采用地轮驱动，实现切种、施肥与行走同步；采用弹性橡胶元件夹持木薯茎杆，输送可靠，不易损伤木薯种茎；采用对辊式切段装置，木薯种茎切断均匀，结构紧凑。伤芽率≤7%，生产率≥0.13 hm^2/h。产品获实用新型专利1项。该项目于2011年10月通过自治区科技厅组织的技术鉴定，成果达到国内先进水平，至2012年底，该项目正在示范推广应用。

2CZ—2型甘蔗联合种植机　该机用于甘蔗的种植作业，配套动力为70HP以上的拖拉机。可一次性完成开沟、下种、施肥、覆土联合作业工序；切段和施肥机构采用地轮或液压驱动，实现切种、施肥与行走同步；采用弹性橡胶元件夹持甘蔗茎杆，输送可靠，不易损伤甘蔗种茎。甘蔗种芽伤芽率≤5%，生产率≥0.3 hm^2/h。产品获实用新型专利1项。该项目于2012年6月通过自治区科技厅组织的技术鉴定，成果达到国内同类技术先进水平，目前正在示范推广应用。

【科研成果与转化】　该院重视推进科技成果的产业化工作。2011～2012年，该院累计投入科技成果转化资金450多万元，新建和改造生产车间、仓库等2280平方米，购置生产设备30多台（套），使科技成果产业化条件得到了进步改善。两年来，成果产业化项目产品实现销售收入累计16169万元，其中甘蔗机械等农业机械类产品2501万元（出口76万元），人防设备7605万元，输送设备4328万元，通风管1061万元，新型节能钢壳铝芯阳极爪674万元。通过狠抓成果产业化工作，夯实了该院发展的基础，企业竞争力得到了不断提升。培养和锻炼了一支产品开发设计、生产经营、市场营销的队伍，生产经营管理水平得到了不断提升，产品质量得到了稳定的保证以及市场的认可。

DTⅡ型带式输送机托辊产业化　随着广西传统支柱糖业、纸业生产设备的技术改造及北部湾经济区开放开发战略的实施带来的港口码头建设需要，市场对高品质的带式输送机托辊需求越来越大。该院在原有产品系列的基础上，进一步拓宽产品的适应范围，以满足广西北部湾大开发及糖厂、纸厂、矿山等传统产业的需要。通过项目实施，达到年产DTⅡ系列托辊5万套以上、产值2000万元的生产能力。项目新建厂房、仓库780平方米，新增购置关键设备8台（套），实现销售收入307万元。

地铁人防门产业化　随着我国城市建设的不断发展，城市规模不断扩大，各种商业、办公、住宅楼群拔地而起，城市轨道交通工程建设兴起，带来了新的一轮发展机遇。该院在原有产品系列的基础上，为了适应地铁项目建设的需要，积极开发地铁人防新产品并进行产业化生产。通过该项目的实施，达到了年产各种地铁人防工程防护密闭门500套以上、产值4250万元以上的生产能力，同时具备了大型人防门（5030以上地铁人防门）的生产能力。通过项目实施，新建厂房、仓库1500平方米，新增购置关键设备6台（套）、普通设备20台（套）、工装夹具、模具一批，以《人民防空工程防护设备产品质量检验与施工验收标准》以及质量管理体系为依据，制定完善了规模生产制造工艺和检测工艺规程。2012年新建厂房、仓库1500平方米，新增购置关键设备6台（套）、普通设备20台（套），地铁人防门实现产值4700万元。

【人才与创新团队】　2011～2012年，该院继续注重人才创新队伍建设，加强多种类型人才的培养与引进。一是积极引进人才，为该院的持续发展提供人才保障。近两年共引进各类人才10名，其中硕士研究生1名。二是培养一批企业管理型和市场开发型的人才，在实施科研成果产业化过程中，一批具有开拓创新精神的科技人员通过闯荡市场成功实现了身份的转变，由原来的技术开发人员成长为生产经营的好手。三是加强科研人才的培养和科技创新团队建设。特别是重视中青年人才的培养和成长，在理论上和实际工作中给予他们充分的学习和锻炼机会，注重在实践中培养青年科技人员的工作能力，通过让他们多承担任务、做课题负责人等来提高他们的责任感、开发设计能力、组织协调能力。利用“国家甘蔗产业技术体系体系”“技术开发中心”“广西农业机械生产力促进中心”“甘蔗机械国家重点工业性试验基地”“广西农机中试基地”“广西甘蔗产业技术创新战略联盟”“广西粮食产业技术创新战略联盟”等平台条件，参与国家及广西“十一五”科技研发项目，锻炼培养了一批研发创新人才，使研究院甘蔗机械研发技术水平处于国内领先地位。四是重视研究院职工队伍的建设和广大干部职工素质的培养，通过广泛地开展各种学习活动，培养锻炼职工尽快地适应企业化管理的环境。大力加强员工培训，重点开展现场培训和岗位培训，切实提高一线员工的技能。针对不同层次和专业工作需要，制订各类员工的培训规划。

【科研平台建设与科技仪器设备】 2011～2012年，该院在继续抓好已有平台条件建设的同时，推进其它创新平台的建设。两年来重点抓好了“广西甘蔗生产装备新技术重点实验室”培育建设工作，共投入经费416万元，购买了先进的三维机械CAD设计软件、PDM管理软件，初步完成了数字资料信息平台（数字图书馆）的构建；购置了液压冲洗试验台；新增购置了一批国家计量认证合格的各种检测仪器设备，使该院的科研条件、产品开发创新能力得到了新的提升。该院科技平台的建设对广西农机研究院技术产品创新、人才培养以及为行业发展提供技术支撑起到了极大地促进作用。

【科技交流与合作】 2011～2012年，该院在重视自主创新的同时，十分重视与国内外科研院所、大专院校和企业的科技合作与交流，积极围绕广西优势特色支柱产业的科技需求开展联合攻关、提供技术咨询服务，解决产业发展的技术及应用瓶颈问题。

国内合作方面：一是与高等院校、企业合作，开展基础研究。与华南农业大学、广西大学、中国农机院及相关企业建立了长期合作关系，共同承担国家、自治区科研项目，开展农业机械，特别是甘蔗机械的基础研究，对一些关键技术、共性技术开展联合研究，利用现代计算机技术对甘蔗收割机的关键部件、机构进行仿真分析和优化设计。2011年和广西大学承担广西科学研究与技术开发计划《用于高速插秧的田间芽种精密播种机》项目研究；2012年和广西天华高科技有限公司承担广西科学研究与技术开发计划《甘蔗生产全程机械化技术集成研究和应用示范》重大项目研究；继续和华南农业大学等自治区内外7家单位共同执行农业部公益性行业（农业）科研专项“甘蔗全程机械化生产技术与装备开发”项目；和中国农机院现代农业装备股份有限公司、华南农业大学等单位联合实施“十二五”农村领域国家科技计划课题“自走式甘蔗联合收获装备研制与集成示范”等。二是结合广西农业机械生产力促进中心的工作任务，为广西中小企业提供技术服务，包括联合申报科技项目、技术咨询等，和南宁手扶拖拉机厂、广西雄飞机械制造有限公司、广西荔浦县俊弛机械有限责任公司等单位建立了合作关系。组织科技人员参加科技特派员工程，延续派出科技特派员2人为中小企业提供科技服务。

国际合作方面：2012年12月，该院和泰国农业大学签订了合作备忘录，就该院研发的甘蔗联合收割机在泰国进行适用性、可靠性试验研究等内容达成了合作意向，目的是通过合作，在泰国开展大规模应用试验，使该院开发的切段式甘蔗联合收割机的技术得以改进提高、完善成熟，为甘蔗收割机在国内外推广应用打下基础。

（梁兆新　莫建霖）

广西壮族自治区汽车拖拉机研究所

【概况】 广西壮族自治区汽车拖拉机研究所成立于1964年3月，是广西汽车行业首家获得CNAS认可的实验室，国家发改委公布的汽车、农用运输车市场准入——新产品公告试验检测机构，国家工商行政管理局等部门联合发文授权的全国第一批受理有关消费争议的商品（内燃机）仲裁机构，国家生产许可证办公室公布的西南六省（区、市）中的广西、云南、贵州、四川、重庆等地和广东省的内燃机生产许可证检验机构，国家CCAP授权的汽车零部件产品认证检验和“3C”自愿性产品认证检验机构，广西汽车检测工程技术研究中心、广西汽车内燃机测试技术中心、广西汽车内燃机生产力促进中心、广西汽车零部件研发测试中心、广西汽车工程学会的依托单位。该所占地面积4.47万平方米，建筑面积2.2万平方米，截至2012年底，该所资产总额6233万元，设备仪器120台（套），其中有大型仪器设备33台（套）加入到广西大型仪器协作共用网，藏有中外文图书资料近2万册。经过40多年的发展，该所培养和锻炼了一支精干的科技队伍，配备了与承担业务相适应的检测及科研仪器设备，成为向广西内外提供汽车、低速货车、三轮汽车、摩托车、内燃机等产品的研究开发、技术服务、技术咨询、检测试验等服务的专业机构。建所以来共有20多项科研成果获得省部级奖励，多次被上级评为先进集体。

所长、法人代表：朱建强（2006年3月～2012年5月）

副所长（主持工作）、法人代表：覃日才（2012年6月～　）

【科技队伍】　至2012年底，该所有在职职工41人，其中具有高级技术职称12人、中级技术职称13人、初级技术职称5人；中高级技术职称占职工人数的61%。具有硕士4人，本科学历27人，大专以下学历10人；本科及以上学历占职工人数的76%。

【科研项目与经费】　2011～2012年，该所共获得自治区科技厅下达的科学研究与技术开发项目2项，科技项目经费共计60万元。

【科技成果与转化】　2011～2012年，该所完成2个转制科研院所科技成果产业化项目、广西汽车检测工程研究中心项目、485ZLQ柴油机等3个研究与开发课题项目的验收工作和495ZLQ柴油机等2个自治区350科技攻关课题项目的阶段性攻关任务，其中：“2118Q型柴油机设计与研制”“485ZLQ增压中冷柴油机设计与研制”“整车与发动机三维造型设计技术平台建设”在国内处于先进水平；“2118Q型柴油机设计与研制”和“485ZLQ增压中冷柴油机设计与研制”项目给玉林机器股份有限公司带来了良好的经济效益。发表论文8篇，其中在中文核心期刊发表4篇。

【科技工作与改革创新】　2011～2012年，面对汽车行业科研测试机构之间激烈的市场竞争和产业政策调整的强烈冲击，该所深入贯彻落实科学发展观，完善切实可行的科技攻关奖励机制，推动科技创新工作向前发展。

首先，紧紧围绕广西大型仪器协作共用网科技基础条件建设，建立广西大型仪器协作共用网柳州服务中心，着力夯实和扩大具有专业特色的汽车、内燃机与机械行业的大型科学仪器设备共用共享服务平台的功能实力和服务水平。其次，围绕“350重大科技攻关工程”，发挥支撑服务新作用。该所发动广西大型仪器协作共用网入网成员单位行动起来，一方面努力构造“350重大科技攻关工程”项目；另一方面重点实施大型仪器支撑服务，通过企业自身仪器设备和整个中心仪器设备的充分使用支持“350重大科技攻关工程”项目的实施；第三，围绕科技特派员工程，创建点对点服务企业新方式。按照自治区科技厅开展科技特派员工程服务企业行动的具体部署，借助中心集高校、科研院所、重点实验室和大型骨干企业于一体的优势，充分发挥科技支撑引领经济社会发展的作用，组织高校、科研院所（该所有6人是自治区科技特派员）和大型企业的专家学者开展服务企业行动和科技特派员工程活动。

【人才与创新团队】　2011～2012年，该所不仅集聚自治区内外深有造诣的专家教授和企业精英，而且具有较强的人才培养能力。该所4人获国家注册评审员、7人获自治区质量内审员资格，内部培养在读硕士生5名。通过柔性引进和弹性合作的方式，引进了在汽车动力学及汽车零部件CAD/CAE、350重大科技攻关工程方面颇有造诣的5名自治区内外教授作为学术带头人，引进了在数字化制造与逆向工程、动态虚拟分析与汽车底盘调校深有研究与经验的3名企业骨干人才。与武汉理工大学、广西大学及广西科技大学等高校紧密合作，抓住产业发展前沿和前瞻性技术开展研究与开发。通过不断发展，初步形成初级、中级、高级、教授级科技人才齐备、梯队布局合理的富有战斗力的专业技术队伍。

【科研平台建设与科研仪器设备】　2011～2012年，该所科研平台与科技创新能力上到新台阶。2005年末，该所科研空间仅限于上汽通用五菱厂区内的小基地，唯一的1个车间已经超负荷安装各种整车测试、发动机台架测试和变速器台架测试设备，这些设备超常规使用并严重互相干扰，研究所的进一步发展空间非常有限。阳和基地（广西汽车零部件研发测试中心）从2004年3月项目启动建设以来，通过边生产边发展，现已建设成为了该所的重要科研平台和服务企业的综合测试平台。至2012年末，研发测试中心已经有较强的汽车拖拉机零部件检测和科研仪器设备，拥有比较完备的汽车、低速货车、内燃机、汽车传动系统总成及零部件、车桥、座椅、油箱、发电机、发电机组、起动机、电动机、散热器、消声器、汽车门锁、玻璃升降器、汽车内外饰件等试验检测能力，装备了包括国内外先进的汽车、内燃机、工程机械及其零部件检测和科研仪器设备。

该所不断加强其他科研技术平台建设，如加强和完善广西汽车检测工程技术研究中心、广西汽车拖拉机零部件检测技术重点实验室建设，并为企业和社会提供了大量而优质的服务企业，形成了一个在汽车及其零部件领域具有高度整合资源和实施开放式的高水平产品质量检验和研究开发测试为一体的公共服务平台。

【信息化建设】 自1998年该所建立内部局域网以来，通过局域网实现了自动化和无纸化办公，采集和数据处理自动化程度高，实现设计软件、文件资料、打印机共享一体化，极大地提高了员工的工作效率。通过安装网络办公软件，员工之间可以进行信息传送和发布、在线交流等。为了网络信息的安全，该所根据检测和校准实验室能力认可准则（CNAS－CL01），进一步完善数据控制程序，确保数据输入或采集、数据存储、数据传输、数据处理的适用性、完整性和保密性。至2012年底，该所正筹划投资50万元建设OA办公系统。

标准是检测机构开展检测活动的重要依据和评价产品质量的法律依据，该所通过实施柳州市中小企业创新科技服务与应用示范课题后，结合国家实验室的管理要求，创建汽车及零部件检测标准数据库。标准数据库不仅齐全有效，而且管理规范。涵盖汽车及汽车零部件、工程机械、农用运输车、拖拉机以及国家对汽车管理的政策要求，同时由专人对标准进行收集，时时与汽车标准资料网、工程机械标准资料网、内燃机标准网、拖拉机与运输车标准网、柳州市质量技术监督局标准网沟通联系，对新颁布的标准及时进行购买，保持标准的现行有效。检测标准数据库的建立方便了企业的查询，有利促进了企业产品的标准化开发。

【科技交流与合作】 2011～2012年，该所通过柔性引进和弹性合作的方式，引进了汽车和机械行业高尖端人才进行课题攻关。与武汉理工大学、广西大学及广西科技大学等高校紧密合作，抓住产业发展前沿和前瞻性技术开展研究与开发，与广西快速发展的中型企业结对共进，促进“产、学、研”集成联动和高效结合更上一层楼。每年，该所都会邀请专家教授到单位进行指导工作（3～5次），帮助解决在科研工作中碰到的问题。选派人员参加培训，参加中国合格评定国家认可委员会举行的实验室培训班。参加自治区内外汽车行业技术高级研讨交流会。多次到武汉理工大学、广西大学和广西科技大学等院校进行学术交流。

（覃利福）

广西壮族自治区水力机械研究所

【概况】 广西壮族自治区水力机械研究所始建于1964年，2001年转制为科技型企业，注册资金1000万元，隶属于广西壮族自治区国有资产监督管理委员会。专业从事水力机械、农业设施、现代农业节水灌溉技术与装备、食品加工机械、农业机械（木薯机械）等关键技术研究开发、生产销售、技术咨询与服务。所部位于柳州市箭盘路7号，占地面积850平方米，建筑面积500平方米；产业化基地（广西正源机械有限责任公司）位于新兴工业园利业路6号，占地面积17000平方米，建筑面积近5000平方米。近2年，主营业务收入达到2340多万元，利润254万元，上缴税金135万元。该所是“中国农机工业协会排灌机械分会”“广西技术转移联盟”“木薯产业技术创新战略联盟”理事单位，“广西木薯机械生产机械技术研究中心”筹建的依托单位，2005年获“广西示范生产力促进中心”称号，2012年被确定为广西第二批创新型企业。

至2012年末，该所有在岗职工73人，其中大专以上学历41人（占职工总数56.1%），从事研究开发技术人员25人；具有高级以上专业技术职称8人（其中正高级1人），中级专业技术职称19人（中级及以上专业技术职务占全所职工总数的37%）。

所长：郑厚贵（2004年5月～ ）

【科研项目与经费】 2011～2012年，该所共承担各类科研项目9项，其中科技部中小企业技术创新基金支持1项。总投资3191万元，其中拨款615万元，自筹经费2576万元。目前正在实施的科研项目16项，包括科技部中小企业技术创新基金项目“PYJ系列中小型自走式喷药施肥机械”、国家农业科技成果转化资金项目“高效多功能木薯生产机械中试”以及大田作物（甘蔗）机械化灌水施肥技术研究与示范等一批广西科学研究与技术开发计划项目，这些项目均按合同进度要求如期实施。

【科技成果与转化】 2011～2012年，该所共取得科技成果3项，其中达到国内领先水平2项，发表论文5篇。

PYJ－30型多功能风送静电式喷药机 是一种实用高效安全节能的自驾式喷药机。产品由驱动系统、转向系统、多档变速及刹车系统、贮液箱、泵组、轴流送风系统、机架、桁架、静电雾化喷头等组成。集喷药、施叶面肥、喷水等功能为一体，具有喷淋、雾化双重功能，不损坏农作物，适用于各种高矮杆作物种植的喷药施肥。产品具备领先的设计理念，独特的结构设计，完善的生产技术体系保证，在可靠性、稳定性、生产效率方面在国内具有非常明显的技术优势，和国外机型相比，功能相当，但具有明显的价格优势，价格仅为国外的2/3。因此，该喷药机具有非常强的市场竞争力。

LW－60型多功能液压双铲木薯收获机 是针对广西木薯种植特点，在消化吸收国内外先进的薯类收获机技术的基础上，创新优化设计集挖掘、深耕、深松、筛分、输送、收获、条铺、整地等功能于一体的木薯收获机械，适于中低粘土壤和各种砂壤土的平作，垄作种植的木薯、红薯、牛蒡和淮山等深茎块根、块茎作物收获和整地作业。该产品具有根茎收净率高、伤薯率低、效果好、功能多、造价低等特点，性能质量优于进口的巴西同类产品，技术国内领先，因此具有很强的市场竞争力。该项目于2011年9月通过了自治区农业机械化管理局组织的农业机械技术鉴定，2011年3月通过自治区科技成果技术鉴定，产品技术处于国内领先水平。

BMSU－2多功能木薯播种机 是该所为适应国家大力发展生物质能源产业，需要大面积种植木薯原料，而木薯种植劳动强度大生产效率低而研究开发的一种高效木薯种植设备。该木薯播种机由拖拽支架、传动机构、开沟犁、种茎托架及切段装置、管式斜插器、橡胶输送辊、限深轮、定量施肥器、培土园盘、铺膜机构等组成；由四轮拖拉机拖动，可实现集开沟、种茎切段、排种、施肥、培土、铺膜等多功能一次性完成，适于中低粘壤土和各种砂壤土的平作、垄作种植的木薯、甘蔗等种茎作物种植和整地作业。项目技术关键在于：（1）胶辊定长输送斜切断装置设计计算；（2）管式斜插器的机构设计；（3）施肥器多级定量定点投放技术。其创新点在于：（1）斜切断机构、保护性胶辊定长输送设计，种茎破损率低，木薯种茎段合格率≥95%；（2）施肥机构多级定位定量精准点播技术，以及缓释型大颗粒肥料投放技术；（3）管式斜插器巧妙结构设计，保证利于作物出芽生长的种茎定向斜插种技术的实现。该项目已申报实用新型和发明专利4项，获实用新型专利授权1项，建立产品企业标准1项。产品质量达到国家有关标准及企业标准要求，并于2011年9月通过了自治区农业机械化管理局组织的农业机械技术鉴定，2012年6月通过自治区科技成果技术鉴定，产品技术处于国内领先水平。

【科技工作与改革创新】 2011～2012年，该所根据国家产业政策导向及自身技术优势，及时将产业目标从转制之初的“做大、做强”调整为“专、精、准、先”（业务做专、产品做精、市场做准、产业做先），制订适于自身的“平台＋产业基地＋服务”的发展模式。积极搭建研发创新平台，为技术研究与产品开发提供必要的基础。1960平方米的中心科技楼如期建成并投入使用，经自治区科技厅批准建设的“广西木薯生产机械工程技术研究中心”正在有序建设中。2012年，该所被自治区确认为创新型企业，坚持以产品创新为核心，增强科技创新与产品开发能力，在加大传统产品销售力度基础上，根据国家生物质能源产业发展需要，积极跟进国内大公司投资东南亚木薯产业步伐，重点开拓新的产品领域和市场。成功开发了包括木薯播种机、木薯收获机和木薯喷灌机、烘干机在内的木薯机械，开拓了印度尼西亚、柬埔寨等东南亚国家市场，并取得良好发展势头。

【科研平台建设与科研仪器设备】 2011～2012年，该所在继续抓好原有广西节水新技术实验室条件，改善及柳州市节水装备工程技术研究中心、广西现代节水生产力促进中心等基础平台建设的同时，进一步加大力度，加强创新能力平台建设。2012年，该所被确定为广西第二批创新型企业，同时，广西木薯机械生产机械技术研究中心被获准依托该所筹建，建设期为两年。配套新建的综合科研试验楼已于2012年底投入使用。目前已拥有19000平方米的综合科研试验楼、2700平方米的成果转化中试车间、占地1.67公顷的产业化生产基地、3个甘蔗和木薯需水量研究野外试验站、1

个移动式喷灌专用试验场、液压自动控制木薯机械性能综合测试系统、输水管材及附件综合性能检测系统、微灌设备多功能分析测试系统、立式加工中心等产品加工及检测设备300多台（套）等基础平台与必要的设备设施，完全可以满足该所节水灌溉技术和设备、木薯生产机械产品综合研发试验以及产业化需求。

【科技交流与合作】 2011～2012年，该所在坚持走自主创新道路的基础上，进一步加大国内外科研院所、高等院校和企业的产学研结合，开展全方位的技术合作与交流。

国内合作方面，根据该所技术优势，参加了“广西技术转移联盟”、全国性的“木薯产业技术创新联盟”、“甘蔗产业技术创新联盟”以及“中国农机工业协会排灌分会”等多种形式的科研组织活动，长期与国家节水中心、中国农机院、广西木薯研究所等保持长期友好的技术合作关系，参与节水行业和木薯行业的各种技术交流和研讨。

结合农业节水技术及小农机具推广示范项目的实施，加大与境外的合作与交流。通过与中国成套设备进出口公司合作，成功在非洲的多哥、贝宁等国实施节水灌溉技术及设备的推广应用，开辟了以研究所为主体的国际合作新途径，开创和促进了农业节水技术和小农机具在非洲的推广应用。2012年起，在与非洲进行节水灌溉项目合作经验的基础上，利用中国对东盟国家的国际合作利好政策，利用该所在木薯高效节本种植机械化和广西木薯研究所在木薯品种选育与种植方面的技术优势，加大与东盟的印度尼西亚和柬埔寨等国家的技术合作。通过与印度尼西亚、柬埔寨等东盟国家的科研机构、农业经济实体合作，在东盟国家建立木薯农机农艺关键技术与试验示范，筛选适合高产木薯品种和高产种植技术，探索适合于当地全程机械化种植的高产木薯品种和中小型农机具。通过试验示范与推广，辐射东盟各国，为建立东盟木薯产业技术创新服务与交流平台，为各方开展国际技术（项目）合作探索积累经验。

（周世英）

广西壮族自治区电子研究所

【概况】 2011～2012年，该所主要从事电子产品的研制开发及计算机软件的应用开发，在单片机技术及产品开发、计算机中小型数据库类应用软件、智能大楼综合布线、计算机机房配电、防雷等领域具有多年的开发实践经验和较高的专业水准，拥有一批中高级专业技术人员，可对外承接此类项目的应用开发或进行项目合作。主要项目有新型智能化出租汽车车载系统、汽车LED指示屏，旋转LED显示等。

该所中试基地下设软件开发部与电子技术开发部，现拥有中高级技术职称的专业技术人员28人。

所长：莫春松（2001年～ ）

【科研项目与经费投入】 2010～2012年，全所共承担研究与开发项目5项，投入经费25万元。

新型智能化出租汽车车载系统 该项目除了实现原有类型终端的各项功能，还具有以下几种功能：支持CDMA和GPRS两种网络；接受并实时优先显示和播报下发短信，并分类存储；实现导航功能，并提供静态和动态路况导航；实现与计价器、智能标志灯、防盗报警器、指纹识别模块、OBD和摄像头等外围设备的连接和与中心的数据传输等。

汽车LED指示屏 该项目是一种为各种类型家用轿车配套安装使用的电子装置，可用于家用轿车或其他类型汽车的改造，它使用更醒目直观的图案方式向后方行人车辆显示前方车辆刹车、转向及其他相关信息，更容易为后方驾驶员识别，可以有效避免交通事故的发生。该项目选用高亮度LED多管芯片，透明的柔性薄膜电路，辨认距离可达50米，功耗小于3瓦，响应速度达微秒级。

旋转LED显示装置 通过高速电机带动LED阵列的高速旋转扫描，利用视觉暂留原理获得柱面图像的柱面显示装置。它可以根据需要灵活设置显示面积大小，显示图像像素点阵不小于128×64，单色或多色显示，帖频25以上，内置大容量存储器，可以存储大量图文信息，可通过串行口或USB口与计算机进行数据通讯，应用于广告宣传、商业销售展示等各行各业。

【科技体制改革】 2010～2011年，根据自治区人民政府的部署，在广西国资委的监督领导下，继续深化企业改革，积极开展全所资产的保值增值工作，加强企业管理，开源节流，开拓创新。针对本所自身特点，加大了与其他企业的科技与产业合作的力度，深入挖掘自身潜力，多方开拓创收渠道，加大科技及其产业的创收力度，使单位经济效益基本保持稳定。

做好企业发展的战略规划布署，结合实际市场需求，给自已在市场上进行正确定位，重点发展自己的重点产品，核心竞争能力，加快实施所内各项成果转化工作。不断转变经营思路，在坚持以我为主的基础上，积极开展横向联合，与自治区内外的相关企业取长补短，互惠互利，增强对外项目及人员的引进合作等工作，通过各种形式的合作，提高企业的创新发展能力。根据中央布署，开展对领导班子的批评与自我批评活动，找出缺点，弥补不足，提高企业领导班子的领导能力。集思广益，调动员工的积极性，稳步实施产业化项目，争取使其成为该所具有较强竞争力的支柱项目。

（蒙恪辛）

广西壮族自治区建筑科学研究设计院

【概况】 广西壮族自治区建筑科学研究设计院创建于1958年，是全国成立较早的省级建筑科学研究设计单位，2003年12月由科研事业单位转制为科技型企业。该院是国家级高新技术企业，也是自治区科技厅确定的第一批广西创新型试点企业之一，广西建科院企业技术中心2009年获得认定，2011年已优秀成绩通过复评审，目前正在筹建广西建筑节能技术重点实验室，同时正在组建广西绿色建筑与建筑节能工程技术中心。科研业务领域涵盖建筑结构、地基基础、绿色建筑与建筑节能、住宅体系、智能化建筑、可再生能源建筑应用、绿色及节能建筑材料等多个研究领域。主要从事建筑工程勘察、规划、设计，市政工程规划设计、工程咨询，建筑智能专项设计，建设工程监理，工程施工，房屋结构加固设计与施工，地基基础技术及预应力特种技术，施工图审查，绿色建筑与建筑节能设计、方案优化、技术咨询及服务，新型节能建筑材料产业化生产及市场推广应用，与建筑节能相关的工程检测，房地产开发，招投标代理，建筑信息检索咨询等业务。建院以来，承担国家和地方部门下达的100多项科研课题的试验研究工作，有50余项成果获得国家和地方的奖励。

“十一五”以来，该院积极响应国家节能减排和资源节约、环境友好型社会建设的政策导向，推行集成创新，建立科技服务公共平台，注重科技基础能力建设及科技成果的转化与产业化发展，开展绿色建筑与建筑节能专项设计、研究及相关专业技术服务，致力于为相关政府部门提供技术支撑，为市场提供咨询服务，提供节能材料和产品的研究开发、检测评估、认证服务，推进建设领域的标准化建设工作，现已逐步成为政府部门在广西绿色建筑和建筑节能领域的主要技术依托单位。

2011～2012年，该院先后获住房和城乡建设部“‘十一五’建筑节能先建集体”和“全国先进工程勘察设计企业”、自治区住房和城乡建设厅“2011年广西建筑节能工作先进集体”、广西建设科技协会“推优创新先进集体”、广西工程建设标准化协会“2010～2012年度广西工程建设地方标准编制工作先进集体”等荣誉称号。

【科研项目与经费】 2011～2012年，该院充分利用已有的技术积累和技术优势，以节能、节水、节材、节地、资源综合利用和发展循环经济为重点，加强对绿色建筑及建筑节能技术、设备、建材产品的研究开发及推广应用工作，各类科技开发立项项目22项，获得国家、自治区及各级部门或单位科技经费1084万元。

科研项目立项及经费情况表

立项年份		2011	2012	合计
国家科技支撑计划课题	项目数（项）	1	0	1
	国家财政拨款（万元）	400	0	400
广西科技计划项目	项目数（项）	8	9	17
	自治区财政拨款（万元）	185	355	540
其他部门委托项目	项目数（项）	1	2	3
	部门拨款（万元）	43	89	132
参与外单位课题	项目数（项）	0	1	1
	科研经费（万元）	0	12	12
总　计	2011～2012年，科研项目总数：22项，科研经费总额：1084万元。			

此外，该院2011～2012年主编或参编国家及行业标准规范编制项目6项（已发布实施4项），主编广西地方标准、规范、图集的编制项目16项（已发布实施5项）。

可再生能源利用技术研究　该类研究结合广

西地区能源状况、建筑用能特点，进行广西地区可再生能源建筑应用关键技术研究，正确引导城市建筑用能型式，鼓励建筑节能与可再生能源的开发利用。研究的课题包括：绿色高层居住建筑因地制宜可再生能源建筑一体化技术研究及应用、广西可再生能源建筑应用示范城市建设研究、广西可再生能源建筑应用示范项目运营监测系统集成关键技术研究、广西可再生能源建筑应用城市示范建设政策体系研究等。

绿色建筑及建筑节能技术研究 该类研究根据广西“十一五”节能减排的目标，对绿色建筑、建筑节能关键技术进行攻关。研究的课题包括：夏热冬暖地区新型节能建材研发与公共建筑被动式节能技术研究及示范、供配电节能新技术在居住区中的应用研究、广西公共建筑单位综合能耗、电耗定额和电梯能源效率评价计算方法研究、直拔法检测新型结构混凝土强度技术、广西建筑垃圾减量化和资源化综合利用研究等。

绿色建筑材料的研究 该类研究致力于研究开发健康型、环保型、安全型的能够节约资源、能源，满足社会发展的新型建筑材料。研究的课题包括：再生骨料特性及制备混凝土性能研究、新型高性能建材研发—高品质机制砂的制备技术及其应用研究、新型陶粒增强加气砌块中试生产示范线的建立及产品应用研究、基于外加剂复配合掺合料优化的混凝土低碳生产技术综合研究等。

【科技成果与转化】 2011～2012年，该院共获得科技成果26项，其中具国内领先水平11项；获发明专利、实用新型专利各1项，取得计算机软件著作权1项；获广西科技进步奖5项、广西自然科学奖1项；主编或参编完成并发布实施的国家、行业及地方标准、规范、图集9项，其中主编的《广西绿色建筑评价》DB45/T567－2009获得自治区政府颁发的“广西2010年度重要技术标准获奖项目”。建立科研成果转化基地两个：广西建科新型建材有限公司、广西建科院泡沫玻璃有限公司，开发的系列节能产品包括泡沫玻璃保温隔热体系、新型保温双层轻质墙板墙体构造体系、自隔热砼小型空心砌块等。

绿色高性能混凝土的研究开发 为该院自主研发项目，该项目研究开发了适合广西的绿色高性能混凝土的配合比设计、适宜的制备工艺，并提出了绿色高性能混凝土的耐久性评价体系。该项目的研究成果填补了广西绿色高性能混凝土系统研究方面的空白，具有显著的经济效益和社会效益，为广西混凝土行业向绿色高性能化方向的发展提供坚实的技术基础，对推动广西建材工业可持续发展具有重要意义。以该项目为基础申报的“低环境负荷、高性能混凝土制备技术及工程应用”成果获2012年广西科技进步奖二等奖。

广西居住建筑节能技术应用研究及试点示范 该项目依据《夏热冬暖地区居住建筑节能设计标准》JGJ75－2003，结合广西气候、技术、经济等实际情况，通过对新型节能材料、节能措施在工程中的集成示范应用，提出了广西地区居住建筑节能设计的原则要求和技术路线，充实和完善了相关技术标准体系和技术评价体系。该项目提出的节能措施，使建筑整体节能50%以上，增量成本小于8%（低于国家要求12%以内的指标），满足国家要求。项目成果在广西区内乃至夏热冬暖地区推广应用前景广阔，具有显著的经济效益和社会效益。以该项目为基础申报的“基于广西气候特征的居住建筑节能技术创新与集成示范”成果获2012年广西科技进奖三等奖。

广西地方标准《广西绿色建筑评价》DB45/T567－2009编制 该院为标准主编单位，该标准的编制充分体现了绿色建筑“因地制宜”的理念，具有鲜明的广西地方特色。形成了一系列适合广西的绿色建筑技术措施和要点，如自然通风、遮阳措施、可再生能源利用等，更加注重利用被动式节能技术，形成建筑与自然的和谐共生，减少建筑对环境的排放和污染。该标准的颁布实施对适合广西本地实施的绿色建筑设计、施工及运营管理、产品和材料的推广起到至关重要的作用，为绿色建筑在广西的推广提供了必要的理论依据，有力地推动了绿色建筑在广西的快速稳步发展。该标准获2011年广西科技进步奖三等奖、广西2010年重要技术标准获奖项目。

【人才与创新团队】 该院十分注重人才的培养和引进，积极激发员工的创新意识，坚持用事业凝聚人才，用实践造就人才，积极营造良好环境，构建创新载体和平台，打造精英团队。依托组建中的广西绿色建筑与建筑节能工程技术研究中心和广西建筑节能技术重点实验室建设项目、广西建筑科学研究设计院企业技术中心、自治区住建厅批准设立的广西绿色建筑节能中心等创新平台建设，吸引、凝聚和培育年轻科技人才；充分利用与国内科研院所、大专院校的科技合作和交流平台，培养院内优秀科技人员；鼓励专业技术人员参与和承担各类研究课题，在创新实践中培养创新人才；广开渠道，积极引进建筑行业各个研究领域和方向所急需的专家、学者进行联合科技攻关，该院作为对接单位的受聘为自治区主席院士顾问的中国工程院院士——清华大学建筑节能研究中心主任江亿教授和哈尔滨工业大学教授、博士生导师给排水工程专家张杰教授，在更高起点上提升该院的科技创新能力；积极组织开展形式多样的学习培训，培养发展战略需求的急需人才，对有培养潜力的青年人才提供出国交流、合作和深造的机会等。

人才培训情况表

年度	2011 年	2012 年
培训人次	400	532
投入经费（万元）	20.3	27.7

引进人才情况表

年度	2011 年	2012 年
研究生以上（人）	10	14
本科生（人）	46	51

【科研平台建设与科研仪器设备】 该院现有研发平台：广西绿色建筑节能中心、广西建筑节能技术重点实验室建设项目、组建中的广西绿色建筑与建筑节能工程技术研究中心、广西建筑科学研究设计院企业技术中心、广西建科院绿色建筑研究设计所、可再生能源建筑应用研究所、建筑幕墙研发中心、建筑工程智能化研究所、岩土工程研究所、建筑设计与预应力研究所、住宅设计研究所、钢结构研究中心。

广西建筑节能技术重点实验室项目建设 2008年由自治区科技厅立项建设，是广西重点实验室培育项目及广西公共技术基础条件平台建设项目。该实验室建成后将致力于广西绿色建筑、建筑节能、绿色建材和可再生能源及资源综合利用的共性、关键技术和产品基础及应用基础研究的公共技术平台。实验室已建成面积约5000平方米的科研实验楼一栋，设围护结构及材料研究检验室、结构检验室、可再生能源（太阳能）研究检验室、暖通空调研究检验室以及室内空气检验室等，配备与常规建材、建筑节能保温隔热材料、围护结构热工性能测试、可再生能源（太阳能）、暖通空调、电线电缆、室内环境、主体工程质量检测、建筑能效测评等几大类实验测试项目相关的仪器设备共计 306 台（套），仪器设备及场地建设等固定资产已达1000多万元，具备 66 大类共 377 个项目的研究与检测能力。其中有的项目如保温材料耐候性、太阳能热水系统、家用太阳能热水器等的检测能力建设属广西首例。实验室建成后预计将成为广西建筑节能技术研发的一流公共技术平台。

广西绿色建筑节能中心 2008 年 4 月由自治区住建厅批复成立。成立以来，该中心配合自治区住建厅和南宁市建设行政部门完成自治区及南宁市两级国家机关办公建筑和大型公共建筑节能监管体系建设工作，开展广西各设区城市能耗普查、能源审计、分项计量设备安装、能耗动态监测系统软件研发及自治区、市两级数据中心建设工作，成功实现能耗数据的采集、传输、接收和分析功能，开展用能定额及超定额加价制度以及数据分析处理等关键技术的研究；协助自治区住建厅完善广西绿色建筑与建筑节能标准体系，组织完成《广西绿色建筑评价》DB45/T567—2009、《干混砂浆生产与应用技术规程》DB45/T568—2009、《预拌砂浆生产与应用技术规程》DB45/T569—2009、《机制砂混凝土应用技术规程》DBJ/T45—002—2012、《广西建筑节能工程施工质量验收规范》DBJ/45—005—2012 等广西地方标准的编制工作；受广西住建厅委托筹备成立全国第一家绿色建筑地方分支机构——“广西建设科技协会绿色建筑分会”，协助自治区住建厅培育广西绿色建筑与建筑节能技术和产品市场，在绿色建筑、建筑节能、可再生能源建筑应用、建筑节能技术与材料的应用与推广方面开展大量基础及创新性研究工作，同时积极推进广西既有建筑的节能改造工作。

广西绿色建筑与建筑节能工程技术研究中心组建 2011 年 12 月，自治区科技厅批准该院为依托单位组建广西绿色建筑与建筑节能工程技术研究中心。该工程技术中心将立足广西，面向东南亚，建设绿色建筑与建筑节能工程技术创新、技术转化、技术体系集成创新的研发中心；通过搭建实验平台，进行示范工程建设、推广应用实用技术、编制标准规范、开展国内外合作交流、传播和教育建筑理念等，以绿色建筑、建筑节能技术领域为研发重点，积极开展绿色建筑、建筑节能设计与评估、建筑节能检测与评估、绿色建筑

与建筑节能技术与节能装备、绿色建材与新型节能结构体系、节水与水资源综合利用、绿色建筑与建筑能源管理等方面的研究，并形成具有自主知识产权的新技术、新材料、新工艺和新产品。“中心”尚处于组建阶段，目前已初步完成机构组织建设，明确各岗位工作职责与任务，具备约5000平方米的实验场地，配备完善与绿色建筑、建筑节能、建筑工程质量检测等项目相关的实验研究与试验仪器设备，满足支撑开展绿色建筑及建筑节能共性及关键技术的创新性研究、开发、试验、检测，以及科技成果转化的相关要求，为“中心”工作的顺利开展奠定了良好的基础。

广西建筑科学研究设计院企业技术中心 广西建筑科学研究设计院技术中心于2009年11月获得自治区经委、科技厅、财政厅、国税、地税以及海关6部门联合发布的认定文件及牌匾。其建设目标是立足广西，面向东南亚，成为绿色建筑及节能建筑的技术创新、技术转化、技术体系集成创新的企业技术研发中心及行业技术交流平台。通过搭建实验平台、开展基础及关键技术研究，进行示范工程建设、推广应用适用技术、研究编制标准规范、开展国内外合作交流、传播和教育培训最新建设科技发展动向和趋势等。

【科技交流与合作】 该院充分利用自身优势，持续引入外部资源，与专业水平较强的高校、科研院所、优秀企业建立产学研联合开发机制，重点开展行业关键共性技术、产业化关键技术的联合攻关、平台建设、成果转化、人才培养等全方位的合作，进一步提升科技创新能力和综合竞争能力。2011～2012年，该院开展对外合作科技项目13项。与广西大学、华南理工大学、武汉理工大学、中国建筑科学研究院、广东省建筑科学研究院以及广西电网公司、柳州东风化工股份有限公司、广西工程咨询中心、广西天晟房产开发有限责任公司等开展课题联合申报及实施、研究生联合培养、标准编制、科研合作等。该院还充分利用作为自治区主席院士顾问的中国工程院院士——清华大学建筑节能研究中心主任江亿教授和哈尔滨工业大学教授、博士生导师给排水工程专家张杰教授对接单位的优势平台，加强与院士的合作交流，在更高起点上提升该院的科技创新能力和研发水平。

（马惠杰）

广西壮族自治区建筑材料科学研究设计院

【概况】 广西壮族自治区建筑材料科学研究设计院成立于1984年，2000年由事业单位转制为全民所有制企业，注册资金306万元。该院位于南宁市星湖路南二里6号，具有建材行业乙级、建筑行业（建筑工程）乙级工程设计资质、建材行业丙级工程咨询资质、建材行业丙级工程项目管理资格及清洁生产咨询资格，主要从事建材行业科研及技术开发、建材及建筑工程设计、技术咨询及工程总承包服务以及工程质量检测工作。设有科研所、工艺设计所、建筑设计所、矿山设计所、技术开发中心、工程质量检测中心，是广西大学化学化工学院硕士研究生科研实习基地、广西经济管理干部学院实训基地、广西新型干法水泥制造工程技术研究中心、广西绿色水泥产业工程院的协作单位之一。拥有一个检测机构和南宁科恺混凝土外加剂有限公司、南宁同达盛混凝土有限公司2个产业化项目基地，开展建材产品、建筑工程质量检测咨询及混凝土外加剂、预拌混凝土等产品的生产和销售业务，其中：南宁科恺混凝土外加剂有限公司为全资子公司、南宁同达盛混凝土有限公司与南宁壮宁资产管理有限责任公司等单位合资兴建。

2012年末，该院有在职员工65人、退休职工52人。在职员工中，有中级以上技术职称46人（其中：教授级高工2人、具有高级专业技术职务任职资格者13人），占在职员工总数的70.8%。科研院所转制几年来，该院以科研成果产业化为契机，以产业化基地为纽带，吸引了一批优秀中青年人才，培养了一大批有经验、会管理、懂技术，具有很强的责任心和创新精神的复合型人才，打造了一支稳定、能打硬仗、工作效率高的创新型科研团队。

【科研项目与经费投入】 2011～2012年，该院共承担科技开发及成果产业化项目12项，投入科研及产业化经费2483万元，其中：列入自治区科技厅项目10项，与企业合作、帮企业解决实际问题的科研项目2项。

【科技成果与转化】 2011～2012年，该院紧密结合建材产业急需解决的关键技术问题和发展需求，开展科技攻关，共取得科技成果5项。

三级粉煤灰用于高性能混凝土技术引进及应用 该项目针对广西三级粉煤灰的特点，对三级粉煤灰进行活性激发，增强其后期水化能力，解决了三级粉煤灰大掺量使用的问题。并在预拌混凝土实际生产中大量使用广西本地的三级粉煤灰，制备的混凝土坍落度损失小，混凝土工作性好，混凝土后期强度高，耐久性能良好。对于广西预拌混凝土生产企业降低生产成本，对于促进广西混凝土技术的发展具有重要意义。

塑性水泥净浆体积变化与凝结性能的关系研究 该项目采集广西各地不同生产工艺、不同配方、不同粉磨细度、不同混合材和掺量制备的水泥样品，通过测定水泥净浆从流动状态至终凝这段时间内的浆体体积变化，从而获得水泥净浆在此过程中的体积变化曲线。开发了水泥净浆体积变化的测定办法，分析和探讨水泥净浆体积变化的各种影响因素及水泥净浆体积变化特征与凝结性能的关系，同时配合水泥粉体颗粒尺寸分布、标准稠度用水量、凝结时间、在非常早期水化放热、在流动水中的溶解度等必要水化特性研究，监测水泥净浆在凝结过程中的水化活性特征，取得了一系列的理论成果；发表高质量论文3篇，培养硕士研究生1名。

大掺量粉煤灰及建筑固体废弃物在混凝土中的应用研究 该项目通过对废弃混凝土进行破碎、分离和筛分制备出性能良好的再生粗骨料，用再生粗骨料取代天然骨料并结合大掺量粉煤灰的应用，制备出性能满足要求的混凝土。通过掺入自主研发的减水剂和激发剂，双掺粉煤灰和再生骨料的再生混凝土的坍落度经时损失小，具有优异的工作性能，且强度满足要求。实现了粉煤灰和建筑固体废弃物的资源化利用，既可以解决环境污染问题，又可以节省资源和节约生产成本，

新型干法窑燃用高硫煤技术引进及应用创新 煤是一种自然资源，随着优质低硫煤资源越来越缺乏，人们不得不开始选用较高硫分的低硫煤，直到选用高硫煤。高硫煤由于含硫量高，燃烧会产生大量二氧化硫，造成空气污染和酸雨危害。预分解窑系统中，由于其特殊的工艺条件，脱硫率高，SO_X排放量极低，故能满足环保要求。但燃煤的含硫量偏高时，熟料的硫碱比会变高，硫的矿化作用致使熟料液相提前出现，液相量过大，易造成烟室和分解炉预热器结皮。而且，液相出现提前，C_3S形成过快，部分C_2S尚未来得及吸收CaO形成C_3S便被包裹在C_3S晶体中，会导致熟料中C_3S含量偏低，影响水泥熟料强度。该院通过料幕技术及吸硫系统改造等措施，使新型干法窑燃用高硫煤时，不引起预分解窑系统结皮堵塞，不影响水泥产品质量，达到降低水泥生产成本和资源高效综合利用的双重目的。高硫煤在新型干法窑系统的推广应用，也是循环经济和可持续性发展的要求，有着重要的现实意义。

利用新型干法水泥生产线处置城镇生活垃圾的技术研究及应用 利用现有水泥生产线的分解炉和回转窑焚烧生活垃圾，实现二次高温焚烧，达到将垃圾减容、减量、资源化、能源化及无害化处理的目标。与采取填埋、焚烧、物理化学处置方法比较，利用水泥工业处理城镇生活垃圾、建筑垃圾和污水污泥比单独建立垃圾处理厂省时、省力、省地、省钱。该项目利用现有的新型干法水泥生产线处置城镇生活垃圾，投资小、周期短、运行费用低，实现垃圾的连续处理，并通过自动化控制技术，解决生产中遇到的问题，处理的过程简单高效，对垃圾的适应范围大。

混凝土外加剂产业化项目 随着预拌混凝土产业的高速发展，外加剂正在发挥着越来越重要的作用。该项目根据该院混凝土产业化项目的需求研制复合型外加剂，具有减少混凝土拌合水用量、提高混凝土流动性、延缓混凝土凝结时间等特点，有效满足预拌混凝土需要长时间运输、泵送及工作性能的要求，在生产运用中取得良好效果，外加剂产品也从最初的萘系升级为聚羧酸系，性能更加突出。

广西新型建筑材料与工程应用重点实验室 该实验室围绕“节能减排”，以固体废弃物高效资源化及应用技术研究和功能建筑材料、高性能混凝土及其制备技术与混凝土的快速修复技术研究为主要研究方向。下设混凝土配合比试验室、力学强度研究室、材料材性试验室、节能试验室等试验研究部门，配套有先进的试验检测仪器设备，建立了实验室各项管理制度和实施细则，实验室人员都经过专业的操作培训。同时逐步建立产学研结合机制，与广西大学、桂林理工大学、广西经济管理干部学院等高等院校及华润水泥（南宁）有限公司、广西鱼峰水泥股份有限公司等企业建立了长期合作关系，共同开展相关研发工作。

该院在研的项目有自治区科技厅下达的“利用高岭土尾矿生产承重加气混凝土砌块的应用研究”“广西工业副产石膏用于制作高强建筑石膏的

研究”“免压蒸PHC管桩生产工艺的应用研究”等。利用高岭土尾矿生产承重加气混凝土砌块根据加气混凝土的微观结构形成原理，掌握在现阶段国产半自动化生产线条件下，用高岭土尾矿代替普通河砂作为主要原料生产加气混凝土的应用技术，并通过采取多项技术措施，达到承重加气混凝土应具有的强度等级及其他指标要求。广西工业副产石膏用于制作高强建筑石膏的研究，对广西工业副产磷石膏组成结构和性质进行研究，开发适合广西石膏制品生产的新技术，新材料，通过实验，找出磷石膏脱水相形成的最佳条件和影响强度的因素，将磷石膏烧制成硬石膏，通过添加合适的激发剂和外掺材，使其水化成较高强度和较好耐久性的建筑石膏。免压蒸PHC管桩生产工艺的应用研究，则根据广西本地原材料的特点，研究免压蒸PHC管桩的生产工艺，免去高温高压蒸汽养护工序，节省投资，降低管桩生产中的压蒸养护能耗，提高管桩混凝土的耐久性。

【人才与创新团队】 该院根据自身优势和人才集中的特点，充分利用产业化项目平台，鼓励技术人员深入生产一线，研究和解决实际问题。积极拓宽思路，建立科研服务于产业化、产业化反哺科研的良性循环，促进科研和产业化的稳步发展。重视人才的培养与创新能力建设，给予技术人员参加各种业务培训的机会，提高整体业务技术水平。并在工作中认真做好传帮带，培养一批青年技术人员，把青年技术人员充实到一线或关键岗位，给予他们施展才干的舞台，提高他们的工作能力。

该院的预拌混凝土、混凝土外加剂产业化基地工艺设备先进，并配备有专门的实验室，是该院混凝土产业链的重要科研试验和开发平台，可进行了类似产品或工艺技术的试验和检测。2011～2012年，该院增加了对广西新型建筑材料与工程应用重点实验室的投入，增购了一批先进的仪器设备，重点开展了新型建筑材料方面的研究和检测工作。

【科技交流与合作】 2011～2012年，该院加强了与自治区主席院士顾问——中国工程院徐德龙院士的合作和交流，邀请院士来桂做学术报告。院士来桂期间，考察了该院的科研试验基地并给予工作指导。

加强了与高等院校的交流与合作，与广西大学等联合开展研发工作，该院的产业化基地和重点实验室也是广西大学、广西经济管理干部学院的科研实习基地。该院是“广西新型干法水泥制造工程技术研究中心”的协作单位之一，与广西鱼峰水泥股份有限公司等单位合作建设广西绿色水泥产业工程院。

该院是广西建材工业协会的秘书处所在地，积极承担建材行业的信息收集、发布和组织各项学术交流活动。为了加深与自治区内外同行之间的交流，学习成功经验，该院多次组织技术人员到自治区内外学习考察，组织参加中国水泥技术年会、中国建材行业技术推动与人才培养论坛、混凝土砌块和复合保温砖生产技术研讨会等。

（陈向荣　甘天亮　杨志明　梁燕飞　张家蔚　陈　霏　莫携娣）

广西壮族自治区交通科学研究院

【概况】 广西壮族自治区交通科学研究院是集科研、设计、施工、软件开发、成果转化的交通科技企业。主要从事智能交通研究、施工，道路桥梁新结构、新材料、新产品的研发，公路、桥梁检测、设计、咨询、监理，环境影响评价、水土保持方案编制，地质灾害防治，路域生态技术研究、方案设计，安全技防工程设计、施工等业务。拥有公路行业特长隧道甲级专项设计资质，工程勘察专业类（咨询、监理）甲级设计资质等28项资质，是自治区内唯一一家同时拥有公路工程综合甲级工程、水运材料及结构甲级并通过CNAS认可的试验检测机构，2012年12月通过了质量管理体系、环境管理体系、职业健康安全管理体系认证。

该院内设办公室（党委办公室）、总工办、人力资源部、生产经营部、财务部、内审办、科技管理部等7个管理职能部门与路桥设计一所、路桥设计二所、道路工程研究所、智能交通所、环保研究所、桥梁工程研究所、生态研究所、工程监理部、交安部、交通战略规划所、市政设计所、水运研究所等12个生产部门，1家子公司南宁捷赛数码科技有限责任公司与西南分院、防城港分院2个分院以及云南、江西、越南3个驻外办事处。共有在职员工468人，其中具有博士学位15人、硕士学位118人、研究生学历6人、本科学历

196人；中级以上技术职称196人，其中具有高级技术职称89人（正高级技术职称10人）、中级技术职称107人。

立足交通创新科技，面向市场共谋发展。2010～2012年，该院规模不断扩大，综合实力迅速增强，科研、生产、经营稳步发展，基本形成一业为主、多种经营的生产经营格局，2012年产值超5亿元。

该院秉承“科学、先进、诚信，创新、严谨、团队”的企业精神，用新思路谋划新发展，靠新举措推动新发展，依托科研及生产基础，至2012年，该院已拥有广西交通运输系统内唯一一个自治区党委、政府首批确定的自治区特聘专家岗位和自治区科技厅批准的广西道路结构与材料重点实验室以及广西桥梁监测及加固工程技术研究中心等技术平台，技术服务范围覆盖广西、四川、重庆、贵州、云南、河南、陕西等省市及孟加拉、越南等国际市场。

院长：郑明德（2002年12月～ ）

【科研项目与经费】 2012年，该院在研科研项目29项，其中交通部西部交通建设科技项目中心1项；组织申报2013年广西交通科技项目获批准7项，自治区科技厅项目5项；获科研拨款975万元，该院自筹配套约1000万元。向自治区科技厅申报了3项科技进步奖，其中2项获得2012年度广西科技进步奖三等奖。

【科技成果与转化】 2011～2012年，在研科研项目为29项，发表论文100多篇，获省部级以上奖励10项。其中教育部高等学校科学研究优秀成果奖科技进步奖一等奖1项，广西科技进步奖三等奖2项，中国公路学会科学技术奖二等奖1项，广西优秀工程勘察设计一等奖1项，广西优秀工程勘察设计二等奖1项，广西优秀工程勘察设计三等奖2项，2012年度广西优秀环境影响报告书一等奖1项，2012年度广西优秀环境影响报告书三等奖1项。

该院紧密结合公路建设市场的发展，依托工程建设，开展新技术、新产品的研究开发，产业化项目实现突破性进展。全面掌握橡胶沥青和硫磺沥青等改性沥青的生产、施工、养护工艺，形成了产业化规模，于2011年12月底投入试生产。研发的橡胶沥青已应用于隆百高速公路路面上，取得了良好的效果，标志着该院“十二五”时期规划重点推进的产业化项目实现了“开门红”，并在生产过程中不断得到改进和升级，以适应市场不断变化的需求。

双曲拱桥梁加固技术的研究 该项目是西部交通科技项目，由该院完成。系统总结了双曲拱桥的常见病害特征及成因，提出了针对双曲拱桥特点的基于几何尺寸、结构材料性能、荷载试验的实用检测技术；研究提出了双曲拱桥构件纵、横向开裂后结构建模及模型修正方法；首次分析了双曲拱桥填料和桥面铺装刚度对主拱圈受力及计算模式的影响；对用于判定结构或构件承载能力状况的折减系数进行了对比及细化研究，完善了针对双曲拱桥技术等级评定的折减系数确定方法；全面总结了双曲拱桥的实用加固技术，并将轻质混凝土及自密实微膨胀混凝土等加固新材料应用于双曲拱桥，提出了基于受力影响线分布最优的双曲拱桥加固施工技术；首次编制了双曲拱桥检测、评估、加固设计及施工指南。该课题研究成果在两百多座双曲拱桥检测、加固、评定中得到了成功应用，具有突出的实用性和创新性，经济社会效益显著，推广应用前景广阔，总体上达到国际先进水平。该成果获2012年广西科技进步奖三等奖。

水泥混凝土路面碎石化沥青罩面改造技术推广应用研究 该项目是自治区科技项目，由该院完成。通过对水泥混凝土路面碎石化沥青罩面结构组合设计、材料优化设计、防车辙路面施工技术等方面的深入研究，进一步优化了水泥混凝土碎石化柔性基层沥青路面结构组合型式，提出了合理的厚度；开发了适用于水泥混凝土碎石化沥青罩面结构的抗车辙沥青混合料；提出了碎石化层和级配碎石柔性基层的压实施工工艺，提高了路面结构的抗车辙能力；对小型双锤头液压破碎机进行了技术改造，提高了行走速度和锤头冲击频率，工作效率提高30%以上。项目研究成果具有较强的实用性和创新性，总体上达到国内领先水平，已在广西苍梧至贵港二级公路130公里的大修工程中应用，取得了良好的效果和显著的社会经济效益。该成果获2012年广西科技进步奖三等奖。

既有桥梁与拱桥的病害诊治技术 该项目是该院参与开展的科技项目，研究了大跨径钢筋混凝土箱梁桥温湿变化对徐变的影响，系统分析了索杆拱桥主要病害机理，开展了双曲拱桥加、钢架拱桥加固系统研究。首次将基于随机振动的桥

梁动力参数结合最优化方法应用于双曲拱桥的损伤识别和加固；首次提出了将温湿变化等效为加载龄期的改进 CEB－FIP1990 徐变模式，建立了能够考虑箱梁徐变分区和构件偏心受压影响的组合板梁单元法，成功应用于大跨径预应力混凝土箱梁桥的徐变分析；进行了索杆拱桥内力参数识别研究，提出一种基于动态有限元法的系杆、吊杆内力参数识别方法，形成一整套索杆拱桥维修加固方法与施工监控技术方案；在曲拱桥加固方法中增设水平系杆、斜撑、护拱等方法，改变其结构体系，改善结构受力状态以及在刚架拱桥加固方法中增设型钢桁架、角钢斜撑等增强横向联系的方法，改善结构受力状态。研究成果大量应用于桥梁加固工程中，使结构在满足承载等功能要求的同时，具有良好的受力性能和经济效益，节省了大量的建设资金，节约了大量的检测、评估成本。该成果获教育部科技进步奖一等奖。

桥区航道爆破施工的安全性与信息化技术研究 是由该院完成的自治区科技项目，项目通过大量调研、理论分析和试验测试，结合实体工程的应用，对爆破振动速度和加速度对桥梁影响的关联关系进行了系统研究，明确了结构安全控制的爆破振动加速度所关联的爆破振动速度作为航道爆破施工的控制要素；将神经网络分析方法引入水下爆破施工控制领域，结合实时监测技术及预测分析评估技术，形成了一套信息化施工技术，对爆破施工方案进行动态优化，防止爆破期间桥梁出现超规范应力，有效保障桥区航道爆破期间桥梁的安全，保证了桥梁的耐久性。研究成果具有较强的实用性和创新性，经济社会效益明显，推广应用前景广阔。

薄层橡胶沥青在北部湾水泥路面中的应用技术研究 该院开展的西部交通科技项目，项目以广西实施交通优先战略，亟待提高公路路面行车舒适性及使用寿命，节约改性沥青材料及建设资金，减少路面修筑过程产生环境影响为背景，针对北部湾地区水泥路面行车舒适性差和维修困难的特点，采用水泥路面加铺薄层橡胶沥青面层技术，对新建水泥路面加铺薄层橡胶沥青复合路面结构组合设计、薄层橡胶沥青复合式路面层间界面特性、薄层橡胶沥青混合料设计及路用性能评价指标、薄层橡胶沥青复合式路面施工过程质量控制关键技术开展系统研究，解决水泥路面加铺薄层橡胶沥青复合式路面的主要技术难点和问题，掌握相应的材料与施工关键技术。旨在充分利用橡胶沥青路面减振、降噪、抗滑的特点，提高路面的行车舒适性和安全性，发挥橡胶沥青面层隔热、防水、耐老化的特点，提高路面耐久性；并通过减薄沥青面层厚度研究，降低路面修筑过程对重交通沥青和改性沥青的依赖，减少施工过程中的气体排放。该项目研究充分采用橡胶沥青技术，促进废旧轮胎循环利用，将起到节能减排环保的效果，并将形成薄层橡胶沥青在水泥路面中的应用技术指南，促进复合式路面的推广应用。

【科普活动】 为宣传科技成果，在南宁举办的第一届广西发明创造成果展览交易会上，该院参加了科研院所组团展览，参展的有嵌入式一体化车道控制机、基于桥梁动应变识别车辆重量的方法、零号块腹板分层浇筑非荷载裂缝预防方法、使用轻质混凝土作为拱上填料的圬工拱桥等四个项目。

【科研平台建设与科研仪器设备】 2011～2012年，该院将广西道路结构与材料重点实验室培育基地与广西桥梁监测及加固工程技术研究中心建设作为一项企业发展的重大战略工程，积极通过设备仪器、人才队伍、科研项目三个内容和渠道来不断做强做大科研平台，力争培养一流的科技人才队伍，配备一流的试验研究设备，取得一流的科技成果。一方面，坚持以财政补助与企业自筹的方式，不断购置国内外先进的大型仪器设备，添置了广西第一台 2000 吨微机控制电液伺服压剪试验机，MTS 多功能材料试验系统，有效增强了科研试验能力；另一方面，与国内公路路面学领域权威中国工程院沙庆林院士充分沟通，确定由其担任重点实验室学术委员会主任一职，极大提升科研平台的含量；第三，广西道路结构与材料实验室成为了全自治区交通运输系统唯一一个第一批自治区特聘专家岗位设立单位，聘请了长安大学材料科学与工程学院院长陈拴发教授为特聘专家，广西桥梁监测及加固工程技术研究中心与美国斯坦福大学、浙江大学等多所国内外高校建立了课题和项目合作关系，邀请了国内外知名专家学者担任工程中心委员，保证了与国际前沿同步，引领了科研创新、成果转化、人才培养等方面取得突破。

【信息化建设】 广西高速公路联网电子不停车收费系统（ETC）是国际上正在努力开发并推广普及的一种用于道路、大桥和隧道的电子收费系统。

该院开发承建的广西高速公路联网电子不停车收费系统服务及结算平台、联网清分中心已投入正常运行，配套工程南宁、柳州、合浦收费站和南宁机场高速 ETC 不停车收费系统投入正常运行。该院负责建设的广西高速公路联网清分中心的卡片发行量超过2万张，年清分结算金额达60多亿。

无人值守自动发卡系统 代替了入口车道人工发卡，能利用外设进行车牌识别、车型车类识别以及车辆预称重等。安装本系统后收费管理模式不需改变，可为高速公路公司大大节约运营成本，并提高智能化管理和服务水平，而且由于简化了系统构成，提高了设备和系统的整体可靠性。该系统已在广西推广使用。

收费稽查辅助系统 主要利用车道收费系统采集的车辆信息，通过后台自动数据分析和人工甄别建立“黑名单”，对“黑名单”车辆进行重点监控，稽查高速公路中的偷逃通行费行为，从而达到打击各类偷逃通行费违法行为，减少国家规费流失的目的。

基于车牌识别的二义性路径识别系统 该系统以车牌和时间为依据，将车辆入口信息、标识点信息以及车辆出口信息进行关联，从而形成车辆行驶的路径，从而实现按实际路径对通行车辆进行收费及清分结算的目的。按实际路径收费及清分方式对实现更合理的业主间利益分配、提高业主积极性，具有极其重大意义。

【科技交流与合作】 2011～2012年，该院与国内的清华大学、西南交通大学、广西大学、浙江大学、东南大学、华南理工大学等合作，完成了一系列科研项目，攻克了多项技术难关；与美国斯坦福大学合作密切，Kincho H. Law 教授将作为研发中心的学术带头人之一，同时与 SC－Solution 公司存在合作关系，与国外大学的知名企业合作对国外先进技术的引进及技术产业成果的国际化。同时加强了与交通运输部公路科学研究所的合作，联合申报了交通部西部交通建设科技项目3项。

（罗月静　李丽琳）

广西壮族自治区中医药研究院

【概况】 广西壮族自治区中医药研究院成立于1956年，是广西创立最早、规模较大、学科较齐全、主要从事中药应用基础研究和中药新药开发研究的专业机构，“八五”期间被国家中医药管理局定为全国十大中医药院所之一。占地2公顷，建筑面积2.42万平方米。设有中药资源研究所、中药化学研究所、中药药理研究所、广西腹针临床治疗中心以及中医门诊部、药厂、实验厂等。拥有国家中医药管理三级实验室1个和自治区二级实验室5个，自治区科技厅重点实验室“中壮药质量标准研究室”1个。该院是广西中药与天然药物工程技术研究中心，广西科技创新金源单位，广西中药产业技术创新战略联盟理事长单位，广西千亿元产业研发中心——广西中药新药研发中心。其中中药、化学、药理、仪器分析、腹针是该院的优势学科，在自治区内外都享有声誉。该院主要任务：开展中草药资源调查、整理与鉴定、中草药化学成分提取、分离与结构解析，中药材质量标准，中药单方或复方制剂工艺、质量标准、稳定性及其药效学和毒理学、中药材规范化种植等研究。至2012年末，该院有在职人员208人，其中专业技术人员156人，具有中、高级技术职称102人；其中享受政府特殊津贴4人；有一批学术骨干曾留学美国、日本、澳大利亚、俄罗斯等国，科研技术力量雄厚；拥有气相色谱仪、液相色谱仪、红外分光光度计等一批先进的实验仪器和设备，仪器设备400余台套，价值2000多万元；中药标本室收藏药用植物蜡叶标本近10万余份，瓶装标本4000余瓶，其中有世界上独一无二的模式标本240多张；中医药书籍、期刊9万余本（册）。50年代起该院对广西中草药进行了广泛全面的普查，查明中草药基源共4623种，收集广西民间验方200余个、专著20多部。与中国药科大学、北京药用植物研究所、上海药物研究所，以及日本、美国、英国等国家有业务往来及学术交流；与广西100多家制药企业建立了横向协作关系。建院五十多年来，承担省部或厅局级科研项目500多项，编写专著25部（册），获国家级和省部厅局级科技进步奖40多项；参加药品研究已获批准文号证书的项目共80多个，主要有广西蛇药、卫康醇、脑心宁、驱风痛、降压灵、肝炎灵，年产值超亿元的肤阴洁，以及累计产值达100亿元的两面针药物牙膏等。其中获得广西唯一国家一类新药（药材）的研究中，承担并完成了血竭药材质量标准研究做出了重要的贡献；同时参与研制和开发的桂林三金系列产品、两面针系列产品、肤阴洁系列产品、柳州花红系列产品、灵峰金鸡系列产品等均取得良好的经济效益。

【科研项目与经费投入】 2011～2012年，该院科技人员组织申报各级科技计划课题，共获得立项课题42项，其中自治区科技计划课题16项，广西青年基金4项，自治区卫生厅、广西中医药管理局项目22项。近两年，共得到各级科研经费资助共1853.2万元，其中得到重点支持的项目有，中药标本馆建设专项经费315万元；瑶药“产后三泡”系列产品产业化开发经费150万元；全国第四次中药资源普查（广西田林等四县域中药资源试点普查）项目经费190万元；广西中药质量标准重点实验室240万元。

为了对企业发展发挥更大的作用，该院以《加强横向科研课题管理的暂行规定》为指导，鼓励和引导科技人员充分发挥该院人才、技术和设备优势，多为企业服务、多做贡献。科技人员想企业所想，急企业所急，积极深入企业，了解企业重大技术需求，积极联合企业进行刻苦攻关，取得了显著成效。2011年～2012年共签订横向合作协议30项，内容涵盖新药和保健品研发、质量控制、成分检测、波谱测试、工艺改良等方面，涉及50家企业，横向项目协议经费共计200多万元。

为提高社会服务能力。一是选派科技特派员深入企业调研，联合企业申报国家、自治区科技计划项目，着力解决产业发展的重大技术瓶颈问题；二是作为广西中药产业技术创新战略联盟理事长单位，该院积极推进资源整合、产学研合作、技术创新，快速提升广西中药技术创新能力，加快中药产业发展。

【科研平台建设与仪器设备】 该院非常注重各学科的平衡发展。申报国家中医药管理局的中药化学重点学科，现已经被自治区中医药管理局推荐到国家中医药管理局；广西千亿元产业研发中心建设，2012年12月通过上级部门组织专家评审；广西中药新药开发与安全性评价工程技术研究中心建设2012年10月通过了自治区科技厅组织的考评；申报国际科技合作基地建设，基地建设得到了自治区科技厅的认可和支持，并于2012年12月被推荐至科技部农村司，作为我国“面向东盟国家合作试点单位”主要遴选单位之一；广西示范药用标本馆（GXMI）建设，在上级部门的大力支持下，该院对原有的中药标本馆进行重新装修和改建，植物标本馆（GXMI）和药材标本馆展示面积达1000多平方米，至2012年底，标本馆已通过互联网建成了标本信息网上共享平台，可为公众服务。

为了加强固定资产的管理，充分发挥该院仪器设备的使用率及共享，该院草拟了《仪器设备使用和外借收费制度草案》，对进一步加强该院大型仪器设备的规范化管理提供保障。2011～2012年，该院共采购仪器设备156台（套），共计人民币450.58万元。在型仪器有气质联用仪、步琪中低压制备液相、全自动三分类血细胞分析仪等。整个采购严格按照公开、透明、节约、正规的程序进行。设备购进后，该院认真组织人员验收及办理资产入账手续，按时保质地完成各类设备档案录入工作。

【科技成果与转化】 2011～2012年，共获得科技成果奖励7项，其中：获得广西科学技术发明奖三等奖3项，获得广西医药卫生适宜技术推广奖一、二等奖各2项；共申请并受理专利4项，已授权2项；出版论著1部；共审核投寄论文140余篇，发表中文核心、科技核心等论文100篇。参加国内外学术交流60人次；组织参加各类展会，推介该院科研成果10次；指导博士研究生3人、研究生6人开展课题研究，指导60个实习生完成毕业实习。

作为广西优势中成药二次开发的牵头组织单位，该院负责2011年“九里香等药材质量标准或药用成分研发”项目大合同及其10个子课题的任务书编制，项目进度、经费、统计等管理工作。按照自治区科技厅计划处的要求，对“十五”规划以来的所有立项课题进行了详细的统计工作，将纸质报表及电子文档按时上报，并做好该院科技档案的整理归档工作。

【人才队伍建设】 该院科研人员在进行各项科研工作的同时，也注意了各种边缘学科的学习，及时了解国内外中医药研究发展动态，掌握最新的中药研发资料，对一些先进的技术进行跟踪学习研究。一是邀请了国内外医药专家来该院进行技术指导和讲座，全面提升该院科技水平。二是创造条件，派科技人员到北京、上海等地进行学习。三是加强科技人员的梯队建设，深化干部人事制度改革，建设高素质干部队伍；接受来自桂林医学院、广西中医学院等院校实习生102名；引进各级专业人才3名，从高校毕业生中录用硕士生、本科生共15名。

【科技交流与合作】 2011～2012年，该院共派出30人（次）赴国内外进行学术交流、考察、进修、研究，接待24位国内外学者到该院进行访问、考察、研究。与美国、日本、澳大利亚、英国等国药物研究机构以及国内北京、沈阳、南京、上海、广州、深圳、武汉等国内知名大专院校和研究院所建立了长期的技术协作关系；与广西100多家制药企业建立了横向协作关系；长年聘请国内外知名专家、院士作为该院客座研究员、教授共同进行科技攻关。

【科技体制改革】 2011～2012年，该院继续贯彻党中央、国务院及上级主管部门有关科技体制改革的方针政策，科研工作面向广西经济建设主战场，重点抓投入和创新，加大深化科技体制改革力度，在全所进行机构调整、优化资源配置、用人机制、奖金分配等重大改革。该院科技体制改革的宗旨是以市场为导向，以科研为基础，以开发为渠道，以效益为目的，科研技术服务广西，辐射全国。更新理念，坚持以自身优势为基础，以科技创新为主导，不断地进行机构与科研体制改革。人事制度改革按照公开、平等、公正、竞争的原则，进行了中层领导干部的公开竞聘上岗，并签定聘书和合同，实现了中层领导以上人员的聘用制管理，该院全员聘用制在2011年11月完成。制定了《国家科研计划课题的管理规定》《对外技术服务项目（横向课题）及相关问题的管理规定》《实验室的管理条例》《科技成果奖励暂行办法》《学术委员会章程》《科研工作条例》《大型、精密、贵重仪器设备管理办法》等多项规章制度。进一步调动了广大职工特别是科技人员的积极性、主动性、创造性，使科学技术更好的应用于生产，服务于社会。

（赖克道）

广西壮族自治区职业病防治研究院

【概况】 广西壮族自治区职业病防治研究院前身是广西壮族自治区职业病防治研究所，1979年正式独立建制，全国首家三级甲等职业病专科医院，广西壮族自治区唯一独立的职业病防治机构，同时加挂有广西工人医院、广西中毒急救中心、广西化学物质毒性检测所、广西核辐射事故医学应急中心的牌子。该院是自治区卫生厅直属的非盈利性医疗卫生事业单位，是自治区疾病预防控制体系的主体单位之一，是自治区唯一的职业卫生与职业病防治和中毒急救及核辐射事故医学救治的专业机构，是广西各级医院中毒急救和核辐射及恐怖伤害事故医学救治的技术指导中心，是自治区卫生厅唯一定点储备中毒特效解毒药品的医院；是自治区劳动社会保障厅指定的职业病诊断与劳动力工伤伤残鉴定和康复治疗医院，是自治区卫生厅批准的唯一合法的可以从事职业健康体检和职业病诊断鉴定的省级三级医院，是全国明明白白看病百姓放心医院，是全国唯一通过卫生部评审的国家三级职业病专科医院，是自治区和南宁市医疗保险定点医院，是广西唯一合法的可以进行建设项目职业病危害评价的具有卫生部甲级资质的职业卫生技术服务机构，是广西唯一的具有卫生部化学品和农业部农药毒性鉴定资质的实验室，并已取得国家计量认证、国家认可实验室、办公和住宅室内空气质量卫生评价等资质。

该院承担广西厂矿、企业等工作场所有毒有害物质浓度的检验检测、化学物质毒性检测、急性中毒救援、职工职业健康体检、职业病诊断与治疗、职业病患者致残程度鉴定、建设项目职业病危害预评价及其控制效果评价、核辐射及恐怖伤害事故现场的医学应急处理及其伤害的医疗急救与治疗、职业病危害及中毒和核辐射事故防护与防治技术研究等项工作任务。所出具的职业病和职业相关疾病诊断报告具有法定权威性。

医院核编床位300张，可开放床位500张。设有6个病区，即综合病区（一区、二区）、尘肺病区、中毒病区（一区、二区）、老年病区；1个重症监护室；两个综合门诊部，即青山门诊部、院门诊部；1个河堤社区卫生服务中心；9个研究所（室），即职业卫生防护研究所、职业病临床研究所、职业病危害评价与控制所、中毒与毒理研究所、化学品毒性鉴定所、职业健康促进研究室、粉尘与尘肺研究所、理化检测研究所、核与辐射防护研究所所；1个职业健康体检部；1个机动车驾驶员体检部；15个临床、医技辅助科室，即药剂科、检验科、物理诊断科、放射科、病理科、共用实验室、呼吸功能诊断治疗室、内窥镜室、康复科、输血科、口腔科、妇科、预防保健科、营养科、病案信息室。

2012年末，该院有在职职工517人，其中主任医师、教授12人，副主任医师级40人，主治医师级116人；有硕士学位20人，留学回国人员3人，获国家有突出贡献中青年专家2人，国务院特殊津贴专家2人，首批自治区优秀专家1人。

院长：葛宪民（1998年12月～2011年6月）
胡德宏（2011年7月～　）

【科研项目与经费投入】 2011～2012年，该院共承担研究与开发项目19项，投入经费132万元，其中拨款127万元，自筹35万元。其中国家环保部、自治区环保厅横向课题1项，中国CDC职业卫生与中毒控制所委托的“世界卫生组织广西职业卫生现状调查与分析”1项，全国职业健康状况调查，自治区科技厅2项，中医药局1项，自治区卫生厅9项，自选项目4项。

【科技成果与转化】 2011～2012年，该院完成科研课题4项，获奖成果2项，其中获广西医药卫生适宜技术推广奖二等奖1项、三等奖1项。发表学术论文145篇，其中国内核心专业期刊100篇，其他期刊45篇。

广西农民工尘肺病预防控制措施的研究 该项目应用流行病学方法，选择在马山县接尘农民工和农民工尘肺病患者为研究对象。2006年3月通过对马山农民工职业卫生现状、农民工尘肺病患病情况的调查，通过整合现有卫生资源，构建和实施符合广西实际情况的新农村职业卫生监督管理和服务模式、农民工尘肺病管理模式、职业健康教育和宣传培训工作模式、农民工尘肺病患者的医疗救助模式，并依靠农民工尘肺病科学管理的体制及长效运行机制及对农民工实施系列尘肺病干预措施，解决广西农民工尘肺检出率高、诊断和治疗难等问题，2010年8月对实施效果进行评价。该项目创新了以县乡村三级尘肺病预防控制的早期预防、早期干预的模式，确保了服务体系和监督体系的工作持续有效实施；创立了以乡镇卫生院和村卫生所为前哨的宣教、建档、拍片干预措施前移，农民工获得基本职业卫生服务的覆盖率明显提高，使尘肺患者得到早发现、早诊断和早治疗；创新了以多形式、多层次、多部门参与的职业健康教育模式，尤其是从源头对中学毕业班和外出务工人员就业前培训，把基层医疗卫生人员培养成宣传员，使目标人群的职业卫生知识和防控意识大幅度提高；创新了农民工尘肺病管理模式，发挥乡村两级前哨的实时监测作用，有效解决了农民工尘肺病诊断难、治疗难和过早死亡的问题；创新了农民工尘肺病患者的医疗救助模式，建立了经费筹措以及规范、省钱、简便、效佳的救治方案，提高了尘肺病患者的存活质量和劳动能力以及生命能力。

该项成果具有极大的社会经济效益和推广应用价值，成果已通过学术论文的发表、集中办班培训、学术交流会等方式推广和应用。已有15篇学术论文在国内核心刊物、2篇在省级刊物上公开发表，并有7篇论文的全文刊登在全国学术会议论文集。编写的专著：《劳动者维权手册》（劳动者知识读本），葛宪民主编，广西科学技术出版社2006年出版，获2006年第九届广西社会科学优秀成果三等奖；《突发公共卫生事件监测预警及应急救援》，葛宪民主编，人民卫生出版社2008年出版，获2010年第十一届广西社会科学优秀成果奖二等奖；《卫生法学》（全国医学高等学校统编教材），葛宪民副主编，人民卫生出版社2010年出版。撰写的论文《广西H县农民工严重罹患矽肺的综合调查分析》和《广西MS县到海南金矿务工农民矽肺患病情况分析》在全国九次职业卫生学术会议（2006年10月在昆明市召开）大会上发表，并全文刊登在会议论文集，获第四届吴执中职业医学奖学基金优秀论文三等奖。课题形成的农村职业卫生管理和服务模式以及农民工尘肺病预防控制措施管理模式，同时获得批准为国家“十一五”科技支撑计划课题，即《新农村职业卫生技术对农民工尘肺病防控的应用示范性研究》，作为农村卫生适宜技术进行应用和推广研究。试点取得的经验和模式，在全国基本职业卫生服务经验交流会和《中华劳动卫生与职业病杂志》举办的基本职业卫生服务专题研讨会（2008年12月在深圳市召开）大会上推广。并在2011年3月《海峡两岸职业卫生学术研讨会论文集》中发表，在《中华劳动卫生与职业病杂志》中待发表。试点工作取得的经验模式已在马山、容县、灵山、南丹县乃至全国应用推广，如江苏省组织各市卫生系统2009～2010年分3批次到马山县参观。该成果获2011年度广西医药卫生适宜技术推广奖二等奖。

广西医疗放射工作者眼晶状体损伤的流行病学研究 该项目对916名接触射线医务人员及528名不接触射线医务人员眼晶状体进行裂隙灯及超声对比观察，探讨广西医疗放射作业医务人员晶

状体损伤的流行病学情况及放射性晶状体损伤的超声影像学特点。项目在国内各省（区）级范围内首次开展对广西各级医疗机构不同医疗专业接触射线的医务人员眼晶状体损伤进行流行病学调查，对工种、工龄、年龄、性别的调查和晶状体浑浊部位、形态改变的分析以及晶状体浑浊与医院级别、年均照射剂量的关系研究，得出了相关的较为全面的最新资料，填补了广西流行病学调查的部分空白。在国内首次开展对放射性白内障二维及彩色血流频谱、玻璃体混浊检出情况的研究。总结报道了放射性眼晶状体损伤的超声二维声像图及彩色多普勒血流频谱特点，提示超声能弥补裂隙灯的不足，可作为诊断职业放射性眼病的辅助诊断手段。通过课题研究，在国内医学杂志公开发表相关论文7篇（其中国家级核心4篇），对在广西范围区开展医疗放射工作者眼晶状体损伤的流行病学研究以及临床放射性白内障的诊断和治疗具有一定的指导意义。

【人才与创新团队】 2011～2012年，广西壮族自治区职业病防治研究院继续加强国家临床重点专科建设、自治区化学中毒紧急医学救援队和核辐射紧急医学救援队能力建设、中毒与毒理重点学科能力建设以及尘肺病的防治能力建设，通过加强各学科建设，使科研、临床、教学紧密结合，以专业特色为建设方向，不断提高整体学术、技术水平，抓好学科配套设置和学科建设规划，培养一批高素质、高水平的学科带头人及学术骨干，使科研水平和创新能力不断提高。

【科研平台建设与科研仪器设备】 2011年，该院经财政部、卫生部批准，被评为国家职业病临床重点专科，并获得建设资金500万。业务范围涉及急性化学物中毒与核辐射突发公共卫生事件的现场应急处置和临床救治，职业病的诊断、治疗与康复以及职业病劳动能力鉴定等。随着国家职业病临床重点项目的建设，该院技术服务能力以及急慢性职业病和化学品中毒危重症患者救治水平必将进一步提升，从而促进了全广西职业病医疗卫生技术水平提高，并起到技术示范、辐射作用。

该院肺灌洗治疗项目是卫生部列为国家培训项目及培训基地，每年均有自治区内外职业病治疗机构的临床医护人员到该院学习交流这一技术。

该院中毒与毒理重点建设学科，与全国14个省18个地区106家农药生产企业建立了业务来往。先后与中国疾病预防控制中心职业卫生与中毒控制所、北京劳动卫生与职业病研究所、北京医科大学、上海医科大学等合作开展多项课题研究，为实验室的科研技术奠定了良好基础。

该院拥有美国安捷伦公司7890A/5975C型气相色谱—质谱联用仪、美国PE公司和热电公司原子吸收分光光度计各1台、美国贝克曼高效液相色谱仪、日本导津气相色谱仪、原子荧光分光光度计、日本日立7080型全自动生物化学分析仪、美国拜尔248型血气分析仪、日本奥林巴斯V 70型电子胃镜和纤维支气管镜、德国费森尤斯4008 S型血透机和德国西门子公司VX型数字摄影X线系统、西门子16排CT、50KW数字摄影（DR）车等一批大型进口医疗与检验仪器设备。顺利通过了中国合格评定国家认可委员会（CNAS）对实验室的监督评审、自治区质量技术监督局对该院的监督评审和安监部门组织的对建设项目评价资质的验证检查、国家实验室认可复查＋扩项评审、农药毒理学试验资质评审、实验动物使用许可证评审以及玻璃量器计量检定工作复查考核等。

【科技交流与合作】 该院注重对外交流与合作，先后派科技人员前往日本、美国、澳大利亚、英国、瑞士等国家进行学术交流和培训；与世界卫生组织合作“世界卫生组织广西职业卫生现状调查与分析项目”，中澳合作“中英职业健康监护与职业病诊断制度研究”，与国家环保局、环保厅共同合作“全国重点地区环境与健康专项调查广西南丹试点地区调查”。

该院是山西医科大学、广西医科大学、广西中医学院、广西桂林医学院、广西右江民族医学院、广西卫生管理干部学院、柳州市卫生学校、南宁市卫生学校、广西医科大学护理学院、广西药科学校等多个学校的教学实习基地。同时作为全国肺灌洗培训与治疗的技术指导中心，每年约有20名进修生到该院进修肺灌洗等。

（麦志丹）

广西壮族自治区皮肤病防治研究所

【概况】 广西壮族自治区皮肤病防治研究所（广西壮族自治区皮肤病医院），是广西唯一的一所集“疾病预防控制、医疗、科研、教学培训”为一体的省级皮肤病、性病防治专业机构和三级皮肤病专科医院，是自治区卫生厅直属单位。该所是省级艾滋病抗病毒治疗定点单位，是广西性病病原体分离检测及中西医结合治疗性病的研究基地，是广西唯一一家拥有国家级规范化性病门诊和国家级认证的性病实验室的医疗机构，是广西性病检测技术指导中心和广西性病实验诊断中心。1991年，该所成为国家级和省级性病监测哨点成员单位。

该所设有皮肤病、性病、麻风病和药物研究室以及临床部。临床部设有皮肤科、性病、医学美容、中西医结合、外科和妇产科门诊以及住院部、检验中心等临床科室和医技科室，实际开放床位床位60张。

2011～2012年，该所主要承担广西皮肤病的预防、诊断、治疗、康复等工作；以及承担全广西性传播疾病的预防控制、发病报告及疫情监测、规范化诊疗管理等工作。

所长：黄培勇（1998年4月～　）

【科技队伍】　2012年末，该所有在职职工118人，其中卫生技术人员86人，其他技术人员12人，行政后勤人员20人；其中主任医师级5人，副主任医师级16人，主治医师级25人；有10人具有研究生学历或硕士学位。

【科研项目与经费投入】　2011～2012年，该所共承担各级各类项目8项，其中国家级课题1项，省级课题1项，厅级课题6项。投入经费10万元。已完成1项，项目技术水平达到自治区内先进水平。

【科技成果与转化】　2011～2012年，该所取得科研成果1项；发表学术论文48篇，其中SCI期刊收录1篇，国内核心专业期刊24篇，一般专业期刊23篇。

H_2O_2、过氧化氢酶、谷胱甘肽过氧化酶、硒和病毒在白癜风发病机制中作用的研究　该项目通过对白癜风患者血液和疱液中的H_2O_2、过氧化氢酶及谷胱甘肽过氧化酶、硒和病毒与白癜风发病关系的研究，提示白癜风发病可能与表皮局部H_2O_2浓度增高、过氧化氢酶浓度降低密切相关，与血清过氧化氢酶浓度降低相关。该研究为进一步探讨表皮局部氧化—抗氧化反应的机制，以及皮肤局部组织病毒感染对局部黑素代谢的影响等奠定了基础；为探索白癜风治疗的新途径，尝试从调节局部相关酶活性角度治疗白癜风提供了参考依据。

【麻风病防治】　根据《全国消除麻风病危害规划（2011～2020年）》的通知要求，结合广西的实际情况，该所协助自治区卫生厅制定《广西消除麻风病危害规划（2011～2020年）》《广西消除麻风病危害规划实施方案（2012～2020年）》等一系列文件，为广西麻风病防治工作的开展提供了政策支持、评价指标体系和管理要求。主要工作和成绩有：一是加大发现病人的力度。依托中央财政转移支付经费和自治区财政专项补助经费，以及中国—比利时麻风病发展合作项目资金的支持，在全自治区麻风病防治工作中，发现新病人数排在全国前列。2011～2012年，全自治区共新发现麻风病病人118例，完成了规划中两年发现新病人100例的阶段性目标。两年共完成麻风病联合化疗（MDT）166例，至2012年底尚有现症麻风病人247例。二是积极治疗麻风病严重不良反应。2011～2012年，共发现神经炎病人46例，经用皮质类激素规范化治疗，治疗效果优17例，良21例，尚可8例。三是加大对全自治区麻风病防治骨干的培训力度。两年来，举办了各类人员培训班10期，重点对全自治区95个负责麻风病疫情管理单位以及麻风病重点疫情县的人民医院、中医院、妇保院的外科、神经科、内科、皮肤科门诊医生、乡镇卫生院医生等进行培训，共946人。四是完成了麻风康复物资的招标采购和分配发放工作。根据《关于追加中央财政2011年重大公共卫生专项补助资金的函》的要求，完成了28万元麻风畸残自我护理物资的招标采购和发放工作，物资包括麻风溃疡护理包、个人护理用具包及防护鞋等。五是制作麻风健康教育科教片。2012年，在自治区卫生厅疾控处的领导和支持下，完成了《麻风病早知道》科教片的现场拍摄和制作。六是印制了《基层医生麻风病培训教材》4万本、麻风病防治宣传台历8000本和麻风病防治宣传小折页20万份。

【性病防治】　2011～2012年，该所承担广西性病疫情监测与防治技术指导，以及艾滋病综合防治和梅毒预防控制工作。两年来，协助自治区卫生厅制定了《广西预防与控制梅毒规划（2010～2020年）实施方案》《广西医疗机构性病诊疗管理规范（2011）》和《广西医疗机构性病诊疗质量评价标准（2011）》《广西梅毒诊断和疫情报告管理实施办法》等一系列文件，这些对规范和指导广西各地开展性病防治及艾滋病和梅毒控制工作起到积极作用。主要工作和成绩有：一是在自治区艾防办支持下，按照中国疾病预防控制中心《关于全国艾滋病性病防治主要措施落实质量的考评方案的通知》要求，对设在广西的4个国家级性病监测点及13个艾滋病防治综合示范区进行了艾滋病防控的专项督查，并重点对28家医疗机构对艾滋病的诊疗进行检查，促进全自治区医疗机构的艾滋病规范化诊疗工作。二是加强性病诊疗从业人员的专业培训。两年来，举办培训班21期，共培训3576人次。三是完成全自治区性病门诊干预包的制作及发放工作。根据《中央补助广西艾滋病防治专项资金》项目要求，向14个市级规范化性病门诊发放干预包105000只，印发“性病知识要点”小折页20万份，“梅毒预防核心宣传信息”3000份，这对预防艾滋病、性病的传播起到了积极作用。四是加强梅毒疫情监测工作。认真落实《广西梅毒诊断和疫情报告管理实施办法》，经过规范化管理，2012年梅毒报告发病数与2011年同期比下降了29.5%。五是继续在全自治区开展创建规范化性病门诊工作。该所协助自治区卫生厅继续开展规范化性病门诊的创建工作，到2012年底，全自治区已有125家县级以上医疗机构达到规范化性病门诊标准，并通过自治区卫生厅专家组的现场考评。六是积极参与自治区防艾办组织的“世界艾滋病日”宣传活动，提高广大群众的自我防范意识，积极预防和遏制艾滋病的蔓延。

【人才与创新团队】 该所本着有利于学科发展和科技队伍建设的原则，努力建设一支规模适当、结构合理、素质优良，富有创新精神和创造能力的高水平人才队伍。引进高层次人才的同时，重视引进有真才实学、发展潜力和培养前途的中青年骨干。创造留住人才的环境。注重学科带头人的培养。推进创新团队建设，在组织上创新，在管理上创新，在政策和资金上给予支持。

【科研平台建设与科研仪器设备】 2011～2012年，该所进一步加强科研平台建设，引进先进科研仪器，研究所的研究水平和能力得到了较大提升。两年共投入432万元，引进了西门子彩色多普勒超声仪、美国三维皮肤CT、自动酶联免疫分析系统、全自动生化分析仪、电子阴道镜、皮肤美容光动力治疗仪、半导体激光机、电脑生物组织脱水机、自动粉末包装机、坐式熏蒸机等一批新仪器设备。到2012年末，该所还拥有荧光显微镜、血细胞分类仪、微生物鉴定仪、基因扩增仪、酶标仪、MORA生物共振诊断治疗仪、SS－05型全身—局部辐射式紫外线光疗仪、表皮移植机、激光治疗仪、光子嫩肤机、丝柔光脱毛/痤疮治疗仪和YAG调Q激光机等本专业领域国内先进的诊疗设备，以及性病诊断试剂生产、外用药制剂配制等技术。

【信息化建设】 2011～2012年，该所信息化建设稳步推进，取得了明显成效。重视和加强信息化建设。加大投入，添置了不少硬件设施，现共有电脑70台，能满足各部门日常办公需要。构建全所统一的局域网。2012年末，以实现办公自动化、公文流转、数据共享、流程同步、综合性信息化办公基础网络平台已基本建成，使“无纸化”办公迈开实质意义上的一步。建设好研究所网站（http：//www.gxpys.com)，作为对外交流和宣传的重要窗口。完成全自治区统一的网页版全自治区麻风病防治信息管理系统的建设，运行良好。打造惠民信息服务平台。利用大型电子荧屏、公共信息触摸屏查询系统、预约挂号等信息服务项目，为广大病友提供多元化的信息服务平台。

【科技交流与合作】 2011～2012年，该所注重对外科技交流与合作。与比利时达米恩基金会等国外组织开展良好的合作关系。根据中国、比利时两国政府间协议，比利时达米恩基金会长期援助广西的麻风病防治工作，期间中比麻防项目总投资24.3万元。项目合作内容包括麻风病流行病学调查、麻风病畸残预防及康复、麻风村旧房改造及经济康复等方面。为充分利用国际资源，提高广西麻风病防治专业水平做出了贡献。加强与中国医学科学院皮肤病防治研究所，山东省皮肤病防治研究所、广西医科大学等院校的科技合作与交流，横向联合，取长补短，实现科技资源的优化配置，进一步推动研究所科研水平的提高。

（谢　俭）

广西壮族自治区疾病预防控制中心

【概况】 广西壮族自治区疾病预防控制中心前身是广西壮族自治区卫生防疫站、广西壮族自治区寄生虫病防治研究所和广西壮族自治区健康教育所，2001年8月重新组建正式挂牌成立，同时增挂“广西壮族自治区卫生监测检验中心”“广西壮族自治区预防医学研究所”两块牌子，保留“广西壮族自治区健康教育所”牌子。2011年8月，组建成立“广西壮族自治区食品安全风险监测与评估中心”。广西壮族自治区疾病预防控制中心承担着广西疾病预防与控制、突发公共卫生事件应急处置、疫情报告及健康相关因素信息管理、健康危害因素监测与干预、实验室检测分析与评价、健康教育与促进等工作职责，是集技术管理与应用研究指导为一体的全民公益性卫生事业单位，是广西卫生监测检验业务技术的指导中心。

2012年末，该中心共有在职职工455人，其中博士与在读博士12人，硕士与研究生101人；获高级专业技术资格104人。4人享受国务院政府特殊津贴，1人入选新世纪百千万人才工程国家级人选，2人获卫生部有突出贡献的优秀中青年专家称号，3人为广西优秀专家，6人入选广西十百千工程人才工程人选。

主任：唐振柱（2010年6月4日～ ）

【科研项目与经费】 2011～2012年，该中心获各级科研立项63项，其中国家级科研立项2项，省部级科研立项11项，厅局级科研立项25项，科研协作项目立项25项。获各级科研经费支持4899万元。

【科技成果与转化】 2011～2012年，该中心获科研成果奖12项，其中获广西科技进步奖5项、广西医药卫生适宜技术推广奖7项，在各类杂志上公开发表论文250篇。主办的《应用预防医学》杂志是全国性预防医学学术期刊，2012年影响因子为0.529，位居全国省级疾控中心主办的预防医学期刊第3位。

广西健康安全突发事件预警应急系统研究 该项目研究结果显示：一是广西医疗卫生机构应对突发公共卫生事件应急能力存在资源分配不平衡，整体应对突发公共卫生事件能力不足，运行机制不健全，管理水平不高等问题。二是与一些发达国家相比，我国突发公共卫生事件危机处置体制和预警应急机制存在着缺乏统一立法，缺乏强有力的常设危机管理，没有形成具有会商决策功能的综合体系，缺乏常设性的危机管理的综合协调部门，缺乏完善的信息系统，缺乏有效的危机管理绩效评估体系，信息联动机制不灵敏等缺陷。项目通过借鉴国内外成熟的危机应急机制和管理理念，针对我国国情和广西作为欠发达西部地区的实际，结合广西应对突发公共卫生事件实践，在理论上提出了构建一个包括三级管理机构和七大支持系统组成的突发公共卫生事件应急管理系统，一个高效、快速、全面、准确的预警信息采集、数据管理、智能预警、动态评估、表现直观的预警信息综合管理系统，一套决策科学、分级效应、及时有效的应急处置机制。根据项目所提出的突发公共卫生事件应急预警系统构建理论，选择南宁市作为试点，应用现代网络通讯技术，建设了一个实行属地统一指挥调度，指挥权威、资源优化，急救工作质量和水平高的现代医学救援体系。项目利用互联网技术以及广西突发公共卫生事件应急处理“三网”系统已形成的突发公共卫生事件管理网络，通过Active Server Pages（ASP）动态服务网页或NET技术平台，构建了基于互联网的全自治区公共卫生综合信息处理系统，包括基础信息系统（GIS）、传染病疫情智能化分析系统、预测预警系统、信息质量评价及反馈系统。获广西科技进步奖二等奖。

广西免疫规划创新和成效研究 该项目结合工作实际，从软硬件方面进行探索创新，率先探索强化免疫并作为全国的示范，使广西如期实现了无脊髓灰质炎目标并得到有效维持。创立了麻疹高危县预测甄别方法预测麻疹暴发，并采取局部强化免疫的策略使得广西提前达到麻疹消除目标。创立并实行免疫规划黄牌警告机制，使广西疾病控制体系尤其是免疫规划队伍和保障措施得到加强，实现常规免疫规划高水平的覆盖，免疫规划疫苗针对疾病的发病水平不断下降，为广大儿童的身体健康和社会的稳定和谐发展提供了有力保障。项目成果显著，累计投入5.3亿元，因针对脊髓灰质炎、麻疹和乙肝等的免疫规划疫苗减少了疾病的发病、死亡和残疾，累计对社会贡献200亿元，投入产出比为1∶37.73；共发表学术论文60篇，获得广西科技进步奖二、三等奖，中华预防医学科学进步奖三等奖，广西医药卫生

适宜技术推广奖一等奖等阶段性成果8项。

广西城乡居民四十三年膳食和营养状况变迁趋势与相关慢性病关系及其干预策略研究　该项目对广西城乡居民四十三年膳食和营养状况变迁趋势与相关慢性病关系及其干预策略进行分析，全面系统掌握了四十三年来广西城乡居民膳食结构及营养素摄入变迁的长期趋势及特点。其中，畜禽肉摄入逐年大幅增加导致的动物性食物供能增加，蛋白质、油脂类摄入增加，粮食类食物摄入减少是四十三年尤其是近二十年膳食营养的主要特征。全面系统描述了广西城乡居民高血压、糖尿病、血脂异常、脑卒中、代谢综合征、肥胖、贫血等慢性病的流行特征、重点人群以及膳食营养、社会行为危险因素及保护因素。首次报导了城乡居民高血压、糖尿病、血脂异常、脑卒中、代谢综合征、肥胖等慢性疾病的患病率，为广西城乡居民的膳食营养干预及慢性病防治策略提供了良好的科学依据及决策依据；提出了相应的膳食营养干预策略，这也是国内首次将城乡居民营养干预策略纳入广西医改政策，率先在学校实施营养促进管理策略，在卫生、教育等部门和食品企业也得到了推广应用；将干预策略用于项目研究中，铁强化酱油项目使30万人受益，3年累计收益685万元；营养教育和营养包、补充剂干预项目使目标婴幼儿的营养不良改善效果明显，效益—成本比达5～200倍。获广西科技进步奖三等奖、广西医药卫生适宜技术推广奖二等奖。

广西城乡腹泻病疾病负担研究　该研究在我国首次从发病强度、经济负担、生命质量评价指标等方面，综合评估了广西调查地区腹泻病所导致的疾病负担，城乡不同季节腹泻病发生的危险因素及影响该病疾病经济负担的因素；首次研究了广西城乡不同区域腹泻病就诊和用药现状、人群腹泻病就医行为及其影响因素；发现广西自上世纪八十年代以来腹泻病流行特点、临床特征以及危险因素发生变化；比较发现本次入户调查研究与疫情报告系统中病例信息的差异。发表学术论文20篇。研究结果为指导广西各级政府和卫生行政部门制订腹泻病防控策略、合理利用卫生资源、促进腹泻病的监测、分析和疫情应对提供了科学依据，并指导广西多个腹泻病相关监测方案的制订，应用于指导全广西各地腹泻病预防控制、监测、健康教育和暴发疫情处理中，并取得良好的效果。获广西科技进步奖三等奖、广西医药卫生适宜技术推广奖二等奖。

广西猪人肉孢子虫的发现与研究　本研究采用流行病学、建立动物模型、药物治疗等多种方法，首次在广西对有生食猪肉习惯的居民进行调查，首次发现广西流行猪人肉孢子虫病；以自然感染的肉孢子虫为虫源，完成了本虫生活史及排卵囊规律研究；在国内首次发现乙酰螺旋霉素治疗猪人肉孢子虫病有显著效果，为该病治疗提出了新的治疗药物。在国内率先以《猪人肉孢子虫孢子囊或卵囊检测技术》和《猪人肉孢子虫包囊检测技术》申报国家计量认证和国家实验室认可，并获得通过，为医疗机构开展猪人肉孢子虫检验检测提供了技术支持。本研究成果为广西各级政府制订防病规划决策、卫生部门制订防治措施、农业兽医做好生猪疾病预防、工商及检验检疫部门加强肉类检疫提供了科学依据。获广西医药卫生适宜技术推广奖二等奖。

抗结核药物对肝脏损害的研究　该研究掌握在结核开始治疗前病人中乙肝病人所占的比例为43.28%；首次报道广西抗结核治疗中产生肝损害的比例为20.74%；明确HBsAg（+）组肝损害发生率为35.80%，HBsAg（-）组肝损害发生率为9.31%，经统计比较，HBsAg（+）组发生肝损害率以及ALT、AST平均值比HBsAg（-）组高；HBsAg（+）组最早出现肝功能损害为治疗的第7天，HBsAg（-）组最早出现肝功能损害为治疗的第16天，HBsAg（+）组的平均时间比HBsAg（-）组早18.09天；HBsAg（+）组肝功能恢复的平均时间为57.02天，HBsAg（-）组为27.56天，HBsAg（+）组比HBsAg（-）组晚29.46天等。经多因素非条件Logistic回归分析，最终进入模型（$P<0.05$）的因素有饮酒、营养、HBsAg、年龄、性别，表明这些因素和肝损害有密切的联系。提出符合广西实际情况的切实有效的结核病防控策略，即考虑加入免费的肝功能检查和乙肝“两对半”的检查。免费肝功能检查在南宁市推出的“生活困难的城乡肺结核患者提供免费治疗项目”中执行，经调查此项检查对医生临床治疗和诊断有很大的帮助，应加以推广。完成发表论文13篇，工作总结和工作报告2篇；培养在读硕士研究生3名。获广西医药卫生适宜技术推广奖三等奖。

广西流行性出血热流行特征和防制策略研究　该项目充分利用中国疾病预防控制信息系统和实验室检测网络平台，将流行病学的宏观分析与分子生物学的微观研究相结合，首次阐明广西

1990～2009年的二十年间流行性出血热发病流行趋势和强度，以及三间分布特征；首次在国内应用分子生物学手段对广西流行性出血热汉坦病毒进行基因型及其亚型的检测，结果确定广西流行性出血热的病毒型别为汉城型汉坦病毒，从病原学上确认广西为家鼠型出血热疫区；首次提出沿海地区汉城型汉坦病毒基因亚型为低致病性的S2，这是沿海地区本病低发的重要病原生物学因素。在防控策略和措施上，根据广西疫情流行的实际，各地应采取以防鼠灭鼠及高危人群疫苗预防接种为主的综合性措施，抓好人间和鼠间的疫情监测，及时报告疫情。课题研究对确保实施西部大开发、西电东输、自由贸易区建设、中国—东盟博览会的顺利举行意义重大，具有显著的社会经济效益。该研究已投入使用，运行稳定，防控效果良好。该成果获广西医药卫生适宜技术推广奖三等奖。

广西家鼠鼠疫GIS研究 该项目选择26个市县区为研究点，通过流行病学等多学科技术建立以GIS为核心技术的广西鼠疫GIS。该系统把鼠疫空间数据与属性数据进行链接，对鼠疫进行信息化管理，相关信息查询，实现鼠疫的综合监测以及预警、预报。并对鼠疫进行风险评估，按风险性高低采取不同措施，为鼠疫的有效防制决策提供科学依据。主要创新点：一是率先在国内以GIS为核心技术建立广西鼠疫GIS；二是首次在国内基于鼠密度等6种指标，运用广西鼠疫GIS对鼠疫的发生风险进行综合评价；三是首次在国内对家鼠鼠疫自然疫源地发生鼠疫的风险分为3个风险区，针对不同风险区采取不同措施，提高防制效果，为中国南方家鼠鼠疫乃至全国鼠疫防制提供新模式。获南宁市科技进步奖一等奖、广西医药卫生适宜技术推广奖一等奖。

乙肝病毒核心基因启动子双突变（T1762A1764）筛选肝癌高危人群价值的研究 该课题组与英国伦敦大学合作16年，用流行病学方法和分子生物学技术致力肝癌危险标记物的研究，发现广西HBV株基因组由3215个碱基组成，属C基因型，P、S、C和X基因长分别为2529、1200、636和462个碱基；发现HBsAg无症状携带者、急性肝炎、慢性肝炎、肝硬化和肝癌患者血清中的HBV核心基因启动子双突变（T1762A1764）阳性率分别为23.1%、55.6%、57.1%、73.9%和97.2%，肝癌组与各组间阳性率均有显著性差异（$P<0.05$），71.4%肝癌组织有双突变序列整合体；发现双突变对HBeAg阴、阳性携带者病毒量有不同影响，双突变与HBeAg阳性携带者低病毒量有关，但对抗－HBe携带者病毒量无影响；筛选27340名隆安居民，建立由2258名HBsAg携带者组成的队列，观察4年，发现有双突变的HBsAg阳性携带者患肝癌危险性最高，双突变是筛选30岁以上男性HBsAg携带者肝癌最高危人群的标志物。本研究发表论文31篇，其中SCI论文6篇、核心期刊15篇。研究成果已被国内外同行广泛认可、大量引用和推广应用，如在法国、加拿大、英国等国际学术会议上宣读，获得同行专家的高度赞赏，被SCI文献他引122次，在广西各地和上海、重庆、浙江、福建、河南、湖南等省（市）推广应用，肝癌监测成本也比原来减少4倍，取得了显著成效，为卫生行政部门制订肝癌防治策略和措施提供了重要的科学依据。获广西科技进步奖二等奖，广西医药卫生适宜技术推广奖一等奖。

广西鼠疫流行菌株分子生物学研究及监测技术应用 该项目将广西自2000年首次鼠疫暴发流行以来，从自死鼠、活鼠和病人淋巴液中分离到的31株鼠疫菌进行糖醇酵解试验、毒力因子检查、硝酸盐还原能力试验、营养依赖型检查等生物学特性研究，抗生素敏感性试验，以及质粒组成和质粒图谱等分子生物学研究，从而掌握了广西鼠疫流行菌株的分子生物学特征的基本数据，并根据这些数据和其他流行病学依据，判断广西自建国以来的首次鼠疫暴发流行的原因。率先在国内根据鼠疫菌株的质粒组成把鼠疫菌分为Ⅰ型、Ⅱ型、Ⅲ型质粒图谱；首次在国内提出广西鼠疫暴发流行的原因是滇、黔、桂三省区交界地区相同鼠疫自然疫源地的内源性复燃；首次在国内对比RIHA、Kado、PCR三种方法检测鼠疫菌Fra1抗原，并建立具有广西特色的鼠疫检测方法即双重PCR技术。项目建立起的具有广西特色的鼠疫检测方法等成果，取得较显著的经济效益和社会效益，具有较高的应用推广价值。先后在国内刊物公开发表科技论文21篇，其中有15篇在国家核心期刊发表。获广西医药卫生适宜技术推广奖一等奖。

【人才与创新团队】 2002年率先在全广西卫生系统内推行首席技术专家制，分别设立细菌、病毒、寄生虫、公共卫生、慢性病、卫生检验、健康教育促进和卫生网络信息管理8个学科首席专家，着力打造领军人才。鼓励青年专业技术人员积极开展科学研究，利用中心经费每年资助10～12名35岁以下年轻人中心课题科研立项。柔性引进中国工程院院士庄辉教授、陈君石研究员分别担任病毒性疾病预防控制与疫苗研究、健康保健与公共卫生领域的首席科学家。2011～2012年借助博士后科研工作站优势，引起3名博士开展博士后科研工作，其中一名博士后为留学回国人员。2012年中国疾病预防控制中心艾滋病首席专家邵一鸣教授正式获聘广西第二批八桂学者，受聘于该中心艾滋病防控关键技术岗位。

【科研平台建设与科研仪器设备】 2006年广西疾病预防控制中心入选广西人才小高地，2008年获国家人力资源和社会保障部批准设立博士后科研工作站，2012年获自治区党委、政府批准，设艾滋病防控关键技术八桂学者岗位。创建涵盖细菌性疾病、病毒性疾病、寄生虫病、免疫规划、卫生监测检验、慢性非传染性疾病和疫苗临床研究7个学科平台；每个学科平台设台长、副台长、学科专家委员会。拥有广西医疗卫生重点学科1个（细菌性疾病防制学科）、重点建设学科2个（人体寄生虫学科、食品安全与环境卫生监测检验学科）。

该中心现有工作用房面积3.3万平方米，设备4100余台，价值9900多万元。有基因序列分析仪、流式细胞仪、全自动荧光免疫分析系统、荧光定量PCR仪、全自动生化分析仪、CT机检测设备、四路低本底α与β测量仪、原子吸收分光光度计、原子荧光分光光度计、高效液相色谱仪、气相色谱仪、气质联用仪、全自动免疫印迹仪、能谱仪、全自动菌落计数仪、厌氧培养系统、薄层分析仪、病原纯化层析仪等一大批先进精密仪器设备。建立有艾滋病确认实验室、保健食品功能学检验实验室、农药登记药效实验室、实验动物使用许可SPF级、实验动物质量检测实验室。2004年通过实验室国家认可，2005年通过国家级计量认证。至2012年底，获国家认监委认证和CNAS认可的检验能力共有9大类25个分类881个参数和73个产品。

【信息化建设】 2007年组织创建了中心论文管理系统（数据库），共收录论文3300篇。同年，建立档案管理数据库和图书馆数据库。2008年，从自治区到中央的疫情信息虚拟专用传输网（VPN），升级改建成全广西疫情信息虚拟专用传输网（VPN），实现了全自治区网络直报。2010年，建立办公自动化OA系统。

【科技交流与合作】 2007年与广西医科大学公卫学院联合培养“流行病与卫生统计学”“病毒学”“医学寄生虫学”等专业硕士研究生。2012年9月11日，与中国疾病预防控制中心合作的中国现场流行病学培训（Field Epidemiology Training Program，FETP）广西基地在中心揭牌成立。2012年12月20日与广西医科大学共建广西公共卫生人才培训基地正式挂牌启动；中心先后与世界卫生组织、联合国儿童基金会、国际免疫专家组和英、美、法、日、泰、韩、澳大利亚、比利时、越南、香港救世军等23个国家、国际组织和地区进行了广泛的合作交流。

（蒙晓宇）

广西壮族自治区民族医药研究院

【概况】 广西壮族自治区民族医药研究院与广西壮医医院实行两块牌子，一套人马。该院的主要研究方向和任务是：对我国民族医药特别是南方壮族、瑶族、苗族等少数民族的医药进行发掘整理和研究提高。至2012年末，该院有职工234人，其中具有高级专业技术职称35人，中级专业技术职称52人，初级专业技术职称77人。全院占地1.12公顷，现有建筑面积14800平方米。设有民族医基础理论研究所、民族医临床研究所、民族药研究所、民族药制剂开发中心、民族医药报社、民族医药培训部、民族医药协会、门诊部、住院部、药剂科、医技科、保健中心等业务部门。

广西壮医医院于2007年列入第一批国家中医药管理局重点民族医医院建设单位之一并已通过验收，2012年由国家中医药管理局资助的全国重点民族医院的能力建设项目正在按计划进行。该院现有3个“十一五”国家中医药管理局重点建设专科，分别是壮医风湿病科、壮医推拿科、壮医目诊科；2012年新增壮医风湿病科为“十二五”国家临床重点建设专科，壮医肿瘤科为“十二五”国家中医药管理局重点建设专科，壮药学科为国家中医药管理局重点建设学科。该院还指导多家医院开展民族医药临床服务。同时认真做好广西20家壮医专科建设项目组长单位和8家壮医专科项目建设指导工作。2012年12月24日，20家建设单位均已通过自治区中医药管理局的评审验收。已开展的壮医目诊、壮医经筋疗法、壮医药线点灸疗法、壮医药罐疗法、壮医针挑疗法、壮医刮痧排毒疗法、壮医药浴疗法、壮医药熨疗法、瑶医庞桶药浴疗法、瑶医火攻疗法、苗医熏蒸疗法等民族特色疗法具有简便验廉的特点，深受广大患者欢迎。

法人代表、院长：韦浩明（2007年12月～　）

【科技项目与经费】 2011～2012年，该院认真贯彻落实上级各项文件精神，重点围绕“壮瑶医药振兴计划”，申报各级各类项目（课题）50多项，获准立项项目47项，资助项目经费1054万元。其中，中标牵头承担2012年国家科技支撑计划课题《壮、瑶、土家等民族医特色诊疗关键技术及应用研究》1项，2011年广西千亿元产业重大科技攻关项目“7种壮药新药研制”1项，承担国家自然科学基金2项，国家科技支撑计划课题6项，自治区卫生厅医药卫生重点课题5项，广西食品药品监督管理局课题17项，南宁市科学研究技术开发计划课题1项，广西科学研究技术开发计划项目4项，广西自然科学基金课题3项，自治区卫生厅中医药科技专项（民族医药重大攻关项目）2项，广西壮族自治区中医药管理局课题5项，自治区质量技术监督局地方标准制定（修订）项目2项。在研课题111项，已完成课题13项，通过验收结题13项，成果鉴定13项，申报奖励3项，获奖项目3项；2012年6月，十二经筋图谱获外观设计专利。与中南民族大学药学院合作研发壮药制剂5项，获得广西食品药品监督管理局医疗机构制剂注册批件4项，临床研究批件1项。组织编写《壮医方剂学》《中国壮医外科学》《中国壮药材》《中国壮药资源学》《壮医基础理论研究》等。推荐发表学术论文80多篇，正式发表73篇，出版专著2部，即：《壮药理论与现代研究》《黄汉儒》等。同时，与北京大学出版社签订出版合同，拟于2014年上半年出版专著5部。

【科技成果与转化】 2011～2012年，该院共取得科技成果13项，其中获奖成果3项。作为牵头单位认真组织实施国家中医药管理局民族医药文献整理和适宜技术筛选推广工作。至2012年底，20项适宜技术推广和15部文献整理（其中，该院负责13项民族医药适宜技术推广项目，5项民族医药文献整理项目）的工作进展顺利，于2012年11月27日通过广西中医药管理局组织的广西预验收。

【科技工作与改革创新】 2011～2012年，该院参加科技下乡、科技活动周等活动，开展与企业的合作共进。与广西圣特药业有限公司合作建立“壮药制剂生产基地”，与桂林安和药业有限公司合作建立“瑶药研发生产基地”，研发壮瑶药新制剂、新产品，不断推进壮瑶药科研基地建设及新产品研发。武打将军酒等制剂配送至全自治区20家县级中医院壮医科平台建设单位使用，收到良好的效果。

【人才与创新团队】 继续加强国家中医药管理局重点民族医院建设、重点民族医专科建设、重点民族医学科建设及广西壮医药研究中心创新平台建设，不断提升科技创新能力。通过培养壮瑶医药科研及临床重点学科、专科优秀人才，加快壮瑶医药事业发展和临床服务能力的提高。

【科研平台建设与科研仪器设备】 2011～2012年，该院多方筹措资金，努力改善科研工作环境，共投入科研经费200多万元，其中重点专科投入180万元，实验室投入55万元。为壮瑶医药实验研究的顺利开展及重点学科的规范化建设提供支持。

【信息化建设】 2011～2012年，该院加强广西壮族自治区民族医药研究院、广西壮医医院、民族医药报网站建设工作，扩大民族医药宣传。

【科技交流与合作】 2011～2012年，该院加强国内外学术交流，加强与中国中医科学院、北京中医药大学、中南民族大学药学院、泰国清莱皇家大学等交流与合作，掌握本学科学术进展最新动态，不断提高壮瑶医药的学术水平。

（滕红丽　杨　冰）

广西壮族自治区药用植物园

【概况】 广西壮族自治区药用植物园（广西壮族自治区药用植物研究所，中国医学科学院药用植物研究所广西分所），创建于1959年，占地面积202公顷，是自治区卫生厅直属的从事药用动、植物资源收集、保存、展示、科普教育，药用动、植物资源保存与利用、特色中药资源、民族药资源产品开发、中药材产品质量检测技术与标准研究，中药材产品质量标准起草以及检测服务的公益性事业单位。被誉为“立体的《本草纲目》”并获“最大的药用植物园”吉尼斯世界纪录，是国家AAAA级旅游景区、国家科普教育基地和国家中医药文化宣传教育基地。

截至2012年底，广西药用植物园物种保存量达到282科1773属7400种，其中珍稀濒危药用植物710种。药用植物种子保存3095种，其中珍稀濒危药用植物405种。已完成包括引种驯化、种子、标本等图片保存共计15万份。对无种子、繁育难药用植物成功实现离体保存。已保存31科19属252种药用植物，共5000多份，其中珍稀濒危药用植物180种，珍贵及市场价值高的药用植物72种。

【科技队伍】 至2012年底，该园科研团队总人数222人。其中，正高职称10人，副高职称15人；博士35人，硕士82人，在站博士后3人。科研人员队伍硕士以上人才超过50%。享受国务院政府特贴专家1人，中国工程院院士顾问5人，“西部之光”访问学者5人，八桂学者2名，广西“十百千”人选4人，客座教授33人。

【科研项目与经费投入】 2011年，该园科研成绩实现新突破。在课题项目方面，2011年全年共组织申报各级科技项目118项，比2010年同期申报数增加18项，增长18%；批准立项数为67项，比2010年增加16项，增长31.37%，并首次获得国家自然科学基金面上项目。药园新增课题经费957.3万元，增加了170.8%。在研课题211项，经费达2667.353万元，同比分别增加了27.11%和48.82%。课题申报、立项数和在研课题经费为历年之最。

2012年，以国家工程实验室建设为抓手，该药切实加强在研究经费、文章发表、专利申报、标准制定和成果转化等方面的工作力度，努力实现科研能力、科研水平、科研产出的稳步提升。通过中心建设，2012年新增课题52项，其中国家自然科学基金项目3项，获资助110万元；承担瑶族习用药材质量标准研究项目9项。新增课题经费3144.8万元，在研课题经费达5588.043万元，与2011年相比增加72%。

【科技成果与转化】 2011～2012年，该完发表文章333篇，其中SCI文章33篇，其中最高影响因子达到4.21，创药园新高。获广西科技进步奖三等奖1项，广西医药卫生适宜技术推广奖二等奖、三等奖各1项。参与出版专著7部，成果鉴定12项，5项专利获得授权。

华夏本草医药有限公司是药园科研成果转化基地，充分实现产业发展与药园科研紧密结合，提升产业市场竞争力。2011～2012年，药园科技工作者与华夏本草公司紧密沟通，采取“市场—企业—科研”结合模式，确定切实可行的研究方向，及时转化科研成果。已成功开展了红芽大戟、广豆根、铁皮石斛、穿心莲等药材的成果转化，取得较满意的结果；同时，公司积极走“公司＋农户＋基地”的经营模式，推广种植了一万多公顷穿心莲，涉及农户4000多户，获得了“自治区级扶贫龙头企业称号”，并获得扶贫扶持资金415万，贴息贷款1600万元。

【人才与创新团队】 广西药用植物园紧紧围绕人才工作“服务发展，人才优先；制度创新，重在使用；高端引领，全面带动”的指导方针，全面推进人才队伍建设，在人才引进、人才使用、人才评价方面做到了精益求精。2011～2012年，药园共引进各类专业技术人员26人，其中博士以上高层次人才12人，历年来突破性的首次超过引进人才总数的50%，同比增加50%。至2012年底，博士占专业人才队伍总数13%，高级职称（含客座教授）占20%。海外高层次人才宋采、刘凤鸣分别获得自治区首批“西南濒危药材开发”“资源生物工程”两个八桂学者岗位。人才建设取得了突破性进展。在良好的人才建设做保障的前提下，药园结合科研发展的需求和自身优势，重新构建了涵盖“三个平台、三个中心”的新药园科研体系，实现药园科研体系“专”的提升。

2012年强化科研成果激励，培养优质科研团队。针对往年科技人员科研成果奖励少，激励办法单一的不足，制订了《广西药用植物园科技基金管理办法》和《广西药用植物园科技奖励管理办法》。全年科研奖励经费达到75.6万元，其中科研基金配套奖励39.5万元，论文奖励14.5万元，标准奖励5.5万元，专利、成果及奖项奖励

16.1万元，包括专项给予韦坤华博士与蒙爱东教授各5万元的奖励以表彰她们在铁皮石斛和广豆根种苗生产和栽培上取得的成绩，使她们凭借成果转化成为了药园科技人员中高收入的领跑者，明确树立了“科研为产业提供支撑，产业为科研输送血液”的科研发展大方向。

【科研平台建设与科技仪器设备】 至2012年底，药园拥有科研平台：国家工程实验室1个，自治区重点实验室1个，自治区工程技术研究中心1个，南方药物研究检测中心1个，国家中医药管理局中医药科研三级实验室2个，自治区卫生厅中医药管理局中医药科研二级实验室7个。

以平台建设促科研能力提升。2011～2012年，国家工程实验室完成1032万元的投入，现已基本完成内部装修，预计2013年3月投入使用；购置了58台仪器，现在拥有先进仪器设备数量达到150多台套。建设了3000平方米智能温室和38公顷大弯弓科研基地，为科研项目的顺利实施提供保障。依托国家工程实验室、自治区重点实验室、自治区工程技术研究中心等科研平台，初步形成了涵盖资源保护、资源利用、资源开发的科研格局。

【科技交流与合作】 2011年成功举办药园“十二五”规划论证会，由国家工程院、自治区人民政府与各主管厅局站在国家中医药行业发展的高度，论证药园发展规划；成功承办中国—东盟传统医药展，弘扬民族传统文化。获得“最大的药用植物园”吉尼斯世界纪录，大大增强了社会影响力。

2012年，药园通过开展科技考察、学术会议、技术培训、合作研究等多形式的对外科技合作交流活动，进一步扩大合作领域并向纵深发展，不断提高合作层次与水平。

科技交流　药园的建园模式、发展理念和科研水平在业内地位日益提升。来自重庆药物种植研究所、贵阳药用植物园等自治区外多个单位共11个批（次）专程到药园进行学习、考察；与自治区内3所高校开展共同筹备建立协同中心和联合办学等一系列合作，都表明了药园在自治区内外的知名度不断提升。

国际合作　2012年药园获批成为首批广西国际科技合作基地。一年来，药园开展了20余项（次）国际科技交流活动。派出科技骨干2批（次），分别赴俄罗斯、德国、奥地利等国家的8个世界著名植物园考察学习。邀请了芬兰、奥地利、俄罗斯、澳大利亚等国家的知名学者到药园作学术讲座和交流。接待印度尼西亚政府建园小组、发展中国家官员高级研究班等团组到药园考察交流。在国际合作项目上，药园取得了实质性的进展，再次成功联合举办了中国—奥地利中草药春令营，分别与美国、奥地利、新加坡、日本4个国家开展中草药研发合作，并获得自治区科技厅资助67万元。与香港、台湾地区的研究机构与企业已在中药材鉴定等领域达成合作意向。

学术活动　2012年药园继续秉承开放合作的发展理念，履行自身的社会责任。成功承办广西医药卫生重大项目院士论证会、广西生物医药产业发展院士咨询会、第五届药植论坛等一系列学术活动，进一步提升了的药园在行业内的社会影响力和地位。

【中药资源普查】 2012年，药园作为牵头单位，组织并参与第四次全国中药资源（广西）试点普查工作。

全国中药资源普查　药园参与编制全国中药资源普查技术规范，为普查工作的顺利开展奠定了基础。药园作为全国中药资源普查领导小组办公室成员单位、种苗繁育和种质资源设施建设组副组长单位和第四次中药资源普查第四督导组组长单位，负责督导云南、贵州、四川、西藏和广西等中南五省区的普查情况及全国种苗繁育和种质资源设施建设情况；2012年12月，由全国22个省区65名专家和技术人员组成的中药资源普查分子鉴定技术培训班在药园顺利召开，普查工作在22个普查试点省区中后来居上，得到了全国中药资源普查专家组的肯定。

广西中药资源普查试点工作　药园作为全国第四次中药资源（广西）试点普查工作的牵头单位，承担普查经费2160万元。负责广西中药资源普查试点工作领导小组办公室的日常工作，组织编制广西中药资源普查实施方案和项目合同，组织协调广西36个普查试点的野外调查和技术指导工作并创建了广西普查网站和资源监测平台。

药园物种保存工作　药园具体负责靖西等8个县的中药资源普查，2012年共完成野外作业时间782天，行程累计达到近5万千米，样地调查71个，采集植物腊叶标本4233号12000多份，重点药材标本73种；拍摄植物照片等各类照片约3万多张，采集分子材料556份。实现药园物种保存量达到282科1773属7400种，馆藏标本达到15万份；新增种子库采集1010种，离体保存77种，物种保存取得新的进展。

（黎宁兰）

广西壮族自治区医学科学情报研究所

【概况】 该所前身为《广西卫生》杂志编辑室，于1975年1月经自治区编制委员会批准，改名为广西壮族自治区医学科学情报研究所，直属于自治区卫生厅，属县（处）级事业单位，核定事业编制40人，是自治区级的医学情报信息机构和医药卫生检索查新认定机构。主要工作任务是搜集、研究、整理、推广医学科学情报和经验，编辑出版医学科技期刊和信息咨询服务，担负自治区科技厅和自治区卫生厅下达的各项医药卫生信息调研任务，协调全自治区医药情报网络的工作，为广西医药卫生事业发展提供信息服务，为领导决策服务，为医学临床、教学、科研及医药生产第一线服务。该所在科技发展道路上，坚持科教兴国、科教兴桂战略，紧紧围绕国家提出“优先发展信息产业，在经济和社会领域广泛应用信息技术”的方针，完善内部医学信息基础设施，为自治区广大医学科研、医疗卫生单位、科研工作者及广大群众提供丰富、多样的医学信息服务。

2011～2012年，该所内部结构设有查新咨询部、医学网络部、《广西医学》杂志编辑部、《微创医学》杂志编辑部、《内科》杂志编辑部、《广西卫生年鉴》编辑部、《广西通志·医疗卫生志》编辑部、图书情报资料室、广西广健医药卫生科技成果推广中心、广西卫生科教管理学会办公室等科室。全所拥有电脑、复印机等设备65台。在职员工36人，其中专业技术人员32人，具有高级技术职称15人（正高级4人），中级技术职称8人。该所自行研发并拥有自主知识产权的广西医学信息网（www.gxmi.com)，馆藏医学图书、期刊、文献资料达30多万册（外文文献7.3万册），引进大型全文医学数据库6个。开展有医学信息咨询服务、医学科技期刊出版、检索查新、计算机医学网络工程、科技协作研究、医学卫生科技成果推广及其他相关服务等项目。坚持以服务用户为中心，运用市场规律搞好医学情报市场开发和利用，向社会提供迅速、准确、完整的系统化服务，在最大范围上给广大医学研究机构、医院临床用户提供信息需求。

所长：杨光业

【科技人才队伍】 该所拥有正高职称人员4名，副高职称人员11名，有专业技术职称人员32名。所内主要业务科室都配备1名正高或副高专业职称人员当学科带头人。在医学信息研究、医学信息服务、医学期刊编辑部等科室专业技术人员中，按照老、中、青技术骨干实现梯队配备，使各部门技术研究服务具有向前发展的合理性。抓好卫生信息化宣传工作，将信息技术应用化，建立多层次、分类别、多形式、重实效的信息化人力资源培养制度，采用引进与培养相结合的方法，培育精通信息技术和卫生业务、医学期刊编辑学等综合性人才，保证卫生信息建设的稳定发展。建立和制订切实可行的政策措施，吸引人才，稳定队伍，不断加强对信息技术专业人员的岗位培训，适应信息技术发展变化。2011～2012年，通过网上向社会招聘科技人才，招入全日制医科大学毕业的2名研究生、1名医学信息本科生。派出一位专业人员参加由国家卫生部组织派遣的中国医疗队援助非洲工作并荣获尼日尔共和国津德尔市政府颁发的“津德尔市荣誉市民”证书。每年，该所拿出一定科技经费向外派出本所专业技术人员参加全国相关医学信息情报、新医疗技术推广培训、提高期刊编辑技术水平学习班，学术交流会议等，让学科专业人员了解并跟上时代医学研究信息发展步伐。2012年，该所新组建成立的高级专业技术职务资格审议推荐小组讨论推荐申报出版系列正高职称1名、副高1名，卫生系列职称副高1名，续聘专业技术人员4人。

【科技学术杂志出版】 随着信息网络化的迅猛发展，传统医学期刊出版业务迎来了发展机遇。该所进行的期刊出版改革的主要定位：一是按照国家科技创新要求，提高刊物质量，不断根据新形势调整办刊方向和方法，完善审稿用稿制度，优化出版程序。二是根据新时期刊物发展要求，逐步改革刊物类型、栏目、版式、包装等，扩大刊物生存空间和发展渠道。三是调整杂志编委队伍，邀请专业水平高、经验丰富的学科知名专家学者担当，提高审稿水平。

该所主办有三种医学学术期刊。《广西医学》(ISSN0253－4304，CN45－1122/R）杂志，国内外公开出版发行，为月刊。栏目较为固定，文稿学术水平较高，科研课题论文、知名医学专家来稿多，是广西知名度很高的综合性医学专业学术期刊，已进入中国科技核心期刊行列。该刊主要报道广西医学科研新成果、疾病防治新经验，并介绍国内外医学发展的新成就。栏目有《学科寄语》《学科建设》《学科论坛》《论著》《临床研究》《综述与讲座》《经验交流》《卫生管理》《护理经验》《学科文献信息导示》《医学外语辅导》《继续医学教育》等，其栏目较为固定，文稿学术水平较高，科研课题论文多。已评为中国学术期刊综合评价数据库统计源期刊，被《中国期刊网》《中国学术期刊（光盘版）》全文收录。2011～2012年，共出版正刊24期，收稿5060篇，刊出稿件1436篇，用稿率为28%，两年发行量36000册，出版字数为672万字。2011年发表的基金课题论文278篇。获国际著名数据库收录，经中高校科技期刊研究会检索证实，该刊已被美国三个著名检索数据收录，有期刊的知名度和国际影响力。期刊引证指标得到提高。根据中国知网《中国学术期刊影响因子年报》统计，影响因子为0.335。在144种综合性医学期刊中排名23位，2012年期刊引证各指标稳定提升。2012年该刊进入中国科技核心期刊行列，期刊综合排名为21位。2011～2012年，下载量为40.54万次，机构用户3150个，个人读者分布在30个国家和地区，为促进广西医学界的对外学术交流发挥出了应有的作用。

《微创医学》（ISSN1673－6575，CN 45－1341/R）为双月刊，全国专业性医学学术期刊，国内外公开出版发行。刊发微创理论研究、微创基础医学、微创手术、内镜技术、腔镜技术、介入技术、显微外科（骨科、口腔科、眼科等）、微创美容、针灸、物能技术、微创设备与器械等相关论文。2011～2012年，共出版正刊12期，收稿1111篇，刊用655篇，其中科研论文37篇，用稿率为57.5%，共出版字数有200万字，发行量1万册。邀约了中国著名的微创外科专家李逊教授并刊发其在微创医学领域中的贡献、业绩和技术特长等简介，《微创医学技术前沿》栏目邀请了著名微创医学专家应敏刚、谭最教授等撰写了较有影响的述评论文。刊发了中国医师协会颁布的《血管硬化微创治疗技术指南》。编辑部正整理材料申请加入中国科技核心期刊。

《内科》（ISSN1673－7768，CN 45－1347/R）为双月刊，全国性内科学术期刊，国内外公开出版发行。主要报道中国各地内科领域研究新成果、新理论、新经验和新技术，为内科临床、科研和教学服务。2011～2012年共出版正刊12期，收稿1194篇，刊用620篇，出版字数有24万字，其中科研论文75篇，用稿率为51.9%，年发行量17800册，共出版字数为220万字。

《广西卫生年鉴》编辑出版工作。该年鉴每年出版一册。2011～2012年，组织自治区卫生厅委托该所承担《广西卫生年鉴》组稿、编辑、校对、印刷、出版、发行等日常工作，已完成2010年卷的出版，2011年卷在编辑校对完稿阶段。共出版字数有128.6万字。编辑部组织举办了两期年鉴写作提高培训班，参加培训的有来自32个医疗卫生单位的人员。

【科研项目与经费投入】 该所以医学期刊科技研究活动来推动所内各项科技业务发展为主，在科技经费投入上以每年有所增加费用为出发点，鼓励科技人员学习现代先进医学知识，树立科技发展观，以争取上级科研经费和自筹经费相结合的办法，多途径更好发展该所的科研课题研究工作。

利用多年办刊积累到的资源，选择了科研课题《科技期刊品牌构建及效果研究》进行了前后3年时间的研究，于2012年获得广西医药卫生适宜技术推广奖一等奖。该课题是以《广西医学》杂志为样本，采取了网络办刊、长期跟踪基金项目的选题计划、防范学术不端、提高编校质量等综合措施。

《广西医学文献信息服务站建设》课题研究，是继续推进承担自治区科研课题全面推进该所医学信息化建设，该项目获得科研经费120万元资助，先后完成了跨库检索系统的招标、建设和面向全区基层医疗机构的信息服务的招标和实施工作，有力推进了该所医学信息的基础设施建设。

已建成的广西医学信息网站（www.gxmi.net），实现了期刊投稿的电子化、无纸化，完成了主办期刊的排版和投稿系统，可实时在线查询最新医学科研新进展、新技术、新疗法及相关文献的全文或文摘，实现网上投稿、审稿、过刊查询，以及网上办理科研项目的查新咨询、委托服务、提供在线医学信息网络服务等，实现了该所医学信息化。（该项目正在组织结题申报）

该所组织专业技术人才钻研业务、撰写论文。2011～2012年，该所专业技术人员发表学术论文21篇，其中在核心期刊上发表7篇。发表在卫生部出版的《健康报》、医学科普类杂志8篇，其中一篇获《健康报》2012年评为年度三等奖。科技骨干人员参加了“第十八次中华医学会医学信息分会年会”并当选第六届全国委员，还参加了第七届中国期刊创新年会（北京）和第十届全国核心期刊与期刊国际化、网络化研讨会，并继续当选新一届广西医学会理事和获批准授权负责组建日常工作。

【广西卫生科教管理学会工作】　“广西卫生科教管理学会”挂靠在该所，服务宗旨：贯彻执行国家卫生工作的路线、方针、政策，坚持科教兴国、科教兴桂的战略，依靠科技进步实施继续医学教育，利用社会力量办好医药卫生适宜技术推广工作，促进科技与医学实践相结合，为自治区医药卫生科技教育事业发展和繁荣贡献力量。2011～2012年，该所协助自治区卫生厅成功举办了第八届、第九届广西医药卫生适宜技术推广奖的组织、评审和颁奖工作。经过初评专家函审、汇总及终审答辩，共收到申报项目362项，评出一等奖24项，二等奖74项，三等奖159项。所有项目基本涵盖了临床医学、药物学、护理学等卫生相关学科，项目申报基本覆盖全自治区各个地市。充分体现了广西医学科研水平的提高，增强了广西医药卫生的自主创新能力，提高全自治区人民的健康水平，加快了富裕文明和谐建设步伐。

社会力量设奖是国家科技奖励体制改革与发展的一种新尝试，是广西卫生系统科教工作的亮点之一，该奖项有力调动了广大医药卫生工作者的积极性和创造性，促进了自治区卫生科教工作走在全国同行的先进行列。到2012年底，组织各医疗单位入会达100个单位，入会个人会员3000多人。所有项目基本涵盖了临床医学、药物学、护理学等卫生相关学科，项目申报基本覆盖全自治区各个地市。这批科技成果的脱颖而出，凝聚着广西各医疗卫生单位科技骨干的智慧和贡献，体现了广西医学科研水平的提高，增强了广西医药卫生的自主创新能力。

【科技检索查新】　该所查新工作按照国家科学技术部发布的《科技查新机构管理办法》和《科技查新规范》，制订了查新咨询工作实施细则及查新人员行为规范，确保查新工作的严肃性、科学性、公正性。主要为全自治区医药卫生、医学生物学、药物学等科研成果项目及自然科学基金资助项目、临床科研、医学教育科研项目的检索查新、咨询服务，是广西唯一一家自治区级医学信息专业机构。不断丰富信息、馆藏资源，引进多个中外文医学数据库，为课题申报时的检索和查新提供了充分的文献资源，确保查新报告高质量完成。2011～2012年，该所查新数量达2877题项。其中，国内查新2503题，国内外查新25题。2012年结题成果为295项，引文报告27项，查新结果质量受到用户好评。

【广西医学信息网建设服务】　该所医学信息中心结合科研课题《广西医学科普信息资源共享平台的开发与应用研究》进行网站的信息建设，提供医学科普、期刊杂志、科技查新、医学专家查询、编务系统、医学论坛、医师博客等共150多个栏目。实现向基层、乡镇医疗卫生单位提供在线查询最新医学科研进展、新技术、新疗法及相关文献的全文或文摘信息服务，利用图、文、多媒体等形式，普及医学科普知识，发布广西特色医学医药信息，拟收集、分类整理、数字化广西医学信息资料，为大众提供一个成本低廉、访问快捷、内容丰富的医学信息网络平台。网站大力开展网上投稿、办理科研项目的查新咨询、委托服务等业务。利用医学资源的优势，积极参与医疗立项研究科研课题，为课题提供科研设计策划、文献资源背景、跟踪科研进展等活动，是该所开展医学信息服务的一种服务形式，继续不断探索和发展。争取到自治区卫生厅给予信息网络基础建设的支持，提高整体对外研发能力和条件。

网站配备网络服务器，多个国内外大型医学文献数据库，电脑及有关设备。已完成了多个自治区内外大型数据库的编程上网、杂志网上投稿、办理科研项目的查新咨询与委托、医学咨询服务、项目招商引资、医学图书期刊网上服务等多个模块的研制。这些模块的顺利运行给该所传统医学信息服务业务注入科技力量，提升综合服务能力和加强数据化发展，优化业务流程，减少发行成本，同时，医学咨询、项目招商引资等模块的开通，提供了更为广阔的医学信息交流平台，促进医学科研技术与生产一线相结合，尽快实现社会效益、经济效益，为社会用户服务。

医学信息网络化服务　在医学科技信息和图书出版工作中加强计算机推广应用，与知名医学数据库合作推广电子版医学图书；加强与其他大型医学信息网站联系，扩大交流与合作，加强自主研发能力，研制开发与医学信息收集、整理、出版相关的数据库；继续优化广西医学信息网各主办杂志网上模块业务，使广西医务工作者可以更为方便快捷的获取医学信息，体现医学信息服务向高速、快捷、全面的新趋势；加强与全自治区各医疗单位的横向联系，在全自治区范围内推行网上收稿、改稿，突破减化传统出版业务的编辑步骤。

医学数字化服务平台 医学信息资源是科技文献中重要组成部分，大力发展医学信息事业是国家科技基础建设的需要。建立广西医学信息基础条件平台服务，完善医学信息系统建设，建立完备的网络化医学文献情报数据库系统，有计划地发展医学数字图书馆系统，进一步推进医药信息学研究和应用工作，加强远程医学及互联网医

2011～2012年，通过网络向《微创医学》《广西医学》《内科》3个杂志投稿达3561篇；同时，医学文献数据库年度搜索量超30万次，下载量达46188次，浏览量达411800人次，访问人数达134672人次。

2012年5月Gxmi.net域名转入单位名，Gxmi.com域名持有人错误修正为所全称。不断完善网页功能，修改Gxmi.net首页代码增加右下角公示弹窗功能，提示作者投稿注意。2012年10月份完成自治区卫生厅要求对广西医学信息网系统安全等级保护定级。

【文献资料服务】 该所馆藏有医学图书、中外文医学科技期刊及医学工具书，是全自治区馆藏医学期刊较为齐全的医学信息研究单位。馆藏有2000多种国内外医学期刊，总藏书量30多万册。其中中文医学期刊收刊量多，品种齐全，收藏年份久。丰富的馆藏资料可以在线网上提供服务，为全自治区医药卫生工作者进行科研立项、研究、撰文、查询等提供充足的医学信息资源。

（何建辉）

广西壮族自治区产品质量监督检验研究院

【概况】 广西壮族自治区产品质量监督检验研究院与广西壮族自治区纤维检验所合署，成立于1984年，是广西壮族自治区质量技术监督局直属全额拨款事业单位。内设国家食糖及加工食品质量监督检验中心、国家安全技术防范工程检测机构、国家无公害农产品认证检验机构、中国绿色食品检测机构等19个检测机构。2000年首次通过中国合格评定国家认可委员会（CNAS）认可，出具的检验数据获100多个国家和地区国际实验室认可组织（ILAC）承认。

全院拥有固定资产1亿多元，实验室面积2万多平方米，其中包括广西最大、功能最全的P2级生物安全实验室，配备包括三重四极杆气质联用仪、液相色谱—四极杆静电场轨道阱超高分辨质谱仪、飞行时间质谱仪、高倍电子扫描显微镜、电感耦合等离子体质谱仪等高端进口仪器设备1500多台套，价值8000多万元，已具备食品、化工、机械、建材与建筑、轻工、纺织等2500多种产品（项目）的综合检验能力。每年承担产品质量国家监督抽查、广西监督抽查、定期监督检查，为国家和地方政府部门及企业提供产品质量仲裁、产品质量鉴定、产品质量认证、生产许可证、商品贸易公证、产（商）品验货监督检验和委托检验服务，年出具检验报告近45000多份。同时开展科技成果检测鉴定，为企业制修订产品标准、质量体系和检测技术咨询、人员培训等。

【科技队伍】 该院现有职工198人，其中教授级高级工程师2人，享受国家特别津贴专家、自治区"优秀专家"1名，全国质量监督检验检疫科技兴检先进工作者、自治区"新世纪十百千人才工程"专家1名，高级工程师36人，工程师65人，博士后1人，博士1人，硕士34人，大学本科101人。高、中级技术职称人员比例为48%，且各专业人员层次结构配备合理，人员稳定、后备力量充足。

在人才引进方面，一是实行公开招聘制度，正式录用办理入编人员；二是根据工作和人才结构梯队建设需要，自主招聘专业人员。并坚持创建学习型质检队伍的方针，为贯彻落实"十二五"人才发展规划，加强人员培养力度，创新培养方法，制定《职工在职学历教育管理办法》，组织在职人员参加学历继续教育。从2007年8月开始，与天津大学联合举办在职技术人员攻读硕士学位研究生班，在读17人；武汉大学、广西大学研究生班，在读19人。

充分发挥骨干检验员的作用，开展以师徒结对为主要形式的"以老带新"互帮互学活动，在工作中开展一对一传帮带，将专业技能的理论知

识与工作实践较好地结合，使年轻技术人员尽快适应检验与科研工作，提高操作技能，提升分析解决问题能力，并形成长效机制。

【科研项目与经费投入】 2011～2012年，广西产品质量监督检验研究院（广西纤维检验所）、国家食糖及加工食品质检中心、国家石化产品质量监督检验中心（广西）共承担各部门下达的科技项目18项，其中国家公益性项目1项，国家质检总局科技项目6项，自治区科技厅科技项目4项，自治区工信委科技项目2项，自治区质监局科技项目3项，南宁市科技局科技项目2项，主持广西地方标准制定项目10项。

2011～2012年，广西质检院获得各级科研专项经费累计230万元，配套检验业务收入总额的5%以上用于科研项目研究，累计投入3600多万元用于仪器设备采购、实验室环境改造与科研项目研究，极大提升技术能力、科研环境条件与科研人员投身科研工作的积极性。

【科技成果与转化】 该院注重产学研结合，积极促进科技成果转化。《光电珍珠检测仪研究与应用》项目研制的光电珍珠检测仪及检测方法，已纳入GB/T 18781－2008《珍珠分级》国家标准，该项目研制的光电珍珠检测仪除用于珍珠检测之外，还可广泛应用于机械及电子产业中精密零部件的无损测量。

《茧丝质量检测技术研究》实现了生丝检测仪器化和自动化，显微光学成像法检测生丝条干改变了生丝依靠手感目测的传统方法，对生丝检测方法的发展具有较大影响。

在专利发明创造方面，该院首创的采用微焦斑（直径8 μm）X光透射技术精确成像与光电自动检测技术、计算机应用技术相结合，研究出新型珠层厚度精确快速检测方法，并成功研制出测量准确度≤0.02 mm的应用型仪器，属国内首创，是目前国内外最先进的专业检测仪器并拥有自主知识产权。该方法纳入了GB/T18781－2008《珍珠分级》国家标准在全国推广应用。

该院依托国家食糖及加工食品质检中心的人才及技术优势，与广西制糖企业紧密结合，实行"看病开方"举措，参与解决制糖企业在实际生产中的难题。科技人员根据工作实际，研究发明了糖厂汽凝水含糖量测定比色卡、间歇式离心机刮刀、浓缩罐列管式汽鼓等设备并获得3项实用新型专利。

在标准制修订方面，该院积极参与制修订国家标准和行业标准，参与制订GB 23489－2009《食品添加剂大茴香脑（天然）》国家标准，参与修订GB/T 18781－2008《珍珠分级》、GB/T 11425－2008《中国肉桂（精）油》两项国家标准和QB/T 1797－2011《桂花浸膏》一项行业标准。

2011～2012年，该院公开发表论文50多篇，其中在核心期刊发表论文22篇，出版专著《食糖检测180问》。充分发挥国家食糖及加工食品质检中心与国家石化产品质检中心的技术优势，每年出版《糖业科技专讯》2期，《石化科技专讯》1期，及时为企业提供科技动态、科技信息，介绍国外先进生产技术。每年出版院论文集，总结一年来的研究成果、管理、实践经验，对广西质检院人才培养和技术交流，树立良好的学术氛围起到了良好的推动作用。

【人才与创新团队（人才小高地或博士后工作站）】 以国家食糖及加工食品质量监督检验中心为核心，广西质检院和广西标准技术研究院为载体，按高层次、专业化、好环境、多样化的目标要求建设广西质检人才小高地，聚集一批高层次的质检人才，研究开发一批科研成果，促进广西质检行业能力升级，引领质量检验技术标准的发展。构建人才培养平台，提高队伍综合素质，进一步完善人才培养的措施和激励办法，重点加大检验技术、质量体系管理等方面培训，强化职工具备过硬的文化水平和业务素质，加快人才引进培养，建立一支学科优势互补、层次较高的质检专业技术人才队伍。

该院致力于建立结构平衡的专业化质检人才队伍，围绕形成广西特色和优势产业的发展规划，着力打造石化、糖业/食品、茧丝绸、汽车电子电气等检测品牌，形成质检行业内技术优势，以质检事业的大发展吸引人才、稳定人才，建立人才知识结构与产业技术领域相适应，人才层次结构与岗位结构相适应，人才优势与产业优势相适应的人才平衡结构。形成既有基础研究、项目开发和推广应用等不同领域、年龄梯次结构相对合理的创新科研人才团队。

【科研平台建设和科研仪器设备】 依托广西质检院法人母体设立有国家食糖及加工食品产品质量监督检验中心、国家石化产品质量监督检验中心

(广西)、国家茧丝绸产品质量监督检验中心（柳州）三个国家级质检中心。先后获得公安部、农业部、全国工业产品生产许可证办公室和国家食品药品监督管理局的授权，分别开展安防产品、无公害农产品、绿色食品、医疗器械产品和白酒、建筑钢筋、化妆品等10多种产品和28类食品的生产许可证发证检验工作，并获国家3C认证产品检验授权和自治区工信委授权为广西高技术产品检验中心，以及广西质量技术监督局相继授权成立广西消防产品质检中心、广西汽车零部件电子电器质检中心、广西包装产品质检站、广西烟花爆竹质检一站、南宁首饰制品质检站。以上述质检中心为依托，广西质检院已成为广西最大的集技术服务、质量检验、人员培训、科技研发为一体的综合性实验室，构建了包括制糖/食品、茧丝绸、石化产品、家用电器、医疗器械产品、消防产品、建材产品等行业满足为生产企业研究和改进产品质量，为企业试制开发高、新、特产品和科研成果鉴定提供服务的科研及技术服务公共平台，受到广大生产企业的热烈欢迎。

该院按质检研究机构建设要求，配备具有国际先进、国内一流水平的精密仪器设备1500多台(套)，仪器设备原值超过8000万元，其中包括超高效液相色谱—串联质谱仪、电感耦合等离子体—质谱仪、飞行时间质谱仪、十六烷值机、辛烷值机、高精度扫描电镜、液相色谱质谱联用仪、转基因设备等一批精密仪器。满足食品、化工、机械、电气、建材与建筑、轻工、纺织、消防等2500多种产品（项目）的检测能力和科研需求。

【科技交流与合作】 该院以质检科技创新为突破口，围绕国家和广西重点行业关键性问题开展相关检测技术研究，把检测工作与科研工作有机结合起来。同时注意横向联系，与广西大学等高校联合申报课题，并与企业、高校合作开展研究工作。一是与广西大学联合申报的“白砂糖产品聚丙烯酰胺助剂残留检测方法研究”项目2009年通过验收。二是与深圳市海蕴生物科技股份有限公司合作研究的“α树脂在制糖工艺的应用研究”项目2011年3月17日顺利通过自治区科技厅组织的验收、鉴定，并获得成果登记。α树脂在制糖工艺技术研究属于制糖业首创，是取代传统亚硫酸法工艺的新途径，具备先进性，促进食品安全，绿色环保、节能低碳。三是《制糖过程产品近红外在线检测监控系统的应用研究》项目研究首次在国内甘蔗糖业引进近红外在线快速分析技术，通过与广西大学的技术合作，研究将用于白砂糖在线分析。四是与广西农垦糖业集团股份有限公司共建“广西朗姆酒产品质量监督检验研究中心”，开展朗姆酒生产过程相关生产规范、朗姆酒有关检测方法、地方标准等方面的研究。五是与南宁糖业股份有限公司明阳糖厂合作，通过对制糖行业中原料、中间制品和成品相关标准检测方法的研究汇总，构建出食糖检测体系表，针对制糖关键技术和缺失的标准及检测方法进行研究，制订出相应的地方标准，有力促进广西的糖业可持续发展，提升广西制糖企业的核心竞争力。

（刘培杰　莫佳琳）

广西壮族自治区标准技术研究院

【概况】 广西壮族自治区标准技术研究院（以下简称广西标准院）系广西壮族自治区质量技术监督局直属事业单位，是集标准资料馆藏、标准信息检索、标准化研究、服务、应用于一体的标准化综合技术机构。2002年经自治区编办批准，广西标准院增挂WTO/TBT广西通报咨询中心牌子；同时经业务主管部门同意，先后加挂国家标准馆广西分馆、广西东盟技术标准研究中心、广西北部湾标准技术研究中心牌子。广西标准院主要承担国际、国家和行业标准文献及有关技术性法律法规的收集、整理、研究，并提供咨询、技术服务；承担科技项目研究，开展国内外技术法规、标准及合格评定程序的跟踪、对比分析研究和学术交流活动，以及各类标准的研制等工作；负责广西组织机构代码管理工作；负责广西物品编码管理工作；承担广西WTO/TBT（技术性贸易壁垒）通报咨询工作；标准图书发行等。先后荣获广西科技进步奖二等奖1项、三等奖4项；南宁市科技进步奖二等奖1项、三等奖1项，以及“广西质监科技先进单位”“全国条码工作先进集体”“全国组织机构代码工作先进集体”“自治区文明单位”等荣誉称号。

【科技队伍】 广西标准院拥有一支掌握标准化专业知识、熟悉标准化研究和信息管理技术，对国际先进标准和技术法规、合格评定程序、WTO/TBT规则有研究经验的专业技术人才队伍。截至

2012年底，拥有专业科技人员54名，其中教授级高级工程师2人，高级工程师7人，中级技术职称14人；硕士22人，本科学历18人。

【科研项目和经费投入】 广西标准院紧密围绕广西社会经济发展需要，重点开展了东盟标准、现代服务业、特色农业、节能减排等领域的标准化研究工作。2011～2012年，获得科研项目立项11项，获得支持经费371万元，自筹经费投入457万元。

【科技成果与推广应用】 广西标准院注重实施产学研结合研究项目，通过项目的示范应用推广，将项目技术成果转化为实际效益，推动成果转化和科技创新，扩大成果辐射范围。同时，充分发挥自身专业技术优势，在企业推广应用项目成果并开展标准培训，提高企业的标准化水平。2011～2012年，"种桑养蚕和蚕茧加工的生态优质标准化生产示范""面向东盟的港口物流标准研究与示范""南宁市技术标准远程教育培训网建设"等3个项目荣获广西科技进步奖三等奖，"产品质量和食品安全技术标准服务平台""食品质量追溯与数据挖掘系统研究与应用"等2个项目分别荣获南宁市科技进步奖二等奖、三等奖。

【标准化】 2011～2012年，广西标准院继续深入实施广西技术标准发展战略，积极开展重要技术标准研究，主导或产学研联合研制广西地方标准《车用乙醇汽油（E10）》《蚕种催青技术规程》《桑蚕主要病害防治技术规程》《港口物流服务规范》《港口木片装卸技术规范》《设施农业节水灌溉工程技术规范》《农业节水灌溉工程施工质量验收规范》《有机产品绿乌龙茶生产技术规程》《有机产品绿乌龙茶加工技术规程》等9项并发布实施，申报国家标准4项、在研广西地方标准8项。

【科技合作与交流】 广西标准院继续与东盟国家标准化技术机构开展交流合作，2012年10月应邀访问越南标准质量研究院和越南河内农业大学，深入探讨标准化和项目研究合作。广西标准院继续完善和建设中国—东盟标准信息服务平台，研发建立了以服务业、港口物流、现代农业等领域为重点的专业化信息服务子平台。

（王全永）

广西壮族自治区计量检测研究院

【概况】 2012年，由该院筹建的国家城市能源计量中心、广西光电中心项目顺利竣工，并实现单位整体搬迁启用。该院以重大项目竣工为契机，大力发展科研工作，加大科研投入力度，抓好科研管理与项目跟踪落实工作，不断提升科研能力水平。一是积极向自治区科技管理部门申报科研项目，2011～2012年，该院申报各类科研项目合计11项。二是积极参与规程、标准制/修订，该院总共主持、参与规程、标准制/修订18项。三是注重抓好科技基础工作。该院共计获得广西科学技术进步奖二等奖1项、三等奖1项，自治区重要技术标准奖3项。

【科研能力水平】 机构设置情况 截至2012年底，该院仪器设备总计2958件，设备总值3981.47万元，其中20万元以上的大型仪器设备10台，部分仪器用于科研项目研究。现该院专设质量技术部具体负责单位科研工作，制订了科研工作管理办法和技术活动奖励办法，并纳入大质量管理体系；积极组织该院人员参与各项科研项目申报，每年参与科研人数50人次。

该院部分在研科研课题（2012年）

项目来源	项目（课题）名称	承担单位	项目总金额	项目（课题）起止时间
总局科技计划项目	高精度大力值计量标准力源装置项目	广西计量院	186万元	2012.1～2014.12
广西科学研究与技术开发计划课题	基于快速、自动的MREM化学计量法与色谱联用的中药成分分析应用	广西壮族自治区计量检测研究院、广西壮族自治区药用植物园、ChemoPower Technology Pte Ltd	100万元	2012.1～2013.12
区局科技经费项目	机动车安全技术检测设备检定方法研究	广西计量院	30万元	2011.10～2012.12
青秀区科技计划项目	白砂糖色值标准物质的研制	广西计量院	100万元	2012.01～2014.12

该院主持研制的“非接触式汽车速度计关键技术及标准仪器”“钳形接地电阻仪检定关键技术研究与应用”等两项科研成果分别被自治区获2011年度广西科技进步奖二等奖和广西科技进步奖三等奖。

由该院主持研制的国家标准《非接触式汽车速度计校准规范》，在自治区政府召开广西重要技术标准表彰暨2011年实施技术标准发展战略第一次联席会议上，被授予广西重要技术标准奖，这是该院在技术标准研制方面首次获得自治区的奖励。此外，广西重要技术标准表彰暨2012年实施技术标准发展战略联席会议在自治区质监局召开，该院制定的国家标准《合像水平仪》和地方校准规范《防雷元件测试仪校准规范》获表彰奖励。

该院参加自治区政府主办的“第二十二届广西科技活动周”活动，获得优秀组织奖，这也是该院第一次参加科技展览。该院在前厅设立了科技成果项目展位，在后厅设立了院科技宣传展位，通过实物演示、投影、资料印发等形式广泛宣传，树立了该院的品牌形象，向全社会展示该院的科技水平和业务能力。

（广西计量检测研究院）

广西壮族自治区特种设备监督检验院

【概况】 2011～2012年，该院在科研水平、项目数量、成果应用等都取得了突破，科研工作的成果为特种设备安全和事业发展提供了有力支撑。该院获自治区科技厅认定为自治区直属科学研究与技术开发机构，国家质检总局科技计划项目《基于合理可靠性的氧化铝生产在役压力容器检验模式研究》获广西科技进步奖二等奖，实现了省级科技进步奖上零的突破，成为该院科研发展的重要里程碑；DB45/T610－2009《工业锅炉能效限值》获广西重要技术标准奖励，广西地方标准《大型游乐设施日常维护保养规范》《道路运输液体危险货物罐式车辆金属常压罐体检验规范》《工业锅炉节能改造技术规范》获自治区质量技术监督局批准发布。

参加了中国特种设备科技协作平台的各项工作。应邀请作为学术论文评审委员会专家参加主持首届全国特种设备安全与节能学术会议的学术论文评审答辩工作。与广西大学化学化工学院签订合作备忘录共同建立“广西大学产学研合作基地”“广西大学教学实习基地”，聘任该院院长、八桂学者童张法博士为该院的科技顾问，与南京市锅炉压力容器检验研究院签订战略合作协议。

《承压杆钟罩阀瓣密封式安全阀》《双径弹簧式传热管内插件管口固定装置》获得发明专利；《能自动泄压吹扫的清管器》《一种叠片定子与变径螺旋杆转子过滤浓缩器》《一种烘缸向心防水击虹吸器》等获得实用新型专利权。

【科技队伍】 广西特种设备监督检验院是广西唯一省级特种设备检验机构，具有国家质量技术监督局授权的锅炉、压力容器、压力管道、电梯、起重机及游乐设施等特种设备的定期检验、监督检验资格和锅炉设计文件的鉴定、节能审查资格，长期从事锅炉、压力容器、压力管道、电梯、起重机、游乐设施等特种设备检验工作和锅炉设计文件的鉴定、节能审查工作，熟悉特种设备设计，制造、安装、维修、检验的各个环节。至2012年底，全院有235人（含分院），其中博士5人，在读博士1人，硕士35人，高级工程师29人，解决了很多锅炉节能及新技术应用疑难问题，积累了丰富的经验，在广西特种设备及相关行业拥有较高知名度。

近年来，该院不断持续加大科研的力度和投入，快速提升机构技术水平、服务和把关能力。整合检验队伍，引进具有硕士、博士学位的高层次科研人才，不断壮大科研队伍。建院以来，以年均近千万元的投入速度，改造更新技术装备，提高科研装备水平。配备有美国PAC公司64通道声发射检测系统、德国爱普兰阀门检测技术公司LEGATEST－ExHv防爆型安全阀在线检测装置、以色列ISONIC2006便携式声定位多功能超声成像检测系统、奥林巴斯公司相控阵检测系统、美国西南研究院的高温导波检测系统、美国PAC公司C扫描检测系统、美国Testex公司低频电磁检测系统等较齐全的检验检测及分析化验设备，全面提高了检测准确度、检测速度和检测范围；实现了启用检验系统的全部流程在网上完成，为特种设备动态监管提供了有力的保障。

【科研项目及经费投入】

项目名称	蔗渣锅炉温度和空气动力场建模及应用研究	基于网络共享的特种设备结构数值仿真平台构建及罐车动态仿真研究	基于光纤声发射传感器的大型起重机械局部损伤监测技术研究	D型可视超声应用研究及缺陷图谱库的建立	基于合理可靠性的氧化铝生产在役压力容器检验模式研究	生物质蔗髓高效燃烧技术研究及应用
项目来源	科技部	质检总局	质检总局	质检总局	质检总局	质检总局
主要负责人	郭凯	黄震	谢东明	张晓斌	秦志辉	马言
项目总金额	450万元	25万元	23万元	22万元	50万元	650万元
项目经费来源	国拨和自筹	国拨和自筹	国拨和自筹	国拨和自筹	自筹	自筹
项目（课题）起止时间	2012.12—2015.12	2010.1—2013.12	2010.1—2012.12	2011.1—2012.12	2008.6—2011.12	2012.1—2013.12
项目实施进度	30%	100%	100%	100%	100%	80%
结题情况	否	已结题	已结题	已结题	已结题	否

【科技成果与转化】　科研课题《基于合理可靠性的氧化铝生产在役压力容器检验模式研究》，应用TOFD等先进检测技术对氧化铝生产关键设备——压煮器进行检验，解决了氧化铝生产在役压煮器检验中采用常规A型超声波检测缺陷定量、定位精度不高、无法测定缺陷自身高度问题，为容器安全状况等级评定、安全管理提供关键、可靠的检测数据；同时以压煮器为突破口，对氧化铝生产在役压力容器从检验到缺陷处理提出了建设性的分析、总结，对反复出现的缺陷从设计、制造、返修等方面对其产生原因进行全面分析，提出可行的处理、预防措施，为提高氧化铝生产企业在役压力容器安全使用、安全管理提供了科学依据。

（广西特种设备监督检验院）

广西壮族自治区粮油科学研究所

【概况】　2011～2012年，该所主要从事粮食储藏、粮油及食品安全方面的科研、技术攻关及产业化应用开发，承担自治区科技计划项目，为粮食行业和社会各界提供相关领域的技术咨询和技术服务，积极推进粮油科技成果的转化和产业化。该所承担了多项国家和省部级的科技攻关课题，拥有多项具有开发潜力的科技成果。由该所建设的广西粮油食品中试基地，主要开发粮食储藏技术示范及以生物技术为特色的高科技产品。由该所牵头组建了“广西粮油食品加工产业技术创新战略联盟”，开展行业科研合作与技术创新工作，先后承担了科技部、财政部及自治区科技厅的油茶产业开发课题，还承担了自治区的绿色安全储粮及国家粮食局的农户科学储粮推广项目，与加拿大专家合作开展免疫抗体和食品安全快速检测技术等课题合作，建立了食品安全快速检测技术平台，取得了多项国内领先水平的自治区级科技成果。由该所自主研发生产的“良大头”原汁原味食用精品油系列，受到消费者的好评，荣获中国国际粮油展金奖。现基地占地面积6800平方米，建筑面积5000平方米，拥有一批先进的仪器和专业设备。该所设有研究开发中心、业务部、企管部、油脂生产车间、食品安全快速检测产品洁净车间等。

该所在职人数50人，其中科技人员33人；研究生7人、大学本科16人、大学专科12人；高级技术职称7人、中级技术职称15人、初级技术职称14人。

【科研项目与经费投入】　2011～2012年，该所承担科技部科技型中小企业技术创新基金项目1项（“食品安全检测免疫亲和色谱柱的制备技术研究及产品开发”）和自治区科技计划课题11项，其中新立项8项；完成了自治区科技计划课题验收8项。这期间科研总投入413万元，其中科技经费143万元，自筹经费270万元。

该所完成的课题验收有国家科技支撑计划《木薯生物质能源产业化关键技术研究与示范》课题3项，科技部特派员服务企业项目“外用型精细茶油产品的研发”1项，自治区科技计划课题《利用植物提取物进行绿色安全储粮的技术研究》《农村粮食储藏技术研究》《原料木薯集约化处理及仓储技术研究》等3项以及自治区水产畜牧兽医局的《水产品中孔雀石绿快速检测试剂盒的研制》课题1项。

【科技成果与转化】 2011～2012年，该所取得科技成果3项，实施科技成果产业化项目2项，投入资金共450万元，其中科技资金250万元、自筹资金200万元。

“木薯综合配套节本高效栽培技术集成研究与示范”获广西科技进步奖三等奖，“亚热带主要农作物抗寒害冻害技术集成研究与应用”获广西农业科学院一等奖。

长寿保健食用油脂——火麻油产业化 开发巴马长寿健康食品，针对火麻油非常高的不饱和脂肪酸和植物甾醇含量和具有特殊的生理功效等特点，采用绿色工艺，利用机械压榨和纯物理精制工艺，生产符合国家压榨一级食用油标准、具有保健功能和原汁原味的火麻油产品。该产品具有促进增强免疫力、延缓衰老、降低血脂、预防老年人疾病等保健功能。该所建成火麻油产业化加工基地，形成高级保健火麻油的规模生产能力。

食品有害物质快速检测前处理产品——色谱微型柱产业化 食品安全问题的层出不穷和人们对食品安全意识的提高，这对食品中有害物质残留的检测技术提出了更高层次的要求。免疫亲和色谱技术是分析化学中的样品处理及分离提纯的技术，可以将分析的对象从复杂的样品中纯化和富集，提高分析的可靠性、准确性和灵敏度等。该项目通过化学合成和载体蛋白耦连技术生产免疫亲和微型净化柱产品，免疫亲和层析柱可选择性吸附样品液中的待测组分，从而对样品起到特异性纯化和富集的作用。样品过柱后的洗脱液既可结合ELISA测试盒和胶体金试纸条进行检测，又可联合高效液相色谱等仪器进行精确定量。免疫亲和微型净化柱的使用可以改善信噪比，可提高检测的准确度。

【人才与创新团队】 为了创新工作的有效推进，该所通过采取内引外联、“引进消化吸收再创新”的方式，结合粮食行业的发展和该所的实际，集中技术力量于优势领域，主要侧重在生物技术和粮油精加工的开发应用。首先，通过逐步提高科技人员的收入待遇，加强业务和技术培训，开展团队的凝聚活动，稳定科技队伍，加大自治区内外和国内外的科技交流与沟通；其次，通过各种形式聘用和引进所需专业的专家和专业人员，加强自身人才的培养，使该所的创新团队逐步得到发展。该所在食品安全快速检测领域组建了一支具有博士、硕士和国外专家的研究团队，对国外相关领域技术进行引进吸收再创新。该所近年来在国内专注于生物抗体方面的技术攻关，在抗原设计、免疫原制备、动物免疫、抗体制备和提纯、对各种抗体的特异性和专一性及可用性的全面性监测、酶联测试、免疫印记、免疫亲和色谱、免疫标记分离等技术方面开展研发工作，围绕生物抗体开展了多项课题的研发，获得多项广西科技成果，建立了食品安全快速酶联免疫检测技术平台，逐步开发食品安全快速检测系列产品，在国内具有技术领先地位。

经自治区科技厅批准，由该所作为理事长单位牵头组建的“广西粮油食品加工产业技术创新战略联盟”，在自治区粮食局的部署指导下，联盟整合了行业内的骨干企业、行业协会、高等院校的各方资源，促进科研与生产的紧密衔接，联合攻关重大共性和关键性课题，加强技术创新工作。该联盟凝聚广西粮食产后行业整体力量，组织企业、高等院校和科研实体等围绕产业技术创新的关键问题，开展技术合作，突破产业发展的瓶颈问题，开发核心技术，形成重要的新专利、新成果、新技术、新产品、新工艺和产业技术标准；建立公共技术平台，实现创新资源的有效分工与合理衔接，实行知识产权、检测装备和专家人才的共享和有偿服务；实施技术转移，加速科技成果的商业化运用，提升产业整体竞争力；联合培养人才，加强人员的交流互动，为产业持续创新提供人才支撑。

【科研平台建设与科研仪器设备】 2011～2012年，该所得到自治区实验室建设修缮经费资助95万元，对400平方米实验室进行了装修改造，并建成了食品安全快速检测产品洁净车间，利用项目科技经费购置了一批先进的实验室仪器和生化设备，增强了科技的持续创新能力。

【科技交流与合作】 2011～2012年，该所领导每年都参加全国粮油院所长年会，与全国各地的院所领导进行广泛的技术和信息交流，还参加全国粮食行业的产品技术展销会，掌握产业技术和产品的发展动态，向外宣传自己的技术和产品。并且抓住机会到国外发达地区进行参观学习，开拓眼界，该所与加拿大免疫药剂公司签订了长期的项目合作协议，建立了食品残毒高敏酶联快速检测技术平台，能够持续地开发真菌毒素、农药残留、激素、瘦肉精等食品有害物质的快速检测试剂盒、胶体金试纸条和样品前处理产品。承担了科技部和自治区的科技计划课题，取得多项自治区级的科技成果，达到了同类技术的国内领先水平，受到自治区领导和专家的好评。

【产业化项目】 该所将研发中心、业务经营部、企业管理部、生产车间等一线部门统一进行管理，从产品研发、生产加工到市场营销的人员进行整合配套，成立生产经营部，直接委任有丰富经营管理经验的副所长担任负责人，集中优势人员，重点抓好优势技术项目，自主研发打造“粮科”绿色高档粮油精品，其中的“良大头”食用精品油系列应用了该所多项专利技术和科研成果，采用压榨取油和特色物理精制工艺，产品香味地道、品质优异。在原有生产“原味花生油”的基础上，近年完成了“原味山茶油”和“原生态火麻油”新产品的开发。原汁原味的高品质食用油进入市场后，受到消费者的好评，被指定为“粮油食品安全行动之全国粮科院所交流精品”，原汁花生油产品荣获“第11届中国国际粮油展金奖”，原生态火麻油荣获“第12届中国国际粮油展金奖”和被列为广西医生协会营养分会推荐产品。经过几年的努力，产业化项目逐步得到发展，树立“良大头”的品牌形象，提高了市场的竞争能力。

（欧朝东）

广西壮族自治区体育科学研究所

【概况】 该所创建于1980年5月，占地2000多平方米，建筑总面积900多平方米。位于南宁市星光大道3号，是自治区体育局综合性体育科研机构。该所重点开展运动医学、运动训练学、运动员科学选材、运动生理学、运动生物力学、运动营养学、运动心理学、运动康复保健和国民体质等领域的研究。2012年购置悬吊训练系统、电动治疗床、磁振热治疗仪、超声及电刺激组合治疗仪、无轨迹专项训练器等仪器设备，总采购量达80万元。机构设置有办公室和财务室，研究一室、研究二室、研究三室、《体育科技》编辑部和《运动精品》杂志社等5个部门。至2012年末，在职职工人数17人，其中专业技术人员15人，具有正高级专业技术职称2人，副高级专业技术职称3人，中级专业技术职称8人，有硕士学位8人。主办《体育科技》和《运动精品》2个期刊。

【课题研究】 2011～2012年，该所继续开展男女举重队、跳水、游泳、蹼泳及水球队选材的研究；开展短跑运动员无氧功率、等速肌力训练研究。完成科技部“十一五”科技支撑计划重点课题《青少年健康体质综合评价关键技术的研究与应用》的测试工作；完成由国家体育总局体育科研所牵头承担的科技部科技基础工作专项课题《中国运动员体能素质、身体形态参数调查及参考范围构建》广西子课题的测试工作；基本完成“广西优秀运动员信息管理系统”的建立；继续开展广西科技计划课题《广西优秀运动员肌肉功能监测分析与训练系统的构建》的测试研究工作；完成自治区科技厅2008年下达的广西青年基金项目《不同运动负荷对大鼠主要器官一氧化氮合酶基因表达影响的研究》的结题及成果申报工作。

2011～2012年，该所完成购置悬吊训练系统、电动治疗床、磁振热治疗仪、超声及电刺激组合治疗仪、无轨迹专项训练器等改善科研仪器设备，同时也完成专项项目的政府采购、公开招标、安装调试、培训工作，并立即投入到备战2012年伦敦奥运会和2013年辽宁全运会的科技服务工作中，起到良好效果。

【科研项目与经费】 2011～2012年，该所共承担自治区科技厅科研项目4项，总投入经费22万元，其中已结题2项，投入经费12万元。2011年，该所负责由国家体育总局体育科研所牵头承担的科技部科技基础性工作专项项目《中国运动员体能素质、身体形态参数调查及参考范围构建》子课题《广西区运动员体能素质、身体形态参数调查》的测试与研究工作。该项目通过调查并建立我国不同运动项目优秀运动员体能素质及身体形态参数数据库，为不同项目选材、运动员专项体能素质训练提供参考标准，帮助提高各项目运动员选材的科学性和科学化训练水平，同时作为体育和其他相关研究领域的公共资源。根据广西各运动队的实际情况，2011年完成7个中心360名运动员所有相关指标的测试工作。2012年该所承担科技部2个项目的子课题，总投入经费10万元。

【科技成果与转化】 该所按期完成自治区科技厅2008年下达的广西青年基金项目《不同运动负荷对大鼠主要器官一氧化氮合酶基因表达影响的研究》的结题工作，结题评为“优秀级”。该项目首次从基因水平较全面探讨不同运动负荷对运动大鼠心、脑、骨骼肌等重要器官的NOS的mRNA表达比较，为进一步探讨一氧化氮在运动员运动训练过程中对机体的影响提供更有价值的理论依据。2012年，课题组完成了课题成果申报相关工作。

【科技服务】 2012年，该所按照《广西体育局备战第十二届全国运动会2012～2013年冬训管理规定》要求，科研人员积极深入运动队，加强沟通了解，根据运动队的实际情况和需要，及时调整配备科研人员服务工作，针对重点运动队和重点队员，制订详细可行的科研保障计划，采用定期和不定期的方式进行生理生化指标检测，及时拿出结果，认真分析并提出运动营养补充方案。2012年冬训期间，坚持每周四下午召开科研工作汇报会议，及时传达上级部门指导精神和反馈各中心运动队的情况，提出解决问题的方法，充分发挥团队的作用和力量。该所结合绩效工资改革的契机，严抓考勤，制订严格考勤制度，科研人员能按《广西体育局备战第十二届全国运动会2012年～2013年冬训管理规定》的要求，认真做好随队科技保障工作，坚持每周下队不少于5次。认真开展生理生化检测、机能评定工作，检测的生理生化指标有：红细胞、血色素、细胞压积、血睾酮、皮质醇、LDH、CHO、人体成分等。2011～2012年，冬训共进行了2000多人次的生化指标检测。2012年冬训后，完成500人次的生化指标检测。在国家体育总局体育科研所的指导下，开展国家科技部科技基础工作专项课题《中国运动员体能素质、身体形态参数调查及参考范围构建》广西子课题的科研工作，组织全体科研人员及北京体育大学4名研究生对7个中心20多个项目480多名运动员和广西体校400多名少年运动员的身体形态、身体素质、生理机能和生化指标进行了系统的测试，建立了运动员纸质和电子档案，并对运动员信息数据库进行修改和完善，为掌握、分析我区不同运动项目优秀运动员的体能素质与身体形态特征，建立广西不同运动项目优秀运动员体能素质、身体形态信息库，制订运动员专项体能素质及形态特征选材参考标准打下了坚实基础，为今后广西优秀运动员科学选材提供科学依据。利用等速肌力测试训练系统、振动力量训练仪、无氧功率自行车、有氧功率自行车、生物反馈仪等世界上先进训练仪器为田径队等运动队的重点运动员进行最大力量、力量耐力、核心力量的训练、心理训练和康复训练等。田径队员在2012年的全国冠军赛中取得优异成绩，多人创造个人最好成绩，使科研与运动训练的结合更上一层楼，中心领导、教练员及运动员对科技服务工作给予高度评价。根据运动员机能状况，提出营养康复方案，并为田径队、射击射箭中心、举重中心、重竞技中心等中心的运动队制订了科学的运动营养补充方案，帮助运动员恢复体能。使用体外反搏器3～4次/周为田径队运动员进行按摩，帮助运动员消除疲劳，恢复体能。科研人员采用录像动作技术分析系统每周坚持为跳水队运动员进行动作技术训练、现场分析，提供动作对比数据，及时发现和改进错误的动作，提高了训练的质量。一是为跳水队的主力参赛队员拍摄运动员跳水动作视频达到1000多个，同时制作重点运动员与世界一流跳水运动员的动作对比视频。二是为教练员制订简便易行的《核心力量训练方案》，对有针对性地提高运动员核心部位的力量素质，取得较好的效果。三是随队前往赛场做好科技服务工作，全程拍摄了全国跳水冠军赛比赛项目视频，重点记录了国内顶尖运动员和广西参赛队员的比赛动作，为赛后总结提供形象直观的比赛录像，并将录像刻录成光盘作为训练参考和资料保存。加强射击队、射箭队心理咨询保障科研服务工作。为射击队配备了便携式身心反馈仪，使射击队队员能在射击场现场进行心理训练、集中注意力训练和放松训练等，大大提高科研服务的效果。深入运动队及时了解运动员训练强度和心理状况，针对重点队员和有需要的运动员及时进行心理疏导工作，去除心理疲劳，帮助运动员树立自信心和调控危机意识，引导运动员能够集中注意力的焦点。随队前往赛场做好赛前及赛后心理疏导服务工作，帮助运动员进行心理分析，提高自信心，转移注意力，降低小队员过多的焦虑症状。2011～2012年，通过训、科、医一体化的有效实施，广西参加世界三大赛共获金牌12枚、银牌13枚、铜牌3枚，参加亚洲大赛共获金牌21枚、银牌14枚、铜牌3枚，参加全国大赛共获金牌112枚、银牌81枚、铜牌81枚，训、科、医一体化的模式初见成效。

【群众体育科技服务与国民体质检测】 2011～2012年，该所参与第三届广西体育节各项活动，负责组织实施“体质检测进社区”活动，在南宁市体育局的协助下，该所国民体质检测车开进南宁市政府、南宁市人大、南宁市政协、南宁市财政局、广西大学、保利城小区、南宁铁路局百色火车站等单位进行为干部、群众和小区居民提供国民体质检测服务。2012年参加“中国体育彩票杯”第四届广西体育节开幕式展示活动，检测对象有机关公务员、企业职工和社区居民，检测人数达1000多人。通过国民体质检测进社区活动，介绍开展国民体质监测的重要意义、内容和方法，介绍健康生活方式、科学营养补充、体育锻炼方法、运动损伤预防与治疗、肥胖人群减肥方法及运动处方等科学健身知识。对社区居民测定体质状况进行科学评价，由专家为居民提供科学健身方法、手段，受到广大群众热烈欢迎和好评，达到了宣传效果，起到了良好的社会效益。参加国家体育总局国民体质监测中心组织的《2010年国民体质研究报告》编写工作。

【科技交流与合作】 2011～2012年，该所完成了《运动精品》杂志的改版工作，将其办成纯学术期刊，每月1期，为广大体育工作者和体育爱好者又提供一个学术交流的平台和窗口。出版《运动精品》24期，共刊发200余篇体育科研论文。出版《体育科技》8期，共刊发330余篇科研论文。

（龙　江）

院校创新

广 西 师 范 学 院

▲明秀图书馆

广西师范学院坐落于广西壮族自治区首府南宁市，前身为创办于1953年的广西教师进修学院。1978年12月经国务院批准，成为广西壮族自治区属全日制普通本科师范院校。2008年，学校在教育部本科教学工作水平评估中获得优秀等级。

学校现有明秀、长岗、五合三个校区，占地面积1688.7亩，校舍建筑总面积30万平方米，固定资产总值达33534.4万元，全校纸质图书151.65万册、电子图书247万册；在职教职工1200多人，具有高级职称教师350多人，具有博士、硕士学位的教师500多人；现有各类学生30000多人。

学校设有17个教学院、4个公共教学机构、1个独立学院和1所附属实验学校。拥有11个一级学科硕士学位授权点，开设60个普通本科专业，其中师范专业27个，非师范专业33个。学校现有43个科学研究机构，2个院士工作站，1个省部共建教育部重点建设实验室，1个自治区级重点实验室，1个自治区文化厅非物质文化遗产传承基地，8个广西重点学科，3个广西高校重点实验室，4个广西高校校地校企共建科技创新平台，1个广西高校人文社会科学重点研究基地，1个广西"2011协同创新"培养建设单位，5个广西高校重点教学实验中心。

2010年以来，学校共获纵横向科研项目1032项，获总经费12247万元，年均3061.75万元。获国家级项目27项，省部级项目104项，厅级和校级项目430项。全校教职工公开发表论文共4777篇，其中被SCI收录184篇，EI收录206篇；出版著作和教材226部。获得发明专利9项。获省部级以上奖励43项，其中获得广西社科一等奖3项、广西自然科学二等奖1项、广西科技进步二等奖1项、广西科技进步三等奖2项。学校被评为第二次全国R&D资源清查工作教育系统先进集体、广西高校"三对创新行动计划"先进集体。学报被评为第七届广西优秀期刊，哲社版被评为全国优秀高校文科学报，"非物质文化遗产研究"栏目被评为全国高校文科学报特色栏目。

莫诗浦　党委书记、法学硕士、副研究员

李丰生　党委副书记、院长、教授、博士研究生导师

◀明秀校区大门

①自治区财政厅黄伟京厅长一行到该校考察调研
②该校2013年“国培计划”培训项目启动
③该校承办气象GIS研讨会
④2014年度广西高等教育教学改革工程立项评审会在该校举行

贺州学院

贺州学院是具有近70年办学历史，经国家教育部批准设立的一所全日制多科性普通本科院校。学校以立足贺州、服务区域、面向基层、突出特色，培养“品德好、基础实、专业精、能力强”，具有创新精神的应用型高级专门人才为办学指导思想，全面贯彻党的教育方针，坚持科学发展，以社会需求为导向，以教学工作为中心，以本科教育为主体，着力提高人才培养质量。

学校现分东、西两个校区，校园占地总面积1420多亩，校舍建筑总面积26万余平方米。学校设有文化与传媒学院、外国语学院、理学院、经济与管理学院、机械与电子工程学院、化学与生物工程学院、计算机科学与信息工程学院、教师教育学院、艺术学院、体育学院、马克思主义学院等11个学院。有33个本科专业、35个高职高专专业，涵盖了经济学、教育学、文学、理学、工学、管理学、哲学、法学、农学、历史学、艺术学等11个学科门类；全日制在校生人数10024人。学校现有专任教师532人，其中正高职称26人、副高职称156人，博士22人、硕士283人。另有外籍教师3人。

学校现有农产品加工及贮藏工程、课程与教学论、物理电子学等三个广西重点学科，桂东特色资源开发与利用研究实验室是广西高校重点实验室，广西东部族群文化研究基地是广西高校重点人文社科研究基地，贺州市槟榔芋产业化工程技术研究中心、贺州市山楂加工工程技术研究中心等两个贺州市工程技术研究中心挂靠在学校。2013年，学校被自治区学位委员会、自治区教育厅批准为硕士学位授予单位立项建设单位。食品科学与工程、教育学2个学科被批准为硕士点建设学科，工程硕士（食品工程）被批准为硕士专业学位授权点培育项目。

学校教师获得国家级科研项目12项、省部级科研项目64项、市厅级科研项目318项，横向科研项目7项。学校师生发表科研论文2300多篇，获得授权专利30项，共出版专著、教材55部。

学校积极拓展对外交流与合作，先后与泰国、越南、印度尼西亚、日本、马来西亚等国10多所大学建立了校际联系或合作关系，已招收了4批留学生。

①2013年6月25日，自治区科技厅党组书记陈大克（左二）莅临学校视察指导工作

②2013年8月14日，自治区科技厅党组成员、纪检组长黎昆带领科技厅监察室和计划处有关领导一行到该校开展党的群众路线教育实践活动调研

③2013年9月7日，教育部高教司副司长刘贵芹及郑州大学等15所高校的有关校领导到该校参加地方高校质量建设研讨会

④2013年1月11日，自治区教育厅副厅长黄宇，自治区科技厅党组成员、纪检组组长黎昆为该校博物馆揭牌

医院创新

广西壮族自治区人民医院

广西壮族自治区人民医院位于广西南宁市风景秀丽的邕江之滨，南湖之畔。始建于1941年。经过几代人70多年的艰苦奋斗，尤其是近10年的努力拼搏，医院迅速发展，现已成为一所以医疗为主，兼有科研、教学、预防、保健、康复为一体的大型综合性省级三级甲等医院和广西的医疗中心。总资产16.2亿元，建筑面积22.45万平方米。医院附设有两个门诊部、一个分院和一所卫校。其中，院本部在职职工3403人，高级职称567人，博硕士研究生613人，开放床位1700余张。2012年，门急诊200万人次，出院病人5.4万人次，住院手术2.4万人次。先后荣获“全国卫生系统先进集体”等荣誉称号60多项。

学科齐全，重点突出。医院打造重点学科，带动全院学科建设发展。有2个国家临床重点专科、1个国家中管局“十一五”重点专科，5个国家级培训基地、6个广西重点（建设）学科、21个自治区级医疗中心。成为武汉大学医学院和广西医科大学研究生联合培养基地、广西住院医师/全科医师规范化和临床技能培训基地和广西适宜卫生技术研发推广人才小高地。

技术先进，特色明显。医院大力鼓励技术创新，通过特色技术推动学科发展。如心脏不停跳心内直视术，腹腔镜下的普外科、妇产科、泌尿外科等微创手术，腰椎间盘和关节在内镜介入下微创手术，冠心病、先天性心脏病、心律失常、脑血管病及肿瘤等的血管介入诊疗，消化道、泌尿道和鼻咽等自然腔道疾病的内镜诊治，胃肠动力检测及功能性胃肠病治疗，睡眠呼吸障碍疾病的诊疗，肿瘤放射治疗，复杂眼病诊治和弱视治疗，低位直肠癌保肛术，鼻咽癌早诊早治、耳外神经显微技术，口腔畸牙矫正技术，糖尿病足治疗，造血干细胞移植术，连续肾脏替代治疗等急危重病抢救技术在广西拥有显著优势，达国内先进水平。近五年来，主持国家级项目23项、省级科研项目96项、卫生厅级科研项目401项，获省级科技进步奖20项，其中二等奖3项、三等奖17项，获厅局级科技奖67项。

设备精良，功能先进。有净值2.4亿多元的医疗设备，如瑞典全数字影像导航的放射治疗系统、飞利浦128排多层螺旋CT、西门子1.5T核磁共振、GE和飞利浦血管造影系统等一批高端医疗设备，整体达到区内领先水平。

环境优美，流程便捷。实施低碳环保建院战略，近10年新建4栋和改建3栋医用大楼，物流和空气进化系统装配达国内先进水平。院内配套有中心花园、直升飞机停机坪和大型地下停车场，布局合理、交通便利、环境优雅。在广西率先实行医院信息自动化管理和114及12580电话、网上预约挂号，门诊就诊“一卡通”，就医流程便捷高效。

管理科学，服务优良。医院重视科学管理，以医疗质量和医疗安全为重点，以信息化建设为先导，以制度管理为保证，以服务对象满意为目标，深入开展“国家优质医院”创建活动，医疗服务安全、优质、高效，在全国率先启用具有法律效应的电子签名，成为首批“全国电子病历示范医院”，为行内认可的“广西医院管理的标杆”。

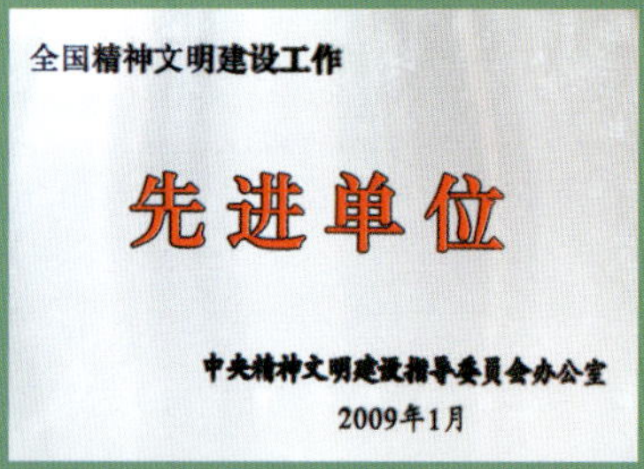

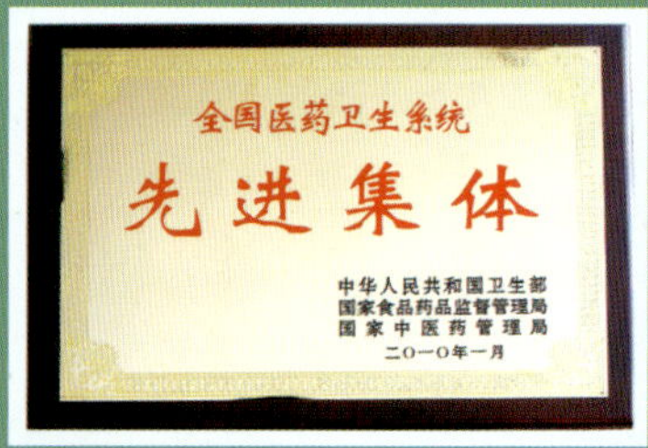

项目名称：广视野系统联合手术显微镜直视下冷凝治疗复杂性视网膜脱离的研究

项目简介：复杂性视网膜脱离是眼科难治的致盲性眼病，本课题是眼科临床研究用广视野系统联合手术显微镜直视下冷凝代替传统治疗复杂性视网膜脱离的方法。本课题研究治疗复杂性视网膜脱离患者60例60眼，其中对30例30眼复杂性视网膜脱离应用广视野系统进行玻璃体切除联合手术显微镜直视下巩膜外冷凝视网膜裂孔；与应用常规缝合式金属环固定角膜接触镜为眼底观察系统联合间接检眼镜直视下进行手术30例30眼做同期随机对照研究，对手术疗效、冷凝手术时间、角膜水肿等手术并发症进行随访和评价。结果表明应用广视野系统治疗复杂性视网膜脱离，不但减少了医源性损伤，而且可以简化手术操作，缩短手术时间，减少手术创伤，降低手术并发症的发生，开创了视网膜脱离手术的新途径。

本研究创新点：①提出以广视野系统联合手术显微镜直视下冷凝代替传统的缝合式金属环固定角膜接触镜联合间接检眼镜直视下冷凝治疗复杂性视网膜脱离，能更清晰全面地观察眼底，立体感强。②提出应用广视野系统直视下冷凝治疗，能更准确把握冷凝的程度及范围，明显缩短冷凝时间，将冷凝量降至最小，减少了手术并发症及术后增殖性玻璃体视网膜病变的发生。③提出应用广视野系统治疗，减少了眼表金属环缝合固定环节，减少角膜上皮缺损等医源性损伤，简化手术操作，减少手术并发症。

研究项目成果总体上达到国内领先水平，已发表论文13篇，其中核心期刊10篇。在玻璃体切除手术中通过应用广视野系统联合手术显微镜直视下冷凝治疗复杂性视网膜脱离，可以缩短下级医院医生对复杂性视网膜脱离治疗技术掌握的学习曲线，减少学习时间，提高全区眼科医师对于复杂性视网膜脱离的治疗水平，值得推广，目前研究成果已在山西省眼科医院、中国人民解放军234医院、广东省佛山市中医院、桂林南溪山医院、柳州市人民医院等区内外7家医院推广应用，疗效明显。该技术缩短冷凝时间，简化手术操作，减少手术并发症，减轻病人痛苦，提高病人的生存质量，同时减轻了病人到外地就医的负担，具有较好的社会效益。

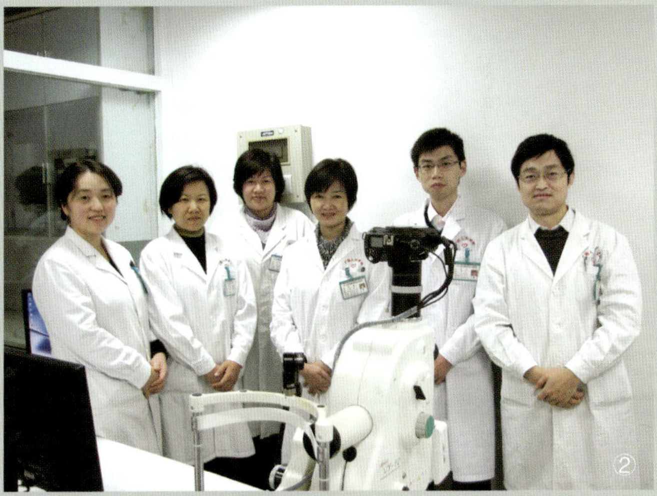
②

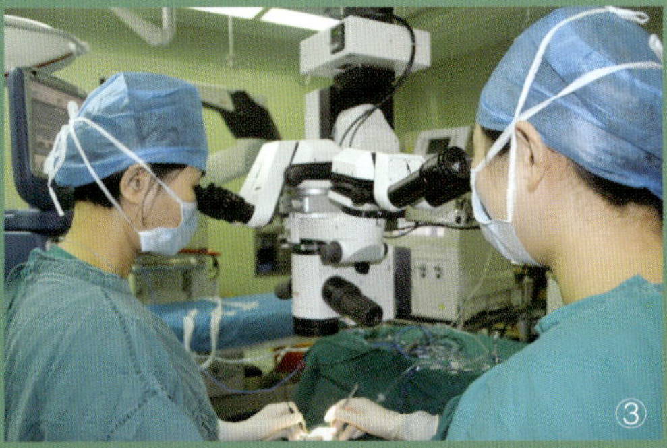
③

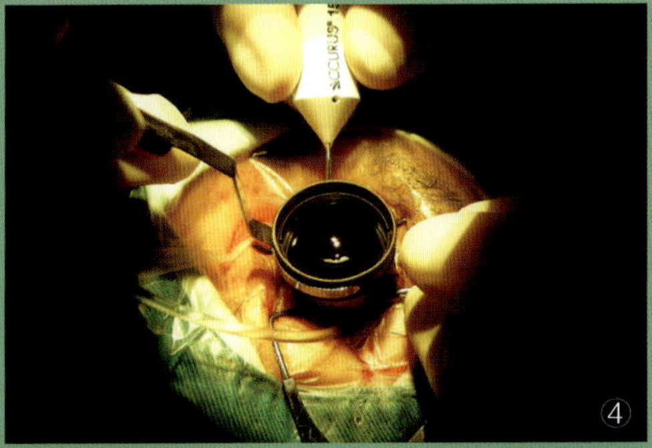
④

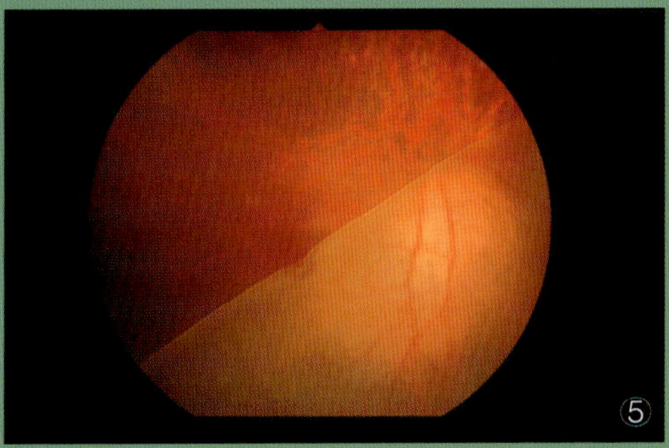
⑤

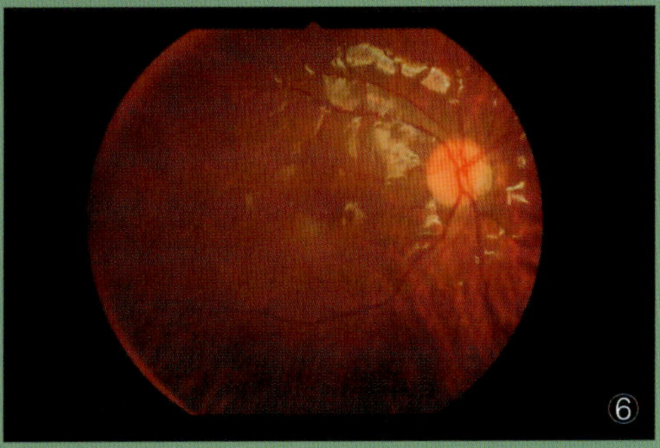
⑥

①门诊综合大楼
②课题组成员
③手术操作
④显微手术操作
⑤视网膜术前
⑥视网膜术后

南宁市第一人民医院

①

②

南宁市第一人民医院的前身是美国基督教安息日会小乐园医院，是美籍华人刘俭先生于1914年创办的，至今已有百年历史。

走过百年岁月，昔日的拼搏，创业者的风雨兼程，建设者的执着追求，历经几代人的发奋图强、艰苦奋斗、无私奉献、共同谱写了医院历史的辉煌篇章。医院从1951年人民政府接管时的80张病床、80多名员工发展到今天拥有1200余张病床、逾千名职工，集医疗、教学、科研、预防保健、康复于一体的三级甲等综合医院、爱婴医院、卫生部国际紧急救援中心网络医院、全国首批百姓放心医院、“卫生部儿童两病广西定点医院”、广西医科大学非直属附院、广西高等医学院校A级教学医院、自治区绿化环保医院、广西五一劳动奖状获得单位。

医院具有较高的综合诊治水平，能开展体外循环心内直视手术、各类先天性心脏病的手术治疗、冠状动脉支架植入术、不停跳下心脏冠脉搭桥术等高难技术。医院拥有一批与医疗技术相匹配的高、精、尖设备，拥有德国西门子1.5T核磁共振成像系统、美国通用64排螺旋CT、岛津动态多功能数字平板系统、800MA德国西门子DR、区内领先的3舱5门30人高压氧舱、GE骨密度测定仪、德国蔡司神经外科手术显微镜、广西首台德国西门子Artis Zeego “妙手”多轴机器人、X射线血管造影系统、医用分子筛中心制氧系统等多台先进医疗设备。

2013年建筑面积约50000平方米，规划床位601张的22层门诊综合大楼已经投入使用，门诊综合楼投入使用后，医院建筑面积将达11万平方米，床位数达1200余张，将进一步改善就医环境，提升医院的综合服务能力。医院将以一流的人才、一流的技术、一流的设备、一流的服务、一流的环境为广大人民群众提供更加温馨、优质、高效、安全、便捷、满意的医疗服务。

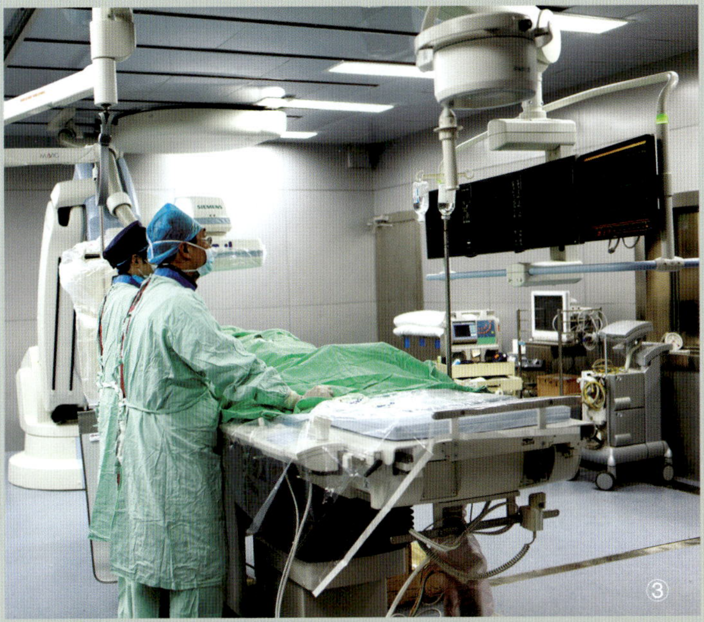

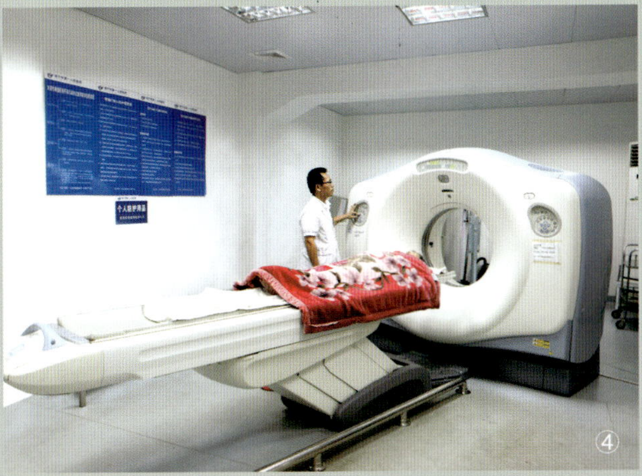

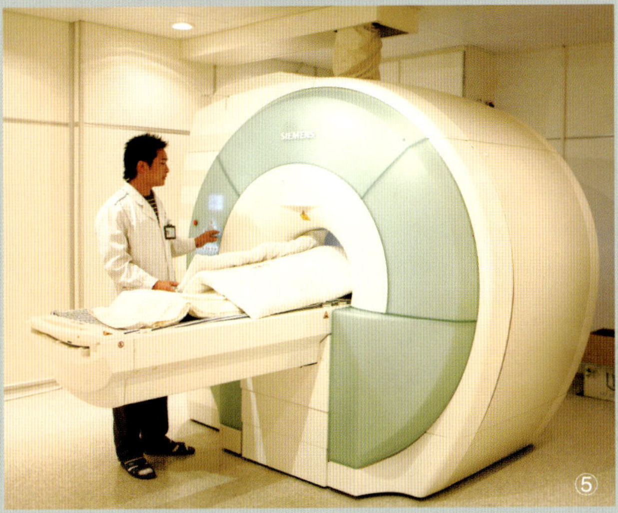

①医院于2013年投入使用的现代化门诊综合大楼

②南宁市第一人民医院院长：韦金儒，临床医学博士，教授，主任医师，硕士研究生导师，中华医学会内科学分会全国青年委员、中国医师协会心血管分会全国委员、广西心血管内科学分会副主任委员、中国医院管理杂志理事、中华实用医学杂志编委、广西医学、微创医学杂志编委

③广西首台德国西门子Artis Zeego“妙手”多轴机器人

④美国通用64排螺旋CT

⑤德国西门子1.5T核磁共振成像系统

⑥广西领先3舱5门30人高压氧舱

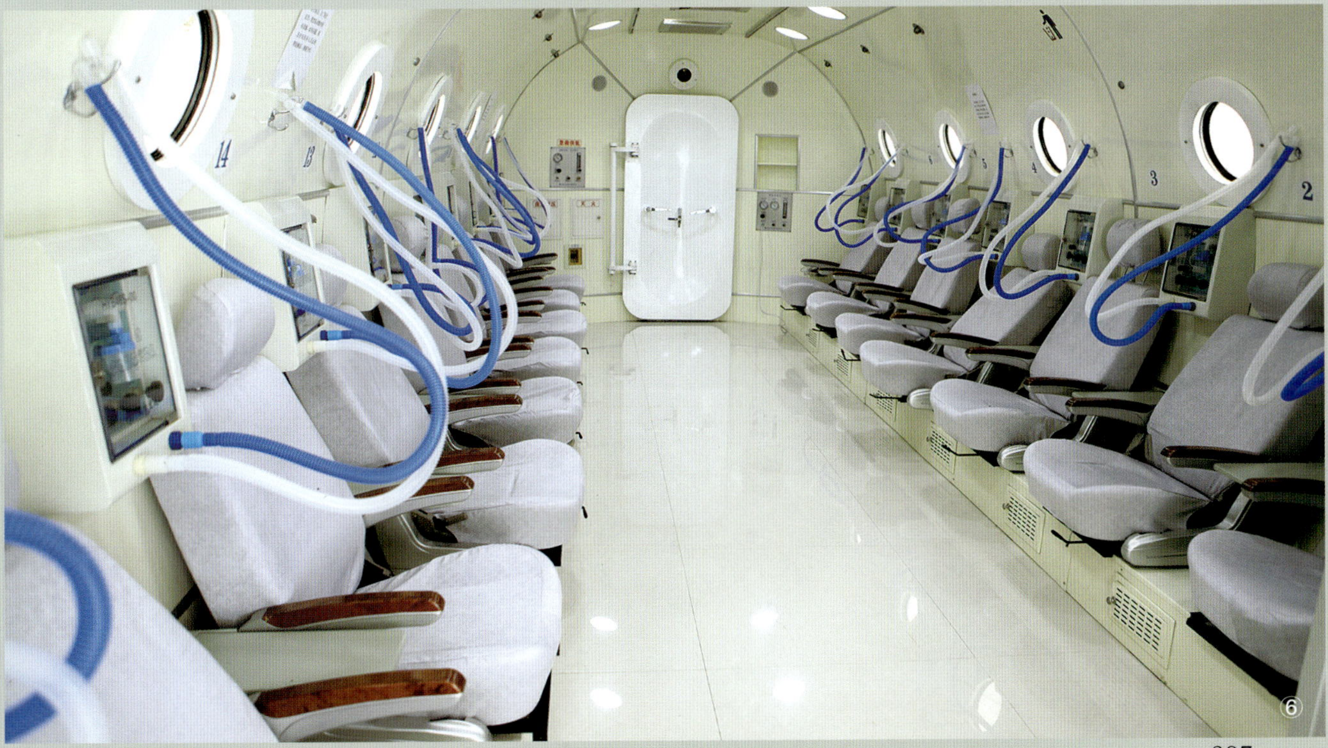

广西医科大学第一附属医院

广西医科大学第一附属医院重视科研工作，坚持“重点项目带动学科建设和人才培养，以学科建设促进医院发展”的工作思路，特别是2010年以来多次修订《科研管理工作制度》中激励措施，极大调动了广大医务人员的科研积极性，学科建设实现新突破，科研立项及成果屡创新高。2011～2012年，获卫生部国家临床重点专科建设项目10个，中西医结合脑病专科顺利通过了国家中医药管理局的检查验收；获国家自然科学基金项目76项，广西科学基金项目76项，广西科学研究与计划项目39项，卫生厅重点课题40项；获自治区和卫生厅科研成果奖33项，其中国家科技进步奖二等奖1项（第二完成单位）；广西科技进步一等奖1项，二等奖5项，三等奖5项；广西自然科学奖二等奖1项，三等奖2项；发表核心期刊论文561篇，其中SCI收录论文220篇，中华系列160篇。作为国家执业医师资格实践技能考试基地与考官培训基地、“初级创伤救治（PTC）”国家级培训中心（全国四个中心之一）、卫生部临床药师培训基地及卫生部首批冠心病介入诊疗培训基地、心律失常介入诊疗（导管消融和植入器械）培训基地、先心病介入诊疗培训基地（广西唯一）、美国心脏协会（AHA）“生命支持课程”培训基地、广西唯一的中华医学会消化内镜专科医生培训基地、广西全科医生临床技能培训基地、广西乡村骨干医生培训基地为广西及全国各地医务人员进行培训。

▲门诊大楼

▲东院住院大楼

▲挂靠在该院的广西老干部医疗保健中心

◀团结奋进的领导班子

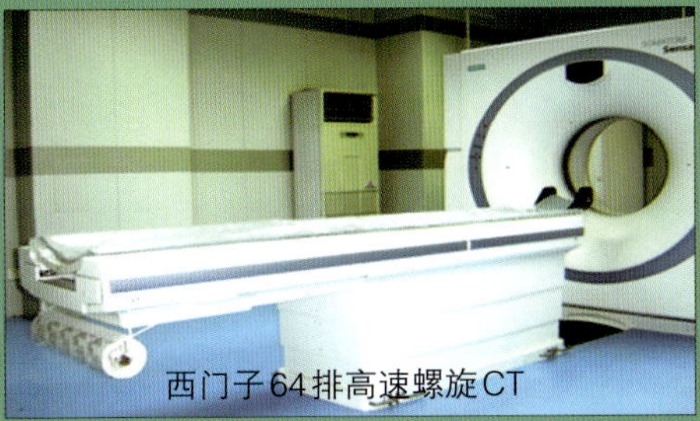
西门子64排高速螺旋CT

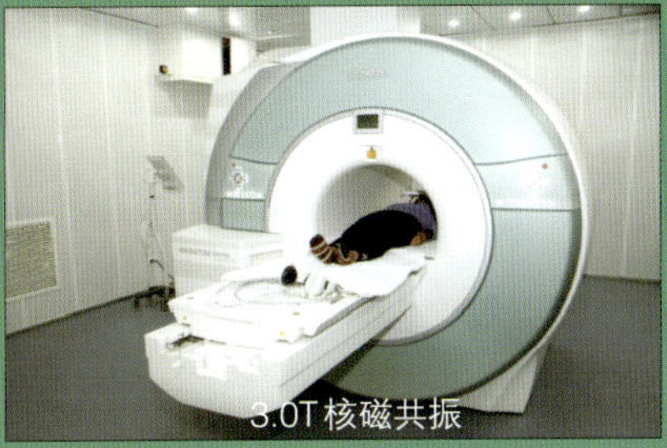
3.0T核磁共振

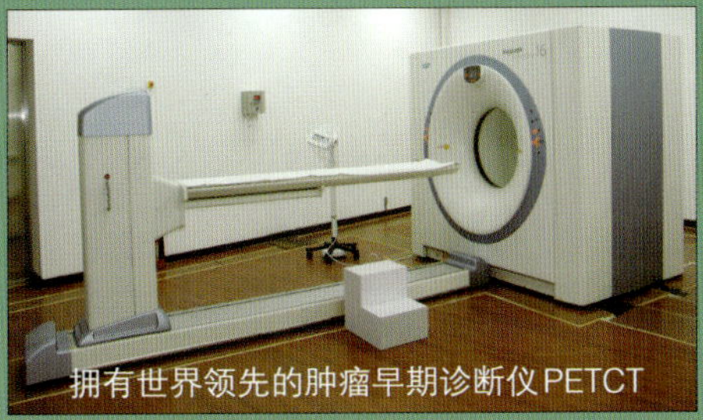
拥有世界领先的肿瘤早期诊断仪PETCT

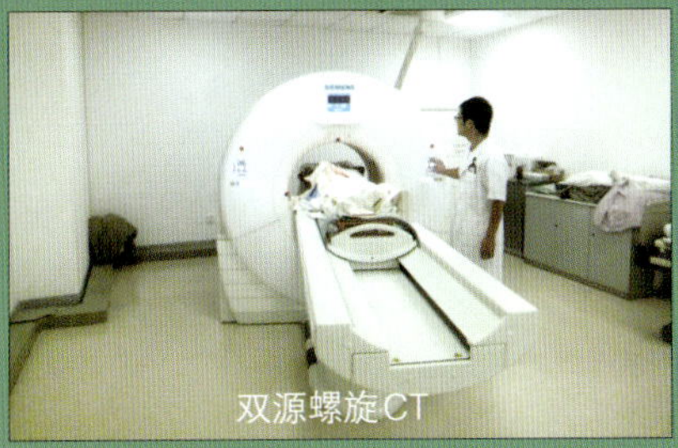
双源螺旋CT

▲东盟五国总领事参观第一附属医院

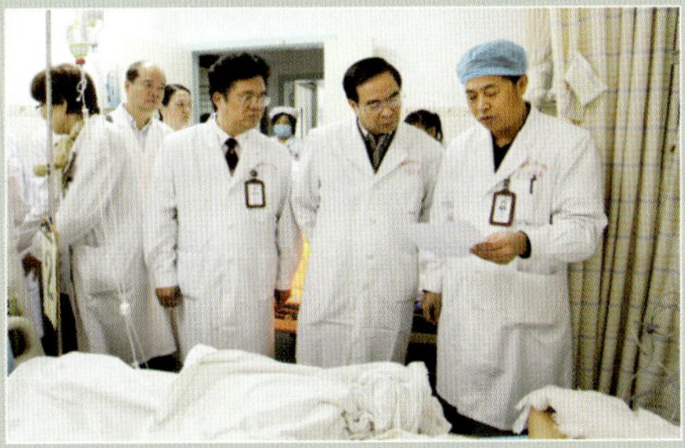
▲卫生厅李国坚厅长莅临我院指导救治烧伤病人

▲技术协作医院挂牌仪式

▲《儿童原发性肾病综合征载脂蛋白B/E基因多态性与血脂代谢紊乱关系的研究》项目负责人：覃远汉，儿科，获2012年度广西自然科学奖二等奖

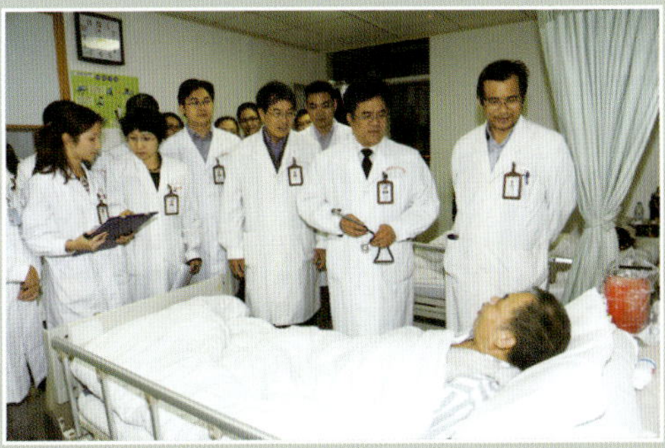
▲心血管内科等10个学科成为国家临床重点建设专科

▲《地中海贫血的临床治疗》项目负责人：赖永榕，血液内科，获2011年度广西科学技术进步奖一等奖

广西中医药大学第一附属医院

广西中医药大学第一附属医院成立于1941年，是一所集医疗、教学、科研、预防保健、康复为一体的现代化大型中医医院。目前开放床位1316张，年门诊量180万人次，年出院病人4万人次。医院拥有正高级职称80人，博士生导师10人，博士、硕士345人，全国名老中医21人，首批“桂派中医大师”15人，广西名老中医12人，广西名中医30人，形成了全自治区最强盛的名中医方阵，是桂派医学流派的发祥地和聚集地。

医院拥有了一批高水平的临床专科。目前建设有脑病科、肝病科、心血管科、儿科和脾胃病科等5个国家临床重点专科，有脾胃病科、肾病科、耳鼻喉科、针灸科等8个国家中医药管理局重点（建设）专科，有重症医学科、护理学2个国家中医药管理局重点培育专科；推拿科、中西医结合临床、中医急诊学、中医儿科学、中医耳鼻喉科学和中医传染病学等是国家中医药管理局重点建设学科，医院还拥有一批区（省）级重点专科、医疗中心。在临床各科常见病、多发病及疑难危重病诊治方面，形成了鲜明的中医和中西医结合特色和优势。

医院构建了先进的现代医学平台，拥有西门子3.0TMRI、GE宝石能谱CT等一系列高精尖设备，具有较高的现代医学诊疗技术。有消化科、普通外科、骨关节科、心胸血管外科4个卫生部内镜与微创专业技术培训基地，医院的微创外科技术和血管介入诊疗技术，形成较大的影响力。

医院形成了医、教、研和产业协调发展的格局。目前承担了中医学、针灸学、壮医学等10个本专科专业，设立有中医内科学、中医骨伤学等10个硕士学位点。医院不断加强临床教学管理，积极开展临床教学改革，获得省级教学成果奖、优质专业、教学名师和教学团队等一批奖励。医院坚持以科技引领医疗发展，承担了一大批国家级、省部级课题，并获得一批省部级科研成果奖和一大批广西医药卫生适宜技术推广奖。近三年来获得了41项国家自然科学基金资助科研项目，获得省级科学进步奖9项。医院控股的“元之源健康产业有限公司”已经成为全国知名的中医保健品牌企业，最近被国家卫生部、团中央授予“全国青年文明号”集体。

医院不断加强学科建设、技术创新和人才培养，突出中医药与民族医药优势，弘扬“悲悯为怀，精益求精”的精神，努力把医院建设成国内领先、在东盟地区有重要影响力的现代化大型中医医院，使医院成为国家级区域性中医技术品牌、服务品牌、文化品牌和人才培育品牌。

▲国家级非物质文化遗产牌匾

◀医院领导合影

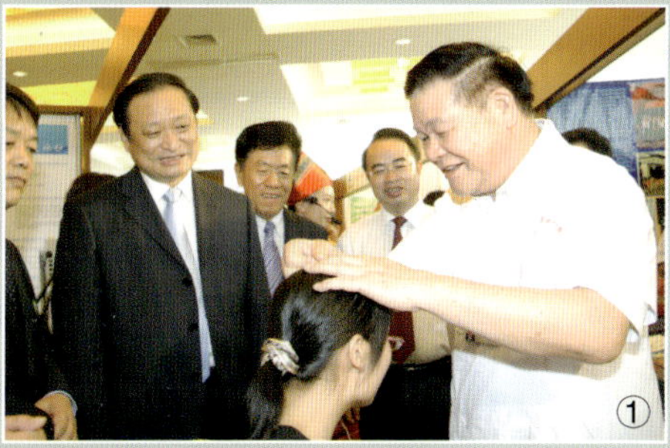

①壮医专家黄瑾明为中国卫生部副部长、国家中医药管理局局长王国强等领导演示壮医治疗手法
②东盟友人参观
③壮医专家黄瑾明为外国友人治病
④《中国壮医针灸学》发行仪式
⑤医院获得三级甲等中医医院
⑥0T磁共振
⑦医疗设备一
⑧医疗设备二

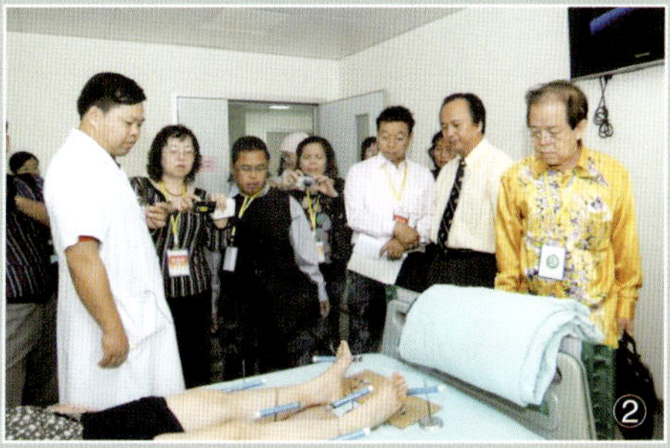

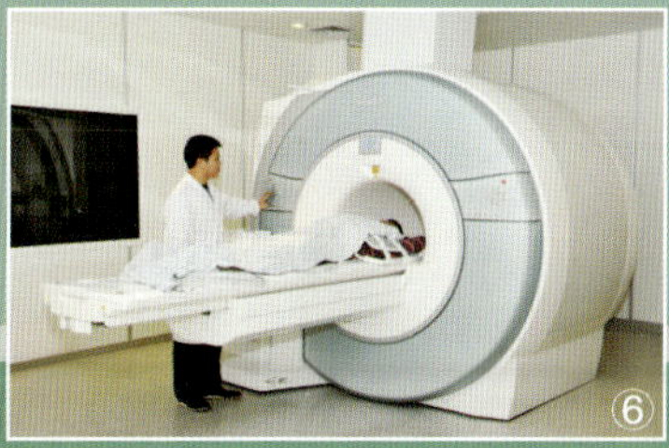

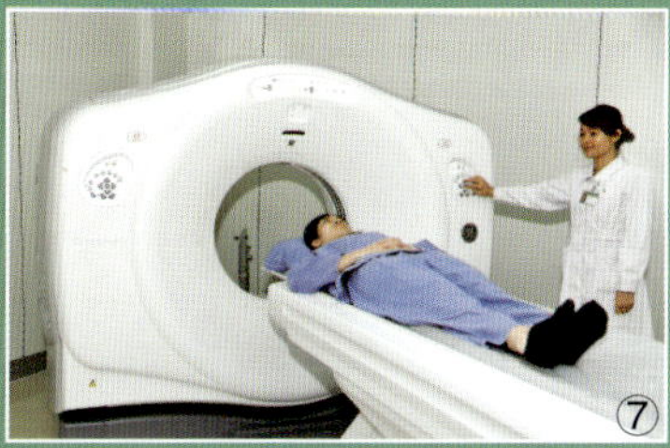

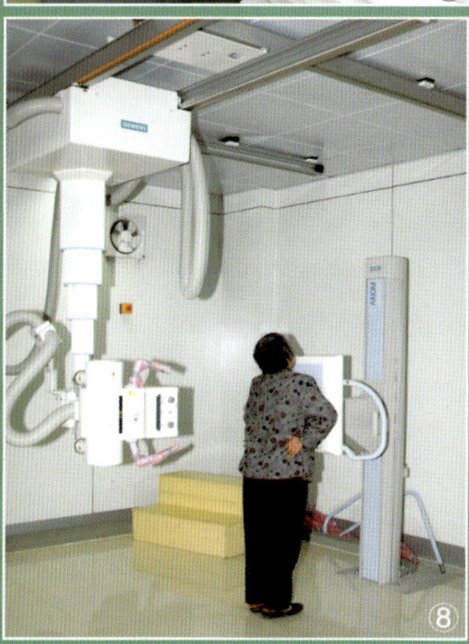

广西南宁公平专利事务所有限责任公司

广西南宁公平专利事务所有限责任公司前身系广西专利服务中心，2001年脱钩改制后，成为第一批通过国家知识产权局依法批准设立并经工商行政管理部门登记注册的专利代理机构，机构代码为45104。公司现有员工10人，其中有9名具有代理资格证，有高级职称5人，中级职称3人，专业领域覆盖机械、化学、冶金、医药、电子等多个行业。经过多年努力，已经建立从专利宣传、培训、申请、诉讼、保护为一体的“一站式”全方位专利服务体系，已经实现专利申请全部电子化，大幅提高了专利服务效率和服务质量。广西南宁公平专利事务所有限责任公司成立至今，已为省内外企事业单位、科研院所、大专院校和个人成功代理专利申请四千多件，发明授权率70-80%左右，外观设计和实用新型近100%，以高质高效的知识产权服务深得客户赞许和信赖，专利代理数量逐年增加，2011年专利代理总量为726件，2012年已突破千件大关，达到1040件；其中，发明专利598件，实用新型专利341件，外观设计93件，涉外申请8件；专利代理总量比2011年增长43.25%，其中，代理的发明专利申请比2011年增长86.29%。专利代理总量连续2年在南宁市居第一位，在全自治区居第二位，在实施国家知识产权战略和广西发明专利倍增计划中作出了应有的贡献。

地　址：广西南宁市思贤路36号　冶金大院综合楼201－204室
邮　编：530023
电　话：0771-5605206或0771-2292864
传　真：0771-5605206
公司负责人：翁建华（13607872144）　黄永校（13978618409）

①国家知识产权局贺化副局长到公司调研
②自治区科技厅李昌华副厅长到公司调研
③国家知识产权局贺化副局长到公司召开座谈会
④2011年南宁市辖区专利代理总量第一名奖牌
⑤到基层举办专利讲座、培训人员
⑥2013年审协北京中心到公司调研

广西润诚会计师事务所有限公司

广西润诚会计师事务所有限公司经广西壮族自治区财政厅批准设立，并于2008年1月15日取得《会计师事务所执业证书》（证书编号：45020011），《企业法人营业执照》注册号450206200000451，注册资本人民币伍拾万元。经营范围：审计企业会计报表、出具审计报告；验证企业资本、出具验资报告；办理企业合并、分立、清算事宜中的审计业务，出具有关报告；基本建设年度财务决算审计；代理记账；会计咨询、税务咨询、管理咨询、会计培训。

公司位于柳州市桂中大道7号东方百盛15楼，拥有近300平方米的办公场所，办公环境优雅、舒适。公司目前技术力量雄厚、各类专业人员配套齐全，拥有注册会计师9人，高级会计师2人，中级会计师6人，及其他具有会计从业资格、税务师资格、经济师资格的从业人员共计25人。公司设人力资源部、办公室、项目开发部、质量监管部、审计一部、审计二部、培训部等部门。

经过几年的发展，公司在当地已享有较好声誉。完成客户委托的各类业务五千余项，其中包括：企业年报审计、资产清查审计、高新企业认定专项审计，经济案件、法院委托鉴定等项目审计、验资及会计、税务等咨询业务。并入围柳州市国资委审计类中介机构备选库及柳州农行、建行、工行、交行及柳州银行等金融机构的审计类中介机构备选库。

广西润诚会计师事务所有限公司一直恪守“独立、客观、公正、实事求是”的职业准则，坚持“竭诚服务、质量第一、信誉至上”的执业宗旨，并以开拓进取的精神、严谨求实的工作作风、精益求精的职业行为，优质高效地为社会各界提供专业化服务，积极迎接不断变化的市场机遇和挑战。

公司地址：柳州市桂中大道7号东方百盛15楼
联系电话：0772-2612348、0772-2828091
联系人：何立明（13707800830）

广西桂盛会计师事务所有限公司

广西桂盛会计师事务所有限公司，由广西壮族自治区财政厅批准（批准文号：桂财会[2009]61号），经梧州市工商行政管理局注册登记，于2009年12月25日成立的有限责任会计师事务所，持有注册号为450400200021317《企业法人营业执照》。注册资本伍拾万元，法定代表人：郭川。经营范围：审查企业会计报表、出具审计报告；验证注册资本，出具验资报告；办理企业合并、分立、清算事宜中的审计业务，出具有关报告；基本建设年度决算审计；会计咨询；税务咨询、管理咨询等。事务所拥有电脑、高效复印、扫描、打印机等一批现代化办公设备，为高质、高效、快捷审计服务提供了优良办公条件。

公司大门

广西桂盛会计师事务所拥有一支专业素质高服务质量优良的执业团队，现有专职审计人员30多人，其中：执业注册会计师10人，会计、审计系列等中级职称10人、高级职称1 人。执业人员在会计、审计和税务等多个领域都有着丰富的实践经验和深厚的理论知识。良好的执业道德及诚信勤勉的敬业精神，使广西桂盛会计师事务所成为广西区内综合实力较强的会计师事务所之一。精湛的业务、热忱的服务、求实的精神为事务所赢得了社会的赞誉。广西桂盛会计师事务所在开展业务过程中恪守独立、客观、公正原则，坚持质量第一的宗旨，业务质量控制方面严格遵守《中国注册会计师执业准则》，树立了良好的信誉。2012年广西财政厅与广西注册会计师协会的对事务所联合质量检查为优良。广西桂盛会计师事务所成立至今无不良执业记录。2013年事务所被自治区财政厅、广西高新技术企业认定工作领导小组办公室推荐为广西高新技术企业认定工作中介机构推荐名单（第一批）。经过几年的拓展，事务所的业务收入有了较大的增长。

广西桂盛会计师事务有限公司所愿与社会各界精诚合作，谋求发展，公正执业，共创未来。

宽敞明亮的办公环境

公司地址：广西梧州市新兴二路95-1号盛业大厦一单元401房

公司电话：0774-2031638

传真电话：0774-2036618

公司邮箱：gxgssws@163.com

广西南宁明智专利商标代理有限责任公司

成员合影照片

开展专利咨询

广西南宁明智专利商标代理有限责任公司，是经国家知识产权局专利局、国家工商总局商标局批准、工商部门登记注册的专利、商标代理机构。有20多年丰富的专利代理工作经验，公司拥有多名优秀、敬业的专利代理人，专业面涉及机械、电子、化工、医药、建筑、轻工等多学科领域，服务范围遍及广西各地、市、县，及邻近省。拥有先进的现代化办公设备和严谨的管理系统，服务热情周到。能为广大客户提供优质、高效的知识产权服务。是广西科技厅、广西知识产权局表彰的全自治区专利工作先进单位。

业务范围：

1. 专利、商标咨询
2. 专利、商标检索
3. 代理发明、实用新型、外观设计专利申请
4. 代理商标注册申请
5. 代理专利复审、无效宣告请求
6. 代理专利、商标转让、变更、异议、续展等相关手续
7. 代理专利纠纷诉讼、调解及提供相关法律服务
8. 担任企业知识产权顾问
9. 代理PCT国际专利申请
10. 代理向外国申请专利及商标注册申请
11. 计算机软件著作权注册申请

公司地址：广西南宁市江南区淡村路5号5楼　邮编：530031　联系人：黎明天
电 话：(0771) 4814792　4824960　　E-mail：MZZL368@126.com

高等院校科学技术

广西大学

【概况】 1928年，广西大学在广西梧州市创办，1939年被确认为国立大学。1953年，广西大学在全国高校院系调整中被停办，师资、设备和图书资料分别被调整到中南和华南的19所大学。1958年，经国务院批准，广西大学恢复重建。1997年，原广西大学与原广西农学院合并，组建新的广西大学。1999年，广西大学成为国家"211工程"项目建设学校。2004年，广西大学被批准为教育部和广西壮族自治区共建高校。2005年，广西大学在教育部本科教学工作水平评估中被评为优秀。

广西大学已发展成为一所区域特色研究型大学，设有30个学院，学科涵盖哲、经、法、文、理、工、农、管、教、艺等10大学科门类，有97个本科专业，36个一级学科硕士点，186个二级学科硕士点，8个一级学科博士点，58个二级学科博士点和9个博士后科研流动站。至2012年末，全校有在职教职工3596人，其中专任教师2064人，专任教师中有教授472人，副教授761人，博士生导师206人，硕士生导师1468人，形成了一支学历层次较高、职称结构合理、学缘结构均衡的师资队伍。全校有全日制在校生29680人，其中博士研究生434人，硕士研究生6523人，本科生22723人。有来自30多个国家的留学生1022人，成人教育学历生2万人。设有1个独立学院——行健文理学院，有791名教职工，38个专业，在校生近万人。

广西大学校园占地面积307公顷，校舍总建筑面积133.34万平方米。教学科研设备总值6.07亿元，拥有各类藏书544万册，其中印刷型图书332万册，电子图书212万册，数字图书馆建设具有一定规模，已形成纸质文献和电子文献并重的文献信息保障体系。

【人才与创新团队】 截至2012年底，该学校有在职教职工3596人，专任教师2064人。其中，具有正高级技术职称人员472人，副高级技术职称人员761人，占专任教师比例分别为22.9%和36.87%；具有博士学位和硕士学位的教师分别达到631人和787人，占专任教师比例分别为30.57%和38.13%；博士生导师216人，硕士生导师1468人，占专任教师比例分别为10.46%和71.12%。

在高层次人才队伍建设方面，该校现有长江学者特聘教授1人，长江学者讲座教授1人，国家特支计划"百千万"工程领军人才1人，国家"百千万"人才工程第一、二层次人选6人，享受国务院政府特殊津贴人员26人，国家有突出贡献中青年科学、技术、管理专家4人，国家杰出青年基金获得者2人，全国杰出专业技术人才1人，新世纪优秀人才支持计划入选者7人，广西八桂学者5人，自治区特聘专家4人，广西"十百千"人才工程第一、二层次人选45人，自治区有突出贡献科技人员6人，自治区优秀专家12人，广西高校跨世纪人才工程14人，广西高校百名中青年学科带头人资助计划15人，广西高校优秀人才资助计划28人，广西高校首届（2009年）杰出科技人才12人等。在国家现代农业产业技术体系建设团队中，该校获得岗位科学家3人，综合试验站站长2人；在国家现代农业产业技术体系建设广西创新团队中，该校首席专家4人，功能专家3人，综合试验站站长1人。在创新团队建设方面，该校现有广西人才小高地5个，广西高校人才小高地创新团队10个，广西八桂学者岗位团队6个，自治区特聘专家岗位团队4个，广西自然科学基金创新研究团队项目 4 个。

【科研项目与经费投入】 2011 年，该校承担各级各类科研项目共 1504 项，项目合同经费 3.37 亿元，同比增长 45%，当年到校科研经费 2.25 亿元，同比增长 17.18%。其中，国家自然科学基金项目 82 项，资助经费3659万元，国家社会科学基金项目 15 项，资助金额达 210 万元。获国家 863 计划 1 项，项目经费 1145 万元，当年到校 690 万元。获国家转基因重大专项 1 项，项目经费 1347 万元，当年到校 497 万元。获国家科技支撑计划 1 项，项目经费 441 万元，当年到校 181 万元。

2012 年，在国家和自治区层面重大科技计划项目立项相对减少的情况，经过广大科研人员的努力，科研项目立项和经费仍然保持较高水平。2012 年，该校共承担各级各类科研项目1437余项，项目合同经费 3.102 亿元，当年到校科研经费 2.205 亿元。其中，国家自然科学基金项目 98 项，资助经费4549万元，与 2011 年相比，立项项目数增加了 16 项，经费增加 890 万元，接近达到该校近期努力获得 100 项/年立项项目的目标。国家社会科学基金项目 14 项，资助金额达 210 万元。获国家 973 计划课题 1 项，项目经费 219 万元，当年到校 166 万元；国家农业综合开发自治区集中推广土地治理项目 1 项，资助经费 350 万元；国家林业局项目 1 项，资助经费 100 万元。

【科技成果与转化】 2011～2012 年，该校在自然科学方面通过鉴定科技成果 41 项，获国家授权专利 115 项，通过广西农作物品种审定委员会审定的作物新品种 16 个。获奖成果 33 项，其中获广西科技进步奖一等奖 3 项、二等奖 11 项、三等奖 18 项。

2011～2012 年，该校在人文社科方面获广西社科优秀成果奖一等奖 4 项，二等奖 22 项，三等奖 49 项，位居全自治区高校首位。2012 年该校获得教育部人文社会科学优秀成果三等奖 1 项，为学校十多年来的首次，包括《应对南海局势的经济金融战略思考与对策》被收录在《当代世界研究参阅资料》第 129 期，《推进人民币东盟化，重塑东盟领域中国的核心影响力》入选 2012 年第 1 期《教育部人文社会科学研究项目成果摘报》等一批决策咨询报告进入国家高层和自治区领导层的决策视野。

2011～2012 年，该校积极参加各种科技成果宣传和展示活动，以推介该校近年来的重大科技创新成果和专利技术成果，鼓励、动员科技人员积极申请专利。在专利及科研成果转化实施方面取得了较好的社会和经济效益。

【科研平台建设与科研仪器设备】 该校拥有包括国家重点实验室、省部共建国家重点实验室培育基地、教育部重点实验室、教育部工程研究中心、国家林业局重点实验室、自治区重点实验室和广西人文社会科学重点研究基地共 15 个，广西高校重点实验室和广西高校人文社科重点研究基地共 23 个，校级研究所（中心）43 个和一批院级科研机构，初步形成了覆盖学校主要学科领域的多层次创新平台体系。

2011 年 3 月，经科技部批准，以广西大学和华南农业大学为依托单位，立项建设“亚热带农业生物资源保护与利用国家重点实验室”。2012 年新增广西高校人文社科重点研究基地 1 个，广西国际科技合作基地 1 个。2012 年该校申报自治区首批协同创新中心，最终 2 个协同创新中心获得认定，2 个协同创新中心作为培育对象立项建设。

作为协同创新一种模式，按自治区党委和政府《关于深化科技体制改革加快广西创新体系建设的实施意见》统一部署，2012 年该校作为牵头单位重点建设广西碳酸钙产业化工程院，作为协作单位参与建设广西铝加工产业化工程院、广西水产品加工产业化工程院、广西制糖和糖产品加工产业化工程院、广西朗姆酒产业化工程院、广西柴油机产业化工程院、广西机械产业化工程院等。

该校现有科研教学设备总值 6.07 亿元，其中该校的“亚热带生物资源保护利用国家重点实验室”平台，现拥有实验用房 2 万多平方米，100 万元以上仪器设备 16 台（套），10 万元以上 100 万元以下的仪器设备 220 台（套），仪器设备总值达 1.6 亿元人民币，形成了蛋白质组学、基因组学、细胞生物学和生化分析测试等服务平台。另外该校的“广西有色金属及材料加工新技术重点实验室”，前身是省部共建教育部重点实验室、自治区重点实验室，现为国家重点实验室培育基地，依托单位为广西大学、桂林理工大学。平台主要研究方向包括材料科学基本数据与材料设计、功能材料及特种制备合成技术、粉体材料与氧化铝深加工技术和新型铝合金及其先进加工技术等。平台现有面积5100平方米，仪器设备总值3500万元。

【大学科技园建设】 2011～2012 年继续加快大学科技园的建设步伐，通过五年的建设，园区内现有企业 16 家，其中在孵企业 4 家、研发中心 1 家，从业人员 250 人。2011 年园区企业总经营收入 6.6 亿元，其中在孵企业产值 900 万元，2012 年，该校大学科技园区继续得到快速增长，园区内总经营收入社会经济效益进一步提高。

【重点学科建设】 经过多年建设，该校学科的装备条件得到很大改善，学科特色更加鲜明，整体水平有了很大的提升，部分学科达到国内同类学科的先进水平。该校现有 2 个国家重点学科，1 个国家重点（培育）学科，7 个国家“211 工程”重点建设学科群，21 个自治区重点学科。2011 年、2012 年是该校“211 工程”三期建设和四期建设的最后一年和开始之年，该校以三期“211 工程”的总结和验收为契机，以四期建设规划为工作方向，继续加大重点学科的建设力度，拓宽和提升了学校发展平台。尤其是重点建设的 6 大学科群获得了一批高水平的科研成果和亚热带农业生物资源保护与利用国家重点实验室等一批学科平台，实力明显增强，特色更加鲜明。同时，学校启动了四期“211 工程”建设工作，重点学科建设项目新增文化传承创新与交流研究学科群。

【科技交流与合作】 2011～2012 年，该校以项目研究、人才派出和引进、基地建设、举办学术会议及资助学校教师参加国际国内学术会议等方式为载体，进一步加强国内、国际科技合作与交流。两年来，先后承办了第六届黑洞天体物理年会（2011 年）、第九届全国结构计算理论与工程应用学术会议（2011 年）、“中国—东盟政治关系”学术会议（2011 年）、第十四次中南·华南地区 2011 年高校英语协作会暨学术研讨会（2011 年）、2012 International Conference on Electronics, Communication and Computer Science（2012 年）、国家麻类产业技术体系 2012 年终总结暨学术研讨会（2012 年）、全国中青年农业经济学者学术年会暨全国高等院校农林经济管理院长（系主任）联谊会（2012 年）、第四届中国少数民族信息传播与社会发展论坛（2012 年）”等 31 个国际国内会议，资助了刘昆、张月明等 15 个教师参加国际科技学术会议交流，资助了任立云、龙凤英等 73 位教师参与国内科技学术会议交流，还邀请了包括赵其国、余永富院士在内的一大批著名学者专家到学校君武大讲坛作学术报告等各类高层次科技交流；还建立了与华南理工大学、钦州学院的对口受援和支援，与桂林工学院共建实验室等科技合作。同时，该校开展了依托优势学科的科技人员参与或牵头组织国际和区域性重大科学计划和科学工程，该校教授刘雄民与朝鲜医学科学院药学研究所合作研究的项目“人参和田七有效成分提取及分离技术合作研究”，该校教授冯家勋与美国国家再生能源实验室合作研究的“甘蔗渣的生物酶水解成可发酵糖以生产纤维素原料乙醇的研究”等。

【重要科技事项与活动】 2011～2012 年，该校进行相当多而且水平较高的活动，推动了科技工作的开展。

2011 年 1 月，“走进广西”院士系列报告会在该校举行，中国工程院叶可明、欧进萍两位院士在该校君武馆第二会议室为师生作学术报告。

2011 年 1 月，第 20 届广西科技活动周“2011 年广西新技术新产品交流交易会”在广西展览馆举行。该校组团参加了高校与科研院所科技创新服务能力及技术转移成果专题展，展示了该校“十一五”以来的科研成就、科技实力、基地建设，以及学校获得的部分科技奖励、科技创新成果等。

2011 年 2 月，自治区副主席陈章良率团考察该校莫永生教授高大韧稻课题组位于三亚市的水稻南繁育种试验田。

2011 年 4 月，该校获得 2010 年度全自治区专利申请先进单位，发明专利申请量为 138 件，在全自治区高等院校中排名第一，该校因此被评为 2010 年度全自治区专利申请先进单位。

2011 年 5 月，自治区党委组织部召开广西公开选聘第一批八桂学者、特聘专家新闻发布会。广西首批设置八桂学者岗位 31 个，特聘专家岗位 32 个。其中在该校设置“应用生物技术”“城乡建设与工程安全”“中国—东盟经济合作研究”三个八桂学者岗位，设置“高能天体物理”“作物学研究”两个特聘专家岗位。

2011 年 5 月，2011 年全国高等学校科技工作会议在广州召开，大会表彰了高等学校科技管理优秀团队与先进个人。该校科技处被评为“十一五”高等学校科技管理优秀团队，科技处处长简金宝被评为“十一五”高等学校科技管理先进个人。全国共表彰了 177 个优秀团队和 274 名先进个人。

2011 年 8 月，依托广西大学和华南农业大学的实验室“亚热带农业生物资源保护与利用”被批准列入国家重点实验室建设之列，自治区人民政府主席马飚，副主席陈章良、李康，国家科技部技术司副巡视员崔拓为重点实验揭牌，这标志着广西在依托高校建设的国家重点实验取得了零的突破。

2011 年 9 月，该校与广西出入境检验检疫局“科技研发应用与人才培养合作框架协议”签字仪式在广西出入境检验检疫局会议室举行。该校校长唐纪良和广西出入境检验检疫局局长卢厚林分别在《广西大学与广西出入境检验检疫局科技研发应用与人才培养合作框架协议书》上签字。

2011 年 11 月，该校首个农科产学研示范基地揭牌仪式在广西亚航农业科技有限公司的武鸣试验示范基地举行。

2011 年 11 月，由该校亚热带农业生物资源保护与利用国家重点实验室、中国科学院计划生育生殖生物学国家重点实验室和日本理化研究所发育生物学研究中心共同主办的第八届亚洲繁殖生物技术学会 2011 年会在桂林召开，来自亚洲 10 个国家的大学及研究机构的知名专家学者和研究生共 190 多人参加了会议。

2012 年 6 月，教育部高等学校创新能力提升计划实施方案广西宣讲座谈会在该校君武楼报告厅举行，教育部科技司副司长雷朝滋等领导，自治区各高校主要领导、分管领导等参加会议。

2012 年 7 月，在国家高性能计算中心（合肥）的大力支持下，国家高性能计算中心南宁分中心日前在广西大学正式成立。中国科学院院士陈国良和该校副校长陈保善共同为国家高性能计算中心南宁分中心揭牌。

2012 年 7 月，中国科协常务副主席、党组书记陈希一行 4 人到校调研科学道德和学风建设工作。

2012 年 8 月，教育部党组成员、副部长杜占元等有关领导，在自治区政府副秘书长吴建新，自治区教育厅厅长高枫等陪同下到该校参观考察。

2012 年 9 月，科技部党组成员、中纪委驻科技部纪检组组长郭向远，在中纪委监察部绩效管理监察室副主任谢又生、科技部重大专项办公室巡视员刘玉兰、广西科技厅厅长谢涵堂、纪检组组长黎昆等国家和自治区部门领导陪同下，到该校进行科技项目实施及经费管理检查指导工作。

2012 年 9 月，该校与广西质量技术监督局“科技研发应用与人才培养合作框架协议”签订仪式在广西计量院综合实验楼举行。

2012 年 11 月，该校组团参加第一届广西发明创造成果展览交易会。

2012 年 11 月～12 月，该校开展了由马少健、卢克焕、韦增欣、梁恩维、李欣广、冯家勋、张克实、李陶深、蔡敢为等宣讲团成员的科学道德与学风建设教育宣讲系列报告会，该校副校长陈保善出席了土木学院的报告会并讲话。

（韦　同）

广西师范大学

【概况】　2011～2012 年，该校继续实施“科技强校”战略，在重视基础理论研究的同时加强应用研究和技术开发，努力拓宽研究领域，加大激励力度，强化竞争机制，壮大科技队伍，凝炼科研优势与特色，努力提高科技创新能力，在科技体制改革、研究与开发、科技成果、重点实验室及重点学科建设等方面成效显著。2012 年末，该校有在职教师1417名，其中教授 319 名，副教授 444 名，具有博士学位的教师 391 名；共有 27 个二级学院、28 个校属研究所、3 个博士后科研流动站、2 个博士学位授权一级学科、12 个博士学位授权二级学科、22 个硕士学位授权一级学科、154 个硕士学位授权二级学科、11 个专业硕士学位授权点、18 个广西重点学科；1 个国家文科基础学科人才培养和科学研究基地，1 个省部共建国家重点实验室培育基地，1 个教育部重点实验室，1 个省部共建教育部重点实验室，3 个广西重点实验室，1 个广西重点实验室培育基地，7 个广西高校重点实验室，4 个广西校企校地共建科技创新平台，2 个广西高校重点研究基地，5 个广西“人文强桂建设工程”重点研究基地。有 2 个重点实验室被确定为广西首批建设广西医药产业人才小高地的载体，拥有教育部基础教育课程研究中心、国家体育总局体育文化发展中心研究基地、广西人文社会科学发展研究中心、广西马克思主义理论研究与建设工程研究基地、广西廉政建设研究中心。

【科研项目与经费】　2011～2012 年，该校共获得各级各类纵横向科研项目 791 项，其中，获得 863 和 973 计划课题、国家自然科学基金等国家级项目 122 项，其它各类项目 669 项。共获科技经费 1.6 亿元。

【科技成果与转化】 2011～2012 年，该校公开发表论文 3030 篇，其中被 SCI 等三大索引收录的论文 450 篇。出版专著 74 部。获授权专利 52 项。获省部级以上成果奖 85 项，其中，广西自然科学奖一等奖 1 项、二等奖 2 项、三等奖 4 项；广西技术发明奖二等奖 1 项；广西社会科学研究优秀成果奖一等奖 1 项、二等奖 24 项、三等奖 43 项；全国教育科学研究优秀成果奖三等奖 1 项；第十一届全国统计科学研究优秀成果奖二等奖 1 项；国家民委第二届民族问题研究优秀成果奖二等奖 3 项。

簇基配（聚）合物分子基材料的定向构筑及其磁、光性能与构效关系研究 该项目研究的配合物型分子基材料，在量子磁响应与存储、光致电致发光，乃至复合功能智能响应等领域中显示出诱人的应用前景，是当前国际有机—无机杂化材料研究的前沿阵地。重要科学发现如下：一是构筑立方烷簇基十二核钴单分子磁体，从实例和理论分析上实现了国际著名磁化学家、欧共体分子磁体计划首席科学家 D. Gatteschi 在评论文章（Angew. Chem.，Int. Ed. 2003，42，268；德国《应用化学》）中对钴基单分子磁体的部分展望。二是构筑兼有单链磁体“有限尺寸”效应的关联体系钴（II）基单分子磁体，为国际著名磁化学家 M. Yamashita 在前瞻性评论文章（Dalton Trans. Frontiers，2007，399.）和 D. Gatteschi 教授在综述文章（J. Mater. Chem. 2008，18，4750.）中提出的单分子磁体相互关联作用及其与单链磁体的内核关联与差异研究挑战提供了难得例证。三是构筑世界第一例金属羧酸盐类同自旋同金属二维拓扑亚铁磁体和第一例同金属柱三层式变磁体。四是利用异金属离子电子基态的差异，进行手性分子基磁体的磁、光性能分子水平的调控，首次论证了“分子合金”的重要概念。五是引入微波辅助合成法，提出了溶剂热起始多羟基配体原位反应组装特殊高核簇的新模式。取得的成果包括在国际顶尖化学刊物 Angew. Chem.，Int. Ed.（影响因子 IF：12.730），材料领域权威刊物 Chem. Mater.（美国《化学材料》，IF：6.397）发表的论文各 1 篇。在其它具有国际影响的（IF 大于 4.0）化学和材料期刊发表的论文 9 篇。截至 2011 年 10 月 1 日，上述成果已被 SCI 正面他引合计 327 次，被 IF4.0 以上国际权威期刊论文引用高达 176 次。受邀做国际国内学术会议分会报告或邀请报告共 10 次。该项目获 2011 年广西自然科学奖一等奖。

广义斯坦纳系和 Weil 定理的应用 组合设计是组合数学的一个重要分支。目前，组合设计研究的难点和热点问题：一是有着实际应用背景的设计问题，二是经典设计问题。该项目研究属于前者，即有着实际应用背景的设计问题。该项目解决了 Etzion 的一个公开问题；除 3 个可能例外值，解决了 Etzion 的一个猜想，得到了广义斯坦纳系存在的系统结果。利用 Weil 关于乘法特征和的定理，大大改进了 Wilson 关于（DF 存在的上界，从而可以系统的构造 DF；利用 Weil 定理给出了存在的一些结果，这是关于利用 Weil 定理构造组合设计的最系统的开创性工作，此方法后来被国内外知名学者用来构造其他多种组合设计。该项目共发表论文 41 篇，其中有 32 篇被 SCI 收录（2009 年影响因子大于 0.5 的有 28 篇）。论文被 SCI 引用 246 次，其中 SCI 他引 153 次，其中有 3 篇单篇他引分别为 18、19、20 次。该项目的研究成果得到了国内外同行专家的关注。利用 Weil 关于乘法特征和的定理来构造设计的方法为组合设计的存在性提供了一个一般性的方法，此工作属于开创性工作，该方法后来被国内外知名学者如 Abel（澳大利亚）、Buratti（意大利）、Fuji－Hara（日本）、Lam（加拿大）、Miao（日本）、Wei（加拿大）、朱烈、殷剑兴、常彦勋、葛根年等用来构造差族、相对差族或光正交码、循环可分解循环 Steiner 2－设计、广义斯坦纳系等，取得了一批系统的结果。该项目获得 2011 年广西自然科学奖二等奖。

毛细管电泳联用技术的建立及其在元素形态分析和药物分析中的应用 该项目在 CE－ICP－AES 联用分析体液和细胞中的钙镁形态及研制氢化物发生新接口等方面做了大量工作，取得了如下原创性研究成果：一是研制了与 CE 联用的 7 个新装置，解决了细胞内游离钙离子测定的难题，为将来研究生物体中其它元素形态奠定了基础。二是发现了一种重要现象：电迁移速率最快的不是游离钙离子而是细胞膜上分子量在 50－100 kD 之间的一种钙形态。为将来研究钙神经传道和老年知呆症的关系提供新的靶点，有望获得该领域重大突破。三是解决了吸流和不稳定氢化物引入的瓶颈问题。四是发展了一系列药物分析新技术和方法体系。在国际上首次将超声微透析技术与

CE—ECL联用，为研究药物与大分子的相互作用提供了一种新方法。该项目共发表论文47篇，其中26篇被SCI收录，10篇代表性论文SCI影响因子都在3.5以上。论文被SCI总引达200次，他引138次，单篇最高引用30次。国际学术会议邀请报告8次。项目部分内容被编入美国《分析化学》系列教材。部分成果获得俄罗斯科学院Timerbaev教授、国际元素形态分析权威美国辛辛那提大学Caruso教授高度评价。研究成果系统深入、研究内容前沿、丰富，引起了国内外同行高度关注，产生了重要的影响，有重要的理论意义和应用前景，创新性强，在其研究领域达到国际先进水平。该项目获2012年广西自然科学奖二等奖。

铝电解碳素阳极抗氧化涂层技术　该项目通过开展铝电解用碳素阳极抗氧化涂层技术的研发，获得了3项国家发明专利。项目根据铝电解的生产要求和碳素阳极的性状，研发出了对电解铝无污染，以水溶性无机—有机共混物为粘结剂的碳素阳极涂层涂料和具有“三明治”结构的抗氧化涂层，对铝电解生产没有影响，与碳素基体结合完好，封填效果佳，抗氧化能力强；形成了完善的抗氧化涂料制造技术，采用空气喷涂法在铝电解碳素阳极上进行抗氧化涂层施工。空气喷涂工艺设备简单、操作方便、涂装效果佳。自2011年1月份开始，抗氧化涂层技术全面应用于广西来宾银海铝业有限责任公司的生产线。应用结果表明，抗氧化涂层可以节约碳素阳极，达到19kg/t—Al的优异节碳效果，不对铝电解生产和电解铝产生不良影响，同时减少了温室气体的排放约70 kg/t—Al。到2012年2月止，为该公司节约碳素阳极4000吨，折合人民币1600万元。该项目获得2012年广西技术发明奖二等奖。

【人才与创新团队】　该校注重科研团队的建设和科研人才的培养，经过多年的建设与发展，拥有了一批在广西乃至国内同类院校有重要地位的学科，造就了一支学术水平较高、自主创新能力较强的队伍。2011～2012年，该校“天然活性物质的发现、结构改造与功能”科研团队入选教育部创新团队发展计划，1个团队获广西自然科学基金创新团队立项建设，新增1个自治区级人才小高地，3个团队入选广西高校人才小高地创新团队，3人入选教育部新世纪优秀人才支持计划，2人被聘为自治区“八桂学者”，1人被聘为自治区“特聘专家”，1人获广西自然科学基金杰出青年基金资助。

【重点学科、重点实验室建设】　该校坚持突出学科特色、整合创新资源、增加科技实力、服务经济建设的方针，通过实施重点建设、加大投入、加强管理，加强重点学科和重点实验室建设，并取得显著的效果。2011～2012年，该校计算机软件与通信工程、生态与环境保护等4个学科被确定为广西高校重点学科；多源信息挖掘与安全实验室被确定为自治区重点实验室；新能源材料与新能源技术实验室、光通讯与生物医药测量仪器和传感器开发平台、广西特色民族药物研究与开发技术平台、太阳能光伏发电工程研究中心等4个实验室被确定为广西校企校地共建科技创新平台。

药用资源化学与药物分子工程省部共建国家重点实验室培育基地　该实验室以药用资源化学、生物无机与无机药物化学和药物分子工程为主要研究方向，开展以具有生物活性配体（包括以广西和西南地区特色天然产物的有效成分）的金属配合物的合成和生物活性研究，以及医用有机药物的配位化学的分子工程研究，开发新型的有实际应用前景的有机—无机杂合药物。现有研究人员39人，其中，教授25人，具有博士学位39人，拥有30多台总价值4000多万元的仪器设备以及面积5500平方米的实验大楼。两年来，该实验室新增6台药学专业大型仪器和药物化学专业实验培训基地，新引进高层次药学博士3名，新增博士生导师12名；1人获教育部“新世纪优秀人才支持计划”人选，1人获首批“八桂学者”（药物化学岗位），2人获广西“十百千人才工程”第二层次人选；承担各类科研项目62项，其中973前期专项及973计划子课题各1项，国家自然科学基金18项（含药学部基金2项）。发表SCI论文180多篇，影响因子4.0以上的论文32篇，发表在J. Am. Chem. Chem.，Chem. Eur. J等国际顶级学术刊物的论文数量大幅度提高。获得广西自然科学奖一等奖、二等奖和广西技术发明奖二等奖各1项，获国家发明专利授权25项；依托该实验室平台，该校先后获得化学一级学科博士学位授权点和博士后科研流动站。2012年，该实验室被被评为优秀省部共建国家重点实验室培育基地。

珍稀濒危动植物生态与环境保护省部共建教育部重点实验室　该实验室有研究人员60人，其中，教授30人，具有博士学位33人。根据广西及

西南地区拥有的动植物资源、环境特征和对环境保护技术的需求，结合国内外生态环境保护和资源开发的发展趋势以及已有的研究基础，以珍稀濒危动植物生态与保护、特色动植物资源开发与利用、生物修复与生态重建、环境污染分析与治理技术为研究方向，重点对珍稀濒危动植物生态和资源保护管理以及生态环境建设所需的环境治理与环境分析技术进行研究。2011～2012 年，在基础研究及应用研究上取得了较丰硕的成果：共承担科研项目 110 余项，总经费2310余万元。其中国家自然科学基金项目 18 项；科技部“十二五”国家科技支撑计划专题 1 项，省部级科研项目 20 余项。在 Nanoscale、Chem. Comm.、Plasmonics、American Journal of Botany、Trends in Analytical Chemistry 等国际国内刊物上发表学术论文 380 多篇，其中 SCI、EI 收录 85 篇。在影响因子 3.0 以上的刊物发表学术论文 10 余篇。获得专利授权 25 项。

广西信息挖掘与信息安全实验室　该实验室有固定研究人员 39 人，其中教授 18 名、副教授 12 名，45 岁以下的中青年人员 24 名，达到 60%。实验室研究工作以解决多源信息处理复杂性中的多样性和不确定性为研究突破口，确立了“描述多源信息的不确定性，发现数据的规律特征，进行安全利用和有效控制”为实验室研究的核心科学问题，围绕核心科学问题，形成了多源数据挖掘、网络与信息安全和信息识别与智能处理等三个稳定的研究方向。2011～2012 年，实验室共承担科研项目 20 项，科研经费总额1573.5万元，其中包括国家 863 计划课题 1 项、973 前期专项 1 项、国家自然科学基金 11 项，广西自然科学基金重点项目及其他省部级项目 6 项；获得国家发明专利和实用新型专利授权 6 项；在国内外学术期刊上发表论文 116 篇，其中 SCI、EI 收录论文 62 篇。

【广西人文社会科学发展研究中心】　该研究中心于 2010 年 1 月 13 日正式成立，落户于广西师范大学，是广西壮族自治区党委、人民政府依托人文社会科学力量雄厚的广西师范大学，投入总额 3000 万元建设经费建立的省级科学研究中心。中心自成立以来，克服了自治区内外没有相同模式可供参考的困难，锐意探索，协调创新，卓有成效地开展了一系列建设工作。中心建设的亮点及创新之处主要表现为：组织形式独特，形成以特色团队建设为核心、解决问题为纽带、社会需求为导向的优势引导型独特组织模式，符合人文社科科学的发展规律；建设理念彰显，形成“人文强桂“的核心价值理念，彰显中心的建设之魂；建设目标明确，“高地（建成高校人文社会科学研究的高地）”加“基地（打造高校人文社会科学服务地方经济发展的示范基地）”的目标定位清晰，且产生了良好的建设成效；运作模式创新，“团队”加“问题”的科研运作模式是对传统社会科学科研运作模式的创新，是科研更加注重协同与社会需求的主要体现；坚持开放合作，坚持对自治区内兄弟高校开放，在辐射、带动兄弟高校人文社会科学繁荣发展上做出贡献。2012 年 11 月，中心在自治区教育厅组织的评估验收中被专家一致认定为优秀等级。

【学术交流活动】　该校坚持“请进来，走出去”的原则，邀请国内外知名学者讲学；设立学术交流基金，支持鼓励教师参加国内外的各种学术会议，从不同途径开拓科技人员的学术视野。学术交流活动活跃。据不完全统计，2011～2012 年，该校主办、承办、协办国际学术会议 7 次，代表 846 人，国内各级各类学术会议 48 次，代表3687 人；邀请国内外专家、学者讲学 262 人次；应邀外出讲学 89 人次；外出参加国际、国内学术会议 623 人次。其中，到该校讲学的包括中国科学院院士程津培、张玉奎、杨玉良、郑兰荪、干福熹、吴培亨、中国工程院院士沈昌祥、李圭白、中国人民大学张志铭教授、南京大学风笑天教授等一大批知名专家、学者。丰富的学术交流拓宽了该校教师的学术视野，增强了他们与国内外学者之间的交流与合作，形成了浓厚的学术氛围。

（黄世朗）

桂林电子科技大学

【概况】　桂林电子科技大学是国家工业和信息化部与自治区人民政府共建高校，自治区重点建设大学，是一所以工为主，电子信息类学科和国防军工特色鲜明、优势突出，多学科交叉渗透、协调发展，在自治区内外有较大影响力的多科性教学研究型大学。2006 年更名为桂林电子科技大学，2009 年成为博士学位授权立项建设单位。该校现有本科专业60个，联合培养博士点1个，一级学科硕士学位授权点11个，有工商管理硕士（MBA）、工程硕士2种专业学位类别授予权，11个工程硕士专业领域。现有专任教师1054人，其中正高级技术职称207人，副高级技术职称496人，高级技术职称人数占专任教师总人数的66.7%；博士学位教师276人，占专任教师总人数的26%；博士生导师30人。

2011～2012年，学校新增国家科技支撑计划、国家重大专项、国家863计划、国家自然科学基金、国家社科规划等国家级项目107项；新增国防型号、国防预先研究项目等先进武器装备和国防关键技术研究项目38项；新增省部级科学基金、科技攻关、社科规划等项目169项，获得科研成果奖34项，主持和参与制修订国家标准、行业标准8项；获国家专利授权和软件著作权486项，其中发明专利授权53项

【科技工作与创新】 2011～2012年，学校不断完善科技工作管理制度，实行规范化管理，在系统编制了科技工作管理制度和办法的基础上，因时制宜，2011年，学校科技处对自然科学类、人文社科类论文奖励范围进行重新修订，增加了学科权威学术期刊奖励范围，进一步调动全校教师和科研人员的积极性，鼓励发表高级别、高水平学术论文成果。

学校注重完善科研激励制度，提高二级机构、教职工的科研积极性，从而全面提升学校的科研水平。一是改变过去注重对成果奖励的做法，既奖励成果，又奖励过程，使过程与结果并重；二是改变传统单纯“出成果、出人才”的科研目标管理模式，对考核单位的各项科研指标进行目标考核，实现奖优罚劣；三是鼓励教职工创办科技企业，通过成果转化获取利益，促进科技成果转化；四是大力支持学校二级机构与企事业单位进行科研合作，推进产学研用一体化，促进自身的良性发展。

【科研项目与经费投入】 2011～2012年，新增国家科技支撑计划、国家重大专项、国家863计划、国家自然科学基金、国家社科规划等国家级项目107项，经费达4322.7万元；新增省部级科学基金、科技攻关、社科规划等项目169项，经费达1824.25万元，其中，新增广西自然科学基金、广西科技攻关、广西科技厅软科学等项目107项，经费达1085.25万元；新增地厅级科技攻关项目、社会科学研究等地厅局级项目232项，经费达1874.05万元；新增企事业单位委托项目（含理工类、社科类）306项，经费达4170.6万元；新增国防型号、国防预先研究项目等先进武器装备和国防关键技术研究项目38项，经费达1714.76万元。

【科研成果与转化】 2011～2012年，学校获得科研成果奖项奖成果34项，其中，军队科技进步奖一等奖1项，广西科技进步奖一等奖1项，广西科技进步奖、技术发明奖二等奖5项，广西壮族自治区政府决策咨询成果奖二等奖1项，广西社会科学成果奖二等奖5项。SCI、EI收录论文1193篇，专著39部。

某预测与评估系统（该项目是国防科研项目，涉及军工保密技术，项目介绍略） 该成果获2011年军队科技进步奖一等奖。

通信电小天线关键技术研究及应用 该技术提高了电小天线对空间的利用率，分布式天线宽带小型化特性，实现了在无调配状态下天线的宽带小型化、高效率、辐射方向一致性好和高速调配状态下天线的高效率等性能。目前已在海南宝通、6909厂、中电54所、30所、成都优立等单位投入使用，产品广泛应用于商用通信、移动通信、应急通信、灾害预警等通信系统中，已取得超过2.67亿的经济效益和显著的社会效益。该技术成果获2012年广西科技进步奖一等奖。

液压挖掘机回转与行走驱动器研制及技术的延伸应用 该技术研发的回转与行走驱动器，具有与进口配套产品相同的使用效果和可靠性，与进口配套相比，采购成本可下降20%以上，已实现销售1866万元。已完成了样机与批试产品研发，形成与挖掘机配套的回转与行走驱动器产品系列，实现2000台配套生产能力。研制的液压挖掘机、塔式起重机、港口起重机和汽车起重机等系列驱动器产品目前已实现销售11130万元，利税1519万元，出口创汇186万美元，取得了良好的经济社会效益。该成果获2012年广西科技进步奖二等奖。

多通道阵列信号源 该成果建立在通用的硬件平台上，以软件编程的方式实现信号的合成，因此具有较好的灵活性，适用性强，可应用在测试、目标探测与跟踪、医疗仪器、汽车电子等众多国民经济及军事领域。已经成功应用在某系列水下航行器维修设备、以及某飞行器电子舱和发

射机构的测试，用于模拟产生大量的测试信号，完成不同条件下的信号模拟。实际应用表明系统可靠性高，工作稳定。项目应用后，新增产值9580万元，利税2230万元。成果获2011年广西科技进步奖二等奖。

环模用数控自动钻床控制系统研制　该成果具有自主知识产权，适合中、小型企业使用的嵌入式智能数控平台，替代了人工操作，提高了控制精度，对在恶劣工作环境和强电磁干扰条件下电磁兼容设计方面成效显著，其稳定性达到了企业长期使用的要求。在桂林市新洲机械厂和桂林市怡鹏机械厂全面推广应用，五年来为企业带来经济效益约1.2亿元人民币，走出了一条高校服务企业、服务地方经济的新途径，对提高企业的科技含量、经济效益与核心竞争力发挥了重大的作用。成果获2011年广西科技进步奖二等奖。

用于综合信息传输的卫星MODEM研制　该成果采用软件无线电设计方法，实现了功能模块软件化。全数字MODEM样机已研制成功，并已进行批量生产，产品符合国家标准，已经在山东、成都、哈尔滨、沈阳、湛江等地的3G蜂窝移动通信系统的设备链路上得到应用，获得了较好的评价，市场前景良好。2008年，成果相关产品销售额为980万元，利润288万元；2009年达到2000万元，利润720万元；2010年达到2560万元，利润800万元。成果获2012年广西科学技术进步奖三等奖。

高精度GNSS闭环校验关键技术与应用　该成果攻克了BD/GPS/GLONASS高动态模拟源设备等4项关键技术，实现了GNSS卫星导航终端和系统测试的安全可靠性保障技术的重大突破。目前，该成果的部分设备已批量生产，并在全国多个导航仪生产厂家推广应用，获得经济效益12857万元；部分设备和系统已用于海军装备。BD/GPS/GLONASS多体制测试系统的批量投产，不仅对我国全球卫星导航系统建设起到关键的作用，而且将改变我国长期以来高动态模拟源设备依靠进口的被动局面，并且在电子对抗、通信、海洋勘探等众多国民经济及军事领域还有广泛的应用空间。成果获2012年广西技术发明奖二等奖。

新型（La，Mg）—Ni储氢合金结构及电化学性能研究　该研究针对当前金含镁储氢合金研制亟待解决的一些基础科学问题，从材料微结构调制入手，系统开展了（La，Mg）—Ni基储氢合金的制备、结构与性能研究。该研究成果丰富了（La，Mg）—Ni体系合金基础数据，为探索开发新型含镁储氢材料，合理配置使用资源，改善材料性能及制定材料热处理工艺提供了理论依据和技术准备。成果获2012年广西自然科学奖二等奖。

大规模智能化视频数据分析和检索的核心技术及关键性设备的研究与应用　该成果是通过大规模平安城市与天网视频系统建设中所获得的海量图像数据，结合新的技术手段和设备，建立以视频内容为核心的情报收集、整理、分析、检索、研判和管理系统，进而形成高度智能化、专业化的视频图像数据分析处理与情报研判平台。成果可应用在军事项目、天网建设项目、水利水库监控检测项目、超大规模精细化农业检测与监控系统、公安情报系统等，为部队与国家建设提供技术支持，已产生了超亿元的经济效益。成果获2012年广西科学技术进步奖三等奖。

【人才与创新团队】　学校坚持实施人才强校和科技兴校战略，形成以博士、硕士为主导，以中青年学科带头人和骨干教师为核心的教师队伍。该校2011年引进和培养博士30名，2012年引进和培养博士34名，新增正高技术职称人员25人，新增政府特殊津贴专家2名，国家杰青1名，中科院百人计划人选2名；新增八桂学者2名，特聘专家1名，漓江学者1名。新增广西科技创新团队1个。

截至2012年末，全校有正高技术职称人员207人，博士276人。政府特殊津贴38人，国家杰青2名（饶光辉，廖桂生），国家百千万人才工程人选2人（廖桂生，古天龙），中科院百人计划人选2名；广西优秀专家4名，八桂学者5名，特聘专家2名，教育部“新世纪优秀人才支持计划”人选2名，广西“新世纪十百千人才工程”第二层次人选13名。广西人才小高地3个（其中2个是载体单位），广西高校人才小高地5个，广西科技创新团队1个，国家级教学团队2个，自治区级教学团队8个。

【科研平台建设与科研仪器设备】　截至2012年末，学校建成了一批集产、学、研为一体国家级、省部级科技创新平台，现有国家级科技服务中心1个，原信息产业部重点实验室3个，省部共建教育部重点实验室1个，广西重点实验室3个，与广西大学共建广西重点实验室1个，广西重点实验室培育基地1个，广西高校重点实验室7个，广西高校重点建设研究基地1个；与企业共建广西工程技术研究中心3个；广西信息科学实验中心1个。

国家级科技服务中心——国家软件与集成电路公共平台广西分中心（CSIP） 该中心是全国唯一一个依托高校设立的分中心。2008年挂牌成立，分中心结合广西的实际情况和桂林电子科技大学的优势资源，努力打造“两个平台、一个基地”，即“广西优秀IT产品推广平台”“广西核心IT应用支撑平台”和“广西紧缺IT人才培训基地”。2011～2012年，该中心进一步加强与相关政府部门和企业的联系，充分发挥产学研服务平台的作用，为学校的科技团队服务企业和科研成果转化提供支持。组织科研人员与桂林、柳州等地的企业进行产学研对接活动，取得了与企业共同申请科技政府部门重大项目和科技开发合作的有效成果；促成学校与桂林市机床电器有限公司、桂林市科技局和桂林市生产力促进中心的政校企三方合作，并与对方签订了具体的科研项目合同；充分发挥综合性高校在专业领域和交叉学科科研团队的智力资源，协助广西工信委等政府部门进行产业调研和规划工作，为政府科学决策做参谋工作，先后承担了“广西物联网应用前期规划研究”“食品工业企业诚信信息平台建设研究”“广西光辐产品推广应用研究”等项目。

省部共建教育部重点实验室——“认知无线电与信息处理”重点实验室 该实验室依托广西重点学科信息与通信工程，由宽带与智能信息处理、近代通信网络与技术和微波光波应用技术实验室等三个广西高校重点实验室整合组建而成。研究方向：一是无线传输理论与技术；二是信息检测与处理；三是宽带天线与射频技术；四是通信网络及其安全。2011～2012年，实验室承担973项目、国家自然科学基金、国家科技支撑计划课题等在内的国家级项目22项、省部级项目56项、横向课25项，科研经费达到1924多万元，其中新增到位经费1286多万元；被SCI、EI收录88余篇；获国防科技进步奖、全军科技进步奖、广西科技进步奖等省部级科技奖4项；发明专利4项。现拥有万元以上仪器设备77台（套），价值2225万元。

广西无线宽带通信与信号处理重点实验室 该实验室依托桂林电子科技大学通信与信息系统、信号与信息处理、机械电子工程、控制理论与控制工程、计算机应用技术、信息材料科学与工程和测试与计量技术等与信息与通信密切相关联的省部级重点学科进行建设。2011年通过验收。研究方向：一是无线传输技术；二是通信信号处理技术；三是无线通信网与安全技术。2011～2012年，实验室承担973项目、国家自然科学基金重点项目、国家自然科学基金、国家科技支撑计划课题等在内的国家级项目23项、省部级项目68项、横向课28项，科研经费1839多万元；被SCI、EI收录69篇；获国防科技进步奖、全军科技进步奖、广西科技进步奖等省部级科技奖3项；发明专利3项。现拥有万元以上仪器设备81台（套），价值1541万元。

广西可信软件重点实验室 该实验室依托桂林电子科技大学计算机科学与技术、软件工程、信息安全等国家或广西特色学科专业，在实时系统研究室、软件技术研究室、网络信息处理研究室、智能综合系统研究室等基础上发展建设而成，2010年经广西科技厅批准成为广西重点实验室。研究方向：一是可信软件形式化基础理论；二是可信网构软件工程；三是混杂网络算法及应用；四是网络媒体聚合及软件。2011～2012年，广西可信软件重点实验室承担包括国家863子课题、国家自然科学基金等在内的国家级项目15项，国防项目2项，省部级项目30项、横向课题40项，科研经费950.9万元；被SCI、EI收录135篇；获广西科技进步等省部级科技奖3项，发明专利12项。拥有万元以上仪器设备62台（套），价值970万元。

广西信息材料重点实验室 该实验室依托桂林电子科技大学材料科学与工程学科，2011年通过验收。研究方向：一是新型电子信息材料设计及制备科学；二是电子信息材料结构—性能关系研究；三是新型电子信息器件设计及研制。2011～2012年，实验室承担包括国家973子课题、国家自然科学基金重点、国家科技支撑计划课题等在内的国家级项目28项，国防项目2项，省部级项目18项、横向课题36项，科研经费2600万元；被SCI、EI收录120余篇；获广西自然科学二、三等奖2项，申请发明专利22项。现拥有万元以上仪器设备47台（套），价值4000万元。

广西自动检测技术与仪器重点实验室 该实验室依托仪器科学与技术学科建设，2010年经广西科技厅批准成为广西重点实验室培育基地。

2013年通过验收获批为广西重点实验室。研究方向：一是智能仪器与系统；二是可测性设计与故障诊断；三是光电测试技术与信息处理。2011～2012年，实验室承担包括国家863课题、国家自然科学基金、国家科技支撑计划课题等在内的国家级项目25项，国防项目5项，省部级项目17项，横向课题42项，科研经费2800多万元；被SCI、EI收录107篇；获广西科技进步等省部级科技奖8项，发明专利11项。现拥有万元以上仪器设备302台（套），仪器设备总值4700万元。

广西制造系统与先进制造技术重点实验室　该实验室依托广西大学和桂林电子科技大学机械工程学院，2011年通过验收。研究方向：一是机电装备与现代制造技术；二是光机电一体化技术；三是微电子制造技术；四是动力机械与热能工程；五是产品数字化设计与制造业信息化技术。2011～2012年，实验室承担国家自然科学基金、国家科技支撑计划课题、国际科技合作项目等在内的国家级项目39项（其中本校22项）；省部级项目116项（其中本校62项）；横向课题41项（其中本校15项）；科研经费合同经费4600多万元（其中本校2000多万元）；被SCI、EI收录28余篇（其中本校13篇）；获广西科技进步奖等省部级科技奖4项（其中本校2项），发明专利21项（其中本校9项）。现拥有万元以上仪器设备107台（套），价值2000万元。

【重点学科建设】　学校坚持以学科建设为主线，以重点学科建设为抓手，全力打造优势特色学科群，逐步形成以点带面、共同发展的良好态势。

2011年新增1个广西重点学科，目前共有8个广西重点学科，这些学科瞄准学科前沿，紧密结合国家和区域发展的重大需求，加大学科集成力度，实现重点突破，产生一批有影响的标志性成果，加快推进优势学科进入国内先进行列，并发挥火炉效应，带动学校学科建设整体水平的提升。

信息与通信工程、仪器科学与技术、机械电子工程等广西重点学科的特色更加鲜明，优势更加突出，在一些方向和领域取得了重要的突破，产生了取一批具有国际先进水平和重要社会效益的标志性成果，承担重大科研项目以及自主创新的能力明显提升，学科综合实力和水平明显增强。材料加工工程、计算机应用技术、应用数学、生物医学工程等广西重点学科也得到快速发展，对优势学科的支撑作用进一步加强。

【大学科技园建设】　学校大学科技园是广西科技厅和教育厅联合批准的“广西壮族自治区大学科技园”试点单位，以桂林电子科技大学为依托，和桂林国家高新区等“官产学研资介商”单位共同建设，规划总建筑面积20万平方米，可以容纳2万多人同时办公。该校大学科技园秉承“创新、事业、感恩、团队”的园区文化，立足“鼓励创新、扶持创业、宽容失败、倡导协作”的办园理念，践行“以服务求支持、以贡献求发展”的工作方针，把桂电大学科技园建设成为一流的创新基地、高新技术企业孵化基地、创新创业人才聚集和培育基地、高新技术产业辐射催化基地、教学实习基地，以及国际技术合作与交流的重要窗口。

2012年末，入驻该校大学科技园单位已达28家（17家企业，11家校地校企平台）。2011年，“国家特种轮胎和机械装备高新技术产业化基地”在科技园挂牌，被广西科技厅认定为“自治区级科技企业孵化器试点”，获得桂林市高新区“广西人才小高地建设专项资金”5万元、桂林市工信委支持科技园规划建设的专项资金30万元、科技园孵化专项资金20万元；2012年，该校大学科技园被桂林市政府认定为“桂林市微型企业创业孵化园”，获得2012年科技三项课题“桂林电子科技大学科技园技术转移平台建设与能力提升”30万元、“桂林电子科技大学科技园科技企业孵化器建设”50万元、“桂林市专利特征分析和发明专利倍增对策研究”20万元。

【科技交流与合作】　2011～2012年，学校面向欧洲、美洲和东南亚国家开展了富有成效的国际合作与交流工作，重点加强了对东盟国家，如越南、泰国和马来西亚的教育交往，并加大了与台湾高校交流，此外，还拓展了与瑞士联邦材料所、意大利帕维亚大学的国际合作，不断拓宽了学校的国际合作范围和提升了国际合作的层次。

2011～2012年，该校共接待国外及港澳台来访1037人次；办理出访团组54个共94人次（包括学校公务访问、院系交流访问、科技交流合作、教师交换项目、参加国际研讨会等）；该校与国外合作项目共派出学生142人；成功申报国家留学基金资助项目录取1人；国家留学基金资助西部计划特别项目录取12人；获广西财政资助16人；

日元贷款项目派出1人赴日研修；广西财政资助出国留学经费115万（9人），总资助金额约260万的良好成绩。成为广西首家参与国家留学基金资助出国留学项目西部特别项目“成组配套”派出试点高校。聘请长期外籍专家53人次；与国外教育机构签订协议13份。

两年来，该校来华留学生达到200余人，来自泰国和马来西亚的留学生实现了零的突破，北海职业教育学院也首次招收了12名越南留学生，获得广西政府东盟国家来华留学生奖学金56.77万元。承办国际学术会议7个。

【重要科技事项与活动】

2011年 全国人大常委会华建敏副委员长视察了由学校与广西右江矿务局校企合作的矿探水雷达生产线。

第20届广西科技活动周学校科研成果备受自治区宣传部部长沈北海、自治区副主席陈章良、自治区科技厅党组书记陈大克等领导关注。

学校中标完成的自治区党委政府重大研究课题《广西培育发展新兴产业问题研究》以“优”通过评审验收。

校长周怀营教授获“全国优秀科技工作者”“十佳全国优秀科技工作者提名奖”荣誉称号并受表彰。

校企联合科技攻关项目——“环模用数控自动钻床控制系统研制”“多通道阵列信号源”通过鉴定。

学校共获得14项广西第十一次社会科学优秀成果奖。

学校王华教授入选广西第十三批“新世纪十百千人才工程”第二层次人选。

学校获2010年度广西专利申请先进单位。

桂电一延龙电动汽车联合开发实验室签约仪式在学校举行。

学校与美国著名企业安捷伦科技有限公司就共建“真空实验室”举行了签约仪式。

2011年的高等学校科技工作会议，学校科技处被评为“十一五”期间高校科技管理优秀团队，赵峰同志被评为“十一五”期间高校科技管理先进个人。

桂林电子科技大学软科学研究院亚太经济研究所揭牌成立。中国—东盟博览会秘书处秘书长、广西国际博览事务局郑军建局长、广西外事办东盟经济与文化研究中心主任赵克博士出席。

美国国家科学院院士、计算机领域最高奖“图灵奖”唯一华裔得主、清华大学教授姚期智先生做客桂电花江论坛。

中国国际工程咨询公司专家来校调研指导，学校“TVLF超低频瞬变—探地探水仪”“数字化矿井综合系统”2个项目获好评。

桂林电子科技大学与桂林海成环境生物科技有限公司签订校企科技合作协议。

学校与国家橡胶及橡胶制品质检中心（桂林）联合共建的广西高校研究生联合培养基地、教学实践基地、新材料研究中心揭牌仪式在国家橡胶及橡胶制品质检中心举行。

学校与柳州市签订“OA系统”合作建设协议。

学校与广西交通投资集团有限公司签订“绿色通道”专用检查系统项目合作协议。

学校自主研发的科研成果“矿井自组网无线通讯指挥系统”助阵合山“7·2”矿难科学救援。

学校承办2011年全国环境资源法学研讨会暨中国环境资源法学研究会筹备会议，第二届智能计算与综合系统国际会议（ICISS），第七届SPIE多谱图像处理与模式识别国际学术会议（MIPPR’2011）等多个大型国际学术会议。

学校编制的《广西软件与信息服务业发展“十二五”规划》通过专家评审，并经自治区政府批准实施执行。

学校大学科技园获“自治区技术转移示范机构”称号。

学校聘请菲律宾前财长特维斯为客座教授。

学校获批为第二批卓越工程师教育培养计划高校。

中国工程院王子才院士应邀来校作“仿真技术与发展”专题报告。

学校获得矿山机电装备及安全工程创新团队和自动检测技术与仪器创新团队2个第四批广西高校人才小高地创新团队。

学校新增广西物联网技术与产业化推进人才小高地、广西会计人才小高地2个自治区级人才小高地。

学校广西无线宽带通信与信号处理重点实验室和广西信息材料重点实验室承担的实验室建设项目顺利通过自治区科技厅专家验收。

学校2个重点学科和3个广西高校重点实验室顺利通过教育厅专家组评估。

学校4名专家分别受聘为首批八桂学者和特

聘专家（八桂学者是饶光辉教授、廖桂生教授、孙立贤教授，特聘专家是杨道国教授）。

学校研发成果“煤矿探水雷达”参展第十三届中国国际高新技术交易会获好评，并被国家发展与改革委员会评为最佳参展单位。

学校与广西右江矿务局联合成立美联科技产业园，并签订“桂电—广西右江矿务局”校企合作协议。

学校“煤矿透水灾害探测”研究项目成果被鉴定为国际领先水平。

学校《大规模智能化视频数据分析和检索的核心技术及关键性设备的研究与应用》《用于综合信息传输的卫星 MODEM 研制》《北斗/GPS/GLONASS 多体制测试系统》等 3 个项目在技术鉴定会通过鉴定。

2012 年　学校编制的《桂林市服务业发展“十二五”规划》（以下简称《规划》）顺利通过由桂林市发展和改革委员会组织的专家组评审。

学校获批“互联网应用创新开放平台示范基地”筹建单位。

学校完成的自治区党委、政府重大研究课题《广西培育发展新兴产业问题研究》首次获得自治区政府决策咨询成果奖。

学校获 2011 年度广西专利申请先进单位。

中科院院士吴一戎做客学校“花江论坛”之名家讲坛。

李思敏副校长出席广西会计人才小高地揭牌仪式。

学校与华中农业大学签订“桂林电子科技大学协办第五届国际柿学术研讨会会务备忘录”。

学校与贺州市签定“市校合作”框架协议。

国家知识产权局张璞副研究员到学校开展专利基础知识讲座。

学校与贺州市工业和信息化委员会签订两化融合合作协议。

学校孙保燕老师获首届桂林市“十大杰出创新人才”荣誉称号。

学校广西制造系统与先进制造技术重点实验室承担建设项目通过自治区科技厅专家组验收。

学校承办第十三届电子封装技术与高密度封装国际会议、2012 年全国电磁兼容学术会议、2012 年军事微波学术会议和第九届电磁技术学术年会、第七届智能信息处理国际会议（IIP 2012）、2012 年中国仪器仪表学会微纳器件与系统技术分会理事会。

学校编制的《桂林国家服务业综合改革试点区域建设总体规划（2011－2015 年）》《桂林市发明专利倍增计划》经桂林市四届政府第 16 次常务会议审议并原则通过。

学校李思敏副校长代表学校以协同创新中心成员的身份参加了“山西煤炭资源可持续开发利用协同创新中心”的成立大会。

2012 年中国生物医学工程高层论坛在学校举行。

自治区副主席李康到学校开展促进高等教育质量全面提高大调研活动。

学校古天龙副校长被自治区政府聘任为自治区政府参事。

学校“矿山机电装备及安全工程创新团队”和“自动检测技术与仪器创新团队”2 个广西高校人才小高地顺利通过专家组考核评估。

学校袁翔珠教授当选为广西法学理论研究会副会长。

学校与百色市人民政府签订校市合作协议，百色市科技产业孵化园揭牌共建。

学校编制的《桂林市城市交通专项规划》和《桂林市铁路建设“十二五”规划》顺利通过专家和部门评审。

学校共获得 2012 年度广西科学技进步奖一等奖在内的广西科学技术奖 10 项。

学校获 17 项广西第十二次社会科学优秀成果奖。

（周　雯）

桂林理工大学

【概况】　桂林理工大学现有屏风、雁山、安吉、空港四个校区，校园总面积 266.67 公顷。设 19 个二级学院，有 66 个本科专业，各类全日制在校生 27000多人。是一所以工学为主，理、管、文、经、法、艺 7 大学科门类协调发展的多科性高等学校。目前已有 16 个一级学科硕士授权点，有工程硕士、工商管理硕士、旅游管理硕士 3 个专业学位类别，其中已经获得 11 个工程硕士专业领域。地质资源与地质工程、材料科学与工程、环境科学与工程等 3 个学科列为新增博士学位授予单位授权学科；化学工程与技术、控制科学与工程、工商管理等 3 个学科列为新增博士学位授予单位立项建设支撑学科。现全日制在校研究生达1600多人。学校科研实力日益增强。1987年曾获得国家科技进步特等奖，这是迄今为止广西高校科研成果获得的最高奖项，2011年获国家技术发明二等奖、教育部和广西科技进步一等奖。2005年以来，科研成果获得省部级奖70余项，其中，2010年获广西唯一一个自然科学奖一等奖。承担国家级、省部级等各类科研项目3900余项，其中国家973前期专项、国家863、国家科技支撑、国家自然科学基金、国家国际合作、国家社会科学基金等国家级项目240余项。2012年获得1个广西国际科技合作基地。获专利授权290余项，被国家知识产权局列为广西第二所知识产权工作试点高校，连续7年被评为广西知识产权工作先进单位，专利申请量和授权量均居广西高校第二位。

【科研项目与经费投入】 2012年，该校新增获国家自然科学基金44项，项目经费2145万元；国家社科基金项目4项，项目经费60万元；科技部科技支撑计划和863项目各1项，合同经费分别为379万元和135万元；教育部科学研究重点项目1项，人文社科项目6项；广西科学研究与技术开发项目13项，广西自然科学基金41项（其中创新团队项目1项，杰出青年基金1项，回国重点1项，重点项目3项），广西科技基础条件平台建设6项；各类企事业委托科研项目300余项。学校已形成良好的学科研、做科研的良好氛围。科研经费渠道不断拓宽，科研经费总量较快增长。2012年全校到位科技经费为8200多万元，其中纵向科研经费为4800多万元。

【科技成果与转化】 2012年，该校申报广西科学技术奖12项，获奖10项，其中二等奖6项（自然科学奖2项、科技进步奖3项、技术发明奖1项），三等奖4项（自然科学奖1项、科技进步奖3项）；申报广西第十二次社会科学优秀成果奖58项，获奖12项，其中研究报告类一等奖1项、二等奖3项，论文类二等奖2项、三等奖5项，著作类三等奖1项。2012年，高水平论文发表量增加凸显，全年SCI/EI/ISTP收录论文400余篇，出版专著12部。该校继续把知识产权工作放在与项目申报、科技奖励同等重要的位置上来抓，全年的专利申请量及授权量继续保持较快增长势头。2012年，全校共申请专利186项，其中发明专利162项、实用新型专利15项、外观设计专利9；授权101项，其中发明专利73项、实用新型专利18项、外观设计专利10项。

民族村寨旅游开发中的居民满意度与和谐社会建设研究 该成果有效地解决目前村寨旅游发展中的不和谐现象、推进社会主义新农村建设，促进社会和谐发展，提供新理论支撑体系和研究方法，具有重要的学术价值，在国内产生较大影响。为新农村建设和解决“三农”问题提供新途径与借鉴；部分研究成果被龙胜各族自治县、三江侗族自治县有关部门采纳，实现了景区与村寨的和谐发展，也为国内相关类型的旅游地提供了借鉴，对民族旅游发展中急需解决的重大实际问题有突出贡献。该成果通过对桂黔湘边区7个民族旅游村寨近2个月田野实地考察、问卷调查完成问卷640份，完成20个研究报告，30余万字，同时完成4篇硕士论文在《经济地理》《广西民族研究》《贵州民族研究》《广西民族大学学报》等核心期刊上发表9篇相关论文。该成果获广西第十二次社会科学优秀成果报告类一等奖。

典型重金属的植物修复机理与环境行为研究 重金属污染的防治是全球面临的重大环境问题，也是我国“十二五”期间环境保护工作的重点。重金属污染治理工作急需相关研究的科学支持。课题组围绕砷、铬等典型重金属污染物的植物修复机理和环境行为开展系统研究，研究成果在《Environmental Science and Technology》《Chemosphere》《Plant and Soil》《Chemical Geology》《Journal of Hazardous Materials》等地球与环境科学领域的国际知名刊物以及《生态学报》《环境科学学报》等国内核心期刊上发表论文111篇，其中SCI收录40篇（包括top journal 10篇），EI收录3篇，ISTP收录3篇。该成果获得2012年广西自然科学奖二等奖。

利用剑麻纤维和纳米材料制备高性能的摩擦复合材料的应用基础研究 该成果利用广西特有的植物资源——剑麻纤维，通过对剑麻纤维的表面改性处理，采用剑麻纤维、纳米材料、液晶聚合物、短碳纤维协同复合，解决增强体与基体树脂之间的相容性、解决基体树脂的整体耐热性，制备高性能的剑麻纤维和纳米材料改性的聚合物基复合材料，系统研究复合材料的结构与与性能之间的关系。该项目发表论文82篇，其中SCI、EI收录46篇，代表性论文和核心论文迄今他引190余次（SCI他引60余次），获得发明专利11项，申请发明专利15项，产品应用报告1份。该

成果获得2012年广西自然科学奖二等奖。

锰渣制备绿色混凝土掺合料的工业化生产成套技术研究与工程应用　该项目成果属于建材行业建材制造领域。目前全国锰渣年排放量约2000万吨，至今累计堆积已超过1亿吨。广西各类锰渣年净排放量500万吨以上，而且每年还以15%的速度在增长。本成果技术成熟度高，有良好的应用基础。已获得授权专利5项，已受理1项，在国内外期刊等杂志上发表研究论文12篇。首次在国内提出采用锰渣制备绿色混凝土掺合料的工业化生产成套技术研究与工程应用的思路，并成功制备出高活性的锰渣微粉作为混凝土掺合料，较好地解决了锰渣未能充分利用、占用土地及环境污染等问题，为国内外特别是广西锰系铁合金产业的健康发展和促进锰渣建材资源化利用提供了有力的技术支撑，具有进行大规模生产示范和推广应用的极大潜力。该成果获得2012年广西技术发明奖二等奖。

发动机嵌入式智能控制器研制　该项目是为降低发动机排废气污染，提高发动机的动力性同时改善发动机经济性而监控发动机最重要的转速、水温、油压三个参数的发动机嵌入式智能控制器研制。该项目在理论创新与核心技术方面，获得发明专利授权6项，实用新型专利授权5项，软件著作权2项。该控制器已提供国内十多家发动机产品开发公司配套使用，并已远销美国，经济效益和社会效益显著。直接经济效益达400万元、间接经济效益达5000多万元。该发动机嵌入式智能控制器，可以广泛应用在以发动机为源动力的消防泵机组、舰船、轨道机车、农业机械、工业发动机和发电机组等大型设备的集成控制系统，市场前景广阔。该成果获2012年广西科技进步奖二等奖。

钢筋混凝土结构损伤的声发射检测及加固技术　钢筋混凝土结构具有多相复合性，由于成型工艺和养护条件等原因，在承受荷载前就在混凝土内部或表面产生微小的缺陷。随着当结构服役后荷载的增加及环境的影响，混凝土内部裂纹会扩展并相互贯通，形成宏观裂纹，最终导致混凝土的破坏。因此准确、快速地检测钢筋混凝土结构的损伤，并根据损伤严重程度进行相应的加固维护是保证结构安全、延长服役年限的前提。该研究利用声发射技术对三十余座桥梁进行了损伤评估，节约相关费用3544万元；完成了四川省都江堰市、郫县等汶川地震灾区中小学受损房屋的检测、鉴定、以及修复加固，有效避免了5万余平米房屋的拆除重建工作，节约经费3102万元，同时大大缩短了建设周期，保证了灾区学生们按时上学；在沿海建筑中采用碳纤维技术修复了大量氯离子侵蚀而受损的混凝土结构，节约拆除及建设经费1524余万元。项目组在国内外学术知名刊物上发表学术论文31篇，其中被EI收录12篇，获得专利1项。该成果获2012年广西科技进步奖二等奖。

【人才与创新团队】　学校师资力量雄厚。有专任教师1300多人，其中，高级专业技术职务教师600多人，26名教授被国内重点院校聘为博士生导师。入选国家"千人计划"1人、中科院"百人计划"1人、国家"百千万知识产权人才工程"百名高层次人才培养人选1人、国家"十二五"863计划主题专家组成员1人，享受国家特殊津贴专家13人，有教育部优秀教师资助计划2人、高等学校骨干教师资助计划2人、新世纪优秀人才支持计划2人，全国优秀教师、优秀骨干教师4人，国家专业教学指导委员会委员6人；省部级"十百千人才工程"人选16人，省部级学科、学术带头人42人，自治区八桂学者2人、特聘专家1人，八桂名师1人，广西优秀专家和突出贡献的科技人员10人；广西高校人才小高地创新团队7个、创新团队"八桂学者"4人、团队带头人3人，广西高校教学名师8人、杰出科技人才2人、优秀人才资助计划21人。学校从国内外重点大学和科研院所聘请知名专家、学者为讲座教授5人、客座教授140余人，其中有十多位长江学者和两院院士。

【科研平台建设】　学校有"广西有色金属及特色材料加工重点实验室"国家重点实验室培育基地、"有色金属及材料加工新技术实验室"教育部重点实验室、"有色及贵金属隐伏矿床勘查教育部工程研究中心"等重点实验室。

2012年新申请了岩土工程、环境科学、应用化学、材料加工工程、材料物理与化学、大地测量学与测量工程、水文学与水资源、矿物学岩石学矿床学、模式识别与智能系统等9个区重点学科。积极推荐材料学院、地球学院、环境学院、旅游学院及化生学院整合全校的资源优势申报"广西高校协同创新计划"，进一步加大对广西有色金属及特色材料加工省部共建国家重点实验室培育基地、有色及贵金属隐伏矿床勘查教育部工程研究中心、有色金属及材料加工新技术教育部重点实验室的投入和建设力度，国家级平台建设步伐进一步加快，自主创新能力和科技研发能力得以进一步提升。2012年，该校组织申请的“矿产资源开发与环境保护”被认定为第一批广西国际科技合作基地。

【重点学科建设】 至2012年末，学校有16个一级学科硕士授权点，有工程硕士、工商管理硕士、旅游管理硕士3个专业学位类别，其中获得11个工程硕士专业领域。地质资源与地质工程、材料科学与工程、环境科学与工程等3个学科列为新增博士学位授予单位授权学科；化学工程与技术、控制科学与工程、工商管理等3个学科列为新增博士学位授予单位立项建设支撑学科。2012年，该校新增材料物理与化学、材料加工工程、环境科学、矿物普查与勘探4个广西高校重点学科，至此，该校广西高校重点学科达到11个。

【科技交流与合作】 学校组织召开了2012年教学科研工作会议，总结经验、表彰先进、部署重点，激发科技工作的积极性，明确全年科技重点。2012年，邀请国内外专家学者企业人士到校开展学术交流及讲座150多场次，共8000多人次参加；承办国际国内学术会议“第八届可持续水环境国际研讨会”“第五届工程地质高层论坛”“2012年全国无薄膜材料与涂层学术研讨会暨无机粉体制备与表征学术研讨会”等10场。

【产学研结合】 围绕广西创新计划和千亿元产业“350”重大科技攻关，积极服务地方经济建设和社会发展，把科技服务和科技开发作为科技工作的出发点和落脚点。2012年，学校先后与贺州市签订校地合作协议，与中国地质调查局发展研究中心、广西新未来信息产业股份有限公司、桂林宝利新型建材有限公司、南宁建宁水务投资集团有限责任公司、广西天天科技开发有限公司等单位建立了产学研基地，双方在人才培养、大型仪器设备开发共享、重大科研项目与科技成果的联合申报等方面达成了合作协议。鉴于该校在服务地方经济的突出贡献，自治区创新计划实施协调小组办公室授予该校“广西创新计划先进单位”荣誉称号，该校是广西唯一获此殊荣的高校。另外，该校积极开展国际科技合作。陈平教授主持设计参与的“越南谅山水泥有限公司红峰水泥厂1000吨/天的新型干法水泥熟料生产线”顺利竣工投产，得到越方的高度评价；罗先熔教授与贤丰矿业集团有限公司等5名技术人员组成赴非科考队，于2012年5月10号至5月29号在西非塞拉利昂国北部苏拉山800平方千米的区域内开展地质科研找矿的前期调研和科考工作，将该校科技服务扩展至国际市场。

（莫凌云）

广西工学院

【概况】 广西工学院是一所以工为主，理、管、文、经、法、医、教育学等学科协调发展的多学科性高等院校。2012年5月，自治区人民政府同意广西工学院与柳州医学高等专科学校正式合并筹建“广西科技大学”，设3个校区，占地面积172.36公顷。广西工学院设有16个二级学院，1个独立学院，4个教学部，3所附属医院，14个研究所（中心），有58个本科专业（方向），10个专科专业；在校普通本科生15400余人、各类研究生1200余人、专科生7800余人。学校有7个广西高校重点学科，2个广西高校优势特色重点学科，有机械工程、化学工程与技术、土木工程等3个一级学科硕士学位授予权、20个二级学科硕士学位授权点。

随着“广西科技大学”筹备工作的顺利展开，学校面对新的形势，加快内涵建设，推进学校科技事业的发展，更好地服务广西的工业化、信息化、城镇化建设。

【科技队伍】 截至2012年12月，学校有专任教师1421人。其中，具有高级技术职称教师557人，占专任教师总数的39.19%；具有博士、硕士学位的教师占专任教师比例65.8%。一批教师成为全国模范教师、全国优秀教育工作者、博士生导师、广西高校百名中青年学科带头人、广西高校优秀人才资助计划获得者、八桂名师、广西优秀教师、广西有突出贡献科技人员、柳州市有突出贡献专家、享受政府特殊津贴专家等。有广西创新研究团队1个、广西人才小高地创新团队1个。

【科研项目与经费投入】 2011～2012年，学校获地厅级及以上纵向项目立项229项，经费总额

4015.2万元。其中，国家自然科学基金项目13项，国家社会科学基金项目3项，资助经费509.5万元；省部级项目立项数平稳发展，教育部项目5项，自治区科技厅项目39项，自治区哲社规划办项目11项，资助经费700万元；地厅级项目的立项数明显增长，自治区教育厅项目124项，柳州市科技局项目27项，其他项目7项，资助经费2806.5万元。

2011～2012年，学校校企科技合作发展态势良好，签订125项横向项目合同，合同经费4160多万元。

2011～2012年，学校完成各级纵向科研项目结题203项。其中，国家自然科学基金项目结题3项，国家社会科学基金项目结题2项；教育部人文社会科学项目结题2项，自治区科技厅项目结题39项，自治区规划办项目结题2项；自治区教育厅科研项目结题60项，柳州市科技局科学研究与技术开发计划项目结题3项，柳州市科协科研项目结题1项。另有校级科研项目结题91项。

【科技成果与转化】 2011～2012年，该校通过鉴定科技成果16项，获广西科学技术奖11项，其中，广西技术发明奖二等奖1项、三等奖1项，广西自然科学奖三等奖4项，广西科技进步奖三等奖5项；获奖项目分别是：《挖掘机液压全功率电子控制器》获广西技术发明奖二等奖，《基于控制二硫键打开程度的系列蛋白质基表面活性剂的研制与应用技术》获广西技术发明奖三等奖，《非线性波动力学形态的多样性》《全局协调的甘蔗收割机多学科智能优化》《润滑控制摩擦自激振动及其噪声机理研究》《混流式水轮机转轮叶片裂纹监测的理论和方法研究》获广西自然科学奖三等奖，《网络环境下基于高速数字信号处理器的电动机智能控制系统》《环保高效汽化旋风燃硫炉关键技术研究与应用》《利用地沟油与对苯二甲酸废料制造醇酸涂料新技术》《重型汽车多层铆接车架研究及轻量化应用》《新型无机轻质保温墙板的研发及产业化》获广西科技进步奖三等奖。此外，获柳州市技术发明奖二等奖1项，柳州市科技进步奖二等奖2项，柳州市科技进步奖三等奖3项，广西第十二次社会科学成果奖8项，柳州市第二届哲学社会科学作品奖8项，柳州市第二届文学艺术作品奖2项，广西自然科学优秀论文奖6项，柳州市自然科学优秀论文奖44项；另有1部编著获广西优秀科普作品奖。

2011～2012年，该校获专利授权84件，其中，发明专利26件，实用新型专利55件，外观设计专利3件。学校教职工发表论文2000余篇，其中被SCI、EI、ISTP收录论文390篇；出版专著、编著、教材、光盘共106部。

2011～2012年，该校积极推介科研成果，促进技术转移。“全自动注吹塑料中空成型机温度控制装置及温度控制方法”“基于多波长激发的拉曼光谱的荧光消除方法”“一种虾加工下脚料防腐保鲜的方法”和“通过打开蛋白质二硫键制备蛋白质基表面活性剂的方法”4件授权发明专利通过独占方式许可企业实施；“区域物流移动监测定位方法”和“高效节能型多排孔蒸压加气混凝土砌块”2件专利也通过排他许可和专利权转让的方式实施应用。

【人才与创新团队】 2011～2012年，该校获自治区教育厅立项资助8个广西高校人才资助计划项目：鼓形滚柱离合器的结构优化设计与实验研究、汽车动力总成悬置系统中非均匀阻尼对扭矩轴解耦的影响、蔗糖澄清过程中磷酸钙的吸附作用研究、用QCD理论预言宇宙学常数、重型车辆安全性测试与仿真分析研究、汽车轻量化铝合金制备技术、车载甲醇燃料电池富氢气体中CO选择性氧化催化剂的研究、磁性亲和介质快速筛选血管紧张素转化酶抑制剂及其生理活性的研究。

2011～2012年，该校加强协同创新工作，积极开展校际、校所、校企、校地合作，努力推进二级学院之间、重点学科之间、创新团队之间的协同创新，引导相关学院整合资源，建设“广西土方机械协同创新中心”“广西节能环保汽车产业协同创新中心”“广西糖资源绿色化学与工程协同创新中心”3个广西高校协同创新中心。

2011～2012年，“车辆工程设计、制造及控制技术”团队成为广西高校首批人才小高地创新团队，“车辆零部件先进设计与制造创新研究团队”获得自治区级立项建设。

【科研平台建设与科研仪器设备】 2011～2012年，该校有重型车辆零部件先进设计制造教育部工程研究中心建设项目1个，广西重点实验室1个，广西高校重点实验室9个，与企业共建国家级汽车质量检测中心1个、自治区级工程技术研究中心5个。教学科研仪器设备总值20259万元。图书馆藏书纸质图书200余万册、电子图书180余万册。

2011年，重型车辆零部件先进设计制造教育部工程研究中心以及工程机械零部件研发中心、茧丝绸技术重点实验室、铟锑锡材料开发利用技术重点实验室3个广西高校校地校企共建科技创新平台获自治区教育厅立项资助，资助金额合计250万元，学校配套投入建设经费合计250万元。

2012年，预应力技术重点实验室、生物化工重点实验室、广西商用车驾驶室研究中心、柳州市中小企业公共技术促进中心4个广西高校校地校企共建科技创新平台获自治区教育厅立项资助，资助经费合计240万元，学校配套投入合计240万元建设经费。

2012年，该校获自治区教育厅批准组建广西土方机械协同创新中心、广西节能环保汽车产业协同创新中心、广西糖资源绿色化学与工程协同创新中心3个广西高校协同创新中心。

2012年，学校二级学院积极整合科研资源，设立汽车工程、新能源汽车、高速转子动力学、结构工程、岩土工程、新材料先进制备技术、应用化学、发酵工程、电子技术、嵌入式应用与信息系统开发技术14个校级研究所，进一步完善学校科技创新平台体系。

【重点学科建设】 2011～2012年，借助筹办“广西科技大学”的良好契机，该校将重点学科的学术水平、建设水平、创新能力提上一个台阶。生物化工学科和机械制造及其自动化学科获自治区教育厅确认为广西高校特色优势重点学科，资助经费70万元，学校配套投入建设经费70万元；生物化工重点学科实验室获中央支持地方高校发展专项资金资助建设，资助经费200万元。此外，控制理论与控制工程、应用数学2个学科获批为广西高校重点学科。至2012年末，该校共有7个广西高校重点学科和2个广西高校特色优势重点学科。

【科技交流与合作】 2011年，该校组织相关人员分别到广西师范大学、桂林理工大学、桂林电子科技大学等多所学校的科技管理部门进行走访调研，就科研经费管理、科研成果奖励、科研考核、科研项目管理、人文社会科学研究基地建设、科协工作、社科联工作开展等方面的相关问题进行深入的交流和探讨，为今后学校科研管理工作的开展进一步明晰思路，为更名“大学”的科技管理工作奠定基础。

2011～2012年，该校组织项目和科技人员参加广西科技活动周和广西发明创造成果展览交易会。充分利用各种条件宣传学校科研成果，了解企业需求，展示学校科技实力，促进技术交流与合作。2011年，该校获广西科技活动周“最佳组织二等奖”和“广西科技活动周20周年先进单位三等奖”。参展项目获得相关企业和专家的高度赞赏，市场前景广阔。

【产学研结合】 在“校市相融、校市共建、校企合作”的产学研合作模式中，该校积极引入企业科研资源，联合共建科技创新平台（实验室、工程研究中心）。增强承担重大科技攻关项目实力，提升服务企业能力，拓展科技成果转化渠道，促进科技成果向现实生产力转化。校企科技合作发展态势良好，特别是与企业联合共建的5个广西工程技术研究中心，为大中小型企业及地方政府部门开展科技服务40多项，对提升企业自主创新能力及区域技术水平起到良好的作用。

【重要科技事项与活动】 2011年4月，该校召开科研工作大会，总结“十一五”学校科研工作成绩，表彰先进集体和个人，审议“十二五”科研工作规划。自治区教育厅科研处、柳州市政府、柳州市科技局、柳州市工信委等部门领导出席大会，有140多名代表参加会议。大会报告提出，在当前筹办“广西科技大学”的关键时期，学校既迎来千载难逢的机遇，又面临前所未有的挑战，要进一步认清形势，统一思想，坚持科学发展观，深入实施科技规划纲要，促进科技与经济社会发展紧密结合，不断开创学校科研工作的新局面，要以更加积极的姿态、明晰的思路、务实的举措，探索新路子、谋求新发展、创造新辉煌，把学科建设与科研工作推上新台阶，为早日把学校建设成为特色鲜明的教学研究型综合性大学而努力奋斗。

2011年，机械制造及其自动化学科、车辆工程学科、生物化工学科、结构工程学科、企业管理学科5个广西高校重点学科和先进制造技术重点实验室、车辆强度与动力学重点实验室2个广西高校重点实验室接受自治区教育厅的检查评估，建设成效获得评估专家组的肯定。

2012年，广西车辆零部件先进设计制造重点实验室培育基地顺利通过自治区科技厅的检查验收，并确定为“广西汽车零部件与整车技术重点实验室”，实现学校省部级重点实验室零的突破。

（覃永毅）

广西中医药大学

【概况】 广西中医药大学建校于1956年，其前身为1934年成立的广西省立医药研究所，是全国创办较早的高等中医药院校之一，是中国5个少数民族自治区中唯一独立建制的中医药大学，2012年3月29日，更名为广西中医药大学。1964年学校恢复本科生教育。1978年学校开始研究生教育，是中国第一批开办研究生教育的中医药院校之一；1996年起先后与国内7所高校联合培养博士研究生，2009年开始联合培养博士后，积累了丰富的高层次人才培养经验。该校有21个普通本科专业，3个国家级特色专业；5个硕士学位授权一级学科，40个硕士学位授权点；1个博士后联合培养基地。已发展成一所以中医药学科为主，医、理、工、管等多学科协调发展，具有鲜明中医药、民族医药特色，产学研紧密结合、对外交流合作优势突出的高等中医药院校。该校有10所附属医院（临床医学院），其中直属附院2所；1家附属制药厂及1所附属中医学校；有重阳城老年公寓、元之源健康产业有限公司等一批在全国行业内有一定影响力的产学研基地。2012年7月学校提出了“全力推进完善新校区建设、博士授予权单位建设、中医药科学实验中心建设、基础能力建设、幸福和谐校园建设‘五大工程’，把学校建设成为综合实力进入国内同类院校先进行列的民族医药特色鲜明的高水平中医药大学”的奋斗目标。

【科技队伍】 该校现有正高技术职称231人、副高技术职称517人、博士学位184人、硕士学位756人。具有博士学位的专任教师占专任教师总数的21%；有博士研究生导师12人，硕士研究生导师618人。其中，国医大师1人、国务院特殊津贴专家18人、全国名老中医33人、全国优秀教师3人、教育部新世纪优秀人才支持计划人选2人、“桂派中医大师”24人、高校“八桂学者”3人、“八桂名师”2人、广西优秀专家3人、广西名老中医20人、广西名中医64人、广西“十百千人才工程”人选6人。2012年学校组织了第十五批新世纪“十百千人工程”第二层次人选的申报，我校邓鑫博士入选。2011、2012年学校7名教师入选高等学校优秀人才资助计划。

【科研项目与经费投入】 2011～2012年，该校共承担各类科技项目720项，其中国家级项目73项，年均科技经费7471.5万元。2011年该校“秦汉简帛医学词汇研究”获国家社科基金项目资助。这是该校首次获得国家社科基金项目资助。2012年该校获得国家自然科学基金项目资助36项。共获资助经费1686万元，项目数位居全国高等中医药院校第7位。

【科技成果与转化】 2011～2012年，该校共鉴定科技成果34项，达到国际领先水平3项，国际先进水平2项，国内领先水平23项，国内先进水平6项。获广西科学技术进步奖13项，其中一等奖1项、二等奖5项、三等奖7项；获广西第十二次社会科学优秀成果奖三等奖1项；获广西医药卫生2011～2012年申请专利数为14项，授权专利数为8项。

海水无核珍珠产业化养殖关键技术与应用 该项目率先实现了运用细胞培养技术体外培养并结合天然海水养殖海水无核珍珠的突破，成功培育出海水无核珍珠并经过了国家珍珠及珍珠制品质量监督检验中心的鉴定，制订了海水无核珍珠养殖操作规程并解决了鉴别海水珍珠与淡水珍珠、有核珍珠与无核珍珠的业界难题。采取海水无核珍珠与有核珍珠同贝培养的方式，无核珍珠成珠率在40%以上，比既往报道插囊育珠成珠率不足5%提高35%以上；有核珍珠成珠率提高10%及优质珠提高20%，休养期及育珠期珠贝成活率提高10%以上。每年可节资95010元/公顷，新增产值172800元/公顷；新增纯收益127800元/公顷，新增纯收入108120元/公顷，新增税额10668元/公顷，投资收益率200.2%，投入产出比1∶3.2。该成果获2011年广西科学技术进步一等奖。

牛磺酸对肝纤维化及肝硬化门脉高压的抑制作用 该项目首次发现牛磺酸对肝硬化门脉高压的抑制作用；首次发现天然牛磺酸抗肝纤维化作用优于人工合成牛磺酸；从营养学角度防治肝纤维化/肝硬化，为肝纤维化/肝硬化的防治提供新思路；整合基因组、蛋白质组技术阐明牛磺酸治疗肝纤维化/肝硬化作用，系统阐述牛磺酸作用机

理。该成果从 2006 年 1 月开始共在北海市中医院等 15 家单位应用，临床疗效较好，毒副作用小，价格低廉。通过成果的实施，建立一只高素质的中医药防治慢性肝病研究团队，共培养了 1 名博士研究生，15 名硕士研究生。新增利润 3.9 亿元，新增利税 1.3 亿元。该成果获 2011 年中华中医药学会科技奖二等奖。

痰瘀学说防治冠心病及其危险因素的临床应用与实验研究　该项目在研究过程中，提出两个病机新学说和两个新治法，制订 1 个冠心病心绞痛的中医诊疗规范，申请专利 1 项，完成了临床前研究新药研究 1 个并通过科技厅验收。成功地研制和开发了 3 个桂卫药制字号复方中药制剂，并产生了良好的社会效益和经济效益。在国内外专业期刊上公开发表论文 55 篇（其中 SCI1 篇、中文和科技核心期刊 35 篇），成果发表后，被引用 352 篇次，累计影响因子 20.058。举办了多次全国和全区的学术研讨会推广研究成果，并在马来西亚多个省市中医培训班的专题报告会上推广研究成果，在学术领域中产生了重要的学术影响。培养博士、硕士 8 人，促进了该院中西医结合人才基地和广西中医学院中药、民族药研发基地的建设。研究成果还在广东、山东、广西等地部分合作医院进行临床推广应用，取得了显著的社会效益。该成果获 2011 年广西科技进步奖二等奖。

壮医毒论的理论创新与临床应用研究　该项目在“毒虚致百病”学说基础上，创立了以“三毒病因说、二元病机论、四项治疗原则”为主体的壮医毒论；首次提出“从毒求因，以毒论病，辨毒设法，解毒施治”，贯穿病因、病机、治疗、用药“四位一体”的壮医毒论应用新理论。同时，搭建了以壮医毒论为指导，以解毒法为主要方法的干预风、湿、热、毒、痧、谷道病、两路病等典型壮医毒病的新平台，形成了壮医理论与临床研究的新特色。该项目实施以来共在广西、湖南、湖北及北京等全国 4 个省（自治区、直辖市）的 17 家二级以上医院推广应用，取得了明显的社会效益和经济效益。该成果获 2012 年广西科技进步奖二等奖。

壮医针灸的理论与临床研究　该项目课题组首次开展“壮医莲花针拔罐逐瘀法”新技术，填补了壮医针灸学在莲花针拔罐逐瘀方面的空白，同时运用壮医莲花针拔罐逐瘀法治疗带状疱疹后遗神经痛、壮医针刺术治疗青春期原发性痛经、壮医药线点灸治疗急性出血性结膜炎，取得良好临床疗效。壮医针灸是壮医外治法的代表，且疗效显著，具有简、便、廉、验、捷等显著特点，是最适应推广的医疗技法。该课题研究成果经鉴定达国内领先水平。该成果已在自治区内外 35 家医院推广应用，取得良好的社会效益和经济效益，具有广阔的推广应用前景，使壮医针灸学在医学界独树一帜。该成果获 2012 年广西科技进步奖二等奖。

基于肝胆同病理论防治胆结石病的基础与临床应用研究　该项目理论上及疾病防治模式上有所创新；基础研究与临床应用结合、中医与西医结合。通过基础与临床研究胆石病形成及干预治疗作用，确立了“胆病从肝论治”的胆石病防治模式，明确了中医药围手术期干预可降低胆石病手术残石率和复发率，发展了中医外科学胆石病防治理论。研究成果已在区内外 30 余所医院推广应用，约3200余例患者受益，社会效益和经济效益较好。该成果获 2012 年广西科技进步奖二等奖。

【人才与创新团队】　2011～2012 年，该校引进博士、教授 86 人，硕士 200 多人，有广西“中药新药基础研究创新团队”1 个、八桂学者岗位及特聘教授各 2 个、广西高校人才小高地创新团队 4 个、广西教学名师 4 名、广西教学团队 4 个。2011 年以戴铭教授为带头人的“八桂医学创新团队”获得立项。并于 2012 年通过中期考核。同时学校有 1 个国家级“大学生校外实践教育基地”，4 个省级实验教学示范中心，4 个省级教学团队，14 门省级精品课程；1 个省级人才培养模式创新实验区，5 门省级重点教材及壮医药特色系列教材。

【科研平台建设与科研仪器设备】　2011～2012 年，该校有 4 个国家中医药管理局中医药科研三级实验室，12 个中医药科研二级实验室；1 个自治区科技创新金源单位；2 个自治区（省级）重点实验室；3 个广西高校重点实验室；1 个广西科学实验中心。配备一批高精尖的科研仪器，包括激光扫描共聚焦显微分析系统、全自动多色分析流式细胞仪系统、美国 Carestream 荧光分析扫描仪、实时荧光定量 PCR 仪、超高效液相色谱仪、自动生化分析系统、气象色谱一质谱联用仪、实验室自动化样品处理系统等。

【重点学科建设】　该校有国家中医药管理局重点

研究室3个，国家中医药管理局中医药重点学科14个，国家中医药管理局中医药重点培育学科4个，国家临床重点专科5个，国家中医药管理局重点专科9个，广西医疗卫生重点建设学科5个，广西重点中医建设专科14个，广西高校重点学科4个，校级重点学科10个，校级重点扶持学科3个。

2011年学校完成“十二五”期间国家中医药管理局重点学科建设规划书修订及国家中医药管理局重点研究室建设年度考核，并通过广西高校重点学科评估，学校中医学、中药学、中西医结合医学等3个博士学位授权点建设学科及临床医学、药学、公共管理学、心理学、基础医学、哲学等6个硕士学位授权点学科均列入自治区财政资助建设名单。2012年学校新增民族医学（壮医学）、中西医结合临床（广西中医药大学第一附属医院）、中医皮肤病学、中医儿科学、中医耳鼻喉科学、中医急诊学、中医老年病学、中医全科医学国家中医药管理局中医药重点学科，新增中医传染病学（广西中医药大学第一附属医院）、中医传染病学（广西中医药大学附属瑞康医院）、中医预防医学、海洋中药学为国家中医药管理局中医药重点培育学科。

【科技交流与合作】 该校先后与境外43所高校或传统医药组织建立了友好关系，签署合作协议48项。主办、承办国际学术会议22次，在世界各地特别是东盟国家及港澳台地区产生了积极的影响，为促进中医药民族医药国际化和服务国家东盟战略做出了积极的贡献。2011年了学校参加了第三届中国（玉林）中医药博览会，承办了第八次全国中西医结合神经科学术会议，主办了第二届广西中西医结合心血管病专业、第三届广西中西医结合活血化瘀专业学术研讨会，主办了2011年广西中西医结合外科理论与临床应用学术年，主办广西基层中医妇科重点专科建设研讨会。2012年学校参与筹备了由自治区人民政府举办的全区中医药壮瑶医药大会，主办了第五届中泰传统医药和天然药物研究国际学术研讨会，主办了广西中西医结合泌尿外科学术会议，广西中医药治疗肿瘤学术交流大会暨广西中医药学会肿瘤专业委员会成立大会，第三届全国冬病夏治学术交流大会，中华中医药学会第八次中医外治学术年会等；承办了全国整形外科内镜与微创专业委员会第一次会议、第四届国际中医、中西医结合肿瘤学术交流大会暨第十三届全国中西医结合肿瘤学术大会。同时2012年学校邀请了12名国内外著名专家学者来校为广大师生进行专题学术报告。同时“广西传统医药国际科技合作基地”获自治区科技厅认定，为该校进行国际科技合作提供了有利的平台。

【产学研结合】 该校充分利用科研、人才、技术为服务地方政府、企业，在全国率先提出了“农作物废弃物药用研究”，与企业建立研发基地；在“广西高校服务北部湾行”中签署合作协议24份，成为广西高校签约最多的高校之一。坚持产学研结合，在医疗保健、治未病、专业养老、药品生产等领域取得了显著成效。该校有10所附属医院（临床医学院），其中直属附院2所；1家附属制药厂及1所附属中医学校；有重阳城老年公寓、元之源健康产业有限公司等一批在全国行业内有一定影响力的产学研基地。获“国家科技部中药现代科技产业基地建设十周年优秀单位”“全国科普工作先进集体”称号。

2011年该校5项专利积极参加第七届玉林博会“科技创新，跨越发展”展览，及广西科技活动周，进行项目推介、实物展示与交流，受到区内外企业的高度关注，并与医药企业建立起联系。学校充分利用国家临床药理基础平台与科技资源与人才优势，成立中药民族药研发基地，目前该基地已有院内制剂批件69个，其中中药民族药制剂38个。

2012年1月，该校“山银花及其提取物质量控制技术与质量标准研究”分别作为自治区重点实验室、社会发展成果展项目获邀参展。2012年10月参加在南宁国际会展中心举行的第一届广西发明创造成果展览交易会，该校提交了12项专利成果、2名专利发明先进个人材料参加第一届广西发明创造成果展览交易会。学校与广西方略药业（集团）有限公司、广西邦尔植物制品有限责任公司、北海宝珠林珍珠保健品有限公司、广西金秀圣塘山天然保健品有限公司、广西中医药大学制药厂均有科技成果转让或合作。《高纯度罗汉果甜苷Ⅴ的制备方法和用途》《一种莽草酸的制备方法》《一种培育海水无核珍珠的方法》《珍珠贝外套膜组织的离体培养方法及培养基》《经血宁胶囊》《七味刺榆颗粒》等分别转让，产生了良好的社会和经济效益。2012年11月，广西中医药大学在防城港常春生物技术开发有限公司建立了产学研基地，针对广西的千亿元产业，将帮扶企业加强食蟹猴的中医病证结合模型研究、疾病诊断试剂研发，中医药民族医药有效成分筛选等研究。

该校参加全国第四次中药资源普查试点工作，负责广西8个县市的中药资源普查。2012年组织完成“中医药与养老产业发展研究协同创新中心”“壮瑶药协同创新中心”“农作物废弃物功能成分研究协同创新中心”三个广西高校协同创新中心申报工作。

【重要科技事项与活动】 2012年度该校获得国家自然科学基金项目资助36项，获资助经费1686万元，较2011年该校获得国家自然科学基金项目数和经费分别增长13.89%和13.92%。

2012年底“广西科学实验中心”的建设规模达56900平方米，总投资20076.4万元。

2012年9月主办第五届中泰传统医药和天然药物研究国际学术研讨会。

2011年11月建立产学研展厅，为学校与更多学校及科研院所、企业的合作提供了展示平台。

2012年11月，广西中医药大学在防城港常春生物技术开发有限公司建立了产学研基地。

2012年8月“广西传统医药国际科技合作基地”获自治区科技厅认定，为该校进行国际科技合作提供了有利的平台。

（谢艳林）

广西财经学院

【概况】 广西财经学院是一所以经济管理类学科为主，文学、法学、理学、工学、艺术相互支撑、协调发展的地方性、教学型全日制普通本科院校和广西壮族自治区人民政府重点支持建设的十所高校之一。该校坚持“立足广西，面向基层，服务社会，辐射东盟”的办学定位，以本科教育为主，积极发展研究生教育，适度发展优质专科教育和留学生教育，培养知识结构合理，专业结构合理，专业基础扎实，具有创新精神和较强能力的高素质应用型专门人才。

该校现有明秀校区、相思湖校区、防城港校区三个校区。校园占地面积133.8665万平方米，教学科研仪器设备总值7564.86万元，拥有教学用计算机5268台，纸质藏书149.76万册，各类教室510间，校园网覆盖全校。

相思湖校区坐落于南宁市相思湖新区高教园区内，交通便利。校区总占地面积51.8公顷，总投资约8.76亿元，预计可容纳学生1.6万人。建设项目是自治区成立50周年大庆重大教育项目，也是自治区统筹推进的重大项目之一。2012年9月，相思湖校区正式启用，首批入住新生6340多人。

防城港校区位于防城港市江山半岛科教园区内，是该校与防城港市政府合作举办全日制高职高专教育的一个校区。校区占地面积40多公顷，设置国际商务、市场营销、金融与保险、会计电算化等23个专科专业。2012年9月份首批入住新生1790多人。

截至2013年3月，该校有教职工1244人，其中专任教师874人，具有硕士以上学位教师554人，占专任教师比例为63.4%，高级职称占专任教师比例为35.6%。

该校目前设置14个教学院（部），1个继续教育学院和3个教辅机构，25个科研机构，设党委办公室、院长办公室等23个行政机构。设置本科专业40个，专科（高职）专业26个，覆盖经济学、管理学、文学、法学、理学、工学、艺术学等七大学科门类。截至2013年3月，拥有全日制在校生19686人，其中本科生占69.8%。

该校坚持实施“质量立校”战略，牢固确立教学工作中心地位，积极组织实施“质量工程”建设。获得省部级以上教改工程93项，获国家教学成果奖二等奖1项，自治区级教学成果奖一、二、三等奖18项。

该校坚持创新兴校，科研实力和服务经济社会能力不断增强，先后建成自治区级重点学科4个，自治区级重点实验室（研究基地）3个，自治区级校地校企共建科技创新平台4个，自治区级优势特色重点学科3个，6个学科被确定为2011～2015年广西高校规划建设的专业硕士学位授权点学科；获得各级各类科研项目800多项，其中国家级34项（其中，国家社会科学基金重大项目1项）；获省部级以上科研成果奖45项。

该校坚持开放办学，积极拓展和加强国内外交流与合作，合作办学规模有新增长，截至2012年末，有中外合作办学项目7个，在校生2065人；具有独立组织ACCA笔试考试资格并接收境外学生参考。

该校坚持践行“诚以修身，信以立业”的校

训，持续开展校风、教风、学风建设，以培养和增强学生“四种能力”为导向，全面推进素质教育，人才培养质量得到社会认可，毕业生就业率一直保持在90%以上。此外，该校还先后荣获自治区文明单位、“五五”普法先进单位、和谐学校、卫生优秀学校和广西高校“安全文明校园”、广西高校大学生创业先进单位、广西高校资助贫困生工作先进单位以及南宁市社会治安综合治理先进单位等荣誉称号。

2011年，该校抢抓机遇，成功申报“服务国家特殊需求人才培养项目”，成为会计硕士研究生培养单位，是目前广西唯一一所具有会计硕士专业学位授权单位。2012年，中国—东盟金融与财税人才培训中心落户该校，相思湖校区、防城港校区先后启用并入驻首批师生，该校形成“两地三区”办学格局。

【科技队伍】 2011～2012年，该校不断加大人才引进力度，共引进博士13人。该校通过制订《送培博士回校工作享受待遇办法》，坚持用事业留人，情感留人，待遇留人，吸引10多位送培博士返校工作，大大扩充了科技队伍的高学历人数，优化了科技队伍的学历结构。除了积极引进人才和留住人才外，该校还加大对科技队伍的培训力度，积极送培科技队伍人员参加国内外访学、短期进修、业务实践和国内外学术交流会议等多种形式的科技活动，不仅更新了科技队伍人员的科学研究理念，拓宽了科技知识面，还提高了科技水平和实践能力。该校坚持实施中青年学术带头人和青年骨干教师培养计划，在优化科技队伍职称结构方面取得了实质性进展。目前该校共有中青年学术带头人培养对象77人，已有51人晋升正高技术职称，晋升率达66.2%；青年骨干教师培养对象105人，已有79人晋升副高技术职称，晋升率达75.2%。该校充分发挥他们在科研工作中的带头作用，并给予相应的资助经费。通过实施培养计划，大大提高了科技队伍的高级技术职称比例，进一步优化了科技队伍的职称结构。

【科研项目与经费投入】 2011～2012年，该校共承担各类科研项目452项，累计投入R&D经费2477.93万元。其中，列入国家级项目20项，省部级科研项目65项，地厅级科研项目168项，企事业单位委托项目93项，校级基金项目89项。已完成项目64项。

【科技成果与转化】 2011～2012年，该校共取得科技成果71项（其中获授权实用新型专利5项），其中省部级以上获奖成果33项（次），自治区教学成果奖11项，广西社会科学优秀成果奖21项。取得软件著作权13项，出版著作、教材18部。公开发表论文2147篇，其中，中文核心期刊发表论文1254篇，SCI收录11篇、EI收录28篇、ISTP收录7篇，其它342篇。

风味小吃销售车　是该校赵锋博士获授权的实用新型专利。本专利针对目前市场上食品销售车流动范围小、经营品种单调和卫生条件差等问题，充分利用销售车内的空间，设置了水箱、水盆、储物柜、案板、活动车厢板和转盘等器具，以及煤气灶、烤箱、消毒柜、冰箱和抽风机等设备，运用液压杆、转盘的运作原理，实现食品的就地加工和及时销售。销售车中设备齐全，既有加工食品的烤箱和煤气灶，又有冰箱和消毒柜，而且可以随时就地采购就地加工食品，既增加了食品供给的品种，亦保证了食品的新鲜和卫生。

计算机主板的电磁屏蔽　是该校黄志斌获授权的实用新型专利。屏蔽一直是十分重要的技术标准，特别是在当前复杂的电磁环境下。由于芯片或者电路容易受到电磁干扰，从而影响主板的稳定性和可靠性。目前有专门的电磁屏蔽金属罩，但这个金属罩又会严重影响芯片或电路的散热问题。本实用新型主要是解决现有技术所存在的问题，从而提供一种计算机主板的电磁屏蔽装置。

【人才与创新团队】 2011～2012年，为了进一步加强人才队伍和创新团队建设，加速推进人才强校战略，该校加大资金投入，拓展选聘渠道，从校外引进一批学科专业和团队建设急需的高学历、高职称人才。同时加强对校内优秀人才的选拔和推荐，近两年来获批第五届自治区教学名师奖1人、广西第十五批新世纪“十百千人才工程”第二层次人选1人、“广西‘十百千’拔尖会计人才培养对象人选”8人、“广西高等学校优秀人才资助计划”资助人选7人、“广西高等学校骨干教师培养计划”资助人选3人，充实了该校人才队伍。该校作为自治区会计人才小高地建设成员单位，在会计人才培养方面取得了较好的成绩，为广西经济社会发展培养了一大批会计人才。

【科研平台建设与科研仪器设备】 为贯彻落实《教育部财政部关于实施高等学校创新能力提升计

划的意见》（教技［2012］6号）、《教育部财政部关于印发高等学校创新能力提升计划实施方案的通知》（教技［2012］7号）文件精神，促进该校高等教育与科技、经济、文化的有机结合，全面提升该校创新能力，制订并实施《广西财经学院贯彻落实“2011”计划工作方案》。在实施过程中，先培育组建校级协同创新中心，在条件成熟时，从中择优选择1～2个校级协同创新中心冲击自治区级协同创新中心。二级学院层面已经有12个协同创新中心申报校级协同创新中心。

为打造一批高水平科研平台，切实提高该校创新能力，根据新制订的《广西财经学院重点实验室管理办法》文件要求，启动了第一批重点实验室建设工作，第一批立项建设的重点实验室为财经科学实验中心和ERP实验中心，第一批重点实验室重点任务是凝聚、培养学术带头人，加快培育学术团队，加快产出重大成果，为推动该校重点实验室进入教育部或自治区重点实验室行列奠定坚实基础。

2011年广西资产评估研究中心和广西高新技术产业投融资研究中心被自治区教育厅列为自治区级校地校企共建科技创新平台，2012年北部湾经济区新兴产业财税政策研究中心和广西现代物流信息发展研究中心被自治区教育厅列为自治区级校地校企共建科技创新平台，分别获建设经费60万元和50万元，资助经费比去年增加50万元。4个自治区级校地校企共建科技创新平台按照建设任务书要求开展建设，达到预期建设目标。

财经科学实验中心、ERP实验中心、广西金融研究中心等3个自治区级重点实验室（研究基地）按照目标管理推动建设，2012年完成了各项建设指标，达到预期建设目标，已经成为学科建设、科学研究、社会服务的重要平台。

该校拥有科研仪器设备总值7572.9万元，拥有教学科研用计算机5801台，多媒体教室和语音实验室座位17125个，纸质藏书144.73万册，数字资源量15406 GB，电子图书资源2860 GB，多媒体教学与实验室148间；校园网覆盖全校，网络接入信息点12488个。

【大学科技园建设】 2011～2012年，该校广泛开展大学生科技创新活动，着力搭建学生科技创新平台。2011年成功承办自治区第五届“挑战杯”大学生课外学术科技作品大赛，得到自治区团区委、自治区教育厅等上级领导充分肯定。同时组织学生参加省级以上各类竞赛，获得自治区以上奖项数十项，其中，“挑战杯”大学生课外学术科技作品竞赛获国赛三等奖1项，自治区赛奖14项，广西第三届艺术展演活动获国家级奖项2项，自治区一等奖2项，二、三等奖4项。

依托大学生创业孵化园开展大学生自主创业活动。孵化园逐步建立起创业项目“申报－评审－评估－入园－孵化－管理－考核－退园”的工作体系。2012年成功承办第五届“挑战杯”广西大学生创业计划竞赛，获得自治常务副主席黄道伟的高度赞誉。组织学校第二、三届大学生创业计划大赛，选送15件作品参加广西大学生创业计划大赛，荣获4个一等奖、5个二等奖、6个三等奖，其中2项作品获全国三等奖，在各项创业竞赛中，荣获一、二、三等奖30余项。截止2012年12月，创业园已有14家完成公司注册，3个项目孵化成功，搬出孵化基地独立经营，占入园项目的17.64%，根据各项目20102年财务报表估算，创业基地内的创业团队的年度业务总销售额预计已超过250万元。

【重点学科建设】 该校始终重视学科建设，将学科尤其是重点学科建设视为学校内涵发展的目标和显示发展水平的主要标志。建设过程中，以获取硕士专业学位授权点与硕士学位授权单位为目标，以产学研结合、服务广西新发展为导向，以重点学科建设为龙头，以人才队伍建设为核心，以科学研究为支撑，以实验室（研究基地）为平台，树立起“教师为本、行政服务，教研相长、科研提升，本科教育奠基业、研究生教育上水平”的观念。按照“整合资源、优化结构、强化特色，扬优扶新、重点突破、协调发展、注重实效”原则，多层次、分阶段、按步骤推进学科建设，巩固优势学科、打造特色学科、培植新兴学科，追求学科创新和学术卓越，努力实现学科可持续健康发展。

申报“服务国家特殊需求人才培养项目”获会计硕士专业学位授予权。2011年，根据国务院学位委员会印发的《关于开展服务国家特殊需求人才培养项目——学士学位授权单位开展培养硕士专业学位研究生试点工作的通知》的精神，该校以重点学科为基础，举全校之力组织会计硕士申报，并被国务院学位委员会批准为广西唯一的“学士学位授予单位开展培养硕士专业学位研究生试点工作单位”，获批的会计硕士专业学位列入

2012年全国研究生统一招生专业目录，成为广西唯一一家具有培养会计硕士研究生培养资格的单位。该校会计硕士申报“服务国家特殊需求人才培养项目”喜获成功，标志着学校跨越式提前进入以硕士研究生教育为新增长点的第二大战略阶段，具有里程碑意义。

自治区级优势特色重点学科　注重学科特色和优势建设，该校统计学、管理科学与工程和农业经济管理被自治区教育厅列为自治区级优势特色重点学科。

2011～2015年自治区规划和建设的硕士学位授权点　该校顺利通过本科教学评估后，规划和建设硕士学位授权点学科成为中心工作之一。2011年整合全校资源，举全校之力，精心组织、认真申报2011～2015年自治区规划和建设的硕士学位授权点学科。由于申报规划、论证充分，该校申报的应用经济学、工商管理、农林经济管理、管理科学与工程、公共管理、统计学等6个一级学科获自治区教育厅立项建设。

具有广西财经学院特色的“123”学科体系，“1”指获得硕士学位授权单位这一核心目标；“2”指实现核心目标的2条路线（一条是学术学位，另一条是专业学位）以及围绕2条路线进行的2个层次的学科建设（一个层次是区级重点学科建设，另一个层次是校级重点学科建设）；“3”是指支撑各类学科建设的3个平台（科研平台、中央财政支持地方高校发展专项资金项目、纵向与横向科研项目）。

【科技交流与合作】　2011～2012年，该校参加自治区内外、国内外各类学术活动、会议超过300人次，主办的较重要的各种形式的学术活动每年都在100场以上。

该校与南宁广播电台和电视台合作制作“广财（广西财经学院）投资宝典”和“广财名人堂”节目；与《广西日报》合作开辟“广财时评”栏目；扩大了学校影响力。正在努力把“企业家论坛”“博士沙龙”“博士论坛”“名家论坛”等打造成为比较过硬的品牌。

2011年9月9日，自治区社科联与该校社科联“共建社会科学普及基地”正式签约。2012年重要交流活动包括：3月14日下午，由该校主办的2012中国—新加坡物流发展与人才培养研讨会在该校举行。新加坡物流管理学院、广西大学等9所高校和广西现代物流生产力促进中心、《现代物流报》、北京理工大学出版社的代表出席研讨会。4月16日，“海峡两岸管理科学与工程学科与专业建设研讨会”由该校主办并在该校举行。台北海洋技术学院、广西民族大学等4所高校和广东粤建设计研究院、广西华蓝设计集团规划院、南宁市园林规划设计院、广西物流与采购联合会以及广西新月物流汇电子商务有限公司的代表60多人出席研讨会。11月5日，台湾屏东科技大学企业管理专家张宫熊教授应邀到该校讲学。12月7日下午，中国社会科学院经济研究所所长、《经济研究》杂志主编裴长洪教授应邀到该校做“当前世界经济贸易形势分析”主题学术报告。12月12日上午，广西高校哲学社会科学研究骨干学习贯彻党的十八大精神座谈会在该校举行。自治区高校工委副书记莫锦荣出席并作重要讲话。出席座谈会的领导专家有百色学院党委书记卞成林；广西师范大学副校长钟瑞添；广西艺术学院副院长陈应鑫；广西财经学院党委副书记韦良；广西国际商务职业技术学院院长李国淮。自治区教育厅思政处处长李美清出席并主持座谈会。广西各高校的哲学社会科学研究骨干共50余人出席了座谈会。

国际上，该校与美、英、法、泰、新、越等国共18所高校建立了合作关系。

【产学研结合】　2011～2012年，该校与全自治区各地以及各行各业开展广泛对接，大力推动研究成果的推广应用。两年来，该校与自治区内外超过100家政府部门及企事业单位建立了多形式、多层次的合作关系，合作协议或合同项目数超过100个，合同金额超过1000万元。相关研究成果应用地域范围覆盖南宁、防城港、钦州等多个地市，在行业方面涵盖金融、保险、商贸物流、财税等多个行业。

该校与国家开发银行广西分行开展深度合作，合作协议金额超过200万，产生的研究成果已经通过国家开发银行的鉴定，获得国家开发银行有关领导的好评。双方联合编制的《广西西江经济带系统性融资规划》，获第三届广西壮族自治区政府决策咨询成果奖一等奖。该校叶栋梁博士完成的成果《关于我国当前货币政策的三点建议》被中央统战部《零讯》采用，并得到中共中央政治局委员、国务院副总理王岐山重要批示。由该校李静敏教授主持，与广西航天信息技术有限公司联合开发的“基于hd－bmw建模技术的商贸企业税收评估平台的研发与应用”项目在税控方面得到应用，有效防止了税收流失。该系统因其突出贡献获2011年度广西科技进步奖三等奖。由赵录贵副教授主持完成的研究报告《广西首次科技工作者状况调查及研究》得到自治区党委副书记危朝安亲自批示，并建议自治区党委组织部、宣传部，及统战部、教育厅、科技厅阅研参考。

【重要科技事项与活动】 2011年9月9日，自治区社科联与该校社科联“共建社会科学普及基地”正式签约。

该校副校长夏飞教授作为首席专家主持申报的2012年度国家社会科学基金重大项目《未来十年中国—东盟经贸格局演变与我国南海安全战略构建研究》获得立项，这是广西历史上第二次获得的国家社会科学基金重大项目，也是该校升本以来第一次获得的国家社会科学基金重大项目。

2012年3月14日，主办2012中国—新加坡物流发展与人才培养研讨会，新加坡物流管理学院、广西大学等自治区内9所高校和广西现代物流生产力促进中心、《现代物流报》、北京理工大学出版社的代表80多人出席。

2012年4月16日，“海峡两岸管理科学与工程学科与专业建设研讨会”由广西财经学院主办并在该校举行。台北海洋技术学院、广西民族大学等4所高校和广东粤建设计研究院、广西华蓝设计集团规划院、南宁市园林规划设计院、广西物流与采购联合会以及广西新月物流汇电子商务有限公司等方面代表共60多人出席。

2012年12月12日，广西高校哲学社会科学研究骨干学习贯彻党的十八大精神座谈会在该校举行。自治区教育厅有关领导、广西各高校领导及哲学社会科学研究骨干共50余人出席。

（莫锡坤　刘　刚）

广西职业技术学院

【概况】 广西职业技术学院是1998年经教育部批准的广西首批独立改制的公办普通高等职业院校，其前身分别为广西劳动大学、广西农学院热作分院、广西农垦职工大学等。该学院占地1130公顷，现设11个教学系部，是一所集现代农业、生物技术、食品加工、建筑设计、机械汽车、工商管理、电子信息、财经贸易、艺术传媒等10个专业大类56个招生专业（方向）的一、二、三产类专业协调发展的综合性高职院校，至2012年末，有来自全国23个省市的全日制在校生12139人。办学48年来，已为社会培养、培训了5万多名各类本、专科人才。先后被确定为国家重点支持建设示范性职业技术学院、广西首批示范性高等职业院校和“国家示范性高等职业院校建设计划”骨干高职院校立项建设单位。该学院现已建成国家教改试点专业2个，国家级职业教育实训基地3个、国家级精品课程4门；自治区优质专业17个、特色专业8个、精品课程19门，打造并培育了自治区优秀教学团队5个、自治区教学名师4人，广西高校杰出科技人才1人。该院坚持“以服务为宗旨，以就业为导向，走产学研合作发展”的道路，在狠抓教育教学质量的同时，积极开展科学研究工作，并取得了丰硕的成果，社会经济效益显著。2011～2012年通过广西科技成果鉴定11项，获得广西科技进步奖2项，市厅级科技进步奖6项，2011年被评为“全国高职高专院校科研工作先进单位”。

【科技队伍】 至2012年末，全院有教职工579人，其中具有高级技术职称128人，中级技术职称284人。其中教授17人，副教授59人，博士2人，硕士123人。专业技术人员的学科领域涵盖哲学、应用经济学、法学、政治学、社会学、马克思主义理论、教育学、体育学、语言文学、新闻传播学、艺术学、数学、物理学、化学、生物学、机械工程、材料科学与工程、电气工程、电子科学与技术、信息与通讯工程、计算机科学与技术、矿业工程、纺织科学与工程、交通运输工程、食品科学与工程、作物学、园艺学、农业资源利用、植物保护、畜牧学、兽医学、水产、临床医学、公共卫生与预防医学、中医学、工商管理、公共管理、图书馆情报与档案管理等。利用拥有的人才技术优势，以具有丰富科研经验的专业技术人员作为带头人，积极开展创新团队的建设，构成了“以农为特色”，农业、食品加工、机电、汽车、计算机信息、经营管理、物流、艺术设计、文化传媒等学科领域综合发展的科研队伍，逐步突显了强劲的科技攻关能力和科技成果的推广应用能力。

【科研项目与经费投入】 2011～2012年，该院共承担各级各类课题102个，共投入课题研究经费1656.1万元（含上级拨款和合作单位联合投入）。其中国家级课题1个：国家科技部农转资金资助项目“高品质红茶新品种‘金丹’茶生产工艺中试”（该院为技术依托单位与广西乐业县顾氏茶有限公司合作）。省部级课题4个：农业部《农产品质量可溯源信息体系的建立与示范》和《热带作物产业信息收集与分析》2个，自治区科技厅科技计划项目“菠萝皮生产细菌纤维素食品的研究与示范”（与广西田阳县嘉佳商贸有限责任公司合作）和“花茶分离窨制设备研制及应用”（与广西横县南方茶厂合作）2个。自治区教育厅课题《蔬菜栽培基质次生盐渍化治理技术研究》《低热量高甜苷速溶鲜罗汉果粉的研制》《YC2015柴油机电控调速器模糊PID控制试验研究》《基于FPGA的水文远程无线监控系统的研究》等15个厅级科研课题；该院立项课题及横向课题82个。

【科技成果与转化】 2011～2012年，该院完成科研课题共91个，其中通过广西科技成果鉴定的成果11项（2011年7项：“金丹”茶产品的研究与开发、“绿八桂”茶产品研制与开发、油梨快速繁育关键技术研究与示范、金花茶“花用”新品种选育研究、金花茶“叶用”新品种选育研究、广西有机番茄健康栽培技术研究与示范、花茶封闭式内循环花茶分离窨制技术研究。2012年4项：农产品质量可溯源信息体系的建立与示范、早熟红心猕猴桃新品种选育及配套栽培技术研究、乐业红心猕猴桃新品种选育、乐金猕猴桃新品种选育）；育成并获得品种登记的农作物新品种4个（2011年2个：金花茶1号（花用）和金花茶2号（叶用）。2012年2个：乐业红心猕猴桃和乐金猕猴桃），编制完成并通过审定发布的广西地方标准2个（《有机产品绿乌龙茶生产技术规程》《有机产品绿乌龙茶加工技术规程》），通过自治区验收的农转资金项目3个（“绿乌龙”茶产品标准化生产示范、桑绿茶新产品中间试验、甘甜牛大力新品种组培繁育的中试），获得国家发明专利1个（柿饼夹生产法及其夹具），实用新型专利2个（散热器加水口盖开启压力的检验装置、基于RFID技术的双频数据采集器），发表科技论文476篇，其中全国中文核心论文76篇。在科技成果与推广应用上，该院有1项成果获得科技部、2项成果获得广西农转资金资助立项转化，其它各项成果分别不同程度实现了转化。其中有2个项目获得广西科技进步奖，5个项目获厅局级科技进步奖，为企业累计新增产值24902.21万元。推广种植由该院与合作企业共同育成的农作物新品种8200多公顷（其中，早熟红心猕猴桃和乐业红心猕猴桃新品种4800多公顷、金花茶“花用”和“叶用”新品种1600多公顷、甘甜牛大力新品种2000多公顷），指导企业建立油梨生产示范园1335公顷，并被确认为农业部热作标准化生产示范园，由该院与广西农垦多家企业共同承担的《农产品质量可溯源信息体系的建立与示范》项目，在11家企业的1.5万公顷茶叶、3万公顷柑桔、17万头生猪、0.45万公顷蔬菜、0.15万公顷香蕉、0.5万吨牛奶、0.05万公顷芒果、0.01万公顷螺旋藻等产品建立了质量追溯管理标准和制度体系，对各环节生产信息进行实时监控，实现农产品质量全程可追溯，对农产品的质量安全监管发挥了积极作用。

“福云6号茶树品种新产品研究”项目由该院主持，并与广西乐业县顾式茶业有限公司共同完成。项目集成了“‘金丹’茶产品的研究与开发”和“‘绿八桂’茶产品研制与开发”两个科技成果技术，解决了福云6号原来生产绿茶时产品外形色黑枯黄、不显毫、香气低、苦涩味重、品质差、不耐存放、售价低廉、经济效益差和生产绿茶后部分鲜茶资源浪费的问题；生产加工的“绿八桂”和“金丹”茶总量达34530公斤，总产值1419.68万元。比项目实施前同一原料生产单一茶类（绿茶）产值增加889.94万元，增幅62.69%，取得了显著的经济效益，项目技术属广西首创，研究成果达到国内同类研究的领先水平，获2011年广西科技进步奖三等奖。

“花茶封闭式内循环花茶分离窨制技术研究”该项目是该院与横县南方茶厂共同实施完成。项目针对广西长期以来茉莉花茶生产因采用以茶坯物理吸附理论为主要依据的传统窨制技术，导致工序复杂、生产周期长、鲜花利用率低、生产成本高的情况，开展“花茶封闭式内循环花茶分离窨制技术”研究，开发了封闭式内循环花茶分离窨制工艺。新工艺采取离地加工模式，温湿可控、工序简化，用工可减少85.7%，每吨茶成本比常规工艺减少500元，用花量比常规工艺减少800公斤，降低61.5%；能耗成本减少3520元，能耗降低74.57%，生产效率高、生产周期短，保持了原茶的色、香、味，产品质量明显提高，成功解决了茉莉花茶封闭式内循环隔离窨制技术难题。三年来，采用本技术加工的茉莉花铁观音茶251992

公斤，总产值达18620万元，新增产品销售收入7656万元，净利润2000.35万元，税金 800.12 万元，产生了良好的经济效益和社会效益。获 2012 年广西科技进步奖三等奖。

此外，还有一批优秀成果荣获厅局科技进步奖。如 2012 年获广西农垦科技进步奖的“工夫乌龙（黄金龙）茶新产品的研制与开发”（二等奖）、“油梨快速繁育关键技术研究与示范”（三等奖）、“绿茶加工连续化清洁生产线研究与示范”（三等奖）和 2012 年广西防城港市科技进步奖的“广西橡胶树高产栽培研究”（三等奖）、“金花茶叶用新品种选育研究”（三等奖）等项目为广西农垦和地方的经济社会发展做出了积极的贡献。在开展科技成果的应用推广中，表现尤为突出的是该院的拥有“广西高校杰出科技人才”荣誉称号的黄秀兰推广研究员，其他表现较为突出的有廖旭辉、何国祥、陈海红、廖冬晴、钟思强、黄树长、崔勇、杨洪元、邓朝辉、毛钟警、李云腾、黄勤芳、吴砚峰等。

【人才与创新团队】 2011～2012 年，广西职业技术学院重视的科技人才队伍的建设。2012 年 10 月，该学院牵头建立广西农垦科技创新团队和创新平台建设方案。初步计划创建茶叶技术、信息化技术、生物技术、亚热带果树栽培、农产品加工技术、机械技术、植保技术等 8 个科技创新团队。

【科研平台建设与科研仪器设备】 2011 年起，该学院食品生物技术系的专业技术人员在系主任廖威博士的带领下，主要参与广西明阳生化科技股份有限公司的“生物质能源酶解技术国家重点实验室”的建设，目前正在建设生物质能源酶解中试车间，并签署了“厂中校”教学与科研合作协议。2012 年 11 月起，该院与防城港国茗金花茶有限公司共同筹建防城港市金花茶工程技术研究中心（属国家工程技术中心）合作，协同办理相关认证手续，为深入研究制约金花茶行业可持续发展的瓶颈问题，推动金花茶行业做大做强，推进金花茶良种培育示范规模化和林下种植的最佳组合，开发高附加值的金花茶产品，研制高精尖的金花茶产品生产设备，在防城港市早日形成集约化的金花茶产业链等做强有力的科技支撑平台。2012 年以该学院为牵头单位组建的广西农垦茶叶研究室、油梨研究室等科技创新平台，为广西农垦特色产业科技创新服务。

【科技交流与合作】 该院参加了 2011 年 8 月在哈尔滨举办的全国高职高专院校科研工作学术交流会并进行了学术交流，以及 2011～2012 年农业部南亚办组织的全国“热带作物产业信息收集与分析”课题研究，多次参加全国热区热作信息分析与交流活动并分别到广东、海南等省区开展实地调研与学术交流活动。客座 2011、2012 年中国及广西热带作物学会举办的学术交流活动并进行了“油梨科研工作”的学术交流。

【产学研结合】 “以就业为导向，走产学研合作发展道路”是该学院的办学宗旨。2011 年有 23 个、2012 年有 47 个单位与该学院开展产学研紧密合作，如广西乐业县顾氏茶有限公司、广西横县南方茶厂、广西浩海农贸有限责任公司、广西乐业县科技局、广西乐业县农业局、广西明阳生化集团股份有限公司、广西农垦茶业集团有限公司、广西百色国家农业科技园、广西田阳县嘉佳商贸有限责任公司、广西农垦永新畜牧集团有限公司、广西国有金光农场、广西国有良圻农场、广西明阳环保纸模制品有限公司、广西百洋集团、中国移动通信集团广西有限公司、东风柳州汽车厂、上汽通用五菱有限公司、广西技术标准研究院、钦州承坭斋坭兴陶有限公司、广西宏智科技有限公司等。合作的主要内容包括现代农业、生物生化技术、动物养殖、茶叶生产与加工、食品技术、机械汽车、电子信息、工商管理、财经、物流、艺术设计、文化传媒等领域，并与相关单位开展了“厂中校”和“校中厂”的深度合作，产学研的合作水平及效果得到了显著的提高，取得了丰硕合作成果和良好的社会经济效益。

【重要科技事项与活动】 2011 年，该院组织参加了“广西第十八届科技博览会”的科技展览活动，并获得了优秀组织奖”称号；同年，参加了 2011 广西高校服务百色新发展科技活动”，分别与当地的广西百色国家农业科技园、广西乐业县顾式茶有限公司、广西田阳县嘉佳商贸有限责任公司等单位开展紧密的服务合作，取得了良好的服务效果，为百色老区经济发展做出了贡献。2012 年，参加了广西科技活动周、第五届中国—东盟（百色）现代农业展示交易会、首届广西发明创造成果展览交易会及广西高校服务贺州新发展的科技成果展览活动，累计超过2万多人次参观展览，发放宣传册子3000多份，向社会展示了学院的科技成果，加强了横向科技合作，促进了科技成果的转化。

【举办科技表彰暨科技工作会议】 2012年，结合本年度教师节对教师的表彰活动，召开“第十二届科研表彰暨科研管理工作会议”，对获得科技成果的团队和个人进行表彰与重奖，对获得上级科技进步奖的奖项按照上级奖励的奖金数1∶1进行配套奖励，对获得专利授权的职务发明人奖励数额大幅提高，进一步调动了广大科技工作者的科研积极性。

（黄树长　钟思强）

玉林师范学院

【概况】 玉林师范学院是一所自治区属全日制普通本科院校，坐落在广西东南部的千年古城玉林市。学校创办于1945年，原名广西省郁林师范学校，1952年春改名为玉林师范学校，1958年升格为广西玉林专区师范专科学校，开始招收高等教育层次的专科生，之后入选全国24所优秀师专。1962年后几经改制。1978年12月28日经国务院批准恢复玉林师范专科学校。1994年3月更名为玉林师范高等专科学校。2000年3月，经教育部批准，玉林师范专科学校、玉林市教育学院、玉林市高等职业技术学院、广西广播电视大学玉林分校，合并升格为玉林师范学院，之后广西玉林商业技工学校又并入学校。学校成立后，实现了由资源整合、力量聚集到快速发展的转变，已发展成为一所含师范教育、非师范教育、高等职业技术教育、成人高等教育为一体的地方本科院校。

学校现有东、西两个校区，校园面积约120公顷，校园建筑面积38.6万平方米，教学仪器设备总值1亿多元，馆藏文献总量181万册，电子图书53万种，全文数据库16种，年订购中外文报刊2340多种。学校设有法商学院、政史学院、教育科学学院、体育学院、文学与传媒学院、外国语学院、音乐舞蹈学院、美术与设计学院、数学与信息科学学院、物理科学与工程技术学院、化学与材料学院、生命科学与技术学院、电子与通信工程学院、计算机科学与工程学院、职业技术学院、国际教育学院、继续教育学院等17个教学单位，有46个普通本科专业，27个高职专业，涵盖了10大学科门类、25个一级学科。学校面向全国20个省（市、自治区）及东南亚国家招生，现有全日制普通本专科生（含留学生）15056人。2007年，顺利通过国家教育部本科教学工作水平评估，在19个评估指标中获得17个优秀和2个良好的优异成绩。2010年，成为广西2011～2015年新增硕士学位授予点的立项建设单位。

【科技队伍】 该校拥有一支结构合理，能攻坚克难的科技队伍。具有副高技术职称以上人员118人，其中正高技术职称32人，具有硕士、博士学位教师334人，具有硕士研究生导师资格11人，博士研究生导师资格教师1人。

【科研项目与经费投入】 2011～2012年，该学院共承担国家自然科学基金项目11项，自治区科技计划千亿元产业重大科技攻关工程项目5项，自治区自然科学基金项目10项，总共投入科研经费1094.212万元。

【科技成果与转化】 2011～2012年，该学院申请发明专利17项，获国家授权专利4项。获各级科研奖励38项，共发表学术论文326篇，其中核心期刊176篇，SCI收录63篇，EI收录70篇，ISTP收录4篇。

【人才与创新团队】 2011～2012年，该学院高度重视人才与创新团队建设，制订《高层次人才引进和培养政策》等一系列文件，实施百名教授工程、百名博士工程、高层次人才培养工程，“外引”和“内培”双管齐下，使师资队伍的总量、职称结构、学科结构、学历层次合理规范，发展势头强劲。通过面向社会公开招聘，共招录专业技术岗位的专任教师和实验教学人员73人，其中博士6人、硕士56人。送培博士、硕士21人，国内外访问学者、单科进修及教师短期进修等各类培训308人次。

针对玉林机械、水泥、陶瓷、健康产业、电子信息等五大主要行业的实际情况，在功能材料、天然药物、精细化学品、生物技术、动植物资源开发、生态环境保护等方向组建了42个科技创新团队。

【科研平台建设与科研仪器设备】 2011～2012年，该校重视科研平台的建设，“桂东南特色资源与材料研发中心”“桂东南特色植物资源开发利用研究所”成为广西高校重点建设实验室。成立了桂东南特色资源深加工技术研究与产品开发中心研究所、交通科学技术研究所、微生物控制与应用实验室、天然产物化工与生物质能源研究所等20个科技研究机构。自治区级人才培养模式创新实验区1个，自治区级实验教学示范中心1个，3个特色优势学科实验室建设进入中央财政支持地方高校发展专项资金项目，形成了一批培养高质量、高层次人才的学术平台。

该学院拥有10万元以上的大型仪器设备40台，总价值1200万元，这些科研设备的投入使用使科研试验平台有了明显的改善，给教学和科研工作提供了有力的支撑。

【重点学科建设】 2011～2012年，该校坚持总体布局，重视打造特色学科，重点建设优势学科和强势学科，注重扶持基础学科，优先发展应用学科。现有5个省级优质专业、特色专业和示范性专业，拥有1个省级重点优势学科、3所广西高校重点实验室，共打造了10门省级精品课程、优质课程和特色课程，以及4个省级优秀教学团队和8个校级重点学科，将目前的25个一级学科，建成“区级重点—校级重点—校级建设—校级一般”四个层面上的学科体系，形成了一批优势学科，学科整体水平进一步提升。

该校根据分三步走的发展战略，认真分析现有的条件和面临的机遇，科学谋划，确立了内涵式发展的战略方针，着力提升办学水平，全面完成了“十一五”事业发展规划任务，顺利通过教育部本科教学水平评估。

2011年，该学院为提升办学层次，最终实现第三步发展战略，出台《“十二五”事业发展规划》，正式进入到硕士学位学科建设的新阶段。

【科技交流与合作】 2011～2012年，该校采取“走出去，请进来”的战略，支持开展各种形式的学术交流活动，把加强学术交流活动作为拓宽学术视野，提高学术水平的重要手段。2011～2012年，派出教师外出参加了第二届国际纳米医药峰会、第一届小核酸大会、第二届国际生物材料和再生医学材料大会、第五届亚洲两栖爬行动物学大会等国际、国内会议78人次；共选派了70多名教师和科技人员赴国外学习、担任客座研究员开展科技合作；主办、承办、协办国内各级学术会议8次；邀请著名专家、学者开展学术交流和讲座89次。

该校开展国际教育合作与文化交流，与澳大利亚、法国、日本、韩国、泰国、越南等国家的近30所高校和教育机构建立了实质性的合作与交流关系，开展了中外校际交流、暑期赴美带薪社会实践等系列项目。2011～2012年，中外校级交流项目学生近500名、来自韩国、泰国、越南、蒙古等国家的留学生240人。

【产学研结合】 2011～2012年，该校继续深化创新机制改革，培育科研创新团队，鼓励科技工作者开创产学研新模式，不断加强与企业、行业、市县的合作。先后与广西博世科环保科技股份有限公司、广西银亿科技集团、浙江太阳城集团、中国移动玉林分公司、玉林春茂股份有限公司、广西壮族自治区农业科学院、玉林出入境检验检疫局、广西大学等150多家区内外企事业单位签署建立了产学研及实习基地，促进了学校的教学改革、科学研究与企业研究生产有效结合。通过与这些单位的合作，成功开发两条迷迭香中药生产线，荔枝龙眼连年丰产专用农药“稳果灵”，含麻疯毒蛋白和含萜类物质的杀虫剂，互叶白千层应用技术，智能注水调配系统，实现人工接种红菇菌丝及仿生环境培养；申请专利17项，已获得授权4项，参加了在南宁国际会展中心举行的第一届广西发明创造成果展览交易会，已有企业向该院的“蕉树基活性炭及其制备方法”等发明创造成果表达了合作意向。

【重要科技事项与活动】 2011年3月9日，泰国华侨崇圣大学代表团一行到该校访问。经过交流，两校就互派交换学生、两校教职工、各系（院）、研究机构等部门之间直接交流和合作等方面交换了意见，并达成共识。

2011年5月7日，泰国碧武里皇家大学巴芸副校长率领代表团一行到该校访问。双方就两校建立友好院校，开展校际交流“3＋1”“1＋3”“0＋4”模式，暑假夏令营活动，教师科研项目合作，泰语师资培训项目，学生、教师申请奖学金赴泰国学习等合作事宜交流了意见并初步达成共识，双方希望通过双方共同努力，能推进、扩大校际之间的交流。

2011年5月10日至11日，越南顺化外国语大学校长陈文福率领代表团一行到该校访问。两校进行了广泛的交流，并签署了教育合作协议。

2011年9月，该校材料化学特色专业及课程一体化建设项目获自治区立项。

2011年10月23日，出席第八届中小企业商机博览会的印度尼西亚代表团访问该校，就一系列合作问题展开交流。

2011年10月24日，菲律宾 Felipe Vygongco 代表及马尼拉市市长代表 Maria Baby Villegas 一行访问该校。菲律宾方代表简要介绍了菲律宾伊洛伊洛市的情况，并表明计划设立一所私立综合性大学，希望与该校开展交流合作。

2011年11月3日，该校合成的蓝色肿瘤示踪纳米材料亮相第九届国际新药发明科技年会、第二届国际纳米医药峰会。

2012年4月，该学院与密歇根大学的研究人员研究提出的脑肿瘤裸眼可视技术最新成果发表在国际权威期刊《small》上，2012年1月9日经德国 Wiley 公司网络出版后，于3月26日印刷版出版。截至4月15日，全球已有100多个著名生物、医学、化学、纳米材料等国际权威网站进行了介绍或转载，国内30多个网站也用中文进行了报道。

2012年4月25日至26日，中央电视台10频道《地理中国》栏目《山精灵之迷》（上）（下）集播出。片中该校黄肇宇老师以植物学专家的身份对大容山的植物作介绍。

2012年5月7日，越南胡志明市经济技术高等专科学校代表团一行访问该校。就两校在一些相关专业上相互合作达成初步协议。

2012年5月　根据自治区教育厅《关于下达2012年重点学科和重点实验室建设项目的通知》（桂教科研〔2012〕9号），该校“桂东南特色植物资源开发利用研究中心”获自治区教育厅2012年重点实验室建设项目立项。

2012年6月6日，该校召开科研工作会议。确定2013～2015年三年科研工作的主题为“增强忧患意识，加强科研工作，实现科研工作的快速发展”。

2012年6月2日至4日，该校版纳鱼螈研究小组参加第五届亚洲两栖爬行动物学大会。该小组所做的报告《Preliminary Study on the Breeding Ecology of Ichthyophis bannanicus》在学术评比中，被第五届亚洲两栖爬行动物学会的组委会评为“Most meritorious oral presentation”奖。

2012年6月13日，该校与贵港市科技局签署科技合作框架协议。

2012年7月20日，泰国那空沙旺皇家大学代表团一行访问该校。经磋商，双方一致同意将合作向纵深方向务实推进，并签订了教育合作协议及关于互派教师的协议附录。

2012年9月26日，该校与广西博世科环保科技股份有限公司签订了校企科技合作协议，并为该校设立了50万元横向科研工作专项基金。

（翟旺建）

河池学院

【概况】　河池学院是2003年4月16日经教育部和自治区人民政府批准成立的一所全日制普通本科院校。该学院实行自治区与河池市共建、以自治区为主的管理体制。校址设在宜州市。现任院长郎耀秀。学院占地面积40万平方米，校舍面积28万平方米，馆藏图书及电子文献资料148万多册。

该学院设有教学单位共12个，共设有32个本科专业。其中，理工类教学单位共4个，分别为化学与生物工程学院、物理与机电工程学院、计算机与信息工程学院、数学与统计学院。理工类专业共13个，分别为化学、应用化学、生物科学、生物技术、物理学、应用物理学、机械设计制造及其自动化、电子信息工程、信息与计算科学、计算机科学与技术、网络工程、数学与应用数学、统计学等。

该学院有教职工642人，其中，专任教师426人。专任教师中副高以上职称教师138人，占专任教师的32.46%；具有博士、硕士学位教师251人，占专任教师的59.05%；硕士研究生导师14人，形成了一支结构趋于合理、乐于奉献、素质较高、发展趋势良好的师资队伍。全日制在校普通本专科学生10471人，成人教育在籍学生2000多人。

该学院坚持以“科研为学科建设、经济建设和社会发展服务”的基本原则，积极推进科技创新工作，促进学校科技研究的科学发展。

【科研项目与经费】　2011～2012年，该学院共承担上级纵向科研项目128项，其中，获国家项目7项，省部级项目26项，厅级项目95项，获资助经费共283.8万元，经费年增长率为19.3%。

产学合作方面，2011年，该学院承担的横向研究项目2项，科研总经费13万元；2012年，该学院承担的横向研究项目2项，科研总经费15万，经费年增长率为15.38%。

【科技成果与转化】 2011～2012年，学校教师出版科技类教材、著作6部，发表科技类学术论文512篇，获国家专利3项。

2011～2012年河池学院获国家专利情况一览表

序号	名称	专利类别	发明人	专利号	授权公告日
1	高强度汽车铝合金轮辋	发明专利	卢森锴 韦文儒 廖树德 苏建欢	200910114367.5	2011.04.06
2	高强度汽车铝合金轮辋材料的制造方法	发明专利	卢森锴 韦文儒 韦汉龙 苏建欢 廖树德	201010130483.9	2011.06.01
3	大型车辆铝合金轮辋反向挤压模具	实用新型	卢森锴 喻　亮 韦文儒 陆正杰 姜艳丽 廖树德 苏家强 王　波	ZL201220113418.X	2012.10.10

【科技工作与改革创新】 2011～2012年，该学院科技创新平台建设层次结构更加合理，科技资源配置更加优化。2011年10月，经广西壮族自治区学位委员会批准，民族学、中国语言文学、化学工程与技术、控制科学与工程、马克思主义理论、教育学等6个一级学科被定为2011～2015年自治区重点支持的硕士学位授权点建设学科。2011年"桑蚕研究中心"、2012年"桂西北地方资源保护与利用工程中心"被确定为校地校企共建科技创新平台，这加快了学校科研平台建设步伐。

【人才与创新团队】 2011～2012年，该学院每年选派教师到自治区内外高校或科研院所进修学习、攻读硕士（博士）学位。2011～2012年，该学院在外学习的教师人数分别为当年专任教师数的10%以上。同时学校还聘请了兼职教授和客座教授，对青年教师进行接传帮带。学校采取这些措施在加大人才队伍建设方面学取得了明显的效果。

【科研平台建设与科研仪器设备】 2011～2012年，该学院继续坚持走特色科研之路，以非物质文化资源研究和特色自然资源研究开发为重点，促进科学研究与服务地方经济社会发展协调进步。通过成立生物研究所、桑蚕研究所等特色研究所，并对应用化学桂西北特色资源研究与开发实验室等5个广西高校重点学科（实验室），控制科学与工程、化学工程与技术等6个一级学科获得自治区硕士学位授权点建设学科，不断夯实学校的特色科研平台。

2011～2012年，学校与广西蚕业推广总站、广西舜泉蚕业发展有限公司、河池市科技局、宜州市科技局等地方政府和企业开展科研与教学实践合作。成功申报了广西高校校地校企共建科技创新平台——桑蚕研究中心等机构及"蚕病早期诊断检测和预警体系的建立及应用推广"等10多个自治区级、地厅级科研项目。以合作项目为抓手，通过科技研究、技术指导等方式，为地方桑蚕产业发展解决技术难题，对桑蚕资源进行深入的挖掘与开发，为宜州市建设全国桑蚕业第一强市服务。另外，还与广西九千万国家级自然保护区管理局、巴马华昱投资有限公司、广西丹泉酒业有限公司等地方企事业单位合作，进行"广西九千万山国家级自然保护区生物多样性监测固定样地建设""巴马特色养生资源的快速育苗及养生保健产品的研究开发""酿酒微生物复壮及发酵特性的研究"等横向科技合作项目的研究。充分整合和利用该学院的科研能力和条件，结合地方产业新发展的需要进行科技研究，为地方经济建设和社会文明进步发挥应有的作用。

（何奇文）

百色学院

【概况】 百色学院是经教育部批准成立的一所全日制普通本科院校，其前身是建于1938年的广西省立田西师范学校，至今已经有七十四年不间断的办学历史。该校占地面积 127.67 公顷，分东合、澄碧两个校区，校舍面积 25 万余平方米，有多栋自治区级标准化学生公寓和学生食堂。拥有 10 个教学系、两个二级学院、一所附属中学和一所职业中专。开设有 30 个本科专业、37 个专科（高职）专业，覆盖了经济学、法学、教育学、文学、理学、工学、管理学、艺术学等 8 大学科门类，学科专业结构全面。该校面向全国 20 多个省（自治区、直辖市）招生，现有各类在校生13600 多人。2002 年，学校取得招收留学生资格，其后有 21 批外国留学生到校学习。

该校人才培养质量不断提高。拥有思想政治教育、语言学及应用语言学两个广西高校优势特色重点学科，金属材料工程、旅游管理、生物技术 3 个广西高校特色专业，“材料科学基础”“金属工艺学”“旅游资源开发与利用”“导游业务”“微生物学”“细胞工程”等 6 门广西高校“特色课程”；建有广西实验教学示范建设中心 2 个，广西重点教学实验中心 2 个，广西创新人才培养基地 3 个；被确定为广西首批教师教育重点培育基地。

至 2012 年末，该校在职教职工 604 人，其中专任教师 427 人，正、副教授 106 人，具有博士、硕士及研究生学历 204 人，获得“全国优秀教师”“广西优秀教师”“八桂名师”“百色市拔尖人才”等荣誉称号的 27 人，并聘有国内外知名客座教授、兼职教授 50 人，长期聘请 3 名～4 名外籍教师到校任教。拥有思想政治理论课教学团队、教师教育主干基础课教学团队、西南边疆壮族非物质文化遗产课程群教学团队、基础化学教学与研究创新团队、教育学教学团队等 5 个自治区级教学团队。

【科研项目与经费】 2011～2012 年，该校共承担各级各类科研项目 133 项，投入总经费 637.15 万元。获纵向科研项目 74 项，上级资助经费 258.8 万元，其中国家社科基金项目 5 项，国家自然科学基金项目 1 项，省部级科研项目 12 项，厅局级项目 57 项，横向项目 1 项，市科技合作项目 3 项。

【科研成果与转化】 2011～2012 年，该校共获得各级科研奖励 33 项，其中获广西第十二次社会科学成果奖 3 项，百色市第三次哲学社会科学优秀成果评奖 26 项，其他厅局级奖 4 项。论文《一种新的战略定位方法：ISTP3》获广西第十二次社会科学优秀成果论文类二等奖，《耦合与创新：民族文化创意与区域旅游发展——西部民族地区经济结构调整与发展的新视角》获广西第十二次社会科学优秀成果论文类三等奖，译著丛书《平果壮族嘹歌（全五册）》获广西第十二次社会科学优秀成果著作类三等奖。共发表论文 950 篇，其中 SCI、EI、ISTP 收录共 32 篇，在中文核心期刊上发表 230 篇，出版著作 17 部。

2012 年，该校一项国家自然科学基金项目《P2P－Grid 环境中的智能入侵检测技术研究》顺利结题；一项国家社科基金项目《壮族典籍英译研究——以布洛驼史诗为例》顺利结题，鉴定等级为良好，该项目于 2012 年 7 月出版了译著《布洛陀史诗（壮汉英对照）》。

【人才与创新团队】 2011～2012 年，该校重视人才与创新团队的建设，通过外引内培的措施，使科技人才和队伍在数量和结构方面都得到显著提高，获“百色市优秀人才”称号 1 名，“广西高校优秀人才资助计划”资助人选 1 名，“百色学院学科带头人”10 人；2011 年起学校投入 400 多万元，建设“面向百色铝工业应用型创新人才”培养教学实训中心；“基础化学教学与创新研究团队”获得自治区级教学团队，“面向百色铝工业应用型创新人才培养基地”获得自治区级创新人才培养基地。

【科研平台建设与科研仪器设备】 2012 年，该校出台《百色学院各级科研机构建设与评估方案》，规范了科研机构的建设与评估工作。广西高校人文社会科学重点研究基地——邓小平早期思想研究中心，拥有科研仪器设备值 5.7 万元；广西高校重点实验室——生物能源研究与开发实验室，科研仪器设备值 51 万元；2012 年，该校投入 200 万元用于建设材料制备与分析实验室，投入 165 万元用于建设 XRD 实验室；先后成立了少数民族经济研究中心、非物质文化遗产保护与研究中心、语言研究所、新型铝合金材料及其加工技术研究所、百色学院西南移民研究中心、壮泰文化交流传承协同创新中心、民族文化翻译研究中心、百色市少数民族传统体育研究与传承保护基地等科研机构。这些科研平台的正常运行，为该校科研工作者申报、完成高层次科研项目提供了良好的条件。

【重点学科建设】 该校“思想政治教育”“语言学及应用语言学”分别获得2011年、2012年广西高校优势特色重点学科立项建设，并分别获得上级资助经费20万元、50万元。百色学院已成为自治区财政专项经费资助的硕士学位授予单位立项建设高校，获得资助的硕士学位授权点建设学科为马克思主义理论、中国语言文学、工商管理；另外，该校汉语国际教育硕士、工程硕士（材料工程）分别获得自治区财政经费资助30万元，成为自治区教育厅立项建设的专业学位授权点培育项目。2011年，百色学院被教育部高等教育司批准增设为红色经典艺术教育示范基地，成为广西高校唯一的全国红色经典艺术教育示范基地。

该校注重结合地方经济社会发展和资源优势，突出“珠江源头”和“中国特色社会主义理论思想早期源头”两个“源头”的研究，学科优势逐渐显现。根据区域民族、文化、资源、生态、产业等方面的特色，结合百色学院的学科优势，大力开展应用研究工作，不断提升学校的学术地位、科研水平和社会服务能力。通过凝练学术方向，基本形成了民族学、邓小平早期思想研究、非物质文化遗产保护与开发、生态环境、金属材料等优势研究领域。

【科技交流与合作】 2011～2012年，该校采用“走出去，请进来”的办法，不断加强与企业、行业、市县的合作关系，先后与国家铝产品质量监督检验中心（百色）、百色市国家税务局、广西华银铝业有限公司、百色市体育局、百色市民族事务委员会等共建教学科研合作基地。合作双方资源共享，进行深度合作。此外，学校国际交流全方位开展，先后与越南河内国家大学所属人文社科大学、越南河内外贸大学、越南高平省高等师范学校、泰国如诺大学、泰国甘烹碧皇家大学、泰国华侨崇圣大学、美国东方大学以及泰国素攀府、春蓬府等签定了合作协议。与广州大学建立长期教学科研合作关系，每年派出约10名教师前往广州大学进修，并开展科研项目合作。

该校每年都邀请20多名国内外知名专家、学者来学校做学术报告，每年派出30多人次开展科技交流，参加国际、国内的学术研讨会，以拓宽教师的事业，整体提高教师的科研能力和教学水平。

【重要科技事项与活动】 2012年10月，该校举办“左右江革命老区发展论坛”。参加论坛的与会专家有自治区外高校领导和学者如北京大学原副校长张国有教授、延安大学副校长胡俊生教授、井冈山大学副校长王伴青教授、南京大学校长助理李成教授，也有政府部门及相关职能部门、组织如中国老区建设促进会国家机关干部支持老区工作部副部长、办公室主任李泓霖、广西政协副主席苏道俨、广西社科院院长吕余生研究员。也有自治区内高校的专家、学者，以及国内其他十多所高校的领导和专家、百色市有关部门领导、百色各县（城区）领导。出席专家人数70余人。论坛举办期间，新华社、人民日报、光明日报、广西日报、广西电视台、广西人民广播电台、右江日报、百色电视台、百色市人民广播电视台等媒体做全程报道。2012年10月26日，百色学院科学技术协会成立大会暨第一次代表大会召开，并选举产生了百色学院科学技术协会第一届委员会组成人员。

（邱永权　吴晗娜）

贺州学院

【概况】 贺州学院是具有近70年办学历史，经教育部批准设立的一所全日制多科性普通本科院校。2011～2012年，该校全面贯彻党的教育方针，坚持科学发展，以社会需求为导向，以教学工作为中心，以本科教育为主体，着力提高人才培养质量。该校的办学指导思想是立足贺州、服务区域、面向基层、突出特色，培养“品德好、基础实、专业精、能力强”，具有创新精神的应用型高级专门人才。学校现分东、西两个校区，校园占地总面积520720平方米，校舍建筑总面积236573平方米。学校下设19个管理机构部门，11个二级学院，29个本科专业、17个高职高专专业。2011年确定语言学与应用语言学、应用化学2个学科为校级重点学科，确定教育学原理等7个校级重点建设学科。学校面向全国18个省（自治区、直辖市）招生，到2012年12月有全日制在校生9744人，其中本科生7699人，专科生2045人。

至2012年末，该校有在职教职员工806人，专任教师553人。其中具有高级技术职称179人，中级技术职称310人；博士研究生18人，硕士研究生262人，大学本科学历339人。

校长：解庆林（2010年1月～2012年11月）
吴郭泉（2012年11月～）

【科技队伍】 2011～2012年，该校重视科技队伍建设工作，召开人才工作会议，出台一系列人才引进、稳定高职称高学历人才、教师进修学习、外聘教授等方面的文件；启动“广西文科中心扶持贺州学院教授培育工程专项项目”，加快高职称人才的培养。至2012年末，该校共有科技工作者563人，其中正高级技术职称27人、副高级技术职称152人；博士18人，硕士262人。

【科研项目与经费投入】 2011～2012年，该校共获得国家自然科学基金项目2项，国家社会科学基金项目1项，教育部人文社会科学研究项目5项，国家体育总局体育哲学社会科学研究项目1项，全国统计科学研究计划项目1项，广西科学研究与技术开发计划课题8项，广西自然科学基金项目6项，广西哲学社会科学规划课题6项，自治区教育厅科研项目93项，贺州市科学研究与技术开发计划课题9项，其它厅级项目43项，共获得各级资助科研经费507万元。截至2012年12月，已完成科研项目74项，其中达到自治区内先进水平3项。

2011～2012年，该校共投入科研经费702万元，其中用于科研平台建设350万元，科研成果奖励145万元，上级科研项目配套45万元，校内科研项目立项36.5万元，大学生科技活动项目7万元，博士科研启动基金64万元，广西高校重点实验室（研究机构）配套建设经费22万元，校级重点（建设）学科建设30万元，其他2.5万元。

【科技成果与转化】 2011～2012年，该校取得授权专利14项，获奖成果39项。教师发表论文887篇，其中李晓明教授的论文《论民族地区乡村文化发展的制度创新》荣获广西第十二次社会科学优秀成果奖二等奖，罗杨合教授、李忠芳博士等8位教师的论文被评为贺州市第五届自然科学优秀学术论文，唐政博士、张志副教授等13位教师的论文被评为贺州市第六届自然科学优秀学术论文，林明副校长、韦浩明教授等17人的著作、论文荣获贺州市第一次社会科学优秀成果奖。出版《边缘的崛起——桂军当代女性文学的文化探析》《理论的内核——科学发展观理论与实践研究》《潇贺古道历史文化研究》《教学价值与美好生活》《桂东多语族群初中英语学得研究》等著作10多本。

该校与贺州市公安局、贺州市国土局、贺州市水果生产办公室、贺州市平桂区环保局、广西贺州市桂东电子科技有限责任公司、荔浦罐头食品有限公司等多个政府部门、地方企业签订科研合作协议，进行联合攻关，促进成果转化。2011～2012年，中田大山楂已在自治区内外推广种植7000多公顷，产生经济效益6000多万元。鲜切马蹄产品、马蹄脱毒组培苗、马蹄活性成分开发应用、计算机通用节能控制器、分单元电辅助加热式太阳能热水器水箱、环境自适应式节能路灯等一批科研成果正在转化之中。

【人才与创新团队】 2011～2012年，该校加强人才培养与创新团队建设，培养正高级技术职称10人、副高级技术职称30人；引进、培养博士16人，已毕业6人。现已形成桂东族群文化研究、桂东特色资源开发与利用研究两大团队。

桂东族群文化研究团队立足“南岭走廊”区域资源，从语言、生态、族群关系、生计方式、民间信仰、节庆习俗、古籍文献、新农村建设等多个角度进行田野调查，积累了较丰富的文献资料和调查材料。该团队依托的广西东部族群文化研究基地建有博物馆，馆内收藏文化实物800余件，采集有800多万字的各族群民间手抄文献，建成了目前国内收藏音调种类最齐全的“芦笙基因库”，建立了12000 G容量的磁盘阵列，购置了大型服务器、数码照相机、摄相机、非编系统、扫描仪、计算机等数据采集、转换、存贮设备。基地建立了“广西东部族群文化资源数字化平台”，建成了桂东族群文化实物陈列馆和贺州古钱币展馆。

桂东特色资源开发与利用研究团队现有三个主要研究方向：马蹄种苗繁育和规范栽培技术研究、马蹄精深加工和马蹄皮资源化利用研究、中田大果山楂绿色产业链开发研究。第一个方向的研究团队主要是对贺州马蹄进行品种良种筛选，提纯复壮，采用先进生物技术——茎尖组织培养，建立优良马蹄脱毒苗繁育中心，开展工厂化快繁研究，获得适合本地种植的优良脱毒苗品系，已在贺州市平桂管理区示范推广种植，研究水平达到区内领先，为马蹄精深加工提供充足、优良的原材料。第二个方向的研究团队与广西千福药业有限责任公司联合开展马蹄抗氧化饮料中试研究，与荔浦罐头食品有限公司开展鲜切马蹄产品加工技术中试研究。在荔浦罐头食品有限公司建立1条年产600吨鲜切马蹄中试示范生产线，总投资300万元，年产600吨鲜切马蹄，年销售收入589万元，利税124万元。第三个方向的研究团队主要致力于研发中田大山楂产业化和标准化育苗技术；中田大山楂早结、安全高产、稳产和矮化栽培技术；中田大山楂主要功能成份的分析和新产品的开发与研究。目前已成功制成中田山楂酒、山楂醋、山楂饮料、山楂健康饲料添加剂、鲜切山楂片、山楂糖葫芦等新产品。该团队与贺州市水果生产办公室签订了合作协议，对贺州市水果生产干部和果农开展培训。与湖南省慧科生态园林开发有限公司、广西贺州市中田山楂果业有限公司、广西贺州市集运农业发展有限公司、广西岑溪市振东水果专业合作社、广西贺州市八步区莲塘镇厚田种植合作社、广东省清远市阳山县永兴山楂专业合作社等企业达成合作协议，并成立中田大山楂技术服务部，广泛开展技术培训、技术咨询以及技术劳务服务。

【科研平台建设与科研仪器设备】 2011～2012年，该校重视科研平台建设工作，共投入专项建设经费372万元，重点支持桂东特色资源开发与利用研究实验室、广西东部族群文化研究基地、广西东部多方言区语言教学实验中心以及校级研究所的建设。其中，广西东部族群文化研究基地于2011年11月经过自治区教育厅专家组的评估验收，获得专家的好评。该基地2012年得到了自治区教育厅、自治区文化厅的重点支持，专项资助建设经费90万元，用于购置科研仪器设备、完善科研设施、培育项目和建设团队。校内新成立的南岭民族走廊研究院、贺州矿冶钱币文化研究所也快速发展。另外，以收藏、保护、宣传、展示和研究贺州优秀历史文化为宗旨，以达到促进贺州文化传承、发展的目标和服务贺州人民的目的的贺州学院博物馆，由“族群文化博物馆”“贺州矿冶钱币博物馆”和“林汉涛艺术陈列馆”等三个专题馆组成，体现了该校服务地方经济社会和文化发展的办学思想，彰显该校的办学特色与研究特色。

该校现有科研仪器设备8218台，价值总计5340万元。其中10万元以上仪器设备47台，主要有模拟发电厂实验设备、多媒体语音成套设备(MLCD－1)、数据采集一体化中继发射电台(UH－300)、全自动多画面录播主机（JYD－JMV9600）等，有计算机2395台。

【大学科技园建设】 2011～2012年，该校主动联系地方政府部门、走进贺州地方企业，服务贺州社会经济发展，先后与贺州市八步区科技局、广西贺州市桂东电子科技有限责任公司、荔浦罐头食品有限公司等多个政府部门、地方企业共建人才培养基地，促进学校的科研成果转化为实际生产力，帮助企业解决技术难题，提高学校服务地方能力。

【重点学科建设】 2011年，该校学术委员会对校级重点建设学科进行评估验收考核，同时对新申报的一批重点建设学科进行了评审。根据考核和评审结果，确定“语言学及应用语言学”和“应用化学”为该校重点学科，确定“教育学原理、课程与教学论（语文）、旅游管理、基础数学、植物学、电路与系统、计算机应用技术”7个学科为该校重点建设学科。2011～2012年，共投入学科建设专项经费30万元，用于学科建设与项目培育。2012年9月，该校制订了《贺州学院创新能力提升行动计划实施方案（试行）》，启动“2011协同创新中心”培育组建工作，并确定优先发展面向文化传承创新和面向区域发展二个方向。

【科技交流与合作】 2011～2012年，贺州学院加强自治区内外合作办学和对外国际合作交流工作。该校先后与国内广西师范大学、桂林理工大学、桂林电子科技大学、中国矿业大学、上海同济大学、暨南大学等知名院校，与国外泰国、印度尼西亚、马来西亚、韩国等国的多所大学建立了校际联系或合作关系。接受来自泰国的46名留学生，并外派学生到日本高校学习，积极加强学生学术国际交流。该校聘请日本熊本大学、中国社科院、中国人民大学、中央民族大学、厦门大学等国内外知名大学60余人为客座教授，与贺州市公安局、贺州市国土局、贺州市水果生产办公室、贺州市平桂区环保局、广西贺州市桂东电子科技有限责任公司、荔浦罐头食品有限公司等多个政府部门、地方企业有着密切的合作关系。

【产学研结合】 2011～2012年，该校重视产学研合作教育工作，通过教师作为科技特派人员进驻企业、学生到企业实习实训、邀请企业（行业）技术人员到校授课等具体方式进行。两年来，共派出15名科技特派员进驻17家企业，学生4729人次到42家企业实习实训。另邀请32名企业（行业）技术人员来校讲学授课68学时，受益学生达3500人次。在校外建立大学生创新创业基地5个。

【重要科技事项与活动】 2011年11月，由贺州学院、中国原生态民族文化高峰论坛秘书处联合主办，广西东部族群文化研究基地承办的“第二届中国原生态民族文化高峰论坛”在贺州学院举行，来自全国相关高校和研究机构的68名专家学者参加了此次高峰论坛。2012年6月，该校成功承办了由自治区教育厅主办的两广高校哲学社会科学“协同创新”研讨会暨2012年广东省高校社科管理研究会年会。2012年，由自治区教育厅、自治区科技厅、贺州市人民政府联合主办，贺州学院承办的“2012年广西高校服务贺州新发展科技活动”在贺州市举行，来自广西40多所高等学校200多名科技工作者参加了活动。

（罗杨合　吴继军）

钦州学院

【概况】 钦州学院是广西沿海唯一的公立本科院校，广西唯一具有培养和培训高级船员资质的机构，其前身是钦州地区师范学校，建于1973年9月，1977年起招收大专生，为地方基础教育培养初中师资。1991年5月，国家教育部批准改建为钦州师范高等专科学校。2004年6月，钦州民族师范学校并入钦州师范高等专科学校。2006年2月14日，钦州师范高等专科学校升格为钦州学院。学校实行自治区人民政府与钦州市共建、以钦州市管理为主的管理体制。办学以来，学校为社会培养了近4万名各类合格专业人才，在广西沿海地区经济社会发展和北部湾经济区开放开发中发挥了重要作用。学校被确定为首批国家级语言文字示范学校，被评为广西大学生社会实践先进单位、广西高校毕业生就业工作先进集体、广西“绿色大学”、广西高校安全文明校园、广西卫生优秀学校、广西文明单位、广西高校后勤工作先进院校、钦州市园林式单位等荣誉称号。

学校建设有钦州市北部湾海洋保护与开发利用、北部湾人文研究、北部湾教师教育等人才小高地，与钦州市力顺机械有限公司共建农机产品开发人才小高地；建成“北部湾海洋保护与开发利用实验室”“北部湾人文研究中心”2个广西高校重点研究机构；与钦州出入境检验检疫局共建中国西南地区唯一一个国家级石油化工品检测实验室；利用外国政府贷款建设“北部湾海洋研究和教育中心”。现有东西两个校区，占地面积56.67公顷；设有普通本科专业30个，覆盖工、管、文、理、法、农、经、教育、艺术等9大学科门类。面向全国28个省、市、自治区招生，到2012年末有全日制在校学生10737人，其中本科学生7822人。

到2012年末，学校有在职教职工796人，专任教师552人，高级职称168人；硕士以上306人（其中博士31人），外籍教师4人，外聘院士2人，兼职教师38人。学院现有广西优秀专家1人，广西“十百千人才工程”第二层次人选2人，教育部专业教学指导委员会委员1人，广西高校跨世纪人才1人，全国教育系统先进工作者2人，广西优秀教师2人，“广西高校优秀人才资助计划”资助人选6人，广西高等学校教学名师1人和“广西高等学校骨干教师培养计划”资助人选14人，自治区级教学团队1个。

院长：徐书业（2012年1月～）

【科研项目与经费】 2011～2012年，该校共承担厅局级以上科研项目116项，总经费724.38万元。其中获得国家哲学社会科学基金项目2项，国家自然科学基金项目2项，教育部人文社会科学研究项目3项，广西哲学社会科学研究项目9项，广西自然科学基金项目和广西科学研究与技术开发计划项目8项。加强海洋科学研究，努力打造“海洋”特色。学校与广西海洋局、钦州海洋局等单位合作，开展海洋科学研究，共建实验室，联合开展海洋科学研究，筹划自治区海洋局的科研项目。承担自治区海洋局委托项目《中国海洋文化·广西卷》的撰写工作，获得资助经费30万，承担自治区海洋局其它科研课题的研究工作，科研经费75万元。

【科技成果与转化】 2011～2012年，该校教职工发表论文1226篇，其中中文核心期刊发表论文188篇，SCI收录的论文16篇，EI收录的论文21篇，ISTP收录的论文2篇。公开出版专著12部，该校获得国家级授权专利21项，获广西社会科学优秀成果三等奖5项，广西自然科学三等奖1项，获钦州市社会科学优秀成果奖一等奖 8 项、二等奖 6 项、三等奖 9 项，获柳州市科技三等奖 1 项。

发现海洋新物种　在广西沿海发现介螅水母属 2 新种，即广西介螅水母新种（命名为 H ydractinia guangxiensis Huang，Li et Zhang，C. X.，sp. Nov.）和念珠介螅水母新种（命名为 H ydractin ia mon iliform isHuang，Zhong et Zhang，Y. J.，sp. nov.）。这增加了我国海洋生物多样性，丰富了我国水螅水母的种类组成。在广西沿海发现了软水母亚纲（Leptomedusae Haeckel，1866），锥螅水母目（Conica Broch，1910），触丝水母科（Lovenellidae Rus?? sell，1953），真唇水母属一新种——双手真唇水母，新种（E uchei lota bi tentaculata Huang，Li et Zhong sp. no v.），丰富了我国海洋生物的种类组成，为今后编写水螅水母动物志和海洋调查提供参考。

建立钦州湾海洋生态信息管理系统　对 2010～2012 年所采集的广西钦州湾海洋数据进行理，研究和设计了“钦州湾海洋生态信息管理系统”，实现了对钦州湾地区近三年生态环境本底数据的存储、管理、分析。利用 .NET Remoting 技术实再了对外可认证、授权的该系统的程序员接口。

钦州港港口物流信息系统管理平台研发　该项目是该校与东北大学及钦州港口（集团）有限公司联合承担广西科技攻关项目，已完成结题验收鉴定工作。该课题根据钦州港口的实际运作情况提出数学模型及优化算法，与其他文献中简化实际问题后提出的模型及算法有明显区别。克服了将理论研究与实际情况联系起来解决物流优化问题的难题、突破了国内相关研究在理论上停留的壁垒、填补了集装箱码头研究中理论没有应用到实际的空白，首创了具有自主知识产权的完整的集装箱码头物流优化调度系统。本课题中的模型及算法更具有实用性和可操作性。本课题中采用的算法都是目前比较先进的方法，算法的成功实现对解决港口作业问题是一个新的跃进，起到了推动科技进步的作用。

【科技工作与改革创新】　2011～2012 年，该校创新科研机制，完善规章制度。2011 年对科研管理文件进行进一步完善和修订，主要的文件有：《钦州学院科学研究管理办法》《钦州学院项目管理办法》《钦州学院青年资金项目管理办法》《钦州学院科研经费管理办法》《钦州学院学术期刊分类及学术论文等级确定办法》《钦州学院科研工作量计算办法》《钦州学院科研业绩奖励办法》钦州学院学术交流管理办法》《钦州学院科研先进集体评选办法》《关于印发钦州学院专利工作管理暂行办法的通知》《关于印发钦州学院横向项目管理暂行办法的通知》《关于印发钦州学院国家基金项目管理细则（试行）》《关于印发钦州学院重点学科建设与管理暂行办法》《关于印发钦州学院社会科学研究优秀成果评选奖励办法的通知》《关于印发钦州学院自然科学研究优秀成果评选奖励办法的通知》等。加强科研信息化和科研管理队伍建设，提高服务科学研究的水平。

【人才与创新团队】　2011～2012 年，该校加快人才队伍的建设步伐，培养和引进并重，完善激励和聘用机制，建立良好的用人环境，激励优秀拔尖人才脱颖而出。在 2011 年修订的《钦州学院引进高层次人才暂行办法》引进学科带头人的待遇：安家费 80 万元，科研启动经费 10～12 万元，学校提供 120～140 平方米的过度住房等。引进学术带头人的待遇：安家费 55 万元，科研启动经费 8～10 万元，学校提供 120～140 平方米的过度住房等。在 2012 年制订的《钦州学院引进高层次航海人才暂行办法》对持有甲类船长、轮机长证书者，校内内聘为销售，享受校内同级同类人员待遇，安家费 10 万元，证书补贴1200元/月，学校提供 100～120 平方米的过度住房，配偶可在校内安排工作等。该校建有钦州市人才小高地 3 个：北部湾海洋保护与开发利用、北部湾人文研究、北部湾教师教育，与钦州市力顺机械有限公司共建农机产品开发人才小高地，建设有广西文科中心特色研究团队——钦州学院北部湾海疆与海洋文化研究团队。

【科研平台建设与科研仪器设备】　2011～2012 年，该校在原有的广西高校重点实验室——北部湾海洋保护与开发利用实验室和广西高校重点研究机构——北部湾人文研究基地的基础上，大力推进科研平台建设，凝练学科研究方向，突出以“海洋性、地方性、国际性”的研究方向，并在 2011 年底，北部湾海洋保护与开发利用实验室和北部湾人文研究中心顺利通过广西高校重点实验室评估专家的检查与指导。

2012 年，该校“钦州坭兴陶瓷传承与开发”平台获得 2012 年度自治区教育厅的校地校企共建科技创新平台立项，获建设经费 50 万元。这是该校在广西校地校企共建科技创新平台建设方面的一个质的飞跃，标志着该校科研平台建设上了一个新的台阶。学校现培育北部湾石油化工与新材料、坭兴陶工艺与创意文化等若干个协同创新中心。

学院科研仪器设备共有7000多台（套），其中计算机约2900台，教学科研仪器设备值6000多万元。常用的仪器主要有：生物显微镜、体视显微镜、可见分光光度计、流体力学综合实验装置、数字熔点仪、双频 RTK－GPS、数字示波器、台式高速离心机、电子分析天平、光谱分析仪、恒温水产养殖箱等。

【重点学科建设】 2011～2012 年，通过凝炼学科研究方向，服务区域经济社会发展，学院学科迅速拓展并基本完成布局。有 8 个学科，26 个本科专业，8 大学科门类、19 个一级学科、23 个二级学科。设立轮机工程、港口物流、海洋科学、航海技术、港口机械、海产养殖等 10 个涉海类专业（或方向），填补了广西高校无涉海类本科专业的历史空白。化学工程与工艺、机械工程及自动化、食品科学与工程等专业的设立增强了为北部湾临海工业服务的能力。2011 年该校“北部湾海洋资源保护与开发利用”获得广西高校优势特色重点学科，获建设经费 20 万元。这是该校在重点学科建设方面的一个质的飞跃，标志着该校重点学科建设上了一个新的台阶。

该校已于 2012 年启动校级硕士点和重点学科建设工作，通过各二级学院申报和学术委员会会议评审决定：海洋科学、化学工程与技术、机械工程等六个一级学科为校级重点建设的学术型硕士点，地理学等 7 个为培育建设的学术硕士学位点；化学工程等 6 个为重点建设的专业硕士学位点，计算机技术等 7 个为培育建设的专业硕士学位点；海洋科学等 6 个为校级重点学科；数学等 7 个为校级培育重点学科。现在自治区教育厅将该校作为新增硕士点建设单位，把海洋科学、化学工程与技术、船舶与海洋工程等学科专业列为授权点学科进行建设。

通过不断对人才培养与引进，重点学科的建设，进一步提升该校的科技创新服务地方的能力。

【信息化建设】 该校现有图书馆舍总建筑面积9298平方米，馆藏文献总量 96.7 万册，其中纸质文献 63.2 万册，电子文献 33.5 万册。生均图书年进书量达 4 册以上。订阅纸质报刊 1935 种，电子期刊27088种，购买使用了中国学术期刊全文数据库、中国博硕学位论文全文数据库万方数据库、读秀搜索平台、北大法宝、中华古籍、EBSCO 数据库、Springer 数据库等 10 个国内外数据库，先后开通试用数据库 19 个。图书馆重视读者服务工作，文献资料实现了两个校区之间的通阅通借，图书馆采用深圳大学图书馆的 SULCMISIII 系统，业务工作基本实现了计算机自动化管理。建立了100 M带宽的馆内局域网网络系统，Web 服务器每天 24 小时提供在线查询馆藏及电子资源服务，读者可通过网络全天候利用图书馆的数字资源。书刊全开架借阅，周一至周日均开放，书刊阅览服务时间每周达到 77 小时。图书馆馆藏图书资料及服务能满足学校教学和科研工作的基本要求，2011 年电子文献下载量为 45.9 万次，使用率呈逐年上升趋势。注重特色文献资源库的建设，建立了钦州学院优秀本科生毕业论文数据库和特色学科资源导航数据库，启动了刘冯数据库建设工作，初步建成了海洋文献阅览室、地方文献阅览室、泰语角等阅览室。

校园主干网带宽 1000 M，出口带宽 300 M，网络接入信息点数5950个。建立了清华教育在线网络教学综合平台（THEOL）、新概念外语网络教学平台、雅信达智能英语自主学习平台等；设立了精品（重点）课程二级网站；建设了招生就业网站、学分制网络综合教务管理系统、网络协同办公系统、远程视频会议系统；建成了覆盖全校的视频监控系统、覆盖 114 间教室的视频考试监控系统、学生宿舍用电智能管理系统；利用社会资源，在确保信息安全的前提下，将学生宿舍全部接入校园网。校园网及其资源的建设在服务教学、服务师生方面发挥了重要的作用，有着较高的利用率。

【科技交流与合作】 该校“北部湾大讲坛”“博士教授论坛”邀请国内外的一批知名专家学者，来校举办学术讲座。2011 年邀请澳门大学安乐博教授，广西大学黎明洁教授、杨永德教授，上海体育学院虞重干教授，广西新闻出版局于瓅教授，以及陆士桢教授等做了报告。2012 年邀请中国气象科学研究院院徐祥德院士做“城市群大气污染空间结构及影响特征”、中国科学院南海海洋研究所彭世球教授做“全球气候变化下台风与风暴潮研究最新进展”、中科院陈兰荪研究员做“数学在自然科学中的应用”、北京师范大学教授严家炎教授做“现代文学的起点应由1917年前移至晚清1898年”、华东师范大学的教授、博士生导师恽才兴做“关注南海问题”、华东师范大学的教授、博士生导师戴志军做“华南弧形海岸平衡与稳定性及其应用”等报告。

开展国际学术交流与合作。该校教师吴海萍博士于2011年5月16日～9月20日和该校教师许尤厚博士于2012年5月29日～9月30日，分别参加了由意大利国际环境监测中心基金会举办的“国际海洋鲸类考察培训研讨”项目。这是该校第二次参加该项目。项目组成员主要由意大利、法国、中国、葡萄牙、佛得角等5个国家共18名成员组成。项目主要借助客轮、赏鲸船及科研考察船三种考察平台，对地中海“Pelagos”国际鲸类保护区的条纹原海豚、瓶鼻海豚、灰海豚、真海豚、长吻领航鲸、抹香鲸、柯氏喙鲸、长须鲸等主要八种海洋鲸类进行了分布情况考察及照相识别。

承办全国性学术会议，开展学术交流，扩大学校的影响。2012年承办了多次全国性学术会议。2012年9月14日～9月15日由航海技术教学指导分会和航海教育研究分会主办，钦州学院承办的“全国航海技术教学指导分委会暨航海教育研究分会2012年学术年会”在该校召开，交通运输部科技司教培处处长于敏，交通运输部海事局船员处李恩洪处长，全国航海技术教学指导分委会主任委员吴兆麟教授，全国航海技术教学指导分委会副理事长刘正江教授，武汉理工大学副校长张安富教授，大连海事大学、集美大学等知名的航海院校的教授、博士等100多人参加本次学术会议。

2012年10月10日～14日，由中国科学院南海海洋研究所和自治区海洋局主办，钦州学院承办的“第七届全国海洋资料同化研讨会暨北部湾海洋环境专题研讨会”在钦州召开，除了中国工程院院士徐祥德、美国WOOD HOLES研究所教授黄瑞新、中国科学院大气物理研究所副所长朱江、中国科学院南海海洋研究所副所长王东晓、美国NOAA地球物理流体动力实验室研究员杨小松等知名专家学者先后作学术报告，还有来自国家海洋信息中心、英国Royal School of Mines、国家海洋局第一海洋研究所、中国科学院南海海洋研究所、中国科学院大气物理研究所、中山大学、中国科学院烟台海岸带研究所、中国科学院海洋研究所、中国科学院声学研究所等科研院所和国内外高校的学者，就各自在资料同化技术研究以及应用中的经验等作报告，该校的吴海萍博士、张晨晓博士、梁家海副教授等在分会场做学术报告。

该校与国家海洋局第一研究所、美国耶鲁大学、上海交通大学、中国海洋大学、东北大学、广西大学等国内外一些科研院所、高等学校开展科技交流与科研合作。与钦州力顺机械有限公司、广西金桂浆纸业有限公司、自治区海洋局、自治区质量技术监督局、广西红墙新材料有限公司等事企业单位建立产学研合作关系。

【重要科技事项与活动】 2011年5月，自治区人民政府批准同意在钦州学院基础上筹建北部湾大学。

2011年7月1日，钦州市委市、政府在钦州学院西校区举行“北部湾大学筹建指挥部揭牌仪式”。

2011年12月28日，钦州市委、市政府在茶山片区新校区举行“北部湾大学等全市重大项目开工仪式”。

2011年自治区教育厅批准该校的“北部湾海洋资源保护与开发利用”为广西高校优势特色重点学科。

2011年底，北部湾海洋保护与开发利用实验室和北部湾人文研究中心顺利通过广西高校重点实验室评估专家的检查与指导。

2012年9月14日～9月15日由航海技术教学指导分会和航海教育研究分会主办，钦州学院承办的“全国航海技术教学指导分委会暨航海教育研究分会2012年学术年会”在该校召开。

2012年10月10日～10月14日由中国科学院南海海洋研究所和自治区海洋局主办，钦州学院承办的“第七届全国海洋资料同化研讨会暨北部湾海洋环境专题研讨会”在钦州召开。

2012年12月9日～14日，教育部专家到该校进行本科教学合格评估，该校顺利通过本科教学合格评估。

（梁好翠　谭东丽）

北京航空航天大学北海学院

【概况】 北京航空航天大学北海学院以独立学院

的管理模式，经教育部批准，于2005年创办。办学宗旨是：致力培养“高素质、有理论、懂实践、会动手”，适应地方、区域经济和社会发展需要的国际化、应用型人才。校园占地总面积79.92万平方米。该院下设党政办、宣传部、人力资源部、教务处、学生工作处、团委、计划财务处、总务处、保卫部、图书馆、招生工作部、就业工作部、国际交流中心、后勤服务中心、基建处、采购中心等机构；有8个专业学院，26个专业。面向广西、广东、四川、云南、海南、新疆等28个省（自治区）招生。到2012年末，该院有全日制在校生9812人。

到2012年末，该院有在职教职员工566人（不含采购中心、基建处、后勤中心），专任教师436人。其中，具有正高技术职称43人，副高技术职称66人，中级技术职称175人。博士7人，硕士研究生学历287人，大学本科学历140人，大专学历2人；享受政府特殊津贴科技人员3人。

院长：牛泽民（2010年10月～）

【科技队伍】 2011～2012年，该院通过在职培养、学术交流和科学研究等途径，不断提升团队成员的学术水平，同时加强高素质创新型人才的培养，逐渐形成了高、中、初级职称分布均匀并日趋成熟的科研团队。其中，一批杰出的科研专家担纲，对该院各学科的科研发展起着至关重要的作用。罗万春，理学博士、教授、博士生导师、国家自然科学基金委同行评议专家，曾先后主持由国家自然科学基金委、农业部、国家民用航空局、新疆维吾尔自治区科委、卫生厅、山东省科技厅、教育厅下达和与企业联合研究开发项目多项，在《Pesticide Biochemistry and Physiology》《Biopesticides International》《昆虫学报》《中国农业科学》《植物保护学报》和《农药学学报》等国内外重要学术刊物上发表科技论文百余篇，重要论文被SCI收录，获国家知识产权局授权发明专利2项。李成贵，博士、副教授、中国计量学会高级会员，《中国机械工程》特邀审稿，《火力与指挥控制》特约审稿，科技部科技型中小企业技术创新基金项目评估专家评审，教育部科技发展中心基金处评审专家，北京市自然科学基金评审专家等。从事于计算机测控技术、虚拟测试仪器、微纳米表面的综合特性检测及相关技术研究和开发工作。在国际著名杂志《WEAR》《Int. Manuf. &Mach. Tools》，及国内《机械工程学报》《仪器仪表学报》《计量学报》《摩擦学学报》等核心期刊和国际会议发表论文80多篇。共单（合）编著作3部；主持和参加国家和省部级科研项目20余项，其中获省部级科技成果一等奖1项、二等奖1项。张家耀，研究员、教授，完成有“关于Ada语言编译器及其在远程反坦克导弹控制技术中的应用，加速度传感器，单片机监控处理的火警告警装置的研究，永磁非均匀场PIG低温固体离子源”等科研项目，曾获得部级科技进步三等奖，并有发明专利。周明勇，教授、高级工程师、日本大阪市立大学电气工学科工学博士，曾在澳大利亚墨尔本大学、新加坡（法国）汤姆申多媒体公司、新加坡（荷兰）飞利浦电子公司从事软件开发、项目管理和高级咨询工作，具有丰富的教学、科研以及管理工作经验；靳涵身，教授、博士，曾出版著作9部，发表论文20余篇；何为民，副教授，获日本国立新潟大学博士学位，博士后，曾独立承担新潟县国际交流中心的研究课题，在日期间参与多数课题的研究工作。

该院为引进和留住这些优秀人才，以培养接班人，一是继续沿用原有的人才引进政策，不但向其提供高额的工资待遇与优越的生活条件，还配套出台《北京航空航天大学北海学院教师参加国内外学术会议的暂行规定（试行）》。通过资助合格教师参加国内外学术活动与会议，取长补短，不但提高了教师的教学业务与科研水平，而且扩大了该院在国内外的影响。二是合理利用本校人才资源，加强专家队伍建设。2012年响应北海市科学技术进步奖励委员会办公室和北海市科技局相关科研工作部署的要求，该校向北海市科学技术进步奖励委员会办公室推荐了1名科学技术进步奖励委员会委员候选人；向北海市科技局推荐了3名本级科学研究与技术开发项目评审（验证、鉴定）专家，5名科学技术专家和1名科技项目评委。

【科研项目与经费投入】 2011～2012年，该院共承担各级科技项目31项，获科研拨款，14.5万元。其中，自治区教育厅项目9项；校教改项目22项。在项目申报方面，2011年各类项目共计15项，2012年各类项目共计46项，较上一年增长了3.06倍；在参与人次方面，2011年有88人次参与项目，2012年参与项目人次上升为348人次，较上一年增长了3.95倍；在经费投入方面，2011年各类项目的经费投入共计4万元，2012年各类项目的经费投入共计10.3万元，较上一年增长了2.57倍。

北京航空航天大学北海学院
2011～2012年项目与经费资助统计表

年度	教育部人文社科类研究项目	自治区教育厅项目（项）			自治区科技厅项目（项）	校教改项目（项）	合计（项）	项目参与人次	资助总额（单位：万元）
		高教处项目	思政处项目	广西高等学校人文社科研究项目					
2011年	0	4	0	0	0	11	15	88	4.00
2012年	10	5	3	14	3	11	46	348	10.30
合计	10	9	3	14	3	22	61	436	14.50

【科技成果与转化】 2011～2012年，该院取得科技成果27项。取得获奖成果3项，全国第七届先进生产力理论与实践成果奖评选特等奖1项；中国高等教育学会教育数学专业委员会第二届四次理事会暨2012年学术年会上荣获学术论文一等奖1项；自治区教学成果奖三等奖1项。发表论文60篇，这些论文涵盖了自然科学、人文社科、经济与管理、文学艺术及美学语言类。出版专著（含教材）9部，参编教材5部，这些专著和教材涉及有IT、外语、经济、管理、旅游、广播电视、建筑和艺术等领域。

《再论提高粮价》是该院经济与管理学院卢嘉瑞教授的论文，在第七届全国先进生产力理论与实践成果奖颁奖大会上荣获特等奖。粮价上涨是大势所趋，提高粮价是顺势而为，是增加农民收入的最有力杠杆，是确保农民收入的根本。提高粮价不仅不会引发通货膨胀，在粮食和食品类供应紧张的状况下，提高粮价还有利于平抑物价、抑制通胀。需要注意的是在增加对农民的各种补贴和提高粮价的过程中，应及时解决相关的问题，确保中央的惠农政策落到实处。近十年来，卢教授多次在各类会议和有关文章中强调提高粮价是增加农民收入的最有力杠杆。该论文在此基础上对这个观点作了进一步的阐发和论证。该论文发表在国际学术交流期刊、全国中文核心期刊、中国人文社会科学核心期刊、中文社会科学引文索引（CSSCI）来源期刊《中州学刊》2010年第2期。论文发表不久，即被中国人民大学《农业经济研究》2010年第7期全文转载。

《有限递推法与待定系数法的比较》是该院数学教研室主任方有康教授的论文，在中国高等教育学会教育数学专业委员会第二届四次理事会暨2012年学术年会上荣获学术论文一等奖。求常数系数非齐次线性微积分方程的特解，一直是大学《高等数学》和《微积分》中的难点。中外教科书上采用了百年的“待定系数法”方法繁琐，不易编程，只能解一些简单问题。方教授发表的解决这一问题的“有限递推法”简单易懂，便于编程，能彻底解决这类微积分方程的求解问题。中科院张景中院士高度评价该方法并推荐将其写进科学出版社的《高等数学新讲》一书。方教授的这次获奖论文从计算复杂性分析的角度证明了，即使是对教科书上为讲“待定系数法”而采用的二阶低次常系数非齐次线性微分方程，“有限递推法”也明显优于“待定系数法”。该论文对最流行的同济大学《高等数学》第六版中这类问题的所有例题，同时用这两种方法解题，更有力地支持了上述结论。

《卢嘉瑞选集》第一卷《消费经济学文选》该选集由卢嘉瑞教授发表的57篇消费方面的论文组成，大体上包括9个部分：中国城镇居民的时间消费和消费结构；中国农民消费；消费教育；消费与消费需求的新观点；消费品过剩、扩大消费需求与提高消费率；消费信贷；把提高生活质量放在首位；提倡科学消费，反对消费主义；可持续消费。在这57篇论文中，卢嘉瑞较早地提出了一些独到的具有创新意义的理论和观点，主要是：关于中国农民消费结构的理论、中国农民消费城市化的观点、消费教育的理论、不是市场或市场机制而是消费需求的实现对资源配置起基础性作用、消费的新界定、当前应把提高生活质量放在首位、环保主义与人道主义和谐的观点和主张等。

【人才与创新团队】 2011～2012年，该院在不断调整和优化教研科研管理规定，高度重视项目管理的改革与创新基础上，还建立起了一批结构合理、求实创新，专业水平较高的科研团队：如规划与生态学院除了在城乡规划专业组建“双师型”的教学团队，还从本院师资结构考虑，由博士、硕士组成的科研团队1个，该团队中有高级技术职称9人，中级技术职称26人，其中“双师型”教师6人；旅游管理学院形成具有高中初级技术职称科研团队1个；经济与管理学院从引进高级技术职称教师着手，组建经济、管理类的科研团队共3个。此外，该院还有科研型的教授、博士生导师4人，其中享受政府特殊津贴科技人员3人，这些高层次的科研型人才，不仅引领和指导了该院科研工作，还促进了该院科研人才队伍的建设。

【科研平台建设与科研仪器】 2011～2012年，该院加大科研平台建设力度，原有的非线性编辑实验室、硬件实验室、Linux嵌入式实验室、演播室、播音室、规划综合实验室与酒店实训基地等的基础上，增设了造型基础实验室、建筑设计实验室、风景园林设计实验室、园林与生态实验室、模型实验室、城乡规划设计实验室、经济与管理实验室等科研活动的实验场地。为便于教学实验与科研活动的开展，在原有的科研仪器基础上，该院又配备了一系列仪器设备。如锐刻雕刻机（含软件）；数字移频功放；嵌入式网络中央控制系统；ARM高级仿真器；REAL6410开发板套件；REAL210开发板套件；音视频数字光端机；SIP路由分发转发服务器等。

【重点学科建设】 该院规划与生态学院的城乡规划专业，2006年3月经教育部批准开设，同年开始招生。至2012年末有五届毕业生，在校生309人。该专业学科依照教育部和国家城乡规划专业指导委员会的规定，结合广西和北部湾经济区人才需求，发挥生态学专业特色，深化跨学科、专业培养学生的理念，创建理论与实践相结合的特色人才培养模式，如今已经形成了鲜明的专业培养特色。在此基础上，该院更积极推进该专业的创新课程建设，在原有的《生态学原理》、《普通生态学》等生态课程之外，又增加了《规划生态学》与《建筑生态学》两门课程作为专业的主干课程，并大力支持专业教材的编写工作，这两本自编教材已被列入《广西壮族自治区高等学校优秀教材计划项目》。2012年该院的“城乡规划”专业获广西高等学校特色专业及课程一体化建设项目立项，《规划生态学》和《建筑生态学》2门课程列为特色课程。此项目的取得，有助于推进该院专业建设与人才培养，为该院其他专业的建设和改革起到示范和带动作用。

【科技交流与合作】 该院注重营造科研气氛，加强内外交流。加大投入，建立教学、科研活动实验室与试验场地。除不定期举行各种形式的校内科研交流会之外，还积极资助各学科骨干教师参加省部级及以上科研学术活动会议。2011～2012年，该院教师参加省部级及以上科研学术活动会议共计11次，参与人员达25人次。请校内外专家、教授出面指导科研工作外，借鉴国内外最新研究成果，把握国内外有关学术动态，并以此鼓励教师理论创新、方法创新，加强对实践问题的研究。该院多次组织校内管理人员及骨干教师到北京、郑州、武汉、南宁等地参加各类会议及培训等。

【产学结合】 该院获得立项的2012年度新世纪广西高等教育教学改革工程项目“独立学院艺术设计专业珠宝饰品设计方向课程设置探索”，立足当今珠宝设计行业的迅猛发展与对专业人才的需求，同时结合利用北部湾当地的特色——南珠，努力分析与探求培养珠宝设计方向人才的途径与方法，争取形成独具特色的培养模式，并为该院办学增加了新的特色。该项目于2012年底已与北海国发南珠宫珍珠首饰制造有限公司建立了产学研相结合的教学模式。

【重要科技事项与活动】 “百家讲堂”是该院为落实“科教兴国、科教兴桂”战略，为丰富学生校园文化生活，开拓大学生视野，推动校园文化建设而建立的高学术交流平台。2011～2012年，举办了12场次高水平的学术讲座，有4000多人次参加。一批自治区内外著名学者应邀到学院讲学，中国飞行试验研究院教授、型号飞行试验总工程师，美国波音商用飞机高级专家工程师，长期从事飞机飞行实验研究及飞行空气动力学研究的宫西卿教授；商务部反垄断局局长尚明；中国动漫集团中娱文化股份有限公司事业发展部总监刘伟；广西社会科学院、广西北部湾发展研究院吕余生；中国管理科学学会理事张竹筠等。

2011年8月该院承办了中国高等教育学会教育数学专业委员会第二届第三次理事会暨2011年学术年会，来自北京航空航天大学、同济大学、北京师范大学、广州大学等全国各大高校的数学专家和老师齐聚北海，共同研讨新时期下高等数学教育的科研方法与成果。2011年11月该院卢嘉瑞教授在郑州航空工业管理学院召的全国第十五届消费经济理论与实践研讨会上作了题为《扩大消费：中国面临六大挑战》的主题报告，来自全国20多所高等院校的60多位理论工作者出席了会议。该院为普及知识产权知识，并增强师生合法保护、利用专利的意识，2012年10月特邀了北海市知识产权局、北海市科技局和北海市专利代理所相关负责人到该院举行了知识产权及专利知识的专题讲座。

（文望名）

科技服务体系

生产力促进中心

【概况】 生产力促进中心数量和从业人员 2011～2012年，广西生产力促进中心发展相对稳定，截至2012年底，中心总数为102家，其中辖区内共有国家级示范生产力促进中心8家，自治区级示范生产力促进中心20家。近两年，广西的生产力促进中心大力开展品牌服务，吸引了越来越多的高素质人才和年轻团队加入到生产力促进中心的行列中来，壮大了全自治区生产力促进中心的人员规模。据对102家生产力促进中心统计数据显示，截至2012年底，全自治区生产力促进中心从业人员1087人，其中大专学历以上的有913人，占总数的84%；具有学士学位的491人，占总数的45.2%；具有中级技术职称的439人，占总数的40.4%；具有高级技术职称的224人，占总数的20.6%；50岁以下的中青年人占总数的82.8%。

资产及投入状况 2011～2012年，全自治区生产力促进中心累计拥有资产总额达7.97亿元，其中固定资产3.55亿元，拥有办公面积64585.6平方米；各中心用于开展技术服务等活动的技术装备台数达3127台，其中电脑1358台。投入方面，各级政府继续积极扶持生产力促进中心的发展，据统计，2011～2012年，各级政府对生产力促进中心的投入总额达14768.2万元，其中科技部拨款2245.9万元，此外，生产力促进中心还得到了社会其他方面的资金支持，共计5947.7万元。

【服务业绩】 全自治区生产力促进中心继续在完善服务条件的基础上，加大力度开展特色、品牌服务，提高服务能力，拓宽服务渠道，有效提升了服务业绩。2011～2012年，全自治区生产力促进中心共服务企业16587家，联系科研机构2705家，联系专家5889名，为企业增加销售额78.24亿元、增加利税12.4亿元，为社会增加就业岗位7万个；持续开展国际合作，引进项目243项，引进资金4.32亿元；共为各级政府、院所、企业提供咨询服务10.59万次；共采集信息113.2万条，提供信息34.5万条；开展技术服务4474项，技术服务主要以技术推广、技术开发和产品检测为主；共为中小企业及社会各界培训各类人才30.8万人次；共导入技术549项，引进人才1026名，组织交易活动245项。共扶持、培育科技型企业871家，其中毕业138家。

【服务能力建设】 以提升创新服务能力为目标完善生产力促进联盟建设 2011～2012年，以生产力促进中心重点省行动广西试点项目建设为契机，制定和完善了北部湾经济区生产力促进联盟章程、运行管理办法等管理制度等，建立统一品牌、统一管理、统一规范的集团式服务联盟，搭建了“广西科技文献共享服务平台”“广西中小企业创新科技服务网”“视频咨询系统”等信息服务平台；在全自治区14个市生产力促进中心及4个高新区创业服务中心建立了标准化、连锁式“一站式”服务大厅；同时，促进产学研结合，开展对外合作与交流，组织专家队伍统一开展难题攻关和服务，逐步建立起自治区、市、县三级良性互动、行业和区域中心有机结合的沟通协作机制，实现全自治区生产力促进中心的集成联动和资源、服务的协同，提升服务绩效。选择广西生产力促进中心、北海市、钦州市、桂林市、柳州市、梧州市、现代物流、节水灌溉、北流市、兴安县、横县、宜州市等12家生产力促进中心作为示范中心，通过强化能力与服务业务建设，搭建了“国际工业分包服务平台”“知识产权服务平台”“科技成果转化公共服务平台”“科技咨询服务平台”“科技型中小企业融资服务平台”等一批公共服务平台，使各中心服务条件明显改善，服务手段不断优化，形成1～2项具有核心竞争力的特色品牌服务，主导业务进一步明确，培育了一批国家级和自治区级示范生产力促进中心，示范引领和辐射带动本区域或本行业其他生产力促进中心共同发展。

以切实惠民为根本宗旨推进“两服务”行动　2011～2012年，持续推进生产力促进中心“服务产业集群、服务基层科技”的“两服务”行动，制定《广西生产力促进体系“服务产业集群、服务基层科技”专项行动实施方案》，增强生产力促进中心的发展动力。一是服务产业集群方面，开展生产力促进中心进园区活动，深入园区为产业集群服务。如广西生产力促进中心进驻柳州高新区，派驻科技创新服务专员，建立科技创新服务中心。同时引导和支持生产力促进中心围绕“一村一品，一县一业”发展目标，如培育和促进兴安县的罗汉果和葡萄、巴马的火麻、横县的茉莉花、宜州的桑蚕等地方特色产业集群发展。二是服务基层科技方面，以具体负责实施自治区党委组织部和自治区科技厅“党员科技教育‘动车组’项目”为抓手，深入开展“两服务行动”，将党委组织部门党员教育的网络优势和科技系统的信息资源优势强强联合，服务广西县域特色产业。截至2012年底，全自治区范围内共建立500户党员科技示范户，56个科技种养示范基地，为1.8万个党员科技教育示范点配备“一卡、一刊、一报”(数字科技图书馆学习卡、《农村新技术》杂志、《产业最新情报》)等科技资源。

以解决中小企业融资难题为核心推动科技金融服务　2011～2012年，根据科技部《促进科技和金融结合试点实施方案》，自治区科技厅、财政厅联合制定并下发《广西科技创新引导专项资金管理办法》，科技创新引导专项资金由自治区财政设立，主要用于专项科技贷款项目的贴息，视运作情况和广西科技创新事业的发展，积极探索阶段参股、跟进投资、风险补助等方式。《办法》还对专项资金的日常管理、贴息范围与条件、贴息资金的申报与拨付、管理与监督等方面进行了详细的规定。自治区科技厅还结合实际制定《广西科技贷款贴息资金运作实施方案》，并委托广西生产力促进中心具体负责对该资金的运作和实施。广西生产力促进中心以科技金融各项政策为依据，制定了《广西科技创业投资引导基金管理办法》，通过资源、资金和人才三种方式与金融机构签订战略合作协议并开展合作，共建科技型中小企业融资服务平台。这些重要措施在发挥政府财政投入的引导作用，鼓励金融机构等社会资金加大科技投入，解决中小企业融资难题，促进科技成果转化和产业化等方面起到了积极作用。

以服务重大产业、优势产业为重点开展技术创新服务　2011～2012年，各示范生产力促进中心选择或联动选择1～2个广西千亿元产业或地方特色产业开展技术创新服务，通过建设产业科技创新服务平台，为示范服务企业产出新专利、新技术、新科技成果、新产品和新方法提供共性难题技术攻关、产业竞争情报、专利策划包装、创新方法、投融资等科技创新服务，攻克一批产业共性关键技术，引进和转移一批先进科技成果，推动广西千亿元产业、地方特色产业及企业的创新发展。以重点省行动广西试点为契机，围绕广西主导和优势产业，建立了15个以生产力促进中心为主体的特色创新服务平台，如广西科技文献共享与服务平台、生产力促进中心综合性公共服务与管理平台、中小企业创新科技服务网、广西引进创新科技服务网、广西现代物流公共技术服务平台、桑蚕产业技术创新服务平台等，大力提升生产力促进中心服务区域经济发展的能力；建成千亿元产业数据库4个，钦州坭兴陶数据库1个，梧州松脂产业资料库13个，为平台的服务提供了更为丰富的信息资源。围绕广西地方特色产业开展专业化、产业化服务，帮助地方培育汽车、罗汉果、林化、制糖、蚕桑等一批具有地方特色和竞争优势的产业集群。这些都为广西地方特色产业的发展提供了全面、有效的技术支撑。

(蒋浩洁)

广西科技评估与科技开发

【概况】　中国科技开发院广西分院的主要业务包括：科技项目评估、科技成果推广、科技开发咨询和科技期刊出版。该院下设机构有广西科技项目评估中心、广西科技经济开发中心、广西清洁发展机制服务中心、广西糖业生产力促进中心和南宁大众科技杂志社。

广西科技项目评估中心　为科技与投资活动提供科技评估、技术咨询和招投标代理。主要承接广西科技计划项目立项评估，包括广西技术开发项目、自然科学基金项目、软科学研究项目等。

广西科技经济开发中心　科技项目的开发、中介服务，促进科技成果商品化、产业化；为各级政府部门、行业、企（事）业单位科技开发业务发展和产业开发提供咨询服务；科技项目投资、参股、合作。

广西清洁发展机制服务中心　促进减少温室气体排放，促进多边合作，引进国外资金和先进技术，挖掘广西潜在的CDM项目并具体实施项目的开发。

广西糖业生产力促进中心　开展甘蔗糖业项目研究开发、技术咨询、技术诊断、技术培训、技术交流和成果推广，促进广西糖业技术进步。

《大众科技》杂志　由自治区科技厅主管，中国科技开发院广西分院主办的国内外公开发行的学术性期刊，主要刊发科学研究、工程技术、科学管理等方面的学术论文。

2011～2012年，该院推动发明专利的申报工作，在2011年首次成功申报3项发明专利的基础上，2012年又申请了4项发明专利。至2012年末，该院共有公开发明专利5项，在拥有自有知识产权方面迈出了重要的一步，改变了该院无自主知识产权的状况，为今后开展专利咨询服务，特别是帮助企业提炼并形成发明专利，配合政府的发明专利倍增计划，打下良好的基础。2011～2012年，该院发表学术论文52篇，其中SCI、EI收录2篇，中文核心9篇。“无色松香季戊四醇酯产业化关键技术研究”项目获得2012年度广西科技进步奖二等奖，实现了省部级科技进步奖二等奖以上零的突破；“环保高效汽化旋风燃硫炉关键技术研究与应用”项目获得2012年度广西科技进步奖三等奖。《大众科技》杂志坚持以服务基层科技人员为宗旨，不断提高刊登论文质量，进一步完善和规范编辑校对流程，努力打造“优秀期刊”“核心期刊”。2011～2012年共出版24期刊物，累计登载论文2455篇。

【科技评估】　2011～2012年，中国科技开发院广西分院共完成自治区科技厅和社会各界委托受理各类项目7455项，国家重点新产品计划项目43项。完成“350重大科技攻关工程”946个项目的监理工作，提交监理报告1444份。

该院更新了专家库，查询更新专家库的资料信息，完善自然基金专家库、科技计划项目管理信息系统的技术修改与维护，目前基金专家6820人，其中自治区内专家2300人、自治区外专家4520人。组织专题小组对自治区科技厅高新处、农村处、社发处、成果处、国际合作处，桂林理工大学、桂林电子科技大学、桂林医学院、广西师范大学、广西柑桔研究所、广西茶叶研究所等高校和研究所进行座谈调研，对年度科技项目（课题）的网络评估系统、评估指标、项目（课题）申报指南等进行了充分的交流和讨论，参与调研的领导和专家对今后评估工作改进提出了许多有益的建议和意见。与软件设计公司进行项目对接，组织筹建广西千亿元项目监理系统，已初步完成了科技项目监理信息系统开发框架设计、功能需求分析、测试、运行工作，并试用于2012年度“350工程”报验监理。

【科技研究与开发】　*申报、承担各级别科技项目*

承担国家“863”计划课题。该院组织申报的“高掺合比工业固废水泥制成清洁生产新技术集成与示范”课题作为国家“863”计划“多元固废复合制备高性能水泥及混凝土技术与示范”课题的子课题，于2012年3月由国家科技部下达任务书，11月7日在贵港市举行课题启动仪式，自治区科技厅党组书记陈大克出席了启动仪式。该课题是广西港桥水泥有限公司、中国科技开发院广西分院和桂林理工大学共同承担的产学研高科技项目，致力于水泥生产模式创新，采用新技术、新工艺、新配方，利用工业固废进行水泥生产。该课题的成功，标志着该院承担国家级课题零的突破。

国家科技支撑计划课题。该院参加的国家科技支撑计划课题“我国主要行业温室气体核算、报告、核查技术研究”，获得了国家科技部立项批准，实现了该院承担国家科技部支撑计划项目零的突破。该院组织编制项目实施方案、经费预算等，制订了课题的工作思路及工作计划，确定以广西水泥、化工（电石）行业为试点，进一步探讨主要行业温室气体核算、报告、核查技术，并参加在长沙召开的行业节能减排温室气体MVR技术工作研讨会。

国家发改委项目。该院是自治区发改委委托的“广西省级温室气体清单编制”项目的总负责单位，“广西2005年省级温室气体清单编制”获得国家发改委的立项资助。两年来，做好项目总协调、总清单的编制工作，参加在北京召开的2011年中国清洁发展机制基金赠款项目启动会，根据《赠款项目资金管理暂行办法》的要求，编写广西2005年省级温室气体清单编制资金预算申报书，并上报国家发改委。工业过程温室气体活动数据收集统计已全部完成，编制了工业过程领域温室气体分清单，编制完成广西省级温室气体清单初稿（工业工程）。

自治区本级科技计划项目。2012年，该院继续实施在研的各类科技计划项目，开始实施本年度获得的"水泥绿色制成技术集成应用示范"等18个立项项目，同时组织合作申报2013年"日产1000吨熟料及以上规模新型干法水泥生产线绿色制造技术国际合作推广与示范""制糖生产效率和产品质量提升技术集成推广示范""硅锰合金炉渣循环利用关键技术及工艺的研发""广西特色药材三叶青良种繁育及种苗质量标准研究"等项目25项，申请项目总经费达1415万元。

【优化创新平台】 以"863项目——高掺合比工业固废水泥制成清洁生产新技术集与示范""大宗废渣、赤泥、低碳资源化生产强快硬水泥的研究"、水泥产业共性关键集成推广示范项目为契机，建立广西科力建材生产力促进中心平台，与桂林理工大学、广西建材院等为共建水泥领域共性技术研发及推广应用平台。

以承担国家发改委项目"广西2005年省级温室气体清单编制"为契机，推动该院与广西大学、广西师范学院、广西林业勘察设计院共建广西应对气候变化科研平台，支持该院创建温室气体核算、报告、核查研发团队。

以"基于RFID的生猪产业信息化综合服务平台技术研发"项目申报，国家重大储备项目，"面向典型产业的云端融合信息集成技术与示范应用"申报，逐步形成产学研合作团队。

以广西循环经济产业技术创新战略联盟的成立为契机，积极推动该院与联盟成员共建创新平台。该院与广西民族大学、广西城投广庆环保有限公司已开始筹建"广西危险固废处置与资源化利用工程技术研究中心"，并开始对"废弃印刷线路板绿色回收与资源化关键技术"展开研究。该院与广西工学院、广西顺意来生物科技有限公司共建"广西淀粉糖工程技术研究中心"，并向自治区科技厅进行了申报，共同开展了在自治区科技厅立项的科技特派员项目"淀粉糖清洁生产技术集成与产业化开发"的研究。

以"环保高效汽化旋风燃硫炉关键技术研究与应用"（已在20多家糖厂中推广应用）和新型糖汁澄清剂的共同研发为契机，广西工学院与该院和广西农垦糖业集团共建了"广西糖资源绿色化学与工程协同创新中心"，已获自治区教育厅下文批准成立。

以"硅锰合金生产、炉渣循环利用关键技术及工艺的研发"为契机，该院与有色集团来宾锰业公司组建全方位合作团队，积极开展技术开发、成果鉴定和知识产权合作。

以"无色松香季戊四醇酯产业化关键技术研究"科技进步二等奖为契机，与林科院、北流北周科技公司组成产学研合作团队。

【人才队伍建设】 培养和引进人才，优化人才结构。该院坚持在队伍建设方面进行"专业结构、学历结构、职称结构、年龄结构"调整，重点抓高层次人才的引进与培养。两年来，共引进博士2人、硕士5人。鼓励该院职工参加在职教育，有1人考上博士、1人考上工程硕士。至2012年末，该院职工中有博士5人（含在读）、硕士9人（含在读），硕士以上员工占职工总数的36.8%，初步优化了人才结构。

加强产学研结合，多方位合作，构建联合团队。通过联合申报项目、委托开发、合作培养硕士研究生等多种方式与广西内外高校及院所形成多层次的合作，拓展该院的科技发展空间，进一步推进该院的科技创新工作。与中科院过程工程研究所、广西大学、广西民族大学、广西工学院以及广西师范学院合作培养硕士研究生10多名，与有色集团来宾锰业公司、广西顺意来生物科技有限公司和城投集团广庆环保公司等10多家企业的技术人员实施院企合作组建联合研发队伍。

抓内部管理，建立和完善管理制度、激励机制。明确各部门职能，组织出台了部门的职能说明书，并于2012年4月下文实施。组织制订各岗位的本职概述和岗位职责说明书征求意见稿，待修改完善后在2013年实施。加强并完善财务管理制度，制订了新的成本核算办法，并于2013年正式实施。完善激励机制。组织制订了新的奖励办法征求意见稿，鼓励创收。组织制订新考勤制度的征求意见稿。

（柳　春）

广西壮族自治区分析测试研究中心

【概况】 广西分析测试研究中心是开展分析科学研究和分析测试技术服务，为社会提供优质的分析测试技术研究服务的研究型单位。2011～2012年，该中心围绕自治区党委政府提出的“强基础、提能力、促发展、惠民生”的科技发展战略，积极作为，在分析测试技术研究服务方面，为广西科技创新提供了强有力的技术支撑。

【科研情况】 2011～2012年，该中心在科研立项上有了新的突破，首次获得国家科技部中小企业创业基金项目立项，首次制订国家工信部行业标准（主持1项参加2项）。共获得科研立项39项，其中科技攻关8项、自然基金3项、平台建设8项、科技部中小企业1项、自主基本科研业务立项19项。

2011～2012年，该中心获广西科技进步奖二等奖1项，批准专利1项，发布标准13项（其中广西地标12项、行业标准1项），发表论文69篇，其中在核心专业期刊发表的论文有50篇。

【检测能力】 2011～2012年，该中心努力培育“广西食品安全检测技术及标准研究重点实验室”，推进“全国仪器分析测试标准化委员会大型仪器检测方法分技术委员会”的成立和日常工作的开展。在改善实验室基础基条件、加强科技人才队伍建设、开拓分析测试服务领域、构建科研合作框架等重点环节有了新突破，并发展成为广西最具规模和实力的检测机构之一。

检测能力的建设和检测资质是中心对外开展检测技术服务的必要条件和从业的保证。2011～2012年，该中心检测能力上取得进步：顺利通过农业部和自治区农业厅的无公害农产品定点检测机构现场考评认证工作考评，维持了农业部无公害农产品定点检测机构资质，维持了农业部绿色食品产地认证授权，有机食品产品、产地认证授权和农产品地理标志品质鉴定检测机构授权；在环保部“全国重点地区环境与健康专项调查”试点地区实验室检测能力核查专家组的现场考核工作中，该中心顺利通过了专家组的检测能力考核及检测数据质量的审核，获得委托检验资质。获得了农业部推荐的土壤肥料质量检验机构资格；通过了中国合格评定国家认可委员会专家组的现场复查评审工作，维持了CNAS的检测能力资质；通过了该中心和质检站的计量认证实验室资质认定复评审。此外该中心和质检站在首次食品检验机构资质认定现场评审工作中获得了CMA、CAL和CMAF资质，增强了该中心的检测能力。

2011～2012年，该中心投入资金960万元新添置了X射线荧光光谱仪直读光谱仪、全自动氨基酸分析、空气质量监测系统等10多台（套）的先进仪器及50多台（套）的小仪器设备，充实了实验室的装备，提升了中心的科研能力和检测能力。

【重点服务】 该中心时刻牢记检测机构的社会责任，关注社会热点，面向政府公共安全应急检测需求，全力协助有关政府监管部门做好质量监督。

农产品“三品一标”的检测工作 该中心受自治区农业厅的委托，完成无公害产品、产地样品，有机产品、产地环境样品，绿色食品产地样品，地理标志产品检测任务，为广西农产品向高品质发展做出积极的贡献。

食品、药品安全检测技术服务 该中心对社会上出现的药用有毒胶囊和用色素涂脐橙的情况，该中心能第一时间介入，快速、精准为社会科学提供科学的数据。

家居环保、环境质量空气检测技术服务 该中心与《南国早报》绿色家园周刊长期合作，开展家装环保知识宣传及现场检测，组织人员到各个社区宣传普及空气污染与环保健康的常识，把更多环保、低碳理念带给消费者。

此外，该中心还努力提高城乡居民饮水安全检测技术服务，致力于广西农产品产地土壤重金属污染防治普查专项检测和龙江河水质重金属污染专项监测等环境项目监测。

【大型仪器协作共用网建设】 继续管好用好大仪协作网专项补贴资金，大仪协作网为科研院校、中小企业提供了检测研究技术服务的775个科研项目。

大仪协作网资源整合取得明显成效 到2012年末，累计加入大仪协作网的仪器达到942台，总价值6.5亿元，入网单位达到111个。

摸清家底，为科技决策服务 受自治区科技厅、财政厅的委托，该中心承担了科技部“全国科技基础条件资源调查”广西工作。每年进行一

次全面调查，摸清广西大型科学仪器设备、各类研究实验基地、各级植物、动物、微生物种质资源保藏机构、生物种质资源信息及高层次人才等科技资源家底，为自治区科技厅科技决策提供数据参考。

大仪协作网服务体系建设取得新进展 2011年启动实施了广西大型仪器协作共用区域服务体系建设，建立了依托区域中心为主的全自治区大型仪器协作共用服务体系管理新格局。南宁区域服务中心主要面向东盟各国，着力打造食品安全和公共卫生等专业检测领域特色服务品牌；柳州区域服务中心立足服务广西汽车、机械千亿元产业发展，着力打造汽车及零部件检测服务品牌；桂林区域服务中心围绕服务广西冶金和有色金属千亿元产业发展，着力打造有色金属、地球化学、环境、新材料成分、结构和物理性能检测服务品牌；梧州区域服务中心重点整合该地区现有出口产品检测相关力量，为广西及梧州地区轻工业产品检测提供技术服务。2012年再与河池市科技局联手，共同筹建成立了大仪协作网河池服务中心，为河池地区有色金属与环境保护、长寿食品等地区特色产业提供技术服务。

借助项目，推动科研能力的提升 该中心组织策划了“广西大型仪器协作共用网服务体系建设——食品药品公共安全检测技术服务平台建设”专项，立项12项，由大仪协作网成员承担完成。

（宋苏环）

广西科技信息网络中心

【概况】 广西科技信息网络中心是自治区科技厅直属事业单位，首批广西科技创新金源单位，科技部第一批认定的农村信息化基地，自治区和国家级技术转移示范机构。2011～2012年，立足政府信息化领域，围绕网站建设、互联网增值服务、电子商务系统解决方案、系统集成、专利信息服务、国际科技信息交流合作等方面积极开展IT前沿技术的开发研究及示范推广，面向广西基层农村、科技机构、企事业单位、科研院所及东盟国家用户等，提供个性化、专业化的科技信息服务。截至2012年末，中心在职人员58人，其中研究生学历以上29人、高级专业技术职称6人、中级专业技术职称17人。国务院特殊津贴专家、广西优秀专家、广西青年科技奖获得者1人。广西“新世纪十百千人才工程”第二层次人选2名。2011～2012年，中心先后被评为国家和自治区级技术转移示范机构，获得第五届、第六届中国技术市场协会金桥奖先进集体、全国知识产权局系统政府门户网站先进地方子站单位、广西西部大开发突出贡献集体、广西科技活动周新闻报道先进集体、广西科技活动周20周年先进单位等荣誉。

【研究与开发】 2011～2012年，中心共承担科学技术研究与开发项目21项，总投入经费2950万元，已完成项目12项。

【科技成果与推广】 2011～2012年，中心共取得科技成果2项，获奖成果2项，其中获广西科技进步奖三等奖1项，广西测绘地理信息科学技术奖二等奖1项。负责的“中国—东盟科技合作与技术转移信息服务平台”项目荣获第八届中国—东盟博览会农村先进适用技术暨高新技术展优秀参展项目奖。

大宗现货电子商品交易平台交收配对管理系统的研究与开发 该项目研究和开发的基于新型配对模型及算法的交收配对管理系统V1.0从根本上改变大宗商品电子交易实物交收配对方式不合理、交收配对效率低下、实物交收比例不高的难题。可为各类电子交易市场提供个性化的交收配对原则定制和系统间数据同步功能，可优化配置交收地点和运输线路，形成标准化、自动化、可交互的集交收申报、配对、交割和运输招标跟踪管理为一体的开放式交收服务管理平台，支持异地交割和就近提货。该成果获2012年广西科技进步奖三等奖。

中国—东盟区域性科技数据综合信息服务平台技术开发与集成 该项目整合广西与东盟国家科技信息资源，制订统一数据标准和共享机制，通过对Web 2.0异步数据交换、基于Server的Web GIS、基于CTI的呼叫中心、网络数据存储与传输安全等关键技术的研发与集成，开发区域性科技综合大型数据库，建成一个具备区域性科技数据中心、服务中心和管理中心所需功能的科技数据管理与运营技术支撑平台。该成果获2011年广西测绘地理信息科学技术奖二等奖。

【科技信息化建设】 2011～2012年，该中心不断提升服务能力、拓展服务领域、完善服务平台、强化服务质量，扎实推进科技信息服务工作。

科技信息服务网建设　改版优化广西科技信息网政务版门户网站，新增在线办事及公众互动服务等新栏目，建成覆盖区、市、县三级科技管理部门的电子政务外网体系，三级科技管理部门全部接入国家政务外网平台。提升广西科技信息呼叫中心服务功能，为科技项目全过程管理提供更完善更优质的功能服务。完成中国—东盟区域性科技成果转化与服务平台、东盟GIS地理系统、东盟划词翻译工具系统、广西科技计划业务管理信息系统等改版升级，科技政务信息化水平进一步提高。

农村信息化建设　2011～2012年，该中心相继完成呼叫中心农村科技分中心建设及农业百科数据库系统建设及资源采集、录入工作。推进第三期城乡风貌工程，指导建设50个科技信息化示范村，通过现场信息咨询与服务、互联网信息专题等方式开展农村科技信息应用与服务，构建农村科技信息综合服务平台，通过平台尝试开展农产品电子销售服务，组织3期农产品团购活动，覆盖崇左、河池、来宾、柳州等市，促成农产品销售额300多万元。

面向东盟国家的科技信息服务　2011～2012年，围绕广西特色支柱产业，建成广西凭祥万通国际物流有限公司（物流行业）及广西华讯电子商务有限公司（生物质行业）两个行业节点，为中国及东盟国家的用户提供行业咨询及专家指导服务。完成中越农业、经贸双语在线词典电子翻译系统的部署，具备中越、越中单词双向互译、划词翻译、模糊翻译、词汇库扩展等功能。推进跨国技术转移服务，已与越南、泰国、新加坡等东盟国家专业机构签署合作协议，共建信息服务节点。

专利信息化公共服务能力建设　2011～2012年，该中心对广西知识产权门户网站进行改版升级，共发布信息4900多条，累计向国家知识产权局政府网报送820多条，建成5个县级子站，加大全部领域专利数据库的大容量数据存储与网站检索服务，数据容量达到3.5TB。与国家知识产权出版社合作建设广西千亿元汽车、机械、食品和有色金属产业专题专利数据库4个，各专利数据库收录数据量均达数十万级。与多家国内知名专利信息服务商开展业务合作，在广西率先引进全球专利检索系统——德文特数据库，为企业提供专利信息检索分析等深度服务培育专利信息服务人员300多人。

【应用信息平台建设】　云数据中心及公共服务平台　中心与华为技术公司等自治区内外科技企业、科研院所紧密合作，依托“云计算技术的中国—东盟科技合作与技术转移平台建设”等项目，开展与云技术相关的分布式计算、云存储、虚拟化、云安全、云资源管理等关键技术研究。牵头建设云数据中心及公共服务平台，面向广西中小企业开放提供云计算技术研发、检测、培训等实验环境与条件，解决中小企业IT基础设施部署门槛高、初期投资大、维护难的现实问题，向企业提供在线的基础IT资源自助服务，有助于提高广西中小企业科技创新能力。

高速公路ETC车道系统、高速公路电子不停车收费清分和运营管理平台　组建ETC研发团队，通过采用高起点、高标准的相关标准规范，对国内其它省区现有的ETC相关技术、小额电子支付技术进行综合整合和集成创新，研究开发了高速公路ETC车道系统、高速公路电子不停车收费清分和运营管理平台、小额电子支付清分和运营管理平台，编写了《高速公路电子不停车收费(ETC)系统及小额电子支付系统技术标准》（企业标准），为广西高速公路电子不停车收费的实施，以及广西小额电子支付的开展及普及奠定了技术基础。

集口岸通关执法和相关物流商贸服务为一体的统一信息平台　根据北部湾经济区的物流发展形势和区域物流信息化发展要求，组织科研院所与相关企业组成大物流信息平台研发团队，按照“国际领先、国内一流”的目标，采用基于GPS监控技术和RFID无线射频识别技术为主的物联网技术、以EDI电子数据交换为核心的大数据应用技术等世界领先技术，研究开发集口岸通关执法和相关物流商贸服务为一体的统一信息平台，实现各类企业、企业与相关政府管理、监管部门之间的数据无缝集成，有助于实现北部湾区域内整个政务、物流商贸网络资源共享互通。

【应用服务与效益】　科技信息公开力度不断增强　优化网站结构、内容和表现形式，重点建设科技部门政务公开信息、在线办事服务、公众信息互动服务等新栏目，实现整合广西科技信息资源和电子政务系统的总体目标，形成具有科技特色的政务性服务门户网站。通过广西科技信息网、广西知识产权局网站、自治区科技厅OA系统、自治区政府信息统一平台自治区科技厅网站、中国—东盟科技合作与成果转化网等站点，发布工作动态信息18200条。利用“科信通”短信平台，支持自治区科技厅自然科学基金项目评估、专利申请用户通知、中国—东盟博览会接待和科技宣传工作，发送短信量20万条次。

科技宣传手段取得新突破 建成科技视频中心，形成相对独立的访谈室和媒体工作室，使科技视频节目制作环境更优化，节目更具专业能力。结合时代宣传方向和特点推出科技电子杂志及专家在线访谈，宣传内容紧扣广西当前科技创新等重点工作，节目更权威更丰富，提升了在广西民众中的公信力。

面向东盟的科技信息服务迈向新台阶 中国—东盟科技信息服务在信息运营、行业应用、技术转移、国际科技项目合作等多个方面取得明显成效。两年共采集发布科技动态、成果等信息8000多条，发送电子邮件杂志近40000份，建立了一个涵盖国内外3500万家企业的大型企业数据库，向东盟国家提供中国先进技术50项，拓展官方微博粉丝用户2300余人。组织参加国际论坛及专题考察9次，邀请境外专家学者开展技术经济交流20多人次，培训东盟国家科技人员30人，开展项目展示、项目推介、项目配对洽谈等活动逾15场次，促进了与东盟国家的科技合作与交流。

农村科技信息服务资源更为丰富 推进广西科技视频资源库的建设、管理、应用。广西科技视频资源库建设总容量达1300 GB，总片源数量达500多部，播放科技培训电视节目总时长达354887分钟，覆盖广西9325个行政村、2183万农业人口，通过电视培训节目培训农民1126万，约占广西总人口的21%。累计拍摄科技新闻、活动类视频67部，向科技部录制报送远程教育专题片3部，其中自制的专题片《家里养龟赚大钱》，获得科技部2011年党员干部现代远程教育“农村科技与应用”专题教材节目优秀奖。

【中国—东盟技术转移中心建设】 2011～2012年，中心获得科技部立项支持，建设中国—东盟技术转移中心，项目资助金额达1100万元，成为中心历史上获得科技经费资助力度最大的项目。该项目站在国家科技外交角度，通过开发和建设“协作网络平台、信息共享平台、资源对接平台、配套服务平台”，为中国和东盟国家之间持续推动技术需求对接，有效促进先进技术和适用技术的双向转移，不断探索双边、多边的科技合作新模式，促进中国和东盟在科技领域的融合将发挥重要的作用。

（姚丽梅）

广西科学活动中心

【概况】 广西科学活动中心成立于1990年，是自治区科技厅直属的事业单位。从2003年起，广西科学活动中心、广西技术市场、广西科技创业中心三个单位实行联合经营、统一管理。2010年10月，自治区科技厅根据科技发展的需要，将广西对外交流中心也进行整合，对上述四个单位实行“合署办公，联合经营，统一管理”，通过加大通过项目支撑发展的力度，强化了其科技服务的公益能力，使之为广西的科技发展做出了显著的贡献。先后承担广西科技活动周、全国科技活动周广西活动、广西参加北京科博会和深圳高交会、中国—东盟博览会先进技术展等大型科技活动的组织筹备与具体会务工作，开展技术转移、科普讲座、科技下乡服务“三农”、科技培训、科技论坛、“三引”科技项目跟踪等系列科技中介服务工作，为广西参与国际国内科技交流、经济合作提供畅通的平台，为高校院所、科技企业的合作提供配套服务。2011～2012年，先后获“广西十月科普大行动先进集体”“全国科技活动周明日科技之星爱心科普行活动优秀项目奖”“全国科技活动周科技报告会优秀项目奖”“第九届满洲里中俄蒙科技展暨高新技术产品展览会优秀组织奖”“第十九届杨凌农高会优秀组织奖及优秀展示奖”“科技厅系统2012年度优秀通讯单位”“科技厅系统2011年度安全生产管理工作先进单位”“2012年青秀区平安单位”“2011年度青秀区社会治安综合治理先进单位”“2011年度南宁市青秀区人口和计划生育工作先进单位二等奖”等荣誉。

【广西科技活动周】 根据自治区党委、政府每年第一周举办“科技活动周”的决定，广西科技活动周由自治区科技厅承办。2011～2012年共举办了两届（第20～21届）广西科技活动周，举办了活动周开幕式暨科技表彰奖励大会、新技术新产品交流交易会、项目配对洽谈、项目推介、职业技能表演、科技人才交流、科技报告、科技论坛、科普活动、科技下乡、科技宣传、科技产品展销等系列活动。每一届科技活动周都紧紧围绕广西科技、经济、社会发展的需要和当年广西科技工作的重点，提炼出一个鲜明的主题。2011年主题是“科技支撑发展，创新引领未来”。2012年主题是“提升自主创新能力，促进发展方式转变”。

科技活动周在形式上，不断进行创新，丰富多彩。2011年是广西科技活动周开展第二十个年头，首次尝试以广西重点行业为主设立专题展区，展示广西汽车产业的发展成果。2012年广西太阳能新产品新技术展示推介会、广西太阳能新产品迎春公益拍卖吸引了众人目光，取得了较好的成效。第20～21届广西科技活动周指标数据情况如下图表。

第20～21届广西科技活动周情况

	第20届	第21届
参加人数（万人次）	4	4
参展项目（项）	2000	2000
签约合同、协议（项）	68	53
成交金额（亿元）	30.06	16.12

【全国科技活动周广西活动】 由科技部、中宣部、中国科协联合牵头的全国科技活动周于每年5月开展。2011～2012年，全国科技活动周中，国家一直以“携手建设创新型国家”为主题，广西活动的主题分别为“携手建设创新型广西，努力实现富民强桂新跨越”“携手建设创新型广西，加快实现富民强桂新跨越”。广西科学活动中心协助全国科技活动周广西活动筹备领导小组，在全自治区范围内组织开展群众性、社会性、多样性大规模的科技活动。内容包括面向公众的科普广场、科普讲座、科技书市、专家科技咨询、科普文艺演出、科普基地开放、科技电影、科教进社区、科技创新成就展览、科普知识竞赛、科普旅游、科技表彰等活动；面向生产实践的科技特派员下乡行、科技歌圩、科技大集、农民科技致富演讲比赛、服务三农科技110、专家网上答疑、科技服务企业、职业技能大赛、科技产品推介等活动；面向青少年的发明创新作品大赛、大学生课外学术科技作品竞赛、贫困地区青少年学生“爱心科普行”、中小学生网络设计大赛等。两届全国科技活动周广西活动全自治区共组织开展了600多项科普活动，其中自治区级活动140项，市级活动200多项，参与群众达1400多万人次。

【北京科博会】 中国北京国际科技产业博览会（简称北京科博会）由科技部、商务部、教育部、信息产业部、中国贸促会、知识产权局和北京市人民政府于每年5月下旬在北京共同举办。主要活动内容有展览会、演讲论坛、技术交易和经贸洽谈、专项交流等。广西参加北京科博会的定位，以发展广西的资源优势为目标，以研发为主，攻关为重，实施引智、引技、引人才工作思路。2011～2012年广西均组团参展参会。

2011年，广西由自治区人民政府组团参展参会，代表团由自治区科技厅、14个市以及企业等400多人组成，组织了33家企业的35个项目参加展览展示，并荣获第十四届北京科博会“最佳组织奖”。组织有技术需求的企业与北京大学、北京航天航空大学等高校院所举行科技座谈交流。

2012年，广西由自治区人民政府组团参展参会，代表团由自治区科技厅、14个市以及企业等400多人组成，组织了36家企业的37个项目参加展览展示，并荣获第十五届北京科博会“最佳组织奖”。在历年合作的基础上，大力推进和进一步深化与北京高校院所的市校、校企合作。组织相关企业与清华大学、北京航空航天大学、北京科技大学举行科技合作洽谈活动。

【深圳高交会】 中国国际高新技术成果交易会（简称深圳高交会）由科技部、商务部、信息产业部、发改委、教育部、人事部、国家知识产权局、中国科学院、中国工程院和深圳市人民政府共同主办，农业部协办，中国国际高新技术成果交易中心承办，每年10月在深圳市举行。广西组团参加深圳高交会的定位为：展示高新技术成果，引进项目和资金，促进产业化发展，重点组织与境内外投资机构的合作洽谈。以扩大对外开放和服务县域经济为主导，以企业为主角，以项目为载体，以拓展国际交流、巩固合作渠道、促进成交为目的，促进广西传统产业的改造、优势特色产业及高新技术产业的升级。2011～2012年广西均组团参会。

2011年，组织14个市及相关单位600多人参展参会，组织了62个高新技术项目参加展示交易，安排了8个项目20场次的配对洽谈活动，组织了3次参观考察交流活动。

2012年组织14个设区市及相关单位800多人代表团参展参会；组织56个高新技术项目参加展示交易，项目涉及光机电一体化、电子信息、节能环保、生物医药、农牧渔业、新材料等方面。展会期间，组织开展技术转移交流参观考察等13场次，并组织参加主题论坛、项目配对洽谈、项目采集等活动。

【中国—东盟博览会先进技术展】 该展是中国—东盟博览会重要活动之一，由科技部、自治区人民政府主办，自治区科技厅承办。2011～2012年共举办了两届（第八届、第九届）。

2011年，第八届先进技术展，定名为“农村先进适用技术暨高新技术展”，于2011年10月21日～26日举办。结合东盟国家的实际需求情况，展示我国在节能减排、环保、新能源及农业现代装备、农产品加工、农业种养殖技术等领域的先进适用技术成果，共有来自1个国家部委，29个省、自治区、直辖市，3个计划单列市和新疆生产建设兵团，以及东盟国家等36个科技代表团366家企业共423个参展项目参展，接待东盟客商人3000多人次，接待观众超过5万人次。签约合作项目4项，签约金额5600万元人民币；展览期间达成合作意向23项，其中，国内企业之间合作10项，国内企业与东盟国家企业之间合作13项，初步意向技术交易金额2.78亿元人民币。中共中央政治局常委、国务院总理温家宝和东盟国家政要先后巡视了先进技术展。中国—东盟博览会先进技术展连续多年的成功举办，成为了中国、东盟各方客商了解中国科技发展、进行信息交流、寻找技术合作、获取商机的窗口，受到了中国与东盟国家客商的欢迎。

2012年，第九届先进技术展，定名为“先进技术展”，于2012年9月21日～25日举办，展示面积2600平方米，参展项目重点展示中国与东盟国家在绿色经济、节能环保、新能源、可再生能源、光机电及电子信息等技术领域的科技成果。共组织来自26个省、自治区、直辖市、新疆建设兵团，3个计划单列市，3个高新区和东盟4个国家的350个单位的380个项目参展。包括农业项目167项、高新技术项目213项，参展实物率达60%。接待专业观众5万多人次，东盟客商1万多人次，达成合作意向30项，意向交易金额达人民币3.2亿元。为体现本届博览会“科技合作”的主题，科技部对本届先进技术展非常重视，提升了本届先进技术展的展示层次，设立了中国科技创新成果展区，展示我国在资源卫星观测、纯电动汽车、农村节能、数控技术和太阳能等领域的科技成果。中共中央政治局常委、国家副主席习近平、越南总理阮晋勇、老挝总理通辛等中国和东盟国家政要参观了先进技术展展区。

【中国杨凌农高会】 中国杨凌农高会主要活动内容有农业高新科技成果展览展示与交易、涉农名优新特产品展示、农业高新科技论坛、农业科技人才交流、农业实用技术咨询与培训、农业科技书市、评奖评赛等。每年11月在陕西杨凌举行，2011～2012年广西均组团参展参会。

2011年第十八届中国杨凌农高会“创新、合作与农业现代化”为主题，广西组织了127多人参展参会，展示了广西农业新技术、新产品和名特优农产品、地理标志农产品，展示新农村建设科技示范乡镇、村的建设成果等。广西代表团荣获杨凌农高会组委会授予的“优秀组织奖”和“优秀展示奖”。广西梧州茂圣茶业有限公司的项目“六堡茶发酵罐及精制机械联装技术”被组委会评为“后稷奖”。2012年第十九届中国杨凌农高会以“创新、合作与农业现代化”为主题，广西组织了142多人参展参会，集中展示广西农业新技术、新产品和名特优农产品及新农村建设科技示范乡镇、村的建设成果。展会期间，组织广西代表团80名代表到杨凌农业园区参观了陕西众兴高科生物科技有限公司，学习了解现代农业产业化生产模式。广西代表团荣获杨凌农高会组委会授予的“优秀组织奖”和“优秀展示奖”，广西农科院“华南杂交水稻优质化新品种”项目被组委会评为“特别后稷奖”。

【重庆高交会】 中国重庆高新技术交易会暨中国国际军民两用技术博览会（简称重庆高交会）由科技部、工业和信息化部、中国科学院、中国工程院、中国发明协会、重庆市人民政府共同主办，以“发展高新技术，促进西部开发”为主题，主要内容有高科技成果展示、高科技成果交易、高科技论坛、高科技主题活动等。2012年4月举办的第十届重庆高交会，陈章良副主席率广西代表团200多名代表参加，共有23家企业共24个项目参展，内容涉及电子信息、生物医药、节能环保、新能源、新材料等领域。广西这次参展参会的重点是“五找”：找技术、找项目、找人才、找资金、找合作朋友。展会期间，还组织参会代表到重庆长福马（长安、福特、马自达）公司、重庆智飞生物制品股份有限公司等企业参观考察，广西代表团荣获优秀组织奖。

【科技培训】 以举办高级研修班、专题研讨班、实用技术培训班、技术咨询等形式开展系列科技培训。2011～2012 年共组织举办科技培训班 41 个（场次），培训人数3555人。其中：高研班 6 个，培训科技管理人员、企业中高级专业技术人员 582 人；农民工农民党员实用技术培训班 19 场次，培训1776人。

【科普讲座】 双休日博士、教授科普讲座从 1998 年 5 月起开讲，每月 1 期。讲座内容集科技教育、医疗卫生、人文科学、环境保护、科学管理、军事科技、法律道德、现代工业、农业技术等方面为题材，以及社会科学和自然科学领域中的各种科技前沿动态、科技成果、社会热点等科学思想和科学知识，采取多媒体图文并茂的报告会或访谈、对话等形式进行，是融科学性、知识性和趣味性为一体的大众科普讲座。2011 年，共举办 14 场科普讲座，听众达3000多人次。2012 年“双休日博士、教授科普讲座”在全自治区共组织 12 场报告会听众达6000多人次。

【科技下乡，服务“三农”】 该活动以科技下乡服务团为载体，结合科技专项行动的开展，根据农时和各地产业需求，坚持“常下乡”和“长下乡”。通过组织专家咨询、技术讲座、技术指导、科技座谈会、赠发科技资料（书籍、农资）、新技术新产品展示与推广、科技项目及成果推介、有奖知识问答等形式，为农业生产提供技术、信息和农业科技产品，以实际行动全方位服务“三农”。2011 年，在自治区科技厅和广西农科院的协调和组织下，由广西科学活动中心、广西山区综合技术开发中心、广西生产力促进中心牵头，分别组成 3 个工作小组，聘请农业种养殖技术专家 27 人次，深入到全自治区 13 个市的 9 个县、4 个区开展“送科技下乡促春耕生产活动”。共组织农村先进适用技术培训 26 场次，培训农民 1710 人；现场指导 22 场次，政策和技术咨询 12 场次，科普知识问答 5 场次，农民咨询1650人次；发放惠农政策指南3000册，农村新技术 6000 本，防震减灾手册9000册；赠送价值28000元的化肥等农用物资一批，以及光碟 400 张、公共安全应急挂图 300 张。此外，还分别以“兴水利、强基础、惠民生、促发展”“送科技下乡，促农民增收”等为主题组织 10 多位专家、8 家涉农企业等先后到扶绥、融水开展科技下乡活动 3 次，举办技术培训班 1 场，培训农民 50 多人；赠送电脑、化肥、科技书籍和光盘等物资价值21000多元的物资一批；本次活动散发了各种技术资料3000多份、知识读本 300 多本、挂图 200 多张。2012 年举行了“乡土情深”文化科技卫生“三下乡”、“送科技下乡，助农民致富”、“科学防治，远离艾滋”主题科普宣传、科技下乡都安行、“倡导健康文明，共建幸福家庭”等活动，全年共组织科技下乡活动 6 次。赠送基层科技部门、村公所复印机 1 台、LED 显示器 1 台、电脑 4 台以及风扇、文件柜等办公用品一批，价值60000多元；赠送当地农民种子、化肥、科技书籍等农用物资一批，价值近20000元；举办各类培训班 8 场，培训人数1700多人次；组织专家、技术人员下乡 47 人次；接受咨询人数60000人次，发放技术资料90000份。

（黄　薇、朱凌云、李子权、唐可琪、张　玮、宁　毅、岳芷宣、蔡利民）

广西技术市场

【概况】 广西技术市场成立于 1988 年，是自治区科技厅的直属事业单位，是广西主要的科技中介服务机构之一，是具有独立法人资格的公共服务性事业单位，是国家首批技术转移示范机构。2003 年和 2010 年，自治区科技厅先后将广西技术市场与广西科学活动中心（含广西华南技术交易所）、广西对外科技交流中心、广西科技创业中心实行联合经营、统一管理。广西技术市场的主要业务包括：技术交易中介、科技项目包装、会展活动组织、技术成果推广、科学普及宣传、科技培训、科技会议后勤服务等。单位先后承担广西科技活动周、全国科技活动周广西活动、广西参加北京科博会和深圳高交会、中国—东盟博览会科技专题展等大型科学活动的组织筹备与具体会务工作，开展技术转移、科普讲座、科技下乡服务“三农”、科技培训、科技论坛、“三引”科技项目跟踪等系列科技中介服务工作，为广西参与国际国内科技交流、经济合作提供畅通的平台，为高校院所、科技企业的合作提供配套服务，2012年广西技术市场成为国家创新驿站区域站点。到2012年末，技术市场有在职员工72人，其中大专以上文化50人，中、高级技术职称21人。

【技术贸易机构管理】 党的十七大指出："加快建立以企业为主体、市场为导向、产学研相结合的技术创新体系，引导和支持创新要素向企业集聚，促进科技成果向现实生产力转化。"为了贯彻落实《国家中长期科学与技术发展规划纲要》，大力推进科技进步和自主创新，充分发挥市场在优化配置科技资源中的基础性作用，加速科技成果转化，二OO六年三月十五日科技部研究提出了《关于加快发展技术市场的意见》（国科发市字〔2006〕75号）。1995年7月29日，广西壮族自治区第八届人民代表大会常务委员会第十六次会议通过《广西壮族自治区技术市场管理条例》（以下简称《条例》），1997、2003年分别对该条例进行了修订。该条例第三、五条明确："各级人民政府应当贯彻放开、搞活、扶植、引导的方针，加强对技术市场的培育、管理和指导"、"县级以上科技行政主管部门是技术市场管理机关，在同级人民政府的领导下，主管本行政区域的技术市场管理工作"。

《条例》的颁布实施，为优化科技资源配置、加速科技成果向现实生产力转化、提高企业的技术竞争力做出了贡献，有力地推动了广西技术交易活动，激发了广大科技人员的创新、创业积极性，对广西技术市场的发展起到较好的推动作用，为促进科技与经济结合，推动广西科技与经济发展产生了很好的效果。

2009年1月8日，自治区科技厅、教育厅以桂科成字［2009］7号文，印发了《广西技术转移促进行动方案》，2011～2012年，围绕"创新型广西建设目标"和《国家技术转移促进行动实施方案》的要求，积极推进和实施国家技术转移促进行动，加快技术市场发展的环境建设，加强全广西技术市场的管理和指导，组织、协调和管理技术贸易活动，促进广西技术市场发展。截至2012年，已建成3个国家级技术转移示范机构、19家自治区级技术转移示范机构。结合中国创新驿站工作网络建设，广西技术市场成为国家创新驿站区域站点，柳州技术交易中心作为基层站点。

【技术市场信息网络】 2009年1月，广西技术市场作为广西技术转移联盟牵头单位，成立广西技术转移联盟，到2012年末，会员已达222家。联盟主要任务是充分发挥广西相关部门、大学、企业、科研院所、中介机构、各类科技孵化器及其它服务机构和网络体系等系统的人力资源、信息资源、网络资源和成果资源优势，广泛开展专项科技领域的研究、开发、推广的国内外合作交流。构建技术转移网络平台，以"两周三会"为平台，开展"一招三引"活动，拓宽广西技术转移渠道，促进了产学研相结合，推动了技术市场工作开展。通过"以产品创新为核心，着力推进科技创新和科技成果转化与产业化"为主题的创新计划，推动了高等院校和科研院所为技术供体、企业为受体的技术转移机制的形成，促进了广西技术转移途径和模式呈现多样化发展，提升了广西区域创新能力。

广西技术市场KJ365网站，作为广西技术转移网的主要服务节点之一，开设有科技动态、科技超市、科技三引、科技会展专题、技术转移、接待服务、科技培训、科普天地等栏目。网站可以通过不断完善更新入库信息，为技术市场交易提供服务；发布技术转移供给和需求信息，开展技术转移项目和技术交易，促进技术与资本的对接；筛选并推荐符合自治区科技计划要求的重大技术转移项目，利用各会展活动平台进行技术供需信息发布等。

【技术合同签订、技术市场交易】 2011～2012年，广西技术市场加强对技术合同认定登记机构的管理，完善技术合同登记制度。到2012年末，全自治区共有15个技术合同认定登记点，开展日常技术合同认定登记工作。已在全广西推广应用《全国技术合同网上登记系统》，对从业人员进行全方位业务知识和技能培训，开展年度技术市场统计工作，促进科技成果转化优惠政策的连续性和稳定性，推动技术市场健康有序发展。据统计，2011～2012年共受理技术合同登记1201项，合同成交总金额81615.48万元。其中技术转让合同的交易金额为3.16亿元，占交易总额的38.7%，成为各类技术合同中成交额最高的技术交易方式。技术贸易活动的开展，加快了新产品的开发和生产，提高了企业的竞争能力和经济效益。实践证明，技术市场在促进科技与经济的结合、推动技术成果的转化及工农业生产的发展中起到了很好作用。

2011～2012 年的技术交易概况

合同类型	合计		2011 年		2012 年	
	项数	成交额（万元）	项数	成交额（万元）	项数	交易额（万元）
合　计	1201	81615.48	778	56377.20	423	25238.28
技术开发	570	31566.35	284	18568.03	286	12998.32
技术转让	49	32387.85	24	24786.85	25	7601.00
技术咨询	217	2945.29	192	2233.18	25	712.11
技术服务	365	14716.00	278	10789.15	87	3926.85

（劳　超）

科技表彰奖励

科技表彰奖励

【广西壮族自治区科学技术奖励办法】 2010年，为奖励在科学技术进步活动中做出突出贡献的公民、组织，自治区人民政府设立自治区科学技术奖。自治区科学技术奖设：科学技术特别贡献奖、自然科学奖、技术发明奖、科学技术进步奖。科学技术特别贡献奖授予在当代科学技术前沿取得重要突破或者在科学技术发展中有重大成就的；在科学技术创新、科学技术成果转化和高新技术产业化中，取得系列或者重大的成果，创造巨大经济效益或者社会效益的。自然科学奖授予在基础研究和应用基础研究中阐明自然现象、特征和规律，做出重大科学发现的公民、组织。技术发明奖授予运用科学技术知识做出产品、工艺、材料及其系统等重大技术发明的公民、组织。科学技术进步奖授予在实施技术开发项目中完成重大技术创新，实现科学技术成果转化，对促进行业科技进步具有重大作用，创造显著经济效益和社会效益的；在推广应用先进的科学技术成果中，做出技术创新，创造显著经济效益或者社会效益的；在实施重大工程项目中，采用先进技术方法，取得重要科学技术创新，保障工程达到国内领先水平的；在实施社会公益项目中，对科学技术基础性工作和社会公益性科学技术事业做出重要贡献，经实践检验，创造显著社会效益的公民、组织。科学技术特别贡献奖不分等级，每年奖励项目不超过2项，根据实际情况可以空缺。自然科学奖、技术发明奖、科学技术进步奖分为一等奖、二等奖和三等奖3个奖励等级，每年奖励项目总数不超过160项。自治区科学技术奖每年评审一次。自治区科学技术奖由自治区人民政府颁发荣誉证书和奖金。科学技术特别贡献奖的奖金数额为100万元。自然科学奖、技术发明奖、科学技术进步奖的奖金数额为：一等奖10万元，二等奖6万元，三等奖3万元。

2011年度广西科学技术奖励项目

广西科学技术特别贡献奖

1. YC6L系列柴油机研发及推广应用

广西自然科学奖

一等奖（1项）

1. 簇基配（聚）合物分子基材料的定向构筑及其磁、光性能与构效关系研究

二等奖（5项）

1. 广义斯坦纳系和Weil定理的应用
2. 具有抗肿瘤活性甾体硫酸酯钠盐及肟类化合物的合成及抗肿瘤活性评估
3. 天然高岭石合成高性能陶瓷材料
4. 锂电池正极材料制备技术与理论及其计算机模拟研究
5. DNA修复酶基因多态性与p53热点突变的相关性及其在肝癌发病中的地位

三等奖（8项）

1. 浅层地下水中燃油污染物BTEX的内在生物降解与修复策略研究
2. 混流式水轮机转轮叶片裂纹监测的理论和方法研究
3. 润滑控制摩擦自激振动及其噪声机理研究
4. 软件系统的模型抽象与安全性验证
5. 慢性重度乙型肝炎患者肠粘膜通透性的变

化及其干预的研究

6. 基于 Smad 分子检测及分子重组技术的肝纤维化诊治研究

7. 广西壮族人感染幽门螺杆菌耐药分子机制的研究

8. 肝癌特异性功能蛋白标志物研究

广西技术发明奖

二等奖（2 项）

1. 水稻直播田除草药肥 0.2%苄嘧·丙草胺颗粒剂的研制与应用

2. 新棒状花椒酰胺在口腔卫生用品中的应用研究

三等奖（3 项）

1. 左旋松油醇的合成及其系列杀菌剂的研制

2. WEF 型号西式肠衣

3. 益智康脑丸的研制开发

广西科学技术进步奖

一等奖（5 项）

1. 重大农业害虫性诱监控技术研发与集成应用

2. 水牛 XY 精子分离性别控制技术研究及应用

3. 海水无核珍珠产业化养殖关键技术与应用

4. 混凝土结构耐久性增强技术和设计方法及其应用

5. 地中海贫血的临床治疗

二等奖（31 项）

1. 澳洲坚果新品种“桂热 1 号”选育及推广应用

2. 苍梧县珠江高效生态经济型防护林体系综合配套技术研究与示范

3. 广西红树林害虫综合防治技术及其应用研究

4. 高产、优质、多抗桂花系列花生新品种的创制与应用

5. 测土配方施肥技术研究与示范推广

6. 亚热带主要农作物抗寒害冻害关键技术研究与应用

7. 亚热带主要水产养殖品种抗寒关键技术研究

8. 广西猪链球菌 2 型流行病学与防治技术研究

9. 甘蔗糖蜜酒精高产专用酵母的选育构建

10. 高效、节能、环保的小型车用汽油发动机平台关键技术及应用

11. 6×32000 千牛（Φ650mm 缸径）超硬材料六面顶液压机

12. 电解二氧化锰用新型表面合金化钛阳极的研制与应用

13. 巨型（龙滩）水电站接地技术研究及应用

14. 天棚系统铝合金固定座产品开发及产业化

15. 田东电厂褐煤锅炉掺烧技术研究及应用

16. 新型阴极结构电解槽高效节能铝电解技术

17. 非接触式汽车速度计校准关键技术及标准仪器

18. 小型非视距电视直播传输系统

19. 广播电台全域智能化关键技术研究及工程应用

20. 多通道阵列信号源

21. GJ 钢绞线整束挤压拉索体系

22. OVMZM 自锚式悬索桥悬索体系

23. 广西土壤环境污染、风险评估与生态修复研究

24. 基于 3S 技术的广西土地调查关键技术及应用研究

25. 广西中西医结合卒中中心的构建与应用研究

26. 新型多功能手柄式 LED 光固化机

27. 微创下放射性粒子联合化疗药组织间植入治疗肿瘤的实验与临床应用研究

28. 痰瘀学说防治冠心病及其危险因素的临床应用与实验研究

29. 广西健康安全突发事件预警应急系统研究

30. 疏肝治疗上消化道心身疾病的临床应用研究

31. 浅低温不停跳心内直视术麻醉及体外循环管理

三等奖（84 项）

1. 农产品质量安全流动监测体系创建及蔬菜产业开发应用

2. 蔬菜高效栽培模式示范推广

3. 农药对广西桑蚕品种毒害性评价及应用示范

4. 甘蔗茎尖脱毒健康种苗技术研究与示范

5. 早熟高糖高产甘蔗新品种桂糖 30 的选育

6. 福云6号茶树品种新产品研制与开发

7. 瑶族濒危天然金黄色茧桑蚕品种的抢救与选育

8. 广西桉树人工林配方施肥技术研究与示范推广

9. 早晚熟优质脐橙新品种引进筛选与示范

10. 早籼二系杂交水稻培杂279的选育与应用

11. 节瓜新品种——桂优2号选育及示范推广

12. 西南桦人工林丰产技术研究与示范

13. 药用野生稻对褐飞虱免疫抗性新基因的鉴定及创新利用

14. 木薯综合配套节本高效栽培技术集成研究与示范

15. 高产、高糖、抗逆性强甘蔗新品种引进筛选

16. 高产高效甘蔗良种繁育及栽培技术研究与示范

17. 桂春6号、桂夏二号等大豆新品种选育及应用

18. 香蕉新品种引进繁育推广和无公害标准化生产示范

19. 方格星虫池塘高密度养殖技术的研究

20. 优质肉鸡新品种"金陵麻鸡"选育繁育及示范推广

21. 罗非鱼脂肪肝病综合防治技术研究与应用

22. 马氏珠母贝健康养殖技术集成与示范

23. 淀粉基复配型ASA配套乳化剂ACS－188的研制开发

24. 9％虫酰·氯氰乳油的研制开发

25. 低压氨合成工艺优化节能技术研究

26. 出口桑蚕丝质量监测平台及服务体系建设示范研究

27. 防腐剂类食品添加剂检验规程的研制及关键技术的集成

28. 天然彩色蚕茧缫丝护色关键技术研究与应用

29. 纳米氧化锆材料在日用刀具的应用与开发

30. 替代石棉隔热绝缘抗静压云母复合材料板产业化研究

31. 柴油发动机过滤器系列产品的研发及产业化

32. 75t/h高效节能循环流化床锅炉研制

33. 水煤浆洁净燃料和水煤浆锅炉新技术的应用和创新

34. HL530A水平定向钻机

35. N50高性能钕铁硼永磁材料

36. 35UH高性能钕铁硼永磁材料

37. 基于物联网的微车后桥数字化制造关键技术研究与应用

38. 氧化铝生产中含铁矿物的脱除与赤泥综合处理工艺技术

39. 60浓密机技术改造及其应用

40. 碳素回转窑烟气余热节能减排技术开发利用

41. 氯化亚锡生产关键技术研究及产业化

42. 雷电流及输电线路雷击故障特征研究

43. 广西配电网自动化数据传输协议标准研究及配电网自动化试验检测平台构建

44. 广西电网主变压器、断路器安全风险评估及防范策略的研究

45. 540Vf液馈高压长寿命化成工艺开发

46. 一体化冷热联供机组研制

47. 数字音频微波传输设备

48. 钳形接地电阻仪检定关键技术研究与应用

49. 南宁市国家税务局商贸企业税收评估平台研发与应用

50. 环模用数控自动钻床控制系统研制

51. 南宁市技术标准远程教育培训网建设

52. 广西壮族自治区绿色建筑标准的研究与编制

53. 非堰槽式明渠流量计在线监测系统研制与应用

54. 核电工程专用水泥的开发与产业化

55. YNMT隔热防晒涂料

56. 岩土地基跃层逆作法地下连续墙综合技术研究

57. 体育场馆现场预制清水混凝土构件施工技术

58. 纳污河净化技术研究

59. 基于预警信号发布的广西主要突发灾害性天气短时临近预报技术研究

60. 城镇生活垃圾填埋场渗滤液处理的技术研究与应用示范

61. 广西铀矿成矿规律与预测研究

62. 广西气温与降水的气候变化诊断和监测的研究及应用

63. 体外冲击波治疗骨不连的实验研究和临床应用

64. 糖尿病量化运动处方的开发及推广应用

65. CT灌注成像技术对鼻咽癌分期诊断和放

疗后复发诊断及其预后评价的研究

66. 黄花蒿（青蒿）种质资源评价、良种选育及高产技术开发

67. 多囊卵巢综合征患者的心血管疾病的风险因素及干预措施研究

68. 超声波应用于根尖外科的机理和临床研究

69. 抗皮肤瘢痕增生技术与药物的研究与应用

70. 广西城乡腹泻病疾病负担研究

71. 社区中医卫生适宜技术遴选研究及推广应用

72. CT/MR 图像融合在鼻咽癌三维适形放疗中靶区勾画的应用研究

73. 深静脉置管区细菌污染与导管相关感染的量级关系

74. 新基质骨通贴膏研制开发

75. 彩色多普勒血流显像对胎儿脐带绕颈类型及干预的研究

76. 广西城乡居民 43 年膳食和营养状况变迁趋势与相关慢性病关系及其干预策略研究

77. 芪芍肝宁方治疗肝硬化的研究

78. 广西免疫规划创新与成效研究

79. CO_2 气腹对机体及癌细胞生物行为影响的研究及临床应用

80. 调理脾胃法（解郁 1 号）治疗抑郁症的临床应用及机制研究

81. 穴位按摩在分娩镇痛中的临床应用及实验研究

82. 早期乳腺癌的分子生物学诊断、预后判断方法的建立及应用研究

83. 猫豆产业链支撑技术研究及应用

84. 结直肠癌综合诊疗模式研究及临床应用

2012 年度广西科学技术奖励项目

广西自然科学奖

一等奖（1 项）

1. 生物分子结构与活性关系的理论研究

二等奖（7 项）

1. 毛细管电泳联用技术的建立及其在元素形态分析和药物分析中的应用

2. 新型（La，Mg）－Ni 储氢合金结构及电化学性能研究

3. 连杆机构系统耦联振动及机电系统全局耦合动态性能研究

4. 利用剑麻纤维和纳米材料制备高性能的摩擦复合材料的应用基础研究

5. 典型重金属的植物修复机理与环境行为

6. 肝脏缺血再灌注损伤与再生的机制及调控

7. 儿童原发性肾病综合征载脂蛋白 B/E 基因多态性与血脂代谢紊乱关系的研究

三等奖（15 项）

1. 矩阵偏序与广义逆的研究

2. 非线性波动力学形态的多样性

3. 中子引发核反应理论研究及其核数据库建立

4. 特色桂药抑制活性氧自由基损伤功效物质基础及作用机制的研究与应用

5. 若干含 N，O 配体的金属配合物的合成、结构与性能研究

6. 华南苦苣苔科植物研究

7. 全局协调的甘蔗收割机多学科智能优化

8. 高活性氢氧化镍电极材料的结构设计及性能研究

9. 新型特种导电陶瓷及薄膜的掺杂机理与性能研究

10. 多元钛硅合金及复合材料的基础研究

11. 智能结构分析的新理论新方法

12. 不完全信息挖掘的关键理论和技术

13. 时滞动态系统与时滞相关的分析与镇定方法研究

14. 磁共振成像（MRI）在脑锰和铅蓄积致神经损害的应用研究

15. 马尔尼菲青霉病发病机制的研究

广西技术发明奖

二等奖（5 项）

1. 挖掘机液压全功率电子控制器

2. 铝电解碳素阳极抗氧化涂层技术

3. 高精度 GNSS 闭环校验关键技术与应用

4. 锰渣制备绿色混凝土掺合料的工业化生产成套技术研究与工程应用

5. 专利新药伊血安颗粒的创制及产业化

三等奖（8 项）

1. 基于控制二硫键打开程度的系列蛋白质基表面活性剂的研制与应用技术

2. 红茶发酵适度检测方法的研究

3. DGT－A 型、DGT－B 型多功能干果脱壳机的研制开发

4. 电解二氧化锰生产中的钛阳极表面活化研究与开发

5. 扁型发（承）热电缆产品研究与开发

6. 高纯高密铜铟镓硒（CIGS）薄膜太阳能电池靶材

7. 地下工程用 CPS 复合防水材料的开发及产业化

8. 参红祛瘀散结胶囊

广西科学技术进步奖

一等奖（4 项）

1. 香蕉新品种桂蕉 6 号的选育与产业化

2. GTX 起爆药及系列雷管

3. 通信电小天线关键技术研究及应用

4. 桂西铝土矿勘查与研究

二等奖（35 项）

1. 两系超级稻新品种的选育、引进及示范推广

2. 桉树中大径材良种与高产栽培模式研究

3. 柑橘新品种“桂橙一号”选育及优质高效栽培关键技术研究与示范

4. 马尾松工业用材林良种选育及高产栽培关键技术研究与示范

5. 稻田福寿螺灾变规律及防控关键技术研究与集成应用

6. 广西柑橘黄龙病疫情普查、防控技术研究与推广

7. 三七总皂苷工业低中压梯度吸附纯化及动平衡冻干技术研究与应用

8. 无色松香季戊四醇酯产业化关键技术研究

9. 特色杂粮城市早餐系列食品深加工技术研究与产品开发

10. 五菱荣光系列车型开发

11. 液压挖掘机回转与行走驱动器研制及技术的延伸应用

12. 4LBZ－100 型半喂入履带自走式水稻联合收割机研究与开发

13. 大型双轴定向薄膜生产线关键技术的研究

14. 1000kV 特高压交流试验示范工程 110kV 并联电容器装置研制

15. 六氟化硫在电力系统应用过程中关键技术研究

16. 电脑 CPU 用铝合金高倍数盒装散热器（5100）

17. 基于合理可靠性的氧化铝生产在役压力容器检验模式研究

18. 发动机嵌入式智能控制器研制

19. 信息安全测评平台建设与关键技术集成应用

20. 低环境负荷、高性能混凝土制备技术及工程应用

21. 特长隧道快速施工机械化配套技术研究

22. 钢筋混凝土结构损伤的声发射检测及加固技术

23. 广西季风暴雨及强对流天气多谱勒雷达临近预报研究与应用

24. 流域水环境突发事件应急处置技术体系研究及在广西应用

25. 基于 GIS 云技术的广西国土资源空间数据集成与应用

26. 广视野系统联合手术显微镜直视下冷凝治疗复杂性视网膜脱离的研究

27. 癫痫发病相关机制及临床应用的研究

28. 壮医针灸的理论与临床研究

29. 罗汉果成分化学、活性及质量控制研究

30. 乙肝病毒核心基因启动子双突变（T1762A1764）筛选肝癌高危人群价值的研究

31. 基于肝胆同病理论防治胆石病的基础与临床应用研究

32. 壮医毒论的理论创新与临床应用研究

33. 复发性流产干预机制研究与治疗体系的构建及应用

34. 原发性肝癌围手术期临床护理研究

35. 儿童哮喘诊治技术的研究及应用

三等奖（76 项）

1. 热带亚热带优势农作物品种资源收集与鉴定评价

2. 金柑避雨避寒高效优质栽培技术示范推广

3. 热带亚热带优势果蔬品种扩繁关键技术研究

4. 高异交结实率两系不育系的选育研究

5. 农村沼气新技术研究与示范

6. 桂西北岩溶山区泡核桃早实丰产关键技术与应用

7. 油茶高油酸优良品系选育

8. 木薯品种桂热 4 号、桂热 5 号选育

9. 晚籼杂交水稻博优423的选育与应用

10. 杨梅共生固氮与丰产栽培技术研究

11. 淀粉专用型马蹄（荸荠）新品种桂粉蹄1号选育

12. 鸭疫里氏杆菌病防治技术的研究

13. 广西粗饲料分级指数测定及科学搭配的组合效应研究

14. 猪瘟抗体快速检测方法研究及综合防控技术应用示范

15. 优质豆科牧草山毛豆的遴选及综合配套技术研究利用

16. 广西水产品质量安全监控技术研究与应用示范

17. 猪脑心肌炎病毒病原学及诊断方法的研究

18. 亚热带果汁加工关键技术研究与产业化应用

19. 环保高效汽化旋风燃硫炉关键技术研究与应用

20. 甘蔗糖蜜酒精废液资源化利用技术研究及应用

21. 利用广西生丝原料开发高级丝绸面料产品技术研究

22. 缩合磷酸铝系列产品的研制

23. 花茶封闭式内循环花茶分离窨制技术研究

24. 水果及罐头中杀菌保鲜剂（二溴乙烷）残留量的多种测定方法及降解规律研究

25. 种桑养蚕和蚕茧加工的生态优质标准化生产示范

26. 利用地沟油与对苯二甲酸废料制造醇酸涂料新技术

27. YC20系列液压挖掘机的研发及推广应用

28. 转炉余热利用饱和蒸汽专用发电系统的开发与应用

29. 冷连轧宽带钢生产技术研究与应用

30. 柳钢高炉大喷煤降焦节能技术的研究与应用

31. CLG936D履带式液压挖掘机

32. 大厂富锡多金属复杂硫化矿提高选矿综合回收率研究及应用

33. 重型汽车多层铆接车架研究及轻量化应用

34. 500kV/780MVA三相组合式变压器研制及应用

35. 广西电网主设备安全预警监测平台建设及应用

36. 配电网非直接接地系统故障选线技术综合评价体系研究及应用

37. 输电线路综合状态在线监测系统研究开发

38. web数据库安全中间件

39. 网络环境下基于高速数字信号处理器的电动机智能控制系统

40. 基于满意优化的CAD导航表面制造工艺轨迹规划平台研究及应用

41. 用于综合信息传输的卫星MODEM研制

42. 大规模智能化视频数据分析和检索的核心技术及关键性设备的研究与应用

43. 系列生物传感器制备及其检测微系统

44. 基于软硬件协同的综合网络管理系统

45. 面向东盟的港口物流标准研究与示范

46. 广西科学技术奖励网络评审系统开发与应用

47. 环氧涂层钢丝及环氧涂层钢丝拉索体系

48. 基于广西气候特征的居住建筑节能技术创新与集成示范

49. 水泥混凝土路面施工变异性及控制技术研究

50. 双曲拱桥梁加固技术的研究

51. 百色水利枢纽地下厂房关键技术研究

52. 房屋建筑大跨度预应力混凝土梁板关键技术研究及应用

53. 新型无机轻质保温墙板的研发及产业化

54. 机动化中城市交通综合改善关键技术

55. 广西旧水泥路面加铺耐久性沥青面层关键技术研究

56. 基于数字化智能学习技术的广西灾害天气预报概念模型应用研究

57. 邕江流域有机污染物来源、分布及迁移演化规律的研究

58. 胶东金华山—洼孙家断裂南段前孙家金矿和金华山金矿构造控矿规律和成矿预测

59. 露天矿边坡工程的卸压隔振爆破技术研究及应用

60. 92号矿体开采区域灾害微震监测与灾害控制研究

61. 广西壮族自治区地表水环境容量研究

62. 尿激酶型纤溶酶原激活物对慢性肝病及肝癌诊治的临床应用研究

63. 胃宁方防治胃癌临床应用及基础研究

64. 经尿路肾囊肿内切开引流新术式

65. 瘦素在治疗心肌缺血再灌注损伤性疾病中的研究与应用

66. 常见中药假劣品种的近红外光谱鉴定研究

67. 名贵道地药材桑寄生种质资源异地保护及质量控制关键技术研究与推广应用

68. 低中心静脉压麻醉在肝脏手术中应用的研究

69. 卵巢癌自身抗体谱的筛选、鉴定及临床应用研究

70. 桂派中医妇科湿淤并治、经带双向调节特色治法的理论创新与应用

71. 囊胚培养联合玻璃化冷冻提高体外受精—胚胎移植效率和降低多胎妊娠的研究

72. 三维能量多普勒超声的定量分析与阻力指数对卵巢肿瘤良恶性鉴别的相关研究

73. 壮医针挑疗法理论研究与应用

74. 口腔矫治器治疗鼾症及阻塞性睡眠呼吸暂停低通气综合症中髁状突位置的变化

75. 重症肌无力免疫功能障碍的分子生物学研究与应用

76. 癌痛消方及其在原发性肝癌治疗中的研究与应用

大事记

2011年

1月

7日　2011年广西科技活动周开幕式暨科技表彰奖励大会在南宁举行。自治区党委书记、自治区人大常委会主任郭声琨出席表彰大会并宣布广西科技活动周开幕，自治区主席马飚在会上讲话，科技部党组成员、纪检组长郭向远在会上致辞。郭声琨、马飚、陈际瓦、郭向远、李金早、沈北海、车荣福、温卡华、陈武、石生龙、黄道伟、余远辉、陈章良等领导还向获得2010年度广西自然科学奖、广西技术发明奖、广西科技进步奖，2010年度广西“金绣球奖”，2010年度“科技种养大王”“科技种养能手”的代表颁奖。大会由自治区党委常委、宣传部部长沈北海主持。自治区副主席陈章良在会上作科技表彰奖励说明。自治区领导荣仕星、李康、梁胜利、黄日波，自治区党委组织部部长周新建出席表彰大会。大会表彰奖励2010年度广西科学技术奖142项，其中，科学技术特别贡献奖2项；自然科学奖一等奖1项、二等奖7项、三等奖14项；技术发明奖二等奖1项、三等奖2项；科学技术进步奖一等奖5项、二等奖34项、三等奖76项。大会还对10位获得2010年度广西“金绣球奖”的来桂国（境）外专家、2010年度10名“科技种养大王”和60名“科技种养能手”进行了表彰。

△　广西知识产权局联合南宁市知识产权局，组织执法工作人员到广西科技活动周展馆开展打击侵犯知识产权和制售假冒伪劣商品的联合执法专项行动。此次联合执法专项行动是自治区开展打击侵犯知识产权和制售假冒伪劣商品专项行动的一项重要内容。联合执法工作组对科技活动周展馆现场进行了专利执法检查。执法人员在严格检查专利产品的同时，还向商户宣传知识产权法律法规和政策。

△　2011年广西科技活动周广西新技术新产品交流交易会在广西展览馆开馆。

8日　广西大型仪器协作共用工作会暨表彰奖励大会在广西科学活动中心隆重举行。自治区科技厅副厅长李昌华出席会议并致辞。

△　广西茶叶产业技术创新战略联盟试点正式启动。广西茶叶产业技术创新战略联盟，由广西桂林茶叶科学研究所带头组建，1月8日，自治区副主席陈章良为广西茶叶产业技术创新战略联盟揭牌。1月14日，广西茶叶产业技术创新战略联盟在桂林茶叶科学研究所挂牌。

11日　为期5天的第二十届广西科技活动周在南宁闭幕。自治区科技厅厅长谢酒堂、副厅长钟会超，以及自治区各有关厅局领导出席闭幕式。本届科技活动周突出“科技支撑发展，创新引领未来”这一主题，围绕自治区党委、政府的工作重点，通过举办六大类32项活动，全面总结，展示了广西“十一五”以来科技战线的自主创新成果。科技合作项目成果丰硕，共有68个项目集中签约，交易签约金额达30.06亿元，为历届之最。科技活动周已成为广西科技“引智、引技、引资”最重要的平台之一。闭幕式上，谢酒堂就本届科技活动周进行了总结并展望今后的工作。活动周筹备领导小组对本届科技活动周中组织工作成绩突出和参加科普长廊展示竞赛活动的单位进行表彰奖励。其中，8家单位获“最佳组织奖”，33家单位获“优秀组织奖”，24家单位分获科普长廊展示竞赛活动一、二、三等奖及优秀奖。

12日　全区农村工作会议在南宁召开。会议传达中央农村工作会议精神，总结“十一五”时期和2010年全区农业农村工作成绩和经验，分析“十二五”时期广西农业农村工作面临的形势，部署“十二五”时期和2011年全区农业农村工作。自治区党委书记郭声琨、自治区主席马飚专门给会议发来贺信。自治区党委副书记陈际瓦、自治区副主席陈章良出席会议并讲话。

△ 全区工业和信息化工作会议在南宁召开。会议传达中央经济工作会议、全国工业和信息化工作会议、全区经济工作会议精神，总结2010年工作和“十一五”工业成就，分析当前形势，部署今年广西工业和信息化工作。自治区主席马飚发来贺信，自治区副主席杨道喜作讲话。

△ 桂林电工电子新材料产业基地在桂林高新七星区英才科技园正式动工开建，基地计划总投资10亿元。

13日 第十九届广西科技大集暨2011年广西家电下乡产品交易会在来宾市开幕。本次科技大集主题是“创绿色低碳生活，促家电科普下乡”。

14日 自治区科技厅厅长谢迺堂，纪检组长黎昆率厅办公室、人事处、发展处、条财处、高新处、机关党委、监察室、知识产权局等相关负责人，到广西科技情报所开展“大排查、大接访、大调解、大防控”专项下访活动。倾听、记录广西科技情报所、广西分析测试研究中心、广西计算中心等附近科研院所的干部职工对广西科技工作及科技厅工作的意见和建议。

14日～15日 自治区科技厅农村处相关负责人到资源县实地调查、指导抗冰救灾害工作。

15日 自治区科技厅农村处相关人员组成的调查组到灌阳县察看冰冻灾情，到新圩乡、灌阳镇、洞井乡了解灌阳县“三大水果”受灾情况，还着重视察了国家科技部给灌阳的富民强县“红薯产业化开发与示范”项目。

16日 自治区科技厅农村处相关人员组成的调查组，到富川瑶族自治县受灾最严重的麦岭镇、朝东镇了解冰冻灾情。

19日 由科技部办公厅调研室、中国科学技术发展战略研究院主办的2010年“创新圆桌会议”第四次会议在北海市举行。来自吉林、江西、湖北、广西、云南、陕西科技厅和重庆市科委、成都科技局等单位的专家代表就科技创新与战略性区域发展问题展开讨论。中国科学技术发展战略研究院常务副院长王元、科技部办公厅调研室主任胥和平等出席会议。自治区科技厅副厅长李昌华在会上致辞。

△ 自治区绩效考评组到自治区科技厅检查指导工作并召开绩效考评工作汇报会，副厅长钟会超出席会议，科技厅相关业务处室负责人参加了会议。

20日 自治区科技厅召开广西重点实验室培育基地建设工作座谈会。厅党组书记陈大克出席座谈会。广西重点实验室培育基地主任、依托单位的分管领导和处室负责人参加了会议。

24日 自治区党委副书记陈际瓦实地考察了兴安县太阳能光伏产业园，并对兴安县太阳能光伏产业园科学发展提出了意见。

24日～26日 科技部农村司郭志伟副司长带领中国农业大学、中国农业科学院、华南农业大学等专家调研组赴来宾、柳州、桂林等地指导广西开展抗冻减灾工作。2010年入冬以来，南方地区出现了较大范围的低温冰冻和霜冻天气，对农业生产造成了不利影响。广西有90个县803个乡镇农作物不同程度受灾，受灾面积为469.19千公顷，受灾作物主要是甘蔗、蔬菜、水果等，造成直接经济损失13.39亿元。

25日 自治区科技厅组织22家农业科学研究院所和高校的60名科技专家，到广西百色市开展“科技促农惠民闹春耕”活动，为当地农民送去良种和技术。

△ 自治区政协副主席、总工会主席李达球代表自治区党委、政府到贺州看望和慰问了自治区、市优秀人才、科技专家、贺州市人民医院院长汤伟光。

26日 自治区政协副主席蒋济雄慰问防城港市卫生监督所所长张传凯、广西科学院副院长、广西药用植物园主任缪剑华。自治区科技厅纪检组长黎昆等参加此次慰问活动。

27日 自治区党委副书记陈际瓦看望广西优秀专家、广西林科院副院长马锦林。

△ 总投资为250亿元的广西百色新山铝产业示范园区开工奠基仪式在百色田阳县举行。

△ 广西第一届园林园艺博览会举办地评选会上，柳州市获得首届广西园林园艺博览会的主办权。首届广西园博会计划于2011年10月中旬在柳州举办。

30日 由广西新闻网、广西新影响文化传媒有限公司、共青团广西区委学校部共同主办的广西首届动漫艺术创意大赛在南宁启动。

是月 全区生产力促进中心服务低碳循环经

济专题研讨会在宜州市召开。

是月 科技部党组成员、纪检组长郭向远一行到南宁市两家高新技术企业调研，自治区科技厅厅长谢迺堂、纪检组长黎昆等领导参加此次调研活动。

是月 广西出入境检验检疫局纪检组长侯金坡率中国检验检疫代表团一行到越南进行考察交流，了解越方落实《中越植物检验检疫会谈纪要》情况。

是月 广西科技活动周开幕式暨科技表彰奖励大会顺利召开。柳州多个企业和个人获奖：上汽通用五菱汽车股份有限公司的"'五菱之光'系列微型汽车自主研发及制造"成果获广西科学技术进步特别贡献奖；广西柳州钢铁（集团）公司的"铁前系统节能减排技术的研发与应用"和广西鱼峰水泥股份有限公司参与的"水泥绿色制成关键技术研究及其集成与工业化应用"两项成果获广西科技进步奖一等奖；柳州化学工业集团有限公司的"新型复合型煤粘结剂研发"等13项成果获二、三等奖；柳城县冲脉镇指挥村大伍屯的韦光安获"科技种养大王"称号；三江侗族自治县古宜镇东竹茶叶生产专业合作社理事长郭朝阳等4人获"科技种养能手"称号。柳州全市共组织66家企业和超过百个产品参加广西科技"十一五"成果展、广西千亿元产业科技成果展、广西新技术新产品交流交易会、科技论坛、科普活动、广西地理标志产品展、专利集市以及科技产品和名特优产品展销等活动。活动周开幕当天，柳州市19家企业的科研合作项目与高等院校、科研所举行签约仪式，签约金额2亿多元。

2月

10日 北部湾中华白海豚保护与研究中心成立，这标志着政府、科学、民间三结合的白海豚保护与研究行动正式启动。

14日 自治区科技厅党组书记陈大克，副厅长粟定成、钟会超带领厅机关干部到金秀县三江乡合兴村进行慰问。

15日 自治区科技厅副厅长粟定成到广西植物研究所调研。

16日 "广西—谅山科技合作项目洽谈会"在凭祥召开。出席会议的有自治区科技厅国际合作处、崇左市科技局、凭祥市科技局的有关领导及越南谅山省科技代表团。

△ 中国距离东盟最近的保税港区——广西钦州保税港区正式对外开放和全面开港运营。海关总署和质检总局分别发来贺电和贺信，广西壮族自治区党委书记、自治区人大常委会主任郭声琨为钦州保税港区开港题词，自治区主席马飚发来贺信，自治区党委常委、自治区副主席陈武宣布钦州保税港区开港，并同海关总署、质检总局领导为钦州保税港区开港剪彩。

△ 上汽通用五菱年产40万辆轿车新基地、东风柳汽年产10万辆商用车新基地项目在柳州柳东新区开工，标志着广西柳州汽车城建设全面启动。

△ 广西汽车零部件产品质量监督检验中心和国家茧丝绸产品质量监督检验中心落成仪式在柳州举行。自治区主席马飚出席仪式并为中心揭牌。

18日 玉柴机器股份有限公司与广西大学在广西大学君武馆签署战略合作框架协议，就建立产学研联合实验室以及人才引进交流培养等项目达成协议，为推动产品研发、进一步深化合作奠定基础。

△ "桂林国家特种轮胎及装备制造高新技术产业化基地"和"桂林国家微波与光通信高新技术产业化基地"在桂林国家高新区大学科技园揭牌。科技部巡视员耿战修、自治区科技厅副厅长李昌华等有关领导共同为基地揭牌。

△ 2011年全国科技工作会议上，科技部部长万钢作题为《坚持自主创新，推动科学发展，实现"十二五"科技工作良好开局》的工作报告，总结了"十一五"科技改革发展成就和2010年科技工作，提出了"十二五"科技工作的总体思路，对2011年的科技工作进行了全面部署。

19日 国家铝金属产品质检中心在百色正式落成并投入使用。

△ 科技部在柳州饭店国际会议中心举行"柳州国家工程机械高新技术产业化基地"与"柳州国家预应力机具高新技术产业化基地"授匾仪式。国家科技部首次认定的国家高新技术产业化基地为77家。广西仅有柳工机械股份有限公司与柳州欧维姆机械股份有限公司2家成为广西首批国家高新技术产业化基地。自治区科技厅副厅长李昌华参加授匾仪式。

20日 国家甘蔗产业技术体系营养与栽培研究室主任、广州甘蔗糖业研究所所长、研究员李奇伟等5位甘蔗专家到崇左市考察，自治区农业厅糖料处有关人员参加考察活动。通过考察，着重了解崇左市甘蔗基地、良种引进繁殖、单产提升等情况，为崇左市实施甘蔗生产“4331工程”出谋献计。

21日 中国桂林航天科技民用化产业园在桂林落成。

△ 广西电子铝产品质量监督检验中心综合楼奠基仪式在贺州举行。

22日 2011年全区科技工作会在南宁召开。会议总结2010年广西科技工作，研究部署2011年科技工作。自治区副主席陈章良，自治区人民政府副秘书长曾东，自治区科技厅党组书记陈大克，厅长谢迺堂，副厅长粟定成、李昌华、钟会超，纪检组长黎昆，副巡视员宋文学出席会议。各市、县（市、区）人民政府，区直有关单位，自治区农垦局、各市、县（市、区）科技局、各高新区（农业园区）管委会、高等院校、科研院所、科技厅各业务处室等有关负责人逾400人参加会议。

△ 国家松脂林化产品质量监督检验中心在梧州落成并投入使用。该中心集产品质量检验、产品标准研发和修订为一体，是目前国内第一家经国家质检总局批准筹建的松脂林化产品质量监督检验机构，是国内一流、国际先进的松脂林化产品检测实验室。

23日 国家食糖及加工食品质量监督检验中心建成启用。该中心位于南宁高新区，拥有实验室面积1万平方米，其中包括广西最大、功能最全的P2级生物安全实验室。现有198台（套）达到国际先进水平的精密仪器设备。中心检验能力覆盖28大类食品，是我国西南地区门类最为齐全的国家食品质检中心，也是国家质检总局批准的广西唯一一家食品市场准入专业技术委员会成员质检技术机构。

24日 由自治区科技厅、崇左市人民政府联合主办的“兴水利、强基础、惠民生、促发展”主题活动暨科技下乡促春耕生产活动在扶绥县新宁镇举行。自治区科技厅党组书记陈大克，厅长谢迺堂，副厅长粟定成，副厅长李昌华，纪检组长黎昆，副巡视员宋文学等领导出席活动。本次活动是贯彻落实自治区党委、政府关于开展“兴水利、强基础、保增长、促发展”主题实践活动的一次大型科技实践活动，旨在通过开展多种形式的科技服务活动，切实帮助农民群众抓住春耕生产的有利时机，解决春耕生产中的技术问题，促进春耕生产的开展。

27日 自治区科技厅高新处根据科技部火炬中心的通知，派出工作人员到贵港、玉林、梧州、贺州等市进行2012年度的科技型中小企业技术创新基金项目的申报发动工作。

是月 自治区科技厅副厅长粟定成到阳朔调研科技工作。

是月 广西出入境检验检疫局局长卢厚林、副局长董国富与广西农业厅厅长张明沛就建立联合机制，共同促进扩大广西农产品出口等进行座谈。

是月 广西出入境检验检疫局局长卢厚林与南宁市市长黄方方签订《关于促进南宁市外向型经济发展合作备忘录》，国家质检总局副局长孙大伟到会致辞。

是月 广西出入境检验检疫局局长卢厚林与广西农业厅厅长张明沛签署“加强出入境检验检疫合作，促进广西农产品出口合作备忘录”。

3月

1日 自治区科技厅组织专家组到广西来宾永鑫小平阳糖业有限公司，就该公司糖业节能减排降耗增效重大共性技术项目推广应用情况开展查定工作。

△ 自治区科技厅贫困县能力建设类项目课题实施推进会在南宁召开。

2日 自治区科技厅举办2011年度绩效考评工作培训会。会议由科技厅党组成员、纪检组长黎昆主持，培训由复旦大学公共绩效与信息化研究中心副主任童忠强教授主讲，自治区科技厅全体干部职工参加了培训。

△ 自治区科技厅召开制订2011年度工作目标分解书的工作布置会。科技厅各业务处室领导及绩效办成员参加会议。科技厅党组成员、纪检组长黎昆出席会议并主持。

4日～9日 自治区科技厅基础研究处一行4人，先后赴广西师范大学和广西大学进行调研，重点检查和推进广西首批创新研究团队项目实施，并征集基础研究人员对完善自然科学基金项目管理、加强科技创新人才培养的意见。

7日 自治区副主席陈章良率队到科技部拜会科技部副部长张来武。自治区科技厅党组书记陈大克、厅长谢迺堂、副厅长钟会超以及科技厅发展计划处、政策法规与社会发展处有关负责人等参加拜会活动。

10日 由中国科学技术咨询服务中心、自治区科协、自治区知识产权局等部门联合开展的“2011实施知识产权战略巡讲活动（广西站）”在南宁启动，中国科协书记处书记、中国知识产权研究会常务理事长张勤出席启动仪式并作主题报告，自治区人大常委会副主任荣仕星出席启动仪式并讲话，自治区人民政府副秘书长曾东主持启动仪式，中国科学技术咨询服务中心主任盛小列，自治区科协党组书记甘向群，自治区科技厅副厅长李昌华，自治区科协副主席谢林城，自治区科协副主席朱东以及自治区知识产权局等领导出席启动仪式。来自自治区内高等院校、科研院所、技术经济开发区、国有和民营企业、知识产权代理机构、省级学会的代表共300多人参加活动。荣仕星指出，广西党委、政府一直高度重视知识产权工作，经过广大知识产权工作者的共同努力，知识产权保护在广西各项工作中的地位和作用得到提升，知识产权工作在提高广西自主创新能力，促进广西经济、科技和社会发展中日益发挥着重要的作用。张勤作题为《自主创新与知识产权》的主题报告。下午，在广西化工研究院举办专家讲座，国家知识产权局知识产权发展研究中心主任毛金生、中国国际经济贸易仲裁委员会副秘书长李虎分别作题为《专利信息资源的应用方法》和《国际贸易中知识产权风险的防范与规避》的专题报告。

15日～16日 自治区科技厅和广西农科院联合在柳江县百朋乡、忻城县马泗乡开展“2011年科技下乡促春耕”活动。

16日 自治区科技厅组织开展的“送科技下乡促春耕生产活动”在浦北县大成镇举行。

△ 广西农科院农业产业化实验基地在融安挂牌成立。

△ 科技部专家组在桂林召开国家科技支撑计划项目“全钢子午线巨胎生产工艺和关键装备研发”验收会。专家们一致认为，该项目的关键装备主要技术指标已达到国际先进水平，正式宣告目前拥有该技术的世界少数几个国家长期对我国实行的技术封锁已经“失灵”，桂林“全钢巨胎”已冲破国际技术垄断。

△ 广西钦州保税港区管理委员会、广西北部湾国际港务集团有限公司和中国检验有限公司在南宁正式签署《广西钦州保税港区进口汽车检测线项目合作合同书》，标志着广西钦州保税港区整车进口口岸建设取得新突破。

16日～18日 由自治区科技厅和广西农科院联合组成的专家科技服务队在贺州市、桂林市开展“2011年科技下乡促春耕”活动。

17日 自治区科技厅组织召开2011年广西自然科学基金创新研究团队项目实施座谈会。自治区科技厅党组书记陈大克到会并讲话。来自广西大学、广西农业科学院、桂林理工大学、广西工学院、广西医科大学、广西中医学院等相关高校、科研院所的项目负责人及科研处负责人参加会议。

△ 2011年全区专利代理机构工作会议在南宁召开。自治区科技厅副厅长李昌华出席会议，广西9家代理机构、自治区知识产权局相关处室、中国（广西）知识产权维权援助中心、国家知识产权局专利局南宁代办处的负责人参加会议。

△ 自治区科技厅组织有关专家组成科技服务队，到贺州市富川瑶族自治县开展“送科技下乡促春耕生产”活动。

△ 自治区科技厅、广西农业科学院、北海市科技局、铁山港区科技局联合在铁山港区营盘镇塘仔村举行了“科技下乡促春耕生产活动”。

18日 自治区科技厅召开传达学习全国“两会”精神大会。科技厅党组书记陈大克，厅长谢迺堂，副厅长粟定成、李昌华、钟会超，纪检组组长黎昆，副巡视员宋文学出席大会。

△ 自治区科技厅农村处和广西农科院的专家来到灵川县潭下镇组织开展“柑橘种植技术培训”讲座。参加讲座的有灵川县科技局、农业局、林业局、水果办等有关涉农单位的技术员及潭下镇各村公所的农科员和柑桔种植专业户共136人。

△ 自治区科技厅农村处处长和广西农科院的专家来到灵川县潭下镇组织开展“柑橘种植技术培训”讲座。参加讲座的有灵川县科技局、农业局、林业局、水果办等有关涉农单位的技术员及潭下镇各村公所的农科员和柑桔种植专业户共136人。

19日 由自治区科协和自治区教育厅共同主办的广西青少年科技创新大赛在广西科技馆进行。

20日～22日 由自治区科技厅和广西农科院联合组成的专家科技服务队在贵港覃塘五里镇、梧州藤县太平镇开展“2011年科技下乡促春耕”活动。

22日 广西东兴市市委书记朱胜勇在中国东兴—越南芒街跨境旅游合作区建设研讨会上表示，中国广西壮族自治区与越南广宁省在越南下龙市签署了《共同推进中国广西东兴—越南广宁省芒街跨境经济合作区协议》，标志着双边跨境经济合作进入了实质性阶段。

24日 自治区科技厅副厅长粟定成、纪检组长黎昆带领部分厅机关干部职工赴金秀县三江乡下思村开展植树活动。

△ 自治区人民政府在南宁召开2011年自治区知识产权工作会议。自治区副主席陈章良出席会议并作重要讲话，自治区科技厅厅长谢迺堂出席会议。自治区发展改革委、工信委、教育厅、科技厅（知识产权局）、公安厅、司法厅、财政厅、人力资源和社会保障厅、农业厅、林业厅、商务厅等28个自治区知识产权成员单位的相关业务负责人参加了会议，自治区人民政府副秘书长曾东主持会议。自治区科技厅副厅长、自治区知识产权办公会议办公室负责人李昌华通报了2010年广西知识产权工作概况，提出了2011年贯彻《广西壮族自治区实施知识产权战略意见》的工作建议，自治区商务厅、公安厅、工信委负责人分别通报本系统知识产权工作情况。陈章良要求，要扎实做好2011年的全区知识产权工作，一是要深入推进广西知识产权战略的实施，培育一批依靠知识产权发展壮大的企业及企业集团；二是要提高专利创造与运用的能力；三是大力培育发展知识产权服务业，把知识产权服务平台向高新区延伸，支持发展包括知识产权代理、登记、许可、转让、管理、评估、认证、咨询、公证、预警、培训、法律援助、检索分析、战略研究等内容的知识产权服务业；四是各部门要加强协调，加大工作成效的宣传力度，共同把我区知识产权事业推向新台阶。

△ 广西药用资源化学与药物分子工程省部共建国家重点实验室培育基地揭牌仪式在广西师范大学举行。自治区科技厅党组书记陈大克出席揭牌仪式，科技厅基础研究处、条件财务处等相关负责人参加。广西药用资源化学与药物分子工程省部共建国家重点实验室培育基地是科技部2010年批准的省部共建国家重点实验室培育基地，主要从事药用资源化学、生物无机与无机药物化学、药物分子工程领域基础和应用基础研究。

24日～28日 自治区科技厅副厅长粟定成率科技厅调研组一行到桂林市，就科技管理工作及农业产业化、国际科技合作等项目进行调研。

25日 自治区科技厅副厅长粟定成带领相关处室负责人到荔浦县开展科技调研工作。

△ 自治区科技厅党组成员、纪检组长黎昆率领科技厅农村科技处等处室负责人和有关人员到广西象州县华佳丝绸公司开展民营企业科技创新工作调研。黎组长一行查看华佳公司的生产车间生产状况并听取公司科技创新工作专题汇报。

29日 自治区科技厅在南宁组织召开2011年科技厅部门预算支出执行推进会。科技厅所属53个部门预算单位的财务负责人约70人参加了会议。

30日 自治区科技厅副厅长粟定成到兴宾区调研科技工作，实地察看了兴宾区“三农网”中心、“三农网”能力建设情况。

△ 自治区主席马飚就广西专利工作作出重要批示，充分肯定广西“十一五”专利工作所取得的成绩，同时要求动员全社会力量特别是增强企业积极性，努力实现“十二五”期末广西每万人口发明专利拥有量3件的目标。4月6日，自治区知识产权局召开全体干部会议，学习马飚主席重要批示和全国知识产权局局长会议精神，研究制订加快广西专利创造新举措。自治区科技厅副厅长李昌华出席会议并讲话。

31日 广西分析测试协会工作座谈暨学术交流会议在南宁召开。广西分析测试协会理事、成员单位的会员代表，以及部分特邀专家学者等100余人参加会议。

是月 广西生产力促进中心被国家科技部授予“‘十一五’国家科技计划执行优秀团队奖”，成为全国2000多家生产力促进中心、近250家国家级示范生产力促进中心中，获此殊荣的3家生产力促进中心之一。

是月 2011年广西全区专利工作推进会在桂林阳朔县召开，会议贯彻落实全区科技工作会议精神，总结交流2010年及“十一五”知识产权（专利）工作，提出了“十二五”广西知识产权（专利）工作思路并对2011年知识产权（专利）工作进行部署。自治区科技厅副厅长李昌华在会上讲话。

4月

2日 第三届中国（玉林）中医药博览会（简称“药博会”）新闻发布会在南宁召开。自治区科技厅副厅长钟会超等领导出席会议。会上，钟会超就自治区科技厅第一次作为药博会主办单位所承担的主要工作回答了媒体的提问。

8日 自治区科技厅召开自治区科技计划与项

目管理改革座谈会，研讨“十二五”广西科技计划体系设置、科技计划与项目管理改革措施、科技重大专项管理办法。

13日 2011年全国科技活动周广西活动项目协调会在南宁召开。

△ 自治区科技厅召开第十四届北京科博会广西筹备工作会。

△ 自治区科技厅党组书记陈大克接受广西电视台采访，畅谈“十一五”广西重点实验室建设工作总体情况和所取得的成效，并介绍“十二五”期间广西重点实验室建设工作目标。

18日 2011年广西知识产权宣传周新闻发布会在自治区科技厅召开。

20日 8位自治区主席院士顾问到南宁高新区考察，为当地高新技术企业的发展把脉支招，为广西经济社会跨越发展建言献策。自治区副主席杨道喜，自治区科技厅厅长谢迺堂等领导参加考察活动。新聘请的39位院士将在聘期内对广西科技、经济和社会发展等重大战略问题开展决策咨询，帮助指导广西的“14＋4”个千亿元产业突破产业发展的技术瓶颈。

△ 自治区党委、政府在南宁举行自治区主席院士顾问聘请仪式。自治区党委书记、自治区人大常委会主任郭声琨出席聘请仪式。此次新聘的自治区主席院士顾问共39位。自治区主席马飚分别向当天出席仪式的王淀佐、邬贺铨、陈毓川、陈克复、古德生、黄崇祺、黄伯云、郝吉明、金涌、雷霁霖、孙家栋、孙传尧、孙晋良、万惠霖、吴以成、徐德龙、姚新生、左铁镛、郑皆连、赵法箴共20位院士颁发了聘书。

20日～26日 由国家知识产权局、中宣部等25部门联合主办的2011年全国知识产权宣传周活动在全国展开。本届宣传周活动的主题是“知识产权助推经济转型”，着重宣传知识产权对于调整优化产业结构、加快转变经济发展方式的支撑作用。20日，2011年广西知识产权宣传周活动在南宁高新区火炬大厦广场开幕，宣传周围绕“知识产权助推经济转型”这一主题，在广西开展一系列知识产权宣传活动，时间持续至4月26日。开幕式上，出席的有关领导为“百名知识产权专家进高新技术企业”专家代表授旗，向企事业单位代表赠送知识产权书籍。各主办单位及相关中介机构还在现场设置了知识产权咨询台，面向公众开展相关咨询服务。宣传周期间，广西发布了《2010年广西壮族自治区知识产权保护状况》（白皮书），举办知识产权教育培训和咨询服务、地理标志产品展示宣传、打击侵犯知识产权物品和专项执法等活动。

24日 自治区科技厅在南宁市启动了“罗非鱼产业关键技术研究与技术集成示范”的实施，标志着广西“十二五”11个重大科技专项正式启动实施。

25日～27日 自治区科技厅厅长谢迺堂，副厅长李昌华对柳州、来宾两地千亿元产业研发中心和行业工程技术研究中心的依托单位进行调研。

26日 自治区科技厅检查组一行5人到百色市右江区检查指导科技富民强区蔗糖循环生态产业链开发项目结题验收落实工作。

△ 广西千亿元产业研发中心建设现场会在柳州召开。自治区科技厅厅长谢迺堂，副厅长李昌华、柳州市副市长王柳平出席会议，科技厅高新处、广西23个工程技术研发中心各依托单位主要负责人，自治区发改委、工信委，南宁、桂林、柳州、梧州、北海等市发改委、工信委、科技局负责人参加会议。会议由自治区科技厅副厅长李昌华主持。

△ 自治区人大常委会副主任吴恒到广西轻工业科技研究院调研。自治区科技厅党组书记陈大克，副厅长钟会超参加调研活动。

27日 自治区科技厅系统安全生产管理工作培训班在南宁召开。会议总结了2010年度科技厅系统安全生产管理工作，并部署2011年的安全生产工作。

△ 自治区科技厅党组成员、纪检组长黎昆到百色市科技局检查指导工作。

28日 2011年全区科技企业孵化器工作交流会在北海召开。自治区科技厅副厅长李昌华、北海市副市长李红杰、科技部火炬中心孵化器处孙启新专家出席会议，自治区科技厅高新处，14个地市科技局相关负责人和广西47家科技企业孵化器毕业企业负责人参加会议。

是月 广西出入境检验检疫局与深圳出入境检验检疫局举行关于加强协作把关共促食品农产品扩大出口合作备忘录签字仪式，广西出入境检验检疫局局长卢厚林、副局长董国富、莫伟媛、谢殿智、纪检组长侯金坡出席该签字仪式。

是月 借开展2011年桂台经贸文化合作论坛系列活动的契机，自治区地震局派出代表赴台与花莲县消防局等开展防震减灾工作交流，签署了交流合作协议和备忘录，达成了多项交流意向。

5月

4日 2011年度农业科技直通车发车仪式在南宁举行，农业部将41辆农业科技直通车发放给横县等41个县（市、区）的农技推广部门。自农业部“农业科技直通车”项目启动以来，已先后赠送广西农业科技直通车98辆。

5日 自治区人民政府与中国工程院在南宁举行科技合作协议书签字仪式。自治区党委书记、自治区人大常委会主任郭声琨出席签字仪式，自治区主席马飚和中国工程院院长周济在仪式上分别致辞，并共同签署《中国工程院与广西壮族自治区人民政府科技合作协议》。自治区党委常委、自治区副主席陈武主持签字仪式。农业部副部长牛盾，环保部总工程师万本太，自治区党委常委、统战部部长黄道伟，自治区党委常委、组织部部长周新建出席签字仪式。根据协议，双方将在开展重大决策咨询、加强产学研合作、加强技术转移合作、加强合作研究与开发、组织学术交流活动、培养和引进科技人才等方面深化合作，并建立区院会商协调机制。

6日 广西有色金属产业资源综合利用专题研讨会在南宁召开，就广西有色金属产业资源综合利用等问题展开咨询服务，中央人才工作协调小组的院士专家参加了座谈。研讨会上，中国工程院院长、中国工程院院士周济，中国工程院院士张懿、王国栋、周克崧、孙传尧等发言时指出，广西对有色金属的开采要注重环境保护和循环利用，要加强源头控制，强化技术提升，优化现有的流程工艺，提高对有色金属资源的有效利用率；要着力打造河池百色有色金属基地，以科学发展为主题，加快转变经济发展方式，把广西有色金属产业做成广西的强优产业。自治区政协副主席黄日波参加专题研讨会，会议由自治区科技厅党组书记陈大克主持。

7日 自治区科技厅副巡视员宋文学到百色新山铝产业示范园就产学研结合情况进行调研。

△ 泰国碧武里皇家大学巴芸副校长率领代表团一行到玉林师范学院访问。双方就两校建立友好院校，开展校际交流“3＋1”“1＋3”“0＋4”模式，暑假夏令营活动，教师科研项目合作，泰语师资培训项目，学生、教师申请奖学金赴泰国学习等合作事宜充分交流了意见并初步达成共识谈。

9日 中央人才工作协调小组院士专家咨询服务活动在梧州市举行，中国工程院院士、广州有色金属研究院院长周克崧教授到梧州市海洋船舶机械企业现场开展技术指导。

△ 中央人才工作协调小组院士专家咨询服务活动梧州市中医药产业现场技术指导会在梧州市中恒集团举行。中科院院士、中国医学科学院基础医学研究所研究员、北京协和医学院教授强伯勤，国家“千人计划”引进专家、北京大学工学院能源与资源工程系终身讲席教授、生物学家陈峰，就梧州如何加快发展中医药产业提出了建议。国家科技部政策法规司副司长李保成、自治区科技厅厅长谢迺堂出席指导会。

9日～10日 自治区科技厅副厅长李昌华到玉林市对广西三环企业集团股份有限公司和广西玉柴机器股份有限公司进行调研。

10日 中央人才工作协调小组院士专家咨询服务团到河池开展咨询服务，院士专家们围绕河池市有色金属、甘蔗丰产稳产技术、特色中草药资源开发、玉米增产与精深加工等产业发展及工业园区建设，开展了5场专门的咨询服务活动。

△ 由广西大学、桂林市蔬菜研究所承担实施的国家大宗蔬菜产业技术体系桂林综合试验站启动仪式在资源县召开，武鸣县、田东县、平乐县、永福县、资源县等5个番茄试验示范县技术负责人与技术骨干等近20人出席会议。

△ 自治区知识产权局在北流市召开了全区知识产权区域试点工作推介会。自治区科技厅副厅长李昌华出席会议。会议表彰奖励了南宁市、桂林市、柳州市、北流市、陆川县、宾阳县共6个2010年度全区知识产权系统专利申请先进单位，为2010、2011年批准设立的南丹县、兴安县、陆川县、宾阳县4个知识产权试点县授牌，部署了下一阶段知识产权区域试点工作任务。李昌华在会上首先肯定了各市（县）、区知识产权区域试点工作所取得的成绩，同时指出了下一阶段区域知识产权工作方向：一要提高认识、明确目标，把知识产权区域试点工作与自治区提出的目标任务有机结合起来；二要围绕工作任务开展知识产权区域试点工作；三要采取有力措施，全面有效推进区域试点工作。

12日 是第三个全国“防灾减灾日”，柳州市开展“防灾减灾日”宣传月活动，柳州地震科普馆开馆，向市民普及地震方面的知识。该馆为广西第一家地震学科科普场馆，位于柳州市高新一路北二巷的市科技馆二楼。该馆展出了地震地质模型、地球构造模型、地震应急救援用品、倾斜小屋与地震场景模型、避震逃生仿真练习、地震多媒体教学及知识抢答区、地震知识与防震减灾工作虚拟翻书、防震避险多媒体、地震过程演示、建筑结构抗震技术体验等内容，

15日 全国首家市级桑蚕茧丝绸产业技术创新联盟成立大会在柳州饭店举行。该联盟是全国首家市级桑蚕茧丝绸产业技术创新联盟。

△ 国务院机关事务管理局公共机构节能司司长何长江率领的国家“十一五”公共机构节能工作考核组一行莅临广西百色国家农业科技园区实地检查考核“十一五”时期公共机构节能工作开展情况及取得的成效。国务院公共机构节能司、区、市机关事务管理局相关部门负责人参加调研。何长江一行实地考察了中国—东盟现代农业观光展示园、百色现代农业推广中心展示厅，听取了园区管委会相关负责人关于科技园区在现代农业发展节能情况汇报。何长江指出，百色国家农业科技园区是引领广西现代农业发展的“节能降耗”的代表，希望科技园区进一步挖掘现代农业节能降耗潜力，引进农业和农村节能技术、农业节能产品推广应用，提高农业物质技术装备水平、加快推动科技园区节能工作再上一个台阶。

△ 自治区科技厅副厅长钟会超一行3人赴贵港市广西扬翔有限公司、贵港市嘉特电子科技有限公司开展科技工作调研。

△ 2011年全国科技活动周广西活动开幕式暨绿城科普广场活动在南宁金湖广场举行。开幕式上，与会领导嘉宾向参加“明日科技之星”爱心科普行活动的河池市都安县小学生赠送了学习用品及科技书籍，为“广西青少年科技教育基地”单位授匾，并向活动的主办单位授旗。举办了科技书市、节能环保、防震减灾、气象、计生、妇女保健、考古及食品安全等各类科普知识宣传，以及建筑节能新技术展览、大学生科技作品展示、海洋动物科普标本展，科普大篷车进广场、健康咨询、文艺演出等活动。吸引了众多南宁市民参与。自2001年国务院将每年5月的第3周定为全国科技活动周以来，广西已经成功举办了10届，2011年是第11届。

△ 2011年广西青少年科技创新大赛机器人竞赛在广西科技馆展览中心开赛，竞赛活动时间为1天。设有机器人基本技能比赛、创意比赛、足球比赛、FLL工程挑战赛、VEX工程挑战赛等项目。来自全广西各地138多支青少年代表队、400多名参赛选手及教练员参加竞赛。各项目组冠军将被选拔组成广西代表团参加2011年7月在河南郑州市举行的第十一届中国青少年机器人竞赛。自治区科技厅党组书记陈大克、自治区科协副主席朱东以及自治区教育厅相关负责人等到场参观竞赛活动并参观广西科技馆科普展示区。

16日 桑蚕茧丝产业技术创新战略联盟2011年工作会议在柳州市华锡大厦召开。桑蚕茧丝产业技术创新战略联盟18个成员单位的代表参加了会议。

△ 自治区科技厅宋文学副巡视员一行到中恒集团、广西梧州甜蜜家蜂业有限公司、广西长洲水利枢纽等企业，对企业科技工作、科技创新情况进行调研。

16日～18日 2011年全国科技活动周广西大型仪器协作共用网服务企业行动在梧州市、桂林市、柳州市开展。

17日 参加第十四届北京科技博览会的自治区科技厅党组书记陈大克，副厅长李国忠率科技厅有关处室负责人，以及南宁、桂林、梧州、玉林市科技局长等一行来到北京大学进行科技工作对接交流。在北京大学有关方面安排下，先后考察了北京大学北大众志公司微处理器研究开发中心、北京大学生命科学学院生物技术学系蛋白质工程及植物基因工程国家重点实验室，并与北京大学科技开发部举行工作会谈。

17日～22日 柳州市科技局组织柳州市大荣非金属材料有限公司、柳州市蓝海科技有限公司、柳州市双铠工业技术有限公司、柳州译海网络科技有限公司、柳州相光科技有限责任公司等企业，参加了第十四届中国北京国际科技产业博览会。

18日 2011年广西大型仪器协作共用网服务柳州企业行动仪式在广西方盛实业股份有限公司举行。

△ 2011年广西科技系统会计人员继续教育培训班在贺州举行，来自自治区科技厅、广西柑桔研究所等20余家科技系统行政、事业、企业单位近70人参加了培训。

△ 由广西糖业发展局和中国糖业协会主办的“广西首届糖业技术进步交流展示会”在南宁举行，来自全球的80家企业和科研单位参加展会。展会主题是展示国内外糖业发展新技术、新工艺、新设备。

18日～22日 科技部农村科技司副巡视员李

增来在广西调研农业科研和科技进步考核情况。李增来一行先后到广西水牛研究所、广西亚热带作物研究所、柳州正菱集团有限公司、广西柳州正菱鹿寨水泥有限公司、鹿寨县贵盛丝绸有限公司、柳州市柳南区金太阳新农村建设暨生态农业示范区进行调研，召开座谈会，了解农业科研和科技成果转化以及县（市）科技进步考核工作。通过调研交流，提出发展农村经济，要走“市场导向，科技引领，资本支撑，政策保证”的道路，各地要进一步加强科技进步工作，促进县市经济发展方式的转变。自治区科技厅粟定成副厅长参加了调研活动。

19日 2011年全国县（市）科技进步考核工作培训会在南宁召开。科技部农村科技司副巡视员李增来、自治区科技厅副厅长粟定成出席会议并讲话。会议由农村科技司处长侯立宏主持，全国37个省、自治区、直辖市、计划单列市科技厅（委、局）和新疆生产建设兵团科技局有关处领导与相关负责人员约85人参加会议。

△ 自治区科技厅厅长谢迺堂、副厅长钟会超率调研组，到广西民族大学就该所大学的科研情况进行调研。调研组一行先后参观了该校混杂计算与集成电路设计分析实验室、面向东盟人才培养成果展、西校区实验室。并与该校有关负责人进行会谈，详细询问该校的自主研发情况、与东盟国家开展研究情况，重点了解该校新技术专利申请情况，对科技的需求情况以及对自治区科技厅的建议。

20日 科技部农村技术开发中心地方科技工作处处长杨经学一行到广西百色国家农业科技园区对“十一五”期间科技园区现代农业科技成果情况进行调研。

△ 自治区科技厅系统人事工作座谈（培训）会在南宁市上林县召开。科技厅人事处及相关处室、直属单位分管人事工作的领导及人事部门人员逾20人参加会议。科技厅副厅长李昌华出席会议并讲话。

21日 为期一周的2011年全国科技活动周广西活动在南宁闭幕。自治区科技厅厅长谢迺堂，自治区科协副主席朱东，自治区科技副厅长粟定成、钟会超等成员单位领导及有关负责人出席闭幕式。闭幕式上，谢迺堂代表全国科技活动周广西活动领导小组作科技活动周总结报告。2011年全国科技活动周广西活动围绕“携手建设创新型国家”和“携手建设创新型广西，努力实现富民强桂新跨越”的主题，在全广西范围内组织开展了大规模的群众性科技活动。自治区各级单位共组织开展300多项科技活动，参与群众达700多万人次，活动内容丰富、主题鲜明、隆重热烈、安全有序。跟往年的全国科技活动周广西活动相比，2011年活动周增加了一个内容——全国科普影视巡演活动。13部全国优秀科普影视作品在科技活动周期间穿插播放。粟定成宣读了本次活动的表彰决定。全国科技活动周广西活动领导小组对2011年全国科技活动周广西活动做出突出贡献的单位、项目和个人进行表彰奖励。授予南宁市科技局等29家单位“优秀组织奖”称号，授予“巾帼创新业，建功十二五”岗位技能竞赛暨科普知识进家庭实践活动等41个项目“优秀项目奖”称号，授予周桂东等130人“先进个人”称号。

△ 2011年学术委员会会议在北海市广西海洋研究所举行，会议由广西海洋生物技术重点实验室学术委员会主任麦康森院士主持。本次学术委员会会议的主要议题是分析广西海洋生物技术重点实验室建设发展现状、找出其存在的主要问题、对其建设与研究方向提出建议。会议最后确定广西海洋生物技术重点实验室以海洋生物繁育与选育、海水健康养殖、海洋生物活性物质研究为主要建设发展方向。广西海洋生物技术重点实验室提出的“以基础和应用基础研究促产品开发和成果转化”的思路，得到了以麦康森院士为主任委员、吴灶和副校长为副主任委员的实验室学术委员会的认可和赞赏。

22日 2011年全国科技活动周“钦州第四届古安杯青少年坭兴陶艺创作大赛”颁奖仪式在钦州举行。自治区科技厅纪检组长黎昆出席仪式并颁奖。钦州市区内中小学生约3万人参加活动。

△ 自治区科技厅副厅长钟会超到自治区科技厅计划生育帮扶点——容县调查了解该县计划生育和科技工作情况。

23日 陕西知识产权局办公室主任杨恩亮一行16人来到南宁访问自治区知识产权局。

△ 第三届中国（玉林）中医药博览会（简称“药博会”）在玉林市开幕。来自国内28个省（区、市）、港台地区以及东盟、美国的316家企业与市场内1000个固定经销商共同参展。自治区党委常委、宣传部部长沈北海，自治区人大常委会文明副主任、国家中医药管理局副局长吴刚等有关领导出席开幕式。在当天举行的“南方药都”论坛——广西中医药壮瑶医药千亿元产业战略研

讨会上，中国工程院院士李大鹏等著名专家、学者共同探讨了新形势下中医药产业特别是民族医药产业发展态势、路径选择，同时为广西千亿元中医药壮瑶医药产业战略“诊脉开方”。来自政府部门、科研院所、企业的300多名代表参加论坛。科技部社会发展科技司生物技术与医药处张兆丰副处长出席药博会开幕式并在论坛上作了题为“‘十二五’中医药创新发展的基本思路”的主旨演讲。自治区科技厅钟会超副厅长参加了开幕式并主持论坛，在论坛上作题为“科技支撑广西中医药民族医药产业发展的基本构想”的主旨演讲。

23日～24日　自治区科技厅厅长谢逎堂，副厅长李昌华率调研组在南宁就千亿元产业研发中心建设情况进行调研和指导。调研组考察了广西凤凰纸业有限公司、广西农业科学院甘蔗研究所、广西横县良圻制糖有限公司，了解各单位建设研发中心1年来的建设推进情况、取得的成效及遇到的难题，重点了解企业研发力量、科研队伍建设情况及对科技的需求。

23日～24日　自治区科技厅《水泥绿色制成技术集成推广应用与示范》项目调研组对贵港市水泥制造企业进行了调研。

24日　科技部办公厅副主任胡晓军率调研组到自治区科技厅就电子政务建设问题进行专题调研。

25日　自治区科技厅厅长谢逎堂、副厅长李昌华率调研组到南宁高新技术产业开发区就建设情况进行调研和指导。调研组考察了科技工业园九号区孵化平台GMP车间、生物工程中心、科技企业孵化器、广西田园生化股份有限公司。

26日　2011年广西县（市）科技进步考核工作培训会在南宁召开。会议对2011年全国县（市）科技进步考核工作进行了布置安排，并对全广西14个市和部分县（市、区）负责科技进步考核工作的领导、业务科长、工作人员进行了科技进步考核业务培训。全国县（市）科技进步考核每两年开展一次，2011年是第6次。本次科技进步考核突出考核科技在县（市）经济社会发展中的地位和作为，考核指标包括科技促进县（市）主导产业发展情况等29项，其中党委或政府对科技进步工作的重视和领导情况、科技管理机构设置及建设情况、本级科学技术支出占当年本级财政一般预算支出比例为三项一票否决指标。

26日～28日　由国家知识产权局主办、广西壮族自治区知识产权局承办的华南地区知识产权执法研讨班在桂林市举办。与会人员就典型案例进行了提问和交流，国家知识产权局执法管理处就具体涉及知识产权案例进行分析讲解。

27日　自治区科技厅厅长谢逎堂到北海市新未来信息产业股份有限公司考察北海市千亿元产业研发中心的建设情况。

27日～31日　自治区科技厅厅长谢逎堂到广西煤炭科学研究所、广西粮油科研所、广西电子研究所、广西电子产品监督检验所、广西工艺美术研究所、广西计算中心、广西纺织服装设计研究所调研。谢逎堂向各院所负责人了解各院所的研发情况和企业发展、自治区直属科研院所转制改革发展和科技成果产业化工作情况，参观相关实验室和生产车间。

28日　广西科技文献共享与服务平台工作推进会在南宁召开。自治区科技厅副巡视员宋文学等领导出席会议。各市科技局领导、各市科技情报研究所领导及工作人员50余人参加会议。

29日　广西药用植物园与美国中田纳西州立大学共建研究院签约仪式在南宁举行。双方将以此为平台，充分发挥各自优势，通过联合开展人才培养和项目研究，加快促进双方的科技交流与合作。双方将以广西首个国家工程实验室——西南濒危药材资源开发工程实验室为依托，通过联合研究院建设，共同开展食品、功能食品、保健品、药品等领域的天然产物的研发。

△　自治区科技厅厅长谢逎堂考察北海市石基信息技术有限公司、北海华澜微电子有限公司、合浦果香园食品有限公司、合浦东园生态农业科技有限公司。谢厅长鼓励企业加大研发投入，加强科研开发力度，形成自主知识产权的核心技术，注重技术保密和知识产权保护，加快企业发展步伐。

30日　自治区人大常委会在南宁召开《广西壮族自治区高新技术产业开发区条例》（以下简称《高新区条例》）新闻发布会。自治区人大常委会副主任文明、自治区人大法制委员会主任委员李先明、自治区人民政府副秘书长曾东、自治区科技厅党组书记陈大克出席本次发布会。新《高新区条例》中规定了高新区管委会行政地位，完善政府对高新区的管理职能；明确了自治区在工业园区基础设施建设扶持资金中，统筹安排部分资金用于支持高新区创新创业环境建设和促进产业发展；完善促进了高新区发展的土地政策；投融资体系建设方面，新条例鼓励建立技术产权交易机构、有关政府部门健全高新技术企业上市联动机制、高新区管委会对高新技术企业提供信贷支持、自治区建立贷款风险补偿机制等条款。《高新区条例》于2011年3月31日经自治区第十一届人民代表大会常务委员会第二十次会议修订通过，自2011年6月1日起施行。

31日 第一批八桂学者、特聘专家报名情况汇报会在自治区科技厅召开。会议由自治区党委组织部副部长、自治区党委人才工作协调小组办公室主任莫达流主持，自治区科技厅副厅长钟会超，自治区教育厅、自治区人社厅分管副厅长以及第一批八桂学者、特聘专家设岗单位组织人事部门、主办部门负责人共50多人参加会议。

△ 2011年社会力量设定科学技术奖工作研讨会在南宁召开。国家奖励办副主任陈志敏、自治区科技厅党组书记陈大克等领导出席会议并讲话。科技厅成果处等相关单位负责人20余人参加会议。会议针对社会力量设定科学技术奖工作展开讨论。

△ 自治区知识产权局门户网站（http：//www.gxipo.net/）全新改版，正式运行。

是月 自治区科技厅党组书记陈大克赴广州，与广东省、云南省科技厅协商三省区专家资源共享事宜。广东省科技厅副厅长钟小平和云南省科技厅副厅长王建华以及相关负责人参加了协商会议。协商取得初步成果，三省区决定在项目评审评估、科技奖励等科技管理领域建立专家资源共享机制，发挥专家资源的最佳效益，进一步保障和促进各地区科技项目立项、评奖等管理环节的公平公正。

是月 中国工程院院士、吉林农业大学菌物学教授、中国菌物学会理事长李玉率专家团到兴安县开展院士专家咨询服务活动，就食用菌产业发展进行检查和指导。

是月 广西壮族自治区人民政府批准同意在钦州学院基础上筹建北部湾大学。

是月 广西出入境检验检疫局卢厚林局长、董国富副局长出席中越联合监测会谈纪要签署仪式。

6月

1日 自治区科技厅厅长谢迺堂，副厅长粟定成率农村处、办公室相关负责人一行赴上思县调研。调研组一行先后考察了上思县思甜农副产品加工厂、上思县华林公司、广西农垦糖业集团昌菱制糖有限公司糠醛项目及皇氏乳业上思奶牛养殖中心。谢迺堂勉励企业要重视研发机构建设，加大科技投入，同时加强人才引进工作，在与高校院所合作中，要依托、依靠但不能依赖，培养一支高水平、高素质的科技创新人才队伍，为企业自身发展做贡献。

2日 自治区科技厅厅长谢迺堂、副厅长钟会超率科研人员与财务处相关负责人到广西壮族自治区兽医研究所、广西交通科学研究院开展调研。调研组一行听取了广西兽医研究所有关实验室基础条件和科技创新方面的工作汇报。谢迺堂鼓励研究所进一步提高科研人员生活环境的水平，为科研人员营造良好工作、生活氛围，使高水平科研人员扎根广西，为广西科技进步贡献力量。

11日 广西2011年节能宣传周活动在南宁启动，宣传周以“节能我行动，低碳新生活”为主题，在全广西开展为期一周的节能宣传教育活动，倡导全社会进一步把节能理念转化为全民行动。

18日 广西县域科学发展促进会在南宁召开成立大会。部分自治区直部门、市县领导和相关事业单位负责人近200人参加了会议。

22日 广西壮族自治区打击侵犯知识产权和制售假冒伪劣商品专项行动领导小组办公室举行新闻发布会，通报广西开展打击侵犯知识产权和制售假冒伪劣商品专项行动有关情况。

25日～26日 广西首次进行神经干细胞移植手术，6位顽症患者接受手术。

28日 自治区发改委和广西海洋局在南宁组织召开了“广西海岛保护规划编制成果评审会”，会上《广西海岛保护规划（2010年～2030年）》（简称《海岛规划》）通过专家评审。根据《海岛规划》，广西海岛将被划分为7大功能区。

△ 自治区科技厅新出台《广西自然科学基金项目管理办法》，首次设立杰出青年基金项目。杰出青年基金项目主要支持在基础研究方面取得突出成绩的青年学者，自主选择研究方向开展创新性基础研究，培养造就一批进入国家高层次人才队伍的优秀学术带头人。项目要求研究期限一般不超过3年，资助经费每项40万元。

30日 广西水产畜牧业庆“七一”名特优新产品展销会在南宁开展。展销会汇聚了1300多种“9＋1”水产畜牧产品。

是月 广西有色集团与老挝能源矿产部地质司在南宁签署合作会谈纪要。双方约定，在老挝政府同意的前提下，双方共同对老挝有矿产资源优势的一些地区进行普查、勘探，以便掌握相关资料，促进老挝矿业的发展。双方明确，广西有色集团为这些勘探项目投资方。对于探明的有经济价值的矿点，双方可以共同申请开采；在老挝方不参与的情况下，广西有色集团按照老挝相关法律法规可以申请继续投资。

是月 “中国—东盟环境保护合作中心”在北京正式启动，标志着中国与东盟的环保合作迈入新起点。

是月 国家质检总局与重庆市人民政府《关于共同加快内陆开放高地建设、推进质量强市战略合作备忘录》签字仪式，广西出入境检验检疫局局长卢厚林出席并代表广西局与重庆局签署《关于桂渝两地进出口货物实施直通放行合作备忘录》。

是月 广西出入境检验检疫局局长卢厚林与贵州出入境检验检疫局局长祝一方在南宁就进一步落实两局于5月23日共同签署的《关于建立更加密切检验检疫合作机制共促桂黔外经贸科学发展备忘录》等工作进行座谈交流。

7月

1日 “北部湾大学筹建指挥部揭牌仪式”在钦州学院西校区举行。

8日 来宾市委书记、市人大常委会主任张秀隆率队到自治区科技厅汇报工作。科技厅党组书记陈大克表示，科技厅将与来宾市政府建立工作会商制度。

15日 自治区质监局在位于南宁市高新区科园大道上的皇氏乳业公司召开全区乳制品生产企业质量监管追溯系统现场会。

20日 广西北部湾经济区基础研究重大专项实施进展汇报及科学数据共享平台研发项目启动会在南宁召开。自治区科技厅党组书记陈大克、广西师范学院院长刘慕仁等领导出席会议，参加会议的有自治区科技厅相关业务处室负责人，各项目依托单位、合作单位的项目负责人，各项目依托单位科研管理机构的负责人，相关专家共70余人。会议的主要议题为2010年及2011年已下达的12个广西北部湾经济区基础研究重大专项项目的实施进展或启动情况汇报，协调解决项目实施过程中存在的问题，推进项目顺利实施。同时启动广西北部湾经济区科学数据共享平台研发项目，各项目负责人讨论了项目数据共享方案。

21日 专利电子申请推广培训班在南宁开班。自治区科技厅李昌华副厅长、国家专利局初审及流程管理部部长胡文辉、国家专利局初审及流程管理部数据处处长张艳丽出席培训班开班仪式。

22日 “广西汽车产业人才小高地”在柳州市柳东新区揭牌。

25日《南宁市矿产资源潜力评价研究》报告已通过中国地质科学院和中国科学院等院士、专家的评审。在该研究报告中，南宁首次建立了地质矿产空间数据库。该研究报告将南宁划分成82个成矿远景区，并直接圈定出找矿异常区112处，同时系统收集了南宁已有的区域地质、物探、化探等资料，对锰、铝土矿、铅锌、钨等17种优势矿产资源的矿床类型、成矿地质条件和成矿模式进行了总结，对南宁潜在矿产储量与价值进行了预测评价。该研究报告编制了1∶20万南宁市新一代地质图、矿产分布图、成矿预测图，基本摸清了包括铀资源在内的优势矿产资源的“家底”。该报告历时两年编制完成，是全国第一个率先完成的市级矿产资源潜力评价研究报告。

△ 广西金融电子结算服务中心成立仪式在荔园山庄举行。自治区党委常委、自治区常务副主席李金早出席仪式并揭牌。自治区人民政府秘书长王跃飞致辞。广西金融电子结算服务中心的成立是广西健全完善金融组织体系的新突破，也是广西金融业发展中一个重要的里程碑。

27日 自治区副主席陈武在南宁会见埃塞俄比亚政府联邦事务部长希费劳·特克勒马里亚姆时说，自2010年10月开始，广西八桂农业科技有限公司在埃塞俄比亚开辟的0.33公顷试验田对38个农作物品种进行了适应性试验工作，试验的成功率达98%以上。

是月 广西电子招投标运行试点成功。

是月 自治区党委、政府正式启动实施第五轮创新计划（2011～2015年）（简称《计划》）的工作部署。本轮《计划》首次获得自治区专项资金，围绕当前各市面临的共性科技问题，以各市为《计划》的实施主体，提升地方科技创新能力，支撑区域优势特色产业发展。

是月 自治区卫生厅、工信委、商务厅、工商局、质量技术监督局、食品药品监管局、出入境检验检疫局7个部门联合出台了《2011年广西食品安全风险监测方案》，对12类食品进行化学性污染物和有害因素监测，同时开展食源性致病菌监测和食源性疾病监测。广西的监测方案针对消费量大、流通广的食品，由自治区、各市和县（区）监测机构开展大规模监测，全面掌握和分析广西食品中主要污染物和有害因素的污染水平趋势，确定危害因素的分布和可能来源，及时发现食品安全隐患，为风险预警提供依据。全广西14个市、76个县和11个城区共设有102个监测点，其中33个是国家级食品安全风险监测点。

是月 2011年全国县（市）科技进步考核是科技部自2001年以来组织开展的第六轮县（市）科技进步考核，广西的考核工作分启动培训、填报材料、审核评审三个阶段进行，从5月下旬开始，至7月底完成。本轮科技进步考核，广西14个地级市、109个县（市、区）全部参加考核，实现了考核全覆盖。经自治区考核专家组评审，自治区科技进步考核工作领导小组办公室审核，分别有3个地级市（柳州、桂林、南宁市）、58个县（市、区）通过自治区考核，县（市、区）通过考核率为53.21%。按照有关要求，广西向科技部推荐3个地级市、17个县（市、区）为全国科技进步先进县（市）候选单位。为做好考核工作，自治区人民政府成立了专门的科技进步考核工作领导小组，由副主席陈章良任组长。

是月 广西出入境检验检疫局与新疆出入境检验检疫局在乌鲁木齐签署《关于加强业务交流与培训 共促边疆地区繁荣稳定协议书》。

8月

5日 自治区科技厅、百色市人民政府工作会商制度议定书签订仪式暨厅市会商第一次会议在百色市隆重举行。双方就建立厅市工作会商机制达成了共识。自治区科技厅党组书记陈大克，厅长谢赿堂，副厅长粟定成、李国忠，副巡视员彭枝参加会议。

5日～6日 自治区科技厅副厅长粟定成率领由科技厅办公室、发展计划处、农村处、高新处、国际合作处等业务处室有关负责人组成的调研组，围绕厅市会商议题项目在百色市进行实地调研。

8日 北部湾“单晶硅第一棒”在广西北海中盟中晶光伏科技有限公司生产车间内正式出炉。作为中电北海产业园光伏产业的上游企业，中盟中晶这根直径6.5英寸DJL95型单晶硅棒的出炉，填补了北部湾单晶硅生产的空白，为北部湾区域发展光伏产业奠定了基础。

△ 自治区科技厅与崇左市人民政府工作会商制度议定书签字仪式暨厅市工作会商第一次会议在崇左举行。自治区科技厅厅长谢赿堂、崇左市市长黄克出席仪式并代表双方签署议定书。自治区科技厅副厅长粟定成、钟会超、李国忠，以及崇左市市委常委、副市长吴岩，市人大副主任农海波，副市长何品荣，市政协副主席唐玉玲，市政府秘书长万崇兴等领导出席会议。

9日 《广西西江经济带发展总体规划》在南宁通过专家验收评审，确定了西江经济带“一统领二规划七配套”的发展规划体系。

10日 广西石化资源加工及过程强化技术重点实验室第一届学术委员会第一次会议在广西大学召开。自治区科技厅党组书记陈大克、广西大学副书记李继兵出席会议。陈大克书记向实验室第一届学术委员会主任委员段雪院士、副主任委员刘洪来以及其他委员颁发了聘书。学术委员会审议了实验室规划、年度计划和实验室开放课题，部分学术委员还做了学术报告。

10日～11日 由自治区科技厅副厅长粟定成率领，由科技厅发展计划处、人教处、机关党委、山区中心等相关处室负责人组成的调研组，赴融水县调研整村推进定点扶贫工作情况。

12日 应美国Rutgers大学邀请，以广西政协副主席、广西科学院院长黄日波博士为团长的广西生物技术访问团到美国Rutgers大学进行学术访问。黄日波在美国Rutgers大学作“中国可再生能源的发展和对策”主题报告。自治区科技厅厅长谢赿堂、副巡视员彭枝，以及广西科学院科技人员随行。

17日 经中央海外高层次人才引进工作小组批准，广西推荐申报的“海归”专家周国清、周礼芹通过多轮严格评审，入选第六批国家“千人计划”。至此，广西入选国家“千人计划”的海外引进高层次人才增至4位。

21日 经公开申报、设岗单位推荐、自治区外同行专家通讯评审、综合评审委员会会议评审、自治区党委人才工作协调小组研究审定，拟从海内外聘任广西首批“八桂学者”27名，拟从自治区内外聘任广西首批“特聘专家”31名，并对拟聘任人选进行公示，公示期为7天。按照计划，广西首批八桂学者、特聘专家共设岗位63个。这是广西推出的有史以来资助力度最大、含金量最高的两项制度——八桂学者制度和特聘专家制度，并于2011年4月启动选聘工作。

23 日　2011 年上半年，广西通过“整建制”大力推进测土配方施肥工作，全广西测土配方施肥实施面积 271.87 万公顷，水稻、玉米、甘蔗平均亩增产分别达到 28.1 公斤、30.8 公斤、205.9 公斤；平均每亩减少肥料投入 1.9 公斤（折纯），节本增效 42 元以上；总节本增效 17 亿元以上。

29 日　广西依托高校建设的第一个国家重点实验室——“亚热带农业生物资源保护与利用国家重点实验室”在广西大学揭牌。自治区主席马飚，副主席陈章良、李康等共同为实验室揭牌。陈章良致辞祝贺，希望重点实验室努力开展、开拓基础应用型创新研究，在“高产、稳产、抗病、抗逆”等性状的育种方面实现新的突破；在服务区域和广西发展，特别是在水稻、甘蔗、木薯以及亚热带水果、奶水牛、对虾等重要农业领域做出更大贡献；把实验室办成重要的科技人才基地。

是月中下旬　自治区科技厅组织广西农科院、广西大学、广西科学院等单位的专家组成专题调研组，到广西甘蔗主产区的糖业主管部门、制糖企业、农垦农场、甘蔗良种繁育单位、甘蔗组培苗生产单位和广东湛江农垦丰收糖业公司等进行调研。通过调研，完成了《关于广西甘蔗良种推广情况的调研报告》。

是月　为推动泛珠三角区域内各省区在科技管理领域的合作，充分发挥区域内专家资源的优势与作用，云南省科技厅、广东省科技厅、广西壮族自治区科技厅三方正式签署了《广东、广西、云南共享专家资源的协议》，在三省区内率先建立专家资源共享机制，制订专家资源共享的数据标准。前期，在基础研究项目和科技奖励成果的评审等管理领域率先开展共享专家资源的合作。

是月　广西科研人员通过采用标准化避雨栽培技术，令提子经济栽培的纬度区南移 3～5 度，且同品种提子上市时间比我国长江流域及其以北产区提早 30 天以上，在南方实现了提子的规模化种植。

是月　中国高等教育学会教育数学专业委员会第二届第三次理事会暨 2011 年学术年会在北京航空航天大学北海学院举行，来自北京航空航天大学、同济大学、北京师范大学、广州大学等全国各大高校的数学专家和老师齐聚北海，共同研讨新时期下高等数学教育的科研方法与成果。

9 月

6 日　广西华南技术交易所与广西北部湾产权交易所在南宁签署战略合作协议，拉开了广西以多样化交易方式实现技术产权与商用化市场、资本、金融相结合探索的步伐。

9 日　自治区主席马飚邀请百名台湾少年儿童到广西科技馆做客。当日，100 名台湾花莲县少年儿童应自治区主席马飚邀请与广西少年儿童代表在广西科技馆共同参加科技与梦想主题活动。期间，马飚与孩子们一同参观南宁中小学生科技成果展，观看机器人竞赛，共同体验制作再生纸、民族蜡染等，分享了孩子们的梦想、快乐和希望，并在活动现场向桂台少年儿童赠送了印有自己亲笔题词的特制明信片，表达了对桂台少年儿童成长成才、携手共进的殷切期望。自治区副主席李康、自治区政府秘书长王跃飞等参加了活动。

△　自治区社科联与广西财经学院社科联“共建社会科学普及基地”正式签约。

13 日　自治区防治艾滋病攻坚工程领导小组第五次会议在南宁召开。领导小组组长、自治区党委常委、自治区常务副主席李金早，领导小组副组长、自治区党委常委、宣传部部长沈北海，领导小组副组长、自治区副主席李康出席会议并讲话。会议指出，2011 年以来全广西艾滋病防治工作取得了一些成效，但还需进一步认识广西防治艾滋病严峻形势和防治工作的紧迫性；要把握攻坚要点，科学督导，狠抓落实；要切实履行职责，突出责任，狠抓落实。

15 日　自治区人民政府副主席陈章良在南宁明园新都酒店会见前来广西参加国家自然科学基金委员会重大研究计划“植物激素作用的分子机理”项目评估与学术交流会的国家自然科学基金委员会副主任、中国科学院院士沈岩，国家自然科学基金委员会生命科学部常务副主任杜生明，北京大学原校长、中国科学院院士许智宏，中国科学院副院长、院士李家洋，中国科学院上海生命科学研究院植物生理生态研究所所长、中国科学院院士陈晓亚，中国农业大学教授、中国科学院院士武维华，以及南京大学教授谭仁祥，北京大学教授瞿礼嘉，复旦大学教授马红，首都师范大学研究员何奕昆等专家学者。

16 日　广西出入境检验检疫局与西藏出入境检验检疫局在拉萨签署《关于加强业务交流与培训　共促边疆地区繁荣稳定协议书》，广西出入境检验检疫局局长卢厚林、西藏出入境检验检疫局局长房成利分别讲话并共同签字。两局将全面贯彻落实国家质检总局援藏援疆工作部署，加强桂藏两地检验检疫交流与合作，推动桂藏经济发展。

19日 2011年全国科普日活动广西“十月科普大行动”启动仪式暨第二十届广西科技大集魅力扶绥科技文化节在崇左市扶绥县开幕。活动由广西壮族自治区党委组织部、宣传部，自治区文明办、科技厅、科协，中共崇左市委、崇左市人民政府共同主办，活动持续到2011年12月，历时3个多月。活动以“关注公众健康 建设和谐生态社会”为主题，开展一系列与群众密切相关的科普活动，旨在让科技成果惠及广大人民群众，营造“讲科学、爱科学、用科学”的良好氛围，进一步提高公众科技素质。

22日 2011年中国国家级高新区发展战略研讨会在桂林国家高新区召开。来自科技部、国家火炬中心、国家高新区协会以及全国84家国家级高新区的领导们聚在一起，以“发展新兴产业，提升生态保护”为主题，共同探讨如何以自主创新引领地方经济发展方式转变等时代新课题。

25日 自治区副主席陈章良在北海市会见了前来参加“稀土绿色冶金及应用技术研讨会暨第十届全国稀土化学与湿法冶金学术会议”的中国工程院院士、副院长干勇等院士和专家一行。自治区科技厅副厅长李国忠，北海市市委副书记、代理市长周家斌，市委常委、副市长尹刚强，副市长陈玉玉等参加会见。

26日 由中国工程院化工、冶金与材料学部和中国稀土学会共同主办的“稀土绿色冶金及应用技术研讨会暨第十届全国稀土化学与湿法冶金学术会议”在北海市开幕。开幕式由中国工程院院士、北京有色金属研究总院院长屠海令主持。中国工程院院士、副院长干勇，自治区科技厅副厅长李国忠，中国铝业有限公司副总经理任旭东，北海市市委常委、副市长尹刚强，广西有色金属集团公司副书记张建国，工信部稀土办副处长施耀强等领导、院士和专家出席开幕式。

△ 广西科技文献共享与服务平台工作座谈会在南宁召开。

△ 广西知识产权局在南宁召开全区发明专利工作专题推进会议，传达学习自治区发明专利专题工作会议关于推动“十二五”时期全广西发明专利工作跨越发展的重要部署，动员全广西知识产权局系统行动起来，努力实现“十二五”末广西每万人口发明专利拥有量3件的目标。广西制订了八项措施促进“十二五”专利发明。

27日 科技部高新司组织专家在柳州召开“十二五”国家科技计划项目“数字汽车企业与产业链协同关键技术研究及示范应用”课题座谈会。

△ 全球最大液晶显示器制造商冠捷科技集团在西南地区最大的生产基地在北海正式投入运营。

27日～28日 自治区知识产权局在南宁举办专利侵确权判定实务高级研修班。

28日 由10余家自治区内高等院校、科研单位、企业共同组建的广西芒果产业技术创新战略联盟在广西百色国家农业科技园区入园企业壮乡河谷集团揭牌成立。

29日 广西吴唐糖尿病研究院成立。这是广西成立的首家糖尿病专科研究院，是一所由广西名老中医、壮医瑶医专家为主体的研究院。

△ 中国—东盟科技合作与成果转化网开展“东盟标准和技术法规解读”专家在线访谈活动。邀请广西标准化研究专家、广西标准技术研究院、广西标准技术研究院标准研究中心有关专家，在线与网友进行交流。

是月 广西通信行业已完成441个行政村通宽带任务。

是月 自治区科技厅组织专家于2011年4月、8月、9月，分批次对2008～2010年度立项的广西14个国家科技富民强县项目进行了全面检查。为指导和推进科技富民强县项目的实施，自治区科技厅研究制订《国家科技富民强县专项行动计划广西项目实施与管理要求》，印发14个市和有关县区，从项目的组织管理、实施、阶段总结、经费使用与管理、资料归档、实施成效宣传、验收与绩效考评、滚动实施等9个方面提出具体要求。

是月 广西出入境检验检疫局与广西大学签订“科技研发应用与人才培养合作框架协议”，广西出入境检验检疫局局长卢厚林和广西大学校长唐纪良代表出席。

是月 广西、四川出入境检验检疫局与四川航空公司在南宁签署了成都—南宁—胡志明国际中转航班检验检疫监管备忘录。

是月 广西出入境检验检疫局副局长莫伟媛和越南农林与水产品质量管理局副局长冯友豪一行就中国植物源性食品出口越南的有关工作进行座谈。

是月 玉林师范学院材料化学特色专业及课程一体化建设项目获得自治区立项。

是月底 台湾花莲消防局副局长林建亿一行

24人组团来桂回访，双方就地震灾害现场救援、救援队装备、避难场所建设等问题进行了深入交流研讨。

10月

9日 国家林业局局长贾治邦带领出席全国林下经济现场会的代表，到北海市合浦县、钦州市浦北县参观考察广西林下经济。自治区党委副书记陈际瓦、自治区副主席陈章良随行考察。

△ 自治区人大常委会副主任莫永清一行前往北海市调研，考察当地战略性新兴产业发展情况。自治区科技厅厅长谢迺堂随行。

△ 自治区科技厅主办的2011年校园“科技节”在南宁市民乐路小学举办。

10日 自治区科技厅召开第八届中国—东盟博览会“一展一会”新闻通气会。自治区科技厅副厅长李国忠向参加通气会的新闻媒体通报了“一展一会”主要筹备进展情况，他希望新闻媒体抓住“一展一会”的特点和亮点，进行广泛地宣传报道。科技厅国际合作处有关负责人回答了记者提问。

△ 广西创新型企业发展的政策环境与能力提升高级研修班在南宁开班。自治区科技厅副厅长钟会超出席开班仪式，国家知识产权局中国专利信息中心研究员朱伟为研修班开讲，来自全广西各地市的科技部门负责人和广西77家创新型试点企业负责人共126人参加培训。

13日～16日 俄罗斯联邦地质矿产署署长安纳托利·列多夫斯基率高层代表团到访广西，参观考察广西岩溶地质研究情况。

14日 “泛珠三角”区域科技合作2011年联络员工作会在广西北海举行。

15日 广西木薯研究所在北京和河北省实施的木薯北移种植试验测产收获。木薯是热带作物，在我国仅在长江流域以南地区种植，主要种植省份有广西、广东、海南、云南、福建等省。为研究探讨木薯在北方地区的适应性种植技术，实施国家木薯产业体系重点任务“木薯北移种植关键技术集成与示范”，打破木薯不能在我国北方地区种植的限制，广西木薯研究所2011年在北京和河北省开展实施了木薯北移种植试验，这是我国木薯首次在纬度最北的地区进行尝试种植。试验地点分别布置在北京市海淀区苏家坨镇草厂村和河北省廊坊市固安县孔雀城，试种品种为广西木薯研究所选育的早熟食用品种GR891和黄心面包，共种植200多株，分别种于当地多个农户的承包地里。试验于2011年4月20日种植，10月15日测产收获。测产结果木薯平均单株产量1.94公斤，折亩产2022公斤，平均淀粉含量23%，木薯生长量与我国南方地区种植的木薯基本一样，而且没有发现病虫害为害。

18日 自治区人民政府第九届科学技术奖励委员会第三次全体会议在南宁召开。会议审议了广西自然科学奖、科技进步奖评审委员会提出的2011年度自然科学奖、技术发明奖和科学技术进步奖奖励方案并进行投票表决；对2011年度广西科学技术特别贡献奖推荐项目进行质疑答辩并投票表决。会议评审出2011年度广西科学技术奖评审奖励项目144项。其中广西科学技术特别贡献奖1项；广西自然科学奖一等奖1项、二等奖7项、三等奖10项；广西技术发明奖二等奖2项、三等奖3项；广西科学技术进步奖一等奖5项、二等奖31项、三等奖84项。

19日 自治区政协在自治区科技厅召开2011年自治区政协提案办理情况通报会。自治区政协提案委副主任庞隆昌、专职副主任梁科等有关领导，部分自治区政协委员（提案人），自治区科技厅副厅长钟会超、科技厅有关处室负责人，自治区人民政府督查室领导参加通报会。了解自治区科技厅2011年办理政协提案工作的情况，听取提案人对科技厅办理工作的意见和建议，交流办理工作经验。

21日 由科技部与东盟科学技术委员会共同主办、自治区科技厅承办的“中国—东盟太阳能政策对话与技术洽谈会”在南宁举行，来自7个东盟国家和中国的100多位政府官员、专家学者和企业家参加会议。科技部国际合作司亚非处处长徐捷、科技部高新司能源处处长郑方能、自治区科技厅副厅长粟定成等领导出席会议。会议是第八届中国—东盟博览会系列高层次论坛重要内容之一，围绕太阳能开发技术和产业合作开展专题研讨。

△ 钦州中马产业园区签约暨揭牌仪式在南宁举行。中共中央政治局常委、国务院总理温家宝和马来西亚总理纳吉布见证签约并共同揭牌。园区规划总面积55平方公里，其中启动区6平方公里，总人口47万人，致力建设成为中国—东盟区域性先进制造基地、信息智慧走廊、文化生态新城和合作交流窗口，打造成中马两国经贸合作

的标志性项目和中国—东盟自贸区合作共赢的示范区。

△ 中国—东盟博览会的常设主题展——农村先进适用技术暨高新技术展，在南宁国际会展中心3号馆开展。本届先进技术展重点展示我国在节能减排、环保、新能源及农业现代装备、农产品加工、农业种养殖技术等领域的先进适用技术成果。本届科技专题展继续开设“中国—东盟先进技术数字展”（由自治区科技厅承办），将本届科技专题展中参展的第八届中国—东盟博览会科技专题共368个展项搬上互联网，其中运用3D和flash技术制作了互动展项16个。数字展共分高新区和农村先进适用技术2大展区，包含实体馆内电子信息、光机电一体化、环保及新能源等10个领域。除此之外，数字展还收集了历届中国—东盟博览会科技专题展、东盟国家技术展会等历史展会参展技术及成果信息2000项，向中国及东盟国家企业提供新技术、新产品，为企业提供科技信息交流、展示、交易和会展等综合性信息服务。

△ 科技部副部长曹健林、科技部合作司公使衔参赞汤庶和科技部火炬中心副主任修小平一行，分别到国家非粮生物质能源工程技术研究中心、广西南宁灵康赛诺科生物科技有限公司、广西地凯光伏能源有限公司，就科技创新和高新技术产业发展情况进行考察。自治区科技厅厅长谢迺堂、副厅长李昌华、副巡视员彭枝等有关部门领导随行。

△ 由自治区党委、上海交通大学、自治区投资促进局共同发起的“上海知名企业广西行”——广西与上海交大战略合作签约仪式在南宁举行。自治区科技厅现场与上海交通大学、上海通用五菱汽车股份有限公司签订了三方合作协议书。

△ “中国—东盟太阳能政策对话与技术洽谈会”在广西南宁举办。主办方科技部国际合作司亚非处徐捷处长、自治区科技厅粟定成副厅长分别致辞。

21日～26日 “第八届中国—东盟博览会”在南宁国际会展中心举行。广西知识产权局和南宁市知识产权局执法人员进驻展会设立知识产权保护工作站，开展知识产权联合执法，重点检查带有专利标识的产品，查处假冒专利行为，并现场为参展商提供知识产权法律咨询，受理、协调和处理有关知识产权侵权纠纷的投诉。

22日 第八届中国—东盟博览会先进技术展项目签约仪式在南宁国际会议展览中心举行。自治区科技厅副厅长粟定成、副巡视员彭枝，越南谅山省科技厅副厅长周文堂出席，签约项目4项。

23日～26日 第四届中国—东盟（百色）现代农业展示交易会（简称“农展会”）在百色市田阳县举办。农展会由百色市人民政府、中国—东盟博览会秘书处、自治区农业厅、自治区科技厅和自治区商务厅主办，田阳县人民政府、广西百色国家农业科技园区管委会承办。本届农展会以“机遇交流　合作共赢”为主题，通过“政府引导、市场化运作，专业公司包装”的方式进行运作，具有规模宏大、覆盖面广、主题鲜明、内容丰富等特点，辐射覆盖中国、越南、老挝、泰国、缅甸、菲律宾、马来西亚、新加坡、印度尼西亚、柬埔寨、韩国等国家。展示交易会主要活动内容有：迎宾晚会，第四届中国—东盟（百色）现代农业展示交易会开幕式，与会领导、嘉宾参观展区、游览园区，现代农业项目推介会，中国—东盟（百色）现代农业发展论坛，东盟美食一条街、小商品一条街展销，壮乡特色旅游活动及文艺表演等。本届农展会共邀请东盟国家政府代表团20个共122人，东盟国家客商代表团8个及韩国客商代表团1个共37家企业108人；台湾客商代表团1个共20家企业60人；国内嘉宾有科技部、自治区农业厅、自治区博览局秘书处、自治区农机局及广西各地市、百色周边各县的领导及相关人员159人参加，共邀请到国内579家企业1828人参展。农展会636个展位全满，展示交易会参展人数达20万人次以上。

24日 菲律宾Felipe Vygongco代表及马尼拉市市长代表Maria Baby Villegas一行访问玉林师范学院。菲律宾方代表简要介绍了菲律宾伊洛伊洛市的情况，并表明计划设立一所私立综合性大学，希望与玉林师范学院开展交流合作。

27日 自治区科技厅组织专家对“糖业节能减排降耗增效重大共性技术应用示范”等10个项目进行验收。

27日～28日 2011年国家自然科学基金地区联络网（中南片）管理工作研讨会在桂林召开。自治区科技厅钟会超副厅长、国家自然科学基金委计划局孟宪平局长、信息中心曾明主任、国际合作局邹立尧副局长、财务局徐玉娣副局长、桂林理工大学党委书记赵艳林教授等出席了会议，中南片6省区（广西、广东、湖北、湖南、河南、海南）等科技厅、高校、科研院所代表共计 200 余人参加了会议。会议主题是学习国家自然科学基金“十二五”规划和相关政策，了解 2011 年国家自然科学基金资助情况，交流国家自然科学基金管理工作经验。

27 日～29 日 自治区科技厅厅长谢迺堂率领科技厅条财处、政社处、高新处、农村处人员，先后深入岑溪、苍梧、藤县等地农村和有关企业，就梧州市农业科技及高新技术产业发展情况进行调研。

28 日 2011 年广西第二批高新技术企业复审专家评审会在南宁召开。

是月 广西壮族自治区测绘局更名为广西壮族自治区测绘地理信息局。更名后，其主要职责、内设机构不变。

是月 广西首次引进的“自助图书馆”在广西图书馆启用。

是月 广西食品药品安全评价人才小高地获自治区党委、政府批准成立，并由广西出入境检验检疫局技术中心、广西大学食品质量与安全研究中心联合共建，通过开放、协作、流动的人才机制，聚集一批高层次人才，加强在人才和科研方面的合作，提高食品药品安全监测能力。

是月 以“创新与绿色发展”为主题的“中国—东盟环保合作论坛”在南宁成功举办，这为促进中国与东盟国家、各有关合作伙伴的相互了解与合作搭建了环境与发展政策对话交流的平台。

11 月

2 日～4 日 自治区科技厅纪检组长黎昆一行到贺州市科技局和有关企业，就贺州市科技工作及科技项目实施情况进行调研。

3 日 自治区主席院士顾问对接工作会在科技厅召开。自治区党委、工信委、财政厅、科技厅、教育厅、交通厅等承担对接工作的有关单位负责人逾 20 人参加会议。会议由科技厅副厅长李国忠主持。

△ 玉林师范学院合成的蓝色肿瘤示踪纳米材料亮相第九届国际新药发明科技年会、第二届国际纳米医药峰会。

5 日～7 日 自治区科技厅厅长谢迺堂一行利用参加第十八届中国杨凌农业高新科技成果博览会的机会，先后拜访西北农林科技大学校长孙其信，陕西省委科技工委书记、科技厅厅长奚正平，河北省科技厅党组书记、厅长贾红星，并与中国农业大学科技处等有关部门领导座谈，达成加强校地和省际间科技交流与合作事宜。

7 日 自治区科技厅副厅长李昌华率队前往钦州调研，重点考察钦州市筹备申报自治区级高新技术产业开发区的情况。

8 日 广西气象服务中心揭牌仪式在自治区气象局举行。该中心的成立，可以强化自治区气象局的公共气象服务职能。

10 日 2011 年广西第二批高新技术企业认定专家评审会在南宁召开。

10 日～11 日 自治区知识产权局在南宁举办 2011 年专利行政执法培训班。

14 日 自治区科技厅在桂林兴安县组织召开了全区生产力促进中心“两服务行动”推进会。自治区科技厅副厅长李昌华、广西生产力促进中心主任黄可宁等领导出席会议，全广西各市科技局分管生产力促进中心的领导，国家级、自治区示范生产力促进中心及部分行业、县域生产力促进中心负责人及代表共 60 人参加会议。

15 日 2011 年中国专利周广西活动开幕仪式在南宁举行。本届专利周为期 7 天，主题为“推动全民发明创造，建设创新型广西”。自治区政协副主席黄日波、国家知识产权局专利局光电技术发明审查部长崔伯雄、自治区科技厅副厅长李昌华以及主办单位的有关领导出席了启动仪式，自治区知识产权办公会议成员单位的有关负责同志、发明创造辅导员代表、知识产权试点县代表以及专利代理机构、企业、高校、可科研院所和专利发明人代表，新闻媒体代表共约 200 人参加了启动仪式。开幕仪式由自治区科协副主席朱东主持。

16 日 第十三届中国国际高新技术成果交易会在深圳开幕。自治区副主席陈章良率由 500 多人组成的广西代表团参加深圳高交会。本届深圳高交会，广西重点以推进多区域合作，促进区域经济发展为目的进行参展参会，宣传广西千亿元产业发展的创新成果，宣传广西区域发展战略和高新区投资环境。共组织 60 家企业的 62 个项目参加展览展示，这些项目涉及光机电一体化、电子信息、节能环保、生物医药、农业牧渔、新材料等方面。自治区科技厅党组书记陈大克，副厅长钟会超、李国忠，副巡视员彭枝参加本届深圳高交会。

△ 广西大型仪器协作共用网科研工作座谈会在广西分析测试研究中心召开。广西大型仪器

协作共用网南宁、桂林、柳州、梧州区域服务中心、广西大型仪器协作共用网成员单位等15家单位代表参加会议。会议围绕大仪网支撑自治区“14＋4”千亿元产业发展，助力企业自主创新的主题开展座谈交流。

17日　黑龙江省知识产权局副局长张毅一行3人到南宁访问自治区知识产权局。

△　自治区科技厅副厅长李国忠率队到深圳华大基因研究院考察，参观了该院实验室、基因测序平台，与华大基因研究院负责人进行了探讨。

△　科技部发展计划司副巡视员董丽娅到自治区科技厅就部区会商工作进行调研，并与厅机关各处室有关负责人座谈，详细了解广西部区会商工作实施情况，听取大家对新一轮部区会商工作的意见和建议。

△　由自治区科技厅组织的2012年度国家重点新产品申报培训会在广西科技活动中心召开。

△　自治区科技厅党组书记陈大克、副巡视员彭枝一行来到爱瑞思软件（深圳）有限公司考察。

19日　广西首个农业良种培育中心揭牌仪式在武鸣县广西亚航农业科技有限公司南宁试验示范站举行。广西大学副校长陈保善、自治区科技厅农村处有关负责人、武鸣县有关领导与来自自治区内外的学习参观者共400多人参加活动。

19日～22日　自治区科技厅副厅长粟定成带队到龙胜调研，并参加了该县成立60周年庆典活动。

20日　中共中央政治局常委、全国政协主席贾庆林来到作为我国中医药行业领军企业之一的广西梧州中恒集团股份有限公司考察，进入药品生产车间和龟苓膏文化博览园，了解注射用血栓通、“双钱”龟苓膏等产品的生产发展管理情况。

21日　2011年广西高新技术特色产业基地试点评审会在南宁召开。

22日　广西首批八桂学者、特聘专家聘任仪式在南宁举行。自治区党委书记、自治区人大常委会主任郭声琨在仪式上讲话，自治区主席马飚宣读广西首批八桂学者、特聘专家名单并宣布第四批自治区人才小高地名单，并共同为八桂学者、特聘专家代表颁发聘书和为人才小高地单位代表授匾。

22日～12月3日　广西重点领域急需紧缺人才招聘会分别在北京、武汉、西安、重庆、南京五地举办。这次招聘会全广西152家用人单位共发布硕士、博士及中级技术职称以上的人才岗位信息1803个。北京、武汉、西安、重庆、南京五地共有6000人参加招聘会，4580人投递简历。

△　“全国基层科技工作会议”在北京召开，自治区科技厅钟会超副厅长和有关单位代表共11人参加会议。广西南宁、柳州、桂林3个地级市和武鸣县等17个县（区）被评为“2011年全国县（市）科技进步考核科技进步先进县（市）”；陈刚等63人被评为“2011年全国县（市）科技进步考核先进个人”；自治区科技厅被评为“2011年全国县（市）科技进步考核优秀组织单位”；浦北县香蕉叶鞘编结工艺品开发项目团队、柳城县科学技术情报研究所等8个团队、林仁恭等13人分别被评为“十一五”国家星火计划工作先进集体、先进个人。

23日　自治区科技厅党组书记陈大克，副厅长粟定成、李国忠及科技厅相关处室负责人一行赴柳州，就柳州市科技工作进行调研，柳州市科技局相关领导随行。

△　自治区科技厅与柳州市人民政府在柳州举行厅市工作会商第二次会议，全面总结第一次会商以来取得的成绩和经验，商议下一步主要工作，合力推动“柳州制造”向“柳州智造”转变。

24日　自治区科技厅副厅长李国忠率基础研究处、国际合作处、知识产权局等相关负责人赴柳州调研科技工作。

25日　科技部在京召开企业国家重点实验室工作交流会，全国政协副主席、科技部部长万钢出席会议并讲话，广西政协副主席、科学院院长黄日波和自治区科技厅副厅长李国忠以及科技厅基础处、科学院、广西明阳生化科技股份有限公司等相关负责人参加会议。

△　2011广西城市科普行第二届广西健康科技博览会暨食品安全科普展在南宁拉开帷幕。本次活动是广西十月科普大行动的一场重要活动，由自治区科协、广西医学会主办。活动以“普及安全健康知识，提高全民健康素养”为主题，围绕当今社会最引人关注的食品安全问题，大力宣传普及食品安全知识和法律法规，提高广大消费者的食品安全防范意识和自我保护能力。

26日　中国国际经济合作发展局在南宁正式发布，由我国自行开发研制并拥有自主知识产权的全球首个“云计算”应用网络平台入驻广西。这将有力提升广西在“云服务”产业化应用上的能力。

28日 2012年广西科技活动周筹备工作会议在广西科学活动中心报告厅召开。

△ 广西地震灾害紧急救援队正式成立，按照“一队多用、专兼结合、平战结合、资源共享”的原则，采取固定专业救援人员加兼职人员的方式组建，以武警部队官兵为骨干力量，以通信、医疗、装备保障等专家为技术核心，以社会志愿者队伍为强力支撑；下设总队队部和第一搜救支队、第二搜救支队、医疗支队、综合保障支队4个支队，总人数243人。

28日～12月8日 自治区科技厅组织专家分4个小组到南宁、北海、梧州、桂林、柳州等地对全广西23个千亿元产业研发中心进行现场调研。

29日 自治区科技厅政社处到容县杨梅镇义合村（帮扶示范点）进行现场考察调研，了解科技厅支持义合村人口计生工作基础能力建设基本情况。

△ 广西北部湾产业发展与科技创新能力提升高级研修班在南宁市举办。高研班邀请了潘连乡（台湾）博士、科技厅书记陈大克、广西党校副教授盘世贵以及广西大学商学院李维胜博士到场授课。授课内容为“知识经济下的人力资源开发与改变”“提高自主创新能力，建设创新型广西”“提高领导者素质，促进北部湾经济区科学发展”“电子商务平台应用”等。参加培训学员为各市科技局负责人，南宁、北海、钦州、防城港四市各县（区）科技局负责人、高新技术企业和科研机构的中高级技术人员、中青年专业技术骨干，共90人。

是月 “第二届中国原生态民族文化高峰论坛”在贺州学院举行。本次论坛由贺州学院、中国原生态民族文化高峰论坛秘书处联合主办，广西东部族群文化研究基地承办。来自全国相关高校和研究机构的68名专家学者参加了此次高峰论坛。

是月 “关于加强协作把关，共促果蔬贸易发展合作备忘录”签字仪式在南宁举行，该仪式由广西出入境检验检疫局与山西、河北、陕西、新疆出入境检验检疫局共同举办。

是月 特聘美籍专家仪式暨专题学术讲座在广西出入境检验检疫局举行。广西出入境检验检疫局副局长莫伟媛给美国阿拉斯加大学教授黄洁华颁发了特聘专家聘书。

是月 《关于促进钦州市外向型经济发展合作备忘录》签字仪式在钦州举行。该仪式由广西检验检疫局与钦州市人民政府共同举办，国家质检总局副局长杨刚等领导见证签字。

是月 广西首次科技工作者状况调查及研究完成。2010年5月～2011年11月，自治区科协立项并组织开展了“广西首次科技工作者状况调查及研究”工作。调查由自治区统计局、广西社会科学院作为调查指导机构，由广西财经学院、广西经济干部管理学院作为调查执行机构给予技术支持，依托自治区科协在全自治区建立的70个科技工作者状况调查站点进行调查。本次调查样本总量为3000份，使用SPPS统计软件，EXCELL软件进行数据整理与分析，进一步摸清了广西科技工作者的工作、学习、生活、思想、社会参与等基本情况，形成了约10万字的《广西首次科技工作者状况调查及研究调查报告》，6个专题报告：《广西科技工作者的继续教育现状与对策研究》《广西科技工作者的健康现状与对策建议》《广西科技工作者的权益保障现状与对策建议》《广西科技工作者的思想状况与对策建议》《广西北部湾经济区科技工作者状况调查及研究》。

12月

5日～7日 由自治区科技厅组织的自治区创新计划检查组一行6人到贺州市检查第五轮创新计划启动实施情况。

6日 自治区科技厅副厅长李国忠一行到融水县开展“送科技下乡，促农民增收”活动。本着实际、实用、实效的原则，进行有针对性的服务活动，并组织一批物品赠送给融水香粉乡九都村。

6日～8日 自治区科技厅党组成员、纪检组长黎昆率领自治区科技厅监察室、科研条件与财务处、发展计划处、广西科技情报研究所、广西科技会计学会等有关负责人到梧州市和贵港市开展加快推进自主创新工作专项督查。

7日 自治区科技厅副厅长李国忠会见了来访的以色列驻广州商务处领事陶丹尼（Danny Tal），双方就广西与以色列科技合作交换了意见。

△ 自治区第五轮创新计划检查组到博白县检查工作。检查组实地考察了广西银亿科技矿冶有限公司和广西博白县民族编织工艺厂两家企业，并听取该县关于创新工作情况汇报。

△ 广西高校服务百色新发展科技活动在百色市开幕。自2007年开展这项活动以来，广西50多所高校与地方合作建设了一批产学研合作对子。

7日～9日 由自治区科技厅、中国科技开发院广西分院、广西人力资源和社会保障厅、广西山区中心等单位专家组成的自治区创新计划检查组一行4人到来宾市检查第五轮创新计划启动实施情况。

8日 国际干细胞联合研究中心广西基地启动暨广西博雅干细胞科技有限公司成立揭牌仪式在南宁市举行。这标志着广西有了第一个大型干细胞研发和产业化中心，也标志着广西有了自己综合性临床干细胞库。

△ 2011年广西科技企业孵化器认定专家评审会在南宁召开。

9日 自治区科技厅机关服务中心揭牌暨成立仪式在科技厅举行，自治区科技厅副厅长粟定成、纪检组长黎昆出席成立仪式。

△ 第一届广西名特优农产品交易会在南宁国际会展中心开幕。

10日 以“促进人与人的交流，夯实中国—东亚友好基础”为主题的第一届东亚智库交流研讨会在广西民族大学举行。中国驻东盟特命全权大使佟晓玲等出席了会议。来自美国、澳大利亚、日本、印度尼西亚、越南、泰国等国家以及中国太平洋经济合作全国委员会、中国社会科学院、北京大学、洛阳外国语学院、中华书局等单位的专家、学者参加研讨会。佟晓玲在会上作《促进人与人的交流，夯实中国—东盟友好基础》的主旨发言。

△ 自治区科技厅召开全区防治艾滋病科学研究与技术推广工程推进工作会议。自治区科技厅副巡视员彭枝，自治区防艾办副主任耿文奎出席会议并讲话。

12日 自治区科技厅召开2011年度国家农转项目验收与监理工作布置会，进一步落实2011年度国家级农业科技成果转化资金项目监理验收工作的安排及要求。

△ 以自治区民政厅副厅长张光庭为组长的自治区防治艾滋病攻坚工程考核评估组到自治区科技厅督查艾滋病防治工作。自治区科技厅纪检组长黎昆向评估组汇报了有关工作情况。

13日 以自治区政府投资项目评审中心主任韦庆珍为组长的质量兴桂战略督查组到自治区科技厅，通过实地考察和听取汇报等方式督查质量兴桂工作。科技厅纪检组长黎昆出席并做落实质量兴桂战略工作汇报。

△ 自治区科技厅与桂林市人民政府举行第二次工作会商会议。这是继2007年12月双方正式建立工作会商制度并签署共同推进高新技术产业发展框架协议后的又一次合作。自治区科技厅厅长谢迺堂，副厅长粟定成、李昌华等领导出席会议。会议根据自治区的战略目标，结合桂林的特色优势和科技需求，本次会商议题确定为两项：一是共同推进桂林国家高新区千亿元创新型特色园区建设；二是共同推动桂林国家级农业科技园区创建。

△ 自治区科技厅根据工作安排，组织有关专家到该厅计划生育帮扶示范点——玉林市容县杨梅镇义合村开展科技帮扶人口和计划生育工作活动。

14日 自治区科技厅在南宁组织召开2011年度广西农口产业技术创新战略联盟工作座谈会。座谈会由自治区科技厅农村处主持，14个广西涉农产业技术创新战略联盟理事长和秘书长单位代表近40人参加了会议，科技部农村司综合处处长高旺盛到会并作讲话。

△ 自治区科技厅厅长谢迺堂在北京会见科技部党组副书记、副部长王志刚。谢迺堂介绍了近年来广西科技工作的发展情况以及取得的主要成效。

15日 由科技部农村科技司指导、农口国家工程技术研究中心主任联席会主办、国家非粮生物质能源工程技术研究中心承办的“第十四届农口国家工程技术研究中心主任联席会”在广西南宁召开。自治区科技厅副巡视员宋文学等出席会议。全国各省、自治区、直辖市科技厅领导，全国66家农口国家工程中心主任、专家学者共210人参加开幕式。

△ 自治区科技厅在广西七坡林场召开桉树人工林生态研究监测站建设推进会议。

16日 科技部火炬中心主任赵明鹏一行到南宁高新区调研。自治区科技厅厅长谢迺堂、副厅长李昌华、南宁市副市长石文怀等领导参加调研活动。赵明鹏一行先后走访了培力南宁药业有限公司、灵康赛诺科生物科技有限公司、富士康南宁科技园等高新区科技企业，详细了解企业在加强研究开发工作，提高自主创新能力方面的做法、经验和有关建议。

16日～17日 科技部农村司副司长郭志伟一行来到百色市，到凌云县、乐业县以及田阳县广西百色国家农业科技园等地调研。

17日 2011年国家自然科学基金管理工作培

训会议在玉林市举行，培训会由国家自然科学基金南宁联络网主办。

19日 山西省知识产权局局长闫毅一行10人来到南宁访问自治区知识产权局，双方就知识产权相关工作进行了交流和讨论。

△ 以自治区法制办纪检组长韦能雄为组长的依法行政考核组到自治区科技厅考核2011年度依法行政工作，并召开了科技厅2011年依法行政工作汇报会。自治区科技厅厅长谢迺堂出席汇报会并做2011年自治区科技厅依法行政报告。

21日 自治区地震局党组书记、局长高荣胜一行到自治区科技厅调研指导工作，并召开座谈会，共同探讨在新形势、新机遇下如何促进广西科技创新与防震减灾工作有机结合。自治区科技厅厅长谢迺堂，自治区地震局副局长龙安明，自治区科技厅副厅长李国忠出席座谈会。

21日～22日 自治区科技厅副厅长粟定成到宜州市就农村科技工作进行调研。

22日 自治区科技厅纪检组长黎昆带领相关处室负责人一行来到梧州市调研，帮助梧州市科技局解决工作中遇到的难题。

△ 国内最先进的VTS系统（船舶交通管理系统）在广西正式建成投入试运行。至此，广西辖区VTS系统及AIS（船舶自动识别系统）、CCTV（视频监控系统）、VHF（甚高频安全通信系统）四个系统全部建成，这标志着广西海事多角度的船舶安全监控体系形成，广西海事局将实现对沿海港口等重点水域的船舶动态实施监控，对重点船舶自动识别、全程跟踪，对海上事故或突发事件实现快速反应。

23日 自治区科技厅副厅长李昌华带领科技厅办公室、发展计划处、高新处、条财处、政社处及广西知识产权局法律处等相关人员前往广西轻工业科学与技术研究院就轻工业科研发展有关问题进行调研。

△ 全区农村科技工作会在荔浦县召开。来自涉农有关厅局，各市、县（市、区）科技局以及科研院所、高校210多名代表参加会议。自治区科技厅党组成员、副厅长粟定成出席会议并讲话。

24日 南宁市物联网研究会成立暨第一次代表大会在广西师范学院举行。这是广西成立的首家物联网研究会。

25日 中国水稻研究所与广西瑞特种子有限公司签订战略合作协议，依据11月3日中国水稻研究所与自治区农业厅签署的《战略合作框架协议》，将以瑞特种子公司为依托，建立中国水稻研究所东盟水稻种子研发中心。

27日 自治区科技厅会同自治区财政厅在南宁举办2011年科技厅部门决算工作会议暨业务培训班，科技厅所属预算单位的财务负责人、决算报表编制工作人员共60人参加了会议。

28日 2011年度广西科技统计工作会议在南宁召开。自治区科技厅厅长谢迺堂，国家统计局统计研究所研究员何平，自治区统计局、财政厅等相关领导出席会议。广西各市科技局、中央驻桂研究与开发机构、自治区直以上研究与开发机构、技术服务与地质勘查企事业单位代表共110人参加会议。会上，谢迺堂厅长对全广西的科技统计工作做总体介绍，并对如何做好2012年乃至今后的科技统计工作提出要求。

△ “北部湾大学等全市重大项目开工仪式”在钦州市钦州学院茶山片区新校区举行。

△ 自治区科技厅在南宁召开2011年度广西自然科学基金专家委员会工作会议。科技厅基础研究处，首届广西自然科学基金专家委员会委员，以及其他成员和部分特邀专家等共50多人参加了会议。

29日 自治区副主席陈章良到广西医科大学调研，参观区域性高发肿瘤早期防治研究重点实验室、临床试验研究中心、广西试验动物中心，并为国家地方联合工程研究中心、国家高技术产业基地揭牌。自治区科技厅厅长谢迺堂、副厅长钟会超等随行。

是月 广西自治区副主席蓝天立、广西出入境检验检疫局局长卢厚林一行拜会国家质检总局杨刚副局长，双方就加强部区合作，促进广西质检工作，共同推动广西经济社会发展交换了意见。

是年 2011年全广西糖料蔗种植面积105万公顷，同比增加1.87万公顷。预计进厂原料蔗6000万吨，增产300万吨；全广西蔗农收入300亿元，增收23亿元。目前，广西糖料蔗面积、产量均占全国60%以上，龙头地位进一步巩固，稳居全国第一。

是年 钦州学院“北部湾海洋资源保护与开发利用”学科获自治区教育厅批准，成为广西高校优势特色重点学科。

是年 2011年药园“十二五”规划论证会在广西药用植物园成功举办。国家工程院、自治区人民政府与各主管厅局站在国家中医药行业发展的高度，论证了药园发展规划。

是年 广西药用植物园获得“最大的药用植物园”吉尼斯世界纪录。

是年 柳州市组织的“钢圈 CAE 仿真合作”等 14 个合作项目签约，项目投资总额22150万元。

是年 广西财经学院成功申报“服务国家特殊需求人才培养项目”，成为会计硕士研究生培养单位，也是目前广西唯一一所具有会计硕士专业学位授权单位。

是年底 北部湾海洋保护与开发利用实验室和北部湾人文研究中心顺利通过广西高校重点实验室评估专家的检查与指导。

（科技志编辑室）

2012 年

1 月

5 日 自治区知识产权局局长李昌华在全国知识产权局局长会议上作大会典型发言，介绍 2011 年广西专利工作经验和 2012 年工作思路。

△ 2012 年广西科技活动周预备会在南宁召开。会议对即将于 1 月 6 日～11 日举行的第二十一届广西科技活动周的活动组织、安全保卫、活动宣传、展馆布展等工作进行了全面部署。自治区科技厅副厅长李国忠出席会议并讲话。活动周筹备办公室各有关负责人分别通报了活动周活动安排和相关备展情况。

6 日 2012 年广西科技活动周开幕式暨新技术新产品交流交易会开馆仪式在广西展览馆举行。自治区党委副书记危朝安，自治区人民政府副主席蓝天立，自治区政协副主席黄日波等自治区领导出席开幕式。自治区党委副书记危朝安宣布 2012 年广西科技活动周开幕。自治区人民政府副主席蓝天立主持开幕式。本届科技活动周围绕“提升自主创新能力，促进发展方式转变”的主题，举办新技术新产品交流交易会、科技论坛、专题科技活动等。自治区政府副秘书长蒋家柏，自治区科技厅厅长谢迺堂、副厅长钟会超、李国忠，科技活动周筹备领导小组成员单位负责人及 14 个市代表团团长参加开幕式。

△ 广西“乡土情深”文化科技卫生“三下乡”活动赠送仪式在陆川县人民会堂隆重举行，自治区党委宣传部副部长、广西“三下乡”工作团团长刘咏梅，玉林市副市长满昌学分别在仪式上致辞。自治区科技厅副巡视员彭枝等自治区直属各单位领导出席活动仪式。

△ 2012 年广西科技活动周“广西发明创造活动暨优秀专利成果展”在广西展览馆举办。

7 日 作为第二十一届广西科技活动周重要活动之一，广西大型仪器协作共用网工作会暨表彰奖励大会在南宁召开。自治区科技厅副厅长李昌华出席会议并讲话。自治区财政厅、教育厅、广西大型仪器协作共用网入网成员代表共 120 人参加会议。

△ 在第二十一届广西科技活动周期间，广西召开太阳能新技术推广能力培训会，来自广西太阳能领域的有关专家和技术人员近 100 人参加培训。自治区科技厅副巡视员彭枝在培训会上致辞，希望与会人员加强学习交流，进一步推动广西太阳能产业的发展。

8 日～9 日 2012 年广西企业总裁专利工作研讨班在南宁举办。自治区科技厅副厅长、自治区知识产权局局长李昌华出席会议并作报告。

9 日 自治区科技厅副厅长粟定成带队赴扶绥县新宁镇渠那村慰问村干部和群众，并实地调研，共谋新农村建设发展之道。

△ 2011 年度国家级星火计划重点项目“亚热带蚕丝业优质高产节本增效技术集成推广”启动仪式在南宁市举行，12 个项目实施单位的代表共 30 多人参加了仪式。

10 日～11 日 德国联邦教研部部长沙万（Annette Schavan）率德国科技代表团以及德国驻华使馆科技处、驻广州领事馆、驻上海领事馆等官员一行 9 人访问桂林。这是应中国科技部万钢部长邀请，与中方就水资源治理领域的科技合作进行会谈。科技部国际合作司欧洲处官员宋娍、自治区科技厅副厅长粟定成，国际合作处、桂林市科技局领导以及中国地质科学院岩溶地质研究所、广西植物研究所的相关专家出席会议。

11 日 第二十一届广西科技活动周（以下简称科技周）在南宁闭幕。自治区科技厅厅长谢迺堂，副厅长李昌华、钟会超、李国忠，纪检组长黎昆，副巡视员宋文学、彭枝以及各有关厅局领导出席闭幕式。闭幕式由自治区科协副主席朱东主持。本届科技周活动规模大、规格高，隆重热烈；内容丰富，形式多样；富有知识性和趣味性，互动性强，受到广大群众的欢迎。活动分为3大类，共33项活动，在内容设计和展示安排上，侧重展示2011年广西科技战线工作成效，重点展示自主创新成果，突出产业化成果和科技重大专项对广西经济社会发展的支撑引领作用。活动期间，广西新技术新产品交流交易会备受瞩目，吸引了自治区内外3万多人次前来参观交流。交流会内容丰富，重点突出，特点鲜明，设有广西科技重大创新成果展、高新技术产业开发（园）区建设与发展成果展、绿色动力专题馆、各市科技成果展、高等院校科技创新服务能力及技术转移成果展等10个专题展，参展项目达2000多项。科技活动周期间，科技合作项目取得丰硕成果，共有53个项目集中签约，签约金额达16.12亿元。本届科技周更贴近大众需求，其中广西全民发明创造活动暨优秀专利成果展，在展示方式做了突破性的改变，共展出77项专利技术。科技周期间举办2场科技人才交流会，有400多家企业进场招聘，提供岗位14000多个，为企业与求职者搭建双向选择的平台。科技周将技术推广与公益活动结合，举办“广西太阳能新产品迎春公益拍卖会”，将拍卖所得的1万多元款项全部捐给广西社会和谐稳定发展基金会。

14日 自治区主席马飚先后慰问广西民族博物馆馆长王頠，广西医科大学儿科实验室主任陈萍，分别为两位专家送上节日的祝福。自治区政府秘书长王跃飞，自治区科技厅党组书记陈大克等参加慰问活动。

18日 2012年在邕专家、高技能人才代表迎春茶话会在荔园国际会议中心举行。

19日 自治区政协副主席黄日波到广西计算中心走访慰问广西计算中心研究员廖宏，自治区科技厅副厅长李昌华以及政策法规处负责人一行参加慰问活动。

20日 自治区主席马飚对《广西专利情况专报》2011年第9期“2011年全区专利情况”批示：“对2011年新取得的成绩表示祝贺！望认真总结经验，争取2012年全区专利工作实现又好又快发展。”

31日 崇左白头叶猴国家级自然保护区获国务院审定。一度濒临灭绝的珍稀白头叶猴在崇左受到了特别保护。2010～2011年度广西白头叶猴资源专项调查显示，广西现有白头叶猴120群937只，比2003年的第一次调查增加339只。

是月 在第二十一届广西科技活动周期间，自治区召开大型仪器协作共用网工作会暨表彰奖励大会，在总结“十一五”工作成效的基础上，强调要采取更加有力、有效的制度和措施，推动“十二五”大型仪器协作共用平台建设，提出了平台建设要解决好“做什么、谁来做、怎么做”三个问题，促进工作重心“五个转变”的新举措和新思路，着力推进大型仪器协作共用平台的推广应用工作，进一步彰显大型仪器协作共用平台服务自主创新、服务经济发展的优势与作用。

2月

1日 自治区绩效办考评工作组到自治区科技厅考核2011年度绩效考评工作。自治区科技厅厅长谢迺堂汇报科技厅2011年度绩效考评工作。党组成员、纪检组长黎昆出席汇报会。各处室负责人及有关人员参加汇报会。

2日 自治区副主席陈章良在南宁会见了科技部副部长陈小娅。双方就广西与科技部如何加深合作进行了座谈。双方均表示，将深化部区合作。

2日～6日 应越南南方农科院横洛研究中心（Hung Loc Research Center）邀请，广西木薯研究所副所长李军、技术推广室主任马崇熙和罗燕春赴越南胡志明市观摩2011～2012年度越南木薯品比试验测产验收。

3日 科技部副部长陈小娅到广西大学考察，自治区科技厅党组书记陈大克、厅长谢迺堂等参加考察活动。陈小娅副部长参观广西大学校史馆、亚热带农业生物资源保护与利用国家重点实验室，并召开座谈会，听取国家重点实验室建设情况汇报。

4日 广西壮族自治区木薯、芒果良种培育中心揭牌仪式在自治区亚热带作物研究所木薯基地举行。

7日 柳州市鱼峰区区委书记董凌一行来到自治区科技厅汇报该区科技工作进展情况。自治区科技厅党组书记陈大克，副厅长李昌华，厅机关有关处室负责人与董凌一行座谈，共商鱼峰区科技发展之道。

9日 自治区人民政府在南宁召开开展全民发明创造活动新闻发布会。自治区科学技术厅副厅长、自治区知识产权局局长李昌华介绍了组织开展全民发明创造活动的背景、重要意义、重点任务和主要措施。自治区工信委、科技厅、财政厅、知识产权局等有关部门负责人回答了记者提问。

11日 2012年首站“中医中药中国行——进乡村、进社区、进家庭”活动在武鸣县正式拉开帷幕。国家中医药管理局副局长吴刚出席启动仪式。“中医中药中国行”由国家中医药管理局等23个部委联合主办，是迄今规格最高、规模最大、范围最广、影响最深的大型中医药科普宣传活动，2007年在北京启动，已在北京、山西、辽宁等多个地区举办。此次“中医中药中国行”活动走进广西，将在广西20个县（区）开展一系列中医药科普宣传活动，包括乡村医生培训、发放中医药科普宣传资料、送医送药进贫困山区等内容，旨在向老百姓普及中医药科学知识，让基层卫生人员掌握中医药适宜技术，更好地让中医药惠及千家万户。

13日 自治区知识产权局在南宁召开全区知识产权局局长座谈会，总结2011年全自治区专利工作，并就贯彻落实《广西壮族自治区人民政府关于在全区开展全民发明创造活动的决定》和组织实施《广西发明专利倍增计划》的思路进行座谈。自治区科技厅党组书记陈大克，自治区科技厅副厅长、自治区知识产权局局长李昌华出席会议并讲话，自治区知识产权局协调管理与专利处处长就发明专利申请任务分解方案作说明。来自全自治区14个设区市知识产权局局长及业务科长近40人参加了会议。广西出台《广西壮族自治区人民政府关于在全区开展全民发明创造活动的决定》，明确广西将采取八大举措全面推进全民发明创造活动。一是进一步强化政府科技计划项目的知识产权导向。二是推动创新平台成为发明创造高地。三是推动企事业单位加强发明创造。四是打造专利集聚区域。五是鼓励群众性发明创造活动。六是发展壮大专利服务业。七是加强政府重大项目和重大经济活动的专利审议。八是实施发明专利倍增计划。

16日 广西农村科技信息化座谈会在南宁召开。自治区科技厅农村科技处、广西科技信息网络中心有关领导、专家、专业技术人员共12人参加。会议就2005～2011年农村科技信息化工作进行全面总结和深入交流，并就如何贯彻落实中央一号文件《关于加快推进农业科技创新持续增强农产品供给保障能力的若干意见》展开了讨论。

17日 广西柳工机械股份有限公司总裁助理罗维一行6人到科技厅汇报“国家土方机械工程技术研究中心”的建设情况。自治区科技厅厅长谢迺堂，副厅长李昌华、李国忠和厅机关有关处室负责人与罗维一行座谈，共商企业科技创新发展之道。

△ 广西创新计划协调小组办公室组织召开了第五轮创新计划启动情况检查总结汇报会，汇报了全自治区各地市第五轮创新计划启动情况。自治区科技厅发展计划处，自治区创新计划实施协调小组成员单位联络员，检查组成员等近40人参加了会议。

17日～18日 自治区科技厅在南宁召开了2012年度广西自然科学基金创新团队和杰出青年基金项目评审答辩会。

21日 自治区人民政府在南宁召开全区发明创造大会。全面贯彻落实自治区第十次党代会和自治区十一届人大五次会议部署，落实《关于在全区开展全民发明创造活动的决定》和《广西发明专利倍增计划》，总结2011年全自治区发明创造工作，表彰先进，全面部署“十二五”期间全自治区开展全民发明创造活动。自治区主席马飚给大会发来贺信。自治区人民政府副主席陈章良在会上讲话，自治区政协副主席黄日波出席会议，自治区科技厅党组书记陈大克宣读马飚主席贺信，自治区科技厅厅长、自治区推动发明创造工作领导小组办公室主任谢迺堂出席会议并作工作报告，会议由自治区人民政府副秘书长蒋家柏主持。谢迺堂厅长作题为“全民动员 努力实现发明专利工作大跨越”的工作报告。

△ 自治区人民政府在南宁召开2012年自治区知识产权工作会议。全面总结2011年全自治区实施知识产权战略工作，研究部署2012全自治区深入实施知识产权战略工作。会议由自治区人民政府副秘书长蒋家柏主持。自治区副主席陈章良，自治区科技厅厅长谢迺堂出席会议。自治区科技厅副厅长、自治区知识产权局局长李昌华作题为“加强组织、优化环境，着力推动知识产权战略深入实施”的工作报告。自治区知识产权办公会议成员单位领导和联络员，各设区市人民政府分管副市长和知识产权局局长逾80人出席会议。

△ 2012年全区科技工作会议在南宁召开。会议传达了全国科技工作会议精神，总结2011年

全自治区科技工作，研究部署2012年工作。自治区人民政府副秘书长蒋家柏主持会议。自治区副主席陈章良、自治区科技厅党组书记陈大克、厅长谢迺堂出席会议并讲话。陈章良对2011年广西科技工作给予肯定，对广大科技工作者为科技事业做出的贡献表示感谢。

22日 中国科学院广州分院、广东省科学院院长陈勇，常务副院长黄宁生一行6人到访自治区科技厅，双方就科技合作相关事宜进行座谈。自治区科技厅党组书记陈大克、副厅长李国忠出席座谈会，科技厅各处室负责人参加会议。

△ 全区专利代理行业发展工作会议在南宁召开。会议落实《广西壮族自治区人民政府关于在全区开展全民发明创造活动的决定》的部署，传达全区发明创造大会关于促进广西专利代理机构加快发展的精神。自治区科技厅厅长谢迺堂，自治区科技厅副厅长、自治区知识产权局局长李昌华等出席会议。来自广西9家代理机构、自治区知识产权局相关处室、中国（广西）知识产权维权援助中心、国家知识产权局专利局南宁代办处的相关负责人参加会议。

23日 广西高新区统计工作研讨会在南宁召开。自治区科技厅，自治区知识产权局相关领导出席会议，桂林、南宁、柳州、北海高新（园）区管委会相关负责人参加会议。

23日～25日 自治区科技厅会同广西军区、广西消防总队、柳钢集团等单位一起到融水县，启动广西新一轮扶贫攻坚战，给当地干部群众送科技、送温暖。

24日 北京市知识产权局副巡视员付晓辉一行11人来到南宁访问自治区知识产权局。双方就知识产权相关工作进行交流，自治区知识产权局领导以及广西工商行政管理局商标广告处、中国（广西）知识产权维权援助中心的负责人参加了座谈会。

△ 广西高新技术企业协会在南宁市举办为期半天的“2012年广西高新技术企业认定工作培训班”，来自广西14个市和4个高新园区的170名代表参加培训。

25日 自治区科技厅厅长谢迺堂、副厅长粟定成率科技厅办公室、农村处等相关负责人一行赴柳城县，先后对柳城县成霖农业科技有限公司、柳城县甘蔗研究中心、广西日田集团等单位进行调研。

28日～29日 自治区科技厅副厅长钟会超率发展计划处、政策法规与社会发展处有关人员，到钦州市有关单位、企业、学校，就钦州艾滋病防治等社会发展领域科技研发、厅市会商等工作情况进行调研。

28日～29日 自治区科技厅副厅长粟定成一行到先后深入灌阳县、资源县等地有关单位、企业，就桂林富民强县项目、科技成果推广情况、农业产业化等工作进行调研。

28日～3月5日 广西木薯研究所组织中国热带农业科学院、云南省农业科学院和江西省农业科学院的专家赴菲律宾东达沃省对该所承担实施的国际科技合作项目“高产木薯品种及栽培技术推广示范”（桂科合0992033－2）进行现场测产查定。中国热带农业科学院广州试验站站长覃先导研究员、云南省农业科学院热经所副所长刘光华研究员、江西省农业科学院袁展汽研究员、广西木薯研究所副所长李军研究员等参加验收。由广西木薯研究所承担的菲律宾海外木薯种植示范项目实施以来，共出口中国木薯种茎20吨，出口中国木薯良种6个，在菲律宾棉兰老岛东达沃省建立了木薯示范基地200公顷，还在菲律宾当地政府和企业的支持和帮助下，巡回举办了木薯高产栽培技术培训班，引导和发动当地农民科学种植木薯。专家组对菲律宾木薯种植示范基地进行全面考察后，对参试品种进行了随机抽样测产，查定结果引进的中国木薯品种平均产量分别为：华南5号为45625公斤/公顷，桂热5号为43375公斤/公顷，桂热4号为42500公斤/公顷，南植199为40375公斤/公顷，华南8号为42750公斤/公顷，华南205为43125公斤/公顷，对照菲律宾品种GY为28375公斤/公顷。引进的中国木薯品种平均产量为42958公斤/公顷，比菲律宾当地品种增产51.4%，漂洋过海的中国木薯良种在菲律宾喜获丰收。

29日 自治区科技厅召开2012年度广西科学技术奖推荐工作会。自治区科技厅副厅长李国忠出席工作会。各市科技局、自治区农垦局、南宁铁路局及自治区直属各有关单位相关人员参加了工作会。会上，李国忠对2011年广西科技奖励工作做了总结，并对2012年科技奖励工作提出了建议。

是月中旬 自治区农业厅组织开展全自治区农业系统万名工作队员下基层送科技助双增春季

大行动，要求工作队员驻村指导服务3个月，推广实用技术，帮助落实惠农政策。农业厅先后召开全区春季田间管理暨春耕备耕工作视频会议、春耕生产现场会、粮食生产座谈会，与广西气象局签订《防灾减灾工作合作协议》，并启动全自治区“农业科技促进年”活动，6名院士和71名国内顶尖农业专家组成11个服务团，分赴各地指导农民开展春耕生产。

3月

1日 农业领域科研单位申报2012年度国家自然科学基金项目培训班在南宁举办。来自广西各农业领域区直科研院所、相关高等院校的科技人员共280人参加培训。本次培训，邀请了广西大学副校长陈保善及广西农业科学院院长李杨瑞分别就“国家自然科学基金项目专家一审、二审流程及申报应注意的事项和环节”“2012年度国家自然科学基金项目申报指南及政策”“申报经验和重点内容”三方面内容进行了专题辅导。

△《广西壮族自治区高新技术企业认定管理工作规程（初稿）》（以下简称《规程》）研讨会在自治区科技厅召开。自治区科技厅、财政厅和广西国税局、地税局等四家高新技术企业认定主管部门的有关业务处室负责人就《规程》的具体内容进行深入探讨，待《规程》修订完善后将正式发布实施。《规程》由广西高新技术企业认定工作领导小组办公室草拟，全文共7章，从高新企业认定管理的总则、组织机构及职能、认定流程、中介机构条件及职责、专家条件及职责、参与认定工作单位和个人有关罚则等方面做了明确的规定。参照《规程》初稿细则，与会人员提出很多修改完善的意见和建议。

△ 自治区副主席陈章良在自治区政府主席楼主持召开专题会议，听取广西林科院关于2011年创新发展情况汇报及“油茶优良无性系组培快繁技术研究”“桉树人工林复合经营模式优化筛选及效益评价”两个主席资金项目实施进展情况的汇报。

6日 自治区科技厅在南宁市召开了全区粮食、奶水牛产业科技重点示范县工作会，广西农业科学院、广西大学、广西农业技术推广总站等技术依托单位以及全自治区13个粮食、奶水牛产业科技重点示范县50多位代表参加了会议。会上，各个重点示范县总结、汇报了2011年的工作推进情况、取得的成效、工作亮点及经验，讨论、研究、制订了2012年总体实施方案和各重点示范县2012年的具体实施计划，相关技术依托单位就粮食产业、奶水牛科技重点示范县的建设工作提出意见；科技厅农村处负责人就如何开展2012年农业产业科技重点示范县的工作提出了要求，进行了总体工作部署。

△ 2012年广西科协工作会议在南宁召开。自治区党委副书记危朝安出席会议并讲话。危朝安在讲话中肯定了广西各级科协在2011年所取得的良好成绩，希望各级科协组织牢记重托，解放思想，开拓进取，找准科协工作服务自治区工作大局的切入点和着力点，在加快富民强桂新跨越中更加奋发有为。

△ 广西科技型中小企业技术创新基金组织单位工作座谈会在自治区科技厅召开。南宁、柳州市科技局，桂林、南宁、柳州国家高新区负责创新基金工作的负责人参加了会议。各组织单位就科技厅提出的2012～2013年度创新基金工作设想进行讨论，围绕如何充分发动企业申报创新基金项目争取更多的经费支持进行讨论。

7日 广东省法制办副主任陈春生，广东省知识产权局纪检组长、监察专员严小宜一行4人到自治区知识产权局访问。自治区知识产权局相关人等与广东代表团就知识产权相关工作特别是展会中的知识产权工作进行了充分的交流。

8日 自治区科技厅向各市科技局、各有关单位和科技计划项目承担单位下发了《关于加强广西科学研究与技术开发计划项目（课题）验收工作的通知》，要求对2001年以来承担或管理的科技计划项目进行清理，对已逾期或到期未验收（或未鉴定）的项目进行分类处理。

9日 自治区科技厅在南宁举办了2012年度国家农业科技成果转化资金项目申报工作培训班。来自广西14个市科技局相关业务科负责人、拟申报2012年度国家农业科技成果转化资金项目单位项目申请单位人员、拟申请项目所在县（市）科技局分管领导等160人参加了培训。

13日 西部地区中小企业发展与知识产权创新高级研修班在南宁举办。国家知识产权局专利管理司司长马维野、自治区科技厅党组书记陈大克、自治区人社厅副厅长于祖毅、自治区科技厅副厅长李昌华出席开班仪式。本期高研班为期5

天，来自云南、内蒙、重庆等省（区）、市的50多名代表参加。本期高研班是国家人力资源和社会保障部2011年的专业技术人才知识更新工程高级研修项目。马维野作题为《知识产权——转变经济发展方式的助推器》的开班讲座。陈大克、于祖毅分别在开班仪式上致辞。高研班还邀请广西丰林木业集团股份有限公司董事长刘一川、天津市科学研究所副所长赵志强、广东商学院管理学院教授刘佐太、中心通讯股份有限公司知识产权总监王海波等专家学者作专题讲座。

△ 自治区科技厅厅长谢迺堂率发展计划处相关负责人一行前往科技部，汇报新一轮部区会商主要内容。科技部发展计划司王晓方司长、刘敏副司长听取了汇报，他们肯定了广西新一轮部区会商拟定的主要内容，认为议定书围绕广西党委政府的工作重点，紧密结合当地经济社会发展的重大需求，提升科技的支撑引领作用，突出了广西特色和优势。同时，还对新一轮会商议题提出了具体的意见和建议。

13日～14日 由自治区科技厅副厅长李国忠等一行9人分别到北京大学、清华大学、中国农业大学、北京科技大学参观考察，参观考察了相关院系和实验室，并就校地合作、技术转移、项目对接等事宜进行座谈交流。

14日 自治区科技厅召开加强科技计划项目验收工作会。自治区科技厅副厅长钟会超出席会议。各市科技局、各有关单位相关人员参加会议。钟会超要求各市科技局、各有关单位采取有力措施，按时按质完成自治区科技计划项目（课题）验收工作任务。同时，各相关单位和厅机关处室要加强协调沟通，及时解决在验收工作中的问题。

△ 由自治区科技厅厅长谢迺堂带队，科技厅副厅长李国忠等一行10人拜访了中国工程院。与中国工程院三局副局长李仁涵、华尔天就院地合作，自治区主席院士顾问等具体事宜进行座谈和交流。

△ 自治区知识产权局组织召开了“2012年广西知识产权宣传周筹备工作协调会”。自治区党委宣传部、自治区知识产权办公会议全体成员单位、自治区科学技术协会、中国（广西）知识产权维权援助中心和南宁市知识产权局相关负责人参加了会议。会议主要就《2012年广西知识产权宣传周活动方案》进行了通报，各相关单位围绕活动方案进行了讨论，就各单位分工做了进一步沟通和协调。

△ 2012中国—新加坡物流发展与人才培养研讨会在广西财经学院成功举办。新加坡物流管理学院、广西大学等区内9所高校和广西现代物流生产力促进中心、现代物流报社、北京理工大学出版社的代表80多人出席。

16日 由自治区科技厅副厅长李国忠带队，广西大学副校长陈保善等一行8人拜访了国家自然科学基金委员会主任陈宜瑜院士，就广西重大科技专项“桉树人工林生态效应与调控机制研究”进行座谈和交流。

17日～19日 科技部农村司司长陈传宏到广西百色、北海国家农业科技园区考察，了解园区建设情况，自治区科技厅粟定成副厅长等陪参加考察活动。陈传宏一行现场考察了百色国家农业科技园区展示厅、百色农业技术推广中心、有机农业产业示范园、实验基地、对外合作基地以及北海国家科技园区核心区建设情况；在两个园区分别召开了座谈会听取园区建设情况和今后发展规划的工作汇报。在百色园区座谈会上，陈传宏充分肯定近年来百色国家农业科技园区建设所取得的成绩，下一步工作，陈司长希望能把国家农业园区建设成为“1＋1＋N”的建设管理模式（即一个园区管委会＋一个园区投资管理委员会＋若干个功能区和企业的模式），引入市场机制，借鉴经济园区的创新模式，探索一、二、三产结合的发展模式，将园区打造成为亚热带农业科技一流园区，更好地发挥国家级农业科技园区的示范带动作用。

19日 中国科协副主席程东红一行到贵港市气象局进行调研与指导。程东红听取了市气象局关于气象防灾减灾工作、气象科普示范基地建设、气象科技下乡活动等方面的情况介绍。与前来参观学习的师生进行了交流。

20日 南宁市投资促进局、中国电子科技开发有限公司、赛迪顾问股份有限公司就“中国电子东盟中心”项目到自治区科技厅进行调研访谈。

△ 国务院发展研究中心巡视员谢扬应邀到自治区党校给参加“科技厅系统处级领导干部能力提升培训班”的学员们授课。围绕2012年中央一号文件有关农业科技创新的问题，谢扬给学员们进行详细解读。

△ 北海林浆纸一体化项目《合作确认书》签字仪式在南宁举行。自治区党委书记、自治区

人大常委会主任郭声琨，自治区主席马飚，自治区政协主席陈际瓦在签约前会见了斯道拉恩索集团董事长博观纳并共同见证签约仪式。

△ 在全自治区召开的选派机关干部担任贫困村党组织第一书记暨新一轮新农村建设指导员工作动员电视会议上，自治区科技厅获“2011年度自治区社会主义新农村建设先进后盾单位”荣誉称号，科技厅定点帮扶工作队获“2011年度自治区社会主义新农村建设指导员工作先进工作队”荣誉称号。

20日～21日 自治区科技厅党组成员、纪检组长黎昆一行到融水县香粉乡和县科技局，就开展“挂包联驻”工作和融水县科技工作情况进行调研。

21日～22日 自治区科技厅副厅长粟定成一行到灌阳调研科技型企业调研。

21日～23日 中国全球基金结核病项目活动“2.14活动”和“2.15学术（南宁）研讨会”在南宁召开，此次会议由玉林食品药品检验所承办。

22日 以“深化科技体制改革，激发科技创新活力”为主题的第三届全国科技发展战略研究联席会议在福建省福州市召开。会议围绕科技体制改革和创新体系建设、国家和地方科技发展战略的统筹协调、创新科技战略研究方法等问题进行研讨和交流。全国政协副主席、科技部部长、中国科学技术发展战略研究院院长万钢出席会议并做了重要讲话。自治区科技厅由彭枝副巡视员带队参加了会议。

△ 第20届“世界水日”和第25届“中国水周”亮出宣传主题：大力加强农田水利，保障国家粮食安全。2012年，广西农田水利固定资产投资规模为12.3亿元，实施小型农田水利重点县建设，重点支持产粮主产区大中型灌区末级渠系建设和小型灌区节水改造，建设“五小水利”工程和发展高效节水灌溉等。

△ 科技厅系统处级领导干部能力提升培训班到广西丰林木业集团进行现场案例学习。

23日 为期一周的2012年自治区科技厅系统处级领导干部能力提升培训在自治区党校圆满结束。科技厅党组书记陈大克，厅长谢酉堂，副厅长李昌华、李国忠，纪检组组长黎昆及自治区党校副校长唐秀玲出席结业仪式。

△ 南方药都论坛——广西中医药壮瑶医药千亿元产业战略研讨会在玉林市举行，广西壮族自治区卫生厅副厅长甘霖表示，未来五到十年，广西将致力打造中医药民族药千亿元产业，实现多产业综合发展，力求将中医药民族药产业做大做强，让中医药民族医药惠及更多民众。研讨会上，来自全国各地的中医药产业研究专家以“广西中医药壮瑶医药千亿元产业的优势、瓶颈及对策研究”为主题，对广西中医药产业的发展进行了专题研究和探讨。

△ 生物质能源发展论坛在南宁举行，来自中国各地的专家、学者为广西建立“废物利用”的高环保生物质能源产业以实现经济可持续发展的规划进行“把脉”。专家、学者认为广西地处亚热带，生物资源丰富，发展生物质能源优势天成。

24日～25日 自治区质量技术监督局组织专家评审组，对广西林产品质量检验检测中心资质进行认定计量认证、审查（授权）现场评审。专家评审组一致通过广西林产品质量检验检测中心实验室资质认定计量认证及授权评审。广西林产品质量检验检测中心隶属广西林科院，中心下设林化检测站、土肥检测站、木材检测站，是广西目前唯一一个自治区级综合性林产品质量检验检测中心。

26日 中国电子科技集团公司总经理熊群力一行到访自治区科技厅，双方就科技合作相关事宜进行座谈。自治区科技厅厅长谢酉堂、副厅长李昌华出席座谈会，科技厅相关处室负责人参加会议。谢酉堂向熊群力介绍了广西科技发展情况。他指出，广西与央企合作，给广西科技工作带来了新的思路，也带来了在新的领域更深度的合作。同时，谢酉堂表示，会把合作工作落实好，并希望今后双方在项目、计划、平台建设等方面再加深合作，研究探讨广西科技的需求。

△ 广西高速公路ETC不停车收费系统（以下简称ETC）通过专家验收鉴定，表明其在技术上已经成熟，具备推广使用条件，该系统可在车辆低速通过收费车道时自动收费，通车速度比目前人工收费快6倍。广西ETC课题于2009年正式立项，2011年开始整体测试，并先后在南宁、柳州、北海合浦3个收费站共6条ETC车道进行了试运营，经过长达15个月的内部试运营，至2012年3月，整体系统运行稳定可靠。

△ 自治区科技厅副厅长、自治区知识产权局局长李昌华接受新华社记者采访，畅谈广西开展全民发明创造活动所采取的措施和取得的成效，

并介绍“十二五”期间广西发明专利倍增计划的总体目标与重点任务。

27日 “十二五”国家高技术研究发展计划（863计划）专家委员会和主题专家组成立大会暨专家培训会在北京召开。桂林理工大学副校长周国清教授被聘为“十二五”863计划地球观测与导航技术领域的主题专家组专家，主要负责对地球观测与导航技术领域先进遥感技术主题方向的发展战略和项目组织实施提供咨询与技术指导，并参与项目管理。周国清教授是广西首位“十二五”863计划主题专家组专家。

27日～30日 自治区知识产权局李昌华局长率自治区知识产权局处室负责人赴国家知识产权局，分别向国家知识产权局副局长贺化、鲍红、甘绍宁有关司局领导汇报广西知识产权发展状况，提出自治区人民政府商请与国家知识产权建立合作会商机制的建议，得到了国家知识产权局领导的积极回应。

28日 自治区科技厅组织中国工程院院士、中国农业科学院研究员刘旭，中国科学院植物研究所研究员宋松泉，中国农业科学院蔬菜花卉研究所教授熊兴耀和广西科学院研究员李锋等9人的科技成果鉴定委员会，对以广西农业科学院经济作物研究所韦本辉研究员为组长的项目组完成的“农耕新方法粉垄及其应用研究”项目进行了成果鉴定，给予了高度评价，认定该项目“发明了一种‘粉垄农耕新方法’，增产10%～30%，可应用于各种作物，研究成果具有原创性，达到国内领先水平”。这标志着我国耕作机械的自主发明创新和更具科学性的农耕新方法研究取得重大突破，为我国各种农作物的高效栽培及耕地土壤资源、天然降水资源的高效利用，促进土地产出率的进一步提高和生态环境的进一步改善，提供了新的技术。

29日 广西生物医药产业发展院士咨询会在南宁举行，中国工程院院长周济，副院长樊代明，中国工程院院士、医药卫生学部主任杨胜利等20位院士出席。广西制订的《医药工业发展“十二五”规划》《食品药品安全“十二五”规划》和《科学技术发展“十二五”规划》等，对“十二五”期间医药产业发展提出了明确目标，到2015年，全自治区医药工业实现销售收入320亿元。其中，振兴壮瑶医药是广西生物医药产业发展的重点之一。

30日 自治区科技厅在南宁组织召开2012年科技厅部门预算支出进度分析会暨财务管理工作会议。科技厅所属53个预算单位的财务科长、负责预算执行工作的同志共70人参加了会议。会上，通报了2011年部门预算执行情况，研究加快2012年预算支出进度的措施；总结2010年部门决算编制工作情况，表彰了2010年部门决算编报工作先进单位；启动实施了2012年财务专项检查工作。

△ 广西玉柴机器股份有限公司发布了3款融合世界四大著名内燃机研究所先进技术，自主开发而成的高速、大功率船舶、发电用柴油机。农业部渔业船舶检验局局长柳正称，这3款船电高科技新产品的推出，是中国船舶动力发展史上的一件大事，将对中国船舶行业的发展起到重要的推动作用。

是月 广西出入境检验检疫局与南宁市政府举行工作联席会议，就签署《关于促进南宁市外向型经济发展合作备忘录》一年来的工作进行回顾。

4月

1日 自治区科技厅农村处一行3人到富川瑶族自治县富川脐橙标准化种植示范基地考察调研。

△ 广西测绘地理信息局与自治区气象局签署合作协议，将在两年时间里共建广西102个CORS基础设施建设项目。气象、测绘两家携手合作共建CORS，可以提高投资效益，降低建设和维护成本，促进广西CORS观测数据在双方之间的共享，及时为自治区政府提供有关基础地理信息和气象信息服务。自治区气象局局长韦力行、自治区测绘地理信息局局长陈仲怀分别在合作协议签署仪式上致辞。双方表示，将按照“相互支持、优势互补、避免重复、实现双赢”的原则进行合作，并表示将在此基础上拓展更多的合作领域。

5日～9日 第十六届中国东西部合作与投资贸易洽谈会在陕西省西安市举行。自治区人民政府组团参加。自治区科技厅副厅长李国忠出席了广西代表团相关活动。洽谈会期间，李国忠一行7人到西安科技大市场、光电基地、西安高新技术开发区、西安思安新能源公司、西安普声电气公司、504研究及恒星集团开展调研考察；参观西安卫星测控中心，走访了西安交通大学。

6日 科技厅党组书记陈大克，厅长谢迺堂，副巡视员彭枝与到访的广西工学院党委书记叶宗波，院长周德俭一行亲切座谈，共商广西工学院筹建“广西科技大学”事宜。

8日 广西大学“高大韧稻系列品种的推广”项目的专家到武鸣县双桥镇伊岭村将可供种植13.33公顷的新型水稻秧苗免费提供给村民种植。水稻专家进行春插及栽培管理技术现场培训。作为2012年国家农业综合开发自治区集中科技推广费土地治理项目计划之一，广西大学“高大韧稻系列品种的推广”项目总投资350万元，高大韧杂交水稻是广西正在致力打造的广西自己的水稻品牌，是由广西大学研究和培育的水稻新品种。

9日 广西道路交通违法信息管理系统与全国统一的公安交通管理综合应用平台联网，联网后，进一步实现了车管部门与路面执法、事故处理、交通违法处理等部门的信息共享，提高信息传递效率。

10日 桉树人工林生态效应与调控机制研究重大科技专项会议在南宁召开。中国科学院院士许智宏到会指导，自治区政府副主席陈章良、自治区政府副秘书长蒋家柏，自治区科技厅党组书记陈大克、副厅长粟定成和李国忠，自治区林业厅副厅长李明琪，科技厅、财政厅、林业厅相关业务处室负责人及项目各课题组负责人和成员一起参加会议。

△ 原北京大学校长、中国科学院院士许智宏到自治区国有七坡林场桉树人工林生态监测研究站七坡主站，实地考察了已建成的野外观测用房、集水测流堰等基础设施，提出要合理科学地做好桉树人工林生态监测研究站建设规划，保障科学研究的长期性和持续性。

9日～11日 自治区科技厅副厅长钟会超率政策法规与社会发展处、广西中药产业技术创新战略联盟秘书处有关人员，到玉林市有关企业、学校等单位，就玉林市中药产业发展、容县计划生育等社会发展领域科技工作情况开展调研。

12日 第十届重庆高新技术交易会暨第六届中国国际军民两用技术博览会（简称“重庆高交会”）开幕。1500多项最新军民两用技术成果在展会上亮相。广西代表团派出包括企业和各市政府在内的200多人参加活动，24个高新技术项目参展，内容涉及电子信息、生物医药、节能环保、新能源、新材料等领域，包括千亿元产业和战略性新兴产业项目。广西代表团相关负责人表示，到重庆的目的是落实“五找”，就是找技术、找项目、找人才、找资金、找合作朋友，为加快广西发展寻找技术和智力等方面的支持。

△ 世界目前最先进的溢油应急回收船“海特191”在钦州市投入使用，该船的使用将大幅提升广西沿海辖区及南海海区溢油事故的综合应急处置能力，有效减少船舶溢油事故给海洋生态环境带来的影响。“海特191”是全国海事系统中型溢油应急回收船首制船舶，总投资6500万元人民币，是目前世界上最先进的溢油应急回收船。该船配置的收油技术在世界溢油应急回收船上是首次使用，该船主要用于广西沿海近岸海域（含港区水域）船舶溢油事故的应急处置，包括溢油回收、临时储存、处理等，并兼顾溢油围控、消油剂喷洒、应急辅助卸载、溢油监视和重点污染源监护等功能，也可用于溢油应急专业训练并支持海上交通监视作业等。在设计时，“海特191”除了特别可作专业溢油回收作业用途外，还兼顾考虑了巡航功能，平时可担负60米级巡逻船日常巡航使用。

12日～13日 自治区科技厅副厅长钟会超带领厅机关第一党支部部分党员干部来到融水县香粉乡九都村新村屯开展结对帮扶活动，到贫困户家庭走访慰问。

13日 由广西林科院、广西高峰林场共同主办的知识产权培训班在南宁召开。

16日 “海峡两岸管理科学与工程学科与专业建设研讨会”在广西财经学院举行。台北海洋技术学院、广西民族大学等4所高校和广东粤建设计研究院、广西华蓝设计集团规划院、南宁市园林规划设计院、广西物流与采购联合会以及广西新月物流汇电子商务有限公司等方面代表60多人出席。

17日 自治区科技厅召开第十五届北京科博会广西筹备工作会。科技厅副厅长李国忠出席会议。科技厅成果处和广西技术市场相关负责人，广西14个市、4个高新区有关人员参加会议。

△ 自治区科技厅、农业厅相关领导及广西科技信息网络中心负责同志组成的中方科技农业组与越南广宁省委委员、广宁省科技厅厅长谢维盛率领的越方代表在南宁就两省科技农业合作与发展问题举行了工作会谈，科技厅副厅长粟定成主持了会谈。

18日 自治区科技厅在广西科学活动中心召开2012年全国科技活动周广西活动项目协调会，广西14个市科技局、自治区科普工作联席会议各成员单位、各有关单位和学校的有关负责人和代表参加会议。

△ 自治区科技厅副巡视员宋文学等一行5人到河池南丹工业园区就企业技术创新能力提升等内容进行考察调研。

19日 2012年广西高新技术企业认定工作领导小组会议在南宁召开。自治区科技厅、财政厅、国税局、地税局分管领导及相关人员出席会议。会议由自治区科技厅副厅长李昌华主持。

△ 在2012年广西知识产权宣传周即将开幕之际，广西中医药研究院、中药质量标准研究重点实验室、中药产业技术创新联盟与广西药学会联合举办“专利与创新发展、医药专利申请与审查”报告会。自治区知识产权局专家到会，做题为“专利与创新发展”的专题讲座。

20日 自治区水利厅调研员余杰带领自治区第五督查组对自治区科技厅落实自治区5项重大工作情况进行督查。科技厅副厅长李国忠向督查组汇报有关情况，副巡视员彭枝与厅机关有关处室及直属事业单位有关负责人一起参加汇报会。

△ 2012年广西知识产权宣传周活动开幕式在广西科技馆广场举行。本次宣传周为期7天。自治区科技厅厅长谢迺堂出席开幕式并宣布2012年广西知识产权宣传周活动开幕，自治区科技厅副厅长、自治区知识产权局局长李昌华、南宁市人民政府副市长眭国华出席开幕并分别致辞，自治区高级人民法院、自治区人民检察院、自治区工信委、自治区卫生厅、自治区公安厅、自治区教育厅、自治区科协、自治区商务厅等自治区知识产权办公会议成员单位的主管领导及相关负责人员出席了开幕式。来自自治区、南宁市有关部门和学校、科研院所、代理机构、企业、媒体代表等约500人参加了开幕仪式。开幕式上，与会领导和嘉宾向企事业单位代表赠送有关科技创新和知识产权的书籍，并给专利特派员代表授旗，随后当众销毁侵权盗版物品，参加“培育知识产权文化，促进全民发明创造”签名活动，并参观“培育知识产权文化，促进全民发明创造”主题板报展，同时慰问现场咨询服务工作人员。本届宣传周围绕“培育知识产权文化，促进全民发明创造”这一主题，重点宣传广西知识产权事业发展的历程、成就和经验，着重宣传“十一五”以来广西实施知识产权战略的工作措施、目标任务和取得成效；宣传广西加强知识产权保护的重大决策部署及成效，并发布广西知识产权发展状况；宣传知识产权法律法规、政策和基本知识及运用知识产权推进经济发展方式转变的典型案例，传播以“尊重知识，崇尚创新，诚信守法”为核心理念的知识产权文化，增强全社会知识产权意识。宣传周期间，广西举办丰富多彩、形式多样的活动。开展知识产权宣传服务广场日活动，举办专利专题咨询宣讲、知识产权宣传板报巡回展、全区版权执法及宣传、广西林业知识产权成果展、地理标志产品网络展示等系类活动，发布《2011年广西保护知识产权状况》，公布广西十大知识产权典型案件等一系列宣传服务活动。

△ 以“专利与科技创新”为主题的第二期“科技大讲堂”在自治区科技厅视讯会议室开讲。科技厅副厅长粟定成、纪检组长黎昆与厅机关干部和直属单位科级以上人员近百人参加学习。

△ 自治区知识产权局局长李昌华、自治区工信委科技处相关人员应邀做客广西科技信息网，围绕“如何帮助企业提升发明创造能力”这一主题，重点分析广西如何制订和落实措施，为企业提升专利发明创造能力优化环境，促进广西主要产业技术水平的提高。

21日 自治区人民政府副主席陈章良在南宁饭店会见中国科学院广州分院院长陈勇、常务副院长黄宁生一行5人，中国科学院广州分院院长陈勇为了加强中国科学院与广西的合作等事宜专程到广西访问。

26日 自治区科技厅组织农业科技专家到大化县百马乡开展“送科技下乡，助农民致富”活动。

27日 为了落实今年中央1号文件精神，推进基层科技工作，自治区科技厅在南宁市组织召开2012年科技富民强县工作推进会。自治区科技厅副厅长粟定成出席会议并讲话。承担2009～2011年度国家科技富民强县项目的23个县区人民政府分管领导、财政局分管领导、科技局领导、项目实施负责同志、财务会计人员，以及有关地级市科技局的分管领导、业务科长共150余人参加会议。会议总结交流了国家科技富民强县项目的实施成效与经验做法，研究部署了加强推进2012年及今后科技富民强县项目实施管理工作。

△ 自治区科技厅副厅长钟会超一行到广西政务服务中心开展调研。钟会超副厅长与广西政务服务中心负责人进行了工作座谈。

28日 自治区科技厅副厅长李昌华率科技厅高新处、自治区知识产权局相关负责人一行到梧州调研，指导梧州的自治区千亿元产业研发中心建设以及重点企业知识产权制度建设等工作。

是月 广西标准院独立承担的广西科技研究与技术开发计划项目“面向东盟的港口物流标准研究与示范”，通过广西壮族自治区科技厅组织的验收和成果鉴定。据验收鉴定专家介绍，该项目围绕中国—东盟自由贸易区以及中国—东盟区域性物流基地建设需求，在国内首次创建了中国—东盟港口物流标准数据库检索系统，率先研制了《港口物流服务规范》等4项标准；组建了广西物流服务标准化技术委员会，制订了港口物流标准体系表，并且项目成果在国内多家物流企业应用，经济效益和社会效益显著。项目超额完成了合同规定的任务指标，技术成果达到国内同类研究领先水平。该项目的研发和应用将对进一步提高广西港口物流企业的标准化水平，促进中国—东盟港口物流业的快速发展提供标准技术支持。

是月 广西开展为期8个月的知识产权执法维权“护航”专项行动，以营造有利于全民发明创造的良好环境。重点开展八项工作：一是加大对流通环节的专利执法专项整治力度；二是科学指导研发环节的专利保护工作；三是加强重大项目和高层次人才知识产权维权援助工作；四是加强重点展会专利执法维权工作；五是加强跨部门跨地区执法协作；六是推进行政执法与刑事司法的有效衔接；七是充分发挥社会监督的作用；八是加大专项行动宣传力度。专项行动期间，广西各级知识产权部门以各类大型专业市场、超市、商品流通集散地为重点，组织执法人员或会同工商、版权、公安等部门开展专项执法检查，严厉查处假冒专利行为，整顿和规范市场秩序；有关人员深入企业、高校、院所和各类创新平台，引导他们采取不同的知识产权保护措施，及时申请专利保护。

是月 梧州市红十字会医院口腔科副主任医师邓文正成功为患者实施了广西首例数字化导航种植牙手术。数字化导航种植牙技术的出现，很好地解决了单凭医生经验来实施手术的瓶颈。通过该技术，医生在术前设计就能轻易地避开重要神经和血管，为后期的修复制定出最佳的方案，在种植牙手术中，通过导航模板，将种植体理想位置精确地转移至患者颌骨内，临床效果好。

是月 广西出入境检验检疫局局长卢厚林率领工作调研组赴江西、宁波就基建管理、重点实验室建设和特殊监管区检验检疫管理等工作进行调研学习考察。

是月 广西出入境检验检疫局、自治区农业厅、自治区水产畜牧兽医局召开加强疫情防控、共促广西农产品扩大出口联席会议。广西出入境检验检疫局局长卢厚林、自治区农业厅厅长张明沛、自治区水产畜牧兽医局局长梁雨祥分别通报了各自单位工作情况并提出了下一步加强合作的意见。

是月 玉林师范学院与密歇根大学的研究人员研究提出的脑肿瘤裸眼可视技术最新成果发表在国际权威期刊《small》上。据悉，2012年1月9日经德国Wiley公司网络出版后，于3月26日印刷出版。截至4月15日，全球已有100多个著名生物、医学、化学、纳米材料等国际权威网站进行了介绍或转载，国内30多个网站也用中文进行了报道。

5月

4日 全国政协委员、自治区政协副主席彭钊率队到科技厅开展“发展农业特色产业”专题调研，并举行专题座谈会。

7日 自治区科技厅厅长谢迺堂到南宁市高新区多家企业调研，了解企业自主创新及生产经营情况。

8日 自治区科技厅党组书记陈大克率领科技厅政策法规与社会发展处、农村科技处、知识产权局有关负责人到广西人民广播电台参加《阳光在线·厅长在线》直播节目，就民生科技、科技惠农、全民发明创造活动、海外归国科技人才等群众关心的科技热点问题与听众、网民进行了在线互动交流。

8日～12日 自治区科技厅党组书记陈大克，副厅长钟会超率领厅办公室、发展处、政社处、高新处、农村处、基础处负责人和自治区有关科研单位负责人赴科技部，拜见科技部副部长王伟中，汇报了当前广西科技工作发展形势以及自治区人民政府与科技部开展新一轮部区工作会商的筹备进展情况。分别与科技部相关司局对接2012年部区会商会议将商议的议题，得到科技部的积极响应。

9日 自治区科技厅副厅长粟定成带领科技厅国际合作处有关负责人一行到崇左市调研。粟定成实地考察了“优良甘蔗品种高效栽培技术开发与示范项目”位于凭祥市夏石镇的甘蔗良种繁育和高产高效栽培示范基地，了解甘蔗良种繁育和推广情况。

△ 由广西实验动物管理委员会主办的广西药检系统动物实验技术培训班在南宁举办，来自南宁、桂林、柳州、梧州等七个区域药检系统单位的30多名实验动物相关从业人员参加培训。

10日 自治区科技厅扩权强县下放审批事项培训会议在南宁召开。科技厅发展计划处、成果处主要领导及负责人，各市、县（城区）科技局相关负责人将近300人参加会议。

△ 广西—谅山科技合作洽谈会在广西凭祥市举行。自治区科技厅副厅长粟定成、广西农业科学院副院长何红带领广西科技代表团与越南谅山省科技厅副厅长周文堂带领的越南科技代表团举行会谈，双方回顾了近年来科技合作取得的成效，并就下一步合作达成广泛共识。

14日 2012年全国科技活动周广西活动领导小组办公室召开2012年全国科技活动周广西活动新闻发布会。自治区科技厅党组书记陈大克出席会议并讲话，自治区人民政府副秘书长蒋家柏主持发布会。

15日 自治区知识产权局、玉林市知识产权局、玉林市工商行政管理局组成联合执法队到玉林市工业品市场进行联合执法检查，贵港市知识产权局执法人员参与观摩学习。

16日 2012年广西第一批高新技术企业认定专家评审会在南宁召开，来自全自治区各地的55家企业参加评审，标志着2012年广西高新技术企业认定评审工作全面铺开。

△ 广西高新技术企业认定评审专家培训会在南宁召开，来自广西电子信息技术、生物与新医药技术、新能源及节能技术等有关领域的80位专家参加培训。

17日 自治区科技厅副厅长李国忠率领成果处负责人一行到玉林市高新企业调研，详细了解企业在科技投入、技术创新、产品研发等方面的情况，指导企业运用科技力量做大做强企业。

18日 兰州高原夏莱尾菜工厂化处理项目奠基仪式在兰州市榆中县举行，自治区科技厅副巡视员宋文学、广西来源生物科技有限公司董事长何曙光博士、甘肃省农牧厅副厅长韩临广、甘肃省机械设计院院长王强、兰州市市委常委、榆中县县委书记周学海，兰州市副市长胥波、兰州市农委主任韦青祥及榆中县有关领导、企业负责人共170多人参加了奠基仪式。

19日 2012年全国科技活动周广西活动开幕式暨绿城科普广场活动在南宁市金湖广场举行。自治区人大常委会副主任荣仕星，全国科技活动周广西活动领导小组组长、自治区副主席陈章良，自治区政协副主席黄日波，自治区科技厅厅长谢迺堂以及全国科技活动周广西活动领导小组各成员单位负责人和各界群众代表等1000多人出席开幕仪式。开幕式由自治区人民政府副秘书长蒋家柏主持。开幕仪式上，出席活动的领导向2012年全国科技活动周广西活动主要活动的代表授旗，还向来自融水县香粉乡的小学生赠送学习用品及科技书籍，邀请他们参加科技周开幕式的精彩活动和“明日科技之星——爱心科普行”活动。自治区人大常委会副主任荣仕星宣布2012年全国科技活动周广西活动开幕后，绿城科普广场活动正式展开。其中有科技书市、节能环保科普知识宣传、防震保安知识科普宣传、气象科普知识宣传、计划生育政策宣传、核电知识普及宣传、防范安全事故知识宣传、健康科技知识主题宣传及专家咨询、生物科学知识宣传、社会科学知识宣传、“节约能源资源、保护生态环境”主题宣传、“关爱妇女”科普知识宣传、食品安全知识主题宣传等一系列主题的科普宣传活动。内容丰富多彩，充满知识性和趣味性。本届科技活动周围绕“携手建设创新型广西，加快实现富民强桂新跨越”这一主题，紧扣全国全广西当前的重点任务和热点问题，围绕惠及和改善民生，节能减排与环境保护、科技服务经济、服务企业，推动企业技术创新等热点展开各项活动。

△ 2012年广西青少年科技创新大赛机器人竞赛在广西科技馆展览中心开赛，竞赛活动为期1天。自治区副主席陈章良出席了开幕式并参观了机器人竞赛现场。

19日～25日 广西大型仪器协作共用网充分发挥人才和技术服务优势，依托南宁、柳州、桂林、梧州等大型仪器协作共用区域服务中心，分别开展了“关注食品家居安全，构筑绿色健康生活”科普展、“汽车产业技术服务先锋行”、“百家橡胶企业技术赶超服务行”、“有色金属再生技术帮扶行”等系列活动。

20日 第五届广西中小学生网页制作大赛在广西图书馆评出优胜，来自广西各地的50名中学生分获各类奖项。参赛作品围绕“数字生活”的主题，通过制作数字城市、数字校园、“智能家居”等各种网页，畅想未来数字化的生活，展现了广西中小学生丰富的创意、娴熟的电脑操作能力和网络利用水平。

△ “舞动民族风 科技进家庭”首府巾帼民族风展示暨科技知识进家庭主题活动在南宁举行。自治区科技厅副厅长李昌华和自治区妇联、南宁市委等自治区、市有关领导出席活动。来自自治区、南宁市20多个部门、30多个文明岗和妇女组织的200多名巾帼志愿者，以及来自全市各城区、开发区的700多名民族工作者、科技工作者及妇女代表参加了活动。

△ 广西出版传媒集团在南宁举办“快乐阅读与成功人生”主题演讲活动，邀请到广西著名作家彭匈老师，讲述他的阅读故事和成功人生。本次活动作为2012年全国科技活动周广西活动之一，吸引众多听众到场学习。自治区科技厅副厅长钟会超出席活动并讲话。

△ 由自治区科技厅、自治区科协共同主办，南方科技报社、西乡塘区人民政府承办，自治区地震局、自治区环保厅、广西自然博物馆、广西地质博物馆等10个单位协办的“创造新生活，建设新型家园”社区科普行活动开幕式在南宁市西乡塘区唐山社区友爱广场举行。自治区科技厅副巡视员彭枝，自治区科协副主席朱东等相关领导出席开幕式。开幕式结束后，伴随科普文艺演出、科普知识有奖竞答节目同时进行的，还有现场丰富多彩的科普活动内容，包括科普展览、“绿色低碳农业进社区”、“弘扬民族文化、发展壮乡医药”壮医专家健康义诊、“关注濒危动物保护蔚蓝海洋”科普展、“壮家女家政服务处”咨询活动等。

22日 自治区主席马飚对《广西专利情况专报》2012年第4期“2012年1～4月全区专利情况”批示：“很有成效。请自治区媒体给予报道，并介绍我区的做法。”充分肯定了2012年1～4月广西专利工作所取得的成绩，同时要求扩大知识产权的宣传，努力实现“十二五”期末我广西每万人口发明专利拥有量3件的目标。

△ 自治区知识产权局举办的为期7天的2012年全区专利代理人资格考试基础培训班在南宁市开班。自治区科技厅副厅长、自治区知识产权局局长李昌华出席开班仪式并致辞。来自广西各企事业单位、大专院校和科研院所的学员近400人积极参加。

△ 作为全国科技活动周广西活动的一项重要内容，自治区科技厅在广西财经学院举办了题为“走进云计算”的科技报告会，由广西慧云信息技术有限公司首席执行官王筱东担任主讲，广西财经学院师生200多人参加了报告会。

△ 北京市知识产权局局长汪洪一行6人来到南宁访问，得到自治区知识产权局局长李昌华的热情接待。双方通过座谈，就知识产权相关工作进行了深入的交流，重点了解了自治区知识产权局运用专利战略助推区域经济发展、全民发明创造活动计划、流通领域专利执法等专项工作的成功经验。

△ 在第十五届北京科技博览会召开之际，广西与北京航空航天大学（以下简称北航）在北京举行区校科技合作洽谈会，现场签约了《直升飞机轮胎研究与开发》《液体恒压源的开发和试制》2个项目。北京航空航天大学副校长张军，自治区人民政府副秘书长蒋家柏，自治区科技厅副厅长李国忠以及北航有关学院领导和广西代表团有关代表出席会议并在场见证签约。根据商定，“十二五”期间广西与北航区校合作将主要在新材料、新能源、电子信息、生物医药等4个领域重点开展，针对汽车电子及零部件和新能源汽车，航空航天铝合金用材等新材料，电子信息和天然产物提取和精制以及科技创新公共服务平台建设等5个重点方向进行合作，锁定10个以上重点企业进行长期跟踪服务，形成20对的技术需求，在1个以上的重点产业有所突破，形成推动该产业发展的主要技术源，产生10个以上的发明专利和科技成果。

22日～27日 第十五届中国北京国际科技产业博览会在北京市举行。本届科博会的主题为“凝聚创新智慧，做强实体经济”。广西代表团共组织38个项目参展，重点宣传展示广西科技成果、千亿元产业和战略性新兴产业科技成果及产品，展示高新区、科技产业园区、高校院所的重大科技项目及成果；科技惠及民生的新成果、新技术和新产品。

23日 自治区副主席陈章良到北京国际会展中心巡视广西展馆参观各市参展企业项目，与企业负责人交谈，详细了解参展情况。自治区人民政府副秘书长蒋家柏，自治区科技厅厅长谢迺堂、副厅长李国忠参加考察活动。

△ 北京科技大学校长徐金梧与自治区科技厅厅长谢迺堂共同签署科技合作协议书，这标志着双方互相借助资源优势开展深层次的科技交流合作全面启动，广西科技创新将获得有力支持。自治区副主席陈章良出席并见证签约。根据协议，双方将在六个方面开展深入合作。其中，将围绕冶金、机械、材料等重点产业，共同建设北京科技大学广西技术转移中心；建立区校会商机制，成立科技合作办公室，由双方有关职能部门负责人组成，负责区校科技合作的日常工作，建立定期交流会商制度，共同推进、落实双方合作的具体事宜。同时，自治区科技厅将每年安排一定经费予以支持。北京科技大学党委副书记陈曦、谢辉、张文明，北京科技大学副校长张欣欣、王维才以及自治区政府副秘书长蒋家柏，自治区科技厅副厅长李国忠，自治区商务厅副巡视员赵涛等领导在场见证签约。北京科技大学、各市人民政府、自治区商务厅等有关部门和单位的领导参加签约仪式。

24日～25日 自治区科技厅副厅长粟定成带领科技厅农村处有关人员到贵港市调研。

24日～26日 自治区科技厅党组书记陈大克、纪检组长黎昆率领调研组到梧州市，就梧州经济社会和科技发展以及党员科技教育“动车组”项目推进情况进行调研。陈大克对梧州市党员科技教育工作所取得的成绩给予肯定。

25日 由国家知识产权局主办、自治区知识产权局协办的2012年全国专利统计培训班在广西南宁开班，来自全国70多名专利统计工作人员参加培训。开班仪式上，国家知识产权局规划发展司副司长金泽俭致辞。

△ 为期一周的2012年全国科技活动周广西活动在南宁闭幕。自治区科技厅副厅长李昌华、自治区科协副主席朱东等成员单位领导，各市、各有关单位的领导和获奖单位及个人代表出席闭幕式。闭幕式上，李昌华代表全国科技活动周广西活动领导小组作科技活动周总结报告。2012年全国科技活动周广西活动，围绕“携手建设创新型广西，加快实现富民强桂新跨越”的主题，按照科技部、中宣部、中国科协通知要求以及自治区人民政府部署，在全自治区范围内组织开展了大规模的群众性科技活动。据不完全统计，科技活动周期间，全广西共组织开展300多项科普活动，其中自治区级组织了70多项，各市县、各单位也组织开展了丰富多彩的科技活动，参与群众达700多万人次。活动内容丰富、主题鲜明、隆重热烈、安全有序、富有成效，取得了圆满成功。朱东宣读了本次活动的表彰决定。全国科技活动周广西活动领导小组对2012年全国科技活动周广西活动作出突出贡献的单位、项目和个人进行表彰奖励。授予南宁市科技局等38家单位“优秀组织奖”称号，授予“2012年全国科技活动周广西活动开幕式暨绿城科普广场活动”等41个项目“优秀项目奖”称号，授予黄忠传等118人“先进个人”称号，并为“《航天》丛书”等10个广西优秀科普作品颁奖。

△ 自治区科技厅副厅长钟会超对柳州市社会发展领域有关重点企业及转制科研机构进行了调研，政策法规与社会发展处、柳州市科技局有关人员参加了调研活动。

△ 自治区科技厅党组书记陈大克带领科技厅办公室、政策法规与社会发展处、基础研究处、农村科技处、高新技术发展及产业化处等有关处室负责人到梧州学院调研。陈大克作题为《科技创新与创新型广西建设》的专题报告，给广大师生解读建设创新型广西、专利倍增计划等政策，让科技政策深入人心。此次政策宣讲活动是自治区科技厅“学用政策抓落实、强化执行促跨越”活动的重要内容之一。

28日 自治区科技厅根据《国家技术转移示范机构管理办法》和《广西壮族自治区技术转移促进行动实施方案》的有关要求，经有关部门推荐和专家评审，决定授予广西科技信息网络中心、桂林市生产力促进中心、贺州市生产力促进中心、桂林国家高新区技术产权交易所有限公司、广西北航工程技术研究院、广西博士海意信息科技有限公司等6家单位为第三批自治区技术转移示范机构。

△ 自治区科技厅副厅长钟会超带领政策法规与社会发展处及发展计划处有关人员一行4人，到广西药用植物园开展实地调研。

28日～29日 自治区科技厅厅长谢迺堂带领

相关业务处室负责人到防城港市企业和特色养殖基地调研，积极探索企业自主创新、特色养殖业产业化发展的新路子。

31日 中国工程院院士、常务副院长潘云鹤带领中国工程院有关专家到广西药用植物园调研。自治区科技厅厅长谢酒堂、副厅长李国忠，广西科学院副院长、广西药用植物园主任缪剑华等领导参加调研活动。

△ 自治区主席马飚在南宁荔园山庄会见中国工程院常务副院长潘云鹤一行。马飚代表自治区党委、政府欢迎潘云鹤一行莅临广西考察，并对中国工程院长期以来对广西发展的大力支持表示感谢，介绍了广西经济社会发展特别是科技发展情况。科技厅厅长谢酒堂等参加会见。

31日～6月2日 自治区科技厅党组书记陈大克、副巡视员宋文学率第三、第四支部，到柳州融水县香粉乡九都村开展结对帮扶活动。

是月 广西出入境检验检疫局局长卢厚林与越南广宁省卫生厅厅长武春面在广西南宁签署“边境口岸卫生检疫工作研讨会会议纪要”。卢厚林与广西海事局李国凯局长签署《关于加强进出境船舶货物监管，加快推进电子口岸建设合作备忘录》。

是月 根据自治区教育厅《关于下达2012年重点学科和重点实验室建设项目的通知》（桂教科研〔2012〕9号），玉林师范学院“桂东南特色植物资源开发利用研究中心”获自治区教育厅2012年重点实验室建设项目立项。

6月

2日～4日 玉林师范学院版纳鱼螈研究小组参加第五届亚洲两栖爬行动物学大会。该小组所做的报告“Preliminary Study on the Breeding Ecology of Ichthyophis bannanicus”在学术评比中，被第五届亚洲两栖爬行动物学会的组委会评为“Most meritorious oral presentation”奖。

6日 自治区科技厅组织厅机关干部和直属单位科级以上人员参加第三期“科技大讲堂”，学习政务礼仪知识。广西区委党校副教授张斌做专题报告。

△ 由国家知识产权局专利局主办，自治区知识产权局承办的2012年国家知识产权局专利局代办工作会议在南宁市召开。国家知识产权局副局长杨铁军出席开幕式并讲话，自治区副主席陈章良出席开幕式并致辞，自治区科技厅厅长谢酒堂、自治区知识产权局局长李昌华出席开幕式。来自国家知识产权局专利局和广西政府相关部门负责人、各省市知识产权局和代办处负责人以及国家知识产权局相关部门代表约100多人参加了会议。

8日 自治区科技厅党组书记陈大克一行到环江调研石漠化综合治理技术研究开发情况。

△ 自治区科技厅副厅长钟会超率政社处、发展计划处、条财处、基础处等相关处室负责人赴广西科学院现场调研，并召开调研座谈会。自治区政协副主席、广西科学院院长黄日波，党组书记钟夏平及自治区政府发展研究中心相关负责人出席座谈会。

9日 由自治区科技厅援建的金秀县三江乡合兴村“同化至合兴公路硬化项目”正式竣工通车。自治区科技厅党组书记陈大克带领厅机关干部到现场与当地乡亲共同庆祝公路通车。

14日 桂林电子科技大学职业技术学院西校区举行了广西北部湾首届“高新杯”科技创业大赛启动仪式。自治区科技厅副巡视员宋文学出席此次大赛启动仪式并致辞。

15日 2013年度广西自然科学基金项目申报指南审核座谈会在自治区科技厅二楼报告厅召开。自治区科技厅党组书记陈大克，广西自然科学基金专家委员会常务专家组成员，科技厅基础处有关负责人和各学科指南编制小组组长及其助手参加会议。

△ 江苏省政府知识产权联席会议办公室副主任王刚一行9人到广西调研知识产权工作，得到自治区知识产权局的热情接待，双方进行了座谈。

17日～22日 驻科技厅纪检组黎昆组长率队参加科技部科技管理培训基地、新疆科技干部培训中心举办的“科技行政管理系统纪检监察干部研修班”。来自各市、厅机关系统纪检监察干部14人参加了培训。

18日 自治区科技厅厅长谢酒堂，副厅长李昌华带领发展计划处、高新处有关负责人到武鸣县碳酸钙企业——广西华纳新材料科技有限公司调研，探索广西碳酸钙产业发展之道。南宁市政府副秘书长黄如菊、南宁市科技局及武鸣县有关领导参加调研活动。

19日 自治区扩权强县工作督查组到科技厅检查指导工作。自治区人民政府办公厅党组成员、自治区人民政府督查室主任蒙建华，自治区科技厅副厅长钟会超，自治区扩权强县工作督查组及自治区科技厅相关处室负责人参加督查汇报会。

20日～21日 自治区科技厅党组书记陈大克率领农村科技处有关负责人一行到防城港上思县调研指导科技工作。

25日 自治区科技厅在南宁市新竹社区举办主题为"夏季常见病的防治"的第170期"双休日博士、教授科普讲座"。此次讲座邀请广西中医药大学教授刘均超主讲，新竹社区居民50多人参加讲座。

△ 贺州市委常委、常务副市长潘志金率队一行8人，到访自治区科技厅。自治区科技厅厅长谢逎堂、副厅长李昌华会见了潘志金一行。双方就广西财政厅、科技厅、发改委下达的2011年国家金太阳示范项目建设情况开展座谈。

26日 2012年科技厅系统信息写作培训班在南宁开班。参加本次培训的有科技厅机关各处室、各直属单位、中国科技开发院广西分院的信息员、工作人员约60人，科技厅副厅长钟会超出席本次培训班。培训班邀请了自治区政府办公厅信息处、自治区党委办公厅信息处相关人员作专题培训。

27日 广西推动发明创造工作领导小组办公室组织召开自治区人民政府与国家知识产权局合作会商工作专题研讨会，研究自治区重点发展的产业和领域对知识产权的需求。自治区发改委、工信委、科技厅、知识产权局以及自治区人民政府发展研究中心等部门（单位）的代表参加了会议。

△ 广西林科院举行广西林业科技创新中心开工仪式。自治区科技厅副厅长钟会超，自治区林业厅副厅长李明琪、副巡视员李可夫出席仪式，并为广西林业科技创新中心开工奠基。

27日～7月6日 应缅甸、泰国和老挝三国科技部的邀请，以自治区科技厅副厅长粟定成为团长的广西科技代表团一行6人分别对缅甸、泰国、老挝进行了访问。粟定成副厅长此次率团分别访问了缅甸科技部、泰国科技部和老挝科技部，并与三国科技部进行了会谈，向他们介绍第九届中国—东盟博览会及中国—东盟科技部长会的相关情况，邀请三国科技部参展参会。三国科技部门均表示将积极组织相关单位、人员和项目来邕参展参会。在与老挝科技部会谈结束后还签署了会谈纪要。代表团还访问了缅甸农业科研所、老挝国家农林研究院和泰国孔敬大学。代表团与三国科技部门在今后的科技合作上达成了诸多共识，进一步推动了广西与上述三国在科技领域的务实合作。

28日～7月4日 为开展实施广西木薯研究所新获立项的广西国际合作项目"木薯新品种及栽培技术在缅甸的推广示范"，广西木薯研究所李军副所长和技术推广室主任马崇熙赴缅甸开展项目合作洽谈和木薯种植地踏勘工作。在缅甸考察期间，李军和马崇熙先后与多家缅甸公司洽谈木薯种植示范合作事宜，并实地踏勘了计划开展木薯种植示范地点的土地情况，最终与缅甸公司达成了木薯种植示范合作协议。计划明年从中国组织调运一批木薯良种，在仰光市郊农场建立中国木薯良种高产栽培示范基地，通过该项目实施，充分展示我国近年木薯品种选育和栽培研究的成果，推广先进实用的木薯生产技术，带动当地木薯产业的发展，扩大我国加工企业的原料来源，促进我国与东盟国家的经贸合作，达到互利共赢的目的。

是月 两广高校哲学社会科学"协同创新"研讨会暨2012年广东省高校社科管理研究会年会成功举办，该年会由自治区教育厅主办，贺州学院承办。

7月

2日～5日 中国科协常务副主席、书记处第一书记、党组书记陈希，中国科协副主席、书记处书记、党组副书记程东红一行到广西调研，与自治区党委书记、自治区人大常委会主任郭声琨，自治区党委副书记危朝安，自治区党委常委、秘书长余远辉等到南宁、贵港、玉林、北海等地的企业、高校、社区和科普阵地，就强化企业的技术创新主体地位，推动科技与经济结合，加强科学道德与学风建设，做好科普惠农惠民等工作进行调研。自治区科协党组书记、副主席甘向群，副主席方芳等参加调研考察。

3日 北海市副市长刘宏武一行4人来到自治区科技厅访问，得到科技厅党组书记陈大克、副厅长李昌华的热情接待。双方就北海高新区申报升级为国家级高新区相关工作开展座谈。

3日～6日　2012年全区专利行政执法培训班在桂平市举办。培训班首次以理论与实践相结合的教学形式开展，通过学习假冒专利案件查处实务、专利侵权案件分析以及专利与技术创新等理论知识，组织学员分成两组实地观摩专利执法行动，现场指导如何辨识假冒专利的基本要点，规范假冒专利查处的程序，切实提高专利行政执法人员的操作能力，推动广西知识产权执法维权"护航"专项行动的全面开展。来自广西各市知识产权局50多名专利行政执法人员参加了培训。

4日～6日　第九届满洲里中俄蒙科技展暨高新技术产品展览会在内蒙古自治区满洲里市举行。自治区科技厅副巡视员彭枝率广西团参展参会。本届科技展以"开发、开放、合作、共赢"为主题。自治区科技厅组织了14家企业的14个项目参展，涉及生物医药、电子信息、新材料、农产品加工等领域，以图片、文字、实物展示相结合，重点展示、宣传广西特色企业及广西科技产品项目。组织各市科技局、中介机构、企业等49人参会。

5日　自治区党委书记、人大常委会主任郭声琨，自治区主席马飚在荔园山庄会见中国科学院院士、北京大学校长周其凤，中国工程院院士、华中科技大学校长李培根等46位受聘的自治区主席院士顾问。郭声琨代表自治区党委、政府对各位院士到广西表示热烈欢迎。自治区领导黄道伟、余远辉、周新建、莫永清、陈章良、高雄、李康、梁胜利、黄日波等参加会见。自治区科技厅党组书记陈大克和有关单位负责人会见时在座。

△　自治区党委、政府在南宁举行自治区主席院士顾问聘请仪式，为46位院士颁发聘书，至此，自治区主席院士顾问总数已达到116位。自治区党委书记、自治区人大常委会主任郭声琨出席聘请仪式，自治区政府主席马飚分别向出席仪式的周其凤、李培根、韦钰、刘德培、翟裕生、赵其国、卢耀如、陈国良、陈焕春、陈凯先、陈颙、陈运泰、褚君浩、段宝岩、葛修润、郭柏灵、郭孔辉、姜德生、李立浧、刘昌孝、南志标、欧阳平凯、曲久辉、任南琪、沈保根、沈昌祥、孙枢、石碧、苏万华、孙汉董、唐守正、王国栋、王浩、王颖、魏于全、尹伟伦、于金明、余永富、袁道先、张伯礼、张杰、张明高、张乃通、张兴栋、周克崧、庄辉共46位院士颁发了聘书。马飚代表自治区党委、政府对院士们的到来表示热烈欢迎；对院士们长期以来对广西的关心和支持表示衷心感谢。北京大学校长、中国科学院院士周其凤代表新聘院士发言。参加聘请仪式的还有院士随从及自治区领导黄道伟、余远辉、周新建、莫永清、陈章良、高雄、李康、梁胜利、黄日波。自治区科技厅党组书记陈大克和有关厅局负责人及各依托单位代表一起参加了聘请仪式。自治区主席院士顾问由自治区主席聘请，三年为一聘期。聘请自治区主席院士顾问旨在围绕广西特色优势与主导产业，依据各产业科技发展特点，依托院士顾问的带动辐射，在产业的规划布局、结构调整、重大项目论证与建设、关键技术公关等方面，通过举办报告会、组织学术研讨、考察调研等活动，开展战略研究，为广西经济社会跨越发展"把脉问诊"，助推广西支柱产业发展。

△　国家高性能计算中心南宁分中心揭牌仪式在广西大学举行。中国科学院院士、国家高性能计算中心（合肥）主任陈国良出席揭牌仪式。该中心致力于高性能并性算法与软件、高性能计算机体系结构、生物信息高性能计算与应用、大规模科学与工程计算、Internet计算、社会计算、宏观经济信息建模与预测系统的研究与开发。仪式后，陈国良参观了广西理工科学实验中心，为广西大学师生作了题为《计算思维：大学计算教育的振兴　科学工程研究的创新》的学术报告。

△　中国工程院院士韦钰为广西大学师生作题为《脑与信息系统的交互界面》的学术报告。

△　广西皮革产业循环经济发展专题座谈会在南宁召开。自治区主席院士顾问石碧出席座谈会，就港龙明珠环保皮革工业城环评问题，与自治区环保厅副厅长蹇兴超，科技厅农村科技处、工信委轻纺处以及环保厅污防处、环评处、科标处、环科院、监测站、南宁市环保局的相关负责人进行了深入探讨与交流。

6日　全国科技创新大会在北京召开。自治区党委书记、自治区人大常委会主任郭声琨在北京主会场出席会议。自治区主席马飚在广西分会场出席会议。自治区领导危朝安、龙义和、陈武、石生龙、黄道伟、林念修、周新建、荣仕星、高雄、李康、梁胜利、蓝天立、黄日波，自治区高级人民法院院长罗殿龙，自治区检察院检察长张少康，自治区政府秘书长王跃飞等在广西分会场出席会议。自治区副主席陈章良也在北京主会场出席会议。

7日 广西“水稻和玉米高效规模种植新技术集成研究与应用示范”项目工作会议在灵山县召开。自治区科技厅有关业务处室负责人和广西农业技术推广总站、广西农科院水稻所、广西大学农学院等6个项目技术依托单位及灵山、博白、北流、全州、横县、靖西、都安等10个项目示范县的项目负责人近60人参加会议。

△ 自治区人民政府副主席陈章良和自治区科技厅厅长谢迺堂专程到科技部汇报部区会商工作。科技部分管领导、纪检组长郭向远以及相关业务司的领导参加了汇报会。陈章良代表自治区人民政府对科技部多年来对广西科技工作的指导和支持表示感谢，同时也转达了郭声琨书记对科技部领导的问候和对广西大力支持的衷心感谢。陈章良汇报了广西部区会商工作取得的主要成效，新一轮部区会商的主题以及召开2012年部区工作会商会议的建议。自治区科技厅办公室、发展计划处相关人员随同参加汇报会。

11日 由科技部组织，南京大学、北京大学、清华大学等单位承担的国家“973”项目《半导体固态照明用超高效率氮化物LED芯片基础研究》中期评估会在百色学院召开，会议邀请5名院士、30多位资深专家对项目进展进行中期评估，科技厅副巡视员彭枝出席会议并致辞。科技厅基础研究处相关人员参加会议。

12日～14日 自治区科技厅粟定成副厅长率领农村处、山区中心等相关人员到桂林开展调研工作。分别组织桂林的高校、科研院所、企业等召开了三个座谈会，重点围绕广西科技创新资源优化配置现状及对策，如何促进产学研结合和加强企业科技创新工作进行座谈，广西桂林电子科技大学、广西柑桔研究所、桂林三金药业股份有限公司等4所高校、6所科研院所和8家重点企业的领导、科研处长、企业工程中心、重点实验室和桂林市科技局相关负责人等50多人参加了座谈会。

15日～24日 应马来西亚科技创新部、新加坡—中国科学技术交流促进协会以及文莱—中国友好协会的邀请，自治区科技厅党组书记陈大克率广西科技代表团一行6人出访三国。代表团先后访问了三国科技主管部门，文莱发展部部长等官员会见代表团并举行友好会谈，初步确定马来西亚科技创新部部长、文莱发展部部长以及新加坡贸易工业部副部长将出席科技部长会议。代表团向外方推介了第九届中国—东盟博览会先进技术展，并邀请上述三国科技部门推荐优秀项目参展。代表团还拜会了中国驻新加坡大使馆，与新加坡—中国科学技术交流促进协会、文莱—中国友好协会进行会谈，考察了马来西亚多媒体走廊、马来西亚英迪大学和新加坡国立大学能源研究所等机构。代表团的成功出访，对落实第九届中国—东盟博览会“科技合作”主题相关活动，以及拓展与新、马、文三国的科技合作与交流具有积极地推动作用。

16日 国家知识产权局与广西人民政府会商工作协调会在南宁召开。会议由自治区知识产权局副局长韦志边主持，自治区发改委、工信委、教育厅、科技厅、财政厅、编办、知识产权局以及广西科技信息网络中心等部门（单位）的代表参加了会议。

△ 广西“万名人才服务基层活动”走进灵山。自治区科技厅牵线搭桥组织科技厅农村处、广西山区综合技术开发中心、南宁市化工研究设计院、广西林科院林化所等单位的5名专家组成服务小组深入灵山县，积极为需求单位出谋划策，排忧解难。

△ 一场主题为“广西防艾工作面临挑战”的专家在线访谈节目在自治区科技厅视频演播室展开。此次做客广西科技信息网的受邀嘉宾为广西疾控中心防艾所和广西防艾办的两位专家。

△ 自治区科技厅副厅长李国忠与北京航空航天大学先进工业技术研究院副院长蔡茂林一行举行座谈会。双方就借鉴广东—北航产业研究院模式，深化区校合作，推进广西—北航产业研究院的平台建设，推进广西产学研用步伐，健全校企合作机制，促进广西科技创新资源有效集成，加快科技成果转化和应用等内容进行了充分沟通和交流。自治区科技厅成果处、发展计划处、高新处相关负责人，广西农垦明阳生化集团股份有限公司董事长潘瑞坚，北京航空航天大学朱岳麟、庞宏冰、高峰、荣龙等教授，一共近20人参加了座谈会。

16日～17日 自治区科技厅副厅长李昌华率领科技厅高新处、自治区生产力促进中心等相关人员到柳州、来宾开展调研。调研组在柳州和来宾分别组织高校、科研院所、企业等召开了座谈会，重点围绕广西企业科技创新现状及对策，如何促进产学研结合和加强企业科技创新工作进行座谈。广西科技大学、上汽通用五菱、柳工机械股份有限公司等高校、和企业的领导和柳州市、来宾市科技局相关负责人等50多人参加了座谈会。

17日 自治区科技厅厅长谢迺堂率相关处室负责人与北京服装学院副院长仲丛生一行举行座谈会。双方就相关领域开展合作，共同促进广西创意文化产业的发展等问题达成一致。

△ 自治区科技厅组织专家对广西科技信息网络中心等单位承担的2008年、2009年农村信息化“三网通”项目进行验收。专家组听取了项目工作报告、效益报告、用户意见等，并进行质疑，经研究讨论，一致同意项目通过验收。

17日～18日 自治区科技厅副厅长李国忠率领科技厅成果处、自治区科技情报所的相关人员到玉林开展专题调研。调研组分别组织玉林市直有关部门、科研院所、重点企业和全市科技系统的干部代表召开了两个座谈会，重点围绕广西科技管理现状及改革对策建议展开讨论。玉林市发改委、工信委等5个部门领导，玉林师院领导及科研处长、玉柴机器、玉药集团、三环集团等15个企业代表，玉林市科技局科级以上领导干部和各县市区科技局负责人等共50多人参加了座谈会。玉林市委常委、宣传部长、副市长满昌学出席了会议。

17日～19日 自治区科技厅分别在广西大学和桂林电子科技大学举办2013年度广西自然科学基金项目申报培训会。广西大学副校长陈保善、桂林电子科技大学副校长李思敏分别出席会议并致辞。广西共有200余名广西自然科学基金依托单位的科研管理人员参加。自治区科技厅基础研究处有关负责人对《2013年度广西自然科学基金项目申报指南》进行了专题解读，并对项目申报过程各关键环节进行指导。

18日 国家知识产权局与自治区人民政府会商工作调研会议在南宁举行。会议由自治区人民政府副秘书长蒋家柏主持。自治区科技厅副厅长、知识产权局局长李昌华做工作汇报，国家知识产权局专利管理司副司长雷筱云出席会议。自治区知识产权局局长李昌华汇报了创新型广西建设、全民发明创造活动开展情况以及对知识产权方面的重大需求。会上，国家知识产权局负责人介绍了国家知识产权局合作会商工作开展情况和建立合作会商制度的要求，与会人员就会商主题、目标和合作内容进行了充分的讨论交流。来自自治区编办、发展改革委、工业和信息化委、教育厅、科技厅、财政厅、商务厅、外办、金融办、广西博览局以及广西玉柴机器股份有限公司的负责同志约40余人参加会议。

△ 自治区科技厅纪检组长黎昆一行到贺州开展创新人才队伍和政策环境建设专题调研，并到国家现代农业花生产业技术体系贺州综合试验站和中铝广西有色金源稀土股份有限公司进行实地考察。

△ 自治区科技厅厅长谢迺堂带领有关处室负责人到南宁六景工业园区开展“构建广西新型生态产业体系问题的研究”专题调研。

18日～19日 自治区科技厅副厅长粟定成率领农村处、知识产权局等处室相关负责人一行5人到崇左调研。

18日～20日 自治区科技厅副巡视员彭枝率深化科技体制改革调研组一行3人到河池开展调研。

20日 自治区科技厅副巡视员宋文学带领科技厅科技创新调研组一行4人到南宁六景工业园区开展企业科技创新工作调研考察活动，横县科技局、南宁六景工业园区管委会有关领导参加调研考察活动。

23日 自治区科技厅副厅长钟会超会见了来访的新西兰皮克托公司阿南德·坎贝尔博士一行，双方进行了亲切友好的会谈。自治区科技厅国际合作处、政策法规与社会发展处有关负责人参加会见。

24日 自治区科技厅厅长谢迺堂、副厅长钟会超带领有关处室负责人到南宁市科技局调研，深入了解南宁市贯彻落实全国科技创新大会精神情况，听取南宁市有关部门及企事业单位等对广西科技工作的意见和建议，积极探索推动广西科技体制改革，促进创新型广西建设的新方法，好思路。

△ 自治区科技厅召开广西企业创新座谈会。科技厅副厅长李昌华出席会议并讲话。自治区工信委、国资委相关处室领导以及科学院、广西大学、广西化工研究院、广西明阳生化科技股份有限公司等企业院校领导40多人参加了座谈会。

25日 自治区科技厅在南宁市组织召开“广西2012年国家科技富民强县项目启动暨培训会”，部署2012年度国家科技富民强县项目实施工作，并开展国家科技富民强县项目实施管理培训。承担2012年度国家科技富民强县项目的12个县区人民政府领导（项目负责人）和科技局等相关单位领导以及项目实施业务负责同志、财会人员，9个地级市科技局分管领导、业务科长共95人参会。

△ 自治区科技厅在南宁召开2013年部门预算编制工作会议。科技厅所属53个预算单位的财务机构负责人和财务人员共75人参加了会议。

26日～27日 自治区知识产权局执法维权“护航”小组对北海市大型超市及农副产品集散地进行执法检查。行动共检查涉及食品、电器商品、生活日用品、五金百货、文具用品等几百种商品。

31日 第一届广西发明创造成果展览交易会组委会办公室召开发明展组委会联络员第一次会议，会议研究讨论了第一届广西发明展实施方案。自治区科技厅副厅长、自治区知识产权局局长李昌华出席会议并讲话。与会代表对展会规模、工作流程、参展项目、展位、评奖工作等相关事宜进行了沟通商讨。自治区工信委、教育厅、财政厅、农业厅、卫生厅、科协、二轻工业联社、南宁市知识产权局等单位联络员近20人参加了会议。

是月 自治区科技厅纪检组长黎昆带队到梧州市开展科技创新人才队伍建设专题调研，与梧州市有关领导干部共同探讨创新人才队伍建设的有关问题。梧州市副市长彭健铭，市政府副秘书长刘杰参加座谈。

是月 广西医科大学第一附属医院儿科农光民教授团队研究成果论文发表在国际顶级医学杂志—《新英格兰医学杂志》（2011年度影响因子达53.298），标志着该团队的研究水平达到国际先进水平，这是广西研究人员首次在该杂志上发表论文，是广西医学界零的突破。在获悉这一消息后，自治区科技厅高度重视，受厅党组陈大克书记的委托，基础研究处专程到广西医科大学第一附属医院儿科拜访农光民教授，祝贺农光民教授团队取得了重大突破的原创性研究成果，感谢她对广西手足口病防治事业做出的贡献。

是月 国家重大科学研究计划重大科学目标导向项目（又称“超级973”）“细胞多能性和人类重大疾病的猴模型研究”正式启动，项目总经费达1.5亿元。广西医科大学转化医学研究中心邹春林博士作为该项目子课题负责人参与研究。这是广西科研人员第一次主持“超级973”项目的子课题研究。邹春林博士在该项目中具体负责体细胞重编程为多巴胺能神经元对食蟹猴帕金森动物模型治疗的研究，这一研究对于加速和推动干细胞治疗帕金森氏病的转化医学研究以及充分开发和利用广西丰富的食蟹猴资源有着重要的意义。

是月 2011年度中越边境地区实蝇监测工作总结暨技术交流会在桂林召开，广西出入境检验检疫局副局长董国富为团长的中方代表团与越南农业部植物保护局黄忠为团长的越方代表团签署了《会议纪要》。

8月

1日 自治区科技厅副厅长钟会超率领有关处人员到广西地震局调研，双方就“十二五”期间地震科技工作重点方向交换了意见。

1日～2日 科技部火炬中心在兰州召开2012年全国技术市场工作座谈会，来自全国各省（市、区）科技厅（委、局）分管领导、业务处室与技术市场管理机构负责人，第二批中国创新驿站站点负责同志等250名代表参加了会议。自治区科技厅副厅长李国忠出席了会议。

2日 巴西工业产权局（INPI）局长乔治·阿维拉先生（Mr. Jorge Avila）、巴西工业产权局发展合作司司长丹尼斯·格雷戈里女士（Mrs. Denise Gregory）、巴西发展贸易和外贸部部长特别顾问莱昂纳多·格拉（Mr. Leonardo Guerra）一行到广西南宁访问考察。中国国家知识产权局副局长李玉光，自治区科技厅副厅长、知识产权局局长李昌华等参加访问活动。

△ 自治区政协副主席、广西科学院院长黄日波会见了来访的巴西工业产权局（INPI）局长乔治·阿维拉（Mr. Jorge Avila）一行。双方就知识产权工作等方面进行合作交换了意见。自治区科技厅党组书记陈大克，自治区科技厅副厅长、知识产权局局长李昌华参加会见。

6日 自治区农业厅总农艺师白先进带领广西柑桔研究所领导班子成员到自治区科技厅拜访。科技厅副厅长粟定成与白先进一行亲切座谈，共商广西水果产业科技发展之道，有关处室负责人参加座谈。

7日 河池市副市长韦祖林带领河池市科技局有关负责人到自治区科技厅，汇报厅市会商第二次会议相关筹备工作。科技厅厅长谢洒堂与韦祖林一行亲切会谈，双方就厅市会商第二次会议议题达成初步共识。

8日　广西罗汉果和循环经济产业技术创新战略联盟启动暨揭牌仪式在南宁举行。自治区科技厅副厅长钟会超出席启动仪式并致辞，联盟成员单位代表、专家、理事会成员等近百人参加仪式。

8日～17日　自治区地震局副局长劳王枢率防震减灾考察团一行4人，前往澳大利亚、新西兰考察两国在防震减灾法律体系、防震减灾工作机制、建筑抗震设防管理及防震减灾宣传教育等方面的工作情况。

△　第四届广西体育节在南宁会展中心举行，自治区科技厅党组书记陈大克，纪检组长黎昆，副巡视员宋文学出席开幕式，厅机关干部职工30多人组成代表队参加开幕式。

9日　自治区科技厅党组书记陈大克一行到平乐县调研指导科技工作，并参观考察了广西桂林俊杰生物科技有限公司。

10日　贯彻全国科技创新大会精神暨2012年广西创新计划工作推进会在贺州市召开。会议传达学习全国科技创新大会精神，总结2011年第五轮创新计划实施情况，研究部署2012年下半年第五轮创新计划任务，重点介绍2012年度第五轮创新计划专项经费支持的范围及项目安排情况，征求2013年第五轮创新计划专项经费支持范围的意见。自治区科技厅党组书记陈大克，副厅长粟定成，纪检组长黎昆，科技厅有关业务处室负责人以及贺州市常务副市长潘志金，市人大常委会副主任蒋藤庆，副市长黄志光，各市科技局局长等有关领导出席会议。

△　自治区科技厅与贺州市人民政府举行第二次工作会商会议。这是继2010年9月双方正式建立工作会商制度并签署共同推进新材料产业、特色农业产业发展框架协议后，又一次全面深入的合作。自治区科技厅党组书记陈大克，厅长谢迺堂，副厅长粟定成，纪检组长黎昆，科技厅有关业务处室负责人以及贺州市委常委、常务副市长潘志金，贺州市人大副主任蒋藤庆，副市长黄志光，市政协副主席黄少雄等有关领导出席会议。

△　2012年全区农村科技特派员工作培训暨项目实施启动会在南宁召开。自治区科技厅农村科技处、广西山区综合技术开发中心等相关负责人出席启动会，来自广西的农村科技特派员约120人参加会议。

△　由广西科学院主办的第一届泛北部湾环境保护论坛在南宁举行，自治区政协副主席、广西科学院院长黄日波出席并做重要讲话。自治区科技厅、广西海洋局、广西经济文化交流中心、美国麻省理工学院、中国海洋大学等国内外几十个研究机构和单位近百名有关方面的官员、专家、学者参加本届论坛。

13日　全国科技创新大会精神宣讲报告会在南宁召开。科技部政策法规司司长徐建培作报告。报告会由自治区科技厅党组书记陈大克主持。徐建培司长在报告会上传达了全国创新大会精神，解读了全国创新大会的新思路、新举措及组织开展推动科技创新的重大行动。他重点阐述了我国的科技发展成就，加快深化科技体制改革的重要性和紧迫性，以及加快科技创新体系建设的指导思想、基本原则、目标、主要任务和政策措施等。

△　自治区财政厅教科文处相关负责人到自治区科技厅调研并举行座谈会。科技厅党组书记陈大克出席座谈会。双方就科技经费管理中的预算执行、发明专利专项资金、创新计划专项以及科技金融结合、科技评价、科技进步统计等事项进行了充分沟通交流。

△　自治区科技厅与国家海洋局第三海洋研究所在南宁举行科技合作协议签订仪式。自治区副主席陈章良、自治区人民政府副秘书长蒋家柏，自治区科技厅党组书记陈大克、副厅长李国忠、副巡视员彭枝，国家海洋局第三海洋研究所所长余兴光等出席签订仪式。主要内容为：一是自治区科技厅支持国家海洋局第三海洋研究所在广西北部湾建立研究基地，开展海洋研究；二是双方共同成立“广西北部湾中华白海豚研究所”；三是自治区科技厅在科技计划项目和经费上优先支持双方合作研究；四是组织广西企业和事业单位，依托国家海洋局第三海洋研究所共同申报国家科技计划项目，双方积极争取国家重大科技项目的支持，落实一批科技合作项目，建设科研成果转化基地，推动广西海洋产业集群发展。

14日　科技部政策法规司司长徐建培到南南铝业股份有限公司考察，就该公司科技创新和人才培养工作做了指示。自治区科技厅副巡视员彭枝、南宁市政府和南宁市科技局领导参加考察活动。

△　第一届广西发明创造成果展览交易会动员暨全区科技年中工作会议在南宁召开。会议传

达贯彻全国科技创新大会精神，部署广西下一阶段深化科技体制改革、加快广西创新体系建设和第一届广西发明创造成果展览交易会筹备工作。自治区政府副主席陈章良，科技厅党组书记陈大克、厅长谢迺堂，南宁市政府副市长眭国华出席会议并讲话。自治区政府副秘书长蒋家柏主持会议。谢迺堂厅长介绍了第一届广西发明创造成果展览交易会实施方案。本届发明展活动主题为“推动全民发明创造，促进产业优化升级”，活动内容包括八方面：专利成就宣传与专利知识普及、发明创造成果展示、产品销售、成果推介、专利转让对接洽谈、专利发展报告会、项目签约和总结表彰。眭国华介绍了发明展组展情况。陈大克总结了2012年以来广西科技工作情况，并提出2012年广西科技工作下一步计划。他要求：一要深入贯彻落实全国科技创新大会会议精神；二要积极筹备好第一届广西发明创造成果展览交易会；三要继续落实好“十二五”科技规划和第五轮创新计划；四要继续推进部区会商、厅市会商工作；五要筹备第九届中国—东盟博览会各项活动；六要充分发挥高层次人才服务广西的作用；七要加强我区与国内大院大所合作；八要积极推进知识产权和专利工作，力争2012年全区发明专利申请量突破5000件；九要加快2012年科技计划的执行以及2013年科技计划项目预算编制工作。陈章良对2012下半年广西发展形势做了全面部署，他强调：一要进一步深入贯彻落实全国科技创新大会精神；二要做好第一届广西发明创造成果展览交易会筹备工作；三要承办好第九届中国东盟博览会先进技术展；四要做好科技会商和合作筹备工作。

△ 2012年全区专利分析推进会在南宁召开，会议听取了2012年上半年广西专利工作总结，并对下半年广西专利工作做了部署。自治区科技厅副厅长、知识产权局局长李昌华出席会议。李昌华对2012年下半年广西专利工作做了部署。各市知识产权局代表依次汇报了2012年上半年贯彻落实全区发明创造大会精神，实施倍增计划采取的办法措施、取得成效、存在主要问题和意见建议。

15日 2012年全国专利代理人资格考试工作会议暨考务工作培训班在南宁市召开。会议总结交流2011年考务工作经验，并对下一阶段考务工作进行具体部署。国家知识产权局条法司司长宋建华出席会议并讲话，自治区科技厅副厅长、自治区知识产权局局长李昌华到会致辞。国家知识产权局相关领导以及来自北京、上海、南京、广州、南宁等20个全国专利代理人资格考试考点城市代表共计40余人参加会议。

16日 自治区科技厅组织专家走进南宁市五塘社区，为社区居民举办了题为“蔬菜病虫害防治与农药残留控制”的“双休日博士、教授科普讲座”。此次讲座邀请了广西农科院蔬菜研究所陈振东博士担任主讲，五塘社区居民近100人参加了讲座。

△ 罗城仫佬族自治县县委书记黄平权一行到自治区科技厅汇报该县科技工作情况。自治区科技厅党组书记陈大克、厅长谢迺堂、副厅长粟定成和厅机关有关处室负责人与黄平权一行亲切座谈，共商罗城科技事业发展之道。

△ 全国知识产权局政务工作研讨会在宁夏回族自治区吴忠市召开。会议总结了近年来全国知识产权局政务工作，研究、分析当前知识产权面临的新形势和新任务，并就下一步的知识产权政务工作进行了全面的部署。国家知识产权局办公室主任廖涛出席会议并作重要讲话。国家知识产权局专利局办公室主任徐聪主持会议。

17日 自治区科技厅会同自治区财政厅在南宁举办2012年广西科技基础条件资源调查工作培训班，来自自治区直属科研院所和高校，以及部分市属科研机构的技术人员近百人参加了培训。

20日 自治区科技厅召开了第九届中国—东盟博览会“一会一展”工作筹备会。科技厅副厅长粟定成、副巡视员彭枝出席会议并讲话。“一会一展”各工作小组负责人共17人参加会议。粟定成对“一会一展”涉及的科技部长会议、科技伙伴计划启动仪式、科技部宴请、科技部长参观考察、自治区领导会见等工作做了具体部署，强调各工作小组要做好“一会一展”的统筹安排、对接交流和接待工作。

21日 自治区科技厅副巡视员彭枝到广西扬翔股份有限公司调研。

△ 自治区主席马飚到广西工艺美术研究所、广西化工研究院、广西农业机械研究院调研，强调科研院所要进一步发展，坚定稳妥地改革科技管理体制，创新科技管理运行新机制，促进科技资源高效配置和综合利用。

△ 自治区科技厅召开第一届广西发明创造成果展览交易会工作会，会议贯彻落实了发明展

动员会的精神，并部署下一阶段工作任务。自治区科技厅厅长谢逎堂出席会议并作讲话，会议由自治区科技厅副厅长、自治区知识产权局局长李昌华主持。自治区科技厅、知识产权局各相关处室和直属单位相关人员参加了会议。

22日 自治区科技厅与钦州市人民政府共同召开第二次工作会商会议。这是继2009年8月双方正式建立工作会商制度后，又一次深入的合作。自治区科技厅党组书记陈大克，厅长谢逎堂，副厅长粟定成、李昌华，科技厅有关业务处室负责人以及钦州市委书记、人大主任张晓钦，市委副书记、市长肖莺子，市委常委、副市长高朴，市委常委、秘书长林庆山，市长助理张实，市人民政府秘书长陆明等有关领导出席会议。本次会商议题确定为共同推进中国—马来西亚钦州产业园区建设、加快钦州高新技术产业孵化服务体系建设和科技促进坭兴陶文化产业提升等三项。针对以上议题和相关项目，自治区科技厅将在2012年原已安排自治区本级计划项目19项，支持经费361万元的基础上，再增加专项经费支持400万元。

△ 2012年广西第二批高新技术企业认定评审会在南宁召开，来自全自治区各单位的42名评审专家对柳州长虹机器制造公司等74家企业认定材料进行严格评审。自治区科技厅副厅长、知识产权局局长李昌华出席评审会并讲话。

23日 自治区知识产权局在南宁市举办了为期两天的2012年企事业单位知识产权管理人员培训班。

24日 自治区科技厅厅长谢逎堂、副巡视员彭枝向前来科技厅指导工作的国家科技部国际合作司副司长续超前一行汇报首届中国—东盟科技部长会议和第九届中国—东盟博览会先进技术展筹备情况，并重点围绕首届东盟科技部长会议策划具体方案进行磋商，进一步完善各项活动的方案细节，以确保活动成功举办。

△ 2012年度国家社会科学基金重大项目“未来十年中国—东盟经贸格局演变与我国南海安全战略构建研究”获得立项，这是广西历史上第二次获得的国家社会科学基金重大项目。

27日 自治区科技厅召集21家科技计划项目承担单位科研管理负责人就历年项目验收问题进行约谈。科技厅厅长谢逎堂、纪检组长黎昆出席会议，并要求各项目承担单位务必增强责任意识和风险意识，坚持诚信原则，加快推进，一定要在规定的时间内完成历年遗留科技项目的验收。

30日 《广西壮族自治区专利条例》（以下简称《条例》）新闻发布会在南宁召开。自治区人大常委会副主任文明、科技厅党组书记陈大克出席发布会并讲话。自治区法制办副巡视员覃安、自治区人大科教文卫委员会副主任委员江红兵出席发布会。发布会由自治区人大法制委员会主任委员李先明主持。自治区推动发明创造工作领导小组各成员单位相关业务处负责人、各驻邕高等学校、科研机构以及有关企业负责人、新闻媒体等近90人参加了新闻发布会。《条例》由广西壮族自治区第十一届人民代表大会常务委员会第二十九次会议于2012年7月26日通过，于2012年8月12日公布，自2012年9月1日起施行，1999年7月30日广西壮族自治区第九届人民代表大会常务委员会第十二次会议通过的《广西壮族自治区专利保护条例》同时废止。

△ 自治区党委常委、常务副主席黄道伟主持召开专题会议，审议通过同意设立自治区级钦州高新技术开发区。2012年11月24日，自治区人民政府正式同意批准设立广西钦州高新技术产业开发区。

是月 国家科技部火炬中心组织各省市申报，经专家评审，确定了第二批中国创新驿站站点试点，广西技术市场被确定为中国创新驿站广西区域站点，柳州市技术交易中心成为广西首个基层站点。

9月

1日～5日 自治区科技厅组团参加在新疆国际会展中心举行第二届中国·亚欧博览会。广西代表团由来自各高新区和高新企业的25名代表组成，主要参加高新技术产品及园区展，宣传展示南宁、桂林、柳州、北海等四个广西高新技术工业园区建设成就，组织了桂林星辰科技有限公司、桂林市思奇通信设备有限公司、广西佳微电子科技有限公司、广西莱吉生物工程有限公司等14家企业的参展，涉及到电子信息、生物医药等14个项目领域，以图片、文字、实物相结合，吸引国内高新技术企业对广西高新园区的产业转移。

5日 第一届广西发明展科研院所组展工作会议在南宁召开，会议通报了第一届广西发明创造成果展览交易会情况，并部署科研院所发明创造成果展组展工作。自治区科技厅副厅长、自治区知识产权局局长李昌华出席会议并作讲话。

△　自治区科技厅副巡视员宋文学到钦州市第一人民医院就科学治疗艾滋病工作进行调研。

△　国家知识产权局专利局开展专利申请量预测及管理调研活动调研组黄建成一行4人到南宁市开展调研，与自治区知识产权局进行了工作座谈。自治区知识产权局相关处室负责人，南宁市知识产权局、广西大学、广西林业科学研究院、广西田园生化股份有限公司、广西公平专利事务所相关负责人参加了座谈会。重点了解广西各级专利激励政策、影响专利申请量的主要因素、申请量预测方法及经验，同时征询各方有关专利审查周期的需求和建议。

△　自治区科技厅与钦州市人民政府联合组织开展的“科学防治　远离艾滋”主题科普活动在钦州市钦州湾广场启动。开展此次活动旨在进一步加强艾滋病防治工作，有效遏制艾滋病疫情的传播和蔓延，保护人民群众生命健康安全，促进广西经济社会科学发展、和谐发展、跨越发展。科技厅副巡视员宋文学，钦州市委常委、副市长高朴出席启动仪式并讲话。

5日～8日　北京科技大学8位专家教授在广西进行技术合作考察调研活动。6日，自治区科技厅组织广西盛隆冶金有限公司、南丹县南方有色冶炼有限责任公司、靖西县一洲锰业有限公司等企业代表与北京科技大学专家进行交流和座谈，商讨技术合作事宜。科技厅发展处、成果处、高新处、社发处、广西技术市场等处室领导参加座谈。

6日～7日　在“科学防治　远离艾滋”主题科普活动启动仪式后，自治区科技厅组织广西疾控中心、科学活动中心、钦州市科技局等相关部门的专家及工作人员，先后到灵山县沙坪镇、钦北区平吉镇，开展艾滋病防治科普知识讲座、科普知识现场宣传和专家咨询等系列防艾宣传教育活动。

7日　广西发明创造成果展览交易会会徽评审会议在自治区科技厅会议室召开。经评委会本着公平、公正、公开的原则对征集到的作品进行认真筛选，共评选出4份入选方案作品。会徽征集活动从8月15日启动，组委会通过广西日报、南国早报、广西新闻网、自治区知识产权局门户网站等媒体和网络，面向社会广泛公开征集广西发明创造成果展览交易会会徽征设计图稿，共收到应征作品19件。

8日　2012年全区专利代理人资格考试考前强化培训班在南宁举行了开班仪式。自治区知识产权局负责人、国家知识产权局专利局材料工程发明审查部副部长祁建伟出席了仪式，来自广西的200余名考生参加了此次培训。

10日　第九届中国—东盟博览会先进技术展新闻通气会在南宁召开。自治区科技厅有关处室负责人向到会媒体介绍了本次先进技术展的展区、参展项目、筹备情况和主要特点。

△　由中国侨联主办，中国科学院、中国科协和国家知识产权局协办的第四届新侨创新成果交流会在北京人民大会堂举行，中国侨联主席林军、中国科学院院长白春礼等出席开幕式，并为获得“中国侨界贡献奖”的代表颁发奖牌和证书。广西空间信息与测绘重点实验室主任周国清教授以他坚实的科研成果获得“第四届中国侨界贡献奖（创新人才奖）”。

11日　2012年广西市县（区）科技局局长创新能力提升培训班在桂林开班，来自广西各市县（区）科技局的142名新调任科技局领导及代表参加培训。国家科技部基础研究司司长张先恩为培训班开讲。自治区科技厅党组书记陈大克出席开班仪式并讲话，桂林市副市长徐锋在开班仪式上致辞。

12日　自治区知识产权局在南宁市组织召开广西专利电子申请推广培训班。国家知识产权局专利局初审及流程管理部张艳丽处长出席了开班仪式。

12日～21日　中国地震局团组前往希腊、捷克，探讨在地震、火山科学研究及应急救援领域的合作，自治区地震局高荣胜局长参加此次活动。

14日　广西发明创造成果展览交易会组委会办公室在自治区科技厅召开第一届广西发明创造成果展览交易会工作进度汇报会，自治区科技厅副厅长、自治区知识产权局局长李昌华出席会议。

14日～15日　《全国航海技术教学指导分委会暨航海教育研究分会2012年学术年会》在钦州学院召开，此次年会由航海技术教学指导分会和航海教育研究分会主办，钦州学院承办。交通运输部科技司教培处处长于敏，交通运输部海事局船员处李恩洪处长，全国航海技术教学指导分委会主任委员吴兆麟教授，全国航海技术教学指导分委会副理事长刘正江教授，武汉理工大学副校长张安富教授，大连海事大学、集美大学等知名的航海院校的教授、博士等 100 多人参加本次学术会议。

15 日～25 日 应中华消防及减灾学会和台湾花莲县消防局的邀请，自治区地震局李青春副局长率领自治区地震学会考察团前往台湾，与合作单位花莲消防局就地震监测、地震应急救援、地震预警等进行广泛交流。

17 日 自治区科技厅召开动员会，进一步确认落实首届中国—东盟科技部长会议和第九届中国—东盟博览会先进技术展（以下简称“一会一展”）、国家科学技术部与广西壮族自治区人民政府部区工作会商会议（以下简称“部区会商”）以及广西创新大会等重大科技活动的各项筹备工作。科技党组书记陈大克，厅长谢迺堂，副厅长粟定成、李昌华、钟会超、李国忠，纪检组长黎昆，副巡视员宋文学、彭枝出席动员会。会议由科技厅厅长谢迺堂主持。陈大克书记作动员讲话，提出具体的工作要求：一是做好与各个单位的对接沟通；二是进一步完善各项方案、做好预案；三是尽快落实会展布展、会议方案的各项工作细节；四是明确责任分工、加强各部门协调沟通。科技厅各处室、各直属单位负责人以及参与筹备工作的相关工作人员等参加动员会。

19 日 自治区科技厅党组书记陈大克，厅长谢迺堂，副厅长粟定成、李昌华、李国忠，纪检组长黎昆，副巡视员宋文学、彭枝到南宁国际会展中心，检查先进技术展展馆布展情况。

△ 自治区科技厅纪检组长黎昆到广西政务服务中心科技厅窗口开展 2013 年度广西科学与技术开发计划课题申报和受理情况检查工作，并与广西政务服务中心负责人进行了工作座谈。

20 日 自治区科技厅副厅长粟定成会见了前来参加第九届中国—东盟博览会的澳大利亚国际商会顾问、澳大利亚维多利亚州议长 Bruce Arkinson（布鲁斯·阿特金森）一行。双方就广西与澳方合作事宜进行探讨，并对双方合作开展考察交流、科技培训、科技项目合作等方面达成初步共识。

21 日 第九届中国—东盟博览会先进技术展在南宁国际会展中心 3 号展馆拉开帷幕。中国科技创新成果展区首次在展会中亮相，主要展示我国在资源卫星观测、纯电动汽车、农村节能、数控技术和太阳能等领域的科技成果，为东盟国家了解中国先进技术走向和市场动向，建立了一个开放性窗口和互动平台。

21 日～25 日 第九届中国—东盟博览会在南宁国际会展中心隆重举行。本届博览会沿袭展览秩序联合执法机制，执法现场机构由工商、质检、食药监、知识产权、公安、城管及博览局等部门组成，自治区知识产权局联合南宁市知识产权局专利行政执法人员组成知识产权组进驻展会，开展知识产权执法维权工作。

22 日 中国—东盟科技部长会在广西南宁举行。会议由科技部部长万钢和文莱发展部部长苏越伊共同主持，科技部曹健林副部长、东盟十国科技部长参加了会议。

△ 全国政协副主席、科技部部长万钢和东盟 10 国科技部长在南宁共同启动“中国—东盟科技伙伴计划”。万钢部长、文莱发展部苏越伊部长和泰国科技部维拉蓬副部长分别致辞。科技部副部长曹健林主持启动仪式，来自科技部、东盟 10 国科技主管部门、东盟秘书处、各省市区科技厅（委、局）以及来自中国和东盟各国的企业、研究机构和高校的代表逾 300 人出席启动仪式。

△ 广西科技信息网络中心与新加坡—中国科学技术交流促进协会在南宁签订《关于联合促进中国—东盟国家科技交流与合作的协议》。自治区科技厅副厅长钟会超出席签约仪式。广西科技信息网络中心主任与新加坡—中国科学技术交流促进协会副会长林峰在签约仪式上签字。

△ 中国科技部与老挝科技部关于部门间合作谅解备忘录签署仪式在广西南宁举行。中国政协副主席、科技部部长万钢与老挝科技部部长波万坎·冯达拉共同签署合作备忘录。双方计划在农业科技、信息技术、新能源等多领域开展合作，通过加强双方的科技合作与交流，共同促进两国科技事业、乃至经济社会的长足发展。

△ 中国政协副主席、科技部部长万钢与柬埔寨工业与矿产能源部副部长吉兴洪在广西南宁市签署关于建立食品工业联合实验室的合作谅解备忘录。双方将携手建立食品工业联合实验室，重点加强在食品安全、新能源等领域的研究。

23 日 科技部、自治区政府在南宁举行 2012 年部区工作会商会议暨新一轮会商制度议定书签字仪式。全国政协副主席、科技部部长万钢，科技部党组成员、纪检组长郭向远，自治区党委书记郭声琨，自治区人民政府主席马飚，自治区政协主席陈际瓦，自治区党委常委、秘书长余远辉，自治区人民政府副主席陈章良，自治区政协副主席黄格胜等领导出席会议。会议由科技部党组成员、纪检组长郭向远主持。万钢、郭声琨、马飚分别发表讲话。万钢与马飚分别代表双方签署了新一轮部区会商制度议定书，确定了今后五年部区会商工作的主要内容。按照协议，双方将成立“部区合作委员会”，每两年召开一次工作会商会议，总结部署相关工作，协调重大合作事项。签字仪式后，双方举行了 2012 年部区工作会商会议。双方围绕“强化企业创新主体地位，增强区域创新能力”“加快中国—东盟科技合作与技术转移服务体系建设”“加快北部湾高新技术产业带建设”“加快科技支撑柳州汽车城建设”“发挥科技支撑生态文明示范区建设的作用”等五大议题进行沟通并达成一致意见。

△ 前来广西检查指导工作的国家科技部党组成员、纪检组长郭向远一行到广西医科大学调研。自治区科技厅厅长谢迺堂、纪检组长黎昆等参加调研活动。

△ 以“科技创新　合作共赢”为主题的第五届中国—东盟（百色）现代农业展示交易会在广西百色市田阳县隆重开幕。来自越南、老挝、泰国、缅甸、菲律宾、马来西亚、新加坡等东盟九国，中国各省区及台湾地区的涉农龙头企业、科研机构、投资商等各方代表汇聚一堂展开中国与东盟在农业领域的合作交流。自治区人大常委会副主任文明、国家商务部投资促进局副局长杨依杭、百色市委书记赖德荣、百色市市长谢泽宇、泰国国际贸易商会主席王创合、缅甸驻南宁总领馆总领事敏隋、自治区科技厅副巡视员彭枝以及区、市、县有关单位领导和应邀参加盛会的国内外嘉宾出席了开幕式。文明宣布第五届中国—东盟（百色）现代农业展示交易会开幕。杨依杭、赖德荣、谢泽宇、王创合分别在开幕式上致辞。本届展示交易会共设展位 860 个。展示交易会期间举行嘉宾招待酒会、焰火晚会、开幕式、现代农业发展论坛、产品包装评比、项目签约、美食文化展、壮乡特色旅游、文艺表演等系列活动。

△ 以“蔗糖产业可持续发展”主题的中国—东盟（百色）现代农业发展国际论坛在百色国家农业科技园区举行，来自中国与东盟国家，印度、孟加拉国等 70 多位专家学者、国际培训人员以及自治区科技厅、农业厅、百色市、田阳县等各相关单位代表出席论坛。百色市人民政府副市长赵桂兰、自治区科技厅副巡视员彭枝、百色国家农业科技园区管委会常务副主任韦胜分别致辞。

23 日～28 日　科技部党组成员、中央纪委驻科技部纪检组组长郭向远率由科技部、财政部和监察部绩效管理监察室组成的国家科技计划项目检查组到广西，开展国家科技计划项目实施及其经费管理使用情况的监督检查。自治区科技厅厅长谢迺堂、纪检组长黎昆参加检查活动。检查组先后在南宁、柳州、桂林市对 10 家单位，以及承担的 13 个国家科技计划项目（课题）通过听取汇报、查阅资料、现场检查、参观考察、座谈交流、专家咨询等多种形式，对广西实施的部分国家科技计划项目的情况进行了监督检查。检查项目涉及科技支撑计划、863 计划、国际合作计划等。

25 日　自治区科技厅召开全区工业领域工程技术研究中心绩效考核培训交流座谈会，针对科技厅近期开展的自治区级工程技术研究中心绩效考核中发现的问题，开展培训和经验交流工作。科技厅副厅长李昌华出席座谈会并作讲话。科技厅高新处和计划处相关人员、广西自治区级工程技术研究中心相关负责人、各有关市科技局工程技术研究中心负责人等 26 人参加了座谈会。

28 日　自治区科技厅组织专家走进南宁市五塘镇，为五塘镇中心小学的 1000 多名在校师生，举办了题为“雷电基本知识与雷灾防御概述”的第 174 期“双休日博士、教授科普讲座”。此次讲座邀请了自治区防雷中心办公室主任、高级工程师周扬天担任主讲。

29 日　全区创新大会召开之后，全区科技管理系统随即召开会议，贯彻落实全区科技创新大会精神。自治区科技厅党组书记陈大克，厅长谢迺堂在会上讲话，会议由副厅长粟定成主持。

△ 全区科技创新大会在南宁举行，自治区党委书记、自治区人大常委会主任郭声琨，自治区政府主席马飚出席大会并作重要讲话。大会首先对获得 2011 年度广西科学技术特别贡献奖的“YC6L 系列柴油机研发及推广应用”获奖代表颁奖，还向获得 2011 年度广西自然科学奖、广西技术发明奖、广西科技进步奖、2011 年度广西“金绣球奖”的代表颁奖；向 2010 年度享受国务院政府特殊津贴人员和第 13、14 批广西“新世纪十百

千人才工程”第二层次人选代表颁发证书；向获得自治区级工程院、自治区级研发中心、自治区创新企业、自治区产学研用一体化企业的代表授牌。郭声琨传达了全国科技创新大会精神，深刻分析了广西当前科技工作面临的形势和任务，提出了深化科技体制、加快建设广西创新体系的总体要求、工作目标和主要任务，对广西今后一个时期的科技工作进行了全面部署。大会由自治区党委副书记危朝安主持。广西各市党委、政府主要负责同志，自治区直属、中央直属有关部门主要负责同志，有关高校、科研单位、企业负责同志及科技专家代表，各高新区、农业科技园区管委会主要负责同志和2011年度广西科学技术奖获奖代表等出席会议。此次会议以电视电话会议形式召开，各市、县（市、区）设分会场。

是月 由自治区科技厅农村科技处、广西水产研究所、广西海洋研究所等一行组成的专家调研小组到北海市调研农业科技工作情况。调研组实地调研考察了广西合浦县粤桂水产开发有限公司基地、北海海水养殖综合试验场基地、北海恒兴特种饲料有限公司等，并召集广西海洋研究所、广西合浦县粤桂水产开发有限公司、北海海水养殖综合试验场等相关企业进行座谈，充分了解企业实施2012年自治区下达北海市承担的海洋项目执行情况及存在问题，企业今后的发展方向、计划、工作重点和建议等。

是月 自治区副主席蓝天立出席广西出入境检验检疫局实验室开放日活动启动仪式，见证广西出入境检验检疫局与贺州市政府《关于加强出口食品农产品质量安全示范区建设，促进农业产业发展合作备忘录》签字仪式。

是月 第三届中国—东盟质检部长会议在广西南宁召开，国家质检总局局长支树平，东盟农林部长会议副主席、老挝农林部副部长提·坡马萨，广西自治区主席马飙分别致开幕辞。

是月 广西局和柳州市政府共同签署《关于共促柳州市汽车产业发展及扩大出口合作备忘录》。国务院参事、全国政协委员、中国出入境检验检疫协会会长葛志荣、国家质检总局总检验师项玉章等出席并见证签字仪式。

10月

10日～14日 《第七届全国海洋资料同化研讨会暨北部湾海洋环境专题研讨会》在钦州召开，会议由中国科学院南海海洋研究所和自治区海洋局主办，钦州学院承办。中国工程院院士徐祥德、美国WOOD HOLES研究所教授黄瑞新、中国科学院大气物理研究所副所长朱江、中国科学院南海海洋研究所副所长王东晓、美国NOAA地球物理流体动力实验室研究员杨小松等知名专家学者先后作了学术报告。此外，来自国家海洋信息中心、英国Royal School of Mines、国家海洋局第一海洋研究所、中国科学院南海海洋研究所、中国科学院大气物理研究所、中山大学、中国科学院烟台海岸带研究所、中国科学院海洋研究所、中国科学院声学研究所等科研院所和国内外高校的学者，也就各自在资料同化技术研究以及应用中的经验等作报告。钦州学院的吴海萍博士、张晨晓博士、梁家海副教授等在分会场作了学术报告。

16日 广西发明创造成果展览交易会组委会办公室召开第一届广西发明创造成果展览交易会（以下简称第一届广西发明展）工作推进会。自治区人民政府副秘书长蒋家柏，自治区科技厅厅长谢迺堂，科技厅副厅长、知识产权局局长李昌华，南宁市副市长眭国华等领导出席会议。李昌华就第一届广西发明展调整方案的主要内容作了说明，并简述了第一届广西发明展各市各部门筹备工作的进展情况，同时对推进发明展工作提出了要求。眭国华就南宁市筹备第一届广西发明展的情况作了汇报。自治区科技厅、教育厅、工信委、财政厅、农业厅、二轻工业联社等区直相关组展单位，以及各市人民政府、科技局、知识产权局代表和相关人员等60多人参加会议。

△ 自治区知识产权局在南宁市组织召开2012年知识产权高层次人才培训班。上海大学知识产权学院院长陶鑫良、中科院科技政策与管理科学研究所副研究员宋河发出席开班仪式。

17日 西部地区生态保护与经济社会可持续发展高级研修班在南宁开班。自治区人社厅副厅长于祖毅、自治区科技厅副厅长李国忠等领导出席开班仪式并作讲话。

17日～18日 自治区科技厅厅长谢迺堂，科技厅党组成员、纪检组长黎昆带领厅第二支部、老干支部和第五支部党员干部，到融水苗族自治县开展基层科技调研和传达学习全区科技创新大会精神。

18日 自治区科技厅与自治区外国专家局在

南宁联合举办“引进国外技术、管理人才项目申报推介会”。自治区千亿元产业研发中心、工程技术研究中心、高新技术企业和其他企业的代表参加会议。

18 日～21 日 自治区科技厅厅长谢迺堂率领科技厅相关人员，先后到柳州融安县、三江县和来宾兴宾区等县（区），开展基层科技调研和传达学习全区科技创新大会精神，并看望当地科技局干部职工。

19 日 “面向东盟国家科技政策与管理研修班”学员到百色考察学习，中国科学技术交流中心和自治区科技厅国际合作处有关人员参加了此次考察活动。学员们先后参观了百色市农科所双高甘蔗种植技术实训基地、中国—东盟现代农业观光展示园、广西百色国家农业科技园区、百色社会主义新农村——田阳县那满镇新立村共联屯，学员们对农作物种植技术表现出浓厚的兴趣。研修班由来自文莱、柬埔寨、印度尼西亚、老挝、缅甸、马来西亚、泰国、越南等东盟国家外宾组成。研修班采用政策讲解、技术考察访问及研讨会相结合的研修方式，在北京、上海、广西三地举行。

19 日～20 日 自治区科技厅厅长谢迺堂率领科技厅相关人员一行，先后到桂林龙胜、资源、全州、兴安、灵川等县，开展基层科技调研和传达学习全区科技创新大会精神，并看望当地科技局干部职工。

19 日～22 日 自治区科技厅组织召开“非粮生物质能源产业关键技术攻关与产业化示范”等工业领域科技重大专项实施方案专家咨询会。来自广西科学院、广西大学、广西中粮生物质能源有限公司、自治区工信委、广西汽车拖拉机研究所等重大专项专家咨询委员会专家参加了会议。自治区政协副主席、广西科学院院长黄日波，科技厅副厅长李昌华出席座谈会并作讲话。专家就重大专项实施方案（初稿）进行讨论，围绕如何充分调动科技力量，为该重大专项的实施做好科技引领和科技支撑展开了论证。通过这次会议，专家咨询委员会在重大专项的组织与立项、咨询与指导等环节上取得了共识。

20 日 由中国科学技术交流中心承办的“面向东盟国家科技政策与管理研修班”在南宁举行结业式，并举行中国—东盟国家科技合作研讨会。来自文莱、印度尼西亚、泰国、缅甸、老挝、柬埔寨、越南及马来西亚 8 个国家的代表分别介绍了本国科技状况，并就与中国科技合作的建议及研修体会作了发言。中国科学技术交流中心副主任王艳、自治区科技厅副巡视员彭枝出席研讨会。

22 日 自治区科技厅党组书记陈大克、副巡视员彭枝率领科技厅办公室、农村科技处、山区开发中心的负责人到南宁新食记食品有限公司调研。

△ 第一届广西发明创造成果展览交易会组委会在南宁市召开第一届广西发明创造成果展览交易会新闻发布会。自治区人民政府副主席陈章良出席会议并作讲话，自治区人民政府副秘书长蒋家柏主持发布会，自治区科技厅厅长谢迺堂作发明展介绍，自治区科技厅副厅长、知识产权局局长李昌华，南宁市副市长眭国华等领导出席会议。

23 日 自治区科技厅召开第一届广西发明创造成果展览交易会筹备工作进度协调会，通报目前筹备工作进度，研究部署下一阶段工作任务。科技厅副厅长、知识产权局局长李昌华出席会议并讲话。会议对第一届发明展的备展、评奖、会务、宣传和接待等各项筹备工作进展情况进行通报，讨论商定尚未确定的问题，进一步完善、细化各项活动具体执行方案。

24 日 新药创制战略与中药国际化高层研讨会在南宁召开。来自海外、自治区外的 9 位特邀专家学者，医药院校、研究机构、制药企业及钦州市有关单位代表 80 多人参加会议。自治区人社厅、科技厅、食品药监局等有关部门领导出席会议。人社厅副厅长、外国专家局局长韦刚强主持会议，科技厅副厅长李昌华，钦州市委常委、高朴副市长出席会议并致辞。

24 日～28 日 第一届广西发明创造成果展览交易会（以下简称“发明展”）布展工作开始，23 日，发明展布展工作协调会在南宁国际会展中心行政北楼会议室召开。会议通报了布展期间的布展秩序、水电保障、消防安全等有关工作要求，各参展代表团对布展工作需求还进行了沟通协调。

25 日～26 日 2012 年地方基础研究工作会议在桂林市成功召开。科技部副部长陈小娅、广西壮族自治区政协副主席黄日波、桂林市人民政府副市长巫家世等领导出席会议。科技部、国家自然科学基金委员会等部门相关司局领导，全国 37 个省、自治区、直辖市、计划单列市科技厅（委、局）和新疆生产建设兵团科技局主管领导、相关职能处室负责人，以及部分高校和科研院所从事基础研究管理工作的有关人员140余人参加了会议。自治区科技厅党组书记陈大克、副厅长李国忠、副巡视员彭枝应邀出席会议。陈小娅在会上讲话，黄日波在会上致辞，陈大克在会上代表广西交流发言，会议由科技部基础研究司司长张先恩主持。会议以贯彻落实全国科技创新大会精神、提升区域原始创新能力、迎接党的十八大胜利召开为主题，全面总结了我国基础研究工作面临的新形势、取得的新进展，分析了地方基础研究工作的现状，提出了推动地方基础研究工作的基本思路。会议印发了科技部《依托企业建设国家重点实验室管理暂行办法》。科技部基础研究司张国成巡视员宣读了基础研究司关于对自治区科技厅陈大克、广西大学陈保善等72名地方基础研究管理先进工作者，以及依托广西师范大学建设的药用资源化学与药物分子工程省部共建国家重点实验室培育基地等25个优秀省部共建国家重点实验室培育基地的表扬通报；科技部基础研究司副司长彭以祺作基础研究发展报告；广西、云南、广东、湖北代表分别就本地区基础研究工作的创新举措和成功经验作了交流发言。会议代表分4个组围绕如何做好地方基础研究工作展开了热烈讨论，并提出了有关建议。会议代表还参观考察了依托广西师范大学建设的药用资源化学与药物分子工程省部共建国家重点实验室培育基地。

27日 自治区科技厅副厅长、知识产权局局长李昌华来到南宁国际会展中心，视察指导第一届广西发明创造成果展览交易会的展馆布展工作。

27日～11月9日 广西重点领域急需紧缺高层次人才招聘会分别在北京、上海、武汉、重庆、长沙五地举办。这次招聘活动是广西第七次组织重点领域企事业单位赴自治区外人才富集地区招聘高层次人才。这次招聘会共有126家用人单位参加，共发布硕士、博士及中级技术职称以上人才岗位信息1060个，招聘人数3286名。五地招聘会共接待人员达6000多人。

28日 第一届广西发明创造成果展览交易会组委会在南宁市国际会展中心召开预备会，对发明展的各项具体工作进行再安排、再部署。自治区政府副秘书长蒋家柏在会上对各项工作提出具体要求，会议由自治区科技厅厅长谢迺堂主持。

△ 自治区副主席陈章良到南宁市国际会展中心二楼现场检查第一届广西发明创造成果展览交易会筹备工作推进情况。南宁市人民政府和自治区科技厅等相关厅局领导参加了此次检查活动。

29日 第一届广西发明创造成果展览交易会在南宁国际会展中心开幕。本届发明展以“推动全民发明创造，促进产业优化升级”为活动主题，是迄今为止广西规模最大、规格最高的一次发明展。自治区党委书记、自治区人大常委会主任郭声琨出席开幕式并宣布广西发明展开幕，自治区主席马飚出席开幕式并讲话，国家知识产权局副局长李玉光、南宁市委书记陈武出席开幕式并致辞。自治区领导沈北海、黄道伟、林念修、余远辉、荣仕星、杨道喜、高雄、李康、梁胜利、蓝天立、苏道俨出席会议。开幕式由自治区副主席陈章良主持。本届发明展集中在南宁国际会展中心5号、6号、13号和14号馆展示。重点展示广西近年来的专利技术及产品，按设区市发明创造成果、高等学校发明创造成果、科研院所发明创造成果和传统手工业发明创造成果等四个板块共17个展区组展，并设公共展区宣传全区专利成就和专利知识。并举行发明创造成果（专利技术）推介和对接洽谈会、专利发展报告会、专利拍卖会、项目签约、总结表彰等活动。

△ 专利发展报告会在南宁举行。报告会由国家知识产权局副局长李玉光主讲，自治区政府副秘书长蒋家柏主持报告会。报告会主题为“知识产权国际形势”。李玉光介绍了国际知识产权制度的发展态势，同时还指出我国知识产权工作面临的机遇与挑战。他强调，要重视地方涉外知识产权工作。自治区政府副秘书长蒋家柏，自治区科技厅厅长谢迺堂，科技厅副厅长、知识产权局局长李昌华出席报告会。出席报告会的还有各市人民政府领导，自治区推动发明创造工作领导小组成员单位和自治区知识产权办公会议各成员单位负责人、联络员，各市科技局（知识产权局）领导及业务科负责人，各县（市、区）人民政府领导和科技局局长，驻邕高等学校、科研院所和知识产权试点示范企业人员约500人参会。

△ 发明展专利拍卖会在南宁国际会展中心举行。参加专利拍卖的专利所有人、专利竞买人以及有关观摩嘉宾约300人参加了拍卖会。发明展组委会从各个参展代表团报来的48项拍卖专利中筛选出15项专利，最终有14项专利进入了拍卖程序，共落锤成交10个，总成交额达1806万元。

本次拍卖会是广西高等学校、科研院所、企业及专利权个人首次将专利进行集中对外公开拍卖，也是广西首次尝试通过市场化的竞价交易方式来实现专利权转移。专利拍卖会是广西丰富技术转移渠道，推进专利技术转化的一次有益探索。

30日 第一届广西发明创造成果展览交易会（以下简称“广西发明展”）发明创造成果（专利技术）推介和对接洽谈会在南宁国际会展中心举行。来自全自治区高校、科研院所科研人员及企业管理和技术人员等近200人参加。会上各项目推介方通过现场多媒体演示重点推介项目，并现场印发了发明创造成果（专利技术）推介项目汇编册。此次推介项目由广西发明展组委会从各组展单位推荐项目中精心筛选出来的10个项目，涵盖化工、机械、建材、木材加工、电子信息、医药制造等领域。

是月 国家“千人计划”专家、广西多源信息挖掘与安全重点实验室主任张师超教授凭借在数据挖掘和机器学习等方面的突出造诣当选为中国计算机学会大数据专家委员会首批委员。大数据专家委员会是中国计算机学会新设立的一个专业委员会，旨在推动大数据（Big Data）交叉学科的学术、应用和产业的发展。

是月 广西、四川、重庆、贵州、云南、西藏等六省（区、市）检验检疫局在成都共同签署《加强区域合作共促西南地区开放型经济加快发展合作备忘录》，广西出入境检验检疫局局长卢厚林出席仪式并在《合作备忘录》上签字。

11月

1日 广西2012年第二批高新技术企业复审专家评审会在南宁召开，评审专家对48家高新技术企业复审材料进行严格评审。

2日～3日 国家科学技术奖励工作座谈会在武汉召开，科技部副部长陈小娅出席大会并作重要讲话，国家科学技术奖励工作办公室主任邹大挺作工作报告。来自全国各省、直辖市、自治区，计划单列市，香港、澳门特别行政区，国务院各部委科技主管部门，中国人民解放军总参、总后、总装、武警总部，全国性行业协会、学会等117个推荐单位的近300名代表参加了会议。

3日～4日 2012年全国专利代理人资格考试在全国范围开考。自治区科技厅副厅长、自治区知识产权局局长李昌华视察了南宁考点的各项考务工作。2012年全国获得参加专利代理人资格考试资格的报名总人数为16780人，创下历年报考人数最多的新纪录。

4日 自治区科技厅厅长谢迺堂率科技厅农村处、高新处相关负责人到灵山县调研农村、企业科技创新工作。

6日 自治区科技厅党组书记陈大克率领高新处、政社处负责人一行到贵港市群星电缆有限公司开展企业科技创新工作调研。

7日 国家“863”计划“高掺合比工业固废水泥制成清洁生产新技术集成与示范”课题启动仪式在贵港市举行。自治区科技厅党组书记陈大克、贵港市政府副市长肖明贵等在启动仪式上致辞。

8日 自治区科技厅与南宁高新区管委会召开工作座谈会。自治区科技厅厅长谢迺堂、副厅长李昌华、副巡视员宋文学出席会议，听取南宁高新区管委会主任李晓东介绍南宁高新区国家创新型特色园区建设方案评审会有关筹备工作的情况。

12日 自治区人民政府召开《关于深化科技体制改革　加快广西创新体系建设的实施意见》新闻发布会，向社会各界介绍了系列文件对于深化科技体制改革，建设创新型广西的重要意义。

△ 科技部2012全国火炬统计工作会在桂林国家高新区召开。自治区科技厅厅长谢迺堂，科技部火炬中心主任赵明鹏，桂林市副市长、桂林国家高新区管委会主任巫家世等领导出席了会议，各地相关部门与会代表400多人参加。

12日～13日 科技部火炬中心赵明鹏主任一行来广西考察桂林、柳州高新区的建设情况。自治区科技厅厅长谢迺堂，副厅长李昌华，柳州市政府副市长王柳平，柳州高新区（柳东新区）管委和桂林国家高新区工委管委的领导参加了调研及座谈会。在桂林高新区实地了解高新区几个创新型工业园区的发展现状和科技服务体系建设情况。在柳州高新区，听取了关于汽车创新产业集群和创新型特色园区建设等方面的情况介绍。

14日 以自治区绩效办副主任黄小奇为组长的自治区第四督查组一行五人到科技厅，就科技厅贯彻落实全区工作汇报推进会等有关会议、文件精神工作情况进行督查。科技厅厅长谢迺堂向督查组汇报工作情况，科技厅纪检组长黎昆参加了检查活动。

△ 河池市科技局领导班子成员到自治区科技厅汇报工作。科技厅党组书记陈大克、厅长谢迺堂、副厅长李国忠、副巡视员彭枝出席会议，科技厅各处室有关负责人参加。

15日 中国铝业广西分公司与贵港市人民政府在贵港市召开桂中低品位、难选冶铁铝共生矿综合利用项目建设条件研讨会。贵港市副市长谭斌、自治区科技厅副巡视员宋文学、自治区发改委、国土厅等相关厅局的领导出席了会议。会议邀请了东北大学邹宗树、毕诗文，中国钢研科技集团有限公司钢铁研究总院齐渊洪、程相利，广西分公司刘保伟等国内知名的采矿、选矿和冶炼方面的7位专家，共同研讨低品位铝土矿项目建设条件。

16日 自治区科技厅党组书记陈大克，副厅长李昌华、李国忠率领由各市科技管理部门负责人近30人组成的调研组，到深圳市具有代表性的新能源汽车企业——深圳五洲龙汽车有限公司调研。

△ 自治区科技厅副厅长粟定成带领农村处相关人员一行到农业产业科技重点示范县全州县、兴安县检查工作。

△ 第十四届中国国际高新技术成果交易会（以下简称高交会）在深圳市会展中心开幕。自治区副主席陈章良出席开幕式并巡视广西展馆，自治区科技厅党组书记陈大克，副厅长李昌华、李国忠等参加了开幕式活动。广西代表团组织了14个设区市以及企业相关人员在内的700多人参加本届高交会，56家企业带去56个项目在展会中亮相，项目涉及光机电一体化、电子信息、节能环保、生物医药、农业牧渔、新材料等方面，寻求国内外商家的合作交易。此次广西参展参会的主题为“创新驱动发展，科技促进跨越”，重点围绕广西科技工作的主要任务，落实广西科技发展“十二五”规划和第五轮创新计划的各项任务，在高交会上宣传广西科技创新发展成就和高新区投资环境。高交会期间，广西代表团还组织策划了36个技术需求项目和招商引资项目在会上进行配对洽谈。

17日 自治区科技厅副厅长李国忠率领由科技厅成果处、广西科学活动中心有关负责人组成的调研组，先后到清华大学深圳研究生院、深圳市南方国际技术交易市场有限公司等单位调研，学习交流经验，探索合作契机。

20日 自治区科技厅副厅长李国忠带领科技厅高新处人员到自治区政府办公厅印刷厂进行工作调研。

△ 第十九届中国杨凌农业高新科技博览会在陕西杨凌开幕。自治区科技厅副巡视员彭枝率142人组成的广西代表团参展参会。广西代表团共组织农业机械、农产品深加工、特色种养技术及产品等方面的41个项目参加展示交易，是广西历届参展项目最多、实物展品最丰富的一届。

△ 自治区国土厅主办的推进广西找矿突破战略行动座谈会在南宁召开。广西有色集团，广西投资集团等重要矿山企业，广西地质勘查总院、广西地球物理勘察院等地勘单位，广西大学、桂林理工大学及有关特邀专家等50多名代表参加座谈。自治区国土厅、财政厅、科技厅、广西地质矿产勘查开发局等部门领导出席会议。

△ 自治区科技厅副巡视员彭枝率领广西代表团80名代表到杨凌农业园区参观考察陕西众兴高科生物科技有限公司，学习了解现代农业产业化生产模式。

22日 自治区知识产权局在钦州举办了2012年全区知识产权宣传工作会议暨通讯员研讨班。培训班邀请了科技日报广西记者站总编刘昊对与会人员进行新闻写作基本要领及相关技巧的培训。来自全区各市知识产权系统通讯员，各知识产权工作试点县（市、区）相关负责人等近50人参加。

△ “十二五”国家科技计划经费管理改革培训会议在南宁市召开。培训会邀请了科技部经费监管中心刘东金、邵世才授课。自治区科技厅党组成员、纪检组组长黎昆出席会议，广西财政厅、科学院、农科院等单位的领导以及科技厅所属预算单位、各地市科技局、会计师事务所、承担国家科技计划项目（课题）的单位负责科技管理、财务管理的同志及在研课题负责人约250人参加培训。

△ 自治区科技厅与中国建设银行广西区分行签订《全面战略合作协议》，自治区人民政府副秘书长蒋家柏，科技厅厅长谢迺堂、副厅长粟定成、钟会超、李国忠，建设银行总行副行长赵欢、建设银行广西分行行长胡昌苗等领导出席全面战略合作协议签字仪式，谢迺堂厅长在签字仪式上致辞。

23日 国家科技部高新技术发展及产业化司

司长赵玉海，国家财政部教科文司副司长刘德强、宋秋玲，国家农业部科教司副司长刘燕等一行七人组成的国家科技与文化融合工作调研组，到贵港市考察调研科技与文化旅游资源融合情况。在自治区政府副秘书长周异决、自治区科技厅厅长谢酉堂等领导参加了调研。

△ 自治区科技厅召开2013年广西科技活动周筹备工作会。科技厅副厅长李国忠出席会议并讲话。科技厅成果管理与科学技术普及处、农村科技处、广西科学活动中心有关负责人和各设区市科技局、南宁铁路局科委、有关厅局、各高新区管委会、高等院校、科研院所的有关负责人及代表参加会议。

△ 广西发明创造成果展览交易会（以下简称广西发明展）各奖项复核审核会议在自治区人民政府第三会议室召开。会议一是复核审议第一届广西发明展最佳组织奖；二是审核批准第一届广西发明展金奖、银奖、传统手工业创新成果奖、中小学生发明创造特别奖。自治区人民政府副秘书长蒋家柏，自治区教育厅副厅长黄宇，自治区科技厅副厅长、知识产权局局长、广西发明展组委会办公室副主任李昌华，自治区工信委副巡视员王萍，自治区卫生厅副厅长甘霖，自治区科协副主席朱东，自治区二轻工联社副主任刘涛，自治区知识产权局副局长韦志边，以及财政厅、南宁市知识产权局、各专业评审组的相关负责人出席。

△ 科技部高新技术发展及产业化司司长赵玉海、财政部教科文司副司长宋秋玲率队到广西工艺美术研究所开展“科技与文化融合”工作调研。自治区科技厅厅长谢酉堂及科技厅有关处室负责人参加了调研。

24日～25日 国家科技与文化融合工作调研组到桂林，就桂林市科技与文化融合工作开展调研。国家科技部科研条件与财务司司长张晓原、科技部高新技术发展及产业化司司长赵玉海率队调研。25日，调研组在桂林创意产业园举行座谈会。赵玉海希望桂林进一步加大科技与文化融合的力度，利用资源优势大力发展文化产业，推动地方经济发展。自治区科技厅副厅长粟定成主持了座谈会。

25日 广西人民政府与中科院科技合作协议签字仪式在南宁举行，广西人民政府主席马飚与中国科学院院长白春礼签订了《广西壮族自治区人民政府与中国科学院科技合作协议》《广西壮族自治区人民政府与中国科学院共同支持广西科学院建设和发展合作协议书》。广西人民政府与中国科学院在科技合作上就以下八项内容达成协议：一是加强产学研用合作，推动产业发展；二是加强技术转移合作，提升企业自主创新能力；三是开展重大决策咨询；四是共建科学创新平台，加强合作研究开发；五是组织学术交流活动；六是培养和引进科技人才；七是为使合作能够有效开展，广西将双方科技合作项目经费纳入自治区本级技术研究与开发经费计划并予以优先安排；八是建立区院会商协调机制。同时，双方本着“真诚合作、优势互补、互惠互利、共同发展”的原则就共同支持广西科学院建设和发展达成四项协议。签约仪式前，自治区党委书记、自治区人大常委会主任郭声琨，自治区主席马飚会见了中国科学院院长白春礼。自治区领导危朝安、余远辉、陈章良、黄日波，中国科学院副院长丁仲礼，党组成员、秘书长邓麦村，自治区科技厅领导陈大克等参加会见并见证签约。

27日 由国家知识产权局专利文献部主办、自治区知识产权局承办的“2012全国专利信息师资人才高级培训班”在南宁开班。在开班仪式上，国家知识产权局文献部传播处副处长田春虎发表讲话。全国24个研究或服务知识产权和专利信息的相关单位代表46人参加了培训。

28日 北海市副市长李广存带领北海市科技局、专利办、高新区管委会负责人到自治区科技厅，汇报对接厅市会商会议相关筹备工作。科技厅党组书记陈大克、副厅长李昌华、副巡视员彭枝出席会议。双方就厅市会商会议议题达成初步共识。会议围绕厅市会商工作主题，针对“共同推动北海高新技术产业发展”“共同推进北海现代农业发展”“共同推进北海生态文明示范城市建设”等议题进行深入的研究和讨论。

△ 自治区科技厅组织专家到广西理工职业技术学校，举办第175期“双休日博士、教授科普讲座”，本期讲座由广西大学计算机与电子信息学院教授莫林担任主讲，题为“物联网技术前沿及其在物流系统中的应用”。广西理工职业技术学校的一千多名在校师生聆听讲座。

30日 自治区科技厅举办科技下乡都安行活动。在地苏乡大定村举办核桃栽培技术讲座，向该村赠送办公设备、科技书籍、技术光盘等物资一批。

是月 自治区人民政府与国家测绘地理信息局在北京签署《共同推进数字广西地理空间框架建设合作协议书》，正式启动数字广西地理空间框架建设工作。截至2012年底，广西14个地市已经全部启动地理空间框架建设工作。“数字北海”“数字柳州”通过了国家级验收；“数字玉林”“数字百色”通过市级预验收；“数字贵港”“数字来宾”列入2011年国家地理空间框架建设推广城市，“数字防城”列入2012年国家地理空间框架建设推广城市，其他各市均已立项。

12月

1日 自治区科技厅联合玉林科技局在容县举办“倡导健康文明，共建幸福家庭”主题科技活动。自治区科技厅副厅长钟会超出席启动仪式并讲话。自治区科技厅组织的计生、防艾和农业专家，玉林科技局，容县卫生局、容县教育局等单位有关部门的工作人员，容县妇幼保健院、容县中医院、容县人民医院等单位的医护人员共同在广场开展了优生优育、艾滋病科普知识现场宣传和专家咨询等活动。

△ 自治区科技厅副厅长、知识产权局长李昌华到浦北县调研，重点视察了浦北县工业园区的建设。

3日 广西创新计划协调小组办公室组织召开了第五轮创新计划实施情况总结会，汇报了广西14个市第五轮创新计划检查实施情况。自治区科技厅厅长谢迺堂出席会议。广西创新计划实施协调小组成员单位领导、科技厅有关处室负责人、有关对口专家及相关工作人员等参加会议。各检查小组汇报了11月对广西14个地市的检查结果。检查组通过召开会议、听取汇报、查阅资料和现场考察等多种方式，了解和总结了各地市第五轮创新计划启动情况的亮点和存在问题，并针对问题提出了相应的对策建议。

4日 自治区科技厅副厅长粟定成到龙胜县就农村科技工作进行调研。粟定成通过听取汇报、走访询问等方式具体了解到各个乡镇的产业发展状况，农业农村科技需求，地方优势产业发展情况，实地查看了科技示范试验基地建设情况。

4日～5日 2012年全区科技企业孵化园工作会在梧州市召开。会议总结交流了广西2012年科技企业孵化园工作的成绩及主要经验，并提出了2013年科技企业孵化工作的思路和重点。自治区科技厅副厅长李昌华出席会议并讲话，梧州市人民政府副市长彭健铭到会并致词。广西各市科技局、生产力促进中心、各高新区以及相关机构负责人、代表参加会议。

6日 广西科技信息网艾滋病防治专家在线访谈活动在自治区科技厅视频演播室开展，活动的访谈嘉宾是来自广西疾控中心艾滋病防治所的主任医师、卫生部艾滋病咨询专家委员会专家刘伟。围绕“科学防治　抗击艾滋”这一主题，就广西艾滋病疫情、艾滋病防治常识、艾滋病的临床防治干预手段以及艾滋病防治工作对策等问题展开访谈。

△ 自治区科技厅厅长谢迺堂一行来到了河池南丹有色金属新材料工业园区，对广西金山铟锗冶金化工有限公司和河池市南方有色冶炼有限责任公司进行调研。谢迺堂详细听取了这两家企业负责人对生产现状和企业发展的介绍，对生产一线进行了实地考察，参观了企业的研发部门，对企业在研发工作中的不足提出了改进意见，鼓励企业加大在研发上的投入，尤其要加大自主研发的力度。

△ 自治区科技厅与河池市人民政府举行第二次工作会商会议。这是继2007年12月双方正式建立工作会商制度并签署共同推进有色金属深加工企业自主创新框架协议后，又一次全面深入的合作。自治区科技厅党组书记陈大克、厅长谢迺堂、副厅长钟会超、副巡视员彭枝和科技厅有关业务处室负责人，以及河池市委书记、市人大常委会主任黄世勇，市政协主席刘先明，市人大常委会副主任韦志鹏，市委常委、副市长黎丽，副市长韦祖林等有关领导出席会议。会议由钟会超主持。本次会商议题确定为两项。一是加快推进河池市生态环保型有色金属产业示范基地建设。二是加快完善河池市核桃产业发展科技服务体系建设。

6日～7日 自治区科技厅党组书记陈大克一行到罗城仫佬族自治县调研。6日，陈大克一行听取了罗城县科技工作情况的汇报，在对罗城的山野毛葡萄产业发展进行实地调研。7日，在崖宜屯新农村调研。

△ 自治区科技厅厅长谢迺堂，副厅长钟会超、副巡视员彭枝带领科技厅相关处室人员，到

河池南丹、都安、大化等县开展基层科技调研。

7日 自治区科技厅副厅长李昌华率队到东兴市调研指导工作。一行人到东兴华鸿光学科技有限公司视察了东兴市高新技术企业培育工作，听取了华鸿公司在科技创新和新产品研发方面的情况介绍，并详细了解企业在自主创新上遇到的难题。

△ 自治区科技厅厅长谢迺堂一行到都安县，到大兴乡池花村和都安建兴机械有限公司进行调研。在大兴乡池花村，调研组实地考察了瑶药种植示范园，对当地瑶药生产、种植品种、栽培技术等情况进行了详细了解。

12日 自治区科技厅农村科技处在南宁组织召开了自治区“十二五”规划重大科技专项——“畜禽安全生产关键技术研究与开发”2012年度总结会。重大专项首席专家，牵头单位及各课题主要负责人、专项专家咨询委员会委员等30余人出席了会议。

△ 自治区科技厅农村科技处在广西水产研究所组织召开了自治区“十二五”规划重大科技专项——“罗非鱼产业关键技术研究与开发”2012年度总结会。重大专项首席专家，牵头单位及各课题主要负责人、专项专家咨询委员会委员等40余人出席了会议。

△ 广西高校哲学社会科学研究骨干学习贯彻党的十八大精神座谈会在广西财经学院举行。自治区教育厅有关领导、广西各高校领导及哲学社会科学研究骨干共50余人出席。

13日 自治区科技厅与南宁市政府在南宁市国际会展中心共同签署了《自治区科学技术厅南宁市人民政府工作会商制度议定书》。根据议定书，双方将建立厅市工作会商制度，共同推进南宁市国家创新型城市建设和南宁国家生物高技术产业基地建设。自治区党委常委、南宁市市委书记陈武，南宁市市长周红波，副市长眭国华，以及自治区科技厅党组书记陈大克、厅长谢迺堂、副厅长李昌华、副巡视员宋文学、彭枝等有关领导出席签字仪式暨厅市工作会商第一次会议。谢迺堂和周红波分别代表自治区科技厅、南宁市签订了《广西壮族自治区科学技术厅南宁市人民政府工作会商制度议定书》。

△ 自治区科技厅农村科技处在广西蚕业科学研究院组织召开了自治区“十二五”规划重大科技专项——“桑蚕茧丝绸产业发展关键技术研究与开发”2012年度工作总结会。重大专项首席专家，牵头单位及各课题主要负责人、专项专家咨询委员会委员等70余人出席了会议。

14日 2012年全区科技政务工作会在北海召开。会议结合贯彻落实党的十八大精神和全国、全区科技创新大会精神，就推动科技系统政务工作进行了交流。自治区科技厅副厅长钟会超出席会议并讲话。

△ 自治区科技厅召开2012年依法行政工作现场考核会，自治区科技厅厅长谢迺堂出席会议并作《自治区科技厅2012年依法行政工作报告》。自治区依法行政考核第九小组9人，自治区科技厅相关领导、干部18人参加了会议。谢迺堂在报告中总结了科技厅2012年依法行政的概况，并列举了科技厅2012年重大决策实施情况。谢迺堂在报告的最后汇报了科技厅2011年依法行政工作存在问题的整改情况，对2012年依法行政工作存在的问题进行了概括，并提出了2013年依法行政工作要从以下几个方面展开：第一，强化依法行政理念；第二，进一步提高行政执行力；第三，加强立法和制度建设；第四，改善行政审批和信息公开制度；第五，继续创新依法行政制度方法。

17日 自治区科技厅与北海市人民政府在北海召开厅市会商第一次会议。自治区科技厅党组书记陈大克、厅长谢迺堂、副厅长李昌华、副巡视员彭枝；北海市市长周家斌，副市长李广存、刘宏武，市政府秘书长吴绹，市政府副秘书长冯学清等厅市领导出席会议，自治区科技厅有关处室领导以及北海市相关单位代表参加了本次会议。双方在科技工作思路、工作重点和工作措施等方面进行了磋商。双方经认真研究和协商后，确定了以“共同推进北海高新技术产业化公共服务平台建设”“全面提升北海高新技术产业园区建设水平，加快推进北海高新技术产业园区晋升国家级高新区”和“共同推进北海国家农业科技园区建设”作为双方第一次会上议题，并在工作会商制度议定书上签字。

18日 广西钦州高新技术产业开发区揭牌仪式举行。自治区科技厅厅长谢迺堂、钦州市委书记张晓钦、钦州市市长肖莺子出席揭牌仪式。钦州高新区经过两年多的筹建，2012年11月24日被自治区人民政府正式批准设立。至此，广西高新区数量已达到6个，为高新技术产业的快速发展奠定了基础。批准设立钦州高新区是广西贯彻国家北部湾发展战略，落实《国务院关于进一步促进广西经济社会发展的若干意见》的重要举措，是自治区党委政府“转方式、调结构”、建设创新型广西的又一重大部署，也是支持钦州市发展高新技术产业的重要措施。

△ 2012年广西壮族自治区科技企业孵化器认定专家评审会在自治区科技厅召开。科技厅高新处相关负责人及南宁新技术创业者中心、广西生产力促进中心、南宁市城市管理监督中心等多家单位有关专家参加评审会。

19日 自治区科技厅召开了2012年度国家星火计划重大项目广西实施推进会。科技厅农村处、各重大项目牵头单位及课题承担单位负责人出席了会议。

△ 自治区科技厅在广西农业科学院组织召开了自治区“十二五”规划重大科技专项——“粮食安全关键技术研发与示范”2012年度总结会。专项首席专家，牵头单位及各课题主要负责人、专项专家咨询委员会委员等120余人出席了会议。

19日～20日 自治区科技厅纪检组长黎昆一行四人到百色开展自治区科技厅科技计划项目验收管理调研。调研组先后到百色银海铝业有限公司、广西苏源投资股份有限公司、田阳广西福民食品有限公司、平果博导铝业有限公司、平果铝精密铸件有限公司等企业考察调研。调研组深入企业、采取文本查阅、听取汇报、座谈交流、实地考察等方式，核查科技计划项目的实施进展、经费使用情况等。通过督促检查，全面了解百色市各科技项目承担单位项目实施情况，及时发现并纠正存在的问题和不足，确保项目验收工作的进度。

21日 《反击“世界末日论”大型科普图片展》在南宁举行。该展览由自治区科协、气象局、地震局联合主办，共分九个部分，展板200多块，展览用科学的知识和科普的力量，诠释了相关自然与社会现象，用丰富的图片和严谨的文字，一一击破了“世界末日”谣言。自治区人大常委会副主任刘新文在开幕式上讲话并宣布科普图片展开幕。

24日 自治区科技厅厅长谢迺堂和自治区质量技术监督局党组书记、局长邓于仁签订议定书，双方正式建立厅局工作会商制度，共同推进科技兴桂、科技兴检、质量兴桂等战略实施。自治区科技厅党组书记陈大克出席会议并讲话，副厅长李昌华主持会议。出席当天会议的还有科技厅副巡视员彭枝，自治区质量技术监督局副局长王凯志、闭俊东，总工程师石国怀以及双方各有关处室负责人。这是科技厅首次与厅局级单位建立会商工作机制。本次会商议题包括三方面，即共同推进广西公共检测技术服务平台建设、推进技术标准化研究、推进科技人才队伍建设。双方对会商议题确定的项目予以重点支持，并提供相应保障，其中包括重点支持国家汽车质量监督检验中心（柳州）项目、国家食糖及食品产品质量监督检验中心及广西食糖轻化工产品工程技术研究中心项目的建设。

△ 广西非粮生物质能源重大科技专项暨广西非粮生物质能源产业技术创新战略联盟启动仪式在广西科学院举行，标志着广西“十二五”重大科技专项“非粮生物质能源产业关键技术攻关与产业化示范”项目进入正式实施阶段。自治区人民政府副主席陈章良，自治区政协副主席、广西科学院院长黄日波，自治区科技厅党组书记陈大克、副厅长李昌华等领导出席启动仪式，并为广西非粮生物质能源产业技术创新战略联盟揭牌。

26日 自治区科技厅在广西科学院召开“食用菌关键技术研究与产业化示范”项目2012年研究进展汇报会，自治区科技厅农村处、广西科学院科研管理处负责人、牵头单位及各课题主要负责人等30余人参加了会议。

△ 自治区科技厅领导及有关人员赴融水县香粉乡九都村开展调研和慰问活动。在香粉乡九都小学举行了捐赠仪式，自治区科技厅党组书记陈大克、厅长谢迺堂一行出席了仪式。同一时间，在新平村也举行了捐赠仪式，科技厅副厅长李昌华一行出席了仪式。

28日 广西天文馆项目正式立项建设。当日，广西天文馆项目在南宁市良庆区龙象谷正式启动。该项目于2012年10月10日由自治区发改委批复立项。项目占地16.67公顷，建设总规模约2.15万平方米，投资约3亿元人民币。项目主要规划建设包括室内场馆、天文观测台和室外科普功能区等，具备天文、航天、气象“三位一体”的科普、教育、展览功能。

是月 中药资源普查分子鉴定技术培训班在广西药用植物园顺利召开。本次培训班由全国22个省区65名专家和技术人员组成。广西普查工作在22个普查试点省区中后来居上，得到了全国中药资源普查专家组的肯定。

是年 “2012年广西高校服务贺州新发展科技活动”在贺州市举行，来自广西40多所高等学校200多名科技工作者参加了此次活动。该活动由自治区教育厅、自治区科技厅、市人民政府联合主办，贺州学院承办。

是年 中国—东盟金融与财税人才培训中心落户广西财经学院。广西财经学院相思湖校区、防城港校区先后启用并入驻首批师生，形成“两地三区”办学格局。

（科技志编辑室）

文件选编

广西壮族自治区高新技术产业开发区条例

（2001年5月26日广西壮族自治区第九届人民代表大会常务委员会第二十四次会议通过

2011年3月31日广西壮族自治区第十一届人民代表大会常务委员会第二十次会议修订）

第一条 为了加强高新技术产业开发区的建设，规范高新技术产业开发区的管理，促进和保障高新技术产业开发区的可持续发展，增强自主创新能力，加快科教兴桂战略的实施，根据《中华人民共和国科学技术进步法》和有关法律、行政法规的规定，结合本自治区实际，制定本条例。

第二条 本条例所称的高新技术产业开发区（以下简称高新区），是指在本自治区行政区域内由国务院或者自治区人民政府批准设立的，实行体制机制改革、集聚科技创新要素、发展高新技术和战略性新兴产业、辐射带动区域发展的特定区域。

高新区根据发展需要，可按“一区（高新区）多园（高科技园）”的方式进行建设和管理。

第三条 高新区的设立、建设和管理，以及在本自治区行政区域内从事与高新区建设和发展有关的活动，适用本条例。

第四条 高新区的建设和发展应当坚持经济建设、文化建设、社会建设和生态文明建设相协调的原则。

第五条 自治区和高新区所在地的市人民政府应当按照生态良好、用地集约、产业集聚、设施配套的要求，编制高新区建设和发展总体规划，并将高新区的建设和发展纳入国民经济和社会发展规划、城乡规划和土地利用总体规划。

第六条 鼓励和支持国内外企业及其他投资主体参与高新区的建设和管理。

第七条 自治区高新区的设立，由所在地的市人民政府提出申请，经自治区科学技术行政部门会同自治区发展和改革、住房和城乡建设、国土资源、环境保护、财政、工业和信息化等部门审核后，报自治区人民政府批准。国家高新区的设立，按国家有关规定报批。

第八条 申请设立自治区高新区应当具备以下条件：

（一）高新区产业发展定位为高新技术产业和战略性新兴产业；

（二）具有高新区发展所必需的土地资源；

（三）具备支撑高新区发展的高等院校、科研院所、科技人才等创新资源；

（四）具有一定数量的高新技术企业；

（五）具有培养创新创业人才，培育创新型企业的科技企业孵化体系；

（六）国家和自治区关于设立高新区的其他条件。

第九条 自治区人民政府应当根据形势发展需要和本自治区的实际情况，制定扶持高新区建设和发展的各种优惠政策；制定并不断完善吸纳和使用人才的政策；组织协调自治区各职能部门支持高新区的各项工作，及时解决高新区的建设和发展问题。

第十条 自治区科学技术行政部门是高新区的业务主管部门，其管理职责是：

（一）指导和监督高新区的建设和发展；

（二）指导和扶持高新区的高新技术产业、战略性新兴产业发展；

（三）建立和完善自治区高新区的考核指标体系，定期对高新区工作进行考核，配合国务院科学技术行政部门对国家高新区进行考核；

（四）法律、法规、规章规定的其他职责。

第十一条 自治区有关部门应当在各自的职责范围内，制定支持高新区发展的具体措施，协同高新区所在地的市人民政府做好为高新区的服务工作，对高新区的报批、审批事项应当优先办理。

第十二条 高新区所在地的市人民政府对高新区的管理职责是：

（一）制定并组织实施高新区建设与发展规划；

（二）贯彻执行法律、法规、规章和国家、自治区有关高新区的政策，制定本市扶持高新区发展的政策；

（三）协调解决高新区开发、建设和管理中的重大问题；

（四）组织本市各职能部门支持高新区管理委员会的工作，保证其履行管理职能；依法为高新区内的企业和其他创新主体提供规范、便捷的服务，营造有利于高新区建设和发展的良好环境。

第十三条 高新区所在地的市人民政府设立高新区管理委员会，作为管理高新区具体事务的派出机构，根据市人民政府的授权，对高新区的发展规划、科技创新、城市建设、土地、财政、外事、项目审批、劳动人事等事项进行统一管理。

第十四条 高新区管理委员会对高新区的管理职责是：

（一）根据高新区建设和发展总体规划，制定并组织实施年度工作计划；

（二）完善高新区内的基础设施建设，创造良好的工作、生活环境，吸引各类优秀人才到高新区从事高新技术的研究开发、创办高科技企业，发展高新技术、战略性新兴产业；

（三）建立健全高新区的各项管理制度，对高新区各项工作进行具体管理；

（四）支持发展中介服务机构，完善创业服务体系，负责或者指导创业服务机构的建设和管理；

（五）按照权限制定高新区内的企业优惠政策，建立健全各种激励机制，设立各类奖励制度；

（六）维护高新区内的企业和其他市场主体的合法权益；

（七）履行所在地的市人民政府授予的其他职权。

第十五条 自治区在工业园区基础设施建设扶持资金中应当统筹安排部分资金用于支持高新区创新创业环境建设和促进产业发展。

对自治区财政资金支持的科技项目，自治区有关行政管理部门应当与高新区内承担项目的单位就项目形成的科技成果约定知识产权目标，在项目验收时对知识产权目标完成情况进行考核评价。

第十六条 对涉及高新区内国有土地使用权的出让、转让、抵押、收回、注销，高新区以及所在地的市国土资源行政主管部门应当优先办理。

自治区人民政府国土资源行政主管部门每年根据高新区的发展需要安排一定额度的用地指标。

高新区年度农用地转用计划指标不能满足发展需要时，可以直接向自治区人民政府国土资源行政主管部门申请追加。

第十七条 高新区所在地的市人民政府应当按照规划的要求，统筹高新区与周边地区的基础设施、公共设施以及其他配套设施的开发建设与利用。

自治区人民政府国土资源行政主管部门应当会同发展改革、规划、科技、工业和信息化、统计等部门以及高新区管理委员会建立高新区土地节约集约利用的评价和动态监测机制，提高建设用地的利用率。

第十八条 高新区在发展高新技术产业的同时，应当积极培育战略性新兴产业。

鼓励和支持传统产业企业积极应用高新技术进行技术改造和兴办高新技术企业；鼓励和支持高新技术企业积极参与应用高新技术改造传统产业。

第十九条 鼓励和支持高新区内的企业制定创新发展战略，加大研发投入，开展技术创新和管理创新，提升原始创新、集成创新和引进消化吸收再创新的能力，增强市场竞争力。

高新区管理委员会应当扶持、组织高新区内的企业申请认定高新技术企业，并对其进行适当奖励。

第二十条 对拟在高新区登记的企业，其申请登记的项目涉及前置审批而暂时无法提交许可证书或者批准文件的，除涉及国家安全、公民人身安全、影响环境的项目外，工商行政管理部门可以先办理筹建登记，核发有效期为一年的营业执照。

筹建期内，企业不得开展与筹建无关的生产经营活动。企业取得相关许可证书或者批准文件后，应当在筹建期届满前到工商行政管理部门申请办理经营范围变更登记。

第二十一条 在高新区内依法设立的技术转移、信息咨询、投融资、资产评估、企业策划、法律、知识产权、审计、会计等服务机构，享受高新区有关优惠政策。

高新区管理委员会应当引导高新区内的服务机构向专业化、规模化和规范化方向发展，充分发挥服务机构在科技咨询、成果评估、产权交易等方面的服务功能。

第二十二条 高新区内的高新技术企业、科技企业孵化器，在享受国家现行税收优惠政策之外的其他税收优惠，由自治区人民政府根据《中华人民共和国民族区域自治法》及相关法律法规的规定另行制定。

第二十三条 鼓励和支持企业、高等院校、科研院所以及其他社会组织和个人，在高新区设立多种所有制形式的科技企业孵化器、大学科技园和生产力促进中心。

经认定的科技企业孵化器、大学科技园和生产力促进中心，享受国家和自治区的有关优惠政策及当地配套的优惠政策。

第二十四条 鼓励和支持以高新区内的企业为主体，联合高等院校、科研院所、中介机构和其他企业，组建产业技术联盟，从事科技创新项目的研究、开发活动和技术成果产业化工作。

支持产业技术联盟组织申报国家和自治区重大科技项目、各类科技计划项目和重大高新技术产业化项目，承担科技基础设施建设。

第二十五条 鼓励和支持高新区内的企业和高等院校、科研院所、产业技术联盟等利用各自优势，通过开放和共享科技资源，在高新区内共建国家和自治区级企业技术中心、工程技术研究中心、重点实验室、工程中心、工程实验室、人才小高地、博士后工作站等技术研发平台，聚集人才等科技创新资源，联合承担各类科研项目，实现产学研用的紧密结合。

第二十六条 技术成果可以作为无形资产作资入股。以技术成果作价出资占企业注册资本的比例，可以由出资各方协商确定，但属于公司制企业的，依照《中华人民共和国公司法》的有关规定执行。

第二十七条 鼓励高等院校、科研院所的科技人员在完成本职工作的前提下，到高新区兼职创办科技企业或者从事高新技术成果的转化工作。

高等院校、科研院所的科技人员和管理人员离岗到高新区内创办科技企业或者从事高新技术成果转化工作的，允许其在一定期限内返回原单位工作。具体事宜按双方约定办理。

第二十八条 高新区内的企业和其他市场主体可以采取科技成果入股、科技成果折股、股权奖励、股权出售、股份期权、科技成果收益分成等方式，对作出贡献的科技人员和管理人员，进行股权激励。涉及财政拨款、国有资产出资的，应当按照有关规定办理。

高新区内的企业和其他市场主体可以探索符合其自身特点和有利于鼓励创新的激励机制。

第二十九条 各级专利、商标、版权等行政管理部门应当指导和帮助高新区内的企业提高知识产权意识、建立健全知识产权管理制度，实施知识产权战略，增强知识产权创造、运用、保护和管理的能力和水平。

高新区所在地的市人民政府及其相关部门应当通过补贴、奖励等措施，支持高新区内的各类市场主体及其相关人员获得专利、商标和版权等知识产权。

第三十条 鼓励各类人才在高新区开展创新创业活动，有关部门应当在工作条件、户口迁入、生活安置、配偶安置、子女入学、出入境等方面提供优惠或者便利条件。

为高新区建设和发展做出贡献的，由自治区和高新区所在地的市给予表彰和奖励。

第三十一条 自治区应当建立和发展以政府资金为主导，投资主体多元化的高新技术产业发展投融资体系。

高新区管理委员会应当以政府部分注资的方式，鼓励各市场主体在高新区内投资建立风险投资机构和企业信用担保机构。

自治区鼓励和支持在高新区内建立技术产权交易机构和联合建立一区多园的产（股）权交易机构，培育区域性资本市场。

第三十二条 金融、发展和改革、科技、财政、国土资源、税务、工商行政管理等有关部门应当健全高新技术企业上市联动机制，加强对高新技术企业上市的联合审核、综合协调和指导服务，支持高新技术企业上市。

鼓励和支持高新区内的企业通过上市、中期票据、短期融资券、公司债、信托计划等方式筹集资金，拓宽企业融资渠道。

第三十三条　自治区和高新区所在地的市人民政府及其有关部门应当支持各类金融机构在高新区开展金融创新，促进技术与资本的高效对接。

支持商业银行在高新区设立专营机构，创新信贷产品，创新考核奖励、风险管理、授信、贷款审批和发放等机制，为高新技术企业融资服务。

鼓励和支持商业银行、政策性银行和小额贷款公司及其他金融机构为高新区内的企业开展股权及知识产权质押贷款业务。

高新区管理委员会可以利用专项资金、贴息等方式，引导各类金融机构对高新技术企业获得国家、自治区以及所在地的市科技、发展和改革、工业和信息化等行政部门立项的科技项目给予信贷支持。

第三十四条　自治区建立贷款风险补偿机制，支持商业银行、融资担保机构、保险机构和小额贷款机构，按照有关规定开展针对高新区内企业的贷款、信用保险和贸易融资、产业链融资等业务。

贷款风险补偿机制由自治区人民政府另行规定。

第三十五条　各级人民政府应当积极利用政府采购政策，支持高新区的自主创新活动。使用财政资金采购以及财政资金全部或者部分投资的项目，应当通过首购、订购、首台（套）重大技术装备试验和示范项目、推广应用等方式，优先采购、使用高新区内创新主体的自主创新产品。

第三十六条　高新区所在地的市人民政府及其有关部门对高新区内的企业和其他组织开展生产经营以及其他相关活动而办理有关行政许可、非行政许可审批、年检和其他服务、管理事项时，应当通过明确权限、简化程序、减少层级、下放权力、优化流程等方式提高行政管理和服务水平。

第三十七条　各级人民政府及其有关部门应当将其依法履行职责、服务高新区创新创业的情况，纳入年度绩效考核管理。

第三十八条　违反国家财政、财务制度，挪用、截留财政用于高新技术及其产业化经费的，依照国务院有关财政违法行为处罚处分的规定予以处理；构成犯罪的，依法追究刑事责任。

第三十九条　各级行政管理部门和其他有关部门的工作人员，滥用职权，玩忽职守，徇私舞弊，以权谋私，受贿索贿，侵犯高新区内的企业和科技人员合法权益的，依照管理权限和程序，由其所在单位或者上级主管部门、监察机关依法给予行政处分；构成犯罪的，依法追究刑事责任。

第四十条　高新区外经国家或者自治区科学技术行政部门认定的科技企业孵化器和大学科技园参照本条例有关规定执行。

第四十一条　本条例自2011年6月1日起施行。

关于印发《自治区主席院士顾问聘任管理办法（试行）》的通知

各市、县人民政府，自治区农垦局，自治区人民政府各组成部门、各直属机构，各有关单位：

为贯彻落实科教兴桂、人才强桂战略，根据自治区人民政府第66次常务会、自治区党委常委会第145次（扩大）会议关于聘请自治区主席院士顾问的精神，经自治区人民政府同意，自治区科技厅、工业和信息化委员会、人力资源和社会保障厅制定了《自治区主席院士顾问聘任管理办法（试行）》。现印发给你们，请遵照执行。

广西壮族自治区科学技术厅
广西壮族自治区工业和信息化委员会
广西壮族自治区人力资源和社会保障厅
二〇一一年四月二十六日

附件

自治区主席院士顾问聘任管理办法（试行）

第一条　为进一步完善自治区人民政府的决策咨询制度，充分发挥科技专家在政府重大决策的参谋作用，推进政府重大决策工作规范化、科学化、民主化，根据《广西壮族自治区人民政府关于加快吸引和培养高层次创新创业人才的意见》的要求，自治区人民政府设立自治区主席院士顾问（以下简称“院士顾问”）。为加强对院士顾问的管理，制定本办法。

第二条　院士顾问的主要任务，是围绕我区特色优势产业发展需求，在优化产业布局，提高企业自主创新能力，加快推进产业和产品结构优化升级，加强人才队伍建设等方面开展战略研究、决策咨询和技术指导，引进人才、技术、项目、资金，为我区产业发展提出建设性意见与建议，供政府决策参考。

第三条 院士顾问由自治区主席聘任。每届院士顾问聘期为3年。

第四条 成立自治区主席院士顾问服务工作组，由自治区人民政府分管领导及相关部门主要领导组成，负责院士顾问的服务、管理工作，在自治区科学技术厅下设办公室，具体负责院士顾问的日常管理工作。

第五条 建立和完善分工明确的院士顾问对接机制，将每位院士顾问落实到具体的牵头部门，由牵头部门具体负责对接服务工作。

第六条 院士顾问工作绩效的考核，重点考核在我区开展相关活动的情况，由各相关厅局根据年度开展活动执行情况，进行书面总结，总结的内容包括：院士来桂的次数、活动的内容、解决的问题及效果、合作的进展等，同时提出考核意见，报自治区院士顾问服务工作组汇总，呈报自治区主席。

第七条 各部门、单位于每年12月20日前报送院士顾问当年活动总结及次年活动计划（活动计划如有需要可临时调整）。活动计划经自治区院士顾问服务工作组批准后实施。

第八条 设立自治区院士顾问专项经费，用于院士顾问来桂开展工作的费用支出。院士顾问专项经费标准按每年每位院士20万元安排。院士顾问专项经费使用管理办法另行规定。

第九条 本办法由自治区科技厅、自治区工业和信息化委员会、自治区人力资源和社会保障厅共同解释。

第十条 本办法自下发之日起执行。

广西壮族自治区人民政府关于在全区开展全民发明创造活动的决定

桂政发〔2011〕81号

各市、县人民政府，自治区农垦局，自治区人民政府各组成部门、各直属机构：

为提高我区自主创新能力，加快转变经济发展方式，自治区人民政府决定，在全区开展全民发明创造活动。

一、开展全民发明创造活动的重大意义

（一）开展全民发明创造活动，是我区实现科学发展的内在要求。当今世界，创新是推动经济社会发展的主要动力。“十一五”时期，我区经济持续快速发展，综合实力跨上新台阶，但科技支撑能力不强，经济发展方式仍较粗放。“十二五”时期，全区将坚持科技引领、创新驱动，加快创新型广西建设。在知识经济和创新驱动的时代，发明专利作为自主创新的重要追求目标和经济核心竞争力的构成要素，其数量和质量已经成为衡量一个国家和地区自主创新能力和经济竞争力的重要评价指标。开展全民发明创造活动，加强自主创新，大幅增加发明专利拥有量，是提高我区经济科技核心竞争力、加快转变经济发展方式、建设创新型广西、实现“富民强桂”新跨越的必然选择。

（二）开展全民发明创造活动，是“十二五”时期全区各族人民的共同任务。“十一五”时期，我区发明专利申请量5564件，是“十五”时期的2.5倍；获授权量1328件，是“十五”时期的3倍。但我区发明专利申请和获授权总量小，每万人口发明专利拥有量远低于全国平均水平。提高发明专利拥有量成为我区“十二五”时期极其艰巨的任务。

二、指导思想、基本原则和总体目标

（一）指导思想

以邓小平理论和“三个代表”重要思想为指导，深入贯彻落实科学发展观，按照激励创造、有效运用、依法保护、科学管理的方针，深入实施知识产权战略，着力创新体制、机制和政策，加快推动企业成为发明创造的主体，充分发挥高等院校、科研机构在发明创造中的重要作用，极大调动各类创新人才的发明创造积极性，推动全民发明创造活动蓬勃开展，使全区自主创新能力显著提高，为加快我区经济发展方式转变、建设创新型广西、实现“富民强桂”新跨越提供强有力支撑。

（二）基本原则

1. 坚持强化企业发明创造主体地位与激励全民创造相结合。要强化广大企业经营管理人员、技术人员和职（员）工的发明创造意识，使发明创造成为企业的自觉行动。同时，鼓励高等院校和科研机构科技人员、社会各界人士和广大青少年开展发明创造。

2. 坚持突出特色产业与关注战略性新兴产业相结合。要引导广大发明人重点围绕自治区千亿元产业发展需要开展发明创造。同时，着力推动

在战略性新兴产业前沿和核心技术领域开展发明创造。

3. 坚持市场导向与政府引导相结合。要充分发挥市场调节机制作用，吸引各类创新资源大量投入发明创造活动。同时，有效运用公共政策手段引导和激励各类符合市场需求的发明创造行为。

4. 坚持整体推进与分类指导相结合。要统一部署、整体推动发明创造活动在全区蓬勃开展。同时，要认真分析各市、县（市、区）自主创新基础条件和产业结构特点，针对各地具体情况给予分类指导。

（三）总体目标

“十二五”时期，全区企业的发明创造主体地位显著增强，高等院校、科研机构的发明创造生力军作用有效发挥，全社会发明创造活动极大活跃，各类投资主体对发明创造的投入大幅度增加，发明专利大量产出并得到有效运用、保护和管理，在自治区千亿元产业和战略性新兴产业核心关键技术领域获得一大批发明专利授权。到 2015 年末，全区每万人口发明专利拥有量达到 3 件。

三、重点任务

（一）进一步强化政府科技计划项目的知识产权导向

充分发挥政府科学研究与技术开发计划对全社会创新活动的引导作用。各级科技、财政和知识产权部门要制定完善政府科技计划项目知识产权管理政策措施，进一步强化知识产权特别是发明专利导向，把发明专利产出作为科技计划项目特别是千亿元产业重大科技攻关工程和战略性新兴产业研发项目立项的条件和验收的指标，大幅度提高财政资助的研发项目发明专利产出率。其他政府部门组织实施的与科学技术相关计划项目也应当制定完善知识产权管理政策措施。

（二）推动创新平台成为发明创造高地

坚持鼓励和支持符合条件的企事业单位建设国家级和自治区级工程技术研究中心、企业技术中心、重点实验室等研发平台，深入推进自治区 23 家千亿元产业研发中心建设。同时，推动各创新平台围绕产业共性关键技术攻关，大量获取发明专利授权。自治区发展改革、工业和信息化、教育、科技、知识产权等部门，应当将专利创造、运用、保护及管理状况作为重要指标，纳入工程研究中心、工程实验室、工程技术研究中心、企业技术中心、重点实验室等各类创新平台以及高等院校和科研院所的认定或考核体系，推动各类创新平台迅速成长为具有显著创新优势的发明创造高地。

（三）推动企事业单位加强发明创造

培育并充分释放企业发明创造的原动力，强化企业发明创造主体地位。深化以专利为重点的企事业单位知识产权试点示范工作，加大对知识产权试点示范企业专利工作制度建设的指导力度。鼓励高新技术企业、创新型企业、规模以上企业特别是国有及国有控股企业、重点出口企业建立完善专利管理制度和机构。工业和信息化部门在推进企业技术改造工作中要重点安排、扶持拥有发明专利的项目，强化相关产业政策的专利工作要求。科技部门在推动高新技术企业、创新型企业发展工作中，要进一步强化企业发明专利创造、运用、保护和管理能力的考核，优先支持企业实施能够大量申请发明专利的技术创新项目。国有资产监督管理部门要探索建立具有较强操作性的国有及国有控股企业技术创新能力评价体系和办法，加快将发明专利拥有量纳入所监管国有及国有控股企业绩效考核体系工作，作为企业负责人的重要考核指标。知识产权管理部门要建立重点企业专利工作联系机制，实施发明创造运用试点示范项目，向重点企业派遣专利特派员，强化对企业专利工作的指导、支持和服务。各有关部门要引导归口管理或主管的高等院校和科研机构完善专利工作体系，将创新成果专利化并有效转化运用。支持大学科技园、企业孵化器和工程技术研究中心建立专利技术创业孵化机制，形成专利实施和专利技术产业化的基地。

（四）打造专利集聚区域

深化市、县（市、区）和园区知识产权试点示范工作，建立完善市、县（市、区）和园区知识产权工作体系、机制和制度，加强对试点示范工作的指导、服务、检查和验收。鼓励具备条件的城市创建国家知识产权试点示范城市，支持高新技术产业开发区（园区）、经济技术开发区等具备条件的园区争创国家知识产权示范园区，支持县（市、区）实施国家知识产权强县工程和创建自治区知识产权试点示范县，全面提升区域发明创造运用能力。

（五）鼓励群众性发明创造活动

要高度重视并有效发挥各行各界在推动全民创新中的重要作用，丰富各类社会创新活动知识产权内涵，提高创新活动绩效和档次。教育部门和高等院校要探索引导大学生发明创造并申请专利的新举措，将专利成果作为学生学业评价的激励因素。支持科学技术协会在“创新方法进百企行动计划”的组织实施中强化发明创造内涵，引导企业更多申请发明专利；支持其在青少年科技创新大赛的组织中，加大对学生专利成果参赛的鼓励，培养青少年专利意识，积极将小发明小创造申请专利。支持工会、共青团组织深入开展青工“五小”活动，围绕企业技术进步和产品升级，进一步突出对小发明小创造的鼓励，提高“五小”活动创新水平。各级各有关部门要加强对各界群众特别是热心发明创造的社会人士的引导和政策扶持，调动广大人民群众发明创造的积极性，形成全社会发明创造喷涌而出之势。

（六）发展壮大专利服务业

加快发展专利信息分析、专利代理、专利转化交易服务等专利服务业，促进发明创造活动的科学决策、发明专利的有效申请和专利的转化交易。构建数据完备、功能完善的专利信息检索分析服务平台，培养造就一支高水平的专利信息分析服务人才队伍。加强专利代理专业人才培养，大力发展专利代理机构，优化专利代理机构布局，“十二五”时期全区专利代理机构达到30～50家。建设广西知识产权交易平台，形成知识产权交易服务、专利展示推介、专利评估、专利信息服务、专利项目投融资服务等能力。支持国家知识产权局专利局南宁代办处加强建设，增强服务能力，为我区广大发明人提供更好的申请受理和费用减缓等服务。

（七）加强政府重大项目和重大经济活动的专利审议

要高度重视政府重大投资项目大量集成先进技术的作用及其对国民经济和社会发展的深远影响，对我区以国有资金或资产投入为主的重大生产性投资项目，以及国有或国有控股企业重大并购、重点装备进出口、核心技术引进等重大经济活动，由项目（活动）归口管理或审批部门会同相关部门组织知识产权专家委员会进行专利审议，评估专利风险。在同等条件下优先支持以国有资金或资产投入为主的具有自主知识产权的企业重大技术改造项目。鼓励在重大项目和重大经济活动中集成运用或创造发明专利，促进在我区投资的重大项目形成知识产权竞争优势。

（八）实施发明专利倍增计划

发挥政府专利资助和奖励政策促进创新成果专利化的引导激励作用，以实现“十二五”时期全区每万人口发明专利拥有量达到3件为目标，以发明专利申请量每年倍增为要求，制定实施发明专利倍增计划：在着力加强自主创新基础上，根据专利工作发展的需要和财力可能，加大对专利的申请资助和奖励力度，支持和鼓励权利人维持先进适用关键核心发明专利，资助缴纳发明专利年费，延长发明专利寿命；设立自治区专利奖，对在经济社会发展中作出突出贡献、产生显著效益的专利项目和实施单位以及有重大贡献的个人给予特别奖励，引导和促进创新成果专利化；支持企业从自治区外引进先进适用专利技术，拓宽发明专利倍增渠道。自治区按照分类指导原则，把发明专利倍增任务分解落实到各设区市。各设区市要按照自治区的统一部署，制定实施本地发明专利倍增计划。自治区工业和信息化、国有资产管理、教育等各有关部门（机构），要结合部门（机构）职能制定行业性发明专利倍增计划或工作方案，指导各类中小企业、国有和国有控股企业、高等院校以及其他企事业单位大量创造发明专利。支持企事业单位向国外申请发明专利，增强参与国际竞争能力。

四、保障措施

（一）大幅度增加全社会发明创造经费投入

加大全区科学研究与试验发展（R&D）经费投入，为发明专利的大量产出提供基础条件。自治区科技、发展改革、工业和信息化、财政、税收以及国有资产管理等部门，要制定加大财政科技投入、激励全社会特别是企业R&D经费加快增长的有力政策措施，并组织实施，确保到2015年全区全社会R&D经费占生产总值比重达到2.2%。

建立和完善有利于发明创造的财政投入机制。各级人民政府要落实财政科技经费法定增长要求，调整和优化财政科技经费支出结构，对能形成自主知识产权的关键技术研发项目、发明创造运用和知识产权试点示范项目以及引进、消化、吸收再创新等科技合作项目给予重点支持，并逐步加大支持力度。自治区结合财力情况统筹安排专项资金支持发明专利倍增计划的实施，并根据需要逐步加大支持力度。各市、县（市、区）根据本地发明创造工作需要和财力可能，安排专项资金支持本地发明专利拥有量的倍增计划，形成上下联动的发明创造工作经费分担机制。

（二）加强专利保护

发挥知识产权保护对发明创造的激励和促进

作用，从队伍规模、素质、装备配备等方面加强我区专利行政执法队伍建设，提高依法保护专利权人合法权益的能力。各级人民政府应为专利行政执法工作提供必要的工作条件和经费保障。建立完善知识产权预警和应急救助机制，支持企业开展知识产权预警和应急救助工作。加强自治区知识产权维权援助机构和队伍建设，提高专利维权援助服务能力。

（三）创新企业知识产权评估与投融资机制

建立促进专利权质押融资协同推进机制，发挥金融服务功能，支持中小企业通过专利权质押融资，拓宽融资渠道，缓解融资困难，有效运用发明专利加快企业发展。自治区金融部门要会同财政、知识产权等部门，组织建设专利权质押融资服务平台，建立专利权质押融资风险多方分担机制、保障机制和专利权流转管理机制，开展专利资产评估和专利权质押融资试点工作。加大政府扶持力度，自治区担保风险补偿资金对发明专利权质押贷款给予倾斜支持。

（四）强化发明创造的人才支撑

着力培养引进高层次创新人才及团队，重点实施院士后备人选培养工程和科技领军人才培养工程，深化自治区主席院士顾问工作，大力推进“八桂学者”制度和特聘专家制度的实施，加大“两院”院士、长江学者、新世纪百千万人才工程国家级人选、突出贡献中青年专家等国家级高层次人才和创新研究团队的培养和引进力度，建设规模大、水平高、结构合理的发明创造人才队伍。

自治区人力资源社会保障部门要优化科技人才评价体系，在专业技术职务评聘中加大专利特别是发明专利指标的权重，将获得中国专利金奖、中国专利优秀奖和自治区专利奖的专利，以及对技术进步产生重大作用或者取得显著经济效益的专利，作为晋升发明人相关专业技术资格的重要业绩成果条件之一，引导和鼓励科技人员把更多的科技创新成果专利化。

（五）加强知识产权宣传教育

组织开展面向社会广大公众的大型、综合性知识产权宣传活动，广泛宣传普及专利知识，提高全社会的专利意识。开展面向各级人民政府、各有关部门和企事业单位负责人的知识产权培训，强化各级领导干部知识产权理念，提高企事业单位负责人知识产权管理能力。加强专利实务培训，提高专利代理等中介服务从业人员、企事业单位知识产权管理人员和发明人专利业务素质。在科技人员再教育工作中进一步强化专利知识教育，在职业学校和中小学开展专利等知识产权基础教育，鼓励高等院校开设知识产权课程、设置知识产权专业，培养壮大知识产权人才队伍。

（六）切实加强对发明创造工作的领导

实行发明创造工作行政首长负责制。加强发明创造工作的领导，是加快经济发展方式转变的重要任务，各级行政首长作为发明创造工作的第一责任人，对本地区发明创造工作承担领导责任。自治区人民政府成立推动发明创造工作领导小组，负责全区发明创造工作的组织领导和统筹协调。各设区市也要建立发明创造工作的组织领导和统筹协调机制，实行分工明确的行政首长负责制和部门责任制。加强我区知识产权机构建设，自治区和设区市人民政府强化本级知识产权局机构设置和人员配备，县级人民政府根据本地实际设立本级知识产权管理机构或明确承担知识产权行政管理工作的机构及其职责，配备负责知识产权管理工作的人员。强化对各级人民政府领导发明创造工作的考核，建立专利工作目标责任制。

广西自然科学基金项目管理办法

桂科政字〔2011〕124号

（2011年6月28日印发）

第一章　总　则

第一条　为贯彻落实《广西壮族自治区中长期科学和技术发展规划纲要（2006—2020年）》，规范和加强广西自然科学基金项目管理，制定本办法。

第二条　广西自然科学基金项目（以下简称“自然基金项目”），是根据广西科技发展规划和经济社会发展需要，由广西壮族自治区科学技术厅（以下简称“自治区科技厅”）组织，以广西自然科学基金资助为主的自然科学基础研究（含应用基础研究）项目。

第三条　自然基金项目的宗旨是：贯彻国家科学技术方针、政策，加强广西自然科学基础研究工作，推动原始性创新；发现、培养高水平研究人才和研究团队，吸引留学回国人员服务广西，稳定基础研究队伍，增强科技创新能力，促进广西科学技术进步与经济社会可持续发展。

第四条 自然基金项目重点支持以下方面的研究工作：

（一）具有重要科学价值和重大应用前景的创新性基础研究；

（二）有利于学科交叉，促进新兴学科、新兴技术与高技术产业的形成和发展的基础研究；

（三）促进科技创新人才和研究团队培养，推动广西优势和特色学科建设的基础研究。

第五条 自然基金项目设立面上项目、青年基金项目、回国基金项目、杰出青年基金项目、创新研究团队项目、重点项目、重大项目等项目类别。

第六条 自治区科技厅是自然基金项目的主管部门。自治区科技厅负责提出广西自然科学基金优先资助领域和重点研究方向，指导科技人员申请自然基金项目，负责自然基金项目的日常管理。

第二章 资助范围与条件

第七条 广西境内的高等学校、科学研究机构和其他具有独立法人资格、开展基础研究的公益性机构，可以向自治区科技厅申请注册为依托单位。高等学校的下属单位和机构（如高等学校的二级学院、医学类高等学校的附属医院等）原则上不能单独另行申请注册为依托单位。

依托单位以自治区科技厅公布注册的依托单位名称为准。

第八条 依托单位应当具备下列条件：

（一）在广西境内注册、具有独立法人资格；

（二）具有从事基础研究活动的能力；

（三）具有专门的科学研究项目管理机构和制度；

（四）具有专门的财务机构和制度；

（五）具有必要的资产管理机构和制度。

第九条 依托单位职责：

（一）负责组织科技人员申请自然基金项目；

（二）审核申请人或者项目负责人所提交材料的真实性；

（三）提供项目实施的条件，保障项目负责人和参与者实施项目的时间；

（四）跟踪项目的实施，监督项目经费的使用；

（五）配合自治区科技厅做好项目的日常管理。

第十条 凡在广西境内工作、在职在岗的科技人员均可通过依托单位申请自然基金项目。申请人应当具备下列基本条件：

（一）申请人必须是项目的实际主持人，具有良好的科学精神和科学道德；

（二）具有较好的研究工作基础和相应的研究能力，研究工作时间有可靠的保障；

（三）非各级公务员（包括参照公务员管理的人员）；

（四）在职攻读研究生学位的人员须经导师同意。

第十一条 面上项目支持科技人员在广西自然科学基金资助范围内自主选题，开展创新性基础研究，促进各学科均衡、协调和可持续发展。研究期限一般为2～3年。申请人应当具备下列基本条件：

（一）符合本办法第十条规定；

（二）具有从事基础研究的经历；

（三）申请当年12月31日年龄未满57周岁；

（四）具有高级专业技术职务（职称）或者具有博士学位，或者具有中级专业技术职务（职称）且有2名与其研究领域相同、具有高级专业技术职务（职称）的科技人员推荐。

第十二条 青年基金项目支持青年科技人员在广西自然科学基金资助范围内自主选题，开展创新性基础研究，培养青年科技人员独立主持科研项目的能力，激励青年科技人员的创新思维，培育基础研究后继人才。青年基金项目分为青年基金一般项目和青年基金滚动项目。研究期限一般为2～3年。

申请青年基金一般项目应当具备下列基本条件：

（一）符合本办法第十条规定；

（二）申请人具有中级以上（含中级）专业技术职务（职称）或者具有博士学位；

（三）申请当年12月31日，申请人年龄未满35周岁，且项目组1/2以上人员年龄未满35周岁；

（四）申请人未主持过青年基金项目。

青年基金滚动项目，由自治区科技厅在上年5月1日至当年4月30日时间内按照项目任务书规定的研究期限完成结题的青年基金项目中，择优资助项目完成质量高的科技人员开展持续的基础研究。

第十三条 回国基金项目支持从国外回到广西工作的科技人员在广西自然科学基金资助范围内自主选题，开展高水平的创新性基础研究。回国基金项目分为回国基金一般项目和回国基金重点项目。研究期限一般为2～3年。申请人应当具备下列基本条件：

（一）符合本办法第十条规定；

（二）具备一定研究工作基础，回国工作未满3年；

（三）回国基金一般项目申请人应具有在国外攻读并获得博士学位或者在国外从事博士后工作1年以上，或者在国外科研机构从事科研工作2年以上的经历；

（四）回国基金重点项目申请人应具有在国外科研机构从事科研工作2年以上，且主持过国外研究项目或者在国内主持过省部级以上基础研究项目的经历；

（五）具有高级专业技术职务（职称）或者具有博士学位；

（六）申请当年12月31日年龄未满57周岁；

（七）未主持过回国基金项目。

第十四条 杰出青年基金项目支持在基础研究方面已取得突出成绩的青年学者自主选择研究方向开展创新性基础研究，促进青年科学技术人才的成长，培养造就一批进入国家高层次人才队伍的优秀学术带头人。研究期限一般不超过3年。申请人应当具备下列基本条件：

（一）符合本办法第十条规定；

（二）具有主持国家基础研究项目的经历；

（三）具有高级专业技术职务（职称）或者具有博士学位；

（四）申请当年12月31日年龄未满40周岁；

（五）未主持过杰出青年基金项目。

第十五条 创新研究团队项目支持以优秀中青年科技人员为学术带头人和骨干的研究团队，围绕国家和自治区中长期科技发展规划确定的某一重要研究方向开展创新性基础研究，培养和造就高水平的研究团队。研究期限一般不超过4年。申请人应当具备下列基本条件：

（一）符合本办法第十条规定；

（二）具有主持2项以上（含2项）国家基础研究课题的经历；

（三）具有高级专业技术职务（职称）或者具有博士学位；

（四）申请当年12月31日年龄未满50周岁。

第十六条 重点项目支持科技人员针对已有较好研究基础、接近或达到国内乃至国际先进水平的研究方向或学科生长点开展深入、系统的创新性基础研究，促进学科发展，推动若干重要领域或科学前沿取得突破；支持科技人员瞄准广西重点产业、优势产业或广西社会发展共性关键科学问题开展的应用基础研究。研究期限一般不超过3年。申请人应当具备下列基本条件：

（一）符合本办法第十条规定；

（二）具有主持省部级及以上基础研究项目的经历；

（三）具有高级专业技术职务（职称）或者具有博士学位；

（四）申请当年12月31日年龄未满57周岁（广西紧缺的高层次人才经自治区科技厅审批后，年龄可适当放宽）。

第十七条 重大项目支持科技人员瞄准国家战略，围绕广西经济社会发展的特定科学领域或特定区域重大科学问题开展将来有望列入国家级重大（或重点）项目的前期基础研究，取得高水平研究成果。研究期限一般不超过4年。申请人应当具备下列基本条件：

（一）符合本办法第十条规定；

（二）具有主持省部级及以上基础研究项目的经历；

（三）具有高级专业技术职务（职称）；

（四）申请当年12月31日年龄未满57周岁（广西紧缺的高层次人才经自治区科技厅审批后，年龄可适当放宽）。

第三章 申请与评审

第十八条 自治区科技厅负责组织制定年度自然基金项目申报指南，并在公开发布年度自然基金项目申报指南30日之后正式受理项目申请。

第十九条 申请人应根据项目申报指南和申报程序要求，在规定期限内通过依托单位向自治区科技厅提交项目申请。

第二十条 自治区科技厅负责申请项目的形式审查和初审，负责组织专家对受理的项目申请进行评审。

第二十一条 评审专家应本着科学、客观、公正、负责的精神，从科学价值、创新性、社会影响、研究方案的科学性、合理性和项目实施的可行性等方面对项目申请进行独立判断和评价，提出评审意见。

第二十二条 评审专家有下列情形之一的，应当申请回避：

（一）评审专家是申请人、参与者近亲属，或者是其导师，或者与其有其他可能影响公正评审关系的；

（二）评审专家自己申请的自然基金项目与申请人申请的自然基金项目相同或者相近的；

（三）评审专家与申请人、参与者属于同一法人单位的；

（四）其他可能影响公正性的情况。

自治区科技厅根据申请，经审查作出是否回避的决定。

第二十三条 受聘参加自然基金项目评审工作的专家和相关工作人员应遵守诚信、保密规定：不得违规与申请人、申请单位接触、受请；不得擅自复制、泄露或以任何形式剽窃申请人的研究内容；不得泄露评审专家姓名和单位；不得干预评审专家的评审工作；不得泄露评审过程中的情况和结果。

第二十四条 自治区科技厅根据项目申报指南、年度科技工作重点和评审专家的意见，综合平衡，择优确定资助项目。

自治区科技厅对拟资助的创新研究团队项目、杰出青年基金项目和青年基金滚动项目在立项前向社会进行公示。

第四章 实施管理

第二十五条 自治区科技厅按部门预算编制要求与自治区财政厅联合下达项目立项及财政经费补助通知，并书面通知依托单位，同时抄送依托单位主管部门。

第二十六条 依托单位应当组织项目负责人（即项目主持人）按照立项通知要求填写自然基金项目任务书，并在规定时间内上报自治区科技厅核准。核准后的项目任务书，作为资助经费拨付和项目检查、结题的依据。无正当理由逾期未报送项目任务书者视为自动放弃。

第二十七条 项目负责人应当按照项目任务书组织开展研究工作，做好项目实施情况的原始记录，每年须向依托单位填报《广西自然科学基金项目年度进展报告》，并作为项目资料归档备查。

重大项目和创新研究团队项目实施时间满2年，还需填报项目中期检查报告。由自治区科技厅组织专家进行项目中期检查。

第二十八条 依托单位应加强项目管理，负责项目执行情况的检查、经费使用情况的监督、审核《广西自然科学基金项目年度进展报告》，填写《广西自然科学基金项目年度管理工作报告》报送自治区科技厅。

第二十九条 项目实施期间，主要参与者、研究内容、考核指标等项目任务书内容原则上不能调整。如有客观原因需要延长期限和终止研究等情况，项目负责人应及时提出书面申请（附上项目任务书复印件、相关总结、证明材料），经依托单位审核后报自治区科技厅审批。

项目负责人应当于项目研究期限届满30日前提出延期申请。每个项目只能延期1次，申请延长的期限一般不得超过1年。

第三十条 项目负责人有下列情形之一的，依托单位应当及时提出变更项目负责人或者终止项目实施的申请，报自治区科技厅审批：

（一）不再是依托单位科技人员的；

（二）不能继续开展研究工作的；

（三）有剽窃他人科学研究成果或者在科学研究中有弄虚作假等行为的。

项目负责人调入另一依托单位工作的，经所在依托单位与原依托单位协商一致，由原依托单位提出变更依托单位的申请，报自治区科技厅审批。协商不一致的，自治区科技厅可以直接作出终止该项目负责人所主持的项目实施的决定。

青年基金项目、回国基金项目和杰出青年基金项目负责人有上述情形之一，则不得更换项目负责人，由依托单位提出终止项目实施的申请，报自治区科技厅审批。

第三十一条 自治区科技厅不定期组织有关专家对项目实施及其依托单位的工作有重点地进行检查、评估。

第三十二条 项目依托单位及项目负责人须严格遵守国家有关知识产权的法律和法规，依法保护国家、集体和个人的合法权益。

第三十三条 发表自然基金项目取得的研究成果，须标注“广西自然科学基金资助”（英文标注为This research was supported by Guangxi Natural Science Foundation）及项目编号。未按规定标注的研究成果，不得作为自然基金项目资助的成果参与项目结题。

可形成专利的研究成果，应先申请专利再发表论文。

第五章　项目结题

第三十四条　自治区科技厅依据项目任务书对项目组织结题。重大项目、杰出青年基金项目和创新研究团队项目须按项目任务书要求，进行会议验收。面上项目、青年基金项目、回国基金项目、重点项目完成项目任务书确定的目标可申请书面结题，报自治区科技厅审查后，对项目给予结题确认。

第三十五条　自研究期满之日起30日内，项目负责人应当通过依托单位向自治区科技厅提交项目结题申请和相关结题材料。项目负责人应当对项目结题材料的真实性负责。

依托单位应当对申请结题的自然基金项目材料进行审核，查看项目实施情况的原始记录，建立自然基金项目档案。

第三十六条　自治区科技厅在每月1—10日受理自然基金项目结题申请。项目依托单位须在受理期内提交申请项目结题材料。自治区科技厅应在5个工作日内决定是否受理项目结题申请。

第三十七条　自治区科技厅受理项目结题申请后，应当在15个工作日内组织项目审查或者项目验收。对符合项目结题要求的，准予项目结题并书面通知依托单位和项目负责人。

第三十八条　自治区科技厅对已结题项目进行2年的跟踪调查。原项目负责人及其依托单位应主动配合做好跟踪调查工作。

第三十九条　自然基金项目实施中取得的研究成果，可按国家和自治区有关规定，分别办理鉴定申请、成果登记、奖励申报和专利申请等。

第六章　信用管理

第四十条　建立项目信用管理制度。对项目申请、立项、实施、结题等过程中的相关单位和个人进行信用记录和信用评价。单位和个人信用状况作为项目资助的重要参考依据。

第四十一条　项目负责人、参与者有下列行为之一的，由自治区科技厅记入不良信用记录，视情节轻重给予暂停拨款、终止并撤销项目，追回已拨付的财政补助经费，在3～5年内取消相关人员的项目申请资格等处理：

（一）无故不完成项目任务或因人为因素致使项目难以实施的；

（二）提交弄虚作假的报告、原始记录或者相关材料的；

（三）侵占、挪用项目经费的。

关于印发广西科技重大专项管理暂行办法的通知

桂科政字〔2011〕123号

各市科技局、财政局，区直各有关单位：

现将《广西科技重大专项管理暂行办法》印发给你们，请遵照执行。执行过程中如有意见和建议，请及时函告自治区科技厅、财政厅。

附件：广西科技重大专项管理暂行办法

广西壮族自治区科学技术厅
广西壮族自治区财政厅
二〇一一年八月十日

附件：

广西科技重大专项管理暂行办法

第一章　总　则

第一条　为推进自治区科技重大专项（以下简称重大专项）实施和管理工作的科学化、规范化、制度化，根据《广西科学研究与技术开发计划项目管理暂行办法》、《广西壮族自治区中长期科学和技术发展规划纲要（2006—2020年）》（以下简称规划纲要），制定本办法。

第二条　本办法适用于规划纲要、自治区科技发展规划以及根据广西科技发展的实际需要所确定的重大专项的组织、实施、评价等管理活动。

第三条　重大专项采取聚焦特定目标、动态调整、滚动支持、分年度实施的管理方式，按项目或课题（以下简称项目）组织，实施周期一般3—5年。

第二章　组织管理

第四条　自治区科技厅是重大专项的管理部门，其主要职责：

（一）设立专家咨询委员会；

（二）组织编制和发布项目招标、申报指南，组织项目申报和评标、评估评审；

（三）核准重大专项牵头实施单位；

（四）编制重大专项项目立项计划和提出年度经费预算建议；

（五）核准重大专项项目合同（课题任务书）；

（六）组织重大专项项目实施过程监理、验收与绩效考评。

自治区科技厅设立重大专项管理办公室（以下简称专项办），负责重大专项日常管理、综合协调工作。

第五条　专家咨询委员会的主要职责：

（一）指导制订重大专项实施计划；

（二）指导编制项目招标和申报指南；

（三）提出项目立项及资助经费安排建议；

（四）指导重大专项的组织实施和项目技术工作；

（五）协助制订重大专项知识产权创造、管理、保护和运用制度；

（六）协助定期或不定期检查、评估项目实施进展情况，向自治区科技厅报告并提出有关建议和意见。

第六条　重大专项原则上由企事业单位牵头组织实施（以下简称牵头实施单位）。牵头实施单位应为广西区内注册的独立法人机构，应具有良好的经营、管理状况，有配套资金保障和良好信誉，有较好的设备条件和技术基础，有高素质的科研团队，在相关产业或领域有较强的带动作用、创新能力和组织能力。牵头实施单位的主要职责：

（一）牵头制订重大专项具体实施方案，包括重大专项知识产权创造、管理、保护和运用制度；

（二）选聘重大专项首席专家；

（三）提出项目立项和资助经费安排建议以及调整建议；

（四）审查项目合同（课题任务书）；

（五）协调落实项目所需的自治区财政资金以外其他渠道资金及相关配套条件，并建立符合重大专项特点的重大专项资金内部监管机制；

（六）监督检查项目执行和经费使用情况，协调解决重大专项实施过程中的具体问题；

（七）编制重大专项年度（阶段）执行情况报告、经费预决算报告，定期向自治区科技厅报告重大专项实施进展情况；

（八）协助做好重大专项项目验收及绩效考评。

第七条　重大专项原则上设立首席专家，加强重大专项的实施与管理工作。首席专家应是重大专项牵头实施单位或其聘请的技术带头人，并担任重大专项项目的负责人（主持人）。首席专家的主要职责：

（一）组织制订重大专项具体实施方案，包括重大专项知识产权创造、管理、保护和运用制度；

（二）提出项目立项和资助经费安排建议以及调整建议；

（三）协调、督查和指导项目技术工作，包括审查项目合同（课题任务书）和项目验收材料；

（四）组织编制年度（阶段）执行情况报告、经费预决算报告，牵头向自治区科技厅报告重大专项实施进展情况。

（五）协助做好重大专项项目验收及绩效考评。

第三章　项目申报与立项管理

第八条　自治区科技厅组织编制并发布项目招标和申报指南，明确招标和申报的具体要求，组织开展项目招标和申报工作。

对区内技术优势单位较单一、无明显其他竞争单位的项目，可采取定向委托方式确定项目承担单位。接受委托的单位应提交项目申报材料。

第九条　申报重大专项项目应加强项目相关知识产权检索和分析。项目申报材料应包含相关领域核心技术知识产权检索报告和分析材料。

第十条　自治区科技厅受理的投标、申报项目，分别按照《广西科学研究与技术开发计划项目招标投标办法（试行）》、《广西科学研究与技术开发计划项目评估评审办法（试行）》的相关要求组织专家进行评标、评估评审。

参加项目评标、评估评审的专家，应由区内外相关领域的技术、经济、管理和财务等专家组成；对涉及产品开发和产业化的项目，专家成员中应有企业专家。

第十一条　自治区科技厅根据专家评标、评估评审意见和专家咨询委员会、牵头实施单位、首席专家的建议，编制重大专项项目立项计划和年度经费预算建议，报自治区财政厅审核。

第十二条 项目实行合同制管理。自治区科技厅与牵头实施单位、项目承担单位签订项目合同。根据需要，牵头实施单位与课题承担单位签订课题任务书。

第四章 实施与监督

第十三条 牵头实施单位、项目承担单位按项目合同（课题任务书）要求组织实施重大专项项目，按约定履行职责和义务，落实相关配套条件，检查、督促和确保重大专项项目按计划执行。

第十四条 重大专项项目在实施过程中确需调整的，由牵头实施单位、项目承担单位、首席专家共同提出书面意见报自治区科技厅，经自治区科技厅同意后方可调整。

第十五条 重大专项实行半年度报告制度。牵头实施单位、项目承担单位、首席专家对重大专项、项目的执行情况和取得的知识产权信息进行统计、分析与总结，每年 5 月 30 日和 11 月 30 日前分别将半年和年度执行情况报告报送自治区科技厅。重大事项应当及时报告自治区科技厅。

自治区科技厅定期或不定期组织由专家咨询委员会、首席专家、牵头实施单位、项目承担单位等参与的专项工作推进会，协调解决重大专项实施中出现的问题。

第十六条 重大专项实行监理制度和绩效考评制度。自治区科技厅委托符合条件的科技中介服务机构对重大专项项目实施进行监理和绩效考评，监理意见和绩效考评结果作为项目继续执行、调整或撤销及经费拨付的重要依据，并作为信用记录的一部份。

牵头实施单位、项目承担单位、首席专家应当配合做好重大专项项目实施监理和绩效考评工作。

第十七条 重大专项实行信用管理制度。自治区科技厅对牵头实施单位、项目承担单位、科技中介服务机构和首席专家、项目负责人、咨询专家等的信用情况进行记录，作为参与自治区科技计划活动的重要信用依据。

第五章 经费管理和项目验收

第十八条 自治区对重大专项项目实施予以财政经费资助，资助经费按照《广西壮族自治区本级技术研究与开发经费管理办法》执行。

第十九条 建立重大专项项目经费预算审核制度。在项目的评标、评估评审等过程中，应对经费预算总额、支出结构的合理性和政策相符性及可信度进行审核。

第二十条 牵头实施单位、项目承担单位应建立项目经费使用的监督约束机制，做到单独核算、专款专用，严格执行项目经费预算，确保资金规范和合理使用。

第二十一条 项目应在约定执行期结束后按照《广西科学研究与技术开发计划项目验收管理暂行办法》进行验收。

项目申请验收前应对项目经费使用情况进行审计，并由审计单位出具审计报告。未提交审计报告和审计不合格的，自治区科技厅不予进行验收。

第六章 成果和知识产权管理

第二十二条 实施重大专项的相关单位应按照《中华人民共和国专利法》、《广西壮族自治区专利保护条例》、《广西壮族自治区科学技术进步条例》、《广西壮族自治区促进科技成果转化条例》等法规条例进行知识产权的全过程管理，保护科技创新成果，促进知识产权应用和扩散。对涉及国家秘密的，执行《科学技术保密规定》。

第二十三条 对重大专项产生的科技成果，项目承担单位应及时选择申请专利等适当方式予以保护。

对涉及到应当申请专利的技术内容，在申请专利前不得发表、公布或向他人泄漏。

第二十四条 实行重大专项成果发布制度。在不影响知识产权保护前提下，自治区科技厅对重大专项产生的科技成果和知识产权信息予以公告发布，以加快科技成果的转化与应用。

第二十五条 牵头实施单位、项目承担单位、首席专家应共同制订知识产权创造、管理、保护和运用制度，定期对重大专项申请和获取的知识产权情况进行评估分析，跟踪比较国内外发展态势，研究提出下一阶段知识产权策略。

第二十六条 探索建立重大专项成果的后评价机制。在项目验收两年后，对其成果及知识产权应用状况、效益进行综合评价，掌握科研成果现状，促进项目管理和评价机制的完善及发展。

第七章 附 则

第二十七条 未尽事宜按照《广西科学研究与技术开发计划项目管理暂行办法》执行。

第二十八条 本办法自发布之日起施行，有效期至2016年6月30日。

第二十九条 本办法由自治区科技厅、自治区财政厅负责解释。

关于印发《广西壮族自治区重点实验室建设与运行管理办法》的通知

各市科技局，区直各有关部门，各有关单位：

为贯彻落实《广西壮族自治区中长期科学和技术发展规划纲要（2006－2020）》年，规范和加强广西壮族自治区重点实验室的建设和运行管理，现将《广西壮族自治区重点实验室建设与运行管理办法》印发给你们，请遵照执行。执行过程中如有意见和建议，请及时函告自治区科技厅。原2009年6月发布的《广西壮族自治区重点实验室管理暂行办法》（桂科计字〔2009〕190号）同时废止。

附件：广西壮族自治区重点实验室建设与运行管理办法

广西壮族自治区科学技术厅
二〇一一年九月一日

附件：

广西壮族自治区重点实验室建设与运行管理办法

第一章 总 则

第一条 为贯彻落实《广西壮族自治区中长期科学和技术发展规划纲要（2006－2020年）》，规范和加强广西壮族自治区重点实验室（以下简称“重点实验室”）的建设和运行管理，制定本办法。

第二条 重点实验室是自治区和国家区域科技创新体系的重要组成部分，是自治区组织高水平基础研究和应用基础研究、聚集和培养优秀科技人才、开展国内外高水平学术交流的重要基地。

第三条 重点实验室的主要任务是针对学科发展前沿和国民经济、社会发展的重要科技领域和方向，开展创新性研究，其目标是在科学前沿探索研究中取得具有国际影响的系统性原创成果；或在解决自治区经济社会发展面临的重大科技问题中创新思想与方法，实现相关重要基础原理的创新及关键技术的突破或集成；或积累基本科学数据，为相关领域科学研究提供支撑，为自治区宏观决策提供科学依据。

第四条 重点实验室是依托高等院校、科研院所及其它公益性科研单位建设的科研实体，以“统筹规划、合理布局、突出重点、滚动发展”为原则，实行人财物相对独立的管理机制和“开放、流动、联合、竞争”的运行机制，坚持稳定支持、动态调整和定期评估。

第五条 自治区财政设立专项经费，支持重点实验室的开放运行、科研仪器设备更新和自主创新研究。专项经费单独核算，专款专用。

第六条 自治区有关科技计划项目应按照项目、基地、人才相结合的原则，优先委托有条件的重点实验室承担。

第二章 职 责

第七条 广西壮族自治区科学技术厅（以下简称“自治区科技厅”）是重点实验室的职能管理部门，主要职责是：

（一）制定重点实验室建设发展的方针、政策及有关管理制度，指导和监督重点实验室的建设和运行；

（二）编制和组织实施重点实验室总体规划和发展计划；

（三）批准重点实验室的认定、调整和撤销及重点实验室培育基地（以下简称“培育基地”）的立项建设和撤销；组织对重点实验室的检查和评估及对培育基地的验收。

第八条 重点实验室和培育基地的依托单位的主管部门是重点实验室和培育基地的主管部门（以下简称“主管部门”），主要职责是：

（一）贯彻自治区有关重点实验室建设发展的方针和政策，支持重点实验室的建设和发展；

（二）依据重点实验室管理要求，指导重点实验室的运行和管理及培育基地的建设；

（三）为重点实验室的运行和培育基地的建设提供所需的相关条件。

第九条 重点实验室和培育基地的依托单位是具体负责重点实验室运行和管理及培育基地建设的独立法人单位，主要职责是：

（一）为重点实验室和培育基地提供人财物条件保障，解决建设与运行中的相关问题；

（二）组织公开招聘和聘任重点实验室和培育基地主任，聘任学术委员会主任和学术委员会委员；

（三）组织制定重点实验室发展计划和培育基地建设计划；

（四）对重点实验室和培育基地进行年度考核，配合自治区科技厅做好对重点实验室的检查和评估及培育基地的验收。

第三章 培育建设

第十条 根据重点实验室总体规划和布局，自治区科技厅有计划、有重点地遴选培育基地。

第十一条 培育基地是纳入重点实验室认定前期的培育建设计划的实验室。培育基地的主要任务是进一步凝炼研究方向和发展目标，加强实验室人才队伍建设，改善实验室环境和条件，保证实验室用房和仪器设备集中并统一管理，努力达到重点实验室认定条件。

第十二条 自治区科技厅公开发布培育基地建设申报指南，由依托单位组织申报。

第十三条 申报培育基地建设的实验室应已运行并对外开放两年以上，并满足下列条件：

（一）实验室是相对独立的科研实体，其依托单位应是广西壮族自治区行政区域内注册登记具有法人资格的高等院校、科研院所或其它公益性科研单位；

（二）符合培育基地建设指南的条件和要求；

（三）基础研究或应用基础研究实力较强，在本领域有代表性，有能力承担国家和自治区重大科研任务；

（四）具有结构合理和较高水平的科研队伍，实验室人员相对稳定；

（五）具备良好的科研实验条件，实验用房相对集中。

第十四条 依托单位组织具备条件的实验室依据申报指南填写《广西壮族自治区重点实验室培育基地建设申请书》，经主管部门审核后报自治区科技厅。

第十五条 自治区科技厅组织专家评审后择优批准培育基地立项建设。依托单位公开招聘和聘任培育基地主任及学术委员会主任和委员，报自治区科技厅备案。依托单位按照重点实验室认定条件和要求组织制定培育基地建设计划，经主管部门审核后报自治区科技厅；自治区科技厅组织可行性论证，通过后予以批准实施。

第十六条 培育建设期限一般不超过两年。主管部门和依托单位要为培育基地提供培育建设期间所需的相关条件保障。

第十七条 培育基地建设计划实施完成后，由依托单位提交验收申请，经主管部门审核签署意见后报自治区科技厅，由自治区科技厅组织专家按照重点实验室认定条件验收。通过验收的培育基地可按程序申请重点实验室认定；如未通过验收，则要求在一年限期内整改，整改期满后仍未通过验收的将被撤销培育基地资格。

第四章 认 定

第十八条 重点实验室的认定条件：

（一）研究方向符合国家、自治区产业和科技发展战略目标，且相对稳定；研究目标明确，优势和区域特色明显。

（二）具有学术造诣较深、治学严谨、学风正派、富有开拓精神的学术带头人；具有一支整体水平较高、年龄结构合理、团结协作的科研队伍；固定人员不少于 20 人，其中学术带头人和研究骨干不少于 15 人且每年在重点实验室工作时间不少于 8 个月，并有稳定的技术和管理人员队伍。

（三）具有良好的科研工作基础，近年来承担过一定数量的与研究方向相关的国家级基础研究项目或课题，并获得较高水平的科研成果；具备承担国家和自治区重大科研项目以及开展国际、国内学术交流与合作的能力。

（四）具备与研究方向相适应的良好的科研用房、仪器设备及科研配套设施等基础条件。科研用房相对集中，面积不少于1500平方米；仪器设备总值（原值）不少于1000万元人民币。

（五）运行管理制度完善。

（六）主管部门和依托单位给予人财物稳定支持，实验室的运行经费及建设配套经费纳入依托单位的年度预算。

第十九条 重点实验室的认定程序：

（一）培育基地建设通过自治区科技厅验收；

（二）依托单位填写《广西壮族自治区重点实验室认定申请书》并提供相关附件材料，经主管部门审核签署意见后报自治区科技厅；

（三）自治区科技厅审查相关申请材料，必要时可组织专家进行核查。

（四）自治区科技厅批准认定重点实验室，颁发统一的重点实验室牌匾。

第五章 运行与管理

第二十条 依托单位应组织重点实验室提出重点实验室中长期发展目标，制定重点实验室发展规划和实施方案，经主管部门审核签署意见后报自治区科技厅备案。重点实验室的日常运行经费及相关配套经费纳入依托单位的年度预算。

第二十一条 重点实验室实行依托单位领导下的主任负责制。重点实验室主任由依托单位公开招聘，择优聘任，报自治区科技厅备案。重点实验室主任应是本领域高水平的学术带头人，具有较强的组织管理和协作能力，年龄一般不超过六十岁，负责组织重点实验室的运行和日常管理。

第二十二条 重点实验室主任每届任期五年，一般不超过两届，每年在重点实验室工作时间一般不少于8个月。重点实验室主任可根据管理需要聘副主任1～2名、主任助理或秘书1名。

第二十三条 学术委员会是重点实验室的学术指导机构，主要职责是负责审议重点实验室的发展目标、研究方向、重大学术活动、年度工作计划和年度工作总结。学术委员会每年至少召开一次会议，每次实到人数不少于三分之二。

第二十四条 学术委员会主任和学术委员会委员由依托单位聘任，报自治区科技厅备案。学术委员会主任应由非依托单位的国内高层次专家担任。

第二十五条 学术委员会由9～13名国内外优秀专家组成，委员聘任当年的年龄原则上不超过六十五岁（院士除外）。学术委员会中的依托单位人员不超过三分之一，聘任当年年龄不超过六十岁的委员不少于三分之二。学术委员会每届任期五年，每次换届应更换三分之一以上的委员，两次不出席学术委员会议的委员应予以更换。

第二十六条 重点实验室由固定人员和流动人员构成，固定人员包括学术带头人、研究骨干、技术人员和管理人员，流动人员包括访问学者和博士后研究人员。重点实验室人员实行聘任制，学术带头人、技术人员和管理人员由重点实验室主任选聘，研究骨干和流动人员由学术带头人提名并报重点实验室主任核准聘任。重点实验室固定人员不得同时兼任另一重点实验室的固定人员，固定人员名单应报自治区科技厅备案。

第二十七条 重点实验室根据研究方向和研究内容设置研究单元，各单元保持研究人员结构和规模合理，同时应有适当规模的流动人员。重点实验室应注重学术梯队和优秀中青年队伍建设，稳定高水平科技队伍，加强人才培养。

第二十八条 重点实验室应围绕主要任务和研究方向设立自主研究课题，组织团队开展持续深入的系统性研究；少部分课题可由固定人员或团队申请，开展自由探索课题研究。要注重支持青年科技人员，鼓励实验技术方法的创新研究，支持新引进固定人员的科研启动。

第二十九条 自主研究课题和自由探索课题期限一般为1—3年。重点实验室对课题的执行情况要进行定期检查，并及时验收。对自主研究课题的检查和验收坚持“鼓励创新、稳定支持、定性评价、宽容失败”的原则。

第三十条 重点实验室应加大开放力度，成为自治区本领域的公共研究平台；积极开展国内外科技合作和交流，参与国际科技合作计划。重点实验室应建立访问学者制度，通过设立开放课题等方式吸引国内外高水平研究人员来实验室开展合作研究。开放课题应符合重点实验室研究方向，体现研究人员优势互补，重点实验室固定人员不得主持开放课题。

第三十一条 重点实验室应统筹制定实验室条件建设的工作方案，有计划地实施科研仪器设备的更新改造或自主研制。重点实验室仪器设备应由专人管理，保障科研仪器高效运转和开放共享，并按照有关规定和要求实现数据共享。

第三十二条 重点实验室的大型科学仪器设备应纳入广西大型科学仪器协作共用网共享，面向社会开放服务，提高大型科学仪器设备完好率和利用率。

第三十三条 重点实验室应当重视科学道德和学风建设，营造宽松民主、潜心研究的科研环境，开展经常性、多种形式的学术交流活动。加强数据、资料、成果的科学性和真实性审核及保存工作。

第三十四条 重点实验室应当加强知识产权管理和保护，可形成专利的研究成果应先申请专利再发表论文。在重点实验室完成的专著、论文、软件、数据库等研究成果均应标注重点实验室名称，凡未按规定标注名称的研究成果不得作为重点实验室的研究成果参与考核和评估。专利申请、技术成果转让、奖励申报等按国家有关规定办理。

第三十五条 重点实验室应当结合自身特点，加强与产业界的联系与合作，推动科技成果的转化。

第三十六条 重点实验室应重视和加强运行管理，建立健全内部规章制度。要加强室务公开，重大事项决策要公开透明。严格遵守国家有关保密制度规定。

第三十七条 重点实验室应重视科学普及，向社会公众开放时间每年不少于10天。

第三十八条 重点实验室如变更实验室名称、研究方向或调整组织结构，须经学术委员会论证后，由依托单位提出书面申请，经主管部门审核后报自治区科技厅审批。

第六章 考核与评估

第三十九条 依托单位负责组织对重点实验室和培育基地进行年度考核和工作总结，并于每年1月20日前将上一年度的考核结果、工作总结和下一年度工作计划经主管部门审核后报自治区科技厅备案。

第四十条 自治区科技厅对重点实验室整体运行状况进行评估和中期检查，五年为一个评估周期，在评估周期内的第三年进行中期检查。评估和检查工作由自治区科技厅组织专家或委托评估机构组织实施。评估和检查的主要内容包括研究水平与贡献、队伍建设与人才培养、开放交流与运行管理、学术道德与学风建设等方面。

第四十一条 自治区科技厅根据重点实验室评估成绩，结合年度考核和中期检查结果，确定重点实验室评估结果。中期检查和评估的结果将作为自治区财政补助经费安排的重要依据。未通过评估的重点实验室将被撤销重点实验室资格。

第七章 附 则

第四十二条 重点实验室统一命名为“广西重点实验室（依托单位名称）”（英文为Guangxi Key Laboratory of，依托单位英文名称），例如“广西亚热带生物资源保护利用重点实验室（广西大学）”（英文为Guangxi Key Laboratory of Subtropical Bio－resources Conservation and Utilization，Guangxi University）。培育基地统一命名为“广西重点实验室培育基地（依托单位名称）”。

第四十三条 重点实验室专项经费管理办法另行制定发布。

第四十四条 本办法自颁布之日起施行。2009年6月29日发布的《广西壮族自治区重点实验室管理暂行办法》同时废止。

第四十五条 本办法执行有效期为：自发布施行之日起至2016年9月1日止。

第四十六条 本办法由自治区科技厅负责解释。

广西壮族自治区人民政府办公厅关于印发广西发明专利倍增计划的通知

桂政办发〔2012〕9号

各市、县人民政府，自治区农垦局，自治区人民政府各组成部门、各直属机构：

《广西发明专利倍增计划》已经自治区人民政府同意，现印发给你们，请认真组织实施。

广西壮族自治区人民政府办公厅

二〇一二年一月十七日

广西发明专利倍增计划

为贯彻落实《广西壮族自治区人民政府关于在全区开展全民发明创造活动的决定》（桂政发〔2011〕81号），大力加强以发明创造为重点的自主创新，有效促进科技创新成果专利化，增强经济科技核心竞争力，以“十二五”时期全区发明专利申请量逐年倍增为目标，制定本计划。

一、指导思想

以邓小平理论和“三个代表”重要思想为指导，深入贯彻落实科学发展观，深入实施知识产权战略，坚持激励创造、有效运用、依法保护、科学管理的方针，进一步强调技术创新以获得自主知识产权为追求目标，大力引导和支持发明人将发明创造申请专利保护，实现发明专利拥有量的大幅度增长，形成强大的经济科技竞争力。

二、基本原则

（一）政府引导与市场导向相结合。既要充分发挥政府的组织协调和公共服务职能，提升政府的政策引导能力和服务水平，又要充分发挥市场机制在专利创造和运用以及资源配置中的基础性作用，大力提升市场主体专利创造、运用、保护和管理能力。

（二）部门协作与上下联动相结合。既要加强部门间的协调配合与工作集成，发挥部门在行业中的组织协调作用，形成政府引导推动发明创造的合力，又要加强自治区、市、县（市、区）联动，充分发挥市、县（市、区）推动基层创新的作用，调动广大人民群众发明创造的积极性，形成发明专利喷涌而出之势。

（三）扶弱帮困与公平竞争相结合。既要创造一个有利于依法运用知识产权公平竞争的社会主义市场经济环境，也要为社会弱势群体的发明创造提供机会和支持，加大政府对扶弱帮困与公平竞争的调节力度，充分发挥社会力量，使发明创造的产出最大化。

（四）精神褒扬与经济激励相结合。对在发明专利的创造、运用和保护工作中成绩突出、取得显著经济社会效益的集体和个人，既要通过政府通报表扬和舆论宣传给予精神褒扬，也要辅以适当的经济奖励，充分发挥激励政策的综合效应。

三、总体目标

"十二五"时期，全区科技创新主体的专利意识显著提高，运用专利制度保护创新成果的积极性、自觉性和能力显著增强，专利中介服务机构代理专利申请事务能力显著提升，全区发明专利申请量、发明专利申请授权率以及获得授权的发明专利数量大幅度增加，发明专利权有效维持，先进适用关键专利技术及时引进，发明专利申请量平均每年达到或接近翻一番，到2015年，全区每万人口发明专利拥有量达到3件以上。

四、重点任务

（一）科技项目发明专利倍增工程。

以强化科技计划项目的知识产权导向、从源头上加强创新、推动发明专利每年倍增为目标，把发明专利产出作为科技计划项目特别是千亿元产业"350"科技攻关项目和战略性新兴产业研发项目立项的条件和验收的指标，纳入项目申报、评审、立项、合同签订、项目验收等相关环节强化管理。自治区本级突出强化4类政府资助科技项目的发明专利产出导向，"十二五"时期，共产生发明专利申请8000件，带动全区各级各类科技计划项目产生发明专利申请16000件。

1. **千亿元产业科技攻关项目**。在食品、汽车、石化、电力、有色金属、冶金、机械、建材、造纸与木材加工、电子信息、医药制造、纺织服装与皮革、生物、修造船及海洋工程装备等千亿元产业领域，优先支持具有明确发明专利产出目标的产业共性关键技术攻关和新产品开发项目，形成发明专利申请4000件。

2. **战略性新兴产业核心关键技术攻关项目**。在高性能金属新材料、生物质能源、节能环保、新能源汽车、生物育种、海洋生物等战略性新兴产业领域，优先支持发明专利产出前景明朗的前沿技术和核心关键技术攻关项目，形成发明专利申请2000件。

3. **农业科技攻关项目**。在高效动植物育种、高效优质安全种养、农产品加工与质量安全、数字农业与设施农业、生态农业与绿色农业等领域，优先支持以生物技术、信息技术为主的现代农业高新技术攻关项目，形成发明专利申请800件。

4. **现代服务业和民生科技攻关项目**。在现代物流、电子商务、现代旅游、信息服务业和文化创意产业等服务业，以及在生态环境、人口健康与食品安全、防灾减灾与公共安全等民生领域，优先支持以现代电子信息、医药创制、标准监测等技术的科技攻关，形成发明专利申请1200件。

（二）创新平台发明专利倍增工程。

自治区本级以推动千亿元产业研发中心、重点实验室发明创造为重点，围绕产业共性关键技术攻关，着力追求研发成果的新颖性、创造性和实用性，大量申请发明专利。"十二五"时期，千亿元产业研发中心、重点实验室通过科技创新能力与条件建设，共产生发明专利申请5000件，带动全区各级各类创新平台共申请发明专利10000件。

1. 千亿元产业研发中心建设项目，优先支持自治区23家千亿元产业研发中心围绕产业发展前沿，开展科技创新能力与条件建设，大力提升企业技术创新能力。23家研发中心形成发明专利申请2000件。

2. 重点实验室建设项目，优先支持自治区36家重点实验室科技创新能力与条件建设，加快结构工程学、动物遗传育种与繁殖学等国家级重点学科发展，促进微生物学、化学与化工科学、材料科学和民族医药学等学科取得进步，争取在亚热带动植物资源保护与高效开发利用、生态与环境保护研究等领域占领国际学术制高点。36家重点实验室发明专利申请达到3000件。

（三）**知识产权优势企业发明专利倍增工程**。

以培育并充分释放企业发明创造的原动力、强化企业发明创造主体地位为目标，推动高新技术企业、创新型企业、知识产权试点示范企业等知识产权优势企业建立完善发明专利工作机制和制度，优先支持企业实施能够大量产生发明专利申请的技术创新项目。“十二五”时期，知识产权优势企业共申请发明专利15000件，带动全区各级各类企业共申请发明专利30000件，发明创造主体地位凸显。

1. **提升企业发明创造能力**。重点围绕自治区千亿元产业和战略性新兴产业发展，推动和支持高新技术企业、创新型企业、知识产权试点示范企业等知识产权优势企业加快建立完善研发机构，夯实研发基础。同时，引导和支持企业有效利用专利信息资源，系统分析相关领域技术发展态势，制定针对性的企业专利战略，正确选定技术研发方向，在产业关键共性技术领域完成一大批发明创造。

2. **挖掘企业发明专利申请潜力**。针对企业参与市场竞争的需求，在知识产权优势企业开展专利布局培训，指导企业以有效保护发明创造为目标科学布局专利申请。同时，推进专利服务机构与企业的联系服务机制，组织50名专利特派员深入企业提供发明专利申请帮扶服务，帮助企业提高将创新成果专利化的技巧和能力，提升创新成果专利化比例。

（四）**全民参与发明创造大行动**。

以加大宣传教育和培训为重点，组织开展各类有针对性的活动，充分调动广大群众参与发明创造的积极性，“十二五”时期，全区社会发明人提出的非职务发明专利申请量达到10000件。

1. **鼓励企业职（员）工发明创造**。发动企业利用各种宣传阵地开展创新创造教育，不断增强广大职（员）工的发明创造意识。深入开展青年职（员）工“五小”（小发明、小革新、小改造、小设计、小建议）活动，围绕企业技术进步和产品升级，进一步突出对小发明小创造的鼓励。鼓励企业开展岗位练兵、技术比武、技术培训等活动，提高职（员）工发明创造能力。鼓励企业制定完善发明创造奖励措施，大力表彰职（员）工发明创造先进典型。

2. **鼓励大学生发明创造**。探索引导支持大学生发明创造并申请专利的新举措，鼓励开展以发明创造为内容的学校主题教育和实践活动、开展大学生发明创造与科技创新竞赛活动、举办大学生发明创造与科技创新成果展，营造创新创造的校园文化氛围。鼓励和资助大学生将勤工俭学、社会实践活动中的发明创造申请专利。将专利成果作为学生学业评价的激励因素，将学生专利申请文献视同科技论文，作为理工科大学生毕业论文的选项。

3. **引导和鼓励青少年发明创造**。利用青少年报刊、中小学生报和共青团、少先队网站，大力宣传发明创造知识。在青少年科技创新大赛的组织中，通过设置发明创造专题展区等，加大对学生专利成果参赛的鼓励，培养青少年专利意识，积极将小发明小创造申请专利。举办青少年发明创造大赛，评选一批小小发明家。

4. **开展发明创造科普活动**。利用报刊、杂志、网络等媒介，广泛宣传发明创造的重大意义、政策法规和先进典型。积极实施“创新方法进百企行动计划”，组织专家深入企业开展发明创造咨询，讲解发明创造理念与科学方法。在有关科普展览展示中，设发明创造展区，在科普大篷车等流动科普设施中设发明创造科普宣传栏目，将发明创造知识作为科技活动周、科普宣传日、科普进社区等重大科普活动的重要内容，引导热心发明创造的社会人士科学开展发明创造活动并申请发明专利。

（五）**创新成果专利化引导行动**。

在加强自主创新基础上，进一步完善专利申请资助和奖励办法，以资助发明专利申请、资助年费维持发明专利权以及发明专利奖励为重点，着力引导广大发明人将技术创新成果专利化。“十二五”时期，自治区本级资助发明专利申请33000件，资助发明专利权16000件，奖励获授权发明专利15000件；各市、县（市、区）资助发明专利申请共33000件。

1. **加大发明专利申请资助力度**。对符合我区产业发展方向，具有显著技术创新特征和潜在市场应用前景，且第一申请人为广西行政辖区内的法人或者常住地在广西行政辖区的个人的专利申请项目，自治区本级在现行《广西壮族自治区专利申请资助和奖励暂行办法》基础上，对于委托代理机构代理发明专利申请的，代理费资助标准从每件1000元提高到1300元，以鼓励更多发明人借助专职申请代理服务提高申请质量，提高发明专利申请授权率。

2. 资助发明专利年费。资助权利人维持先进适用关键核心发明专利，延长发明专利寿命。从2012年起，自治区本级把发明专利年费纳入资助范围，有效发明专利权利人缴纳年费确有困难的，对授权后前6年的年费，参照国家知识产权局专利年费减缓比例，属于职务发明的资助当年应缴年费的70%，非职务发明的资助当年应缴年费的85%。已获国家知识产权局减缓年费的发明专利，不予资助当年年费。

3. 加大专利奖励力度。自治区本级统一专利授权奖励标准，增设奖励项目。一是对所有获得国家知识产权局授权的发明专利，统一按照每件2000元给予奖励。二是增设广西专利奖，每年对运用后经济效益显著的专利项目给予奖励，具体奖励办法另行制定。

获国外专利授权的发明专利、获中国专利奖的专利以及专利申请先进企事业单位和先进市县（市、区）专利行政管理部门，按《广西壮族自治区专利申请资助和奖励暂行办法》进行奖励。

4. 支持企业引进发明专利进行再创新。鼓励企业以专利权转让方式从自治区外引进先进适用关键专利技术并消化吸收再创新，在借力增加我区发明专利拥有量、提高核心竞争力的同时，在更高水平上实现再创新并形成新优势。自治区本级实施发明专利引进项目，每年预算安排专项资金，采取企业自愿申报引进项目、专家评估、政府择优下达项目资助资金的方式，资助企业通过专利权转让从自治区外受让、实施并消化吸收再创新一批发明专利。“十二五”时期引进发明专利200件，经消化吸收再创新申请发明专利1000件。自治区本级发明专利引进项目，由自治区财政厅、科技厅、知识产权局参照自治区技术研究与开发计划项目管理办法实施管理。对提高我区产业技术水平并产生显著经济效益的引进发明专利，并根据《广西壮族自治区科学技术进步奖励办法》进行奖励。

五、工作部署

（一）部门职责分工

自治区发展改革委、工业和信息化委、教育厅、科技厅、财政厅、国资委、知识产权局等有关部门要根据本部门职能，充分利用所掌握的资源，加强集成联动和资源整合，形成推动全社会发明创造的工作合力。

自治区发展改革委负责指导工程研究中心、工程实验室等创新平台加大发明创造工作力度，将发明专利产出作为工程研究中心绩效评价考核的重要指标。协同自治区科技厅，指导工程研究中心、工程实验室等创新平台实施发明专利倍增工程。

自治区工业和信息化委负责指导企业专利创造工作，组织发动企业积极开展发明创造活动并申请发明专利，指导企业实施专利产业化，提高经济发展质量。协同自治区科技厅，指导企业技术中心实施发明专利倍增工程。

自治区教育厅负责指导自治区内高等院校加强科研活动中的发明创造工作，将发明专利拥有量纳入高等院校创新绩效考核评价体系，指导各类学校鼓励学生发明创造。

自治区科技厅负责研究强化自治区科技计划项目的专利政策导向，牵头组织实施科技项目发明专利倍增工程和创新平台发明专利倍增工程，将发明专利产出作为科技计划各类项目评审、立项和验收的重要指标，支持和引导自治区千亿元产业研发中心、工程技术研究中心、重点实验室等创新平台申请发明专利。指导高新技术、创新型企业实施知识产权优势企业发明专利倍增工程。协同自治区知识产权局组织开展创新成果专利化引导行动。

自治区财政厅负责本计划实施所需的自治区本级财政资金的预算审核、统筹调剂、使用管理和监督。

自治区农业厅和自治区水产畜牧兽医局负责指导农业和水产畜牧兽医业科技创新工作，组织农业和水产畜牧兽医业新品种新技术开发，支持和发动所属科研院所、龙头企业、现代农业示范园区等申请发明专利。

自治区林业厅负责指导林业科技创新工作，组织林业新品种新技术开发，支持和发动林业科研院所、龙头企业等申请发明专利。

自治区卫生厅和自治区食品药品监管局负责指导食品、医药和医疗器械科技创新工作，组织食品、医药和医疗器械技术研发。

自治区卫生厅负责支持和发动所属科研院所、医疗卫生机构申请发明专利；自治区食品药品监管局负责支持和发动食品、医药企业和医疗器械企业申请发明专利。

自治区国资委负责指导所监管的国有和国有控股企业专利发明创造工作，组织发动国有和国有控股企业积极申请发明专利，在引进大项目中努力集成引进自治区外发明专利。

自治区知识产权局负责倍增计划的宏观管理和统筹协调，制定完善专利资助、奖励政策和具体办法并组织实施，编制本计划实施所需年度财政资金预算方案，负责专利统计和信息报送交流等工作。组织实施创新成果专利化工程，指导知识产权试点示范企业实施知识产权优势企业发明专利倍增工程，牵头协调有关部门推动全民参与发明创造大行动的开展。

自治区科协负责动员所属部门、学会组织广大科技人员积极开展发明创造，组织开展专利申请、保护、推广应用等科普活动。

自治区总工会、团区委负责动员鼓励广大企业职（员）工、各界共青团员和青年踊跃参与发明创造活动。

自治区其他各有关部门结合机构职能，推动本系统或归口管理行业的发明专利工作。

（二）设区市职责分工

发明专利拥有量按属地统计，各设区市是完成发明专利拥有量数量指标的责任主体，也是引导和推动本辖区创新主体开展发明创造、将创新成果专利化的主体。各设区市要围绕自治区下达的目标任务，结合本地实际制定当地的倍增计划实施方案，科学量化分解工作任务，建立倍增计划的责任制度。要参照自治区的政策措施，建立完善本地区专利资助和奖励政策，提升专利资助奖励政策的实施效益。

六、主要措施

（一）加大经费投入，保障计划实施

自治区财政厅在按现有渠道支持知识产权试点示范工作的同时，整合设立自治区本级专利专项资金，用于支持创新成果专利化工程的实施和相关配套措施的落实，资金安排额度根据专利工作的实际需要和财力每年核定，逐步增长，“十二五”时期落实资金总额2.2亿元，纳入本级专利行政管理部门财政年度部门预算。

市、县（市、区）财政也相应设立本地区专利专项资金，保障发明专利工作必要的经费。落实企业研发经费税前加计扣除优惠政策，激励企业加大对发明创造的经费投入。建立促进专利质押融资协同推进机制，发挥金融服务功能，支持中小科技型企业通过专利权质押融资等渠道，增加经费投入。

自治区财政厅会同自治区科技厅、知识产权局另行修订自治区本级专利申请资助和奖励办法，制定本级专利专项资金安排方案。

（二）强化集成联动，凝聚引导合力

建立健全发明专利倍增计划实施协调机制，自治区知识产权局要发挥专利工作归口管理部门职能，切实做好全区发明专利工作的统筹规划、组织协调和日常督促检查。加强厅际、厅市合作，推进部门之间、自治区与市、县（市、区）之间的集成联动，整合各级各部门资源，形成引导合力，共同推进发明专利倍增计划的实施。

（三）发展代理机构，助推专利增长

加大专利代理人才培养力度，组织各类专业技术人员参加专利代理人资格考试，引进我区紧缺专业类别的自治区外专利代理人才，扩大专利代理人队伍规模，优化专业结构。推进专利代理机构建设，支持专利代理人申办专利代理机构，优化专利代理机构区域布局，支持专利代理机构向专业化、规模化、规范化方向发展。支持具备条件的律师事务所申办专利代理业务，支持符合法定条件的自治区外专利代理机构到我区设立办事机构，支持自治区内各专利代理机构跨市承接专利代理业务或依法设立办事机构。自治区知识产权局牵头负责另行制定促进专利代理机构发展工作方案，所需的自治区本级财政资助经费纳入自治区本级专利专项资金资助范围。

（四）疏通转化渠道，实现专利价值

构建自治区级知识产权交易平台，配备知识产权交易服务大厅、专利转化交易网络平台、知识产权交易数据库和知识产权转化交易服务专业人才队伍，以服务体系为支撑、运行机制为保障，立足广西、辐射全国、连接东盟、面向世界，为广大企事业单位、高校、中介机构、金融风险投资机构、知识产权权利人以及各级人民政府，提供公益性的知识产权交易、专利展示推介、专利评估、专利信息、专利项目投融资等促进知识产权转化交易的服务。

自治区知识产权交易平台建设方案由自治区知识产权局牵头另行制定，所需的自治区本级财政资助经费纳入自治区本级专利专项资金资助范围。

（五）加强组织领导，落实工作责任

自治区推动发明创造工作领导小组办公室要

把倍增计划实施中的重大问题及时报请自治区推动发明创造工作领导小组统筹解决，推动各项任务落实。强化对各级人民政府领导发明创造工作的考核，建立专利工作目标责任制，完善政府专利绩效考核，明确“一把手”专利工作责任。各级人民政府要切实把发明创造工作作为加快转变经济发展方式的重要任务，纳入经济社会发展五年规划、年度工作计划和重要议事日程，量化分解发明专利工作任务，落实推动发明专利工作的各项政策措施。

广西壮族自治区人大常委会公告

（十一届第52号）

《广西壮族自治区专利条例》已由广西壮族自治区第十一届人民代表大会常务委员会第二十九次会议于2012年7月26日修订通过，现将修订后的《广西壮族自治区专利条例》公布，自2012年9月1日起施行。

广西壮族自治区人民代表大会常务委员会
2012年7月26日

广西壮族自治区专利条例

（2012年7月26日广西壮族自治区第十一届人民代表大会常务委员会第二十九次会议通过）

第一章 总 则

第一条 为了加强专利保护和管理，激励发明创造，推动创新成果的应用，促进科学技术进步和经济社会发展，根据《中华人民共和国专利法》、《中华人民共和国专利法实施细则》和有关法律、行政法规，结合本自治区实际，制定本条例。

第二条 本自治区行政区域内的专利工作以及相关活动，适用本条例。

第三条 县级以上人民政府应当将专利工作纳入国民经济和社会发展规划，制定促进、保护专利的政策和措施，鼓励和支持专利的创造和应用，协调处理专利工作中的重大问题，为专利工作提供必要的条件和保障。

第四条 专利管理部门负责本行政区域内的专利工作。

县级以上人民政府有关部门在其职责范围内做好相关专利工作。

第五条 县级以上人民政府及其有关部门应当加强专利的宣传和普及教育，提高全社会的专利意识。

鼓励各类学校开展专利基础教育，鼓励高等院校开设专利课程。

专利管理部门应当加强对专利工作从业人员的培训。

第六条 自治区和有条件的市、县应当加强专利信息公共服务平台建设，开展专利信息检索分析、专利预警预测、项目展示交流交易、专利侵权鉴定、咨询服务等专利服务。

支持企业、科研机构、高等院校建设专业专利数据库。

第二章 激励创造

第七条 县级以上人民政府及其有关部门应当加强对专利工作的指导和服务，鼓励和支持企业、科研机构、高等院校制定专利发展战略，扶持符合经济社会发展需要的专利创造和产业化项目，鼓励个人进行发明创造并申请专利。

第八条 县级以上人民政府应当在本级财政预算中安排经费，用于专利资助和奖励、开展专利预警应急与维权援助、宣传、培训等相关工作，促进专利创造、应用、保护和管理。

第九条 自治区人民政府科学技术行政主管部门应当会同有关部门编制经济社会发展需要的关键技术和重要产品研究开发项目目录，并定期向社会公布。列入目录的项目，可能产生专利的，优先列入政府财政资金支持的科技计划；政府有关部门应当与项目承担单位约定专利目标，将获得专利的情况纳入科技计划项目的验收内容。

第十条 自治区人民政府建立专利资助和奖励制度。对符合自治区产业发展方向，具有技术创新和潜在市场前景的专利给予资助；对在经济社会发展中有突出贡献的专利给予奖励。

第十一条 被授予专利权的单位应当给予职务发明创造的发明人、设计人报酬。单位与发明人、设计人对报酬有约定的，从其约定；没有约定的，从实施专利的税后利润、税后专利许可使用费、税后专利转让费中按照高于国家规定的报酬比例执行。

报酬可以以现金、股份、股权收益或者当事人约定的其他形式给付。

第十二条 在专业技术职务评审中，专利应当作为其发明人、设计人申报和评定相近序列专业技术职务的依据。

获得国家专利金奖和优秀奖的专利，可以作为该专利发明人、设计人破格申报和评定相近序列专业技术职务的主要依据。

第三章 专利应用

第十三条 县级以上人民政府及其有关部门应当加强专利应用工作，支持符合国家和自治区产业政策、技术水平高、市场前景好的专利技术项目，对拥有专利技术的项目在同等条件下优先实施；以政府财政资金安排的创业风险投资资金，在同等条件下应当优先投资专利技术产业化项目。

第十四条 鼓励专利权人依法实施其专利。

鼓励单位和个人依法采取专利权入股、转让、许可等方式促进专利实施，专利权转让合同、专利申请权转让合同、专利实施许可合同经依法认定登记的，当事人双方享受国家和自治区有关技术交易的优惠政策。

第十五条 鼓励高等院校、科研机构向企业转移专利技术成果，鼓励企业间专利技术的相互转移。

专利管理部门以及县级以上人民政府有关部门应当完善专利技术转移机制，指导高等院校、科研机构与企业之间加强专利技术的转移和许可使用。

第十六条 鼓励商业银行开展专利权质押贷款等业务，增加对专利技术产业化项目的信贷投入。鼓励担保机构优先为专利技术产业化项目提供融资担保。

县级以上人民政府可以安排经费对专利技术产业化贷款项目进行贴息。

第十七条 自治区支持设立专利技术交易市场，规范专利交易行为，推进专利技术交易服务，促进专利技术商品化和产业化。

第四章 专利保护

第十八条 任何单位和个人不得侵犯他人专利权，不得假冒专利，不得为侵犯他人专利权或者假冒专利提供制造、销售、使用等便利条件。

第十九条 专利管理部门以及县级以上人民政府有关部门应当加强专利保护工作，建立专利行政执法责任制，设立举报投诉电话，对生产、流通环节的专利产品开展经常性检查和专项检查；及时处理专利侵权纠纷和查处假冒专利行为。

第二十条 专利侵权纠纷，由当事人协商解决；不愿协商或者协商不成的，专利权人或者利害关系人可以请求专利管理部门处理，也可以依法向人民法院提起民事诉讼。

专利管理部门在作出处理决定前，应当先行调解。

第二十一条 专利权人或者利害关系人请求专利管理部门处理专利侵权纠纷，可以向被请求人所在地或者侵权行为地设区的市专利管理部门提出，也可以向自治区专利管理部门提出。

第二十二条 请求专利管理部门处理专利侵权纠纷的，应当提交请求书，并提交所涉及专利权的专利登记簿副本及其复印件和有关侵权证据，按照被请求人的数量提交请求书副本。

第二十三条 专利管理部门处理专利侵权纠纷，依法行使下列职权：

（一）询问有关当事人，调查与涉嫌侵犯他人专利权有关的情况；

（二）查阅、复制当事人与涉嫌侵犯他人专利权有关的合同、发票、账簿以及其他有关资料；

（三）对当事人涉嫌侵犯他人专利权行为的场所实施现场检查。

第二十四条 专利管理部门认定专利侵权行为不成立的，应当书面告知请求人；认为侵权行为成立的，责令侵权人立即停止侵权行为，并依照下列规定予以处理：

（一）侵权人制造专利侵权产品的，责令其立即停止制造行为，销毁制造侵权产品的专用设备、模具，并且不得销售、使用尚未售出的侵权产品或者以任何其他形式将其投放市场；侵权产品难以保存的，责令侵权人销毁该产品；

（二）侵权人未经专利权人许可使用专利方法的，责令侵权人立即停止使用行为，销毁实施专利方法的专用设备、模具，并且不得销售、使用尚未售出的依照专利方法所直接获得的侵权产品或者以任何其他形式将其投放市场；侵权产品难以保存的，责令侵权人销毁该产品；

（三）侵权人销售专利侵权产品或者依照专利方法直接获得的侵权产品的，责令其立即停止销售行为，并且不得使用尚未售出的侵权产品或者以任何其他形式将其投放市场；尚未售出的侵权产品难以保存的，责令侵权人销毁该产品；

（四）侵权人许诺销售专利侵权产品或者依照专利方法直接获得的侵权产品的，责令其立即停止许诺销售行为，消除影响，并且不得进行任何实际销售行为；

（五）侵权人进口专利侵权产品或者依照专利方法直接获得的侵权产品的，责令侵权人立即停止进口行为；侵权产品已经入境的，不得销售、使用该侵权产品或者以任何其他形式将其投放市场；侵权产品难以保存的，责令侵权人销毁该产品；侵权产品尚未入境的，可以将处理决定通知有关海关；

（六）停止侵权行为的其他必要措施。

第五章　专利管理

第二十五条　有下列情形之一的，国有资产占有单位应当按照有关规定进行专利资产评估：

（一）以专利资产作价出资成立有限责任公司或者股份有限公司；

（二）许可他人使用专利权，市场没有参照价格；

（三）改制、上市、合并、分立、清算、投资、转让、质押、置换、拍卖、偿还债务涉及专利资产；

（四）引进专利技术；

（五）其他需要进行专利资产评估的。

第二十六条　县级以上人民政府有关部门对下列可能涉及专利的重大经济活动，应当会同专利管理部门组织审议，作出专利风险评价后方可决定实施：

（一）国有及国有控股企业重大技术引进项目、重大合资合作项目的审批；

（二）具有重要专利权的国有及国有控股企业并购、重组、转让项目的审批；

（三）具有重要专利权的技术出口项目的审批；

（四）涉及专利的重大项目和产品的政府投资活动；

（五）其他对本地区经济社会发展和公共利益有重大影响的涉及专利的活动。

第二十七条　具有下列情形之一且涉及专利技术的，申请人或者申报人应当向县级以上人民政府有关部门提交专利文献检索和评价报告，否则不予立项或者授奖：

（一）申请政府资助重大科学技术研究开发、技术引进或者技术改造项目；

（二）申报政府资助科学技术成果转化项目；

（三）申报政府设立的科学技术奖。

第二十八条　单位或者个人组织标注专利标记的商品进入商场、超市等市场流通领域销售，应当向相关单位提供专利登记簿副本，被许可实施人还应当提供专利实施许可合同，未提供的，相关单位不得为其提供相关服务。

第二十九条　展览会、展示会、推广会、交易会等会展举办者对标注专利标记的参展产品或者技术，应当查验其专利登记簿副本，被许可实施人还应当提供专利实施许可合同，未提供的，举办者应当拒绝其以专利产品、专利技术名义进场参展。

第三十条　从事专利代理、检索、评估、许可贸易等专利服务的机构应当依法办理登记注册手续，从业人员应当依照有关法律、行政法规取得执业资质或者资格。

专利服务机构及其从业人员不得泄露当事人的商业秘密，不得损害专利申请人、专利权人以及其他当事人的合法权益。

第三十一条　自治区、设区的市人民政府应当建立专利预警机制，监测和通报重点区域、行业、产业和技术领域的国内外专利状况、发展趋势和竞争态势。

第六章　法律责任

第三十二条　违反本条例第十八条规定，假冒专利的，除依法承担民事责任外，由专利管理部门依照下列规定处罚：

（一）在未被授予专利权的产品或者其包装上标注专利标识，专利权被宣告无效后或者终止后继续在产品或者其包装上标注专利标识，或者未经许可在产品或者产品包装上标注他人的专利号的，责令行为人立即停止标注行为，消除尚未售出的产品或者其包装上的专利标识，专利标识难以消除的，销毁该产品或者包装，有违法所得的，没收违法所得，可以并处违法所得四倍以下的罚款；没有违法所得的，可以处十万元以下的罚款，情节严重的，可以处十万元以上二十万元以下的罚款；

（二）销售第（一）项所述产品的，责令行为人立即停止销售行为，有违法所得的，没收违法所得，可以并处违法所得四倍以下的罚款；没有违法所得的，可以处十万元以下的罚款，情节严重的，可以处十万元以上二十万元以下的罚款；

（三）在产品说明书等材料中将未被授予专利权的技术或者设计称为专利技术或者专利设计，将专利申请称为专利，或者未经许可使用他人的专利号，使公众将所涉及的技术或者设计误认为是专利技术或者专利设计的，责令行为人立即停止发放该材料，销毁尚未发出的材料，并消除影响，可以处五万元以下的罚款；

（四）伪造或者变造专利证书、专利文件或者专利申请文件的，责令行为人立即停止伪造或者变造行为，销毁其伪造或者变造的专利证书、专利文件或者专利申请文件，并消除影响，可以处五万元以下的罚款。

第三十三条 违反本条例第十八条规定，为侵犯他人专利权、假冒专利提供制造、销售、使用便利条件的，由专利管理部门责令改正，有违法所得的，没收违法所得，可以并处违法所得三倍以下的罚款；没有违法所得的，可以处二万元以下的罚款，情节严重的，可以处二万元以上五万元以下的罚款。

第三十四条 违反本条例第二十九条规定，会展的举办者允许未提供相应证明文件的产品或者技术以专利产品、专利技术名义参展的，由专利管理部门责令举办者改正，可以处一万元以下的罚款。

第七章　附　则

第三十五条 本条例所称的专利管理部门是指县级以上人民政府确定的管理专利工作的部门。

第三十六条 本条例自 2012 年 9 月 1 日起施行。1999 年 7 月 30 日广西壮族自治区第九届人民代表大会常务委员会第十二次会议通过的《广西壮族自治区专利保护条例》同时废止。

关于印发广西千亿元产业研发中心考评暂行办法的通知

各有关单位：

为加强对广西千亿元产业研发中心的建设和管理，加快科研开发与科技成果转化工作，促进创新体系建设，根据《广西千亿元产业研发中心管理暂行办法》有关要求，我厅制定了《广西千亿元产业研发中心考评暂行办法》，现印发你们，请遵照执行。

附件：广西千亿元产业研发中心考评暂行办法

自治区千亿元产业研发中心建设领导小组办公室（代）

2012 年 10 月 15 日

附件

广西千亿元产业研发中心考评暂行办法

第一章　总　则

第一条 为了加强广西千亿元产业研发中心（以下简称研发中心）的管理，充分发挥研发中心在推动广西千亿元产业发展中的作用，根据《广西千亿元产业研发中心管理暂行办法》，特制定本办法。

第二条 依据本办法对研发中心进行考评，达到鼓励先进、淘汰落后、调整布局、提高研发中心整体水平的目的。

第三条 自治区千亿元产业研发中心建设领导小组（以下简称领导小组）是研发中心考评工作的领导机构。领导小组办公室（以下简称办公室）负责研发中心考评的组织管理工作。办公室可以委托评估机构承担具体考评工作。

第四条 本办法适用于建设期和运行期的广西千亿元产业研发中心的考评。

第五条 研发中心考评工作的基本原则是“公平、公正、公开”。

第二章 考评的组织

第六条 办公室的主要职责是：制订考评指标体系和考评实施方案；确定研发中心考评名单和考评专家名单；组织考评工作的实施并接受申诉；审核考评报告；公布考评结果等。

第七条 研发中心依托单位的主要职责是：督促、检查并积极支持研发中心接受考评；对研发中心提交的考评材料进行审核，确保其真实性和准确性。

第八条 研发中心应当按时提交真实、准确的考评材料，积极主动配合考评机构完成考评工作。

第九条 考评专家应当遵守国家法律、法规和政策，坚持研发中心考评的基本原则，科学、公正、独立地进行考评。与参评研发中心有直接利害关系的考评专家应当回避。

第三章 考评的程序

第十条 办公室根据研发中心建设情况，提出参加年度考评的研发中心名单，制定年度考评指标体系，提出相关要求，形成考评方案，经领导小组批准后公布。

第十一条 研发中心考评实行回避制度。与研发中心有直接利害关系者，不得参加研发中心的考评。参评研发中心可提出回避的人员名单及理由。考评专家也可提出回避的研发中心名单及理由。办公室在制定考评专家名单时应参考有关回避要求。

第十二条 办公室根据研发中心考评办法、考评指标体系等有关文件的要求，制订考评实施方案。考评实施方案应包括研发中心分组、考评专家名单、考评日程安排、会务工作等，并附必要的操作性文件。

第四章 研发中心自评

第十三条 为促进研发中心全面了解自我现状、规划研发方向、形成自我改善机制，由依托单位组织研发中心开展自评工作。

第十四条 依托单位建立研发中心自评委员会，组织开展自评工作。自评委员会由研发中心和依托单位的专家组成，研发中心主任为自评委员会主任。

第十五条 自评的内容包括制度建设和运行管理、研发投入和条件建设、研发团队和人才建设、研发活动开展和产学研合作，研发成果转化和产业化等。

第十六条 自评委员会组织人员收集自评相关材料，填写研发中心自评表，撰写自评报告，召开自评委员会会议，讨论形成自评结论。自评报告、自评表等材料的格式和内容应符合考评方案有关要求。

第十七条 研发中心自评结果为“优秀、良好、合格、不合格”四类。经研发中心依托单位审核后，将自评报告、自评表和相关附件材料上报办公室。

第五章 现场查验

第十八条 研发中心自评结束后，办公室组织专家对参评研发中心进行现场查验，核实研发中心考评材料，深入了解研发中心建设及运行情况，加强对研发中心建设和运行的指导。

第十九条 现场查验按相近产业领域将研发中心进行分组。同一组研发中心的现场查验原则上由同一批专家完成。

第二十条 现场查验专家组由3至7名专家组成，其中行业专家2至5名，管理专家和财务专家1至2名。

第二十一条 现场查验具体形式包括现场检查、召开座谈会、进行个别访谈等。现场查验期间，专家组可随时向研发中心人员进行质询。

第二十二条 现场查验专家组根据考评方案的要求和标准，对考评各项内容及指标进行查验，形成现场查验意见。对现场查验中发现问题的，应责成参评研发中心整改。通过现场查验的研发中心可以参加综合考评。

第六章 综合考评

第二十三条 在现场查验结束之后，由办公室组织综合考评。

第二十四条 综合考评专家组由管理专家、行业专家和财务专家组成。同等条件下优先考虑跨学科领域的专家。

第二十五条 综合考评专家组查阅研发中心自评材料、现场查验意见等，经过综合讨论，根据考评要求和标准，形成综合考评意见。综合考评在现场查验结束之日起一个月内完成。

第二十六条 综合考评结果分为“优秀、良好、合格、不合格”四类。

第七章 考评结果

第二十七条 研发中心考评工作结束后，办公室向领导小组提交考评工作报告和必要的附件材料。考评工作报告包括参评研发中心的基本情况、考评实施方案、考评工作情况和考评结果、考评结果统计与分析、各产业研发中心的状况综述及主要问题、对研发中心管理与考评的建议等。

第二十八条 领导小组对考评报告进行审核，确定考评结果。办公室将考评结果予以公布，并将考评结果及相关情况反馈给研发中心及依托单位。

第二十九条 考评结果公布后的7个工作日内，任何单位和个人都可以对考评结果提出异议。异议应当以书面形式提交办公室，并提供必要的证据。办公室应当在收到异议后三个月内做出答复决定。

第三十条 考评结果作为执行研发中心扶持政策的重要参考。加大对考评结果为“优秀”的研发中心的支持力度。责成考评结果为“不合格”的研发中心进行整改。进入运行期的研发中心，连续两年考评结果为“不合格”的，将按规定取消其“广西千亿元产业研发中心”资格。

第三十一条 研发中心未按要求参加考评的，综合考评结果视为“不合格”。

第八章 附 则

第三十二条 未经办公室许可，考评人员和考评专家不得将考评报告的内容或考评过程中的相关文件、资料和数据等以任何方式向他人提供或公开发布。

第三十三条 本办法自公布之日起实行。

第三十四条 本办法由办公室负责解释。

广西壮族自治区人民政府办公厅印发关于加强专利服务机构建设实施方案的通知

桂政办发〔2012〕262号

各市、县人民政府，自治区农垦局，自治区人民政府各组成部门、各直属机构：

《关于加强专利服务机构建设的实施方案》已经自治区人民政府同意，现印发给你们，请认真组织实施。

广西壮族自治区人民政府办公厅
2012年10月25日

关于加强专利服务机构建设的实施方案

为贯彻落实《自治区党委办公厅 自治区人民政府办公厅印发〈关于深化科技体制改革加快广西创新体系建设的实施意见〉的通知》（桂办发〔2012〕41号）精神，加强专利服务机构建设，特制定本实施方案。

一、建设目标

“十二五”期间，全区建设完善30—50家专利代理机构或分支机构，其中，各设区市至少设立1家专利代理机构或分支机构；建成具备知识产权交易、评估、投融资服务等功能的广西知识产权交易中心，挂牌交易专利2000项以上。

二、建设内容

（一）加快建设专利代理机构。

1. 推动专利代理机构合理布局。鼓励和支持尚未设立专利代理机构的设区市设立专利代理机构，形成专利代理机构在全区各设区市全覆盖。

在南宁、柳州、桂林等专利产出重点地区，推动专利代理机构上规模上水平，形成拥有专利代理人10人以上、年专利代理量超过1000件的专利代理机构3—5家。

2. 加快建设一批新代理机构。整合现有专利代理人才资源，新设立专利代理机构6—10家，引进区外专利代理机构在我区设立分支机构15—30家。鼓励具备条件的律师事务所申请开办专利代理业务。

完善现有的11家专利代理机构（分支机构），

①

上汽通用五菱汽车股份有限公司

2002年11月18日正式挂牌成立的上汽通用五菱汽车股份有限公司，是由上海汽车集团股份有限公司、通用汽车（中国）公司、柳州五菱汽车有限责任公司三方共同组建的大型中外合资汽车公司。

上汽通用五菱拥有柳州河西总部、柳东宝骏、青岛三大制造基地，重庆基地于2013年1月开工建设。公司全面实施通用汽车全球制造体系（GMS），形成了商用车、乘用车两大系列和微小型车用发动机的生产格局。上汽通用五菱拥有国家级技术中心和经国家人事部批准成立的“企业博士后科研工作站”，实施C3P（CAD/CAE/CAM/PDM）汽车开发技术系统研究项目等，以通用汽车公司GVDP（全球整车开发流程）和GMS（全球制造系统）为主要方法，使企业的技术创新能力获得了全方位提升。

上汽通用五菱全面实施商用车产品“平台百万化、平台差异化、平台的乘用化以及国际化”的三大平台战略，巩固微型商用车市场竞争优势。自主设计研发的“五菱之光”，是中国微车历史上市场成长最快、国内销量最大的单一平台车型，该产品在2012年《福布斯》全球汽车销量排行榜上位列前三甲；自主研发的全新大微客“五菱荣光”，是国内销量增速最快的车型，成为微车未来发展的代表性产品；2010年9月，自主研发的紧凑型商务车“五菱宏光”成功上市，开创了全新的细分市场，受到消费者高度认可，并荣获央视2010年度经济型乘用车大奖。五菱宏光上市一年多，目前累计销量已近超过20万，还创下商务车单月销量破3万的行业新纪录。

微型轿车乐驰是上汽通用五菱于2003年投产的第一款高性能微轿产品，多次获国际权威机构J • D • Power紧凑车型新车质量调查最佳得分，在2009CCTV中国年度汽车评选中新乐驰获得“最受青年喜爱车型”奖项；2010年7月上汽通用五菱乘用车新品牌“宝骏”发布，首款车型宝骏630于2011年8月9日正式上市，目前单月销量超过8000辆，已快速成长为同级别市场中的代表性产品。宝骏630以其国际化品质、高性价比和良好口碑，荣获了2011CCTV中国年度经济型乘用车大奖。

②

③

④

⑤

⑥

上汽通用五菱以“低成本、高价值”为企业经营理念，充分集成股东各方的先进管理方法、全面推进企业业务流程重组和内外资源整合，逐步形成了具有核心竞争力的五菱价值链；在巩固微型商用车领域优势、稳步推进乘用车业务的同时，上汽通用五菱加速推进海外事业核心业务，以印度为切入点开启实践上汽通用五菱的产品输出、管理团队输出和业务模式输出的国际化战略；今天的上汽通用五菱已经成为中国“百万”级年产销的领军汽车企业，已经从传统自我奋斗型企业脱变为一个“多点制造、商乘并举、跨洋出海”的学习创新型现代化企业，未来将努力成为国内领先、国际上有竞争力的汽车公司！

⑦

①河西区全景图
②青岛厂区鸟瞰图
③宝骏基地
④宝骏乐驰
⑤⑥宝骏630
⑦五菱宏光左侧45度角
⑧1.5发动机
⑨五菱荣光-111

⑧

⑨

中国铝业股份有限公司广西分公司

中国铝业股份有限公司广西分公司(原平果铝业公司)从成立以来，在加速发展的同时，始终高度重视科技创新工作，深入贯彻“科学是第一生产力”的重要思想，大力推进以提高自主创新能力和核心竞争力为目标的科技进步和创新工作，取得了显著的成效。先后获得国家、省部级科技进步成果111项、获授权专利116件。

中国铝业广西分公司围绕创新体系建设，积极推进国家认可试验室、广西氧化铝工程技术研究中心、全国科技工作者站、广西创新型企业、知识产权试范企业等的建设，通过优化配置内部科技资源，形成了具有企业特色的技术创新体系。同时，公司加强与高等学校、科研机构的合作，促进创新能力。

紧密结合公司的生产经营和发展需要，重点围绕资源高效利用、节能减排等，突破了一批关键技术，逐步形成了从铝土矿、氧化铝、电解铝等的一系列具有公司自主知识产权的核心技术和专有生产技术，并通过制订标准逐步形成了企业自己的品牌如：《喀斯特石漠化地区矿山生态重建技术与应用》研究成果经过公司十多年的持续研发，突破了喀斯特石漠化地区矿山工程复垦、生物复垦、水土保持、赤泥基质改良和采矿用地模式改革等一系列重大技术难题，拥有完全自主知识产权，该成果很好解决了岩溶堆积型铝土矿床生态重建的一系列问题；《氧化铝生产中含铁矿物的脱除与赤泥综合处理工艺技术》该成果从氧化铝生产弃赤泥中回收铁，不仅使赤泥变废为宝，具有积极的环保意义，整体技术水平达到国际先进水平，该成果产业化后年处理赤泥220万吨，创利润5391万元以上，成为回报率最好的研发产业化项目；《碳素回转窑烟气余热节能减排技术开发利用》项目创造性将回转窑烟气余热三层梯级利用，多产了蒸汽，节约了煤气，减少了燃烧有害物的排放，取得了很好的节能减排效果。《60米浓密机技术改造及其应用》该成果在降低洗矿新水消耗、提高洗矿生产效率，在节水减排、降本降耗方面取得成功，整体技术达到国际先进水平，目前已在矿山一期、二期推广应用。

①公司办公楼
②氧化铝焙烧炉（夜色辉煌）
③主生产线概貌
④公司大门
⑤赤泥选铁车间
⑥铁精矿外销
⑦分解槽

③

近两年来，公司累计完成科技投入达7166万元，承担国家各类科技计划项目20项，获国家、省部级科技进步奖7项，获得授权专利29件。制定和修定标准8项。这些科研成果和技术革新已在企业的生产经营中转化为生产力，在提产提质、降本增效中，发挥了重要作用，取得了较好的技术及经济效益。节能效果。先进的技术、良好的信誉和优质的服务，提升了中铝广西分公司在铝行业技术领域的地位和影响力。

④

⑤

⑥

中国化工橡胶桂林有限公司

中国化工橡胶桂林有限公司（前身为昊华南方（桂林）橡胶有限责任公司）于2006年1月20日成立，位于桂林市七星区横塘路80号，为国有央企地域性公司，是广西优秀企业、桂林市工业发展重点骨干企业，属海关管理A类企业，名列中国化工企业500强和广西企业100强。

一、注册资本

公司工商注册资本20869万元，现有资产总额16.7亿元，职工1590人，占地面积134万平方米。

二、股权结构

公司注册资本中，中国化工橡胶有限公司出资17739万元，占85%的股权比例；桂林市国有资产投资经营有限公司出资3130万元，占15%的股权比例。

三、隶属关系

公司隶属中国化工集团公司旗下中国化工橡胶有限公司。中国化工橡胶有限公司是国内唯一具有央企背景的轮胎制造企业，全球轮胎业排名第18位，国内列为第一梯队，其工程轮胎产量居全国第一，全钢载重子午线轮胎产量位列前三，全钢巨胎国内领先。

四、主要业务

中国化工橡胶桂林有限公司是中国化工橡胶有限公司在长江以南唯一的轮胎生产企业和中国西南地区的轮胎生产基地，以巨型工程机械轮胎为主导的国内一流、国际知名的轮胎生产企业。公司重点生产全钢巨胎、斜交巨胎、工程机械轮胎、全钢载重轮胎等主要产品，可以同时为特大型工程机械、工程机械、载重汽车配套，是中国化工集团公司在华南地区唯一的轮胎研发生产基地。公司被授予国家级企业技术中心、全国企事业知识产权试点单位等荣誉，主导产品“火炬”牌斜交巨型工程轮胎被誉为“中华第一胎”；自主研发、具有自主知识产权的全钢子午线巨型工程轮胎项目是我国轮胎行业首家“国家科技支撑计划项目”；“火炬”被评为广西建国60年来最具影响力的著名品牌。

①2012年4月18日，集团公司傅向升副书记来指导工作

②2012年2月24日，北方魏家卯公司来考察

③公司总部一角

④公司总部大门

五、生产营销

（一）现有产能

1、现有年产2000条（一期）全钢巨胎能力；年产1000条（二期）全钢巨胎生产线在建，现已出胎，2013年9月可投入正式生产；

2、年产12万条工程机械轮胎线（含4000条斜交巨胎）；

3、年产100万条全钢载重子午胎项目已建成投产，预计2014年上半年可达设计产能（最大可实现150万条的产能）。

（二）产品系列

公司拥有国际领先国内一流强大的技术团队支撑，除自身技术中心研发团队外，还利用中国化工橡胶有限公司搭建的平台，调动系统内设计院、各轮胎企业的技术专家，成立技术攻关组，开展以全钢巨胎为主的技术攻关和产品研发工作，全力提升全钢巨胎等产品的技术水平和质量等级，做到国际领先国内一流。

1、全钢巨胎性能已经接近世界最好水平，在国内处于领头位置，在国内产品市场份额处于领先水平，现有40.00R57、33.00R51、30.00R51等规格投入市场，46/90R57、50/80R57、53/80R63等规格即将相继投入市场。

2、工程机械轮胎（含斜交巨胎）生产规格从14-24到53/80等三十多种规格。

3、全钢载重子午胎处于研发投产阶段，已相继有20多个规格品种投入生产和市场。

（三）资质取证

公司建立有完善的安全生产、质量保障和环境保护体系，已通过ISO9001质量体系和14001：2004环境体系标准认证，随着苏桥100万条全钢载重子午胎的投产，目前正申请TS16949质量体系认证工作。

（四）营销网络

1、全钢巨胎：80%以上为出口，产品远销至澳大利亚、北美、南美、欧亚非等50多个国家和地区，2012年出口额名列桂林市各企业第三名。

2、工程胎：国外市场产品远销至欧美亚非等国家和地区，国内市场产品覆盖山东、河北、内蒙　等29个省、市、自治区，为神华、太刚、霍林河　等大型矿山和企业配备轮胎。

3、全钢载重胎：已经建立并逐步完善营销网络，产品覆盖国内20多个省、市、自治区。

六、发展规划

公司现有高等级轮胎产业基地项目在建，项目总投资31.13亿元，在桂林苏桥工业园新征土地1800亩，将分期完成年产100万条全钢载重子午线轮胎（一期，已建成）、20万条工程机械轮胎（二期，在建）、500万条半钢乘用子午胎轮胎（三期）三个版块的项目建设。目前实施新建的一期年产100万条全钢载重子午线轮胎已投入生产，苏桥项目建成达产后可实现销售收入31.6亿元，利税5.85亿元，公司年销售收入将达到50亿元以上。

①桂林轮胎苏桥生产区双复合压出生产线在生产中

②桂林轮胎苏桥生产区密炼机生产线

③桂林轮胎苏桥生产区成型生产现场

④公司行政党支部学习党的“十八大”精神

业务板块（Business section）

中国化学工业桂林工程有限公司
桂林橡胶设计院有限公司（全资子公司）

公司简介（Company Introduction）

中国化学工业桂林工程有限公司（CGEC）位于广西桂林市，其母公司中国化学工程股份有限公司（股票代码：601117）。CGEC 致力于成为能为客户提供全过程和全方位服务的国际化工程公司。

行业地位（Industry status）

CGEC 始建于 1956 年，是中国化学工程股份有限公司旗下的七家工程公司之一，是中国较大的橡胶工业工程公司，为国内外众多轮胎橡胶公司提供专业化的工程设计、咨询、工程总承包及项目管理服务，荣获多项国家、省部级奖项。

CGEC 全资子公司—桂林橡胶设计院有限公司（原桂林橡胶工业新技术开发实业总公司），是中国较早的设计、研发橡胶设备的企业之一，拥有多项自主知识产权和专有技术，设有专有的生产和研发基地。

CGEC 的橡胶机械产品几乎覆盖了所有中国大型轮胎橡胶企业，产品远销欧洲、东南亚、美洲等地区。

目前，CGEC 与米其林、普利司通、倍耐力、固特异、大陆等世界著名轮胎公司保持长期良好的合作关系。

工程案例（Project cases）

业务板块（Business section）

◆橡胶机械研发
◆智能化物流系统
◆工程承包/项目管理
◆工程设计/咨询
◆工程监理
◆节能减排工程
※ 硫化高效蒸汽节能系统
※ 污水资源化
※ 橡胶生产废气治理
※ 海水淡化工程
※ ……

为了创造低碳、清洁的环境和企业可持续发展
CGEC的工程师正在以下方向不断探索
节能工程、污水资源化、烟气治理、海水淡化……

CGEC将秉承科技创新的理念
致力于为您打造节能环保、信息化、自动化、经济可靠的新型工厂

①CGEC办公楼
②中煤平朔集团正嘉橡胶公司（胶管胶带EPC总承包）
③天津国际联合轮胎橡胶有限公司（工程设计与项目管理承包）
④杭州中策橡胶有限公司（工程设计与项目管理承包）
⑤双钱集团（重庆）轮胎有限公司轮胎工业园区
⑥二/三/四复合挤出机
⑦二/三/四复合挤出生产线
⑧双螺杆挤出压片机
⑨宽幅胶片挤出生产线
⑩单辊筒机头挤出机
⑪智能化物流系统

产品展示（Product Exhibition）

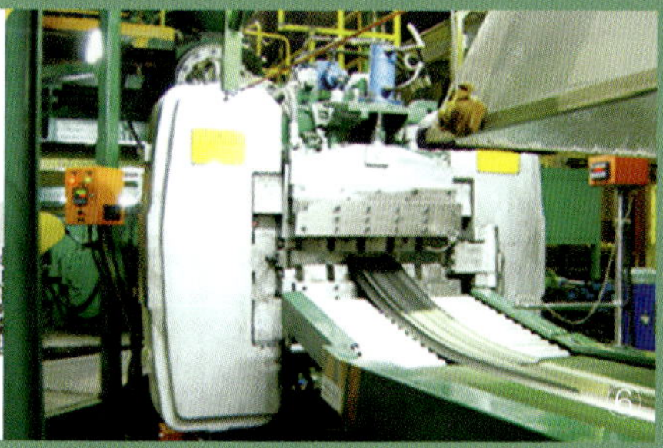

地址：广西桂林市七星路77号　邮编：541004　电话：0773-5833045/5833829　传真：0773-5833195
E-mail: cgec@vip.163.com　网 址：www.cgec.com.cn

桂林紫竹乳胶制品有限公司

桂林紫竹乳胶制品有限公司揭牌仪式

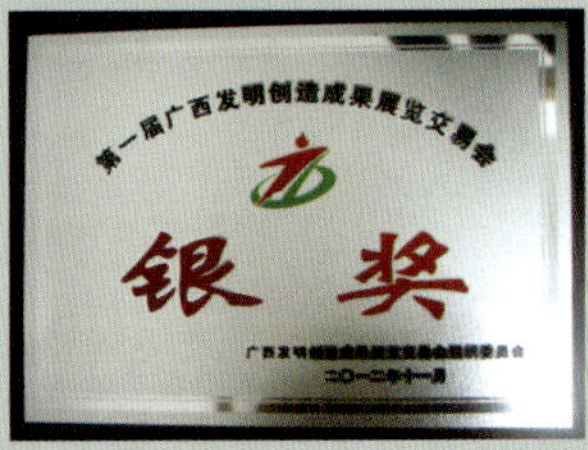

桂林紫竹乳胶制品有限公司（原桂林乳胶厂）是1966年由原化工部投资兴建的乳胶制品企业，2012年11月改制为桂林紫竹乳胶制品有限公司，坐落在桂林市秀峰区巫山路6号，占地面积97952.7平方米，厂房建筑面积4.5万平方米。目前已成为拥有总资产19550万元，净资产11398多万元的中型国有企业，年耗胶乳5000多吨。企业建立有自治区认定企业技术中心、桂林乳胶制品工程研究技术中心，并于2011年认定为高新技术企业，2012年认定为广西创新型企业。

桂林紫竹乳胶先后通过了ISO 9001、ISO 13485质量管理体系、ISO 14001环境管理体系认证、OHSA18000证书。公司拥有先进的避孕套联动生产线、质量检测控制中心、新产品开发实验室，现有专业技术人员170多人。多年来一直注重新产品的研发和已有产品的性能改进，不断加大新产品的研发力度。公司一贯重视自主研发及知识产权保护，至今共申请专利40项，现已获得28项专利授权，其中包括10项发明专利授权。在国内同行业中处于领先地位。近年来，每年用于新产品研发和技术改造的资金达1000多万元。

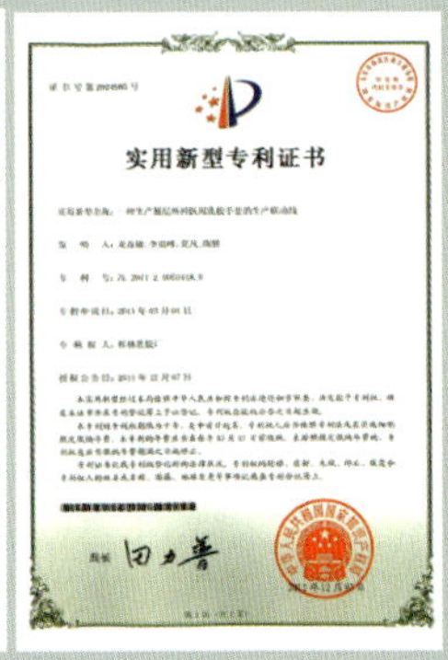

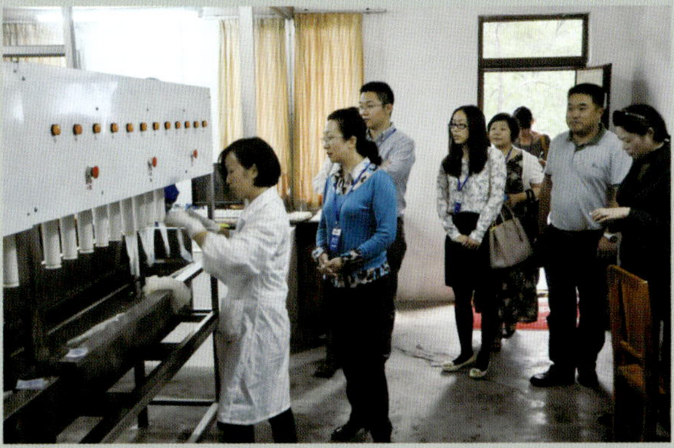
▲国家药监局专家指导工作

▲中国化工专家来访

公司在科研及经营活动中，先后获得：2009年桂林市第一批知识产权示范企业；2009年度桂林市优秀技术改造项目奖；2009年度桂林市优秀技术创新项目奖；2009年度经济工作特等功；2009年度科技创新奖；2009年技术中心成为自治区级企业技术中心；广西重工业2009年度工艺工装成果一等奖；2009“高邦”荣获广西著名商标；2010年度优秀技术创新项目奖；2010年度科技工作科技创新奖；2010年“弹性聚氨酯覆层无粉橡胶医用手套”荣获桂林市科技进步二等奖、广西科技进步二等奖等众多奖项；2011年度优秀技术创新项目奖；2011年度科技工作科技创新奖；2011年被认定为高新技术企业；2012年被认定为广西创新型企业；2012年“高速渗透润滑剂避孕套的开发”荣获桂林市科技进步二等奖；2012年桂林市两化融合示范企业；2012年“弹性聚氨酯覆层无粉橡胶医用手套”第一届广西发明创造成果展览交易会项目银奖；2012年度科技工作先进单位等荣誉。

公司一贯重视与科研院校产学研合作，与广州暨南大学开展了“高性能有机硅材料及其医用导管合作开发”，与桂林电子科技大学开展了“快速包装精确注油装置”、“复合型抗菌医用硅胶管研制”等项目合作，取得很大成功。企业还长期聘请暨南大学牟善松教授、桂林电子科技大学韩飞雪教授、王玉峰教授为企业技术开发及管理咨询专家，使得公司技术创新体系更加完善。

公司系列产品

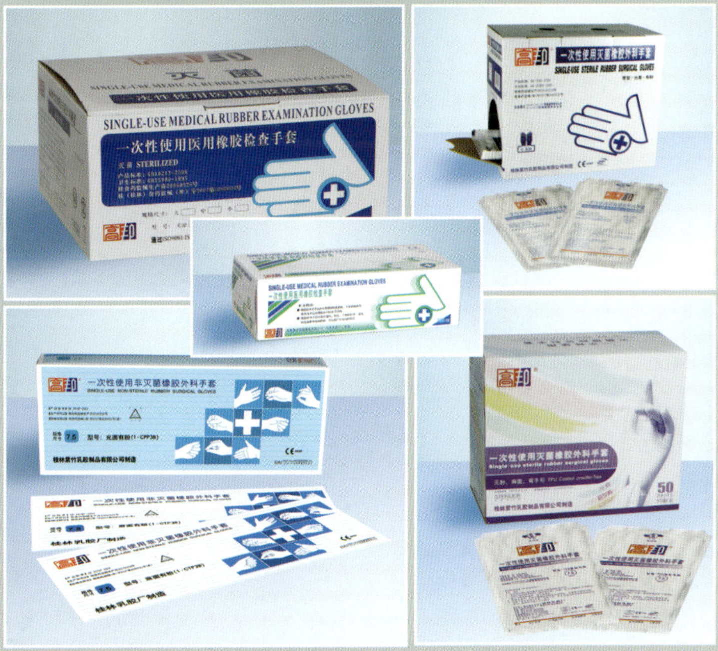

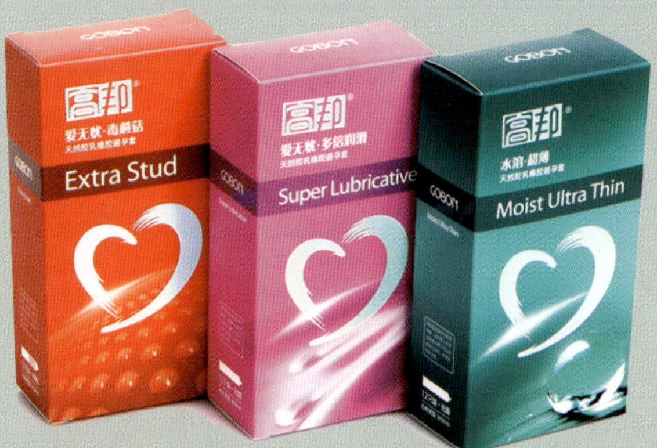

燕京啤酒（桂林漓泉）股份有限公司

燕京啤酒（桂林漓泉）股份有限公司于2002年7月18日挂牌成立，是北京燕京啤酒集团公司规模最大的外阜企业，其前身桂林漓泉股份有限公司于1985年筹建，1987年正式投产，历经十次改扩建，截止2012年底，拥有桂林、玉林、昆明三个生产基地，三地产能合计140万吨，是广西区内规模最大、现代化程度最高的啤酒生产企业。

加盟燕京的十年时间里，公司领导班子团结带领全体员工，秉承燕京集团“以情做人，以诚做事，以信经商”的经营理念，以“六个创新、四个做强”为指导思想，努力拓宽经营思路，积极寻求技术、管理创新。2011年6月公司被评为广西壮族自治区首家“工业循环经济示范企业”，按照“减量化、再利用、资源化”原则，公司已建成了固、液、气等22个循环大圈，基本涵盖了啤酒生产、废弃物处理、污水处理、环境保护等啤酒酿造全过程。2011年循环经济共创造直接利润7158.5万元，综合能耗较2008年下降19.2%，在40万吨产量以上企业中位居第一，达到国际水平。

在扎实发展循环经济的同时，燕京漓泉公司还坚持走科技兴企之路，公司研发中心科技人员272人，其中中级职称82人，高级职称7人，桂林首届漓江学者一名。拥有众多精密仪器设备和国内最先进、自动化程度最高的啤酒中试设备，仪表设备总值1230多万元。2010年以来公司累计投入1.3亿元进行科技创新活动，开展重大项目14个，仅科技创新就为企业新增效益6000万元。目前燕京漓泉公司有效专利43件，其中发明专利7件，实用新型专利13件，外观设计专利23件。

多年来，公司取得了良好的经济效益和社会效益，连续十一年成为桂林市纳税首户，纳税总额超42亿元，跻身广西纳税五强，全国啤酒行业纳税六强。同时公司是国家级高新技术企业，广西首家循环经济示范企业，首届“自治区主席质量奖”获奖企业；品牌荣获中国驰名商标、广西著名商标、广西名牌、建国以来广西60个最具影响力品牌等荣誉称号，25个产品获得绿色食品认证；成为桂林市首家国家级工业旅游示范点、全国五一劳动奖状企业、全国模范职工之家；连续多年总资产贡献、流动资金及存货周转率、净资产收益率刷新行业新纪录，多项技术能耗指标创国内同行业新低，品牌价值跃升至52.96亿元。2012年，公司啤酒产销量在2011年历史性突破100万吨的高起点上实现了新的增长，全年产销量突破113万吨，是国内目前为数不多的啤酒产销超百万吨企业。

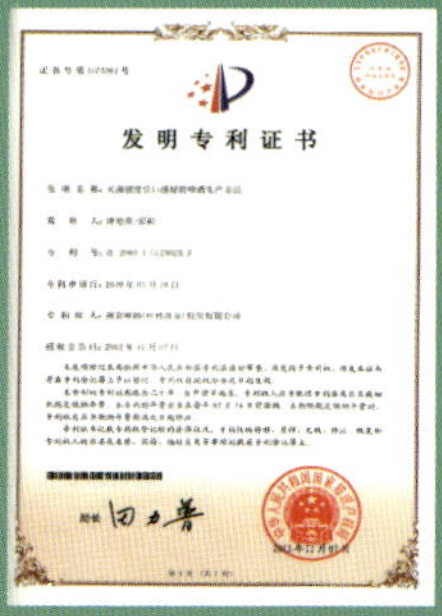

①燕京漓泉厂区全景
②燕京漓泉易拉罐生产线
③生产车间
④燕京漓泉产品全家福

2012 "中国优质特色啤酒产品"
荣誉证书

燕京啤酒（桂林漓泉）股份有限公司：

在"2012年中国国际特色啤酒品鉴及行业盛会"活动中，你单位申报的10.0°P"漓泉"啤酒系纯生啤酒荣获2012"中国优质特色啤酒产品"（纯生啤酒类）称号，特发此证。

证书编号：CNTSPJY201201005

中国酒业协会啤酒分会
二〇一二年

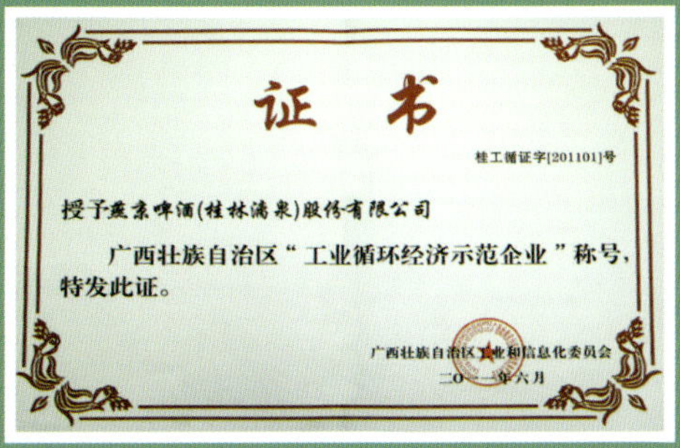

证 书

桂工循证字[201101]号

授予燕京啤酒(桂林漓泉)股份有限公司

广西壮族自治区"工业循环经济示范企业"称号，特发此证。

广西壮族自治区工业和信息化委员会
二〇一一年六月

燕京啤酒（桂林漓泉）股份有限公司 漓泉
Yanjing Beer(Guilin Liquan)Co.,Ltd Liquan

中国驰名商标
Well-Known Trademark of China

中华人民共和国国家工商行政管理总局商标局认定
Approved by Trademark Office of State Administration for Industry and Commerce of People' sRepublic of China

广西壮族自治区工商行政管理局制
Made by Guangxi Administration for Industry and Commerce

柳州五菱宝马利汽车空调有限公司

普通车床

数控车床

氦检漏设备

盐雾试验台

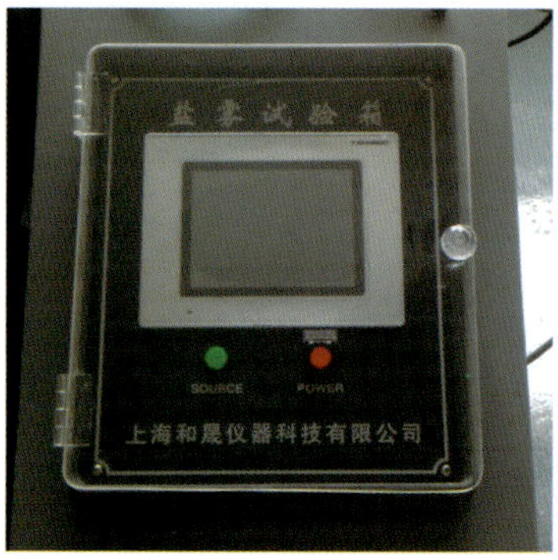

柳州五菱宝马利汽车空调有限公司（以下简称“五菱宝马利”）成立于2001年12月26日，注册资本3300万元人民币，是一家集研究开发、生产制造、销售安装汽车空调系统（零部件）和汽车铝质散热器为一体的国家高新技术企业，是广西壮族自治区级企业技术中心、广西重点信息化实施试点基地。

2003年通过了ISO 9001:2000质量体系认证、ISO/TS16949质量体系认证，拥有近10年的生产、研发车用空调系统的丰富经验，已发展成为汽车和其他交通运输工具空调及零配件的设计、制造、销售及服务以及五金生产、销售，塑料销售；货物进出口、技术进出口等服务领域极具竞争优势的供应商，是上汽通用五菱汽车股份有限公司、四川成都成工工程机械股份有限公司等国内著名汽车及工程机械生产制造企业的重要供应商。

公司经济实力雄厚，在柳州白露工业园投资1.5亿，建造汽车空调系统及关键零部件生产基地，拥有占地面积60亩，建筑面积3万多平方米；拥有8条现代化的汽车空调系统总成装配流水线，6条冷凝器芯体生产线、4条蒸发器芯体生产线、4条汽车水箱生产线、1条空调管路生产线，拥有500多台生产与试验设备。该项目是柳州五菱集团与阳江宝马利投资建设规模最大的项目，也是自治区、柳州市的重点项目。项目建设促进五菱宝马利产品从单一空调系统的总成装配转为加工生产空调系统关键零部件蒸发器芯子和冷凝器芯子，使公司成为广西目前唯一生产汽车空调“两器”的企业。形成年产各类优质汽车空调系统80万台套，冷凝器/蒸发器芯体200万台、空调管路80万套、全铝质散热器30万台的年生产能力。

公司研发实力雄厚，技术中心拥有一批经验丰富的研发团队，拥有汽车空调系统开发试验平台、过程开发与质量控制试验平台，拥有1000多万元的各类研发试验设备和检测设备，其中汽车空调综合性能试验室具备各种台架试验能力，具有很强的自主创新和研发能力。

公司具备完善的质量体系和质量保证能力，2003年通过ISO/TS16949质量体系认证，拥有10年的车用空调研发、生产和整车配套经验，是上汽通用五菱汽车股份有限公司、北汽福田、奇瑞汽车、东风渝安、成都神钢、成都成工等国内著名汽车和工程机械企业的重要供应商。

公司综合生产车间主要用于《汽车空调关键零部件生产及产能提升项目》，该项目是柳州五菱集团与阳江宝马利投资建设规模最大的项目，也是自治区、柳州市的重点项目。项目建设促进五菱宝马利产品从单一空调系统的总成装配转为加工生产空调系统关键零部件蒸发器芯子和冷凝器芯子，使公司成为广西目前唯一生产汽车空调“两器”的企业。

站在新起点，五菱宝马利一如既往的以创新为中心、市场为导向、质量为根本、信息化管理为基础，创造一流品牌、一流产品、一流质量、一流服务、一流效益，实现让顾客满意、股东满意、员工满意的高新现代化企业。

超声波清洗机

冲床

清洗设备

公司领导现场指导钎焊炉试产

翅片打包一体设备

钎焊炉

生产A线

生产B线

生产C线

物流输送线

广西玉林制药集团有限责任公司

广西玉林制药集团有限责任公司创立于1956年，前身为广西玉林制药厂，2001年由国有企业改制为非公有制企业，是一家以中药和天然药物研发、生产、销售为主业的中药制药企业，是中国中药制药50强企业、高新技术企业和农业产业化国家重点龙头企业，是国家商务部首批认定的“中华老字号”之一。

公司占地面积25万多平方米，资产总额近3亿元，年产销量达6亿元，现有员工1000多人，各类专业人员200多人；公司拥有良好的技术装备和产品研发能力，主要设备近千台（套），其中国外引进的先进设备50台（套），成为国内同行业中引进技术和设备最早、最多的企业之一，是广西较早建立区（省）级技术中心的企业之一，2013年又建立了院士工作站。

公司坚持以市场为导向，项目为载体，加强产学研的联合，具备了良好的技术和产品的研发能力以及对外的技术合作基础。目前分别与中国药科大学、天津药物研究所刘院士所率领的研发团队合作开发《中药五类新药鸡骨草总黄酮苷的创新药物研究》、《复方华佗止痛胶囊的临床前研究》等项目。近年来先后开发出“湿毒清胶囊”、“银蒲解毒片”、“珍黄胶囊”、“三七伤药胶囊”、“复方鸡骨草胶囊”等多个新产品。公司主导产品正骨水被列入国家秘密技术项目，湿毒清胶囊等六个产品获国家发明专利，“玉林”牌商标连续多年被评为广西著名商标，并于2007年被国家工商总局认定为中国驰名商标，核心产品的销售规模及品牌知名度不断提高，其中湿毒清胶囊实现单品年销售产值1.6亿元。

厂区图

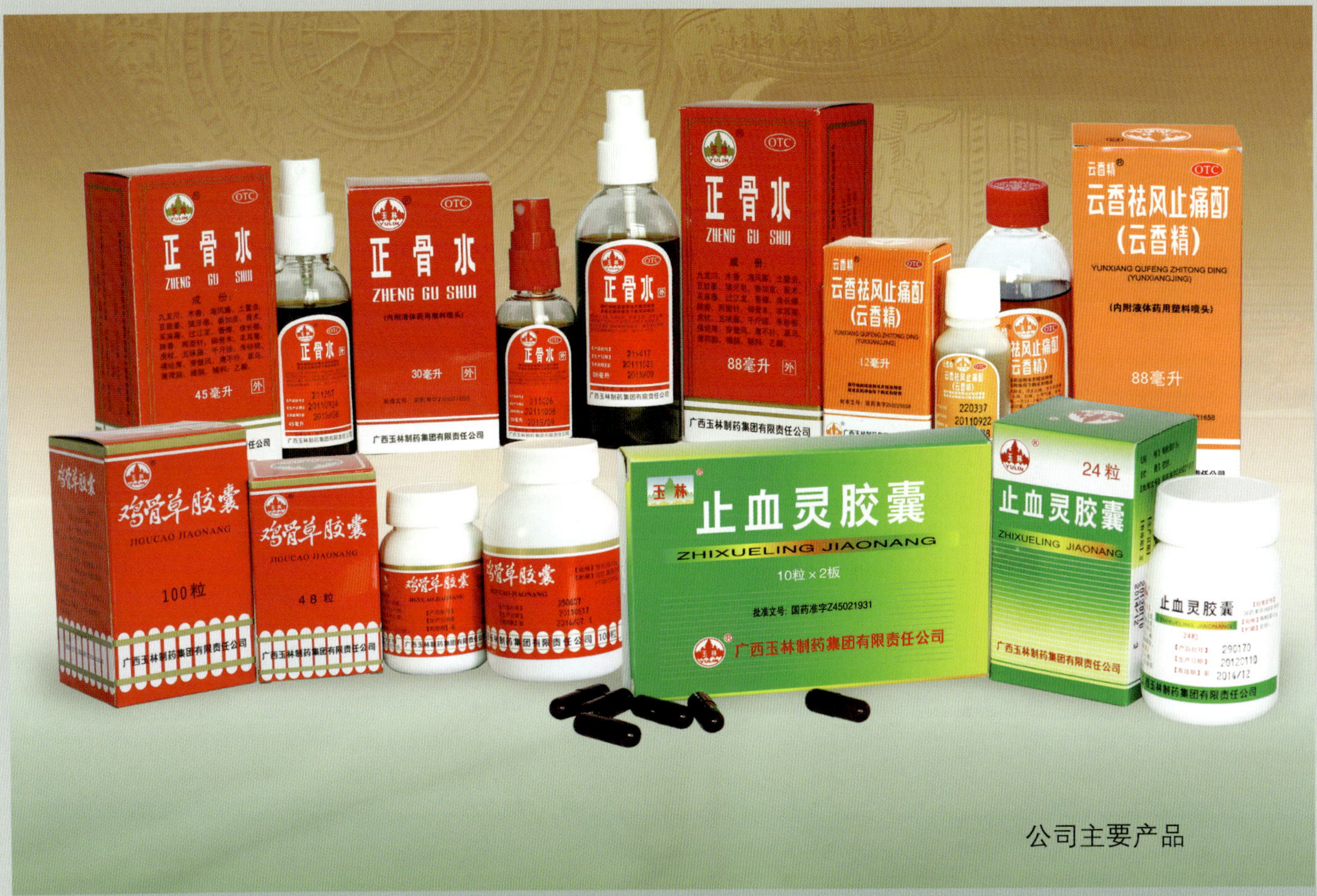

公司主要产品

公司具有强大的中药综合处理及制剂能力，产品有9个剂型60多个品种，其中：胶囊剂12亿粒/年，片剂5亿片/年，酊剂1000吨/年。“正骨水”、“鸡骨草胶囊”曾多次评为国家优质产品，“云香祛风止痛酊”为部优产品，“湿毒清胶囊”、“消石片”、“乌军治胆片”、“蛤蚧大补胶囊”、“蛤蚧补肾胶囊”、“草香胃康胶囊”等分别为区（省）名牌或优质产品。国家中药保护品种有“正骨水”、“湿毒清胶囊”、“鸡骨草胶囊”等十二个品种。产品质量可靠，疗效确切，畅销国内外。公司具有自营进出口权，出口产品50种，年出口创汇近300万美元。

公司于2003年1月整体通过国家GMP认证，并于1996～2012年间连续七次通过澳大利亚TGA的GMP认证及复查，为公司产品进一步拓展海外市场打下基础。

公司地址：广西玉林市城站路1号

邮政编码：537001

电话：0775-3890101 3892812 3892012

传真：0775-3892710

e-mail:ylzy@chinayulin.com

网址:www.chinayulin.com

广西天华高科技有限公司

广西天华高科技有限公司是一家在国家级高新区南宁高新区注册的有限责任高新技术企业。

公司主营以色列、美国、意大利等现代精准农业生产设备。主要业务范围包括：甘蔗地埋滴灌系统设备的销售和技术服务；水肥一体化的精准农业节水灌溉项目设计、开发和设备安装；农业节水灌溉设备的销售代理；甘蔗生产农机具的销售代理；马铃薯生产专用农机具代理；全水溶有机无机复混肥料的销售和代理等。

公司拥有自营农场17000多亩土地作为甘蔗、马铃薯、淮山、甜玉米、西瓜等大宗及名特优农作物的节水灌溉和精准种植示范，能为以上所述的各项业务提供优质的服务。

目前公司自有农场种植有13000亩的地埋式甘蔗滴灌示范和甘蔗生产机械化示范；1000亩的地埋式淮山滴灌种植示范；1700亩的地面式滴灌马铃薯机械化种植示范；约1300亩的膜下滴灌种植甜玉米、西瓜间套种等示范。

公司总经理黄景剑先生自2003年以来一直担任全球最大的农业灌溉企业“以色列耐特菲姆农业系统公司（中国）”驻中国的西南办事处主任、“以色列普拉斯托灌溉系统公司集团公司（中国）”“首席农艺师（大中国区）”和中国西南区办事处主任、2008年出任“美国约翰迪尔（中国）水技术有限公司”的“首席农艺师（大中国区）”和中国西南区办事处主任。2003年以来，一直与以色列耐特菲姆公司、以色列普拉斯托公司、美国迪尔水技术（中国）公司合作，完成的甘蔗地埋滴灌项目已达20万亩以上。参与中国国家开发投资集团中轻对外公司援非项目“马里新糖联1万公顷甘蔗种植的灌溉、机械一体化设计方案”。

公司自主研发的移动滴灌系统、甘蔗联合种植机、甘蔗植保机械等设备，已经在生产上应用，效果良好。

广西天华高科技有限公司作为中国甘蔗地埋滴灌和甘蔗全程机械化实践的探索者和先行者，竭诚为中国和世界各国的甘蔗糖业及广大甘蔗种植者提供优质高效的服务。

④

⑤

⑥

①中国国投集团领导视察该公司在非洲实施的甘蔗滴灌项目
②该公司在非洲实施的甘蔗滴灌项目
③该公司自主研制的滴灌系统首部
④该司网站首页截图
⑤该公司自主研制的滴灌系统首部
⑥该公司研发的甘蔗联合种植机
⑦该公司改制的甘蔗联合种植机

⑦

柳州航盛科技有限公司

柳州航盛科技有限公司成立于1999年10月20日，是深圳航盛集团在柳州投资的控股子公司。公司位于广西柳州市白露工业园区，占地面积1.6万平方米，现有员工400人，其中工程技术人员和管理人员95人，注册资金2000万元人民币。

公司于2005年9月份通过ISO/TS16949：2002国际汽车行业质量管理体系认证。公司一直致力于深耕经济型汽车电子市场，产品包括：车载视听娱乐系统、行驶监控组合仪表系统、车身控制集成系统等，已经形成了适应和开拓国内汽车配套市场的能力。目前，公司在经济型汽车领域的业务得到了长足发展并得到了客户的高度认可，与上汽通用五菱（SGMW）、东风柳汽（DFM）、一汽柳特（FAW）、柳州五菱（LZWL）以及工程机械等国内多家汽车生产厂建立了长期友好、稳定的战略合作关系。

2010年10月11日，成功获得了国家级高新技术企业的称号；2011年5月，公司技术中心被认定为柳州市企业技术中心；2011年10月，公司技术中心被认定为自治区企业技术中心，并被评为广西千家中小企业成长工程示范单位。

公司秉承“让消费者更喜爱汽车”的企业使命，遵循“科学管理、精益制造、超值服务、顾客满意”的质量方针，本着“低成本、高性能、快速反应”的客户服务宗旨，以优质的产品满足顾客的需求，以优质的服务超越顾客的期望。

①

②

③

④

⑤

①2013年2月17日，柳州市长肖文荪参观
②2013年7月22日，校企合作签约仪式
③汽车电子实训基地牌匾
④公司大厅
⑤厂房效果图

公司大事记

1999年10月　柳州航盛电子有限公司成立
2000年06月　通过ISO 9002：1994质量体系认证
2000年08月　配套上汽通用五菱的“N2-都市清风”组合仪表开发成功
2001年03月　无指针式全数字组合仪表试制成功
2002年01月　东风柳汽风行音响国产化及影音系统开发成功并批量装车
2003年09月　公司迁厂至静兰工业开发区
2004年04月　五菱之光、五菱观光车组合仪表及速度传感器开发成功
2005年09月　通过ISO/TS 16949：2002质量体系认证
2006年02月　东风日产“轩逸”低音单元开发成功
2007年11月　方向盘音响控制器和定速巡航开关开发成功
2008年03月　柳北工业基地奠基典礼，新工业园开始建设
2009年09月　试制开发成功上汽通用五菱N300车型组合仪表
2009年12月　公司正式迁入航盛新工业园
2010年10月　上汽通用五菱组合仪表正式批量供货
2010年10月　成功获得了国家级高新技术企业的称号
2011年05月　被认定为柳州市企业技术中心
2011年10月　成功被认定为自治区企业技术中心
2011年10月　被评为广西千家中小企业成长工程示范单位
2012年03月　获柳州市企业技术创新奖
2012年10月　评定为A级纳税企业
2012年12月　通过国家安全生产标准化三级企业认证
2013年03月　获柳州五菱汽车工业有限公司评为2012年度合格供应商
2013年06月　获中共柳北区企业先进基层党组织称号
2013年07月　与柳州职业技术学院举行校企合作仪式

⑥办公区域
⑦插件生产线2
⑧自动化生产线1
⑨自动化设备

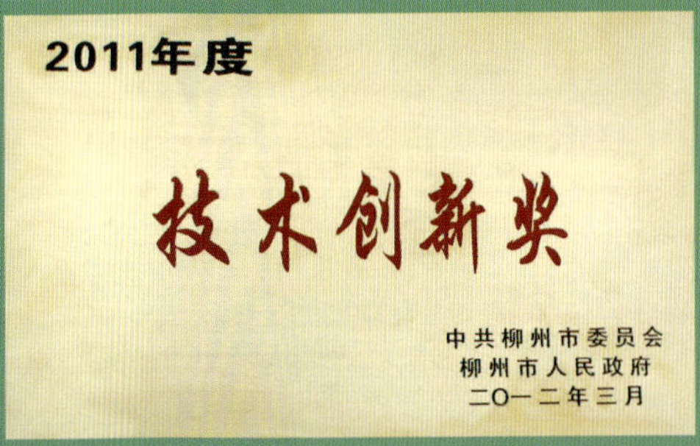

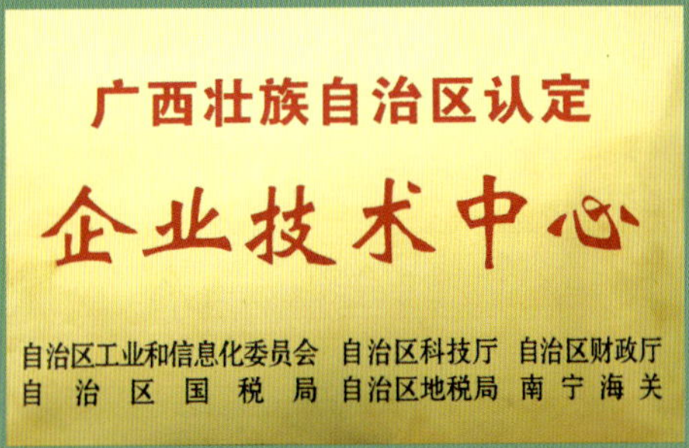

企业资质 QUALIFICATION

桂林漓江茶厂有限公司

桂林漓江茶厂有限公司（前身是桂林市漓江茶叶加工厂）由制茶工程师黄荣雄先生于2001年6月创建，座落在山青水秀的桂林西北山区龙胜各族自治县和平乡龙脊景区内，有高山茶园基地500多亩，可利用当地野生古树茶资源一万多株。

公司集茶叶种植、加工、销售、科研于一体，具有较大生产规模的专业茶叶企业，拥有一整套毛茶加工设备、名优茶加工设备、精制加工设备、紧压茶加工设备和全自动袋泡茶加工设备。主要生产名优绿茶、红茶、桂花茶、茉莉花茶、六堡茶及袋泡茶，兼营当地农副土特产野生石崖茶、桂花干、罗汉果、甜茶及天然绞股蓝茶。在桂林市区有直销店四家、批发部一个，并在周边的全州县、龙胜各族自治县设有多家合作茶厂。

“漓江春”是公司的注册商标，它寓意漓江的春天，是神奇与美好、天然与绿色的象征。公司生产的漓江春牌绿茶、红茶、桂花茶、茉莉花茶、六堡茶、袋泡茶等系列产品，畅销于国内北京、上海、山东、河南、陕西、四川及广东等地。尤其是公司所产的绿茶、桂花茶、六堡茶及特产桂花干、野生石崖茶、绞股蓝茶、甜茶、虫屎茶等出口日本、欧美等地，深受国内外茶商及消费者的喜爱。

公司宗旨：诚信为本，敬业以实，茶和天下，至于健康。

公司资质：中国茶叶流通协会会员单位
广西茶业协会理事单位
广西茶叶产业技术创新战略联盟成员单位
桂林市茶叶协会常务理事单位
桂林市茶叶产业技术创新战略联盟副理事单位

公司荣誉：

2005年漓江春系列茶荣获中国名优产品称号
2006年漓江春茶荣获“桂绿杯”广西名优绿茶评比创新奖
2008年度漓江春系列茶当选消费者最信赖质量放心品牌
2008年0632六堡茶荣获广西春茶节“桂茶杯”名优茶评比特等奖
2008年漓江翠兰荣获广西春茶节“桂茶杯”名优茶评比一等奖
2009年2611六堡茶荣获广西春茶节“桂茶杯”名优茶评比一等奖
2009年漓江翠兰荣获广西春茶节“桂茶杯”名优茶评比一等奖
2010年漓江翠兰荣获“中绿杯”中国名优绿茶评比金奖
2011年荣获“中国质量放心品牌”称号
2012年漓江春特级桂花茶荣获第二届“国饮杯”全国茶叶评比一等奖

3

4

漓江春®
LIJIANGCHUN
⑤

6

①桂林漓江茶厂有限公司产品
②公司荣誉
③科学技术奖
④广西技术发明奖
⑤ 漓江春标志
⑥2010年漓江翠兰

桂林中昊力创机电设备有限公司

①

桂林中昊力创机电设备有限公司是2008年1月以科技人员为主体组建成立的股份有限公司。公司现有职工70人，其中教授级高级工程师2人，高级工程师3人，中级职称27人；大学本科以上学历36人（占51%），大专以上学历50人（占71%）。公司占地面积25亩。产能5000万元。至今申请专利14件，其中发明专利4件。获授权专利11件，其中发明专利1件，实用新型专利10件。公司通过ISO9001证书，贴合机和裁断机通过欧盟“CE”认证。2012年公司被认定为高新技术企业，自治区级企业技术中心，广西信息化应用企业，广西100家产学研用一体化重点企业等。

公司主要产品：钢丝帘布裁断机、氮气硫化系统、硫化机、贴合机和胎面挤出联动线等，其中钢丝帘布裁断机是国内最齐全的企业，氮气硫化工艺是国内最早开发厂家。产品批量出口美国、印度、泰国、巴西、阿根廷、非洲等国家和地区。裁断机国内市场占有量达到30%以上。

近年来，公司每年完成新产品、新技术、新工艺10项以上，2012年完成14项，其中被列为自治区级科技计划4项。2012年通过省级鉴定验收的新产品3项。鉴定意见：“产品技术填补国内空白，达到国际同类设备先进水平”。近几年研发费投入占销售收入的5%以上，新产品销售收入占80%以上。

“十二五”发展目标：钢丝帘布裁断机是公司的主导产品，属国家鼓励类产品，目标是“国内一流、世界知名”的产品，国内市场占有量达到40%以上。

公司推行“危机管理”，倡导“细节决定成败，创新创造未来”理念，按照“技术领先、质量为本、优质服务”宗旨，坚持科学发展观，锐意进取，在发展中做大，成为国内外知名的钢丝帘布裁断机制造商。

桂林中昊力创机电设备有限公司

2013年7月11日

②

④

⑥

③

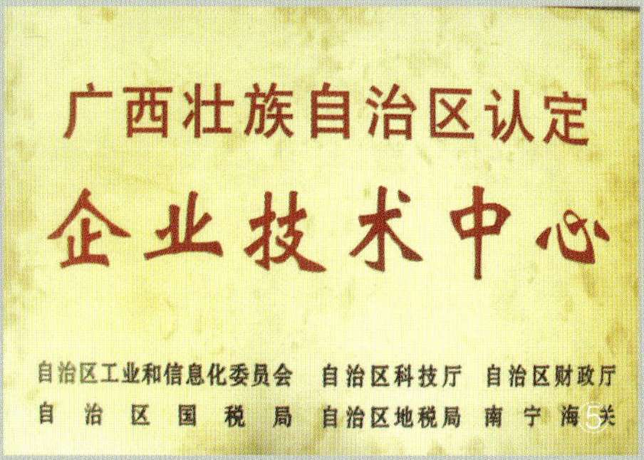

⑤

①公司团队
②钢丝帘布裁断生产线在安装调试现场1
③钢丝帘布裁断生产线在安装调试现场2
④高新技术企业证书
⑤自治区级企业技术中心牌子
⑥公司研发团队

广西北流市兆周林产有限公司

广西北流市兆周林产有限公司于2011年正式注册成立,前身是成立于1998年的兆周松脂厂。该公司是一家以“公司+基地+农户”的产业化模式，集高脂松选育、种植，松脂、松节油深加工,科研，贸易，服务于一体的林业与农业产业化大型民营企业。在自治区内外设有广西北流市鸿锋松脂有限公司，泰亿贸易有限公司等11家分支机构。

公司现有各类技术人才和员工1180人，其中具有大中专以上学历技术人员553人；固定资产9638万，拥有松香、树脂、松节油深加工生产线3条，松香深加工车间2个，年生产松香、松节油及松香树脂能力达2.7万吨，年产值能力达5.3亿元。2004年“兆周牌”松香系列产品通过了ISO9000:2000国际质量管理体系认证，2011年“兆周牌”松香获授予广西名牌产品。“无色松香季戊四醇酯”获2011年玉林市科技进步奖一等奖、2012年广西科技进步奖二等奖 。

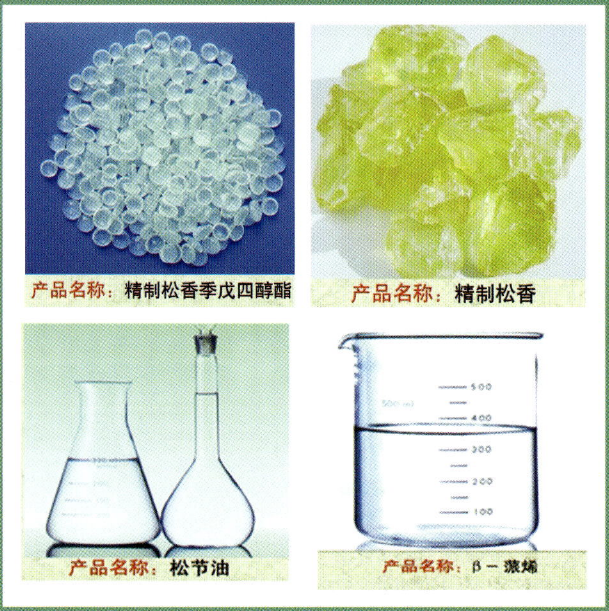

⑤

①北流市委书记李玉振、市长何东真到公司检查指导
②办公区
③标准化专业厂房
④速生优质高脂松种植
⑤公司产品

柳州富达机械有限公司

Liuzhou Tech Machinery Co., Ltd

柳州富达机械有限公司成立于1994年，是全球最大的压缩机供应商阿特拉斯·科普柯集团的全资子公司，是一家高新技术企业。生产公司位于中国柳州市。

作为中国矿业、建筑业和工业市场上领先的高品质压缩机供应商，依托国外总公司的主机核心技术，公司自主设计、专业生产、销售"Liutech"品牌的固定式螺杆空气压缩机、柴油机驱动及电动机驱动移动式螺杆空气压缩机、离心式压缩机以及压缩空气后处理设备等。目前，除国内市场外，出口业务在公司的业务中占有越来越大的比重，销售范围已经扩大到南美洲、中东、亚洲和非洲。柳州富达机械有限公司目前已成为广西最大、国内前十的知名压缩机生产企业。

柳州富达机械有限公司拥有一支强大的研发队伍，专门从事压缩机产品的研发及相关的基础研究，配备数十个高性能图形工作站，采用先进的2D、3D设计软件，建有独立的、设备完善的用于新产品开发的实验室，能够对压缩机产品进行全面的性能测试及分析，为加大科研开发力度，提高技术创新能力和市场竞争力，保证企业的可持续发展奠定坚实基础。

新的精益生产线，有效提高生产效率，改善产品质量

严谨的产品测试

以人为本的企业文化；互动、承诺、创新的核心价值

我们关注您的压缩空气

We take care of your compressed air

地址：广西柳州市阳和工业新区工业园B-22-1，邮编：545006

电话：0772-3172247　服务热线：400 660 1032

电子邮箱：liutech@liutech.com.cn

网址：www.liuteh.com.cn

整洁有序的工作环境

◎完整的产品系列◎

柳州豫新汽车空调有限公司

柳州豫新汽车空调有限公司系中国航空工业集团公司新乡航空工业（集团）有限公司下属单位，是专业从事汽车空调管路及空调配件的企业生产厂家，为国家高新技术企业。公司目前主要为上汽通用五菱汽车股份有限公司等企业生产或组装各种汽车空调配套生产系统连接管路和冷凝器、蒸发器芯体管路，企业具有年销售汽车空调管路产品45万套加工能力。

公司成立于2008年9月，公司生产基地位于柳州市柳东新区官塘创业园启动区一号地块淞森园区北楼一、二层，注册资金800万元。企业现有员工150人。

公司先后获得中国新时代质量体系认证中心颁发的ISO9001认证证书，中国汽车产品认证委员会质量体系认证中心颁发的ISO/TS16949认证证书。近三年来获得了汽车空调冷凝器进口管组件等6个实用新型专利，研究开发了胀接工艺生产汽车空调连接管、高效汽车空调连接管检漏装置、多管径连接管件快速机加工技术、O型密封圈快速装配工具的研究等4个项目。研究项目已成功转化成为18个汽车空调连接管产品关已顺利在市场中推广，为公司带来了良好的经济效益。

为了提高管路制造水平，引进了美国、日本、台湾的关键设备，如数控三维弯管机、管端成型机、软管铆合机等先进加工设备。

数控三维弯管机

产品样件

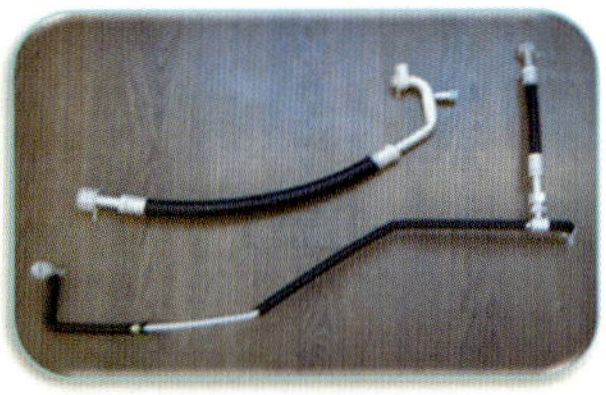

压缩机吸排气管

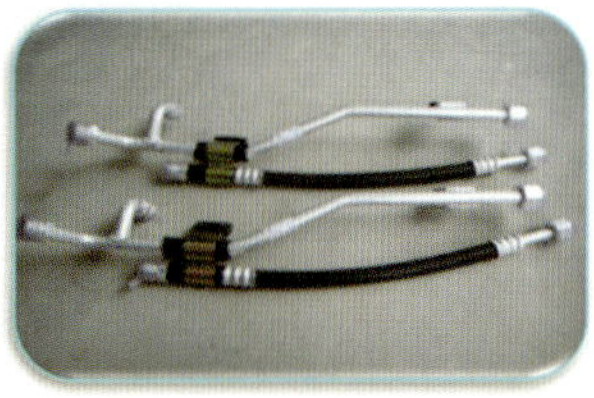

空调管组件

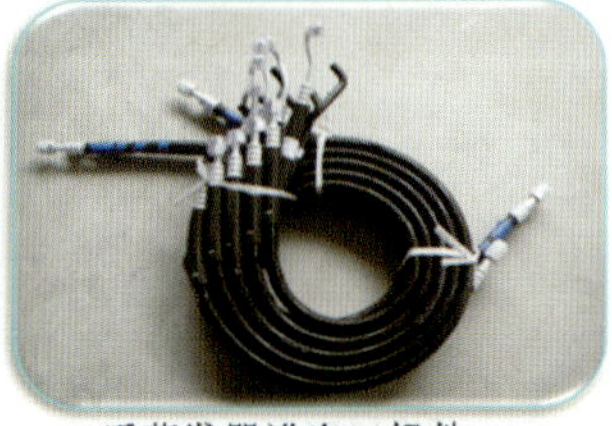

后蒸发器进出口组件

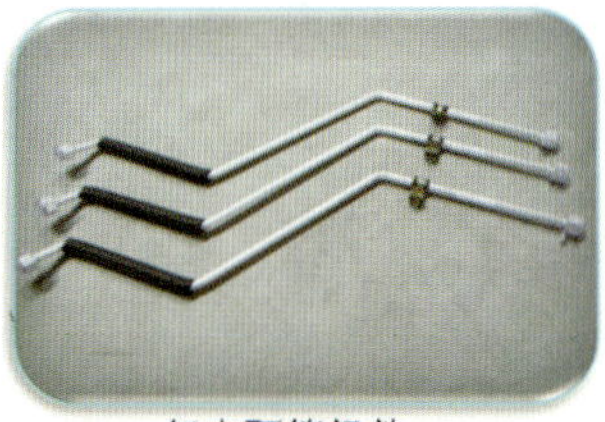

气态硬管组件

公司名称：柳州豫新汽车空调有限公司
公司邮编：545006
公司地址：柳州市柳东新区官塘创业园东和路一巷淞森园区柳州豫新汽车空调有限公司（综合部）
传真电话：0772-3518064

广西植物组培苗有限公司

公司组培大楼总部

广西植物组培苗有限公司成立于1992年10月20日，是南宁国家高新技术产业开发区重点生物技术高科技企业。专业从事植物组织培养研究、生产、推广和销售，其中主导产品香蕉组培苗达到年产8000万株以上，是目前国内规模最大的组培苗生产高科技企业。

公司拥有国内领先的标准化、全封闭组培研究生产大楼，配备全套先进仪器设备；拥有毕业于国内重点大学或农业院校人才，同时又有多年丰富实践经验的高中级职称的中青年科技人员40人，熟练技术工人300余人。

毛葡萄组培营养杯苗

公司专门从事香蕉、粉蕉、毛葡萄、番木瓜、金线莲、罗汉果等组织培养技术研究、生产、开发、服务及相关产品经营，在广西、广东、海南、云南、福建、四川、贵州等地设有组培苗育苗基地和业务站，技术过硬，售后服务完善。

公司二十多年来致力于优良品种和栽培技术推广，社会经济效益超过1500亿元，成绩斐然，受到各级政府多次褒奖，曾获广西壮族自治区党委、自治区人民政府科技重奖，广西科技进步二等奖3项，广西科技进步三等奖1项，国家科技部优秀项目奖等；2006年被中国农业部评为“全国科技推广标兵单位”，被广西壮族自治区科技厅、区党委宣传部、区科协授予“全区科普工作先进集体”荣誉称号；“香蕉新品种桂蕉6号的选育与产业化”项目获2012年度广西科技进步奖一等奖，2013年度“香蕉防寒及其产期调节技术研究与应用”项目获广西科技进步二等奖。

公司坚持以共同发展为本，以市场为导向，以质量为生命，以技术为依托，以效益为目标的发展方向。由于贡献极为突出，已广泛得到国内外同行们的认可，并已经成为当今中国植物组织培养不可缺少的生力军，为发展现代农业经济不断作出新的贡献。

香蕉组培营养杯苗

野酿2号毛葡萄

公司总部地址：南宁市大学东路174号广西农业科学院内
联系电话：0771-3246397、3248687、3244753
传　　真：0771-3248687
邮　　箱：lgm998@126.com

广西达译商务服务有限责任公司

广西达译商务服务有限责任公司由母公司南宁市平方软件新技术有限责任公司在2009年全资成立，专注面向中国—东盟的多语种商务服务，公司核心团队由信息技术专家和东盟语言专家组成，公司的宗旨是将信息技术和翻译业务有机结合，建设面向中国—东盟的多语种商务服务中心。

经过多年的累积，达译建设成功庞大的多语种（东盟语种、汉语、英语）语料库，在国内外处于领先水平；多次承担国家创新基金、广西科技计划、南宁科技计划等科研项目；掌握多项多语种信息处理核心技术；拥有多项知识产权。

经过多年技术攻关，达译研发出具有自主知识产权的中文与东盟文字间的机器翻译、计算机辅助翻译、跨语言信息检索、互联网双语语料采集、跨语言即时交流工具、辅助翻译云平台、翻译流程管理、基于互联网的语料检测、双语语料对齐、多语种词汇互译/转译、中英专利语料自动采集及分析系统、多语种在线词典等诸多软件产品。

达译以中国—东盟地区的政府、企业、社会译员为服务对象，提供多语种网站建设、多语种行业信息采集与分析系统、指定语种/指定领域的机器翻译系统定制、软件产品本地化、在线即时翻译、多语种文稿精准翻译、译员共享翻译工具及和语料库等多种服务，消除东盟各国、各企业之间交往的语言障碍，真正实现信息沟通不再受时间、空间的限制。

达译，中国—东盟沟通专家！

ISO9001质量管理体系认证证书

领导指导工作

办公室全景

公司决策会

公司新产品策划会

越文版

泰文版

钦州政府网站马来西亚版

广西恒茂农业科技有限公司

广西恒茂农业科技有限公司（简称："广西恒茂"）是集水稻、玉米农作物新品种选育、生产、推广经营为一体的高科技现代种业企业，创建于2008年，现注册资本7000万元。广西恒茂下辖两个专业研发机构——"南宁市恒茂种业科学研究院（原南宁市沃德农作物研究所）"和"江西科为农作物研究所"，在广西南宁、江西南昌、海南陵水、辽宁沈阳建立有育种基地，与中国水稻所、国家杂交水稻工程技术研究中心、清华大学深圳研究生院等国内多家科研、教学单位建立了长期的技术成果合作开发战略关系，与隆平高科、丰乐种业等国内著名的种业公司共同组建国家级的水稻分子育种平台。现拥有自主知识产权且通过审定的水稻、玉米品种36个，其中国审品种3个，省审品种33个，4个水稻品种被农业部认定为超级稻。广西恒茂下属研发机构"南宁市沃德农作物研究所"承担的科技项目《两系超级稻新品种的选育、引进及示范推广》于2012年12月荣获广西科技进步二等奖，该项目累计推广应用的两系超级稻面积425.7万亩，新增总产量2.23亿公斤，新增总产值5.35亿元，为农业增产、农民增收创造了巨大的经济社会效益。

广西恒茂是国家"高新技术企业"、"中国种业AAA级信用企业"、"南宁市农业产业化龙头企业"，是"广西两系杂交水稻工程技术研究中心"、"广西南宁超级杂交水稻选育繁育中心"和首批"广西农业良种培育中心"的建设单位，近3年承担国家科技部、国家农业部、广西科技厅、广西农业厅、南宁市科技局、南宁市农业局等各级项目18项。广西恒茂是广西最大的杂交水稻制种企业，在全国建有稳定的种子生产基地3万余亩，年产种子500多万公斤，两系杂交水稻制种技术居广西领先水平。广西恒茂营销网络遍布长江中下游和华南稻区，"欧米源"、"科为"品牌产品深受广大农民的青睐。广西恒茂以"志创中国一流的股份制现代种业企业"为战略目标，坚持"创新、协作、共赢"的经营理念，坚定走"科研为源头、市场为导向、育繁推一体化"的种子产业化之路，立志为促进农业长期稳定发展、振兴民族种业、保障国家粮食安全作出贡献。

超级稻深优9516

两系杂交稻新品种Y两优5867

超级稻Y两优087验收现场

广 西 医 科 大 学

该校创建于1934年11月21日，是全国建校较早的22所医学院校之一，是最早定点招收外国留学生、港澳台学生和华侨学生的8所医学院校之一。该校现有教职工（含附属医院教、医、研人员）3634人，其中正高职称446人，副高职称759人；学术型博士生导师96名，专业型博士生导师47名，学术型硕士生导师441名，专业型硕士生导师452名，专任教师1123名，“新世纪百千万人才工程”国家级人选2名，国家有突出贡献的中青年专家6名，教育部新世纪优秀人才支持计划入选者8名，享受国务院政府特殊津贴专家72名，广西“新世纪十百千人才工程”第二层次人选31名，广西“八桂学者”3名、“特聘教授”3名，中华医学会专业学会常委、委员46名，中华医学会系列杂志编委36名，广西医学会各专业学会主任委员49名，还有一批优秀人才被选为国家级和省级高校中青年学科带头人等人才工程重点培养对象。

学校现有全日制在校生14084人，其中高职生3709人，本科生7072人，硕士生2441人，博士生216人，留学生646人。学生来自全国26个省、自治区、直辖市和港澳台地区，以及19个国家。1978年开始招收留学生，至今留学生来源国已达54个。

学校现拥有医学、理学、工学、文学、管理学、法学等六大学科门类，是国务院批准的首批硕士、第二批博士学位授权单位，共有博士学位授权一级学科3个、二级学科28个，硕士学位授权一级学科10个、二级学科46个，博士专业学位培养单位1个，硕士专业学位培养单位3个，博士后科研流动站4个。国家重点（培育）学科1个，教育部重点实验室1个，省部共建教育部重点实验室1个，卫生部国家临床重点专科9个，国家中医药管理局重点专科1个，广西高校重点优势学科6个，广西高校重点学科9个，广西重点实验室3个，广西重点实验室培育基地1个，广西高校重点实验室5个，广西“2011协同创新中心”2个，广西“2011协同创新中心”培育建设2个，广西人才小高地2个。国家联合地方工程研究中心1个，教育部“长江学者和创新团队发展计划”创新团队1个，广西自然科学基金创新研究团队2个，广西高校人才小高地创新团队11个。

2011-2012年，该校共承担科研项目476项，总经费7153.3 万元。获省部级以上科研奖33项，申报发明专利39项，其中，已授权发明专利16项。公开发表科研论文3961篇，其中，SCI收录391篇。

未来5年的建设目标是：把该校建设为“立足广西，面向全国，辐射东盟，走向世界，以医学为特色优势，医学相关的理、工、文、管、法等多学科协调发展的区域性高水平的教学研究型医科大学”，使该校的人才培养、科学研究、社会服务等方面在广西高等教育中发挥重要作用，力争办学发展水平进入全国省属医学院校前列。

地址：广西南宁市双拥路22号　邮编：530021　电话：0771-5358221（校办）　电子信箱：gxmu@gxmu.edu.cn